Crowe, J. A. Cavalcaselle, G. B.

Geschichte der italienischen Malerei

3. Band

Crowe, J. A. Cavalcaselle, G. B.

Geschichte der italienischen Malerei

3. Band

Inktank publishing, 2018

www.inktank-publishing.com

ISBN/EAN: 9783747774250

GESCHICHTE

DER

ITALIENISCHEN MALEREI

VON

J. A. CROWE & G. B. CAVALCASELLE.

DEUTSCHE ORIGINAL-AUSGABE

BESORGT VON

Dr. MAX JORDAN.

FÜNFTER BAND ERSTE HÄLFTE.

ÄLTERE VENEZIANISCHE SCHULE.

MIT 5 TAFELN, IN HOLZ GESCHNITTEN VON H. WERDMÜLLER.

LEIPZIG
VERLAG VON S. HIRZEL.
1873.

VORWORT.

Der fünfte Band meiner deutschen Ausgabe von Crowe & Cavalcaselle's Geschichte der Italienischen Malerei entspricht dem ersten Theile der unter dem besondern Titel „History of painting in North Italy“ (London 1871) erschienenen Fortsetzung des Originalwerkes; die 13 Kapitel dieser Abtheilung umfassen den Stoff der 10 ersten Abschnitte desselben, welche die ältere venezianische Malerei bis zur Schule Bellini's behandeln.

Auch diesen Theil des Buches haben die Verfasser mit beträchtlichen Erweiterungen ausgestattet, namentlich die Abschnitte über Bartolommeo Vivarini, Giovanni Bellini, Marziale, Jacopo de Barbaris, Previtali, Bartolommeo von Venedig, Cima da Conegliano und seinen erst neuerlich bekannt gewordenen Nachahmer Anton Maria da Carpi. Ich selbst bin bemüht gewesen, diese Arbeiten durch ausgedehnte Nachprüfungen, durch Erweiterungen des beschreibenden Theils und durch eine den früheren Bänden ebenmässige redaktionelle Behandlung zu unterstützen; in dem Kapitel über Giovanni Bellini ist, soweit die alten Bestandtheile bestehen blieben, meist der Text festgehalten worden, den mein unvergesslicher Freund Albert v. Zahn in seinen Jahrbüchern für Kunstwissenschaft gegeben und mir zur Verfügung gestellt hatte.

Leipzig, im Sommer 1873.

M. Jordan.

VERZEICHNISS

der Abbildungen zu Band V, I. Hälfte.

Inhaltsverzeichniss.

Fünfter Band. Erste Hälfte.

Cap. I.

Cap. II.

Cap. III.

Cap. IV.

ERSTES CAPITEL.

Jacobello del Fiore und Donato Veneziano.

Während des ganzen 14. Jahrhunderts fehlt es der venezianischen Kunst durchaus an selbständiger Lebensregung. Mit Zähigkeit blieben die Maler Venedigs, vom Geschmack ihrer Landsleute unterstützt, an den allmählig zu blossen Formeln gewordenen alterthümlichen Typen haften, die sie mit ebenso veralteter Technik behandelten. Wir haben schon früher einen Blick auf die ärmlichen Kunstleistungen dieser Zeit geworfen, für welche selbst die grossartige Thätigkeit Giotto's in Padua wirkungslos blieb, wie sie auch von dessen weit über Venedig hinaus sich verbreitender Schule keinerlei Anstoss empfieng.[1] Der Sinn für

[1] Vgl. Band III. Cap. XVIII. Den Ueberbleibseln, welche diese frühe venezianische Kunstthätigkeit in Venedig selbst zurückgelassen hat, sind noch die folgenden hinzuzufügen: das ehemals zum Grabmal des Dogen Francesco Dandolo (um 1338) gehörige Wandgemälde, Bogenfeld aus dem Kreuzgang zu S. M. de' Frari, — jetzt in der Sakristei von S. M. della Salute — eine Maria auf Goldgrund, knieend verehrt vom Dogen und der Dogaressa, die von ihren Schutzheiligen Franciskus und Elisabeth empfohlen werden, oberhalb schwebende byzantinische Engel. Es hat, so viel man schliessen kann, Stilverwandtschaft mit dem Pievan di S. Agnese, ist echt venezianisch und erinnert vermöge einer gewissen Schlankheit der Figurenverhältnisse an ein Mosaik in S Giovanni e Paolo, welches zum Grabmal des Dogen Michele Morosini (1382) gehört: eine Kreuzigung, auf der einen Seite Maria, welche dem vom heil. Michael behüteten knieenden Dogen den Heiland zeigt, auf der andern die anbetende Dogaressa mit einem Schutzheiligen neben Johannes; oberhalb der Bogennische, worin das Hauptbild angebracht ist, sieht man das Wappen der Morosini nebst 2 Prophetenfiguren. Dies ist das einzige musivische Werk des 14. Jahrh. in Venedig, welches an Giotto's Stil mahnt; in der Art der Ausführung ist es der Gaddi nicht unwürdig und kann von Agnolo herrühren, über dessen Aufenthalt in Venedig wir indessen keine Kunde haben.

die barbarische Pracht der Orientalen, mit welchen die Venezianer in ununterbrochener Verbindung standen, liess die edlere und nüchternere Kunst Toskanas nicht Wurzel fassen.

Der Kunstbetrieb, wie ihn die Lorenzo, Semitecolo und Guariento geübt, änderte sich bei Jacobello del Fiore, Negroponte und Donato nur dem Umfange nach. Wichtig wurde, dass die Regierung von Venedig neben diesen Männern und vielleicht in Erkenntniss der Schwäche Jacobello's zwei Künstler von auswärts, den Gentile von Fabriano und den Pisano, in Thätigkeit setzte. Mit ihnen kam ein frischerer Zug nach Venedig, durch welchen die sogenannte Schule von Murano ins Leben gerufen wurde. Einen dritten Ausgangspunkt gab der Einfluss des Jacopo Bellini, der zwar Schüler des Umbriers Gentile gewesen war, aber seine Ausbildung in Florenz erlangt hatte.

Zuerst nun wurde der alte byzantinisch-venezianische Stil von den Muranesen verdrängt, welche sich zu einer wenn auch mässigen, so doch höchst achtbaren Selbständigkeit heraufarbeiteten, die nur gar bald in einer Nachahmung des mantegnesken und bellinesken Stiles verlief. Die Bellini endlich nahmen alle lebenskräftigen Elemente ihrer Heimath in sich auf und wurden dadurch erst die eigentlichen Begründer der venezianischen Malerei.

Jacobello del Fiore, wohl zu unterscheiden von Jacobello di Bonomo, der uns durch ein beglaubigtes Altarbild in Rimini bekannt wird[2], und Giacometto, einem späteren Venezianer, der

[2] Jacobello di Bonomo, auf welchen wir noch zurückkommen, wird uns durch ein Altarstück von monumentaler Gestalt in der Kirche Sant' Arcangelo bei Rimini bekannt: inmitten Maria und Kind (erstere in blauem mit Goldblumen übersäten Mantel, letzteres in goldener Tunika) und zwei ganz kleine Stifterfiguren am Throne knieend, rechts in ganzer Figur die Heiligen Petrus, Michael mit der Seelenwaage, und Joh. der Täufer, links Paulus, Kath. von Alex. und Franciskus, sämmtlich halblebensgross auf Goldgrund unter Kleeblattnischen. Ueber diesen sind wieder 6 muschelartige Nischen in Blau und Gold angebracht, und über dem Mittelstück der Gekreuzigte, umgeben von Maria und Johannes und seitwärts Maria und Elisabeth. Die Muschelnischen werden von 6 Halbfiguren (Antonius, Klara, Lucia, Ursula, Agnes und Ludwig von Frankreich) überhöht. Am sechseckigen Thronsessel Maria's die Inschrift: „MCCCLXXXV Jachobelus de Bonomo venetus pinxit“ (sonach wäre der Maler spätestens zwischen 1360 und 1370 geboren, vgl. damit das Testament des Jacobello del Fiore v. J. 1439, Anm. 21). Die Gestalten sind hager und schlankhalsig, ihre grossen Köpfe durchgängig auf die Seite geneigt, die Züge kantig und trocken, die Hände dünn, die Finger

besonders als Thiermaler Berühmtheit erlangte[3], hat in der Zeit von 1400 bis 1439 gearbeitet. Er behielt die Vortragsweise seiner Vorgänger bei und begnügte sich damit, die „griechische Weise“, wie Vasari sich ausdrückt, fortzusetzen.[4] Die Kennzeichen seiner Malerei sind Unrichtigkeit der Zeichnung und Härte der Farbe, geschmacklose Verbindung derber Töne mit Vergoldungen. So erscheint er als peinlicher Nachfolger des Guariento ohne die Zartheit des Gentile da Fabriano.[5] Aber man begreift um so eher, dass er sich beim Herkömmlichen begnügte, da ihm der öffentliche Geschmack beipflichtete und ansehnlichen Verdienst gab. Der Vater Jacobello's, Francesco del Fiore, nahm am Ausgange des 14. Jahrhunderts unter seinen Gildegenossen eine wichtige Stellung ein. Im J. 1376 wird er bei Gelegenheit der Umbildung der Malergesellschaft in eine religiöse Genossenschaft unter der Bezeichnung „Sier Franceschin de Fior“ als Gastoldo oder Vorsitzender der Gilde aufgeführt, als welcher er zu seiner Genossen wie zu seiner eigenen Ehre einige schwierige Geschäfte

spitz und die Nägel nicht immer an der richtigen Stelle; die Gewänder fallen spiralartig und haben runde Faltenaugen; die Umrisse sind zäh und bei den Aussenlinien von schwarzer, bei den Innenlinien von rother Farbe. die Farbensubstanz ist Tempera, die Töne haben grelle Gegensätze. Der Vortrag des Jacobello del Fiore, wie er sich besonders in den Bildern im Dogenpalast und in der Akademie zu Venedig (s. später) kennzeichnet, stimmt mit diesem eben beschriebenen Bilde nicht völlig überein. Als ein Bild, welches man dem Jacobello di Bonomo sonst noch zuschreiben könnte, möchte das Altarbild in S. Francesco (früher in S. Buonaventura) zu Pesaro zu nennen sein: in einer Nische die stehende plastische Figur der heiligen Elisabeth zwischen den gemalten Heiligen Hieronymus, Jakobus, Petrus, Paulus, Antonius Abbas und Nikolaus von Bari (Goldgrund, Fig. halblebensgross). Hier scheinen die Schlankheit der Gestalten und die Gewänder auf diesen Maler hinzuweisen, während der zarte rosige Ton des Fleisches und die wohlgefällige Farbenstimmung der Kleider, sowie die ausserordentliche Sorgfalt der Durchführung an Gentile da Fabriano erinnern und auf andere künstlerische Anleitung hindeuten als bei dem Bilde in Sant' Arcangelo bei Rimini. Man muss sich bescheiden, die Arbeit als eine venezianische aus der Zeit des Jacobello di Bonomo zu bezeichnen, in einer Stadt, welche von Lanzi (engl. Ausg. von Roscoe, neu von G. Bohn, 1847, II, 86) als Fundort für Werke des Jacobello oder, wie er ihn nennt, des Jacometto del Fiore erwähnt wird. — Zu derselben Gattung gehören auch die beiden Heiligenfiguren (Doppelbild) des Museums zu Berlin (N. 1161. Petrus und Paulus, beide lesend, Holz, Tempera. je h. 2 F. 8¾ Z., br. 9½ Z.). welche geziemend der altvenezianischen Schule zugeschrieben sind.

[3] Vgl. Anonymus des Morelli u. A., welche den Giacometto mit Jacopo de Barbaris zusammenwerfen, von welchem später die Rede sein wird.

[4] Vasari VI, 91.

[5] Aus diesem Grunde scheint uns Waagen's Annahme (Treasures II, 127) ungerechtfertigt, welcher ihn als Schüler des Gentile betrachtet.

mit dem Kapitel von S. Filippo e Jacopo erledigte.[6] Auch der Sohn Jacobello ehrte den Vater, indem er auf dem Familiengrabe in S. Giovanni e Paolo im J. 1433 den Denkstein anbrachte, welcher sich heute im Kreuzgange des Seminario zu Venedig findet.[7] Hätten wir die wenigen Beweisstücke von Francesco's Kunstweise noch vor Augen, welche Lanzi und Moschini aufgespürt haben[8], so würde sich die Ueberleitung der griechischen Manier vom Vater auf den Sohn darlegen lassen. Die früher in und bei Pesaro bewahrten Stücke von Jacobello's Hand gewährten die Möglichkeit, die Entwickelung des Künstlers bis ins erste Jahr des 15. Jahrh. zurückzuverfolgen;[9] heute sind wir jedoch auf

---

[6] Seine Matrikel vom 22. April 1376 im Auszug mitgetheilt in einem Briefe des Tommaso Temanza an den Grafen Francesco Algarotti d. d. Venedig, 3. März 1761 bei Bottari u. Ticozzi, Lettere sulla pitt., Mailand 1822, V. 498.

[7] Die Inschrift lautet: „Fert psculpta virum magne virtutis ymago Urbe satū veneta dedit ars pictōia summū Fracisců de Flore vocat patrem Jacobelli Huis et uxoris Lucie mebra quiescunt Hic extrema suos heredes fata recedēt MCCCCXXXIII die XXI Juli.“ vgl. Zanetti, Pitt. ven. (1792) S. 23 u. s den Hinweis auf das Denkmal in Jacobello's Testament.

[8] Lanzi, Stor. d. pitt ang. A. II, 86 erwähnt ein Diptychon mit Francesco's Namen und der Jahrzahl 1412, welches in Venedig von einem „Cavalier Strange“ gekauft worden sei, und Moschini, Guida di Murano, Venedig 1808, S. 19 ein Altarstück des Francesco, das sich ehemals im Besitz des Ascanio Molin befunden habe.

[9] Lanzi, a. a. O. II, 86, beschreibt 2 Bilder: 1. ein Altarstück von 1401 in S. Cassiano zu Pesaro, und 2. ein Altarstück von 1409, beide mit der Bezeichnung „Iacometto de Flor.“ Dieses zweite ist offenbar dasselbe, welches nach der Beschreibung Ricci's (Artisti della Marca I, 205 u. 225) eine gnadenreiche Jungfrau zwischen den Heiligen Jakobus und Antonius enthielt und bezeichnet war: „MCCCCVII(?) a dì X. de Marzo maestro Iacometto del Flor depenxe“; es befand sich in der Kirche zu Monte Granaro bei Pesaro, wo es jedoch nicht mehr ist. Da die genannten Bilder nicht mehr nachweisbar sind, müssen hier wenigstens die Nachrichten über dieselben einer Kritik unterzogen werden. Zunächst dürfen wir annehmen, dass Jacobello und Jacometto gleichbedeutend sind, denn Jacobo und Giacomo ist ein und derselbe Name. Bezüglich des Charakters der Bilder aber gehen die Meinungen auseinander. Lanzi erkennt keine Verschiedenheit zwischen ihnen und denjenigen in Venedig, welche mit „Jacobellus de Flore“ oder „Jachomello de Fior“ bezeichnet sind, noch auch andrerseits zwischen diesen und dem Krönungsbilde in Ceneda. Vallardi beschreibt in seinem Katalog (Mailand 1830 S. 68) eine Anbetung der Könige in seinem eignen Besitz mit der Inschrift: „1420 Jachomello . de . Flor . mo . pense“. Das Bild kam beim Verkauf der Vallardi'schen Sammlung in unbekannte Hände; die Namensaufschrift ist derjenigen auf echten Bildern des Jacobello ähnlich, aber Vallardi erklärt, das Bild habe florentinisches Gepräge wie jene Bilder in Pesaro, welche mit dem Namen „Jacometto de Flor“ versehen waren. Sonach widerspricht er dem Lanzi geradezu. Hat er Recht, dann müssen wir zwei Maler sehr ähnlichen Namens annehmen, von denen der eine Venezianer, der andere Florentiner war. Die Zeit- und Namensgleichheit scheinen uns für Lanzi zu sprechen, und da auch auf sein Urtheil mehr Gewicht zu legen sein dürfte, als auf das des Vallardi, so möchten wir vorläufig die Ansicht des Letzteren, dass sein Jachomello ein Florentiner sei, zurückweisen.

Werke eingeschränkt, welche nur für spätere Jahre Zeugniss ablegen. Im J. 1415 war er Vorstand der Gilde[10] und blieb im Amte bis 1436[11], doch spricht diese Auszeichnung mehr für sein Verwaltungstalent als für künstlerische Bedeutung. Denn der geflügelte Markuslöwe im Dogenpalast[12], welchen er i. J. 1415 lieferte, ist ein untergeordnetes und schwaches Stück Arbeit. Was dieser Thiergestalt mit Heiligenschein, ausgespannten Fittichen Venedig, Dogenpal.
und der Pranke auf dem offenen Buche an Gewalt der Erscheinung noch anhaftet, schreibt sich davon her, dass jenes Symbol des Stadtheiligen altherkömmlicher Gegenstand in Venedig war, als dessen bedeutendstes Vorbild die berühmte, aus dem Piräus entführte Löwenfigur mit der Runeninschrift anzusehen ist, welche jetzt den Eingang des venezianischen Arsenales hütet. Wo wir dem Maler als Darsteller menschlicher Formen begegnen — wie auf der Allegorie der Gerechtigkeit, umgeben von den Erzengeln Gabriel und Michael, ausgeführt i. J. 1421 im Tribunal des Magistrato del Proprio[13] — da treten die oben bezeichneten Schwächen deutlich genug hervor. Der Natur vermochte er auf

---

[10] s. Zanetti, Pitt. Venez. 1771 S. 18, 1792 S. 26 „Sier Jacomello de Fior Gasteldo de Pentori 1415".

[11] Unter diesem Jahre berichtet das Matricular-Register der venezianischen Malergenossenschaft von einem Streitfall zwischen dem Gastoldo der Maler „Jacomel de Fior" und den Spiegelmachern, welche letztere von Jacobello genöthigt wurden, ihre Rahmen von Mitgliedern seiner Gilde bemalen zu lassen. S. Brief des Temanza an Algarotti bei Bottari und Ticozzi a. a. O. V. 496.

[12] Dieser überlebensgrosse Löwe auf Leinwand (im Vorgrund rothe Felsen, rechts im Hintergrunde Wasser und übermalter Himmel), früher in der Sala dell' Avogaria aufgestellt (s. Ricci a. a. O. I, 224), trägt die Inschrift: „MCCCCXV die primo Maii. Jacobellus de Flore pinxit" (bei Ricci falsche Jahrzahl und die Lesart „Fiore"); er ist sehr beschädigt, selbst die Umrisse durch Uebermalung der ursprünglichen Tempera entstellt. — Einen ähnlichen Löwen nebst einem knieenden Dogen mit der Fahne hatte Jacobello laut Boschini, Ricche Minere, Venedig 1674, Sest. di S. Marco, S. 49) für das Tribunal „della Biastema" geliefert; er ist aber verschwunden.

[13] Inschrift: „Jacobellus de Flore pinsit 1421", auf einer Rolle oberhalb der Justitia ein Spruch mit den Schlussworten „Blanda piis exequar angelicos monitus sacrata q verba inimica malis tumidis q superba". Die Krone der Figur sowie die Sonne auf ihrer Brust und die rothe und goldene Stickerei sind plastisch ausgearbeitet, die Lehnen des Stuhles tragen vorn zwei Löwenköpfe, die grüne Tunika und das Ornament sind aufgefrischt. Michael (links) den Drachen zertretend und die Waage haltend, hat Achselschilder, Kniescheiben, Diadem und Nimbus von vergoldetem Stuck; der blaue Hintergrund ist neu; die Haltung höchst ungelenk, die rechte Hand neu. Gabriel, der ebenfalls stark übermalt ist, hat dieselbe Ausstattung, sein grüner Aermel, das rothe Hemd und der Grund sind neu. Die Ausführung zeigt dünne Tempera mit Strichelung. Erwähnt ist das Bild auch bei Boschini, Ricche Minere, a. a. O.

keine Weise beizukommen, weder im äusseren Umriss, noch durch Licht und Schatten. Wenn man nun an solche symbolische und allegorische Darstellungen, wie sie damals massenhaft in allen Amtsgebäuden der Rechtspflege angebracht wurden, einen eigentlich künstlerischen Maasstab nicht anlegen darf, so gewinnen wir doch angesichts der Altar- und Kirchenbilder Jacobello's keine wesentlich günstigere Vorstellung von seinem Vermögen. Zum Beweise kann man auf seine Krönung der Jungfrau, 1430 für den Dom zu Ceneda bestellt, auf eine Reihe von Fresken an den Mauern der zum Hospital von S. Lorenzo in Serravalle gehörigen Kirche und auf seine gnadenreiche Jungfrau in der Akademie der Künste in Venedig hinweisen:

Ceneda. Dom.

Das Krönungsbild zu Ceneda, welches sich in allem Betracht als Gegenstück zu Guariento's Wandgemälde im grossen Rathssaale des Dogenpalastes in Venedig[14] darstellt, ist ein Muster von anspruchsvoller Ueberladung; die Hauptfiguren, nur aus derben, mit dicker Temperafarbe in grellen Tönen ausgefüllten Umrissen bestehend, tragen vergoldete plastische Kronen und Scepter, desgleichen ist das Schmuckwerk des Thrones, die Mitren der Engel, Banner, Heiligenscheine und sonstiger Prunk in Stuck aufgesetzt. Vor den mit Propheten besetzten Stühlen, deren vortretenden Gliedern Kinderfiguren aufgeklebt sind, schweben Seraphim, Cherubim und andere Engelgestalten in Regenbogenfarben; die Evangelisten sind in Oeffnungen unter dem Sockel eingeschachtelt; im Vordergrund sitzen die klugen Jungfrauen, gegenüber kniet der Bischof Correr.[15]

---

[14] Dieses Krönungsbild Guariento's, bedeckt vom Throne des Dogen und dem grossen Paradies des Tintoretto, ist durch das Feuer im Jahre 1577 beschädigt, lässt sich aber aus einem Stich v. J. 1566 in der Marciana beurtheilen.

[15] Die Figuren lebensgross, die Farbe durch Uebermalungen völlig verändert. Bei der Versetzung vom Hochaltar in das zweite Zimmer der Sakristei des Doms zu Ceneda war das riesenhafte Holzbild in zwei Stücke zersprungen und der alte Rahmen entfernt worden, der angeblich die Aufschrift enthielt: „Anno 1430 adi X frever Christopholo da Ferrara intaio". Dieser Schnitzmeister ist nicht unbekannt; ein Rahmen seiner Arbeit umschliesst das Krönungsbild des Giovanni und Antonio da Murano in S. Pantaleone zu Venedig, und sein hier angebrachter Name verleitete Federici (Memorie Trevigiane I, 201) in ihm den Maler des Bildes Cristoforo del Fiore zu erblicken. Federici fügt hinzu, die Jahrzahl des Werkes sei 1438 gewesen, offenbar irrthümlich, denn in den handschriftlichen Aufzeichnungen des Carlo Lotti auf das J. 1785 heisst es: „Cattedralem ecclam exornavit altari magnifice ... cui tabulam ab eximio illius tempore pictore Jacobello de Flore addidit, in qua paradisus representatur... tempore Antonii Corrarii", und Bischof Correr regierte in Ceneda von 1410 bis 1430.

Serravalle, Hospital.

Die Hospitalkirche zu Serravalle, durch einen Bogen in zwei Hälften getheilt, in dessen Leibung 12 Heiligenfiguren angebracht sind, trägt an den Decken die Evangelisten und die 4 Doktoren; im Innenraum von links nach rechts fortschreitend, sieht man dargestellt: das Martyrium der Heiligen Laurentius und Blasius, dann eine beschädigte Kreuzigung, ferner Scenen aus der Legende des Laurentius, seine Brodspende, die Erscheinung vor dem Könige und die Taufe der Bekehrten, Bilder zur Legende des heiligen Stephanus: Heilung des Schuhmachers, der sich an der Hand verwundet hatte. — Zeichnung und Malerei sind denen des Altarstückes in Ceneda durchaus verwandt, die Figuren plump und von abstossendem Ausdruck, die Einzelheiten durchgängig unrichtig, das Fleisch röthlich mit weiss aufgestrichenen hohen Lichtern.[16]

Venedig, Akademie.

Das Altarbild in der Akademie zu Venedig zeigt die thronende Madonna, umgeben von Johannes d. T. und einem zweiten Heiligen; unterhalb des Johannes die Bezeichnung „1436. Jachomello. de. Fior. pense".[17] Die Hauptfigur ist leer und ungelenk, wie von Spielkarten entlehnt, die Gestalten überhaupt hölzern und ohne Rücksicht auf die Anatomie gezeichnet, die Falten verwickelt und von spiralförmigem Fall; das Fleisch roth mit grünen Schattenpartien; Kronen und Saumschmuck auch hier erhaben.

Im Anschluss an diese Machwerke, welche nur deshalb Beachtung verdienen, weil sie die Vorgeschichte der venezianischen Malerei aufklären, bedarf es nur der beiläufigen Aufzählung etlicher verwandter Ueberbleibsel dieser rohen Zeit, wie sie sich z. B. in Venedig, Bergamo und anderwärts finden und sich mit grösserem und geringerem Recht dem Jacobello zuweisen lassen.[18]

---

[16] Die Kapelle hat als Lagerhaus gedient und ist jetzt sehr verschwärzt. (Ceneda und Serravalle sind jetzt unter dem gemeinsamen Stadtnamen Vittorio verbunden.)

[17] Venedig, Akad. Nr. 22, Holz, hoch 0,87, breit 1,15. Das i in „Fior" scheint ein verstümmeltes l. Es ist dasselbe Bild, welches Lanzi, a. a. O. II, 86, in der Gall. Manfrin kannte. —

[18] Venedig, Gall. Correr N. 7: Maria mit dem Kinde an der Brust (Halbfig., Holz, Goldgr., h. 0,57, br. 0,39). Inschrift: „In gremio . matris . sede . sapiencie . patris . iacobelu' . d' . flor' . pinxit." Die Bildfläche schadhaft, sodass die Farbe nicht beurtheilt werden kann, Umrisse und Bewegungen erinnern an Francescuccio Ghissi. — Venedig, Gall. Manfrin, N. 67 (18) Maria m. Kind (Holz h. 0,60, br. 0,47) bis zur Unkenntlichkeit übermalt, mit Spuren der Inschrift „143 . . (4 oder 6?) adì 26 Māzo Jachomello de . . ore pense". (Echtheit fraglich). Vgl. Kugler, Handbuch. — Ebenda, N. 104 (20): die heil. Klara (Halbfig., Holz, h. 0,36, br. 0,21) eher an den Stil eines der älteren Muranesen, als an Jacobello erinnernd. — Venedig, Sant' Alvise: Bildniss des Priesters Philippus, Curat von S. Girolamo, knieend, sehr durch Feuer und nachherige Uebermalung entstellt, mit Spuren der Inschrift: „Jacob . . lo re me . . . . ." (nicht mehr zu beurtheilen). Ausführliche Nachrichten bei Cicogna, Iscrizioni venete vol. VI, 532, 823 f. Das Bildniss galt lange für das des

Bezüglich anderer wird man sich im Hinblick auf die durchschnittliche Werthlosigkeit von ihresgleichen ohne Kummer mit der Thatsache begnügen, dass sie entfernt worden sind, um den Arbeiten besserer Künstler Platz zu machen. Dies gilt von einem Bilde der Ermordung des Petrus Martyr in S. Giovanni e Paolo[19], an dessen Stelle das seitdem leider auch vernichtete Meisterwerk

---

Pietro Gambacorta von Pisa; einen Stich danach gibt Zanotto, Pinacoteca Veneta, Fasc. 8; es ist auf Holz gemalt, Bruchstück, vielleicht ursprünglich aus der Kirche S. Girolamo in Venedig stammend. — Venedig, S. Gervasio e Protasio: Der heilige Grisogonus zu Pferde mit der Fahne (Holz, gänzlich übermalt), an Jacobello, aber auch an Antonio da Negroponte und sogar an Giambono erinnernd. — Bergamo, Gall. Carrara N. 17 (Catal. XXXII) aus 10 Stücken bestehend: Hauptbild (oben rund) enth.: Maria, das auf ihrem Schoosse liegende Kind anbetend, am Himmel 6 Engel, vorn zu den Seiten eine kleine Mönchsfigur knieend, eine zweite stehend, in den Zwickeln darüber die Verkündigungsfiguren, links und rechts vorn einen Christuskopf (rund), zu den Seiten 6 kleine Darstellungen: links Kreuzigung, Abnahme, Grablegung, rechts Auferstehung, Nolimetangere und Geburt (Holz, Mittelb. h. 0,93, br. 0,51). Inschrift: „Jachomello de Fior F. Bilder und Signatur unberührt, die Figuren zeigen die Mängel des Jacobello im höchsten Grade. — Berlin, Mus. N. 1155: der heilige Michael mit der Seelenwaage in der Linken, den Drachen durchbohrend (Holz, Temp. h. 3 F. 9 Z., br. 1 F. 7½ Z.), ohne Stuckauftrag, Zeichnung und Bewegung besser als bei Jacobello, die Farben besser gemischt, sodass das Stück mehr an die Muranesen erinnert. — Zwei von dem Verf. nicht gesehene Bilder, ein heil. Ludwig und Hieronymus, ehemals bei Mr. Barker in London und 4 Heilige (Jakobus d. Aelt., Georg, Dominikus und Nikolaus) ehemals bei Mr. Bromley, beschreibt Waagen, Treasures II, 127 u. III, 377. — Verloren oder unauffindbar sind folgende Bilder: Altarstücke für die Nonnen des Corpus Domini in Venedig (Vasari VI, 19, Sansovino, Venetia descr. 173, Ridolfi, Maraviglie I, 48), ein Altarstück in der Kirche der Gesuati in Venedig (die Heiligen Christoph, Sebastian und Rochus), vgl. Boschini, Ricche Min. S. Dorso Duro S. 19. Irrthümlich dem Jacobello zugeschrieben wird das Bild (Mad. m. K.) von Negroponte in S. Francesco della Vigna zu Venedig bei Ridolfi a. a. O. I, 48.

[19] Dass Jacobello das Martyrium des Petrus Martyr für S. Giov. e Paolo geliefert hatte, bestätigt Sansovino (Venezia descr., Ausg. von Martinione, Venedig 1663 S. 65) und Ridolfi (Maraviglie dell' arte. Padua 1835, I. 48). Die Apostel für die Scuola della Carità erwähnt der Anonymus des Morelli S. 87; sie seien auf Holz in Tempera gemalt, überlebensgross und mit der Inschrift versehen gewesen: „l'anno 1418, 13. Febbraro". Sie werden ferner erwähnt bei Boschini (Ricche Min. Sest. Dorso Duro S. 36), bei Sansovino (Ven. descr. 282), bei Zanetti (Pitt. Venez. S. 17) und bei Ridolfi (Marav. I, 47). Moschini (Guida di Venezia, 1815, II, 481) tadelt Ridolfi und Boschini mit gutem Grunde darum, weil sie eine von Letzterem gleichzeitig mit jenen Aposteln erwähnte Madonna mit einem andern Madonnenbilde und Heiligen von Johannes Alemannus und Antonio da Murano (jetzt in der Akad. zu Venedig) verwechseln. Desselben Fehlers macht sich übrigens auch Zanetti a. a. O. schuldig. Wir haben die Apostelfiguren vergebens in den Magazinen der Akademie zu Venedig gesucht; im J. 1858 waren zwei aus Venedig stammende Apostelfiguren in Bassano unter dem Namen des Jacobello zum Verkauf gestellt; der Stil dieser Bilder traf zu; es ist daher zu vermuthen, dass jene Figuren auseinandergetrennt worden und in auswärtige Gallerien gekommen sind.

des Tizian gesetzt wurde, und von den Aposteln in der Scuola della Carità. Dieser religiösen Anstalt war Jacobello durch Gesinnung und Interesse dergestalt verbunden, dass wir annehmen dürfen, er wird für sie sein Bestes geleistet haben. Wir finden seinen Namen unter ihren Angehörigen aufgeführt und laut seiner letztwilligen Bestimmung wollte er in der Tracht dieser Genossenschaft und ohne Leichenprunk in dem Grabe beigesetzt werden, welches er für sich und seine Familie in S. Giovanni e Paolo hergerichtet hatte. Das Testament rührt aus dem Ende des J. 1439; Jacobello überwies den grössern Theil seines Eigenthums seiner Gattin Lucia und einem angenommenen Sohne Namens Herkules, fügte jedoch die Nachtragsbestimmung bei, dass, falls sein Weib bei seinem Tode in Kindeshoffnung wäre, der nachgeborne Erbe mit dem bereits vorhandenen zu gleichen Theilen bedacht werden solle. Diese Clausel ist es hauptsächlich, was uns zu der Annahme bestimmt, dass Jacobello del Fiore nicht mit dem andern alten Maler Jacobello di Bonomo identisch sei, denn dieser letztere war, wie wir gesehen haben[20], um die Zeit dieses Testamentes ein Mann von wenigstens 70 Jahren und bei einem solchen wird man eine derartige Bestimmung bezüglich noch zu erwartender Nachkommenschaft nicht für möglich halten. Aber wir erfahren auf diese Weise, dass Jacobello del Fiore ein wohlhabender Mann war, dass er nicht nur Geld, Bücher, Reliquien und Grundstücke, sondern auch eine Sklavin und andere Dienerschaft hinterliess. Was ihm an Talent in seiner Kunst abgieng, ersetzte er durch Mildthätigkeit und Herzensgüte; denn er bedachte seine Grabkirche und ihre Brüderschaft reichlich und verfügte die Freilassung seiner Leibeigenen.[21]

---

[20] s. oben, Anm. 2.

[21] Das im Archivio Notarile zu Venedig befindliche Testament, welches wir aus einer Abschrift von Michele Caffi kennen, besagt im Wesentlichen Folgendes: „1439, 2. ^{bre}; Ego Jacobellus de Flore pictor de confinio S. Moysis . . . constituo et esse volo meos fideles commissarios Luciam dilectam uxorem meam . . . Erculem filium meum adoptivum . . . Eligo corporis mei sepulcrum apud monasterium S. S. Johannis et Pauli ubi meus tumulus est fabricatus. Item poni volo cadaverem meum in feretro meē scolē S. Mariae de Caritate Batutorum, indutum tantummodo cappa dictē scolē . . . . Dimitto omnes et singulos meos reliquias sanctorum cum suis ornamentis scolē Batutorum S. Mariae de Caritate in qua ego sum . . . omnes et singulos meos libros . . . dimitto Anam sclavam meam liberam et francham ab

Von Jacobello's Genossen und Nachfolgern im Malerhandwerk sind wir bereits dem Antonio da Negroponte, Donato und Giambono gelegentlich begegnet. Der Erste wird uns durch ein kolossales Madonnenbild in S. Francesco della Vigna zu Venedig bekannt, welches eigenthümlicher Weise auch anderen Händen zugeschrieben worden ist.[22]

Venedig. S. Franc. della Vigna. Maria, welcher das zu Füssen von 2 Engeln bediente Christuskind mit dem Kreuze in der Hand im Schoosse liegt, sitzt auf einem mit Reliefs von Kindergruppen und Steinornamenten geschmückten Throne, dessen Untersatz vorn mit aufgesetzten Köpfen nach klassischen Vorbildern geziert ist; reichlich verwendete Vögel und Rosen erinnern an Stefano da Verona; daneben sind eine Vase, Leuchter, Blumen und Fruchtgewinde angebracht und den obern Abschluss bilden Seraphgestalten. Die Inschrift an der Thronstufe lautet: „Frater Antonius da Negropoñ pinxit."

Das ganze Gepräge des Bildes verräth Zusammenhang mit den Nachfolgern des Squarcione, Gregorio Schiavone und Zoppo; namentlich die hässlichen Gesichter des Letzteren finden sich wieder, wenn auch das Oval des Madonnenkopfes ziemlich ansprechend ist; auch die harte, trockene Tempera-Technik dieser Schule nehmen wir hier wahr; die ursprünglich feine Schraffierung ist jetzt in den Fleischtheilen stark durch Uebermalungen verdeckt. In der Ausstattung herrscht die Ueberladung und der Prunk mit erhabenem Zierwerk vor, wie er auf paduanischen Bildern selten fehlt. Als beglaubigte Arbeit des Antonio da Negroponte steht

omni vinculo servitutis . . . Dimitto Catherinam servam meam in manibus antedictae Luciẽ uxoris meae . . . et Erculis . . quia in eorum arbitrio relinquo tenendam francandam et maritandam. Dimitto . . Erculi omnia et singula designamenta et colores ceteraque ad artem pictoriam pertinentia si se in dicta arte voluerit exercere, aliter vendantur . . . Dimitto fratri Dominico de Flore et fratri Johanni Bono de Mariano ordinis praedicatorum ducatos octo auri annuatim . . . omnes et singulas meas domus quod possideo in civit. Venetij tam in contrata S. Agnetis quam in contrata S. Crucis vendi debere . . . . Si forte ad mortem meam ipsa (Lucia) esset gravida et pareret, deputetur ad equalem portionem cum Ercule . . . Residuum omnium bonorum mobil. et immob. present. et futur . . — dimitto antedictis Luciẽ . . . et Erculi."

[22] Ridolfi (Marav. I, 48) bezeichnet es als Werk des Jacobello. Sansovino (Ven. descr. 50) und Boschini (Ricch. Min. Sest. di Castello 43) nennen als Urheber Fra Francesco da Negroponte, wogegen jedoch die Inschrift zeugt. Nach Boschini und Ridolfi war die Tafel für die Kapelle Morosini ausgeführt. Das auf Leinwand gemalte Aufsatzstück mit der Figur Gottvaters ist neuere Zuthat.

diese Madonna vereinzelt da, denn was sonst noch in S. Francesco della Vigna auf ihn bezogen worden ist, verräth bessere Hand;[23] an nahe verwandten Erscheinungen ist jedoch kein Mangel.[24] —

Der Name Donato ist mit Arbeiten von zweierlei Art verknüpft: einmal mit solchen aus dem Anfange des 15. Jahrh. und sodann mit anderen, die aus dem Ausgang desselben stammen. Zu letzteren, die uns hier noch nicht näher beschäftigen können, gehören zwei Bilder der Akademie zu Venedig: eine Pietà[25], Copie derjenigen des Giovanni Bellini im Berliner Museum, und eine Kreuzigung.[26] Sie bezeugen, dass wir einen Venezianer Donato unter den Schülern oder wenigstens Nachahmern des Giovanni

---

[23] Die drei lebensgrossen Figuren des Hieronymus, Bernardin und Ludwig (auf Holz) auf einem Altar der Sakristei, welche Moschini (Guida di Ven., ed. 1815, I, 44—61) dem Antonio, Ridolfi (Marav. I, 48) jedoch dem Jacobello zuschreibt, sind für Beide zu gut. Die Gestalten sind schlank, Ausführung und Zierwerk haben Aehnlichkeit mit denen der Muranesen; die Tempera hat durch Nachbesserung harte gläserne Beschaffenheit bekommen, der Goldgrund ist mit Oel grün übermalt. Wir möchten die Arbeit einem der Vivarini zuerkennen.

[24] z. B. eine Tafel im Oratorio della Disciplina zu Legnago (Goldgrund, an zwei Stellen senkrecht zersprungen): Maria auf dem Thron, das in ihrem Schoosse liegende Kind anbetend, beglänzt von den Strahlen der Taube, die Gottvater sendet; daneben etliche Engel mit Vasen und Rollen; der Gegenstand dem Bilde in S. Francesco della Vigna ähnlich, aber die Bildfläche durch ausgedehnte Uebermalung verändert.

[25] Venedig, Akad. N. 426 (Leinwand, Oel, halbe Fig., h. 0.56, br. 0,76): Christus im Grabe von Maria und Johannes gehalten; die besterhaltenen Theile, wie Hand und Kopf des Heilandes und Theile vom Kopf des Johannes, sind in fettem, halbdurchsichtigem Auftrag gemalt, im Stile eines Nachfolgers des Giov. Bellini, dessen Pietà in Berlin N. 4 unser Bild genau wiedergibt. Eine zweite Copie, ebenfalls dem Donato Veneziano zuzuschreiben, befindet sich in der Gall. zu Padua N. 426 (698), ist jedoch in dickem Farbenauftrag, dreist, prima und mit düsterer Schattirung ausgeführt.

[26] Venedig, Akad. N. 528, aus der aufgeh. Kirche S. Niccolò dei Frari: Christus am Kreuz mit den Marien, Johannes, Franciskus und Bernardin (h. 2,47, br. 1,67), dem Donato zugeschrieben von Boschini (R. Min. Sest. S. Polo 56) und bei Zanotto (Pinacot. Ven. Fasc. 23) abgebildet, jedoch nach Vorgang Moschini's (Guida di Ven. II, 507) mit dem Zweifel, ob das Bild dem als Schüler Jacobello's bekannten Donato angehöre. Die Ausführung ist besser als bei der vorgenannten Pietà, wenn auch die Hand dieselbe sein mag; die Stimmung der Fleischtöne erinnert an die Richtung, welche Palma Vecchio charakterisirt. — Boschini a. a. O. führt ferner als Arbeit des Donato ein Bild der Stigmatisation des Franciskus im Refektorium von S. Niccolò auf, aber dasselbe ist ebensowenig aufzuweisen, wie die gleichfalls von Boschini (a. a. O. Sest. della Croce 62, 63) verzeichnete und sehr belobte grosse Kreuzschleppung in dem zur Kirche der Insel S. Giorgio in Alga gehörigen Refektorium. — In der Gall. Manfrin N. 106 (21) findet sich unter Donato's Namen ein heiliger Hieronymus in der Wüste (Holz, h. 0,65, br. 0,57), ein rohes Stück Arbeit, welches keinem der oben beschriebenen Bilder ähnlich ist.

Bellini zu suchen haben. Der gleichnamige Genosse des Jacobello jedoch, der uns durch Beschreibungen von Bildern aus den J. 1438—1460 entgegentritt[27], gehört seiner Richtung nach zu den Zöglingen des venezianischen Trecento. Das einzige beglaubigte Stück, welches uns erhalten ist und welches angeblich aus dem J. 1459 stammt, ist der im Magazin des Dogenpalastes aufbewahrte Markus-Löwe mit Heiligen, dessen Auffassung vollkommen zu derjenigen Jacobello's stimmt und auch die gleiche Unfähigkeit in der Behandlung der menschlichen Figur bekundet:

Venedig. Dogenpalast. Das kolossale geflügelte Thier, nicht ohne einen Anflug von Grossartigkeit, hat die Heiligen Hieronymus und Augustin zur Seite, im Hintergrunde ein hochgelegenes Schloss, Wasser mit Inseln und einem Schiff, vorn zwei Wappenschilder, bezeichnet: „Donat.˜ Vētus depi . . . a . . .".[28]

Michele Giambono betrieb seine Kunst ebenfalls mit sehr bescheidenen Erfolgen in der Weise des Jacobello. Er war als Mosaikarbeiter geschickter denn als Maler, wiewohl sich auch hier eine Verbesserung der Technik bemerklich macht, welche auf das Studium des Pisano oder des Gentile da Fabriano hinweist. Aus dem Zuge seiner Umrisse erkennt man seine mit Jacopo Bellini gemeinsame Anleitung, wenn er sich auch niemals von der herben Formensprache der venezianischen Byzantiner frei gemacht und zu richtiger Zeichnung der Körper- und Gewandformen emporgeschwungen hat. Schon aus dem Anfang der 40er Jahre ist uns urkundliche Nachricht über seine Thätigkeit erhalten[29], die älteste

---

[27] Verzeichnet werden: „Battesimo su l'altar grande a S. Marina (Venedig) di mano di D. Veniz. l'anno 1438" (Sansovino, Ven. descr. 41), „una Madonna di S. Elena l'anno 1452" (ebenda 212, und Ridolfi, Marav. I. 49), eine Madonna mit Jakobus, Hieronymus, Viktorius und Nikolaus in S. Samuello (bei Sansovino a. a. O. 115); sämmtlich verloren.

[28] Leinwand. Temp., ehemals im Tribunal der Avogaria, s. Boschini, R. Min. Sest. S. Marco 50. Die Jahrzahl 1459 gibt Ridolfi a. a. O. I. 49. Das Bild ist in Oel übermalt, Spuren der ursprünglichen Technik zeigt noch der Kopf des Hieronymus und das Zierrath am Gewande des Augustin. — Ein zweites Stück dieser Art, ursprünglich im Magistrato de' Cattaveri, jetzt ebenfalls im Magazin des Dogenpalastes, stellt die Heiligen Petrus und Nikolaus als Hüter des Wappens der Republik dar (Leinw.). Der Stil ist derjenige des Jacobello und Giambono und ähnelt dem Donato sehr, aber das Bild ist durch Uebermalung verändert und die Jahrzahl 1504 scheint von andrer Hand daraufgesetzt, welche aussen zwei neue Zuthaten angefügt hat.

[29] Eine Urkunde vom 28. Decemb. 1411 im Notariatsarchiv zu Udine ent-

vorhandene Arbeit jedoch scheint das schadhafte Altarstück, enth. den Erlöser umgeben von 4 Heiligen, in der Akademie zu Venedig zu sein, dessen Ausführung in Rücksicht auf die unter den Nebenfiguren vorkommende Gestalt des heil. Bernardin nach 1458, dem Zeitpunkt der Kanonisation des Heiligen, zu setzen ist:[30]

Venedig. Akademie.

Sämmtliche Figuren stehen in gemalten Nischen, Christus als Pilger mit dem aufgeschlagenen Evangelium in der Rechten und im grösseren Maasstabe gehalten, auf einem niedrigen Postament, welches die Inschrift trägt: „Michael Gãbono pĩxit“.[31]

Die alterthümlichen Formen, die Linienmarkirung des grossen Kopfes verrathen den Schulzusammenhang des Malers mit den Trecentisten, aber die Stuckornamente sind flacher gehalten und die Muster der Heiligenscheine schöner als zuvor. Alle diese Eigenschaften erinnern im höchsten Grade an das dem Vincenzo di Stefano zugeschriebene Wandbild an dem Denkmal in S. Anastasia zu Verona, welches i. J. 1432 dem Cortesia Serego, Feldhauptmann des Antonio Scaliger, errichtet wurde. Giambono's Namens-Inschrift findet sich ferner an einem der beiden Mosaikbilder am Tonnengewölbe der Kapelle der Madonna de' Mascoli in S. Marco zu Venedig:

Venedig. S. Marco.

Zu beiden Seiten des Fensters, dem Eingang gegenüber, sieht man in einem Bogenfelde die Verkündigungsfiguren; auf dem Streifen an der Mittellinie der Decke sind in drei Rundfeldern Maria mit dem Kinde, Jesaias und David angebracht; rechts davon Heimsuchung und Tod Maria's, links die Geburt Christi in einer Halle von reicher

---

hält den Vertrag zwischen der Stadt San Daniele einerseits und dem Michele quondam Giovanni Boni als Maler und dem Paolo Amadei als Bildhauer aus Venedig andrerseits auf Lieferung eines Altarstückes in Schnitzwerk für die Kirche S. Michele in San Daniele.

[30] Bernardin starb 1444, wurde selig gesprochen 1450, heilig 1458, obwohl die Angaben schwanken. In Rücksicht auf den Heiligen und unser Bild ist die Angabe merkwürdig, die sich in Malipiero's Annali Veneti (Arch. Stor. Tom. VII. P. II. Florenz 1844 S. 658) findet: „1470: Quest' anno s'ha comenzà a solenizar el di de S. Bernardin da Siena, a instantia del Dose D. Cristofol Moro, al quale ditto Bernardino predisse che'l sarave Dose.“

[31] Venedig Akad. N. 3 (aus der ehemaligen Scuola del Crocifisso alla Giudecca), h. 2, br. 2.20, gestochen bei Zanotto (Pinac. Ven. Fasc 44): der obere Theil der Nischen ist in neuerer Zeit vergrössert worden, der Goldgrund aufgefrischt, sodass er stellenweise die ursprünglichen Umrisse verwischt hat; die Fleischtöne beschädigt.

Architektur und als Füllstück die Darstellung im Tempel mit der Inschrift: „Michael Zanbono venetus fecit".[32]

Die Bilder sind durch Leisten in geschmackvoller Nachahmung der älteren orientalischen Muster umschlossen, die Darstellungen der Heimsuchung und des Todes der Maria scheinen entweder erneuert oder ursprünglich von anderer Hand, aber Geburt und Darbringung im Tempel sind verständig und geschickt im überlieferten Stile ausgeführt, mit gutem Sinn für Raumbenutzung und Gleichgewicht. Sie zeigen mehr Einfachheit der Handlung, mehr Reinheit des Umrisses und bessern Gewandfall als gleichzeitige Malereien der venezianischen Schule, auch sind die Verhältnisse wahrer und die Geberdensprache lebendiger, die Färbung einheitlich und prächtig.

Padua. Privatbesitz.

Den Einfluss des Pisano auf Giambono lässt jedoch am besten ein kleines, höchst sauber ausgeführtes Bild der Madonna mit dem Kinde im Besitz des Grafen Riva in Padua erkennen, welches den Namen des Malers, ebenfalls ohne Jahreszahl, aufweist.[33] Als charakteristische Eigenschaften dieses flachen, schwachschattirten Bildes, welches sich wie eine vergrösserte Miniatur ausnimmt, erscheinen die unnatürlichen Bewegungen der im Ganzen wie im

---

[32] Die Kapelle ist i. J. 1430 errichtet, wie folgende oberhalb des Altars in Stein gehauene Inschrift besagt: „MCCCCXXX DVCANTE domino Francisco Foscare P. curatoribus vero S. Marci Dominis Lionardo Mocenigo, Bartolommeo Donato haec capella . . . . . it." Moschini (Guida I, 365) und mit ihm Zanotto (Pinac. Ven. Fasc. 44) setzt die Ausführung der Mosaiken in die Zeit um 1430, Selvatico (Guida di Venezia S. 38) in das J. 1490. Die Darstellung des Todes der Maria hat einige Nachbesserungen erfahren. — Sansovino (Ven. descr. S. 98) halt den Giambono auch für den Bildhauer der Reliefs in der Capp. de' Mascoli. Dass ein Bildhauer „Zuan Boni" zwischen 1438 u. 42 in Venedig gelebt hat, wissen wir aus den bei Gualandi (Memorie, Ser. VI) beigebrachten Urkunden, ob derselbe jedoch mit dem Maler Giambono identisch sei, bleibt fraglich. Die beiden Altarbilder, welche Sansovino a. a. O. 175 in Sant' Alvise zu Venedig aufführt, sind nicht nachweisbar.

[33] Samml. des Conte Riva. Padua, via Biagio: Holz, vergoldeter Grund mit Arabesken in Lackfarbe; auf Maria's Knie ein Vogel; am untern Saume die Inschr.: „Michael Johannis Bono. venetus pinxit." — Im Museum zu Berlin wird N. 1154 (Magdalena von ihrem Haar bedeckt durch 6 Engel zum Himmel emporgetragen, vorn links in hügeliger Landschaft eine knieende Nonne. Holz. Goldgr., Tempera h. 3 F. 3 Z., br. 1 F. 5 Z.) ihm zugeschrieben, aber die Weichheit des Vortrags und die verhältnissmässige Naturwahrheit in der Zeichnung der Figuren weist auf Antonio von Murano hin, obgleich wir es jedenfalls mit dem bei Sansovino (Ven. descr. S. 20) dem Giambono zugetheilten Bilde aus S. Maria in Gerusalemme in Venedig zu thun haben.

Einzelnen durchaus mangelhaft gezeichneten Figuren mit kleinem Mund und Kinn, eckigen Augenlinien, dicken Fingerspitzen, und die gewundenen schwerfallenden, mit goldenen Arabesken und Säumen belasteten Kleider, an denen man Familienähnlichkeit mit den gewöhnlichen Erzeugnissen der veronesischen Schüler des Pisano nicht verkennen kann.

Auf diese Weise werden uns die Spuren der Umwandlung kenntlich, welche der Eindruck umbrischer Kunst bei den Venezianern hervorbrachte. Hier wäre es ohne Zweifel lehrreich, eine deutlichere Vorstellung von Giacomo oder Girolamo Morazone zu gewinnen, welchen Vasari als Nebenbuhler des Jacobello in der alten Manier bezeichnet. Da aber sein uns beschriebenes, für S. Lena (Sant' Elena) gemaltes Bild unauffindbar ist[34], und wir sonst keinen bestimmten Anhalt zur Beurtheilung seines Stiles haben[35], muss er bei Seite gelassen und unsere Aufmerksamkeit der Kunstentwicklung auf der Insel Murano zugewendet werden.

[34] Nach Zanetti (Pitt. Ven. 491) stellte das Bild, welches zuletzt in der Akad. zu Venedig gewesen ist (Anm. zu Vasari VI, 91), die Himmelfahrt Maria's mit Helena und Elisabeth, Joh. d. Täufer und Benedikt dar und trug die Jahrzahl 1441; nach Cicogna (Iscriz. Venet. Vol. III. 354 u. 518) war es 1441 auf Bestellung einer venezianischen Dame „Isabetta madre di Fra Tommaso da Venezia" ausgeführt. Vasari VI, 91 nennt den Maler Giromin Morzone (Moroceni?); über die Familie desselben ist zu vgl. Cicogna a. a. O. I, 49 u. 83.

[35] In S. Maria de' Frari zu Venedig findet sich ein Denkmal des seliggesprochenen Franciskanermönches Pacifico, laut der Inschrift begraben am 21. Juli 1437, mit schweren grotesken Flachreliefs in gebrannter Erde (Auferstehung, Höllenfahrt und Tugenden) und oberhalb der Nische Maria mit Gabriel und der Taube Gottvaters, auf der linken Seite Franciskus die Wundmale empfangend und ein Franciskaner mit einem Buch in der Nische stehend; an der Decke der Blende Zierwerk und Engel. Diese Malereien sind in Tempera ausgeführt, plump und stumpf im Ton und zeigen Nachahmung Jacobello's; die Formen sind ebenso fehlerhaft wie man sie bei ihm gewohnt ist, aber mit einer Uebertreibung, die an Giambono erinnert. Die Steinarbeit ist offenbar von derselben Hand wie die Malereien. Vielleicht haben wir hier eine Arbeit des Morazone, wenn wir ihn wirklich als Nebenbuhler Jacobello's auffassen dürfen.

ZWEITES CAPITEL.

Die älteren Muranesen.

Obgleich Murano nur durch einen Kanal von mässiger Breite von Venedig getrennt ist, hat es doch seit Beginn der Niederlassungen auf den Inseln ein eigenthümliches Leben bewahrt. Lange Zeit hindurch war es sehr volkreich, beliebt als Aufenthaltsort reicher Bürger, die sich aus ihren Kaufhäusern dorthin in Villen und Gärten zurückzogen. Im 15. Jahrh. beruhte die Bedeutung der Insel auf der Vervollkommnung der Glasmanufaktur, welche als Staatsmonopol unter der scharfen Kontrole des Rathes der Zehn gedieh; die amtliche Beaufsichtigung dieses Gewerbszweiges ist einer der auffälligsten Beweise für die eifersüchtige Strenge, mit welcher die Interessen einer einzelnen Klasse gehegt wurden. Den Mitgliedern der Glasmachergilde war die Auswanderung bei Todesstrafe verboten. Dies Ausschlussgesetz wurde aber dadurch wieder gut gemacht, dass die Mädchen der Insel, zu Haus in Masse die Sklavinnen der Glasfabriken, wenn sie in venezianische Adelsfamilien heiratheten, für nobilitirt galten und ihren Kindern das Vorrecht verschafften, an der Regierung theilzunehmen.[1]

Von sehr alter Kunstthätigkeit auf den benachbarten Inseln geben noch zahlreiche Ueberbleibsel von Mosaiken, Wandgemälden und Altarstücken Zeugniss. Zu den ältesten dieser Arbeiten gehören diejenigen auf Torcello:

---

[1] s. „Venezia e le sue lagune“, Venedig 1847, vol. I. P. 1. S. 181.

Hier haben wir innerhalb und oberhalb des Portales der Kathedrale ein Mosaik auf Goldgrund in mehreren Streifen: oben am Giebel der gekreuzigte Christus zwischen zwei Halbfiguren, darunter Christus mit doppeltem Kreuz den Adam aus der Vorhölle holend, zu seinen Füssen Satan, links die Patriarchen, rechts ein Heiliger und an den Enden links und rechts ein Engel als Symbol der morgenländischen und abendländischen Kirche; der Limbus ist durch zwei Oeffnungen bezeichnet, in welchen Halbfiguren stehen (rechts ein grosses Stück losgebrochen). Darunter Christus in der Herrlichkeit zwischen Joseph und Maria, die Zeichen der Evangelisten, Seraphim und die zwölf Apostel (ohne Köpfe). Noch weiter unten Altar und Kreuz als Sitz des Weltgerichts, gehütet von Seraphim, vor denen Adam und Eva knieen; links Petrus am Eingange des Paradieses, vor dem ein Engel Wache hält, sodann Maria und Johannes d. T., Christus mit einem Kinde im Arm und 5 Kindern neben sich am Fuss einer Palme, sämmtlich auf blumiger Wiese; rechts Engel, welche die Posaunen des Gerichts blasen, und die Hölle, deren Feuer durch einen unter den Füssen Christi entspringenden Gluthstrom genährt wird. Im Bogenfeld über dem Portal die Halbfigur Maria's. Das Mosaik, dem 12. Jahrh. angehörig, ist roh ausgeführt, undeutlich in der Charakteristik der Gegenstände und übertrieben in den Geberden der Figuren, plumper als die Malereien von S. Angelo in Formis bei Capua. — Von gleicher Beschaffenheit und gleichem Alter ist das Mosaik in einer Seitenkapelle der Kathedrale: 4 Engel und das Lamm innerhalb eines Mäander-Ornamentes. Torcello, Kathedrale.

Von einheimischerem Gepräge ist das ursprünglich hinter dem Altar in S. Donato, jetzt im Nonnenkloster S. Dorotea zu Murano befindliche Altarstück, darstellend den heiligen Donatus in der Mitra mit Bischofsstab und Buch mit dem knieenden Donato Memo, Podestà von Murano und seinem Weibe, jener gross und hager, mit herabhängenden Füssen, die Stifterfiguren ganz klein, das Ganze in kindlicher Färbung nach Art der ältesten Sienesen oder Umbrier ausgemalt, mit roth betupften Wangen und erhabenem Zierwerk.[2] — Das Absis-Mosaik in der Kirche S. Donato stellt die Himmelfahrt Maria's dar, Murano, S. Dorotea. S. Donato.

[2] Die Schrift besagt: „Corando MCCCX indicion VIII. in tẽpo delo nobile homo miser Donato Memo honerãdo podesta de Muran facta fo questa Ancona de miser San Donato." Ein muranesischer Maler aus dem Anfang des 14. Jahrh., Namens Bartolommeo, ist uns aus einem Testamente von 1325 bekannt, durch das er der Kirche S. Stefano auf Murano einige Häuser vermachte (Original im Archivio Notarile zu Venedig, uns in Abschrift mitgetheilt durch Don Vincenzo Zanetti, Priester in Murano). Dieser Bartolommeo mag der nämliche sein, dem wir schon früher als Genossen des Chatarinus bei Fertigung des Altarbildes im Corpus Domini zu Venedig (s. Band II. 428) begegnet sind. — Ebenfalls aus S. Donato in das Kloster S. Dorotea übertragen ist ein Altarstück darst. den Tod Maria's mit den Heiligen Stefan, Ludwig, Joh. d. Täufer, Jakobus (?), Donatus und Laurentius, darunter 12 Halbfig. Heiliger, von denen 4, obgleich sehr schadhaft, in der Zeit der Vivarini übermalt scheinen; die anderen, gleichfalls schadhaft, stammen, wie das übrige Bild, aus der Zeit des Semitecolo

darunter die vier Evangelisten: die Hauptfigur von kolossaler Grösse, auf einem Würfel stehend und die Handflächen zeigend, hat an den Schultern das griechische Monogramm: $\overline{\text{MP}}$ $\overline{\Theta\text{V}}$ um die Figuren; eine lateinische Inschrift auf die Himmelfahrt bezüglich, unterhalb eine Zierleiste, wie sie die Mosaiken des 12. Jahrh. kennzeichnet (der Charakter ist siculo-byzantinisch von derselben Beschaffenheit wie die älteren musivischen Arbeiten in S. Marco, von prächtiger Färbung, die Hauptfigur lang und dürr, die Kleidung byzantinisch).[3]

Früher als in der ersten Hälfte des 15. Jahrh. finden wir, allen vermeintlichen Entdeckungen älterer Spuren zum Trotz[4], keine ordentliche Malerschule in Murano. Durch das Wachsthum der Bevölkerung und die damit verbundene Zunahme von kirchlichen und klösterlichen Stiftungen fanden die Muranesen zunächst ein Feld der Thätigkeit innerhalb der Grenzen ihrer Insel, dehnten sie aber bald auf die Nachbarschaft aus, wo sie mit Geschick die Kunstelemente mit sich zu verquicken und dadurch zu verdrängen wussten, welche durch den Einfluss des Gentile da Fabriano und des Pisano in Venedig Boden gefasst hatten. Wäre es auch ein übertriebenes Lob für Giovanni und Antonio von Murano, die ersten Meister der Schule, wenn man behaupten wollte, dass sie durchgreifende Umgestaltungen hervorgerufen hätten, so gebührt ihnen, ungeachtet der zunftmässigen Bewahrung der alten einfachen Anordnungsweise und trotz der dauernden Vorliebe für Vergoldungen und Stuckornamente, doch das Verdienst, zu den ersten gehört zu haben, welche an Stelle der harten Farbengegensätze des Guariento mildere Abstufungen im Colorit einführten und die starre Ausdruckslosigkeit der alterthümlichen Darstellungen durch ansprechen-

(vgl. Band II, 425 ff.) oder des Jacobello, jedenfalls sind sie durchaus weniger muranesisch als venezianisch.

[3] Unterhalb der Zierleiste befindet sich ein Fresko (die sitzenden Evangelisten) aus dem 15. Jahrh., angeblich aus der Schule der Vivarini, aber so sehr übermalt, dass ein bestimmtes Urtheil unmöglich ist.

[4] Der Quiricius von Murano, welchen die Verf. in der 1. Ausg. ihrer „Early Flemish painters“ im Cap. über Antonello da Messina als ältesten Maler der Schule irrthümlich eingeführt hatten, wird hinfällig; ebenso beruht es auf Irrthum, dass ein Vivarini Namens Luigi i. J. 1414 in Murano gemalt habe, s. später und vgl. Moschini, Guida di Murano S. 18 u. Comment. zu Vasari VI, 120, wo an diesem fabelhaften Muranesen festgehalten wird, sowie Lanzi (Roscoe) II, 82, der ihn aufgibt. Vgl. ferner unser Cap. über Andrea da Murano, einen Maler des 16. Jahrh., der betrüglicher Weise ins 15. Jahrh. zurückversetzt worden ist.

deres und innigeres Gefühl erwärmten. Sucht man aber Rechenschaft darüber, wann und wo diese beiden Meister die Kenntnisse gewannen, welche sie zu solchem Fortschritt über das Maass der meisten zeitgenössischen Leistungen befähigte, so stösst man auf eine doppelte Schwierigkeit. Einerseits haben wir hier mit dem grossen Mangel von Urkunden zu kämpfen, andererseits mit unrichtigen oder gefälschten Inschriften. Hätten sich die venezianischen Schriftsteller bei der Thatsache beruhigt, dass es Bilder gibt, welche die Identität des „Giovanni da Murano" mit „Giovanni Alemannus" darthun, dann hätten sie der spätern Forschung die Mühe erspart, zu beweisen, dass es ein Malerpaar in Murano gegeben hat, welches seine Bilder auf zweierlei Weise zu bezeichnen pflegte: einmal nämlich, um blos die Arbeitsgemeinschaft, ein andermal, um ausser der Gemeinschaft auch die Nationalität zu melden. Dem kühlen Beobachter, der von lokaler Leidenschaft frei ist, leuchtet ein, dass Johannes und Antonius da Murano, welche zwischen 1440 und 47 gemalt haben, dieselben Künstler sind wie Johannes Alemannus und Antonio da Murano, von denen Altarstücke seit 1445 vorkommen; jedoch nach der Ansicht gewisser italienischer Forscher bekunden dieselben die Arbeitsgenossenschaft zweier verschiedener Leute, nämlich eines Italieners Giovanni und eines Deutschen Giovanni, mit einem Dritten, dem Antonio von Murano[5], und es ist unterhaltend, die erfinderischen Mittel zu verfolgen, durch welche jene Annahme gestützt wurde. Es fiel nicht schwer, die unhaltbare Ansicht in Umlauf zu setzen, da die verzweifelte Entschlossenheit, womit für die Ansicht gekämpft wurde, dass die Bilder von 1440 und die von 1446 verschiedenen Händen angehörten, sich kein Gewissen daraus machte, die Thatsachen zu berichtigen. Um den Beweis zu erbringen, ein Italiener Namens Giovanni da Murano sei der erste Partner des Antonio gewesen, griff man zu einer Fälschung. Etliche Händler zerstückelten nämlich ein aus S. Stefano in Venedig erkauftes Altar-

[5] Zanetti, Pitt. Venez. S. 15 (II. Ausg. S. 22) war der Erste, welcher diesen Johannes zerlegte. Vgl. ferner G. Moschini, Guida di Murano, Anm. zu S. 18, Vasari, Comment. VI, 121, wo der Sachverhalt näher erörtert ist, und Zanotto, Pinac. Ven. Fasc. 26.

werk und gaben die Theile an den reichen Sammler Ascanio Molin ab. Auf diesen Theilstücken brachten sie den Namen eines ganzen Malergeschlechtes an, darunter auch den des „Johannes Vivarini“ und erfanden dadurch nicht blos einen Gegenmann für Johannes Alemannus, sondern bereicherten auch die in späterer Periode berühmte Familie der Vivarini durch ein neues Mitglied.[6] Die Fälschung war offenbar, und wurde auch von Lanzi anerkannt; die Tafeln sind nachmals verstreut oder von den aufgemalten Inschriften gereinigt worden; gleichwohl haben sich wiederholt Stimmen erhoben, welche jene Namen nicht als Erfindungen wollen gelten lassen.[7]

Es bedarf keiner Ausführung, dass der Stil der mit „Giovanni und Antonio“ bezeichneten Bilder derselbe ist, wie derjenige des „Giovanni Alamanno“ und „Antonio“. Wir dürfen annehmen, dass, wenn nicht beide, so doch einer dieser Maler unter dem Einflusse des Gentile da Fabriano gestanden hat. Ob sie ihren Aufenthalt in Murano oder auf einer andern der Laguneninseln gehabt haben, ist unwichtig. Die zahlreichen Altarbilder, welche wir von ihnen aufweisen können, waren für venezianische

---

[6] Diese Inschriften wurden durch Moschini (Guida di Mur. 18 f.) bekannt gemacht. Er beschreibt als Mittelbild eine Madonna mit der Bezeichnung „B. V“ (Bartolommeo Vivarini), den heil. Augustin mit „Aloysius Vivarini“, den heiligen Hieronymus mit dem Buche, welches auf einer Seite bezeichnet war „Antonius Vivarinus“, Jakobus mit dem Stab und auf diesem „Joannes Vivarinus“. Die Fälschung wurde zu gleicher Zeit von Pietro Brandolese und Cavalier Giov. da Lazara entdeckt (s. Lanzi (Roscoe) a. a. O. II, 82 Anm.). In der von Brandolese verfassten Schrift „Dubbi sull' esistenza del pittore Giovanni Vivarini da Murano“ Padua 1807, ist der Schluss gezogen, dass kein Mann dieses Namens existirte. Der Abbé Mauro Boni, dessen Name mit diesen Fälschungen verknüpft ist, wird auch ausgedehnter Handschriftenfälschungen bezichtigt (vgl. Arch. Stor. II. Ser. 3. tom. IV. p. II. 1866 S. 156 f.): auch die Minghetti sind dabei in Mitleidenschaft gezogen; gegen diese sprach bereits Zanotto (Pinac. Ven. Fasc. XXXVI, Anm. zu Luigi Vivarini d. Aelt.) schwere Verdächtigung aus.

[7] Vgl. J. N. Rizzi in seinem Elogio Academico, vorgetragen in der Akad. d. K. zu Venedig 1816. S. 35, Moschini, Guida di Murano S. 18. Anmerk., Zanotto, Pinac. Venet. Fasc. 26. Später wird noch zu erwähnen sein, dass Zanotto a. a. O. das Wort „Innocentes“ auf der Rückseite eines Altarbildes in der Capella S. Terasio in S. Zaccaria zu Venedig irrthümlich für „Johannes“ las und in Folge dessen dieses wichtige Werk dem Giovanni von Murano (oder Vivarini) als einem von Giovanni Alemannus verschiedenen Meister zutheilte. Er fügt hinzu, dass er etliche von Giovanni Alemannus allein ausgeführte Stücke in der Scuola de' Calzolai zu Venedig kenne (sie sind später nach Wien gekommen), in denen ein ganz andrer Stil herrsche als der des Johannes in S. Terasio. Diese Vergleichung beweist nichts, da jener Johannes in S. Terasio (Zaccaria) überhaupt Einbildung ist.

Kirchen gemalt, so auch die Darstellung der Herrlichkeit Maria's und Christi, v. J. 1440, jetzt in der Akademie der Künste:

Es ist ein reicher Aufbau dicht gedrängter Figuren. Inmitten auf hohem kanzelartigen Throne, unter dessen Säulen Engel mit den Leidenssymbolen angebracht sind, sitzen Maria und Christus, zwischen ihnen vortretend Gottvater mit der Taube. Zu beiden Seiten sind hervorragend Heilige, Märtyrerinnen, Kirchenväter und Apostel vertheilt, denen sich oberhalb (jetzt zerstört) die anderen Repräsentanten der himmlischen Hierarchie angeschlossen haben, während im Vordergrunde paarweis die 4 Evangelisten und seitwärts von ihnen die 4 Doktoren der Kirche sitzen. Auf dem Spruchband ganz vorn die Inschrift: „Joanes et Antonius de' Muriano F. MCCCCXXXX".[8] Venedig, Akademie.

Das Bild, verstümmelt und entfärbt wie es jetzt ist, bietet in Bezug auf den Inhalt zwei auffällige Erscheinungen. Die Gruppirung der 3 Hauptfiguren (Gottvater die Hände auf die Schultern Maria's und Christi legend) ist Gegenstück von derjenigen des Gentile da Fabriano in der Brera zu Mailand[9], die allgemeine Anordnung ist einfach realistisch und in manchen Punkten ebenso ungeschickt wie man es etwa bei Jacobello erwartet. Ferner tritt uns erst hier im Bereiche venezianischer Kunst die rangweise Versammlung von Engeln, Seraphim, Propheten, Patriarchen und Evangelisten, Heiligen und Märtyrern um den Thron entgegen; die Einführung der 4 Doktoren der Kirche weist bis auf Cimabue zurück; nur in Venedig finden wir die Heiligen Gregor, Augustin, Hieronymus und Nicolaus in solcher Zusammenstellung mit den Evangelisten. Den Thron selbst würde man, wenn er nicht die schwere Steinarbeit und Vergoldung trüge, kaum für ein venezianisches Erzeugniss ansehen, und ebenso wird man fast nur durch die vergoldete Stuckverzierung der Heiligenscheine, Mitren, Bischofsstäbe und

[8] Venedig, Akad. N. 8 (Holz, Temp., h. 2,45, br. 1,95). Abbild. bei Zanotto Pin. Venet., der obere Theil, enthaltend verschiedene Engelsklassen in Oel nachgemalt, wie überhaupt das Ganze durchweg nachgebessert ist. der Aufsatz von Basaiti hinzugefügt, die Vorderseite des Sockels der Evangelisten ist in durchbrochener Arbeit gehalten. Das Bild, angeblich durch Ascanio Molin der Akademie gestiftet, ist wahrscheinlich dasselbe, welches von alten Guiden in S. Barnaba zu Venedig beschrieben wird (vgl. Sansovino Ven. descr. S. 246). Später befand es sich in S. Maria de' Miracoli, einem nach 1480 gegründeten Kloster (s. Annali Veneti von Malipiero im Arch. Stor. P. II. vol. VII. S. 672).

[9] Brera N. 75; s. Band IV. S. 108.

Kleidersäume an die Heimat der Guariento und Semitecolo erinnert. In den Figuren selbst herrscht Gedrungenheit, in den äussern Gliedmaassen und in der Zeichnung der Einzelheiten kindliche Unbeholfenheit vor. Die vortheilhaftesten Eigenschaften sind diejenigen, welche auf den Einfluss umbrischer oder vielleicht deutscher Künstler schliessen lassen. Statt der übertriebenen Geberden und der grellen Farbengegensätze früherer Arbeiten ist hier besseres Maass der Körperverhältnisse, mehr Sorgfalt im Umriss, mehr Einfachheit der Gewandung bemerkbar, besonders aber tritt trotz des Mangels von Licht- und Schattenwirkung in den Fleischpartien weichere Verschmelzung und Abglättung der Farbe erfreulich hervor.

Diese Neuerung war es ohne Zweifel, was der Kunstübung des Giovanni und Antonio Ruf verschaffte, sodass sie i. J. 1441 für S. Stefano die Apotheose des Hieronymus[10], 1443 drei monumentale Altarstücke für die Schwesterschaft zu S. Zaccaria und 1444 eine Wiederholung ihres Krönungsbildes mit prunkvollerer Ausstattung für die Kapelle zum heiligen Nagel in S. Pantaleone in Venedig zu malen bekamen.[11] Und als die dem Heiligen Terasio geweihte Kapelle in S. Zaccaria durch Erneuerung dreier Altäre wiederhergerichtet worden war, wurden die für dieselben bestimmten Gemälde bei Giovanni und Antonio von Murano bestellt:

Das anspruchsvollste dieser Gruppenbilder ist das mit dem Stifternamen der Aebtissin Helena Foscari und der Priorin Marina Donato,

[10] Bei Ridolfi (Marav. I, 50 [2. Ausg. 53] beschrieben als ganze Figur, umgeben von mehreren Figuren in einzelnen Abtheilungen, oberhalb in kleinen Figuren Maria m. d. Kinde; erwähnt bei Boschini (Ricche Min. Sest. di S. Marco 90) und bei Sansovino (Ven. descr. 129) mit der Bemerkung: „La palla di S. Hieronymo di Giovanni et Antonio Vivarini che furono l'anno 1441 et l'intaglio fu fatto da Gasparo Moranzone.“ Hier wird Antonio zum ersten Male als ein Vivarini bezeichnet, doch hat er nie ein Bild so signirt. Brandolese (Dubbi etc. S. 6) beklagt den Verlust des Bildes; auch ein zweites ist uns verloren gegangen, welches die oben angegebenen Gewährsmänner erwähnen: eine heil. Monica mit Scenen aus der Legende des Stephanus.

[11] Venedig, S. Pantaleone (Holz, oben abgerundet), von ähnlichem Aufbau wie das Bild N. 8 in der Akad., aber vollständig, sodass man oben rothe, weisse und blaue Engel mit Attributen und verschiedenen Rangbezeichnungen sieht. Die Stützen des Thrones sind nicht schlichte Säulen wie dort, sondern gekoppelt, doch ist auch hier viel Eintrag geschehen. Auf dem Schriftbande steht: „Xp̄ofol de ferrara itaio. Zuane et Antonio de Muran pense 1444.“ (Jahrzahl und andere Stellen der Inschrift stark verrieben.) Die beiden Genossen malten auch die Orgelthüren in S Pantaleone, welche jedoch verloren sind (s. Ridolfi a. a. O. 51 [54]).

welches als Behälter einer Kreuz-Reliquie dient. Es läuft in üppige Giebelaufsätze aus, unter denen bemalte Heilige in Halbfiguren als Naturnachahmung angebracht sind. Zwei plastische Darstellungen der Heiligen Helena und Marina und zwei gemalte Tafeln mit Moses und Elisabeth bilden den Schmuck der Seitentheile des Heiligenschreines; der Aufbau enthält in einer Doppelreihe 14 Heilige in Nischen und zu ihren Seiten zwei Kindergestalten mit den Märtyrerpalmen und der Inschrift „Iōcentes“; hoch oben sieht man Christus als Sühnopfer für die Sünden der Welt.[12] Venedig. S. Zaccaria.

Der zweite Altar — laut Inschrift von der Nonne Margarita Donato gestiftet — hat ebenfalls oberhalb sehr reiche Giebelgliederung, ist aber nicht so ausgedehnt mit plastischen Figuren ausgestattet. Die Haupttafel enthält die heilige Sabina, links und rechts Hieronymus und Icarius, oberhalb einen Engel mit inschriftlichem Hinweis auf das erlösende Blut und zu seinen Seiten Margaretha aus dem Bauche des Drachen steigend, und eine zweite Heilige. Am Sockel der Mitteltafel die Bezeichnung (aufgefrischt): „Johanes et Antonius de murano pinxerunt.“[13]

---

[12] Eine Abbildung der Vorderansicht des Altarbildes in seinem gegenwärtigen Zustande gibt Zanotto, Pinac. Venet. Fasc. 26. Nicht blos das Mittelstück (Maria m. K.), wie Zanotto angibt, der diese Zuthat für eine Arbeit des Antonio hält, sondern auch die Heiligen Blasius und Martin rechts und links sind i. J. 1839 hinzugesetzt (vgl. Cicogna, Iscriz. Venez. I. IV. 692 u. II, 144 f., der das Richtige gibt) und damals wurde die Inschrift, welche nach Moschini (Guid. d. Ven. 1815, I. 111) lautete: „Ludovicus de For .... Ics ... et Johanes et Antoĩus de ....e., cru“ aufgefrischt und lautet jetzt: „Ludovicus de For ... incisit et Johannes et Antonius de murano pinxerunt MCCCCXLIIII.“ mit dem Zusatz: „Angelus Brancallion p.t. Garbato ant. Capovilla restaur. MWCCCXXXIX“ (sic). die Jahrzahl 1444 ist also unbegründet. Gleichzeitig wurde auch der Aufsatz aufgefrischt und das Wort „Iōcentes“ von Cicogna und nach ihm von Zanotto und Rizzi irrthümlich „Johannes“ gelesen. — Die Madonna sowohl wie die beiden Heiligen zu ihren Seiten sind nicht im Stil der Muranesen gemalt, sondern in dem des Pievan von von S. Agnese oder des Lorenzo (s. Bd. II. 423 u. 425), die Tempera ist rauh, hat scharfe Fleischlichter und blaugrauen Schatten, die Gewandfarben sind in grellen Gegensätzen gehalten, die Zeichnung der inneren Formen roh, Gesichter und Stirn der Figuren gross und vortretend. Der heil. Marcus neben Martin ist von Giov. und Antonio (der blaue Mantel übermalt), ebenso die heilige Elisabeth (gut erhalten). Eine zweite Inschrift am Sockel bezieht sich auf die Stifterinnen (vgl. auch Cicogna u. Zanotto a. a. O.).

[13] Darunter (ebenfalls aufgefrischt): „1443 ms octobre hoc op' f. fieri uĕrabilis d. doña margarita dōato mōalis iste eclesie Sti Zacharie“. Bei Moschini (Guida di Ven. S. 118 irrthümlich „1445“. Die Figuren auf Goldgrund, aber alle mehr oder minder beschädigt und derart abgerieben, dass hin und wieder die ursprüngliche Tempera-Untermalung vorscheint, welche durch feine Strichelung zu einem hohen Grade von Schmelz herausgearbeitet war. Der neue Firniss gefährdet die Farbenschicht durch Zusammenziehung und Platzen. Kopf und andere Theile der Heiligen rechts im oberen Streifen sowie der heilige Hieronymus sind zerstört und wieder übermalt; das Bild ist durchweg neu, die Engel in der Umgebung der heil. Sabina und der jugendliche Heilige des unteren Streifens rechts sind abgeschunden, dagegen der Engel in der Mitte des zweiten Streifens gut erhalten.

Venedig, S. Zaccaria.

Das dritte endlich, Stiftung der Agnesina Giustiniani, ist eine Gruppe von 3 Flachreliefs (Auferstehung Christi, die heil. Jungfrau mit den Marien und Christus im Grabe), umgeben von zwei Tafeln, welche je zwei Heilige enthalten (S. Gaius, Nereus, Achilleus und einen vierten). Inschrift (aufgefrischt): „Johanes et antoni' d murano pixerunt."[14]

Leider sind diese interessanten Werke durch verkehrte Behandlung ihrer ursprünglichen Eigenthümlichkeit entkleidet worden. Der Hauptaltar wurde auseinandergenommen und neu aufgerichtet (1839), und damals der Heiligenschrein durch Einsetzung des Madonnenbildes, umgeben von Martin und Blasius, gedeckt, welche zu irgend einem andern Zwecke vom Pievan di S. Agnese gemalt waren und ebenso die Vorderseite durch Einfügung einer neuen Reihe von Darstellungen in Nischen verändert, welche sämmtlich das Gepräge von Angolo Gaddi's Stil tragen.[15] Indess noch heute lässt sich an dem Altar der Margaretha Donato verfolgen, wie Giovanni und Antonio in der Zeit zwischen 1440 und 43 ihren Stil verbessert haben. Ihre Fortschritte bewegen sich immer in den bezeichneten Richtungen und sind am merklichsten in der Verfeinerung des Umrisses und im Schmelz der Tempera. Als fleissige Werkmeister überliessen sie nur die untergeordneten Theile ihrer Bilder den Händen von Gehilfen. Auch die anderweiten Mitarbeiter unserer Meister in der Terasio-Capelle verdienen Beachtung. Die Holzschnitzer stehen den Malern hier durchaus gleich. Die Flachreliefs am Giustiniani-Altar sind durch eine Kühnheit und Sicherheit ausgezeichnet, welche Künstler von ungewöhnlichem Schlag erkennen lassen. Aber Cristoforo von Ferrara

[14] Darunter (frisch aufgemalt): „1443 ms october hic opus f. fi nērblis d. dna agnesina instaū moīalis ist eclesie Sti Zacharie". Die 4 gemalten Heiligen durch Auffrischung verdorben.

[15] Vgl. Band II, S. 51. Die Bilder sind links und rechts durch die Innocentes (s. oben) geschlossen. Oben sieht man den Heiland, dessen Blut ein Engel in der Schale auffängt, sodann den heil. Zacharias in grosser Gestalt, umgeben von Stephanus, Thomas und Gregor, Theodor, Leo und Sabina. Der nächsttiefere Streifen enthält 2 betende Engel und 6 Heilige. Die kurzen, schlanken, flüchtig ausgeführten Figuren erinnern am meisten an die späteren Werke des Antonio von Murano aus der Zeit, als er allein arbeitete; Zeichnung und Umriss sind mechanisch und recht ärmlich. Freilich verliert der Eindruck des Ganzen dadurch, dass alles grau in grau gehalten ist.

oder Moranzone, die gewöhnlichen Rahmenschnitzer des Jacobello und der Muranesen, erscheinen geringer als der Lodovico, dessen Name auf dem dritten Altarwerke steht und von dem wir leider sonst keine Nachricht haben; vermuthlich hat man in ihm einen Friauler anzunehmen[16], einen Zögling der berühmten Schulen von Tolmezzo und Udine, welche die deutsche Technik des Schnitzens und Bemalens in der Bildung und in dem Ausdruck der Figuren mit echt italienischem Vortrag verbanden. Waren es doch diese Schulen, welche der venezianischen Kunst einige der grössten Namen geliefert haben, vor denen der Ruhm des Giovanni Alamannus und des Antonio von Murano in den Schatten tritt und die eben deshalb den ältesten Kunstforschern Venedigs so viel Unruhe gemacht haben, weil sie einen Tropfen deutschen Blutes bewahrten.

Vor dem J. 1445 lässt sich kein Altarbild nachweisen, auf welchem die Namen „Giovanni d' Alemania" und „Antonio da Murano" erscheinen, und man hat vermuthen wollen, der letztere habe nach dem Verlust seines früheren Genossen die Ueberlegenheit eines zweiten und zwar eines Fremden freiwillig anerkannt. Das früheste Werk dieser neuen Signatur (von 1445) befand sich an den Orgelthüren in S. Giorgio Maggiore und stellte die Heiligen Georg und Stephan dar, ist aber nicht auf uns gekommen.[17] Wir können uns statt dessen an das zweite v. J. 1446 halten, welches, für die Scuola della Carità gemalt, an seinem ursprünglichen Orte (jetzt der venezianischen Akademie) verblieben ist:

Der Gegenstand ist eine der nicht ungewöhnlichen Darstellungen der thronenden Maria innerhalb eines architektonisch umschlossenen chorartigen Hofes. Maria sitzt, mit der Rechten das in ihrem Schoosse *Venedig. Akademie.*

[16] s. Anm. 12; die Bezeichnung Lodovico de For... kann unsere Annahme stützen.

[17] Zuerst in S. Giorgio Maggiore erwähnt bei Zanetti, Pitt. Venez. 15 (22), mit der Inschrift: „1445 Johannes de Alemania et Antonius de Muriano P." Den Verlust bemerkt Cicogna (Iscriz. Venez. IV. 315. 343. 347. 260), welcher folgende Stelle aus einer Chronik des Klosters S. Giorgio beiträgt: „Aliae duae imagines St. Steph. et. St. Georg. ibi quae olim vetus organum claudebant, opus sunt Antonii de Muriano et Joannis de Alemania ut ibi subscripti." Die neue Orgel wurde i. J. 1612 eingesetzt und damals sind die Thüren mit den Bildern des Giovanni und Antonio abgenommen, aber nicht veräussert worden, da Zanetti am Ende des vorigen Jahrh. sie noch, wie erwähnt, in S. Giorgio gesehen hat.

liegende Buch haltend, die Linke um den nur mit einem Schurz bekleideten auf ihrem Schenkel stehenden Knaben legend, im Schmuck der Himmelskönigin auf einem mit üppigem Schnitzwerk reichverzierten Throne, über welchen 4 zu ihrer Seite stehende kleine Engelfiguren an langen Stäben den Baldachin halten; links und rechts paarweise die lateinischen Kirchenväter Hieronymus, Gregor, Ambrosius und Augustin in vollem Ornat und reich mit Attributen beladen. Der ganzen Gruppe dient ein erhabener, in mannichfaltig gewundenen Formen ausgeschnittener, auf den Rasenplan des Bodens aufgesetzter Flur mit verzierter Vorderseite als Sockel, und an dem Fussbret der Madonna steht die Inschrift: „M446 . IOHANES . ALAMANVS = ANTIONIVS . DAVRIANO (sic) PIX."[18]

Der Stil dieses kolossalen Ceremonienbildes nun weicht nicht von Arbeiten der früheren Genossenschaft ab, wir finden hier eher die gedrungenere Formgebung wieder, welche an Bildern aus der Zeit vor denjenigen der Terasiokapelle auffällt. Dieselbe Schlaffheit des Ausdruckes und Charakters, dieselbe Gesichtsrundung, dieselbe Farbenabtönung und Ueberladung mit Schmuck beim herkömmlichen Mangel an plastischer Wirkung durch Licht und Schatten begegnet uns wieder. Man wird noch an die Umbrier erinnert, aber wir möchten die hier hervortretende Weichheit des Temperatones und die Vorliebe für massige Zierrathe, welche der älteren muranesischen Schule eigenthümlich sind[19], für Zeugnisse von der deutschen Herkunft des an dem Bilde mit betheiligten Giovanni anselm und treten in dieser Beziehung durchaus der Ansicht Selvatico's bei, wenn er ausspricht, Giovanni und Antonio

---

[18] Akad. N. 23 (Leinwand, Tempera, h. 3,35, br. 4,75), die beiden Engel rechts übermalt, ebenso das grüne Kleid des linken Engels zunächst der Maria; im Katalog sowie bei Zanotto (Guida di Ven. 503) ist die Jahrzahl irrthümlich 1496 gelesen. Das Gebäude der Akademie war ehemals das der Scuola della Carità. Das Bild wird erwähnt beim Anonymus des Morelli, Notizie S. 87), welcher es dem „Antonello Vivarini da Murano" zutheilt, bei Sansovino (Ven. descr. 282), der es dem „Antonio Vivarini da Murano" gibt, bei Zanetti. Pitt. Venez. 17 (25) und bei Ridolfi, Marav. I, 47 (50), die es beide für Jacobello's Arbeit halten. — N. 581 u. 583 Maria und Gabriel (je h. 1,80, br. 0,75), beide ebenfalls schon früher der Scuola della Carità angehörig, sind als Arbeiten des Giov. und Antonio verzeichnet, s. Ridolfi a. a. O. I, 50 (53), aber bei der ausgedehnten neueren Uebermalung der Bilder lässt sich kein Urtheil schöpfen.

[19] Hier ist noch ein Bild derselben beiden Maler zu erwähnen, welches Sansovino (Ven. descr. 234) in S. Cosmo e Damiano in Venedig kannte und von dem er angibt, es sei 1446 gemalt und in einen von Cristoforo Ferrarese geschnitzten Rahmen eingelassen gewesen.

Madonna mit den Heiligen Hieronymus und Gregor, Ambrosius und Augustin.

Temperabild von Johannes Alamannus und Antonius von Murano in der Akad. d. K. zu Venedi

hätten viel von dem Vortrag der deutschen Zeitgenossen angenommen, ohne sich doch zu Sklaven derselben zu machen, da sie ihren Arbeiten jene bewunderungswürdige Heiterkeit des Tones, den Figurenverhältnissen sowie der Technik jene Zartheit zu geben wussten, welche den Hauptreiz bei Gentile da Fabriano bilden.[20]

Es liegt nicht in unserer Absicht, das gesammte Werk des Giovanni und Antonio zu erschöpfen und wir fügen den eben geschilderten bestbeglaubigten Stücken nur noch eine Auswahl anderer guter Arbeiten an. Hier haben wir es zuerst mit dem trefflich erhaltenen Bruchstück im Oratorium S. Filippo zu Padua zu thun, einer Madonna mit Kind, welches vermöge der lieblichen runden Gesichtsbildung, der stillen sinnigen Haltung und des überaus wohlgefälligen Faltenwurfes zu den liebenswürdigsten Erzeugnissen der muranesischen Kunst dieser Zeit gerechnet werden darf.[21]

Padua, S. Filippo.

Ferner müssen wir auf etliche Theilstücke eines Altarbildes (enth. Maria u. K. mit 2 Heiligen) hinweisen, welche sich vor nicht langer Zeit theils in dem Atelier des verstorbenen Signor Molteni in Mailand, theils in der weil. Sir Charles Eastlake'schen Sammlung befanden, und von denen die beiden Heiligen (Hieronymus und Petrus) aus letzterer in die National-

London.

[20] P. Selvatico, Storia estetico-critica, Venedig 1856, II, 463 f.

[21] Holz, Temp., lebensgr., erwähnt bei Brandolese (Pitt. di Padova S. 143) ohne Nennung eines Malers, aber offenbar von unsern Künstlern. Krone und Nimbus Maria's sind ein wenig erhaben, der Thron mit Blattzierrathen ausstaffirt, der Sockel desselben mit durchbrochener Arbeit geziert, durch deren Maschen Rosen hervorsehen; der in gewundener Form ausgeschnittene Flur von gelbem Marmor steht auf blumiger Wiese. Zu den anmuthigsten Zügen dieses Bildes gehört die Anordnung des Gewandes, welches vom Kopfe Maria's über die Achsel des Knaben und dann wieder auf die Finger der Mutter läuft. Das Fleisch ist sehr zart in durchsichtiger gutgemengter Lokalfarbe von warmem Ton eingearbeitet und grünlich-grau schattirt. Weder die alte tiefgrüne Untermalung noch die dunkelbraunen Schatten sind hier zu bemerken, das Ganze ist mit lichten, rosigen Lasuren vollendet. — Das Werk muss uns für den Verlust eines anderen, ehemals in S. Francesco zu Padua befindlichen Bildes der Geburt Christi mit 4 Heiligen entschädigen, über welches der Anonymus des Morelli s. 11 die Angabe beibringt: „La terza palla a man manca fu de mano de Antonio e Zuanalvise da Murano e contiene 5 figure in 5 nicchie.“ Der Name „Zuan Alvise“ ist Irrthum, die Signatur gibt Zanetti, Pitt. Venez. S. 15 (22): Antonio da Muran e Zohan Alamanus P.“ und Brandolese (Pitt. di Pad. 249): „MCCCCXLVII Cristofalo de Ferrara itaia Anton de Muran e Zoane Alamanus p.“ Noch i. J. 1807 bemerkte Brandolese (Dubbi a. a. O. 6) das Bild an seinem ursprünglichen Standorte.

gallerie zu London gekommen sind.[22] Ein drittes Monumentalwerk von gleicher Herkunft und aus derselben Zeit ist das Votivbild der Madonna mit einem knieenden Abt zu Füssen und 6 Heiligen-
Mailand, Brera. figuren (darunter Johannes d. T. und Benedikt) zur Seite, überhöht von einem zweiten Bilderstreifen in der Brera zu Mailand.[23] Im Katalog als „florentinisch“ bezeichnet, darf es wenigstens als dasjenige Bild angesehen werden, in welchem sich Giovanni und Antonio der zarten Frömmigkeit florentinischer Meister wie des Lorenzo Monaco oder des Fiesole am meisten nähern. Nicht minder anziehend ist eine Darstellung der heiligen Ursula mit einem Banner in jeder Hand, deren Schäfte gleichzeitig von ihren jungfräulichen Genossinnen gehalten werden, und dem Petrus und
Brescia, Privatbes. Paulus zur Seite (jetzt in Privatbesitz, ehedem in S. Pietro zu Brescia), eine Tafel, an welcher im wesentlichen dieselben Vorzüge der Zeichnung und Färbung wie an dem vorgenannten zu rühmen sind und die noch besonders durch den Wegfall der erhabenen Zierrathe beachtenswerth ist.[24]

Von nun an verlieren wir die Spur des Giovanni d' Alemania aus den Augen und Antonio erscheint als Mitarbeiter seines

---

[22] Beide Stücke Holz, Tempera, lebensgr. Fig., die thronende Mad. m. K., schadhaft und der Ausbesserung bedürftig, die beiden inschriftlich bezeichneten Heiligen auf gemeinsamem Sockel mit den gewöhnlichen Vergoldungen der Attribute, das Bild in London, Nat.-Gall. N. 768 (Holz, Tempera, h. 4 F. 6, br. 1 F, 5½ Z. von Eastlake aus der Gall. Zambeccari gekauft) ist übermalt, aber zeigt noch die Manier der Madonna in S. Filippo zu Padua. Die beiden Theile gehörten vermuthlich dem Altarbilde des Antonio da Murano an, welches Boschini (Ricche Min. Sest. S. Marco 80) in S. Moisé zu Venedig beschreibt, und deren drittes (linkes) Stück die Heiligen Markus und Franciskus enthielt.

[23] Brera N. 114 (Holz, Temp., Goldgr., Figuren ½ lebensgr.) angeblich „Ecole florentine“, aber zweifellos von Giovanni und Antonio. Die obere Bildergruppe enthält inmitten Christus zwischen Maria und Johannes, umgeben von Petrus, Gregor, Monica, Paulus, Ambrosius und Katharina. Die Weichheit und Zartheit des Vortrages erinnern in hohem Grade an die umbrische Schule, besonders an Gentile da Fabriano. Die Ausführung ist sorgfältig, der Umriss sehr zäh, die Farbe klar und leuchtend und ausserordentlich verarbeitet. Wenn die Marienfigur etwas plump erscheint, sind doch die Heiligen schlank; ihre Formengebung und die Trockenheit, die man hier wahrnimmt, mögen dem Antonio angehören, dessen selbständige Arbeiten nach seiner Trennung von Giovanni diese Eigenschaften an sich tragen.

[24] Es befindet sich jetzt im Hause des Rektors des Seminario (Holz, Temp., Goldgr., Figuren ⅔ lebensgr.) ohne Bezeichnung, die Figuren schlank, aber von wohlgefälligen Verhältnissen, die Köpfe von hübscher Rundform, die äussern Gliedmaassen etwas mangelhaft gezeichnet. Mit Ausnahme einiger schadhaften Stellen an 2 Köpfen des Mittelbildes von guter Erhaltung.

Bruders Bartolommeo von Murano. Waren die Venezianer bisher den Einflüssen umbrischer und deutscher Maler gefolgt, so machte sich jetzt in ganz Norditalien die geistige Herrschaft einer weit kräftigeren künstlerischen Persönlichkeit bemerklich. Nach seinem Aufenthalt in Padua, wo er die gesammte Schule des alten Squarcione in Aufruhr versetzt hatte, erschien Donatello in Venedig, und wohin er kam, überall schaarten sich Bewunderer um ihn, welche ihn als den kühnsten Reformator der italienischen Kunst priesen. Es wurde ihm des Lobes zu viel und er entzog sich demselben zuletzt.[25] Aber die Begeisterung für seinen Stil war so aufrichtig und nachhaltig, dass es einige Zeit lang den Anschein gewann, als hätte die venezianische Kunst sich eben so gut diesem neuen Classicismus gefangen geben können, wie sie sich in Wahrheit für den Reiz der Farbe entschieden hat. Unter den Anhängern dieser neuclassischen Richtung nun erscheint Bartolommeo in erster Reihe. Er war vermuthlich bei seinem Bruder in der Lehre gewesen und hatte gelernt, was dort zu lernen war, dann mag er einige Jahre in der Fremde gewesen sein und sich als wandernder Kunstgeselle verdungen haben, um sich endlich bei gereifter Kraft in Venedig niederzulassen, wo er zunächst als Partner des Antonio auftritt und mit ihm zusammen das schönste Altarstück lieferte, das die Schule bis dahin zu Stande gebracht hatte. Dieses Bild, die für die Karthause zu Bologna gemalte, jetzt in der dortigen Stadtgallerie aufgestellte Madonna, bestellt im Auftrage Papst Nicolaus V. und bestimmt, das Gedächtniss des Kardinals Albergati zu ehren, gilt mit Recht als eine der geschmackvollsten Verbindungen bildnerischer und malerischer Arbeit aus dieser Periode norditalienischer Kunst:

Die Mitteltafel enthält die thronende Jungfrau, das in ihrem Schoosse schlafende Kind anbetend, zu den Seiten unter Nischen ein Bischof im Ornat mit Buch und Stab sowie die Heiligen Hieronymus, Johannes d. T. und Nikolaus von Bari in ganzen Figuren. Oberhalb inmitten Christus als Schmerzensmann zwischen zwei Engeln und wiederum in Nischen Halbfiguren des Petrus, Gregor, Augustin (?) Bologna. Gallerie.

[25] s. Vasari III, 258.

und Paulus; von den elf Giebelaufsätzen sind 5 mit Standfiguren gekrönt. Die Malerinschrift lautet: „Anno domini MCCCCL. hoc opus inceptum fuit et perfectum Venetiis ab Antonio et Bartholomeo fratribus de Murano".[26]

Die ganze Anordnung des Werkes, das i. J. 1450 in Venedig begonnen und beendigt war, ändert zwar nichts am herkömmlichen Ceremoniell, lässt dagegen theilweise die Wandlung des künstlerischen Gefühles erkennen. Die Figuren erscheinen hier in der Mehrzahl entschieden schlank, haben überwiegenden Kopf und unrichtig gezeichnete Gliedmaassen und charakterisiren um deswillen die Eigenthümlichkeit Antonio's; aber einige der Heiligen — wir weisen auf Petrus, Gregor, Hieronymus und Nikolaus hin — haben das breitere gedrungenere Gepräge, das wir nachmals durchweg bei Bartolommeo antreffen, dessen künstlerischer Antheil ausserdem auch durch die von der Linienführung des Giovanni abweichenden Falten etlicher Gewänder bezeugt wird. Die Selbstvergessenheit und Stille, vereint mit den weichen Umrissen in der Gestalt des Schmerzensmannes im oberen Theile oder der Jungfrau im Hauptbild sind wieder sprechende Züge Antonio's, wogegen das schlummernde, die Wange auf die Hand stützende Kind die classischere Richtung des jüngeren Malers erkennen lässt. Haben wir hier sonach einen ersten Versuch, die Typen religiöser Weihe mit Körperbildung im Sinne der Antike zu verbinden, so tritt auch der in der Aufgabe liegende Widerspruch in dem offenbaren Misserfolg recht grell zu Tage. Neben diesem Zwiespalt der Richtungen kommt aber gleichzeitig der Sinn für die Entwickelung der Farbe zum Vorschein; sie bewahrt im Ganzen den rosigen Ton und die feine Abglättung, die wir bisher wahrgenommen haben, jedoch die vollen, leuchtenden Gewandfarben deuten den sich vorbereitenden Geschmackswechsel an.[27]

[26] Bologna, Gall. N. 205 (Holz, Temp.). die Inschrift führt fort: „Nicolao V. Pont. Max. ob monumentum R. P. d. Nicolai Card. tit. Sanctae Crucis." Luigi Crespi (Brief an Bottari v. 23. Sept. 1772 in Lett. pitt., Bottari u. Ticozzi, VII, 201) beschreibt das Bild in der Certosa, Abbild. gibt Rosini Taf. 61.

[27] Aus d. J. 1452 bringt L. N. Citadella (Notizie relative a Ferrara, Ferr. 1869, S. 71) eine Urkunde des Domarchives bei, laut welcher ein „Mro. Antonio da Venezia" Bezahlung für den Schmuck eines mit Heiligen versehenen Priesterparamentes erhielt und es ist nicht unwahrscheinlich, dass wir unter diesem

Sei es, dass Antonio's künstlerische Kraft mit zunehmendem
Alter nachgelassen hat, oder dass Bartolommeo auf die Dauer
keinen Vortheil darin fand, die gemeinschaftliche Arbeit mit dem
Bruder fortzusetzen, jedenfalls nehmen die Zeichen der Erschlaffung
bald überhand. Kaum ein Jahr nach dem eben beschriebenen
trefflichen bologneser Bilde lieferten die beiden Meister an das
Franziskanerkloster zu Padua eine Darstellung des heiligen Petrus
in der Herrlichkeit ab, bei welcher keiner von beiden mehr ge- Padua.
than haben kann, als die Arbeit von Gehilfen zu beaufsichtigen.[28]
Hier und da erhob sich zwar die Kompagnie wieder zu ge-
diegeneren Leistungen, als solche erscheinen z. B. das Heiligenpaar in S. Maria della Salute in Venedig[29] oder die Bruchstücke Venedig.
von Altarwerken in S. Pietro e Paolo zu Pausola[30] und in der Pausola.
Gallerie zu Bergamo.[31] Allein mit der Leistungskraft Antonio's Bergamo.
zum mindesten ging es abwärts; dafür spricht sein schwaches
Bild der Verkündigung in S. Giobbe in Venedig.[32] Schon vor

Meister den Antonio da Murano zu denken haben.

[28] Jetzt in der Stadtgall. zu Padua; es war ursprünglich ein monumentales Altarstück gleich dem in Bologna, mit dem thronenden Petrus in der Mitte (den der Anonymus des Morelli S. 12, mit dessen in S. Francesco beschriebenem Bilde das unsrige identisch scheint, als Franciskus bezeichnet), zur Seite Christoph mit dem Jesuskinde (letzteres theilweise am Kopfe beschädigt), Paulus, Joh. d. Täufer und der Erzengel Michael; oberhalb inmitten der Gekreuzigte mit Maria und Johannes, Magdalena, Franciskus, Scholastika und einem Bischof in Halbfiguren. Auseinandergenommen und am Ende des vorigen Jahrhunderts (laut Brandolese, Dubbi etc. S. 7 u. Pitt. di Padova S. 249) in einem Nebenraum des Chores von S. Francesco aufbewahrt, hat es seinen Rahmen mit der Inschrift: „MCCCCLI Antonius et Bartholomeus fratres de Murano pinxerunt hoc opus" eingebüsst. Die Farbe ist rosig, flau und flach, die Gewandzeichnung vernachlässigt, die Arbeit unsorgfältig wie auf der Rückwand des ersten Altars der Kapelle S. Terasio in S. Zaccaria zu Venedig.

[29] In der Sakristei der Kirche 2 Rundbilder (Holz, Temp., enth. die heiligen Bischöfe Crispin und Nikolaus), offenbar Bruchstücke und dem Stile des Antonio und Bartolommeo entsprechend, wie er in Bologna vertreten ist; die Gewänder etwas eckig, die Farbe leuchtend und klar.

[30] In der Sakristei 4 Tafeln mit halblebensgr. Figuren: 2 Halbfig. Katharina u. Magdalena in Nischen und 2 Heiligenpaare in ganzen Figuren: Paulus und Georg, Petrus und Nikolaus, die in der Gewaltsamkeit der Charakteristik an den mantegnesken Stil streifen, aber der Ausführung nach den Brüdern von Murano angehören.

[31] Gall. Lochis-Carrara N. 309 (Paulus) und 310 (Hieronymus). Ganze Fig., Holz, Temp., unter Lebensgrösse, sehr beschädigt, aber entschieden von Antonio in dessen oben charakterisirter Manier.

[32] Sakristei: 3 Bilder mit Bogenabschluss: inmitten Maria (Kopf beschädigt) und der Verkündigungsengel, und darüber Gottvater im Goldhimmel oberhalb eines Hofes mit Bäumen, zu den Seiten Michael und Antonius (bei ersterem unten ein Stück fehlend); Tempera, 2/3 lebensgr. Die Figuren gleichen denen des Altar-

1464 hatte ihn Bartolommeo verlassen und was er ohne Gehilfen zu Stande brachte, lässt das ursprünglich für S. Antonio Abbate zu Pesaro gemalte, jetzt in der Sammlung des Lateran in Rom befindliche Altarstück beurtheilen:

Rom, Lateran. Das Mittelstück ist eine bemalte Standfigur des Abtes Antonius, die Seitentafeln enthalten die Heiligen Sebastian, Christoph, Venanzius und Veit, ein oberer Cyklus das Ecce homo, umgeben von Hieronymus, Petrus, Paulus und Benedikt. Unter der Hauptfigur die Inschrift: „1464. ANTONIVS DE MVRAO PIXIT“.[33]

Die Figuren sind übertrieben hager und lang, Füsse und Hände mangelhaft, jedoch die Umrisse von der äussersten Sorgfalt. Die Köpfe haben das beliebte Oval behalten, aber in der Zeichnung der Gesichtszüge macht sich ein eckiger Nachdruck bemerklich. Unzweifelhaft war es eine von Antonio's letzten Arbeiten, es ist daher billig, neben diesen schlaffen Gebilden andere zu betrachten, in denen er sein Geschick in Nachahmung des Gentile da Fabriano bewährt. Dahin gehört die Staffel mit Darstellungen aus dem Leben der Jungfrau — Geburt Maria's, Darstellung im Tempel, Vermählung, Darbringung Christi, Anbetung der Könige und Krönung Maria's[34] — und ein zweites Bild

Berlin, Gall. der Anbetung der Könige im Museum zu Berlin.[35]

---

stückes zu Padua, die Ausführung ist ärmlich, die Umrisse unsorgfältig, die Farben flach, sodass Alles auf Atelierarbeit deutet; von Zanotti (Pitt. Ven. 29) dem Luigi Vivarini zugetheilt.

[33] (Holz, Temp., Goldgr., in gothischem Rahmen), Lanzi a. a. O. II, 83 erwähnt es noch in Pesaro. Die Seitenfiguren sind ½ lebensgr. Die Namensinschrift ist aufgefrischt, unter der Christusfigur auf einem gemalten Zettel 4zeilige Versinschrift mit dem Anfang: „In mundo spes nulla boni, spes nulla salutis.“, die Färbung der Schattentheile strichweis. Vereinzelt, wie z. B. im Ecce Homo und in der Figur des Paulus sind noch Spuren der Behandlungsweise kenntlich, welche auf Bartolommeo's Bildern erscheint.

[34] Berlin N. 1058 (Holz, Temp., h. 2 F. 6 Z., br. 2 F. 5 Z., Goldgr.), angeblich „Schule des Gentile da Fabriano“. Die Krönung Maria's, welche von dem auf hohem architektonischen Throne sitzenden Gottvater vollzogen wird, entspricht der Auffassung des Gentile in der Brera (Band IV, 105) und der der Muranesen in der Akad. u. in S. Pantaleone in Venedig. Die Darstellung erscheint veraltet und gehört vielleicht zu den früheren Arbeiten Antonio's.

[35] Berlin N. 5 (Holz, Temp., h. 3 F. 7 Z., br. 5 F. 7½ Z.), bezeichnet als Werk des Bartolommeo Vivarini, ursprünglich im Palazzo Zen, später in der Sammlung des Craglietto in Venedig (vgl. Band IV, 110), das Motiv der Gruppe ist Wiederholung von Gentile's Bild in der Akad. d. K. zu Florenz, N. 32, Gall. d. gr. Gem., Tempera und Vortrag sind Antonio's; besonders bemerkenswerth die weiche Verarbeitung der rosigen Fleischtöne und die eintönige Wiederholung der Gesichter.

Berlin. Gallerie.

Vor der Hütte links von Maria die 3 Könige, deren ältester dem Kinde den Fuss küsst, zu beiden Seiten zahlreiches enggruppirtes Gefolge von fast lauter ganz jugendlichen Gestalten; über der Hauptgruppe der heilige Geist als Taube, höher oben Engel das Gloria singend und Gottvater in musicirendem Engelskreise, und im Hintergrunde rechts, der mit Hügeln abschliesst, die Verkündigung an die Hirten und der herannahende Zug, links der abziehende Zug und in der Ferne die Stadt. Alle Zierrathen und dergleichen, wie Pferdegeschirr, Fahnen, Kronen, Gürtel, Weihgeschenke in stark auftragendem vergoldeten Stuck.

Sie weisen uns in die Jugendzeit des Malers und ähneln in ihrem kindlichen Ausdruck, in der eigenthümlich bleichen Mischung des Fleischtones, sowie in ihrer Liebhaberei für Ornamente den oben besprochenen Arbeiten von S. Pantaleone und S. Zaccaria. Wir erwähnen im Zusammenhang hiermit noch die folgenden Bilder:

Berlin. Berlin, Museum: 1143. Holz, Tempera, Goldgrund, dem Antonio und Bartolommeo Vivarini zugeschrieben: Altarstück in 6 Abtheilungen, unten in der Mitte Maria mit den Aposteln den heiligen Geist empfangend, im Innern eines Gebäudes mit Aussicht auf eine Landschaft, zu den Seiten Antonius von Padua und Franciskus, Bonaventura und Vincenz; oben Mittelbild: der im Grabe stehende Christus mit 2 Engeln umgeben von Hieronymus und Johannes d. T., Paulus und Georg. Der Christus im Grabe ist von milder Färbung und hat das Gepräge von Antonio's Stil vor der Verschlechterung, welche das Altarbild von 1451 in Padua erkennen lässt; das übrige ist von Luigi Vivarini, nicht von Bartolommeo (s. später Cap. IV. S. 51).

Osimo. Osimo, Frati Minori Osservanti: mehrgliedriges Altarbild in Tempera auf Holz; Hauptreihe: Krönung Maria's und seitwärts ein Bischof, Franciskus, Petrus und Antonius (ganze Figuren, 2/3 lebensgr.); obere Reihe: Mittelbild verloren, zu den Seiten Maria Magdalena, Hieronymus, Johannes d. T. und Katharina. Flüchtige und geringe Arbeit aus der Zeit der Gemeinschaft des Antonio und Bartolommeo, von hellem Ton und ohne Schatten, die Statur der Gestalten gedrungen, die Gewänder gebrochen, nach der Weise der späteren Arbeiten der muranesischen Brüder.

Turin. Turin, Stadtgallerie: Krönung der Jungfrau (Holz, Temp.) Bruchstück in schlechtem Zustande, welches ursprünglich vielleicht den Stil des Antonio und Bartolommeo vertreten hat.

Venedig. Venedig, S. Giovanni in Bragora: Andreas zwischen Hieronymus und Martin. Nicht Arbeit der Vivarini, sondern des Bissolo.[36]

[36] Die Tafeln werden von Sansovino (Ven. descr. 36) und von Zanotto (Guida di Ven. 119) dem Antonio Vivarini zugeschrieben, von Andern dem Carpaccio;

Genua, S. M. di Castello. Genua, S. Maria di Castello: Zusammengesetztes Altarbild, enth.: die Verkündigung und mehrere Heilige, nicht von Antonio Vivarini (vgl. später Antonio da Pavia).

Der grossen Masse von Gemälden gegenüber, welche im Zeitraum weniger Jahre aus der muranesischen Malerwerkstatt hervorgingen, ist es auffällig, dass uns nur so geringe Nachrichten über Giovanni's oder Antonio's Schüler und Gehilfen erhalten sind. Die Vermuthung liegt nicht fern, dass wir unter ihnen den Quiricius von Murano zu suchen haben, dessen dunkle Herkunft und Thätigkeit zu mannichfachen Vermuthungen Anlass gegeben hat. Dass ein Mann dieses Namens existirt hat, kann füglich nicht bezweifelt werden, aber gewiss ist auch, dass er äusserst wenig eigene Arbeiten hinterliess. Schon diese Umstände deuten auf seinen untergeordneten Rang hin und angesichts der wenigen Altarstücke, die mit Sicherheit für Werke seiner Hand angesprochen werden können, ist die Ursache sofort deutlich. Festen Anhalt zur Beurtheilung gewinnen wir aus einem ausführlich bezeichneten Bilde von 1462, welches aus dem Hause Campanari in Besitz des Cardinals Silvestri zu Rovigo kam, in dessen Palast es sich vor Kurzem noch befand:[37]

Rovigo. Das Hauptbild zeigt die heilige Lucia mit Kelch und Palme in den Händen in gezwungener Haltung unter einer Nische stehend, ihre Tunika ist mit Blumen, ihr grüner Mantel mit Goldverzierungen ausgestattet, ein weiter geprägter Nimbus umschliesst den mit mächtiger Krone geschmückten Kopf, welchen zwei feiste Engelsgestalten in heftiger Bewegung umflattern, während zu ihren Füssen die ganz kleine Figur der Stifterin kniet. Links und rechts auf den Flügelstücken eine Gruppe von je 3 Tafeln mit Darstellungen aus der Legende der Heiligen: 1. Lucia und ihre Mutter Eutychia vor der heiligen Agatha, welche die Fürbitte der Tochter für die kranke Mutter erhört; 2. Lucia vor dem Könige; 3. vergeblicher Versuch, sie mittels eines Joches Ochsen von der Stelle zu ziehen; 4. Lucia vom Henker mit Oel benetzt; 5. ihre Hinrichtung; 6. ihre Kommunion. Am Sockel der Mittelnische auf einem Blatte die Inschrift: „OPVS QVIRICIVS DE IOANES VENECHIS M°4C62“.

wir kommen später unter Bissolo darauf zurück.

[37] Francesco Bartoli (Le Pitture, sculture ed architett. della Città di Rovigo, Venedig 1793 S. 183) sah es im Hause der Campanari und copirte die Inschrift genau, Moschini, G. di Murano 16 gibt irrthümlich 1467 an.

Unbedenklich nehmen wir den in der Inschrift des Bildes bemerkten Meisternamen „Joanes" für den des Giovanni d'Alemania an, da die ganze Vortragsweise vollkommen dem entspricht, was wir bei einem Schüler der älteren Muranesen zu erwarten haben: Weichheit und Nervlosigkeit bei höchster Sauberkeit der Ausführung, flache und klare Farbe und — nicht minder charakteristisch — die kindliche Rundform des Kopfes, der lange Hals und schmale Oberkörper der Figuren. Ist die leichte glatte Tempera echt muranesisch, so verräth sich in dem gebrochenen Umriss die Einwirkung einer späteren Kunst, eine Nachahmung Crivelli's, doch ohne dessen Kraft und Entschiedenheit, und in den kleinen Flügelstücken macht die alterthümliche Ungelenkigkeit einer freieren lebendigeren Geberdensprache Platz. Trüge das Bild seine Inschrift nicht, so würde man in ihm ein Jugendwerk des Bartolommeo vermuthen, und es ist nicht unmöglich, dass eine Anzahl der geringeren Arbeiten, welche diesem Meister zugeschrieben werden, in Wahrheit von Quiricio herrühren. In diese Klasse möchten wir z. B. das zuletzt bei Signor Paolo Fabris in Venedig angetroffene Bild der das Kind in ihrem Schoosse anbetenden Maria setzen[38]; ebenso mehrere Tafeln in der Akademie zu Venedig (Maria m. K. und 4 Dominikanerheiligen)[39] und die gnadenreiche Jungfrau zwischen Ludwig, Klara und 2 Dominikanermönchen[40], sowie die thronende Madonna mit dem Kind im Schoosse, umgeben von Hieronymus und Augustin, in der Gallerie Correr.[41] Aehnliches Gepräge zeigt das Madonnenbild mit Seitendarstellungen aus dem Leben Maria's in der Sammlung Lord

Venedig.

[38] Kleine Tafel. Temp., Goldgrund, leicht getönt und beschädigt, sodass man die graue Untermalung der Schatten erkennt, die beiden Engel, welche die Krone halten, haben ausgehöhlte Augen, ähnlich wie auf dem Bilde in Rovigo, und auch ihr Antlitz und das Maria's, sowie Haltung und Ausführung erinnern an die oben beschriebene Weise des Quiricio.

[39] Venedig, Akad. N. 402 (Holz, Temp., h. 0.46, br. 0.90, schadhaft), auf Grund der zweifelhaften Inschrift: „b. vivarini f" dem Bartolommeo zugeschrieben, als dessen Abschwächung das Bild erscheint.

[40] Akad. N. 387, Holz, Goldgr., halbrund: neben Maria, unter deren Mantel sich die Flehenden bergen, je 2 Mönche und zur Ausfüllung an den beiden Enden je eine Vase; bis auf die Umrisse erneut; dem Bartolommeo zugeschrieben, aber die Figuren lang und hager, sodass sie mehr dem mühevollen, doch schwachen Vortrag des Quiricio entsprechen.

[41] Gall. Correr N. 25 (Holz, Temp., h. 0.80, br. 1,07). Hintergr. Landschaft, dem Bartol. Vivarini zugeschrieben, aber

3*

Elcho's in London[42] und eine Kreuzigung mit 12 Passionsscenen in der Akademie zu Wien.[43]

Neben diesen Stücken haben wir es bei der Beurtheilung des Quiricio noch mit einer Reihe verwandter Ueberbleibsel in der venezianischen Akademie zu thun, welche seine Namensaufschrift tragen[44]; andere nur durch Ueberlieferung bekannte Arbeiten desselben stimmen wenigstens darin überein, dass sie den Muranesen erkennen lassen.[45]

Antonio von Murano soll bis ins letzte Drittel des 15. Jahrh. thätig gewesen sein. Aus letzter Zeit wird die Ausschmückung etlicher Theile der Kirche S. Apollinare in Venedig erwähnt,

---

unbedeutend, die Färbung leicht und glatt, doch kraftlos.

[42] Kleine Tafeln, stark verrieben: Zwei Engel halten die Krone über Maria's Haupt, zu ihren Füssen kniet eine Nonne, die Flügelbilder enthalten in 2 Gruppen: die Verkündigungsfiguren, die Geburt Christi und die Pietà; die Figuren und der milde Temperaton in der Weise des Quiricio, doch mit Anklang an Bartolommeo.

[43] N. 359 angebl. „alt-paduanisch". Neben dem Gekreuzigten Maria, Johannes und Magdalena; auf den Flügeln: 1. letztes Abendmahl (halb übermalt). 2. Fusswaschung, 3. Kommunion der Apostel, 4. Christus in Gethsemane, 5. Gefangennehmung, 6. Christus vor Kaiphas, 7. Pilatus wäscht die Hände (halb übermalt), 8. Kreuzschleppung, 9. Kreuzigung, 10. Abnahme, 11. Auferstehung, 12. Himmelfahrt (die Köpfe theilweis erneut). Sämmtliche Bilder haben runden Abschluss und in den Zwickeln kleine Heiligenfiguren, die Goldgründe durchweg aufgefrischt. Das ganze Altarstück lässt sich, wenn auch nicht ohne einige Zweifel, den muranesischen Schulbildern einreihen und steht dem Stil des Antonio am nächsten. Die Gestalt des Gekreuzigten im Mittelbilde ist hager und lang, aber nicht unedel, und Gleiches gilt von den 6 Engeln am Kreuze; die Darstellungen sind als Beispiele der alterthümlichen Compositionsweise nicht uninteressant.

[44] Venedig, Akad. N. 397: (Holz, Temp., h. 0,53, br. 0,43) Maria das auf weissem Kissen vor ihr schlafende Kind anbetend (der blaue Mantel und Theile des Kindes neu); an der Brüstung die Inschrift: „uiritus murano", jedoch entweder ganz neu oder auf den alten Buchstaben aufgesetzt. Ohne die Inschrift würde zweifelhaft bleiben, ob das Bild dem Quiricio oder dem Bartolommeo angehört, besonders da die derberen Formen sehr an Letzteren erinnern; am wichtigsten wäre an der Inschrift die Bezeichnung: Murano. — N. 380. Ecce homo, Holz, h. 0,57, br. 0,42, weniger schadhaft als das vorige, aber von ähnlicher Beschaffenheit und ebenfalls an Bartolommeo erinnernd. Haben wir es hier mit Quiricius zu thun, so könnte das Bild beweisen, dass er auch nach dem Tode des Antonius der muranesischen Schul-Ueberlieferung treu blieb.

[45] Wir erwähnen: Venedig, Sammlung Sasso, früher in der Kirche S. Chiara auf Murano (gestochen bei d'Agincourt): Christus auf dem Throne segnend, mit der Linken auf die Brustwunde deutend, vor ihm eine knieende Nonne; oberhalb 2 Engel mit einem Band, am Fusse die Inschr.: „Quiricius de Murano f." (s. Moschini, Guida di Mur. S. 15 und Lanzi a. a. O. II. 81); Casa Zanchi (Contrada di S. Martino): Mad. m. K. und einer Heiligen, Inschr. „opus Quiricj. de Murano" (s. Moschini, Guida di Mur. S. 15); S. Alvise: ein Bild mit der Bez.: „Quiricius f." (ebenda S. 16); Murano, S. Bernardo: Mad. u. Heilige, schadhaft, mit Inschrift „Quiricius f." (Moschini a. a. O. 121).

doch mit der Bemerkung, dass sie (im 16. Jahrh.) bereits stark im Verfall waren.[46] Der Meister soll im Jahre der Ausführung dieser Gemälde (1470) und zwar in der Kirche, welche sie schmückten, begraben worden sein.[47]

---

[46] Nach dem Zeugniss Sansovino's (Ven. descr. S. 185), welchem Ridolfi, Maraviglie I, 51 (54), folgt: „Antonio Vivarino del 1470 vi lasciò (in S. Apollinare) diverse opere di sua mano, ma consumati dagli anni." Von sonstigen Erwähnungen Antonio's bezieht sich eine auf das Bild einer Madonna mit Kind und Heiligen im Kloster S. Marta zu Venedig, über welches Sansovino (a. a. O. 269) sagt, dass er es in Gemeinschaft mit Bartolommeo gemalt habe, während Ridolfi a. a. O. I, 51 (53) es dem Giovanni und Antonio zutheilt, worin ihm Zanetti, Pitt. Venez. 16 (23), gefolgt ist. Sansovino a. a. O. 188 f. schreibt dem Antonio ferner ein Altarbild in einer Kapelle zu S. Maria de' Frari zu, gibt aber den Gegenstand nicht an. Vielleicht hat er den Namen verwechselt, denn wir haben zwar verschiedene Bilder von Bartolommeo und Luigi Vivarini in S. M. de' Frari, aber keins von Antonio.

[47] Nach Ridolfi a. a. O. I, 51 (54); doch ist das bei ihm angegebene Jahr 1440 offenbar Druckfehler (wie auch Zanetti, Pitt. Ven. 15 (22) bemerkt), obgleich es auch in der zweiten Ausgabe Ridolfi's wiederkehrt.

DRITTES CAPITEL.

Bartolommeo Vivarini.

Bartolommeo's Geschäftsgemeinschaft mit Antonio da Murano war, wie wir oben gesehen haben, nicht von langer Dauer gewesen. Grund zur Trennung mag für ihn die abnehmende Leistungskraft seines Partners gewesen sein; aber ohne Zweifel trat der Umstand mitbestimmend hinzu, dass der öffentliche Geschmack sich nicht mehr an den ärmlichen Gebilden eines Jacobello Donato oder Giambono genügen liess. Bis 1459 jedoch hatte sich Bartolommeo noch nicht über eine achtbare Mittelmässigkeit emporgeschwungen; das zeigt uns sein Bildniss des Johannes Capistranus im Louvre:

Paris, Louvre. Die fast lebensgrosse Figur in grauer Kutte hält in der Rechten das Banner, in der Linken ein Buch; der Hintergrund ist schwarz und trägt links auf einer niedrigen Mauer die Bezeichnung des Dargestellten; auf einem Streifen Papier, welcher am Sockel der Figur angebracht ist, die Malerinschrift: „Opus Bartolommei Vivarini de Murano 1459.“[1]

An dieser Arbeit befremdet in der That die stumpfe graue Farbe, der trockene Umriss, die Masse des überflüssigen Zwielichtes und die ziemlich erfolglose Anstrengung in Wiedergabe

[1] Louvre, Mus. Nap. III, N. 112 (Holz, Temp., h. 1,86, br. 0,88), links die Aufschrift: „Beatus Johēs de Capist .... obiit 1456“. Die Tafel war in der Mitte gesprungen und nicht frei von Ausbesserung und Firnissüberzügen.

der Körperform, wenn man daneben auch gelten lässt, dass sich ein besserer Sinn für die Maassverhältnisse zu erkennen gibt. Sehr bald wuchs aber Bartolommeo's Kraft. Benannte er sich auf dem eben beschriebenen Bilde schon mit dem Namen Vivarini, während Antonio sich zeitlebens blos als Muranese bezeichnet hatte, so that er auch das Seinige, um den Ruhm dieses nachmals gefeierten Geschlechtes zu begründen.[2]

In seinem i. J. 1464 für die Karthäuserkirche auf der Insel S. Andrea gemalten Madonnenbild (jetzt in der Akad. der Künste in Venedig) finden wir dem Gegenstand und der Auffassung nach ein Wiederspiel des Altarstückes von Bologna aus d. J. 1450:

Venedig, Akademie.

Maria ist thronend dargestellt, wie sie mit aufgehobenen Händen das in ihrem Schoosse, den Kopf in die Hand gestützt, schlummernde Kind anbetet; in den Seitennischen stehen die Heiligen Andreas, Johannes d. T., Dominikus und Petrus, am Throne die Bezeichnung: „Opus Bartolomei Vivarini de Murano MCCCCLXIIII“.[3]

Zunächst begegnet auch hier die Neigung, namentlich bei der Knabenfigur, plastische Vorbilder nachzuahmen, obwohl daneben der Geschmack an alterthümlichen Typen in der Magerkeit der Heiligen und in dem eckigen Faltenbruch der massiven Gewänder noch fortdauert, wie denn das Ganze die monumentale Anordnung beibehält. Allein die Gestalten haben sprechendere Geberden, die Kleidung sitzt schon naturgemässer und die äusseren Gliedmaassen sind richtiger gezeichnet, besonders aber ist der leichte,

---

[2] Auf dem Capistranobildnisse erscheint der Name Bartolommeo Vivarini zum ersten Mal, frühere Arbeiten haben noch die Bezeichnung Bartolommeo da Murano. Ob Antonio den Namen wirklich getragen hat, ist zweifelhaft, obgleich Schriftsteller wie Sansovino diesen Namen auf ihn und die ganze Familie ausdehnen, selbst auf Giovanni d'Alemania (s. Ven. descr. ed. Mart. 129 u. 246 und 36, wo Antonio und Luigi Vivarini Brüder genannt werden, ferner S. 185, 188, 269 u. 282; vgl. Boschini, Ricche Min. Sest. Dorso Duro S. 51, wo Antonio ebenfalls einmal als Vivarini bezeichnet ist).

[3] Venedig, Akad. N. 1 (Holz, Temp., Goldgr., h. 2, br. 2,20 bezügl. 3,16) durch Abreibung und Uebermalungen beschädigt (blauer Mantel Maria's neu, ebenso die blaue Tunika und der rothe Mantel des Bartholomäus) und durch neue Firnisse aufgeputzt. Die Inschrift ist zwar aufgefrischt, jedoch bezeugt Boschini (Ricche Min. Sest. della Croce, S. 49), welcher das Bild in der Capp. Morosini, dem Capitelsaale der Certosa gesehen hat, die Jahrzahl und den Namen des Bartolommeo; Zanetti, Pitt. Venez. 24 (34), der es ebendaselbst sah, gibt ebenfalls die volle Inschrift. Abbild. bei Zanotto, Pinac. Ven. fasc. 42).

gediegen verarbeitete Fleischton durch kräftigere und entschiedener abgegrenzte Schatten in bessere Wirkung gesetzt. Vollkommen entsprechenden Stil zeigt das durch die Marmorblässe und sorgfältige Abglättung der Fleischtöne sowie durch den lebhaften Gegensatz der satten Gewandtöne bei ebenso massenhafter kantiger Fältelung und im Vergleich mit der grossen Magerkeit der Glieder höchst charakteristische Bild der Nationalgallerie in London:

London, Nat.-Gall. Maria hält das Kind im Arme, welches auf einem Kissen sitzt, zur Seite hinter ihr stehen Paulus und Hieronymus; Inschrift: OPVS . BARTOLOMEI . VIVARINI . DE MVRANO.[4]

Von nun an geht Bartolommeo's Kunstweise immer mehr auf den Classicismus der paduanischen Schule ein. Das Madonnenbild v. J. 1465, ursprünglich für eine Kirche in Bari gemalt, jetzt im Museum zu Neapel[5], verräth den Einfluss der Squarcionesken in der monumentalen Anordnung des marmornen Stufenthrones, der mit Engelstatuen und Steinornament ausgestattet und mit den Frucht- und Blumengewinden behangen ist, wie sie nachmals besonders bei Mantegna üblich werden; allein trotz dieser Vermischung venezianischer und paduanischer Eigenthümlichkeiten bleibt Bartolommeo in Auffassung und Formbildung sowie in der Ausstattung der Nebenfiguren seiner eigenthümlichen Ausdrucksweise treu. Diese Züge, vereint mit einer gewissen Wucht der

(Marginal note beside "Museum zu Neapel": Neapel, Museum.)

[4] N. 284 (Holz, Temp., Goldgr., h. 3 F. 1, br. 2 F. 1.), früher lange Zeit in der Gall. Contarini, später in der Sammlung des Conte Corniani degl' Algarotti in Venedig (vgl. Rizzi in den Atti dell' Acad. di Venezia S. 43. 51. 61. 62), die Farbe ist so durchsichtig, dass man den Gipsgrund sieht. Die Art und Weise wie die Fleischrunzeln ausgeprägt sind, gibt der Gesichtshaut ein gegerbtes Ansehn.

[5] Neapel, Museum, Gr. Saal N. 35 (Holz, Temp., Fig. halblebensgross): Maria, in einen Mantel von Goldbrokat gehüllt, das Haupt mit dem Häubchen bedeckt, betet das in ihrem Schooss schlafende Kind an; zu den Seiten je 2 Heilige, unter ihnen Nikolaus; hinter dem Marmorthrone aus Wolken hervorkommend Halbfiguren der Heiligen Antonius von Padua, Petrus Martyr, Kathar. von Alex. und Magdalena von 6 Engelsköpfen umgeben; 4 Engel dicht am Throne halten die Enden der Guirlande; vorn zu Füssen der Heiligen 2 Rebhühner, der Fussboden Rasengrund mit hinten abschliessendem Gebüsch, am Thron die Inschrift: OPVS BĀTOLOMEI VIARINI DE MVRANO 1465". Das Christuskind, wenn auch derb, ruht doch natürlicher, als auf den Bildern in Bologna (1450) und in Venedig (S. Andrea 1464). Abbild. bei Rosini Taf. 67.

Zeichnung und mit zunehmendem Fleisse in der Durchbildung der Nebendinge werden seitdem stehend. Auch in der Farbenbehandlung schliesst sich Bartolommeo an die Paduaner an. Besonders das dreitheilige Altarstück in S. M. Formosa zu Venedig zeigt, wie er bei all seinen bedeutenden Fortschritten in Bezug auf Anmuth und Sauberkeit des Stiles und auf angemessene Formbehandlung mit anderen Eigenheiten Mantegna's auch den trocknen Temperavortrag sowie die gelbere Färbung der Lichter und die braunere Schattirung annahm und sich dabei der Schraffirung bediente, die wir später bei Crivelli finden:

Es sind drei Tafeln mit rundem Abschluss in einen Marmoraltar eingelassen: Mittelstück die gnadenreiche Jungfrau die Schutzflehenden mit ihrem Mantel deckend, von 4 kleinen Engeln umschwebt, von denen 2, wie bei Crivelli, die Krone über ihr halten, links Wiedersehen Joachims und Anna's an der Pforte, rechts Geburt Maria's; auf dem Mittelbilde die Inschrift: „BARTHOLOMEVS VIVARINVS DE MVRIANO PINXIT MCCCCLXII“.[6] Venedig, S. M. Formosa.

Wäre die Kunstentwicklung in Venedig am Ende des 15. Jahrh. ruhig weiter gediehen, so hätte wahrscheinlich die mantegneske Richtung mehr und mehr überhand genommen, denn Bartolommeo Vivarini war nicht der Einzige, der sich den paduanischen Einflüssen hingab. Jedoch seit der Ankunft des Antonello da Messina in Venedig (um 1473) veränderte sich Geschmack und Handwerksgebrauch der Venezianer wesentlich, und wieder ist es Bartolommeo, an dem wir die fremde Einwirkung zuerst wahrnehmen. Die Vortheile der Oelmalerei leuchteten ihm sofort ein, und wenn er bei der mangelnden Erfahrung das neue Bindemittel auch noch in derselben Weise behandelte wie früher seine Tempera, so machte er doch unter seinen Kunstgenossen den Anfang in der neuen Manier. Als Zeugnisse dieses

[6] Venedig, S. M. Formosa (Temp., kl. Fig.), der Kopf Maria's beschädigt, am Bilde links Himmel und Mantel Anna's in Oel übermalt, auf dem Bilde rechts der Mantel ausgebessert und nachgedunkelt. Boschini. Ricch. Min. Sest. di Castello S. 32, Sansovino, Ven. descr. 40. Ridolfi a. a. O. I, 51 (54) und Zanetti, Pitt. Ven. 25 (35) geben die Jahrzahl sämmtlich als 1475, Moschini, Guida di Ven. I, 189 sogar 1487.

Wendepunktes sind uns interessante Altarwerke in S. Giovanni e Paolo und in S. Maria de' Frari erhalten:

Venedig. S. Giovanni Polo. Das erste in Bruchstücken, von denen eins im Querschiff, zwei andre in der Sakristei angebracht sind. Ersteres enthält den thronenden Augustin fast lebensgross in weisser Tunika und rothem Mantel, mit dem Bischofsstabe in der Hand; die Stuhllehnen sind mit Löwen verziert, dahinter ein violetter Vorhang; der ursprüngliche Goldgrund grün übermalt, der roth und goldene Damast des Gewandes durch Nachbesserung verändert. Die Inschrift auf einem mit Siegellack angeklebten Zettel: „BARTHOLOMEVS . VIVARINVS DE MVRIANO PINXIT MCCCCIXXIII“ (sic). Das andere, in der zweiten Sakristei, umfasst die Heiligen Dominikus und Laurentius, jenen mit Buch und Lilie, diesen mit Buch und Rost.[7] — S. M. de' Frari. Das zweite, dreitheilig, zeigt inmitten den

[7] Ursprünglich ein Altarstück von 3 Bilderreihen, von denen die unterste den heiligen Augustin zwischen Markus und Johannes d. T., die zweite Maria m. d. K. zwischen Dominikus und Laurentius, die oberste eine Gruppe von Medaillons mit je einem Heiligen enthielt; beschrieben bei Boschini (Ricch. Min. Sest. di Castello S. 54), jedoch mit der falschen Jahreszahl 1422. Dieses Bild scheint in der einzigen Beschreibung gemeint zu sein, welche Vasari VI, 102 gibt, nur dass die Namen der Heiligen nicht stimmen. Die Tafeln mit Dominikus und Laurentius befanden sich in der letzten Zeit in der Cappella della S. Trinità. Sie sind dem Cima zugeschrieben worden, werden aber bei Zanotto (Guida di Ven. 292) richtig dem Bartolommeo Vivarini zurückgegeben und als Theile des oben beschriebenen Altarstückes bezeichnet. Die beiden Figuren sind ²/₃ lebensgross, auf blau übermaltem Goldgrund (Holz); beide trefflich erhalten. Vom Augustin gibt Zanotto (Pin. Ven. Fasc. 18) eine Abbildung, Sansovino (Ven. descr. 63) gibt dieses Stück dem Luigi Vivarini, Zanetti, Pitt. Ven. 24 (35) bezeugt die Ausführung in Oel und erklärt den Irrthum Boschini's (1422) aus der Mangelhaftigkeit der lateinischen Ziffer MCCCCIXXIII (s. o. die Inschrift). — Für S. Giov. e Paolo soll Bartolommeo Vivarini um 1473 (nach Ridolfi's Marav. I, 52 (55) die Zeichnungen zu Glasmalereien im Querschiff geliefert haben. Dieses Fenster ist in mehrere Streifen eingetheilt: unten 4 Abth. mit Kleeblattlünetten, in den beiden Aussenfeldern die Heiligen Georg (neu) und Theodor, in den Bogenfeldern ein Mönch und Dominikus, Petrus Martyr und Thomas von Aquino (Halbfig.); in 4 Rosen und Medaillons unmittelbar darüber die 4 Kirchenväter und die Evangelistenzeichen; darüber 4 Felder: Paulus, Maria m. K., Joh. d. T. und Petrus; in 3 Rosen und 4 Medaillons oberhalb: Christus, Moses und Elias, Maria und Gabriel, Sonne und Mond. In einer Ecke der unteren Scheibenreihe steht: „Hieronimus Mocettus faciebat“ und auf einem Saum unter dem ganzen Fenster „Sublime opus Vivari renovatum 1814 etc.“ Diese Inschrift ist an Stelle folgender älteren gesetzt: „fr. Martino Matteo restauratum anno MDCCII“. Moschini (Guida di Ven. I, 142) bringt eine Inschrift bei, welche besagt, dass die Glasgemälde i. J. 1510 von dem Muranesen Giov. Ant. Landis nach Zeichnungen des Bartolommeo Vivarini gemacht worden seien. Ridolfi's Angabe (s. o.) bezieht sich nur im Allgemeinen auf Glasgemälde, macht aber nicht nöthig, dass wir die Jahreszahl 1473 gerade auf diese Glasmalereien beziehen müssen; aber alle Gewährsmänner sind darin einig, dass die Zeichnungen zu den oben beschriebenen Fenstern von Bartolommeo herrühren, obgleich sein Name auf dem Werke selbst nicht vorkommt. Die einzige sichere Bezeichnung deutet auf Girolamo Mocetto, welcher sich der Zeichnungen Bartolommeo's bedient haben mag. Die Jahrzahl 1510 in der bei

thronenden Markus mit segnender Geberde, die linke Hand auf das Buch gelegt, über dem Throne Blumengehänge, vor und neben demselben 4 Engel, von denen die vordersten Mandoline und Viola spielen, Hintergrund Himmel. Am Thronsockel die Inschrift: „OPVS FACTVM PER BARTHOLOMEO O VIVARINVM DE MVRIANO 1474"; links Johannes d. T. und Hieronymus, rechts Paulus und Nikolaus auf blauem Grunde in Nischen.[8]

Wir haben es hier mit Bartolommeo's schönsten Leistungen zu thun. Man sieht, wie er bemüht war, sich der Anwendung des Goldreliefs zu Gunsten einer verständigen Einfachheit zu entschlagen und sich dem gewaltigen und würdevollen Vortrag Mantegna's zu nähern. Am auffälligsten zeigt sich dies in der Figur des Augustinus, der voll Geist und Weihe im Ausdruck, von reichem Bartwuchs umflossen, an alte Aposteldarstellungen erinnert, jedoch erfüllt von wahrem Leben, eine kräftig männliche Figur von edlen Verhältnissen, verständnissvoll gezeichnet und in zwar bruchige, aber nicht unschöne Gewandung gehüllt, deutlich in der Licht- und Schattengebung und von gesundem Aussehen. Ohne den Einfluss der herben Grösse des paduanischen Stils wäre eine Erscheinung wie die des Augustin und seiner Nebenfiguren kaum zu denken, und dass Bartolommeo die besten Leistungen des Mantegna studirt hat, das bestätigt auch der Markus in S. M. de' Frari, der neben gleichartigen Vorzügen sogar noch grössere Sicherheit in der Licht- und Schattenführung, in der Herausbildung der Körperlichkeit und in der Energie der Durchführung offenbart.

Moschini mitgetheilten Inschrift schliesst die Betheiligung des Mocetto nicht aus, denn wir wissen, dass dieser i. J. 1510 noch am Leben war. Dann würde Mocetto als Maler, Laudis als Glaser von Murano an den Fenstern gearbeitet haben. Das Ganze ist zu verschiedenen Zeiten ausgebessert worden, wodurch die Beurtheilung des Stiles sehr erschwert wird. Feststellen lässt sich Folgendes: Die Figuren in dem ältesten (obersten) Stück sind kurz und gemein und haben in Stil und Zeichnung das Gepräge der altmuranesischen Schule, die übrigen sind mehr oder minder neu, auch der unterste Theil. Wo sich der Name Mocetto findet, verräth sich neuere Manier. — Die Glasfenster in S. Petrus Martyr auf Murano, welche Ridolfi a. a. O. ausserdem als Arbeiten nach Zeichnungen Bartolommeo Vivarini's erwähnt, sind nicht mehr vorhanden.

[8] Im linken Querschiff, ehem. in der Kapelle der Familie Cornaro, vgl. Boschini Ricch. Min. Sest. S. Polo 39. Die Figuren etwas unter lebensgross, Hintergrund blau, Holz, das Ganze durch den prachtvollen alten Rahmen gehoben. Die Gesichtsbildung der Heiligen und Engel sowie die Schmuckgewinde sind mantegnesk, die Farbe ist höchst kräftig, von olivengrünem Ton und von der Zeit gebräunt.

Das Einzige, was störend wirken kann, ist die gar zu ängstliche Behandlung der Gewänder.

Solchen Bildern gegenüber möchte man behaupten, dass Bartolommeo Vivarini noch mantegnesker war als selbst die veronesischen Nachfolger dieses Meisters; jedenfalls sind sie die charaktervollsten Erzeugnisse der Einwirkung des paduanischen Stils auf die Venezianer. Aber in einem Punkte weichen sie von diesen Vorbildern ab. Die dünne trockene Temperafärbung haben sie nicht mit ihnen gemein, vielmehr beweist der olivenfarbene Fleischton und seine kräftigen Schatten ebenso wie der satte Auftrag der dunklen Gewandpartien, dass die von Antonello da Messina herrührenden technischen Neuerungen dem Vivarini geläufig geworden waren. Kaum ist aber diese Höhe erreicht, so bemerken wir auch, dass Bartolommeo aufhört, seine künstlerische Leistungskraft ganz und gar an solche Arbeiten zu setzen. Es ist nicht sowohl seine eigene Hand als das Atelier der Vivarini, was wir in den späteren Werken kennen lernen. Daher die verschiedene Art und der ungleiche Werth dieser Erzeugnisse. Aus dem Jahre 1477 z. B. stammt das Bild des heiligen Ambrosius zwischen 4 Heiligen, jetzt im Belvedere zu Wien[9], ein Werk, dem zwar eine ansprechende Freiheit der Geberden und eine Würde des Ausdruckes nachzurühmen ist, welche den früheren ebenbürtig erscheint, das aber doch die strenge Grossheit derselben vermissen lässt, wie es auch durch den verhältnissmässig rohen und trockenen Temperavortrag von ihnen absticht. Die Madonna zwischen Johannes d. T. und Andreas ferner, welche i. J. 1478 für S. Giovanni in Bragora geliefert worden ist[10], trägt zwar die Namensunterschrift

Wien, Belvedere.

---

[9] Ital. Schule, Zimmer II. N. 58 (Holz, h. 5 F., br. 7 F. 9 Z.) inmitten Ambrosius auf dem Thronstuhl vor rothem Vorhang, zu seinen Füssen 10 knieende Genossen einer Brüderschaft; auf den Seitenstücken die Heiligen Ludwig, Petrus, Paulus und Sebastian in ganzer Figur (²/₃ lebensgross, Goldgrund) mit aufgefrischter Inschrift: „Bartholomeus Vivarinus de Muriano pinxit 147 . . . . S. Ambr̄ Viviani Cast⁰. Sant.̄ . . . . . . Vic. S. Petrus Muntis cri ccone . . . Jacobus de Facneic incisit“, der Schluss der Inschrift jetzt zwar durch den Sockel des Pilasters verdeckt, welcher die Bilder trennt, aber nach Zeugniss Waagens (Kunstdenkm. in Wien 1866, S. 47) die Jahrzahl 1477 enthaltend. Der Rahmen ist neu oder wenigstens aufgefrischt, die Figuren hagerer und länger als gewöhnlich, die Gewandfalten ziemlich scharf.

[10] Dreitheilig, jedes Bild rund abgeschlossen, Goldgr., Figuren unter Lebens-

Venedig. S. Giov. in Bragora.

Bartolommeo's, aber mit Verwunderung betrachtet man die an die Schule Verrocchio's erinnernden geschwollenen Formen des Christuskindes, die namentlich unterwärts so dürftige Zeichnung der Johannesfigur und den grinsenden Gesichtsausdruck seines überdies mit hässlichen Händen und Füssen ausgestatteten Genossen. Angesichts solcher Verzerrung des mantegnesken Stiles, die ausserdem noch durch den stumpfen Temperaton des Fleisches und dunkle erdige Farbenstimmung abstösst, ist der Zweifel berechtigt, ob wir es hier mit dem Meister oder vielmehr mit einem Gehilfen wie dem Andrea von Murano zu thun haben.

Wenn Bartolommeo in seinen späteren Arbeiten auch hier und da noch an die Werke seiner besten Zeit erinnert — z. B. in der Madonna mit dem heiligen Rochus in S. Eufemia[11] oder der Madonna mit 4 Heiligen in S. M. de' Frari[12] in Venedig, welche in die Jahre 1480 und 1482 fallen — so hat er doch die che-

grösse, auf einem Zettel die Inschrift: „Bartholomeus Vivarinus de Muriano pinxit 1478". Als Sockelstücke sind dem Bilde Darstellungen aus der Legende der heiligen Helena und 3 Halbfiguren (Christus zwischen Joh. d. Evang. und Markus) angefügt, jedoch erstere gehörten ursprünglich zu einem in derselben Kirche befindlichen Gemälde Cima's, die anderen zeigen den Stil des Luigi Vivarini und waren Bestandtheile eines dritten Bildes daselbst. Moschini (Guida di Ven. I, 82) schreibt die drei letztgenannten Stücke dem Bartolommeo zu.

[11] Bruchstück eines Altarbildes, ursprünglich enthaltend den heil. Rochus, umgeben von Sebastian und Ludwig (Goldgr.), vgl. Zanetti, Pitt. Ven. 26 (36), von dem jetzt nur Rochus, welcher, von einem Engel begleitet, die Pestbeule zeigt, und Maria m. d. K. am Himmel erhalten ist, mit leerem Inschriftzettel, auf welchem jedoch Moschini (Guida di Ven. II, 352) die Bezeichnung „Bartolomeus Vivarinus pinxit 1480" gelesen hat. Das Bild ist aus dem alten Rahmen herausgenommen, an den Seiten vergrössert und an verschiedenen Stellen beschädigt (der Himmelston und etliche Partien abgerieben), die Figuren fast lebensgross, von regelmässigen Gesichtszügen, aber bruchigen Umrissen, und die Farbe ist roh und trocken wie bei dem obengenannten Stücke. Die 6 Cherubim am Himmel sind späte Zuthat. Ein zweiter Rochus von Bartolommeo soll sich nach Ridolfi, Marav. I, 51 (54), in S. Vitale zu Venedig befunden haben.

[12] Das Bild, jetzt im Querschiff nahe der Sakristei, ist 4theilig und enthält: in der Mitte Maria sitzend mit dem Kinde auf dem Schooss, welches durch heftige ungelenke Bewegung auffällt, vor dem Throne am Boden eine Blumenvase; links Andreas und Nikolaus von Bari, rechts Petrus und Paulus, oberhalb Christus im Grab (Halbfigur) umgeben von 2 Engeln (in plastischer Arbeit), sämmtliche Tafeln oben abgerundet; am unteren Saume der Hauptbilder 2 Wappenschilder und 2 Medaillons, enth. die Stigmatisation des Franciskus und Sebastian; am Boden des Madonnenbildes die Inschrift: „BARTHOLOMEVS VIVARINVS DE MVRIANO PINXIT 1482". Die Mängel Bartolommeo's treten hier sehr stark hervor: die Tempera ist stumpf und düster, was noch durch Uebermalungen gesteigert worden ist, die Zeichnung nachlässig, die Köpfe breit und zuweilen von gemeiner Unschönheit, der Mantel Maria's ganz in Oel aufgefrischt.

malige Gediegenheit nicht mehr erreicht. Vielmehr verrathen die meisten der in schneller Folge von da bis ins letzte Jahr des Jahrhunderts ausgeführten Bilder offenbare Erlahmung der künstlerischen Kraft, hastige und nachlässige Arbeit, und wir dürfen uns daher umsomehr mit kurzer Aufzählung begnügen:

Gall.-Bilder u. A. Berlin, Museum N. 1160: der heilige Georg zu Pferde mit dem Drachen kämpfend, im Hintergrund die knieende Königstochter, Landschaft und Gebäude. Inschrift: „Factum Venetiis per Bartholomeum Vivarinum de Muriano pinxit 1185"[13] — N. 1177: Maria, Halbfigur, hält mit beiden Händen das auf einer Brüstung vor ihr stehende Kind, Hintergrund Berglandschaft; das Gesicht Maria's von bellineskem Oval und von ansprechend melancholischem Ausdruck, das Kind dagegen schwer und feist, die Landschaft von der Sauberkeit Crivelli's.[14]

Mailand, Gallerie des Duca L. Melzi d'Eril: dreitheiliges Altarstück, in der Mitte der heilige Christoph das Kind tragend, links Sebastian, rechts Rochus (Holzfig. ¾ lebensgr.); in drei Bogenfeldern darüber Madonna m. K., Bernhard und Bernhardin (Halbfig.), durchweg Goldgrund; Inschrift: „FACTUM VENETIIS PER B (sic) BARTHOLOMEUM VIVARINUM DE MURIANO PINXIT 1486"; ein ansprechendes, gut erhaltenes Stück.[15]

Bergamo, Gallerie Lochis Carrara N. 218: Maria, das vor ihr auf einer Brüstung auf einem Kissen sitzende Kind haltend; Inschrift: „1486 factum Venetiis per Bartholomeum Vivarinum de Muriano"; ein anmuthiges kleines Werk. — N. 298: Maria, das auf ihrem Knie liegende Kind anbetend; Inschrift: FACTVM VENETIIS PER BARTHOLOMEVM VIVARINVM DE MVRIANO PINXIT 1488". N. 299: Michael (Holz, Lebensgr., Goldgrund). — N. 300: Petrus.[16]

Bergamo, Gall. Lochis Carrara N. 337: dreitheiliges Bild, der heilige Martin zu Pferde, seinen Mantel mit dem Bettler theilend, links Johannes d. T., rechts Sebastian; Inschrift: „OPVS. Factum. Venetiis. per. Bartholomeum. Vivarinum. de. Muriano. 1.491" (sic). (Holz, Fig. ⅓ lebensgross); unsorgfältige Arbeit der Schule.

Belluno, Sammlung des Grafen Agosti: Maria m. d. K.

[13] Holz, Temp., h. 4 F. 2 Z., br. 2 F. 2 Z., die Tempera wie auf dem oben erwähnten Bilde in S. Maria de' Frari, aber gut erhalten.

[14] Holz, Tempera, h. 2 F. 1 Z., br. 1 F. 6½ Z., im alten Rahmen; das Bild, vermuthlich aus derselben Zeit stammend, wie das vorige, hat hier und da durch Abreibung und Ausbesserung gelitten, der Himmel ist übermalt.

[15] Holz, klein, die Inschrift nicht ganz unzweifelhaft, da das Bild Uebermalung erfahren hat. Auf der Ausst. von 1872 in Mailand N. 75.

[16] Die Behandlung hastig, die Tempera von dünnem Auftrag, sodass die Untermalung vorscheint, aber die Farben in grellen Gegensätzen, woraus man, wie anderseits aus den eckigen Umrissen, auf Hände von Gehilfen schliessen darf.

im Arm, hinter einer Brüstung, links ein offenes Fenster mit Ausblick auf Landschaft; auf einem Zettel an der Brüstung bezeichnet: „. . . meus de Muriano pi . . . . 148 . ." (Holz, Halbfig.). Die Gruppe anmuthig, die Ausführung unvollkommen. Gall.-Bilder u. A.

Venedig, Akademie N. 14: heilige Barbara mit dem Thurme in der Hand, bez. „Bartolomeus Vivarinus de Murano pinxit 1490". — N. 9: Maria Magdalena.[17]

Bergamo Umgeg. Dorfkirche (?): Altarbild in drei Reihen, oberhalb Maria m. d. K., von bellinesker Empfindung, dem Cima sich nähernd und ungewöhnlich anmuthig, Ursula, ein wenig mantegnesk, Katharina anmuthig und von entschiedenem venezianischen Gepräge, Maria Magdalena und Apollonia (Holz, Halbfig., ⅔lebensgr., Goldgr.), unterhalb Christus stehend mit Pilgerstab und Muschel, zu den Seiten ein Buch, Johannes d. T. mit der Hostie, Johannes d. Ev. mit dem Buch, Bartholomäus mit dem Messer (die Bilder oben abgerundet), am Marmorsockel der Mittelfigur die Inschrift: „Opus factum Venetiis per Bartholomeum Vivarinum de Muriano 1490". Die Gestalten zeigen schlechte Verhältnisse und noch schlechtere Zeichnung, der Vortrag ist rauh und hastig, die Farbenzusammenstellung nicht harmonisch, jedoch Gesichter und Bewegungen nicht ohne Kraft und Charakter. Vermuthlich ist das Ganze eine Gehilfenarbeit auf Grund von Zeichnungen Bartolommeo's.[18]

London, ehem. Samml. Northwick N. 799: Maria auf dem Sterbebett liegend, von den Aposteln umgeben, ihre Seele in Kindesgestalt am Himmel von Christus aufgenommen, zu den Seiten Laurentius und Stephanus, Hintergrund Hügellandschaft. Angeblich von Giotto und im Katalog der genannten Gallerie noch so benannt auf Grund einer schlecht gefälschten Inschrift. Der Gesammteindruck weist das Bild, welches ursprünglich für die Certosa in Padua gemalt gewesen ist, in Bartolommeo Vivarini's letzte Tage, die Farbe hat unangenehm olivenbraunen Ton.[19]

---

[17] Holz, oben abgerundet, Goldgrund, lebensgr., je h. 1,85, br. 0,90, beide aus der abgebrochenen Kirche S. Geminiano, s. Boschini, R. Min. Sest. S. Marco 78, Ridolfi, Marav. I, 52 (55), Zanetti. Pitt. Ven. 26 (37). Die Bilder, mit 2 Heiligenfiguren von Luigi Vivarini verbunden, sind schöne Arbeiten aus Bartolommeo's letzter Zeit von guten Verhältnissen, freier Geberde, aber eilfertig hingeworfen, mit eckigen Umrissen und flott in flauer halbdurchsichtiger Färbung gehalten, deren Halbtöne den Grund durchscheinen lassen.

[18] Das Bild ist gegenwärtig nicht mehr nachzuweisen; es war im Besitz des Händlers Vito Enei aus Rom, gehörte dann dem Banquier Valentinis daselbst und war später wieder im Handel.

[19] Holz, Fig. fast lebensgross, h. 6 F., br. 5 F. engl. Ueber die Herkunft vgl. Moschini. Guida di Mur. 124; die Inschrift auf einem Zettel ist jetzt:

Giott . . . . tum . . . Venethsi pe .
int . . olomeum vivo
. . . . . m oi Mu . iano 1 . . .",

lautete aber (nach Moschini a. a. O.) ursprünglich:

„Hoc opus factum fuit Venetiis per
Bartholomeum Viva-
rinum de Muriano 1499."

Wir wissen ausserdem, dass das Bild

Bellagio, Comersee, bei Signor Federico Frizzoni: die heilige Katharina mit Krone und Palme, links Johannes d. T., rechts unbestimmte Heiligenfigur (Holz, oben rund, Goldgr., Halbfig., halblebensgross).

Hieran reihen wir noch eine Anzahl theils unbezeichneter, meist mangelhaft beglaubigter Werke, welche dem Bartolommeo Vivarini, dessen Todesjahr nicht genau anzugeben ist, sonst noch zugeschrieben werden:

Venedig, Gall. Correr N. 24: Dreieinigkeit zwischen Dominikus und Augustinus (Holz, oben rund, Temp., Goldgr., Fig. 1/4 lebensgross). N. 23: Maria und Kind, Halbfig. (Holz, Tempera, Goldgrund). Diese unter Bartolommeo Vivarini aufgestellten Bilder sind etlichen der venezianischen Akademie in der Ausführung verwandt, welche in die Schule des Alvise Vivarini gehören.[20] Es fällt schwer, den Gehilfen, der an ihnen betheiligt war, namhaft zu machen, sie ermangeln jedoch der Kraft des Meisters Luigi, während von Bartolommeo nicht die Rede sein kann. — N. 26: Madonna m. K., Halbfig., Holz, mit Inschrift von zweifelhafter Aechtheit[21], die Malerei ebenfalls ohne Bartolommeo's Gepräge und einem Nachahmer des Luigi ähnlich.

Venedig, S. M. della Salute, Sakristei: Madonna m. K., angeblich von Bartolommeo Vivarini, in Wahrheit von Jacopo da Valentia (s. später).

Venedig, Akademie N. 21 (ursprünglich im Kloster de' Miracoli): die heilige Klara als ehrwürdige Matrone in dunklem Gewande mit Buch und Kreuz, dem Bartolommeo zugeschrieben, aber mehr im Stile Alvise's.[22]

Venedig, S. Stefano, Sakristei: Die Heiligen Nikolaus von Bari und Laurentius (Holz, halblebensgr.)[23], sehr schadhaft und übermalt, aber doch wahrscheinlich von Bartolommeo.

Bassano, Museum: sitzender Christus segnend mit der Weltkugel (1/3lebensgr., Holz), Mittelbild eines Altarstückes aus Bartolommeo's Verfallzeit.[24] — Ebenda: Christi Leichnam auf dem Schoosse

nach Aufhebung der Certosa zu Padua und nach der Restauration durch Giov. Maria Sasso in Venedig i. J. 1775 an den „ministro Inglese“ verkauft worden ist. Moschini a. a. O.

[20] Wir meinen die Nummern 17—20, 449—455.

[21] Sie befindet sich auf einem Zettel an der Brüstung und lautet: „BARTOLAM° VIVARI . DE MVRAN°“, h. 0,71, br. 1,19.

[22] Holz. h. 1,80. br. 0,75. Die Bilder N. 10 u. 15 (Matthäus und Joh. d. T.), ursprünglich in S. Pietro Martire auf Murano, von Boschini, R. Min. Sest. della Croce 23 fälschlich dem Bart. Viv. zugeschrieben, gehören dem Luigi an, dem sie der Katalog auch zuweist (s. später).

[23] Ursprünglich in S. Samuele, Nimbus und Kopf des Laurentius neu.

[24] Stark übergangen und auch sonst

Maria's umgeben von Andreas und Nikolaus (Holz), im Charakter des Antonio und Bartolommeo.

Venedig, S. Giov. in Bragora: Christuskopf, s. unter Luigi Vivarini.[25] — Ebenda, Kapelle Navageri: Kreuz Christi mit Konstantin und Helena nebst drei Staffelstücken zur Legende der heiligen Helena (s. später unter Cima).[26]

Venedig, S. Maria de' Frari, Cappella Milanesi: thronender Ambrosius (s. später unter Luigi Vivarini und Basaiti).

Venedig, S. Giov. e Paolo: Altarstück mit dem heiligen Vincenz Ferrerius (s. später Carpaccio).[27]

Pesaro, S. Antonio: s. Rom, Lateran unter Antonio von Murano.[28]

Rom, S. Marco: der heil. Markus im Ornat (Holz, fast lebensgross), unerfreuliche Arbeit, der Schule Perugino's zugeschrieben, in Wahrheit aus Vivarini's Schule, hart und steif wie Crivelli und von stumpfer Färbung.[29]

Petersburg, Samml. P. Stroganoff: Madonna m. K., Leinwand, Temperavortrag und Behandlung dem Jacopo da Valenzia angehörig.[30]

Berlin, Museum, N. 1152: Bischofsfigur (s. u. Luigi Vivarini).[31]

---

beschädigt, der Ueberrest der Inschrift: „. . . . iva . . .“

[25] vgl. Boschini, RICCH. Min. Sest. di Cast. 21.

[26] Hauptbild, h. 1,40, br. 0,74. vgl. oben Anm. 10, s. Sansovino, Ven. descr. 36, Boschini, R. Min. Sest. di Cast. 20, Ridolfi, Marav. I. 100, Zanetti, Pitt. Ven. 27.

[27] Dem Bartol. zugeschr. bei Boschini, R. Min. Sest. di Cast. 63.

[28] vgl. oben Cap. II. und Vasari VI, 126.

[29] s. Bd. IV, 199.

[30] Stark ausgeputzt und schwer zu bestimmen, mit neuer Inschrift „Bart. Vivar. f. 1490“.

[31] Etliche noch hierher gehörige Bilder (Venedig, Akad. 402, 387, 397, Gall. Correr N. 25, London bei Lord Elcho) wurden bereits oben (S. 35) gelegentlich erwähnt. — Unerörtert lassen wir gegenwärtig die nachfolgenden: Venedig bei Sign. G. B. Fais: Maria m. K. bez. „Bartholomäus Vivarinus de Muriano pinxit 1473“ (s. Ridolfi, Marav. I. 52). Ehemal. Sammlung Craglietto: Maria m. K. zwischen Hieronymus, Agnes und der knieenden Lucia, Augustin, Augusta und der knieenden Katharina; über Maria's Haupt halten zwei Engel die Krone, oberhalb Gottvater mit 2 Engeln, bez. mit dem Namen Bartolommeo's und der Jahreszahl 1475 (s. Rizzi, discorsi letti nell'. acad. di b. a. in Venez. S. 49). Magistr. del Monte Novissimo: Justizia (s. Boschini, R. Min. Sest. S. Polo 23, und Zanetti, Pitt. Ven. 27). S. Giov. in Bragora: Auferstehung, angeblich mit der Jahreszahl 1498 und mit einer Staffel enthaltend Christus zwischen Johannes und Markus. (Ueber die Predella s. o. Cap. III, Anm. 10 und vgl. Moschini, Guida di Ven. I, 82, Ridolfi, Marav. I, 51, Zanetti, Pitt. Ven. 26, Sansovino, Ven. descr. S. 10, welch' letzterer sie dem Luigi Vivarini zutheilt, und Lanzi II, 81; s. ferner Boschini, R. Min. Sest. di Castello 21). Bari, S. Niccolò: thronende Mad. m. K., umgeben von Jakobus, Nikolaus und 2 anderen Bischöfen, bezeichnet: „FACTVM VENETIIS per Bartolomeum Vivarinum de Muriano 1476“, s. Schulz, Denkm. d. Kunst des Mittelalters in Unteritalien I, 50.

VIERTES CAPITEL.

Alwise Vivarini.

Die Kunstgeschichte ist bisher an dem interessanten Wettstreit der Familien Vivarini und Bellini vorübergegangen, der nachweislich am Ende des 15. Jahrh. in Venedig stattgefunden hat. Solange den Muranesen nur die del Fiores und andere alterthümelnde Kunstgenossen ihres Schlages gegenüberstanden, hatten sie leichtes Spiel; um dieselbe Zeit aber, da die mantegneske Geschmacksrichtung sich durch die Anstrengungen des Bartolommeo Vivarini eingebürgert hatte, fand sie auch tüchtige Anhänger in der Werkstatt der Bellini. Eine Zeit lang war der Wettstreit auf diesem Gebiete sehr lebendig und Bartolommeo hielt seinen Nebenbuhlern die Stange, obwohl sie, abgesehen von ihrer bedeutenden Begabung, noch den Vortheil hatten, mit Mantegna in verwandtschaftlichem Verhältniss zu stehen, was ihnen auch ohne Zweifel bei den Beziehungen zu einflussreichen und wohlhabenden Bestellern zu Statten kam. Seit dem Erscheinen des Antonello da Messina in Venedig erhielt der alte Wettkampf neue Nahrung. Die Bellini begriffen sehr bald die Nothwendigkeit, sich das neue Verfahren zu eigen zu machen, dessen prächtige Wirkung die Augen der Venezianer bestach. Bartolommeo theilte diese Einsicht, aber sei es nun, dass er zu fest in die alte Methode eingelebt war oder dass es ihm an Gelegenheit oder an dem rechten Geschick fehlte, um sich völlig mit der Oelmalerei vertraut zu machen, er zog sich nach kurzer Zeit zurück und überliess den

Gegnern das Feld. Wäre er länger auf dem Wege fortgeschritten, den er in den Jahren 1473 und 74 betrat, so würden wir in Venedig das Ringen der beiden Malerfamilien um die Palme der Vollkommenheit noch reichlicher beobachten können, so aber nehmen wir wahr, wie Bartolommeo, einmal überholt, seit 1474 den verlorenen Boden wieder zu erringen aufgibt und mehr und mehr erschlaffend schliesslich unbemerkt stirbt.

Sein Verwandter Alwise (Lodovico oder Luigi) Vivarini jedoch nahm den Kampf nicht ohne Aussicht wieder auf. Ueber seine Geburt erfahren wir nichts, seine Unterweisung wird er vermuthlich bei Antonio von Murano oder Bartolommeo gefunden haben. Ihren Weisungen scheint er im Anfange gelehrig gefolgt zu sein; denn sein Stil trägt einige Jahre hindurch entschieden muranesisches Gepräge, aber nach und nach schwang er sich höher auf und machte bedeutende Erwartungen rege. Leider besitzen wir keinen sichern thatsächlichen Anhalt für die Leistungen der ersten Entwicklungsstufe. Als Giovanni Bellini i. J. 1464 mit dem Auftrage betraut wurde, in der Scuola di S. Girolamo zu Venedig Darstellungen zum Leben des heiligen Hieronymus zu malen, erhielten Luigi Vivarini und Carpaccio gleichfalls Antheil, und längere Zeit waren die Arbeiten dieser 3 Meister dort neben einander zu sehen. Durch ihre nachmalige Zerstreuung sind wir wichtiger Beweisstücke beraubt worden; einige Vermuthung über Alwise's frühesten Stil gestattet indess ein mehrtheiliges Altarbild im Museum zu Berlin — Ausgiessung des heiligen Geistes, umgeben von 4 Heiligenpaaren[1] —, welches wir ihm zuschreiben, und hieran zeigt sich, dass er etwa um 1470 sich noch nicht über eine gewisse Trockenheit und Unbeweglichkeit erhoben hatte. Berlin. Museum.

[1] Berlin, Mus. 1143. Der obere Theil dem Antonio, der untere dem Bartolommeo zugeschrieben, weshalb das Bild schon oben Cap. II. S. 33 aufgeführt wurde. Von der oberen Reihe kann aber nur der Christus zwischen 2 Engeln für Antonio in Anspruch genommen werden, die 4 Heiligen (Hieronymus, Joh. d. T., Georg und Paulus) sind von derselben Hand wie die unteren Stücke. Von diesen ist nur das Mittelbild (Empfang des heil. Geistes) von ärmlichem Vortrag, hart und unbelebt, die Gestalten steif und schlecht kostümirt. Sämmtliche Heilige des Altarbildes erinnern, den Gesichtszügen nach sowie vermöge ihrer freien Geberden an das Altarstück Luigi's v. J. 1480, welches ursprünglich für S. Francesco zu Treviso gemalt, jetzt N. 561 der Akad. d. K. in Venedig ist. Die Behandlung gleicht Luigi's beiden Bildern N. 15

Sein künstlerisches Wachsthum lässt das Madonnenbild von 1476 in der Kirche zu Monte Fiorentino beobachten:

Monte Fiorentino. Maria betet mit erhobenen Händen über dem Kinde, welches schlafend mit gekreuzten Beinen auf einem Kissen in ihrem Schoosse liegt, zu den Seiten eine Reihe von Heiligen, Franciskus, Petrus, Paulus und ein vierter, nach altherkömmlicher Weise unter Nischen, die in das geschnitzte Ornament des Rahmens eingearbeitet sind; auf der Mitteltafel die Inschrift: „MCCCCLXXVI LVDOVICVS VIVARINVS MVRIANENSIS P.“[2]

In der Anordnung der Tafeln wirkt zwar noch die alte Regel fort, aber es fehlt nicht an Merkmalen, welche die Entfaltung des künstlerischen Sinnes bezeugen, z. B. die Auffassung der Hauptfigur, deren zarte Kopfneigung an Cima oder Bellini erinnert, und der schwermüthige Ausdruck in den schönen durchgebildeten Gesichtszügen; ebenso die schlanke, edelgebaute Gestalt mit ihrem anmuthigen Umriss; in der Figur des Kindes sind die früheren muranesischen Vorbilder oder die Einwirkung der Antike fühlbar, aber doch schon frischeres Leben und Bewegung der Glieder, selbst der Gegensatz zwischen der gezwungenen Haltung des Knaben und der Ruhe und Zartheit Maria's ist nicht zu störend. Bei den Heiligen fällt als gemeinsame Eigenschaft Länge und Magerkeit auf, die jedoch dem Schwunge der Haltung und der Charakteristik der Persönlichkeiten keinen Eintrag thut: Franciskus hält Kreuz und Buch ruhig lesend, Petrus steht mit dem Schlüssel

(Joh. d. T.) und N. 10 (Matthäus) in der Akad. zu Venedig. Auch in Berlin selbst gibt es jedoch Vergleichsstücke: N. 38 (Maria m. K. auf dem Throne mit 6 Heiligen) und N. 1165 (Maria m. K. und 4 Heiligen), zwei schöne Arbeiten aus Luigi's späterer Zeit; N. 1160 (Georg zu Pferde) und N. 1177 (Maria m. K.) sind gleich charakteristische Werke Bartolommeo's. und die Vergleichung stellt heraus, dass Bartolommeo an dem Altarwerke N. 1143 keinen Antheil haben kann. Möglicherweise hat Luigi das Werk als Gehilfe in Bart.'s Werkstatt gemalt und bei Ausführung des Mittelstückes (Empfang des heiligen Geistes) vielleicht den Jacopo da Valenzia zum Genossen gehabt, der sich nach und nach an den Stil des Bartolommeo, Cima und Giov. Bellini anlehnte. Bei N. 1152 des Berliner Museums (junger Bischof lesend, Halbfigur, dem Bartolommeo zugeschrieben), in stumpfem, olivenfarbigem Ton gehalten, wiederholt sich dieselbe Beobachtung wie bei 1143.

[2] Holz. Goldgr., Fig. ½lebensgross, gut erhalten mit Ausnahme des theilweis abgeblätterten Mantels der Maria; die letzte Ziffer der Inschrift etwas undeutlich.

und dem Evangelium voll Bewusstsein und Entschiedenheit da, und sowohl in der Haltung wie in den Gewändern beobachten wir an ihm und seinem Nachbar Paulus so viel plastische Wucht und Sinn für angemessene Ausstattung, dass schon hierin der Einfluss des Donatello und Mantegna auf die älteren Venezianer deutlich hervortritt. In der Zeichnung des Nackten ist die Summe der künstlerischen Erfahrung dieser Zeit niedergelegt, in der Anwendung der Zierrathe herrscht möglichste Einfachheit; dabei sind Licht und Schatten richtig abgewogen und aus der freien Behandlung der trefflich abgestimmten Farben, welche infolge des Alters einen schönen braunen Ton angenommen haben, spricht die Bekanntschaft mit der Technik Antonello's. So scheint es in der That, als fiele der eigentliche Ausgangspunkt von Luigi's künstlerischer Thätigkeit genau in die Zeit der höchsten Vervollkommnung, deren Bartolommeo fähig gewesen war, und als hätte er nunmehr sich von da aus in demselben Grade weiter gebildet, in welchem Bartolommeo über seinen Bruder Antonio hinweggeschritten war. In dem Bewusstsein, für den Kunstruf der Muranesen einstehen zu müssen, ging er seines Weges in Anlehnung an die edleren Eigenschaften des mantegnesken Stiles und voll Bewunderung für das Handwerksgeheimniss Antonello's und wurde so allmählig zum Nachahmer bellinesker Kunst, aber er blieb am Anfang seiner Laufbahn an Kraft des Ausdruckes hinter Mantegna zurück, ohne am Ende derselben die Feinheit der Empfindung Bellini's zu erreichen. Als Eigenschaften, in denen es Luigi bald dem Giovanni Bellini gleichthat, müssen neben dem Geschick, seine künstlerischen Aufgaben durch angemessene Figurengruppirung zu lösen, die richtige Anwendung der Luft- und Linienperspektive und der deutliche Ausdruck des geistigen Lebens in Blick und Geberden seiner Figuren bezeichnet werden. In dem 1480 für S. Francesco in Treviso gemalten Altarstücke der Madonna mit Heiligen (jetzt in der Akademie zu Venedig) sind diese Vorzüge unleugbar vereinigt:

In einer unterhalb mit Teppich verhangenen Halle sitzt auf klassisch stilisirtem Marmorthrone die Jungfrau in lichtrothem Kleide von einem Mantel aus Goldbrokat reich umflossen, indem sie mit Venedig. Akademie.

leise bewegter rechter Hand den Ausdruck des nach dem Beschauer gerichteten, demüthig wohlwollenden Blickes unterstützt und mit der Linken den Knaben an sich drückt, der ernst abwärts schauend nackt auf ihrem Kniee steht, die Linke auf die Hand der Mutter gelegt, die Rechte zum Segnen erhoben; dicht hinter dem Throne steht links die betende Anna, rechts Joachim die Mütze zum Gruss lüftend und eine Taube darbringend, vor diesem zur Linken Bernardin im Bischofsornat, voll Demuth im niedergeschlagenen Blick und in der Bewegung der freien Hand, Antonius von Padua mit dem Lilienstab gradaus schauend auf Christus und zur Betheuerung seines Glaubens sein Buch inbrünstig an die Brust drückend; zur Rechten Franciskus mit gesenktem Haupte die Wunden seiner Hände zeigend und Bonaventura, als kahlköpfiger Greis, gradaus schauend, mit der Hostie in beiden Händen. An dem Marmorsockel des Thrones auf einem Zettel die Inschrift: „ALVVIXE VIVARIN. P. MCCCCLXXX“.[3]

In dieser Darstellung sagt sich Luigi von den formalen Vorurtheilen der älteren Zeit gänzlich los und folgt in der Vereinigung der kleinen heiligen Gemeinde nur dem Antrieb natürlicher Empfindung. Maria ist in Bewegung und Ausdruck ganz und gar religiöse Einfalt, der Jesusknabe, nicht mehr die herkömmliche Figur der Vivarini, edler und natürlicher zugleich aufgefasst; es ist ihr Kind, wenn auch mit einem Anflug von dem Bewusstsein seiner Würde; die Abstufung im Ausdruck anbetender Verehrung bei den umstehenden Heiligen, von der sorglichen Innigkeit Anna's und der ehrfurchtsvollen Scheu Joachims, der tiefen Erregtheit des Franciskus bis zu der Sammlung und Weihe des Bernardin und Bonaventura höchst sprechend und individuell. Ernste und reine Farbenstimmung und weise Lichtführung steigern den Eindruck wesentlich. Die grösste Helle ist im Mittelpunkt vereinigt, leuchtet kräftig von Antlitz und Gestalt Maria's und des Kindes wieder und spielt gemässigt über den Seitengruppen, um in der

[3] Venedig, Akad. N. 561 (Holz, Fig. unter Lebensgr., h. 1,71, br. 1,91). Zur Zeit Federici's (s. Memorie Trevigiane I, 211) befand sich das Bild in S. Francesco zu Treviso am Altare von S. Maria del Prà; vgl. Lanzi II, 84 und Ridolfi a. a. O. I, 50. Die Oberfläche durch Abreiben und Putzen ein wenig angegriffen, wodurch gerade venezianische Bilder am meisten leiden, da bei diesen das Schwergewicht mehr in der Zusammenstellung der Töne als in der Richtigkeit der Formen zu liegen pflegt: der braune Ornat des Bernardin ist übergangen. Gewänder und Vorhänge haben kräftigeren Farbenkörper als das Fleisch, das Bindemittel ist hart und zeigt Spuren von harziger Beschaffenheit.

Dämmerung des Hintergrundes zu verschwinden, sodass hierdurch der schon durch die Zeichnung hervorgebrachte Eindruck der Verjüngung nach Innen wirkungsvoll unterstützt wird. In der Farbencomposition ist noch einige Härte zurückgeblieben, die Schatten setzen ziemlich scharf ab, in der Fleischfarbe herrscht ein olivengrüner Ton vor und der nur halb durchsichtige Auftrag verräth die Mühe, mit welcher der Maler bei Anwendung des neuen Bindemittels zu kämpfen hatte; dies und die Unkenntniss im Lasiren sind wesentliche Merkmale der Schwäche Alwise's im Gegensatz zu seinen grossen Zeitgenossen, den Bellini. In allem Uebrigen herrscht Ebenmaass und grosse Meisterschaft; die nackten Theile, Hände, Füsse, Beine sind weder zu derb noch zu schmächtig gehalten, die Gewandung trotz gelegentlicher Straffheit und Eckigkeit durchweg schlicht. Eine geringe Steigerung im Geschmack der Farbenwahl, im Feingefühl des Naturstudiums, in der Leichtigkeit der Hand, und Luigi würde ebenbürtig neben jenen Meistern stehen; die Frage ist nur, ob er durch Fleiss und Sorgfalt diesen kleinen Abstand noch hätte ausgleichen können, oder ob derselbe in den natürlichen Gaben begründet lag, was er selber voll Bewusstsein leugnete.

Ueberblickt man die nächste Reihe seiner Werke, so wird man zu ungünstiger Antwort gedrängt, z. B. angesichts der Figuren des Täufers und des Matthäus oder der Kreuzschleppung Christi in S. Giovanni e Paolo[4] (letztere berühmt durch den lächerlichen Streit, der in Folge theilweiser Abreibung einer gefälschten Signatur entstanden war, aber bei der starken Veränderung durch Ausbesserungen nicht mehr beweiskräftig)[5]; ferner vor dem schad-

[4] Beide unter dem Namen Alvise Vivarini sen. und ursprünglich in S. Pietro Martyr auf Murano. Moschini. Guida di Ven. II, 487 findet den Stil der Figuren abweichend von anderen des Luigi Vivarini und vermuthet deshalb zwei Luigi, doch ohne Grund; die Figuren sind stark beschädigt; N. 10 Matthäus (Holz. lebensgr.) ist ähnlich behandelt, die Gestalt hager, von herbem Gesichtsausdruck, aber in guten Verhältnissen. Sucht man auf Grund unberührter Stellen der Bilder die Entstehungszeit festzusetzen, so wird man auf 1480 bis 1485 fallen, da die Behandlung mit dieser Periode Luigi's übereintrifft. Boschini, R. Min. Sest. della Croce 23, führt die Bilder an ihrem ursprünglichen Standort auf, bezeichnet sie aber als Bartolommeo's, vgl. auch Zanotto, Pinac. Venet., wo Abbildungen gegeben sind.

[5] Oberhalb der Sakristeithür (Leinw., Fig. ungefähr ¾ lebensgross), ringsum ist ein Streifen angesetzt, und mit dem

haften Madonnenbilde mit Kind und Heiligen vom J. 1485 im Museum zu Neapel[6] und der Gestalt der heiligen Klara (angeblich von Bartolommeo) in der Akademie zu Venedig.[7]

In der Zeit zwischen 1480 und 1490 fühlte sich Luigi Vivarini so sehr, dass er den Bellini keck den Handschuh hinwarf. Die Brüder Gentile und Giovanni nämlich waren mit ausgedehnten Aufträgen für den Saal des grossen Raths (Sala del Gran Consiglio) in Venedig betraut, wo sie eine Menge alter Gemälde auszubessern oder durch neue zu ersetzen hatten. Es scheint, als habe Luigi Vivarini erwartet, die Regierung werde in Rücksicht auf seine Kunsterfahrung es für unerlässlich halten, ihn bei dieser Arbeit mit zu berufen, aber er wartete vergebens auf solche Auszeichnung. Da liess er sich herbei, seine Dienste selbst anzubieten, indem er im Juli 1488 folgender Gestalt an den Dogen und die Hochmögenden der Stadt schrieb:

Hauptbilde in Uebereinstimmung gesetzt, und auf dieser Zuthat findet sich rechts ein Zettel mit der Inschrift: „Ludovicus Vivarin Murianensis p. MCCCCXIV". Die Figur ist durchweg in Oel retouchirt, aber Charakter und Geberde derselben weisen ans Ende des 15. oder den Beginn des 16. Jahrh., nicht aber an den Anfang des 15., wie wir dieser Inschrift glauben sollen. Es ist wohl nur aus Eilfertigkeit zu erklären, dass Ridolfi a. a. O. I, 50 und Zanetti, Pitt. Ven. 13 die Ziffer 1414 für echt angenommen haben, obwohl ihnen das Kunstgepräge dieser Zeit z. B. an Jacobello und Donato wohlbekannt war; verwunderlicher aber erscheint, dass Zanotto, Pinac. Venet. a. a. O. trotz Lanzi, a. a. O. II, 82 und ohne Rücksicht auf Moschini, Guida di Ven. I, 165, auf dem Irrthum beharrt. Wie die Ziffer jetzt dasteht, ist sie offenbar unecht und auch nicht vollkommen deutlich. Das Bild aber ist entschieden von Luigi, wie auch Boschini, R. Min. Sest. Castello 57 bestätigt, und gehört etwa ins Jahr 1480, d. h. in die Zeit, als Luigi schon von der bellinesken Manier angesteckt war, und jedenfalls ist es künstlerisch reifer als das Altarstück von Monte Fiorentino. — Noch Sansovino (Ven. descr. 65), welcher das genannte Bild ebenfalls dem Luigi zutheilt, ohne eine Jahreszahl anzugeben, berichtet, Luigi habe in S. Giov. e Paolo auch die Kapelle des Andrea Stornado, Procurators von S. Marco († 1478), ausgemalt. Diese Gemälde sind nicht erhalten, jedoch die Angabe deutet auf die Entstehungszeit unseres Bildes. Derselbe Gewährsmann a. a. O. weist dem Luigi auch den heiligen Augustin von Bartolommeo zu, vgl. oben.

[6] Neapel. Mus. Venet. Sch. N. 4 (Holz), Inschrift: „Alvise Vivarini p. Venetia 1485"; in der Mitte die thronende Maria (Mantel in Oel übermalt), zu den Seiten Franciskus und Bernardin. Die ganze Bildfläche ist dermaassen verrieben und übergangen, dass die ursprüngliche Beschaffenheit der Farbe nicht mehr festzustellen ist; die Gestalten jedoch stimmen im Wesentlichen mit den eben beschriebenen überein; eine gewisse Steifheit des Vortrags mag durch die Uebermalung entstanden sein, aber Luigi's Fortschritt in dem neuen Malverfahren lässt sich hier nicht beobachten.

[7] N. 21: heilige Klara (Holz, fast lebensgross, h. 1,80, br. 0,75, aus dem Kloster de' Miracoli), jetzt dem Bartolommeo zugeschrieben, jedoch im Vortrag Luigi's, wie ihn die Periode 1480 bis 1485 kennen lehrt. Vgl. oben Cap. III. S. 48.

„Ich bin Alwiso Vivarini von Murano, getreuer Unterthan Ew. Herrlichkeit und des erlauchten Staates, und trage seit langer Zeit Ehrgeiz danach, mein Geschick vor Ew. Hoheit zu erproben, damit man sehe, dass mein nachhaltiger Fleiss und meine Arbeit nicht ohne Frucht gewesen. Ich erbiete mich daher unterthänigst, zu Ruhm und Ehre dieser gefeierten Stadt unter Verzicht auf Bezahlung oder Entgeld ein Bild in Leinwand für die „Sala del Gran Conseio“ in dem Malverfahren darzustellen, welches gegenwärtig bei den Brüdern Bellini in Gebrauch ist; und ich bedinge nichts weiter für die Arbeit, als dass mir die Auslagen für Leinwand und Farben sowie der Lohn für die Gehilfen nach den Bestimmungen erstattet werden, welche auch für die genannten Bellini gelten. Nach Vollendung meiner Arbeit überlasse ich Ew. Herrlichkeit, mir aus freier Bewegung nach Dero hohem Verständniss den Preis zu zahlen, wie er gerecht, ehrlich und angemessen erscheinen mag für meine Arbeit, die ich zuverlässig zur allgemeinen Zufriedenheit Ew. Herrlichkeit und der gesammten hohen Staatsregierung hinausführen werde, deren Gewogenheit ich mich unterthänigst empfehle.“[8]

Aus mehreren Gründen ist dieser Brief von Wichtigkeit. Zunächst beweist er uns, dass beide Brüder Bellini bei der ursprünglichen Ausschmückung der Sala del Gran Consiglio beschäftigt gewesen sind, und mehr noch, dass diese Gemälde auf Leinwand und zwar in einem besonderen Malverfahren ausgeführt waren, worunter wir unbedenklich die Oeltechnik des Antonello da Messina uns vorstellen dürfen, und endlich ersehen wir, dass Alwise Vivarini sich zutraute, in gleicher Weise auf Leinwand zu malen. Dem Verlangen des Muranesen wurde sofort entsprochen; durch Rathsbeschluss von 1489 ermächtigte man ihn, die verlangte Leinwand zu übernehmen, rüstete ihn mit den nöthigen Gehilfen und mit Farben aus und wies ihn an, sein Bild für den Platz einzurichten, welchen bis dahin das Wandgemälde des Pisano innegehabt hatte.[9]

---

[8] Das Original, dessen Entdeckung wir Mr. Rawdon Brown's fleissigen Untersuchungen verdanken, ist abgedruckt bei Selvatico, Storia estetico-critica II, 466.

[9] Die Antwort auf Luigi's Brief ebenda.

Vom Beginn des 14. bis zum Beginn des 15. Jahrh. waren in der Halle des grossen Rathes zu Venedig verschiedene einander ablösende Künstlergeschlechter thätig gewesen. Die einfachen steinfarbigen Bilder, welche vor 1350 die Wände eingenommen hatten, waren von Guariento, Gentile da Fabriano und Pisano durch farbige Darstellungen ersetzt, aber die Feuchtigkeit des venezianischen Klima's und die salzigen Ausdünstungen der Kanäle hatten so zerstörend auf die Arbeiten dieser Meister eingewirkt, dass man im J. 1474 darüber in Berathung trat, wie der Raum wieder hergestellt werden solle.[10] Vermuthlich hatte die Umwälzung, welche die Einführung der Oelmalerei herbeiführte, die Aufmerksamkeit auf sich gezogen, und es ist sehr wahrscheinlich, dass in Folge dessen ein anderer Geschmack in der Eintheilung des Saales durchdrang, wonach die Wände in Rahmen abgetäfelt wurden, um Bilder von Leinwand aufzunehmen. Bei der Frage, wer diese Bilder liefern sollte, mag die Wahl zwischen Antonello von Messina, den Vivarini und den Bellini geschwankt haben; der Rath entschied sich für Gentile Bellini[11], und zwar sollte er zunächst das abgeblätterte Freskobild des Gentile da Fabriano wieder erneuern, welches die Seeschlacht zwischen dem Dogen und dem Sohne des Kaisers Barbarossa darstellte.[12] Da aber mit jedem Jahre neue Schäden an den alten Dekorationen zu Tage kamen, erkannte man die Nothwendigkeit, zur Herstellung dieses nationalen Heiligthums ein ordentliches Stück Geld anzuwenden, und man holte fast alle Künstler, deren man habhaft werden konnte, zu diesem Zwecke herbei.

Der Brand, welcher i. J. 1577 den grossen Rathssaal zerstörte, hat zum grossen Schaden der Kunstgeschichte Venedigs die einzigen Beweisstücke vernichtet, aus denen wir die Leistungsfähigkeit

---

[10] s. die Annalen von Malipiero im Arch. Stor. VII. 2, Florenz 1844, S. 663 und Sansovino. Pitt. Ven. 325.

[11] s. Illustrazione del Palazzo ducale di Venezia von Marchese Pietro Selvatico und Prof. Cesare Foucard, Mailand 1859, secondo rapporto S. 81. Gentile wurde unterm 21. Sept. 1474 angestellt (s. später).

[12] s. Annali veneti bei Malipiero im Arch. Stor. VII, 2, S. 663. Malipiero erwähnt hierzu, in Folge der Abnahme der Wappen des Dogen Contarini zum Zwecke dieser Ausbesserung sei so grosser Unwille laut geworden, dass der Rath der Zehn die Wiederanheftung der Schilder anordnete.

Luigi Vivarini's in der Darstellung geschichtlicher Gegenstände beurtheilen könnten. Nur aus schriftlichen Nachrichten wissen wir, dass er zwei Darstellungen lieferte: das Versprechen des Prinzen Otto, zwischen Venedig und dem Kaiser zu vermitteln und den Empfang des Sohnes durch Barbarossa, und dass er sich hierbei als einen Mann von bedeutendem Geschick und als Meister im Bildniss und in der Perspektive auswies.[13] Dass er trotzdem im Urtheil seiner Zeitgenossen unter den Bellini blieb, kann aus seinem Gehalt geschlossen werden, welcher i. J. 1492 zu dem Satze von 60 Dukaten für das Jahr festgestellt wurde[14], während sich Giovanni Bellini ausser dieser Summe noch besonderer Einnahmen zu erfreuen hatte. Immerhin durfte es dem Stolze Luigi's genug thun, dass er seit jenem Dienstanerbieten als ständiger Maler der Regierung eingetragen war.

Das venezianische Regiment jener Tage liess in seinen Contrakten mit Malern diesen offenbar grosse Freiheit bezüglich der Lieferungsfrist. Man übte hierin viel Nachsicht, und so war es dem Vivarini so gut wie dem Bellini unbenommen, sich gleichzeitig mit anderen Aufträgen zu beschäftigen. Nur so wenigstens lässt sich der langsame Fortschritt jener öffentlichen Arbeiten im Gegensatze zu der schnellen Aufeinanderfolge von Altarbildern für private Besteller erklären. Von derartigen Arbeiten Vivarini's fallen in die Zeit, von der hier die Rede ist, das Madonnenbild im Belvedere zu Wien v. J. 1489 und zwei ähnliche Stücke in S. Giovanni in Bragora und in der Erlöserkirche (Redentore) in Venedig; in d. J. 1493 und 1498 lieferte er ebenfalls für S. Giovanni in Bragora ein Christusbild und eine Auferstehung, sodann 1497 ein vorzügliches Bildniss (im Privatbesitz) und im folgenden Jahre einen segnenden Christus (jetzt in der Brera) in Mailand;

---

[13] Die Bilder beschreibt Vasari, V. 8 und Sansovino, Ven. descr. 325—332; nur von dem zweiten Bilde sagt Sansovino, dass es an Stelle des zuvor von Pisano gemalten gekommen sei und fügt hinzu, die letzte Vollendung der Arbeit Vivarini's sei dem Giovanni Bellini übertragen worden.

[14] Bei Gaye, Carteggio II, 70 findet sich die Urkunde vom J. 1495, wonach Alvise Vivarini seit Mai 1492 als „depentor in Gran conscio" 5 Dukaten monatlich bezog. Wie sein Gehalt früher gewesen, wissen wir nicht, auch haben wir über die genannte Zeit hinaus keine Nachricht über die Fortdauer seiner dortigen Thätigkeit.

endlich besitzt das Museum zu Berlin zwei grosse Altarstücke aus Luigi's späterer Zeit, welche mit den obengenannten die Eigenschaften gemein haben, aus denen hervorgeht, dass der Meister damals, auf den Wetteifer mit Giovanni Bellini verzichtend, sich damit begnügte, den Stil desselben nachzuahmen:

Wien. Wien, Belvedere: ital. Sch. Saal I. N. 36: Maria thronend mit dem auf ihrem Schoosse schlafenden Kinde; unten zwei musicirende Engel, auf einem Zettel am Sockel die Inschrift: „Alvisius Vivarinus de Muriano p. MCCCCLXXXVIIII".[15]

Venedig. Venedig, S. Giov. in Bragora: Maria in der gewöhnlichen Haltung mit über dem Kinde erhobenen Händen auf langem steinernen Sitz in einem Raume mit 2 Bogenfenstern, durch welche man den Himmel und wasserreiche Landschaft sieht.[16]

Ebenda: Christuskopf, völlige Vorderansicht auf dunklem Grunde, mit zum Segnen erhobener Hand[17] (vereinigt mit dem Bilde der Begegnung Christi und Veronika's von Andrea Schiavone).

Ebenda: Christus, eine zarte Jünglingsgestalt, nackt bis auf den um Hüften und rechtes Bein gewundenen Schurz, steht mit segnend erhobener Rechten, die Kreuzfahne in der Linken, auf dem Deckel des Grabes in dämmeriger Landschaft; links hinter ihm, theilweis sichtbar, zwei zu ihm aufschauende, erschreckt zurückweichende Soldaten.[18]

---

[15] Holz, h. 3 F. 2½ Z., br. 1 F. 4½ Z., 1802 in Istrien gekauft, ursprünglich wohl nur Mittelstück eines Altarbildes. Der Grund hinter dem Throne frisch vergoldet, die Hände Maria's durch Uebermalung entstellt, das Fleisch des Knaben verblichen und abgerieben, die Farbe an diesem Theile so dünn, dass sie den weissen Grund durchscheinen lässt, die Schatten der Gewänder von stärkerem Farbenkörper als die übrige Malerei.

[16] Jetzt in der 1. Kapelle rechts, ehemals in S. Severino, Holz, Fig. ½ lebensgross, Maria's Mantel neu. Bei Zanotto. Guida S. 220. dem Bellini zugeschrieben.

[17] Holz, die Farbe rosig und dünn schattirt, an Fleisch und Gewand nimmt die Stärke des Auftrages in den lichteren Stellen gradweise ab; der Gesammtton etwas nachgedunkelt. Bei Zanotto, Guida S. 219 als Rocco Marcone bezeichnet, aber von Boschini, R. Min. Sest. di Cast. 21, der das Werk als Schmuck am Schreine des S. Giov. Elemosinario kannte, richtig dem L. Vivarini zugetheilt, dessen Urheberschaft durch folgende Urkunde bezeugt wird (s. Memoria sulla chiesa di S. Giov. in Bragora, Ven. 1848, S. 8 u. 27): „Nel catasto di chiesa vi è la seguente nota: anno 1493 al Vivarini per la testa sopra il monumento di S. Zuane L. 12."

[18] Holz, oben rund, Fig. fast lebensgross. Am Pfeiler links vom Hochaltar eingelassen; an der Seite des Grabes ein weisser Zettel, schon zu Zanetti's Zeit unlesbar, jetzt ganz ohne Inschrift; Boschini (R. Min. Sest. Cast. 20) sagt jedoch, das Bild rühre aus dem Jahre 1498 und dies wird bestätigt in der Memoria sulla chiesa di S. Giov. in Br. S. 27 mit folgender Urkunde: „1498 Maestro Alvise Vivarini deve haver per dipintura della palla del Corpo di Cristo L. 40." Nach einer andern ebendort mitgetheilten Urkunde war die Tafel ursprünglich Mittelstück eines Flügelaltars (con portelle). Vgl. auch Sansovino, Ven. descr. 36. (Die zugehörige Staffel von Alvise, darst. Christus, Joh. d. T. und Markus in Halbfiguren, befindet sich jetzt unter dem Altarbilde des Bartol.

Venedig, Redentore, Sakristei: Maria in goldgelbem Kleid mit weissem Brusttuch und rothem über den Kopf gezogenem Mantel, sitzt auf schlichtem marmornen Throne, die Hände betend zur Brust erhoben, auf das Kind herabblickend, welches, den nach aussen gewandten Kopf auf ein Kissen gelegt, nackt in ihrem Schoosse schläft; vor ihr auf einer Brüstung, worauf Aepfel, Birnen und Kirschen liegen, sitzen zwei Engelskinder und spielen die Mandoline; hinter dem Throne ist ein grünes Tuch aufgehangen, auf dem ein Stieglitz sitzt.[19] Venedig.

Mailand, Casa Bonomi: männliches Bildniss, etwas unter lebensgr., $^3/_4$ nach links in blauem Kleid und schwarzer Mütze auf dunklem Grund; an der Brüstung, auf der die linke Hand ruht, bezeichnet: „Alovisius Vivarinus de Muriano f. 1497".[20] Mailand.

Mailand, Brera N. 298 (238): Brustbild Christi in lockigem Haar und kurzem Bart, ein wenig nach links gewendet, die rechte Hand segnend, in der linken ein Kreuz, auf dunklem Grund; am Sockel die Inschrift: „Alvisius Vivarinus de Muriano pin. MCCCCLXXXXVIII".[21]

Von den drei obengenannten Marienbildern in Wien und Venedig ist das erste durch die Inschrift beglaubigt, das zweite und dritte dem Bellini zugeschrieben, aber bei der Vergleichung kann man nicht darüber im Zweifel sein, dass sie derselben Hand angehören. Auf dem Wiener Bilde spricht sich die bellineske Empfindung deutlicher in dem Christuskinde aus, als in den musicirenden Engeln, aber Bellini selbst würde feineren Ausdruck in die Gesichter gelegt und die etwas inhaltlose Rundung der Köpfe vermieden haben, wie man andrerseits von seiner Kenntniss der Oeltechnik auch reichlicheren Farbenauftrag und dreistere Gegensätze des Lichtes und Schattens, feineren Strich und zartere Schwellung der Umrisse erwarten müsste. Während das Marienbild in S. Giovanni in Bragora fast Wiederholung desjenigen in Wien ist, zeigt das dritte in der Chiesa del Redentore die Veränderung, dass die beigefügten Engel sitzend angebracht sind; in

Vivarini v. J. 1478 in derselben Kirche.) s. Abbildung des Christus bei Zanotto, Pinac. Ven. fasc. 21. Zanetti, Pitt. Ven. 26 (37) und Lanzi II, 84 schreiben das Bild irrig dem Bartolommeo zu.

[19] Angeblich von Giov. Bellini. Holz, Oel, unter Glas, h. u. br. 0,77. Abb. bei Zanotto, Pinac. Ven. fasc. 5; die Oberfläche ist durch wiederholten Firniss undurchsichtig geworden.

[20] Holz, der Mund ein wenig übermalt, der Fleischton im allgemeinen stumpf rothgelb.

[21] Holz, Oel, die Farbe infolge von Abreibung und Uebermalung abgestumpft. Zanetti, Pitt. Ven. 31 (43) erwähnt das Bild in einer Privatsammlung mit mangelhafter Inschrift und falscher Jahrzahl 1490.

anderen Einzelheiten ist es durchaus Gegenstück jenes Bildes von 1489. Unverkennbar ist die Absicht Vivarini's, den Reiz der zarten Figurenzeichnung, der Einfalt und des meisterlichen Vortrages nachzuahmen, den er an Bellini bewunderte, aber wie gross auch sein Fortschritt in der künstlerischen Bewältigung des Nackten und der Gewandung erscheint, die Vollendung Bellini's zu erreichen, war ihm versagt. Der Unterschied, den wir bei den gleichartigen Darstellungen beider Meister wahrnehmen, erstreckt sich fast gleichmässig auf alle Elemente und wird dadurch zum Unterschiede nicht blos des Grades, sondern des Wesens. Ein unübersteigliches Hinderniss war für Alwise die Technik. Da er von Haus aus nicht mit hervorragendem Farbengefühl ausgestattet war, hätte ihm die handwerkliche Sicherheit im Oelmalen sehr vortheilhaft werden können, allein grade hierin lag seine Schwäche. Sein Bindemittel war offenbar zäh und spröde, und wenn er den Lokalton auf die Oberfläche aufgetragen hatte, kostete es ihm grosse Mühe, die Lichter mit den Halbtönen und den dunkeln Theilen zu vermitteln. Bei dieser Arbeit opferte er entweder die Durchsichtigkeit seines Schattens, um ihm Tiefe zu verleihen, oder aber er verzichtete auf Tiefe zu Gunsten der Durchsichtigkeit. Da es ihm nicht gelang, die Schärfe durch satten Strich zu erreichen, musste er zu oft seine Zuflucht zu derben Linien von dunkler und flüssiger Farbe nehmen und dadurch entstand eine Rauhheit, der er nur durch einen die gesammte Farbenstimmung stumpf und trübe machenden Ueberzug beikommen konnte. Zwar verbesserte er im Laufe der Jahre die Mängel seines Handwerks einigermaassen, aber Fleiss und Eifer konnten nicht ersetzen, was das Talent versagte, und so blieben diese Fortschritte ohne Einfluss auf seine Rangstellung gegenüber den begabteren Nebenbuhlern. Das Christusbrustbild von 1493 in S. Giovanni in Bragora (s. oben) ist mild im Ausdruck und von schönen Verhältnissen, aber ohne wesentliche technische Vervollkommnung. Dem Bildniss von 1497 in der Casa Bonomi in Mailand fehlt es bei aller Kühnheit des Umrisses und aller Schönheit der Körperwirkung am Feingefühl der Zeichnung und an jener letzten Abglättung, die wir stets bei Bellini oder Antonello antreffen. Der bärtige Heiland von 1498 in der Brera zeigt sowohl im Antlitz wie in der Gewandung unerfreuliche Härte und zu grelle Gegensätze des Lichtes und Schattens. Von grosser Freiheit und edlem Schwunge ist die Gestalt des Auferstehenden in S. Giovanni in Bragora; ein Luftzug flattert durch das Tuch, welches sich schmiegsam an die Hüften schlingt, aber die Figur ist übertrieben lang, die Geberde geziert; an Stelle der plastischen Einfachheit des Bildes von Monte Fiorentino ist etwas empfindsam-Akademisches getreten. Hier aber finden wir am ersten eine Vervollkommnung im Handwerk, die sich in dem richtigen Auftrag der Fleischfarbe und in zarter Verschmelzung der Töne kund gibt; in Verbindung mit guter Anatomie bewirkt sie einen wahrhaft lebensvollen Eindruck.

Die drei spätesten Arbeiten, die wir von Alwise aufzuweisen haben, sind zugleich die umfangreichsten und bedeutendsten: zwei Altarbilder in Berlin und eins in S. Maria de' Frari zu Venedig:

Berlin, Museum N. 1165: Maria m. d. K. auf dem Schoosse Berlin, Museum.
in einer Halle thronend, durch deren reich mit buntfarbigem Marmor bekleidete Pfeiler man den Himmel sieht, links Joh. d. T. und Hieronymus, rechts Augustin und Sebastian.[22]

Ebenda N. 38: Maria ebenfalls in einer Kapelle thronend mit dem Kinde, links die Heiligen Georg, Petrus und Katharina von Alex., rechts Maria Magdalena, Hieronymus und Sebastian: die Kapelle wie auf dem vorigen Bilde aus buntfarbigem Marmor bestehend, an der Kuppel mit Mosaikschmuck; auf dem Zettel an der Thronstufe, auf welcher zwei Engel stehen, von denen der eine die Flöte, der andere die Laute spielt, bezeichnet: „ALVVIXE VIVARIN".[23]

---

[22] Holz, Oel, h. 8 F. 3 Z., br. 5 F. 9 Z.; an vielen Stellen, so z. B. an der Figur des Sebastian, stark ausgebessert und mit farbigem Firniss versehen, daher ist die Farbe des Schattens tintenartig. Boschini, Ricch. Min. Sest. d. Croce 20 beschreibt das Bild in S. Cristoforo auf Murano genau; auch Zanetti, Pitt. Ven. 29 (41) erwähnt es.

[23] Holz, h. 12 F. 4 Z., br. 7 F. 1½ Z., sehr schadhaft und ausgebessert: Maria's Kopf im Umriss verändert, ihre Augensterne schwarz übermalt, auch die Umrisse der beiden heiligen Frauen neu und die Hand des Hieronymus verunstaltet, sämmtliche Schatten durchs Alter und durch Uebermalung verändert. Ueber die Herkunft des Bildes klärt folgende (durch Signor Giuseppe Bocchi uns mitgetheilte) Notiz aus den Büchern des Rathes zu Belluno auf: „Nella soppressa chiesa di S. M. dei Battuti eravi al secondo altare la palla di Alvise Vivarini rappresentante la Vergine col Bambo ed i SS. Pietro, Girolamo, Sebastiano ed altri Santi." Lanzi (II, 84) fügt hinzu, der Preis des Bildes sei 100 Dukaten, ausschliesslich der Auslagen des Malers, gewesen, und

Venedig, S. M. de' Frari.

Venedig, S. M. de' Frari, Cappella Milanesi: der heilige Ambrosius thronend im vollen Ornate mit Krummstab und Geissel in Händen; dicht hinter ihm zwei heilige Ritter, zu jeder Seite nächst dem Throne drei Heilige, darunter zwei Bischöfe, Johannes d. T. und Liberale in Harnisch mit Panier; vor diesen Sebastian und Hieronymus und auf den Stufen des Thrones zwei Engel mit Mandoline. Auf dem Söller des loggienartigen Gebäudes hinter einem Gitter die Kröuung Maria's durch Christus.[21]

Auf dem ersten dieser Bilder, welches aus S. Cristoforo in Murano stammt, erscheint Maria in Haltung, Kopfbildung und selbstvergessenem Ausdruck ganz in der den Vivarini eigenthümlichen Auffassung, die heilige Geleitschaft in gemeinsamer Gedankenrichtung vereinigt; an ihren Gewändern sind die bruchigen Falten bemerkenswerth und die Haltung des Sebastian ist dieselbe, welche nachmals Paris Bordone mit Uebertreibung nachahmte. Der Eindruck des Ganzen streift wieder an Bellini's Empfindung, und wenn auch im Vergleich mit ihm die Herabstimmung zu flauerem, trüberem Tone bestehen bleibt, so ist doch das Bild in sich durchaus harmonisch gefärbt. Das zweite, höchst wahrscheinlich i. J. 1501 für die Kirche der Battuti zu Belluno gemalt, ist höchst geschickt angeordnet, voll Ernst und Weihe in der Haltung der Figuren. Wäre es besser erhalten, so würde man es als das Meisterstück Alwise's bezeichnen dürfen. Die Herrlichkeit des Ambrosius endlich in S. Maria de' Frari, gemeinhin dem Bartolommeo Vivarini zugetheilt, ist in Wahrheit, wie sich noch

---

die Herausgeber des Vasari-Lem. V, 9 geben die Jahrzahl 1501 an mit der Bemerkung, dass das Bild nach Aufhebung der Kirche der Battuti in Besitz des Grafen Marino Pagani in Belluno gekommen sei. Der Beschreibung nach haben wir es mit dem oben erwähnten Berliner Bilde zu thun.

[21] Holz, lebensgrosse Fig., im alten schönen Rahmen, der untere Theil schadhaft. Ueber die Stiftung des Altars der Milanesi i. J. 1503, für welchen das Bild bestellt gewesen, gibt die am Marmorsockel desselben angebrachte Inschrift Kunde: „Colegii mediolanen . aere divi . cultui instit . MDIII.“ Das Gemälde, vermuthlich aus demselben Jahre, trägt auf einem unten angebrachten Zettel folgende Aufschrift: „Quod Vivarine tua fatali sorte nequisti ... marcus basitus nobile prompsit opus“. Boschini. Ricch. Min. Sest. S. Polo 40 erklärt das Bild nach dem Vorgange Vasari's (VI. 96) für ein Werk Carpaccio's, worin ihm Ridolfi (Marav. I, 61) gefolgt ist und was auch Zanetti, Pitt. Ven. 34 beibehält. Sansovino (Ven. descr. 188) berichtet gar „la palla fu cominciata da Guarino Pittor Milanese (!) e finita da Marco Basaito.“ Der letzte Irrthum findet sich bei Zanotto (Guida 467), der es dem Bartolommeo Vivarini zutheilt;

heute an vielen Stellen erkennen lässt, von Alwise begonnen und nach seinem Tode von Basaiti vollendet worden. Als Eigenthum Luigi's an dem Bilde lässt sich ausser der Zeichnung zum ganzen laut Inschrift i. J. 1503 gegründeten Altar die Krönung der Jungfrau im oberen Theile, die Hauptfigur des Ambrosius mit seinen beiden Nebenmännern Georg und Vitale, einer der beiden Bischöfe und ein Mönch aus der nächsten Umgebung des Thrones in Anspruch nehmen. Es ist umso beklagenswerther, dass der Meister sein Bild, welches vielfach die Spuren der strengen glatten Hand seines Schülers Basaiti trägt, nicht zu Ende führen konnte, da er sowohl in dem verständigen und wirkungsvollen Aufriss der Perspektive und im Bau der Gruppen, als auch in dem kühnen, fast hastigen Vortrag seines von tiefem Asphaltschatten gehobenen olivenfarbigen Fleischtones eine so bedeutende malerische Anlage gegeben hatte.

Mit Luigi's Tode, über den wir keine genaue Nachricht haben, hörte der Wettstreit der Muranesen mit den Bellini gänzlich auf.[25] Giovanni Bellini gab ihm die letzten Ehren, indem er, wie berichtet wird, dem unvollendet hinterlassenen Leinwandgemälde für den Rathssaal die vollendenden Pinselstriche hinzufügte und herrschte seitdem unbestritten als der erste Maler des Staates.

Wir überblicken nunmehr die sonstigen in Italien und auswärts verstreuten Bilder, an denen wir Alwise's unermüdlichen Eifer erkennen:

Venedig, Akademie N. 76: Maria knieend, zu einer Darstellung der Verkündigung gehörig, ursprünglich von Luigi oder einem getreuen Nachahmer, jetzt jedoch stark übermalt.[26]

Kugler (Handbook Murray 1855, II, 234) vermeidet den Fehler.

[25] Cicogna (Iscriz. Venez. VI, 871) gibt die Mitglieder der Scuola de' Mercatanti von Venedig, einer Brüderschaft, welche aus Edelleuten, Kaufleuten, Malern und verschiedenen anderen Elementen bestand. Unter ihnen erscheint „Ser Zuan Alvixe Vivarin", und es ist nicht unmöglich, dass wir in diesem Giov. Alvise den Luigi Vivarini vor uns haben, da sein Name unmittelbar nach Giov. Bellini eingetragen steht. Das Verzeichniss beginnt mit d. J. 1377, aber leider sind die zu diesen beiden Namen gehörigen Jahrzahlen ausgelassen.

[26] Im Katal. jetzt bezeichnet „Maniera del Previtali". stammt aus dem Uffizio dei Sopra Consoli.

Gall.-Bilder. Pavia, Gall. Malaspina: Franciskus und Johannes d. T. vor einem grünen Vorhang, Halbfiguren.[27]

Wien, Akad. d. K. N. 368: stehende Figur einer Heiligen, halblebensgross.[28]

Paris, ehemalige Sammlung Otto Mündler's: Maria, das Kind anbetend, welches einen Vogel hält; nicht ohne Retouche, aber dem Charakter nach dem Luigi angehörig.

Von geringerem Belang sind die folgenden:

Venedig, Gall. Correr N. 22: Antonius von Padua mit Buch und Lilie[29]; nicht bedeutend, aber von Luigi.

Venedig, Gallerie Manfrin N. 32 (Katal. v. 1872 N. 40): Maria m. d. K., bezeichnet: „ALVVIXI VIVARIN. P.", beschädigt und der ursprünglichen Frische gänzlich beraubt.[30]

Piove, S. Francesco: Maria (Holz, Halbfig., halblebensgr.), hält das auf einer Brüstung stehende Kind, welches mit einem Korallenhalsband spielt; durch das Fenster links Blick auf eine Landschaft mit Fluss und Brücke. Fleckig an vielen Stellen, die Farbe hier und da, z. B. am Mantel Maria's, abgeblättert; die Töne sind durchs Alter ausgetrocknet, das Bild ist jedoch nicht retouchirt und würde, wenn es besser erhalten wäre, zu den schönen Arbeiten Luigi's zu zählen sein.

Ferrara, Gall. Costabili: Krönung Maria's, oberhalb drei Engel, Bruchstück in dem Mischstil des Bartolommeo und des Alwise, aber vielleicht frühe Arbeit des Letzteren, wie man aus den eigenthümlichen Kopfformen schliessen möchte, obwohl man durch die scharfen Faltenecken der Gewandung an Bartolommeo's Bild von 1473 in S. M. Formosa in Venedig erinnert wird.[31]

Bologna, weil. Gallerie Zambeccari: 4 Tafeln mit Heiligen, halblebensgr., im Stile des Bartolommeo und Luigi, aber sehr verschwärzt.[32]

---

[27] Holz, stark übermalt und der Hintergrund frisch vergoldet. Zwei andere Heiligenpaare daselbst (Paulus mit Franciskus, Hieronymus mit Bonaventura) haben, abgesehen von ihrer Schadhaftigkeit, nicht unzweifelhaft venezianisches Gepräge.

[28] Holz. Aehnlich der Figur der heiligen Klara in Venedig, Akad. N. 21 (s. oben).

[29] Holz, h. 0,30, br. 0,23.

[30] Holz, h 0,53, br. 0,70; ehemals dem Signor N. H. Correr von S. Giov. Decollato gehörig, s. Rizzi a. a. O. 81, 82 und Katalog der Gallerie Manfrin von G. Nicoletti, Venedig 1872.

[31] Holz, Fig. unter Lebensgrösse, ursprünglich im Besitz des Conte Zini in Bologna.

[32] Die Bilder sind neuerdings verkauft. Eine Madonna m. K., angeblich von Vivarini, und von ähnlicher Beschaffenheit wie die obigen Stücke, kam i. J. 1870 bei Versteigerung der Sammlung Castelbarco in Paris unter den Hammer und wurde mit 1350 Frcs. bezahlt.

Von zweifelhafter Echtheit erscheint uns eine Reihe von Bildern der Akademie zu Venedig, welche dem „Alwise Vivarini Seniore“ zugetheilt sind und in dieselbe Klasse mit einer andern Gruppe gehören, die geziemend unter die Schule der Vivarini gestellt sind:

Letztere sind N. 390: Madonna m. K. (Geschenk des Ascanio Molin).[33] N. 449: ein Heiliger, N. 450: Franciskus, N. 451: Hieronymus[34]; N. 453: Joh. d. T., Goldgr., N. 454: junger Martyr mit Schwert und Palme (übermalt), N. 455: Heiliger im Bischofsornat (übermalt).[35] Alle diese Stücke mit Ausnahme des Mittelbildes, ehemals in S. Pietro Martire auf Murano, rühren aus der Schule Luigi's. — Die andere Reihe, aus der Kirche della Carità stammend[36], besteht aus N. 17: heiliger Sebastian aufrecht in einer Landschaft (Goldhimmel, Holz, oben rund), N. 18: Antonius Abbas, N. 19: Joh. d. T., N. 20: Laurentius.[37] Die Tempera ist hart und trocken, die Figuren von guten Verhältnissen, aber nüchtern und mager, wenn auch mit ziemlich leichter Hand vorgetragen. Die künstlerische Beschaffenheit ist dieselbe wie die der vorgenannten Gruppe, weshalb wir die Bilder alle elf Einer Hand und zwar einem Maler aus Luigi's Schule zuschreiben. Venedig. Akademie.

Aehnliche Beobachtungen kehren angesichts der 4 Engelbilder in S. Donato auf Murano und zweier Heiligenfiguren in S. Trovaso bei Treviso wieder; jene 4 Tafeln, ursprünglich im Kloster der Angeli auf Murano[38], gehören vermuthlich dem Pennacchi an, von welchem auch sonst noch Bilder bei den Angeli vorhanden sind (s. später). — Die Bilder in S. Trovaso stellen die Heiligen Gervasius und Protasius mit goldenen Heiligenscheinen, stehend in einer Landschaft, dar.[39] Der ihnen beigelegte Name ist, soweit die Uebermalung ein Urtheil gestattet, unhaltbar.

Als anderweite falsch benannte Stücke führen wir auf:

Murano, S. Cristoforo (nachmals in S. Pietro Martire): Madonna m. K., Georg, Joh. d. T. und zwei heiligen Bischöfen, dabei Venedig.

[33] Holz. oben rund. h. 1,25, br. 0,45. Mantel Maria's und Goldgrund ganz neu, die rothe Tunika theilweis neu, das Fleisch z. Th. aufgefrischt.

[34] Je h. 1,26, br. 0,49, bei N. 451 das rothe Kleid neu.

[35] Je h. 1,26, br. 0,45.

[36] s. Zanetti. Pitt. Ven. 30 und Moschini, Guida di Ven. II, 488.

[37] Sämmtl. Holz, oben rund; N. 17 h. 1,50, br. 0,85, N. 18 und N. 20 h. 1,47, br. 0,95, N. 19 h. 1,50, br. 0,95; der Goldgrund überall frisch.

[38] s. Boschini, Ricch. Min. Sest. d. Croce 27.

[39] Im Chor hinter dem Altar der Kirche, ungefähr 1½ Stunde von Treviso.

5*

ein musicirender Knabe; die Manier ist die eines Nachfolgers Alwise Vivarini's (s. Cap. V., S. 74).[40] — Venedig, S. Giovanni Crisostomo: Orgelthüren mit den Heiligen Andreas, Agatha, Johannes Chrysostomus und Onofrius, sämmtlich unter Nischen stehend; von Mansueti.[41] — S. Giovanni e Paolo (früher in S. Gregorio): Krönung Maria's unter Assistenz massenhafter Heiliger und Engel[42]; vermeintlich von Carpaccio, doch s. unter Cima da Conegliano. — S. Secondo: Christus zwischen Hieronymus und Secundus[43]; eine Arbeit des Buonconsigli (s. später).[44]

---

[40] vgl. Boschini, R. Min. Sest. d. Croce 20, Zanetti, Pitt. Ven. 29.

[41] vgl. Boschini, R. Min. Sest. Canareggio 3, Zanetti, Pitt. Ven. 29.

[42] vgl. Boschini, R. Min. Sest. Dorso Duro 31, aus Vivarini's Schule; nach Zanotto, Pin. Ven. Fasc. 18 von Carpaccio.

[43] Das Bild war später in S. Spirito und zuletzt in der Kirche der Gesuati, vgl. Boschini a. a. O. Sest. d. Croce 63.

[44] Von verlornen Bildern nennen wir: Venedig, S. Basilio (aufgeh. Kirche): Orgelthüren von Alvise Viv. (Boschini, R. Min. Sest. Dorso Duro 17, Zanetti, Pitt. Ven. 14). Murano S. Cristoforo: Altarstück mit Hieronymus, Petrus und Paulus (Boschini, R. Min. Sest. d. Croce 20). Chiesa della Croce: Taufe Christi (Boschini a. a. O. 4, Zanetti, Pitt. Ven. 30 schreibt das Bild den ältern Gliedern der Familie Vivarini zu). S. Daniele: zwei Tafeln mit heiligen Frauen (Boschini, R. M. Sest. d. Cast. 5 und Zanetti, Pitt. Ven. 28; vgl. jedoch Akad. zu Venedig N. 21 u. Akad. zu Wien N. 368). S. Donato auf Murano: Mad. m. K., Joh. und Augustin (halbrund) und ein Bildniss (Zanetti, Pitt. Ven. 29; der Gegenstand stimmt mit einem Lünettenbilde des Lazzaro Sebastiani überein (s. später). Venedig. S. M. de' Frari, Scuola de' SS. Carlo et Ambrosio de Milanesi: Maria m. K., Joh. d. T. und 2 heil. Rittern (Boschini, R. M. Sest. S. Polo 46; Zanetti, Pitt. Ven. 30, bezweifelt Luigi's Urheberschaft und erklärt sich für Bartolommeo. S. Giorgio Maggiore: „Palla della Madonna" (Sansovino, Ven. descr. 219). S. Giorgio in Alga (Kirche zerstört): „La Tavola di S. Pietro e di S. Paolo con quell' altra di S. Marco fu lavorata da i Vivarini (Sansovino, Ven. descr. 240). — „Nella stessa tavola (Altarbild enth. Christi Geisselung) vi sono altri comparti, cioè di sopra il Padre eterno, più a basso Maria e S. Giovanni ed alcuni angeli con misterii della passione, opera del Vivarini" (Boschini, R. M. Sest. d. Croce 62). — S. Giov. Evangelista: Verkündigung (Boschini, R. M. Sest. S. Polo 35). Scuola di S. Giov. Battista auf Murano: Ueber der Innenseite des Portals neuntheiliges Altarstück, enthaltend: Taufe Christi mit Markus, Hieronymus u. a. Heiligen zur Seite (Boschini, R. M. Sest. d. Croce 37). S. Girolamo, Scuola: Hieronymus mit dem Löwen (Abbildung bei Agincourt Tafel 162 und erwähnt bei allen bez. Schriftstellern einschl. Lanzi); ferner fünftheiliges Altarstück: Joh. d. T. und Augustin zwischen den Verkündigungsfiguren, oberhalb die Pietà (Boschini, R. M. Sest. Canareggio 44 und Zanetti, Pitt. Ven. 14); ebenda: Fries an der oberen Wand und Gottvater an der Decke. — S. Lorenzo: Tafeln vom Schrein des heiligen Leone Bembo (ursprünglich in S. Sebastian, und i. J. 1629 nach S. Lorenzo versetzt, schliesslich an die Kirche zu Dignano in Istrien verkauft (Ricci, Mem. a. a. O. I, 226 u. Cicogna, Iscr. Venet. II. 412; die Gegenstände, fünf an der Zahl, waren (nach Flaminio Cornaro, Notizie Stor. XI. 86): 1. Heilung eines blinden Weibes, 2. Heilung einer kranken Frau auf dem Todtenbett, 3. Wiederherstellung eines sterbenden Kindes u. a. ähnliche Legendenbilder; die bei Cornaro mitgetheilte Inschrift: „Factum fuit hoc opus Anno 1321" war zu Zanetti's Zeit (Pitt. Ven. 18) verschwunden; wäre sie richtig gewesen, so hätte man die Vivarini und

Crivelli selbstverständlich auszuschliessen, doch mag Cornaro, wie Cicogna a. a. O. bemerkt, die Ziffer falsch gelesen haben. — S. Maffeo auf Mazzorbo (Kirche längst zerstört): der Namensheilige der Kirche mit Anderen, Schulstück (Boschini, R. Min. Sest. d. Croce S. 40.) — S. Marco, Kapelle neben der des heil. Isidor, verschiedene Bilder (Boschini, R. Min. Sest. S. Marco 5). — S. Maria Giobenigo: der Christusknabe zwischen Franciskus und einem heiligen Bischof (Boschini, R. M. Sest. S. Marco 82, Zanetti, Pitt. Ven. 30). — S. Michiel auf Murano: Gottvater, Leichnam Christi und Heilige (Boschini, R. M. Sest. d. Croce 41). — Dogenpalast, Magistrato del Cattavero: verschiedene heilige Gegenstände (Boschini. R. M. Sest. S. Marco 48, Zanetti, Pitt. Ven. 30). — S. Rocco: Seitentheile vom Schrein des heil. Rochus: kleine Darstellungen (Boschini, R. M. Sest. S. Polo 49, Zanetti, Pitt. Ven. 30). Kirche der Serviten (aufgehoben): 6 Heilige: die 4 Evangelisten und 2 Serviten (Boschini, R. M. Sest. Canareggio 46).

FÜNFTES CAPITEL.

Jacopo da Valenzia und Andrea da Murano.

Die Vivarini haben keine nennenswerthe künstlerische Nachkommenschaft erzogen. Wo uns Namen als Schüler des Alwise und Bartolommeo bekannt werden, finden wir mit einziger Ausnahme des Crivelli, der als Vertreter eines eigenthümlichen Stiles zu bezeichnen ist, nur ziemlich mittelmässige Leistungen vor. Zu diesen geringeren Schulgenossen zählt Jacopo da Valenzia, in der Provinz von Treviso bekannt unter dem Namen Valentina.[1] Angeblich in Serravalle geboren, erhielt er offenbar seine Kunstanleitung in der Werkstatt der Muranesen, wie er denn Gestalten und Gesichtstypen des Bartolommeo und Alwise häufig treu wiederholt. Das Farbengefühl ging ihm ab, er beschied sich, die Härte und Stumpfheit des Palmezzano oder des Filippo von Verona nachzubilden. Von seinen Arbeiten, welche meist in Venedig, Belluno, Serravalle und Ceneda verstreut sind, trägt die älteste, ein Madonnenbild im Hause Pagani zu Belluno, bei trockener mangelhafter Zeichnung den deutlichen Stempel der vivarinischen Schule:

Belluno. Maria (Halbfig.) auf dem Throne vor grünem Vorhang sitzend, hält das Kind vor sich auf einer Brüstung; im Hintergrund rechts

[1] „Valentina" nennt ihn Lanzi II, 93 mit der Bemerkung, dass er aus Serravalle stamme; er bezeichnet ihn irrthümlich als Schüler des Squarcione. Crico, Lettere sulle belle arti Trevigiane, Treviso 1833 S. 244 u. 271 gibt an, Jacopo sei in Serravalle unter dem Namen „Della Valentina" bekannt gewesen.

und links Landschaft sichtbar; auf einem Zettel unterhalb die Inschrift: „MCCCCLXXXV Jacobus de Valencia p.“[2]

An einem zwei Jahre später gemalten Brustbilde Christi (segnend das Kreuz in der Hand, mit Strahlen hinter dem Kopfe) in der Gallerie Lochis Carrara zu Bergamo[3] gibt sich grosse Sauberkeit und Nettigkeit des Umrisses, aber gleichzeitig eine Flachheit und Schattenlosigkeit zu erkennen, aus welcher man abnehmen kann, wie schwierig es dem Maler wurde, sich mit der Oeltechnik abzufinden. Die Gallerie Correr in Venedig besitzt eine Madonna in Halbfigur aus d. J. 1488 von ihm[4], ein recht ärmliches Werk, welches sehr hinter einem andern Bilde des gleichen Gegenstandes (jetzt im Privatbesitz in Sedico bei Belluno) zurücksteht, das jedenfalls den besten Leistungen Jacopo's zuzuzählen ist.[5] Die Bewegung der Hauptfigur hat etwas sehr Anmuthiges und erinnert entfernt an Bellini und Cima, während das Kind als hässliche Nachbildung vivarinischer Figuren erscheint. Von den beiden Bildern in Berlin zeigt das eine — die Jungfrau betend mit dem Kinde — in den Zügen Maria's eine holde Kindlichkeit, Gestalt wie Antlitz der Figur sind im Wesentlichen von Bartolommeo von Murano entlehnt[6]; das andere — eine Geburt Christi — macht mehr den Eindruck des Fleisses und der kalten Genauigkeit[7], die harten Gegensätze der Farben, sowie die scharfe

Bergamo.

Venedig.

Belluno.

---

[2] Holz, Fig. unter ½ lebensgr., der Mantel Maria's schadhaft; das Bild ist aus Serravalle (s. Moschini, Guida di Ven. II, 637) nach Belluno in den Besitz der Pagani (Contrada Mezzaterra) gekommen.

[3] N. 9, Holz, Hintergrund schwarz, schadhaft in den Schatten; vor der grünen Brüstung ein angeklebter Zettel mit der Inschrift: „Jacobus de valencia pinxit hoc opus. 1487.“ Das Bild erinnert an das des Alwise in S. Giov. in Bragora in Venedig.

[4] Gall. Correr N. 31. Holz, h. 0,82, br. 1,62. Inschrift: „Jacobus de Valencia Pinxit hoc. opus 1488“, sehr schadhaft, das Fleisch abgerieben, schwerfällig und mit straffer, eckiger Gewandung.

[5] Jetzt im Hause des Priesters Niccolo Betio in Sedico auf der Strasse von Belluno nach Feltre; die Figuren fast lebensgross. Links ein Fenster mit Ausblick in Landschaft mit See und kleinen Figuren; der Inschriftzettel ist leer, die Tafel ist abgerieben und hat den Firniss verloren.

[6] Berlin, Museum, ohne Nummer, Holz, Inschriftzettel: „Jacob . d Valẽtia“; durch ein Bogenfenster links sieht man die übliche sauber ausgeführte Landschaft.

[7] Ohne Nummer, Holz, Fig. fast lebensgross, gut erhalten: Vor der Hütte die Jungfrau neben dem Kinde knieend, rechts Joseph auf den Stab gestützt: in der Ferne die Verkündigung an die Hirten. Die Köpfe Maria's und des Kindes schwer, aber nach Vivarini's Muster, die Hände flach und lang.

Abtrennung der Licht- und Schattentheile lässt den mangelnden Sinn für Helldunkel sehr fühlbar werden. Wie die vorherigen, so zeigt auch die Madonna mit Kind in der Stadtgallerie zu Rovigo[8] bei aller Unregelmässigkeit der Zeichnung das Vorbild der muranesischen Typen. Aber das ehrenvollste Zeugniss der künstlerischen Abhängigkeit von Vivarini stellt ihm das grosse Altarstück in der Kirche S. Giovanni zu Serravalle aus, welches i. J. 1502 im Auftrage eines Bürgers der Stadt gemalt worden ist.[9]

Serravalle, S. Giovanni. Maria sitzt auf einem bunten Marmorthrone, hinter welchem ein schmaler grüner Teppich aufgehangen ist, und blickt herab auf das in ihrem Schoosse liegende mit grünem Untergewand und gelbem Mäntelchen bekleidete Kind; zu beiden Seiten des Thrones sind Fenster, vor denen auf schmalen Wolkenstreifen links ein kleiner Engel mit 4 Pfeifen, rechts ein zweiter mit der Geige schwebt; dicht neben und vor dem Throne stehen paarweis hintereinander rechts Anna mit erhobenen Händen und vor ihr Joseph mit dem Stab und staunend erhobener Linken, links Joh. d. T., auf den Zettel mit dem Ecce Agnus deutend, und vor ihm Joachim gleich dem Joseph mit der Kappe auf dem Kopf mit einem Buch unterm rechten Arm, die Linke ebenfalls staunend erhoben. Auf zwei am Marmorsockel des Thrones angeklebten Zettelchen steht:

„Albertus pundell' cius
ſeravalleſis ſua e cõſedaliu
vnpensa 1.50.2.

Hoc opus ab iacobo
valentiano pictore.

Die Täufergestalt ist fast genaue Copie derjenigen des Alvise in der Akademie zu Venedig, der stumpfe Fleischton der Figuren erinnert an Palmezzano, die Farbe ist dünn und trübe mit rothen Schatten; durch die Herbigkeit der Zeichnung wird man an Girolamo von Treviso d. Aelt. erinnert. Bei allem Ernst des Eindruckes erscheint der Maler dennoch als ein untergeordneter Künstler, der sich nicht zu wahrer Selbständigkeit des Stiles aufschwingen kann. Trotzdem ist wahrscheinlich, dass Jacopo am Beginn des Jahrhunderts in Serravalle Meister wurde und dort

---

[8] N. 149. Holz, halblebensgr., von sehr dünnem Farbenauftrag, Inschrift: Jachobus de Valentia pinxit".

[9] Am ersten Altare links beim Eintritt in die Kirche, Holz, Fig. fast lebensgr., das Bild ist schlecht ausgebessert und ungefähr in der Mitte zersprungen. Der Stifter war Alberto Pundelli (oder Pinidelli).

reichliche Aufträge bekam. In den J. 1508 und 1509 lieferte er mehrere Altarbilder für seine Heimathstadt und den Nachbarort Ceneda: das eine, noch heute im Dom daselbst, enthält die Madonna m. d. K. und Engeln nebst 3 Nebenfiguren, ähnlich dem obigen[10]; ein zweites, ursprünglich in S. Giustina zu Serravalle, jetzt in der Akademie zu Venedig[11], ebenfalls ein Ceremonienbild in der bekannten Anordnung und von übereinstimmender Beschaffenheit mit einer Reihe anderer, die wir beiläufig verzeichnen.[12] — Ceneda. Dom.

Haben wir von der Arbeitsweise des Jacopo da Valenzia Beweisstücke in Fülle, so sind wir bei dem Muranesen Bernardino, der als Maler eines Bildes der heiligen Helena mit Geminian und Menna in der venezianischen Kirche S. Giminiano[13] gerühmt wird, lediglich auf Nachrichten angewiesen. Seit Aufhebung der Kirche ist das Bild verschwunden. Seine Wiederauffindung würde ein Urtheil über den Künstler möglich machen, welchem auch die in veronesischem Lokalstil ausgeführten Verkündigungsfiguren und Heiligen auf den Orgelthüren in S. Zeno zu Verona[14] und eine

[10] Ceneda, Dom. Holz. Fig. lebensgr., ursprünglich in Oel. Die Heiligen sind Johannes d. T. u. Blasius mit dem knieenden Stifter; unten ist ein neues Stück angesetzt. Inschrift: „Jacobo Valencā pinxit MDVIII". — Ausserdem am 2. Altar links: Mad. m. K. und Sebastian mit Antonius (letzterer durch Ausbesserung entstellt) und einem knieenden Prälaten (sehr beschädigt durch Abblätterung), Holz. bez.: Jachobus de Valentia pinxit hoc opus".

[11] Akad. N. 407. Holz. h. 1.47. br. 1.40: Maria m. K. zwischen Augustin und Justina, Inschrift: „Jacomo de ualēza pins.. 1509", rauh und hart, an Bartolommeo Vivarini erinnernd (der Himmel neu), vgl. darüber Moschini. Guida di Ven. II. 503.

[12] Venedig. S. M. della Salute: Mad. m. K. und Joseph. Halbfig.. unter dem Namen des Bartolommeo Vivarini; Holz. h. 0.62, br. 0.48; schadhaft. aber entschieden von Jacopo. — Bellagio b. Sig. Frizzoni: Mad. m. K.. Holz. halblebensgr., Halbfig.. in einer Landschaft, völlig im Charakter des Jacopo, Mischung des vivarinesken und bellinesken Stils. — Conegliano (Umgegend) S. Fior di Sopra bei Pfarrer Paolo Ant. Ronchi: Mad. (Halbfig.), das auf der Brüstung vor ihr stehende, eine Rosenknospe in der Hand haltende Kind stützend, links unten halb sichtbar der betend aufblickende Stifter; hinter Maria grüner Teppich, sonst Goldgrund. Inschrift auf Zettel: „Jacob.. ualenzā.. p". Holz. Oel, kleine Figuren. stark beschädigt. — Darmstadt, Museum N. 515: Leichnam Christi. von Maria, Johannes, Magdalena und Joseph von Arimathia betrauert. Halbfig.. Holz, Temp.. h. 0.60. br. 0.86, bezeichnet: „Jacomo da valenso p."

[13] Die Kirche wurde i. J. 1810 aufgehoben. das Bild erwähnen alle Guiden bis 1797. Zanetti. Pitt. ven. 19 (27) gibt als Inschrift ausschliesslich den Namen „BERNARDIN" an.

[14] Verona, S. Zeno (jetzt zu beiden Seiten des Portales befestigt) ausser den Verkündigungsfiguren die Heiligen Zeno und Benedikt; vielleicht von Bernardino von Verona, der am Ausgange des 15. Jahrh. für den Hof von Mantua arbeitete (s. später).

Madonna mit 4 Heiligen in der Stadtgallerie zu Vicenza[15] zugeschrieben wird, deren Vortrag auf einen Schüler des Montagna deutet. Heute vermögen wir nicht mehr zu sagen, als dass zwar reichliche Belege für das Dasein eines Bernardino von Verona[16] und eines Bernardino von Mailand vorliegen, aber schlechterdings keine von Bernardino von Murano. Immerhin sind einige Tafeln aus dem Ende des 15. Jahrhunderts aufzuführen, welche deshalb hier in Betracht kommen, weil sie eine gewisse Beziehung zu den Vivarini und den lombardischen Zeitgenossen verrathen:

Murano. In Murano, S. Pietro Martire: eine Madonna m. K. und zwei Engeln zwischen Joh. d. T., Georg und zwei heiligen Bischöfen; Venedig. unten ein Engel mit der Viola.[17] — In Venedig, S. Stefano: Verlobung der Katharina; Maria vor einer Baumgruppe sitzend, links eine betende Figur auf den Knieen. Das Kind in dem Charakter des Alwise Vivarini; die Nettigkeit der Ausführung hat mehr Lombardisches als das Bild in S. Pietro Martire.[18] —

Andrea von Murano, dessen Arbeiten das entschiedene Stilgepräge der Vivarini tragen, hat lange für den Gründer der Schule gegolten[19], während er in Wahrheit einer ihrer spätesten

---

[15] N. 34, Holz, Fig. ½ lebensgr. (durch Ausbesserung beschädigt): Maria thronend m. d. K., umgeben von Hieronymus und Franciskus und 2 anderen; die Figuren trocken gezeichnet und mit offenbaren Unvollkommenheiten in dem neuen Oelverfahren gemalt. Sie gehören am ersten einem Schüler Montagna's an.

[16] s. Gaye, Cart. I, 334—336, d'Arco, delle Arti e degli artefici di Mantova. Mantua 1857, II, 38 f.

[17] Holz. Früher in S. Cristoforo in Isola auf Murano (s. oben Cap. IV. Schluss) und den Vivarini zugetheilt (von Zanotto, Guida di Ven. 681 dem Bartolommeo); es ist sehr schadhaft, hat in der Gewandung und Färbung etwas vom Stile des Alvise an sich, aber das Oval des Gesichtes der Maria und die Engel erinnern auch an die Schule der Luini. Der Bischof rechts übermalt.

[18] Bezüglich des lombardischen Einflusses mag hier daran erinnert werden, dass sich in Murano ehemals ein Bild mit dem Namen „Andrea Milanese" und der Jahrzahl 1495 befand, welches nach Mailand gekommen ist.

[19] vgl. Ridolfi, Marav. I, 49, Zanetti, Pitt. ven. 11 und Lanzi II, 81. Boschini (R. Min. Sest. d. Croce 24) jedoch begeht diesen Fehler nicht, welcher sich in der späteren von Zanetti besorgten Ausgabe seines Werkes (Venedig, 1733 S. 448) und in der noch späteren von 1797 (Venedig) Tom. II, 141 findet. Den Irrthum Lanzi's hat u. a. neueren Schriftstellern Moschini (Guida di Ven. II, 487 und Guida di Mur. 17, 18) nachgeschrieben. Urheber des Irrthums ist Vallardi, der in seinem Katalog S. 32 unter N. 88 und 89 eine Inschrift: „Andrea de Moran 1401" mittheilt. Diese Stücke sind gegenwärtig nicht nachzuweisen, doch ist die Glaubwürdigkeit des Gewährsmannes, wie andere Beispiele lehren, in diesem Punkte nicht sehr gross. Alle Signaturen auf Bildern des Andrea da Murano tragen Ziffern des 16. Jahrh. Schon Crico, Trev. Lett. 251, 252, fand es auffällig, dass ein Maler,

und unbedeutendsten Anhänger war. Sein ältestes beglaubigtes Werk befand sich ehemals in der Sakristei von S. Pietro Martire auf Murano und wurde später auseinander genommen; von dem Lünettenstück desselben, enthaltend eine gnadenreiche Jungfrau, ist jede Spur verloren gegangen, das Mittelstück jedoch (die Heiligen Rochus und Vincenz mit der knieenden Stifterin und einem zweiten Figürchen) befindet sich im Magazin der Brera zu Mailand, und die Flügeltafeln (Sebastian und Petrus Martyr, jeder mit einem Anbetenden zur Seite) in der Akademie zu Venedig.[20] Es ist unverkennbar, dass der Maler dieser Stücke den Lehreinfluss des Bartolommeo Vivarini zur Zeit der Abhängigkeit dieses Meisters vom Einflusse Mantegna's und der classischen Vorbilder erfahren hat. Bei manierirtem Umriss, rohem Charakter und unrichtiger Bildung fällt die heftige Beweglichkeit und überreizte Geberdensprache seiner Figuren auf. Angesichts dieser hässlichen Züge in Form, Gesichtsausdruck und Gewandung empfindet man die tiefe und weitreichende Wirkung der grossen paduanischen Schule am Ausgange des Jahrhunderts; bei Andrea von Murano erkennt man aber gleichzeitig, dass er nicht das Zeug dazu hatte, aus Lehreinflüssen, wenn sie auch die bedeutendsten waren,

Mailand, Brera.

Venedig, Akademie.

---

der nachweislich dem Ende des 15. Jahrh. angehört hat, so lange in den Anfang desselben zurückgerückt worden sei.

[20] Beschreibung der ursprünglichen Beschaffenheit des Bildes bei Boschini, R. Min. Sest. d. Croce 24, Ridolfi, Marav. I. 49, Zanetti, Pitt. ven. 11. Die Flügelstücke in der Akademie zu Venedig unter N. 381 und 383 (Holz, Temp., Goldgr., lebensgr., jedes h. 1,42, br. 0,47), am Sockel die Inschrift: „Opus Andreae de Murano". Die Sebastiansfigur vom Pfeile durchbohrt (Kopf schadhaft), nackt bis auf einen Schurz von Musselin, von gilblich-braunem Fleischton mit aufschraffirtem Schatten, die Untermalung durchschimmernd. Petrus Martyr mit dem Messer erinnert im Kopfe an Alunno. — Im Mittelstück (Mailand, Holz, Temp., Goldgr., Fig. lebensgr.) Vincenz, die Hand segnend über einer kleinen nackten weiblichen Gestalt von schlanker mantegnesker Bildung haltend. Der Oliventon der Tempera theilweise dem Schmutz und Firnissen zuzuschreiben, die Gewänder straff und eckig nach der Art des Bartolommeo Vivarini, die äusseren Gliedmaassen mangelhaft, die Gesichtszüge unangenehm, jedoch bei den kleinen Figürchen mantegnesk. Diese Tafel, von entschiedener Wichtigkeit für die venezianische Kunstgeschichte, ist vermuthlich bei der Aufhebung der Klöster i. J. 1815 nach Mailand gekommen und jetzt in dem dunkeln Durchgang aufgehängt, der aus der Brera in die Samml. Oggioni führt. Es wäre zu wünschen, dass sie in die Akademie nach Venedig versetzt würde. Als bemerkenswerthe Züge erscheinen die Nachahmung Mantegna's in der statuarischen Haltung des Sebastian und in der Geberde des Knieenden, der zu ihm aufblickt und lebhaft an eine ähnliche Figur auf dem Fresko der Abführung des Jakobus von Mantegna bei den Eremitani zu Padua erinnert.

zu gediegner künstlerischer Selbstthätigkeit zu gelangen. Kühn im Versuch der Verkürzungen, in der Wiedergabe gesteigerten Ausdruckes und verwickelter Handlung, macht er dabei nur den Eindruck selbstbewusster Dreistigkeit, nicht den einer gründlichen Vorbildung. So weit er in Auffassung und Zeichnung hinter den besseren Anhängern Mantegna's zurückblieb, eben so weit stand er in der Behandlung der Farbe von den Vivarini ab; die plebeje Bildung seiner Gesichter nicht minder als ihr stumpfer roher Fleischton führen auf die Vermuthung, dass er mit Künstlern aus den Marken, wie etwa Niccolò Alunno oder den Malern von S. Severino, in Beziehung gestanden hat.

Die Zeit änderte an den tief eingewurzelten Eigenheiten Andrea's nichts. Im J. 1501 malte er ein Altarbild für die Kirche zu Trebaseleghe bei Noale, welches, in der bei Alunno beliebten Art aufgebaut, seine Hohlheit sattsam verräth:

Trebaseleghe.

Oberhalb Gottvater segnend, darunter Christi Leichnam von Maria und Johannes beweint, rechts und links in Halbfiguren die Heiligen Hieronymus, Christoph, Antonius von Padua und Nikolaus; wieder unterhalb, von der oberen Reihe durch einen vergoldeten Holzfries getrennt, in grosser mantelförmiger Glorie der Heiland mit Sebastian und Rochus, welche unter der Musik dreier Engel und in Gegenwart der Heiligen Cosmus, Damian, Barnabas und Makarius von Seraphim und Cherubim gen Himmel getragen werden.[21]

---

[21] Grosses Altarstück mit lebensgrossen Figuren, rechts im Chor. Ueber die letzte Zahlung, welche für das Bild gemacht wurde, ist im Archivio parrochiale zu Trebaseleghe folgende Urkunde erhalten: „1507 adì 28 Setto mi Anda da Murã pentor nevodi (nipoti) es tutti i mie d. casa sì homeni como doñe, et miei messi (domestici) ho riccuto como appar d. mia mã et d tutti i miei di casa suso i libretti et scritti d mia mã et altri scritti fatti ai massari dlla Ciesia d S. Maria d Trebaseleghe in più volte et in qto Giorno sopto ho ricendo pstia di Mo jacomin da Socim. detto barbofolo da Castelfrancho da S. Biagio da Venezia fiõ di S. Dugo d Carlo ho ricendo p resto et integro pagato dlla palla grande d S. Sebstian. La qual pala si mẽta (merta) per stima ducati quattro cẽto et diese (10) doro et le spese d bocca et tutte altre spese fatte p i massari et homini p ditta palla, ho ricendo ducati trediese (13) et mezo, cioé ducati 13 l. 3 s. 2. Ho ricendo p resto et integro pagãto d tutto quello ho habudo da far et dir cola Chiesia di Sta Maria d Trebaseleghe, como e detto di sopra; i quali d. 13, l. 3, s. 2 mi ha cõtadi S. Montio beliorza in putia d. p. simõ frãzogiato ttmonii sopradi val a oro l. 177. Et mi Anda da Murã ho scritto di mia propria". — Die besseren Theile des Bildes sind die Pietà, die Heiligen zur Seite und Gottvater. In der Haltung des Rochus liegt etwas Umbrisches, sodass man an Niccolò Alunno erinnert wird. Die Tempera ist nicht unbeschä-

Selten finden sich Leistungen, an denen, wie bei diesem Bilde, der Schein der Meisterschaft so gross und ihr wirkliches Maass so klein ist. In Bewegung, Gestalt oder Blick ist zwar hier und da einige Annäherung an die Natur erkennbar, als vorwiegende Eigenthümlichkeiten erscheinen jedoch massige, verwirrte Bogenlinien, ein Wirrwarr von gemachten Bewegungen; dabei ist die Zeichnung von grosser Keckheit, Köpfe und Gliedmassen sehr gemein und in den Fleischtönen wie in den Gewändern herrscht Geschmacklosigkeit und Derbheit. In den Werken zu Mussolone bei Asolo[22], wo er i. J. 1502 für die Pfarrkirche ein Madonnenbild mit Heiligen lieferte, und in S. Niccolò zu Treviso[23] erscheint sein Vortrag ganz mechanisch, die Gewöhnlichkeit seiner Typen sowie die Gezwungenheit des Ausdruckes sind von demselben Schlag wie bei Bellunello von S. Vito, bei Dario oder dem älteren Girolamo von Treviso.

Mussolone.

Treviso.

Haben wir den Andrea da Murano bisher als einen mittelschlächtigen Manieristen von mantegnesker und vivarinesker Richtung kennen gelernt, so entsteht die Frage, was er vor der Zeit, in der er selbständig auftrat, gearbeitet haben mag. Wahrschein-

---

digt, stellenweise abgeblättert. Sebastian hat gilblich-roth schattirten Fleischton. Nach Crico, Lett. Trevig. 246—250 war das Bild i. J. 1484 angefangen worden.

[22] Das Bild (Holz, oben rund) enth. die thronende Maria (blauer Mantel um den Kopf und Gesichtsumrisse neu) mit dem Kinde, welches auf ihrem Knie sitzend mit einer Birne spielt; am Thron ein Zettel mit der Inschr.: „Opus Andreä de Murano 1502". Zu den Seiten links Petrus in gewundener Haltung, den Kopf in den Schultern, neben ihm eine hässliche Figur des Nikolaus, rechts Johannes d. T. in canariengelbem Kleid und Paulus mit anspruchsvoller Geberde lesend; ein rother Vorhang hinter Maria unterbricht den Blick auf Landschaft und Himmel. Unterhalb ist ein grosses Stück neu eingesetzt. Die Gesichter sind widerwärtig, Gestalt, Muskeln und Adern mit breiten Strichen gezeichnet, die Umrisse schwarz und hart, die Farbe stumpf, die äusseren Gliedmaassen formlos und die Gewänder haben das Aussehen wollener, mit Papier gefütterter Tücher.

[23] Jetzt in der Sakristei daselbst, früher in einer Landkirche: Maria das in ihrem Schoosse liegende Kind mit erhobenen Händen anbetend, rechts Paulus, links Petrus; am Thron zwei Knaben im Hemdchen, von denen der eine auf der Mandoline spielt, der andere den Fuss auf die Stufe setzend aus dem Bilde blickt; zu beiden Seiten neben dem hinter Maria aufgehängten Golddamastteppich Landschaft. (Holz, Fig. 3/4 lebensgr.) ohne Inschrift. Die Hauptfiguren weisen auf Muster des Bartolommeo Vivarini und des Jacopo da Valenzia zurück. Die Farben sind durchgängig durchs Alter verblichen; der Fleischton ist der gewöhnliche des Andrea, ebenso die mangelhafte Form, zugleich ist die Haltung sehr locker. Das Bild ist stark beschädigt, Maria's Mantel ist neu und in der Mitte der Tafel querüber ist ein frisches Stück eingeflickt.

lich hat er Antheil an Schulbildern gehabt, welche das Stilgepräge des Bartolommeo Vivarini tragen, denn man wird kaum fehl gehen, wenn man sich ihn und den Jacopo da Valenzia als gewöhnliche Gesellen der Werkstatt von Murano vorstellt. Sucht man unter der Zahl solcher Gemälde nach seiner Hand, dann wird man eine Bildergruppe v. J. 1469 in der Akademie zu Venedig[24] ins Auge fassen müssen (eine Darstellung des thronenden Markus mit mehreren Heiligen), an welcher sich einige der später hervortretenden Merkmale unseres Künstlers in Verbindung mit flotterem Vortrag zeigen. Andererseits ist es nicht unwahrscheinlich, dass Andrea in einem bestimmten Verhältniss zur Schule des Squarcione gestanden habe; unter dieser Voraussetzung möchte man ihn für den Maler des in der Kirche der Serviten zu Padua[25] befindlichen Wandbildes der Pietà ansprechen, in welchem eine Mischung von muranesischer und paduanischer Weise begegnet. Der Linienzug, das Formgepräge und die plebejisch derbe Behandlung der Theile ist mantegnesk nach der Auffassung Andrea's, die knochigen Züge, die Fleischpartien mit schweren entschiedenen Umrissen kräftig markirt, die Gewandung gewunden, der Vortrag hastig. Aber angesichts der Nachbildung Mantegna's, wie sie hier vorliegt, wird man auch an ein ähnliches, besseres Bild in der Gallerie zu Modena erinnert, welches laut seiner Inschrift dem Bernardino Paresan oder Parentino angehört, ferner an

Venedig, Akademie.

Padua, Servi.

Modena, Gallerie.

---

[24] N. 354, Holz, Leinwand, Fig. ½ lebensgr., h. 1,30, br. 2,62 (aus dem Magistrato de' Cattaveri in Venedig, s. Zanetti, Pitt. ven. 30): Markus mit dem Buche auf marmornem Thron, links ein heiliger Bischof, rechts Franciskus; am Pfeiler des Hintergrundes Schilder und Blumengehänge, Ausblick auf Himmel, am Saum die Jahrzahl: „MCCCCGVIIII ADI II. GENER" mit den Buchstaben und dem Wappen des Magistrates vom Uffizio de' Cattaveri. Von gleicher Grösse und Beschaffenheit sind die beiden offenbar zugehörigen Bilder mit Antonius und Helena, jetzt im Magazin der Akademie. Zanetti a. a. O. weist die Bilder geziemend dem Stile der Vivarini zu. Besonders an der Franciskusfigur ist derselbe kenntlich. Im Ganzen sind die Gestalten lang, die Umrisse eckig, die Gliedmaassen schwer, die Tempera trocken, dünn und im Schatten röthlich, der Auftrag scharf und grob. Die beiden einzelnen Stücke im Magazin haben theilweis die Farbe eingebüsst.

[25] Rechts vom Portal innerhalb eines marmornen Rahmenwerks, der Schule des Squarcione zugetheilt (s. Guida de' Scienziati di Padova, Padua 1842, S. 254). Es trägt das Monogramm „AR" überragt von einem Kreuz: Maria und Johannes je einen Arm Christi haltend, oberhalb Gottvater zwischen Engeln, den Segen ertheilend. Die Lichter sind auf einer allgemeinen graugrünen Unterlage aufgesetzt, Muskeln und Haare durch rauhe Striche angegeben, das Ganze in grober Tempera ausgeführt.

eine Pietà in der Kirche der Madonna del Torresino in Cittadella, an welcher wir den Stil des Lazzaro Sebastiani wiederfinden, der seine Kunstrichtung den Squarcionesken, dem Alvise Vivarini und Carpaccio zu verdanken hatte.[26] Cittadella.

Ein andres Beispiel von der Mischung muranesischer Weise mit der des Mantegna stellt das Altarbild mit dem thronenden Hieronymus und den Heiligen Katharina und Magdalena zur Seite im Museum zu Berlin[27] dar, welches die fragwürdige Inschrift trägt: „Sumus Rugerii manus". Die Hauptfigur erinnert in Ausdruck, Farbe und Gewandung an die Vivarini und erscheint als eine spätere Nachbildung des Augustin von Bartolommeo in S. Giovanni e Paolo zu Venedig. Der Name des Malers wird schwer festzustellen sein, aber die Tafeln gehören ohne Zweifel in die venezianische Schule, der sie an ihrem Standorte auch zugetheilt sind.[28] Berlin Museum.

[26] In dieselbe Gattung gehört ein früher im Magistrato de' Cattaveri, jetzt im Magazin des Dogenpalastes in Venedig befindliches Leinwandbild, darstellend drei lebensgrosse Figuren mit Schildern in Händen vor einem Bogen stehend. Es verbindet ebenfalls den mantegnesken und den vivarinesken Stil. Der Aufbau der Figuren ist schlank, die Umrisse bestehen aus zusammenhängenden, ziemlich ausdruckslosen Bogenlinien; doch wird man hier auch an Marco Zoppo di Squarcione, namentlich an das Madonnenbild in der Gallerie Manfrin erinnert (s. später).

[27] N. 1163, Holz. Temp., Hauptbild h. 4 F. 8¼ Z., br. 1 F. 5¼ Z., die Seitenbilder je h. 4 F. 8¼ Z., br. 1 F. 4¼ Z.; der Heilige trägt das Modell der Kirche auf dem Schooss und erhebt die Rechte zum Segnen; den Hintergrund der beiden Flügelstücke, welcher von anderer Hand ist, bildet Landschaft, vgl. Crowe & Cavalcaselle, Flemish painters II. Aufl. 1872 S. 222.

[28] Unter den verlorenen Bildern des Andrea da Murano erwähnen wir das bei Zanetti, Pitt. ven. 12 in S. Andrea della Certosa bei Venedig aufgeführte, darst. den Gekreuzigten mit Maria und Johannes und der Inschrift: „Opus Andreae de Murano".

SECHSTES CAPITEL.

Die Crivelli.

Carlo Crivelli, dessen Ehrgeiz es blieb, für einen Venezianer zu gelten, ist mehrfach als Schüler des Jacobello del Fiore angesehen worden.[1] Diese Meinung wird heute nicht mehr allgemein getheilt, und zwar mit Recht; denn wenn irgend ein Venezianer ausser den Muranesen Anspruch darauf hat, für Crivelli's Lehrer zu gelten, so wäre es Giambono, weil er sowohl zur veronesischen wie zur venezianischen Schule Beziehung hatte und auch länger wirkte als Jacobello. Indess auch Giambono's Anspruch muss dem des Antonio und Bartolommeo von Murano weichen, deren Stilrichtung sich deutlich genug in den ersten Arbeiten des Crivelli wiederfindet. Unter diesen gebührt Einem Bilde hervorragende Bedeutung, weil es das Gepräge des künstlerischen Ausgangspunktes an sich trägt; es befand sich ursprünglich im Kloster S. Lorenzo, nachmals in den Sammlungen Craglietto und Barbini zu Venedig, jetzt im Museum zu Verona:

Verona. Museum. Maria, hinter einer marmornen Brustwehr sitzend, stützt das auf derselben stehende Kind mit den gefalteten Händen; sie trägt ein Perlendiadem im Haar und einen mit plastischen Goldblumen besäeten Mantel; hinter ihr ein Damastvorhang in kaltem Violet, über welchem eine Guirlande aus Früchten und Blüthen, mit Distelfinken darauf,

---

[1] So von Ridolfi, Marav. I, 49, welchem Zanetti, Pitt. Ven. 18 jedoch mit Bedenken folgt, ferner von Lanzi II, 87 und Ricci, Mem. I, 205.

herabhängt; links vier Engel mit Schwamm, Leiter und Säule, rechts zwei Knieende mit Dornenkrone und Kreuz. Eine niedrige Brüstung aus farbigem Stein und eine Säulenreihe dahinter, auf deren Oberschwelle in runden Oeffnungen 2 musicirende Engel sitzen, trennen den vordern Plan von einer mit höchster Sorgfalt ausgeführten Landschaft, in welcher Vorgänge aus der Passionsgeschichte dargestellt sind: Petrus wie er dem Malchus das Ohr abschneidet und der Gang nach Golgatha. Inschrift: „OPVS KAROLI CRIVELLI VENETI".[2]

In aller Hässlichkeit der Typen, besonders des Kindes mit seinen krummen Beinchen und seinem Hautüberfluss, hat das Werk einen Ausdruck von kindlicher Unschuld, der das Urtheil schwer macht. Durch die Haltung und die lahmen Geberden der Figuren wird man an Arbeiten des Gregorio Schiavone oder des Marco Zoppo erinnert, aber die einzelnen Theile sind haarscharf gezeichnet und mit sauberer Parallelschraffirung auf feinem Fleischton schattirt und die leichte Ausprägung der Zuthaten im Verein mit der Abglättung und dem Eifer des Vortrags, der das Ganze auszeichnet, weisen am meisten auf Antonio und Bartolommeo von Murano hin und lassen den Maler als einen Genossen des Quiricio erscheinen. Die Hintergrundscenen sind in paduanischem Geschmack angebracht und an einem der musicirenden Engel, von dem man nur Kinn, Augen, Nase und Haar sieht, offenbart sich eine fast komische Unbeholfenheit in der Verkürzung.

Carlo Crivelli kann kaum vor 1450 in die Werkstatt der beiden muranesischen Meister eingetreten sein, und sonach möchten wir seine Geburt zwischen 1430 und 1440 setzen.[3] Es darf da-

[2] Verona, Mus. N. 43 (aus der Samml. Barbini-Breganze dorthin gekommen, s. Zanotto, Venezia e le sue Lagune I, p. II, 309), Holz; das Haar Maria's aufgefrischt, das Uebrige aber gut erhalten und frei von neuerem Firniss. Ricci, Mem. I, 225 beschreibt es in der Sammlung Craglietto. Das Altarstück ist nicht das einzige, was Crivelli für S. Lorenzo in Venedig geliefert hat. Boschini, R. Min. Sest. Cast. 30, schildert die verlorenen Tafeln vom Schrein des Heil. Leone Bembo als von Crivelli herrührend (vgl. oben unter Alwise Vivarini S. 68); sie befanden sich gewöhnlich in der zu S. Lorenzo gehörigen Kirche S. Sebastian. Ridolfi a. a. O. I. 49 fügt hinzu, Crivelli habe für S. Sebastian ferner einen heiligen Fabian im Bischofsornat und eine Verlobung der heiligen Katharina gemalt.

[3] Die von Ricci (Mem. Stor. I. 206 u. 225) auf Gewähr von Orsini's Guida di Ascoli beigebrachte Notiz von einem Bilde, welches Crivelli's Signatur mit der Jahrzahl 1411 trage, beruht wahrscheinlich auf Missverständniss der Ziffer und ist jedenfalls grundlos. Das Bild aus S. Domenico zu Camerino jetzt Mailand, Brera N. 78 [149], auf welchem Ricci die Jahrzahl 1412 las, ist in

bei jedoch nicht ausser Acht gelassen werden, dass er während seiner Jugend eine Zeit lang auch Einfluss durch die rohere Gefolgschaft des Squarcione erfuhr. Verräth schon das veroneser Bild derartige Einwirkungen, so offenbart ein anderes in Berlin (Pietà mit Heiligen)[1] noch nähere Berührung mit den geringeren Vertretern jener Schule:

Berlin. Museum. Das Gemälde enthält auf drei durch niedrige Bögen mit kurzen Säulen abgeschlossenen Tafeln inmitten den Leichnam Christi von Maria und Johannes betrauert, zu den Seiten Hieronymus und Maria Magdalena in Halbfiguren; Hintergrund Landschaft; Inschrift: „OPVS. KAROLI. CRIVELLI. VENET."

Es wird kein zweites Bild Crivelli's nachzuweisen sein, welches an allgemeiner Widerwärtigkeit, knochiger Bildung alterthümlicher Köpfe, lebloser Ausführung und stumpfem Ton es diesem zuvorthäte, und man fühlt sich in der That zu der Annahme gedrungen, dass Crivelli vor seinem Eintritt in Venedig zu den nachlässigen Besuchern der Akademie Squarcione's gehört hat. Als er sich in späterer Zeit von neuem für die paduanische Kunstrichtung erwärmte, hielt er sich im Gegensatz zu seiner früheren Periode nicht an die geringeren Schüler, sondern vielmehr unmittelbar an den grössten Zögling derselben; denn seine Neigung zu gewaltsamem Ausdruck, die nachmals hervortritt, ist kaum anders zu erklären, als aus seiner Bekanntschaft mit den besten Leistungen des Mantegna.

Seit 1468 hatte Crivelli zunächst für verschiedene Städte in den Marken Beschäftigung gefunden. Er begann in Massa bei Fermo, wo er für S. Silvestro ein vieltheiliges Altarstück mit der Madonna und Heiligen lieferte[5], und hat sodann in Ascoli, Came-

Massa, S. Silvestro.

Wahrheit mit 1482 bezeichnet; die eckige Schreibung der arabischen 8, welche einer römischen X gleicht, wird Orsini's Irrthum veranlasst haben und wahrscheinlich ist Orsini's angebliches Crivellibild von 1411 das Madonnenbild von 1481 in der Gallerie des Lateran zu Rom (s. später).

[1] N. 1173, Holz, Temp., h. 1 F. 2 Z., br. 4 F. ¹/₂ Z., Fig. ¹/₂ lebensgr., ehemals im Besitz des Girolamo Zanetti in Venedig, s. Zanetti, Pitt. ven. Anm. zu S. 19 (27). Die byzantinischen Köpfe und Körper sind squarcionesk in ihrer Hässlichkeit, die Farbe von stumpfem röthlichem Schein mit scharfen unsorgfältig aufgesetzten Schatten.

[5] Jetzt in einzelnen Stücken in der

rino und Fermo selbst verschiedentlich gearbeitet, sodass nach 20 Jahren kaum eine Stadt oder eine Dorfschaft in dem ganzen Landstrich zwischen Potenza und Tronto zu finden war, wo er nicht Spuren seiner Kunst hinterlassen hätte. Während dieser ganzen Zeit hat Crivelli die Tempera-Technik, in der er unterrichtet war, beibehalten. Ebenso bewahrt er die harte metallische Formgebung, die Behandlung der Landschaften, die Grundfarben und den Schmuck an Blättern, Obst und allerhand Blumen. Anfänglich hager und abgezehrt, nehmen seine Figuren allmählich Lahmheit und Unnatur der Bewegung an; aber die Gesichter, in deren herber Hässlichkeit mehr Verzerrung als Schwermuth zum Ausdruck kommt, erfüllen sich mit dem Fortschritt der Jahre und der Erfahrungen des Meisters mit tiefempfundenem ernstem, ja leidenschaftlichem Inhalt, und die kümmerlichen Wesen seiner ersten Zeit werden zu so ausdrucksvollen Individuen gesteigert, dass man hierin nur den Mantegna über ihn stellen kann. Zuweilen versucht er auch anmuthig zu sein, doch gelingt es ihm selten; was ihm als Anmuth erschien, ist vielmehr Geziertheit. An Handwerksgeschick gebot er eben über das ausreichende Maass; er gibt keinem Theile der menschlichen Gestalt höchste Vollendung; die Gliederverbindungen entbehren bei ihm nicht selten der rechten Kraft, die Hände sind meist dünn und spitz,

Sakristei von S. Silvestro, früher im Glockenhaus, wo es jedoch der Beschädigung ausgesetzt war. Das Hauptbild enth.: Maria, das Kind stehend auf ihrem Knie auf dem in üblicher Weise mit Aepfeln und Quitten behangenen Throne (Fig. halblebensgr., Goldgr.), am Sockel die Inschrift: „KAROLVS Crivellus Venetus pinsit hoc opus MCCCCLXVIII“. Die Ziffer wurde von Ricci (Mem. Stor. I, 207), welcher die V ausser Acht liess, für 1463 gelesen. Die Seitenbilder enth. Joh. d. T., eine trockene, knochige squarcioneske Figur, Laurentius (mit einer schadhaften Stelle am Kleide, Silvester mit plastisch aufgetragener Mitra und Stola und Franciskus in der Verzückung (Fuss beschädigt und die linke Ecke des Grundes abgerieben); in den Aufsätzen das Ecce homo und die Verkündigungsfiguren, letztere recht anmuthige Erscheinungen, der Heiland dagegen dürftig und gezwungen; am Sockel Christus in Gethsemane, Kreuzigung (die Hauptfig. wieder sehr mangelhaft), die Geisselung und Auferstehung (beide Stücke beschunden). Sämmtliche Bilder, mit Ausnahme der Staffel, haben Goldgrund und auf den letzteren kann man noch bemerken, dass unter den Gypsgrund Leinwand gespannt ist. Angesichts der Maria und des kurzhalsigen Kindes wird man sehr an Marco Zoppo erinnert. In die Zeit zwischen diesem Altarstück und dem von 1473 gehört eins, welches die Verfasser nicht gesehen haben. Es wurde angeblich i. J. 1863 beim Verkauf der Sammlung G. H. Marland in London bekannt und stellte dar: Maria m. d. K. hinter einer Leiste, auf welcher zwei Birnen mit Fliegen liegen, bezeichnet „Carolus Crivellus Venetus pinsit 1472.“

die Füsse flach und ungeschickt, die Gewandung steif und schwerbrüchig. Aber dabei ist er als Temperamaler ein energischer Techniker. Sein immer flüssiges und reines Bindemittel gibt seinen Farben solche Gediegenheit, dass sie sich unter dem Firniss, der ihnen einen warmen braunen Ton verleiht, vollkommen unverändert erhalten; daher kommt es, dass über den Werken keines Meisters dieser Periode die Zeit so spurlos hingegangen ist wie über denen Crivelli's. Die Eintönigkeit, die man anfänglich auf seinen Bildern findet, rührt von dem Verfahren des Schraffirens her, bei dem er ähnlich zu Werke geht wie der Kupferstecher; aber nach und nach überwindet er die Flachheit und Schattenlosigkeit und erhebt sich mehrmals zu recht schöner körperlicher Wirkung. Mit derselben Beharrlichkeit, mit welcher er die alte Handwerksgewöhnung beibehielt, bewahrte er auch den Geschmack für plastische Zierrathe. Wie er in diesem Punkte Venezianer war, erscheint er auf der andern Seite vermöge des Wohlgefallens an alterthümlichen Gesichtstypen und an allerhand Kleinkram von Steinen und Hintergrund-Staffirungen als echter Paduaner. Aber Crivelli ist trotz dieser Doppelheit des künstlerischen Ursprunges ein höchst eigenthümlicher anziehender Geist, ohne Anmuth zwar, ja sogar häufig geschmacklos, aber immer voller Energie und Ernst.

Auf seinem Altarbild in Massa (s. oben) begegnen etliche Typen von dem ausgesprochenen Gepräge der früheren Squarcionesken, während die Annunziata an Alunno und die Umbrier, und das Gebet in Gethsemane wiederum an eine bekannte Composition des Mantegna erinnert. Diese Ungleichheiten lassen erkennen, dass Crivelli damals noch nicht zu festem Bewusstsein eigenen Stiles durchgedrungen war; auch entschädigt er hier für die unerfreuliche oder schlecht aufgefasste Form noch nicht durch leidenschaftlichen Ausdruck; er erscheint ruhig, eingehend und fleissig, aber ungleich. Die Prüfung seiner Arbeiten nach der Zeitfolge ergibt überhaupt ein ganz allmähliges Vorwärtsschreiten; sogar an dem Bilde von 1473 in der Cappella del Sacramento im Dome zu Ascoli nehmen wir zunächst nur eine Steigerung im gewaltsamen Ausdrucke der Figuren wahr:

Im Hauptbilde Maria m. d. K. zwischen Petrus, Johannes d. T., Emidius und Paulus, oberhalb die Pietà (Klage um den todten Christus), Maria, Magdalena und Johannes d. Evang., umgeben von Halbfiguren der heiligen Katharina von Alex., Hieronymus, Georg und Ursula; unterhalb Christus zwischen den Aposteln in kleinen Nischen[6]; am Throne Maria's die Inschrift: „OPVS KAROLI CRIVELLI VENETI 1473". Ascoli, Dom.

Die Pietà, die hier zum ersten Mal erscheint, doch später oft wiederkehrt, ist von packendem Ausdruck, wenn auch sehr durch die Rohheit der Modelle und durch Grimmasse entstellt, wie denn der ganze Charakter des Bildes womöglich noch gemeiner ist als auf dem Altarstück von 1468, ein Eindruck, den auch die prachtvolle Ausstattung des Rahmens nicht mildert. Aber im J. 1476, für welches besonders das grosse monumentale Altarstück für S. Domenico zu Ascoli (jetzt zum grossen Theile in der National-Gallerie in London) bezeichnend ist, finden wir den Meister fast schon in der Vollkraft seines Talentes, frei von etlichen herkömmlichen Uebertreibungen und aus der paduanischen Rauhheit in die mildere Luft umbrischer Empfindung übergehend[7]:

Das Bild besteht aus 13 Theilen: 1. untere Reihe (5 Bilder), Mittelstück Maria mit Juwelenkrone auf marmornem Throne sitzend, das schlummernde Kind im Schoosse mit der Inschrift: „OPVS KAROLI CRIVELLI Veneti 1476", zu den Seiten Petrus im Ornat mit dreifacher Krone, Bischofsstab, Buch und Schlüsseln, Johannes d. T. mit dem Ecce Agnus, Dominikus mit Buch und Lilie und Katharina v. Alex. die Rechte auf das Rad legend, in der Linken den Palmenzweig; 2. obere Reihe (4 Bilder): Franciskus in der Verzückung, Andreas, Thomas von Aquino und Stephanus (halblebensgr. Halbfig.); 3. Giebelstücke (4 Bilder): Erzengel Michael, Lucia, Hieronymus als Kardinal und Petrus Martyr.[8] London. Nat.-Gall.

[6] Holz, Goldgr., zwei Apostelfiguren fehlen zur Zeit; an der rechten Seite des Rahmens, der zu den prachtvollsten muranesischen Geschmackes zählt, ist ein grosses Stück abgebrochen.

[7] Man wird besonders an Bernardino von Perugia erinnert.

[8] London, Nat.-Gall. N. 788, Holz, mit Rundbogen-Abschluss. Hauptbild (Abb. bei Agincourt Taf. 138) h. 4 F. 3½ Z. engl., br. 2 F. 1 Z. Nebenbilder h. 4 F., br. 1 F. 4 Z.; Bilder der 2. Reihe j. h. 1 F. 11 Z., br. 1 F. 4 Z.; 3. Reihe je h. 2 F. 11 Z., br. 10½ Z., das Ganze h. 16 F., br. 10 F. — Die 13 Tafeln aus S. Domenico gelangten zunächst in Besitz des Kardinals Zelada (s. Lanzi II, 87), dann in die Sammlung Rinuccini in Florenz und später in die Villa S. Donato des Fürsten Anatol Demidoff. Ricci. Mem. Stor. I, 211 bemerkt ihre Entfernung aus einer der Kapellen in S. Domenico zu Ascoli. Die Tafeln sind sämmtlich, soweit die Verf. urtheilen konnten, gut erhalten, kräftig gefärbt und von Crivelli's eigner Hand.

Selten findet man bei Crivelli mehr Innigkeit im Ausdrucke Maria's, mehr einfache Naturbeobachtung in der Haltung des mit dem Kinn auf der Hand der Mutter eingeschlummerten Knaben, angemessenere Geberden bei den Heiligenfiguren und kräftigeren Temperavortrag. Dass er sich aber nicht immer auf dieser Stufe hielt, beweist die ebenfalls aus Ascoli stammende Einzelfigur des heiligen Bernardin v. 1477 (jetzt in Paris)[9] oder die Madonna m. K. und Heiligen v. J. 1481 in der Gallerie des Lateran in Rom; allein es muss dabei beachtet werden, dass der Meister damals schon genöthigt gewesen scheint, seinen Genossen Vittorio Crivelli zu Hilfe zu nehmen, wie es wahrscheinlich bei der zuletztgenannten Madonna und bei zwei ausgedehnten Altarstücken für die Karmeliter zu S. Elpidio der Fall gewesen ist.

Paris. Auf dem ersten Bilde erscheint Bernardin hager und knochig, ohne Körperwirkung durch Schatten, aber mit warmem Fleischton, zu seinen Füssen zwei knieende Stifterfiguren; an dem gelben Vorhang des Hintergrundes ist ein Pfirsich und eine Birne aufgehangen; auf einem Zettel die Inschrift: „OPVS Caroli Crivelli Veneti 1477".

Rom. Lateran. In der Gallerie des Lateran in Rom: Maria m. K., welches einen Spiegel hält und einen Vogel fliegen lässt, zu den Seiten die Heiligen Joh. d. T., Gregor und zwei andere mit der Bezeichnung: 1481. DIE VLTIMA. IVLII . . . . ., von greller glänzender Farbe und fehlerhafter Zeichnung, wahrscheinlich von Gehilfen Carlo's.[10]

S. Elpidio. Die Bilder in S. Elpidio (Frati Zoccolanti): Heimsuchung mit Joh. und Franciskus, darüber Kreuzigung mit Maria und Johannes, ferner Krönung Maria's mit den Heiligen Bonaventura, Joh. d. T., Franciskus und Ludwig von Frankreich, oberhalb Christus mit Maria und Joh. zwischen den Heiligen Antonius, Vincenz, Magdalena und Bernardin; in der Staffel Beschneidung, Geburt des Joh., Heimsuchung, Geburt Christi, Joh. in der Wüste und Joh. mit den Aposteln.[11]

Die Tafel mit der Madonna allein scheint ehemals im Besitz des Sign. Grossi in Rom gewesen zu sein (s. Ricci a. a. O).

[9] Louvre, Mus. Nap. III. N. 113, ehemals in der Kirche della SS. Annunziata zu Ascoli, später in der Gall. Fesch (Holz, an der rechten Ecke zersprungen), Abbild. bei Agincourt Taf. 162 als Jacobo della Marca, vgl. auch Ricci a. a. O. I. 213. — In demselben Museum haben wir, als „Schulbilder" bezeichnet: N. 117 (Maria m. K., vermuthlich von Vittorio), N. 118 (ähnlich), N. 119 (noch mehr in Vittorio's Weise), N. 120 u. 121 (Mischung von Crivelli und einem Umbrier), N. 115 (mit der Jahrzahl 1488) und N. 116, beide noch umbrischer als das vorige.

[10] Lateran, Holz, im alten Rahmen.

[11] Holz, in muranesischem Rahmen; durchgehends mit Anklang an Antonio Vivarini, aber unbedeutend und vermuthlich von Vittorio (s. Ricci a. a. O. I. 210).

Crivelli gefiel sich offenbar in der Zusammenstellung möglichst starker Gegensätze; gern verbindet er äusserste Zierlichkeit mit herber Strenge; dabei ist er bestrebt, Seelenfeinheit durch grosse Gedrungenheit in der Bildung des Kopfes, durch den Ausdruck des Gesichtes, die Bewegung einer Hand und das feine Gewebe der Kleidung auszudrücken, Ernst und Kraft spricht er in den Zügen und in der Geberde aus. Häufig finden sich die Gegensätze reichlich beisammen, manchmal stellt er ein solches Ideal selbständig dar. So erscheint als höchster Ausdruck der Zierlichkeit seine Madonna m. K. v. J. 1482 im Lateran[12], bei welcher man sich an Erstlingserzeugnisse der sienesischen Kunst unter Lippo Memmi, Luca Tome, Turino Vanni oder an die frühen Maler von Gubbio erinnert fühlt. Für die unmittelbare Verbindung jener Gegensätze ist das aus demselben Jahre stammende schöne Altarbild der Madonna mit 4 Heiligen in der Brera zu Mailand bezeichnend:

Das Bild ist dreitheilig, mit Rundbogen-Abschluss, die Bilder zwar durch Rahmensäulen von einander getrennt, aber so angeordnet, dass die drei Gruppen auf gemeinschaftlichem Flur stehen. Dieser, ein reichgliedriger Marmoraufbau mit dem üblichen Schmuck von Reliefs und aufgereihtem Obst trägt im Mittelbilde den Thron, auf welchem Maria, die Krone auf dem Häubchen, in ernster Haltung sitzt, das Kind auf dem linken Knie sitzend, ebenfalls mit ernstem Gesichtsausdruck einen grossen Vogel mit beiden Händen an die Brust drückend; zur Seite stehen links Petrus im päpstlichen Ornat mit Schlüsseln und Kreuzstab und hinter ihm Dominikus mit Lilie und Buch, betend, rechts Geminian, eine Jünglingsgestalt im Ritterkleid mit dem Modell seiner Stadt und der Fahne, hinter ihm Petrus Martyr den Dolch in der Brust und das Messer im Schädel, betend; sämmtliche Zierrathe in kräftigem Stuckrelief. An der Fussleiste des Mittelbildes die Inschrift: „OPVS . CAROLI . CRIVELLI . VENETI . M̃ . I̊ . S̑ . II.“[13] Mailand, Brera.

---

[12] Rom, Gall. des Lateran. Holz, Fig. lebensgr. Das Kind, auf Maria's Schoos stehend, hält eine Birne am Zweig; von den Giebeln des Thrones hängt eine Schnur mit Pflaumen, Birnen und Aepfeln herab; links knieen 2 kleine Mönchsfiguren, Inschrift: „OPVS . CAROLI . CRIVELLI . VENETI — 1482“.

[13] Brera N. 149 (78). Holz, Fig. ²⁄₃-lebensgr, Goldgr.). Ursprünglich in S. Domenico zu Camerino. Dieses ist das bei Ricci, Mem. Stor. I, 206, 225 f. mit der Jahrzahl 1412 bezeichnete Bild. — Ein ähnliches Werk, bei Ricci mit der Jahrzahl 1411 bezeichnet, aber wahrscheinlich v. J. 1481, befand sich ehe-

Hier nun erscheint die umbrische Lieblichkeit der Jungfrau und die zarte Gestalt des Knaben schon naturgemässer als auf früheren Bildern, und in den Heiligenpaaren zur Seite, die mannigfaltig schattirt sind, prägen sich die individuellen Verschiedenheiten sehr stark aus: Petrus ist als cholerischer Greis mit einem Anflug von Ingrimm charakterisirt, Dominikus als eifriger, demüthiger Bekenner, Petrus Martyr mit dem Ausdrucke treuen Glaubens, Geminian frank und schön als schmucker klarblickender Jüngling. Ausserdem erreicht Crivelli in diesem Bilde fast den höchsten Grad an genauer und sorgfältiger Zeichnung sowie an strahlendem Goldton der Färbung. Bei diesen vortrefflichen Eigenschaften des Werkes, zu denen noch die untadelige Zusammenstellung der Heiligenfiguren in ihrer gegenseitigen Beziehung auf einander hinzukommt, muss das unentwegte Festhalten des Meisters am Tempera-Vortrag auffallen. In der Zeit, da sich die Maler überall mit dem Oel befreundeten, vervollkommnet sich Crivelli in der alten Technik fast mit demselben Erfolge wie die Filippo Lippi und Fiesole ein halbes Jahrhundert vor ihm.

Als Beispiele für Crivelli's derberen und gewaltsameren Vortrag ist die Pietà von 1485 (Christus im Grabe, umgeben von Maria, Magdalena und einem Engel) in der Sammlung Panciatichi in Florenz[14] bemerkenswerth, an welchem Bilde die Grimmassen der Frauen und der röthliche Farbenton besonders auffallen, wogegen die Arbeiten des J. 1486 durch eine Verkündigung in der National-Gallerie zu London charakterisirt werden, deren Figuren weit ansprechender sind, und deren Hintergrund im Geschmack der Gentile da Fabriano, Pisano und Giambono behandelt ist:

Florenz, Sammlung Panciat.

London, Nat.-Gall.

Im Innenhofe eines stattlichen Hauses kniet die Jungfrau mit gekreuzten Armen am Betpulte in ihrem Gemach, ihr gegenüber ebenfalls knieend der Engel und seitwärts in gleicher Haltung der heilige Emidius, Patron von Ascoli, mit dem Modell der Stadt in der Hand, am Himmel ein Ring von Cherubköpfen, durch die Mauer dringt ein

mals in S. Gregorio Magno zu Ascoli, ist jedoch nicht mehr nachzuweisen.

[14] Holz, Fig. ⅓ lebensgr., Goldgr., nicht ohne Retouchen. Inschrift: „Opus Caroli Crivelli Veneti 1485".

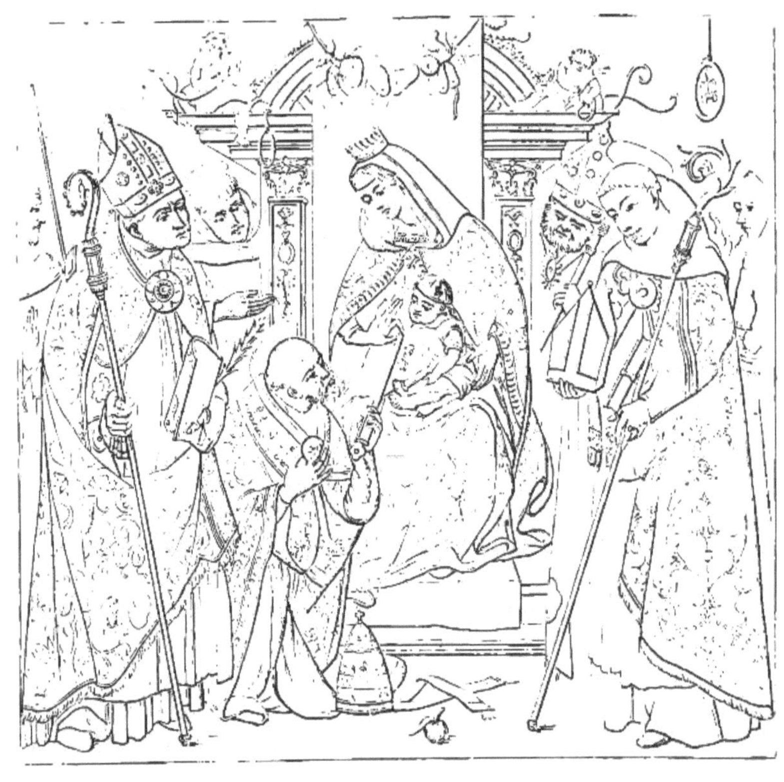

Madonna mit sieben Heiligen.

Temperabild des Carlo Crivelli in Dudley House zu London

Strahl mit der Taube darüber; die reiche, theilweis vergoldete Architektur durch einen Pfau und allerhand Vögel in Freiheit und Käfig belebt, im Vordergrunde eine Gurke und Melone, im Hintergrunde links etliche kleine Figuren, am Sockel des Bildes zwischen drei Wappenschildern die Aufschrift: „Libertas Ecclesiastica“, bezeichnet: „OPUS KAROLI CRIVELLI VENETI 1486“.[15]

In der Zeit zwischen diesen Werken und der Erhebung des Meisters in den Ritterstand lieferte er für seine Gönner eine grosse Zahl von Bildern, auf denen er nur seinen Namen ohne Jahrzahl angab. Von späteren sind sie dadurch zu unterscheiden, dass auf ihren Signaturen der Zusatz „Ritter“ (Miles) fehlt. Wir begnügen uns hier, die besten dieser Gruppe aufzuführen:

London, Sammlung zu Dudley House: Maria, dem heil. Petrus das Kind darreichend, welches ihm in Gegenwart des heiligen Ludwig, zweier heiliger Bischöfe und drei Anderer in Mönchskleidern die Himmelsschlüssel reicht — gehört zu den Bildern, in welchen Zierlichkeit und strenger Ernst vereinigt und die Geberden der Figuren höchst geschickt in Einklang gesetzt sind.[16] Gall.-Bilder u. A.

London, Nationalgallerie N. 602: Christi Leichnam auf dem Rande des Grabes, von zwei Engeln gestützt — hat viel von der Kraft Mantegna's, schönen Gefühlsausdruck und verräth gute Kenntniss der Anatomie; bemerkenswerth ist die krampfige Haltung der rechten Hand Christi.[17]

Ebenda N. 668: Beato Ferretti in felsiger Landschaft, die Erscheinung der von der Mandorla umschlossenen Jungfrau mit dem Kinde anbetend, rechts ein Tempel und eine Strasse, vorn Wasser mit Enten, oberhalb ein Fruchtgehänge[18] — ein höchst sorgfältig behandeltes, durch die Emailleflächc des matten Ausdruckes ein ausgezeichnetes Bild.

London, Dudley House: Altarbild, inmitten Maria m. d. K., rechts Petrus und Paulus, links Antonius und Georg zu Ross; ober-

---

[15] Nat.-Gall. N. 739. Holz, Temp., h. 6 F. 10½ Z., br. 4 F. 10½ Z. Das Bild war ursprünglich in der SS. Annunziata zu Ascoli, später in Mailand, von Mr. Labouchere angekauft und der Nat.-Gall. geschenkt. Vgl. Ricci, Mem. Stor. I. 213. 228.

[16] Holz, Fig. unter Lebensgr., ursprünglich in S. Domenico zu Fermo, s. Ricci, Mem. I. 214 und Abbild. bei Rosini Taf. 64. Inschrift: „Opus Caroli Crivelli Veneti.“

[17] Holz, Temp., Goldgr., h. 2. F. 4½ Z., br. 1 F. 10 Z., bezeichnet: „Carolus Crivellus. Venetus. pinxit“, ursprünglich im Kloster der Minoriten zu Montefiore bei Fermo; gekauft bei Sign. Vallati in Rom 1859, wahrscheinlich identisch mit dem bei Ricci, Mem. I. 209, im Besitz des Prof. Minardi erwähnten Bildes.

[18] Holz, Temp., Fig. ½ lebensgr., h. 4 F. 7½ Z., br. 2 F. 10½ Z. Inschr.: „Opus. Karoli. Crivelli. Veneti.“; gut erhalten, gekauft 1862 aus der Samml. Barker.

Gall.-Bilder u. A. halb in Bogenfeldern die Heiligen Katharina, Hieronymus, Lucia und ein Vierter; kleines Bild mit Anklang an die muranesische Periode Crivelli's, von höchst sorgfältiger Ausführung, mit schlanken Figuren, aber ziemlich flach.[19]

Ebenda: Leichnam Christi zwischen Maria, Magdalena und Joh.; höchst bedeutend durch seinen leidenschaftlichen Ausdruck, durch strahlende Farbe und durch Körperwirkung mittels des Helldunkels, den besten Leistungen Mantegna's ziemlich nahe kommend.[20]

Rom, Gall. des Vatikan: Christus im Grabe, der Körper in Verkürzung nach links gewandt, der linke Arm von Joh., der rechte von Maria gehalten, Magdalena den rechten Arm umklammernd, neben ihr eine Vase, als Gegenstück auf der andern Seite ein Candelaber; hinten ein rother Vorhang mit Durchblick auf den von Cherubim gefüllten Himmel; fast von gleicher Schönheit wie die eben beschriebene Darstellung, höchst dramatisch im Ausdruck, besonders bei dem aufschreienden Joh.; die Zeichnung sorgfältig und von einer Art, welche die Berührung Crivelli's mit Alunno wahrscheinlich macht, die Farbe gedämpft, in den Schattentheilen durch Schraffirung zu gutem Helldunkel gesteigert.[21]

Mailand, Brera N. 79: Hieronymus und Augustin, an Beschaffenheit und Kunstwerth dem obigen ähnlich.[22]

Ancona, S. Francesco, Sakristei: kleines Madonnenbild, Maria, vor einem mit Gurken und Citronen behangenen violetten Vorhang, hütet das Kind, welches halb aufgerichtet auf einem Bret sitzt, in einer Hand einen Vogel am Faden haltend, in der andern ein Ei-

---

[19] Holz, ursprünglich in der Kirche del Porto zu Fermo (s. Ricci, Mem. I, 209), lange in Egyptian Hall ausgestellt, wo sich noch 2 andere Tafeln des Meisters aus derselben Sammlung (Heilige, offenbar Pilasterstücke) befanden.

[20] Holz, Goldgr., in Lünettenform, anscheinend Bruchstück, früher in der Sammlung Bisenzo in Rom, und gestochen als Werk Mantegna's (vgl. Comment. zum Leben Mantegna's bei Vasari, V, 201, wo der Zweifel an der Autorschaft Mantegna's ausgesprochen ist). In Dudley House befindet sich noch eine zweite Darstellung desselben Gegenstandes (Holz, ebenfalls Lünette), kleiner und mit 2 knieenden Figuren im Vordergrunde.

[21] Holz, klein, nicht ganz 2 F. lang, bezeichnet: „Opus Caroli Crivelli Veneti." — Unter Crivelli's Namen befindet sich in Rom in der Gallerie Borghese (Zimmer I, N. 41) ein oben rund abschliessendes Bild des Gekreuzigten, umgeben von dem stehenden Christoph und vom knieenden Hieronymus (Holz), die Figuren in Tempera, die Landschaft in Oel aufgefrischt: vielleicht ursprünglich von Fiorenzo di Lorenzo.

[22] Holz, Fig. fast lebensgr., Goldgr.: der Gegensatz von Licht und Schatten sehr schön, der Löwe des Hieronymus jedoch schlecht gezeichnet. Brera N. 121: Christus am Kreuz zwischen Maria und Johannes in Landschaft (Holz, Fig. halblebensgr., Goldgr.), die Christusfigur kurz und von gemeiner Bildung; eine ärmliche Arbeit, ehemals in Duomo vecchio zu Camerino (s. Ricci, Mem. I, 210). — N. 87 und 89, enthaltend Halbfiguren der Heiligen Antonius, Hieronymus, Andreas und des Jakobus, Bernardin und Pellegrinus, (Holz), Stücke einer Staffel von Crivelli, unbedeutend, vielleicht dieselben, welche sich nach Ricci, a. a. O. I, 227, im Besitz des Signor Salvatori in Fermo befunden haben.

Gall.-Bilder u. A.

dotter; seitwärts vom Vorhang Landschaft mit Figuren sichtbar. Maria's Ausdruck ein wenig geziert, aber ihr Blick mild, ihre Gestalt, höchstens mit Ausnahme der gekrampften linken Hand, einfach behandelt. Das Bild hat die ganze Pracht der ursprünglichen Farbe bewahrt und ist durch einen bei Crivelli seltenen Silberton ausgezeichnet, es gehört unter den kleinen Darstellungen dieser Art zu denjenigen, in welchen er Kraft, Zartheit und Anmuth am ansprechendsten vereinigt; die Pinselführung ist so fein wie bei einem Flandrer.[23]

London, Sammlung Baring: Derselbe Gegenstand in ähnlicher Behandlung, hinten rother Vorhang mit Landschaft zur Seite[24]; noch zarter im Ausdruck als das vorige.

London, Sammlung der Lady Malmesbury: Maria, das Kind im Arme haltend, welches mit einem Apfel spielt; der Kopf der Jungfrau anmuthig, aber der gesammte Ausdruck gezwungener und ungelenker, sodass das Bild sich mehr der paduanischen Richtung nähert.[25]

In diese Reihe gehören ferner 3 ähnliche Bilder in Bergamo, Pesth und Berlin:

Bergamo.

Bergamo, Gallerie Lochis Carrara Nr. 194: Maria, (Halbfigur) im Brokatmantel mit der Krone auf dem Haupt, drückt mit trübernstem Ausdrucke das auf ihrem Arm sitzende Kind an sich, welches einen Apfel in der Hand hält; hinten rother Vorhang, rechts und links Landschaft sichtbar; oberhalb Obstschnüre, vorn auf der Leiste eine Nelke, Gurke und Kirsche.[26]

Pesth.

Pesth, Sammlung Esterhazy: thronende Maria in ganzer Figur.[27]

Berlin.

Berlin, Museum N. 1156: Maria Magdalena stehend, ganze Gestalt in prächtiger Kleidung, in der Rechten das Salbgefäss; hinter ihr ein Vorhang mit Blumengehänge.[28]

---

[23] Holz, h. 6 Z., br. 8½ Z., Inschrift: „Opus Caroli Crivelli Veneti."

[24] Holz, bezeichnet: „Opus Caroli Crivelli Veneti", gut erhalten. In der Sammlung Baring ferner: ein polygones Bild mit der Auferstehung — ähnlich den 2 Tafeln im Städel'schen Institut zu Frankfurt a. M., N. 14 und 15 (enth. die knieenden Verkündigungsfiguren, jedes sechseckig, Holz, Temp., h. 0,51, br. 0,38) — sodann in der Sammlung Baring noch ein kleines Breitenbild mit dem heiligen Bernardin und einer weiblichen Heiligenfigur.

[25] Holz, klein, Inschrift: „Opus Caroli Crivelli Veneti"; die Farbe ein wenig grau, etwas beschunden und aufgefrischt (Mantel Maria's).

[26] Holz, klein, Inschrift: „Opus . Caroli . Crivelli . Veneti"; der Goldmantel Maria's abgerieben.

[27] Holz, oben rund, klein, Goldgr., bezeichnet „Opus Caroli Crivelli Veneti".

[28] Holz, Fig. halblebensgr., h. 4 F. 10 Z., br. 1 F. 7 Z. Inschrift auf Zettel: „OPVS . KAROLI . CRIVELLI . VENET .", dem Altarbilde der weil. Sammlung Demidoff (jetzt London, Nat.-Gall.) ähnlich.

Im Jahre 1490 erhob Ferdinand von Capua den Carlo Crivelli zur Ritterwürde; diese Thatsache ist einer der wenigen Vorgänge, welche das anscheinend ereignissarme Leben des Meisters auszeichneten. Er verdankte jedoch jene Ehre vielleicht nur einem Zufall. Ascoli, der gewöhnliche Aufenthaltsort Crivelli's, theilte mit anderen unter päpstlicher Hoheit stehenden Städten die Unruhe, die am Ende des 15. Jahrh. überhand nahm. In Folge von Gebietsstreitigkeiten oder Dank einer vom neapolitanischen Hof angezettelten Intrigue kam es i. J. 1489 zum Aufstand, durch welchen der päpstliche Legat mit seinen Söldnern vertrieben wurde und statt dessen der aragonesische Anhang die Herrschaft erhielt. Die hierdurch bewährte „Treue und Hingebung der Stadt" belohnte der Sieger durch billige Gnadenspenden, unter denen auch die dem Crivelli zugetheilte Standes-Erhöhung bemerkt ist.[29] Der Künstler muss diese Auszeichnung zu seinen wichtigsten Erlebnissen gerechnet haben, denn in einem unmittelbar nachher für die Familien-Kapelle der Odoni in S. Francesco zu Matelica gemalten Bilde stellt er den heiligen Sebastian ungewöhnlicher Weise im Ritterkleide dar und unterzeichnet sich mit Bewusstsein ebenfalls als Ritter (Miles). Von dieser Zeit an hält er seinen Bestellern gegenüber eifersüchtig auf seinen Titel, den er auf einem andern Bilde sogar noch höher steigert, indem er sich „Eques laureatus" nennt. Aber zu grösserer Ehre gereichte ihm, dass dieser Rangstolz nichts an seiner fleissigen und mühevollen Kunstthätigkeit geändert hat. Das Altarstück der Odoni, auch unter der Bezeichnung „Madonna della Rondine" bekannt, jetzt Bestandtheil der für Crivelli besonders bedeutenden Sammlung der National-Gallerie in London, stellt dem Meister in dieser Beziehung das günstigste Zeugniss aus:

Matelica, S. Francesco.

London, Nat.-Gall.

Das Hauptbild enthält Maria auf dem Thron innerhalb eines Hofes, zu ihrer Seite der heilige Sebastian mit einem Pfeil in der Hand und einem Bogen zu Füssen, und Hieronymus; das Ganze mit Früchten und Blumen geschmückt und durch eine Schwalbe (Rondine) belebt; in der Staffel 1) wieder Hieronymus in der Wüste knieend,

---

[29] Ricci, Mem. I, 228, gibt einen Auszug aus Crivelli's Ritterbrief.

im Hintergrund Landschaft mit Stadt und Fluss und einer Löwin mit ihrer Brut in der Höhle, 2) Anbetung des Kindes mit schön gezeichneter Landschaft, im Hintergrund die Verkündigung an die Hirten, 3) Martyrium des heiligen Sebastian, und am Fuss der Rahmen-Säulen die Heiligen Katharina und Georg mit dem Drachen.[30] Am Hauptbilde bezeichnet: „CAROLVS . CRIVELLVS . VENETVS . MILES . PINXIT".

Die in der üblichen Auffassung gehaltene Hauptscene ist zwar nicht so vollkommen in der Behandlung wie die oben erwähnte Pietà (Christus mit den beiden Engeln), noch auch von gleicher Anmuth wie die Madonna zu Ancona, dafür zeichnet sie sich aber durch Bewusstsein und Kraft aus, und von den Predellen-Stücken lässt sich rühmen, dass Crivelli niemals grössere Gewalt der Wirkung in kleinen Compositionen hervorgebracht hat als hier; in der Darstellung des Hieronymus in der Wüste nähert er sich in hohem Grade der Auffassung des Jacopo Bellini, und in dem Sebastiansbilde thut er es der Kühnheit des Vortrages gleich, welche um diese nämliche Zeit Niccolò Alunno aus seiner Bekanntschaft mit Signorelli davontrug; auf dem Bilde der Geburt Christi haben etliche Figuren, z. B. der Joseph, fast die ernste Gediegenheit Mantegna's oder Dürer's, wogegen der milde Ausdruck der Jungfrau den Marienfiguren Memling's verwandt scheint. Durch das Ganze herrscht eine den frühesten Arbeiten in Verona ebenbürtige Zartheit und Meisterschaft der Pinselführung. Von gleicher Fertigkeit, nur noch anziehender in ihrem stillen feierlichen Ernst ist die vereinzelte Madonna m. K., welche aus S. Domenico zu Camerino in die Brera nach Mailand gekommen ist:

Sie sitzt in voller Vorderansicht mit der Krone auf dem Kopf in reicher Gewandung die Augen niederschlagend, auf marmornem Thron, über welchem aus Blättern und Früchten eine Laube mit herabhängendem Teppich angebracht ist, und hält das auf ihrem Knie sitzende mit modischem Kleidchen angethane Kind, welches eine Birne in der Hand trägt. Am Boden vor ihr, an welchem eine brennende Wachskerze klebt, steht eine Vase mit Lilien. Auf angeklebtem Zettel Mailand, Brera.

[30] Nat.-Gall. N. 724, Holz, Temp., Hauptbild h. 4 F. 11 Z., br. 3 F. 6½ Z., i. J. 1862 von Graf Luigi de Sanctis in Matelica gekauft.

die Inschrift: „KAROLVS . CHRIVELLVS . VENETVS EQVESLAVREATVS PINXIT“.[31]

Nicht geringere Vollendung zeigt seine Madonna mit den Heiligen Franciskus und Sebastian nebst knieender Nonne aus d. J. 1491 in der Gallerie zu Grosvenor House[32], an welcher man als schwächsten Punkt allenfalls den gezierten Ausdruck der Jungfrau bemerken könnte; die beste Figur ist der vorgeneigte Sebastian, welcher die später dem Bartolommeo Montagna geläufige Auffassung zeigt.

London, Grossv. H.

Die eigenthümliche Verbindung von Gewaltsamkeit und zarter Milde, welche allen diesen Bildern eigenthümlich ist, wird sich am natürlichsten aus Crivelli's Beziehung zu Alunno erklären. Beide Künstler arbeiteten gleichzeitig in nah benachbarten, nur durch die Kette des Apennin von einander getrennten Gegenden. Die i. J. 1492 gemalte Darstellung der Empfängniss (jetzt in der Gallerie Barker zu London) trägt ähnliche Merkmale an sich wie die eben beschriebenen, nur dass die Tafel sehr verblichen und verrieben ist.[33] Die grösste Vollendung erreicht aber Crivelli in dem zum Bilde der Krönung Maria's gehörigen Lünettenstück mit der Pietà v. J. 1493, jetzt in der Sammlung Oggioni in Mailand:

London, Samml. Barker.

Mailand, Sammlung Oggioni.

Die Krönung Maria's geht auf einem Throne vor sich, hinter welchem Gottvater steht mit einem Kreis von Cherubim um's Haupt; 6 Engel halten den Vorhang, links stehen Johannes d. T., Katharina und ein Heiliger mit der Fahne, rechts Franciskus, Sebastian und ein Bischof; Inschrift: „CAROLVS CRIVELLVS VENETVS MILES MCCCCLXXXXIII. tpe fr. Jacobi de Fabro et fr. angele ... erra comitū guardianus completa fuit“.[34]

---

[31] Brera N. 202 (128), Holz, Goldgr., Fig. fast lebensgr.; über den ursprünglichen Standort des Bildes in Camerino vgl. Ricci, Mem. I. 206.

[32] Grosv. Gall. N. 174, Holz, bez.: „Opus Caroli Crivelli Veneti miles 1491“ (nicht 1495, wie der Katalog der Nat.-Gall. irrthümlich aufführt), in Rom angekauft.

[33] Holz, Fig. fast lebensgr., ursprünglich wahrscheinlich für S. Francesco zu Pergola gemalt (s. Ricci, Mem. I, 215); Maria wird von Engeln und anderen Figuren gekrönt; Inschrift „Caroli Crivelli Veneti militis pinsit (sic) 1492“, die Farben jetzt kalt und grau. — In der Sammlung Barker ausserdem: zwei Tafeln mit je 3 Halbfiguren: 1. die Heiligen Ludwig, Hieronymus und Petrus, 2. Paulus, ein Bischof und ein Mönch, ferner 4 Tafeln einer Predelle, jede mit einer Heiligenfigur (2 davon enthalten Katharina und Magdalena, die andern einen Heiligen mit Buch und Lilie und einen Mönch; sämmtlich im Charakter des Meisters (Holz, klein).

[34] Holz, Fig. lebensgr., ursprünglich in S. Francesco zu Fabriano, vgl. Ricci,

Obgleich am Hauptbilde die starke Ueberladung mit Beiwerk unerfreulich auffällt und die Gesichter der Engel in der Pietà abstossen, so gehören doch die Gestalten dieses Stückes, der Leichnam Christi, die Maria, Magdalena und Johannes vermöge der Gruppirung sowohl wie auch um ihrer Zeichnung und strahlenden Färbung willen zu den schönsten ihrer Gattung, die Crivelli erfunden hat. Das Bild ist das letzte seiner Hand, das wir kennen.[35]

Die künstlerische Thätigkeit von Carolo's Verwandtem Vittorio Crivelli hat keinen Anspruch auf ausführliche Schilderung. Er stellt sich uns durchaus als Nachahmer des grösseren Meisters seines Namens dar, wie wir auch seine Altarbilder an denselben Orten antreffen, in denen jener thätig gewesen. Das früheste und vollständigste rührt aus d. J. 1481 und befindet sich im Hause des Cavaliere Vinci zu Fermo; es ist roh behandelt und erinnert neben Carolo Crivelli auch an Matteo von Siena. Die letzten sind Bilder aus d. J. 1489 und 1490 in Monte S. Martino:

---

a. a. O. I, 214, wo auch ein zweites ähnliches Bild Crivelli's in S. Francesco zu Atri im Neapolitanischen erwähnt ist.

[35] Von weiteren Bildern unter Crivelli's Namen sind anzuführen: Mailand, Brera (ohne Nr.): Maria, das Kind anbetend, vielleicht Theil eines Altarstückes in Ripatransone (s. Ricci, Mem. I, 208); Monte Santo Pietrangeli: Altarstück, offenbar von Pagani (s. B. IV S 376 und vgl. Ricci a. a. O. I, 210). — Nicht von den Verfassern gesehen oder vermisst: Ripatransone: 1. Madonnenbild, 2. heil Laurentius (Holz), s. Ricci a. a. O. I, 208; Monte Brandone, Collegiatkirche: dreitheil. Flügelaltar mit Maria und Heil. (Ricci a. a. O.); Castel Fidardo: Madonna, Tafelbild (s. Colucci bei Ricci I. 211, 227); Macerata, Kirche der Observanten: Bild mit Namensbezeichnung (s. Lanzi II. 87): Ascoli, Dom, Camere Canonicali: Kruzifix mit Magdalena, urspr. in S. Pietro di Castello. Inschrift: „Questa tavola affatto le donne de lemosine 1487, Carol. Crivelli venet.“ (s. Ricci a. a. O. I, 213, 228); Fermo, Minori Osservanti: Tafelbild von 1487 und ein zweites übermaltes (Ricci I, 214); Fermo, S. Domenico: Mad. mit 2 Heiligen (Ricci a. a. O.); vgl dazu das Bild der Gall. Grosvenor; Torre di Palma bei Fermo, S. Agostino: Mad. zwischen 4 Heiligen mit Predella enthält 4 kleine Figuren in Rundbildern (Ricci I. 209); Ascoli, Casa Lenti: Mad. m. K., bezeichnet: „Opus Karoli Crivelli Veneti“ (Ricci I, 227), vgl. dazu das Bild der Gall. Lochis Carrara in Bergamo (s. oben) und das in der Gallerie der Lady Malmesbury (S. 91): Ascoli Pal. del Governo, Kapelle: Verkündigung bez.: „Opus Karoli Crivelli Veneti“ (Ricci I, 227); Corinaldo, Minoritenkirche: Tafelbild (Ricci I, 209); Force, S. Francesco: Madonna mit Namensbezeichnung (Ricci I. 209); Faenza, S. Francesco: Tafelbild (Ricci I, 228) in neuerer Zeit verkauft.

Fermo, Privatbesitz. Die Haupttafel auf dem Bilde des Cavaliere Vinci enthält die thronende Maria m. d. K. auf dem Schoosse, welches segnet, umgeben von 4 Engeln, von denen 2 im Vordergrunde musiciren; auf den 4 Seitentafeln Johannes d. T. mit einem knieenden Figürchen zu Füssen, Bonaventura mit dem Baum, worauf eine kleine Christusgestalt, Franciskus in der Verzückung und Ludwig von Frankreich; die 12 Staffelbilder enthalten u. a. die Pietà und Auferstehung, im Uebrigen Heiligenfiguren.[36]

Monte S. Martino. In Monte S. Martino, S. Maria del Pozzo: thronende Madonna m. K., welches dem mit Paulus auf der Nebentafel angebrachten Petrus die Schlüssel reicht; oberhalb Christus mit dem Kreuz und andern Passions-Symbolen zwischen den Halbfiguren des Michael und Martin; im dreieckigen Giebel das Veronicatuch, bezeichnet: Opus Victoris Crivelli Vene.i 1489. — Ebenda: Kirche alla Matrice, am Hochaltar: Mittelbild mit Maria u. K. zwischen Gabriel und Michael, zu den Seiten die Heiligen Martin und Antonius der Abt; im Giebel der Gekreuzigte zwischen Maria und Johannes und Magdalena am Fuss des Kreuzes (Holz); Inschrift: „OPVS VICTORIS CRIVELLI VENETI MCCCCLXXXX". Plump und von roher Ausführung.[37]

In den Zeitraum von 10 Jahren, welcher zwischen den eben geschilderten Beispielen liegt, fällt wahrscheinlich die Reihe der anderen von Vittorio noch aufzuführenden Gemälde, wie das Ma-
Genua. donnenbild im Besitz des Herrn F. Mylius in Genua (früher Eigenthum des Signor Michel Angelo Gualandi in Bologna)[38], ein Bild mit mageren, kleinlich gezeichneten Figuren, die Anbetung
Falerone. des Christuskindes im Kloster der Minoriten zu Falerone[39],

---

[36] Holz, Fig. 2/3 lebensgr., die Mitteltafel oben rund; auf der Rückseite, angeblich Copie der ehemals vorn befindlichen Bezeichnung, die Inschrift: „Opus Victoris Crivelli Venet. MCCCCLXXXI". Der Stil der Arbeit stimmt mit den beglaubigten Werken Vittorio's vollkommen überein. Ricci a. a. O. entnimmt aus handschriftlichen Nachrichten, dass Carolo Crivelli und sein Bruder Ridolfo (?) i. J. 1487 gemeinschaftlich für die Familie Vinci in Fermo beschäftigt gewesen sei, aber wir vermögen kein einziges Bild von einem Maler Ridolfo Crivelli nachzuweisen, wogegen für das obige Bild im Besitz der Vinci ausdrücklich der Name des Vittorio beigebracht ist.

[37] Von derselben Hand, aber ohne Bezeichnung, ist ein zweites Altarstück in dieser Kirche, am Altar rechts, enth. Mad. das Kind anbetend, zwischen Nikolaus von Bari, Michael (ähnlich der Figur des Carolo Crivelli), Joh. d. T. und Blasius (Holz, Fig. halblebensgr.); oberhalb Pietà zwischen Johannes, Martin, Rochus und Katharina; Staffel: Christus mit den 12 Aposteln (Halbfig.).

[38] Holz, Maria (Halbfig.) auf einer Bank, worauf Buch und Kirschen liegen, m. d. K., welches mit einem Distelfinken spielt, hinter rothem Vorhang mit doppelten Behängen seitwärts Landschaft. Inschrift: „Opus Victoris Crivelli Veneti". Die Säume in stark erhabenem Stuck.

[39] Klein, h. 2 F. 4 Z., br. 4 F. 9 Z., oben rund: das Kind am Boden liegend,

welches besonders vermöge seines klaren metallglatten Farbentons und seiner guten Behandlung eins der besten des Malers ist, ferner das unbedeutendere Gegenstück desselben in S. Francesco zu Sernano[40], sodann die recht 'gelungene in klarem Farbenemaille gehaltene Darstellung der Gürtelspende Maria's in der Compagnia della Concezione zu Massa[41], ein schwaches manierirtes Madonnenbild mit Heiligen in Marano bei Fermo[42]; endlich mehrere Stücke in Mailand[43] und andere im Kensington-Museum zu London.[44]

Sernano. Massa. Marano. Mailand. London.

Der einzige Maler, der uns als Schüler Carolo Crivelli's bekannt wird, ist Pietro Alemanno. Er war ein sehr unvollkommener manierirter Nachahmer seines Lehrers, dem der Farbensinn in demselben Grade abgeht wie das Handwerksgeschick; seine Figuren sind auffallend hager und flach, haben aber dabei die ängstliche Sauberkeit von Miniaturen, so dass sein Stil als eine Mischung von Crivelli und Girolamo da Camerino erscheint. Einige seiner Arbeiten rühren aus dem Ende der 80er Jahre, die Mehrzahl findet sich in Ascoli, wo er Bürger war:

Montefalcone (Provinz Fermo): Madonna m. K. zwischen Katharina, Johannes d. T. und einem Dritten; Giebelstücke, enth. Christus zwischen Maria und Johannes und den 4 Halbfiguren des

---

dahinter stehend Maria mit betend erhobenen Händen zwischen 2 Engeln. Die Composition scheint Original eines bereits früher (s. B. IV. S. 125) erwähnten Bildes von Stefano di S. Ginesio.

[40] Holz, Goldgr., von gleicher Grösse wie das Bild in Falerone. Die Engel knieen und um Maria's Krone schweben Cherubim.

[41] Holz, Goldgr., Maria m. K. zwischen 2 knieenden Engeln, im Vordergrund knieende Genossen einer Brüderschaft, geleitet vom heiligen Sylvester u. a., hinten Franciskus und Laurentius; Maria hat ihren Gürtel in die Hände der Schutzheiligen gleiten lassen.

[42] Maria das Kind anbetend, seitwärts die Heiligen Bassus und Sebastian, in drei Abtheilungen mit Bogenabschluss (Holz).

[43] Brera N. 30 (nicht im Katalog): Geburt Christi, Holz; von gleichem Charakter N. 81 u. 85 mit je 4 Halbfiguren Heiliger. Gall. Oggioni: 4 Tafeln mit Bogenabschluss, enth. Anbetung des Kindes und 3 Heilige, darunter Franciskus und Matthäus, sämmtlich halblebensgr., zusammengehörig.

[44] Maria m. K. zwischen Nikolaus und Ant. d. Abt. oberhalb Christus im Grabe von 3 Engeln gestützt, unterhalb Petrus und Hieronymus (Holz, Goldgr.); ferner: zwei Halbfiguren des Hieronymus und der Katharina, früher in der Sammlung Solages. — Nicht von den Verfassern gesehen: In Corasai Altarstück, Castel Fulignano, S. Ciriaco: fünftheiliges Altarstück. Rom: Gall. Fesch: heiliger Bartholomäus (früher in S. Giov. zu Penna, vgl. Ricci, I. 218, 229, Lanzi II, 87).

Antonius, Jakobus, Hieronymus und Bernardin (Holz, Tempera, 1/3 lebensgross).

Monte Rubiano, S. Agostino: drei Stücke eines Altarbildes, sehr schadhaft.[45]

London, Samml. Barker: thronende Madonna m. d. K. im Schooss, bez.: „Petrus Alamanus Civis Assulanus pinxit". — Weil. Samml. Bromley: Madonna m. K. und 2 anbetenden Engeln zur Seite. Inschrift: „Opus Petri Alamani discipulus Maestri Karoli Crivelli Veneti 1488".

Ascoli, S. M. della Carità: fünftheiliges Altarstück: Madonna m. K. zwischen den Heiligen Michael, Hieronymus, Blasius und Nikolaus von Tolentino, bez.: „Opus Petri Alamani 1489" (Holz, halblebensgr.), schwächlich, weich im Charakter, aber vielleicht die beste Arbeit Pietro's, gut erhalten. — Seminario (früher in S. Croce): Maria m. K. zwischen Stephan und 3 heiligen Bischöfen, strenger in Crivelli's Art, als das Vorige. Ebenda: heilige Lucia mit den Augen auf einem Teller (Holz, Goldgr. beschabt). — S. Margherita dell' Ospitale und Ufficio dell' Ingegnere provinciale: an letzterem Ort Maria m. K., an ersterem die Giebelstücke dazu, enth. die Pietà zwischen Sebastian und Rochus (Holz), ärmliche Arbeit. — S. Giacomo Apostolo: Maria das Kind auf ihrem Kniee anbetend, umgeben von Stefanus, Jacobus, Johannes d. Evang. und Sebastian, in der Staffel Andreas, Lucia und 2 Apostel, bez. „Petrus Alamannus pinsit" (Holz), plump und ohne Körperwirkung. — Chiesa dell' Angelo Custode: Madonna m. K. zwischen den Heiligen Leonhard mit den Fuss-Schellen und Maria Magdalena (Holz mit Arabeskengoldgr.), bez. „Opus Petri Alamani", schlecht gezeichnet und gewöhnlich; dazu gehörig, aber getrennt aufbewahrt: drei Giebelstücke mit den Heiligen Nikolaus von Bari, Johannes d. T. u. Lucia. — Palazzo del Comune: Wandbild in einem Saale des Oberstockes, darstellend eine thronende Gestalt mit der Aufschrift: „udi la parte et l'occhio a la razione deriza a se, ma voli in libertade mantente in caritate et unione" (Schulstück). —

---

[45] s. Ricci a. a. O. I, 219.

SIEBENTES CAPITEL.

Jacopo Bellini.

Bei der Forschung nach dem Beginn der muranesischen Schule drängt sich die Ueberzeugung auf, dass die ersten Grundlagen ihrer Entwicklung von dem Einflusse des Gentile da Fabriano abzuleiten seien, und dennoch fehlt uns der thatsächliche Beweis von der persönlichen Berührung dieses Meisters mit den Muranesen. Die Betrachtung der Werke aus der Schule der Bellini macht offenbar, dass derselbe Einfluss, welcher in den ersten Jahren des 15. Jahrh. den Muranesen die Richtung gab, auch sehr frühe schon bei den Bellini wirksam gewesen ist; aber hier kommen uns urkundliche Nachrichten zu Hilfe. Wir wissen bestimmt, dass der umbrische Meister mit Jacopo Bellini in vertrautem Verkehr gestanden hat.

Von Gentile da Fabriano sagt Vasari mit Recht, er sei eine Zeit lang in Venedig ohne Nebenbuhler gewesen.[1] Mit ziemlicher Gewissheit kann man die Jahre zwischen 1415 und 1420 als den Zeitpunkt von Gentile's Aufenthalt in der Lagunenstadt festsetzen; denn aus dem Verzeichniss der Arbeiten, welche ihm übertragen waren, ergibt sich, dass er ziemlich andauernd in Venedig beschäftigt gewesen ist, wie er denn nachweislich Musse und Gelegenheit gefunden hat, sich in die grosse und wichtige Gilde der Kaufleute und Schiffer aufnehmen zu lassen, welcher nachmals

[1] Vasari V, 1: „Senza aver concorrente che lo pareggiasse."

7*

auch Giovanni Bellini und Alwise Vivarini beigetreten sind.[2] Vasari berichtet ferner, Jacopo Bellini sei Schüler des Gentile in Venedig gewesen[3], und auch dies findet Bestätigung durch die Thatsache, dass die beiden Künstler i. J. 1422 in Florenz in dem Verhältniss von Meister und Geselle gearbeitet haben.[4] Sonach wird Jacopo ungefähr am Beginn des 15. Jahrh. geboren gewesen und in früher Jugend bei Gentile da Fabriano unterrichtet worden sein. Als sein Meister dann 1421 nach Florenz ging, nahm er den Gesellen mit, der auf diese Weise des bei venezianischen Malern seltenen Vortheils genoss, die toskanische Kunst kennen zu lernen.

In der Zeit von Gentile's Aufenthalt war Florenz, damals eine bedeutende Stadt, von Gilden regiert, die sich von Alters her höchst eifersüchtig gegen fremde Zuzügler gehalten hatten. Auch die beiden Ankömmlinge aus dem Norden sollten dies sogleich erfahren.[5] Jacopo (di Piero) Bellini war eines Tages (11. Juni 1423) wie gewöhnlich in Gentile's Werkstatt an der Arbeit, als ein gewisser Bernardo di Ser Silvestri, Sohn eines florentinischen Notares, mit anderen Burschen zusammen Steine in das Atelier warf. Gentile in Besorgniss um seine Bilder und Rahmen schickt seinen Gesellen hinaus, um die frechen Angreifer zu verjagen. Jacopo geht bald von Worten zu Thätlichkeiten über[6], es kommt zu einer tüchtigen Prügelei, in welcher Bernardo den Kürzeren zog. Obgleich Bellini, wie er sich nachmals aussprach, nicht glaubte, auf jenen Vorfall hin gerichtlich verfolgt zu werden, hielt er doch für gerathen, sich eine Zeit lang zu entfernen; er verliess deshalb seinen Meister Gentile und nahm Dienst auf den Galeeren der florentiner Republik. Kaum hatte sein Gegner hiervon Wind

[2] s. Cicogna, Iscriz. Venet. VI, 871.

[3] Vasari V, 1.

[4] s. die Urkunde später.

[5] Die folgende Erzählung beruht auf der Petition des Jacopo an den grossen Rath zu Florenz vom 3. April 1425, im florent. Archive unter der Signatur „Dai Consigli Maggiori Provisioni, Rego N. 116 Class II. Dis. II. N. 117; die Länge des in mittelalterlichem Latein abgefassten Berichtes verhindert die Veröffentlichung; wir verdanken die Mittheilung der Güte des Herrn Gaetano Milanesi.

[6] „Iratus praefatus Bernardus multa verba iniuriosa et derisoria protulit contra eum (Jacobum) invitans ipsum ad faciendum secum ad pusillos. Qui Jacobus tante iniuriae impatiens respondit. Quod sic: et ita vicissim ad pugnas ...“

bekommen, als er sich diess auf's Schändlichste zu nutze machte. Beim Stadtrichter Romano di Berto verklagte er den fremden Maler, er sei ihm mit dem Stock zu Leibe gegangen, um ihm ernstlichen Schaden zuzufügen; der Angeklagte wurde für den August vorgeladen, und da er ausblieb, am 2. September ungehört zu einer Geldbusse von 450 Lire leichter Gulden verurtheilt.[7] Ein Jahr verstrich und Jacopo kehrte arglos nach Florenz zurück, jedoch schon am 24. October 1424 wurde er wegen Rechtsverschmähung festgenommen und in die Stinche gesetzt. Während seiner Gefangenschaft (am 28. November) erlangte er durch Zahlung von 25 kleinen Gulden ein Abkommen mit Bernardo[8], und es wurde ihm gestattet, sich von seiner Rechtsbelastung durch einen öffentlichen Bussakt zu befreien. Dieser Vorgang wird uns in dem Berichte ausführlich beschrieben. Am 8. April 1425 wurde Jacopo aus dem Gefängniss geholt und musste unter Bewachung barhäuptig zum Baptisterium S. Giovanni marschieren. Dort wurde unter Trompetenstoss kund gethan, dass Jacopo gekommen sei, um wegen seiner Verachtung der Staatsgesetze Busse zu thun und dadurch sich die Freiheit zu erwirken. Darauf musste er sich den widerwärtigsten Förmlichkeiten unterwerfen und wurde auf freien Fuss gesetzt. Aber von nun an werden die Nachrichten über ihn ungenau.

Ausdrücklich wird bemerkt, dass Gentile da Fabriano in der ganzen Zeit während der Rechtsverfolgung gegen seinen Gesellen, der doch um seinetwillen in Noth gekommen war, keinerlei Bemühung zu seinen Gunsten machte, aber das hat die Verehrung Jacopo's für ihn nicht geschädigt. Er taufte seinen Sohn auf Gentile's Namen und erklärte in Verona, wo er eine Kreuzigung malte, mit Stolz, dass er Gentile's Schüler gewesen sei. Im J. 1426 war Gentile da Fabriano nachweislich in Rom[9], aber ob Jacopo ihn dorthin begleitet hat und ob überhaupt die freundschaftlichen Beziehungen zwischen beiden Männern erneut worden

---

[7] s. Acten des Notars Romano di Berto von Gubbio v. J. 1423 im Archiv zu Florenz.

[8] s. Comment. zu Vasari IV, 165 f.

[9] s. Notizia di alcuni MSS dell' Archivio secreto Vaticano von G. Amati, im Arch. stor. ital. Ser. III. p. 1. 1866, S. 166—236.

sind, wissen wir nicht. Ebensowenig vermögen wir zu bestimmen, wann er das Bildniss des Gentile gemalt, wann er geheirathet hat und wann seine Kinder geboren sind; dagegen ist sicher, dass er i. J. 1430 in Venedig war. Diese Angabe entnehmen wir seinem Skizzenbuche, welches — jetzt Eigenthum des britischen Museums zu London — in der Familie vererbt worden ist und als eins der kostbarsten Kleinode dieser Art gelten darf.[10] Dasselbe enthält u. a. eine Darstellung des heiligen Bernardin, wie er im Freien auf einer Kanzel predigt, und diese Einzelheit dient dazu, eine Thatsache in Bellini's Leben festzustellen. Bernardin nämlich predigte zum ersten Mal in Venedig i. J. 1422, als Jacopo in Florenz war, er trat aber wiederholt i. J. 1443 dort auf und damals wird ihn Jacopo gezeichnet haben.[11]

Ueber das Jahr 1430 jedoch reicht unsere Kenntniss über Jacopo's Kunstthätigkeit nicht zurück, wie denn überhaupt über seinen Lebensgang nicht viel beglaubigte Nachrichten auf uns gekommen sind.[12] Gleichviel, ob man die Zeichnungen in Jacopo's Skizzenbuch als Belege seiner künstlerischen Thätigkeit vor oder

---

[10] Die Aufschrift des Buches besagt: „De mano di me Jacobo Bellino Veneto 1430 in Venetia." Gentile Bellini vermachte es seinem Bruder (s. das Testament später). Im 16. Jahrh. gelangte es in die Sammlung des Gabriel Vendramin (s. Anonymus des Morelli S. 81), dann in die des Soranzo und später in die Hände des Bischofs Marco Correr, des Grafen Bonomo Corniani und des Gian Maria Sasso. Beim Tode des letzteren erhielt es der Priester Girolamo Mantovani, dessen Erbe es für 100 Napol.'dor an das Britische Museum verkaufte; vgl. Cicogna, Iscriz. Venet. (Kirche S. Giobbe) vol. VI, 711 u. 756. — Das Buch hat längliches Format, zählt 99 Seiten grobkörnigen Papieres (je 17 Zoll hoch und 13 Zoll br.) und die Zeichnungen sind mit Bleistift, in grüner Erde mit Wasserfarbe ausgeführt, häufig mit Feder und Tinte übergangen; aber selbst diese Zuthaten sind oft ausgelöscht und die Skizzen zum grossen Theil schlecht erhalten.

[11] s. Cicogna Iscr. Venet. IV, 633 u. VI, 532.

[12] Im Magazin des Museum Correr in Venedig befindet sich das Bruchstück eines Temperabildes auf Leinwand, darst. das Brustbild eines Bischofs mit Buch und Kreuzstab innerhalb eines von Säulen und Friesen gebildeten Loggienraumes mit landschaftlichem Hintergrund; die Figuren fast lebensgross, Stab- und Zierwerk vergoldet, der Fries rechts grau in grau und von üppigem antiken Muster; auf dem Buch und in der linken Hand die Inschrift: „Ja . opo Bellini f. 1430", welche Signatur erst kürzlich nach Entfernung einer Uebermalung zum Vorschein gekommen, aber trotz ihres offenbaren Alters verdächtig ist, besonders aus dem Grunde, weil das Gemälde, welches ohne Zweifel einem älteren Altarstücke angehört hat, nicht die technische Behandlung eines Werkes von 1430 zeigt, noch auch den Stil Jacopo's erkennen lässt, sondern eher den seiner Söhne oder eines andern jüngern Venezianers.

nach 1430 betrachtet — und für beide Ansichten lässt sich streiten — ihr Werth und ihre Wichtigkeit ist ausser allem Zweifel. Jacopo lässt uns hier in die Geheimnisse seiner Werkstatt blicken und wir belauschen seine Auffassungsweise unmittelbar. Nichts in der Natur war seiner Beobachtung unwerth; die Thiere und das Stilleben um sich her, Landschaften, Häuser, Ueberbleibsel alter Bildhauerwerke u. a. erfasste er mit gleicher Liebe; dazwischen streut er verschiedene Entwürfe heiliger oder profaner Vorgänge ein, hier andeutend und in flüchtiger Anordnung, dort in vervollkommneter Weise wiederholt, endlich in fertiger Gestalt als Compositionen von ursprünglichem Gepräge. So sind der Geschichte von David und Goliath nebst genaueren Studien zu beiden Figuren drei verschiedene Seiten gewidmet.[13] Bei einem Entwurf zum Urtheil Salomon's gruppirt er die Gestalt des Königs, der Frauen und des Kriegers geschmackvoll zusammen und steigert den Reiz der Scene durch Hinzufügung von Zuschauern zu Fuss und zu Ross und eines Zwerges mit einem Leopard an der Leine. Ein anderes Blatt zeigt Judith, wie sie das Haupt des Holofernes der Neugier des Volkes preis gibt. Die Mehrzahl der Zeichnungen sind dem neuen Testament entnommen, und hier ist es erstaunlich, mit welch monumentaler Grossartigkeit er seine Compositionen zusammenfügt. Er erscheint als Vorläufer Tizian's in der Darstellung im Tempel, als Vorbild Giovanni Bellini's und seiner Schule in der Grablegung. Die Verkündigung ist bei ihm ohne neue Züge, die Geburt Christi mehrmals nur andeutungsweise behandelt, dagegen hat die Anbetung der Könige, welche dreimal vorkommt, dieselbe Auffassung wie bei Gentile da Fabriano und bei Antonio Vivarini, mit reicher Kleiderpracht und sonstigen Zuthaten, wie Thieren und dergleichen, aber mit mehr Breite und mit eindringlicherer Kunst behandelt, als man sie bei Malern findet, die von Jugend auf in florentinischer Luft gelebt hatten. Auf die Darbringung Christi im Tempel folgt das Wiederfinden

[13] Im Goliath gibt er eine Gestalt von der alten Unbeweglichkeit, jedoch mit regelmässigen Zügen, die offenbar einem römischen Marmorwerke entlehnt sind, der David ist eine nackte Figur, mit übertrieben langen Gliedern, die später mit Gewandung bekleidet werden sollte.

des Knaben bei den Schriftgelehrten, die Flucht nach Aegypten und die Taufe, die beiden letzteren sehr strenge Wiederholungen altehrwürdiger Compositionen[14], sodann Christus in der Vorhölle, einer der wenigen Entwürfe, von denen wir noch ein ausgeführtes Bild besitzen, Christus auf dem Oelberg — in derselben Weise wie hier auch von Giovanni Bellini, Mantegna und seinen Schülern behandelt[15] —, die Hochzeit zu Kana, die Auferweckung des Lazarus, der Einzug Christi in Jerusalem, die Geisselung und schliesslich die Kreuzigung, die der Meister offenbar reiflich durchdacht hat. Zuerst nämlich war seine Absicht nur, den Todeskampf am Kreuze darzustellen; auf einem andern Blatt gibt er die Klage um den Todten durch Maria und Johannes und die zur Erde niedergeworfene Magdalena[16] mit der weiten steinigten Landschaftstaffage, wie man sie besonders bei Mantegna und Crivelli antrifft; ein andermal ist der Vorgang in den Hof einer Burg verlegt und ausser Maria und Johannes noch Soldaten und betende Mönche hinzugefügt.[17] Aber am nachhaltigsten beschäftigte ihn die Composition der Kreuzigung selbst. Wir sehen sie an einer Stelle in symmetrischem Aufriss: inmitten Christus, zu den Seiten die Schächer, Schaarwache und Volk im Hintergrund, und im geräumigen Vordergrunde vereinzelt die Gruppe der Frauen, welche der ohnmächtigen Maria beistehen. Diese Anordnung ist ihm jedoch zu förmlich erschienen und er kommt letzter Hand zu dem Entwurf einer Seitenansicht der drei Kreuze mit reitenden Wachtsoldaten rechts, den Würflern links im Vordergrund, während er die Frauengruppe in den Hintergrund geschoben hat.[18]

Zahlreich und höchst anziehend, wenn auch nicht so vielfach abgewandelt, sind die Darstellungen aus der Geschichte der Heili-

---

[14] Trotz ihrer kindischen Composition ist diese Zeichnung auffällig durch die guten Körperverhältnisse und den schönen Typus des Heilands, den Giovanni Bellini nachgebildet hat.

[15] s. später.

[16] N. 11.

[17] N. 87.

[18] Vervollständigt wird diese Reihe von Darstellungen u. a. durch den Sturz Satans, die Dreieinigkeit, die Auferstehung, die Bestattung Maria's, Christus in Herrlichkeit, die Spende des Gürtels an Thomas, und hierzu kommen ferner Adam und Eva im Paradies, der Sündenfall, der Triumph des Todes, die Vision des heil. Hubert, die Bekehrung des Paulus, Martins Almosenspende und Franciskus wie er die Wundmale empfängt.

gen. Ein Lieblingsvorwurf ist der Kampf Georgs mit dem Drachen, auf welchem jedoch das unbeholfene Pferd in üblem Gegensatz zu der ernsten Haltung des Ritters steht; ein weiteres Blatt enthält Hieronymus in der Wüste. Das Martyrium des Sebastian erscheint in zwei Fassungen; das erstemal ist der Gegenstand in der Vorbereitung dargestellt: Sebastian jugendlich und ruhig dem Tod entgegensehend, während die Schützen auf den Befehl warten; das zweite Mal zeigt Jacopo die Marterarbeit selbst: die Henker schiessen ihre Pfeile auf den Heiligen ab, der alt und mit dem Ausdrucke des Schmerzes gebildet ist. Hier sind die Gruppen so gleichmässig vertheilt, dass wir vermuthen dürfen, der Künstler habe es weniger auf die Composition, als auf die einzelnen Figuren abgesehen, was dadurch wahrscheinlich wird, dass die Gestalt des Sebastian in beiden Fällen von grösserem Maasstabe ist, als das Uebrige. Der Werth dieser Seiten des Skizzenbuches wächst, wenn man Bellini's Darstellung mit derjenigen von Mantegna in der Kapelle der Eremitani zu Padua vergleicht. Beide Meister standen unter dem Einflusse florentinischer Vorbilder und sie impfen dem alten paduanischen und venezianischen Geschmack etwas vom Classicismus des Donatello ein; jedenfalls ist es merkwürdig, bei Jacopo Bellini um die Mitte des 15. Jahrh. schon künstlerische Grundsätze wirksam zu finden, welche sein geistvollerer und begabterer Schwiegersohn nachmals zur Richtschnur nahm. Und die Geistesverwandtschaft der beiden Männer beschränkt sich nicht auf die Entwickelungsstufe, welche bei Bellini durch die Bekanntschaft mit den Toskanern und ihren Werken, bei Mantegna durch seine frühe Berührung mit Donatello in Padua bedingt war, sondern beide fanden besonderes Wohlgefallen am Studium antiker Skulpturen, und in Jacopo's Skizzenbuch haben diejenigen Blätter eigenthümlichen Reiz, auf welchen er Grabmäler oder Brunnen mit Reliefs und Standfiguren abbildet oder antike Fabeln, wie den Kampf der Centauren und Lapithen, die Amazonenschlacht, den Triumph des Bacchus oder die Arbeiten des Herkules behandelt. Wendet man sich sodann zu einzelnen Studien, wie Löwen, Pferde, Affen, Katzen, Hunde und Adler, oder zu Scenen aus dem Landleben, Weinlese, Schmiede, Strassenverkehr, dann Ritterfiguren zu

Fuss und zu Ross, Jagden und dergleichen, so überrascht die Beweglichkeit der Auffassung und die Ausdehnung des Beobachtungsfeldes. Man begreift, dass der Sohn Gentile das Skizzenbuch des Vaters in seinem Testament ausdrücklich nennt und es zum Erbstück der Familie bestimmte.

Die Geheimnisse der Anatomie und der menschlichen Gliederbewegung beherrschten damals die Künstler freilich noch nicht, es verging noch lange Zeit, ehe man einmüthig ein bestimmtes Ideal der Schönheit anerkannte. Jacopo Bellini begnügt sich deshalb bei seinen bewegten Figuren mit Motiven aus dem Alltagsleben, aber er belauschte das natürliche Behaben und die Gangart von Menschen und Thieren mit viel Geschick und es kam ihm dabei klares Auge und schnelle Hand zu Hilfe. Bei erfundenen Gegenständen gelang es ihm Dank seinem Studium plastischer Werke sich über die niedere Lebenswirklichkeit zu erheben; seine Bacchanale und Kampfscenen sind phantastisch und lebensvoll und nicht ohne Anmuth. Er wagt die ersten Versuche in einer Gattung von Darstellungen, welche durch den Geist seines Sohnes und durch Tizian zur höchsten Vollendung gelangten. Dabei aber war ihm nicht gegeben, sich handwerklich viel über die Stufe des vorausgegangenen Jahrhunderts zu erheben; er bleibt in einer Mittellinie zwischen dem italisch-byzantinischen Herkommen und dem Naturalismus oder Classicismus der aufstrebenden Schulen. Die Bildung seiner Gestalten und Gesichter ist nicht fehlerfrei, sein anatomisches Verständniss nicht tief, aber er gibt wenigstens den Köpfen gute Verhältnisse, wenn er auch die Züge in altbeliebter Weise durch Muskelschwellungen und durch starren Blick entstellt. Seltsame Zwittererscheinungen entstehen ferner durch Verbindung römischer Statuar-Motive mit altkirchlichen. Er zeichnet nackte Figuren und bekleidet sie sodann entweder mit der Tracht seiner Zeit oder mit einer Ueberlast fliegender Gewandung in gewundenen Linien, sodass die nackten naturwahrer erscheinen. Durchgängig sind die Beine zu lang im Verhältniss zum Körper, Hände und Füsse unangenehm plump. Wie er den Gekreuzigten zeichnet, lässt Umriss, Gliederverhältniss und Gesammt-Erscheinung der Gestalt Bewusstsein der Leistungen Giotto's und Fiesole's voraussetzen, und er hält sich dabei in höherem Adel als Altichiero oder Avanzi; jedoch die hohe Stirn, die Runzeln, das kleine Kinn und das offene Auge deuten die venezianische Herkunft an und der männliche Charakter ist hier voller ausgeprägt als in der Sebastiansfigur. Bei manchen Einzelgestalten, wie z. B. Königen im Waffenschmuck und Heiligen oder bei Thieren, erinnert er an Gentile da Fabriano und Pisano, in der Darstellung der Marter des Sebastian gemahnt er an Semitecolo und bereitet dem Mantegna den Weg: er behauptet mehr Haltung und Wahrheit als jener und erhebt sich wenigstens der Auffassung nach in der Richtung, welche der paduanische Meister mit so viel Sicherheit und Energie verfolgte. Die Baulichkeiten, die er wiedergibt, haben keine Spur von florentinischem Stil, Häuser, Paläste und Kirchen sind durchaus norditalienisch und vorwiegend venezianisch; seine Landschaften gleichen denen Mantegna's, er gibt kahle Hügelzüge mit Felsen, welche aus bewachsenen Niederungen aufsteigen, zerrissene Vordergründe voll Sand und Kies und mit blätterlosen Bäumen. Die Gesetze der Perspective handhabt er zwar nicht mit Sicherheit, aber er hat doch eine Ahnung von ihnen und versucht sie mit natürlichem Verständniss inne zu halten; an Verkürzungen wagt er sich in Bildern und Entwürfen trotz dem Uccelli, wenn auch nicht mit demselben Erfolg.[19]

Ueber die Farbenbehandlung Jacopo's können wir gemäss seiner übrigen künstlerischen Eigenschaften nur die Vermuthung aussprechen, dass sie der damaligen venezianischen Schulentwicklung würdig gewesen sei, denn die beiden einzigen Bilder, die uns aus früherer Zeit erhalten sind, haben zu stark gelitten, um ein begründetes Urtheil möglich zu machen. Beides sind kleine Darstellungen der Maria mit dem Kinde in Halbfigur, das erste in der Sammlung der gräflichen Familie Tadini zu Lovere am Iseo-See, das andere in der Akademie zu Venedig:

Auf jenem hält Maria mit der Krone auf dem Haupte vor einer Brustwehr das nackte Kind, welches ein Korallenhalsband trägt und Lovere.

[19] Als Beispiel diene die Kreuzigung auf Blatt 77 des Skizzenbuches.

segnet, die Heiligenscheine sind etwas erhaben; am Fusse der Wand die Bezeichnung: IACHOBVS BELINVS.[20]

Venedig. Akademie. Das zweite zeigt Maria, wie sie das in rothem Kissen auf einer steinernen Brüstung liegende ebenfalls segnende Kind hält; die Heiligenscheine bemalt und mit erhabenem Goldzierrath versehen, der Hintergrund mit Cherubköpfen erfüllt; auf der Brüstung ein Buch und vorn an derselben die Inschrift: „OPVS IACOBI BELLINI VENETI".[21]

Das Bild in Lovere, worauf Maria mit breitem Gesichtsoval und schweren Augenlidern, das Kind mit rundem Lockenkopf nach Art des Gentile da Fabriano gebildet ist, zeugt von der grossen Sorgfalt Jacopo's in Markirung des Umrisses und in der Mischung des warmen Fleischtones, es lässt aber zu gleicher Zeit erkennen, dass ein grosser Schritt vorwärts geschehen war und dass schon der älteste Bellini von Haus aus besseres Gefühl für die natürliche Form mitbrachte als seine Kunstgenossen Jacobello und die Muranesen. Mildere kindliche Weihe spricht aus dem vollen Gesichte und den regelmässigen Zügen des venezianischen Bildes, die leichte Haltung und der lockere Fall des Gewandes sind schon danach angethan, dem geschickteren und fertigeren Giovanni zum Muster zu dienen.

Jacopo ist zwar wiederholt mit umfangreichen Arbeiten in Venedig beauftragt gewesen, und es ist, wie wir glauben, noch heute möglich, Wandgemälde von ihm dort aufzuweisen, aber bekannter ist seine Thätigkeit als Wandmaler in Verona. Das grosse Christusbild im erzbischöflichen Palaste zu Verona vereinigt alle

---

[20] Holz, h. 3 F., br. 2 F., oben rund; die ganze Bildfläche durch Abreibung entstellt, die Hände Maria's verdorben, das Blau durchweg verschwärzt, der Hintergrund in frischem Blau aufgemalt; der Mantel, jetzt stumpf roth, war ursprünglich mit Gold punktirt. Moschini, Guida di Ven. S. 497 f., beschreibt die Tafel in einem venezianischen Kloster und Passavant (Kunstbl. 1840 N. 53) bezeichnet dasselbe als das Kloster Corpus Domini. Die technische Behandlung scheint die des Gentile da Fabriano gewesen zu sein: Tempera in Punktirmanier auf grünlicher Untermalung aufgetragen.

[21] Venedig, Akademie N. 443, Holz, h. 0,79, br. 0,55, Fig. halblebensgr., im alten Rahmen, Abbild. bei Rosini Taf. 202, nach Lanzi II, 85 ehemals im Besitz des Giov. Maria Sasso, welcher es vermuthlich aus Monte Novissimo in Venedig erhielt; Zanotto (Guida di Ven. 536) behauptet dagegen, es sei früher in der Scuola di S. Giov. Evang. in Venedig gewesen. — Die Cherubköpfe sind mit Goldstrichelung gehöht, ebenso Maria's Mantel und der Kopf des Kindes mit gelben und goldenen Lichtern versehen, der Fleischton und andere Stellen durch Alter geschwärzt; das breitere obere Augenlid ist niedergeschlagen, sodass eine lange wellenartige Oeffnung entsteht, wie man sie auf älteren Bildern antrifft.

Eigenschaften seines Stiles wie wir ihn oben geschildert haben.[22] Byzantinisch in der Kopfbildung, von gewöhnlichem Gesichtsausdruck, mit offenem Munde, aber von edlerer Figur und einfacherem Umriss als wir sonst bei ähnlichen Figuren in Oberitalien finden, bestätigt diese Christusfigur die Nachwirkung toskanischen Kunstgeistes, welcher von wichtigerem Einflusse auf die Oberitaliener war, als der deutsche Geschmack, den wir besonders bei dem späten Giovanni in Murano wahrnehmen. Verona, Vescovado.

Werthvoller noch, weil Beweisstück von Jacopo's Entwickelungsstufe im J. 1436, würde uns die Kreuzigung in der Nikolaus-Kapelle des Domes zu Verona gewesen sein, welche i. J. 1759 auf Anordnung des Erzbischofs zerstört worden ist, von welcher wir jedoch ausser einem von Paolo Caliari ausgeführten Stich noch eine gleichzeitige, wenn nicht gar von Jacopo selbst herrührende Copie (jetzt in Casa Albrizzi in Venedig) besitzen.[23] (Verona) Venedig. Diese Nachbildungen lassen eine reiche Massen-Composition erkennen, in der Zeichnung der nackten Gestalt und im Geberdenausdruck vollendeter als es bis dahin in Oberitalien gesehen worden war. Jacopo behandelt seine Figuren und ihre Verkürzungen nach genauen wissenschaftlichen Regeln, welche Grundlage des weiteren Studiums wurden. Die Heilandsfigur ist von Antonello von Messina, von Carpaccio und von Mantegna nachgebildet worden, und letzterer

---

[22] Verona. Vescovado, Leinwand: die Figur über lebensgr., von gedrungenem Bau, aber schön im Umriss und ohne anatomische Uebertreibung; die Füsse ruhen auf einem Bret, von welchem Blut in einen Menschenschädel herabfliesst, oberhalb dessen auf einem Zettel die Bezeichnung steht: „OPVS IACOBI BELLINI“; die Temperafarben, von trübem gelbem Ton, haben die Frische verloren und sind infolge starken Firnissens stumpf und undurchsichtig geworden; der übermalte Grund greift hier und da in die Umrisse über. Persico (Descriz. di Verona, Ver. 1820. I. 46) erwähnt das Bild. Gaye (Kunstblatt 1840 N. 35) beschreibt es ausführlich.

[23] Ricci, Mem. I. 163. 173, theilt die von Francesco Bartoli abgeschriebene Inschrift des Originals mit: „Mille quadragintas (scil. quadringentos) sex et triginta per annos — Jacobus hic pinxit tenui quantum attigit artem — Ingenio Bellinus, unum (?) praeceptor. et ille — Gentilis Veneto fama celeberrimus orbe — Quo Fabriana viro praestanti urbs patria gaudet.“ Vasari IX. 166 spricht von Jacobo's Bilde in der Capp. S. Niccolò zu Verona bei Gelegenheit der Lebensbeschreibung des Liberale, Dal Pozzo (Pitt. Veron. 1618, S. 23) gibt als Jahrzahl 1435 an, auch der Verfasser der Ricreazione pitt. di Verona (Ver. 1620, S. 7) führt es auf. Persico, Descr. di Ver. S. 37, berichtet, das Fresko sei durch Erzbischof Guido Memo der Vernichtung preisgegeben worden. Rosini gibt eine Abbildung von Paul Veronese's Stich und Gaye, Kunstblatt 1840, S. 35, eine genaue Beschreibung.

nahm sogar Ross und Reiter Jacopo's in seine Bilder in Verona und in die Fresken der Eremitanikapelle zu Padua[24] hinüber. Vergleicht man Jacopo's eigene Zeichnungen im Skizzenbuche mit dem Gemälde in Casa Albrizzi, so zeigen sich einige unwesentliche Veränderungen. Dem ersten seiner Entwürfe (s. oben) entnahm er die Mariengruppe im Vordergrund, dem zweiten die drei Figuren am Kreuz und das umstehende Volk; die im Skizzenbuch gleichmässig hinter einander gestellten drei Reiter sind geschmackvoller umgewandelt. Die Copie hat leider durch starke Beschädigung und Nachdunkelung viel vom ursprünglichen Reiz verloren, sie ist in Tempera auf sehr dünnem Zeug gemalt, Heiligenscheine, Zierrathe und Trompeten in vergoldetem Stuck, wie sie auch das Fresko enthielt, ihr ganzer Stil hat aber so viel vom Geiste des Meisters an sich, dass man sie in der That für eine Selbstwiederholung ansehen möchte, und man wird hierin noch dadurch bestärkt, dass die Copie in Jahrzahl und Inschrift genau mit derjenigen übereinstimmt, welche uns vom Wandbilde mitgetheilt wird, sodass auch sie den Zeitpunkt von Jacopo's Aufenthalt in Verona nachweist.

Wir haben noch andere Beispiele, welche die Art und Weise erkennen lassen, wie Jacopo oder seine Schule die Entwürfe des Skizzenbuches zu Bildern verarbeiteten. Die kleine Darstellung

Padua, Gallerie.

Christi in der Vorhölle in der Stadtgallerie zu Padua[25] weist mit geringen Abweichungen auf ein solches Blatt zurück. Hier ist die Gruppe zur Rechten (Christus wie er den Adam und seine Genossen befreit) ziemlich übereinstimmend, während im ausgeführten Bilde die Zuthaten der fliegenden Teufel und die Fernsicht mit richtigem Urtheil vereinfacht sind. So unverkennbar daher dem Bilde jene Zeichnung zu Grunde liegt, hat es doch byzantinischeres Aussehen, als die Kreuzigung und offenbart in noch höherem Grade den Kampf der alten Ueberlieferung mit der neuen Auffassungsweise. Vielleicht jedoch rührt die Ausführung von

[24] vgl. die Predella in Verona und das Martyrium des Jakobus in Padua.

[25] N. 664 (28). Tempera, Stück einer Staffel mit kleinen Figürchen, sehr beschädigt, besonders die Gruppe mit Adam, die Farbe durch Firniss gelb und braun geworden.

einem Gehilfen her und Jacopo wäre dann für die Abschwächung derselben nicht verantwortlich zu machen[26].

Ausdrückliche Kunde von Jacopo's Rückkehr aus Verona nach Venedig haben wir zwar nicht, wir sind jedoch genöthigt, ihn nochmals in seine Heimath zu versetzen, da sonst nicht anzugeben wäre, wann er die bei Vasari, Sansovino und Ridolfi in S. Giovanni Evangelista erwähnten Malereien ausgeführt haben sollte. Aus der eingehenden Beschreibung des letzteren Gewährsmannes geht hervor, dass es 18 Darstellungen aus dem Leben Christi und der Maria waren, die jedoch entweder schon lange untergegangen sind oder anderen Arbeiten der späteren bellinesken Schule Platz gemacht haben. Ihr Verlust ist um so mehr zu beklagen, als das Verzeichniss der Gegenstände Motive vermuthen lässt, welche man um ihrer Neuheit willen in jener Zeit kaum erwarten möchte[27], und da dieselben überdiess nach dem Zeugnisse der Chronisten unter dem Beistande des Gentile und Giovanni ausgeführt waren.

(Venedig.) S. Giov. Evang.

In S. Giovanni e Paolo, wo Jacopo ebenfalls eine Kapelle ausgemalt haben soll[28], ist nichts mehr vorhanden, in S. Zaccaria können nur die mit dem Jahre 1442 bezeichneten Fresken in einer Nische der Capella S. Terasio für ihn in Anspruch genommen werden; wenn auch sehr verschwärzt und beschunden, vertreten sie doch jene Mischung altreligiöser Typen mit plastischen Motiven, die dem Stile Jacopo's eigenthümlich ist, aber mit mehr Kraft

Venedig. S. Zaccaria.

---

[26] Alte Reiseführer bezeichnen als Jacopo's Werk eine Madonna m. K. und Heiligen in S. Giov. Battista zu **Quinto** bei Verona, sowie ein Fresko der Mad. m. K. und Joh. d. T. in der Kirche zu **Quinzano**. Die Jahrzahl des ersteren ist 1526, der Stil dem Girolamo de' Libri verwandt; die Wandbilder in Quinzano sind untergegangen. vgl. Ricreaz. pittor. di Verona P. II. S. 15–16, 136 f., und Persico a. a. O. part. II, 151.

[27] vgl. Vasari V, 2, Sansovino, Ven. descr. 284 und Ridolfi, Marav. I, 70 f. Letzterer gibt die Gegenstände folgendermaassen an: 1. Christus im Grabe zwischen 2 Engeln, 2. Geburt Maria's, 3. Maria als Kind, priesterliche Gewänder zubereitend, 4. Sposalizio, 5. Verkündigung, 6. Heimsuchung, 7. Geburt Christi, 8. Darstellung Christi im Tempel, 9. Flucht nach Aegypten, 10. Joseph als Zimmermann mit Weib und Sohn, 11. Rückkehr Josephs und Maria's nach Judäa nach dem Tode des Herodes, 12. Christus unter den Priestern im Tempel, 13. Begegnung Christi mit seiner Mutter auf dem Wege nach Golgatha, 14. Maria, welcher Joseph die Gefangenschaft Christi meldet, 15. Kreuzschleppung, 16. Kreuzigung, 17. Auferstehung, 18. Himmelfahrt Maria's.

[28] s. Sansovino a. a. O. 65.

und Mächtigkeit, als man im Skizzenbuche antrifft.[29] Ihnen möchten wir ein kleines Bild im Museum zu Oxford an die Seite stellen, welches einen auf offener Strasse vor zahlreichem Volk predigenden Dominikaner zum Gegenstand hat, und dessen Herkunft jedenfalls aus Jacopo's Werkstatt abzuleiten sein wird.[30]

Oxford, Museum.

Zwei Bilder haben uns noch zu beschäftigen, welche möglicherweise mit Jacopo's späterer Kunstthätigkeit in Zusammenhang stehen. Das Eine, ehemals im Besitze der Familie Cornaro, weist auf einen Künstler hin, welcher mit classischen Bildwerken, mit Flachreliefs und besonders mit den Marmorarbeiten des Donatello wohl vertraut sein musste:

London, Samml. Elcho.

Es ist ein Kampfstück in einer Landschaft, deren Hügel mit Burgen gekrönt sind; auf den Strassen sieht man kleine Figuren, den ganzen Vordergrund erfüllen Krieger zu Fuss und Ross im Streite, vorn links wird ein gefallener Kämpfer von seinem Gegner mit dem Dolche abgethan.[31]

Man glaubt hier in der That Jacopo's Vortragsweise in ihrer reiferen Entwickelung vor sich zu haben, und so kann das Stück der Zeit angehören, in welcher er Venedig noch einmal auf kurze Zeit verlassen hatte und in Padua arbeitete. Dass nun Jacopo in Padua eine Werkstatt gehalten hat, in welcher er mit seinen Söhnen thätig war und dass er seine Tochter dem Andrea Mantegna zur Frau gab, war schon lange bekannt, aber erst neuerdings ist es gelungen, den Zeitpunkt festzustellen. Wir wissen jetzt, dass die seiner Zeit für die Wittwe des Erasmo da Narni (Gattamelata)

[29] Die Fresken befinden sich in S. Zaccaria im Rippennetz der Kapellennische und der Einfassung. Auf letzterer sieht man Rundfelder von 10 Engeln gehalten, mit 10 Brustbildern von Propheten (eins davon zerstört), an der Wölbung: Gottvater segnend in ganzer Figur zwischen den 4 Evangelisten und anderen Heiligen; die Gestalten kolossal und unerfreulich, die Engel steif und hölzern; auf einem Zettel in der linken Abtheilung eine unlesbare Inschrift, auf einem Zettel in der andern die Jahrzahl „MCCCCXLII M° Agusti."

[30] Kleine Tafel, Goldgrund. Der Mönch steht auf einer tragbaren Kanzel, umgeben von stehenden und sitzenden Hörern und wendet sich besonders dem Papste zu, der hinter einem Fenster horcht; der Kopf hat ganz den Charakter der Skizzen Jacopo's, die Tempera ist dick aufgetragen und undurchsichtig.

[31] Das Bild kam in Besitz des Abbate Cavagnis und befand sich zuletzt in den Händen des Händlers Faenza in Venedig. An die Antike wird man durch die Gestalt der Pferde erinnert, die ebenso wie die Reiter flott hingeworfen sind: die Farbe ist Tempera, der Auftrag hurtig.

ausgeführte Altartafel in der Cappella del Sacramento im Santo zu Padua die Jahreszahl 1459 trug[32], und dass Andrea Mantegna eine gute Weile vor 1458 mit Nicolosia Bellini verheirathet gewesen ist, da der Markgraf von Mantua in einem Briefe an Mantegna aus diesem Jahre schon auf dessen Kindersegen anspielt.[33] Sonach hat Jacopo Bellini wahrscheinlich geraume Zeit in Padua gelebt und er wird es gewesen sein, welcher das Studium des Schwiegersohnes auf die Vorbilder des Donatello und Uccelli lenkte, auf denen sich der Stil des grossen paduanischen Meisters unverkennbar aufbaute. Haben wir uns nun den Jacopo in den Jahren zwischen 1444 und 1460 in Padua thätig zu denken, so erklärt es sich, wie auch seine Kunstrichtung durch Donatello unmittelbaren Einfluss erfuhr, welcher mindestens 6 Jahre lang innerhalb eben dieser Zeit in der Nachbarschaft des Santo wohnte. Unter solcher künstlerischer Anregung aber gelang dem Jacopo wohl auch noch Besseres als die Kamptscene der Cornaro, und wir finden aus diesem Grunde kein Bedenken, ihn für den Urheber des grossen Jagdstückes der Sammlung Lord Elcho's zu halten, welches der Auffassung nach derselben Gattung angehört und uns ein künstlerisches Gepräge zeigt, an dem wir den moderneren Vortrag und die regelmässigere Formbildung aus der Berührung mit den Florentinern herleiten dürfen, während die technische Behandlung durchaus venezianisch ist:

Man sieht im Vordergrunde 4 von der Jagd Zurückkehrende mit Pferden und Hunden, im Mittelgrunde rechts eine Eberhetze, im Hintergrunde Venus, welche, von Amoretten umgeben, einen Todten (Adonis?) betrauert; das Ganze in reicher Landschaft vom Meere gesäumt.[34] London Samml. Elcho.

---

[32] Nach Polidoro, Mem. della chiesa del Santo S. 25 (beim Anonymus des Morelli 98) lautete die Inschrift: „Jacobi Bellini veneti patris ac Gentilis et Joannis natorum opus MCCCCIX" (sic), doch ist leicht nachzuweisen, dass die Ziffer falsch ist und MCCCCLX sein muss, da nach den Familienurkunden der Gattamelata die Kapelle i. J. 1456 begonnen wurde und 1459 zur Aufnahme von Bildern fertig war, vgl. Gonzati, Basilica di Padova T. I. 53 und Document XXXVII daselbst, ferner Anonymus S. 5; Jacopo malte (a. a. O. S. 6) auch eine Figur in Fresko an einem Pfeiler im Santo.

[33] s. Vasari V. 162, ferner Baschet, Ricerche di Doc. d'arte negli Archivi di Mantova, Mantua 1866, S. 20 und Gaye, Cart. II, 80.

[34] London. Sammlung Elcho. Leinwand h. 3 F., br. 6½ F., durch's Alter verdunkelt, die Farbe überdiess in Folge zu starken Firnisses stumpf geworden, aber dennoch von wirksamem

Wenn das Werk dem Jacopo nicht selbst angehört, so rührt es jedenfalls von einem unmittelbaren Nachfolger her und bezeichnet den Uebergang von seinem Stile zu dem des Gentile und Giovanni. Ueber den Tod des Meisters, von welchem sonst noch eine Reihe jetzt leider nicht mehr nachweisbarer Gemälde, besonders Bildnisse aufgeführt werden[35], haben wir keine Nachricht, doch wird er vermuthlich das Jahr 1464 nicht überlebt haben, in welchem sein Sohn Gentile sich selbständig in Venedig niederliess.

Ton. Das Bild hat höheren Kunstwerth als das erstgenannte, dem es jedoch durchaus verwandt ist, die Zeichnung ist hier leichter, natürlicher und besser, auch die Technik weist auf die Schule der Bellini in der Zeit vor Annahme des Oeles, die Färbung ist gut gemischt und dünn.

[35] In Venedig: Bildniss des Giorgio und der Catarina Cornaro (Vas. V, 21), Bildniss des Jakob von Lusignan, Königs von Cypern, und von Senatoren (Ridolfi, Marav. I, 73); in Casa L. Tomeo: Bildniss vom Vater des L. Tomeo, Tempera, Seitenansicht (Anon. d. Morelli 15); in Casa Pietro Bembo: Gentile da Fabriano, Seitenansicht, 1815 in Venedig von den Gradenigo's verkauft (Anon. 18, Ricci, Mem. I, 173) und Bildniss des 1463 im Kampfe mit den Türken gefallenen Bertoldo d'Este; in Verona: Darstellung der Leidensgeschichte Christi, von Jacopo dorthin geschickt (mit einem Selbstbildniss des Meisters darauf), s. Vasari V, 2. — Als unechte Bilder zählen wir auf: Treviso, S. Leonardo: Mad. m. K. und Heiligen (s. Federici, Mem. Trevig. I, 224), wahrscheinlich von Pier Maria Pennacchi (s. später); Schleissheim: N. 1140: Urtheil Salomo's, angeblich von Giovanni, bez.: „Jacopo Bellino MCCCCL." (Fälschung), im Stile der späteren Arbeiten des Cariani von Bergamo oder des Veronesen Torbido: Liverpool, Mus. N. 30: Maria, Kind und 7 Heilige, nicht venezianisch im Vortrag, sondern in der harten Weise der Schule Palmezzano's. Die von Ridolfi (Marav. I, 73) und von Federici (I, 224) erwähnten Bildnisse Petrarca's und der Laura fallen gänzlich ausser Betracht.

ACHTES CAPITEL.

Gentile Bellini.

Die Brüder Gentile und Giovanni Bellini werden von einem zeitgenössischen Schriftsteller in den ersten Jahren des 16. Jahrh. als der Stolz des damaligen Venedig bezeichnet; derselbe Gewährsmann unterscheidet sie ganz geziemlich derart, dass er den Gentile, welchen er den älteren nennt, als Meister in der Theorie, den jüngeren Giovanni als den Praktiker in der Malerei rühmt.[1] Die Brüder waren Schüler und Gehilfen ihres Vaters gewesen und wiewohl sie sich nach dessen Tode jeder für sich selbständig niederliessen, blieben sie doch in so innigem Verhältniss, dass sie immer mit einander Fühlung hielten und sich brüderlich um die Gunst ihrer Landsleute vertrugen.[2] Mit dem Erbtheil der künstlerischen Erfahrung des Vaters, die sie theilweis selbst mit durchgemacht und beobachtet hatten, wussten sie verständigen Sinnes zu wuchern. Anfänglich in der Bewunderung für Gentile da Fabriano aufwachsend, wurden sie durch das Beispiel der Entwickelung ihres Vaters allmählich dahin geführt, die Förm-

[1] Das handschriftliche Werk des Francesco Negro (Peri Archon oder De Principiis) ist dem Dogen Leonardo Loredan (1501—21) gewidmet. Seine Behauptung, dass Gentile „major natu" sei, ist wichtig im Gegensatze zu Vasari (V. 1. 2), welcher den Giovanni als den älteren ansicht. — Vgl. auch die Mittheilung aus Fr. Negro beim Anon. des Morelli, S. 98: „Bellinos habent fratres naturae ministros, quorum alter theoriam, alter picturae praxim professus, non regiam eorum solum pulcherrimis tabulis in dies illustrant, sed totam paene civitatem decorant".

[2] Vasari V, 1, 2 u. 4.

lichkeit und Weichlichkeit des umbrischen Meisters unter dem Eindrucke florentinischer Muster zu veredeln. Denselben Einfluss übte die Bekanntschaft mit Pisano in Verona, und die Ueberbleibsel von Denkmälern einer älteren Zeit machten ihnen die Grösse klassischer Kunst verständlich. In Padua wurde ihnen die Vorliebe Jacopo's für Donatello bedeutsam und prägte ihnen die Nothwendigkeit ein, das Studium des Vorbildes aus der Natur mit dem des plastischen zu verbinden; die Vertrautheit mit dem Schwager Mantegna trieb sie zu strengerer Erfassung der Form, der Bewegung und der Perspektive. Zu unsterblichem Ruhme gereicht ihnen, dass sie die Gunst der ausserordentlichen Vortheile ihrer Kunststellung durch den Gebrauch, den sie von ihnen machten, sich verdient haben. Gentile, den der Uebermuth einer späteren Generation für „unbeholfen" erklärte[3], wurde seinen Landsleuten in Wahrheit der Lehrer würdevoller und sinniger Nachahmung der Natur, Giovanni, ursprünglich für die Trockenheit des Mantegna eingenommen, erhob sich zum edelsten Farbengefühl, und beide zusammen begründeten die Schule, welche erst Schulter an Schulter mit den Muranesen arbeitend, dann im anerkanntesten Uebergewicht die Vollendung der Giorgione und Tizian vorbereitet hat.

Gentile Bellini hat sich vermuthlich schon um 1460 in Venedig niedergelassen, doch kennen wir bis zum Jahre 1464, wo er mit dem ehrenvollen Auftrage der Ausmalung des grossen Orgelbaues zu S. Marco betraut wurde, keine selbständige Arbeit. Er war damals in der Blüthe der Mannesjahre[4] und hatte vermuthlich schon eine tüchtige Erfahrung hinter sich; dennoch ist er nicht frei von den Fesseln einer alterthümlichen Förmlichkeit und bewahrt mit kindlicher Treue manchen scharfen Zug aus der Kunstweise des Vaters. Indess hatte er von den Künst-

[3] „Goffo" nennt ihn Aretino im Dialogo della pittura des Lod. Dolce (1. Ausg. Venedig 1557, letzte Mailand 1863 S. 63), und Sansovino, Ven. descr. S. 325 spricht mit ähnlicher Geringschätzung von ihm.

[4] Vasari V. 15 sagt, Gentile sei 1501 fast 90 Jahre alt gestorben; der richtige Zeitpunkt seines Todes ist 1507, und er wäre sonach um 1427 geboren, doch haben diese Angaben nicht viel Glaubwürdigkeit (s. später).

lern, welche 20 Jahre hindurch in Padua den Reigen führten, genug gelernt, und auch seine natürliche Begabung war trotz ihrer Schwerflüssigkeit doch zu gross, um nicht in fortschreitender Entwickelung durchzudringen. Im Aufriss der 4 riesengrossen Figuren in S. Marco[5] zeigt er Ursprünglichkeit und Geschick und hat sie soweit Maasstab und Stellung es zuliess, mit vollkommener künstlerischer Weisheit durchgeführt. Am meisten wirkt die treffliche Anwendung der Perspektive auf die Gestalt wie auf die bauliche Umgebung in dem Sinne, wie wir sie auf Mantegna's Wandbild der Abführung des Jakobus wiederfinden; dazu gesellt sich die geometrische Abwägung der Theile, die Richtigkeit des Schattenschlages, kühne Bestimmtheit der Zeichnung und guter Gegensatz von Licht und Dunkel; auch der plastische Fall der Gewandung und das Gefühl für den unter der Kleidung lebenden Körper ist höchst beachtenswerth. Bei allen diesen Vorzügen jedoch bringt es Gentile nicht überall zur Wohlgefälligkeit, theils weil seinen Köpfen noch etwas von der Entstellung durch Furchen und Schwellungen anhängt, die dem Jacopo eigen waren, theils weil die Verhältnisse der menschlichen Gestalt grob und vierschrötig, die Gliederbewegung lahm, Hände und Füsse plump erscheinen. Wenn auch Kraft und Saft nirgends fehlen, fällt doch die Ungleichheit der äusserlichen Charakteristik auf, die sich einmal in Ueberlast an Fleisch, ein andermal in Ausprägung der Knochen, Muskeln und Adern gefällt:

Venedig. S. Marco.

Sämmtliche Figuren sind von unten gesehen: Markus vor einem Triumphbogen mit bunten Ornamenten, die nach paduanischem Geschmack mit Guirlanden aus Blättern, Trauben und Apfelsinen behangen sind, von majestätischer Haltung und Gewandung; am Rande des Bogens die Aufschrift: „Gentilis“; der heilige Theodor ebenfalls vor einem Bogen mit der Aufschrift: „Bellini“, alt und schwerfällig, dem Goliath in Jacopo's Skizzenbuche ähnlich, hat schlechte Verhältnisse

[5] Die Orgelthüren, ursprünglich auf beiden Seiten bemalt, sind auseinandergesägt und in vier Tafeln zerlegt, welche jetzt in den grossen oberen Gängen, die aus S. Marco in den Dogenpalast führen, aufbewahrt werden. Die verschiedenen Figuren sind technisch nicht ganz ebenmässig behandelt und stehen nicht auf gleicher Höhe. Am meisten vereinigt die Markusgestalt die geschilderten Charakterzüge.

in den Gliedmaassen; er steht in Waffenschmuck mit dem Mantel darüber, in der Rechten die Lanze, die linke Hand auf dem Schildrand; Hieronymus, eine hagere, abgezehrte Gestalt von venezianisch-byzantinischem Aussehn mit dürftigen Armen und übertriebener Schaustellung der Muskeln, kniet in wüster Felsenlandschaft mit dem Löwen zur Seite; Franciskus hat sich auf ein Knie niedergelassen und empfängt die Wundmale von der geflügelten Christusgestalt über ihm, die Haltung ist höchst ausdrucksvoll aber gezwungen und erstarrt, zur Seite ein Mönch, die Landschaft des Hintergrundes von kindischer Ausführung mit Gebäuden, Pinien und zuckerhutartigen Hügelreihen gesäumt.[6]

Wo es Gentile auf Mannichfaltigkeit der Charakterschilderung absicht, wird er leicht hart und verliert die Fühlung mit der Natur, die jedoch wiederkehrt, sobald es sich um gewöhnliche und einfache Wiedergabe der Erscheinung handelt, wie man an dem Gesichte des Mönches in Begleitung des Franciskus wahrnehmen kann. Jedenfalls beweist die geschilderte Bildergruppe trotz all ihrer Schadhaftigkeit und Vernachlässigung, dass der Meister die Zeit, in der ihm die Werke der Donatello, Uccelli und Mantegna täglich vor Augen standen, nicht ungenützt gelassen hatte. In die tieferen Geheimnisse der Perspektive wurden zwar die Brüder Bellini erst durch Girolamo Malatini eingeführt, der bis 1494 als Lehrer der mathematischen Wissenschaften in Venedig lebte[7], aber die Grundlagen waren ihnen in Padua mitgetheilt worden, wie sie denn damals bereits genügende Sicherheit in Anwendung der Verjüngungsregeln auf die malerische Darstellung des menschlichen Körpers erlangt hatten. Die Gesetze, welche Donatello als Bildhauer gehandhabt hatte, indem er sich die Griechen zum Muster nahm, wurden in ihrer Anwendung auf die

---

[6] Der Mantel blau mit grünem Futter und Goldverbrämung, die rothe Tunika und die Hände übermalt, beschädigt und verschwärzt, die Tempera auf sämmtlichen Tafeln durch Alter, Schmutz und Firniss stumpf geworden. Theodor hat hässlichen dicken Kopf, die Bewegung der Linken ist lahm, die Gewandung straff und formlos, die Beine kurz und schwer, die Farbe ganz verschwärzt, die Umrisse durch Schmutz verschmiert. Das Gesicht des Franciscus erinnert an Bart. Vivarini's und Crivelli's Köpfe (s. Nat.-Gall. in London N. 688), die Hände sind lang und haben geschwollene Gelenkknochen.

[7] Pacioli nennt in der Widmung seiner „Summa de Arithmetica" den Hieronymus Malatini einen verlässlichen Meister in „perspectiva praxi" in Venedig; vgl. jedoch auch die handschriftlichen Aufzeichnungen des Daniel Barbaro, mitgetheilt in Franc. Aglietto's Elogio storico di Jacobo e Giov. Bellini (Discorsi letti nell' Acad. de' belle arti di Ven., Venedig 1815, S. 34).

Malerei Gegenstand des Studiums und ihm verdankt Gentile die Verbesserung des Geberdenausdrucks und der Gewandung; das Helldunkel als Mittel zur körperhaften Herausarbeitung der Gestalten kam in der Weise zur Anwendung, wie es der Künstler in der Sonne unter freiem Himmel, nicht in der Dämmerung der Werkstatt beobachtete, und dabei hielt er sich, wie wir es auch bei Mantegna finden, in Durchführung der Einzelheiten mehr an die Ausdrucksfähigkeit der Silhouette als an die Feinheiten der Formung. Die alten Prägmuster und Stuckzierrathen wurden durch das mit der baulichen Staffage erfundene Ornament verdrängt. Und dass Gentile das wirkliche Leben nie zu beobachten unterliess, zeigt seine damals bereits hervorragende Begabung für das Bildniss. Es ist wahrscheinlich, dass er neben den grossen Aufgaben, die ununterbrochen an ihn kamen, auch stets mit Portraitiren beschäftigt gewesen ist und wir haben wenigstens eine Urkunde vom Jahre 1487, welche ihn als offiziellen Portraitmaler ausweist[8]. Die capitolinische Gallerie in Rom[9] und die Universitäts-Gallerie zu Oxford[10] besitzen zwei treffliche Profilstücke, die man wohl den frühesten Leistungen der Werkstatt Gentile's zuschreiben darf. Auf dem ersten seiner Madonnenbilder (im Berliner Museum)[11] ist das Stifterpaar von ausserordentlicher Lebenswahrheit und Individualität, während die beiden Hauptfiguren dagegen zurückstehen,

Rom. Capitol. Oxford, Univ.-Gall.

Berlin, Museum.

[8] Lorenzi (Monumenti per servire alla storia del Palazzo Ducale di Venezia, Ven. 1869, S. 101) theilt die Urkunde mit, durch welche unterm 22. Jaunar 1487 n. St. das Salzamt vom hohen Rathe zu einer Zahlung an Gent. Bellini für das im Auftrag der „Signoria" von ihm gemalte Bildniss des damals verstorbenen Dogen Marco (?) Barbarigo angewiesen wird.

[9] N. 136, Brustbild, genannt Petrarca, Profil nach links, Holz, Temp., an der Wange ein wenig übermalt; wenn nicht von Gentile selbst, dann aus seiner Werkstatt.

[10] N. 59 des Katal., irrthümlich dem Masaccio zugeschrieben, zwei Knabenprofile auf grünem Grund, die einander ansehen, der eine in rother Mütze, der andere barhaupt, beide jugendlich, von röthlichem, sehr sauber behandeltem Temperaton; Holz, halblebensgross und Halbfiguren.

[11] N. 1180, Holz, Temp., h. 2 F. $4\frac{1}{2}$ Z., br. 1 F. $4\frac{1}{4}$ Z., Goldgr. aufgefrischt; im alten Rahmen mit der Inschrift „Gentilis Bellinus": Maria hält stehend das Kind auf dem Arm, welches in der einen Hand eine Frucht hält und mit der Rechten den aufblickenden Stifter segnet, welcher seiner Frau gegenüber betend kniet (Brustbilder). Die Hände der Stifter sind mager, die Tempera von kräftigem Auftrag, hat gelbe Lichter, graue Schatten, ist jedoch ursprünglich gewiss farbiger gewesen als gegenwärtig, da die Bildfläche durch Abreibung der Lasuren verlustig gegangen ist; dennoch erkennt man die feine Strichführung Gentile's.

namentlich Maria durch das hohe Kopfoval und die breite Backenbildung auffällt, die wir an Bartolommeo Vivarini finden. Eine noch bessere Arbeit dieser Gattung ist das Dogenbildniss der (Venedig. Gall. Correr.) Gallerie Correr[12], das durch ausserordentlich feine und wahre Durchbildung sowie durch die reizvolle Weichheit und zarte Mischung des Tempera-Vortrags ausgezeichnet ist, wie ihn Gentile sich in späteren Jahren aneignete; ebenso werthvoll ein zweites, durch etwas bleichen Fleischton auffälliges Dogenportrait im (London.) Besitz des Mr. Cheney in London.[13]

Allen diesen Stücken ist eigenthümlich, dass sie mit mehr Sorgfalt als Kraft ausgeführt, einen weichen Schmelz, keine kräftige Licht- und Schattenführung haben. Dabei tragen sie aber so unverkennbares Handgepräge, dass man eine ganze Reihe angeblicher Bildnisse des Gentile als unecht zurückweisen kann. Diess (Venedig.) gilt von dem Dogenbilde in S. Giobbe in Venedig[14], von einem (Crespano.) zweiten in der Stadtgallerie zu Crespano[15] und besonders auch von dem Portrait des Leonardo Loredan in der Gallerie Lochis (Bergamo.) Carrara zu Bergamo, wovon sich Wiederholungen in der Gallerie (Dresden.) Correr und im Museum zu Dresden befinden.[16]

Im Fortschreiten wird die Bildnisskunst des Gentile bedeutender. 1465 malte er für S. Maria dell' Orto die Verherrlichung des ersten Patriarchen von Venedig, Lorenzo Giustiniani, eines Kirchenfürsten, welcher das Glück hatte, die Massen für sich einzunehmen und einen hohen Rang in der priesterlichen Hierarchie zu erklimmen, und dem der Schmuck des Heiligenscheines nur in Rücksicht auf die hohe Taxe dieser Auszeichnung erspart geblieben sein soll.[17] An sich bot die hagere, abgezehrte Gestalt

---

[12] N. 14, Holz, fast lebensgr., h. 0,52, br. 0,41. Profil nach rechts, die Pinselführung von höchster Feinheit, theilweis z. B. am grünen Hintergrund und an den Goldpartien, übermalt, angeblich Bildniss des Francesco Foscari, was jedoch zweifelhaft erscheint; es müsste sonst vor 1457 entstanden sein.

[13] London, Audley Square 4: Leinwand, Profil nach links, vorn an der Brüstung 2 Wappen, vielleicht Bildniss des Cristoforo Moro (1462—71); von gleicher Behandlung wie das vorige.

[14] Sakristei, Profil nach links, Leinw. stark beschädigt, von Zanotto (Guida di Ven.) dem Gentile zugetheilt und als Bildniss des Cristoforo Moro bezeichnet, von Cicogna (Iscr. Venez. VI, 584) geziemend als Copie aufgeführt.

[15] Ehemalige Sammlung des Francesco Ajata, jetzt städtisch: modernes Bild mit der gefälschten Inschrift: „Opus Gentilis Bellini."

[16] s. später unter Giovanni Bellini.

[17] s. Malipiero's Annalen im Arch. Stor. II. vol. VII, 661 unter 1474.

einem Maler wenig Reiz dar, aber Gentile, der ihn in seiner Alltagserscheinung fasste und in der ganzen Drastik der Entsagung hinstellte, schuf auf diese Weise eine durch Würde und Leichtheit der Haltung sowie durch Milde des Ausdruckes ergreifende Figur[18] von so eingehender Durchführung, dass man die Fältchen an Gesicht und Hals und die Adern der Hand deutlich erkennen kann. Die Person des Patriarchen ist weitaus das Beste, die schwerfälligen Engel im Hintergrund, deren ovale Köpfe Wiederholungen herkömmlicher Muster bei Vivarini und aus der Schule der Bellini selbst sind, oder die gutgenährten Kleriker mit Mitra und Krucifix, von denen einer der Schädelbildung nach blödsinnig erscheint, treten sehr zurück. Aber man muss billiger Weise i. J. 1465 bei Gentile noch nicht die Fertigkeit erwarten, die ihn 25 Jahre später auszeichnete. Die Mängel, die an diesem frühen und stark beschädigten Bilde auffallen, z. B. die Flachheit des Temperavortrags, die eckige Gewandung und die hier und da bemerklichen Zeichnungsfehler wurden erst allmählig überwunden.

In der Zwischenzeit bis zur Uebernahme des bedeutenden ehrenvollen Auftrages für den Saal des grossen Rathes entzieht sich Gentile unserer Beobachtung. Wir haben nur zwei ohnediess zweifelhafte Stücke aufzuführen: Eine Madonna mit Kind in Casa Soranzo in Venedig[19], welches in der eckigen Faltenbehandlung und Venedig, Casa Soranzo.

[18] Jetzt im Vorrathsraume der Akad. zu Venedig, Leinwand. Temp., Fig. fast lebensgr., erwähnt bei Boschini (R. Min. Sest. Canareggio 31) und Sansovino (Edl. Martinione 167) in der Chiesa della Mad. dell' Orto. Die Figuren sind von klarem schönem Umriss, sorgfältig auf lichtgrünem Grunde aufgetragen und sauber verarbeitet. Der Himmel ist fast ganz zerstört, ebenso ein Theil des doppelten Gehänges und die Hügellandschaft der Ferne; an einer knieenden Gestalt rechts fehlt die Hälfte des Gesichtes, das etwas flämischen Anflug hat, und das blaue Untergewand der Hauptfigur ist hinweggenommen; von dem eckigen Nimbus des Patriarchen sieht man nur noch Spuren. Am Fusse auf Zettel die Inschrift: „MCCCCLXV opus Gentilis Bellini Venet." Die Hände sind besser gezeichnet als bei den Figuren auf den Orgelthüren von S. Marco, aber der Kopf der Nebenfigur zur Linken ganz verfehlt. — In demselben Raume der Akademie befindet sich ein anderes Leinwandbild (Christus das Kreuz schleppend und der Zug nach Golgatha) in halblebensgr. Figuren, eine Arbeit aus dem Ende des 15. Jahrh. mit etwas flämischem Anstrich. Wenn man Gentile als den Maler desselben betrachten will, muss man voraussetzen, dass er seinen italienischen Stil mit niederländischen Eigenheiten verquickte; die Frage ist um so schwerer zu beantworten, da das Stück sich in kläglichem Zustande befindet.

[19] Holz. Temp., Fig. fast lebensgr. Das Bild, länger als ein Jahrhundert im Besitz der Familie Soranzo und unter

in der Gezwungenheit der Handbewegung einigermassen an Gentile's frühere Weise erinnert, aber auch sehr befremdende Züge an sich hat, und sodann zwei ansprechende Gestalten in Casa Tescari
Castelfranco. zu Castelfranco (die Heiligen Maria Magdalena und Euphemia), angeblich ehemals Stücke von einer tragbaren Orgel in S. Marco.[20] Wenn man den Namen des Meisters hier überhaupt gelten lässt, so können diese Arbeiten höchstens als erste Versuche in der Anwendung der Oelmalerei betrachtet werden. Wir sahen bereits, dass Alvise Vivarini, als er sich im Jahre 1488 zum Wettkampf mit den Bellini erbot, deren Bilder im Rathssaale als Leinwandgemälde von einer besondern Vortragsweise bezeichnete. Gentile Bellini erhielt am 21. September 1474 den Auftrag, die dortigen Gemälde „auszubessern und zu erneuen" und obenein die Zusicherung einer Mäklerstelle im deutschen Kaufhaus.[21] Es ist nicht unwahrscheinlich, dass er nach Ausbesserung des einen Wandbildes von Gentile da Fabriano sein erstes selbständiges Historienbild — Darreichung der Wachskerze durch den Papst an den Dogen in S. Marco — in Oel auf Leinwand gemalt hat. Von

---

der Angabe „J Bellini" stellt Maria dar, wie sie das Kind an den Busen drückt, das den Fuss auf ein gelbes Kissen auf der Brüstung setzt; im Hintergrund grüner Vorhang und ein Fenster mit Ausblick auf eine Landschaft, welche an die flämischen Hintergründe dieser Zeit erinnert; Maria's Kopf hat regelmässige Form, der des Kindes ist rund: die Farbe etwas blind und hier und da von starkem Körper, sodass man auf theilweise Anwendung von Oel schliessen kann. Unserer Ansicht nach ist das Werk kein eigenhändiges des Gentile.

[20] Holz, länglich; die Tafeln waren von Prof. Rugieri in Crema gekauft, der in Venedig und Padua lebte, and von ihm dem Prof. Caldani vermacht, aus dessen Besitz sie an Dott. Luigi Tescari in Castelfranco kamen. Auf dem Bilde der Euphemia, welche in der Linken Buch und Palme hält und die Rechte auf den in ihrer Brust steckenden Dolch legt, die Inschrift: „MCDLXV Gentile Belli", deren Echtheit nicht verlässlich ist; Magdalena vor einem rothen Vorhange stehend, über welchen ein doppeltes Schmuckgehänge fällt, hält in der einen Hand eine Vase, in der andern ein Buch. Die Kunstweise ist bellinesk, wie auf dem Bilde in Casa Soranzo, die Hände gezwungen, die Köpfe weich und rundlich umrissen, die Farbe sorgsam mit dem neuen Bindemittel aufgetragen und von sauberer Durchführung, jedoch die Bildfläche an vielen Stellen durch Abblätterung und Ausbesserung beschädigt. Auch dieses Bild bleibt zweifelhaft.

[21] s. Illustrazione del Pal. Ducale di Ven. a. a. O. 81, durch welchen die Angabe der Annalen des Malipiero (Arch. Stor. VII, 2, Flor. 1844. S. 663) berichtigt wird, welcher Vorgänge des Jahres 1474 mit solchen von 1479 verwechselt und infolge dessen den Gentile damals schon gemeinschaftlich mit Giovanni malen lässt, während i. J. 1474 Gentile allein angestellt war. Dieselbe Urkunde findet sich französisch in der Gazette des beaux arts 1866. Bd. XX, S. 283 f.

den Chronisten des nachfolgenden Jahrh. wird zwar dem Gentile nachgesagt, er habe, von Eifersucht gegen fremden Ruhm getrieben, an den vorhandenen Fresken herumgemalt ohne es besser machen zu können, allein die öffentliche Meinung war damals ganz anderen Sinnes.[22] Seine Arbeiten fanden das höchste Lob der Zeitgenossen und die Regierung fand Gelegenheit, ihm einen ausgezeichneten Beweis ihrer Anerkennung zu Theil werden zu lassen. Sultan Mehemet, der Eroberer von Konstantinopel, gab der Signorie im August 1479 zu erkennen, dass er einen tüchtigen Maler brauche und bat den Dogen gleichzeitig um seinen Besuch zur Feier der Hochzeit seines Prinzen.' Barbarigo lehnte zwar die Einladung ab, sandte aber den Gentile Bellini mit zwei Kunstgehilfen am 3. September auf Staatskosten nach Konstantinopel ab.[23] Gentile fand den alten Fürsten, den Schrecken des Abendlandes, freundlich und freigebig, wurde mit der Ehre ausgezeichnet, sein Konterfei abzunehmen und malte auch sonst noch verschiedene hohe Persönlichkeiten am Hofe[24], ausserdem stellte er den Empfang venezianischer Abgesandter beim Gross-Vezier in einem Bilde dar und soll auch den plastischen Schmuck der Säule des Theodosius gezeichnet haben.[25] Er wurde mit dem osmanischen Rittertitel

---

[22] Sansovino, welcher (Ven. descr. 325) das misgünstige Urtheil ausspricht, indem er sagt: „Gentil Bellini parimente ne velò molti altri, più tosto per cancellar l'altrui gloria, mossa da invidia, che perch' egli migliorasse granfatto le pitture passate“ — lobt doch selbst an dem zweiten Bilde Gentile's (Darstellung der zum Kaiser abgeordneten Gesandtschaft) die schönen Figuren, die gute Zeichnung, die trefflichen Farben und die gute Perspektive (s. ebenda S. 330).

[23] Fr. Negro berichtet: „Gentilis Muhameto Turcarum rege poscente Byzantium usque transmittitur, ubi arte et ingenio suo quid Venetus sanguis valeret non obscure demonstrans et Venetam picturam mirifice illustravit“ und genauer erzählt Marin Sanudo in seinem Diario: „1479 adi primo Avosto venne un Orator Judeo del Signor Turco con lettere, vuol la Signoria li mandi un bon pittor, e invidò il Dose vadi a onorar le nozze di suo fiol. Li fu resposto ringraziandolo, e mandato Zentil Bellin ottimo pittor, qual andò con le galie di Romania e la Signoria li pagò le spese, e parti adi 3. Settembre“ (beide Stellen mitgetheilt vom Anonymus des Morelli, S. 99). Den Befehl der Signoria an den Admiral der Galeeren (v. 3. Sept. 1479), dem Gentile und seinen Leuten freie Fahrt zu geben, s. in der Gaz. des beaux arts XX. 256.

[24] Eine dieser Zeichnungen, einen Janitscharen und eine Dame vorstellend, beide sitzend, irrthümlich als Bildnisse „Mehemets und seiner Gattin“ bezeichnet, besitzt das Britische Museum. Es ist eine treffliche Arbeit in Feder und Tinte, offenbar von Gentile während seines Aufenthaltes in Konstantinopel gemacht.

[25] s. Anon. des Morelli. S. 99. Das Original Gentile's ist nicht erhalten, es wurde zum ersten Male 1702 in Paris

geehrt, durch ansehnliche Geschenke vergnügt[26] und kam nach einer Abwesenheit von wenig über ein Jahr mit allerhand werthvollen Studien zurück, ausser denen er auch ein Bildniss des Mehemet mitbrachte, wonach wahrscheinlich entweder durch Gentile's eigene Hand oder auf seine Veranlassung die bekannte Medaille des Sultans geschnitten worden ist. Bis in die Mitte des vorigen Jahrh. glaubte man ein Porträt desselben im Palast Zeno in Venedig zu besitzen, welches nachmals in die Sammlung des Lord Northwick gekommen zu sein scheint und weder dem Gegenstande noch dem Urheber nach echt ist.[27] Das eigenhändige Werk Gentile's befand sich in der Gallerie des Paolo Giovio zu Como, von der in dem Briefwechsel des Aretin viel Preisliches zu lesen ist und die gegen Ende des vorigen Jahrh. wenigstens theilweise noch beisammen war.[28] Der jetzige glückliche Eigenthümer des Bildes ist Mr. Layard, welcher die Aufschrift desselben entzifferte und es wiederherstellen liess:

London, Samml. Layard.

Mehemet, bis zur Brust sichtbar, ist in leicht überschnittenem Profil nach links genommen, in dünnem Vollbart, trägt Pelzmantel und schwülstigen Turban; man sieht ihn hinter fensterartiger Rundbogen-

gestochen und dort befindet sich im Louvre auch eine, angeblich von Battista Franco herrührende Copie, s. Katal. des Louvre unter Bellini.

[26] Vasari V, 15 beschreibt die goldne Kette alla turchesca, die Gentile erhalten hatte und die in seiner Familie aufbewahrt wurde, als ein Stück von 250 Scudi an Werth, und Sansovino, Ven. descr. 330 erklärt, das Ritterpatent gelesen zu haben.

[27] In der Sammlung Northwick befand sich das Bildniss eines Türken im Profil mit roth und weissem Turban, die Linke auf dem Gefäss des Schwertes, ein jugendlicher Mann mit später übermaltem Kleide (N. 182 im Katalog, Holz, h. 4 F., br. 1 F. 7 Z.), dem G. Bellini zugeschrieben, jedoch nicht von ihm; wahrscheinlicher ist es identisch mit dem bei Ridolfi. Marav. I, 77, 78, erwähnten, da Zanotto (Pin. Ven. Fasc. XXIV) erklärt, dieses Porträt aus Casa Zeno sei i. J. 1825 nach England gekommen. — Hierbei mögen noch folgende Stücke der Sammlung Northwick berührt werden: N. 452: Brustbild einer Dame vor einer Brüstung, worauf eine Vase steht, halblebensgr., bezeichnet: „G. Bellinus", eine schwache Arbeit, an Bissolo's Weise erinnernd; N. 874 Bildniss, dem Gentile zugeschrieben, aber in Wahrheit aus dem Ende des 17. Jahrh.

[28] Paolo Giovio schreibt in dem kurzen Lebensabriss Mehemet II. (P. Jovii etc. Elogia virorum qui ap. Musaeum spectantur. 4°. Flor. 1551, S. 149) folgendermaassen: „Veraque eius imagine sumus potiti, quam Gentilis Bellinus è Venetiis Byzantium evocatus pinxerat, quum ibi regiam multis tabulis rerum novarum ad oblectationem jocundissimam refersisset"; und Giambatt. Giovio schrieb i. J. 1780 an Tiraboschi, indem er ihm die Ueberbleibsel vom Museum des Paul Giovio schilderte: „Ottenne Paolo fin al volto di Maometto opera di Gentile Bellini Veneto chiamato alla corte di quel sovrano", s. Campori, Lett. artist. inedite, Modena 1866, S. 237.

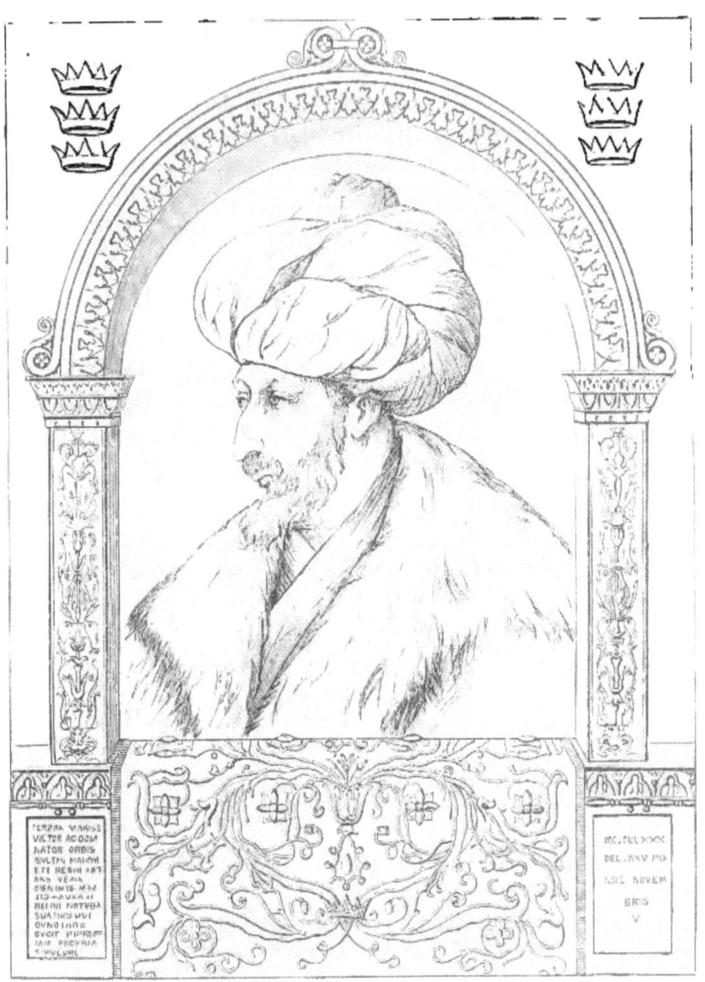

Bildniss des Sultans Mehemet II.

von Gentile Bellini in der Sammlung A. H. Layard's zu London.

nische, welche von schön gezierten Pilastern getragen wird; über die Brustwehr hängt ein breitmustriger Teppich in orientalischem Geschmack, oben in den Aussenzwickeln sind links und rechts je drei Kronen angebracht und am Sockel unten zwei Inschrifttafeln.[29]

Das Alter des Sultans geht aus der Inschrift des Bildes, 25. November 1480, hervor: er war wenige Monate vor seinem Tode gemalt worden. Als Bildniss ist das Stück von ausserordentlichem Werthe. Während es uns einerseits die Züge des gefürchteten Machthabers vorführt, erfreut es andrerseits in allen den Theilen, welche der Unbill des Alters widerstanden haben, durch bewunderungswürdige Vollendung. — Einen zweiten Erwerb Gentile's aus seinem Aufenthalte in der Türkei besitzt die Gallerie des Louvre[30] in der Darstellung des Empfangs der venezianischen Gesandtschaft durch den Grossvezier und andere Staatswürdenträger zu Konstantinopel:

Aufgefasst ist der Augenblick, in welchem die Gesandten mit ihrem Tross in den Hof des Ministerpalastes eingeführt werden; der Grossvezier sitzt auf seinem Divan im Freien; rechts sind auf den Treppen und im Hofraum Gruppen türkischen Volkes im Turban zu Fuss und zu Ross mit zahmen Thieren malerisch verstreut. Paris, Louvre.

Es ist eine sonnige Scene voll charakteristischer Figuren von kurzem, gedrungenem Körperbau, durch gut berechneten kräftigen Schattenschlag in Wirkung gesetzt, sodass man sich in dieser Beziehung an die etwas späteren Historienbilder des Carpaccio erinnert fühlt. Auch bei diesem finden wir eine Vorliebe für

---

[29] Die Erhaltung ist nicht gut, aber die Ausführung vollendet; es ist auf sehr feine Leinwand ohne Gipsgrund gemalt; die aus alter Ueberschmierung wieder aufgetauchte Inschrift besagt links: „Terrarum marisque victor ac domnator orbis ... Sultan ... inte ... Mahometi resultat ars vera Gentilis militis aurati (laureati?) Belini naturae .... qui cuncta reducit in propriam propria simulacra", rechts: „MCCCCLXXX DIE XXV MENSIS NOVEMBRIS V." Der braune Pelzkragen des Sultans ist übermalt.

[30] Paris, Louvre N. 68 (Leinw., h. 1,18, br. 2,03); das Bild ist in den Fleischpartien schadhaft, besonders bei den Vorderfiguren. Boschini, Carta del Navegar pittoresco, Ven. 1660, S. 31, beschreibt es als in Konstantinopel entstanden, folgendermaassen: „Ma la più bella zogia de st' Autor Zà puochi zorni è stà portada in Franza: Istoria graue de molta importanza, Fata con tuto el spirito del cuor. Questo xè vn quadro, che Zentil Belin Fece a Costantinopoli, a richiesta Del Bailo: hora la pensa mo si questa Xè pura come l'oro de cechin etc." Es wurde, wie Boschini lobt, von Rafael Trichet Dufresne angekauft und nach Frankreich gebracht.

morgenländische Tracht, und die Vermuthung liegt nahe, Carpaccio sei als Gentile's Reise-Genosse mit in der Türkei gewesen und habe Theil an dessen Arbeiten gehabt. Liesse sich diess erweisen, so hätte man hier zugleich einen Beleg dafür, dass nicht blos Gentile, sondern auch Carpaccio im Jahre 1480 die Handhabung des Oeles gewohnt waren.

Bei der Abreise Gentile's nach Konstantinopel wurde ihm zu seiner Genugthuung sein Bruder Giovanni als Stellvertreter bei den Arbeiten im Saale des Rathes eingesetzt.[31] Als er zurückkehrte, nahm er ohne den Bruder zu beeinträchtigen seine Malereien wieder auf und arbeitete gemeinschaftlich mit ihm ohne Nebenbuhler. Diess waren die Verhältnisse, unter denen sich Gentile
(Venedig.) (Dogenpal.) den 4 grossen Leinwandgemälden widmete, welche die Geschichte Barbarossa's darstellten. Neben dem früheren Bilde der Kerzen-Spende entstand jetzt die Abfahrt der venezianischen Gesandten an den Hof des Kaisers, ein Bild, dessen treffliche Eigenschaften damals wie später anerkannt wurden.[32] Es folgten im weiteren Verlaufe der Geschichtserzählung 2. der Empfang der Gesandtschaft durch Barbarossa, 3. die Aufforderung der Venezianer durch Papst Alexander zum Kampfe gegen den Kaiser und 4. der Empfang des zur Vermählung mit der See bestimmten Ringes durch den Dogen.[33] Gleichzeitig mit diesen umfangreichen Arbeiten, welche sämmtlich zu Grunde gegangen sind, entstanden einige kleinere Bilder, wie z. B. die Madonna mit Kind in der Sammlung weil. Sir Charles
(London, Samml. Eastlake.) Eastlake's, ein Oelgemälde von ursprünglich überaus zarter Behandlung[34], ferner ein Madonnenbild mit Heiligen, von welchem sich

---

[31] Es geschah unterm 28. Aug. 1479, s. die Urkunde bei Lorenzi, Docum. p. serv. a la Stor. del Pal. Duc. S. 88.

[32] s. das oben. Anm. 22 erwähnte Urtheil Sansovino's a. a. O. 330 und Ridolfi, Marav. I, 75. Das Bild trug die versificirte Aufschrift: „Gentilis patriae haec monumenta Belinus Othomano accitus munere factus eques".

[33] s. Sansovino und Ridolfi a. a. O. I, 76—78.

[34] Holz, fast lebensgr. Maria sitzt auf grossem buntfarbigem Marmorthron mit kleinem Schutzdach; das Kind stehend auf ihrem Knie hält eine Frucht und gibt den Segen; im Hintergrunde Landschaft; am Sockel des sechseckigen Untersatzes die Inschrift: „Opus Gentilis Bellini Veneti equitis". Die Farbe ist von reicher Stimmung, doch hat der Ton sehr durch Nachbesserung gelitten und ist röthlich und undurchsichtig geworden.

ein Theil noch im Hause Giovanni Persicini in Belluno[35] befindet Belluno.
und eine Anbetung der Könige, ehemals in Vicenza, jetzt Eigenthum Mr. Layards.[36] Das erste dieser Reihe zeigt den Gentile London.
noch nicht auf voller Höhe seiner Kunst. Er behandelt das Oel mit geschmackvoller Verbindung der Töne in den Nebensachen und mit ausserordentlichem Fleiss, zeichnet seine Figuren leichter und naturgemässer und mit innigerem Gefühl als früher, aber behält nichts desto weniger die Art der Anordnung des Jacopo bei und gibt der Gruppe dieselbe Geberde wie auf dem Bild in Lovere. Eine andere Stufe derselben Richtung vertreten die ebenfalls hochvollendeten Stücke in Belluno, das dritte hat viel von Carpaccio und ist besonders durch die Mannichfaltigkeit des angewandten morgenländischen Kostüms auffällig.

Erst am Ende des Jahrhunderts erreicht Gentile für uns eine wirklich bedeutende Kunststellung. Zwar noch nicht in dem grausam mishandelten Bilde der wunderbaren Heilung des Pietro di Lodovigo durch die Kreuzreliquie, welches man ungefähr in's Jahr 1496 setzen darf, wohl aber in der Procession auf dem Markusplatze und in dem anderen Kreuzwunder aus den Jahren 1496 und 1500, und endlich in der bei seinem Tode 1507 unvollendeten Darstellung der Predigt des Markus erkennen wir ihn in seiner ganzen Kraft. Mit Ausnahme des letzten waren diese Bilder alle für die Scuola di S. Giovanni Evangelista in Venedig gemalt[37], wo bereits Jacopo Bellini früher thätig gewesen war, und zwar hatten jene Gemälde die Bestimmung, die Vorhalle der Herberge oder den heiligen Bezirk zu schmücken, in welchem sich der Schrein mit dem Ueberbleibsel vom wahren Kreuz befand. Sie waren die ersten Stücke eines grossen Cyklus, an welchem die Schule der Bellini zu verschiedenen Zeiten gearbeitet hat:

---

[35] Holz. Oel. halblebensgr. Maria ebenfalls thronend, hat das Kind auf dem Schoosse (Goldgrund); Seitenstück Margaretha vor einem Bogen; beide Tafeln stark beschädigt.

[36] Ehemals nachweislich in S. Bartolo zu Vicenza.

[37] Vasari V, 3. 4. behauptet, Gentile habe alle 8 Leinwandgemälde für die Herberge von S. Giov. Evangelista gemalt, doch waren es in Wahrheit nur 3; von den übrigen 5 lieferte Carpaccio eins, Mansueti zwei, Diana eins und Lazzaro Sebastiani eins: das geht aus dem Thatbestand deutlich genug hervor,

Venedig, Akademie.

Bei dem Bilde vom Heilwunder durchs Kreuz sieht man ins Innere eines Gebäudes, welches scheinbar dem Skizzenbuche Jacopo Bellini's entlehnt[38], einigermaassen an die Architektur von S. Maria de' Miracoli erinnert. In dem achteckigen Reliquienbehältniss des Chores kniet Pietro di Lodovico am Altar und ein Mönch zeigt ihm das heilige Kleinod; nach vorn sind Gruppen von Zuschauern angebracht.[39]

Die Procession mit der Kreuzreliquie begibt sich auf den Markusplatz in Venedig; der Augenpunkt liegt genau in der Mitte und trifft in die Oberleiste des Portals der Kirche, welche mit allen Einzelheiten genau wiedergegeben uns den Bestand des Aussenschmuckes vor den Neuerungen des 17. und 18. Jahrhunderts zeigt; man sieht ferner rechts den Dogenpalast und die Mündung der Piazzetta, den Sockel des Glockenthurmes und die an ihn angelehnten Gebäude, links die Colonnade ohne den Uhrthurm oder den Palast des Patriarchen, und innerhalb jener das schon damals bestehende Gasthaus del Cappello mit seinem Aushängeschild, dem Hut. Die Procession ist von dem Thore zwischen der Markuskirche und dem Dogenpalast ausgegangen, hat sich zunächst gradaus bewegt und ist dann rechtwinklig abgeschwenkt, sodass sie nach links hin vor dem Beschauer aufzieht; die von Mönchsbrüdern angeführte Ehrenwache ist an der Schattenseite aufgestellt und die Mitte des Vordergrundes nimmt der vom Baldachin überspannte, von weissgekleideten Trägern und Wächtern mit Kerzen geleitete Schrein mit der Reliquie ein, während gegenüber in der Sonnenseite Deputationen mit Flaggen und Stangen, die Priesterschaft und der Doge unter der Ombrella feierlich daherschreiten. Neben dem Reliquienschrein kniet der Kaufmann de Salis, der durch sein Gebet zur Reliquie die Heilung seines Sohnes erreicht hatte; innerhalb des von der Procession gebildeten Winkels sieht man lebhafte Zuschauergruppen und einzelne Figuren im Kostüm jener Tage.[40]

---

wenn auch die alten Nachrichten schwankend und zweifelhaft sind.

[38] s. Skizzenbuch Bl. 68.

[39] Venedig, Akad. N. 543, Leinwand, Oel, h. 3,70, br. 2,55; auf einem Zettel (nicht unbedenklich) die Inschr.: „Op.. GENTILIS BELLINI VENET. P...", die Jahrzahl fehlt, da wir jedoch wissen, dass Carpaccio schon 1494 in der Scuola thätig war und kaum anzunehmen ist, er habe vor Gentile dort gearbeitet, so wird man dessen Bild früher setzen dürfen. Für die Entstehung desselben vor 1496 spricht der Stil, welcher das Bild offenbar älter erscheinen lässt als die Procession mit der Kreuzreliquie, welche diese Jahrzahl trägt. Es ist theilweis nachgebessert, anderntheils gänzlich übermalt und die Fleischtöne haben dadurch hässliche Schwärze bekommen. Am meisten fällt die Richtigkeit der Perspektive auf. Erwähnt findet es sich bei Boschini, R. Min. Sest. S. Polo 38 und bei Ridolfi a. a. O. I, 82.

[40] Venedig, Akad. N. 555, Leinwand, h. 3,60, br. 7,43. bez. MCCCCLXXXXVI GENTILIS BELLINI VENETI equitis crucis amore incensus opus". Bezüglich der schadhaften Stellen begnügen wir uns mit der Bemerkung, dass alle weissen Gewänder der Vorgrundfiguren übermalt sind, vgl. Boschini, R. M. Sest. S. Polo 38. Interessant ist die Vergleichung der alten Mosaiken an der Markuskirche, welche später durch neue ersetzt worden sind.

Das dritte Bild erzählt den Vorgang von der Wiederauffindung des heiligen Kleinods, welches bei der Uebertragung in die Kirche S. Lorenzo in den Kanal gefallen war. Man sieht die Procession auf der Brücke halten, den Fusssteg links mit Massen von Zuschauern gefüllt, unter denen die Exkönigin von Cypern, Katharina Cornara mit ihrem Hofstaat auffällt; im Wasser sind zahlreiche Gondeln in Bewegung und schwimmende Mönche, die nach dem verlornen Schatze suchen, welchen einer von ihnen, der Guardian Vendramin, gefunden hat und durch die Wirkung der Reliquie auf wunderbare Weise im Wasser schwebend erhalten, an's Ufer bringt; der Vordergrund rechts ist mit andächtigen Stifterfiguren erfüllt, deren Vordermann für Gentile Bellini selbst gehalten wird.[41] Venedig. Akademie.

Gentile's Kompositionen haben in Bezug auf die Erhaltung nicht viel besseres Schicksal erfahren als die nachmals durch Tintoretto ersetzten Passionsscenen des Jacopo. Das erste der Bilder, das Heilwunder, ist in Folge der Vernachlässigungen für die Beurtheilung des Meisters fast werthlos geworden, die Procession war dergestalt beschädigt, dass sie eine jener gründlichen Ausbesserungs-Kuren durchmachen musste, aus welchen fast zu keiner Zeit Bilder gesund hervorgegangen sind, besonders nicht zu Anfang unseres Jahrh., wo bekanntlich die leichtfertigste und dreisteste Methode im Schwange war. Aber diesem Gemälde wohnt eine so unverwüstliche Anziehungskraft inne, dass man trotz seines üblen Zustandes die Begabung des Künstlers für die Geschichtsdarstellung noch heute zu würdigen vermag und wir besitzen hieran einen Ersatz für die grossen und interessanten Historien im grossen Rathssaale des Dogenpalastes, welche durch den Brand im J. 1577 zerstört wurden. In der That darf das Werk als das bedeutendste seiner Art vor dem Auftreten Tizians in der venezianischen Kunst bezeichnet werden. Gleich beachtenswerth um seiner Gruppirung, seiner Perspektive und seiner Naturwiedergabe willen bringt es den Eindruck der Bewegung hervor ohne zu verwirren, und hält sich von allem Hässlichen oder auch

---

[41] Venedig, Akad. N. 529, Leinwand, h. 3,20, br. 4,20, auf einem Zettel vorn die übermalte Inschrift: „GENTILI BELLINI VENETI F. MCCCCC". Am besten erhalten ist das Stück mit der Königin Cornara und ihrem Gefolge. vgl. Boschini, R. Min. Sest. S. Polo 37, Abbild. bei Zanotto, Pin. Fasc. XL.

nur Unpassenden frei. Der Zusammenklang von Linien und Farbe ist durchaus rein; das Helldunkel ist von einer Gleichmässigkeit und Abwägung, welche vollkommen ruhige Wirkung hervorbringen; sehr fein ist die Ueberführung des Lichts in den Halbton, die Schattenzeichnung höchst genau. So trübe, blöd und selbst undurchsichtig die Farbe jetzt in Folge von Abreibungen und Uebermalung auch erscheint, so erkennt man dennoch, mit welcher Besonnenheit der jähe Lichtwechsel und die unzähligen Schatten abgemessen waren und wie hier alle die Vortheile zur Geltung gekommen sind, welche das Geschick in der Handhabung des Oeles dem Meister gewährte. Man kann Gentile's ganzen nüchtern würdigen Vortrag im Vergleiche mit der munteren frischen Weise des Giovanni mit dem Verhältnisse des Hubert zu Johann van Eyck zusammenstellen und wir haben in Antonello von Messina das Verbindungsglied zwischen den beiden berühmten Brüderpaaren des Nordens und Südens. Bei Gentile finden wir die Handwerkskunst des grossen sizilianischen Malers in einer Vervollkommnung wieder, welche andere und bedeutendere Geistesanlage voraussetzt, als sie jenem Urheber der venezianischen Oeltechnik eigen war. Er trägt den Fleischton in mässigem Farbenkörper auf und arbeitet die Wirkung mit halbdurchsichtigen Tönen heraus ohne Anwendung der dünnen Lasuren, welche die fortgeschrittenere Erfahrung Giovanni's auszeichnet. Seine ganze Kunst ist fest und markig, sodass sie die Meinung der Zeitgenossen wohl rechtfertigt, welche ihm den vollen Besitz der theoretischen Vorkenntnisse nachrühmte. Nicht durch die Heiterkeit der Töne, sondern durch Nebeneinanderstellung richtig gewählter Lokalfarben erreicht er seine Wirkungen; alles Rothe ist entschieden roth, Weiss vollkommen weiss, aber durch leichten Ueberzug in Einklang gesetzt; der Strich ist voll, sicher und bestimmt. Seine Figurenmassen geben immer den Eindruck des Zahlreichen, aber soviel Einzelgestalten, soviel Verschiedenheiten lassen sich erkennen; obgleich jede Person in Geberde und Antlitz individuell erscheint, ist es doch schwer, sie zu zählen. Ihr durchgehender Charakterzug ist natürliche Würde und Behäbigkeit mit Neigung zu gedrungener Statur, und wenn an den Gewändern schwerer, gelegentlich steifer Faltenzug auffällt, so darf nicht vergessen werden, dass die Leute, die Gentile darstellt, meist Kleider von dicker Damastweberei zu tragen pflegten. Während schon die einfacheren Grundzüge der Linienperspektive bei einem mit ihren Gesetzen so wohl vertrauten Maler eine treffliche Wirkung der Tiefe und der Ferne im Bilde hervorgebracht haben würden, gibt uns der Maler eine bedeutende Steigerung durch das Spiel der Luftschichten, und die zahlreichen Abtönungen, mittelst deren jede Gestalt und jeder Stein an seinen richtigen Platz versetzt ist, sind mit vollkommener Meisterschaft behandelt.

In dem dritten Bilde (Wiederauffindung der Reliquie) hat sich Gentile bei weitem die schwierigste Aufgabe gestellt. Verschwindungslinien und Augenpunkte bei baulicher Staffage zu finden, welche rechtwinklig auf der Bildfläche steht, ist verhältnissmässig einfach. Piero della Francesca und Mantegna waren vollkommen mit dem Verfahren vertraut. Schwieriger ist aber die Auffindung der Richtungslinie bei Architekturmassen, die in zufälligen, ungleichen Winkeln zu einander stehen. Mantegna versuchte sich ohne zutreffenden Erfolg darin, Gentile aber gibt die Häuserflucht entlang der Kanalwindung mit wissenschaftlicher Treue wieder. Ebenso augenfällig ist sein Fortschritt bei Andeutung der Atmosphäre; bei der Reihe knieender Frauen im Vordergrunde links bringt er z. B. Körperhaftigkeit und gradweise Abstufung der Ferne vollkommen zum Ausdruck; andrerseits ist er ein unbestechlicher Beobachter der Wirklichkeit und lässt die Unterschiede im Ausseln von Leuten hohen oder geringen Standes, sowie die entsprechenden Eigenthümlichkeiten der Kleidung durchweg deutlich werden. Der knieende Mann im Vordergrunde des ebengenannten Bildes, den man für Gentile's Selbstbildniss erklärt hat, ist nur eins von vielen auf unserer Darstellung, in welchen sich mit der würdevollen Auffassung eines Masaccio die Durchführung der van Eyck verbindet; für die Annahme jener Bezeichnung jedoch bieten die verhältnissmässig späten Zeugnisse, die wir darüber haben, nicht Gewähr genug. Die einzige echte Abbildung Gentile's zeigt uns die nach Camelio's Schnitt geprägte Medaille, die aus der Zeit der Rückkehr des Meisters aus Konstantinopel

9*

herrührt. Mit diesem Portrait aber hat weder das vorher angeführte noch irgend ein andres der zahlreichen in verschiedenen Gallerien Europa's verstreuten angeblichen Bildnisse Gentile's etwas gemein. Das Brustbild in der Gallerie Correr, ein schöner, junger Mann von klarer Gesichtsfarbe mit langherabfallendem blonden Haar scheint nach 1500 gemalt und kann mit gleichem Rechte dem Giorgione wie dem Gentile oder Giovanni zugeschrieben werden. Wäre es Gentile's Selbstbildniss, so müsste es eigne Wiederholung eines früheren sein.[42] Dem angeblich die beiden Bellini vorstellenden Doppelbilde im Louvre, das ebenfalls dem Gentile zugetheilt wird, ist es unähnlich; hier vermissen wir überdiess Gentile's feste Hand durchaus und haben es vielmehr mit einem reich und glatt behandelten Leinwandbilde zu thun, welches den Schmelz und den Farbenvortrag des Cariani verräth[43]. Das Bildnisspaar in Berlin wiederum ist zwar in der Anordnung ähnlich, bietet aber zwei ganz andere Menschen[44].

Venedig, Gall. Correr.

Paris, Louvre.

Berlin. Museum.

[42] Gall. Correr N. 13: Holz, h. 0,35, br. 0,23: ein wenig nach links, violettrothe Mütze, lackrothes Wams und grüner pelzbesetzter Rock; weich in Umriss und Färbung, aber von kräftigem Ton und gelber Fleischfarbe, durch Beschädigung der Bildfläche verändert.

[43] Louvre, N. 69 (Brustbilder, Leinw., h. 0,44. br. 0,63), von guter Erhaltung; von Félibien, Entretiens etc. (1666) I, 188 als Portraits der beiden Brüder von Gentile's Hand bezeichnet. Der Mann zur Linken, etwa 35 Jahre alt, 3/4 nach rechts gewendet, in schwarzer Kappe, brauner Perrücke und Pelzkragen (weiss mit schwarz getupft); der zur Rechten, ungefähr 40—45 alt, in schwarzer Kappe, nussbrauner Perrücke, schwarzem Damastwams mit Vorstoss von Eichhornfell; hinter beiden eine dunkelgrüne Moirétapete, seitwärts Landschaft sichtbar. Die Behandlung zeigt die fortgeschrittene Kunst der bellinesken Schule nach 1500, die Lichtwirkung ist kräftig, aber ohne die massigen Abgrenzungen Bellini's, der goldige Farbenton durch warme gelbe Lasuren hergestellt, welche jedoch die Modellirung der Theile derart decken, dass das Ganze einen etwas undurchsichtigen mysteriösen Schmelz bekommt, der weit von der Formgebung und dem sichern Strich Gentile's absteht. Vielleicht vertritt das Werk die frühe Stufe des Cariani von Bergamo, der freilich verhältnissmässig wenig bekannt ist, dessen Stil aber bei genauer Beschäftigung mit seinen Arbeiten sich sehr kenntlich macht.

[44] Berlin, Museum N. 12: Leinwand, h. 1,41/2, br. 1,11; der Mann zur Linken 3/4 nach rechts, von blasser, grauer Gesichtsfarbe in schwarzer Kappe mit braunrother Perrücke und einem Pelzkragen von dunklerem Braun; der Mann rechts 3/4 nach links in schwarzer Kappe und schwarzer Perrücke mit schwarz und weissem Pelzkragen (ein Theil der Wange abgerieben); Hintergrund dunkelbraun. Diese Bilder gehören nach Angabe des Anonymus bei Morelli (S. 80, 81), jedenfalls eines besseren Gewährsmannes als Félibien, dem Giovanni Bellini an, wenn das von demselben verzeichnete Doppelbildniss zweier „Gentilhomeni gioveni in profilo" der ehemaligen Gallerie des Hauses Gabriel Vendramin mit dem unsrigen identisch ist.

Wir werden später auf dasselbe zurückkommen müssen. Von den Bildnissen fremder, nicht zur Familie Bellini gehöriger Persönlichkeiten kann man dem Gentile nur ein einziges, das männliche Brustbild in München[45] zutheilen, welches dort als Arbeit des Giovanni und zwar als sein Selbstportrait angesehen wird, aber in seiner nüchternen Ehrbarkeit dem älteren Bruder weit näher steht als dem jüngeren. München. Pinak.

Der Mangel urkundlicher Nachweise macht es leider unmöglich, Gentile's allmähliches Emporsteigen bis zu der Stufe zu verfolgen, welche er in seinen Werken für S. Giovanni Evangelista einnimmt. Aus seinem Testamente[46] erfahren wir, dass er in Rom gewesen ist und Bände voll Zeichnungen von dort mitgebracht hat, die er seinen beiden Schülern Ventura und Girolamo vermachte. Er verstand sich auf das Mosaik, wie wir daraus ersehen, dass er ein Werk dieser Art, eine Madonna mit Kind, letztwillig der Kompagnie von S. Marco schenkte. Dass er eine förmliche Schule gehalten habe, wird aus der Nachricht glaublich, wonach er im Jahre 1486 den damals neunjährigen Knaben Tizian als Zögling aufnahm. Wir erfahren ferner, dass er zwar verheirathet gewesen, aber kinderlos geblieben ist. Von dem Umfang und der Wichtigkeit seiner Arbeiten zeugt besonders eine Thatsache: als Mantegna i. J. 1506 gestorben war, wünschte der Markgraf Francesco von Mantua ein Leinwandbild von Gentile für den Palast von S. Sebastian, erhielt jedoch vom Künstler die Antwort, er könne seinem Wunsche nicht willfahren, da er für lange hinaus bereits gebunden sei und zuviel unter Händen habe, um irgend etwas Neues annehmen zu dürfen[47]. Wie sehr er sich seine künstlerischen Aufgaben angelegen sein liess, geht aus einer Bemerkung

---

[45] Pinak. Cab. N. 604. Holz, Oel, h. 1'2"6"'. br. 11"6"'. ein Mann von ungefähr 35 Jahren in rothblondem Haar, die rechte Hand mit einem Ring sichtbar. in schwarzem bis an den Hals geschlossenem Rock mit kleinem Kragenstreifen und schwarzem Barett; grüner Hintergrund; sehr beschädigt durch einen Sprung in der Augenhöhe, der Mund übermalt, die Schatten durch Nachbesserung blind geworden. vgl. Galichon, Gaz. d. beaux-arts t. XX. 281—286.

[46] s. Anm. 40.

[47] s. den Brief des ungenannten Agenten Francesco's vom 17. April 1506 in D'Arco, delle arti etc. di Mantova, fol. Mantua 1857 II, 63, 64.

in seinem letzten Willen hervor, worin er dem Bruder Giovanni das Skizzenbuch des Vaters zum Lohne versprach, wenn er die Vollendung des von ihm begonnenen Bildes für die Scuola zu S. Marco in Venedig übernehme. Giovanni entsprach diesem Wunsche und legte die letzte Hand an die Darstellung der Markuspredigt (jetzt in der Brera zu Mailand), ein Bild, welches, ursprünglich als gemeinschaftliche Arbeit der beiden Brüder von höchstem Werthe, jetzt leider in Folge schwerer Misshandlungen sehr an Bedeutung eingebüsst hat:

Mailand, Brera.

Auf dem Marktplatze zu Alexandrien, dessen Hintergrund durch eine der Markuskirche in Venedig ganz ähnliche Moschee (S. Euphemia) abgeschlossen ist, und dessen Seiten von hohen orientalischen Häusern gebildet werden, steht der heilige Markus vorn links auf einer Freikanzel, umgeben von würdiger Gefolgschaft in venezianischem Kostüm und predigt zu der Volksmenge, welche aus lockeren Gruppen turbantragender Männer und verschleierter knieender Frauen besteht; im Mittelgrunde sieht man einzelne Reiter und allerlei Volk mit Kameel und Giraffe u. dergl.[48]

Trotz aller Verunstaltungen ist die Wirkung noch heute sehr schön und gibt einen bedeutenden Begriff von der Kunsthöhe, welche Gentile am Abend seines Lebens erreicht hatte. Die Färbung ist düsterer als früher, aber zeigt den eigenthümlichen Vortrag des Meisters, die Anordnung ist frei und deutlich, die Gestalten durchweg individuell, die ganze Schilderung ernst und gediegen. Giovanni's Antheil bestand wahrscheinlich in der Aufgabe, den Farbeneinklang des Ganzen durchzuführen.

Unterm 18. Februar 1507 (n. Stils) machte Gentile sein Testament[49], starb am 23. dess. Monats und wurde seinem Wunsche

[48] Mailand, Brera N. 90, Leinw., Fig. ungefähr 1/3 lebensgr., ursprünglich in der Herberge der Scuola di S. Marco (s. Boschini, R. Min. Sest. di Cast. 70, Sansovino, Ven. descr. 286 und Ridolfi, Marav. I, 80). Das Bild ist dergestalt übermalt und sonst beschädigt, dass man den Zustand vor der Wiederherstellung nicht mehr ergründen kann; die rechte Seite ist leer, der ganze Vordergrund übermalt, am besten erhalten das Stück links, welches die Gestalt des Markus mit seinen christlichen Zuhörern enthält. Ein grosses Bruchstück abgebildet bei Rosini. vgl. Vasari IX, 141, 142 und VI, 103, der das Bild als Werk des Mansueti (Mansuchi) bezeichnet.

[49] Dasselbe befindet sich im Archivio notarile zu Venedig und lautet im Wesentlichen: „In nomine etc. 1506

gemäss in S. Giovanni e Paolo zu Venedig bestattet[50]. Er scheint eine Sammlung römischer und anderer antiker Bildwerke besessen zu haben, welche im Vereine mit Mosaiken und Gemälden sein Haus schmückten[51]. Manches der Werke, die er hinterliess, ist uns bis heute unbekannt geblieben[52], eine grössere Anzahl anderer ohne Berechtigung unter seinen Namen gestellt worden:

Rovigo, Stadtgallerie N. 3: Holz; Maria, das Kind anbetend, mit der gefälschten Inschrift: „Gentilis Bellinus Eques Anno 1483",

Ms Febrij die 18 ... Ego Gentilis Bellino ... sanus mente et intellectu, licet corpore languens ... volo meos fidei commissarios et huius mei ultimi testamenti executores Joannem fratrem meum carissimum ... et Mariam consortem meam dilectissimam ... (folgt die Bestimmung der Bestattung in S. Giov. e Paolo und die Stiftung von 10 Dukaten zur Seelenmesse): ferner: „dimitto scole mee S. Marci meum quadrum Sancte Marie de musaico; item volo et ordino et rogo prefatum Joannem fratrem meum ut sibi placeat cōplere opus per me inceptum in dicta scola S. Marci quo cōpleto sibi dimitto et dari volo librum designorum quod fuit prefati q. patris nostri ultra mercedem quam habet a dicta scola; et si nollet perficere dictum opus volo dictum librum (restare) in meam commissariam ... Dimitto et dari volo Venture et Hieronimo meis garzonibus mea omnia designa retracta de Roma, que inter ipsos equaliter dividantur; item dimitto et dari volo ecclesie S. Geminiani meum quadrum magnum S. Marie quod est in portico domus habitationis mee ..."

[50] s. das Testament und ferner Marin Sanudo bei Cicogna, Iscriz. Venez. II, 119.

[51] s. das Testament und Anon. des Morelli 194.

[52] Der Katalog der Samml. Barbarigo in S. Polo (1845) schreibt dem Gentile eine Kreuzabnahme zu (Christus in den Armen der Maria und des Johannes liegend), s. Bevilacqua, Insigne Pinacoteca Barbarigo unter N. 3, Ridolfi, Marav. I, 83, eine Beschneidung in Casa Barbarigo zu S. Polo, wahrscheinlich dasselbe Bild, welches Lanzi II, 103 als „Darbringung Christi im Tempel" beschreibt; Moschini, Guida di Ven. I, 207 und Lanzi II, 103 erwähnen ein Bild im Palast Grimani als Wiederholung desjenigen in Casa Barbarigo und geben die Inschrift: „Opus Gentilis Bellini aequitis Veneti". Das Bild aus Casa Barbarigo soll durch Sign. Fabris nach Petersburg geschickt worden sein und ist vielleicht das unter Giovanni Bellini's Namen in der Gall. Leuchtenberg befindliche, welches sich in Wahrheit als eine Copie des Catena herausstellt. Im Atelier des Sign. Fabris war eine Zeit lang eine Copie der Beschneidung aus Casa Barbarigo, Gegenstück eines Bildes von Giovanni Bellini in Castle Howard, von welchem nicht weniger als 6 Wiederholungen von verschiedenen Händen aufzuweisen sind, ungerechnet die zahlreichen Nachbildungen. Den Bildern in Casa Barbarigo und Grimani kommt der Name Gentile's offenbar nicht zu. Aus dem Testamente des Meisters wissen wir, dass er der Kirche S. Geminiano ein Madonnenbild und der Scuola di S. Marco ein Mosaik vermacht hat; andere Nachrichten sprechen von einer Madonna zwischen Katharina und Daniel mit den Verkündigungsfiguren darüber und Gottvater im Giebel; letzteres befand sich in der Scuola de' Merciari in Venedig (s. Boschini, R. Min. Sest. S. Marco 114, 115 und Ridolfi I, 82), ein Marienbild mit Heiligen erwähnt ferner Ridolfi I, 83 im Besitz eines holländischen Edelmannes Johannes Reinst: ein Bild des jugendlichen Heilandes endlich von Gentile Bellini findet sich im Katalog der Sammlung Renier in Venedig aufgeführt (s. Campori Raccolta di Cataloghi S. 444.)

Gall.-Bilder u. A. kalte Copie von einem Theile des Bildes der Gallerie Doria in Rom von Rondinello oder Basaiti, wahrscheinlich dem ersteren.

Rom, Gallerie Doria, Braccio secondo N. 25: Gruppe wie die vorige mit einem bärtigen Johannes dabei, bezeichnet: „Joannes Bellinus", aber zum grössten Theil von Giovanni's Schüler Rondinello. — Ebenda N. 43: Copie des Bildes in Rovigo, bez.: „Nicholaus Rondinello", vom Original nur darin abweichend, dass das Christuskind einen Vogel am Faden hält.[53]

Padua, Stadtgallerie N. 9 (658): Anbetung der Könige, jetzt als Schule des Mansueti bezeichnet, s. später unter Mansueti.

Berlin, Gallerie Raczynski: Mad. m. K. und dem kl. Joh. zwischen einem Heiligenpaare (Halbfig.), s. unter Catena.

Modena, Gallerie N. 35: Mad. m. K., Joh. d. T., einer Heiligen und zwei Stifterfiguren (Brustbilder), welche emporblicken; ein schwaches Werk, s. später unter Catena.

Treviso, S. Andrea: Grosses Altarstück, enth.: Maria m. K. thronend zwischen den Heiligen Joh. Chrysostomus und Lucia, vorn ein Engel auf der Viola spielend[54], eine Arbeit aus Bissolo's späterer Zeit.

Martellago (Prov. Treviso) Martyrium des heiligen Stephan, neun fast lebensgr. Figuren, von einem Nachfolger des Bissolo.[55]

Casa Manzoni (zwischen Belluno und Feltre) N. 30: ein Gastmahl, lombardisches Bild aus der Zeit des Bramantino und seiner Nachfolger.

Pavia, Gallerie Malaspina: Christus im Grabe von Engeln und Heiligen gehalten, kl. Tafelbild, stark aufgebessert, ursprünglich von einem gewöhnlichen lombardischen Maler.

Liverpool, Royal Instit. N. 31: Mad. m. K., Holz; im Stile des Pasqualino, eines Bellinesken dritter Klasse.

Dresden, Museum N. 209: Heilige Familie, Joseph (?) in weissem Bart mit dem Turban schaut auf Maria, welche sitzend das Kind auf dem Knie hält und die rechte Hand zart auf ein Buch legt, das auf ihrem anderen Knie ruht; das Kind ist nackt und blickt empor, indem es einen Fuss erhebt und den Zeigefinger der linken Hand in den Mund steckt;[56] die Art der Färbung und die harte trockene Form erinnern an die Schule von Forlì, namentlich an Baldassare Karoli, einen Schüler oder Nachfolger des Rondinelli, von welchem sich Bilder in Forlì und Ravenna finden.

Petersburg, Gallerie Leuchtenberg N. 85: Maria m. K., Hieronymus und einem männlichen und weiblichen Heiligen, Halbfig.

---

[53] Eine Schulcopie des Bildes in Rovigo, mit geringer Abweichung in dem landschaftlichen Hintergrunde, befindet sich in der Gall. Rasponi in Ravenna N. 14 unter Giovanni Bellini's Namen.

[54] vgl. Federici, Mem. Trevigiane I, 225.

[55] s. Crico S. 170; die Tafel ist an zwei Stellen senkrecht zersprungen.

[56] Holz, h. 3 F. 1 Z., br. 2 F. 5 Z.

hinter einer Brüstung (Holz); die Farbe hart und ziegelartig, erinnert an Marco Belli oder auch an Pasqualino.

Stuttgart, Museum N. 222 (234): Brustbild eines Mannes in rothem Wams, mit vollem rothen Haar und rothem Bart, mit einem Rosenkranz in der Hand, Hintergr. Landschaft; von hornartiger Dichtheit und Glätte der Farbe.[57]

Altenburg, Pohlhof N. 96: Maria, Halbfig., hat das nackte Kind vor sich stehend und umfasst es zärtlich mit beiden Händen, rechts und links Strauchwerk, Hintergr. eine Ortschaft, vollständig übermalt, aber der venezianischen Schule angehörig.

---

[57] Holz, h. 1 F. 6 Z. 5 L., br. 1 F. 4 Z.

NEUNTES CAPITEL.

Giovanni Bellini.

Die künstlerische Erziehung des Giovanni Bellini fiel in die erste Hälfte eines Jahrhunderts, in welchem Zeichnung und Farbe erst begannen, sich zu neuem Leben zu entfalten. Er erlernte die Anfangsgründe von einem Künstler, der die Gewohnheiten der alterthümlichen Epoche noch nicht völlig abgelegt hatte, und er empfand alsbald das ernsteste Verlangen nach Vervollkommnung seit er mit den Paduanern in Berührung kam, deren Führung Mantegna genommen hatte. Immerhin ist diese Periode seiner Entwicklung nicht so denkwürdig, als jene, die er bei dem Besuch Antonello's in Venedig durchlebte. Entzückt von den neuen Reizen der Oelmalerei überwand er geduldig alle die Schwierigkeiten, die nicht wenige seiner Zeitgenossen zurückschreckten und erweiterte die Technik des neuen Bindemittels. Sein erstes Bild spiegelt noch ganz den Stil des Jacopo wieder, seine späteren sind durch Einwirkungen Mantegna's beeinflusst. Nach 1472 aber wendet er sich einer neuen Behandlung zu und schreitet von der Einfachheit ruhiger Farbenflächen zu immer mannichfaltigeren Tönen, kräftigerem Pinselzug und energischer Wirkung. In diesem Zeitpunkt tritt Tizian in seine Werkstatt und das goldene Zeitalter des venezianischen Colorits beginnt. Aber Giovanni begnügte sich nicht damit, einen Anstoss zu geben, er liess es sich angelegen sein, die Fortschritte seiner Schule durch wesentliche und werkthätige Hilfe zu fördern, und wenn er mitunter die Entwürfe

Vivarini's und Gentile's vollendete, so that er für seine Zeitgenossen das, was der grosse Vecelli später für ihn selbst übernahm.

Giovanni's erste Schritte können noch mit einer gewissen Sicherheit an vorhandenen Bildern verfolgt werden. Wahrscheinlich das erste Anfängerstück ist ein frühes Tempera-Bild, das mit echter Namensbezeichnung beglaubigt vor einer Reihe von Jahren durch Christie's Auction in London ging, eine miniaturartige Darstellung des Hieronymus in der Wüste:

Der Heilige hat den kauernden Löwen zur Seite, der ihm die Pranke darreicht; ein Felsen zur Linken mit goldgehöhten Lichtern, eine entfernte Hügelreihe, ein Zaun, ein Strom und das verwelkte Skelett eines Baumes, glatte röthliche Steine auf dem von einem Kaninchen belebten Vorgrund; links vorn die Inschrift: „Jovannes Bellinus“.[1] London.

Vermuthlich war Giovanni Bellini, als er diess malte, noch ein Schüler seines Vaters, dessen Bilde in der Gallerie zu Padua (Christus in der Vorhölle) das unsrige trotz seines eigenthümlichen Charakters in der Behandlung gleich ist; er erhielt wohl aus besonderer Gunst die Erlaubniss, die ersten Früchte seiner jugendlichen Thätigkeit unter eignem Namen weggeben zu dürfen. Vielleicht war es in der Zeit, als Jacopo seinen Wohnsitz von Venedig nach Padua verlegt hatte und in Concurrenz mit Squarcione dessen Einfluss als Führer der Gilde untergrub; aber vor der Zeit, in welcher Mantegna seine Fesseln abstreifte und sich unabhängig erklärte. Dass die beiden Bellini und Mantegna, als Knaben in derselben Werkstatt lernend, sich hier trafen und, obgleich Schüler rivalisirender Meister, Freunde wurden, ist nicht verwunderlich; es war naturgemäss, dass der jüngere Bellini, von biegsamerem Wesen als sein Bruder, Eigenthümlichkeiten seines Studiengenossen ungescheut annahm. Die allmähliche Vermischung der Schulen Jacopo's und Squarcione's in Padua ergibt sich aus einer

[1] Holz, Tempera, br. 11 Z., h. 17 Z. Verkauft in einer Auction Mr. Christie's, 1856. Der Löwe gleicht denen in Jacopo's Skizzenbuch (s. Cap. VIII). Die Farbe, mit einem dünnen Bindemittel aufgetragen, lässt den Grund durchschimmern. Die Formen sind mager und trocken. Das in Vergleich gezogene Bild Jacopo's ist Padua, Gall. N. 28.

Anzahl von Meisterwerken, in denen die bellinesken und paduanischen Merkmale theils mehr, theils minder vorwiegen, aber deutlich zu unterscheiden sind. Lange genug pflegte die minder scharfsichtige ältere Kunstkritik diese Werke mit Mantegna's Namen zu bezeichnen, aber den Eintritt einer anderen Anschauung bezeichnete es, als der „Christus auf dem Oelberg" in der National-Gallerie zu London dem Giovanni Bellini zurückgegeben ward, und wir werden jetzt eine Reihe von Werken zu prüfen haben, an denen zwar der Name zweifelhaft sein mag, aber keineswegs der künstlerische Ursprung. Es sind hervorstechende und sehr charakteristische Züge an ihnen nachzuweisen. Die Kunstweise ist die des Jacopo Bellini, mit einem Gepräge von Jugend und Fortschritt, der den Antheil der Söhne verräth, und wie darauf gepfropft die Trockenheit Mantegna's. Es fehlt nicht an unzweifelhaften Werken Giovanni's, welche das Recht begründen, ihm andere von gleicher Beschaffenheit zuzuweisen.

Einer der entscheidendsten Gründe, den „Christus am Oelberg" der National-Gallerie mit der Paduaner Werkstatt der Bellini in Verbindung zu bringen, würde darin zu finden sein, dass die Komposition eine deutliche Reminiscenz derjenigen in Jacopo's Skizzenbuch ist[2], wäre nicht auf einem mit Mantegna's Namen bezeichneten Bilde im Besitz des Mr. Baring dieselbe Anordnung beibehalten; aber die Vergleichung dieses echten Mantegna mit derselben Darstellung in der National-Gallerie ist ein sicherer Probirstein, um die Urheberschaft des Letzteren daran zu prüfen. Wir werden darlegen können, dass Mantegna, als er seinen „Christus am Oelberg" vollendete, unter dem Einfluss der Bellini stand; aber in der Ausführung dieses Motivs, wozu er die Idee von Jacopo erhalten haben mochte, offenbart sich eine seinen Zeitgenossen fremde Kunst in der Vertheilung der Gestalten und seine wohlbekannte Verschmähung alles Zarten und Anmuthigen in der Natur. Giovanni Bellini hält sich enger an die Fusstapfen seines Vaters und minder streng an die der Paduaner:

---

[2] Skizzenbuch im britischen Museum N. 42.

Er stellt Christus auf der Spitze eines Hügels inmitten des Bildes dar, in derselben Stellung wie bei Jacopo, aufblickend zu einem schwerfälligen Engel mit dem Kelch; im Vordergrunde schlafen die drei Jünger, in der Ferne sieht man den Kidron und Judas, der mit der Schaar der Juden naht: die felsige Landschaft ist in warmes Zwielicht getaucht.[3] London, Nat.-Gall.

Der harte Stil der Zeichnung, das plastische Ansehen der Gewandung, die blasenartig an den bekleideten Formen klebt, hat Vieles von Mantegna's Art, und von dieser Gestalt allein für sich genommen könnte man sagen, sie sei von ihm. Auch der in Verkürzung gesehene Petrus vorn, der die Sohlen seiner Sandalen, die Breite des Knies und Schenkels und einen starken Hals zeigt, ist in der Weise der Paduaner gebildet; aber die andern Apostel, — einer schlafend den Kopf auf die Hand gestützt, der andere an einen Felsen gelehnt —, sind bellinesk im Typus und die natürlichen Vorläufer der Gestalten im „Götterfest“ zu Northumberland-House. Die Landschaft zu beiden Seiten des Berges ist der bei Mantegna beliebten nicht unähnlich, aber minder wild. Die kleinen Hintergrundfiguren erinnern an Jacopo, Mantegna und Donatello, sind aber von andrer Gefühlsweise in der Behandlung, in der Farbe und dem allgemeinen Ton, in einem Duft der Ferne, der offenbar dem Giov. Bellini kennzeichnet.

Noch eine Zeit nach 1456, dem wahrscheinlichen Datum dieser ersten Leistung, fuhr Giovanni fort, die Herbigkeit der Paduaner mit einem Zug venezianischer Anmuth zu vereinigen; von Werken dieser Art dürfen ihm die Verklärung Christi in der Gallerie Correr zu Venedig, oder der Gekreuzigte zwischen der Jungfrau und dem Evangelisten im Besitz Mr. R. Fisher's zugeschrieben werden. Das letztere könnte allerdings für Carpaccio gelten, denn nur die Landschaft ist bellinesk, während die han- London. Sammlung Fisher.

[3] Nationalgallerie N. 726 (angekauft aus dem ehemaligen Davenport-Bromley-College), Holz, h. 2 F. 8 Z., br. 4 F. 10 Z., lange Jahre als Mantegna bezeichnet und unter diesem Namen in Manchester ausgestellt. Die Tempera ist trocken und hart und von sehr sorgfältiger Behandlung. Durch Verputzen beschädigt und der Himmel mit dem Engel abgekratzt. Beachtenswerth ist die conventionelle Tracht im Lockenfall der Haare; die Heiligenscheine sind abgerieben.

delnden Personen von ungewöhnlich mantegnesker Härte des Ausdrucks sind und die Tempera-Farbe einen sehr alterthümlich grellen Ton hat[4]. Die Verklärung aber ist kein Temperabild Venedig. Gallerie Correr. des alten Stils; sie zeigt einige Erfahrung in technischen Versuchen, welche die Absicht der Ueberwindung des alten Verfahrens verräth, und manche Züge deuten auf venezianischen Ursprung.[5] Die Komposition ist die herkömmliche: Christus emporschwebend zwischen den beiden Propheten, die drei Apostel aufblickend im Vorgrund; die Gesichter sind ausdrucksvoll, wie nach der Natur studirt und den feststehenden ehernen Typen Mantegna's mehr nachgeschaffen als nachgeahmt; das Ganze sehr in der Art der späteren Werke Giovanni's[6], aber doch mit unzweifelhaften Anklängen an den Christus auf dem Oelberg der National-Gallerie. Indess verlohnt es kaum, bei diesen unbeglaubigten Beispielen zu verweilen, da ähnliche durch die Bezeichnung des Künstlers ein höheres Interesse beanspruchen. Dieser Art sind Bergamo. Gall. Lochis. die Pietà in der Brera und eine andere in der Gallerie Lochis-Carrara zu Bergamo. Die letztere, obgleich von mantegneskem mürrischem Aussehen, namentlich in der Jungfrau zur Seite des Heilandes, ist nicht ohne Charakter;[7] allein die Gestalt des

---

[4] Das Bild war ausgestellt als Mantegna in der British Institution im Jahr 1865; Holz, Tempera, die Figuren ¼-lebensgross. Die Umrisse markirt und sicher, das Fleisch trübe, graugelb mit dunklen Schatten, in abgesetzten Massen. Die Typen abstossend und von mantegnesker Leidenschaftlichkeit. Die linke Hand der Madonna beschädigt.

[5] Venedig, Gall. Correr N. 27, kleines Bild auf Holz, h. 1,34, br. 0,88, als Mantegna verzeichnet, unterhalb auf einem Zettel die Aufschrift: „Misereminі. mei . saltem . vos . amici . mei.", ehemals in S. Salvatore (s. Vasari, Comment. V, 202). Die Figuren haben in den Gipsgrund eingedrückte Umrisse, sind grau untermalt und mit aufgestrichelten Farben von öligem, zähem Bindemittel ausgeführt. Lasuren sind nicht angewendet, sondern die Schatten sind dick aufgesetzt und ungenügend mit Halbtönen und Lichtern verschmolzen. Die Farben sind jetzt durch Alter und Firniss verdunkelt, das Fleisch aber von düster glühendem Ton. Man möchte auch hier an Carpaccio denken, aber mit weniger Grund als beim vorigen. Eine gewisse Aehnlichkeit mit dem Bilde der Nationalgallerie N. 726 ist auch hier zu beachten: z. B. Stellung und Geberden der Apostel, das Studirte in der Gewandung, die spiralförmig gewundenen Locken. Die äusseren Gliedmaassen sind plump und realistisch wie bei anderen beglaubigten Werken Giovanni's.

[6] Vgl. später die Pietà in der Brera zu Mailand.

[7] Bergamo, Gall. Lochis-Carrara, N. 1, Holz, h. 0,42, br. 0,32, Tempera auf dunkelgrünem Grund, Halbfiguren in ⅓ Lebensgrösse, mit einem senkrechten Sprung längs der einen Seite des Christuskörpers. Ueber den Figuren die griechischen Buchstaben *ΜΡ.*, *ΘΥ.*, *ΙC.*, *ΧC.*, *ΑΩ.*; bez.: „IOHANNES. B."

Heilandes scheint nach einem Cadaver auf dem Secirtisch, die der Jungfrau nach einer Mumie gezeichnet, und das Gesicht des Evangelisten ist durch Schluchzen kindisch verzerrt. Hierzu kommen der byzantinische Typus im Gesicht des Erlösers, Hände von magerer, knochiger Bildung, Bekleidung von eckigen Falten, eine Tempera von schwerem Impasto und doch bei alledem mit deutlich umschreibenden Umrissen; alles Merkmale, welche die Thatsache belegen, dass Giovanni die Weise seines Vaters mit der aus der Schule von Padua verschmolz. In der Brera ist dieselbe Gruppe mit mehr Wahrheit entworfen und angeordnet und erscheint deshalb nicht so unangenehm hart und steif wie die in Bergamo. Hier ist echtere Leidenschaft vorwiegend. Die Formen sind gewissenhaft studirt und die Gewandung ist einfacher als auf früheren Bildern.[8] Der Gegenstand ist jedoch mit der Erwähnung dieser Tafeln keineswegs erschöpft. Die Pietà in verschiedener Auffassung gehört zu Bellini's Lieblings-Gegenständen, und lange nach seiner Niederlassung in Venedig wiederholte er sie in einer Votiv-Lunette, die er für die Kapelle des heiligen Nikolaus im Dogenpalast zu malen hatte. Es ist umso belehrender, ihm in seiner Behandlung dieses religiösen Motivs zu folgen, als wir hier seine Fortschritte in einer Periode wahrnehmen, in welcher noch keine bestimmte Zeitfolge seiner Bilder festzustellen ist. Alte Reisehandbücher berichten, dass er 1464 Mailand, Brera.

Die Tempera der trübgelben Fleischtöne ist durch Verputzen und Firnissen beschädigt.

[8] Brera N. 198 (223), Holz. Lebensgrosse Halbfiguren; Tempera; ursprünglich in der Sammlung Zampieri zu Bologna, mit der Inschrift auf einem länglichen, an die weisse Marmorbrüstung geklebten Streifen: „Haec fere quum gemitus turgentia lumina promant | BELLINI poterat flere IOANNIS opus.“ Die Behandlung ist sehr sorgfältig, die Formen durch Schraffirung modellirt, die Hände lang und mager; die Tempera hart, wahrscheinlich durch Reinigen bis auf's Fleisch geschunden, sodass die Oberfläche in früheren Jahren viel dunkler und harmonischer war als jetzt. Der Grund scheint überall durch die Farben, namentlich im Hintergrund. Alles Blau ist schwarz geworden und zum Theil erneuert. In diese Klasse der Werke Giovanni's mag das Bild der Pietà (Christus in den Armen der Maria und des Johannes. Holz. h. 0.71. br. 1,05) gehört haben, welches unter der Bezeichnung Gentile Bellini sich bis 1845 in der Sammlung Barbarigo in Venedig befunden hat (s. Bevilacqua, Pinac. Barbarigo della Terazza N. 3). — Aehnliche Bemerkungen lassen sich bezüglich eines Ecce homo im Besitz des Sig. Molteni in Mailand machen: Christus, Halbfig. im Grabe, klein, bez.: „Ioannes Belinus“, Stück einer Staffel.

zwei Bilder aus der Legende des heiligen Hieronymus in der Scuola di S. Girolamo zu Venedig gemalt hat [9]; und im Jahr 1472 eine Kreuzigung grau in grau in der Carità [10], aber erhalten hat sich von diesen Werken nur die Pietà im Dogenpalast.

Venedig. Dogenpal. Den Vordergrund nimmt das viereckige Grab ein, an den Ecken zwei Kandelaber von Bronze und eine brennende Wachskerze. Der Leichnam Christi wird von Maria und Johannes (Halbfiguren) aufrecht gehalten, links kniet Markus, rechts in ähnlicher Haltung Nikolaus im Bischofsornat; Hintergrund Hügellandschaft; auf einem Streifen vorn am Grab die Inschrift: „IOHANNES BELLINVS.“ [11]

Im Vergleich mit den früher erwähnten und mit Berücksichtigung der barbarischen Beschädigungen, die das Bild erlitten, ergibt sich, dass Giov. Bellini hier schon den Gebrauch von Oel-Bindemitteln versucht hat, dass er trotz des Festhaltens an den abstossenden Gesichtstypen und Mundverzerrungen Mantegna's doch mehr natürliches Gefühl in die Anordnung, mehr Correctheit, Festigkeit und sorgfältige Deutlichkeit in die Zeichnung, bestimmteren Ausdruck in das Spiel der Gesichtszüge bringt.

Der Stil gleicht dem des Bartolommeo Vivarini um dieselbe Zeit oder dem des Gentile sieben Jahr früher, und Gegenstand

---

[9] Venedig, Scuola di S. Girolamo; die Gegenstände waren: Hieronymus an der Klosterthür und Hieronymus im Studirzimmer. Es ist dieselbe Scuola, in welcher auch Luigi Vivarini und Carpaccio gemalt haben (s. Vasari V, 12). Sansovino (Ven. descr. 176), Boschini (Ricch. Min. Sest. di Canar. 44) und Ridolfi (Marav. I. 85). Das Gebäude ist jetzt das „Ateneo“.

[10] Wir wissen durch Boschini (R. M. Sest. di D. Duro, p. 37) und Ridolfi (Marav. I, 86), dass Giovanni im Jahr 1472 auch den gekreuzigten Heiland, die Marien und die Kirchenväter als Monochrome im Refectorium des Klosters der Carità zu Venedig gemalt hatte.

[11] Venedig, Dogenpalast, Leinwand, in der Zeit von Boschini (Ricche Min. Sest. di S. Marco, p. 50), Zanetti (Pitt. Ven. 48, 49) u. A. in die Zimmer des „Magistrato dell' Avogaria“ im Dogenpalast übertragen und noch dort befindlich; ehemals, nach Zanetti, datirt 1472. Das Bild wurde 1561 in viereckige Form gebracht auf Veranlassung der Nobili Giov. Antonio Bon, Francesco Pisani, und O. Valier, deren Wappen sich auf dem damals hergestellten Rahmen befinden. Auf demselben liest man ferner: „MDLXI renovatum.“ Der Hintergrund, die Ferne und das Meiste an den Gewändern ist übermalt, ebenso der Kopf des heiligen Nikolaus und theilweis der des Evangelisten. Die Lichter im Fleisch grossentheils übertüpfelt und die Umrisse vielfach durch die neu aufgetragene Grundfarbe bedeckt. Die Figuren sind übrigens knochig und mager, die Gewandung mantegnesk und die Umrisse eckig; die Formen sehr markirt und mit überängstlicher Sorgfalt durchgebildet. Die Münder sind offen, die Züge eckig; Markus im Gesichtstypus wie eine Figur von Jacopo. Ueber die Farbe lässt sich nichts mehr aussagen.

wie Anordnung erinnern an Jacopo.[12] Wir werden nach dieser Betrachtung der Wandlungen in Bellini's Stil bei der Behandlung desselben Gegenstandes mit belehrendem Erfolg dasselbe Motiv auf einer Wanderung durch die Kirchen und Gallerien des Continents verfolgen. Das nächste Beispiel der Pietà finden wir in der Kathedrale zu Toledo in Spanien:

Christus im Sarkophage sitzend, auf dessen oberer Platte seine Rechte ruht, die Linke von Johannes gehalten, der Körper von der Jungfrau unterstützt, während drei männliche und zwei weibliche Heilige, unter ihnen einer im Turban, als Zuschauer den Hintergrund füllen; die Ferne einfache Landschaft. An der Seite des Grabes die Inschrift: „IOANNES BELLINVS".[13] Toledo, Kathedrale.

Die Schwierigkeiten der Oel-Technik sind zum Theil überwunden, die Formen entschieden besser wiedergegeben, die Handlung wahrer, der Schmerz echter geworden, aber die Farbe ist trübe und flach und ohne Fülle. Eine andere Wiederholung mit einer Abweichung in der Stellung der Jungfrau befindet sich im Museum zu Stuttgart, wo der Fehler der Grimasse wieder mehr hervortritt, obgleich die technische Behandlung auf dieselbe Zeit deutet wie das Bild von Toledo:

Christi Leichnam ruht auf Maria's Schooss, die als Matrone charakterisirt ihm ins Angesicht blickt, links eine jugendliche Gestalt (Magdalena?) und Nikodemus, rechts Johannes, welcher die Hand des Heilands in seiner Rechten haltend und die Linke ihm auf die Brust legend ziemlich unbefangen aus dem Bilde schaut; neben ihm Joseph von Arimathia (sämmtlich Halbfig.); Inschrift am Grabe: „IOANNES BELLINVS."[14] Stuttgart, Museum.

---

[12] Jacopo zeichnete den Gegenstand mit zahlreichen Figuren auf S. 23 seines Skizzenbuchs.

[13] Toledo. Kathedrale, Sakristei (sehr dunkel): Holz, im alten Rahmen, fast lebensgr. Halbfig. Die Tafel an drei Stellen gesprungen, eine Stelle wagrecht über den Augen des Evangelisten und die Gestalt im Turban neben ihm abgerieben.

[14] Stuttgart, Museum N. 4: Holz, h. 2 F. 6 Z., br. 3 F. 3 Z., ursprünglich im Palazzo Contarini, dann in der Sammlung Barbini zu Venedig: die Buchstaben der Inschrift sind übermalt, ebenso die Gesichter des Heiligen zur Linken und des alten Mannes, der links von Christus und rechts von der Jungfrau sichtbar wird. In Venedig war das Bild von altem Firniss verdunkelt, jetzt ist es durch Reinigung aus der Harmonie gebracht; die Behandlung wie auf dem Stück in Toledo.

Ohne uns bei der ungenügenden Wiederholung, mit dem Warschau. Brustbild des Stifters rechts im Vordergrund, im Museum zu Warschau, früher in der Sammlung Campo Weyermann in Cöln, aufzuhalten[15], wenden wir uns zu der mehr symmetrischen Pietà Berlin. im Berliner Museum, in welcher die Beihilfe des Basaiti wahrnehmbar erscheint[16], und zu einem „Christus zwischen der Jungfrau und dem Evangelisten" derselben Gallerie, in Bellini's entwickelterem Stil, einer Composition, welche von etlichen geringeren Künstlern, u. a. auch vom jüngeren Donato, copirt worden ist.[17]

Auf dem Exemplar in der Gallerie zu Padua scheint die Komposition von Toledo durch einen Nachfolger Mantegna's benutzt worden zu sein.[18] Die späteste Phase von Giovanni's Entwicklung in der Reihe dieser Bilder vertritt eine unvollendete Tafel in den Florenz, Uffizien. Uffizien, wo der Meister, ohne den mantegnesken Charakter völlig abzustreifen, in Koncentration der Handlung, in Wirkung, in Geschmeidigkeit und in Gebrauch des neuen Bindemittels offenbar gewonnen hat.[19]

---

15 Warschau, Museum; Leinw., mit der gefälschten Bezeichnung „Gentilus Bellinus Venetus. 1486". (1862 beim Verkauf der Sammlung Weyermann für 1775 Frcs. gekauft.) Die Jungfrau und Christus ziemlich in denselben Stellungen wie auf dem vorigen, die Heiligen etwas verändert. Rechts das Brustbild eines Priesters im Profil. Die Autorschaft Giov. Bellini's ist nicht unbedingt sicher; aus derselben Zeit wie das vorige und gewiss nicht von Gentile.

16 Berlin N. 6: Holz, h. 1 F. 11 Z., br. 2 F. 8¾ Z. Die linke Hand Christi hier von Magdalena gehalten, die Jungfrau weiter zurück zur Linken, ausserdem noch drei Heilige, Halbfiguren. Die Bezeichnung in der obern Ecke rechts ist beschädigt und kann am ehesten „Marcus Baxaiti" gelesen werden. (Die im berliner Katalog gegebene Inschrift Joannes Bellinus ist willkürlich.) Das Bindemittel ist Oel und die Oberfläche hornartig, das Fleisch ziegelig und die Schatten erdig. Das Bild möchte eine Periode der Umwandlung in Basaiti vom Stil des Luigi Vivarini zu dem des Giov. Bellini bezeichnen. N. 3. derselben Gallerie, ein segnender Christus, mit landschaftlichem Hintergrund. Holz, h. 3 F. 5 Z., br. 2 F. 9½ Z., ist ein dürftiges Schulbild.

17 Berlin, Museum N. 4; Holz, h. 2 F. 3 Z., br. 2 F. 9 Z., aus der Sammlung Solly: Christus zwischen der Jungfrau und Johannes d. Ev. (Halbfiguren). Das Haupt Christi beschadigt, die Oberfläche überhaupt angegriffen und durch Restauration getrübt. Aus späterer Zeit als die bisher genannten Bilder, der Hintergrund Luft.

18 Padua, Gallerie N. 48. Ehemals in der Sammlung Capo di Lista zu Padua; durch Lasuren aufgewärmt und von dickem Farbenauftrag bei röthlichem Ton. (Halbfiguren.)

19 Florenz, Uffizien N. 581; Leinw. lebensgr. Halbfiguren (ursprünglich in der Gallerie Aldobrandini in Rom, Abbildung bei Rosini, Tafel 64). Ein wirkungsvolles Bild mit breiten flüssigen Schatten, aber Gesichtern von altvenezianischem Schnitt; die Körperverhältnisse kleinlich. Das Fleisch selbst bei dem Christusleichnam lebendig und von schöner Biegsamkeit. Die Umrisse mit

Man wird wahrscheinlich mit Recht die Mehrzahl dieser Gemälde vor 1486 zu setzen und für älter anzunehmen haben, als die grossen Altartafeln in S. Domenico zu Pesaro und in S. Giobbe zu Venedig. Und es ist beachtenswerth, dass Bellini bei ihrer Ausführung so geneigt war, immer auf dasselbe Thema zurückzukommen.[20] Anders war es mit dem Gegenstand, der sich in mehreren Wiederholungen in den verschiedenen Gallerien befindet: der Beschneidung. Bellini schuf das eine grosse Original dieser Darstellung, das aus der Gallerie Orleans in die Sammlung des Earl of Carlisle zu Castle Howard gekommen ist.[21]

Der ehrwürdige Simeon, bärtig und in reiche vielfarbige Gewänder gekleidet, beugt sich über das Kind in den Armen des h. Joseph; die Jungfrau, ein männlicher und eine weibliche Heilige mit Perlen besetzter Haube wohnen der Ceremonie nur als Zeugen bei. Inschrift auf dem Zettel an einer Bank: „IOANNES BELLINVS"[21]. Castle Howard.

Die technische Behandlung deutet hier auf die Periode der Pietà von Toledo. Die Männergestalten haben dick aufgehöhte Schatten, die weiblichen im Gegentheil stark impastirte Lichtflächen. In den Tönen der harmonisch mit Bordüren verzierten Bekleidung herrscht eine anmuthige Abwechslung. Die Gesichtszüge sind noch schwer, die Verhältnisse untersetzt, die Gliedmaassen unfein und der Faltenwurf bruchig; aber die Zeichnung ist einfach in den Linien und das Ganze hat in Folge der gleichmässigen Lasuren eine gewisse Wärme, die von dem Fortschritt in der Anwendung der Oelfarben Kunde gibt. Von diesem wichtigen Werk existirt eine Copie, wahrscheinlich von Catena, in der Gallerie Leuchtenberg zu Petersburg;[22] eine andere von Marco

dem Griffel in den Gipsgrund gedrückt und einfarbig untermalt, wie Jan van Eyck's heil. Barbara in der Gallerie zu Antwerpen.

[20] Eins von den obengenannten ist vielleicht das von Ridolfi (Marav. I, 94) im Nonnenkloster der Angeli zu Murano erwähnte.

[21] Castle Howard N. 125, Holz, ⅓ lebensgr. Figuren, dunkler Grund. Das Fleisch des Kindes und der zwei Frauen rechts durch Putzen beschädigt. Der allgemeine Ton ist durchgehends flach, matt gestimmt und zeigt den Gebrauch von gleichmässigen Lasuren; es fehlt an Leuchtkraft der Farbe und was davon sichtbar ist, schimmert aus dem hellen Grunde hervor.

[22] Petersburg, Gallerie Leuchtenberg N. 68; unter dem Namen Giovanni Bellini; h. 2 F. 5 Z., br. 3 F. 2½ Z., von derselben Grösse, wie das Bild in Castle Howard, aber beschädigt; die weichliche licht gelbe Farbe etwas abgerieben;

10*

Belli im Museum zu Rovigo[23], eine dritte in Grosvenor House[24], eine vierte, an Catena oder Bissolo erinnernd, im Palazzo Doria zu Rom[25], und drei andere in Pavia[26], Wien[27] und Venedig.[28]

Im Lauf der Zeit änderte sich dieser Gegenstand und wurde zur „Darbringung Christi im Tempel", das Kind unbekleidet in den Händen der Jungfrau, davor der betende Simeon in Gegenwart von Joseph und einem andern Heiligen. Ohne Zweifel gehört diese Umgestaltung Giovanni Bellini eigenthümlich an, aber vermuthlich ist die erste Ausführung des Meisters verloren, denn

Wien. die existirenden zahlreichen Wiederholungen scheinen seiner Hand nicht würdig. Die seinem Stil von allen am nächsten stehende befindet sich im Belvedere zu Wien und ist aus einem Rechteck zu einem Rundbild gemacht worden; ihr gegenwärtiger Zustand gestattet aber kaum ein richtiges Urtheil mehr.[29] Mansueti, Lazzaro Sebastiani oder Catena copirten das Bild in einer Tafel des

Berlin. Berliner Museums[30] und es existiren noch drei oder vier Wiederholungen von verschiedenem Kunstwerth im Palazzo Correr[31], im

---

Halbfiguren. Diess ist wahrscheinlich das Exemplar, welches sich bis 1845 in der Samml. Barbarigo in Venedig unter dem Namen Gentile Bellini befand (s. Bevilacqua, Pinac. Barbarigo N. 51).

[23] Rovigo N. 80. S. später unter Marco Belli.

[24] Grossvenor-House N. 53, Holz, unter dem Namen Giovanni Bellini; alte venezianische Copie nach Marco Belli's Copie von flachem warmem Ton.

[25] Rom, Gallerie Doria, Saal V, N. 5, halblebensgr. Halbfiguren, Holz. Grell, etwas roth und leer in der Farbe. S. unter Bissolo.

[26] Pavia, Gallerie Malaspina; schwache und sehr beschädigte Copie, Holz, unter Giovanni's Namen.

[27] Wien, Gallerie Czernin; Holz; noch modernere Copie als das vorige, aber ebenfalls Giovanni Bellini getauft.

[28] Venedig, bei Sign. Paolo Fabris; Holz, dem Giovanni zugeschrieben, aber eine Copie nach Marco Belli's Bilde in Rovigo. Eins von diesen Exemplaren ist vielleicht das früher in S. Giorgio Maggiore zu Venedig befindliche Bild. (S. Cicogna, Iscr. Ven. IV. 386—88.)

[29] Wien, Belvedere, Saal 2. Venez. Schule N. 63, Holz; h. 2 F., br. 3 F. 7 Z. Wahrscheinlich ein Schulbild, fast ganz abgerieben, der besterhaltene Kopf der des Simeon, das Kind dagegen durch Restaurationszusätze beschädigt. Das Licht der Färbung scheint vom Grunde, aber die Fleischtöne sind vergilbt und trübe. (Halbfiguren.) — In demselben Zimmer N. 65, ist eine Maria mit dem Kinde in Landschaft, mit den Heiligen Jacob, Joseph und Johannes und einem Stifterpaar, welches von den Heiligen empfohlen wird (Halbfig.); der Mann übermalt. Vielleicht von Girolamo da Santa Croce oder Andrea Previtali; für welch letzteren sich Otto Mündler und auch Waagen (Kunstdenkm. in Wien, I. S. 49) erklärten.

[30] Berlin, Museum N. 36, Holz, h. 2 F. 4 Z., br. 3 F. 3½ Z. (Halbfig.), unter dem Namen Giovanni Bellini, aber weniger in seiner Art als das Bild in Wien; das Colorit hart, undurchsichtig und düster.

[31] Venedig, Gallerie Correr; im Zimmer des Direktors; 3 F. zu 2 F. 3 Z.; genaue Wiederholung desjenigen in Ber-

Museum zu Padua[32], in den Gallerien zu Vicenza[33] und Crespano.[34] Aber das Bild in Padua gewinnt Interesse durch seinen Zusammenhang mit einer Fälschung.

Lange Zeit galt dasselbe durch die Bezeichnung Giovanni Bellini auf einem Zettel für beglaubigt. Bei einer neuerlichen Reinigung verschwand die Inschrift und die Worte „Vincentius de Tarvixio" kamen zum Vorschein. Durch Vergleichung des Stils mit dem anderer venezianischer Bilder ergibt sich, dass diese Tafel von Catena herrührt, dessen Vorname Vincenzo war und dass der Maler dieses und zahlreicher andrer Staffelei-Bilder und der Gehilfe Bellini's in der grossen Sala di Consiglio in Venedig eine Person sind.[35] Francesco Bissolo veränderte die Anordnung Catena's in einem Altarbild von San Zaccaria zu Venedig[36], als ein Vorspiel für weitere Variationen, in einer „Darstellung" in der Akademie zu Venedig[37], wobei ihm eine viel schönere, jetzt in der Sammlung Bernasconi zu Verona befindliche, mit den meisten charakteristischen Zügen von Giovanni Bellini's Stil zum Vorbild gedient hat.[38] Verona.

---

lin, der Ton ist düster olivengrünlich, die Gewandung roh behandelt. (Halbfiguren.)

32 Padua. Diese Tafel (Halbfiguren) ist voller Löcher und beinahe zerstört, die Frau rechts noch am besten erhalten. Der Ton muss ursprünglich eine schöne Wärme gehabt haben, die Gesichtstypen erinnern an ein dem Giovanni zugeschriebenes Bild im Redentore zu Venedig: die Jungfrau mit dem Kinde, Johannes d. T. und Franciskus, oder an eine Madonna mit dem Kinde von Giovanni Bellini in der Sammlung Baring in London. Es ist fraglich, ob das Bild, wie es jetzt ist, von Catena herrühren könne, aber der Catena der Liverpool Institution führt auf die Vermuthung.

33 Vicenza, Stadtgallerie N. 28: derselbe Gegenstand; Holz, ruinirt. (Halbfiguren.)

34 Crespano. Beinahe zerstört, unbedeutende Copie unter Giovanni Bellini's Namen. (Halbfiguren.)

35 Vgl. später bei Catena.

36 Venedig, S. Zaccaria. Diese Tafel war für einen Altar im Chor bestimmt zum Gedächtniss eines 1524 verst. Pietro Cappello. Die Meinung Zanotto's (Pinac. Ven. Fasc. 8), der es, der Tradition folgend, dem Giov. Bellini zuschreibt, ist schon aus diesem Grunde unhaltbar. Der Grund ist neu, hinten Colonnade mit Landschaft, links eine weibliche Figur, welche die Symmetrie der Komposition stört; die Farbe schwach. (Halbfiguren.)

37 Venedig, Akademie N. 435; vgl. später bei Bissolo.

38 Verona. Sammlung Bernasconi, Leinw.; beschrieben von Ridolfi (Marav. I, 96) als Bestandtheil der Sammlung Muselli in Verona; auf einem Streifen bez.: „Joannes Bellinus". Das Bild hat viel von Giovanni's Geist und Energie, obgleich man den sorgfältigen Umriss und die Behandlung für fleissige Schülerleistung halten möchte. Der Vorgang ist in das Innere eines Gebäudes verlegt, und die weibliche Gestalt zur Linken trägt die Tauben. (Halbfig.) — Del Pozzo und Ridolfi (Pittori Veronesi 283, Marav. I, 96) erwähnen eine Madonna mit dem Kinde, Petrus, Paulus und einer knieenden Figur, aus den Sammlungen

In derselben Zeit schuf der unermüdliche Fleiss des Meisters eine grosse Anzahl Tafeln mit der Jungfrau und dem Kinde allein, zuweilen mit dem alterthümlichen Goldgrund, zuweilen mit Landschaften an seiner Statt. In den meisten folgte er den Ueberlieferungen seiner Schule und malte, wahrscheinlich auf den Wunsch der Besteller, irgend welche altverehrte Madonna mit dem Zusatz vom Geist seiner eigenen Zeit, der diese Schöpfungen immer anziehend macht. Wahrscheinlich enthielt seine Werkstatt einen Vorrath solcher Werke, mit denen er die Nachfrage gelegentlicher Käufer befriedigte, und die er, frühern wie spätern Ursprungs, ohne Unterschied verkaufte. Nur so lässt sich erklären, wie verhältnissmässig frühe Altarbilder erst spät öffentlich aufgestellt wurden, und so kam es jedenfalls, dass Giovanni im Jahre 1487, als die Ueberreste des Luca Navagero, Gouverneurs von Udine, nach S. Maria dell' Orto in Venedig übertragen wurden, einen seiner Ladenhüter zum Schmuck des Grabmals lieferte, jetzt in der Akademie zu Venedig. Die anmuthige Bewegung und der regelmässige Gesichtsschnitt der Jungfrau, die verhältnissmässig einfachen Umrisse der Glieder und die zierliche Form der Hände sind hier erfreulich, aber der mantegneske Ausdruck im Gesicht des Kindes, die falschen Verhältnisse seiner Glieder und die leeren Tempera-Flächen deuten entschieden auf die frühere Periode der Ausführung.[39] Für die Gewohnheit der Wiederholung spricht das Gegenstück der Madonna des Luca Navagero, das ehemals der verstorbene Otto Mündler, später Prinz Napoleon in Paris besass.[40]

Venedig. Akademie.

Museli und Sereghi. Dieses Bild, nach Ridolfi ein Triptychon mit Vincenz Ferrerius und Franciskus auf den Aussenseiten, ist nicht aufzufinden; ebensowenig ein büssender Hieronymus und ein Portrait des Giovanni Bellini in der Sammlung Museli (s. G. Campori, Raccolta di Catal. S. 191) und eine heilige Helena mit dem Kreuz in ganzer Figur aus dem Palazzo Bonduri in Verona. Ebenso fehlt eine Geburt Christi (Del Pozzo 291) aus dem Palazzo Fattori ebendaselbst.

[39] Venedig, Akademie N. 71: Holz, ungefähr h. 2 F. 6 Z., br. 1 F. 8 Z., Goldgrund mit grünem Vorhang darüber, und auf dem Gold die Zeichen MP. ΘY. IC. XC.: auf einem Zettel die Inschrift: „IOANNES BELLINVS" (Halbfig.), bei alten Chronisten aufgeführt. Zanotto (Pin. Ven. Fasc. 15) möchte glauben machen, dass die Madonna vom Grabmal Navagero's wirklich 1507 gemalt worden sei, was jedoch dem Stile des Bildes durchaus widerspricht.

[40] Otto Mündler verkaufte das Bild an den Prinzen, welcher es 1872 in Christie's Auktion in London für den Preis von 600 Pfd. Sterl. weitergab. Tempera auf Holz, auf Goldgrund mit einem lila-damastnen Vorhang, etwa halblebensgr., bezeichnet wie das vorige. (Halbfigur.)

Aber es fehlt auch sonst nicht an Wiederholungen: so die Madonna in der Stadtgallerie zu Rovigo, das Gegenstück einer andern im Museum zu Treviso, die dort Mantegna heisst; und die in der Gallerie Lochis Carrara, welche durch freiere Auffassung und anderen Standpunkt der Aufnahme abweicht. In Rovigo unterscheidet sich das Motiv von dem in S. Maria dell' Orto nur durch eine neue Wendung des Madonnen-Kopfes, der sich über das Antlitz des Kindes neigt; aber die Formen sind gefälliger, der Fleischton ist leuchtender und die Natur ist anmuthiger aufgefasst als von Alters her.[41] In Treviso, wo Restauratoren in wohlbekannter Weise gewirkt haben, verbleibt nur die Ruine eines ursprünglich jedenfalls sehr anziehenden Originals[42], an welchem besonders der reizvolle Ernst im Ausdrucke des Kindes bemerkenswerth ist, und in Bergamo ist nur eine in gewissem Grade an Bartolommeo Vivarini erinnernde Fülle der Formen und Grossartigkeit der Faltengebung zu beachten.[43]

Rovigo. Treviso. Bergamo.

Drei oder vier Madonnen derselben Art, die von den vorigen nur wenig in den Haupt-Motiven der Handlung abweichen, haben wir in den Gallerien von Venedig, Berlin, Mailand und Pavia; die erste ein gutes Schulbild[44], die zweite interessant durch die innige Zärtlichkeit der Jungfrau[45]; das dritte in Mailand beachtenswerth durch die gemischte Ausführung in Tempera und Oel, von strengem aber wohl verschmolzenem und pastosem Farbenauftrag[46], wie auf der „Mantegna" genannten Pietà in der Gallerie des Vaticans zu Rom.

Venedig. Berlin. Mailand. Pavia.

---

[41] Rovigo N. 109: Holz. Tempera, in Oel restaurirt, wie das vorige auf einem an der Marmorbrüstung befestigten Zettel bezeichnet. Der Hintergrund ist hier Landschaft. (Halbfigur.)

[42] Treviso. Das Kind segnend, der Hintergrund Landschaft; alles Fleisch ist übermalt und übertupft. (Halbfigur.) h. 0,65, br. 0.50.

[43] Bergamo, Gallerie Lochis Carrara N. 216 (210): Holz, Tempera, halblebensgr., bezeichnet: „IOANNES BELLINVS", Hintergrund dunkel; das zur Mutter aufblickende Kind, welches mit dem Hemdchen bekleidet auf der Marmorbrüstung liegt, ist durch Ausbesserung beschädigt; h. 0.47, br. 0,34 (Halbfigur).

[44] Venedig, Akademie N. 364, als „Schule des Jacopo Bellini" bezeichnet, ehemals im Magistrato del Monte Novissimo, Schulbild, sehr durch Nachbesserung verändert; Holz, h. 0.76, br. 0,62, Halbfigur. (s. Boschini, R. Min. Sest. di S. Polo 24.)

[45] Berlin, Museum N. 10, Holz, h. 1 F. 8½ Z., br. 1 F. 4½ Z., neuer Goldgrund, das Kind mit einem Hemdchen bekleidet, das Fleisch beschädigt. (Halbfigur.)

[46] Mailand, Brera N. 132 (296): Holz, Goldgrund, mit den griechischen Buch-

Endlich ist unter den vielen bedeutenden Werken dieser Periode, in welcher die Tempera-Technik noch vorwiegt, ein schönes Bild der Akademie zu Venedig: die Jungfrau das auf ihrem Schooss schlummernde Kind anbetend, zu nennen, in welchem Bellini bei der Behandlung eines unter den Muranesen beliebten Gegenstandes sich durch schlichte Wahrheit des Ausdrucks und Zartheit ihnen überlegen zeigt.[47]

Venedig. Akademie.

Bei einem Rückblick auf die Hauptzüge in Giovanni Bellini's bisherigem Entwicklungsgang finden wir seine Kunstübung umfassend, seine Erfahrung im Wachsen. Mit der Ader eines Coloristen begabt, wurde er doch zunächst eines Weges geführt, auf welchem die Farbe zurücktrat; daher die erhöhte Aufmerksamkeit für Form und Ausdruck, in deren einseitiger Pflege er jedoch hinter Mantegna zurückblieb. Er erreichte zwar die perspektivische Richtigkeit in der Zeichnung der Körperformen und empfand die mustergiltigen Verhältnisse antiker Vorbilder; seine Zeichnung war sorgfältig und er wusste seiner Gewandung plastische Wirkung zu geben; allein er war weder von Anfang an ein vollkommener Zeichner, noch strebte er nach Idealisirung der Formen. Seine Gestalten erheben sich noch kaum über die alltägliche Wirklichkeit, ihre Geberde blieb gespannt und übertrieben, Eigenschaften, welche das Urtheil Vasari's zu grober Unrichtigkeit und Unterschätzung verleiteten.[48] Aber in der Folge besserten

staben *MP. ΘY. IC. XC.* und einem rothen Vorhang hinter der Madonna. Das Kind steht hier aufrecht auf der Brüstung und hält eine Frucht. (Halbfigur.) — Das Bild in der Sammlung Malaspina zu Pavia, Holz, klein, hat an der Brüstung, auf welcher das Kind, eine Blume haltend, steht, einen Streifen mit der Inschrift: „IOANNES BELLINVS, P."; die Linke der Jungfrau liegt auf dem Buche. Ursprünglich sehr schönes Temperabild, jetzt aber durch eine zwar sorgfältige, aber nichts desto weniger die Originalität vernichtende Restauration beeinträchtigt. Die Jungfrau ist anmuthig und edel, erinnert an die aus den Frari (v. J. 1488); in der Zeichnung noch immer Reminiscenzen an Mantegna und Bart. Vivarini; der Hintergrund Luft. (Halbfigur.)

[47] Venedig, Akademie N. 372 (Ganze Figuren). Die Jungfrau sitzend in einem breiten Thron mit hoher Rücklehne (die Luft erneuert, der blaue Mantel übermalt, auf einem Streifen vorn: „IOANNES BELLINVS P."; Holz, Tempera, ehemals im Magistrato dei Governatori delle Entrate. Die Formen schlank und regelmässig, die Hände zierlich, die Gewandung noch bruchig und im Stil des Mantegna. Die Tempera abgescheuert, war aber von jeher trocken, die Lichter warm aufgestrichelt.

[48] Er sagt im Leben des Tizian (XIII, 18) von Giovanni und seinesgleichen: „per non avere studio di cose antiche,

sich diese Fehler beträchtlich; mit der längeren Erfahrung gewinnt er Geschick, Einfachheit, Genauigkeit und Geschmack; — Geschick in Gruppirungen von unmittelbarer Wirkung, Einfachheit im Wurf der Falten, Genauigkeit im Zug der Umrisse, Geschmack in der Wahl der Typen. So lange Bellini noch mit den Schwierigkeiten der Oeltechnik zu kämpfen hatte, vermochte er seine Ueberlegenheit als Colorist nicht zur Geltung zu bringen; aber der Ruhm, welchen er im Gebiete der grossartigen Komposition und des erhabenen Stiles erreichen mochte, hätte ihn entschädigen können. Denn welch' hohe Stufe er in dieser Richtung zu besteigen im Begriff war, zeigt der Erfolg seines kurz nach 1472 für eine Kapelle in S. Giovanni e Paolo[49] ausgeführten umfangreichen Temperabildes der Madonna mit Heiligen. Selbst in den Tagen des Aretino und Dolce, welche sich nur für die kühnere und modernere venezianische Kunst begeisterten, gab es keine Zweifler an dem Verdienst dieses edlen Werkes[50], das leider vereint mit einer der herrlichsten Schöpfungen Tizians ein Raub der Flammen geworden ist[51]. Zwar hatten es Alter und die Beschmutzung der Oberfläche sehr entstellt, aber durch entsprechende Reinigung war soviel von der alten Schönheit der Behandlung wieder an's Licht getreten, dass man nicht nur die Richtigkeit älterer Angaben, wonach es in Tempera ausgeführt war, bestätigen[52], sondern auch

---

usavano molto, anzi non altro che il ritrarre qualunque cosa facevano dal vivo, ma con maniera secca, cruda e stentata".

[49] Agletti (Elogio, a. a. O.) und Zanotto (Pinac. Ven. Fasc. 15) setzen es nach 1464 und vor die Ankunft Antonello's, also vor 1472. Aber Bellini kann auch noch 1473 sich gescheut haben, ein so grosses Altarbild in der neuen, ihm nur unvollkommen geläufigen Technik zu malen. Die sogen. „tavola di S. Vincenzo" in S. Giovanni e Paolo, welche Sansovino (Ven. desc. 65) dem Bellini zutheilt, ist, wie wir später sehen werden, nicht von ihm; eine Mad. m. K., erwähnt von Boschini (R. Min. Sest. di Castello 62) in der Cappella S. Giacinto daselbst ist jetzt nicht mehr nachweisbar.

[50] Ihr Lob ist kalt und nicht vom Herzen, aber es ist doch Lob (s. Dolce, Dialogo della Pittura, N. Ausg. Mailand 1863. S. 2). Weit wärmer äussert sich Scanelli in seinem Microcosmo, Cesena 1657. S. 211.

[51] Die beiden Bilder verbrannten in der Nacht des 16. August 1867. Monconys beschreibt in seinem Tagebuch der italienischen Reise i. J. 1664 das Altarbild Bellini's rechts beim Eintritt durch das Hochportal, gegenüber dem Petrus Martyr des Tizian, welcher damals an der linken Seite hing. Das Diarium Monconys's ist abgedruckt bei Paul Lacroix, Annuaire des artistes et des Amateurs. Paris 1862. III. 261.

[52] Sansovino, Ven. descr. l. 65. Das Bild war in älterer Zeit gänzlich in Oel übermalt und bis zur Unkenntlichkeit

Venedig, S. Giov. e Paolo.

dem Vasari beipflichten konnte, welcher es den schönsten bis dahin in Venedig entstandenen Kunstwerken zuzählt[53]. In der That liess sich auf kein älteres venezianisches Bild die Bezeichnung grandios mit mehr Recht anwenden als auf dieses. Es war das Meisterstück eines Mannes an der Spitze seiner Zeitgenossen, des Vertreters einer Schule, die sich zu freier Grösse erhebt; die erste überlegene Schöpfung eines Künstlers, der nach Versuchen aller Art die Reife erlangt hatte. Giovanni Bellini hatte in seiner Kunst die höchsten Ziele der Malerei: angemessene Vertheilung, Bewegung, Licht und Schatten, nie aus den Augen gelassen; noch lag in ihm das Streben, seinen Werken die Wirkung höchster Würde und feierlichen Eindruckes durch bewusstes Studium und Anwendung wissenschaftlicher Grundsätze zu verleihen. Ungeachtet einiger alterthümlicher Ueberlieferung in der Gruppe der Jungfrau mit dem auf ihrem Schoosse stehenden Kinde, erreicht er doch eine mächtige Wirkung durch den reichen Thron, auf welchem sie sass, und den schlanken Porticus, durch den der Himmel mit seinen weissen Wolkenstreifen hereinschaute. Sehr günstig für die Wirkung der Gruppen war der auf die hohe Aufstellung des Altarbildes berechnete niedrige Standpunkt, der Ton so voll und kräftig, als wäre ein Firnissbindemittel angewendet. Auf einer Seite Thomas von Aquino in sein Buch blickend, hinter ihm Gregor mit der Tiara, Hieronymus mit langem und vollem Bart; auf der andern Seite Katharina von Siena, eine herrliche Frauengestalt mit Buch und Lilie, Magdalena, Ursula und andere Frauen, alle individuell in Geberden und Stellung wie in Ausdruck und Gesichtszügen; zwischen ihnen drei schlanke Knaben aus einem Buche singend, der Sopran aufwärts, der Bass abwärts der Tenor gradaus blickend, welche noch mehr als andere ähnliche Figuren des Meisters an die reizenden Kindergestalten erinnerten, mit welchen Donatello seine monumentalen Arbeiten in

---

verdüstert. Die nothwendigen Ausbesserungen befanden sich namentlich an der Figur der Maria, des Hieronymus, der Katharina und an den Füssen der 3 singenden Knaben. Die Figuren waren lebensgross und von sehr kräftigem Umriss. Der am Thronsockel angeklebte Zettel trug die Inschrift: „IOANNES BELLINVS P.

[53] Vasari V, 5.

Padua und Florenz geziert hat. Klassisch in den Verhältnissen waren diese Gestalten ohne alle unnöthige Schärfe im Umriss gezeichnet, ein sehr bemerkenswerther Fortschritt nach der übertriebenen Sorgfalt der früheren Periode; leise bewegte und durch heilige Regungen verbundene Gestalten, verhüllt durch Gewänder von würdigem Wurf, in Stellungen, welche die Hauptverhältnisse des menschlichen Körpers hervorheben. Die Gliedmaassen anatomisch richtig, zierlich und doch kräftig, die Gewandmotive hier und da von überraschender Neuheit. Ausgenommen im Altarbild von S. Giobbe, das den Höhepunkt seiner Laufbahn bezeichnet, erreichte Bellini diese Stufe nie wieder. Der Zauber des Colorits nahm seinen Geist endlich so gänzlich gefangen, dass, wie es uns selbst in der Bewunderung seiner blühend farbigen Bildern begegnet, so auch er über den feineren Abstufungen harmonischer Töne die einfachen und strengen Grundsätze vergass, die den Grundstein aller wahren Kunst bilden. Aber wenn auch die Madonna von S. Giovanni e Paolo nur durch die weniger hervorstechenden Reize der Komposition und Zeichnung wirkte, so vermochte sie doch in der Cappella del Sacramento zur Seite von Tizians Petrus Martyr den Vergleich auszuhalten. Sie entschied ein für alle Mal den Wettstreit zwischen den Werkstätten von Murano und Venedig und erhob ihren Meister sowohl über Alvise als über Bartolommeo Vivarini.

Die unmittelbar der Vollendung dieses Meisterwerks folgende Epoche ist durch zahlreiche Versuche, die bisherige Uebung im Gebrauch neuer Bindemittel zu vervollkommnen, bezeichnet. In einer von den kleinen Madonnen der ehemal. Gallerie Contarini, jetzt in der Akademie zu Venedig, wird die ernste und keusche Stellung und Anordnung durch mangelhafte Farbenbehandlung in Oel und eine trübrothe Oberfläche beeinträchtigt[34]; während Venedig, Akademie.

[34] Venedig, Akademie N. 101; Holz, h. 0,77, br. 0,45 (Halbfig.). Die Jungfrau hält das Kind stehend auf einer Brüstung von braun geadertem Marmor, woran ein Zettel mit der Inschrift: „Ioannes Bellinus". Unvollkommen in der Oelmalerei, ist dies Bild überdiess verputzt und übermalt, namentlich die Fleischtöne im Gesicht der Jungfrau. Die Töne sind grell und alla prima aufgetragen, die Landschaft des Hintergrundes schön, reich in Tönen und von fester Pinselführung. — Hier ist zu erwähnen die Madonna m. d. K. und dem Stifter, dem lesenden Paulus, Georg und zwei weiblichen Heiligen, ehem. unter Giov. Bellini's Namen in der Gallerie Pourtalès in Paris, ein ziemlich grelles

Berlin. ein ähnliches Bild im Berliner Museum grössere Freiheit in dunklem pastosen Auftrag, ohne Vervollkommnung der Durchsichtigkeit der Farbe wahrnehmen lässt[55]. Ein schöneres Zeugniss dieses Rom, Vatican. Strebens Bellini's ist die Pietà in der Gallerie des Vaticans, lange Zeit dem Mantegna zugeschrieben, aber in der That ein wichtiges Glied in der Kette, welche den Stil von 1470 mit dem von 1480 verbindet[56]. Unzweifelhaft mantegnesk ist die Form und die perspektivische Wiedergabe; mantegnesk die materielle Breite und Starrheit des Joseph von Arimathia, des Nikodemus und der männischen Magdalena. Bellini war überhaupt in dieser Epoche am meisten geneigt, seinen Gestalten eine starre Energie und Kraft zu geben. Bellinesk andrerseits ist der Kontrast zwischen diesen Gestalten und dem schlankeren Verhältniss des Christusleichnams; bellinesk die entschieden nebeneinandergestellten Licht- und Schattenmassen und vor Allem der tief gestimmte kräftige Ton mit seinem wohl verschmolzenen und halb undurchsichtigen Impasto, das den Gebrauch von Bindemitteln verräth, die Mantegna durchaus verschmähte.

Die hervorragendste Leistung des Meisters auf dieser Stufe seines Kunstlebens ist aber die grosse Krönung der Maria, für die Kirche S. Domenico, jetzt in S. Francesco zu Pesaro, in welcher er der Schwierigkeiten des neuen Malverfahrens Herr wird:

Pesaro, S. Francesco. In offener steinerner Laube mit buntem Marmorgetäfel und weissen Friesen, sitzt auf gemeinschaftlichem Throne mit Christus die Jungfrau vorgebeugt, um die Krone zu empfangen; als Zeugen sind Petrus und Paulus, Hieronymus und Franciskus beigesellt; der Hintergrund

und hartes Bild, das wir, ohne es wieder zu betrachten, nicht beurtheilen möchten. Im Frühjahr 1865 mit der Gallerie Pourtalès versteigert, ward es mit 40,600 Frs. bezahlt, und wieder in der Auktion Salamanca in Paris 1869 für 62,000 Frs.

[55] Berlin, Museum N. 11: Holz, h. 2 F. $5^3/_4$ Z., br. 1 F. $9^1/_2$ Z., Halbfig; aus der Sammlung Solly. Das Kind ebenfalls segnend, hält eine Birne; die Landschaft zum Theil durch einen geblümten rothen Vorhang unterbrochen. Das Ganze durch Nachbesserung beschädigt; bezeichnet: „Ioannes Bellinus".

[56] Rom, Gallerie des Vatican N. 5: Holz. Kniestück, die Figuren fast lebensgr., landschaftlicher Hintergrund mit übermalten weissen Wolken in der Luft. Vom Heiligenschein Christi nur noch die Reste. Das Gesicht der Magdalena durch Aufbesserung sehr verdorben. Die Farbe von stumpfbraunem Ton, sehr verschmolzen, aber von spröder Textur und gebräunt in den Schatten.

besteht in hügeliger Landschaft und der Himmel ist mit rothen und blauen Cherubim erfüllt. In den Nischen der von gemeinschaftlichem Rahmen umschlossenen Seiten-Pilaster, mit tiefem vergoldeten Gebälk überdeckt, sind links Katharina von Alexandrien, Joh. d. T., eine Figur mit Rauchgefäss und eine vierte ohne besondere Merkmale angebracht, gegenüber Klara, Bernardin, Ludwig und ein alter Heiliger; am Sockel des Pilasters zur Linken der heilige Georg im Kampfe mit dem Drachen, zur Rechten derselbe Heilige auf der Säule. In der eigentlichen Staffel befinden sich 1) die Bekehrung des Paulus (die Pferde hier der Antike nachgebildet), 2) der Tod des Petrus, 3) die Geburt Christi, 4) Hieronymus in der Wüste, 5) die Verzückung des Franciskus. An der Vorderseite der polygonen Stufe des Hauptbildes die Inschrift: „IOANNES BELLINVS"[57].

Giovanni hatte bisher noch selten etwas so Bedeutendes unternommen wie die Hauptgruppe dieses Altarbildes. Die Jungfrau ist von anmuthiger Fülle in Bellini's üblichem Typus, Christus dagegen erinnert in den Bewegungen an die besseren Schöpfungen Ghirlandaio's, während die natürliche Wahrheit der Hände und Füsse für die verhältnissmässig steifen Gesichtszüge und die bruchigen Falten des Goldstoffgewandes entschädigen. Streng und ernst sind die Apostel, mit charakteristisch gezeichneten Gesichtszügen und Falten, doch mit wenig Vermittelung zwischen Licht und Schatten; von energischer Bildung, durch zarten Ausdruck gemildert, das Gesicht des Hieronymus, mönchisch und glatt das des Franciskus. Die acht Heiligen in den Seitennischen, von kleinen Verhältnissen aber ebenfalls wirksam, voll gesammelter Kraft: der Täufer sehnig mit wirrem Haar, der ernste Vorläufer eines in späteren Jahren von Tizian bevorzugten Typus; Georg auf seiner Säule mit der grossen Kreuzfahne verräth in der leichten klassischen Stellung Giovanni's Bekanntschaft mit Donatello's Plastik und Mantegna's Wandmalereien. Schon die Predella allein ist bewunderungswürdig vermöge der geisterfüllten energischen

[57] Pesaro. S. Francesco. linkes Seitenschiff. Das grosse Mittelbild rühmen Vasari (V, 11), der das Bild am Hauptaltar in S. Domenico verzeichnet, und Ridolfi (Marav. I. 95); Hauptbild h. 8 F. 6 Z., br. 7 F. 11 Z. Die Heiligen auf den Pilastern je 2 F. h. Ein senkrechter Sprung stört den Eindruck der Gestalt Christi in der Krönung: der Hintergrund des Heiligen Georg auf der Säule ist abgerieben. Obgleich Licht- und Schattenmassen klar auseinandergehalten sind, so fehlt doch die Modellirung in den Uebergängen und die Gesammtwirkung ist demgemäss einigermassen flach.

Kompositionen, besonders in der Bekehrung des Paulus und der Kreuzigung des Petrus, und durch den Geschmack der Farbengebung. Bemerkenswerth ist daneben, dass das Hauptbild, von stumpfbraunem Ton mit etwas scharf umschriebenen Schatten, Giovanni's Unbekanntschaft mit gewissen Regeln des Lasirens und die Alla-prima-Anlage der verschiedenen Flächen erkennen lässt, während die Predellenstücke und die Landschaft schon etwas von dem Farbenreichthum haben, der uns auf den Stil Giorgione's und Tizians vorbereitet.

Die Ausführung der Transfiguration im Museum zu Neapel steht der Zeit nach dem Altarbilde von Pesaro jedenfalls sehr nahe. In der Zwischenzeit oder vielleicht nebenher entstand die kleine Tafel, die aus der ehem. Sammlung Contarini zu Venedig in die Hände eines englischen Sammlers gelangt ist:

England, Sammlung Dingwall. Der heil. Franciskus, aus einem Gewölbe tretend, um die Wundmale zu empfangen, steht mit der Geberde augenblicklichen Schmerzes im Vorgrund eines mit allem denkbaren landschaftlichen Detail belebten Thales; der an einem Baumstumpf zur Linken befestigte Zettel trägt die Namensinschrift: „IOANNES BELLINVS“[58].

Nirgends erkennt man deutlicher Giovanni's Streben, mit einem noch zähen Farbstoff und wenigen Tönen die Zufälligkeiten und Abwechselungen in einer sonnenlosen Landschaft wiederzugeben und doch an Würde, Ernst und Ruhe der Wirkung festzuhalten. In der Transfiguration zu Neapel steht die Anordnung der Hauptlichtwirkung nach und die Gesetze der Komposition sind mehr vernachlässigt als in der früheren Epoche:

Neapel, Museum. Der Erlöser zwischen den Propheten schwebt eben vom Boden empor; das Gesicht regelmässig, von reich herabwallenden Locken umrahmt, gegen lichte Wolken abgesetzt; die Gestalt wohl proportionirt, in die bruchigen Falten des weissen Gewandes gehüllt; die Morgenröthe beleuchtet die Gestalt und wirft krause lange Schatten auf

---

[58] Holz, Oel, h. 4 F., br. 4 F. 7½ Z. Ursprünglich im Hause des Taddeo Contarini zu Venedig (Anon. ed. Morelli 65), jetzt im Besitz des Herrn S. Dingwall, und in Manchester 1857 ausgestellt (erwähnt von Lanzi II, p. 101 als im Palazzo Correr). Der allgemeine Ton ist noch braun, undurchsichtig und flach, die Luft bewölkt.

den Boden; im Vorgrund die erschreckten Apostel; bezeichnet an einem Zaunpfahl: „IOANNES BELLI"[59].

Auffällig und störend ist der Gegensatz in der Bildung der Christusfigur zu den ziemlich gemeinen Jüngern. Sie waren schlafend gedacht am Hang eines Abgrundes, den wildes Buschwerk und ein ländlicher Zaun einfassen, und erscheinen in ihrer Verstörung keineswegs als befriedigende Ergänzung der oberen Gruppe. Bellini scheint auch die Nothwendigkeit empfunden zu haben, einen so sichtlichen Fehler durch irgend etwas aufzuwägen. Zunächst verlässt er sich auf die Lichtwirkung im Mittelpunkt des Bildes, dem aufschwebenden Christus; in den übrigen Gestalten und der Landschaft hat er dann die Töne seiner Farbenskala so abgestimmt, dass diese möglichst wenig hervortreten; Alles indessen in einer tiefen Tonart, mit unvollkommener Modellirung der Uebergänge von Licht zum Schatten; braun, selbst grell, aber so, dass man erkennt, es fehlt ihm nur noch ein Schritt, um sich der Feinheiten der Farbenbehandlung zu bemächtigen. Den Reiz zu erhöhen und uns die Unvollkommenheiten noch mehr vergessen zu machen, entfaltet uns Bellini das ausgedehnte Panorama einer nord-italienischen Landschaft, in deren Winkeln und Ecken er uns spazieren führt, die Hebung und Senkung der Hügel durch Kontraste der Lokaltöne und Luftschichten modellirend; man sieht, wie der Sommer vergangen und ein Herbsttag angebrochen ist, einige Bäume noch belaubt, andere dürr; der Hirt treibt sein Vieh in der Morgenfrühe aus; Leute begegnen einander und Rinder grasen am Ufer eines Stroms im Schutze ritterlicher Thürme. Hier endlich hat Bellini sich als Meister im Oelmalen erwiesen; eingeweiht in die Geheimnisse der Technik wie sie Antonello aus den Niederlanden gebracht hatte[60], geduldig trotz den van

---

[59] Neapel, Museum N. 33. Holz. h. 3 F. 9 Z., br. 5 F. 8 Z. An und bei der rechten Hand Christi Spuren von Aufbesserung. Das Bild war ehemals (1680) in der Gall. Farnese zu Parma. s. Campori, Racc. di Catal. S. 224. — Ein Christuskopf. demjenigen in Neapel entsprechend. befindet sich in der Akad. d. K. zu S. Ferdinando in Madrid (Holz, bez.: „IOANNES BELLINVS") und ist wahrscheinlich identisch mit der bei Boschini, R. Min. Sest. Dorso Duro 36 erwähnten Tafel in der Scuola della Carità in Venedig.

[60] Die Erzählung Ridolfi's (Marav. I. 87): Giovanni habe als Nobile ver-

Eycks, geht er ins Einzelne, wohl eingedenk der strengen Gesetze, die Mantegna eingeschärft, sowie der perspektivischen Regeln, die Donatello und Uccelli gelehrt hatten, doch nur insoweit daran gebunden, als der freien Entwicklung seiner eignen Begabung und seiner feinen Natur als venezianischer Colorist anstehen mochte.

Eine kurze Zeit kennzeichnet sich Bellini's fernere Stilentwicklung durch das Vorwalten eines kräftig-braunen Tons bei unvollkommener technischer Behandlung. Beispiele hierfür sind die Madonna m. d. Kind in der National-Gallerie zu London und die Jungfrau zwischen Heiligen im Staedel'schen Museum zu Frankfurt:

London, Nat.-Gall.

Das Londoner Bild zeigt die Jungfrau unter einem vorspringenden mit grünem Vorhang behangenen Dach, den Knaben auf dem Knie, welcher im Begriff ist, einen Apfel aus der linken Hand der Mutter zu nehmen. Auf dem an der buntgeaderten Marmorbrüstung angebrachten Zettel bezeichnet: „IOANNES BELLINVS P"[61].

Frankfurt, Museum.

Auf dem Bilde in Frankfurt hält die Mutter einen Fuss des Kindes in der Linken, während dieses sich zu Joh. d. T. hinwendet, dem die h. Elisabeth gegenübersteht, Hintergrund Himmel. Am Sockel der Name: „IOANNES BELLINVS"[62].

Allein bald nachher richtete er seinen Ehrgeiz darauf, Licht und sonnige Wirkungen zu erzielen, und die erste Frucht dieser Bestrebungen scheint die Jungfrau mit dem Kinde zwischen zwei heiligen Frauen in der Akademie zu Venedig und das entsprechende Bild im Museum zu Madrid gewesen zu sein:

Venedig, Akademie.

Auf dem Bilde in Venedig blickt Maria seitwärts nach dem Beschauer, der vor ihr auf einem Kissen sitzende nackte Knabe, den sie mit der Rechten umfasst während sie mit der Linken dessen Hand hält, schaut empor; links steht Katharina, welche mit erhobenen Hän-

kleidet dem Antonello zu einem Portrait gesessen und ihm so die Geheimnisse der Oelmalerei abgelauscht, lassen wir als eine Fabel auf sich beruhen.

[61] London, Nationalgallerie N. 280: Holz, h. 2 F. 11¾ Z., br. 2 F. 1½ Z. 1855 erkauft vom Baron Galvagna in Venedig. Der Ton ist tief; die Gesichter anmuthig; die Verhältnisse etwas kurz, die Falten eckig, aber nicht ohne Stil. Halbfigur.

[62] Frankfurt a M., Staedel'sches Museum N. 17; aus der Sammlung Baranowski 1833: Holz, h. 0,73, br. 0,90. Die Farbe ist durchsichtig und gestrichelt, besonders am Kinde. Die Oberfläche etwas verputzt; die Gestalt des Kindes ist etwas steif und ungelenk.

den andächtig auf den Knaben herabblickt; sie trägt blumiges rothbraunes Kleid mit rothbraunem Mantel und durch das kastanienbraune Haar ist eine reiche Perlenschnur gewunden; rechts Magdalena mit aufgelöstem blonden Haar in schwarzem Unterkleid und purpurnem Ueberwurf, die Hände über dem Busen gekreuzt mit dem Ausdruck gespannter Aufmerksamkeit nach aussen blickend. Hintergrund dunkelgrün.[63]

Die Madrider Tafel, ziemlich genaues Gegenstück der vorigen, weicht abgesehen von verändertem Colorit in der Haltung Maria's ab, welche die Rechte leise zum Segnen erhebend, den Knaben mit der Linken umfasst, und ferner darin, dass Katharina (links) nach aussen blickt, während rechts an Stelle Magdalena's Ursula mit dem Pfeil in der einen Hand, die andere in verehrendem Staunen erhebend, die Augen niederschlägt. Der Hintergrund ist Himmel, durch grünen Vorhang getheilt; auf dem Zettel an der Brustwehr die Inschrift: „IOANNES BELLINVS P."[64] Madrid. Museum.

Das letztere würde, wenn nicht schon von Alters her beschädigt, vielleicht eins der anziehendsten Beispiele aus dieser Periode von Giovanni's Kunstschaffen gewesen sein; voll Grazie in den Bewegungen und reizend durch die köstliche Art seiner eigenthümlichen Vollendung. Das Bild in Venedig ist in besserem Zustand, wenngleich keineswegs unbeschädigt; die Körperformen, mit einer Ausnahme vielleicht, höchst elastisch, der Ausdruck der Köpfe und die Charakteristik der drei Frauen überhaupt eine wundervolle Vereinigung von Adel, Ernst und Schönheit, der Stil der Gewandung frei, die Farbe offenbar gehorsam unter der Hand des Meisters; höchst interessant ist es zu beobachten, wie dünn das Fleisch gemalt und lasirt ist, während die Gewänder durch halbdeckende Töne Körper bekommen und die Farbenoberfläche des Hintergrundes über alle umgebenden Theile vorsteht.

Wenn wir den Entwicklungsgang Giovanni's aus den Urkunden, welche uns seine Bilder bieten, richtig entziffert haben, so hatte er in den 10 oder 12 Jahren seit Uebersiedlung Antonello's

---

[63] Venedig, Akademie N. 436: Holz, h. 0,56, br. 1,05, Halbfig. Das Kind etwas steif, am rechten Arm verzeichnet; die Zeichnung durch den Farbenauftrag sichtbar und das Licht durch den hellen Grund hervorgebracht, — eine Abweichung, die bei den Flandrern nicht vorkommt. Das rechte Auge der Jungfrau übermalt und verschoben.

[64] Madrid, Museo del Prado N. 60 (665): Holz, h. 0,77, br. 1,04, Halbfig. Nur das Gesicht der Ursula ist wohl erhalten; das Kind ein sehr schönes Naturstudium.

nach Venedig sich unablässig mit immer zunehmendem Erfolg in der Bemeisterung der Oeltechnik geübt. Mochte ihm das Misslingen auch mehr als einmal sehr deutlich werden, so liess er sich doch offenbar nicht entmuthigen, machte sich von neuem an die Arbeit und gewann, wie wir noch heute beobachten können, bei jedem neuen Ansatz an Kraft zum Fortschritt. Ob ihn die Sucht nach Ruhm anfeuerte, oder nur der Wunsch sich auszuzeichnen — gleichviel, sein Streben war stark und stetig genug, ihn ans Ziel zu bringen. Seine Meisterprüfung bestand er an dem Altarwerk für eine Kapelle in S. Giobbe, jetzt in der Akademie zu Venedig, das noch heute den trefflich auf die Wirkung berechneten alten Rahmen bewahrt hat:

Venedig. Akademie.

In einer von reichen Pilastern getragenen bunt ausgekleideten Nische, deren Decke in Mosaik einen Kranz von Seraphim und darüber die Inschrift trägt: „Ave virginei flos intemerate pudoris“ steht der reich ausgestattete Thron, auf welchem Maria sitzt, die Linke erhebend, die Rechte um den straff und gerad auf ihrem Knie sitzenden Knaben gelegt; zu jeder Seite drei Heilige: links vorn Franciskus, dem Beschauer seine Wunden zeigend, dicht hinter ihm der bis auf den Schurz nackte betende Hiob und Johannes d. T., beide nach der Hauptgruppe gewandt; rechts Sebastian mit auf dem Rücken gebundenen Händen, von zwei Pfeilen durchbohrt, nach aussen blickend, hinter ihm Dominikus in sein Buch vertieft und der h. Ludwig im bischöflichen Ornate; auf den Thronstufen vorn 3 Engelknaben in vollständiger Bekleidung, welche auf Geige und Mandoline musiciren. An der Stufe, worauf sie sitzen, die Bezeichnung: „IOANNES BELLINVS“.[65]

---

[65] Venedig, Akademie N. 38: Holz, h. 4,66, br. 2,55, ursprünglich oben gerundet, jetzt aber rechtwinklig gemacht, und deshalb zwei Ansätze an den obern Ecken. Ein Theil des blauen Mantels der Madonna und das linke Bein des Sebastian sind übermalt und beschädigt. Lanzi (II, 102) und Zanetti (Pitt. ven. 52) datiren dies Bild 1510; aber die Angabe Sansovino's (Ven. descr. S. 155), dass diess Giovanni's erstes vollendetes Oelbild war, das er in Venedig öffentlich aufstellte, ist, wenn auch einzuschränken, doch nicht abzuleugnen; namentlich da sie durch Sabellico (Moschini, Guida di Ven. II, 58, 67—8) bestätigt wird. Vasari (V, 5) fügt hinzu, dass es vor Giovanni's Bestallung für die Sala del Consiglio gemalt wurde, und dieses Zeugniss wird durch die Behandlung und Ausführung des Bildes bestätigt. Agletti (Elogio a. a. O. S. 55) will das Datum bis 1473, was etwas zu früh ist, hinaufschieben; aber er that diess in der Vermuthung, dass Giovanni die Bestellung für den Rathssaal schon 1474 erhielt, ein Irrthum, zu dem ihn die Annalen des Malipiero veranlassen mochten. (S. die Auszüge in Vasari, Note zu V. 7 und Cap. VIII, Anm. 21.)

Schon längst an dem jetzigen ungünstigen Platze, vereint dies Werk noch immer die Eigenschaften, die bis auf den heutigen Tag den Ruhm Bellini's ausmachen: würdige und angemessene Komposition, edle Charaktere, hohe Empfindung und reine Formen. Hierzu kommt nunmehr der feierliche Eindruck von zarter Ruhe, jugendliche Frische und lächelndes Leben, verbunden mit einem sonnigen aber leise duftigen Ton. War er in einem frühen Werke, wie z. B. in S. Giovanni e Paolo, innerhalb der Grenzen seiner Temperatechnik hervorragend, so entfaltet er hier gleiche Unbeugsamkeit der Grundsätze in dem strahlenden Colorit. Mit grosser Kenntniss harmonisirte er die Linien und die Töne seiner steinernen Pfeiler und der Halbkuppel mit dem herabhängenden Baldachin, dem mit Marmor in allen Farben ausgelegten Rahmen des Thrones. Meisterlich berechnet ist die Sammlung des Lichtes auf der Jungfrau mit dem Kind auf ihrem Knie, welche beide wie von einem Vorgang ausserhalb erregt, aber voll milden Wohlwollens aufblicken; mannigfaltig die Bewegungen der drei musicirenden Engel zu Füssen; liebenswürdig in ihrem stillen ergebenen Nachdenken der geduldige Franciskus, der betende Hiob, der aufmerkende Täufer, der duldende Sebastian, der eifrige Dominikus und der schwärmerische Ludwig. Eine breite Schattenmasse, in Hinsicht auf die Dämmerung der Kapelle, worin das Werk zuerst gestanden, vollendet den hohen Reiz. Mit den nur ihm wesentlich eigenthümlichen Mitteln schuf hier Bellini für die venezianische Schule etwas dem verzückten Stil des Fiesole entfernt Vergleichbares, was die religiöse Ader seiner Landsleute zu rühren geeigneter war als der Stil Ghirlandaio's in Florenz. In technischer Beziehung hatte er die Geheimnisse halbdeckender Farben, lokaler und verschiedenartiger Lasuren ergründet und vermochte die Harmonie der Töne zu schwebenden und schmelzenden Accorden zu stimmen, obgleich er hier in der Behandlung des Oeles die Fertigkeit noch nicht erreicht hatte, welche Gentile in seinem Processionsbilde kundgibt. Mit Recht hat man in diesem Bilde, welches nach dem einstimmigen Urtheil aller Geschichtschreiber Giovanni's Ruf als Oelmaler feststellte, den „Canon" der venezianischen Kunst er-

11*

blickt[66]. Scheint es doch auch dieses Werk gewesen zu sein, das zu seiner Anstellung durch den Staat führte. Der Bruder Gentile, der bis dahin ausschliesslich für die Sala del Consiglio von der Regierung besoldet worden war, hatte im Sommer 1479 den Auftrag erhalten, nach Konstantinopel zu gehen. Er sollte am 3. September absegeln; der Zeitpunkt seiner Rückkehr war ungewiss, vielleicht sehr entfernt; sein Einfluss in Verbindung mit dem von Gönnern und Freunden ward zu Gunsten Giovanni's verwerthet, und vier Tage ehe der Aeltere Abschied nahm, wurde der Jüngere zum Pfleger (Conservator) der Figuren und Bilder im grossen Rathssaale ernannt und erhielt die Anwartschaft auf einen Mäklerposten im Fondaco de' Tedeschi[67].

Von dieser Zeit an bis zu seinem Tode blieb Giovanni in der Sala del Consiglio beschäftigt, deren grosse Leinwandbilder die Zahl von sieben jedoch nicht überschritten[68]. Hier, im täglichen Verkehr mit seinem Bruder, erlebte er nach und nach das Auftreten zahlreicher Nebenbuhler und Gehilfen: des Alvise Vivarini, seines Mitbewerbers i. J. 1488[69]; des Cristofalo von Parma (in seiner Heimath bekannter als Caselli) seines Gehilfen im Jahr 1489[70]; des Francesco Bissolo, des Pierino Sante, Matteo, Lattanzio da Rimini und Marco Marziale, seiner Mitarbeiter 1492; des Vincenzo da Treviso (Catena) 1495, und des Vittor di Matteo 1514[71]; des Carpaccio und eines Girolamo, seinen Genossen im Jahre 1514—15[72]. Was er und die Andern im Laufe dieser Jahre vollendet hatten,

---

[66] s. Agletti, Elogio 57. und ferner Vasari, Sansovino, Sabellico a. a. O. — Die Vermählung der heil. Katharina in der Sakristei zu S. Giobbe, von Boschini (R. Min. Sest. di Canareggio S. 63), Zanetti (Pitt. ven. 51), Moschini (Guida di Ven. II, 61) und Selvatico (Guida di Ven. 160) dem Giovanni Bellini zugeschrieben, ist von Previtali, s. S. 192. Eine Jungfrau mit Joseph, dem Täufer und Engeln, von Boschini (R. Min. S. Canareggio 62) als in der Kapelle des Hospitals von S. Giobbe angeführt, ist verschollen.

[67] Unterm 28. August 1479 laut der Urkunde bei Lorenzi a. a. O. 88. Für Gentile wurde die Wiedereinsetzung in das Conservatoramt nach seiner Rückkehr aus der Türkei vorbehalten.

[68] Eins derselben, die Seeschlacht, an der Stelle von Fabriano's Fresco, nahm 11 Jahre in Anspruch, s. Sansovino (Ven. descr. S. 328—32), Vasari (V, 8—12), Ridolfi (Marav. I, 91—93).

[69] S. Cap. IV, Anm. 8.

[70] Gaye, Carteg. II, 71.

[71] Decret des Consiglio dei Dieci vom 27. Febr. 1514 (n. St.) bei Cadorin, Noten zu Gualandi, Mem. Ser. III, 92.

[72] a. a. O. und Sansovino (Ven. descr. S. 333). Ueber Girolamo vgl. später.

darüber geben die venezianischen Chronisten ausführlich Nachricht, die uns ausser den Gegenständen der einzelnen Bilder auch die gelegentlich auf denselben angebrachten Bildnisse der Zeitgenossen aufzählen[73]. Nie war ein Saal so reich an zeitgenössischen Portraits; aber in einem Raum desselben Gebäudes ward noch eine andere wichtige Portrait-Sammlung in Friesform, im XVI. Jahrh. durch Tintoretto erneuert, begonnen, an welcher Giovanni Antheil nahm[74]. Die Anwartschaft auf die „Senseria", wie das Mäklerpatent genannt ward, verpflichtete den Inhaber, das Bildniss jedes zur Regierung kommenden Dogen in diesen Fries einzufügen[75]. Bellini trug regelmässig dazu bei und malte wahrscheinlich Duplicate und Wiederholungen von jedem Bildniss; obgleich es unsicher ist, ob diese Verpflichtung schon im Sommer 1480 begann, als er in Erwartung der Bestallung beim Fondaco einen Gehalt von siebzig Dukaten erhielt[76], oder erst 1483, als er zum Staatsmaler ernannt und von den Verpflichtungen seiner Zunft befreit wurde[77], so war doch wahrscheinlich das erste Bild, welches er in seiner neuen Bestallung ausführte, das Profil des Giovanni Mocenigo, der von 1478 bis 1485 regiert hat. Dieses Profilbild befindet sich in der Sammlung Correr zu Venedig und Venedig, Gall. Correr.
obgleich es etwas alterthümlich erscheint und die Weichheit am Bildniss des Loredano in der londoner Nationalgallerie vermissen lässt, so bleibt es doch ein Werk von schönem warmem Ton[78], das seinem Meister Ehre macht. Wenn ein Künstler von ausgebreiteter Beschäftigung eine öffentliche Anstellung übernimmt, so muss er sich entweder deren Schmälerung gefallen lassen, oder sich die Annahme von Aufträgen vorbehalten, für die er eine seinem Ruf

[73] Sansovino und Ridolfi a. a. O.

[74] Ridolfi, Marav. I, 97.

[75] Vasari XIII, 23; der Preis für jedes Bild betrug acht Scudi.

[76] 1. Juli 1480. Nachricht in Illustrazioni del Palazzo Ducale a. a. O. und Lorenzi a. a. O. S. 91.

[77] Ebendas. und Lorenzi a. a. O. S. 92. In dem Dekret vom 23. Februar 1483 (n. St.) wird er „Pictor Nostri Dominii" genannt und ausdrücklich vom Zwang seiner Gilde befreit. Es ist jedoch ungewiss, ob er der Malergilde angehört hat, wir wissen nur von der Aufnahme in die Gilde der Kaufleute und Schiffer, s. Cicogna, Iscr. Ven. VI, 871.

[78] Venedig, Gallerie Correr N. 16: Holz, h. 0,61, br. 0,46, lebensgr. Brustbild, Profil nach links, theilweis übermalt und neu gefirnisst, auf grünem Grund; s. Vasari V, 4.

entsprechende Belohnung fordern kann. So einigte sich Bellini im Jahre 1483 mit Giovanni Trissino, ihm eine Auferstehung Christi für eine Kapelle des Domes von Vicenza um 200 Dukaten zu liefern[79], und ebenso malte er kurz darauf für einen unbekannten Besteller die Madonna mit dem Kinde zwischen Paulus und Georg in der Akademie zu Venedig, ein Bild, das vermöge der ausserordentlichen Bestimmtheit der Zeichnung, der Breite von Licht und Schatten, dem leichten Fluss der Falten und dem leuchtenden Schmelz der Farben kaum seines Gleichen hat; endlich 1587 die schöne Jungfrau mit dem Kinde in der Akademie zu Venedig, an der die edle Würde der Mutter und das frische Leben des Kindes gleich bewunderungswürdig erscheinen, und das in der Verschmelzung von Durchsichtigkeit und Modellirung, goldigem Fleischton mit reicher und geschmackvoller Farbenharmonie das technische Meisterstück Giovanni's genannt zu werden verdient:

Venedig, Akademie.

Das erstgenannte Bild in der Akademie zu Venedig zeigt in Halbfiguren Maria mit dem Kinde, welches nackt vor ihr auf der Steinbrüstung steht, rechts den h. Georg, eine derbe, nicht mehr jugendliche männliche Gestalt ohne Bart in Helm, Harnisch und Panzerhemd mit der Fahne; links Paulus vollbärtig, die Hand am Schwertgriff; hinter Maria ein rother Vorhang, hinter welchem zu beiden Seiten der Himmel sichtbar ist; auf dem Zettel an der gelben Steinbrüstung bezeichnet: „IOANNES BELLINVS"[80].

Das zweite Bild ebenda, nur Maria mit dem vor ihr stehenden Knaben enthaltend, Hintergrund Vorhang, links und rechts Durchblick auf Landschaft mit Bäumen, ist genau dasselbe Motiv wie in den Hauptfiguren des vorgenannten, nur dass der Kopf des Kindes etwas weniger nach aussen gewendet, seine linke Hand auf die der Mutter aufgelegt ist und Maria niederblickt. Inschrift am Steinsockel: IOANNES. BELLINVS. P. 1487[81].

Dank seinem beharrlichen Streben war es ihm gelungen, alle Härte des Auftrags abzustreifen und sich die Vortragsweise anzu-

---

[79] Vergl. die Clausel im Testament des Trissino in Ab. Magrini's Elogio di B. Montagna, mitgetheilt in den Atti dell' Acad. di B. Arti di Venezia. Ven. 1863. S. 43.

[80] Venedig, Akademie N. 424: Holz, aus der alten Sammlung Renier; h. 0,63, br. 0,86.

[81] Venedig, Akademie N. 94, aus der ehemaligen Sammlung Contarini: Holz, h. 0,75, br. 0,55, Halbfig.; erinnert an Giorgione, namentlich in der Behandlung der Bäume.

eignen, welche wir als die giorgioneske bezeichnen dürfen[82]. Diess war die Zeit, in der Giorgione und Tizian, beide in seiner Werkstatt, mit einem hohen Grad angeborenen Vermögens die Laufbahn begannen, auf deren Gipfel der Meister eben stand. Damals lernten sie vom Besten was er schuf: an jenen Madonnen, die wir eben aus seiner Werkstatt hervorgehen sahen und denen, die unmittelbar folgten, unter Andern der kleinen Madonna aus dem Saal der Admiralität, jetzt in der Akademie, mit ihrem Kranz von rothen Cherubim, ihrer landschaftlichen Ferne, einem der silberklarsten und sorgfältigst behandelten Bildchen, das sich denken lässt[83], von reizvoll behaglicher Stimmung und gesunder Natürlichkeit, oder an der Madonna mit dem Kind zwischen Engeln und Heiligen, die 1488 in die Sakristei der Frari kam, oder dem bedeutenderen Votivaltarbild, das die demonstrative Frömmigkeit des Dogen Agostino Barbarigo den Nonnen von S. Maria degli Angeli zu Murano vermachte:

Venedig. Akademie.

Der Altar in S. Maria de Frari ist dreitheilig. Auf der mittleren, rund abgeschlossenen Tafel thront Maria innerhalb einer golden ausgelegten Nische, den nackten Knaben haltend, der aufrecht auf ihrem Knie steht und das rechte Händchen leise zum Segnen erhebt; an den Stufen des Thrones in etwas gebeugter Haltung stehen zwei Engelknaben mit Flügeln und Hemdchen, eifrig mit ihren Instrumenten, Mandoline und Pfeife, beschäftigt. Am Thronsockel die Inschrift: „IOANNES. BELLINVS. F. 1488". — Die Seitentafeln, etwas niedriger, enthalten paarweis die Heiligen Benedikt und Nikolaus mit zwei Genossen[84].

Venedig. S. M. de Frari.

Auf dem Altarbild in Murano sitzt Maria auf einfachem Thron

---

[82] Der heilige Sebastian im Altarbild von S. Giobbe (Venedig. Akademie) erinnert schon an einen Heiligentypus von Giorgione in Castelfranco.

[83] Venedig, Akademie N. 313; Holz, h. 0,77, br. 0,60, Halbfig.; ehemals im Magistrato della Milizia di Mare zu Venedig. Maria mütterlich-frauenhaft, die Cherubim geben der Gruppe bei all ihrer Einfalt etwas Geheimnissvolles. Die Landschaft ist warm, klar, silbern und überaus liebevoll behandelt; der blaue Mantel, was nicht zu übersehen, übermalt und die Wange der Jungfrau durch Putzen und Restauriren beschädigt; dasselbe geschah dem Fleische am Leibe des Kindes. S. d. Abbild. in Zanotto, Pinac. dell' Acad. di Venez. Fasc. XXIX.

[84] Holz, Mittelbild h. 1,80, br. 0,77; Seitenbilder h. 1,12, br. 0,45. In der Nische des Mittelbildes die Aufschrift: „Ianua certa poli duc mentem dirige vitam Quae peragam commissa tuae sint omnia curae". Abbild. bei Zanotto, Pin. Ven. Fasc. 34.

Murano, S. Pietro M.

mit Baldachin, hinter welchem 2 Engel auf Laute und Geige musiciren; das Kind, nackt auf ihrem Knie stehend, wendet sich segnend nach links, wo der Doge Barbarigo vom heil. Markus geleitet und empfohlen kniet; gegenüber steht Augustin in vollem Bischofs-Ornat, das Evangelienbuch vorhaltend. Den Hintergrund bildet ein grosser Vorhang, vor welchem 4 Gruppen von Engelköpfen auf kleinen Wolken schweben, der Raum wird hinten durch eine Ballustrade abgeschlossen, die von verschiedenen Vögeln belebt ist und den Blick auf Buschwerk und ferne Landschaft gestattet. An der untersten Thronstufe das Wappen Barbarigo's (blauer Querbalken mit drei goldenen Löwen, oberes und unteres Feld hellblau mit je drei schwarzen Halbmonden und den Buchstaben A. B.); darunter die Inschrift: „IOANNES BELLINVS 1488"[65].

Im Laufe eines einzigen Jahres hatte Bellini Zeit gefunden, seinen Verpflichtungen in der Sala del Consiglio nachzukommen[66] und eine Anzahl Bilder zu vollenden, die allein schon eine erstaunliche Arbeitskraft voraussetzen. Doch wird nirgends eine Spur von Eile oder Vernachlässigung sichtbar. In dem Bilde der Frari, wo die Jungfrau dem Ständchen zweier Kinderengel am Fuss des Thrones zuhört, wo Nikolaus, Benediktus und die begleitenden Heiligen in milderer aber feierlicherer Ruhe neben ihr stehen, haben wir zugleich die edelste und geschmackvollste Aeusserung von

---

[65] Murano, S. Pietro Martire. Diess Altarbild war Jahrhunderte lang in S. Maria degli Angeli zu Murano, einem Kloster, welches A. Barbarigo vor seiner Wahl zum Dogen im Jahr 1486 verwaltete. Zwei seiner Töchter waren Nonnen in demselben und er spendete verschiedene Geldsummen dorthin. Agostino Barbarigo's Testament, abgedruckt bei D. V. Zanetti (Del Monastero di S. M. degli Angeli, Ven. 1863. S. 57 fg.) berichtet uns, dass Bellini's Gemälde bis zum Juli 1501 eine Zierde des Palastes Barbarigo war und nach dem Tode des Dogen auf den Hochaltar von S. Maria degli Angeli versetzt wurde. Lange durch Uebermalungen entstellt, ist die Oberfläche jetzt wenigstens rein, aber die Köpfe des heiligen Markus und des Dogen sind durch die Restauration getrübt, das Blau und Roth in der Tunika und den Mänteln der Jungfrau und des Markus sind neu. Die besterhaltenen Stücke sind die Cherubim; die Gestalten fast lebensgross.

[66] Die Gegenstände der beim Brande 1577 zu Grunde gegangenen Wandgemälde auf Leinwand waren folgende: 1. Die Seeschlacht zwischen Otto und dem Dogen, 2. Die Demüthigung des Kaisers vor dem Dogen in S. Marco, 3. Der Papst verleiht dem Dogen den Schirmbaldachin, 4. Begegnung des Papstes, des Kaisers und des Dogen in Rom, 5. Der Papst verleiht dem Dogen die Banner, 6. Der Papst und seine Gäste in feierlichem Aufzug in S. Giovanni in Laterano, 7. Die Auffindung des Papstes im Kloster der Carità. (S. Vasari V, 6—12; Sansovino 828—30, und Ridolfi, Marav. I, 89. 93.) Armenini, Veri Precetti della Pittura Ven. 1587 S. 176 sagt: le quel pitture sono assai bene appropriate a un luogo tale.

Bellini's Kunstweise. Wir dürfen annehmen, dass diess eins der Bilder war, von denen besonders Cima da Conegliano angezogen wurde, ähnlich wie Francia vor einer Madonna von Perugino. Jeder Theil gehört als natürliche Ergänzung zu dem Uebrigen; die Jungfrau schön und nachdenklich, die Kinder lieblich in ihren Blätterkränzen, die Heiligen von untadelhaften Verhältnissen, jede Einzelheit hingesetzt mit der reizvollen Sicherheit wie bei Van Eyck oder Antonello, als ob sein Streben gewesen wäre, mit dem grossen gleichzeitigen Meister der Bildnissmalerei in Wettstreit zu treten, dessen herrliches Portrait im Louvre, mit dem blitzenden Auge und doch von so massiger, auch für die Fernwirkung günstiger Haltung als Muster vorschweben mochte. In dieser Vereinigung von deutlichen und höchst vollendeten Einzelheiten mit der Gesammtwirkung, in der Kraft des Helldunkels wie in Wahrheit und Fülle der Färbung konnte Bellini sicher nicht weiter gehen, ohne in übertriebene Schärfe bei der Wiedergabe der Formen zu fallen. Technisch betrachtet zeigt dieses Bild die Anwendung durchsichtiger Fleischtöne auf hell durchscheinendem Gipsgrund, während im Votivbild des Antonio Barbarigo Bellini sein Verfahren ändert, die Fleischtheile im Licht mit solid deckendem Impasto anlegt und das Licht aufsetzt statt es durchschimmern zu lassen. Hier zum ersten Male bekennt er sich zu den Grundsätzen, denen Gentile folgte und die er auf seiner „Procession der Reliquie" in Anwendung gebracht hatte. Wer das herrliche Votivbild in San Pietro Martire auf Murano kennt, auf welchem der Fürst Venedigs in aller Pracht von Goldstoff und Hermelin, doch mit der Demuth eines Sünders vor der Jungfrau kniet, den entzückt die liebliche Ruhe Maria's und des Knaben, der zum Tone der Viola und Guitarre den Segen spendet, die lieblichen schwebenden Engelköpfchen auf dem purpurnen Vorhang, die lockende Landschaft mit ihren Beeten voll Kräutern und Blumen, in denen Kranich, Pfau und Rebhuhn heimisch sind. Die Verhältnisse der Figuren sind von höchstem Adel, das Bildniss des Dogen grossartig und lebenstreu. In der That: hier sind die mächtigen Gegensätze von Licht und Schatten in leuchtenden und verschmolzenen Tönen vereinigt, hier umfliesst Luft die Gestalten und lässt sie lebendig sich vor uns bewegen, Natur ist durch Geist und Kunst veredelt[87].

Wir wenden uns noch einer Bildergruppe von gleichzeitiger Entstehung zu, welche anscheinend Theil eines Geräthschmuckes und ursprünglich vielleicht Eigenthum des Vincenzo Catena, uns eine Anzahl launiger Erfindungen vorführt, denen der geniale Meister eigenthümlichen Reiz zu verleihen wusste, den Allegorien in der Akademie zu Venedig[88]:

Venedig, Akademie

1) Zwei fast nackte Männer sind bemüht, eine riesengrosse Muschel zu schleppen, aus deren Oeffnung ein Mann mit einer Schlange in Händen kopfüber heraushängt; im Hintergrunde Hügel und Schloss; an einer Stufe vorn die Inschr.: „IOANNES BELLINVS P.“[89], — 2) Ein bacchantisches Weib auf ihrem von kleinen Genien gezogenen Wagen und begleitet von einer kriegerischen Gestalt mit der Lanze, Hintergrund offene Landschaft[90], — 3) Eine nackte Schöne auf einem Fussgestell stehend hält einen schildartigen runden Gegenstand (Spiegel mit dem Bilde des Geliebten), auf den sie deutet und blickt zu einigen Putten herab, welche unterhalb mit Posaunen und Trommeln musiciren; die Scene ist in einen nischenartigen Innenraum verlegt[91], — 4) Ein Weib im Kahne mit einem Kind, das einen Globus hält, während andere Genien theils musiciren, theils sich an ihren Schooss schmiegen, theils im Wasser umherplätschern; Hintergr. bergige Landschaft mit Burg[92]. — 5) Wahrscheinlich hierzu gehörig: ein sirenartiges Weibsbild mit Flügeln, unterhalb drachenartig gebildet, geht mit verbundenen Augen auf 2 goldenen Kugeln (Allegorie des Glückes?) und trägt ein Wassergefäss; Hintergr. reiche Landschaft und Flussthal[93].

Die Behandlung dieser räthselhaften Grotesken mahnt einerseits an verwandte Erfindungen der Pollaiuoli oder Botticelli und

---

[87] Aus dem Jahr 1488 besitzen wir in Dudley-House ein Portrait, Holz, halblebensgr., Brustbild, auf einem Röllchen bezeichnet: „Johannes Bellinus 1488“; das Bild eines Mannes von 35 Jahren, mit röthlichem Bart in schwarzer Mütze (die Hand neu); Hintergrund Landschaft. Die Oberfläche so durch Restauration beschädigt, dass ein Urtheil über den ursprünglichen Werth der Tafel nicht mehr möglich ist.

[88] Vincenzo Catena überwies in einem seiner Testamente v. J. 1525 dem Antonio de Marsilio ein Möbelstück in Wallnussholz mit kleinen Figürchen von „miser Zuan Belino“ s. später unter Catena.

[89] Venedig, Akademie N. 237: Holz, h. 0,33, br. 0,22, durch Uebermalung des Himmels unharmonisch geworden.

[90] N. 235: Holz, h. 0,31, br. 0,21; die Luft beschädigt.

[91] N. 236: Holz, h. 0,34, br. 0,21.

[92] N. 234: Holz, h. 0,30, br. 0,32. Die Luft neu.

[93] N. 238: Holz, h. 0,27, br. 0,18. Die Luft neu.

an das Studium Mantegna's und Donatello's, während sie andrerseits in ihrer leichten Beweglichkeit und klassischen Haltung an Vorbilder antiker Cameen erinnern, die mit meisterlicher Hand in Farbe übersetzt scheinen, wie denn die Motive auch vermuthlich den Kunstkammern damaliger venezianischer Paläste entlehnt sind. Ihr Stil ähnelt dem Geist der späteren Bacchanalien Tizians. Allein die Empfindung, die Gegenstände und die Behandlung dieser Dinge ist nicht sowohl ein Vorspiel der Kunst Tizians, als vielmehr der des Giorgione, und man wird überrascht von der Uebereinstimmung der Auffassungsweise, welche zwischen diesen Allegorien und den gleichartigen Bildern in den Uffizien zu Florenz herrscht, welche dem Barbarelli zugeschrieben werden[94].

Hatte Bellini nun fast Alles erreicht, was in Tempera und Oel von ihm erwartet werden konnte, so hatte er noch eine Probe zu bestehen, um den Umkreis seines künstlerischen Schaffens zu erfüllen. Er war, so viel wir wissen, noch nicht mit Freskomalerei beschäftigt gewesen; vielleicht hatte das Klima Venedigs seine Gönner abgehalten, ihm Aufgaben in dieser Technik zu stellen. Jetzt bot sich eine Gelegenheit auf dem Festland, und wir glauben mit Recht zu vermuthen, dass er im Jahre 1490 das Grab des Senators Onigo in S. Niccolò zu Treviso gemalt hat. Lange Zeit war dieses Denkmal durch den Einbau von Chorstühlen an seinem untern Theile erheblich in der Wirkung beeinträchtigt; allein seit der Entfernung derselben sind die wahren Verhältnisse des Ganzen und die Schönheit der Dekoration ans Licht gekommen:

Ein Marmorsarkophag bildet den Mittelpunkt, umgeben von einem Rahmen, den ein kräftig vorspringendes Gebälk bedeckt. Das Wappen Innocenz' VIII. ist am Gebälk befestigt, dessen Ausladungen Gehänge von Trophäen tragen. Der Sockel des Rahmens ruht auf einem Gesims, auf dessen Ecken zwei Krieger mit langem Schwerte und Streitkolben bewehrt, stehen. Fries und Täfelung darunter umrahmen zwei Medaillons mit nachgeahmten Basreliefs, enthaltend einen Kampf zwischen Satyrn und Sirenen und ein Reitergefecht. Treviso. S. Niccolò.

[94] Uffizien N. 630; ehemals in der mediceischen Villa Poggio imperiale. (vgl. unter Giorgione).

Offenbar kann ein so freies und grossartiges, im reinsten venezianischen Stil ausgeführtes Werk von keinem Andern als von Giovanni Bellini herrühren; aber es ist bemerkenswerth, wie ein derart an die Staffelei gewöhnter Meister so furchtlos sich an das Fresko wagte. Geschmackvolle und freie Zeichnung walten ebensowohl in den Basreliefs als den steinfarbigen Ornamenten und die Krieger auf den Sockeln echte venezianische Charakterfiguren voll Ernst und Jugendkraft zugleich, sind mit entschieden eingedrückten Umrissen von kühner Bestimmtheit umschrieben; die Lichter durchsichtig genug, um den hellen Grund durchscheinen zu lassen; die Halbtöne grünlich grau, die Schatten neutral und gelegentlich ins Bräunliche gebrochen; hie und da erhöht ein Tüpfchen Roth auf einer Lippe oder einer Wange in meisterlicher Weise die Wirkung[95].

Während diese und so viele andere Aufgaben Bellini's Aufmerksamkeit beanspruchten, wird er wahrscheinlich die Wandgemälde des Rathssaales einigermassen vernachlässigt haben. Um seinen Eifer zu beleben, hatte ihn der Rath der Zehn im Jahre 1483 mit dem Titel eines „Pittore del Dominio“ beehrt und sein Einkommen durch Befreiung von den Zunftsteuern erhöht[96]. Im Jahre 1488 versuchte man, seine Eifersucht durch die Mitanstellung des Alvise Vivarini anzuregen, 1494 drohte ihm sogar die Nebenbuhlerschaft des Perugino.[97] Nach diesen wiederholten Erinnerungen widmete sich endlich Giovanni fast ausschliesslich seinen öffentlichen Arbeiten. Inzwischen fand er doch noch die Zeit, nebenher die Taufe Christi für die Kirche S. Corona zu Vicenza zu malen:

Vicenza, S. Corona. Christus steht mit über der Brust gekreuzten Armen in voller Vorderansicht im Jordan, welcher aus enggeschlossenem Gebirgsthal

[95] Treviso, S. Niccolò. Das Datum 1490 ist auf dem Marmorsarkophage. Einige Theile der Kleidung haben die Farbe verloren, übrigens ist das Fresko noch wohl erhalten, da es auf geglättetem Mörtelgrund gemalt ist. Ridolfi (Marav. I, 86) schreibt es dem Antonello zu.

[96] Illustrazioni del Palazzo Ducale a. a. O. Dekret vom 26. Febr. 1483 und Lorenzo a. O. 92.

[97] Gaye, Carteggio II, 69. 70 und vgl. B. IV. S. 204. Der umbrische Meister sollte die Zwischenräume zwischen den Fenstern an der nördlichen Wand mit der Schlacht von Spoleti, wie sie genannt ward (Ghiaradadda), und einem andern

herabfliesst; am Ufer rechts Johannes in grünem Gewande, die Taufschale mit ausgestrecktem, erhobenem Arm auf das Haupt des Heilandes ausgiessend, links drei aufwartende Engel, oberhalb die Taube und darüber Gott-Vater; zu den Füssen des Johannes die Inschrift: „IOANNES BELLINVS“[98].

Hier ist der Meister in seiner Technik so weit vorgeschritten, dass wir den Uebergang zu dem reichen kräftigen Vortrag und dem leuchtenden Goldton des Stils von 1505 empfinden. Edel in Umriss und Stellung steht Christus, ein grossartig kräftiger Typus, energisch der Täufer am Ufer, voll ruhiger Erwartung die Engel, während Gott-Vater mit ausgestreckten Armen aus stillem Abendhimmel in das Thal herabblickt. Allein während diese Taufe Christi allen Fortschritt erkennen lässt, den Bellini mit wachsender Meisterschaft errang, erscheint sie doch nicht so gänzlich frei von der älteren Behandlungsweise und der eigenthümlichen Modellirung des Malers, wie die Jungfrau mit dem Kinde zwischen Heiligen, die er 1505 für S. Zaccaria zu Venedig vollendete, ein Altarwerk, in welchem uns Bellini mit einem Sprung mitten unter die Venezianer der modernen Epoche versetzt:

Die Jungfrau sitzt in einer mit Mosaik ausgezierten Nische, das Kind haltend, welches mit einem Fuss auf ihrer Hand steht und Venedig. S. Zaccaria.

Gegenstand, sowie mit den entsprechenden Dogenportraits im Fries ausfüllen und dafür 400 Dukaten Gold erhalten.

[98] Holz, Oel, oben abgerundet, fast lebensgr. Fig. Die technische Behandlung dieses Bildes scheint die Angabe Agletti's, Elogio a. a. O., der, ohne die Quelle zu nennen, 1501 als das Jahr der Ausführung angibt, zu bestätigen. Doch könnte das Bild etwas älter sein. Das Datum wird weder von Boschini (Gioielli di Vicenza, Venedig 1676, 70), noch von Vendramin Mosca (Descrizione di Vicenza, Venedig 1779, I. 14) angegeben, aber beide sagen ganz richtig, das Bild schiene von Giorgione gemalt zu sein („così fresca di colorito e tenerezza di carne impastata, che pare di mano di Giorgione suo scolare: ma perchè vi si vede scritto il nome di Gio. Bellino, così bisogna dire“, Gioielli a. a. O.). Die Luft ist durch Reinigung abgerieben worden; das Gesicht eines Engels und die Beine sind retouchirt; restaurirt oder ganz erneuert sind die Köpfe von Gottvater und dem Täufer, das Blau im Mantel des Gottvater und das Haar der beiden Engel zur Linken. Der Restaurator hat einen Papagei in die Nähe des offenen Zettels unter den Füssen des Täufers gemalt. Die Farbe droht überall abzublättern. Das einzige andere Beispiel einer Taufe Christi von Bellini, das venezianische Schriftsteller erwähnen, ist ein von Boschini (R. Min. Sest. di Castello 35) und Sansovino (Ven. descr. 47) beschriebenes in S. Giovanni del Tempio zu Venedig, jetzt verschollen; ein anderes, von Ridolfi erwähnt (Marav. I. 88), aber von Boschini dem Cima zugeschrieben (R. Min. Sest. di D. Duro 34) in der Kirche der Carità zu Venedig, ist gleichfalls verschollen.

segnet, zur Seite links die heil. Petrus und Katharina mit Rad und Palme, Hieronymus im Kardinalsornat und Lucia mit Palme und Gefäss. Auf der Thronstufe ein Engelknabe, der die Geige spielt, neben ihm der Zettel mit der Inschrift: „IOANNES BELLINVS MCCCCCV“[99].

Im Aufbau der Komposition ist kein wesentlicher Unterschied gegen die früheren in S. Giovanni e Paolo oder S. Giobbe. Die vorzüglich bemerkenswerthe Eigenschaft des Bildes ist vielmehr die Tiefe von Licht und Schatten, eine Eigenschaft, durch die sich Giorgione[100], Sebastian del Piombo und Tizian auszeichneten; hier wie auch bei diesen jüngeren Meistern erzielt durch eine höchst kunstvolle Koncentration von milder und klarer Wärme auf bestimmten Theilen des Gemäldes. Bis zu diesem Zeitpunkt gibt es noch kein Beispiel grosser monumentaler Kunst in dieser Schule, an welchem Komposition, Ausdruck, Bewegung, Wirkung und Farbe in so reichem Maasse mit Freiheit der Hand vereinigt wären. Es liesse sich vielleicht etwas an den eckigen und untersetzten Verhältnissen in den Gesichtern und Gliedern einiger Gestalten, wie des Petrus mit dem gegen den Beschauer vorgeneigten Haupte, oder bei dem bärtigen in sein Buch vertieften Hieronymus aussetzen; man möchte einen idealeren Typus an Stelle des etwas stumpfen Profils der Magdalena wünschen, welches später bei Sebastian del Piombo, Pordenone und Pellegrino beliebt wird, oder auch eine zartere Katharina; aber alle Unvollkommenheiten verschwinden in den grossen Gegensätzen von Licht und Schatten, in der Breite und dem Schmelz der Modellirung, der Festigkeit und Gleichmässigkeit des saftigen Pinselzuges und in der geheimnissvollen Durchgeistigung, in welcher die besten Künstler eben ihr Bestes geben. Was bei Giovanni früher das Ergebniss von Lehren gewesen sein mochte, ist hier

[99] Lebensgr. Fig., oben gerundet. Nach Paris entführt im Anfang dieses Jahrh. und dort auf Leinwand übertragen, zeigt es noch theilweise Retouchen; namentlich ist der Kopf der Jungfrau an der Schattenseite beschädigt; die Linke der heiligen Katharina verdorben und das Haar der Lucia (Magdalena) nachgebessert. Scanelli, Microcosmo 211, sagt von dem Bilde: „Facilmente stimo che sia la più rara di Giovanni“.

[100] Die spätern Venezianer geben sämmtlich an, dass Bellini hier von Giorgione beeinflusst worden, vgl. dagegen später bei Giorgione; und s. Zanetti, Pitt. Ven. 51.

die Frucht des Bewusstseins der Meisterschaft, vermöge deren im Farbenvortrag des Bildes alles Suchen und Versuchen vor der vollendeten Sicherheit verschwindet. Auf den Altar von S. Zaccaria gestellt, für den es ausgeführt wurde, hat das Bild die perspektivische Anordnung, welche genau zu seinem Platz und den Linien der umgebenden architektonischen Umrahmung stimmt; seine Haltung ist auf das durch das grosse Fenster der Kirche einfallende Licht berechnet. Es ist ein Meisterstück derjenigen Art, welche Vasari die „moderne" nennt.

Wir haben wenig Anhalt zu beurtheilen, welche Wirkung dieses Bild auf die gleichzeitigen Maler hervorbrachte. Bellini stellte hier offenbar eine gewaltige Neuerung der Kunstweise denen gegenüber, die noch an der mantegnesken Ueberlieferung festhielten, und zwar im vorgeschrittenen Alter, während jüngere Leute sich völlig begnügt haben würden, im Besitz des Erreichten auszuruhen. Aber er durfte sicher sein, dass die heranwachsende Generation von Meistern, die Tizian und die Giorgione, seinen Spuren folgen und ihn doch als Führer verehren würden, mochten auch die Maler von der alten Schule darob murren. Es war um diese Zeit, dass Albrecht Dürer von Nürnberg nach Venedig kam und, von dem Haupte des reichen Hauses Fugger beschützt, mit den einheimischen Meistern zu concurriren begann. Das kleine Gelichter derselben zeigte sogleich seinen Neid in Verfolgung; sie liessen ihn als Fremden durch die Zunft in Geldstrafe nehmen, bedrohten ihn, tadelten seine Werke und benutzten sie doch hinter seinem Rücken. Seltsamer Weise war der schlimmste Vorwurf, den man ihm zu machen hatte, dass er die Antike nicht zum Muster genommen; aber während die gemeine Heerde ihm die Zähne zeigte und durch ihre Feindseligkeit den Dürer warnte, sich nicht in ihre Gesellschaft zu begeben, hiess Giovanni den Fremden von jenseits der Alpen willkommen, ja suchte selbst etwas von seiner Hand zu erwerben, und Dürer hat in seinen Briefen an Pirkheimer nichts als Lob für die Liebenswürdigkeiten des alten venezianischen Meisters[101]. Mit der Zeit entstand nun

[101] S. Dürer's Briefe bei Campe, Reliquien, Nürnberg 1828 und vgl. H. Grimm, Künstler und Kunstw. I. 136 fg., sowie die Gegenbemerkungen Waa-

die Frage: ward Dürer von Bellini beeinflusst oder hat Bellini durch die Berührung mit Dürer eine Umwandlung erfahren? Vasari unterliess nicht zu bemerken und zwar mit unnöthiger Absichtlichkeit und Schärfe, dass das Bacchanal von 1514 eine Copie nach Dürer sei, während er höchstens sagen durfte, dass der Stil des Faltenwurfs in diesem Meisterwerke einigermassen an Dürers brüchige Zeichnung erinnere[102], wie es gleichzeitig in den Werken des Giorgione und Boccacino, bei Carpaccio, dem Signorelli des Nordens, oder bei Montagna der Fall war. In jenem selben Altarbild aber, nach dem Bellini copirt haben sollte, — von Dürer auf Bestellung der Fugger für S. Bartolommeo zu Venedig gemalt und dann durch Rudolph II. nach Prag in das Kloster zu Strahow versetzt — hätte Vasari etwas finden können, was viel eher nach einer Nachahmung des Bellini aussieht. In diesem äusserst beschädigten Bilde, auf welchem die Jungfrau den Kaiser Maximilian (?) in Gegenwart eines Papstes und einer zahlreichen Versammlung mit Rosen bekränzt, gleicht der violinspielende Engel zu ihren Füssen viel eher einem von Bellini's Kindern als irgend einem, das Dürer vorher gezeichnet hatte[103]. Dürer versichert in mehr als einem seiner

---

(Zeitschr. f. bild. Kunst I, 112 fg. und Thausing, Dürer's Briefe (Quellenschr. f. Kunstgesch. III, 6). In dem Briefe von Lichtmess 1506 an Pirkheimer sagt er: „Ich hab vill guter frewnd vnder den Walhen (Italienern) dy mich warnen daz ich mit iren Molern nit es vnd trinck aweh sind mir ir vill feind vnd machen mein Ding in Kirchen ab vnd wo sy es mügen bekumen, noch schelten sy es vnd sagen es sey nit antigisch art dorum sey es nit gut, aber Sambelliny der hat mich vor vill Zentilomen fast ser globt, er wolt gern etwas von mir haben vnd ist selber zw mir kumen vnd hat mich gepetten, ich soll im etwas machen er wols woll szalen. Vnd sagn mir dy lewt alle wy es ein so frumer Man sei daz ich im gleich günstig pin. Er ist ser alt, vnd ist noch der pest im gemell." Der Vorwurf des mangelnden Studiums der Antike, den man dem Dürer in Venedig machte, ist, wie wir sehen, genau derselbe, der andrerseits (vgl. Vasari XIII, 18) gegen Bellini und die Venezianer durch die Bank geltend gemacht wurde.

[102] Vasari XIII, 23. Er sagt bezüglich der Gewänder: „nella maniera de' panni è un certo che di tagliente, secondo la maniera tedesca".

[103] Dass Dürers Bild aus S. Bartolommeo (Vasari a. a. O.) dieser Kirche von Christoph Fugger gewidmet wurde, berichtet Sansovino (Ven. Descr. a. a. O. S. 135). Auf Befehl Rudolphs II. von Habsburg wurde es nach Prag gebracht (Roth, Leben A. Dürers, Leipzig 1791, S. 23 und Van Mander, Schild. Boeck., Amst. 1618, S. 131) und in S. Bartolommeo durch eine Verkündigung von Rotenhammer ersetzt. (Boschini, R. Min. Sest. di S. Marco, S. 108.) Dass es eine Darstellung der Jungfrau mit Heiligen war („Marienbild"), sagt Dürer selbst in seinen Briefen (Dürer an Pirkheimer. Orig. im Brit. Museum, abgedruckt von

Briefe[104]; er habe diejenigen, die ihn als unerfahren im Colorit getadelt, durch seine Erfolge Alle zum Schweigen gebracht und sie genöthigt, zu bekennen: sie hätten schönere Farben nie gesehn. Es wird niemand das Missverständniss begehen, anzunehmen, Dürer habe den Venezianern irgend ein Geheimniss des Colorits lehren können. Sie beherrschten und verwendeten das System der Oelmalerei, wie sie es durch Antonello von den van Eycks überkommen hatten, in ihrer eignen, von der seinigen ganz und gar abweichenden Weise. Aber unzweifelhaft übte seine Genialität einen wichtigen Einfluss auf die Künstler Oberitaliens aus, deren Aufmerksamkeit er auf die nothwendige sorgfältige Durchbildung des Einzelnen bei der Wiedergabe der Natur hinlenkte. In allen anderen Beziehungen hatte er mehr Belehrung zu empfangen, als zu geben. Zwei von seinen in Italien befindlichen Bildern, offenbar in Venedig entstanden, sind der Christus unter den Schriftgelehrten, eine Komposition von röthlichem Colorit in der Gallerie Barberini zu Rom[105], und ein Apostelkopf von ähnlichem Gepräge in der Gallerie Spannocchi zu Siena[106], aber als edelstes Erzeugniss seines Pinsels aus jenen Tagen muss der Christus am Kreuze im Museum zu Dresden gelten.[107] In Verhältnissen, Energie, Leben und

---

Waagen in den Wiener „Recensionen", und wieder abgedruckt in Herman Grimm's „Künstler und Kunstwerke", I, S. 166—67). Dass das Bild im Kloster Strahow mit dem erwähnten identisch ist, geht aus dem Stil und aus der Inschrift hervor: „Exegit quinquemestri spatio Albertus Durer Germanus, M.D.VI. Monogramm." Eine Copie desselben im Museum zu Lyon mit gleicher Inschrift, aber beträchtlichen Aenderungen in der Anordnung der Komposition gehört einem Nachahmer aus der zweiten Hälfte des 16. Jahrh. an. Sie wurde von Napoleon aus Wien entführt und dem Museum zu Lyon überwiesen. S. die Documente in Ris, Les Musées de province, II, 379. Bei Grimm, Künstler und Kunstw. I finden sich Abbildungen beider Bilder. Das Original in Strahow ist in ausserordentlichem Grade verblichen und verrieben. Der Gegenstand steht ohne Zweifel mit den Rosenkranz-Brüderschaften in Zusammenhang. Die Deutung des Knieenden rechts auf Kaiser Maximilian ist nicht unzweifelhaft.

[104] Brief Dürers an Pirkheimer von 1506 bei Campe a. a. O. 127 und Grimm a. a. O. I, 166--167.

[105] Holz, ganz dünn gemalt, die Schatten gestrichelt wie auf einem Kupferstich; bez. 1506.

[106] N. 29, mit Dürers Monogramm und den Ueberresten einer Jahreszahl; der kräftige Ton verräth ein Streben nach Nachahmung von Boccaccino's tiefen Farben, aber der Farbenkörper ist wie beim vorigen.

[107] N. 1722 a, Holz, h. 0,20, br. 0,16; erkauft in der Versteigerung der Sammlung Böhm in Wien, December 1865. Die Ferne Luft und eine Landschaft von sehr niedrigem Horizont; bez. mit dem Monogramm und der Jahrzahl 1506 (nicht 1500, wie gewöhnlich gelesen wird), mit der Unterschrift: „Pater . T.

edlem Ausdruck ist dieses köstliche Werk den Schöpfungen Lionardo da Vinci's ebenbürtig. Das Fleisch ist weich modellirt, mit unübertrefflicher Festigkeit des Auftrags und sattestem Schmelz der Farbe behandelt; die liebevolle Ausführung des Einzelnen erstreckt sich bis auf die Härchen am Körper und das Glanzlicht im Auge. Ein Juwel solcher Art mochte wohl die Aufmerksamkeit der grossen Venezianer erregen und sie veranlassen, die Natur mit grösserer Sorgfalt, als sie gewohnt waren, zu studiren; es ist kaum zu bezweifeln, dass solche Vorbilder für Tizian die treibende Ursache wurden, das Wunderwerk seiner Jugend, den „Christus mit dem Zinsgroschen“ zu unternehmen und zu vollenden. Es ist nicht zu verwundern, dass Dürer sich durch die Aufmerksamkeit Bellini's geschmeichelt fühlte. Bellini war von den venezianischen Nobili seiner Zeit hoch geachtet, von Literaten, Dilettanten und Sammlern durch Gunstbezeugungen verwöhnt. Ariosto zählte ihn zu den Lieblingen seiner Muse; Pietro Bembo, der bei Beginn des Jahrhunderts im Lieben und Dichten schwelgte und seine Dienerschaft ebenso wie seine Freundinnen wechselte, schrieb Sonette auf das von Bellini gemalte Conterfei seiner Geliebten[108] und sass ihm selbst zu seinem eignen Portrait[109]; die Marchesa Isabella von Mantua rief den Einfluss Bembo's auf, um sich ein Gemälde Bellini's für ihr Staatszimmer zu verschaffen. Und so unabhängig war die Stellung Bellini's, dass, als Bembo den Bitten der Dame zu willfahren versprach, er sich kaum auf die Kraft seiner eigenen Ueberredungskunst verliess, sondern sich noch um die guten Dienste mehrerer Freunde und Gönner Giovanni's bewarb. Die Marchesa hatte schon um die Zeit, als Mantegna seinen wohlbekannten Cyklus von Allegorien im Palast S. Sebastiano zu Mantua vollendet hatte, einen vergeblichen Versuch gemacht, eine ähnliche Schöpfung von Bellini zu er-

---

MANVS. TVAS COMENDO. SPIRITV MEV. — Im 16. Jahrh. befanden sich noch mehrere Bilder Dürers in Venedig u. a. Christus den Juden vorgeführt im Saale des Rathes der Zehn, s. Boschini, R. Min. Sest. 23.

[108] Vas. V, 16 und Bembo, Opere, Milano 1808. Vol. II. S. 21 u. 22. Das Bild wird besungen im Sonett XV, und XVI., ist aber jetzt nicht mehr nachzuweisen.

[109] Ridolfi, Marav. I, 96. Das Bild ebenfalls verschollen.

langen. Der Meister lehnte mit der Entschuldigung ab, dass er mit andern Arbeiten zu sehr beschäftigt sei; um jedoch bei einer solchen Bestellerin nicht in Ungnade zu fallen, sandte er zum Beweis seines guten Willen ein Bild der „Geburt Christi“ nach Mantua[110]. Bei Gelegenheit von Bembo's Besuch in Mantua im Sommer 1505 erneuerte die Marchesa ihren Wunsch, und zwar mit solcher Hartnäckigkeit, dass Bembo neue Vermittelungsversuche versprach. Im August ging er demzufolge mit Paolo Zoppo in Bellini's Werkstatt und beide liessen ihr Geschütz mit solchem Erfolg spielen, dass Bembo seiner Gönnerin schreiben konnte: „Die Festung sei geneigt, sich zu ergeben“[111]; indessen hielt er doch für gut, seiner Gönnerin anzurathen, sie möge einen eigenhändigen herzlichen Brief an den Künstler richten, und so sandte sie dem Künstler im October einen Brief, welcher aussprach, wie dankbar sie ihm für das übersandte Bild der „Geburt Christi“ sei, dass sie jedoch grosses Verlangen trage, die „Historien“ seines Schwagers Mantegna durch ein entsprechendes Werk seiner Hand vervollständigt zu sehen[112]. Giovanni antwortete vermuthlich mit einer Zusage und erbat die Maasse der Leinwand, worauf die Marchesa erwiederte, Bembo werde im Mai in Mantua sein und einen Gegenstand angeben, über den ihm später das Nähere mitgetheilt werden würde[113]. Bembo aber hatte durchaus keine Eile, das fieberschwangere Mantua zu besuchen und als er Bellini gegen Ende November gesehen hatte und ihn noch geneigt fand, den Auftrag anzunehmen[114], beschloss die Marchesa, nun selbst einen Gegenstand zu wählen und theilte denselben, wie es scheint, dem Bembo zur Beurtheilung mit. Bembo warnte in seiner Rückantwort, den Empfang bestätigend, die Marchesa, das Talent eines Mannes, „der seine eigenen Wege zu gehen liebte“, nicht durch bestimmte Anweisungen in Fesseln zu legen, und fügte hinzu:

---

[110] Die Existenz dieses Bildes ist nicht mehr nachzuweisen.

[111] Brief Bembo's an Isabella. 27. Aug. 1505. (D'Arco, Arti di Mantova a. a. O. II, 60. Gaye, Cart. II, 76.)

[112] Capilupi an Giov. Bellini, Mantua 19. Oct. 1505. (D'Arco a. a. O. II, 60. Gaye II, 80.)

[113] Capilupi an Giov. Bellini. (Gaye II, 81 und D'Arco II, 61.)

[114] Bembo an Isabella. Venedig, 20. Nov. 1505. (D'Arco II, 61. Gaye II, 79.)

wenn sie den Mantegna antreiben wolle, gewisse Zusagen zu erfüllen, die er gegenüber dem venezianischen Nobile Francesco Cornelio eingegangen war, so wolle dieser Herr seinerseits behilflich sein, Bellini zur Erfüllung seines Versprechens anzuhalten[115]. Inzwischen sandte Isabella, um die Sache zu sichern und vielleicht in der Hoffnung, zwischen den Brüdern Eifersucht zu erregen, einen Beauftragten an Gentile Bellini, um ihn zu fragen, ob er ein Wandgemälde für den Palast S. Sebastiano ausführen wolle[116]. Es erfolgte einfach eine ablehnende Antwort und als letzter Versuch wurde wieder Bembo angewiesen, Bellini zu sondiren. Seine Antwort[117] datirt vom Mai 1506 und wahrscheinlich liess sich nunmehr Bellini, wenn überhaupt, bewegen, das verlangte Werk in Angriff zu nehmen. Wir besitzen keine Nachricht über die Absendung eines Bildes nach Mantua[118], aber wenn wir anders voraussetzen dürfen, dass die Markgräfin anstatt eines Seitenstückes zu Mantegna's Allegorien von Giovanni einen heiligen Gegenstand erbeten habe, so könnte diess die herrliche Tafel mit dem Tod des Petrus Martyr gewesen sein, die ehemals das Haus des weiland Andrea Schiavone zu Venedig zierte und später in die Sammlung des Sir Charles Eastlake überging:

London, Nat.-Gall. Petrus Martyr liegt zur Linken in sonderbarer Stellung ermordet am Boden und derselbe Petrus Martyr flieht kaum ernstlich vor dem Dolch des Mörders; allein der Vorgrund ist nur der Rahmen eines dichten Waldes, in welchem Holzfäller die Aexte handhaben, Schäfer ihre Heerden weiden, während wir durch eine Lichtung zur Linken wie über eine Brücke einer anmuthig im Halbkreis von Hügeln gelegenen Stadt entgegengehen und die lichten Töne der Ferne durch den Rahmen des Laubes schimmern[119].

---

[115] Bembo an Isabella. Venedig, 1. Jan. 1506 (n. St.). (Gaye II, 81. D'Arco II, 57.)

[116] Brief eines Unbekannten an Francesco, Marchese von Mantua; Venedig, 17. April 1506. (D'Arco II, 63—64.)

[117] Bembo an Isabella. Venedig, 13. Mai 1506. (Gaye II, 82. D'Arco II. 64.)

[118] Der Katalog der Mantuanischen Bilder, die von Daniel Nys an Karl I. von England verkauft wurden, erwähnt Bellini's Namen nicht; in den Inventaren von 1627 und 1700 in Mantua finden wir nur eine Madonna m. d. K. und Sebastian, und eine andere Madonna mit dem Kinde, Johannes d. T., Johannes Ev., Hieronymus und Katharina; beide Bilder verschollen (D'Arco II, 161). Ebenso erfahren wir, dass Bellini ein Portrait der Isabella malte (Pungileoni, Giornale Arcadico, vol. I, 258, bei den Herausgebern des Vasari V, 16), aber auch diess ist verschollen.

[119] London, Nationalgallerie N. 812,

Schon früher haben wir bei den Landschaften verweilt, die Bellini im Hintergrund seiner Gemälde anbrachte; hier aber schuf er recht eigentlich das Muster jener Landschaftsbilder, in denen Giorgione, Tizian und Palma vecchio so berühmt wurden und deren eigenthümlicher Zug darin besteht, dass die Figuren der Oertlichkeit, in die sie gestellt sind, völlig untergeordnet erscheinen. Auf unserem Bilde ersetzt dieser eigenthümliche Reiz den der Komposition im engeren Sinne, denn die Schilderung des dramatischen Vorganges ist keineswegs glücklich zu nennen. Die Schilderei als Ganzes genommen ist aber ungemein anziehend; die Scenerie erinnert an Castelfranco, den Geburtsort Giorgione's, mit seinen lauschigen Hainen und seiner üppigen Vegetation, und die satte feinverschmolzene goldige Farbe ist schlechthin unübertrefflich.

Wie schwer es Bellini geworden sein mag, allen den Anforderungen nachzukommen, die das Jahr 1505 an seinen Fleiss stellte, können wir daraus schliessen, dass er nicht nur die Madonna von S. Zaccaria, sondern auch einen Hieronymus zwischen Petrus und Paulus für S. Christoforo in Murano[120] und eine Madonna mit Heiligen zu vollenden hatte, die lange Zeit der Gallerie der Dal Pozzo's zu Verona angehört hat[121]. Und was noch wichtiger war, er hatte von Amtswegen die Bildnisse des Dogen Leonardo Loredano zu malen, von denen eins, aus der Erbschaft der Familie Grimani[122], in die Nationalgallerie nach London gekommen ist[123]. Diess Bild ist einzig als Zeugniss des Geistes, mit dem Bellini die Natur erfassen und veredeln, die Weichheit des Fleisches in flüssigem und verschmolzenem Goldton wiedergeben und

---

chem. Sammlung Eastlake; Holz, h. 3 F. 4 Z., br. 5 F. 2½ Z., bezeichnet: „IOANNES BELLINVS". Die Oberfläche nicht ganz frei von Nachbesserungen.

[120] Boschini (R. Min. Sest. della Croce S. 20), Sansovino (Ven. Descr. S. 234), und Zanetti (Pitt. Ven. S. 51—52).

[121] Dal Pozzo a. a. O. S. 306.

[122] Diess war dort nicht vereinzelt; wir wissen durch Ridolfi (Marav. I, 96), dass zwei grosse „Cosmographien" von Bellini mit den Figuren des Ptolemäus, Strabo, Plinius und Pomponius Mela sich im Palast der Grimani a' Sant' Ermagora, jetzt Palazzo Grimani Calergi Berri befanden.

[123] Nationalgallerie N. 189, h. 2 F., br. 1 F. 5½ Z., Brustbild des Dogen in Amtskleidung, auf einem offenen Zettel an der Brüstung bez.: „Joannes Bellinus".

gleichzeitig sich doch in jede Linie der Form versenken konnte, eine Leistung, welche durchaus die Vollendung und nicht blos die technische Vervollkommnung dessen ist, was Antonello auf Grund des Malsystemes der van Eyck mit so erstaunlichem Erfolg begonnen hatte. Obgleich Loredano dem Bellini — wie auch Anderen — wieder und wieder sass, und obgleich Bellini's Ruhm zum Theil auf diesen Bildnissen beruhte, so existirt doch kein besseres Zeugniss für die Meisterschaft Giovanni's im Portraitfach, als diess. Freilich ist die Anzahl von Bellini's Werken dieser Gattung jetzt sehr beschränkt. Er zählte, wie wir sahen, Bembo, Giovanni Mocenigo und Agostino Barbarigo unter seine Modelle, aber die ganze Reihe der Personen, die seine Werkstatt aufsuchten, würde eine lange Liste ausmachen, wenn man alle Berühmtheiten einschlösse, die er auf seinen historischen Bildern angebracht hat; unter ihnen viele Dogen und Feldherren: Pietro de' Priuli[124], Leonico Tomeo, Filippo Vendramin, Giacomo Marcello[125] und Bartolommeo Alviano[126], aber leider sind diese Bildnisse ebensowenig nachzuweisen wie das des Aldus Manutius[127]. Die in den Gallerien existirenden Portraitbrustbilder sind fast alle namenlos, und einige von ihnen, z. B. das eines Jünglings in der Gallerie Lochis Carrara zu Bergamo[128], sehr durch Uebermalung entstellt, während andere ohne Recht mit Bellini's Namen geschmückt werden.[129]

Eine Anzahl andere in den Uffizien zu Florenz und im Kapitol

[124] Pietro de' Priuli erscheint als knieender Stifter auf einer Madonna mit Petrus, Romualdus, Markus und Franciskus, auf dem Altarbild, das Sansovino (Ven. descr. 235) als in S. Michele zu Murano beschreibt. Diess Altarbild, wie die „Auferstehung“ in derselben Kirche sind verschollen. (Ridolfi Marav. I, 89). Boschini (R. Min. Sest. della Croce. S. 21) eignet das Bild dem Cima zu. Ebenfalls verschollen ist das bei Boschini a. a. O. erwähnte Kreuz mit Constantin und Helena in S. Michele zu Murano.

[125] Ueber diese Portraits vgl. Anon. d. Morelli S. 15. 80. 67. 201.

[126] Vas. V, 17. Ridolfi (Marav. I. 97).

[127] Cicogna, Iscr. Ven. III, 45 erwähnt einen in England von Moses Haughton nach Bellini's Original im Besitze Mr. Edward's in Pallmall ausgeführten Stich.

[128] N. 204, Holz, h. 0,27, br. 0,22, 3/4 nach links gewendet in hochschliessendem schwarzen Kleid und schwarzer Mütze, bez.: „IOANNES BELLINVS P.“

[129] Wir erwähnen ohne strenge Reihenfolge: Venedig, Gallerie Correr N. 17, Brustbild eines Jünglings, neuer als Bellini, und mit Recht im Katalog mit einem ? bezeichnet. — Pat (drei Miglien von Belluno), Gallerie Manzoni N. 33. Brustbild von vorn, in schwarzer

zu Rom und ausserdem in Hampton-Court, Liverpool und München galten für Bellini's Selbstbildnisse, aber es ist wie gewöhnlich in diesen Fällen schwer, das Urbild aus der Reihe herauszufinden, denn alle sind verschieden in Charakter und Zügen und denen unähnlich, die dem Gentile Bellini zugeschrieben werden. Das Stück in München ist, wie bemerkt, nicht von Giovanni's Hand[130]; in Hampton-Court sind die Züge scharf und herb, aber die Behandlung scheint kaum mit der Giovanni's zu stimmen, obgleich sich schwer etwas Sicheres sagen lässt, wenn ein Bild so viel Beschädigung erlitten hat[131]; der Jünglingskopf in Liverpool ist durch Retouchen entstellt[132]; in den Uffizien haben wir ein ächtes Werk von Bellini, das Bild eines Mannes von vierzig oder fünfzig Jahren, mit einer schweren gekräuselten Perrücke, violetter Mütze und schwarzseidnem Mantel, breit von Stirn und Wangen, mit weit auseinanderstehenden Augen, schmaler gerader Nase und kleinem Mund[133]. Obgleich von einem modernen Restaurator übergangen, ist die Farbe doch leicht, gut verschmolzen und geschmackvoll aufgetragen in der Weise seiner Bilder von 1480—1487. Man ist in unsern Tagen geneigt gewesen, diess für ein ächtes Selbstbildniss zu halten[134], obgleich Vasari's Holzschnitt viel siche- Bildnisse.

Mütze und Wamms; Holz, klein, zu beschädigt um eine Ansicht darüber aussprechen zu können. — Modena, Gall. N. 499, Kupfer; männl. Portrait, nicht aus der venezianischen Schule. — Genua, Palazzo Brignole, Kniestück; ein Mann in einem Pelzrock im blossen Kopf, die Linke auf einem Buch, eine Rolle in der Rechten, mit der Inschrift: „Franc. Philetus Doctor". Hintergrund Landschaft; gering, vielleicht von Bernardino Pordenone. — Florenz, Uffizien N. 177. Bildniss eines bejahrten Mannes; vielleicht Copie und etwas im Stil des Giovanni Martini von Udine. — Rom, Gallerie Borghese, Saal XI. N. 27, ein prächtiges Brustbild von Antonello (s. u.) und in demselben Rahmen ein Jüngling. Halbfig. Datirt 1510 (?), an Vittor Belli oder Mancini erinnernd. N. 39 weibl. Brustbild in gelber Mütze und grünem Kleide, später als Bellini. — Rom, Gallerie des Capitols N. 207; weibliches Portrait. (S. u. bei Ercole Grandi d. j.) — London, R. S. Holford Esq. Kleine Tafel mit einem Knabenbrustbild, ¾ nach rechts, bez. an den Seiten eines leeren Streifens: „Opus Bellini Joannes Veneti non aliter", vielleicht von Antonello (s. u.)

[130] München, Pinakothek, Cab. N. 604, s. o. S. 133.

[131] Hampton Court N. 277, Holz, auf einem Streifen bez.: „Joannes Bellinus".

[132] Liverpool Institution N. 32, Holz, Brustbild in schwarzer Mütze und Wamms, Hintergrund Luft, bez. auf der Brüstung: „Joannes Bellinus".

[133] Uffizien N. 354, Holz, Brustbild unter halber Lebensgrösse, auf der gelben Marmorbrüstung bez.: „Joannes Bellinus".

[134] Es diente als Modell einer Marmorbüste in der Akademie zu Venedig

Rom, Kapitol.

rer auf das Bild im Kapitol zu Rom[135] deutet, welches älter ist, als das Florentiner und aus einer Zeit stammt, in der Bellini die Schwierigkeiten der Oeltechnik noch nicht überwunden hatte. Es ist das sorgfältig gezeichnete Brustbild eines bartlosen Mannes in langer blonder Perrücke, mit hellem Glanzlicht auf der schwarzen Pupille, niedrig eckiger Stirn, rundlich endender Nase und sarkastischem Mund; und es dürfte seinen Rivalen aus dem sehr triftigen Grunde vorgezogen werden, weil es mit der von Camelio geschnittenen, noch in Venedig aufbewahrten Medaille die grösste Aehnlichkeit hat[136]. „Wittwer durch den Tod des Bruders Gentile"[137] und durch dessen Vermächtniss an die Vollendung des grossen Bildes der Markuspredigt gebunden, überdiess gerade damals nachhaltiger mit den Gemälden für die Rathshalle beschäftigt[138], gab Giovanni in den J. zwischen 1506 und 1513 verhältnissmässig wenig Neues zu sehen; dazu kommt, dass so ehrwürdige Werke, wie das grosse Madonnenbild mit Heiligen von 1507 für

Venedig, S. Francesco della Vigna.

S. Francesco della Vigna[139] und ein zweites im J. 1509 für einen unbekannten Besteller ausgeführtes Madonnenbild[140] jetzt bis zur Unkenntlichkeit entstellt sind. Eine Madonna jedoch v. J. 1510,

Mailand, Brera.

jetzt in der Brera zu Mailand, trägt ein entschiedenes Gepräge von Bellini's eigenthümlichem Stil in jenen Tagen: sehr leichte und offenbar flüchtige Behandlung, charakteristische allgemeine Lasuren über einfarbigen Untermalungen, wobei die Oberflächen

---

von dem Bildhauer Borro, und für die spätere Ausgabe von Ridolfi's Maraviglie.

[135] Rom, Gallerie des Kapitol N. 132, Holz, Hintergrund Luft (übermalt); an der Brüstung bez.: „IOANNES BELLINVS"; der Ton gleichmässig glatt und etwas trübe, die Farbe mit sauberster Zeichnung dünn aufgesetzt, durch das blonde Haar wirkt der Kreidegrund hindurch.

[136] S. die Beschreibung bei dem Anon. des Morelli 246. 247.

[137] Vasari V, 15.

[138] Im September 1507 hatte er drei Bilder unter Händen: eins davon, dasjenige, welches Alwise Vivarini unvollendet hinterlassen hatte, und ein zweites, welches noch nicht in Angriff genommen worden war. Zur Hilfe bei dieser Arbeit wurden ihm beim Rathe der Zehn Carpaccio, Vittore di Matteo und „Hieronymus Dipintor" beigegeben, s. Lanzi a. a. O. 142.

[139] Capella Santa, Holz, Halbfiguren unter Lebensgr.; die Jungfrau mit dem Kinde zwischen Sebastian und Hieronymus, Franciskus und Johannes d. T., der einen Stifter in Pilgerkleidern vorstellt; Hintergrund Landschaft, bezeichnet in gewöhnlicher Weise: „Joannes Bellinus, MDVII.", die Fleischtheile fast ganz von einer undurchsichtigen dunkeln Uebermalung bedeckt; die Behandlung, namentlich der Ferne, scheint breit und leicht gewesen zu sein. Die Verhältnisse des Kindes sind jedoch schwerer als bei den früheren.

[140] Venedig, ehemalige Sammlung der

mit einer sehr kräftigen und glühenden Farbenschicht überzogen scheinen[141].

Giorgione hatte in dieser Zeit die Werkstatt verlassen, diess schliessen wir wenigstens aus der Thatsache, dass seine Fresken am Fondaco de' Tedeschi auf Bellini's Veranlassung im Jahr 1508 von Lazzaro Sebastiani, Carpaccio und Vittor di Matteo abgeschätzt wurden[142]; derjenige Arbeiter in Bellini's Atelier aber, an welchen diese Werke am meisten erinnern, ist Previtali, dessen Madonnen von 1510 und 1511 diesem Stil angehören. Drei Jahre später vollendete Bellini für S. Giovanni Crisostomo ein Bild, das an monumentaler Feierlichkeit und Grösse des Stiles höchstens dem in S. Zaccaria von 1505 nachsteht, ein Werk, dem zwar die feste Pinselführung der Arbeiten aus dem Anfang des Jahrhunderts fehlt, das sich aber durch tiefe Gluth des Tones, Breite der Behandlung im Schlagschatten, Helldunkel und vollendete Gewandbehandlung auszeichnet:

In der Oeffnung eines Bogens, dessen Leibung mit Goldmosaik geziert ist, sieht man links den heil. Christoph, eine kräftige jugendliche Gestalt ohne Bart, den Stab in Händen, so dicht an die Wand geschmiegt, dass das auf seiner Schulter sitzende Christuskind nur eben Platz hat; ihm gegenüber steht Augustin in vollem Bischofsornate mit Buch und Krummstab. Eine Brüstung von schwarz und weissem Marmor trennt diesen Vordergrund von einer reichen Gebirgslandschaft, auf deren vorderem Hügel der heil. Hieronymus in weissem Gewande mit rothem Mantel sitzt, in dem Buche lesend, welches auf dem gebogenen Stamme eines Feigenbaumes aufliegt. An der Marmorbrüstung links ein Zettel mit der Bezeichnung: „MDXIII IOANNES BELLINVS. P.“[143] Venedig. S. Giovanni Crisostomo

Herzogin von Berry: Madonna mit dem Kinde, Halbfiguren in Landschaft, Holz, auf einem am Buche der Jungfrau befestigten Streifen bezeichnet: „Joannes Bellinus, MDVIII.“ Diese Tafel mit fast lebensgr. Figuren, fast ganz übermalt, gehörte bis vor Kurzem der Herzogin von Berry und kam in Wien im Frühjahr 1868 zum Verkauf. Früher in der Casa Mocenigo, oder zu S. Polo. (Agletti, Elogio S. 78.)

[141] Brera N. 209 (315). Holz, h. 1,50 br. 1,21. Kniestück, fast lebensgross. Hinter der Madonna ein grüner Vorhang und Landschaft mit kleinen Figuren, ein Zettel an dem Baumstamm zur Rechten, bezeichnet: „Joannes BELLINVS MDX.“

[142] Gualandi. Mem. a. a. O. Ser. III, S. 91 und Gaye. Carteggio II, 137—38.

[143] Venedig. S. Giovanni Crisostomo, Holz, lebensgr. Figuren von guten Verhältnissen, sehr frei in der Bewegung. Die näheren Theile der Landschaft sehr schön in warm braunen Tönen ausgeführt, mit Kräutern und Ranken und mit umhergestreuten Steinen belebt.

Einige Eigenheiten in der Ausführung und im Farbenauftrag sowie die minder feine Zeichnung lassen vermuthen, dass der Meister bei diesem Bilde sich der Hand eines neuen Gehilfen bedient hat und zwar möchten wir in diesem den Basaiti vermuthen, der in der That von jener Zeit an dem Stile Bellini's eine Wendung gegeben zu haben scheint, wie an einem Bild in S. Pietro Martire zu Murano ersichtlich wird[144], aber wahrscheinlich half er Bellini schon früher bei manchem Werke; so in geringem Grade bei einer Madonna mit dem Kinde, Petrus und dem jungen Sebastian mit Cherubköpfen, seit Kurzem im Louvre[145]; ferner bei einer blühend gefärbten Madonna mit 4 Heiligen und einer zweiten einfachen Madonnengruppe, sowie bei dem leidenden Christus, welche sich im Besitz weil. Sir Ch. Eastlake's befänden, bei einem Marienbilde bei Mr. Layard und bei einem andern in der Gallerie Leuchtenberg in Petersburg; endlich in ausgedehntem Maasse bei der heiligen Familie der ehem. Sammlung Northwick:

London, Samml. Eastlake.

London Samml. Eastlake: 1) Madonna und Kind mit Petrus, Georg, Joh. d. T. und einer heil. Frau; Maria hat die Hand auf das Haupt des Stifters gelegt, welcher (rechts) betend emporschaut[146]. — 2) Der Knabe auf einem Kiss n auf einer Brüstung nimmt eine Orange von der Jungfrau, hinter ihr ein lackrother Vorhang und ein Fenster mit Ausblick auf Landschaft[147]. — 3) Christus bis zum Knie nackt,

---

Abbildung in Ape Italiana, Bd. 25. Sansovino (Ven. descr. S. 154) schreibt von einem heiligen Markus in S. Giovanni Crisostomo von Bellini, der jedoch nicht mehr aufzufinden ist.

144 Ein Bild, ursprünglich in S. M. de Angeli zu Murano, von Ridolfi (Marav. I, 94) Bellini genannt, in der Gallerie zu Stuttgart. N. 128; h. 1 F. 3 Z. 5 L., br. 1 F. 5 Z.: Madonna mit dem Kinde, bezeichnet auf Zettel: „m archo. d ioas B. P.", sehr übermalt, fraglich ob von Basaiti, Marco Pensaben oder Marco Belli. Von derselben Gattung in derselben Gallerie N. 4; h. 2 F. 2 Z. 5 L., br. 1 F. 7 Z., eine Jungfrau, Halbfigur, mit dem stehenden Kinde, welches eine Frucht am Faden schweben lässt, die Maria mit der Hand auffängt; Hintergrund rother Vorhang und ein Stück Landschaft; stark übermalt, sehr trocken und schwach.

145 Louvre N. 69 bis; Holz, h. 0,84, br. 0,61, bez.: „Joannes Bellinus.", gehörte nacheinander Hrn. van Cuyck, dem Prinzen von Oranien, Hrn. Brentano, und Lord Northwick. Ein sehr sorgfältiges, klares, gleichmässig getöntes Bild von verschmolzener Oberfläche; das Kind etwas steif.

146 Holz, h. 4 F., br. 2 F. 3½ Z., bezeichnet: „Joannes Bellinus", sehr sorgfältig und leuchtend, aber nicht frei von Retouche.

147 An der Brüstung bezeichnet: „Joannes Bellinus"; Holz, halblebensgross. Das Gesicht des Kindes ist gut, der Ton gefällig, aber die Behandlung ziemlich schwach.

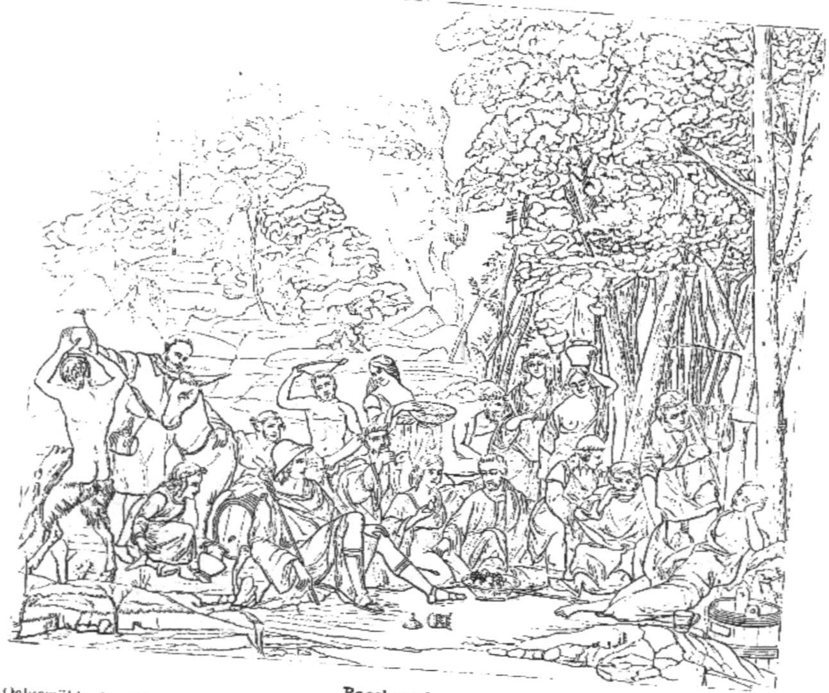

Bacchanal.

Oelgemälde des Giovanni Bellini in der Samml. des Herzogs von Northumberland zu Alnwick.

die Dornenkrone auf dem Haupte Strahlen ergiessend, Hintergrund Landschaft.[148]

London bei Mr. Layard: Die Jungfrau hält das Kind, welches die Händchen übereinanderlegt, die Linke auf einem Buch; links durch ein Fenster Blick in Landschaft.[149] London, Sammlung Layard.

London, weil. Samml. Northwick Nr. 883: Madonna und Kind mit Joseph, hinter Maria ein Baumstumpf, im Vordergrunde rechts zwei Rebhühner und in der Ferne breite Landschaft.[150] London, Sammlung Northwick.

Petersburg, Gall. Leuchtenberg N. 5: Madonna mit dem Kinde, welches einen Vogel hält, hinten grüner Vorhang.[151] Petersburg, Gallerie Leuchtenberg.

Am Ende seines langen fruchtbaren Lebens, fast schon in dem Augenblick, als Tizian sich anschickte, ihn sowohl aus der Amtsstellung am Fondaco wie auch aus der Thätigkeit im Saale des grossen Rathes zu verdrängen, malte Bellini eine der heitersinnlichen Darstellungen, für welche der Genius der venezianischen Schule besonders geschaffen schien. Schon an der Schwelle des Grabes schritt er doch mit Jugendmuth an seine Aufgabe; denn dieses Werk seines Greisenalters, das sogenannte „Götterbacchanal" ist um deswillen besonders merkwürdig, weil der Meister, längst gewöhnt, sich im breitesten, flüssigsten Stile zu ergehen, hier wieder zu den Pfaden seiner frühen Jahre zurücklenkte, um eine Komposition von hervorragender Einfachheit und lauterem Gefühl für ideale Erscheinung in sorgfältigster, miniaturfeiner Ausführung zu schaffen. Diess schöne Werk, ursprünglich für Alfonso von Ferrara gemalt, hat jetzt in der Sammlung Northumberland auf Schloss Alnwick seine Stätte gefunden:

Es ist die Darstellung eines Götterfestes in einer wunderschönen

---

[148] Von freier Gestaltung und schönen naturwahren Formen, schönen Gegensätzen in den Licht- und Schattenmassen, blühendem Farbenauftrag und Ton in der Ferne, aber etwas kalt in Folge leichter Restauration.

[149] Holz, halblebensgr., bez.: „Joannes Bellinus"; von Alters her etwas geputzt und restaurirt; früher im Palazzo Vendramin und im Katalog jener Sammlung erwähnt. (s. Handschrift im British Museum: De Picturis in Museis Dni Andreae Vendramini positis. anno MDCXXVII.)

[150] Holz, h. 3 F. 6 Z., br. 2 F. 8 Z., bez.: „Joannes Bellinus". Das Bild ist gescheuert und zum Theil retouchirt, der Name selbst ist unsicher, und es erinnert an Basaiti's Bild N. 599 in der Nationalgallerie.

[151] Holz, h 2 F. 8½ Z., br. 2 F. 6 Z. vgl. Waagen, Ermitage etc. 374. Der Kopf der Jungfrau und die Füsse des Kindes durch Restauration beschädigt.

Alnwick, Sammlung Northumb. norditalienischen Waldlichtung. Unter dem zu schattigem Dache verzweigten Laub hochaufragender Bäume, die in goldigen Abendglanz getaucht sind, sitzt Merkur mit seinem Stabe im Vordergrund, umlagert und bewirthet von männlichem und weiblichem Gefolge, bacchantischem Volk aller Art, das Früchte und Wein geniesst oder von beiden satt der Ruhe sich hingibt; während Silen seinen Esel abladet, schöpfen die Diener das funkelnde Nass und Satyrn credenzen die Schalen im Kreise. Wie scharf der Meister noch Leben und Handlung beobachtet, sehen wir in der Figur neben Merkur, die die Flasche unter die Tonne hält, oder in der Bekränzten, die dem Betrunkensten zum Trinken hilft. Den Gegenstand der Aufmerksamkeit des Gottes und seiner Sippe bildet die schläfrig auf den Arm gestützt im Vordergrund ruhende Nymphe, der ein frecher Bursche das Gewand lüftet. Auf dem Schilf am Ufer sitzt ein Eisvogel und der Kieselsand ist mit den Resten des Mahles bestreut; in den Aesten des Haines, an dessen Saume die Göttergesellschaft lagert und im wellig bewegten Mittelgrunde tummeln sich schalkhafte Satyrgestalten. Weit in der Ferne springt ein felsiger Hügel ins Thal vor und trägt die Thürme eines Castells, das treue Abbild Cadore's, von Previs aus gesehen.

Nichts kann wahrer und natürlicher sein, als das göttliche Behagen dieser am Rand des Stromes gelagerten, zu stiller Orgie vereinten Gestalten; einzelne Typen, wie die Frau, welche den Becher trägt, oder die Göttin, die eine Frucht kostet, scheinen unmittelbar griechischen Vorbildern abgelauscht; wie auch die Ornamente der Vasen den besten antiken Mustern entlehnt sind; die Natur ist mit Einfachheit und Wahrheit wiedergegeben, wenn auch hier und da ein lüsterner Zug, wie der derbe Scherz mit der schlummernden Nymphe, nicht fehlt. Landschaft und Beiwerk sind Gegenstücke dessen, was Tizian in seinen glänzendsten Tagen malte, hier fehlen weder die blühenden Farben seines Ariadnefestes, noch die glühende Wärme des Bacchanals zu Madrid. Und der Uebergang von Bellini's Stil zu dem seinigen ist so leicht, dass kaum ein Contrast zwischen beiden hervortritt. Der Ton ist

---

[152] Ueber die Geschichte dieses Bildes, welches in den Sammlungen Ludovisi, Aldobrandini und Camuccini war, s. Vasari (Comment.) V, 19. XI, 235 und XIII, 23 (dort die ausführliche Beschreibung und der Hinweis auf Nachahmung Dürers in der Gewandbehandlung, s. oben S. 176). Leinwand, h. 6 F.; an der Weinkufe im Vordergrund rechts auf einem Zettel die Inschrift: „IOANNES BELLINVS VENETVS PINXT MDXIIII. An vielen Stellen Uebermalungen, besonders in den Schatten, wo sie der allgemeinen Wirkung schaden.]

durchaus harmonisch, die Kunst des fünfzehnten und sechzehnten Jahrhunderts reichen sich die Hand und vermischen sich zur innigsten Genossenschaft. So war es denn ganz naturgemäss, dass Bellini das Bild im Jahr 1514, nachdem er es entworfen hatte, bezeichnete, und dass Tizian, als er vom Herzog von Ferrara berufen ward, erst Bellini's Werk zu vollenden übernahm, ehe er sein eigenes begann.

Bellini arbeitete indess noch einige Zeit, wie seine Venus vom Jahre 1515 im Belvedere zu Wien beweist[153], die übrigens nicht das einzige Bild dieser Art gewesen ist[154]. Er starb mit neunzig Jahren am 29. November 1516 und fand seine Ruhestätte an der Seite des Bruders Gentile in S. Giovanni e Paolo.[155] Wien, Belvedere.

An echten Bildern Giovanni Bellini's, welche im Lebensberichte keine Stelle gefunden haben, verzeichnen wir die folgenden:

Bergamo, Gall. Lochis Carrara: Mad. m. K. in einer Landschaft, bez.: „Joannes Bellinus p."; vermuthlich Original, aber stark beschädigt.[156] Bergamo.

Rom, Gallerie Borghese, Zimmer X, N. 30: Mad. m. K., hinter Maria ein blauer Vorhang, rechts Landschaft; kleines Tafelbild, Halbfigur, 1/3 lebensgr., auf dem Zettel an der Brüstung bez.: Rom.

---

[153] Saal II. N. 43. Holz. h. 2 F. 2 Z., br. 2 F. 4 1/2 Z. Die Gestalt Kniestück, auf einem mit türkischem Teppich bedeckten Polster sitzend. Umgebung ein Zimmer mit dunklem Grund (restaurirt), auf der Fensterbrüstung, zur Linken, eine Vase; durch das Fenster Blick auf Hügel und Luft; auf einem Zettel am Teppich die Inschrift: „Joannes bellinus faciebat M.DX.V." Fast bis auf die graue Untermalung abgescheuert. Derselbe Kopf, sehr beschädigt, in der Gallerie zu Castle Howard N. 84.

[154] In einem Inventar der Sammlung Farnese in Parma v. J. 1680 findet sich folgender Vermerk: „Nackte Venus in blauem Gewand von Amor umarmt, aus dessen Köcher sie einen Pfeil nimmt: an einer Seite eine Vase mit Rosen und ein Bogen, von welchem zwei Masken herabhängen, von Giov. Bellino, Holz, 2 Braccia u. 6 Zoll h., 3 Brac. 6 1/2 Z. br." s. Campori, Racc. di Catal. S. 213. Die farnesische Sammlung ist zum grössten Theil in das Museum zu Neapel übergegangen, dieses Bild jedoch findet sich dort nicht.

[155] Gaye, Carteggio II, 43. Cicogna, Iscriz. Venez. II, 119; dort ist das Tagebuch des Marin Sanudo angezogen, wo sich die Bemerkung findet, Bellini sei am Morgen gestorben und in derselben Gruft beigesetzt wie sein Bruder; Cicogna bemerkt ferner, jedoch ohne Angabe seiner Gewährsmänner, dass Giovanni der Kirche und Pfarre von S. Angelo in Venedig eine Geldsumme hinterlassen habe, deren Zinsen zur Ausstattung heirathsfähiger Mädchen dieses Sprengels verwendet werden sollten (Cicogna a. a. O. III, 122).

[156] Holz. h. 0.77, br. 1.10.

„Joannes Bellinus faciebat“; die Jungfrau hübsch und anmuthig, die Behandlung, obgleich sorgfältig und von gutem Schmelz, hat doch eine Weichlichkeit, welche an die alten Tage des Meisters erinnert.

Rom. Rom, im Besitze des Sign. Falzacappi[157]: Hieronymus vor dem Kreuze knieend in einer Landschaft, bez.: „Joannes Bellini opus“; kleines, sehr sorgfältig componirtes Tafelbild, an Basaiti erinnernd, von glühendem Fleischton und dünnem Farbenauftrag.

Garscube. Garscube bei Glasgow: Mad. m. K., bez.: „Joannes Bellinus“, Holz, halblebensgr., schadhafte durch Abscheuerung entstellte Arbeit des Meisters aus seiner späteren Zeit, ungefähr 1507—10.

Bellini's Gewohnheit, sich zu Zeiten sehr auf seine Gehilfen zu verlassen, wird aus zahlreichen Beispielen ersichtlich. Wir bemerkten bereits oben an dem Hieronymusbilde in S. Giovanni Crisostomo die Mitthätigkeit Basaiti's; das berühmte Bild „Christus zu Emaus“ in S. Salvadore lassen wir hier ausser Spiel, da es durchaus dem Carpaccio angehört[158]. Ebensowenig kommen die Madonnenbilder in der Kirche del Redentore und in S. Giovanni in Bragora in Betracht, da wir diese entschieden für Alvise Vivarini in Anspruch nehmen[159]. Aber auch anderwärts finden sich eine Menge Bilder, denen der Name des Meisters entweder nur mit wesentlicher Einschränkung oder überhaupt nicht zukommt. Wir gruppiren dieselben hier unter denjenigen Namen, welchen sie am nächsten stehen:

1. Gruppe: Cima da Conegliano:

Venedig, Akademie N. 582 (aus der Chiesa della Carità) jetzt unter Cima's Namen: Mad. m. d. K. thronend unter offener Halle

---

[157] Arco de' Carbonari N. 78 (1860).

[158] Das Nähere bringen wir im folgenden Capitel (Carpaccio) bei. Hier ist vorab zu erwähnen, dass die Zeugnisse des Sansovino, Boschini und Ridolfi allerdings für Bellini sprechen. Wir erwähnen ferner, als dem Giovanni Bellini zugeschrieben ein „Abendmahl“, welches aus der Casa Federigo Contarini in die Casa Ruzzini Priuli und von dort in die Gallerie Manfrin gekommen, jetzt aber verschollen ist. Wenn diess die kleine Tafel im Besitz des Sign. Fornaser in Venedig ist, welcher sie aus der Gallerie Manfrin zu haben behauptet, so erkennen wir in ihr allerdings ein bellinisches Bild von gutem Farbenkörper, aber nicht von grosser Bedeutung. Ein zweites Stück desselben Gegenstandes führt Ridolfi, Marav. I, 96 im Pal Cornaro auf. Dieses kam nach Wien, wo es im Pal. Razumowski beim Brande unterging (s. Zanotto, Pinac. Ven. 10): es trug die Jahreszahl 1490; zu bemerken ist jedoch, dass Ridolfi a. a. O. von einem Abendmahle spricht, welches nur die Gestalten des Christus, Kleophas und Lucas enthielt.

[159] Vgl. o. Cap. IV, 59. 60.

mit bunt eingelegter Decke, rechts Sebastian, Antonius und Lucia, links Georg, Nikolaus und Katharina, Hintergrund Berglandschaft.[160] — Petersburg, Ermitage N. 4: Mad. m. K. zwischen Petrus und Antonius (s. später). — Ebenda, Sammlung P. Stroganoff: Mad. m. K. zwischen Joh. d. T. und einem zweiten Heiligen mit falscher Namensbezeichnung Bellini's. — Lützschena bei Leipzig, Sammlung Speck-Sternburg: Mad. m. K., dem Täufer und einem andern Heiligen, mit falscher Aufschrift: „Joannes Bellinus".[161] — Bellagio bei Como, Samml. F. Frizzoni: Mad. m. K., bez.: „Joannes Bellini". — London, weil. Samml. Rogers (Eigenthum des S. H. Anderdon, in Manchester ausgestellt), Mad. m. K. zwischen Franciskus und einer Heiligen, bez.: „Joannes Bellinus faciebat".

2. Gruppe: Francesco Bissolo:

Venedig, Chiesa del Redentore: Mad. m. K., welches, nach links gewandt, den heiligen Hieronymus segnet, auf der andern Seite Franciskus mit gekreuzten Armen (Halbfig.); hinter Maria rother Vorhang auf dunkelgrünem Grunde.[162] — Ebenda, Sakristei: Maria m. d. K., welches nackt vor ihr steht, links Joh. d. Evang., rechts Katharina mit dem Rad, Halbfig.[163] — Venedig, Kirche der Scalzi (Carmeliter): Mad. m. K., Hintergr. grüner Vorhang, rechts und links Landschaft; ursprünglich vielleicht ein gutes Bild Bellini's aus der Zeit um 1500, aber durch Ausbesserung und Abputzen entstellt.[164] — London, Samml. Thomas Baring: Mad. m. K., Hintergr. grüner Vorhang, rechts Landschaft, mit Giovanni Bellini's Namen.[165] — Pianiga bei Dolo, Pfarrkirche: der heilige Martin seinen Mantel theilend, umgeben von Joh. d. Ev., Petrus, Jakobus und Hieronymus; obere Reihe: Mad. m. K. und dem jungen Täufer zwischen Georg,

---

160 h. 4,10, br. 2,10, bei Boschini, R. Min. Sest. D. Duro 35 als Werk des Giovanni Bellini aufgeführt.

161 s. später unter Cima.

162 Holz, h. 0,83, br. 1,06, von Boschini (R. Min. Sest. D. Duro 65. 66) und anderen venezianischen Schriftstellern dem Giovanni Bellini zugeschrieben. Die Ausführung hat jedoch in hohem Grade die Eigenthümlichkeit des Bissolo, und wir besitzen überdiess eine Wiederholung des Bildes unter Bissolo's Namen in der Casa Alvise Mocenigo in S. Stae in Venedig; wahrscheinlich hat sonach dieser die Tafel als Gehilfe in Bellini's Atelier gemalt.

163 Holz, h. 0,83, br. 1,06. Hier ist der Antheil Bissolo's noch deutlicher, obgleich es nicht weniger gelitten hat, als das vorerwähnte.

164 Zanetti, Pitt. Ven. 55 erwähnt es. Boschini (R. Min. Sest. D. Duro 39) führt eine Mad. m. K. in S. Gervaso e Protaso auf (Abbild. bei Zanotto, Pin. Ven. Fasc. 15) unter dem Namen Bellini's, während Zanotto es als Werk des Bissolo bezeichnet; möglicherweise gehört es auch dem Bartolommeo Veneto; die Farbe ist ziegelig und glasig.

165 Holz, halblebensgr., Kniestück, die Gruppe wie auf den Bildern in Redentore. Doch hat das Bild mehr von Bellini's Hand (die Schatten beschädigt). Eine schwache Copie hiernach, ebenfalls unter dem Namen Bellini's, befindet sich in der Sammlung Czernin in Wien (Holz), eine zweite Wiederholung, ebenfalls Copie, in der Sammlung Ajata zu Crespano.

Gregor, Sebastian und Ludwig (diese Heiligenfiguren sehr verschmutzt). Altarbild unter Bellini's Namen, aber eine sehr schwache flautönige Arbeit im Charakter des Bissolo. — Perugia, Gallerie: Anbetung der Könige unter Bellini's Namen, Figuren $^1/_4$ lebensgr., in gleichem Stile wie das vorgenannte.[166]

3. Gruppe: Previtali oder Lotto:

Hierher gehört als bedeutendstes Beispiel die Verlobung der Katharina in S. Giobbe in Venedig, welche wir dem Previtali zutheilen (s. dessen Lebensbeschreibung).[167] — Von gleichem Charakter, mit Zügen von Rondinello die Mad. m. K. und Täufer in der Gallerie Doria in Rom N. 25.[168] — Hampton Court N. 554: ein Concert, lebensgr. Figuren, Leinwand, unter Bellini's Namen, ein flau gestimmtes, inhaltloses Bild, durch Uebermalung und Firnisse stumpf gemacht, an die späte Zeit des Previtali oder Lotto erinnernd.[169]

4. Gruppe: Vittor Belli oder Pennacchi:

In Casa Gera zu Conegliano: eine Mad. m.K. in Landschaft (Holz, Kniestück), links ein Stifter in schwarzer Tracht aufwärts blickend, unter Giovanni Bellini's Namen, aber ohne die Sicherheit seines Vortrags; der trübe gelbe Ton und die fette Farbe erinnern uns an Vittor Belli, wie noch zu begründen sein wird, oder an die Friulaner nach Giov. Bellini's Zeit; auch Domenico Mancini von Treviso, dessen Bild aus d. J. 1511 erhalten ist, kommt in Betracht. — Treviso, S. Leonardo: Grosses Bild des thronenden Erasmus zwischen Joh. d. T. und Sebastian, die Formen der Hauptfiguren untersetzt und eckig, die Farbe röthlich, trocken und flach, das Ganze zudem übermalt und beschmutzt. Die Architektur hat den Stil derjenigen, welche Vittor Belli's Altarbild in Spinea zeigt, aber die allgemeine Behandlung erinnert an Pennacchi; ist er der Urheber desselben, dann muss er als Lehrer des Vittor Belli angesehen werden.

5. Gruppe: Marco Belli und Cariani:

Rovigo, Stadtgallerie N. 31: Verlobung der heiligen Katharina (Hintergrund Landschaft), unter Bellini's Namen und auf dem

---

[166] Noch geringer als Bissolo das Tafelbild N. 1119 in der Gallerie zu Schleissheim: Mad. m. K. unter Bellini's Namen, sehr schadhaft.

[167] Bei Zanotti u. A. Bellini genannt, bei Zanotto G. Bellini genannt (s. dessen Abbild. Pin. Ven. Fasc. 25).

[168] vgl. die anderweite Erwähnung des Bildes und seiner Wiederholung in der Gallerie zu Ravenna.

[169] Dem Charakter von Previtali's Arbeiten aus der Zeit, in welcher er in Venedig unter dem Namen Cordella ging, entspricht auch eine Mad. m. K. zwischen Petrus und Helena in der Samml. Barker in London.

Rade Katharina's bez.: „Joannes Bellinus"; die Fleischfarben goldig aber leer; das Bild würde an Girolamo da S. Croce oder Cariani erinnern, wenn nicht älterer Ursprung angenommen werden müsste. Wir möchten es deshalb für Marco Belli in Anspruch nehmen und in die Zeit vor dessen Bilde der Beschneidung in derselben Gallerie setzen.[170] — Prag, Sammlung Hoser N. 66: heilige Familie in der Manier des Marco Belli oder Catena. — Dem Cariani von allen andern Künstlern am nächsten stehend: Rom, Gallerie Borghese, Saal 11, N. 32: Mad. m. K. und Petrus (Leinw., Halbfig., halblebensgr.), ein ansprechendes Bild von etwas verblasenen Umrissen, in der Farbe dem Lotto, im Gesichtstypus der Hauptfigur dem älteren Palma entsprechend, von goldigem Ton und sorgfältiger Behandlung. Von derselben Hand (Cariani setzte die Weise des Palma Vecchio fort und studirte Giorgione) befand sich in der Gallerie Esterhazy in Pesth eine weibliche Halbfigur mit dickem blonden Haar, in dunkelgrünem Kleid mit rothen Aermeln (Holz, halblebensgr.), eine gefällige heitere Erscheinung von natürlicher Geberde, sattem rosigem Fleischton, in der Ausführung etwas schwächer als Palma.[171]

6. Gruppe: Catena:

Erwähnt wurde bereits das Brustbild des Dogen Leonardo Loredan (Profil nach rechts, im Hintergrund Fenster mit der Aussicht auf die Insel S. Giorgio Maggiore) unter Giovanni Bellini's Namen in der Gallerie zu Dresden Nr. 311; die Härte der Farbe und der abweichende Vortrag schliessen Giov. Bellini aus. — London, Nat. Gall. Nr. 694: Hieronymus in seiner Zelle[172], umgeben von allerhand Hausrath, vorn der schlafende Löwe, ein Rebhuhn u. a., durch offenes Fenster Ausblick auf Wasser, Hügel und Kloster; ein sehr ansprechendes Bildchen, offenbar von einem Schüler oder Nachahmer Bellini's, von perlgrauem Farbenton, an Lotto oder Basaiti erinnernd, wie dieser auf dem Bilde in S. Pietro di Castello zu Venedig erscheint, auch dem Previtali in der Zeit nach 1502 ähnlich. Als Urheber möchten wir Catena bezeichnen. Das Bild ist eine saubere erfreuliche Arbeit von einem Maler zweiten Ranges aus Bellini's Anhang und zwar um die Zeit, als die Malweise Giorgione's in Aufnahme kam, welche hier mit Drangabe der eignen Selbständigkeit nachgeahmt ist. — Berlin, Samml. Raczynski N. 61 (Holz, Halbfig., klein)[173]:

---

[170] Eine Wiederholung, benannt Basaiti, in Dudley-House, eine zweite, Copie nach dieser, im Museum Fitzwilliam in Cambridge, eine dritte in der Gallerie zu Padua (ursprünglich in der Sammlung Capodilista), sehr verscheuert und durch Reinigung verdorben (sämmtlich auf Holz, Fig. 1/16 lebensgr., Halbfig.)

[171] Die Figur entspricht ziemlich genau einem Bilde im Besitz des Direktors des Hospitals zu Bergamo.

[172] Ehemals in der Gallerie Manfrin in Venedig, Leinw., h. 2 F. 4 1/2 Z., br. 3 F. 2 1/2 Z.

[173] Klein, ehemals in der Sammlung Lucian Bonaparte.

Heilige Familie mit einem männlichen und weiblichen Heiligen zur Seite, Hintergrund Landschaft. Dem Bellini zugeschrieben, aber ähnlich einer Jugendarbeit des Bissolo, in eine Gattung gehörig mit den nach Carpaccio benannten Bildern der Brera in Mailand (s. Cap. X.); auch der ersten Zeit des Cariani verwandt, am meisten aber dem Catena; das Fleisch ist gilblich, von dünnem Farbenkörper, aber hornartig und eintönig behandelt.

7. Gruppe: Pasqualino:

Diesem schwachen Nachfolger Bellini's dürfen wir entschieden zueignen: das Madonnenbild in der Sakristei der Chiesa del Redentore in Venedig (Maria das Kind tränkend, Halbfig., Hintergr. angebautes Land und Blick auf das Meer), gemeiniglich dem Giovanni Bellini zugeschrieben[174], jedoch deutet besonders der plumpe Knabenkörper und der gelbe Fleischton mit den aufgesetzten Schatten auf Pasqualino's Hand. Dasselbe gilt von dem Bilde im Museum Correr No. 15: Madonna m. d. K. umgeben von Hieronymus als Kardinal und Katharina[175], sowie von dem Madonnenbild in Rom, Gall. Barberini Nr. 58.

8. Gruppe: Girolamo da Santa Croce:

Eine Mad. m. K. zwischen Hieronymus und Joseph im Museum zu Karlsruhe Nr. 39, früher Giovanni B. genannt, jetzt unter „venez. Schule"[176], entspricht trotz seiner starken Uebermalungen dem Stile des Girol. S. Croce; ebenso eine heilige Familie in der Samml. Scarpa zu La Motta im Friaul[177] und in Liverpool Institution Nr. 32 das Tafelbild mit Maria und Kind, Joh. d. T. und Hieronymus, eine zwar sorgfältige, aber schwache Arbeit.

9. Gruppe: Antonello, Giorgione, Sebastian del Piombo:

Von dem Anrecht des Antonello da Messina auf mehrere dem Giovanni B. zugetheilte Bildnisse in Rom und in London ist bereits gesprochen worden[178]; ein Bild glauben wir ferner für Giorgione in Anspruch nehmen zu müssen: die Staffel mit der Anbetung der Könige im Besitz des Mr. W. Miles in Leigh Court. Der Stil derselben ist nach-bellinesk, er gehört der Richtung an, welche ausserdem Palma Vecchio, Sebastian del Piombo und Tizian vertreten und dann Pellegrino und Pordenone fortgesetzt haben. — Den Stil des Sebastian del Piombo erkennen wir in dem unter G. Bellini's Namen gestellten

[174] Holz, h. 0,60, br. 0,45, s. Boschini. R. Min. Sest. D. Duro 67.

[175] Halbfig., Holz, h. 0,85, br. 1,92.

[176] Holz. h. 1 F. 5 Z., br. 2 F.

[177] Holz. 6 Figuren, sehr schadhaft.

[178] vgl. oben S. 183.

Altarbilde in S. Niccolò zu Treviso[179]: Christus inmitten der 12 Apostel stehend, nach dem Beschauer gewandt, führt mit seiner Rechten die Hand des Thomas in seine Wunde; unterhalb 6 Brustbilder, rechts ein Mann mit 2 Frauen, links 3 Männer.

10. Gruppe: Sehr zahlreich sind solche Bilder, welche unter dem Namen des Meisters gehen, aber nur namenlosen bellinesken Malern angehören:

Venedig, S. Fantino: eine Mad. mit d. K. und Joseph vor einem Damastvorhang; im Hintergr. Landschaft; von einem kraftlosen Nachfolger der letzten Periode Bellini's.[180] — Chioggia, S. Jacopo: Sebastian und Rochus, von einem nach-tizianischen Maler. — Romanz (zwischen Cividale und Aquileja), Kirche der Annunziata: Madonna m. K. zwischen Nikolaus und Kath., unterhalb eine Heilige zwischen Georg mit dem Drachen und Martin, der den Mantel theilt; mit gefälschter Bezeichnung: „Gian. Bell^O. M^O. DI. TIT^NO 1437 pixt". — Padua, Stadtgall. (aus S. Giustina)[181]: Madonna m. d. K. auf dem Schoosse rechts, links Joh. d. T. als Mann, Hintergr. Landschaft (Halbfiguren), auf einem Zettel im Hintergr. die Inschr.: „Ioannes bellinuf p. MDXVI" (Fälschung; das Bild gehört dem Ende des XVI. Jahrh. an.) — Crespano, Gall. Ajata: Copie des Vorigen einschliesslich der Signatur. — Turin, Gall. Nr. 198: Maria m. K. zwischen Joseph und dem Täufer, der den Stifter empfiehlt (Holz, Kniestück), altes Bild mit der gefälschten Bezeichn.: „Io. Bellinus." — Bergamo, Dom, hinter dem Chor: Mad. m. d. K., anscheinend von späterem Stil als Bellini, dem Palma oder Lotto verwandt, vielleicht von Savoldo. — Madrid, Museum N. 414: Petrus, die Schlüssel empfangend; Copie, wie es scheint, nach einem besseren Exemplar im Besitz des Marquis von Exeter in Burleigh House in London, wovon noch eine kleinere Wiederholung sich bei Mr. Anthony, Kunsthändler, befand. — Wien, Akad. d. K. Nr. 292: Madonna m. K. zwischen Hieronymus, Joh. d. T., Paulus und einer Heiligen (Holz); auf Zettel bez.: „IOAÑES BELLINVS"; altes Schulbild von einem Nachfolger des Meisters. — Stuttgart, Museum Nr. 38: Madonna m. K., welches nach einer Birne greift; auf der Brüstung vorn eine Zwiebel und Haselnuss, hinten rother Teppich und ein Stück Landschaft mit Stadt; Inschr.: „IOANNES ......", gänzlich übermalt. Nr. 24: Mad. auf dem Throne mit d. K. auf dem Schooss, welches ein knieender Stifter anbetet, empfohlen vom heil. Pantaleon, gegen-

[179] Giov. Bellini benannt von Federici, Mem. Trevig. I. 225, Holz, lebensgr. Fig. Das Hauptbild von flotterer Behandlung als die Stifterfiguren, welche strenger gehalten sind.

[180] s. Boschini, R. Min. Sest. d. S. Marco 96 und Zanetti, Pitt. Ven. 56; bei Zanotto, Pitt. Ven. Fasc. 31 als echtes Bild Giov. B.'s gestochen.

[181] s. Brandolese, Guida 103.

13*

über links Petrus mit dem Buch; auf Zettel die gefälschte Inschr.: „IOANNES BELLINVS“; übermalt. — Petersburg, Gall. P. Stroganoff: Mad. m. K., von einem Copisten Bellini's.

11. Gruppe: Schliesslich ist noch eine Reihe sogenannter bellinischer Bilder auszusondern, welche in Wahrheit gar nicht einmal venezianischen Ursprunges sind:

Parma, Gall. Nr. 24: segnender Christus, ganze Figur, entweder von Caselli oder Araldi; jedenfalls hart und roh, wie ein Werk von Palmezzano. — Rimini, Galeria Comunale: der todte Christus von vier Engeln beweint. Lebensgr. Tempera, ein Bild, welches, wie noch zu erörtern sein wird, dem Zaganelli angehört. — San Marino, San Francesco: Madonna mit dem Kinde zwischen den hh. Marinus, Johannes d. T., Franciskus und Katharina; wie von Coda oder Girolamo Cotignola. — London, Dudley House: Madonna mit dem Kinde in Landschaft, bez.: „Joannes Bellinus“ (Holz, Halbfigur), von einem geschickten Nachfolger Bellini's, wie es Rondinello war. — Carlsruhe, Museum, Nr. 164: Sebastian an einem Pfeiler mit 4 Schützen, gefälscht bez.: „Joannes Bellinus inpingebat, MCCCCLXXI“; die alte Bezeichnung Palmezzano's ist noch darunter sichtbar (neuerdings dem Palmezzano zurückgegeben). — Padua, Casa Galeazzo Dondi-Orologio: Hieronymus stehend, fast nackt (kleines Tafelbild), vielleicht von einem Ferraresen; s. Stefano von Ferrara. — Padua, Casa Nordio: Madonna mit dem Kinde und Joseph, bez. mit dem falschen Namen: „Joannes Bellinus f. 1508“ (Holz), ferraresisch, vielleicht von Ercole di Giulio Grandi (s. später). — Modena, Gallerie Nr. 38: „Geburt Christi“, von Galeazzo Campi, in der Manier des Boccaccino. Nr. 127 und 499 derselben Gallerie sind noch weniger bellinesk als das obige. — Rom, Gallerie des Kapitols Nr. 79 und 87 (Holz, halblebensgr.): stehende Figuren der hh. Sebastian und Nikolaus, von warmem Schmelz wie Dosso Dossi. Nr. 207 eher in Costa's Manier. — Schleissheim, Gallerie Nr. 989: Madonna mit dem Kinde, Antonius und Sebastian (Holz); von einem Bolognesen aus Francia's Schule. Nr. 1141: Herodias mit dem Haupte des Täufers, wie eine Arbeit von Calisto da Lodi. — Mailand, Brera, Nr. 204: Madonna mit dem Kinde, welches eine Blume aus einem Gefäss nimmt (Holz), mit gefälschter Inschr.: „Bellinus“; lombardisch, in der Art des Andrea da Milano. Nr. 277: Madonna mit dem Kinde, neuer und nicht venezianisch. — Vicenza, Pinakothek Nr. 35: Madonna mit Kind, Inschr. gefälscht: „IOANNES BELLINVS“, Schule des Luini. — Bribano bei Belluno, Kirche San Niccolò: Madonna mit dem Kinde zwischen Nikolaus und Rochus, halblebensgross; lionardesk und an Boccaccino erinnernd, aber nicht von ihm. — Brescia, San Giovanni Evangelista: Grablegung; Christi Leichnam von 4 Figuren in den Sarkophag gelegt, von den 4 anderen beweint (Joh. emporblickend, Magdalena die Füsse küssend)[182], in der Weise des Vincenzo Civerchio. — Liverpool, bei M. Ch. Roner, Nr. 78 der Dubliner Ausstellung: h. Familie, lionardesken Stils von einem Lombarden. — Belluno, Casa de' Pagani: Madonna mit dem Kind und Donator, von Fungai. — Rom, Gallerie Corsini, Nr. 90: Hieronymus, von einem Maler aus dem Ende des XVI. Jahrhunderts.

---

[182] Holz, h. 1,75, br. 1,40.

[183] Nachstehendes Verzeichniss der verschollenen Bilder Giov. Bellini's wird vermuthlich manches der im Text erwähnten und auch noch andere mit enthalten, welche gar keinen Anspruch auf den Namen des Meisters haben: Venedig, Pal. ducale, Procurazia di Ultra: Tafelbild mit Petrus und Markus nebst 3 Bildnissen (s. Boschini, R. Min. Sest. S. Marco 73, Ridolfi, Marav. I, 95); Magistr. delle Legne: Markus zwischen Hieronymus und Joh. d. T., Nikolaus und Bonaventura in Landschaft (Boschini a. a. O. 76); Arsenal. Capp. del Magistr. di Sopra: Vermählung der heiligen Katharina mit Markus, Joh. d. T., Sebastian und Jakobus, breites Halbfigurenbild (Boschini, R. Min. Sest. Castello 17); Kirche der Carità (aufgeh.): Apotheose des Evang. Johannes (Anon. d. Morelli 86, Sansovino, Ven. descr. 266); Mad. de' Miracoli, Seitenportal: Mad. m. d. K., Joh. d. T., Klara und einer Stifterin mit ihrem Kinde (Boschini. R. Min. Sest. Canar. 5), ferner: Hieronymus in der Wüste mit Franciskus und Klara (Boschini a. a. O. 5, Sansovino a. a. O. 179 und Ridolfi I, 88); S. Giorgio Maggiore: Ein einzelnes Christusbild und ein Christus mit Heiligen (Boschini, R. Min. Sest. Croce 56, 57, Zanetti, Pitt. Ven. 56; das eine davon laut eines Inventars v. J. 1626 [s. Cicogna, Iscriz. Ven. IV. 357] ein Diptychon mit dem Christuskopf innen und einem Todtenkopf aussen); Chiesa del Redentore: Maria m. K. und Franciskus (Ridolfi I, 95); Kirche S. Trinità: Altarbild mit Georg, Petrus, Paulus und Antonius (Boschini, R. Min. Sest. di Castello 38); Scuola della Santissima Trinità: Madonna m. d. K., Schulbild (Boschini a. a. O. S. di D. Duro. 30); S. Vito: Christus am Kreuz zwischen der Jungfrau und dem Evangelisten, Schulbild (Boschini a. a. O. 32); S. Dona: Christus, das Kreuz tragend (Boschini a. a. O. Sest. della Croce 31); S. Stefano: Segnender Christus (Ridolfi a. a. O. I, 95); S. Maria Maggiore (aufgeh.), im J. 1806 geplündert, s. Cicogna III, 418: Mad. m. d. K. und Cherubim (Boschini a. a. O. Sest. d. D. Duro 62, Zanetti, Pitt. Ven. 55, Sansovino, Ven. Descr. 270); S. Felice (Altar der Cinturati) später in der Scuola daselbst: Mad. m. d. K. (Boschini a. a. O. Sest. di Canareggio 27, Ridolfi I, 85); S. Gioseffo: Mad. m. d. K., die Heiligen Johannes d. T., Hieronymus und Katharina (Boschini, R. M. S. di Castello 10); S. Caterina: Mad. m. d. K. (Boschini, R. M. Sest. di Canar. 18, Moschini, Guida di Ven. I, 678); Teatinerkirche: Mad. m. d. K. (Boschini, R. M. Sest. di D. Duro 38); S. Giovanni alla Giudecca (aufgehoben): Johannes d. T., Matthäus und Romualdus über einer Predella mit Scenen aus dem Leben der Heiligen, darüber eine Verkündigung (Boschini, D. Duro 63, Zanetti, Pitt. Ven. 48); S. Geminiano (zerstört): zwei Madonnen (Boschini, R. M. S. di S. Marco 78, Sansovino, Ven. descr. 110, Ridolfi I, 85); S. Giuliano: Madonna m. d. K., Katharina und Daniel, darüber die Verkündigung (Sansovino, Ven. descr. 126, Ridolfi I, 85); S. Giovanni Evangelista, Scuola: Geschichten des Kreuzes? (Sansovino, Ven. descr. 284); S. Giorgio in Alga (im vor. Jahrh. abgebrannt): Christus an der Säule, Halbfig., nach der Angabe Boschini's (R. Min. Sest. della Croce 62) von Vielen für eine Arbeit Antonello's gehalten, aber bez.: „Joannes Bellinus", Echtheit der Inschrift jedoch fraglich; Casa Ruzzini oder Priuli oder Federigo Contarini, a S. Maria Formosa: „ausgezeichnete Bilder" (Sansovino, Ven. descr. 374), unter denselben ein Abendmahl, s. später. Studium des Ottavio Fabris. Palazzo Lorenzo Delfino, Casa Morosini a S. Moisè: verschied. Gemälde (Sansovino a. a. O. 374, 375, 376); im letzteren

eine Mad. m. d. K. und Heiligen (Ridolfi I. 97); Casa Lando, Casa Salamone, Casa Zena alli Crocicchieri: Madonnen (Ridolfi I. 96); Palazzo Barbarigo a S. Polo: eine Madonna und ein Christuskopf (Lanzi II, 103); Casa Taddeo Contarini: Portrait einer Dame bis zu den Schultern, Christus das Kreuz tragend, ebenfalls Schulterbild (Anon. d. Morelli 65); Casa Zuan Ant. Venier: Thronender Christus (Anon. 73); Casa Jeronimo Marcello: Bildniss des Generalkapitäns Jacomo Marcello (Anon. d. Mor. 67 und 201); Casa Giorgio Cornaro: Christus, Kleophas und Lukas (Vas. V, 12, Ridolfi, I, 96 u. anderweit); Portrait der Königin Katharina Cornara (Ridolfi I, 97); Casa Pasquelino: Halbfigur einer Mad. m. d. K., ausgebessert von Catena (Anon. 58); Sammlung Renier: 1. Kreuzigung Christi, ganze Fig. mit 5 Halbfig., Holz; 2. Christus dem Petrus die Schlüssel übergebend mit 3 weiblichen Gestalten (Glaube, Liebe, Hoffnung); 3. zwei Bildnisse venezianischer Edelleute s. Campori, Racc. de Cat. 444, 454, 457; Sign. Bernardo Giunti: Christus zwischen vier Heiligen (Ridolfi I, 95); Sign. Giov. Van Veerle: Mad. m. d. K., Petrus, Hieronymus, Halbfig. (Ridolfi I. 95); Verona, Sammlung Moscardi, Cat. v. 1655: ein Christusbild und ein Porträtkopf (Note del Museo del Conte Moscardi, Verona 1672. S. 468. 470); Parma, Sammlung Farnese (1680): Christus mit der Dornenkrone, gebundenen Händen mit Rohr und Geisel, umschwebt von 9 Engeln mit den Leidenswerkzeugen und mit der Aufschrift: „Rex Vester", s. Campori, Racc. 221. — Reggio, Samml. Coccapani (1460): Mad. m. K. (Campori, Racc. 150). — Turin, Pal. des Herzogs von Savoyen (1632): Maria m. Bartholomäus und einer Heiligen (h. 15 Z., br. 20 Z., Campori, Racc. 99). — Ferrara, S. Bernardino: Mad. m. K. und Namensinschrift (s. Frizzi, Guida di Ferrara, bei Vasari, Comment. V, 24); Sammlung Roberto Canonici: König David im Turban mit der Harfe (Campori, Racc. 105, diese Sammlung wurde i. J. 1638 theilweis durch Feuer zerstört); Sammlung der Prinzen Pio (1776): grosses Bild der Darstellung Christi im Tempel (Cittadella, Notizie relat. a Ferrara 555). — Modena, Sammlung der Este: Tafelbild mit Christus, „del Bellino" (Campori, Racc. 2). — Rimini, S. Francesco: Pietà mit zwei Kinderfiguren gemalt für Sigismondo Malatesta (Vasari V, 17). — Rom (?), Sammlung der Königin Christine von Schweden: Geburt Christi, ganze Figuren, h. 5, br. 3 Palmen (Campori, Racc. 345). — In den Kirchen zu Treviso, Conegliano und Castelfranco befinden sich keine Bilder von Bellini, trotz dem Verzeichniss bei Federici, Memorie Trevig. I, 226—228. — Citta Nuova (Istrien): Tafelbild (s. Zanetti, Pitt. Ven. 47). — Oldenburg, grossherzogl. Museum N. 64: Madonnenbild, nicht von den Verf. gesehen.

ZEHNTES CAPITEL.

Vittore Carpaccio, Lazzaro Bastiani, Mansueti, Diana, Marco Marziale und Jacopo de Barbaris.

In Folge des Nebeneinanderbestehens dreier bedeutender Schulen am Ausgange des 15. Jahrh. war die künstlerische Arbeit in Venedig ein Kapital geworden, welches je nach der Belebtheit des allgemeinen Marktes im Werthe stieg und fiel. Die Vivarini und die Bellini waren es, welche diese Kräfte in Umlauf setzten, und so lässt sich denn auch über die Masse der venezianischen Maler zweiten Ranges nur nach ihrem jeweiligen Verhältniss zu den Stileigenthümlichkeiten dieser beiden Hauptrichtungen ein Urtheil gewinnen. Aber es reicht hier nicht aus, den einen Maler als Schüler eines andern zu bezeichnen; unter den zahlreichen abhängigen Talenten begegnen wir solchen, welche jahrgangsweise dem einen oder andern Meister folgen oder zu verschiedenen Zeiten sich mit verschiedener Technik vertraut machen. Daher lässt sich der Entwicklungsgang der geringeren Maler weit schwieriger aufklären, als das Kunstgepräge ihrer Meister. Und diese mühsame Arbeit wird in Venedig keineswegs durch besonderen Reichthum an historischen Quellen oder durch sichere Anhaltepunkte für Orts- und Zeitbestimmungen erleichtert; im Gegentheil die venezianische Kunstgeschichte ist die dunkelste von allen und will mit äusserster Vorsicht behandelt sein. Wo eigne Angaben der Künstler fehlen, werden Namen mit unglaublicher Leichtfertigkeit aufgestellt; sind sie aber wirklich gefunden, dann gewähren sie in der Regel überraschendes Licht. Geduldige sachliche Prüfung kann hier allein zum Ziele führen.

Bis zu der Zeit, da Giorgione und Tizian den Geschmack ihrer Landsleute beherrschen, war eine zahlreiche Zunft geschäftig, welche die Kunststellung der Bellini nicht erreicht. Unter ihnen ist Carpaccio, der seine theoretische Richtung bei Gentile empfangen hatte, der hervorragendste; er beginnt unter dem Einflusse der Vivarini und wendet sich ohne Einbusse an künstlerischer Kraft und Ursprünglichkeit dem bellinesken Stile zu. Neben ihm tritt Lazzaro Bastiani auf, ursprünglich entschiedener Paduaner, dann im muranesischen Charakter arbeitend, zuletzt in Carpaccio's Weise übergehend. Sein Freund, Genosse und Nachfolger ist Mansueti, von Haus aus reiner Venezianer, Bewunderer des Gentile und Carpaccio und Nachahmer Cima's, mit Beziehungen zu Mantegna und Michele von Verona. Der letzte dieser Gruppe, Benedetto Diana, erscheint als schwächlicher Nachahmer Carpaccio's und der Paduaner.

Vom Norden her tritt Cima da Conegliano, besonders von Giovanni's Vortragsweise angezogen, in den Kreis der Bellinesken ein, nachdem er vermuthlich von Antonello selbst die klare Glätte der Technik erlernt hatte, die seinen Gestalten etwas vom Zauber Lionardo's verleiht; Catena aus Treviso, ursprünglich schwach angelegt, arbeitet sich in die bellineske Weise ein, wie sie besonders Basaiti oder Mansueti vertreten und geht endlich in der Manier Giorgione's auf. Basaiti selbst, am Beginn des 16. Jahrhunderts Schüler bei Alwise Vivarini, aber bald darauf gänzlich von Giovanni Bellini gefangen genommen, verliert sich zuletzt in die Körperlosigkeit Palma's. Previtali aus Bergamo folgt zu verschiedenen Zeiten dem Einflusse Bellini's, Basaiti's, Catena's, Palma's und Lotto's. Bissolo, der sich anfangs an Catena hält, schwingt sich allmählich zu billineskem Geschmacke auf, um dann zwischen Giorgione und Tizian in der Schwebe zu bleiben. Neben und um diese Planeten aber kreist noch ein anderer Schwarm, von dem jeder wieder seine Eigenthümlichkeiten hat. Wir müssen versuchen, diese vielfach sich durchkreuzenden Linien an bestimmten Entwickelungsfäden aufzureihen.

Vittore Carpaccio (oder Scarpaccia) war angeblich in Istrien geboren, aber Ort und Zeit sind nicht bekannt[1]. Er scheint von Jugend her Genosse des Lazzaro Bastiani gewesen zu sein, aus dessen Namen Vasari zwei Männer gemacht hat, die er als Brüder Carpaccio's ansieht[2]. Von Lazzaro wissen wir, dass er im J. 1470 Mitglied der „Scuola" oder Gilde von S. Girolamo in Venedig war[3], und wir dürfen wohl bei beiden, ehe sie sich selbständig herausbildeten, Bekanntschaft mit paduanischen Kunstelementen voraussetzen, sei es nun, dass sie solche an der Quelle geschöpft oder in ihrer Stellung bei den Vivarini überkommen hatten. Fasst man Meisterstücke aus Carpaccio's künstlerischer Reife in's Auge, besonders seine Wandgemälde für die Scuola di Sant' Orsula, so begegnet uns hier der ausgebildetere Kunstgeschmack, dessen Keime wir in dem viel umstrittenen Vincenzbilde der Kirche S. Giovanni e Paolo entdecken:

Das Altarbild, in drei aus je drei Tafeln bestehenden Bildreihen angeordnet, enthält im Hauptstück den heiligen Vincenz auf Wolken in einer Engelglorie, in der Linken das offene Buch haltend, auf der Rechten das brennende Feuer, links Christoph mit dem Christusknaben auf der Schulter, zu dem er aufschaut, während dieser sich kindlich an seinen Kopf schmiegt, rechts Sebastian von Pfeilen durchbohrt; darüber Christus im Grabe von zwei Engeln gehalten, links und rechts Gabriel und Maria (Brustbilder); in der Staffel inmitten Predigt des Vincenz in Barcelona vor zahlreicher Zuhörerschaft während einer Hungersnoth, links zwei Heilungswunder an einem in's Wasser gefallenen Kinde und an einer durch Hauseinsturz erschlagenen Frau, rechts Rettung eines Mannes aus der Hand von Mördern, die im Begriff sind, ihn zu erhängen.[4] Venedig. S. Giov. e Paolo.

---

[1] Abb. G. Cadorin (Anm. zu Gualandi. Memor. Ser. III, 92) beruft sich bezüglich der istrischen Herkunft Carpaccio's auf das Zeugniss des Kanonikus Stancowich (Biografia Istriana ?), gibt jedoch weder Ort noch Jahr. Die gleichzeitigen Urkunden nennen ihn „Scarpaza" (s. Gualandi a. a. O. III, 90); Vasari (VI, 85) und ebenso Sansovino (Ven. descr. 30) nennen ihn „Scarpaccia".

[2] Vas. VI, 97.

[3] s. Vincenzo Lazzari, Notizia delle opere della Raccolta Correr. Venedig 1859. S. 8.

[4] Die Figuren der Mitteltafel ¾ lebensgr., Vincenz gut erhalten, die Gestalt des Christoph am Oberkörper nachgebessert, auch der Hintergrund derselben übermalt, bei Sebastian der Hintergrund beschädigt, Maria's blauer Mantel erneut; der Leichnam Christi ist an Kopf und Brust, der Engel zu seiner Linken am Haar schadhaft. Das Bild hat überhaupt durchweg grössere und geringere

Das Bild hat die abweichendsten Benennungen erhalten[5], in Wahrheit werden die verschiedenen Theile verschiedenen Händen zugehören. Auf den Staffelstücken erkennt man die dramatische Anordnungsweise Mantegna's, die Figuren sind in einem Geiste gehalten, der des Bartolommeo Vivarini nicht unwürdig erscheint; Vincenz ist eine geschmeidige Figur, an Wuchs, Umriss und Geberde so schön, dass man sie mit Alvise's bellinesken Gestalten oder mit denen Bartolommeo's auf Nachbaraltären derselben Kirche zusammenstellen dürfte, wäre die Behandlung als solche minder scharf und trocken; Christoph ist lang, hager und hölzern, Sebastian dagegen fest hingestellt mit entschlossener Schmerzverachtung im Ausdruck. Vornehmlich in dieser Figur und in der Mariengestalt oder dem Verkündigungsengel erkennen wir das Gepräge Carpaccio's, während der Christusleichnam mehr von der vierschrötigen unfeinen Art des Lazzaro Bastiani hat. Die Farbe ist durchgehends hart, glasig und durch Strichelung fertig gemacht, aber man wird kaum irren, wenn man annimmt, dass das Altarbild beim älteren Vivarini bestellt und theilweise von Carpaccio und Lazzaro ausgeführt worden ist.

Um die Zeit, als Giovanni Bellini in der Scuola di S. Girolamo in Venedig beschäftigt war, hatten auch Alvise Vivarini und Carpaccio dort zu thun. Es ist ein sehr bedauernswerther Verlust, dass alle Bilder dieser religiösen Genossenschaft verstreut und verschollen sind[6]; sie würden es möglich machen, den Uebergang Carpaccio's aus der Tempera- zur Oeltechnik zu verfolgen[7]. Dass er es gewesen sei, der den Gentile Bellini i. J. 1479 nach Konstantinopel begleitet habe, ist allerdings eine blosse Annahme[8],

Abputzung und Nachhilfe erfahren. Abbild. bei Zanotto, Pin. Ven. Fasc. 32.

[5] Sansovino, Ven. descr. gibt es dem Giovanni Bellini, Boschini, R. Min. Sest. di Castello 62. 63 dem Bartolommeo Vivarini, Zanetti, Pitt. Ven. 28 jedoch dem Carpaccio.

[6] Die Bilder der drei Meister werden von allen Führern bis zum Jahre 1787 erwähnt, von Lanzi II, 84 u. 105 höchlich gelobt und ihr Verlust ist umso auffälliger, da die Scuola di S. Girolamo erst zu Anfang unsres Jahrh. aufgehoben wurde.

[7] Wir erinnern hierbei an die in Cap. IX. Anm. 4 erwähnte Kreuzigung in Tempera im Besitz des Mr. R. Fisher in London, welche wir dem Carpaccio glauben zutheilen zu müssen.

[8] Sie würde sehr an Werth verlieren, wenn es wahr wäre, dass Carpaccio in diesem Jahre das Bildniss des Dogen Mocenigo vor der Mutter Gottes mit Heiligen gemalt habe. Das angebliche

aber ausser Zweifel steht, dass Gentile's Unterweisung den Farbengeschmack und die Zeichnung Carpaccio's leiteten und auf die ganze Entwicklung seines Stiles grossen Einfluss hatten; ja die Vorliebe für orientalische Tracht auf seinen Bildern möchte man aus einem zeitweiligen Aufenthalt im Osten erklären.

Carpaccio's beste Leistungen rühren aus der Zeit unmittelbar nach 1490 her. Es sind die nur mit geringer Unterbrechung hinter einander ausgeführten neun grossen Leinwandbilder zur Legende der heil. Ursula, in deren Scuola dicht bei S. Giovanni e Paolo sie ehemals ihre Stelle hatten[9]. In dieser Bildreihe, jetzt Bestandtheil der Akademie zu Venedig, malte Carpaccio, ohne sich an die Zeitfolge der Erzählung zu halten, 1) i. J. 1490 die Ankunft Ursula's in Köln, 2) 1491 ihre Verherrlichung nach dem Tode, 3) i. J. 1495 ihren Traum und die Begegnung mit dem englischen Prinzen, und in der Zwischenzeit die übrigen 5 Vorgänge:

1) Ankunft der heil. Ursula in Köln: die rechte Hälfte des Bildes ist von dem Ufer eingenommen, an welchem sich Köln in der Physiognomie einer italienischen Hafenstadt ausdehnt; römische Soldaten ziehen aus dem Thore hervor und im Vordergrund steht ein Trupp in Harnisch, neben ihnen ein sitzender Bogenschütz, während von links die Schiffe anlangen, deren Insassen mit einem Bootsmann verhandeln.[10] — 2) Verherrlichung Ursula's: Unter einem Bogen steht die andächtig betende Heilige, zu der sich Gottvater herabneigt, von Engeln umflattert, welche in muntern Bewegungen Schmuckbänder und Märtyrerkrone tragen, auf einem Bündel von Palmzweigen, um welches Venedig. Akademie.

Vorhandensein eines solchen Weihbildes im Palazzo Mocenigo in Venedig mit Jahrzahl und Namen schien alle Zweifel aufzuheben, allein die Inschrift ist als Fälschung erkannt und wurde bei Reinigung des Bildes entfernt, s. O. Mündler. Analyse S. 52. Das Bild befindet sich jetzt in der Nationalgallerie zu London unter N. 750: Maria und Kind thronend, vor ihnen in Anbetung der Doge, geleitet von Joh. d. T. und Christoph, der auf seinen Stab gestützt, den Jesusknaben trägt, auf dem Altar vor dem Thron eine Vase, unterhalb die Inschrift: „Urbem, rem, Venetam serva Venetumque senatum, et mihi si mereor, virgo superna, ave." Hinterg. Landschaft. Leinw., h. 6 F., br. 9 F. 8 Z.

[9] Die Scuola di S. Orsula wurde im 17. Jahrh. durch Vergrösserung der Fenster verändert und später aufgehoben, s. Sansovino, Ven. descr. 65 und 72.

[10] Venedig. Akad. N. 544: an einem Pfahl vorn auf Zettel bezeichnet: OP . VICTORIS CARPATIO VENETI MCCCCLXXXX . M . SEPTEMBRIS.", Leinw., h. 2.77, br. 2.55. Das Bild, ursprünglich stark übermalt, ist von den früheren Entstellungen möglichst gesäubert worden, aber doch wie der ganze Cyklus sehr beschädigt, sodass die Farbe nur noch geringen Reiz bewahrt hat.

Venedig. Akademie.

ihre Genossinnen mit den Kreuzfahnen knieend versammelt sind.[11] — 3) Ursula's Traum: im Innern des Hauses erscheint ein Engel der auf schlichtem Strohlager schlafenden Jungfrau, auf welche von rechts her das Licht fällt.[12] 4) Doppelbild: Abschied des englischen Prinzen und Begegnung mit Ursula. Links an dem felsigen mit Festungsthürmen bewehrten Ufer sieht man den König mit zahlreichem Gefolge, welcher den Sohn bis an die Landungsbrücke geleitet hat, rechts erscheint derselbe wieder im Kahn, wie er der Jungfrau die Hand reicht, nachdem sie Beide den Segen des Königs empfangen haben; diese Scene ist unmittelbar daneben am andern Ufer dargestellt, an dem sich prächtige Paläste von zahlreichem Volk belebt erheben.[13] — 5) Audienz der Gesandten beim König Maurus: In einer offenen Halle, welche mit Gittern eingehegt ist, sitzt der König, das Schreiben aus den Händen der Gesandten entgegennehmend, welche vor ihm knieen; in der durch die Architektur abgetrennten Abtheilung links in einer Loggie das wartende Gefolge derselben; in der Abtheilung rechts, welche in das Innere eines Gemaches blicken lässt, auf dessen Eingangsstufen ein altes Weib mit der Krücke sitzt, sieht man den König nochmals mit seiner Tochter Ursula in Berathung über den Antrag; im Hintergrund Marktplatz am Seeufer mit stattlichen Gebäuden und Schiffen.[14] — 6) Abschied der englischen Gesandten vom König Maurus; der Vorgang ist in einen reich mit farbigem Marmorgetäfel ausgekleideten Saal verlegt, in dessen Hintergrund ein Richter am Tische schreibt, dem ein Edelmann den Eid ablegt; rechts hinten das Treppenhaus von zahlreichen Figuren besetzt.[15] — 7) Rückkehr der Gesandtschaft nach England und Bericht an den König, welcher mit seinen Berathern in einem offenen Pavillon sitzt und die Vorlesung des Briefes anhört; im Mittelgrunde zahlreiche Zuschauer, im Hintergrunde der Palast mit Park, die Hafenstrasse und die mit Fahrzeugen belebte See.[16] — 8) Begegnung Ursula's und ihrer Genossinnen mit dem Papst: Ursula und der Prinz empfangen knieend, von den Jungfrauen geleitet, den Segen des

[11] Venedig. Akademie N. 560: am Palmenbündel die Zettelinschrift: „OP. VICTORIS CARPATIO M.CCCC. LXXXXI." Leinw., h. 4,70, br. 3,65, stark beschädigt.

[12] Venedig, Akademie N. 533, bezeichnet: „VICT. CARP. F. 1475" (das Jahr häufig 1475 angegeben). „Cortesius R?" (restauravit) 1751. Leinw., h. 2,70, br. 2,65.

[13] Venedig, Akademie N. 542, an dem Sockel der Flaggenstange, welche die beiden Theile trennt, die Inschrift: „VICTORIS CARPATIO VENETI OPVS M·CCCCLXXXXV." Leinw., h. 2,75, br. 6,08; der ganze Saum des linken Vordergrundes unrettbar beschädigt.

[14] Venedig, Akademie N. 539: Leinw., bezeichnet: „OP. VICTORIS CARPATIO VENETI.", h. 2,75, br. 5,85; weniger beschädigt.

[15] Venedig, Akademie N. 537: Leinw., bezeichnet: „VICTORIS CARPACIO VENETI OPVS", h. 2,75, br. 2,48; die Marmortäfelung in der Weise gehalten, welche später Montagna annahm.

[16] Venedig, Akademie N. 549: Leinw., bezeichnet: „VICTORIS CARPATIO VENETI OPVS."

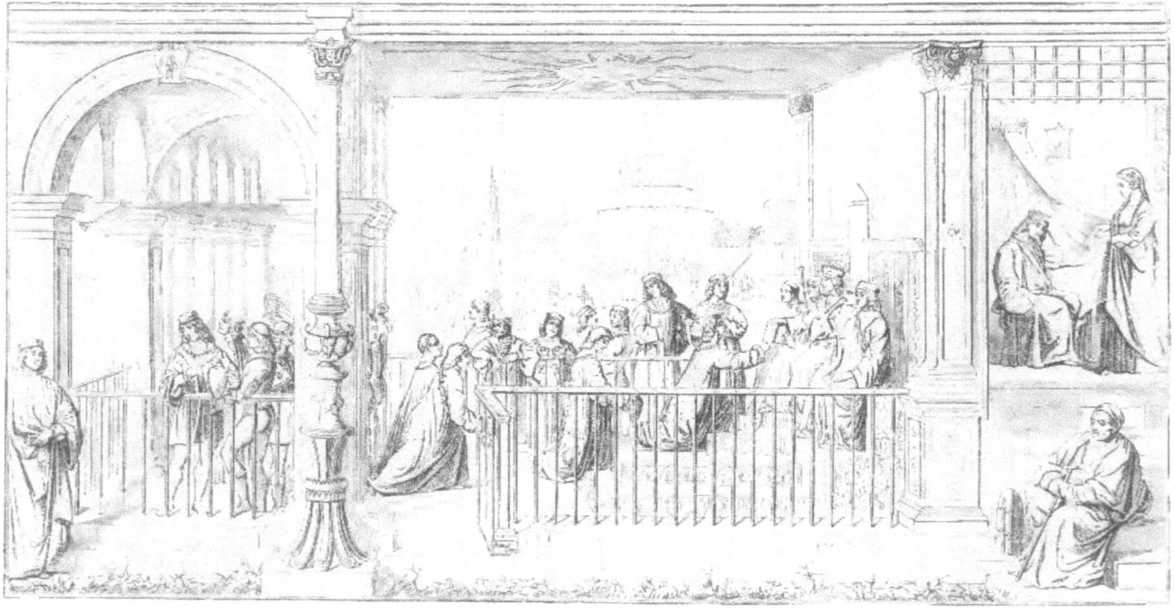

Empfang der englischen Gesandtschaft bei König Maurus.

Oelgemälde aus dem Ursula-Cyklus des Vittore Carpaccio, in der Akad. d. K. zu Venes.

Papstes Cyriacus, welcher mit einer grossen Procession kirchlicher Würdenträger ihnen vor den Thoren der Engelsburg entgegengekommen ist; im Mittelgrund eine Gruppe von Standartenträgern, im Hintergrund Berge und die Tiber mit Schiffen.[17] — 9) Martyrium Ursula's, welche mit ihren Jungfrauen durch Bogenschützen getödtet wird; im Hintergrund sieht man den Leichnam der Heiligen von Bischöfen hinweggetragen.[18]

Das Auffälligste an diesem überaus anziehenden, leider stark beschädigten Bildercyklus ist die vollkommene Richtigkeit der Linienperspektive in allen Baulichkeiten und Hintergründen; der Augenschein bestätigt, was Daniel Barbaro sagt, dass nämlich Carpaccio von dem Meister, der die Bellini unterwiesen, alle damals bekannten Geheimnisse dieser Wissenschaft erlernt hatte[19]. Alle Pläne des Bildes, wie z. B. bei der ersten Darstellung der Raum von der Uferbrücke bis zum Stadtthore, vom Thurm am Ufer bis zum Hafenschluss, der Abstand der verschiedenen Schiffe sind auf's deutlichste auseinander gehalten und anschaulich gemacht; die Vorgänge selbst mit ausserordentlich reicher Staffage ausgestattet, voll mannigfaltiger Gruppirungen in überaus lebensvoller Charakteristik, sodass man die Gedrungenheit und den oft derben Bau der Figuren und die Steifheit mancher Geberden leicht übersieht, wie man z. B. in der „Verherrlichung der Ursula" die ungeschickte Zusammenhäufung der Anbetenden um des inbrünstigen Ausdruckes der Figuren willen in Kauf nimmt. Bei dem Bilde des Abschieds der Gesandten vom König Maurus (6) wird man weniger durch die Figuren-Gruppen selbst, als durch die geschickte Lichtführung innerhalb des Raumes und durch die Wirkung des aus dem Fenster auf die Hauptfiguren herabfallenden Sonnenstrahles beschäftigt; ebenso auf der etwas steif angeordneten Komposition der Rückkehr der Gesandten (7), wo die einzelnen Gestalten durch angenehme sonnige Beleuchtung gehoben sind. Auf dem Bilde der Einsegnung Ursula's fallen die plumpen

[17] Venedig, Akademie N. 546: Leinw., bezeichnet: „VICTORIS CARPATIO VENETI OPVS". h. 2,98, br. 3,05.

[18] Venedig, Akademie N. 554. Leinw., ohne Bezeichnung. h. 2,79, br. 5,56, die Bildfläche stark beschädigt; die Bogenschützen erinnern an Signorelli. Vgl. über die Bilder Zanetti, Pitt. Ven. 48 fg. (II. Ausg.) und Ridolfi, Marav. I. 63 fg.

[19] s. Agletti, Elogio a. a. O. 34.

Verhältnisse namentlich der weiblichen Figuren besonders auf, aber die Lebendigkeit des Vorganges und die bedeutende Charakteristik der Köpfe geben dem Bilde dennoch ein Gepräge von ungewöhnlicher Grossartigkeit; trotz der Figurenmasse, die auf engem Raume zusammengedrängt ist, wird doch die Handlung vollkommen klar und das Ganze ist durch den mächtigen Aufbau der Architektur des Hintergrundes zu monumentaler Einheit und Breite erhoben. Das Meisterstück der ganzen Reihe jedoch ist vermöge der entschlossenen Bewegung, der sichern Zeichnung und der fein abgetönten Licht- und Schattengebung die Darstellung des Empfangs der Gesandtschaft beim König Maurus (5). Die Abhebung der vorderen Figuren vom lichten Hintergrunde ist höchst meisterhaft, ebenso der flotte Vortrag des ausserhalb des Hauptraumes verstreuten Volks; als glücklicher Gegensatz wirkt gegenüber der gebückten Alten auf der Treppe rechts die Gestalt des Mannes, der zu äusserst links am Pfeiler lehnt und dessen franke sichere Haltung dem Signorelli Ehre machen würde. Die feine Naturbeobachtung Carpaccio's und sein Geschick für die Verbindung verschiedener Vorgänge auf gleichem Plan zeigt das Doppelbild mit dem Abschied des Prinzen und der Begegnung der Brautleute (4); die reizvolle Anordnung des Gestades erinnert geradezu an die einladenden Häfen, welche Claude mit seinen mythologischen Figuren bevölkert.

In allen Hauptzügen, namentlich aber in der Beherrschung der Perspektive und des geometrischen Raumes erkennt man die Verwandtschaft Carpaccio's mit Giovanni Bellini. Ohne poetischen Schwung oder phantastischen Behelf erzählt er seine Geschichten mit Eifer und Ernst; strenger als Giov. Bellini, aber nicht mit dessen Adel begabt, streift er in der Entschiedenheit seiner Geberdensprache an Signorelli. Obgleich er in der sauberen Genauigkeit der ornamentalen Zuthaten an Trachten und Gebäulichkeiten es den meisten Zeitgenossen zuvorthut, wie er sich in Wahrheit mit den Toilettengeheimnissen seiner Zeitgenossenschaft trotz dem besten Schneider vertraut zeigt, verfällt er doch nirgends in den Fehler, die Massenwirkung um der Einzelheiten willen preis zu geben; selbst in der Landschaft weiss er die unkünstlerische Anhäufung von Kleinigkeiten zu vermeiden, welche bei späteren Künstlern und auch bei einigen Venezianern zuweilen auffällt; kommt dergleichen bei ihm vor, dann dient es jedesmal dazu, den Flächenabstand deutlich zu machen. Mit seinem Geschick, alle Pläne des Bildes durch lokale Färbung wie durch die Linienperspektive auseinanderzuhalten, konnte er es wagen, die schwierigsten Wirkungen des Sonnenlichts auf Flächen, Hügeln, Wasser und Gebäuden nachzuahmen; auch die gefährlichsten Gegensätze verbindet er durch sichern Takt für complementäre Töne zu naturwahrer Haltung. Seine Gewandung, wenn auch von straffem Fall und zuweilen von auffälliger Schärfe der Zeichnung, ist doch immer verständig; die menschliche Gestalt ist durchweg kurz, die Gesichter, wenn auch nur in ganz seltenen Fällen gleichgiltig, erheben sich nicht über einen biederen Mittelschlag; als einzige Wunderlichkeit, die er sich gestattet, erscheint die Einführung von Affen, Hunden und Zwergen, für welche er eine besondere Vorliebe zeigt.

Da Carpaccio in jungen Jahren sich ausschliesslich in der Temperatechnik bewegt hatte, so wurde ihm die Aneignung des neuen Malverfahrens offenbar schwer. Sein Ursula-Cyklus ist zwar in Oel gemalt, aber im Wesentlichen mit Beibehaltung der alten Methode, ohne Lasuren, ohne das Gefühl für den Farbenton, welches den Giov. Bellini auszeichnet und ohne die gediegene Durcharbeitung des Antonello; seine Pinselführung ist derb, die Färbung trübe, der Fleischton roth mit schwerem schwarzen Umriss, aber er suchte das Farbengefühl durch gewissenhafte Anwendung wissenschaftlicher Regeln zu ersetzen; bei aller Starrheit und Härte seiner Grundfarben, welche meist jedes Schmelzes bar sind, weiss er durch bedächtige Abstimmung der Schatten untereinander eine in sich harmonische Wirkung zu erzeugen.

Die Begabung wies den Meister entschieden mehr auf erzählende Gegenstände, als auf Darstellung religiöser Weihebilder hin und er wurde auch unter seinen Zeitgenossen besonders in jener Richtung beschäftigt. Wie es scheint hat er sich selbst der hohen Kunststufe der Bellini nicht gleich gestellt: er stand bei diesen als Freund und Genosse in Achtung und verdankte vielleicht ihrer Vermittelung den Auftrag, in der Scuola di S. Giovanni Evangelista zu malen, wobei er sich mit Mansueti, Diana und Bastiani zu theilen hatte. Aber seine Komposition der Teufelbeschwörung durch den Patriarchen von Grado hat kaum höhern Werth zu beanspruchen als den einer anziehenden Abschilderung damaliger venezianischer Oertlichkeiten und Trachten:

Venedig, Akademie.

Die Heilung des vom Dämon Besessenen mit Hilfe der Kreuzreliquie geht im Oberstock eines Hauses in offener Halle vor sich; auf der Strasse unterhalb ist zahlreiches Volk versammelt an dem von Gondeln belebten Canal grande mit der alten Rialtobrücke und seinen angrenzenden Gebäuden, die mit ihren zahllosen Schornsteinen und Thürmchen in die Luft ragen.[20]

Wenn das Bild auch durchaus der Darstellungsweise Gentile Bellini's entspricht, so steht es doch weit unter ihm. Hat Carpaccio den Auftrag dazu, wie behauptet wird, i. J. 1494 bekommen, so dürfen wir daraus entnehmen, dass er zu dieser Zeit für heilige Gegenstände nicht recht geeignet war; diese Meinung wird angesichts des sacramentalen Christus mit dienenden Engeln in der Gallerie des Belvedere zu Wien bestätigt, welcher aus d. J. 1496 herrührt und durch recht niedrigen Geschmack der Formbehandlung und durch abstossende Züge auffällig ist:

Wien, Belvedere.

Vor einem von 2 Engeln gehaltenen bunten Teppich steht Christus mit dem Kreuze auf dem Piedestal, von 4 Engeln, welche die Leidenswerkzeuge tragen, verehrt; am Boden der Kelch, auf welchen Christus deutet und in den aus Hand-, Fuss-, und Seitenwunde das Blut herabfliesst; auf Zettel bezeichnet: Vjetorjs charpatjo uenetj opus 1496.“[21]

Im Frühjahr 1501 jedoch erhielt der Maler von dem Vorsitzenden des Rathes der Zehn den Auftrag zu einem Bilde für die Sala de' Pregadi im Dogenpalast und die Zahlungen, welche

[20] Venedig, Akademie N. 561: Leinw., h. 3,80, br. 3,90, durchweg beschädigt, Himmel und Wasser aufgefrischt; nach Zanotto, Pin. Ven. Fasc. 31, jedoch ohne Angabe von Beweisgründen, i. J. 1494 gemalt.

[21] Wien, Belved., Venet. Sch., Saal VII, N. 25: Leinwand, h. u. br. 5 F. 2 Z., sehr beschädigt, von rothem Ton, die harten mageren Gestalten von guter Innenproportion.

im März und August in Bezug hierauf an ihn geleistet wurden[22], waren so bedeutend, dass es sich offenbar um eine ausgedehnte Arbeit und um Aufwand aller Kunstfertigkeit des Meisters gehandelt haben muss.

Um das Jahr 1450 hatten die dalmatinischen Einwohner Venedigs eine Scuola oder Herberge zur Aufnahme von Seeleuten ihrer Landsmannschaft nebst Dienstgebäuden in der Pfarrei der Johanniter gegründet. Da diese Anstalt am Anfang des Jahrhunderts in Verfall gerathen war, so wurde beschlossen, die Scuola unter dem Namen S. Giorgio degli Schiavoni wieder herstellen und sie mit einer Reihe von Darstellungen aus der evangelischen Geschichte und den Legenden der Schutzheiligen Dalmatiens und Albaniens, des Hieronymus, Georg und Trifonius[23] ausschmücken zu lassen. Zur Ausführung derselben wurde Carpaccio erwählt, welcher denn auch in den Jahren zwischen 1502 und 1508 die neun kleinen Leinwandbilder nebst einem Altarstück lieferte. Da die Stiftung der Dalmatier zu den wenigen ihrer Art gehört, welche den Untergang der Republik überlebt haben, so kann man seine Bilder noch heute an ihrer ursprünglichen Stelle betrachten, wo sie friesartig an drei Seiten des Raumes entlang in die obere Wand eingelassen sind:

Auf der Wand beim Eingang links 2 Bilder: 1. Georg zu Pferde den Drachen erlegend, rechts die Jungfrau, der Erdboden mit menschlichen Leichen und allerhand Gewürm erfüllt, links im Hintergrund eine Stadt mit See und Bergen.[24] — 2. Georg bringt den erschlagenen

Venedig. S. Giorgio de Schiav.

---

[22] Nach Lorenzi a. a. O. 125. 126 erhielt Carpaccio am 31. März 20 Dukaten abschlagsweise und 4 Unzen Ultramarin, am 26. August 10 Dukaten.

[23] s. Sansovino, Ven. descr. 17. Selvatico, Guida di Ven. S. 100 und Zanotto, vgl. Venezia e le sue Lagune II, part. II, 241.

[24] Ven. S. Giorgio d. Schiav., Leinw., der Inschriftzettel im Vordergrunde leer; Georg sitzt fest im Sattel, die Cadaver am Boden, welche theils angefressen sind, von hässlicher Realität. Die Bilder sind bei verschiedener Breite sämmtlich von gleicher Höhe. Fig. ½ lebensgr., s. Ridolfi, Marav. I, 66, Zanetti, Pitt. Ven. 48 (II. Ausg.) erwähnt ein Bild desselben Gegenstandes von Vittor Carpaccio im Winterchor zu S. Giorgio Maggiore, auch Cicogna, Iscr. Ven. IV. 319 erwähnt das Bild und seine Inschrift „Victor Carpathius Venetus. O. M. DXVI“, aber es befindet sich nicht mehr in der Kirche; ehemals war es im Refectorium der Abtei S. Maria del Pero, einer Dependenz von S. Giorgio Magg. im Sprengel von Treviso, und in der dazu gehörigen Kirche befand sich ebenfalls ein Bild Carpaccio's, darst. Petrus und Paulus.

Drachen dem Könige auf einem von zahlreichem Volke belebten Marktplatze dar; dabei Spielleute und Zuschauer in morgenländischer Tracht.[25] — Auf der Hinterwand: 3. Georg vollzieht die Taufe an dem Königspaare, welches von knieenden Bekehrten umgeben ist, links Volk in Feststimmung.[26] — 4. Der heilige Trifonius von Albanien als Knabe tödtet angesichts des Königs und seines Hofes den Basilisken mittels des Kreuzsegens.[27] Hintergrund Landschaft und Gebäude. — Auf der Wand rechts: 5. Christus am Oelberg, Nachtstück.[28] — 6. Christus, von den Aposteln begleitet, wird vom Pharisäer zu Tisch geladen, im Innern eines Hauses.[29] — 7. In einem Klosterhof erscheint ein Löwe, vor welchem die Mönche entsetzt entfliehen, während Hieronymus furchtlos stehen bleibt.[30] — 8. Trauer um Hieronymus, dessen Leichnam auf der Bahre liegt, umgeben von Priestern, von denen einer mit der Brille liest, im Hintergrund die Kirche mit Palme und Brunnen, aus welchem Wasser zur Viehtränke gezogen wird, und ein Türke zu Pferd.[31] — 9. Hieronymus in seiner Zelle, der Heilige noch jugendlich sitzt schreibend an seinem Pulte und schaut zum Fenster hinaus; das Zimmer reichlich mit Hausrath ausgestattet, auf dem Wandaltar ein Kruzifix, ferner zwei Pferde von Bronze und ein Kandelaber links, rechts auf einem Wandbret ein Globus, in einer Nische ein reichbesetzter Bücherbehälter, links vorn ein Spitz.[32] — Das Altarbild enth. Maria in ganzer Figur sitzend, mit dem Kinde im Schooss, welches ein Hemdchen trägt und die Hand zum Segnen erhebt; Maria hat einen Mantel von Goldbrokat, zwei Engel halten die Krone über ihr, dahinter ist ein rother Vorhang ausgespannt; in der Staffel drei kleine Engel, welche ein rothes Band halten und mit lebhaften Sprüngen umhertanzen.[33]

Durch die Jahre und durch lange Kunsterfahrung gemässigt erscheint Carpaccio hier bei aller Eigenthümlichkeit bellinesker im Vortrage. Am anziehendsten ist die Darstellung des Hierony-

[25] Ohne Inschrift, breiter und besser erhalten als die übrigen Stücke, die Originalzeichnung dazu in den Uffizien in Florenz.

[26] Bezeichnet: „VICTOR CARPA... MDVIII.“ (?)

[27] Ohne Bezeichnung, schadhaft.

[28] Inschriftzettel leer, sehr verdunkelt, durch Uebermalung und Firnisse ganz entstellt.

[29] Auf Zettel bezeichnet: „VICTOR CARPATHIVS FINGEBAT MDII.“ sehr beschädigt und düster, ein Schild oberhalb dieses und des vorigen Bildes deutet auf Stiftung durch ein Mitglied der Scuola.

[30] Ohne Bezeichnung, beträchtlich beschädigt.

[31] Bezeichnet: „VICTOR CARPATHIVS FINGEBAT MDII.“

[32] Bezeichnet: „VICTOR CARPATHIVS FINGEBAT.“

[33] Zwischen den Bildern N. 3 und 4, br. 0,85. Angeblich von Catena, jedoch noch in Carpaccio's Weise; das Kind und der landschaftliche Hintergrund übermalt. Zwischen N. 2 und 3 ein aufrechtstehender Christus von späterer Hand.

mus in seiner Zelle, wo sich der liebenswürdige Meister in der behaglichen Ausstattung des Zimmers, das von freundlichem Sonnenstrahl erleuchtet wird, eine Güte gethan hat, wie er denn auch die augenblickliche Zerstreutheit des heil. Mannes artig belauscht. Leichte und meisterhafte Zeichnung verbinden sich mit einer Farbe, welche die frühere Schärfe gemildert zeigt, eine Gesammtwirkung, die wohl geeignet war, besonders auf den gelehrigen Basaiti Einfluss zu üben. Ebenso naturwahr, aber strenger ist die Darstellung von Hieronymus' Tode, während das vorausgehende Bild, die Begegnung mit dem Löwen, angeblich eine Nachahmung Alvise Vivarini's, manche Schwächen in der Behandlung verkürzter Figuren erkennen lässt, wenn es auch gleichwohl durch seine fast komische Charakteristik anspricht. Ueber die beiden Bilder aus der Geschichte Christi, von denen die Scene am Oelberg eine Nachbildung altvenezianischer Komposition ist, lässt sich in Folge ihres traurigen Zustandes ebensowenig sagen, wie von der Scene des Wunders am Basilisken und dem Altarbilde. In der Darstellung der Bekehrung der Heiden durch Georg (von 1508) sind die besten Regeln der Komposition angewandt, das orientalische Kostüm reichlich vertreten und das Ganze mit einer Weichheit behandelt, welche an Giov. Bellini und Cima streift; der Kampf mit dem Drachen verliert durch die geschmacklose Gewissenhaftigkeit, mit welcher die Scheusslichkeit des Unthieres illustrirt ist, die Ueberbringung des todten Ungethüms ist ganz in der Art eines theatralischen Aufzugs gehalten. — Aus demselben Jahrzehnt rühren: die Verkündigung von 1504 in der Akademie der Künste zu Wien[34], die Glorie des heiligen Thomas von Aquino von 1507 im Museum zu Stuttgart und die Bestattung Maria's von 1508 in der Gallerie zu Ferrara: Wien. Akademie.

Auf dem aus Murano stammenden Bilde in **Stuttgart** sitzt Thomas hinter seinem erhöhten Pulte, welches unterhalb einen halb- Stuttgart, Museum.

[34] Wien, Akad. N. 375, (?) Leinw., h. 4 F. 3/4 Z., br. 4 F. 4 1/2 Z., Maria innerhalb einer Arkade an ihrem Betpult, bezeichnet: „In tempo de Zuan de Nicolo zimador e soi compagni MCCCCCIIII del mese d'April", von stumpfem Ton und stark durch Uebermalung beschädigt.

14*

geöffneten Bücherschrein enthält, die Linke auf das Buch legend, die Rechte lehrend erhoben; im Vordergrunde links der heilige Markus, rechts der Bischof Ludwig mit dem knieenden Stifter; über dem Heiligen halten zwei fliegende Engel den Thronhimmel und oberhalb desselben erscheint von Gewölk mit Cherubim umgeben die heilige Jungfrau (Halbfigur), das auf Wolken vor ihr stehende Kind haltend, welches die Rechte zum Segnen erhebt. Vorn auf einem angeklebten Zettel die Inschrift: „OP. VICTOR CARPATHIVS MDVII."[35]

Ferrara. Gallerie. Das Bild in Ferrara zeigt in einer Landschaft die Apostel um den Sarkophag Maria's versammelt, oberhalb den Heiland mit der Seele der Mutter in kleiner knieender Gestalt. Auf einem Zettel die Inschrift: „VICTOR CARPATHIVS VENETVS MDVIII."[36]

Auch diese wiederum mit grösster Sorgfalt namentlich in allen Nebendingen durchgeführten Werke bestätigen die Beobachtung, wie viel angemessener der Begabung des Meisters die Legendenschilderung im Gegensatze zu kirchlichen Cermonienbildern grossen Stiles war. Nunmehr wurde er jedoch wiederholt zu solchen Aufgaben herangezogen und wusste denselben soweit gerecht zu werden, dass er wenigstens den Vergleich mit früheren Arbeiten Giov. Bellini's nicht zu scheuen brauchte. Zu diesem stand er noch in freundschaftlicher Beziehung. Er hatte i. J. 1507 gemeinschaftlich mit ihm im Dogenpalast gemalt[37] und war im folgenden Jahre auf Bellini's Vorschlag mit zur Abschätzung der Wandgemälde Giorgione's am Fondaco de' Tedeschi berufen. Bisher hatte noch kein Wettstreit zwischen

---

[35] Stuttgart N. 28, Holz, hoch 2,66, br. 1,86, oben rund; das Bild, ursprünglich in S. Pietro Martire (S. Cristoforo) auf Murano, gelangte 1807 gegen eine Sammlung von Handzeichnungen aus der venezianischen Akademie in den Besitz des mailändischen Malers G. Bossi, dann in die Sammlung Barbini - Breganze in Venedig und von dort nach Stuttgart; es ist durch einen Sprung entstellt, war ursprünglich sehr fein, jetzt schadhaft, wenn auch noch von trefflicher, an Cima und Bellini erinnernder Wirkung; beschädigt besonders der Kopf des Thomas, vgl. Cicogna, Iscr. Ven. VI, 444. 903, Boschini, R. Min. Sest. d. Croce 23.

[36] Ferrara, Holz, oben rund, Fig. ½ lebensgr., eine höchst sorgfältige Arbeit von rother leuchtender Färbung, etwas eintönig, von breiter Gewandbehandlung, die Farbenfläche droht abzublättern. Panetti von Ferrara scheint das Bild studirt zu haben, welches sich ursprünglich in S. Maria in Vado zu Ferrara befand. — Ein Seitenstück hierzu ist das Leinwandbild der Akademie zu Wien, wo links vom Grabe eine Gruppe von 5 Engeln, vor demselben 3 knieende Stifter hinzugefügt und das Ganze in einen Innenraum verlegt ist, durch dessen Bögen man auf Landschaft blickt.

[37] s. Lorenzi a. a. O. 142.

Carpaccio und dem gefeierten Meister stattgefunden, als er jedoch den Auftrag erhielt, für S. Giobbe, wo eins von Bellini's gepriesenen Altarstücken stand, die Darstellung Christi im Tempel zu malen (jetzt in der Akademie zu Venedig) nahm er seine ganze Kraft zusammen und lieferte ein Werk, in welchem er den Giovanni fast erreichte. Denn wenn er auch an kunstvoller Farbengebung hinter ihm zurückblieb, that er es ihm an Kraft und Entschiedenheit des Formenausdruckes mehr als gleich, im glücklichen Zusammenklang der Gemüthsbewegung mit der Geberdensprache der handelnden Figuren übertraf er ihn sogar:

Vor einer Altarnische aus buntem Marmor mit prächtigem Mosaikornament in Goldgrund findet die Begegnung statt; Maria trägt das Kind im Mantel, geleitet von zwei Jungfrauen, welche Blumen und ein Körbchen mit Tauben tragen; Simeon, ein kräftiger Greis in reichem Priesterornat, dessen Mantelschleppe von zwei bärtigen Clerikern getragen wird, schreitet mit über der Brust gekreuzten Händen verehrend auf das heilige Kind zu, das ihn seitwärts anblickt, indem es sich an die Brust der Mutter hält; unterhalb auf reichgetäfelten Stufen drei ganz bekleidete Engelknaben mit Laute, Geige und Pfeife; auf kleinem Zettel die Inschrift: „VICTOR CARPATHIVS M.D.X“.[38] Venedig. Akademie.

Ohne Noth hat man an der Freiheit Anstoss genommen, mit welcher Carpaccio den hohen Priester mit seinem Gefolge als katholischen Würdenträger darstellt; er hat die Pracht der Gewänder nur dazu benutzt, um seinen Geschmack für reiche und grossartige Faltengebung zu bewähren. In Simeons Gestalt verbindet sich Adel und Freundlichkeit auf ergreifende Weise, die Frauen neben Maria sind liebliche Erscheinungen, sie selbst sowie das an plastische Vorbilder erinnernde Kind von völligen Formen, die spielenden Knaben höchst reizend in ihrer eifrigen Arbeit. Die trübe Gesammtwirkung der Farbe ist ohne Zweifel Folge späterer Misshandlung, und wenn Carpaccio auch die Schwierigkeiten des Oelvertrages bei Weitem nicht in dem Grade beherrschte wie Bellini, so hatte er es doch ursprünglich gewiss nicht an warmer Färbung der Fleischpartien fehlen lassen. Dass ihn aber

[38] Venedig, Akademie N. 488. Holz, h. 4,05, br. 2,25; die Lichter sind durch Abputzen kühler geworden, die Schatten zu kaltem Grau herabgestimmt.

in dieser Zeit eine gewisse Eintönigkeit röthlich klarer Gesammtstimmung eigen war, beweist sein „Mahl von Emaus“ in S. Salvatore in Venedig, ein Bild, welches zwar unter dem Namen Giov. Bellini bekannt ist, aber sowohl in der Farbengebung wie in der Zeichnung deutlich den Unterschied aufweist, der zwischen ihm und Carpaccio besteht:

Venedig, S. Salvatore. Christus sitzt an der Langseite des Tisches, dessen Schmalseiten die beiden Pilger, ein Mann im Turban und ein vierter einnehmen, welcher stehend, mit langem Reisestab und Pelzhandschuhen in Händen, den einen Fuss auf den Schemel setzt; die Männer betrachten mit gespannter Aufmerksamkeit die Geberde des Heilandes beim Segnen des Brodes; am Fussboden allerhand Reisegeräth, Tasche, Fässchen u. dgl., vorn ein Perlhuhn.[39]

Der Farbenvortrag verräth durch die eigenthümliche Art, in welcher Schatten gegen Schatten abgetönt ist, um Einheit des Tones zu bewirken, die eigenthümliche Weise Carpaccio's, womit er die feinere Verschmelzung der Töne zu ersetzen sucht; denn die reiche Mannichfaltigkeit der Abstimmungen Bellini's lag nicht in seinem Vermögen, was namentlich in den Fleischtheilen auffällt, denen er mittelst eines durchgängigen rothen Ueberzuges anstatt mit einzelnen Lasuren Wärme verleiht. Die Gesichtstypen entsprechen denen seines Simeonbildes, namentlich die Hauptfigur hat einen Zug von heiterer Klarheit; die Zeichnung ist durchweg kräftig markirt, in den Gewändern sogar scharf, die Beleuchtung wie wir es auch anderwärts bemerken, durch das aus dem Fenster einfallende Licht hergestellt, die derbe Bildung der Hände und Füsse und die Neigung zu morgenländischem Kostüm auch hier verwaltend. In jeder Beziehung haben wir eine charakteristische Leistung Carpaccio's vor uns; wahrscheinlich ist das Bild jedoch eher als das in S. Giobbe entstanden.

Den Höhepunkt des Meisters in dieser Zeit ausgebreiteter

[39] Das Bild (Leinw., h. 2,60, br. 3,55) eine Stiftung des Girolamo Priuli für den Altar des Sakramentes in S. Salvatore, war 1869 und 1873 in der Akad. zu Venedig ausgestellt; als Giovanni Bellini's Werk bezeichnen es Boschini, R. Min. Sest. S. Marco 104, Sansovino, Ven. descr. 121, Zanetti, Pitt. Ven. 54, Zanotto, Pinac. Ven. Fasc. 10 und alle neuen Führer.

Beschäftigung mag die „Indulgenz des heil. Markus" bezeichnet haben, welche er um 1515 für den Saal des grossen Rathes malte[40]. Er hatte kurz zuvor für die Scuola di S. Stefano eine Reihe von Gemälden aus der Geschichte Christi geliefert, welche nach Berlin, Paris, Mailand und Stuttgart verstreut sind und sich als treffliche Seitenstücke den geistesfrischen und kräftigen Arbeiten seiner früheren erzählenden Darstellungen in S. Orsula und S. Giorgio degli Schiavoni anreihen:

In Berlin: die durch Petrus vollzogene Einsegnung des Stephanus mit 6 Genossen, welche auf einer Treppe knieen, zum Diakonenamte; im Hintergrund 4 andere Apostel, gegenüber Gruppen zuschauender Frauen und Männer; in der Ferne Tempelgebäude an der See und Felsengebirge, vorn ein Betaltar und ein Kind mit einem Hunde spielend.[41] — In Paris (Louvre): Predigt des Stephan vor den asiatischen Völkern; der Heilige steht links auf einem Piedestal mit dem Medaillon des Kaisers, Hintergrund Jerusalem von zahlreichem Volke belebt und Berge.[42] — In der Brera zu Mailand: die Disputation des jugendlichen Stephanus (Christus?) mit den Schriftgelehrten, besonders reich an Bildnissen, Hintergrund ein Platz mit allerlei Volks, Stadt und Park, vorn ein Perlhuhn.[43] — In Stuttgart: Steinigung des Stephanus, welcher rechts im Mittelgrunde kniet, während den Hauptraum die Steiniger und die Soldaten einnehmen; Hintergrund reiche Landschaft und die hochaufgebaute Stadt Jerusalem.[44]

Berlin.

Paris.

Mailand.

Stuttgart.

---

[40] Er war nachweislich i. J. 1515 mit Giovanni Bellini und Vittor di Matteo dort thätig, s. Cadorin bei Gualandi, Mem. Ser. III, 92 und Sansovino a. a. O. 65. 333. 334.

[41] Berlin N. 23; Leinw., h. 4 F. $8^1/_2$ Z., br. 7 F. 5 Z., bezeichnet: „VICTOR CARPACTHIVS(?) PINXIT MDXI", die Farben sind rauher als gewöhnlich, doch erinnert das Bild im Allgemeinen an Giov. Bellini und Cima, die Figuren kurz und mit kräftigen Schatten markirt.

[42] Louvre N. 123; Leinw., h. 1.52, br. 1,95 (dem berliner Bilde gleich); das Bild befand sich früher in der Brera in Mailand und ist durch Abreibung entstellt, die Vortragsweise erinnert noch an Gentile Bellini.

[43] Brera N. 237 (144): an den Säulen links und rechts die Bezeichnung "VICTOR CARPATHIVS FINXIT", „M.DXIII", h. 1,70, br. 1,43, gut erhalten, massig in Licht und Schatten.

[44] Stuttgart N. 174 (früher 207); Leinw., h. 5 F. 1 Z., br. 5 F. 9 Z., auf einem Zettel vorn die Inschrift: „VICT.....RPA...V. MDXV", die Behandlung rauh, die Bildfläche schadhaft, aus der Sammlung Barbini-Breganze in Venedig, in deren Katalog die Jahrzahl 1525 angegeben ist, welche auch der stuttgarter Katalog bietet, während deutlich 1515 steht, vgl. über die Bilder Zanetti 40 (55), Boschini, R. Min. Sest. S. Marco 89. 90 und Ridolfi a. a. O. (II. Ausg.) 67; das zugehörige Altarbild (Stephanus zwischen den Heiligen Nikolaus und Thomas Aquinas, vgl. Boschini a. a. O.) wird vermisst.

Hierauf trat schneller Verfall ein, der sich entweder aus Schwäche des zunehmenden Alters oder aus der ausgedehnten Benutzung von Gehilfen erklärt. Als Carpaccio i. J. 1514 den Auftrag bekam, ein Altar-Weihbild für S. Vitale in Venedig zu malen, gab er eine Komposition von ungewöhnlichen Verhältnissen und sonderbarer Anordnung. Ist schon hier die Formgebung merklich schwach geworden, so fiel das Votivbild mit dem Martyrium der 10,000 für S. Antonio di Castello noch ärmlicher aus. Die Mönche dieses Klosters hatten die Unvorsichtigkeit begangen, einen mit der Pest behafteten Priester aufzunehmen. Infolge dessen wurde ihr Haus i. J. 1511 auf Befehl der Regierung unter Quarantaine gestellt und die Gefahr war gross, dass sämmtliche Insassen desselben der Seuche zum Opfer fallen würden. Da gelobte der Prior Ettore Ottobon den armenischen Märtyrern einen Altar. Er blieb am Leben und übertrug i. J. 1515 dem Carpaccio das Altarstück für seine Stiftung[45]:

Venedig, S. Vitale. In S. Vitale stellt er den Ortspatron innerhalb eines Hofes zu Pferde dar, begleitet von seinem Weibe Valeria, Johannes d. T., Jakobus und Georg, vor einem hohen oben abgerundeten Aufbau mit Gervasius und Protasius, den Söhnen des Vitale, welche von Andreas und Petrus geleitet aus dieser Höhe die Madonna anbeten, welche in den Wolken erscheint.[46]

Venedig, Akademie. Die Hinrichtung der Zehntausend (jetzt in der Akademie zu Venedig), welche in entsetzlich erfinderischer Weise theils auf Bäumen, theils am Erdboden nackt gekreuzigt oder aufgehangen werden, ist in wirrer Masse dargestellt, im Vordergrund rechts der heidnische Herrscher mit seinen Berathern und Schergen, im Mittelgrunde Trompeter, welche die Klagen der Opfer übertönen; im Hintergrunde Zubereitungen zur Hinrichtung und Kampf, weiter in der Ferne der Gipfel des Berges Ararat, von welchem die Seelen der Geopferten durch Engel erlöst werden.[47]

---

[45] Cicogna, Iscr. Ven. Vol. I. 162.

[46] Venedig, S. Vitale, im Chor hinter dem Hochaltar, Leinw., Fig. lebensgr., auf Zettel am Boden hinter Vitale bezeichnet: „VICTOR CHARPATIVS PINXIT MDXIIII"; das Bild war von Giovanni Luciani, einem Priester der Pfarre von S. Vitale bestellt (s. Zanotto, Pin. Ven. Fasc. 25), das Pferd des Heiligen ist hölzern gebildet, die Farbe hat stumpfen gelbrothen Stich.

[47] Venedig, Akademie N. 559. Leinw., bezeichnet: „V. CARPATHIVS M.D.XV", h. 3, br. 2,08, oben rund; die Färbung rosig und schwach, die Typen unbedeutend, sodass man an untergeordnete Arbeiten aus Costa's Schule erinnert wird.

An dem ebenfalls 1515 für S. Francesco zu Treviso gemalten, jetzt in der Akademie zu Venedig befindlichen Bilde der Begegnung Joachims mit Anna (links zur Seite König Ludwig der Heilige, rechts Ursula mit der Fahne, im Hintergrund die Stadt und der Tempel, auf dessen Stufen Joachim vor dem Priester zu sehen ist, fällt trotz grosser Sorgfalt der Behandlung die lahme Geberdensprache der Figuren in Verbindung mit einer stellenweis an deutsche Vorbilder erinnernden Gewandbehandlung auf, sodass man hier die Betheiligung des Previtali oder andrer fremder Gehilfen annehmen möchte.[48] Mehr vom Geiste des Meisters zeigt der Markuslöwe (mit der Piazetta und dem Steueramt, hinten die See), welcher 1516 für einen der venezianischen Magistratshöfe geliefert war[49]; auch unter den Bildern von unbekannter Entstehungszeit sind manche grösserer Beachtung werth als die zuletzt aufgeführten: Venedig, Akademie.

Im Museum Correr in Venedig N. 46, kleineres Genrebild: zwei Damen in reicher venezianischer Tracht auf einem Balkon mit ihren Schoosshunden spielend, vor ihnen ein Page mit einem Pfau beschäftigt, dabei Vögel auf dem Geländer und unter andern ein Paar hochhackige Pantoffeln; auf Zettel bez. „Opus nictorjs carpatzio venetj .....“[50] — N. 47: Heimsuchung: Maria und Elisabeth umarmen sich vor einem grossen Gebäude, welches mit Teppichen behangen und von zahlreichen Zuschauern belebt ist; links sitzt Joseph im Gespräch mit einem Manne in rothem Kleid, rechts Joachim auf den Stab gestützt mit einem Jüngling, den man von rückwärts sieht, im Hintergrund verschiedene Figuren in orientalischer Tracht.[51] — N. 48: Brustbild eines jungen Mannes mit rothem Barett und Wamms, Hintergrund ein See-Ufer.[52] Venedig, Gall. Correr.

In Mailand, Brera N. 218 (349), Verlobung Marias': Links der Priester von mehreren Mönchen assistirt, vor ihm die Gatten sich neigend, hinten die Freier, welche ihre Stäbe zerbrechen.[53] N. 222 Mailand, Brera.

---

[48] Venedig, Akademie N. 552, bez.: „VICTOR CARPATHIVS VENETVS . OP . M.D.X.V.“, Holz. h. 1,83. br. 1,66 (Abbild. bei Zanotto. Pinac. Ven. Fasc. 10).

[49] Jetzt im Dogenpalast. bezeichnet: „Victor Carpathius MDXVI„, ursprünglich im Magistrato de' Camerlenghi di Comune a Rialto, halblebensgr., Hintergrund und Inschrift übermalt.

[50] Holz, h. 0,94, br. 0,64: schwache Arbeit von unerfreulichem Ton.

[51] Leinw., h. 1,28. br. 1,37. sehr schadhaft, abgerieben und dunkel geworden.

[52] Holz, h. 0,35. br. 0,23. sehr beschädigt, aber ursprünglich von der charakteristischen Kühnheit Signorelli's oder Botticelli's.

[53] Leinw., h. 1,27. br. 1,37, echt, aus

(356): Darstellung Maria's im Tempel (ähnlich der Komposition Tizian's), vorn ein Kind, welches ein Reh am Strick führt.[54]

Mailand, Sammlung P. Pezzoli.

Mailand, Sammlung Poldi Pezzoli: Simson und Delila. Simson liegt schlummernd ausgestreckt auf dem Lager im Hofe seines Hauses, den Kopf im Schoosse Delila's, welche die Linke auf ihn legt, während sie mit der Rechten den Mantel schützend über einen Pagen breitet, welcher vor ihr knieend mit der Scheere die Locken des Helden abschneidet, die er in einem am Boden stehenden Körbchen sammelt; im Hintergrund Landschaft mit Stadt und Bergen, am Thürpfosten rechts die Inschrift: „VICTOR CARPAT.", die Figuren schlank und fein, höchst sauber in venezianischem Zeitkostüm gekleidet, die Farbe kräftig, gediegen aufgetragen und gut verschmolzen.[55]

Rovigo, Casa Barufi.

Rovigo, Casa Barufi: eine Sibylle und eine männliche Figur.[56]

Bergamo, Lochis Carrara.

Bergamo, Lochis Carrara: Geburt Maria's, rechts Anna im Bett, welcher eine Magd Speise reicht, weiter vorn eine sitzende Frau, im Mittelgrund die Amme, das Kind badend; oberhalb hebräische Aufschrift und Bezeichnung: „Victor Carpatius faciebat".[57]

Paris, Louvre.

Paris, Louvre (Mus. Napol. III. N. 174): Madonna und Kind auf langer steinerner Bank zwischen zwei Engelknaben sitzend; auf derselben Bank rechts Anna und Joseph (mit ungeschickter Beinstellung), links Elisabeth und Joachim; zwei Engel halten einen Vorhang hinter Maria, im Hintergrund sieht man ein natürliches Hafenthor mit Hieronymus und seinem Löwen darauf. Links die Inschr.: „a Victore Carpathio ficti".[58]

Berlin, Museum.

Berlin, Mus. N. 14: Madonna mit Kind zwischen Hieronymus und Katharina in Landschaft, Halbfiguren, der Schule Giov. Bellini's zugeschrieben, entschieden in Carpaccio's Weise und vorzüglicher als das vorgenannte.[59]

London, Sammlung Layard.

London, Samml. Layard: Abschied Ursula's von ihrem Vater auf einer Wiese mit hochaufragendem Baum, hinter dem König

---

der Zeit des Gemäldecyklus für S. Stefano, aber nicht auf gleicher Höhe.

[54] Gegenstück zum vorigen von gleicher Grösse. Das dreitheilige Bild N. 229 (300) darstellend die heilige Giustina mit Schwert und Buch umgeben von 2 Bischöfen, ist von Cima und sehr schadhaft.

[55] Auf der mailänder Ausstellung von 1873 N. 211, Figuren ungefähr 1/3 lebensgr.

[56] Leinw., Fig. fast lebensgr., von guter Haltung, aber nicht frei von Nachhilfe, die Köpfe etwas mantegnesk, an das Bild N. 46 im Museum Correr in Venedig erinnernd.

[57] Leinw., Fig. 1/2 lebensgr., der Ton ist durch Abreibung und Nachbesserung scharf geworden.

[58] Aus der ehemal. Sammlung Fesch, Holz. h. 0,96, br. 1,25, die Figuren kurz und schwarz umrissen, das Ganze hat dunkeln kräftig schattirten Ton. Das Bild der Samml. Pereire in Paris, Mad. m. K. und dem Knaben Johannes, bezeichnet: „Victoris Carpatio Veneti opus" (abgeb. in der Gazette des beaux arts 1864) haben die Verf. nicht gesehen.

[59] Holz, h. 2 F. 6 Z., br. 3 F. 7 Z., schadhaft, Waagen vermuthet Francesco da S. Croce.

4 Damen, rechts ein Palast am Wasser, das von Hügeln gesäumt wird und durch Boot und Schiff belegt ist; auf einer Rampe ein grosser Distelfink.[60]

In Ferrara, Samml. des Conte G. B. Canonici: Bestattung Christi; der Heiland ausgestreckt im Todtenkleide auf dem Grabstein; hinter ihm die ohnmächtige Maria im Arm einer Frau im Turban und Johannes, der nach ihr schaut, dicht dabei am Fuss eines Baumes eine sitzende Gestalt, weiter links die Gruft von zwei Engeln bewacht, ganz im Hintergrunde Begegnung Christi mit Magdalena.[61] Ferrara, Sammlung Canonici.

Die spätesten beglaubigten Arbeiten Carpaccio's sind auch seine schlechtesten; es nimmt in der That wunder, dass in einer Zeit, als Giorgione bereits gestorben und Tizian in der Rathshalle zu Venedig thätig war, der schwach gewordene Meister noch Besteller für Gemälde finden konnte, wie er sie für Kirchen Istrien's, der lombardischen Provinzen und des Friaul geliefert hat und die nur nebensächlicher Erwähnung bedürfen.[62] Seine Thätigkeit lässt sich aus dem Zeugniss der Bildinschriften in Brescia, Pirano in Istrien und Pozzale bei Cadore bis ins Jahr 1519 verfolgen:

Brescia, Casa Averoldi: Maria mit Kind zwischen Faustinus und Giovita in Landschaft mit drei musicirenden Engeln auf der Thronstufe, bez.: „Victor Carpatius venetus pinxit MDXVIIII.“[63] Brescia.

---

[60] Kleine Tafel, skizzenhaft ausgeführt, auch die Form unfrei; der Gegenstand sonst auch als Ankunft der Königin Katharina Cornaro auf Cypern bezeichnet.

[61] Das Bild, mit der falschen Inschrift: „Andreas Mantinea f.“ am Sarkophag, war i. J. 1632 in der Gallerie des Roberto Canonici in Ferrara und wurde beim Brande dieses Hauses i. J. 1638 gerettet (Campori, Raccolta 105 und 117, s. später); es gehört jedenfalls der Schule Carpaccio's an, von dessen eigenen Arbeiten es nur durch den röthlichen Farbenton ein wenig abweicht: ist Carpaccio nicht selbst der Urheber, so liegt am nächsten Michele da Verona.

[62] Wir nennen im Dom zu Capo d'Istria: Maria m. K. zwischen 6 Engeln, bezeichnet: „Victor Carpatius Venetus pinxit MDXVI“, mit dem Zusatz: „Cosme Dusi Venetus restauravit MDCCCXXXIX“, welcher eine vollständige Uebermalung bedeutet; ebenda im Oratorium zu S. Niccolò: Maria m. K. zwischen dem Täufer und Nikolaus von Bari, ein hässliches Bild, das, wenn von Carpaccio, ihm keine Ehre macht; ein drittes in der Comune zu Capo d'Istria (Leinw., darstellend den Einzug eines Podestà in die Stadt) ist verdorben und übermalt, aber doch wohl von seiner Hand

[63] Holz, Figuren lebensgr., an drei Stellen senkrecht gesprungen und etwas ausgebessert; der Heilige rechts ziemlich geziert in der Haltung, die Gegenfigur besser, Maria von guter Geberde und guten Verhältnissen, an Previtali erinnernd, das Kind dünn und lahm, der Farbenton vorwiegend stumpf gelb.

Pirano. Pirano in Istrien, S. Francesco: Altarstück, Madonna mit Kind zwischen den Heil. Ludwig, Petrus und Franciskus, Antonius, Klara und Vitale, am Thron zwei spielende Kinder; bez. „Victor Charpa... venet MDXVIII“.[64]

Pozzale. Pozzale bei Cadore: Altarstück, Mad. m. K. zwischen Thomas und Dionysius in Nischen, über denselben Rochus und Sebastian, Halbfiguren, auf der Thronstufe ein Kind mit einer Blume, bez.: „Victor Carpatius venetus pinxit MDXVIIII.“[65]

Von dieser Zeit an verschwindet der Meister, unter dessen Namen noch eine grosse Anzahl zweifelhafter Bilder stehen, welche in Kürze zu sondiren sind.[66] Der einzige Erbe seines

[64] Leinw., Fig. lebensgr., hässliches Stück aus Carpaccio's schwächster Zeit.

[65] Holz, schlecht erhalten, sehr schwach, der heilige Thomas an Diana, Maria und das Kind an Alwise Vivarini erinnernd. Rochus in einem Typus, der dem Marescalco eigen ist.

[66] Indem wir vorausschicken, dass wir von dem sogen. Selbstbildniss Carpaccio's, erwähnt bei Federici, Mem. Trevig. 228 und bei O. Mündler, Essai 53 als im Besitz des Caval. Giustiniani alle Zattere, keine Kunde haben, verzeichnen wir: Mailand, Brera N. 63: Heil. Stephanus, N. 180 Augustin, N. 182 Antonius von Padua, lesend, Holz, urspr. in S. Stefano zu Venedig, sämmtlich einigermaassen an Boccaccino oder Campi erinnernd, scheinbar von Bissolo in Catena's Manier. — Venedig, Frari: Altarbild mit Ambrosius, s. unter Basaiti. — Gall. Manfrin N. 159: männliches Brustbild, ausserordentlich lebensvoll, aus der Schule des Bernardino von Mailand. Holz. h. 0,27, br. 0,22. auf der Rückseite das Motto: „Felices ter et amplius quos irrupta tenet copula.“ — S. Giovanni in Bragora: Andreas zwischen Hieronymus und Martin (letzterer zu Pferd mit dem Bettler zur Seite), die Mittelfiguren halblebensgr., die beiden andern kleiner; von Bissolo. — S. Alvise (früher in S. M. delle Vergine): acht kleine Tafeln, enthaltend: 1. Salomo mit der Königin von Saba, 2. Tobias mit den Engeln, 3. Anbetung des goldenen Kalbes, 4. Hiob, 5. Traum des Nebukadnezar, 6. Josua heisst die Sonne stille stehen, 7. Rahel am Brunnen, 8. Joseph mit seinen Brüdern; sämmtlich Schulstücke und etwas beschädigt. — S. Giovanni e Paolo: Krönung Maria's mit zahlreicher Umgebung von Heiligen, ehemals in S. Gregorio, von Boschini, R. Min. Sest. D. Duro 31 der Schule der Vivarini, von Zanotto, Venet. e le sue Lagune II, 2 S. 108 dem Carpaccio zugeschrieben; das Bild vertritt eine Mischung von Carpaccio's Weise mit der des Cima, die künstlerische Behandlung scheint es jedoch mehr der Schule von Udine zu nähern, sodass wir der von Selvatico ausgesprochenen Meinung beizupflichten geneigt sind, welcher den Giovanni Martini oder Girolamo da Udine vorschlägt. — Akademie N. 430: Maria m. K., Joseph, zwei weiblichen Heiligen und einem Stifter (h. 0,65, br. 1,15), unter Carpaccio's Namen, aber zu unbedeutend, eher von Mansueti oder Lazzaro. N. 413: Halbfigur eines Mannes (desselben, welcher in den Uffizien zu Florenz N. 1163 als Bildniss Verrocchio's von Lorenzo di Credi bezeichnet ist, s. B. IV, 424), moderner als Carpaccio, stark übermalt. N. 348: Kreuzfahrer in einer Kirche (aus der aufgeh. Kirche S. Antonio di Castello, vgl. Boschini, R. Min. Sest. di Castello 12), kleine Figuren (h. 1,20, br. 1,75), dem Carpaccio angehörig, aber schadhaft. — Noale, Kirche: Joh. d. T. zwischen Petrus und Paulus, lebensgr., Holz, mit moderner Inschrift, ohne Bedeutung (s. Federici, Mem. Trev. I, 228), ein Bild von der Empfindungsweise des Vittor Belliniano, kaum einer Arbeit des Benedetto Car-

Namens, Benedetto Carpaccio, lässt sich an einigen Gemälden in Capo d' Istria und Triest verfolgen, in denen er sich als Schwächling erweist:

Capo d'Istria, Commune: Krönung Maria's, Figuren halblebensgross, ungelenk und nicht unähnlich denen des Vittore Belliniano, bez.: „Benetto Carpathio Veneti pingeva"; ebenda: Mar. m. K. zwischen Jakobus und Bartholomäus, auf der Altarstufe ein Engel mit Violine, bez. „B. Carpathio pingeva MDXXXVIII", eine ärmliche übermalte Arbeit, offenbar aus der späten Zeit Benedetto's. Möglicherweise war Benedetto in seiner Jugend Gehilfe des Vaters; im Dom zu Capo d'Istria befindet sich ein Bild mit dem Kindermord (Leinw.) aus d. J. 1523, welches dem älteren Carpaccio näher steht und als eine Jugendarbeit Benedetto's angesehen werden darf. Seine schlechtesten Arbeiten sind: in Triest, Dom (ehem. in Torre del Porto): Mar. m. K. zwischen Justus und Sergius, Altarbild, bez.: „Benedetto Carpathio MDXXXX", hässlich und stark übermalt; Capo d'Istria, Dom: Dar-

---

paccio ebenbürtig, die Farbe stumpf, unfein und schwer. — Serravalle, Dom: zwei Bilder auf Leinwand. 1. Verkündigung (der Engel auf einer Wolke herfliegend, oberhalb Gottvater), 2. die heilige Agathe, Bartholomäus, Petrus, Katharina und eine fünfte unter einer Bogenhalle mit Aussicht auf Landschaft, ziemlich lebensgr. (vgl. Crico, Belle Arti Trevig. 268), in der Manier des Francesco da Milano, eines Nachfolgers des Pomponio Amalteo. — Rovigo, Stadtgallerie N. 141: Mad. m. K. und Joseph, dürftige Tafel, stark übermalt, an Carpaccio's Stil in der Umwandlung durch Mansueti erinnernd. — Casa Silvestri: Brustbild eines Mannes in langem Haar, dunklem Wamms und schwarzer Mütze, Hintergr. Himmel; dem Vittor Belliniano ähnlicher als dem Carpaccio. — Bergamo, Lochis Carrara: Brustbild eines bartlosen alten Mannes in schwarzer Mütze von stumpfer, etwas unkräftiger Stimmung und nicht lebensvoll genug für Carpaccio, wahrscheinlich von Mansueti. — Karlsruhe, Museum N. 138 (129): Maria m. d. K., Joseph (Hieronymus ?) und Elisabeth (im Katal. früher als Cima, dann als Francesco della Croce bezeichnet), hat Züge von Cima, gehört jedoch wahrscheinlicher dem Benedetto Carpaccio oder Mansueti an. — Verlorne Bilder: Venedig, S. Antonio (aufgeh.) Christus den Marien erscheinend (Boschini, R. Min. Sest. Castello 12, Ridolfi, Marav. I. 64); S. Giovanni e Paolo: Altarstück in drei Theilen, einer davon enth.: Joh. d. Ev. mit Gottvater darüber (Boschini, R. M. Sest. Cast. 84); Chiesa della Carità: ein Bild mit Darstellungen aus der Geschichte des Täufers (Boschini, R. M. Sest. D. Duro 34); Scuola de Tessitori: Maria von 2 Engeln gekrönt m. d. K. und 4 Bildnissen (Boschini, R. Min. Sest. Croce 10); S. Salvatore auf Murano: Maria m. K. und Heiligen (Cicogna, Iscr. Ven. VI, 444. 903); S. Fosca: Maria und unterhalb Petrus, Paulus, Rochus und Sebastian (Ridolfi, Marav. I. 60, Sansovino, Ven. descr. 146); Privatbesitz: Simeon mit andern Heiligen (Ridolfi, I. 65). Udine, S. Pietro: Christusfigur (Maniago, Guida di Udine 1825. S. 41. 64). Spinea: drei Heilige (Federici. Mem. I. 228); Conegliano, S. Paolo: Krönung Maria's mit Petrus und Paulus (Federici, Mem. I, 228). — Florenz, ehem. in den Uffizien, jetzt beseitigt: Anbetung der Könige. — Rovigo, ehem. Casa Cassilini: ein Marktplatz mit einer Gruppe Orientalen; Casa Muttoni: Zug der Könige (s. Bartoli, Guida 194).

stellung: der Name Christi, angebetet von Paulus und Joh. d. T. und den knieenden Franciskus und Bernardin, Leinw., lebensgr. Figuren, bez.: „Benetto Carpathio Veneto pingeva MDXXXXI"; ferner in Val di Fasano bei Pirano, Kirche der heil. Lucia: eine Maria m. d. K. thronend nebst Lucia und einer andern Heiligen, bez.: „B. Carpathio pingeva MDXXXXI"[67]

Lazzaro Sebastiani oder Bastiani, i. J. 1470 Mitglied der Genossenschaft zu S. Girolamo in Venedig, hat sich nie zu gleichem Range mit Carpaccio aufgeschwungen, dessen Schüler er nicht einmal gewesen zu sein scheint.[68] Er fand seine Ausbildung wahrscheinlich in der paduanischen Schule und nahm die unerfreulichen Züge derselben in sich auf, ohne die bedeutenden Eigenschaften mit zu erwerben, durch welche Mantegna sie adelte. Als er Venedig kurz nach Mantegna's Uebersiedelung nach Mantua zum Aufenthaltsorte gewählt hatte, sah er sich genöthigt, von der ursprünglichen Weise abzuweichen. Geistesverwandte Meister wurden ihm nunmehr die Vivarini, auf deren Nachahmung er sich mit Erfolg legte, doch wurde er den Stempel seiner ersten Kunstanleitung nicht ganz los; als er später in Arbeitsgemeinschaft mit Carpaccio, Mansueti und anderen Künstlern neuerer Richtung eintrat, wusste er sich auch unter ihnen heimisch zu machen und gewann bei mehr als einer Gelegenheit Antheil an deren Aufträgen. Es zeugt von der ehrenhaften Stellung Lazzaro's innerhalb seiner Gilde in Venedig und von dem Werth, den man auf sein Urtheil legte, dass er i. J. 1508 auf Bellini's Vorschlag in das Schiedsgericht zur Abschätzung der Wandgemälde Giorgione's am deutschen Kaufhause[69] ernannt und von Staatswegen

---

[67] Der Schule Benedetto's, wenn man bei einem so geringen Maler von Schule reden darf, gehört an: eine grosse Pietà und eine Verherrlichung des heiligen Andreas mit Petrus und Johannes mit der Jahrzahl 1547 im Dom zu Capo d'Istria.

[68] Wir berufen uns hierbei auf die Thatsache seiner künstlerischen Leistungen gegenüber der freilich sehr alten Annahme des Verhältnisses zu Carpaccio, vgl. Ridolfi, Marav. I, 66; Zanetti, Pitt. Ven. 41 bezeichnet ihn ganz richtig als „Nachahmer". Er steht in der Matricola der Confraternità di S Girolamo als „Lazaro de Bastiano depentor" (s. Cicogna, Iscr. Ven. VI, 954; der Irrthum Vasari's bezügl. Lazzaro's wurde oben S. 197 erwähnt.

[69] s. später unter Giorgione.

zur Anfertigung von Dogenbildnissen für den Saal der Zwanzig ausersehen wurde[70]; auch die Lieferung von Standartenbildern für den Markusplatz ist hier erwähnenswerth.[71] Das erste Gemälde, das wir von ihm nachweisen können, die Grablegung in S. Antonino in Venedig, gibt einen Gegenstand, welcher den Paduanern vor allen geläufig war und von den Bellini vielfach wiederholt worden ist:

Das Bild besteht aus Halbfiguren: Christus bartlos und nackt wird von Johannes, welcher klagend emporschaut, in den Sarkophag gelegt, links Maria ohnmächtig von zwei Frauen gehalten, rechts zwei andere weinend und Magdalena, welche die Hand des Heilandes küsst, im Hintergrund das Kreuz; auf Zettel die Inschrift: „LAZZARO BASTIANI.“[72] Venedig, S. Antonino.

Lazzaro vertritt hier sowohl in der Anordnung wie in der Auffassung die Gewaltsamkeit und den plumpen Realismus der Squarcionesken, seine Arbeit lässt ihn als einen der abhängigen Geister erkennen, die wir in allen Zeiten und Schulen finden und die sich mit Nachbildung überkommener Muster unter ganz geringfügigen Abweichungen begnügten. Der Gegenstand wird uns ohne innere Steigerung vorgeführt; der Leichnam Christi hat kolossale Verhältnisse, bei Johannes kommt nur die Anstrengung zum Ausdruck, die übrigen Figuren werden ihrem Schmerze überlassen. Hat das Bild sonach künstlerisch wenig zu bedeuten, so ist es doch wichtig als Zeugniss von Lazzaro's Kunstgepräge zur Zeit seines Eintritts in Venedig und noch mehr um deswillen, weil es über etliche Arbeiten paduanischen Geschmacks Aufschluss gibt, die aus früherer Zeit herrühren und demselben Darstellungskreise angehören: die beiden Grablegungen im Museum zu Berlin, welche mantegneske Anordnung und Kraftäusserung mit geringeren künstlerischen Mitteln wiederspielen.[73] Diese Berlin.

[70] Sansovino, Ven. descr. 326, Ridolfi. Marav. I, 67.

[71] Die Fahnen lieferte er in Gemeinschaft mit Benedetto Diana, s. Cadorin bei Gualandi, Mem. Ser. III, 90. 91.

[72] Holz, oben rund, fast lebensgr. Fig. Das Bild, bei der zeitweiligen Aufhebung der Kirche S. Antonino nach S. Giovanni in Bragora versetzt, wo es grösstentheils aufgemalt wurde, ist seit 1846 an seine ursprüngliche Stelle zurückgekehrt. Abbild. bei Zanotto, Pitt. Ven. Fasc. 28.

[73] Das erste N. 1144 bezeichnet als „Schule des Squarcione“: Christus von

paduanischen Stilfesseln vertauschte Lazzaro mit neuen, welche den venezianischen Einfluss bekunden, und er hielt sich hier in Empfindungs- und Vortragsweise ungefähr auf gleicher Stufe mit Andrea von Murano. So entstanden: „die Verherrlichung der heil. Veneranda“, jetzt in der Akademie zu Wien[74], und wahrscheinlich die „Pieta“ in der Kirche der Madonna del Torresino in Cittadella.[75]

Wien. Cittadella.

Der Eindruck venezianischer Muster nahm allmählig überhand, sodass Lazzaro die rohe Schaustellung der Muskulatur in seinen früheren Gestalten etwas schmeidigte; blieb auch seine Zeichnung dem Derben und Drastischen, seine Farbe der trüben und trocknen Stimmung immer zugeneigt, so machte er sich doch mit schlankerem und zarterem Figurenbau vertrauter[76] und erfuhr auf seine Weise die Wirkungen, welche die Einführung der Oelmalerei mit sich brachte. Diess war die Zeit (1484), in welcher der Auftrag an ihn kam, den Giovanni degli Angeli, Canonicus zu S. Donato auf Murano, in Anbetung vor der Madonna zu malen:

Murano. S. Donato.

Maria sitzt mit dem Kinde auf dem Thron, rechts der knieende Stifter vom heil. Donatus empfohlen, links Johannes mit zwei Engeln;

Johannes und Maria betrauert und bestattet, in der Luft Engelköpfe. das rechte Bein Christi überhangend, sodass man die Fusssohle sieht (Tempera. Holz, h. 4 F. 4½ Z., br. 2 F. 5 Z.), ist mantegnesk in der Auffassung, aber von gesuchter anatomischer Zeichnung und der gemein realistische Ausdruck wird durch die dunkle, trockene und roh aufgesetzte Farbe nicht gehoben, sodass es einer früheren Arbeit Lazzaro's sehr ähnlich ist; das zweite N. 1170 a (Schule des Mantegna). Christus mit halbem Leibe aus dem Grabe ragend, mit Maria und Johannes, Holz, Temp., h. 3 F., br. 2 F. 6 Z., vom vorigen nur gering abweichend, aber etwas besser in der Formgebung, die Farbe tintenartig grau und in Vortragsweise und Ton dem Bilde in S. Antonino so nahe verwandt, dass der Urheber wohl nur Lazzaro sein kann; beide Bilder sind übrigens beschädigt.

[74] Ursprünglich im Kloster Corpus Domini zu Venedig, sehr schadhaft: die Heilige thront. umgeben von 8 Frauen, vorn 2 knieende Engel; am Thron die Aufschrift: „Lazarus Bastianus pinxit“, Fig. lebensgr., s. Zanetti, Pitt. Ven. 41.

[75] Holz, Temp., oben rund, der obere Theil übermalt: Christus liegt im Vorgrund ausgestreckt, in heftigem Schmerze von den Angehörigen betrauert. Das Bild kommt im obern Theil dem des Andrea da Murano in Trebaseleghe sehr nahe (s. oben), die Gewandung ist bruchig und dem vorgenannten Gemälde ähnlich, die Tempera trübe und düster; die Farbenfläche droht abzuspringen, der heilige Joseph links ist neu.

[76] So auf dem Altarbilde des heiligen Vincenz in S. Giov. e Paolo in Venedig, an dem wir ihm Antheil zumessen, vgl. oben.

zu beiden Seiten vor niedriger Brüstung zwei Knaben mit Viola und Guitarre, Hintergrund Gitter und Hügel bez.: „Hoc opus Lazaris Sebastiani MCCCCLXXXIIII.“[77]

Wenn Lazzaro in diesem Werke auch noch sehr ausdruckslos in der Komposition, schwach als Colorist und als Zeichner des Nackten erscheint, so lässt er wenigstens leidliches Geschick als Bildnissmaler blicken. Einen Fortschritt in der Behandlung der Farbe nehmen wir sodann i. J. 1490 an seiner Krönung Maria's mit Heiligen in der Gallerie Lochis-Carrara zu Bergamo, an der Geburt Christi (vermeintlich von Parentino) und an seinem Onofriusbilde in der Akademie zu Venedig wahr:

Auf dem ersten Bilde Gottvater mit der Taube, den Blick emporgerichtet, hinter dem Throne, worauf Maria von Christus gekrönt wird, umflattert von 4 Engeln, links der heil. Bernhard im Bischofsornat, rechts Ursula mit der Fahne; auf Zettel die Inschrift: „Opus Lazzari Sebastiani veneti 1490“. —[78] Das zweite Bild zeigt Maria knieend unter der Hütte vor der Krippe mit dem Kind, dahinter zwei zuschauende Hirten, links und rechts paarweis vertheilt die Heiligen Georg, Joachim, Nikolaus und Markus.[79] — Das dritte Bild stellt den heil. Onofrius in den Zweigen eines Baumes sitzend dar, an welchen eine Leiter angelegt ist, unten links und rechts sitzen Markus und Johannes; am Baum ein Zettel mit der Inschrift: „LAZARVS. BASTIANVS. P.“[80]

Bergamo, Lochis Carrara.

Venedig, Akademie.

Damals scheint Lazzaro an Geschmeidigkeit der Formgebung und an Klarheit des Tones alles geleistet zu haben, was für ihn in der Werkstatt des Alvise Vivarini zu lernen war. Bei den

[77] Zeitweilig in S. Dorotea auf Murano, Holz, halbrund, Fig. ⅓ lebensgr. Bemerkenswerth die trockene Magerkeit des Johannes und die Fleischwulste des Gesichts, die eckige Formbezeichnung des Nackten und die Dunkelheit der Schatten, ebenso die bruchige Gewandung; der Kopf des heiligen Donat beschädigt.

[78] Bergamo, Lochis-Carrara N. 26; Holz, kleine Figuren. h. 0,88, br. 1,30, die Formen gewöhnlicher als auf den vorgenannten, doch ist das Bild sehr beschädigt.

[79] Venedig, Akademie N. 348; dem Bern. Parentino zugeschrieben, mit dem es jedoch nichts zu schaffen hat, ehemals in S. Elena bei Venedig, Holz. h. 1,57, br. 1,92, bei Boschini, R. Min. Sest. d. Croce nur als „opera di maniera antica“ erwähnt: Maria erinnert hier noch mehr als auf anderen Beispielen an die muranesischen Muster, die Farbe hat die Lichtheit wie auf dem Bilde in Bergamo, und ist grau schattirt, sodass ein ziemlich leerer Eindruck entsteht.

[80] Venedig, Akademie N. 447, Holz, h. 2,34, br. 1,40, ehemals in S. Giuliano; die verhältnissmässige Einfachheit der Umrisse erinnert hier an Alwise Vivarini, die Töne sind herabgestimmt, die Bindemittel harzig, die Farbenfläche getrübt.

Arbeiten für die Scuola di S. Giovanni Evangelista kam er mit Mansueti und Diana in Verbindung. Sein Bild von der „Verleihung der Reliquie", jetzt in der Akademie zu Venedig, welches er gegen Ende des Jahrhunderts dorthin geliefert hat, zeigt die Annäherung an Carpaccio und Mansueti[81], und es lässt sich ihm auf Grund dieser Arbeit Antheil an solchen bellinesken Schulbildern zusprechen, welche dem Stile des Mansueti ähneln ohne auf gleicher Höhe mit diesem selbst zu stehen.[82] Nach dieser Zeit scheint jedoch seine Thätigkeit sehr eingeschränkt gewesen zu sein; denn mit Ausnahme eines Bildes der Gallerie Correr[83] ist wenig auf uns gekommen, das auf ihn zurückzuführen wäre.[84]

Venedig, Akademie.

Venedig, Gall. Correr.

Ueber Giovanni Mansueti wissen wir fast noch weniger als über seinen Freund Lazzaro. Der charakteristische Unterschied zwischen beiden liegt darin, dass dieser die paduanische Kunstherkunft an der Stirne trägt, jener dagegen vollkommener

[81] Venedig. Akademie N. 550, Leinw., h. 3,17, br. 4,35; das Bild hat, vielleicht infolge von Beschädigungen und Ausbesserungen an Licht eingebüsst.

[82] Wir bemerken, dass N. 545 der Akademie (Wunderwirkung der Kreuzreliquie an Antonio Riccio), dem Lazzaro zugeschrieben, in Wahrheit dem Giov. Mansueti angehört; es ist eins aus dem für die Scuola di S. Giov. Evang. gemalten Cyklus.

[83] Venedig, Gallerie Correr N. 33: Verkündigung, Maria und Gabriel. knieend, oberhalb Gottvater, von welchem in einem Lichtstrahl die Taube und der Embryo Christi ausgeht, Umgebung Halle mit Marmorgetäfel und einigen Vögeln, Hintergrund Landschaft, bezeichnet: „LAZARVS BASTIAN", Holz, h. 0,70, br. 1,75; das Bild bezeichnet diejenige Entwicklungsstufe Lazzaro's, in welcher er bellineske und vivarineske Einflüsse verband, wie auf dem Bilde der Geburt Christi für S. Elena, der Ton ist stumpf, die Farbe undurchsichtig.

[84] Venedig, Akademie N. 553: Kreuzabnahme (ursprünglich in S. Severo), Leinw., h. 2,80, br. 1,52, aber gerade gemacht, hat das Aussehen eines Schulbildes. Padua, bei Sign. Pietro Aquaroli (Riviera Lavandaia N. 1602): der heilige Sebastian und ein Bischof (lebensgr. Fig.) unter Mantegna's Namen, von gilblichem Fleischton und sattem Auftrag, scharf geschnittenen Falten und sehr naturalistisch, erinnert an Liberale von Verona, aber auch an Lazzaro. — Von verlornen Bildern Lazzaro's sind aufzuführen: Venedig, S. Antonino: 2 kleine Gemälde darstellend die Heiligen Athanasius und Rochus (Boschini, R. Min. Sest. Castello 36), S. Salvatore: Augustin empfängt das Ordensgewand durch den Papst und gibt es seinen Mönchen (Boschini, R. Min. Sest. S. Marco 105, Sansovino, Ven. descr. 121); Carmine: Gnadenreiche Jungfrau und Rochus (Sansovino a. a. O. 262).

Venezianer ist. Auf seinem im J. 1494 für die Scuola di S. Giovanni Evangelista gemalten Bilde des Wunders der Kreuzreliquie gibt Mansueti zwei für uns wichtige Erklärungen auf einmal ab: einmal nämlich bezeugt er seinen Glauben an das Vorkommniss und andrerseits nennt er sich Schüler Bellini's; das Matrikularverzeichniss von S. Giovanni liefert noch einen weiteren Beitrag zu seinem Signalement, indem es ihn als „lahm" bezeichnet.[65]

Eine mässige Anzahl Bilder, die jedoch meist mit echter Bezeichnung versehen sind, geben den nöthigen Aufschluss über seine künstlerische Entwickelung. Auf einem figurenreichen dem Gentile Bellini ohne Berechtigung zugeschriebenen Bilde der Anbetung der Könige in der Gallerie zu Padua, offenbar einer frühen Arbeit, erscheint er noch steif und unfrei[66], dagegen zeigen die Darstellungen für S. Giovanni schon entwickeltere Kraft:

Mansueti stellt das Wunder, welches beim Leichenbegängniss eines Genossen der Brüderschaft dadurch geschah, dass die Reliquie in Folge der Ungläubigkeit des Verstorbenen plötzlich zu schwer wurde, um weitergetragen werden zu können, bis sie mit Hilfe eines herbeigeholten Kreuzes zum Weitergehen bewogen wurde, in einfacher Erzählung durch wohlgeordnete verständliche Gruppen dar. Der Hauptvorgang begibt sich im Mittelgrunde auf der Brücke von S. Leone, der Vordergrund ist links von zwei Gondeln mit Insassen, rechts von zuschauenden Personen erfüllt, das Ganze von zahlreichen Häusern umschlossen, die auf mannichfaltige Weise durch zuschauendes und in allerlei Hantirung begriffenes Volk belebt sind. Unter den Umstehenden links am Brückenpfad ein Mann, welcher die Mütze lüftet und einen Zettel in der Hand hält mit der Aufschrift: „Joannes de Mansuetis Veneti recte sentientium Bellini discipulus."[67] — In — Venedig. Akademie.

[65] s. bei Zanotto, Pin. Ven. Fasc. XXVIII und später.

[66] Padua, Gallerie N. 9 (658). Holz. Links unter einem Baume Maria mit Joseph und dem ältesten König, der das Kind verehrt, der Mittelgrund von dem Gefolge der Weisen erfüllt, in der Ferne Hügel mit den üblichen Nebengeschichten. Das Bild sieht älter aus, als es in Wahrheit ist, da es die Förmlichkeit und Symmetrie von Jacopo Bellini's Zeit beibehält, die Hauptgruppe hat etwas Mantegneskes, aber im Allgemeinen sind die Figuren steif und hager, die Pferde hölzern, die Gewänder stillos, die Behandlung roh, mit späteren Arbeiten Mansueti's übereinstimmend, der Farbenton stumpf bräunlich.

[67] Venedig, Akademie N. 548, Leinw., h. 3.18, br. 4.57. Die Figur mit dem Inschriftzettel gilt billig für das Bildniss des Malers und die Aufschrift wird darauf bezogen, dass er sich von der Zahl derjenigen ausnehmen wollte, welche jenem Wunder v. J. 1474 den Glauben versagten; diess soll der Ausdruck „recte

einem zweiten Bilde, welches jetzt irrthümlich unter Lazzaro Bastiani's Namen steht, erzählt er, der Angabe nach, die Beglückwünschung des Antonio Riccio, welcher Dank der Anrufung derselben Kreuzreliquie aus Schiffbruch gerettet worden war.[88]

Mansueti gibt hier die Einzelheiten der Oertlichkeit auf's treueste wieder und spiegelt hierin, sowie in allem Kostümlichen seine Zeit recht artig ab, wenn er dabei auch nicht eben viel Ursprünglichkeit an den Tag legt, sondern überall die Vorbilder Gentile's und Carpaccio's verbindet. Dieselben Züge wiederholen sich im Wesentlichen auf den für die Scuola di S. Marco gemalten Legendenstücken:

Venedig, Scuola S. Marco

Auf dem einen stellt er den Schuster Anianus von Alexandrien vor, wie er knieend, den Schuh auf dem Knie, seine durch einen Stich mit der Ahle verwundete Hand dem heil. Markus zeigt, welcher sie durch Segnung wieder heilt in Gegenwart zahlreichen Volks auf dem Marktplatze.[89] — Das andere enthält die Predigt des Markus vor zahlreicher Zuhörerschaft im Tempel zu Alexandrien; auf dem Marktplatz vor der Kirche ist Volk zu Fuss und Ross versammelt, Spielleute u. A. mit verschiedenem Gethier, darunter Hirsch und Leopard.[90]

Während auf dem ersten Bilde die Gestalten der Zuschauer noch die Gedrungenheit und die Ungelenkigkeit der früheren

---

sentientium" andeuten (vgl. Sansovino, Ven. descr. 284), wo jedoch irrthümlich 1374 angegeben ist. Das Bild ist an vielen Stellen übermalt, besonders in den Gewändern, der Gondolier, welcher dem Beschauer den Rücken weist, und eine Figur dicht neben ihm ist ganz neu (s. die Abbild. bei Zanotto, Pin. Ven. Fasc. XXVII).

[88] Venedig, Akademie N. 545, Leinw., h. 2,93, br. 3,60; jetzt unter Lazzaro's Namen, aber schon von Sansovino, Ven. descr. 284, richtig dem Mansueti zugetheilt. Ueberdiess sprechen Zanetti, Pitt. Ven. 43 und Ridolfi, Marav. I, 66 ausdrücklich von zwei Gemälden Mansueti's für S. Giovanni Evangelista; Boschini, R. Min. Sest. S. Polo 38 gibt es dem Lazzaro. Der Stil ist derselbe wie auf dem vorigen, wenn auch die Figuren eher etwas schlanker gehalten sind. Zanotto, Pin. Ven. Fasc. XLV gehört zu den Wenigen, welche der Angabe Boschini's folgen; er gibt ausserdem eine andere und vielleicht richtigere Deutung des Gegenstandes der Darstellung.

[89] Venedig, Akademie N. 538, Leinw., h. 3,65, br. 4,0. bezeichnet: „Joannes de Mansuetis fecit" und „B. Marcus Anianum Sanctum sancti (?)" (aus der Scuola di S. Marco, nicht aus S. Giov. Evang., wie der Katalog angibt), vgl. Vasari VI, 103, Sansovino, Ven. descr. 286 u. a.; der ursprüngliche Farbenton durch Nachbesserung verdüstert.

[90] Venedig, Akademie N. 540, Leinw., h. 3,65, br. 6,10: vorn ein Knabe mit dem Inschriftzettel: „Joannes de Mansuetis faciebat". Die Figuren sind kurz, wie auf den vorigen Bildern, das Blau der Gewänder sowie die Schatten nachgebessert.

haben und die Farbe, von trübem, zähem Ton die mangelhafte Nachahmung Gentile's, Carpaccio's und Cima's verräth, gehört das Seitenstück zu seinen besten Leistungen; selbst in dem trefflichen Gemälde der Taufe des Anianus (jetzt in der Brera zu Mailand)[91] kommt Mansueti dem Carpaccio nicht näher wie hier. Wie es bei Malern seines Schlages häufig vorkommt, wechselt er zuweilen die Art seines Formenvortrages. So erinnern die Gestalten der Glorie des Sebastian vom Jahre 1500 (jetzt in der Akad. zu Venedig)[92] vermöge ihrer Schlankheit an Alvise Vivarini, während er z. B. auf den ursprünglich zum Orgelschmuck in S. Giovanni Crisostomo gehörigen Heiligenbildnissen wieder zu seinen alten untersetzten Figuren zurückkehrt.[93] Er gefällt sich ferner darin, die seltsamen Einfälle Carpaccio's mit Uebertreibung nachzuahmen, wie er denn eine Darstellung der Geburt Christi in Verona mit Vögeln und allerhand sonstigem Gethier belebt[94],

Mailand, Brera.

Venedig, Akademie.

Verona, Gallerie.

---

[91] Brera, nicht im Katalog, Leinw., bezeichnet: „Joannes Mansuetis p." vgl. Zanetti, Pitt. Ven. N. 44. Der Vorgang ist in das Innere eines Hauses verlegt, die Farbenfläche ist grob und röthlich infolge alter Unbilden, die Figuren nicht so gut wie auf der Markuspredigt.

[92] Venedig, Akademie N. 584 (ehemals in S. Francesco zu Treviso): Sebastian mit oberhalb des Hauptes zusammengebundenen Händen, umgeben von Liberale, Gregor, Franciskus und Rochus, jeder in einer Nische stehend; auf Zettel am Pfeiler rechts: „Hoc enim Johañis de Mansuetis opus est 1500" (Holz, h. 1.97, br. 2,25); das Fleisch trüb und undurchsichtig, von bräunlichem Ton mit scharfen dunklen Schatten, die Umrisse derb, das Bindemittel hornig; die Haare der Heiligen sind mit kleinen Löckchen geziert; zu bemerken ist jedoch, dass das Bild gelitten hat; vgl. Federici, Mem. I, 229 und Ridolfi a. a. O. I, 68.

[93] Venedig, S. Giovanni Crisostomo: die Heiligen Chrysostomus, Onofrius, Andreas und Agathe unter Nischen, Leinw., jetzt in der 2. Kapelle links vom Chor, von Boschini, R. Min. Sest. Canar. 3, dem Vivarini zugeschrieben (vgl. oben unter den Vivarini); es sind kurze Figuren, welche die Stilmischung zwischen Carpaccio und Vivarini erkennen lassen, die Mansueti vertritt. Ebenda befinden sich 4 andere Stücke darst. die Heiligen Hieronymus, Chrysostomus, Jonas und Moses, dem Vivarini zugeschrieben (s. Boschini a. a. O.), aber bei ihrer jetzigen Aufstellung der genauen Betrachtung unzugänglich. — Hier mögen auch 3 kleine unbedeutende Leinwandbilder in S. Martino auf Murano erwähnt werden (Sposalizio, Geburt Christi mit Anbetung der Könige, und Flucht nach Aegypten), welche der Schule Bellini's zugetheilt worden sind (Selvatico. Guida di Ven. 286. Zanetti. Guida di Ven. 688). Sie sind zwar schadhaft und sehr beschmutzt, aber der Stil Mansueti's und seiner Schule ist noch kenntlich.

[94] Verona, Gall. N. 23, Zimmer II. (Geschenk des Grafen G. Pompei). h. 0.90, br. 1.40(?), bezeichnet: „Johannes de Mansuetis p." Joseph sitzt, Maria kniet zur Seite der Krippe vor der Hütte, in welcher 3 Engel auf Wolken stehen, hinter Maria die Hirten, neben Joseph ein sitzender Stifter, Hintergrund Landschaft mit dem Zug der Könige); die Figuren sind gedrungen und ärmlich, straff umrissen und eintönig gefärbt. — Ebenda N. 41 (Zimmer II.) ein Tafelbild mit Halbfiguren der Maria m. d. K. und dem büssenden Hieronymus, bezeich-

und verliert sich sogar in die straffe und mechanische Zeichnung des Umrisses, die wir bei den Veronesen Filippo oder Michele antreffen. Bei seiner feststehenden Methode, gelben Fleischlichtern dunkle Schatten entgegenzusetzen, gelangt er niemals zu Leuchtkraft und Einheit der Farbe. Mansueti's persönlicher Stil ist trotz seiner künstlerischen Schwäche ausgeprägt genug, um manche Bilder, welche verschiedenen Namen zugetheilt sind, als Arbeiten seiner Hand erkennen zu lassen; diess gilt u. a. von der für Parentino angesehenen Geburt Christi im Museum zu Berlin, Museum. Berlin[95], einem Bilde, welches trotz seiner harten Zeichnung und stumpfen Farbe doch in der ungewöhnlichen Zartheit der Gesichter einiges Verdienst hat; und das ebenda befindliche Brustbild Christi[96], welches demjenigen des Alvise Vivarini in der Brera ziemlich nahe steht, gibt uns das Recht, den Mansueti für manche zweifelhaften Arbeiten Giovanni Bellini's verantwortlich zu machen. Die letzte Periode der Thätigkeit Mansueti's vertreten: eine Pietà und Bergamo. ein Hieronymus in der Gall. Lochis-Carrara zu Bergamo[97] und Florenz. Christus im Tempel in den Uffizien zu Florenz.[98]

net: „Opus Johanis de Mansuetis" (von gleicher Herkunft), hat noch dürftigere Formgebung und eine Innenbezeichnung der Gesichtszüge, welche hölzern wirkt.

[95] N. 48, Holz, h. 3 F. 7½ Z., br. 4 F. 11¾ Z.; gewöhnliche Komposition.

[96] Berlin N. 1186, Holz, h. 1 F. 10 Z., br. 3 F. 6 Z., bezeichnet: „Joannes de Mansuetis pinxit"; das Antlitz steht weit unter den Christusbildern Bellini's oder Vivarini's, die Rechte ist segnend erhoben, die Linke liegt auf dem Buch, die Züge knochig und mit stark markirten Hebungen und Senkungen, das Haar gelockt und aufgebunden wie eine Perrücke. Dasselbe Kunstgepräge wiederholt sich an der Darbringung Christi im Tempel in Berlin N. 36 (Holz, h. 2 F. 4 Z., br. 3 F. 3½ Z.), welche unter Giov. Bellini steht.

[97] Pietà N. 224, Holz, h. 0,55, br. 0,89, bezeichnet: „IOANNES DE MANSVETIS FECIT". Maria hält sitzend den Leichnam im Schoosse, links Johannes, der das Haupt desselben stützt, Magdalena und eine alte Frau halten die Füsse, ausserdem ein Mann in morgenländischer Tracht; die Farben satt. — N. 220: Hieronymus knieend vor dem Kreuz in der Landschaft, welche reich mit allerlei Thieren bevölkert ist, bezeichnet: „IOANNES DE MANSVETIS. P. FACIEBAT" (Leinw., h. 0,11, br. 0,9), die Zeichnung ist mittelschlächtig, die Farbe eintönig, mit Anklang an Carpaccio. Eine Wiederholung dieses Stückes, nach der andern Seite gewendet, ebenfalls kleines Leinwandbild, bezeichnet: „Joannes de Mansuetis faciebat" besitzt die Sammlung Ajata zu Crespano, die Originalzeichnung zu beiden ist in der Sammlung Wellesley zu Oxford. Ueber das Bildniss unter Carpaccio's Namen, welches wahrscheinlich dem Mansueti angehört, s. oben Anm. 66.

[98] Florenz, Uff. Corridor N. 80 (aus der Sammlung Puccini in Pistoia),

Benedetto Diana wird uns nur als Genosse des Carpaccio und Mansueti bei den Arbeiten für S. Giovanni Evangelista und als Mitarbeiter des Lazzaro Bastiani an den Flaggen für den Markusplatz bekannt;[99] dorthin lieferte er eine Darstellung der Almosenspende (jetzt in der Akademie zu Venedig)[100], ein Bild, an welchem kein ursprünglicher Zug mehr erhalten ist. Sehr bezeichnend für Diana's Richtung und Begabung ist das aus S. Lucia zu Padua ebenfalls in die venezianische Sammlung gekommene Madonnenbild:

Maria sitzt auf marmornem Thron, das Kind auf dem Schooss, welches nach rechts hin blickt, wo die Heil. Justina und Magdalena in eigenthümlich phantastischer Tracht stehen; ihnen gegenüber Hieronymus und Benedikt, beide in das Buch vertieft; vor dem Thron ein Perlhuhn und auf Zettel die Inschrift: „BENEDICTVS DIANA PINXIT. D. Fiordelixe mogier che fo di Maistro Bartoli bochaler fato far questa op.“[101] Venedig. Akademie.

Man erkennt hier, dass Diana's erste Kunsteindrücke auf die Squarcionesken zurückgehen; seine Formbildung ist wuchtig und von unfeinerer Naturwahrheit als bei Carpaccio oder Man-

---

reiche Komposition mit orientalischen Figuren, bezeichnet: „Joannes de Mansuetis faciebat“, stark beschädigt. Von zweifelhaften Bildern nennen wir: Rovigo, Gallerie N. 141: Geburt Christi, angeblich von Carpaccio (s. oben Anm. 66), aber mehr im Stile Mansueti's oder Lazzaro's; Padua, Casa Ferd. Cavalli: Maria m. d. K., M. eine Frucht, Jesus aufrecht ihr Kleid haltend, kleine Fig., stark übermalt, an Mansueti erinnernd; Venedig, Gall. Correr N. 36: Hieronymus, ¹/₄ lebensgr., dem Basaiti zugetheilt, aber dem Mansueti näher stehend. — Vermisst werden folgende: Venedig, S. Canziano: Lucas mit andern Heiligen (Boschini, R. Min. Sest. Canar. 7, Ridolfi. Marav. I. 68); Gesuati (oder Crocichieri): Gefangennahme des heiligen Markus (Boschini, R. Min. Sest. Canar. 11). Kreuzigung (Sansovino. Ven. descr. 168). gleicher Gegenstand, ehemals in der Gallerie Manfrin, jetzt verschwunden (Zanotto, Guida di Ven. 346); ein Bild in S. Maffeo auf Mazzorbo mit der Inschrift: „Opus Johannis de Mansuetis disciputi Joannis Bellinus (?)“, (Zanotto, Pin. Ven. Fasc. XV); S. Giorgio Magg.: Brustbild des Apostels Petrus, Leinw. (Cicogna. Iscr. Ven. VI, 386. 388). — Von den Verf. nicht gesehen: Oldenburg, grossherzogl. Sammlung N. 66: Maria m. K. in Landschaft, umgeben von Hieronymus und Johannes d. T., Holz, h. 0,38, br. 0.61. bezeichnet, aus der Sammlung Castelbarco in Mailand.

[99] s. Cadorin bei Gualandi, Mem. Ser. III, 91.

[100] Venedig, Akademie N. 557, Leinw., h. 3.63, br. 1.43, die Scene ist auf eine Treppe verlegt, auf welcher verschiedene Figuren, darunter Frauen mit Kindern emporsteigen. Erwähnt bei Boschini, R. Min. Sest. S. Polo 37. 38 und bei andern als Werk des Bened. Diana.

[101] Venedig, Akademie N. 580, Holz, Oel, h. 0,97, br. 2,25 (Abbild. bei Zanotto. Pin. Ven. Fasc. XIII). Auffällig sind die Hände und der trüb braunsatt aufgetragene Farbenton.

sneti, die Gewandung ist bauschig und von dickem Stoff, der Geschmack ist unsicher, wie der Gegensatz der schwerfälligen Heiligenfiguren zu dem zierlichen Kinde beweist, der Vortrag ist satt und saftig wie bei Savoldo. Bei diesen Eigenthümlichkeiten kann es nicht verwundern, dass Diana's frühe Arbeiten unter die unbekannten Vertreter der paduanischen Schule gestellt worden sind, wie z. B. die Verklärung Christi in der Akademie zu Vene-
Venedig, Akademie. dig [102], dagegen ist schwer zu begreifen, wie man mehrere spätere Arbeiten mit Catena hat verwechseln können. Eine von diesen ist die Madonna mit Johannes und Hieronymus [103], eine Tempera von chocoladenbraunem Ton, mit Ueberfluss an grober Markirung und Uebertreibung im Umriss der Körperformen und der Gliedmaassen, kecker sorgloser Zeichnung, bruchigen Gewändern, einer derben Entschlossenheit der Charakteristik und hartem fettem Strich; trotz guter Anordnung ist die künstlerische Sprache ungeschlacht; das zweite ist gleichfalls eine Gruppe von Halbfiguren (Madonna mit Kind und Heiligen) ebendaselbst. [104]

Im Laufe seiner Studien in Venedig vertauschte Diana die Derbheit und Breite seiner Formgebung mit etwas mehr Schlankheit [105]; von dieser Wandlung gibt das Bild der Gürtelspende an
Crema, S. M. d. Croce. den heil. Thomas in S. M. della Croce zu Crema Zeugniss, aber

[102] Venedig, Akademie N. 377. Holz, Temp., halbrund, Fig. halblebensgr., h. 1,70, br. 2,65, Christus zwischen Moses und Elias vom Felsen emporschwebend, die Hand gezwungen, der Fuss breit wie bei Andrea da Murano, der Kopf dagegen recht gut.

[103] Venedig, Akademie N. 124 (unter Catena). Holz, Oel, h. 0,75, br. 0,93. Maria hält das nackte Kind, welches auf ihrem Knie stehend nach ihrem Mantel fasst, links Johannes, rechts Hieronymus, Hintergrund Berglandschaft und Städte. Bemerkenswerth die derben Gesichtszüge der Hauptfiguren und der verdrossene Ausdruck Maria's, die unfeinen Formen, die bruchige Gewandung, die schwülstigen Gesichtszüge des Johannes; die Farbe ist trotz des dicken Auftrages doch stumpf.

[104] Venedig, Akademie N. 385 (unter Catena, ehemals im Magistrato del Sale zu Venedig). Holz, Oel, h. 0,82, br. 1,25: Maria hält das Kind, welches mit einem Apfel beschäftigt in ihrem Schoosse liegt, links Hieronymus mit dem Buch, rechts Franciskus, Hintergrund ebenfalls bergige Landschaft. Der Typus Maria's ebenso wie auf dem vorigen Bilde, doch ein wenig feiner; beim Versuche zierlich zu werden, verfällt Diana hier in Missverhältnisse. Catena's Weise stellt sich ganz anders dar; die Erhaltung besser als bei N. 124.

[105] Das Bild, darst. Markus zwischen Franciskus, Georg, Michael und Dominikus, Leinw., Oel, Fig. halblebensgr., chem. im Magistr. della Milizia del Mar, jetzt im Magazin des Dogenpalastes, erwähnt bei Boschini, R. Min. Sest. S. Marco 53 und Zanetti, Pitt. Ven. 70 — ist durch Uebermalungen so verändert, dass über die Echtheit nichts mehr ausgesagt werden kann.

aller Anstrengungen ungeachtet verfeinern sich weder seine Physiognomien, noch schmeidigt sich die harte und kantige Umrisszeichnung oder die trockene ins Ziegelroth stechende Färbung, welche an Boccaccino erinnert.[106] Ein entschiedenes Hinderniss glücklicher Wirkungen lag bei ihm in dem mangelnden Geschmack für bauliche Staffage, wie denn das obengenannte Altarstück in dieser Beziehung durch Ungeschick und Schwerfälligkeit abstösst. Einheitlicher, wenn auch noch durch manchen nicht unvermeidlichen Fehler entstellt, ist sein Madonnenbild mit Hieronymus und Franciskus nebst Stifterfiguren im Palazzo Reale in Venedig[107], sowie ein zweites mit Augustin und Monica (chem. in der Servitenkirche) jetzt unter dem Namen Florigerio in Venedig.[108] Im Ganzen nimmt Diana nur eine niedrige Stufe in der venezianischen Kunstgeschichte ein, und wenn Bilder von ihm auch zuweilen mit bedeutenderen Namen verwechselt worden sind[109], so steht er in Wahrheit doch höchstens über Marco Marziale und anderen Malern vierter Classe, von denen nicht viel

Venedig. Pal. Reale.

Akademie.

---

[106] Crema, S. M. d. Croce, Maria in einer Glorie von Cherubim stehend hält den Gürtel, unterhalb die Apostel in Landschaft, auf Zettel bezeichnet: „Benedicte Diana p.". Holz, Oel. halblebensgrosse Fig. Auch hier erinnert Diana an Savoldo, wenn auch die Gottvaterfigur oberhalb etwas von Cima an sich hat. Vgl. über das Bild Anon. d. Morelli 54.

[107] Leinw., Oel, nicht frei von Uebermalungen; ursprünglich für die Zecca (Münze) gemalt, welche jetzt Palazzo Reale ist; die Figuren knochig und dünn, die Gewänder bruchig; das Bild erscheint als eine Mischung der Vivarini und Bellini, der braune Ton erinnert an Lazzaro's Behandlungsweise, die Farbe ist wie gewöhnlich von fettem Auftrag, aber besser verarbeitet als sonst. Es trägt das Wappen der Familie Cornaro am Throne der Jungfrau, und ein zweites jetzt vermisstes Madonnenbild, im Auftrag der Familie Cornaro für S. S. Apostoli in Venedig gemalt, beweist, dass Diana mit diesem Hause in Beziehung stand; Boschini, R. Min. Sest. Canar. 21 gibt als Gegenstand des letzteren Bildes Lucia zwischen 2 andern Heiligen an, Lanzi II, 106 und Ridolfi I, 55 (58) haben dasselbe noch gesehen.

[108] Venedig. Akademie N. 384. Holz, h. 1,80. br. 1,50, von Boschini. R. Min. Sest. Canar. 49, Sansovino, Ven. descr. 162 und Zanetti, Pitt. Ven. 71 (95) richtig als Diana aufgeführt, aber bei Zanotto, Pin. Ven. Fasc. 18 als Florigerio gestochen; diese Missbenennung ist vielleicht durch den silbergrauen Ton der Halbtöne des Fleisches, eine gewisse Sauberkeit der Formbezeichnung und durch die sorgfältigere Gewandbehandlung hervorgerufen worden, Abweichungen, die jedoch trotzdem die charakteristischen Züge Diana's nicht aufheben. Seltsam erscheint es, wie gleichzeitig das zugehörige Halbrund mit Gottvater in der Akademie zu Venedig unter N. 5 als Bissolo benannt werden konnte.

[109] Unter Cima's Namen, aber dem Diana entsprechend, ein kleines Bild im Besitz des Sign. B. Gera in Conegliano: Michael mit weit ausgebreiteten Flügeln in der Linken die Seelenwage, in der Rechten den Speer, mit welchem er den Drachen durchbohrt, auf dem er steht,

genauere Kunde auf uns gekommen ist. Zu denjenigen unter diesen, deren Arbeiten zu Grunde gegangen sind, gehört Lattanzio von Rimini, der 1495 in der Rathshalle angestellt war und gemeinschaftlich mit Mansueti neben Cima in der Kirche der Gesuati gearbeitet hat.[110]

Als Dürer aus Venedig an seine Freunde in Nürnberg schrieb, es gebe in Venedig Maler, welche seine Bilder in Kirchen oder wo sie sonst aufgestellt wären, nachahmten, so hat er ohne Zweifel unter andern auch den Marco Marziale im Sinne gehabt.[111] In den Jahrbüchern Venedigs und in den Ortsführern sucht man bis auf die Aeltesten zurück vergebens nach seinem Namen; dass er jedoch i. J. 1492 unter den Malern in der Halle des grossen Rathes im Dogenpalast mitbeschäftigt war, ist urkundlich bezeugt.[112] Von seinen Arbeiten ist sehr wenig auf uns gekommen; um die Ausbeutung Dürer's durch ihn zu erkennen, muss man sein im Conservatorio de' Penetenti zu S. Giobbe in Venedig befindliches Bild der Beschneidung v. J. 1499 kennen, welches klar macht, dass kaum ein zweiter venezianischer Maler in gleichem Maasse wie er darauf angelegt war, Einwirkung durch deutsche Kunst zu erfahren:

Venedig. S. Giobbe. Maria sitzt inmitten des Bildes mit dem Kinde auf dem Schooss, links Joseph mit den Opfertauben und eine weibliche Figur, rechts

---

im Hintergrund Ansicht von Conegliano (Holz, Oel, h. 0,73, br. 0,90, beschädigt), von stumpfem Ton, etwas weniger altfränkisch als gewöhnliche Arbeiten des Malers, die Figur schlank. — Vermisst werden: Venedig, S. Stae: Maria m. K. thronend zwischen Markus, Hieronymus, Andreas und Ludwig (Boschini, R. M. S. d. Croce 15); S. Francesco della Vigna: Joh. d. Evang. zwischen 2 Heiligen (Vasari VI, 104 und Sansovino, Ven. descr. 52); Carmine: Lukas zwischen Petrus und Paulus mit Maria und dem Kinde, welches die Weltkugel hält (Boschini, R. Min. Sest. D. Duro 44, Sansovino 262, Ridolfi I, 55); Scuola d. Carità: Maria m. K. und mehreren Mönchen (Boschini, R. M. D. Duro 36); Scuola di S. Marco: Noah's Arche, von Diana unvollendet gelassen (Sansovino 286).

[110] Lattanzio bekam für die Arbeit im Dogenpalaste erst 40, dann 48 Dukaten Jahrgeld (s. Gaye, Cart. II, 71); in der Kirche de' Cruciferi oder Gesuati hatte er i. J. 1499 eine Darstellung der Markuspredigt gemalt (Boschini, R. M. Sest. Canar. 11, Sansovino, Ven. descr. 169 und Ridolfi I, 202).

[111] Dürer an Pirkheimer, vgl. oben unter Giov. Bellini.

[112] Gaye, Cart. II, 71.

Simeon, hinter welchem zwei Frauen und ein Mann stehen; auf dem Zettel die Inschrift: „Pinxit opus Marcus Marcialis venetus anno MCCCCLXXXXVIIII.“[113]

Die Anordnung der Gruppe weicht nicht sehr von den in der venezianischen Schule dieser Zeit geläufigen Darstellungen solcher Gegenstände ab, aber die Figuren sind erstaunlich hart und über der Mühe der Ausführung ist dem Maler die Empfindung ausgetrocknet, wie man dies auch anderwärts bei Zeitgenossen findet, welchen der Oelgebrauch zu grosse Schwierigkeiten verursachte. Im J. 1500 finden wir den Marziale in Cremona. Hier malte er für den Patrizier Raimondi eine zweite, jetzt der Nationalgallerie zu London angehörige Darstellung im Tempel, welche eine seltsame Stilmischung zeigt. Die fünfzehn Figuren des Bildes scheinen dem Charakter nach theils von dem Ferraresen Cossa, theils von venezianischen Vorbildern wie Carpaccio und Cima entlehnt:

Der Vorgang ist in eine Kapelle mit einer in Mosaik ausgezierten Kuppel verlegt, die Haupthandlung geht an dem Altar vor sich, während die Zuschauer im Vordergrund gruppirt sind. Inschrift: „MARCVS MARTIALIS VENETVS jussu M^ci. Equitis et jurcon D. Thome R. opus hoc P. an. M^o. CCCCC^o.“[114] London. Nat.-Gall.

Gibt diese Arbeit auch vom Kunstvermögen Marziale's keinen hohen Begriff, so bekundet sie doch einigen Sinn für würdevollen Ernst der Auffassung. Von gleichem Stile, jedoch mit einem Zuge der Heiterkeit, welche die halbumbrischen Bilder des Verlas von Vicenza kennzeichnet, ist ein Madonnenbild mit Stifter-

[113] Lanzi II, 107 liest die Ziffer irrthümlich 1488. Das Haar Josephs ist in straffe Parallellocken getheilt, die Figur des Simeon und die Hand des Heiligen zu äusserst rechts übermalt. — Von gleichem Stil, aber besser als das in S. Giobbe, sehr sauber gezeichnet und von olivenbraunem Ton ist das Bild N. 49 des Berliner Museums: Maria m. K., umgeben von einem Bischof, Georg und 2 Anderen, Hintergr. Zimmer und Aussicht ins Freie (Holz, h. 2 F. 10 Z., br. 2 F. 2 Z., mit der räthselhaften Inschrift (oder den Ueberresten einer solchen): „... petzus, mazas pinxit.“

[114] London, Nationalgallerie N. 803, Leinw., Temp., h. 7 F. 4 Z., br. 6 F. 5 Z., ursprünglich auf dem Hochaltar zu S. Silvestro in Cremona, später in der Sammlung Piccnardi und im Besitz des Sign. Baslini in Mailand; vgl. Anton Maria Panni, Distinto rapporto delle dipinture etc. Cremona 1762 S. 145.

Bergamo. figur aus d. J. 1504 in der Gallerie zu Bergamo.[115] Aus d. J. 1506 haben wir sodann eine Darstellung des Mahles in Emmaus:

Venedig, Akademie. In engem niedrigem Zimmer, welches mit Teppichen verhangen ist, sitzt Christus an einem Tische, links der jüngere Pilger in langem Haar und Bart, das Messer in der Hand, im Essen innehaltend, rechts der Aeltere mit deutender Geberde; neben Christus steht auf einer Seite der Wirth, der die Kappe gelüftet hat, auf der andern ein Mohr in arabischer Tracht mit dem Turban auf dem Kopfe; am Tischbein ein Zettel mit der Inschrift: „Marcus marcialis venetus 1506“[116]

Erweist sich Marziale hier in der allgemeinen Auffassung durchaus italienisch und zwar als ziemlich sklavischer Nachahmer Carpaccio's, so ist doch eine Nachwirkung deutscher Eindrücke immer unverkennbar; wir finden diess in dem schwerfälligen viereckigen Christuskopfe und in den hölzernen gerafften Gewandfalten, wie auch in den Typen der Pilger ausgesprochen, von denen der jüngere eine derbe slovakenartige Figur, der andere ein verkümmerter Philister, in manchem Betracht an Lukas Cranach erinnert. Bei weitem stärker aber tritt das deutsche Gepräge an der in Berlin befindlichen Wiederholung des Gegenstandes aus dem Jahre 1507 hervor, bei welcher die Scene in eine Weinlaube mit landschaftlichem Hintergrund verlegt ist.[117] Sehr nahe, aber mit mehr umbrischen als deutschen Zügen steht die Madonna mit Kind und Heiligen aus demselben Jahre in der Nationalgallerie zu London, eine Gruppe hölzerner, mangelhaft gezeichneter und trüb gefärbter Figuren.[118] Späterhin verfiel Marziale in

Berlin, Museum.

London, Nat.-Gall.

---

[115] Bergamo, Gallerie Lochis-Carrara, Holz, Oel, h. 0,66, br. 0.51. Halbfig., rechts der knieende Stifter, Brustbild, bezeichnet: „MARCVS MARTIALIS VENETVS PINGEBAT MDIIII; der blaue Mantel Maria's neu.

[116] Venedig, Akademie N. 96, Holz, h. 1,18, br. 1.40; auffällig die Trockenheit und Härte der Gewandfalten und die dicke Farbensubstanz der Schatten.

[117] Berlin, Museum N. 1, Holz, h. 3 F. 9½ Z., br. 4 F. 6¾ Z. (aus der Sammlung Solly), bezeichnet: „Marcus Ma . . . i Venetus p. M.D.VII.“; Waagen's Katalog gibt irrthümlich „Marco Marconi“ an, ein Name, der unsres Wissens weder in der Kunstgeschichte Venedigs noch sonstwo vorkommt.

[118] London, Nationalgallerie N. 804, Maria thronend, umgeben von den Heiligen Gallus, Joh. d. T., Andreas und Jakobus von Compostella, auf Zettel die Inschr.: „MARCVS . MARCIALIS VENETVS p . M . D . VII.“ (Holz, h. 7 F. 2½ Z., br. 4 F. 7½ Z.), ehemals in der Kirche S. Gallo zu Cremona, dann in den Sammlungen Piccnardi und Baslini; die Köpfe sind in perugineskem Charakter gehalten, in der Weise des Verlas in Schio, das Kind jedoch ist bellinesk.

eine Trivialität, die vielleicht niemals wieder übertroffen worden ist; zu seinem Glück hat sich aus dieser Periode nur ein Beispiel erhalten: Christus mit der Ehebrecherin, ein Bild, welches früher im Hospital in Borgo S. Donnino bei Parma aufbewahrt war.[119] Wien.

Als Vorbild Marziale's auf dieser Stufe seiner malerischen Thätigkeit erscheint ein Mann von nordischer Kunstbildung: Nicolaus de Barbaris. Seine Komposition der Begegnung Christi mit der Ehebrecherin (im Palast Alvise Mocenigo in Venedig) entspricht der ebenerwähnten des Marziale durchaus, es ist ein Bild, welches an Härte der Farbengebung, an Inhaltlosigkeit und Hässlichkeit der Physiognomien und an steifer Gewandbehandlung kaum seines Gleichen findet.[120] Dass Niccolò dasselbe in Venedig, und wenn nicht für die Mocenigo selbst, dann für eine andere italienische Familie gemalt habe, ist ebenso wahrscheinlich wie seine Gemeinschaft mit Marziale; aber an der Namensbezeichnung auf dem Bilde ist eine Zuthat zu beachten. Der Bezeichnung: „Nicholaus de barbaris fecit“ ist ein Monogramm (Merkurstab) beigefügt, welches in vervollkommneter Gestalt als Signatur des Jacopo de Barbaris vorkommt, eines Zunftgenossen, über welchen die deutsche Kritik sich sehr eingehend ergangen hat.[121] Als

Venedig, Palast Mocenigo.

---

[119] Christus zwischen dem mit gebundenen Händen vor ihn geführten Weibe und dem Priester, der auf die Gesetztafel weist, ausserdem noch 5 Figuren; oberhalb ein aufgehängtes Täfelchen mit der Aufschrift: „Quis sine peccato est vestrum primum in illam lapidem ...“ und am Gürtel der Ehebrecherin bezeichnet: „MARCHVS .. RCIALIS V. F.“ (Halbfig., Leinw., h. 1,30. br. 1,65); eine Zeit lang im Besitz des Sign. F. Discart in Modena, jetzt bei Herrn H. Engländer in Wien (ausgestellt 1873 im östr. Museum). Die Gesichter abschreckend gemein, die Formgebung hölzern, die Gewänder bruchig, das Fleisch von stumpf olivengrünem Ton, die Umrisse jedoch recht scharf. — Hier sind noch zu erwähnen: in Mainz, Stadtgallerie N. 142, jugendl. männl. Brustbild in rothem Wams und schwarzer Mütze, Hintergr. Landschaft; Holz, auf der Rückseite die Inschrift: „MCCC ... XXXX .. die primo mensis Augusti M. M. f.“ Das Bild hat etwas von dem zwischen Cima und den Lombarden schwankenden Charakter, die Schlussbuchstaben der Inschrift scheinen auf Marco Marziale zu deuten. Ferner: Christus am Kreuz zwischen den Schächern, ehemals in der Sammlung Castelbarco in Mailand, verkauft in Paris 1870.

[120] Venedig, Pal. A. Mocenigo a S. Samuele, Holz. Anzuschliessen ist ein stilgleiches Stück: Maria m. K. in Landschaft, umgeben von Hieronymus, Katharina und einer dritten Heiligenfigur in der Gallerie zu Padua N. 481 (früher im Besitz der Familie Capodilista), Holz; die fremdartige Erscheinung der Gestalten und die Annäherung an bellineske Charaktere lassen uns den Niccolò de' Barbari als den Urheber erscheinen; die Gesammtstimmung der Farbe ist gedämpft, stumpf und unrein, der Auftrag dick und hart, jedoch bleibt dabei die Durchbildung der einzelnen Theile sehr genau.

[121] vgl. Bartsch, Peintre graveur III,

ein Beweis für die Reiselust der Künstler jener Zeit darf es gelten, dass der einzige urkundliche Nachweis über Niccolò Barbari's Existenz der Vermerk über eine Zahlung ist, welche derselbe i. J. 1516 im Kloster zu Montecassino erhalten hat.[122]

Jacopo de Barbaris, dessen Namensinschrift und Zeichen (der Merkurstab) auf einer Tafel aus d. J. 1504 in der Gallerie zu Augsburg und auf dem Christusbilde im Museum zu Weimar erscheinen, ist ohne Zweifel derselbe Mann wie „Jacopo de Barberino Veneziano", von welchem der Anonymus des Morelli berichtet, er sei nach Deutschland und Burgund gegangen und habe die dortige Malweise angenommen.[123] Dieser Jacopo war Genosse des Mabuse im Dienst des Bischofs von Utrecht, Johann von Burgund[124], und zeichnete sich als Maler und Kupferstecher aus.[125] Ob er wiederum mit Jacometto von Venedig zusammenfällt, dessen Arbeiten der Anonymus des Morelli sorgfältig scheidet[126], von dem aber sonst nichts erhalten scheint, muss dahin gestellt bleiben; mehr Wahrscheinlichkeit hat die Annahme, dass er mit dem in Dürer's Briefen vorkommenden „Jacob Walch" identisch sei.[127] In einem Entwurf zum Vorwort seiner an Pirkheimer gerichteten Widmung der Proportionslehre bezeichnet Dürer den Jacobus von Venedig als denjenigen Maler, der ihm in seiner Jugend bedeutende Winke über Figurenmessungen gegeben habe[128], während er in einem Briefe an Pirkheimer sich

134. Passavant. Peint. grav. und Harzen (Naumanns Archiv 1855, 210), ferner H. Grimm. K. u. Kunstw. I, 142 ff.

[122] s. Caravita, Codici e Arti a Monte Cassino III, 16: Lib. de Salariati „1516 Mo. Nicolao de Barbari de Venetia pintore 21. Julii per compimento della sua opera."

[123] Anon. d. Mor. 77.

[124] s. Script. rer. Germanicarum, Frankfurt 1611.

[125] Bezügl. seiner Stiche vgl. die in Anm. 121 genannten Gewährsmänner.

[126] Anon. S. 18. 19. 61. 70. 73. 74. 75. 81.

[127] vgl. Campe, Reliquien S. 13 und M. Thausing, Dürer's Briefe.

[128] s. das von A. v. Zahn im Jahrb. f. Kunstw. I, 14 aus dem Dürer'schen Concept auf der kgl. Bibliothek zu Dresden mitgetheilte, im Druck der Proportionslehre weggebliebene Stück: „. . . so ich keinen find, der so etwas beschriben hatt von menschlicher mas zw machen dann einen man Jacobus genennt, von venedig geporn, ein liblicher maler, der wies mir man ud weib, dy er aws der mas gemacht hat v. das ich awff dyse zeit libr sehen wolt, was sein mainung wer gewest dan ein new kunigreich, u. wenn ichs hatt so wollt Ich Ims zw eren in trug (Druck) bringen, gemeinen nutz zw gut, aber ich was zw derselben zeit noch jung u. hat nie fan solchem ding gehört, u. die Kunst ward mir fast liber u. s. w."

dahin ausspricht, es gebe weit bessere Leute in Venedig als Meister Jacob, was auch die Meinung der Venezianer selbst sei, und wäre Jacob ein so bedeutender Meister, so würde er wohl zu Hause geblieben sein.[129] Ist aber Walch und Barbari ein und derselbe Maler, so verstehen wir das Urtheil der venezianischen Freunde Dürer's durchaus. Die Bemerkung des Anonymus über die Anlehnung Jacopo's an die deutsche Manier leidet allerdings auf die in Deutschland von ihm vorhandenen Arbeiten Anwendung. Das augsburger Bild, welches ein Stillleben zum Gegenstande hat (ein Rebhuhn, zwei Armschienen, ein paar Handschuhe und einen Pfeil zusammen aufgehangen) mit der Aufschrift: „Jac$^{o.}$ de Barbari p. 1504"[130] bildet den Deckel zu einem Gemälde von anderer Hand und ist mit flandrischer Sauberkeit ausgeführt; der Christuskopf im Museum zu Weimar (bez.: IA— D. B., dazwischen der Merkurstab)[131] zeigt das Antlitz in voller Vorderansicht, von langem blonden Haar und Bart und dreistrahligem Nimbus umschlossen und nähert sich trotz starker Beschädigung durch Abreibungen und Retouchen doch dem deutschen oder flämischen Typus; es ist in Haar und Gewandung sehr fein durchgeführt, von schwachem, rosigem Tone, der in den Halbtönen mit höchst feinen Linien aufgestrichelt ist; von venezianischer Kunst hat es nichts mehr an sich. Aber das sind nicht die einzigen Beispiele von Jacopo's Kunstweise, es gibt noch andere in Paris, in Regensburg u. a., endlich einige frühere unter fremden Namen im Museum zu Dresden:

Augsburg. Museum.

Weimar. Museum.

In Regensburg (ehemals) Samml. des Rathes Kretz: ein alter Mann, der ein Mädchen liebkost, bez.: „IA. DA BARBARI MDIII und

[129] s. Campe, Reliquien 13 und Thausing a. a. O.

[130] vgl. H. Grimm, K. u. Kunstw. I, 146 und Mündler, Zeitschr. f. bild. Kunst IV, 162.

[131] Holz, Oel, h. 0,31, br. 0,25; lackrothes Untergewand, blauer Mantel, dunkler Hintergr., die Umrisse des Kopfes durchgehends übergangen, ebenso die Haarpartien, ausgenommen an der rechten Schulter, wo die alte Farbenfläche bewahrt ist: die Augen sind nachgebessert, sodass man die alte Gestalt derselben noch unter der Uebermalung erkennt. Das Bild war früher in der Sammlung Praun und Frauenholz in Nürnberg (s. Descr. du Cabinet Praun von C. Th. de Murr, Nürnberg 1797 S. 5. N. 26 und Brulliot, I. 429). An der Inschrift ist die zweite Hälfte neu. Eine Wiederholung mit gleicher Inschrift, auf schwarzem Grunde, jedoch

dem Schlangenstab". — Ebenda ehem. Sammlung Krenner (später an Otto Mündler verkauft): eine Mandoline in halboffenem Futteral auf einen Tisch gestellt, unter dem Instrument ein halb volles Weinglas, vorn eine Schmeissfliege.

Turin, ehemal. Samml. Castellani-Harach (1859 verkauft): ein Falke auf einem mit Kreide grundirten Brettchen.[132]

Wörlitz bei Dessau, N. 1409: kleine interessante Darstellung der Kreuzigung, wohl dem Jacopo de Barbaris zuzuschreiben, da das Bild eine eigenthümliche Verbindung früh-venezianischen Charakters mit flandrischer Sauberkeit der Durchführung in den miniaturhaften Figuren zeigt.

Dresden, N. 1802: Christus segnend mit kleinem Kreuz in der Hand.[133] — N. 1803: heilige Katharina.[134] — N. 1804: heil. Barbara mit dem Thurm.[135]

Jacopo de Barbaris scheint noch einige Jahre nach 1504 gelebt zu haben. Seinen Tod bestätigen die Inventare der Sammlung der Margaretha von Oesterreich in Mecheln aus d. J. 1516 und 1523; die Weise, in welcher dort seiner Erwähnung geschieht, lässt annehmen, dass er zu den Hofmalern der Regentin der Niederlande gehört hat.[136]

---

stark nachgebessert (Holz, h. 0,33, br. 0,25), befindet sich in Wien bei Herrn Fr. Lippmann (ausgestellt 1873 im östr. Museum)

[132] Die Beschreibung dieser Bilder gibt Mündler, Zeitschr. f. b. K. IV, 163.

[133] Holz, Leinw., h. 0,59, br. 0,47.

[134] Holz, Leinw., h. 0,505, br. 0,30.

[135] Leinw., h. 0,425, br. 0,27; sämmtliche 3 Stücke früher unter Lukas von Leyden verzeichnet, jetzt unter Jacopo. — Vom Besitzer eines mit der Signatur des Jacopo de Barbaris versehenen Bildes in Paris wird vermuthet, dass dieser auch Urheber des vom Anonymus des Morelli S. 74 dem Van Eyck oder Jacometto oder Memling zugeschriebenen Bildes (Hieronymus in seiner Zelle) sei, welches sich jetzt in der Sammlung Baring in London befindet. Wenn diess der Fall ist, so ginge daraus hervor, dass der Maler zu bestimmter Zeit in einer Weise gearbeitet hat, welche von der in Weimar und anderwärts vertretenen abweicht.

[136] Die Inventare besagen: 1. Bild des heiligen Antonius auf Leinwand von der Hand des „Mestre Jacques [de Barbaris]". — 2. Portrait von Madame (Margarethe v. Oesterreich) von „feu maistre Jacques [de Barbaris]." — 3. Vortreffliches Bild eines Mannes, mit Hirschkopf etc. und eine Armbrust, gemalt von der Hand des „feu maistre Jacques de Barbaris". — 4. Kruzifix, zum vorigen gehörig, gemalt von der Hand des Maistre Jacques; am Fusse des Kreuzes zwei Schädel und ein Pferdekopf (s. Le Glay, Inventaire de Marguerite d'Autriche 1516, De Laborde, Inventaire de Marguerite d'Autriche fait et conclus en la ville d'Anvers le XVII avril MXV^cXXIII — in Revue archéol., Paris). Diese Bilder sah und bewunderte Dürer auf seiner Reise in den Niederlanden (s. Campe, Reliquien 135).

ELFTES CAPITEL.

Cima da Conegliano und Vincenzo Catena.

Giovanni Battista mit dem Beinamen „Cima" wird unter den Zeitgenossen schlechtweg „il Conegliano" genannt nach der anmuthigen am Ufer der Livenza gelegenen Stadt im Friaul, in welcher er lange gewohnt hat. Er wanderte nach Venedig, um Lehrer und Aufträge zu suchen, und erwarb sich wohlverdienten Ruhm auf dem Gebiete kirchlicher Malerei. Wie fast alle Nachbarn der Gebirge hing er mit grosser Liebe an seiner Heimath und war so stolz auf sie, dass er selten eine Gelegenheit vorübergehen liess, auf seinen Bildern das herrliche Gebirge blicken zu lassen, in dessen Thälern er seine Jugend zugebracht hatte. Diese Eigenheit ist Anlass gewesen, dass er seit dem 17. Jahrhundert schlechthin als „der Maler aus den Bergen" (Cima da Conegliano) bezeichnet wurde.[1]

Es ist jedoch nicht unwahrscheinlich, dass Cima vor seiner Niederlassung in Conegliano in Udine gewohnt hat und nach Venedig gegangen sei, um bei Alvise Vivarini zu arbeiten. Von diesem Verhältniss zeugt das im Louvre befindliche Jugendbild einer Madonna mit Kind, welches zwar starke Unbilden erfahren

---

[1] Er nennt sich selbst „Coneglianensis" auf seinen Bildern; Vasari, der Anonymus des Morelli und Sansovino kennen ihn als Giov. Battista da Conegliano; Boschini, R. Min. Pref. S. 9 gehört zu den ersten, welche den Beinamen Cima gebrauchen: „è stato egli ancora pittore appunto di Cima, come si suol dire", mit Anspielung auf den Kunstrang.

hat, aber doch zu der Inschrift stimmt, in welcher der Maler Udine als seine Heimath und den Vivarini als seinen Lehrer nennt.[2] Es ist eine noch ziemlich schwache Schülerarbeit, welche den nachmaligen Kunstrang ihres Urhebers kaum ahnen lässt. Bis zum Ende des Jahrhunderts bleibt Cima unter dem Einflusse der alten Schule. Sein Bild von 1489 in Vicenza zeigt ihn noch gänzlich in der Temperatechnik befangen:

Paris, Louvre.

Vicenza, Gallerie.

Unter reizender Weinlaube, über deren Seitenwände Lorbeer herausschaut, sitzt Maria auf marmornem Thron, die Linke auf das Buch gestützt, mit der Rechten den Knaben umfassend, welcher nackt auf ihrem Knie steht und die Hand zum Segnen erhebt; links steht Jakobus in sein Buch vertieft, rechts Hieronymus in reicher Gewandung; auf Zettel an der Thronstufe bez.: „Joannes Baptista de conegliano fecit. 1489. adi. p^o. Mago.[3]

Anmuthige Figurenverhältnisse, schöner sicherer Umriss und verständige, wenn auch etwas eckige Gewandung machen das Werk, welches wie alle Malereien Cima's vom ernstesten Gemüthsausdruck durchdrungen ist, höchst anziehend. Cima ordnet seine Farbenkompositionen nach wohlverstandenen Gesetzen malerischer Einheit und sein technischer Vortrag entfaltet namentlich in der Sauberkeit der Durchführung die Reize, deren die Tempera überhaupt fähig ist; aber wenn seine Arbeit auch an die Venezianer anklingt, trifft doch der Kunstcharakter nicht durchaus mit dem des Giovanni Bellini zusammen. In Venedig begriff Cima alsbald die Nothwendigkeit, sich mit den Geheimnissen des Oeles vertraut zu machen und als er von den Mönchen der Madonna dell' Orto den Auftrag erhielt, die Verherrlichung des Täufers zu malen, wendete er das neue Bindemittel an:

Venedig, Akademie.

Johannes steht auf erhabenem Postament in der Oeffnung einer runden Arkade, zu seiner Seite die Heil. Petrus, Markus, Hieronymus und Paulus.[1]

[2] Paris, Louvre, Mus. Napol. III. N. 187. Holz, h. 0,54, br. 0,40, bezeichnet: „Joh͞s Bap. d'Otino p. d[is]ciplus Aloysii Vivarinij": das Bild ist durch Uebermalung entstellt.

[3] Vicenza, ehem. in S. Bartolommeo (s. Mosca, Guida di V. 7), jetzt in der Stadtgallerie; Temp., Leinw., Fig. ³/₄ lebensgr.; die Inschrift frisch übermalt; die Farbenfläche des Kindeskörpers und der rothen Tunika Maria's ist an mehreren Stellen abgescheuert.

[1] Venedig, Akademie N. 74 (bei allen venezianischen Ortsbeschreibungen in der

Auch hier ist den Figuren nicht eben viel mehr als gute Verhältnissmässigkeit nachzurühmen; ihre herbe Bildung erinnert an die Trockenheit und Eckigkeit der Friulaner, wie andrerseits der mit zerstörten Gebäuden ausgestattete Hintergrund ebenfalls häufig bei den Meistern des nördlichen Hügellandes, den Pellegrino da S. Daniele und Pordenone wiederkehrt. Die Technik ist noch unvollkommen, die Schattirung in trübem Oliventon gibt dem Ganzen, dem es überhaupt noch sehr an der Verschmelzung fehlt, ein düsteres Gepräge.

Die Pietà in der Akademie zu Venedig[5] (Nikodemus den Leichnam haltend, während Maria und Johannes die Arme fassen und die beiden andern Marien aufschauen) wird vor 1492 entstanden sein. Das Bild zeigt männlichere Formgebung und freiere Bewegung des Nackten, verbunden mit geistvollerer Anordnung und kräftigerem Oelvortrag, als er auf früheren Bildern vorkommt. Die Schnelligkeit in der Entfaltung von Cima's Talent wird am besten durch zwei Gemälde der nächsten Zeit, das grosse Altarstück von 1492 im Dom zu Conegliano und die Taufe Christi von 1494 in S. Giovanni in Bragora veranschaulicht: Venedig, Akademie.

Das Altarbild im Dom S. Leonardo zu Conegliano zeigt innerhalb einer reichdekorirten Apsis mit oberem Fensterkranz und den Mosaikbildern des Lukas und Johannes in den Zwickeln der Wölbung den marmornen Thron, auf welchem Maria sitzt; sie schaut träumerisch vor sich hin, während sie mit der Linken das nackte Kind umfasst, welches sitzend sich mit beiden Händen an den Finger der Mutter anhält und mit etwas müdem Ausdruck nach links schaut; auf dieser Seite stehen Johannes d. T. betend, Nikolaus im Bischofsornat zurückschauend, Katharina von Alexandrien in reichem königlichen Schmuck die Palme haltend und auf das Rad gestützt mit emporgewandtem Blicke; gegenüber rechts Apollonia in der Rechten die Zange mit dem Zahn haltend, Joseph (?) mit einem kleinen Kreuz, auf das er blickt, und Petrus (?) im Buche lesend; an der Thronstufe zwei Engelknaben, welche singen und musiciren, zwischen ihnen der Zettel mit der sehr schadhaften Inschrift.[6] Conegliano, Dom.

Kirche der Madonna dell' Orto aufgeführt). Holz. Oel. h. 3.05. br. 2.05.

[5] Venedig. Akademie N. 429 (aus der Sammlung Renier). Holz. Oel. h. 0,70. br. 1,13. Halbfig.. am Steingrabmal bezeichnet: „Ioannis baptiste Coneglianensis. opus.“; die Fleischtöne noch trüb und die Schatten stark aufgesetzt.

[6] Das Bild befindet sich an der Wand links vom Hochaltar. Holz. Oel. oben

16*

Venedig, S. Giov. in Br.

Venedig, S. Giovanni in Bragora: Taufe Christi; Christus steht nur mit dem Schurz umgürtet, die Hände auf die Brust gelegt, mit dem Ausdruck stiller Ergebung im Flusse, rechts Johannes, im Gegensatz zu dem blühenden Körper Christi ein hagerer braungebrannter Mann, in der Linken den Stab, mit der Rechten die Schaale auf den Heiland ausgiessend; am andern Ufer links drei aufwartende Engel mit den Gewändern; in den Lüften die Taube und leichtes Gewölk mit theils rothen, theils grünen, theils lebensfarbigen Cherubim und Engeln; Hintergrund felsiges Ufer mit einer Burg und Dolomitalpen.[7]

Hielt sich Cima i. J. 1489 noch an heimische Ueberlieferungen, so entfaltet er jetzt immer entschiedener venezianischen Geschmack. Im Hintergrunde des Bildes in Conegliano entnimmt er Bauformen und Ornamente den Mustern der gewölbten Kapellen in S. Marco, Maria's Kopfform hat die Regelmässigkeit bellinesker Typen und die reizenden Engelfiguren am Throne sind echte Geschwister der musicirenden Knaben des grossen venezianischen Meisters. Wenn indess Alter und Unbilden diese Tafel ihres ursprünglichen Farbenreizes entkleidet haben, so gibt dafür das Bild der Taufe Christi einigen Ersatz, welches, ungeachtet der Abreibungen, doch einen herrlichen bräunlich glühenden Ge-

---

rund, h. 3,26, br. 2,0. Fig. fast lebensgross, an zwei Stellen zersprungen, die Farbe stark abgeblockert; von der Inschrift erkennt man noch: „Clarissim. ac equestri ordinis uiri franzisci quadz ij. duch an .... hic auspicis Joannis ...... fra . c ...... MCCCC ...“ Federici, Mem. Trevigiane gibt als Jahr 1493, jedoch die Herausgeber des Vasari VI, 118. 119. die Zahl 1492; sie bringen Notizen aus dem Domarchive bei, wonach Cima 416 Lire 12 Soldi venezian. W. als Preis dafür erhielt. Der emporblickende Engel rechts entspricht ziemlich genau demjenigen auf Giov. Bellini's Altarbilde in S. Giov. e Paolo, der Kopf der Katharina ist beschädigt, die Schatten sind durchweg übermalt.

[7] Holz, Oel, oben rund, Fig. lebensgr.: laut der Urkunde in S. Giov. in Bragora i. J. 1494 gemalt (s. Mem. sulla chiesa di S. Giov. in Br. S. 27); ein Zettel zu Füssen des Johannes hat die Inschrift enthalten, ist aber jetzt unlesbar; die Farbenfläche an mehreren Stellen, besonders im Vordergrund rechts, stark abgerieben. Eine Wiederholung des Bildes, mit Paulus, Jakobus, Augustin und Hieronymus als Zuthat, befand sich in der Chiesa della Carità, ist aber verschwunden (s. Boschini, R. Min. Sest. D. Duro 34 und Sansovino, Ven. descr. 36); Ridolfi, Marav. I, 88 schreibt dieses dem Giov. Bellini zu. Eine Abbildung der Taufe Christi mit den Nebenfiguren Paulus und Antonius Abbas, Augustin und Hieronymus nach einem Bilde in Mailand (h. 1,67, br. 1,35) gibt Pinac. del Pal. reale di Milano, 1812 I, Taf. 57. — Vermisst wird ferner ein bedeutendes Bild aus d. J. 1497: eine Anbetung der Hirten mit der Nebenfigur des Lorenzo Giustiniani, ehemals in S. Giorgio in Alga, s. Boschini, R. M. Sest. d. Croce 61, Ridolfi. Marav. I, 101 und Sansovino, Ven. descr. 240.

sammlung bewahrt hat. Die Anordnung lässt sofort das Vorbild des Giovanni Bellini in Vicenza erkennen, wenn auch merkliche Abweichungen in der Haltung der Figuren zu bemerken sind; gleichsam als Signatur seiner Urheberschaft bringt der Maler die Cima von Conegliano, das Schloss seiner Heimath und die Linien der Nachbargebirge im Hintergrunde an, schneidet die Umrisse derselben durch ein herbstliches Bäumchen und bevölkert den heiter strahlenden Himmel mit bunten Engelsgestalten. Hat er als Landschaftsmaler auch nicht den feinen Sinn Bellini's für Einfachheit der Formgebung, so übertrifft er ihn in der Mannichfaltigkeit der Zeichnung und in der naturwahren Wiedergabe des Gegensatzes von Hügeln und Gewässern. Meisterlich ist die kräftige Absetzung von Licht und Schatten; seine Formen haben metallische Schärfe und harte gediegene Glätte, sodass man an Antonello von Messina erinnert wird, und als besonderes Kennzeichen erscheint hier und sonst das gezwirnte Lockengeflecht des Hauptbaares. Wie in der Empfindung, so weicht auch im Vortrage seine Färbung von der des Giovanni Bellini ab. Die schwierige Kunst, die Töne zu brechen und die einzelnen Pläne durch theilweise Lasuren zu verschieben, ist seiner Kunstgewöhnung fremd und liegt ausserhalb seiner Absicht. Diese Feinheiten überlässt er dem Giorgione und Tizian, aber wenn ihm damit auch ein wesentliches Erforderniss zur Wiedergabe lebenswahren Fleisches abgeht, so hat doch die gusshafte Einheit und plastische Kraft seines Colorits einen in ihrer Art fast unvergleichlichen Reiz.

Geringe Wandlungen abgerechnet bleibt Cima's Kunstweise von dieser Zeit an sich durchaus gleich. Glanz und metallischer Schmelz, scharfe Scheidung und kräftiger Ausdruck von Licht und Schatten sind ihre hervorragenden Eigenschaften. Sie unterscheiden ihn von den Venezianern und würden lombardischen Einfluss annehmen lassen, wären sie nicht, wie wir glauben, richtiger auf Antonello da Messina zurückzuführen. Mit andern Malern des 15. Jahrh. verglichen steht Cima zu Giovanni Bellini in einem ähnlichen Verhältnisse wie Francesco Francia zu Perugino. Francia's Farbenauftrag war kräftiger, sein Fleischton metallischer und strahlender als der Perugino's, aber sein Ausdruck weniger empfindungsvoll; Cima hat nicht die Breite und Grösse der Figurenbildung, noch auch den feinen Farbensinn Bellini's, er wagt sich nie an neue Erfindungen und erscheint in dieser Selbstbescheidung wie auch in anderer Beziehung als Gegensatz zu Carpaccio. Wie bei Francia so ist auch bei ihm der Lieblingsgegenstand das Marienbild mit oder ohne Heiligengefolge. Diesen Ceremoniengemälden verleiht er die ganze Liebenswürdigkeit ruhevollen Ernstes, und wenn ihm der Sinn für das eigentliche Grossartige abgeht, so entschädigt er durch Einfachheit und Weihe. Immer geht er bedächtig zu Werk und hütet sich wie Gentile vor jeder Art von Extremen. Die Zeichnung der menschlichen Gestalt beweist seine Sicherheit in anatomischen Kenntnissen, seine Gewandung lässt die darunter liegenden Formen immer zur Geltung kommen, wenn auch seine erstaunliche Gewissenhaftigkeit nicht selten zu straffer und eckiger Bildung neigt. So erfüllt er den verhältnissmässig engen Kreis seines Kunstschaffens mit einer Tüchtigkeit und Rechtschaffenheit, die ihn trotz seines eigenthümlichen Farbendialektes zum würdigen Genossen der besten Venezianer des ausgehenden Quattrocento macht.

An Fleiss und Ebenmässigkeit der Ausführung sowie an leuchtendem Farbenglanz stellt sich den besten Jugendarbeiten Cima's aus d. J. 1494 eine Gruppe kleinerer Bilder an die Seite, unter denen als besonders charakteristisch und anziehend eine Maria mit Kind (in Halbfiguren) v. J. 1496 in S. M. delle Grazie zu Gemona[8] und ein für Bologna gemaltes und noch jetzt dort befindliches Seitenstück hervorzuheben sind[9], letzteres besonders in seiner klaren schönverschmolzenen Färbung ein anmuthiges

Gemona. Bologna.

[8] Holz, Oel, Fig. ½lebensgr., Hintergrund Landschaft und Himmel, bezeichnet auf Zettel rechts: „Joannis baptista Coneglianensis opus 1496 adì primo Avosto", stark beschädigt und in der Farbe beeinträchtigt, rein erhalten ist nur Kopf und Körper des Knaben.

[9] Bologna, Gallerie N. 61, Holz, Oel, oben rund, Fig. halblebensgr. Maria hält das Kind, welches aufrecht in voller Seitenansicht auf einer Brüstung vor ihr steht, Hintergrund Landschaft, oberhalb Gottvater mit zwei Engeln, bezeichnet: „Joannes baptistā Coneglianensis opus". Ursprünglich für die Sakristei zu S. Giovanni in Monte in Bologna gemalt (s. Zanotto, Pin. Ven. Fasc. XVI).

Beispiel für Cima's Naturauffassung unter dem Einflusse Bellini's. Aus d. J. 1502 haben wir sodann das Altarstück mit Konstantin und Helena zur Seite des Kreuzes mit dem Kastell von Conegliano im Hintergund in S. Giovanni in Bragora zu Venedig[10], ein Musterstück von der strengen Zeichnung und der bräunlichen Metallglätte, welche die frühere Periode Cima's kennzeichnet. 1504 lieferte er für das Hospital zu Portogruaro die Darstellung vom Unglauben des Thomas, jetzt in London, eine Komposition, in der die ganze Kraft des Meisters aufgewendet scheint, voll milder Hoheit im Antlitz des Heilands und höchst ausdrucksvoller Haltung der Apostel.[11]

Venedig, S. Giov. in Br.

London.

Als die venezianische Kunst zu ihren Jahren kam, wurde auch Cima's Entwickelung freier. Er gibt jetzt seinen Tönen grössere Reichheit, vertieft seine Schatten und erfüllt Figuren und Hintergründe mit gesteigertem Leben. Für diese Zeit ist eine eigenthümliche Darstellung der Anbetung des Christuskindes mit Nebengruppen bezeichnend, die sich im Carmine zu Venedig befindet:

Venedig, Carmine.

Unter überhängendem Felsen kniet Maria rechts vor dem in einer Korbwiege schlafenden Knaben, ihr gegenüber ebenfalls knieend zwei Hirten, von denen der erste durch Joseph, welcher ihn am Nacken fasst, herzugeführt wird; hinter dieser Gruppe stehen Konstantin und Helena mit dem Kreuze, seitwärts von Maria der Erzengel Rafael mit dem kleinen Tobias, vor welchem das Hündchen sitzt; im Mittelgrund sieht man die Thüre und Hirten mit ihrer Heerde, im Hintergrunde ist eine reiche Landschaft mit Flussthal und Gebirge aufgebaut; aus

[10] Holz, oben rund, Oel. h. 1,40, br. 0,74. Ueber das Bild, welches keine Bezeichnung hat, spricht eine Urkunde v. 31. März 1502 im Archiv v. S. Giov. in Bragora: „Maestro Zan Batt. da Coneglian depentor col quale fu fatto mercato per l. 28 in tutto che debbe far una palla per il legno della Croce, con una Croce, e. S. Elena e Constantin et a basso in tre quadri l'invention della Croce" (s. Memor. della ch. di S. Giov. a. a. O. 27). Die hier erwähnte Staffel ist schon in älterer Zeit dem Madonnenbilde mit Heiligen von Bart. Vivarini v. J. 1478 in derselben Kirche angefügt (s. Cap. III, Anm. 10). Abbildung der Haupttafel Cima's gibt Zanotto Pin. Ven. Fasc. XXX.

[11] London, Nationalgallerie N. 816. Das Bild wurde 1497 für die Brüderschaft der Bathiti zu Portogruaro zum Preise von 848 Lire 8 Soldi bestellt. Wegen Nichtzahlung wurde ein Process von Conegliano angestrengt, der von 1502 bis 1509 dauerte. Der Vorgang ist in einen Raum mit getäfelter Decke und zwei Fenstern verlegt, welche Ausblick auf Landschaft gewähren, bezeichnet: „Joannis Baptistae Conegliãsis opus 150 (die letzte Ziffer zwar zweifelhaft, jedoch wahrscheinlich 4) al tpo di mõ agnolo et Zamo operaio .. fu fatta questa tavola." Stark beschädigt und übel ausgebessert, die Farbe an mehreren Stellen abblätternd, etliche Köpfe durch Uebermalung verdüstert.

der Wiege Christi hängt ein Zettel mit der Inschrift: „Joanes Conetlanēsis (sic) opus.“[12]

Die Auffassung und Durchbildung, welche diese mit reizender Landschaftsstaffage ausgestattete Familienscene auszeichnet, leiten uns zu den vollkommenen Altarbildern Cima's in Parma über. In seinem Madonnenbilde mit Michael und Andreas (aus Casa Sanvitali zu Parma), jetzt in der dortigen Gallerie gibt sich überdiess soviel Gediegenheit und Reife der Technik zu erkennen, dass frühere Kritiker in der That durch eine gefälschte Signatur getäuscht den Lionardo da Vinci dafür in Anspruch nehmen konnten[13]:

Parma, Gall. Maria auf einem Steine sitzend unterstützt die segnende Geberde des Kindes, dem eine zerbrochene Säule zum Sessel dient; dicht neben ihnen Andreas mit seinem Kreuz auf der Schulter, links Michael mit der Seelenwaage; Mittel- und Hintergrund sind durch antike Ruinen und lachende Landschaft ausgefüllt.[14]

Höchst wirkungsvoll ist der breit über die Ruinenmassen dahin fliessende Schatten, die liebliche Landschaft und das weisse Gewölk am klaren Himmel; erscheint das Bild vermöge des Gegensatzes zwischen dem sonnigen Vordergrund und der dunkeln Masse des Gemäuers als ein Meisterwerk an feiner Stimmung, so erhebt sich die reizvolle Gruppe der Figuren und ihre schöne naturwahre Vorstellung zu einer bei Cima nicht häufig anzutreffenden Sinnigkeit und Anmuth. Die Gebäude sind in vollkommener perspektivischer Ansicht gehalten, der Farbenton ist metallisch und mit röthlichem Hauch übergossen, wenn auch in der Sauberkeit der Durchführung ein wenig von dem frischen Leben verloren geht. Noch anmuthender, wenn auch nicht so bedeutend, ist das zweite grosse Altarstück, welches Cima ursprünglich für den Dom in Parma ausgeführt hat:

---

[12] Holz, Oel, oben rund, durch Nachbesserungen beschädigt, Abbild. bei Zanotto, Pin. Ven. Fasc. XIII.

[13] vgl. Amoretti, Mem. stor. (Ediz. d. opere class. ital.), Vorwort zum Trattato d. pitt. des Lionardo S. 49, und Rio, welche an die Urheberschaft Lionardo's glauben.

[14] Parma, Gallerie, Holz, Fig. $^2/_3$ lebensgr., schön erhalten; die falsche Signatur lautete: „Lionardo Vinci 1492“.

Vor einer Nische, in deren Wölbung Gottvater in der Weise angebracht ist, wie man ihn in den mit Goldmosaik geschmückten Tribunen frühchristlicher Kirchen sieht, thront Maria und legt ihre Rechte dem heiligen Damian auf das Haupt, welcher mit verzücktem Ausdruck neben ihr betet, das Kind auf ihrem Knie wendet sich nach der entgegengesetzten Seite segnend der heil. Apollonia zu; Kosmus und Johannes, Katharina und Paulus stehen in andächtiger Haltung zu beiden Seiten, auf der Thronstufe ein Engel, welcher die Geige einstemmend im Spiele innehält.[15] Parma. Gall.

Nicht blos durch die Kunst, die Persönlichkeiten ausdrucksvoll zu charakterisiren und zu schöner Gruppe zu vereinigen, ist das Bild bewunderungswürdig, sondern noch besonders durch wirkungsvolle Schattenführung; auch wo Cima seinen Gestalten das Licht völlig entzieht, behaupten sie ihren Platz ohne aus dem Gesammtton des Bildes herauszufallen; dieser ist aber trotz der Gleichmässigkeit und Ungebrochenheit der einzelnen Farben an sich von so milder Harmonie, dass die glückliche Wirkung, welche durch solche Mittel erreicht worden ist, Staunen erregt; unübertrefflich fein ist der Silberhauch des Fleisches, die Leuchtkraft der glatten mit halbsattem Auftrag angelegten und fast ohne alle Lasur durchgeführten Farbenflächen. — Der Gruppe dieser Werke hat ehemals die für S. Domenico in Parma gemalte, später nach Paris versetzte Madonna mit Kind und Heiligen angehört[16], und auch die Pietà in der Gallerie zu Modena schliesst sich ihnen an, welche ursprünglich für Alberto Pio zu Carpi, einen bekannten Bewunderer Cima's, ausgeführt war:

Auf dem vor einer Marmorrampe aufgestellten, von hoher Teppichlehne überragten Thron sitzt Maria, den Blick voll Ernst auf das Kind gesenkt, das nackt in ihrem Schoosse liegt und sich am kleinen Finger ihrer Linken anhaltend nach Johannes schaut, welcher, ein bartloser Jüngling, in härenem Gewande sich verehrungsvoll ihm zuneigt, die nackten Arme über der Brust kreuzend, in seiner Linken ein langes Band mit dem Ecce Agnus; auf der Gegenseite Paris, Louvre.

[15] Jetzt in der Gallerie zu Parma. Holz, Oel, Fig. ²⁄₃ lebensgr.; auf Zettel bezeichnet: „Joannes baptista Coniãnsis."

[16] Paris. Louvre N. 173, Holz. Oel, oben rund. h. 1.70. br. 1.10; vgl. Mündler. Essai d'une analyse S. 60; die Farbenfläche ist beim Reinigen stark angegriffen worden.

Magdalena in langherabwallendem aufgelösten Haar voll Inbrunst im Blick, das Salbgefäss in der Rechten, dessen Darbringung sie durch die Geberde der anderen Hand unterstützt; im Hintergrunde schroffe Felsen und Ausblick in weite Landschaft, in welcher man Motive aus dem Piavethal erkennt. Am Thronsockel auf Zettel die Inschrift: „IOANIS BAPT CONEGLANESO OPVS."

Modena, Gallerie.

Auf dem Bild in Modena kniet Johannes rechts und stützt den Kopf Christi, während Nikodemus den Körper hält und die ohnmächtige Maria, welche den linken Arm desselben gefasst hat, von den Freundinnen gehalten wird; zu den Seiten stehen die Heiligen Bernardin und Franciskus.[17]

Von nun an scheint die Geschäftigkeit des Meisters sehr überhand zu nehmen, aber er hat die nun folgende zahlreiche Reihe umfangreicher und bedeutender Altarstücke auszuführen gewusst, ohne auch nur im Geringsten an Fleiss und Sorgfalt nachzulassen. Das bezeugen zunächst seine drei Hauptbilder in der Brera: Ein Petrus Martyr, welcher das Messer im Schädel zwischen Nikolaus und Augustin in einer Nische steht, auf der Thronstufe ein Engelknabe seine Laute stimmend, im Hintergrund herrliche Landschaft, das einzige Bild des Meisters, welches Vasari der Erwähnung würdig fand;[18] sodann der mächtig aufgefasste büssende Hieronymus (unter Basaiti's Namen)[19], endlich der thronende Petrus, welcher in fürstlicher Würde im Bischofsornate und mit der dreifachen Krone auf dem Haupt weihevoll die Rechte erhebend in seiner Thronnische sitzt, vor der ein Engelknabe die Mandoline rührt, umgeben von Johannes dem Täufer und Paulus, zwei herrlichen Vertretern des Jünglings- und

[17] Modena, Gallerie N. 143, Holz, Oel, h. 1,31, br. 1,07. Mit Campori (s. Gli artisti a. a. O. 153) nehmen wir an, dass diess das Bild ist, welches Pozzoli in seiner Cronaca di Carpi (1624) in S. Niccolò zu Carpi beschreibt. Die Anordnung hat hier etwas Förmliches, aber die Heilandsfigur ist schön gebildet, die Zeichnung durchweg sorgfältig und der Gegensatz von Licht und Schatten richtig und wirkungsvoll, wenn auch die Farbenfläche ausgebessert ist und schadhaft erscheint.

[18] Brera N. 96 (172), Holz, Oel, h. 3,20, br. 2,15; am Sockel des Postamentes Ueberbleibsel der Inschrift: „Joannis baptistae Coneglanensis"; besonders Nikolaus von ernstem, würdigem Gepräge. Die Erwähnung bei Vasari findet sich VI, 100; vgl. ferner Boschini, R. M. Sest. Canar. 71, Sansovino, Ven. descr. 174.

[19] N. 126 (324). Holz, Oel, h. 0,35, br. 0,29; das Bild gehört entschieden dem Cima und zwar seiner früheren Periode an, die Zeichnung ist sicher, die Farbenfläche leuchtend, die Landschaft von der saubern Durchführung wie man sie bei Antonello antrifft, der Fleischton warm und bräunlich.

Mannesalters im Gegensatze zu dem sonnenverbräunten Greis in ihrer Mitte.[20] Im Anschluss an diese Mailänder Gemälde müssen sodann zwei herrliche Heiligenbilder in England aufgeführt werden: eine Katharina in der Sammlung Hertford, jetzt im Bethnal-Green Museum[21], und Sebastian mit Rochus in der weiland A. Stirling'schen Sammlung.[22] London.

Aus der Reihe der zahlreichen Halbfigurenbilder der Maria mit dem Kinde lassen sich, je nach der Zeit der Entstehung und dem Grade der Erhaltung von höherem oder geringerem Werth, mehrere Gruppen von verschiedener Auffassung aussondern. Theils begegnen wir einem einfach bäuerlichen Typus bei Mutter und Kind, so auf dem Bilde von 1508 in S. M. della Consolazione zu Este[23], und in verfeinerter Gestalt, aber von röthlichem Farbenhauch das Seitenstück in Casa Fabris zu Conegliano.[24] Von ansprechenderem Ton und prächtigem Farbenglanz ist die Wiederholung des Gegenstandes in der Nationalgallerie zu London, bei welcher der Knabe mit einem Distelfink spielt[25], aber Este, S. M. d. Cons. Conegliano. London, Nat.-Gall.

[20] N. 189 (290), Holz, Oel, h. 1.56, br. 1,47; am Pilaster links auf Zettel bezeichnet: „joannes baptista cone . . . nsis fecit (?)". In der Brera sind ferner aufzuführen: N. 213 (321) zwei Heiligenpaare, links Lukas und Markus, rechts Joh. d. T. und Markus und N. 217 (323) links Monika (?) und Hieronymus, rechts Nikolaus (?) und Ursula mit der Fahne, jede Doppeltafel h. 0,28, br. 0,23, zum Theil wahrscheinlich zu einer Staffel gehörig, deren Hauptbild, Maria m. K., ehemals in S. Girolamo zu Venedig, jetzt verloren scheint, vgl. darüber Boschini, R. M. Sest. Canar. 42, Sansovino a. a. O. 176. Der Vortrag ist der des Cima, doch haben die Bilder durch Ausbesserung Eintrag erlitten; N. 253 (291) Maria m. d. K., welchem sie eine Blume reicht, vor grünem Vorhang, auf dunklem Hintergrund, hat nicht die Merkmale von Cima's Reife an sich, sondern ist durch Uebermalung entstellt; N. 229 (Flügelaltarbild), dem Carpaccio zugetheilt, ist unzweifelhaft von Cima, vgl. oben Cap. X.

[21] Jetzt im Bethnal-Green Museum N. 265, früher in der Sammlung Northwick, Holz, h. 4 F. 7½ Z., br. 2 F. 5 Z., bezeichnet am Sockel: „Joanis baptiste Coneglanẽsis opus." Im Hintergrunde des Peristyls, in welchem die Heilige mit Palme und Rad steht, sieht man eine schöne Landschaft; das Bild vertritt die energische Vortragsweise Cima's etwa um das Jahr 1502 vortrefflich, der Fleischton ist ein wenig ausgebessert.

[22] Fig. halblebensgr., Rochus eine derbe gewöhnliche Erscheinung, Sebastian ein guter Akt. Ausserdem in der weil. A. Stirling'schen Sammlung eine Madonna mit Kind zwischen Franciskus und Antonius (halbrund), aus derselben Zeit und von gleichem Werthe wie das Heiligenpaar.

[23] Este, Holz, Oel, fast lebensgr., das Kind fasst den Brustlatz der Mutter, Hintergrund dunkelgrüne Wand, links ein Fenster mit Aussicht auf Landschaft, am Sockel bezeichnet: „Joannes baptiste Coneglianensis opus 1508". Die Farbe rauh, die Formen ziemlich untersetzt, aber die Erhaltung vortrefflich.

[24] Casa Fabris, Holz, Oel, fast lebensgross.

[25] Nationalgallerie N. 634, bezeich-

das reizendste von allen seiner Gattung ist das zweite derselben London. Nat.-Gall. Sammlung: Maria mit niedergeschlagenem Blick den nackt auf ihrem Knie stehenden Knaben haltend, der mit dem Fuss auf ihre linke Hand tritt und sich in munterer Bewegung aufrichtend das Köpfchen flüsternd nach der Mutter umwendet; im Hintergrund die Burg von Conegliano und reiche Felsenlandschaft.[26] Hier ist wieder der silberschimmernde Ton mit grauen Schatten wirksam, welcher auch dem bisher der Sammlung des Prinzen Napoleon angehörigen etwas abweichenden Gegenstück eigen ist, an welchem neben der leuchtenden Farbe besonders der schwermüthige empfindungsvolle Ausdruck Maria's und die bellineske Paris. Behandlung des Gewandes erfreut.[27] Ebenfalls bellinesk, aber von derben Verhältnissen in den Gestalten, ist sodann das Bild Frankfurt. des Städel'schen Museums zu Frankfurt a. M.[28]

Wir verfolgen nicht alle die zahlreichen weiteren Wiederholungen der Gruppe[29] und wenden uns den bedeutenderen Kompo-

net: „IOANES . BAPTISTA . CoNEGLAS . P.“, Maria auf marmornem Sitz, Hintergr. Landschaft, Holz, h. 1 F. 8½ Z., br. 1 F. 5 Z., dem Stile nach dem Bilde der weil. A. Stirling'schen Sammlung entsprechend, schön erhalten und von edlem kräftigen Farbenguss (ehemals auf Schloss Powerscourt, wo das Bild als Madonna del Cardellino bezeichnet war, später im Besitz von W. Cuningham und Beaucousin in Paris.

[26] London. Nat.-Gall. N. 300. bez.: „IOANNES BAPTISTA . P.“, Holz, h. 2 F. 3 Z., br. 1 F. 10½ Z. (früher bei M. Roussel in Paris), gut erhalten. (Eine Copie davon im Belvedere zu Wien.)

[27] Holz, Fig. halblebensgr., an der Brüstung bezeichnet: „Joannes baptiste Coneglanensis“; die äussern Gliedmaassen etwas mangelhaft. Aus den Sammlungen Minghetti und Zambeccari in Bologna, mit andern Bildern aus dem Besitz des Prinzen Napoleon i. J. 1872 (11. Mai) in Christie's Auktion für 308 Pfd. St. verkauft. — Diesem Exemplar ähnlich, jedoch mit der Abweichung, dass Maria die Hand hier auf den Kopf, nicht auf die Schulter des Knaben legt, ist das Bild der Gallerie Manfrin in Venedig, N. 239 (?) doch ist die Behandlung roher, die Gewandung bruchiger, die Farbe stumpfer, sodass man es einem Copisten wie etwa dem Pasqualino wird zutheilen dürfen.

[28] N. 19. Maria vor grünem Vorhang sitzend, das Kind, etwas feist, erhebt die Hand zum Segnen, auf Zettel bezeichnet: „Joanis baptift Conegliano R picit“ (nicht unberührt), Holz, h. 0,68, br. 0,54 (aus der Sammlung Baranowski).

[29] Unter ihnen sind zu nennen; Berlin, N. 17: Maria m. d. Kind auf dem Schoosse, welches einen Stieglitz hält, bezeichnet: IOVANNES BAPTISTA . CONIS P''. Holz, Oel, h. 2 F., br. 1 F. 8 Z. — eine sehr ansprechende und echte Wiederholung des Bildes der Nat.-Gall. in London N. 634. jedoch in den Fleischtheilen, dem Hintergrund und Himmel beschädigt. Petersburg, Sammlung Leuchtenberg: Wiederholung des Bildes N. 300 der Nationalgallerie in London (Holz), wahrscheinlich von einem Schüler Cima's wie Pasqualino; von diesem wieder copirt N. 421 der Akademie zu Venedig, ein Bild von hart rothem Ton und zähem Umriss, dem Cima unähnlich.

Venedig, Akademie.

Venedig, Badia.

London.

sitionen Cima's aus dem Anfang des 16. Jahrhunderts zu. Hier haben wir es zunächst mit einer zweiten Darstellung des ungläubigen Thomas in der Akademie zu Venedig zu thun: Christus unter hohem Portal in Gegenwart des rechts stehenden heil. Bischofs Magnus den Finger des Apostels in seine Brustwunde führend[30], eine Komposition, welche trotz ihrer herrlichen Zeichnung und leuchtenden Farbenpracht doch durch Steifheit auffällt. Dieselbe Wirkung silbernen Lichtes bei kaltem Vortrag kehrt auf dem Bilde des Engels Rafael mit Tobias zwischen zwei Heiligen in der Badia (Chiesa della Misericordia) zu Venedig wieder.[31] Dem Giovanni Bellini am nächsten kommt Cima vermöge weicher edler Färbung in dem Heiligenpaar (Sebastian und Markus) der weiland Eastlake'schen Sammlung[32], und in ähnlicher Weise verbindet er bellineske Feierlichkeit und breite Formbildung in dem grossen Cermonienbilde der thronenden Madonna mit 6 Heiligen, welches aus der Kirche der Carità in die Akademie zu Venedig gekommen ist:

Venedig, Akademie.

In herkömmlicher Anordnung sitzt Maria, das nackte auf ihrem linken Knie stehende Kind vor sich, auf marmornem Thron unter hoher offener Halle, die ebenfalls mit buntem Marmorgetäfel geziert ist; über dem Thron schweben 9 Engelsköpfchen auf Gewölk, links unten stehen Georg, Lucia und Nikolaus, rechts Sebastian mit Antonius Abbas und Katharina; auf der Stufe 2 sitzende Engelknaben, welche Geige und Laute spielen, Hintergrund Hügelland mit Buschwerk und fernem Gebirge.[33]

---

[30] Venedig, Akademie N. 456 (ursprünglich in der chem. Scuola dei Muratori), Holz, Oel, h. 2,08, br. 1,40. Das Antlitz Christi ist durch Abputzen kalt geworden. Abbild. bei Zanotto, Pin. Ven. Fasc. X, VI; besonders scharf ist die Absetzung der Figuren von dem lichten, durch Alpenlandschaft gefüllten Hintergr.

[31] Holz, Fig. halblebensgr., auf Zettel bezeichnet: „Joañes baptiste Coneglian. opus." Die Scene ist Landschaft, in kaltem Ton, der jedoch nicht ursprünglich sein mag, da das Bild gelitten hat; es ist an zwei Stellen senkrecht gesprungen und die Farbenfläche locker geworden. Abbild. bei Zanotto a. a. O. Fasc. 1.

[32] Holz, Oel, jedes h. 3 F. 4 Z., br. 1 F. 4 Z., die Figuren, in Nischen stehend, haben früher wahrscheinlich den Gesuati oder Crociferi in Venedig angehört, in deren Kirche sich ehedem eine Verkündigung zwischen den beiden genannten Heiligen und ausserdem eine Madonna mit Kind zwischen Johannes und Benedikt befunden hat (s. Boschini, R. M. Sest. Canar. 11 u. 15, Sansovino, Ven. descr. 169), welche verloren gegangen sind; ebendort soll (nach Federici, Mem. Trevig. I. 223) auch ein S. Lanfranco (?) mit andern Heiligen vorhanden gewesen sein.

[33] Venedig, Akademie N. 582, Holz, h. 4,10, br. 2,10, ohne Bezeichnung;

Verfolgen wir die übrigen Werke Cima's, welche in und ausserhalb Italiens aufbewahrt werden, so ergeben schon die bedeutenderen eine ansehnliche Zahl:

England. Sammlung W. Russell.

In England, Samml. M. Watts Russell: kleines Madonnenbild, der Knabe nimmt von Johannes das Kreuz und hält den mystischen Ring der heil. Katharina bereit; auf Zettel bez.: „Joannis bapt. Coneglianensis op.“[34]

Venedig, Akademie.

Venedig, Akad. N. 125: Maria mit dem Kinde, welches sie auf einer Brüstung aufrecht an sich hält, zu den Seiten Johannes d. T. und Paulus, von ähnlicher Beschaffenheit wie das vorige.[35]

Capo d'Istria, S. Anna.

Capo d' Istria, S. Anna: grosses Altarbild; Mittelbild oben rund und enth. Maria das in ihrem Schoosse liegende Kind anbetend, zu Häupten 5 fliegende, zu Füssen zwei spielende Engel; in Seitennischen Magdalena, Anna, Joachim und Katharina, oberhalb Klara, Franciskus, Hieronymus und Nazarius, Schutzpatrone von Capo d' Istria (Halbfiguren); von der Inschrift auf dem Zettel am Thron ist nur Joanes Bapti ...... übrig.[36] Der Fleischton hat durchweg gilblichen Stich; die Ausführung ist schwach, sodass man hier trotz der

---

vgl. Boschini, R. M. Sest. Dorso Duro 35, welcher es irrthümlich dem Basaiti zuschreibt. Zanetti, Pitt. Ven. 60, Sansovino a. a. O. 266 und Anon. d. Morelli 86 (welcher jedoch nur 4 Heilige zählt). Das Bild hat leider sehr durch Ausbesserung gelitten. Abbild. bei Zanotto. Pin. Fasc. 37.

[34] Auf der Ausstellung in Manchester 1857, N. 101. Holz. Halbfig., Hintergr. Luft. h. 2 F., br. 3 F. 1 Z.

[35] Holz, h. 0,80, br. 1,18, Halbfig., an Bellini erinnernd, aber infolge von Abreibung und Uebermalung der ursprünglichen Frische beraubt. — Im Gegensatz zu diesem Bilde sind etliche andere derselben Gallerie auszuscheiden, welche die Hand des Giovanni da Udine oder anderer Nachfolger Cima's erkennen lassen; z. B. N. 530, Justitia, N. 531, Temperantia (jedes h. 1,87, br. 0,82), aus dem Magistrato della Ternaria dell' olio, unter Cima's Namen, aber mit Zügen vermischt, die an Carpaccio erinnern. Dieselbe Mischweise finden wir in S. Giov. e Paolo in dem Bilde der Krönung Maria's mit zahlreicher Assistenz vertreten, welches dem Carpaccio und Girolamo oder Giov. da Udine zugeschrieben wird (vgl. oben Cap. X.). In ähnlichem Charakter wie die vorgenannten allegorischen Figuren sind N. 532 (Verkündigungsengel) und N. 562 (die zugehörige Maria), je h. 1,83, br. 0,78, welche unter dem Namen des Martino da Udine gen. Pellegrino da S. Daniele stehen, da der Verf. des Katalogs die in Wirklichkeit auf dem Verkündigungsbilde N. 563 stehende Bezeichnung: „Pellegrinus faciebat“ auf das Bild N. 562 übertragen hat. Irrthümlich ist auch die Angabe, dass diese beiden Tafeln (Gabriel und Maria) aus der Scuola der Calzolai in Udine stammen sollten (was sich vielmehr wieder auf das Verkündigungsbild Pellegrino's bezieht), während sie nach dem Zeugniss Zanotto's (Guida di Ven. 535) früher in S. Francesco zu Conegliano waren, dem Cima können sie jedoch schwerlich angehören. N. 444, heil. Christoph (h. 1,46, br. 0,46), aus der Scuola dei mercanti, ist Bestandtheil des grossen Altarstückes, welches Boschini, R. Min. Sest. Canar. 37, 38 erwähnt und welches sonst noch die Heiligen Sebastian, Ludwig, Joh. d. T., Hieronymus, Nikolaus und Jakobus enthalten hat.

[36] Holz, Fig. halblebensgr., das Blau beschädigt.

Namensbezeichnung Cima's schon an Girolamo da S. Croce erinnert wird.

Wien, Belvedere. Wien, Belvedere Saal II venez. Sch. N. 56: Maria m. K. am Fuss eines Baumes verehrt von Hieronymus und Ludwig dem Bischof, im Hintergrund die Feste von S. Salvatore zu Colalto und im Mittelgrund der heil. Joseph mit seinem Esel; bez.: „Joa. Bapt. Conegl.“ Ein schönes leuchtend gefärbtes Bild aus der anmuthigen Zeit des Meisters.[37]

Berlin, Museum. Berlin, Museum N. 2: Maria innerhalb einer Kapelle thronend hält das stehende Kind auf dem Schoosse, welches segnet, umgeben von Petrus, Romuald, Bonus und Paulus; durch die Säulen ist Landschaft sichtbar, bez.: „Joannis baptiste Coneglianesis opus“;[38] die harte röthliche Färbung in den Fleischtheilen der Männer sowie der graue Ton des weiblichen Fleisches ist wahrscheinlich Folge von Abreibung oder Uebermalung. — Ebenda N. 15: der heil. Markus die mit der Ahle verwundete Hand des Anianus heilend, dabei Zuschauer in türkischer Tracht auf dem Marktplatz zu Alexandrien, die Figuren untersetzt, der Vortrag bellinesk.[39] — N. 7: Madonna m. d. Kind auf dem Schoosse, welches den Stifter segnet, Hintergrund Landschaft, bez.: „Joannes Baptista Coneglanensis“[40], aber nicht unzweifelhaft.

Dresden, Museum. Dresden, Museum N. 215: Christus (ganz vorn auf dem Rande des Bildes stehend) in voller Vorderansicht, die Rechte segnend erhoben, mit der Linken das Buch haltend, den Blick gradaus, aber nicht nach dem Beschauer gerichtet, im Hintergrund ein an Cadore erinnerndes Bergschloss und ein Weg, worauf zwei Männer, die einen Esel herabführen (wahrscheinlich Anspielung auf den Einzug in Jerusalem), am Himmel weisses Gewölk; mit der gefälschten Inschrift: „IOANNIS BELINI OPERA“;[41] schöne bellineske Figur, der Hintergrund bei der Reparatur durch ziemlich dunkle Schatten verändert. — N. 216: Darstellung Maria's im Tempel: das Kind steigt die Stufen empor, erwartet vom Hohen-Priester und seinem Gefolge, rechts eine

---

[37] Holz, oben rund, h. 6 F. 8 Z., br. 4 F. 4 Z., die Fleischtheile sehr beschädigt; ursprünglich in S. Chiara auf Murano (s. sämmtliche Guiden sowie Ridolfi und Zanetti). In S. Chiara befand sich (nach Zanotto, Pitt. Ven. 63) ferner eine Verkündigung von Cima, welche Boschini, R. M. Sest. Croce 39 als Schulbild bezeichnet.

[38] Holz, h. 6 F. 7½ Z., br. 4 F. 4 Z., aus der Sammlung Solly, ursprünglich in S. Michele auf Murano.

[39] Holz, h. 5 F. 3¾ Z., br. 4 F. 3¾ Z. (einige Stellen nachgebessert), ehemals in der Kirche der Gesuati in Venedig, vgl. Boschini, R. Min. Sest. Canar. 11.

[40] Holz, h. 2 F. 2¾ Z., br. 2 F. 11 Z., aus der Sammlung Solly, das Fleisch beschädigt. Das Bild N. 16 in Berlin, angebl. Portrait des Giov. Bellini von Cima (Holz, h. 1 F. 1 Z., br. 11¼ Z., aus der Sammlung Solly), hat nicht den Charakter des Meisters.

[41] Holz. h. 1.53. br. 0.77. Früher in der griechischen Kapelle in Dresden; über die arabische Inschrift am Saume des rothen Unterkleides Christi s. K. H. Schier, die arab. Inschriften in d. kgl.

offene Säulenhalle mit Zuschauern;[42] besonders die Staffage höchst anmuthig, der Vortrag jedoch nicht so sicher wie gewöhnlich.

München, Pinak. München, Pinak. Cab.: Maria mit dem Kinde, welchem Magdalena rechts das Salbgefäss reicht, dessen Deckel es öffnet, indem es die Heilige anblickt, während die Mutter mit ernstem Ausdruck sich nach der andern Seite neigt, wo Hieronymus steht, in der Rechten den Stein, die Linke deutend erhoben (Halbfig., Hintergr. Landschaft), bez.; „IOANNIS BAPTISTAE CONEGLIANENSIS OPVS";[43] ziemlich flüchtig behandelt, in den Schatten beschädigt, frühes Bild von olivenbraunem Ton.

Petersburg, Sammlung Stroganoff. Petersburg, Samml. P. Stroganoff: Kreuzabnahme: Christus am Fuss des Kreuzes von Maria emporgerichtet, von Magdalena am linken Arm erfasst, Nikodemus und Johannes trauernd daneben; im Vordergrunde drei knieende Karmelitermönche, Hintergrund Landschaft; der stumpfe Ton verräth entweder Einfluss der Reparatur oder die Hand von Gehilfen des Meisters.[44]

Lützschena. Lützschena bei Leipzig, bei Freih. v. Speck-Sternburg: Madonna mit Kind, welches nackt auf dem Knie der Mutter stehend nach dem von Johannes (links) ihm dargereichten Rohrkreuze fasst, während gegenüber der heil. Hieronymus steht, die Rechte betheuernd auf die Brust gelegt, in der Linken das Buch haltend (Halbfig.), Hintergrund Felsenlandschaft mit Stadt und einem kleinen Reiter; schöne Arbeit Cima's mit kräftig schwärzlichen Schatten, hier und da im Fleischton aufgefrischt.[45]

Petersburg, Ermitage. Petersburg, Ermitage N. 4: Madonna mit Kind zwischen Petrus und Antonius, Hintergrund Landschaft und Himmel (Halbfig.)[46]

England, Mr. Anderdon. England, bei Mr. Anderdon: Maria m. d. Kind im Schoosse, welches das Kreuz von Johannes d. T. nimmt, während Maria sich zu einer Heiligen rechts wendet, Hintergrund grüner Vorhang und Himmel.[47]

Bellagio, Sign. Frizzoni. Bellagio, bei Sign. Frizzoni: Maria mit dem Kind im Schoosse, welches die Wange der Mutter streichelt, Halbfiguren unter

---

Gem.-Gall. etc. zu Dresden, Leipzig 1867, S. 5 ff.

[42] Holz, h. 1,06, br. 1,46, in Venedig gekauft.

[43] Holz, h. 2 F. 5 Z., br. 3 F. 9 Z. (ehemals in der Sammlung der Kaiserin Josephine zu Malmaison). — N. 559 (Saal) daselbst, unter „Schule des Giov. Bellini", vgl. unter Basaiti.

[44] Vor nicht langer Zeit noch im Carmine zu Venedig, dann auf Leinwand übertragen.

[45] Leinw., auf Holz übertragen und unten um ein Stück vergrössert, h. 0,73, br. 1,0, auf der angesetzten Leiste die falsche Inschrift: „IOANNIS BELLINI OPVS", früher in der gräfl. Sicking'schen Sammlung (?), abgebildet in den Umrissen nach den Gemälden im Besitze von C. F. Wendelstadt.

[46] Früher als Bellini bezeichnet, auf Leinwand übertragen, aber ein Stück angesetzt, der Hintergrund nachgebessert.

[47] Ehemals in der Sammlung Sam. Rogers (in deren Verkaufskatalog N. 595); in Manchester 114 (199), fälschlich bezeichnet: „Joannes Bellinus faciebat" (s. oben Cap. IX, 187), Halbfig., klein, h. 7 Z., br. 9½ Z.

Lebensgrösse[48], durch Reinigung und Nachbesserung angegriffen, Hintergrund und Himmel gut erhalten.

Die Angabe, dass Cima bis 1517 gelebt habe, ist vereinzelt und wird urkundlich nicht unterstützt.[49] Die spätesten echten Bildinschriften sind solche von 1508. Von untergeordneten, meist zweifelhaften Bildern sind ausser den gelegentlich erwähnten noch aufzuführen:

Conegliano, Casa Geri: Michael mit der Seelenwaage und der Lanze auf dem Drachen stehend, Hintergrund Ansicht von Conegliano; nicht von Cima, sondern von Bened. Diana (s. Cap. X. Anm. 109). — Umgegend, S. Fior di sopra, Pfarrkirche S. Giov. Battista: vielgliederiges Altarbild, in der Mitte Johannes d. T. in der Wüste mit dem Spruchband „Ecce agnus dei", Hintergrund baumreiche Landschaft (übermalt); links Petrus und Laurentius (ganze Fig.) und Bartholomäus mit Urbanus (Halbfig.), rechts Martin und Vendemian, darüber Blasius und Justina; über dem Ganzen das Abendmahl, noch höher Giebel mit Gottvater in Wolken; in der Staffel 1. Joh. d. T. vor Herodes, 2. Herodes bei Tafel mit Salome, welche das Haupt des Täufers bringt, 3. Enthauptung des Johannes. Die fünf Mittelbilder dem Cima verwandt, aber wohl von späterer Hand, das Uebrige neueren Ursprungs.[50]

Rovigo, Stadtgall. N. 106 (ursprüngl. im bischöflichen Palast): Maria auf marmornem Thron mit dem Kinde ein Buch haltend (Holz, halblebensgr.), stark gereinigt und aufgefrischt, dem Basaiti oder Previtali verwandter als dem Cima.[51]

Germano (oder Zermen) bei Feltre, S. Dionysio: Maria mit Kind zwischen Dionysius und einem zweiten Heiligen (lebensgr.), oberhalb im Bogenfeld Christus segnend zwischen Petrus und Paulus, Halbfig., Holz;[52] dem Bellini zugeschrieben, unbedeutend behandelt, von röthlichen Fleischtönen in Cima's Weise, die Farbe unfein und trübe, ohne genügenden Gegensatz von Licht und Schatten, die nackten Theile schlecht im Verhältniss, Schulbild.

Bergamo, Lochis-Carrara N. 128: Nikolaus, Laurentius, Dominikus, Bartholomäus, Antonius Abbas und ein sechster Heiliger in Landschaft mit gefälschter Inschrift: „Batt. Cima Coniliensis,

---

[48] An der Brüstung bezeichnet: „Joannes B." (Fälschung).

[49] s. Ridolfi, Marav. I, 102.

[50] Holz, die Hauptfigur unterlebensgr., durchweg stark durch Feuchtigkeit beschädigt, erwähnt bei Crico, Lett. sulle belle arti Trevig., Treviso 1833. S. 288. 289.

[51] vgl. über das Bild Bartoli, Pitt. di Rovigo 164.

[52] Zwei dazu gehörige Heiligenfiguren (darunter Antonius) im Hause des Pfarrers.

MDXV";[53] aus späterer Zeit als Cima's, vermuthlich von einem Bergamasken.

Noale, Dom (ehem. in der Kirche der Battuti): Himmelfahrt Maria's, Figuren ⅓ lebensgr., Holz, grob behandelt, nicht von Cima.

Florenz, Uffizien N. 584: Maria und Kind mit Petrus und einer Nonne, welche ein Kind in Windeln trägt, Holz, lebensgross, dem Cima zugeschrieben, in Wahrheit von einem Friulaner, der noch unter Giovanni Martini von Udine steht.

Venedig, S. Martino: Auferstehung Christi, in Wahrheit von Girolamo S. Croce. — Ebenda bei Sign. Giacomo Cassetti N. 60: eine Santa Marina, allegorische Figur der Gerechtigkeit, bez.: „Jões baptista Coneglianensis opus"; Bestandtheil eines grösseren Bildes von Cima, enth. die Heiligen Markus, Andreas, Ludwig und die allegorische Figur der Temperantia, ehemals im Dogenpalast;[54] die obige Figur nebst Inschrift übermalt.

Wien, Akademie der Künste: die drei Heiligen des vorigen Bildes in Venedig unter Cima's Namen, aber von grobem Farbenvortrag und ohne Cima's feine Pinselführung, vielleicht vom Meister einigen seiner Gesellen übertragen, unter denen Girolamo oder Giov. Martini von Udine in Frage kommen würde. — Ebenda, Gall. Harrach: Maria mit dem schlafenden Kinde, einem Bischof und einer Heiligen, angeblich Cima, ein überschmiertes Bild aus dem 16. Jahrhundert.[55]

Einen Maler haben wir hier anzuschliessen, welcher sich bisher der Kunstforschung entzogen hat: den Antonio Maria da Carpi, einen genauen Nachahmer der Eigenthüm-

[53] Holz, h. 1,30, br. 1,52.

[54] Nach Boschini, R. Min. Sest. S. Marco 64 im Tribunal des Magistrato della Camera dell'armamenti.

[55] Nicht von den Verf. gesehen die folgenden: London, Earl Brownlow: Maria m. K., Heiligen und Engeln (s. Waagen, Treasures II, 314); weil. Sammlung Dennistown: Maria m. K. (Waagen a. a. O. III, 281). — Verlorene oder unechte Bilder unter Cima's Namen: in Marocco, Camino und Fontanelle, Prov. Treviso s. Federici, Mem. Trev. I, 223; Conegliano, S. M. Mater Domini: Himmelfahrt; Murano, S. Michele: Auferstehung (Federici a. a. O. I, 224), dasselbe Bild wird von Sansovino, Ven. descr. 235 und von Ridolfi, I. 89 dem Giov. Bellini zugeschrieben; Venedig, Ch. d. Trinità: Maria m. K. zwischen Joh. d. T. und einem Bischof, ausserdem eine Geburt Christi (Boschini, R. M. Sest. Cast. 38); S. Cristoforo in Isola: Maria m. K., Veronika und einer zweiten Heiligen, nebst Sockel mit Joh. d. T., Jeremias und Franciskus (von Boschini, R. M. Sest. Croce 20 dem Cima, von Sansovino, Ven. descr. 234 dem Girolamo S. Croce zugeschrieben); S. Giorgio Maggiore: 4 Heilige, ganze Fig. auf Goldgr. (Cicogna, Iscr. Ven. 357); S. Giov. alla Giudecca: Orgelthüren mit Verkündigung innen, Matthäus und Joh. d. T. aussen (Boschini, R. M. Sest. D. Duro 63, Ridolfi I, 101). — Rovigo, S. Francesco, Tafel mit Jahrzahl 1541, auf die Zeit der Stiftung des Altars deutend (Lanzi II, 110 und Federici I, 224); Casa Ferrari: Verlobung der Katharina und Casa Silvestri: Mad. m. K. (Bartoli, Pitt. di Rovigo 232. 259).

lichkeit des Cima da Conegliano. Nur ein einziges beglaubigtes Bild können wir von ihm aufweisen, welches der Sammlung des Signor Piccinelli in Seriate bei Bergamo angehört, aber es ist ein sehr charakteristisches Beispiel: Maria (Halbfigur) hält das Kind im Schooss, Landschaft füllt den Hintergrund und auf der Brüstung vor der Gruppe steht in sauberer Schrift auf einem Zettel: „1495 Antonius Maria de Charpi pinxit." Seriate bei Bergamo.

Auffassung und Vortrag sind so entschieden von Cima entlehnt, dass man kaum anders kann, als in dem Maler einen Gehilfen des Coneglianesen, sei es nun in Venedig oder in Parma anzunehmen. Seine künstlerische Kraft ist jedoch geringfügig, der Umriss unseres Bildes schwach, die Färbung inhaltlos, die Empfindung dürftig. Es ist bemerkenswerth, dass die Vorliebe für Nachahmung eben dieser Richtung sich bei den Modenesen öfter findet. Wir werden in diesem Betracht noch auf Marco Melone von Carpi stossen, der in einem Bilde ebenfalls an Cima und an die norditalienischen Peruginesken von der Art des Verlas erinnert.

Vincenzo di Biagio, gewöhnlich Catena genannt, Trevisaner von Herkunft, hat sich nie zu gleicher Stufe mit Cima erhoben, aber eines ungewöhnlichen Rufes erfreut. Mängel der Begabung ersetzte er durch Betriebsamkeit. Seine ersten Anfänge versprachen wenig, aber Dank der Zucht der Bellini, mit denen er in der Zeit in Verbindung kam, als die bedeutendsten Maler des 16. Jahrhunderts um sie versammelt waren, lernte er sich mit besonderem Geschick an die einander nach und nach folgenden Stilphasen der Schule anlehnen und zog die öffentliche Aufmerksamkeit mehr durch sein Nachahmungstalent als durch Ursprünglichkeit auf sich. Vermuthlich ist er aus Treviso, wo er sich die erste Grundlage seiner Kunst angeeignet hat, bei Zeiten nach Venedig gekommen; 1495 finden wir ihn als Vincenzo von Treviso (oder Tarvixio) unter den Malergesellen im Saale des grossen

17*

Rathes.[56] Eine Zeit lang hat er unbemerkt gearbeitet und den unbedeutenden Gehalt, den er von Staatswegen empfing, nach Möglichkeit durch Lieferung von Kirchenbildern zu vervollständigen gesucht. Eine Bedeutung nehmen diese Arbeiten nur dadurch in Anspruch, dass sie seinen allmähligen Fortschritt kenntlich machen. Wir haben aus dieser ersten Zeit drei Votivbilder: die Darbringung des Jesusknaben im Tempel in der Stadtgallerie zu Padua, eine Maria mit Heiligen, jetzt in Liverpool Institution und eine Dreieinigkeit in S. Simeone in Venedig. Das erste hiervon ist eine Zeit lang unter Giov. Bellini's Namen gegangen und wurde selbst nach Entfernung der falschen Signatur, welche die ursprüngliche verdeckte, dem Catena anfänglich vorenthalten, weil Zweifel entstand, ob man wirklich ihn in dem auf dem Bilde genannten Vincenzo da Tarvixio zu erkennen habe. Auf-
Padua, Gallerie. merksame Vergleichung anderer Arbeiten hat diese Bedenken beseitigt, wir wissen jetzt, dass Catena hier den Giov. Bellini im Wesentlichen abgeschrieben hat, ohne jedoch in der Meisterschaft der Zeichnung, in der Freiheit des Vortrags oder im Reichthum der Färbung ihm nahe zu kommen. Trotz schlechter Erhaltung lässt sich von dem Bilde aussagen, dass es in Oel gemalt ist, mit stumpfröthlichem Ton, harten, kantigen Umrissen und stilloser Gewandung, im Ganzen eine geistlose Nachahmung bellinesker Komposition und Form.[57] Auf dem Bilde in Liverpool trägt Vincenzo bereits den Zunamen „Catena", welcher wahrscheinlich seine Vorliebe für Goldschmiedearbeiten (Ketten) bezeichnen sollte[58]:

---

[56] Sein Gehalt betrug 3 Dukaten monatlich, s. Gaye, Cart. II, 71, vgl. oben unter Giov. Bellini. Bezüglich eines Madonnenbildes in S. Maria di Castello zu Savona von 1490 ist zu bemerken, dass die Namensbezeichnung nicht die des Catena ist, wie irrthümlich angegeben wurde (s. engl. Originalausgabe Painting in North Italy I, 218), sondern dass sie auf Vincenzo Foppa hinweist, wie noch zu erörtern sein wird.

[57] Padua. Gallerie N. 20, Holz, Oel, stark beschädigt: Maria m. d. K., Joseph und Simeon, links ein Weib, Halbfig., Hintergr. dunkel (genau die Komposition wie das Bild in S. Salvatore und in der Akademie zu Venedig), Inschrift (weisse Buchstaben): „VINCENTIVS. DE. TARVIXIO", ehemals in Casa Capodilista zu Padua mit der gefälschten Signatur: „Johannes Bellinus". Ein zweites Bild desselben Gegenstandes in Vicenza, Gall. N. 28 ist ebenfalls dem Catena zugeschrieben, aber zu schadhaft, um mit Sicherheit bestimmt werden zu können.

[58] In einem seiner Testamente heisst er: „Vicentius pictor a Cathena". vgl. später.

Maria hält das Kind, welches den Stifter segnet, dem die Heiligen Nikolaus, Franciskus und eine weibliche Heilige zur Seite stehen (Halbfiguren); an der Unterleiste bezeichnet: „Vincencius Chatena p.“[59] Liverpool. Institution.

Der Maler hält sich an die alterthümlich zähe und ungeschmeidige Zeichnung des Umrisses, die Faltengebung ist verwirrt und wie in Holzgetäfel ausgeschnitten, das Fleisch ohne Halbtöne scharf schattirt, die Farbe von trübem, bleiernem Aussehn. Dabei sind seine Gesichter völlig und rund, aber blutlos[60], mit kleinlichen Zügen und abgleitendem Kinn, was jedoch nicht hinderte, dass sie nachmals von Previtali nachgeahmt wurden. Ein Vorzug jedoch lässt sich nicht verkennen: neben den kleinlich behandelten ausdruckslosen Idealfiguren ist die Wiedergabe des Stifterportraits recht naturwahr, sorgfältig und ansprechend. Das Dreieinigkeitsbild in S. Simeone wirkt noch durch einen Venedig. S. Simeone. besonderen Zug unvortheilhaft. Man mag gelten lassen, dass Catena die alte typische Form des Gegenstandes (Gottvater sitzend, den Querbalken des Kreuzes in Händen, an welchem Christus hängt)[61], beibehielt, aber auffällig ist die knochige Trockenheit des Fleisches, welche hauptsächlich durch die künstlerische Unsitte hervorgebracht ist, die Einzelheiten der kleineren Körpertheile durch dünne Linien zu modelliren. In dieser Weise arbeitet Catena nun eine Reihe von Jahren fort und kommt in seinem auf die Nachahmung Bellini's gerichteten Bemühen zuweilen dem Mansueti nahe, wie ein Paar Bilder in London und Modena bezeugen[62], zuweilen mehr dem Basaiti[63], aber erreicht sie Beide nicht.

---

[59] Liverpool Instit. N. 87. Holz. Fig. ½ lebensgr., Hintergr. dunkel.

[60] Zanetti, Pitt. Ven. 79 sagt sehr bezeichnend „le carne hanno poco sangue.“

[61] Venedig, S. Simeone, Holz, Oel. Fig. ¼ lebensgr., zu den Seiten des Thrones Landschaft; Abbild. bei Zanotto, Pin. Ven. Fasc. 11. Der Kopf Christi ist geneigt, der Gesichtsausdruck gequält, Füsse und Hände kleinlich, die Fleischfarbe eintönig röthlich, die Schatten scharf abgesetzt, die Gewänder womöglich noch bruchiger als zuvor.

[62] London, bei Marquis of Northampton: Maria m. K., Joseph und eine Heilige, welche ein Kreuz hält, Hintergrund Hügel und Himmel (Halbfig.), mit der falschen Inschrift: „Joannes Belli ....“, schadhaft, von Catena's Figurengepräge bei flauem gelben Fleischton; Anordnung und Auffassung sind besser als der Vortrag, welcher dem des Mansueti gleicht; in Modena, Gall. N. 35: Maria m. K. zwischen Johannes und einer weiblichen Heiligen, vorn der Stifter und seine Frau, dem Gentile Bellini zugeschrieben, aber in Auffassung, Formgebung und Behandlung mit dem vorigen übereinstimmend und von derselben Hand, die Bildnisse kalt, doch sorgfältig wie auf dem Bilde in Liverpool.

[63] So auf den Bildern der Akademie zu

Mit dem Beginn des 16. Jahrhunderts tritt mit der Erweiterung von Catena's Thätigkeit auch eine Zunahme seines künstlerischen Geschickes ein. Von Leonardo Loredan erhielt er den Auftrag zu einem Weihbilde für die Pregadikapelle im Dogenpalast:

Venedig, Dogenpal. In dieser grossen anspruchsvollen Komposition stellt er den Dogen links unter dem Schutze des heiligen Markus genau in derselben Weise wie Bellini den Agostino Barbarigo auf seinem Altarstück in S. M. degli Angeli zu Murano, knieend vor der thronenden Jungfrau mit dem nackten Kinde dar, welches den Fürsten segnet, während Maria die gleiche Geberde nach der andern Seite macht, wo Johannes d. T. steht; am bunten marmornen Throne, welcher auf gemusterten Fliesen ruht, die Inschrift: „VINCĒCIVS CHATENA . P.“ Hintergrund Berglandschaft.[64]

Die Hauptfiguren haben schöne bellineske Bildung und wenn auch die Gewandbehandlung dürftig erscheint, fehlt es doch im Uebrigen nicht an Lebendigkeit und Unmittelbarkeit. Durchweg offenbart sich guter Erfolg vom Studium des Bellini; die Farbenhaltung ist trotz der andauernden kalten Genauigkeit lichtër. Dass Catena auf diesem Wege den Beifall des Loredan erwarb, zeigt sein Einzelbildniss dieses Dogen, von welchem nachmals zahlreiche Copien gemacht worden sind. Hier hat er, wenn auch ohne das Feingefühl und den Farbengeschmack des Meisters, der ihm vorschwebte, die herben Züge des Mannes so gut belauscht und so fleissig nachgebildet, dass sein Original in Bergamo dem Gentile Bellini und die Copie desselben in Dresden dem Giovanni zugeschrieben werden konnte:

Venedig N. 11 (Augustin) und N. 13 (Hieronymus), Holz, Oel, oben rund, je h. 1.25, br. 0.50, stark durch Uebermalung entstellt; ehemals in einem venezianischen Kloster; der Charakter ist der des Catena mit Anlehnung an Basaiti, vgl. Moschini, Guida di Ven. II, 507.

[64] Holz, h. u. br. 1,10. Erwähnt von allen Guiden, aber erst seit kurzem wieder sichtbar in der Camera de' tre capi; erst nach Beseitigung der theilweisen Uebermalungen kam die oben gegebene Signatur zum Vorschein. Der Zweifel, welcher Doge auf demselben dargestellt sei, wurde durch Vergleichung mit Leopardi's Bronzebildniss des Leonardo Loredan auf der Piazza di S. Marco von 1503 gehoben. Das Fleich ist durch Feuerschaden und später durch Uebermalung beeinträchtigt.

Das Brustbild stellt den Loredan im Dogenornat und phrygischer Mütze im strengen Profil nach rechts gewendet dar, im Hintergrund des Zimmers ein Fenster mit der Aussicht auf die Insel S. Giorgio Maggiore.[65] Bergamo. Gallerie.

Bei ausgedehnten Altarbildern wird trotz dieses verhältnissmässigen Aufschwunges die Schwäche Catena's immer von Neuem auffällig. Aus d. J. 1520 haben wir die Verherrlichung der heiligen Christina in S. M. Mater Domini zu Venedig.

Hier hat er den Heiland zuoberst in recht gut erfundener Haltung angebracht, wie er der seraphischen Heiligen, welche nicht ohne Anmuth auf einer Wolke zu seinen Füssen kniet, den Segen spendet, unterhalb in einer Landschaft die gen Himmel schauende heilige Christina umgeben von Engeln mit ihren Marterwerkzeugen.[66] Venedig. S. M. Mater-Domini.

Das Auffälligste an dieser Komposition ist die Unselbständigkeit der Erfindung; von Bellini ist der allgemeine Charakter der Gestalten, nur in dürftiger Wiedergabe entlehnt, von Diana und Bissolo Bewegung und Vortrag der Christusfigur; im übrigen ist das Bild sehr weich und marklos und hat helleren, doch nicht ganz so leeren Ton wie die früheren. So gibt sich denn Catena auf dieser höheren Entwickelungsstufe recht eigentlich als eine Copistennatur zu erkennen, ohne bestimmten eigenen Stil die verschiedensten Vorbilder, unbekümmert um ihren künstlerischen Werth, ausnutzend. Weit unter Carpaccio oder Cima, die stets ihre eigenthümliche Kunstsprache bewahren, wetteifert er mit der Sorgfalt Basaiti's, aber entbehrt der festen malerischen Absicht, welche diesem vorschwebt; er beobachtet die Geschmackswandlungen der Zeitgenossen und versucht sich in jeder Richtung, die er erkannt zu haben glaubt. Dank dieser Geschmeidigkeit der Anempfindung wurde er beliebt und erwarb einen guten Namen. Der stärkste Ausdruck dieser unverdienten Anerkennung

[65] Bergamo, Gall. Lochis-Carrara, Holz, fast lebensgr., h. 0,30, br. 0,26, der Kopf hat Uebermalungen, Form und Behandlung wie auf dem Altarbilde im Dogenpalast. — Die Copie in Dresden, Museum N. 210 (unter Giov. Bellini), Holz, h. 0,70, br. 0,55, eine Wiederholung desselben im Museum Correr in Venedig, Holz, h. 0,69, br. 0,51.

[66] Holz, Oel, oben rund, sehr durch Nachbesserung entstellt.

begegnet uns in einem Briefe aus Rom vom April 1520. Marcantonio Michele, Schreiber desselben, galt damals als der beste Kenner von Antiquitäten, war als Verfasser einer sehr geschätzten Beschreibung des alten Bergamo ein Mann von literarischem Ruf und stand in Beziehungen zu Gabriel Vendramin, einem hervorragenden Sammler dieser Zeit, zu Aretino und Serlio, dem Schüler des Peruzzi. Beim Tode Rafael's in Rom anwesend berichtete er seinem Freunde Antonio di Marsilio nach Venedig, was damals über die letzten Arbeiten des grossen Meisters bekannt war, erwähnt, dass Michelangelo in Florenz krank liege und schliesst mit einer auf Catena bezüglichen Bemerkung: er möge auf seine Gesundheit Acht haben, denn „die gegenwärtigen Zeiten seien den grossen Malern unfreundlich".[67] Wir werden indess diese Schmeichelei nicht für ein Zeugniss des allgemeinen Urtheils nehmen, sondern eher zu vermuthen haben, dass der plumpen Zusammenstellung des mittelmässigen Venezianers mit den grössten Meistern dieser Tage eine persönliche Absicht unterlag. Catena hatte nämlich durch seine Geschäftsthätigkeit ansehnlichen Besitz zusammengeschlagen. Aus einem seiner Testamente von 1514 geht hervor, dass er einer zahlreichen Familie angehörte, welche Handelsbetrieb pflegte und dass er in einem eigenen Hause im Quartier S. Bartolommeo di Rialto in wilder Ehe mit der Tochter eines Pelzhändlers aus Udine wohnte und mit achtbaren Bürgerfamilien der Nachbarschaft in Verkehr stand. Jener Dona Menega Furlana vermachte er damals 300 Dukaten und sein gesammtes persönliches Besitzthum, seinen beiden Brüdern je 100, seinen Stiefbrüdern je 10 Dukaten und setzte der S. Lucas-Gilde ferner 200 Dukaten aus, welche zur Aussteuer von Töchtern armer Mitglieder und als Almosen für Bedürftige verwendet werden sollten. Einer seiner Testamentsvollstrecker war Battista Ignatio, Prior des Hospitals bei S. Marco, für welchen ein Temperabild auf Leinwand darstellend Adam und Eva und ein heiliger Hie-

---

[67] Marcantonio's Brief, abgedruckt bei Morelli, Anonymus S. 210—212 und bei Bottari I. 574. vgl. auch Aretino, Lett. Lib. III, 245 und Serlio, Architettura, Lib. III.

ronymus in seiner Zelle bestimmt waren. Der andere Vertrauensmann aber war Antonio di Marsilio, Marcantonio Michele's Freund; diesem hinterliess er seine Kostbarkeiten, ein Möbelstück mit Figuren von Giov. Bellini, alle seine Terracotten und 10 Dukaten in Gold.[68] Man versteht sonach den Sinn der schmeichelhaften Aeusserungen in einem Briefwechsel zwischen Freunden Catena's, von denen einer schon so werthvolle Anwartschaften hatte, umsomehr, da sich nachmals herausstellte, dass Antonio di Marsilio ein begehrlicher Geselle war, welchen Catena später ganz aus seinem Testamente strich. Sieht man sich jedoch nach edleren Beweggründen zu solchem Lobe um, so mag man immerhin glauben, dass die persönlichen Freunde des Malers eine gewisse Heiterkeit des Tones und einen Fleiss der Durchführung an seinen Bildern schätzten, deren Unselbständigkeit sie nicht zu beurtheilen wussten, oder dass man ungewöhnlichen Werth auf besondere Geschicklichkeiten, wie sein in der That recht achtbares Portraitirtalent legte. In dieser Einschränkung mag ein solches Lob hingehen, so unverzeihlich auch der Vergleich mit Rafael und Michelangelo bleibt. Eine Reihe von Bildnissfiguren Catena's aus dieser Zeit der Nachahmung des Bellini sind in der That beachtenswerth: im Belvedere zu Wien das Brustbild eines Mannes in blau Wien, Belvedere.
und rothem Kleid und schwarzer Mütze, die Hände auf ein Buch gelegt, welches einen freilich nicht glücklichen Anlauf zur Auffassung des Augenblicks verräth;[69] in der weiland Sammlung Beaucousin in Paris: ein bärtiges Profilbrustbild von zwar Paris, Beaucousin.
eintönig warmer Färbung aber von sorgsamer Ausführung.[70] Die Stücke, denen genaue Zeichnung und eine gewisse Leuchtkraft eigenthümlich sind und welche die Zubereitung für Aufnahme warmer allgemeiner Lasur erkennen lassen, machen es bedauerlich, dass von dieser Gattung Arbeiten, welche Vasari auch als die

---

[68] s. das Testament und dessen Nachträge später.

[69] Wien, Belvedere, Zimmer II, Ven. Sch. N. 33, Holz, Oel, h. 2 F. 5 Z., br. 1 F. 10 Z., Grund dunkel, oben bez.: „Vincentius Catena pinxit"; die Farbenfläche ist durch Abscheuerung aus der Einheit gekommen.

[70] Profil nach links, in Mütze, halblebensgr., Holz, Oel, bez.: „Vincentius Catenus p."

starke Seite Catena's rühmt, so wenig auf uns gekommen ist.[71] Dass sie zu ihrer Zeit, ausgestattet mit dem Reiz zarter frischer Farbe und rosigen mildschattirten Tones bei feiner Durchführung viel Beifall fanden, begreift man vollkommen.

Bei anderen Arbeiten gesellt sich zu den ebenbeschriebenen Eigenschaften noch der heitere Kontrast dünner Lokaltöne und Gewandfarben. Diese Züge begegnen besonders an einer Reihe von Ceremonienbildern, welche derselben Zeit angehören mögen:

Montalto bei Messina. Kloster Montalto bei Messina, unter Titians Namen, Mad. mit Kind; Maria hält die rechte Hand des Knaben in ihrer linken, dieser in der andern Hand einen Rosenkranz; hinten rechts Joseph und vor ihm der heilige Georg in Rüstung und Panzerhemd; durch ein Fenster Blick auf Himmel.[72]

Berlin, Museum. Berlin, Museum N. 19: Maria das auf ihrem Schoosse schlafende Kind anbetend, links Joseph und Johannes d. T., rechts Katharina und Bonaventura im Bischofsornat, welcher den Stifter empfiehlt.[73]

Petersburg, Ermitage. Petersburg, Ermitage N. 9: Maria mit Kind, Joseph und Johannes, in der Haltung mit dem berliner Bilde übereinstimmend.[74]

Keinem dieser Bilder fehlt die kleinliche Formzeichnung und der sorgfältige Umriss, welcher den Werken früherer Zeit charakteristisch ist, auch die Abhängigkeit von zeitgenössischen Meistern verläugnet sich nicht; das Bild in Montalto erinnert an Basaiti, Bissolo oder Lotto in der Farbenbehandlung der Gewänder eines der Heiligen, in der Haltung einer anderen Figur an Giorgione; die Stücke in Berlin und Petersburg stehen dem Previtali und Lotto am nächsten. Noch mehr in der Richtung

[71] Vasari VI, 98; angeführt werden Portraits ferner: Venedig, Casa Andrea de' Odoni: zwei Bildnisse des Francesco Zio, eins Halbfigur, das andere Kniestück (Anon. d. Mor. 63), Casa Ram: Bildniss des Zuane Ram (Anon. 78).

[72] Holz, Oel, Halbfiguren, die Ausführung sorgfältig, die Farbe eintönig, dünn und roth in den Fleischtheilen.

[73] Leinw., Oel, h. 2 F. 10 Z., br. 4 F. 11 Z., Halbfig., von blöd leuchtendem Gesammtton mit hellen Gegensätzen in den Farben dritten Grades, sauberem Umriss, in den Köpfen an Previtali erinnernd; der Vortrag etwas breiter als auf dem Bilde in Montalto, einige Theile z. B. die Köpfe Maria's und des heiligen Bischofs abgerieben, das Gesicht des Knaben abgeflacht.

[74] Holz, auf Leinwand übertragen, das Fleisch wie auf dem vorigen eintönig, warm, aber schwach, vgl. Waagen's Katalog S. 30.

der Bergamasken hält sich das Bildniss des Raimund Fugger im berliner Museum:

Ein Mann mit starkem Barte in dunklem seidnen Wamms mit Brustausschnitt, welcher Hemd und Hals sehen lässt, breitem Sammtkragen und schwarzseidenem Barett, die Rechte deutend auf die Brust gelegt.[75] Berlin, Museum.

Diess ist vielleicht die vollendetste Arbeit in der glatten Vortragsweise Catena's; er erscheint hier als Meister in der Oeltechnik, alle Theile sind in gleichem Farbenkörper behandelt, das Fleisch lichtgelb mit kalter Schattirung, die Geberde etwas unlebendig erfasst, die Hände dürftig gezeichnet, aber das Fleisch besser als auf irgend einem andern Bilde modellirt, sodass man sagen darf, Catena würde, wenn er sich immer auf gleicher Höhe erhalten hätte, in der Wiedergabe weichen Fleischtones den Vergleich mit Moroni oder selbst mit Hans Holbein zugelassen haben.

Als letzte Stufe seiner Entwickelung ist diejenige zu bezeichnen, in welcher er und zwar nicht ohne Erfolg dem Giorgione und Bellini nachgeht. Hierfür besonders charakteristisch und wohl überhaupt die beste Arbeit, die wir von ihm haben, ist das in der Nationalgallerie zu London befindliche grosse Votivbild mit dem Ritter:

Maria sitzt links mit dem Kinde auf dem Knie, hinter ihr Joseph an einer niedrigen Mauer lehnend, in der Mitte des Bildes ein Ritter im Harnisch mit Turban auf dem Haupte, welcher sich vor Maria auf die Knie niedergeworfen hat, während sein Page hinter einer Brüstung im Mittelgrund den Zelter hält, von dem jener abgestiegen ist; Hintergrund Hügellandschaft.[76] London, Nat.-Gall.

---

[75] Berlin, Museum N. 32, Leinwand, Halbfig., h. 2 F. 5 Z., br. 2 F. 1 Z. Diess ist möglicherweise das Bildniss, welches Vasari VI, 99 im Fondaco de' Tedeschi in Venedig kannte. Hierbei erwähnen wir das dem Catena zugeschriebene Bild N. 39 in Berlin: Maria m. K. und einem Stifter, Paulus, Magdalena und Katharina (Halbfig., Holz, h. 2 F. 2 Z., br. 2 F. 8½ Z.), welches in den Gesichtszügen dem Previtali ähnelt, und das dicke ziegelrothe Impasto hat, welches Bildern eigen ist, die dem „Andrea Cordelaghi" zugetheilt werden.

[76] Nationalgallerie N. 234 (unter „Schule des Giov. Bell."), Leinw., Fig. unterlebensgr., h. 5 F. 1 Z., br. 8 F. 7 Z., ehemals Eigenthum Mr. Woodburn's, zuvor in Rom, wo das Bild von

Der allgemeine Eindruck, besonders aber die Ritterfigur oder das im kalten Grün gehaltene Gebüsch hinter der gedankenvollen Josephsgestalt bekunden unmittelbaren Einfluss Giorgione's. Es ist deshalb lange geradezu als Werk desselben betrachtet worden, aber bei genauer Vergleichung anderer guter Leistungen Catena's muss es ihm zugetheilt werden; das Profil des Ritters ist von derselben Sorgfalt und Durchführung wie das Stifterbildniss auf dem berliner Altarstück, die Marienfigur und das rundliche Kind mit seinen kleinen Augen sind im allgemeinen Gepräge, in der Behandlung und in der Ausstattung der Gewänder, welche in schmale Faltenreihen zusammengedrückt sind, ebenso entschieden in Catena's Weise wie die Nebendinge, Hund und Rebhühner, der an Basaiti erinnernde Farbenvortrag und die Behandlung der Formen, welche an die Bilder in Liverpool, Montalto und das im Dogenpalast zu Venedig befindliche erinnert. Die Charakterzüge dieses Werkes sind übrigens unserem Urtheile nach hier nicht vereinzelt. Das Bild des Hieronymus in seiner Zelle, welches Catena laut Testament von 1517 dem Prior Ignatio zugedacht hatte, entspricht dem Gegenstande nach einem in der Nationalgallerie zu London dem Giovanni Bellini unter Vorbehalt zugeschriebenen Stücke; uns scheint es jedoch dem Catena anzugehören:

London, Nat.-Gall.

Der Heilige, in Purpur und Blau gekleidet, sitzt lesend, den Kopf in die Hand gestützt, vor seinem mit Stufen erhöhten Pulte, an der Wand theilweis Bücherschränke, Leuchter und anderes Geräth, auf dem Tisch ein Kruzifix, am Boden der schlafende Löwe, zwei Rebhühner, Handschuh und Kardinalshut, durch das offene Fenster sieht man auf Hügel und eine ferne Kirche.[77]

Perlgrauer Gesammtton, rosiges Fleisch und kraftlose Schattirung bei munterer Helligkeit der Lokalfarben lassen den Einfluss

vielen Betrachtern (auch von den Verf.) für Giorgione angesprochen wurde; nachmals ist es durch Uebermalung sehr verändert worden, die Figur des Pagen verschwärzt und verdorben.

[77] Nationalgallerie N. 694, Leinw., h. 2 F. 4½ Z., br. 3 F. 2½ Z., i. J. 1862 aus der Gallerie Manfrin in Venedig angekauft, gut erhalten; eine Wiederholung des Bildes befindet sich im Städel'schen Institut zu Frankfurt a. M. N. 18 (unter „Schule des Giov. Bellini, Lorenzo Lotto“?), Holz, h. 0,65, br. 0.95.

verschiedener Bellinesker, besonders des Basaiti und Lotto erkennen. Anziehender noch und an Bedeutung nur dem Weibbilde mit dem Ritter in London nachstehend ist eine heilige Familie in Dresden, welche lange Zeit im Palast Pesaro in Venedig als eine giorgioneske Arbeit des Catena bekannt war, aber auf Grund einer gefälschten Inschrift unter Andrea del Sarto (angeblich) steht:

Auf grünem Kissen sitzt die heilige Anna mit Maria im Schooss, welche das Kind hält; dieses wendet sich scheinbar unwillig ab, während Joseph beschäftigt ist, die Wiege zurechtzumachen, links am Boden drei Rebhühner und ein weisser Pudel, im Hintergrund eine grosse Fensteröffnung mit Ausblick auf Landschaft und Himmel.[78] Dresden, Museum.

Die Behandlung stimmt mit dem Londoner Bilde durchaus überein, dasselbe kränklich blasse blutlose Fleisch, die gedrückten Falten, die nämlichen Physiognomien: höchstens ist der Jesusknabe von breiterer Form als gewöhnlich, aber die Landschaft und die Thiere sind höchst charakteristisch für Catena.

Wir verweilen nicht bei Bildern, welche auch für Catena von untergeordneter Bedeutung sind, wie z. B. die Verherrlichung des Franciskus in S. Giovanni e Paolo in Venedig[79], oder bei zweifelhaften wie der Maria mit Kind und Joachim und Johannes in Prag[80], oder der Beschneidung in der Gallerie Leuchtenberg zu Petersburg.[81] Der zunehmende Verfall spricht aus dem gemei-

[78] Dresden, Museum N. 46. Leinw., h. 1,46, br. 2,0, mit der aufgemalten Inschrift: „AND'S SARTVS", angekauft als Perugino, im Katalog beschrieben als „wahrscheinlich von Sassoferrato nach einer Zeichnung Rafaels"; durchweg stark übergangen, am besten erhalten die Figur Anna's. Lanzi II, 107 erwähnt es in Casa Pesaro in Venedig und Zanetti, Pitt. Ven. 79 beschreibt es eingehend mit der Bemerkung, dass es den Namen Catena's in gothischen Buchstaben getragen habe, welche Signatur durch die angeführte Fälschung verdeckt ist.

[79] Venedig, S. Giov. e Paolo: inmitten Franciskus, rechts und links Ludwig und Bonaventura in Bischofsornat, bezeichnet: „VINCENTIVS CATENA", sehr schadhaft, verschwärzt und sicher übermalt, ursprünglich in der Capp. S. Francesco ai Frari (Boschini, R. M. Sest. S. Polo 41 und Ridolfi I, 106.)

[80] Prag, Gallerie Hoser, Zimmer VI N. 66. Holz, Oel, unter dem Namen des Giov. Bellini; wenn von Catena, so gehört es zu seinen geringern Leistungen (vgl. oben).

[81] Dieses ist vielleicht das von den Herausg. des Vasari VI, 99 in S. M. Formosa in Venedig aufgeführte Bild (vgl. oben).

Venedig, Akademie.

nen Realismus der Geisselung Christi in der Akademie zu Venedig[82], welches durch einen gewissen nordischen Zug in Gestalten und Gesichtern auffällt.

Gegen Ende seiner Laufbahn finden wir Catena in Verbindung mit einflussreichen Leuten in Bergamo, und hätten wir nicht an seinen Leistungen Beweis genug, wie sehr es mit seiner Kraft abwärts ging, so würde ein Brief des Pietro Bembo an den Bischof Pietro Lippomano v. J. 1525 diess erkennen lassen, in welchem dieser Freund des Bellini und Tizian sich folgendermaassen vernehmen lässt: „Obwohl ich schon vor Empfang des Briefes Ew. Herrlichkeit alles für Vincenzo Catena gethan hatte, was in meinen Kräften lag, so zauderte ich in Folge der warmen Empfehlung doch nicht, dem ersten Bilde, das ich von ihm empfing, etwas (an Geld) hinzuzufügen; ich habe es aus Liebe und Verehrung zu Ew. Herrlichkeit gethan und in der Hoffnung, er werde sich Euch dafür erkenntlich erweisen, dass er an sich erfahren hat, wie viel Ihr über mich vermögt."[83]

---

[82] Venedig, Akademie N. 52, Leinw., h. 1,56, br. 2,0, ursprüngl. in S. Severo (Christus krümmt sich unter dem Schlag der Schergen, links Herodes mit seinem Gefolge), ebenfalls stark übermalt, vielleicht jedoch unter Beihilfe von Gesellen Catena's gemalt. — Ueber die Madonna m. K. in S. Giorgio degli Schiavoni vgl. unter Carpaccio, über 2 andere Madonnenbilder mit Heiligen in der Akademie zu Venedig N. 124 und 385, dem Catena zugeschrieben, aber in Wahrheit von Diana, vgl. unter Diana. — Von zweifelhaften Bildern sind ferner zu verzeichnen: Dresden, Museum N. 211: Maria u. K. mit Margarethe und Katharina von Alex., Antonius Abbas und Nikolaus von Bari (Holz. Oel, h. 0,93, br. 1,37, Halbfig.), angekauft als Sebast. del Piombo, von wächsern bleicher Färbung und sattem Auftrag, in den Typen an die Friauler und Bergamasken nach Giorgione's und Palma vecchio's Zeit erinnernd. Dieselbe Hand vermuthen wir in der weil. Sammlung Northwick N. 90, heilige Familie mit Magdalena, Katharina und dem kleinen Johannes, mit giorgioneskem Landschaftshintergrund, und Figuren von kurzem, kleinlichem Bau. — Venedig. Museum Correr N. 56, Maria m. K. zwischen Simeon und einer Heiligen (Holz, h. 0,60, br. 1,80) — von einem früheren Friauler, vielleicht Pellegrino. — Berlin, Sammlung Raczynski N. 61: Maria m. K. und Heiligen (vgl. oben unter Giov. Bellini). — Schleissheim N. 1140: Urtheil des Salomo (vgl. unter Jacopo Bellini). — Verlorene Werke unter Catena's Namen: Venedig, S. Severo: Heimsuchung (Boschini, R. M. Sest. Castello 28 und Zanetti, Pitt. Ven. 79); K. d. Carità: Ankunft des Dogen vor der Kirche der Carità zur Begrüssung Papst Alexander III. (Lanzi 107 und Piacenza, Fortsetzung zu Baldinucci); S. Luca: Orgelthüre, oben Verkündigung, innen und aussen Markus und Andreas (Boschini, R. Min. Sest. Marco 103); S. Maurizio: Maria m. K., Christoph und Nikolaus, und Stifter, oberhalb Gottvater (Boschini a. a. O. 84 und Lanzi

Das letzte von Catena's zahlreichen Testamenten — wir haben deren noch aus d. J. 1514, 1517, 1518 und 1525 — ist am 10. September 1531 im Hause des Malers zu Bartolommeo di Rialto geschlossen. Er bezeichnet sich als krank und bettlägerig und es ist wohl anzunehmen, dass er bald darauf gestorben ist. Die Malergilde Venedigs verdankte ihm die Mittel zur Herstellung etlicher Künstlerhäuser.[64]

II. 107); Casa M. A. Pasqualino: Maria m. K. von Bellini, durch Catena aufgefrischt (Anonymus d. Mor. 58); Casa Bartol. Nave: Judith mit dem Haupte des Holofernes (Ridolfi, Marav. I. 107. Cicogna, Iscr. Ven. VI, 35 und 133, Bartol. della Nave hatte eine Handlung von Kunstgegenständen [anticaglie], welche i. J. 1627 von dem Maler Simon Vouet besucht wurde und die zu Ridolfi's Zeit [vgl. Marav. I. 328], also vor 1648 verstreut und meist nach England verkauft war); Casa Z. Ram: Kopf des jugendlichen Apollo, Pfeife spielend (ebenda); Dogenpalast, Tribunale del Magistrato al Superiore: Christi Leichnam mit den Marien und Heiligen (Boschini, R. M. Sest. S. Marco 55. Zanetti, Pitt. Ven. 78). — Crema, Ch. dello Spirito santo: Christus der Magdalena erscheinend (Anon. d. Mor. 54).

[63] Bembo an Lippomano in Rom, gegeben: „Villa bei Padua". 8. Mai 1525, abgedr. in Bembo, Opere, Mailand 1809, V, 253.

[64] Er nennt sich: „egrotus sed in lecto jacens"; sonstige Mittheilungen von Werth aus den verschiedenen Testamenten und Codicillen geben wir in folgendem Auszug aus dem Archivio Notarile in Venedig: „1514 adì 3 frever (Februar) in Venezia io Vizenzo chadena depentor fo de Ser biasio ..... laso ala schola dei depentori da Ven. ducati duzento .... e de questi ... voio chel sia maridate zinque donzele fiole dei poveri de la dita sch. et che le sia persone di bona vita, et abi per una ducati vinti .. et li altri zento d. voio chel sia despensadi ai poveri della dita sch .... El residuo de tuti mie beni .. alla schola dei depentori da Venexia." Folgt ein Codicill: „anno m. quingent. dec. Sept. die decimo septimo Februari, verum est me V. Cathenam, p. q. S. Blasii de continio S. Bartolomei de Rivoalto da ... Item dimitto Rev. et literato domino presb. Bapt. Ignatio priori hosp. penes Campanile S. Marci meum telarium de Aqarela Adami et Eve et unum aliud telarium s. hieronymi ab. heremo .... Item dimito domino Antonio Marsilii com. meo testam. rasteletum de ligno meus et omnes meas figuras de relevo et ducatos decem .... Item dictis meis commissariis do et confero plenam potestatem facieri et facere possem quacumque acordia pacta, compositiones et conventiones cum quibuscumque aventoribus meis pro quacumque causa scilicet pro ... et eorum ocasis et pro quibuscumque figuris et alias quolibet per me factis. Et hec quanto ad artem meam spectat .... Item dimitto Gerardo famulo meo ducatos tres aure ....." — Das Testament von 1525 wiederholt viele Bestimmungen des früheren, ändert aber auch manche; es heisst darin: „et sia chonprato uno stabele per far una schola da poter redurse i diti depentori; e sel sera denari davanzo sia speso in tanto fondi a benefitio dela dita schola .... Item ordeno chel mio chorpo sia sepolto a S. Zuane Polo." (dies wurde ausgeführt vgl. Ridolfi, Marav. I. 107). Es folgen mehrere Paragraphen, welche mit der Feder wieder ausgestrichen sind, darunter: „Item laso al sovra schrito miser Antonio (di Marsilio) tuti i miei anele .... el mio restelo de nogera chon zerte fegurete dentro depinte di mano de miser Zuan belino, et anchora tuti i miei nudi di rilievo fati di tera chota ... Item io V. ordeno et anulo et privo et chaso Antonio de Marsilio de la mia commessaria .... et questo perche io lo chogno sudo un gran gioton et un gran tristo." Ferner: „lasso al mio garzon Inozente fu fiolo de ser Zorzo dei puo-

veri io ge laso per lamor de Dio ducati vinti." Hierauf ein Codicill in zwei Abschriften mit geringen Veränderungen, welche in der Hauptsache Folgendes besagen: „1531, die dominico decimo m. Septembris Rivoalti ... Cum ego Vincentius C. ... corpore languens in lecto coram etiam infrascriptis ... presentaverim Z. de Priolis Ven. notar. meum testamentum ... et non possim manu mea propter meam pravam egritudinem scribere, ... Item lego Innocenti famulo meo ducatos octuaginta ...." Nach Ridolfi I, 107 befand sich auf der aus dem Nachlass Catena's in S. Sofia gegründeten Malerherberge die Inschrift: „Pictores et solum emerunt, et has construxerunt aedes bonis Vicentio Catena pictore suo collegio relictis DMXXXII."

ZWÖLFTES CAPITEL.

Marco Basaiti und Andrea Previtali.

Basaiti's Stil und seine künstlerische Herkunft wird uns am klarsten in dem Bild der Glorie des Ambrosius in S. M. de' Frari in Venedig vor Augen geführt, welches er nach Alwise Vivarini's Tode vollendet hat. Vivarini begann das umfangreiche Altarstück für die Kapelle der Milanesi, wie wir gesehen haben, i. J. 1503[1], und Basaiti hatte dem schon weit vorgerückten Werke zwei Figuren der rechten Seite (Hieronymus und Augustin)[2], vier andere zur Linken und die beiden spielenden Engel am Fusse des Thrones hinzuzufügen. Muss man auch annehmen, dass Basaiti Alwise's Gehilfe und in hohem Grade durch seinen Einfluss gelenkt gewesen ist, so erscheint er doch in mancher Beziehung abweichend. Die in unserem Bilde ihm angehörenden Figuren entsprechen seinen besten Arbeiten aus der Zeit von 1505 und 1510, aber der Umriss ist markirter, die Farbe massiger als in der Periode von 1510. Vivarini hat bei der Figur des heiligen Ambrosius und dessen nächststehenden Genossen seinen Oliventon flott in einem Auftrage mit einem etwas harzigen aber doch so durchsichtigen Bindemittel angelegt, dass man den weissen Grund erkennt; Charakter und Behandlung der Figuren zeigen die erprobte Künstlerhand. Basaiti's Zeichnung und malerischer Vortrag ist dagegen

---

[1] vgl. Cap. IV. S. 64.

[2] Augustin erscheint zweifelhaft.

härter und trockener, die Töne eindringlicher, die Farbenmasse selbst ungeschmeidiger, weniger durchsichtig und von tieferen, mit Asphalt versetzten Schatten.

Bei genauer Prüfung von Basaiti's früherer Malweise erkennt man, dass er noch 6 bis 7 Jahre nach Ausführung des Altarbildes der Frari an der Art der Muranesen festhielt; um so wahrscheinlicher darf man ihn unter den Schülern Vivarini's im Dogenpalast suchen. Vasari, der, von der Verschiedenheit der Manieren des Malers irregeführt, zwei Männer aus ihm macht, lässt ihn in Venedig von griechischen Eltern geboren werden.[3] Gegen diese Annahme ist nichts einzuwenden, denn Basaiti's Name ist ebenso entschieden griechisch wie seine Kunstweise venezianisch. Nach anderer Ueberlieferung wäre er Friauler gewesen.[4] Ausser Serravalle würde in Friaul keine Stadt zu bezeichnen sein, in welcher sich Basaiti auf die Kunstweise hätte vorbereiten können, welcher er nachmals anhing. Dort betrieb Jacopo da Valentia seine Kunst. In den Kirchen der Stadt finden wir ein Paar Bilder mit einem Anflug von lionardeskem Liebreiz, von sorgfältiger Durchführung bei unvollkommenem Umriss, kalter Regelmässigkeit in Wiedergabe der Gesichter und des Nackten bei flachem grau-blauem Fleischton.[5] Vielleicht haben wir es hier mit Jugendwerken des Basaiti zu thun, allein diese Arbeiten erinnern ebenso sehr an die Manier, welche mit Simon da Cusighe oder Matteo und Antonio Cesa begann und ihren Höhepunkt in Antonio da Tisoio erreichte;[6] überdiess hat es sein Bedenken, das Alter friulanischer Bildwerke festzustellen, da am Beginn

---

[3] Vasari VI, 100. 102; er theilt die Werke der einen Periode dem „Marco Basarin", die einer andern dem „Marco Basaiti" zu; die griechische Herkunft behauptet er von seinem M. Basarini.

[4] s. Ridolfi, Marav. I. 56 und Lanzi II, 106; letzterer verbindet Vasari und Ridolfi, indem er als seine Heimath Friaul, aber die Familie als eine griechische bezeichnet.

[5] Eins dieser Stücke befindet sich in S. Lorenzo in Serravalle; es hat etwas von der Kälte des Charakters und der Eintönigkeit der Schule Perugino's und erinnert an Timoteo Viti; ein zweites, in S. Silvestro alla Costa daselbst, ist mehr lionardesk. Von verwandtem Aussehen ist ferner eine Maria m. K. und 4 Heiligen auf dem Altar der Constantini in S. Martino di Valle in Cadore, ein viertes in Aquileia ist zu sehr verstümmelt, um genau beurtheilt werden zu können.

[6] Von letzterem gibt es Bilder aus d. J. 1512, s. später.

des 16. Jahrhunderts Männer wie Rosso und sein Sohn Giovanni da Mel thätig waren, welche ein höchst alterthümliches Gepräge bewahrten, während schon Bellini und Giorgione mit ihren Schülern die venezianische Malerei mit neuem Leben erfüllten. Wir glauben also bezüglich der Abkunft Basaiti's dem Vasari den Vorzug geben zu dürfen, dessen Zeugniss überdiess nicht bloss das ältere ist, sondern auch auf der im Atelier des Tizian noch lebendigen Kunde beruhen mag. Als frühe Arbeiten Basaiti's sind ein Paar kleine Madonnenbilder zu verzeichnen, welche, wenn auch in Anordnung und Geberden von einander verschieden, doch im Ganzen durchaus übereinstimmen:

Das eine im Besitz des Signor Enei in Rom zeigt die Jungfrau vor grünem Vorhang, welcher die Landschaft des Hintergrundes zur Hälfte verdeckt, auf ihrem Knie den Jesusknaben, der den kleinen Johannes segnet; auf Zettel links die Bezeichnung: „Marchus Baxaiti.“[7] Rom. Sign. Enei.

Das zweite im Museum Correr in Venedig, ähnliche Gruppe von Halbfiguren, mit dem Profilbild des Stifters, welcher zum Knaben aufblickt, den die Mutter aufrecht auf einer Brüstung hält; Hintergrund grünes Zelt und ein Stück Flusslandschaft, mit gleicher Inschrift wie das vorige.[8] Venedig. Gall. Correr.

Ein drittes, ehemals in der Gallerie Manfrin in Venedig: Jesus im Schoosse der Mutter mit einem Vogel spielend, Hintergrund Landschaft; bez.: „Marcus Baxaiti“.[9] Venedig. Gallerie Manfrin.

Ein viertes bei Dr. Luigi Tescari in Castelfranco: Maria, welche die Hand des auf einer Rampe stehenden Kindes in der Geberde des Segnens unterstüzt, Hintergrund Landschaft; bezeichnet: „Baxaiti p.“[10] Castelfranco.

Alwise Vivarini's Einfluss ist hier durchweg fühlbar, Leblosigkeit und Kälte mit einer Neigung zu Previtali's Weise vorherrschend. Grosse regelmässige Körperverhältnisse und Rund-

[7] Holz, h. 0,55, br. 0,73, durch Abscheuern und Uebermalung entstellt; die beiden Knaben hart, spröde und unrichtig gezeichnet.

[8] N. 34. Holz, Oel, h. 0,74. br. 0,57, die Farbe gläsern, der Kinderkopf flach.

[9] N. 220. Holz, Oel, Fig. halblebensgross, der Himmel fleckig infolge von Uebermalung. Von gleicher Beschaffenheit ist die nämliche Komposition, nach der Gegenseite gewendet, in der Gallerie Harrach in Wien (Holz, Oel, bez.: „Marchus Basaiti p.“), aber vollständig übermalt.

[10] Holz, Oel, Fig. $^{1}/_{3}$lebensgr., die Landschaft ist von rother Stimmung, in der Farbe hart und eintönig, aber auch durch Uebermalung und Firniss entstellt.

18*

köpfe im Geschmack der Muranesen geben den Bildern eine Eintönigkeit und Herbheit, welche durch die bruchigen und ziemlich verständnisslosen Gewandmotive verstärkt wird. Das Bindemittel ist Oel, die Behandlungsweise eine unvollkommene Nachahmung Antonello's, der Farbenkörper dick, einfarbig unterlegt, mit durchgehender Uebermalung, der Fleischton gläsern-braun. — Dem Vivarini näher verwandt und besser gezeichnet sind drei Venedig, Akademie. Bilder der Akademie in Venedig, welche aus der Kirche der Madonna de' Miracoli stammen: der Leichnam Christi mit zwei Engeln[11] und zwei Heiligenfiguren[12], die letzteren noch Ungeübtheit im Oelgebrauch verrathend, das erstere dem Alwise in seiner bellinesken Stilrichtung ziemlich ebenbürtig. In gleichem Geiste gehalten, mit auffälligem Gleichmaass in der Anordnung, aber ohne Vervollkommnung im Vortrag und im Farbengeschmack ist die dem Giovanni Bellini nur mittelbar zugehörige Pietà (Christus von Maria, Johannes, Magdalena und Joseph von Ari- Berlin. Museum. mathia betrauert) im Museum zu Berlin.[13]

Die höchste Stufe, welche Basaiti erreichte, bevor er in der bellinesken Weise aufging, bezeichnen zwei Bilder aus d. J. 1510:

Venedig, Akademie. Das eine für S. Andrea bei Venedig gemalt, stellt die Berufung des Jakobus und Johannes dar: Christus, von Petrus und Andreas begleitet, steht an dem felsigen Saum des Sees von Galiläa, Jakobus kniet vor ihm, den Segen zu empfangen, Johannes steigt aus dem Boot, in welchem der Vater zurückbleibt; ein Knabe im Vordergrund vergisst seine Angel und betrachtet den Vorgang; der See ist mit überhängenden Felsen und den Zinnen von Zebulon gesäumt. An dem Bret, worauf der Knabe sitzt, bezeichnet: „M . D . X . M . BAXITI“.[14]

---

[11] Venedig, Akademie N. 7, Holz, Oel, h. 0,38, br. 1,01; ein Engel zu Füssen und einer zu Häupten, der Leichnam auf dem Boden in einer Landschaft ausgestreckt.

[12] Venedig, Akademie N. 4: Jakobus auf einem Piedestal, an der Seite bez.: „MARCVS“, Hintergr. Landschaft; und N. 6: Antonius Abbas, bez.: „BASAITI P.“, jedes h. 2,0, br. 0,60 (Holz, Oel); sie erinnern einigermaassen an die beiden Heiligenfiguren von Catena in derselben Gallerie N. 11 und 13.

[13] Berlin N. 6, Holz, h. 4 F. 11 Z., br. 2 F. 8¾ Z.. Hintergrund dunkel, aus der Sammlung Solly, vgl. oben Cap. IX. S. 146.

[14] Venedig, Akad. N. 31, Holz, h. 4,55, br. 2,60 (ursprüngl. in S. Andrea della Certosa); bei Zanotto, welcher Pin. Ven. Fasc. XVII eine Abbildung gibt, steht fälschlich die Jahreszahl 1511. Bemerkenswerth ist, wie das Boot mit den 3 Figuren im Hintergrunde auf die Farbe des Wassers aufgesetzt ist; die Regelmässigkeit der Körper- und Gesichtsbildung erinnert an Catena.

Das zweite, jetzt ebenfalls in der Akademie der Künste, hat das Gebet Christi in Gethsemane zum Gegenstand: durch ein Portal mit Marmorflur, aus dessen Wölbung eine Lampe herabhängt und an dessen Pfeilern vorn paarweis die Heiligen Ludwig, Franciskus, Markus und Dominikus stehen, sieht man im Mittelgrunde die drei schlafenden Apostel; hinter ihnen erhebt sich der mit dürren Bäumen bewachsene Hügel, Christus kniet in etwas überschnittener Profilansicht zu dem kleinen Engel aufblickend, der zu ihm niederfliegt, im Hintergrund Hügel mit Burg. Bezeichnet: „1510 Marcus Basitus.“[15] Venedig. Akademie.

Das erste dieser Bilder bekundet eine theilweise, das andere die vollkommne Aufnahme der neueren venezianischen Geschmacksrichtung. In der Berufung der Söhne des Zebedäus bringt es Basaiti beim Aufgebote höchster Sorgfalt und Schärfe der Umrisse doch nur zu einer steifen Förmlichkeit; die Gestalten sind ungeschmeidig, die Geberden ohne Fluss; der Zeichnung fehlt es an Richtigkeit, den Gewändern an natürlich breitem Fall, der Landschaft an Einheit und Reiz, und das lange lockige Haar der Fischer wirkt etwas einfältig; die Farben sind noch stumpf, zäh und ungenügend verarbeitet, der Mangel des Helldunkels entzieht der ganzen Darstellung die Breite. Das andere Bild, für S. Giobbe gemalt, wo Basaiti neben seinem Meister und um die Wette mit Carpaccio zu arbeiten hatte, ist zwar ziemlich theatralisch und wahren innern Lebens bar, hat jedoch entschieden malerische Vorzüge vor jenem voraus. Gestalt und Antlitz Christi sind unbedeutend und gewöhnlich, die Zeichnung hart, Licht und Schatten ungenügend vermittelt und der Farbenkörper stumpf; dagegen macht sich in den Verhältnissen der Heiligenfiguren eine Verbesserung bemerkbar, die hier und da an Vorbilder Bellini's erinnert, und daneben fallen geschickte Lichtwirkungen und wohlgefälligere Stimmung der Töne angenehm auf. Jedenfalls bekundet sich ein achtbarer Fortschritt, wenn auch Basaiti weder

[15] Venedig, Akademie N. 534, Holz, Oel, h. 3.62, br. 2.20 (urspr. auf dem Altar der Foscari in S. Giobbe, s. Cicogna, Iscr. Ven. VI, 562). Die Gestalt des Franciskus am meisten in Bellini's Art; auffällig die Lossetzung des fliegenden Engels vom Hintergrunde. Beschädigt besonders in einer Figur rechts, deren Schatten schwarz geworden sind und die ebenso wie die Nebenfigur ein Stück des Kopfes durch Abscheuerung verloren hat, die Füsse des zuvorderst lang ausgestreckt liegenden Apostels sind zur Hälfte neu.

die Empfindung Bellini's für milde Fülle der Färbung noch die Entschiedenheit der Formgebung des Carpaccio erreicht. Dass Basaiti mit aller Kraft darauf ausging, sich der technischen Vortheile immer mehr zu bemächtigen und zu der gediegenen Glätte des Antonello und der Lombarden vorzudringen, beweist ein Bild in der Gallerie zu Padua:

Padua, Gallerie. Maria, das Kind anbetend, welches nackt vor ihr auf der Brüstung liegend die eine Hand zum Munde führt, links Petrus, rechts der heilige Liberale im Harnisch, oben drei Engelsköpfchen, bez.: „MARCHVS . BAXAITI . P.“[16]

Hier ist die alte Vorliebe für Sorgfalt des Umrisses bewahrt, aber der an sich derb rothe Fleischton, welcher an Catena erinnert, zu strahlendem einheitlichen Schmelz vervollkommnet; die Sauberkeit der Behandlung hat Basaiti in diesem Bilde mit Andrea da Milano gemein, nur schädigt eine gewisse gläserne Leerheit den allgemeinen Eindruck. In gleicher Richtung weiter strebend malte er sodann die Darstellung des Schmerzensmannes (Christus mit der Rechten auf die Brustwunde deutend, in der Linken die Fahne, Hintergrund Felsenlandschaft), jetzt in der Ambrosiana
Mailand, Ambrosiana. zu Mailand[17], wo sich die Eleganz Luini's mit bellinesker Milde des Gesichtsausdruckes verbindet, und ferner ein männliches Bildniss und den Christuskopf mit der Jahreszahl 1517 in der Gallerie
Bergamo, Lochis-Carr. Lochis-Carrara zu Bergamo.[18]

In dieselbe Zeit dürfen wir wohl auch den „Kreuzschleppen-
Rovigo, Museum. den Christus“ im Museum zu Rovigo setzen, in welchem lombardische Ebenmässigkeit und Glätte der Farbenfläche so stark vertreten sind, dass man das Bild des Lionardo für würdig erklärt hat. Christus trägt die Dornenkrone, der Mund ist vom Schmerz

[16] Padua. Stadtgallerie N. 18 (aus der Sammlung Capodilista), Holz, Oel, Halbfig.; das Kind an Kopf und Körper theilweis durch Abreibung beschädigt, Maria von gewöhnlichem Gesicht, Petrus mit alter Ausbesserung; die Engelsköpfe erinnern an G. Bellini's Bild N. 69 *bis* im Louvre.

[17] Holz, ganze Fig., halblebensgr., auf einem Zettel die Inschrift: „Mors mihi ultra non dominabitur“; das Fleisch durch Abputzen und Uebermalung beschädigt, am meisten der Kopf.

[18] N. 222: Bildniss eines Mannes in schwarzer Kleidung und Mütze mit langem Haar und Bart, Holz, Oel, Halbfig., bez.: „M. Baxaiti F.“, h. 0,55, br. 0,46, durch Nachbesserung beschädigt. — N. 204: Kopf Christi, bez.: „MDXVII Basaiti f.“

geöffnet und die Gestalt strahlt Licht aus; sein aschgraues Gewand ist mit Grün gesäumt und in eckige Falten gebrochen.[19] Es ist Nachbildung eines mit Recht dem Giorgione zugeschriebenen Originals und hat den glühenden Ton der Zeit und Richtung, die sich auf der Mittellinie zwischen Bellini und Barbarelli hält; die Gewandung, ganz in der Art der gleichzeitigen Venezianer und die Ausführung weisen auf Basaiti oder Previtali hin. Es ist ganz bezeichnend für diese Periode von Basaiti's Kunst, dass überall, wo seine Signatur fehlt, gleich eine Reihe von Namen zur Hand sind. Der heilige Sebastian in venezianischer Landschaft in der Gallerie Doria zu Rom[20] wird in Rücksicht auf die Weichheit, welche sich entsprechend auf dem Bilde zu Rovigo findet, und vielleicht auch um der etwas gezierten Haltung willen dem Perugino zugetheilt, aber dieselbe Geberde, ebenso blöder Ausdruck und entsprechende Landschaft finden sich auf der noch entschiedener dem Basaiti zugehörigen und auch mit seiner Namensunterschrift beglaubigten Wiederholung im Museum zu Berlin.[21] Die ebendort befindliche „Glorie Johannes des Täufers", ein umfangreiches viergliedriges Altarstück, ist in der Mehrzahl der Figuren von sehr bergamaskischem Gepräge und erinnert an Lorenzo Lotto, wogegen eine Maria mit Kind und Heiligen in München wieder dem Bellini und Cima näher steht:

Rom. Gall. Doria.

Berlin. Museum.

Berlin. Museum.

Berlin, Museum N. 20: Hauptreihe enthaltend: Johannes d. T., links Hieronymus, rechts Franciskus, Hintergrund Landschaft; oberhalb (Lünette) Maria m. d. K. vor grünem Teppich sitzend, verehrt von Anna und Veronika mit dem Schweisstuche.[22]

---

[19] Rovigo, Gallerie, Holz. h. 18½ Z., br. 11 Z. Das Fleisch, von kräftig graubraunem Impasto, hat das eigenthümlich blühende Aussehen wie das des Palma Vecchio.

[20] Rom, Gallerie Doria, Zimmer 11. N. 80, Holz, Oel, ganze Fig., lebensgr.: der Heilige ist an der Säule festgebunden, der linke Arm über den Kopf, der rechte auf dem Rücken, im Hintergrund ein Mönch, welcher Wasser trägt, ein Fischer und andere Nebendinge. — N. 11 (Zimmer 7) derselben Gallerie: Maria m. K. zwischen Petrus, Nikolaus und 2 anderen Heiligen, Halbfig., unter Basaiti's Namen, ist von Boccaccino oder Galeazzo Campi.

[21] Berlin N. 37, Holz, Oel, h. 7 F. 1 Z., br. 3 F. 3¾ Z., aus der Samml. Solly, bez.: „Marcus Basaiti. P.", die Figur ist durch Alter trübe geworden, der Oliventon übrigens noch durch Nachbesserung verschwärzt.

[22] Berlin N. 20, Holz, Oel, die 3 Haupttafeln je h. 2 F. 11½ Z., br. 11 Z., die Lünette h. 1 F. 6 Z., br. 4 F. 5½ Z. Das Gepräge Basaiti's ist namentlich in der Hauptfigur und im Franciskus

München, Pinakothek.

München, Pinakothek (Saal) N. 559: Maria m. d. K. in den Armen legt ihre Linke dem knieenden Stifter aufs Haupt, zu ihrer Seite Hieronymus und Sebastian.[23]

Im Jahre 1515 beginnt eine neue Umwandlung bei Basaiti, die besonders die Technik betrifft. Die kalte hornige Undurchsichtigkeit seines olivenfarbigen Fleischtones gibt er auf zu Gunsten eines von Palma entlehnten lichten und satten Auftrages, erreicht aber dabei nicht den Reichthum jenes Vorbildes, sondern nur die unkräftigere Manier des Lotto. Gleichzeitig löst er die bis dahin für ihn charakteristische Schärfe des Umrisses bis zur Unbestimmtheit auf und verschmilzt die Uebergänge vom Licht zum Schatten auf's Aeusserste. In diesem veränderten Geschmack wiederholte er die Darstellung der Berufung des Jakobus und Johannes (jetzt in der Gallerie des Belvedere in Wien) und umrahmte sie in ganz dekorativer Weise durch einen Portikus mit Standfigürchen[24], ähnlich seinem Christus in Gethsemane in der venezianischen Akademie. Offenbar war er durch das Beispiel Bellini's, dem er damals zur Hand gegangen ist, und durch die Vorliebe für den Stil anderer moderner Zeitgenossen in diese Richtung gedrängt. Während die zunehmende Lebendigkeit und Beweglichkeit seiner Figuren den Altmeister wiedererkennen lassen, lauscht er dem Palma und Giorgione die prächtige Wirkung der Landschaft ab. Typen, Körperformen und Gewandung gewinnen zunehmend an

Wien, Belvedere.

---

ausgesprochen, das des Lotto in der Figur des Hieronymus (durch Abreibung beschädigt). Auf Lotto deutet besonders die Heiterkeit des Tones und die leere halbdurchsichtige Farbenfläche. Der bergamaskische Charakter tritt hier so stark hervor wie etwa auf Werken des Francesco Rizzo, obgleich diess noch nicht dazu berechtigt, das Bild dem Basaiti abzusprechen.

[23] Holz, Halbfiguren, lebensgr., h. 2 F. 1 Z., br. 3 F. 2 Z. (früher unter „Schule des Giov. Bellini" mit Hindeutung auf Basaiti); Sebastian stark abgerieben, von bellineskem Charakter, Hieronymus in Basaiti's Weise, der Hintergrund im Geschmack des Bellini; schlecht erhalten, dem Basaiti am nächsten stehend. Diesem weist der Katalog (mit „angeblich") N. 537 Cab. zu (Christus vom Kreuze abgenommen im Schoosse Maria's, umgeben von Nikodemus und Joseph von Arimathia, im Hintergrund die Kreuze mit den Schächern und die zurückkehrenden Soldaten, Holz, h. 3 F. 10 Z., br. 2 F. 11 Z.), ein Stück von so ärmlichem Charakter, dass man an Niccolò de Barbaris oder Marziale erinnert wird.

[24] Wien, Belvedere, Venet. Sch. Saal II, N. 62, Holz, Oel, h. 3 F. 11 Z., br. 2 F. 6½ Z., bez. auf Zettel: „. 1515 marcus Basaitj. f." Die Komposition ist dieselbe wie die von 1510, nur von der Gegenseite, die an den Säulen des Portikus angebrachten Figuren sind grau in grau gehalten.

Richtigkeit und Wahrheit, wenn es ihm auch an Mannichfaltigkeit der Erfindung gebricht, ein Mangel, der ihn verhinderte, mit den Häuptern der Schule auf gleiche Stufe zu treten. Jedoch bei dem damaligen Verhältnisse von Meister und Gesellen ist die Annahme nicht abzuweisen, dass Basaiti Antheil an Bildern gehabt hat, welche gemeinhin unter Giovanni Bellini's Namen gehen, und zwar beziehen wir diess sowohl auf seine frühere Periode, welche durch die Neigung zu stumpfem Oliventon bezeichnet ist, als auf den lichtvolleren satteren Vortrag der Zeit um 1515. Die Wechselfälle, denen Kunstwerke ausgesetzt sind, müssen nebenbei manches Befremdende erklären. Ein Blick auf das Hieronymusbild Bellini's in S. Giovanni Crisostomo in Venedig[25] oder auf die Madonnenbilder weiland Sir Charles Eastlake's[26] gibt einen Begriff von Basaiti's Bethätigung in der Werkstatt des Meisters, während die Beschaffenheit seiner selbständigen Arbeiten an Gemälden zu studiren ist, wie an der mit bellinesken und palmesken Zügen verquickten Darstellung der Maria mit Kind auf der Wiese in
der Nationalgallerie zu London[27], an der Himmelfahrt Maria's in London, Nat.-Gall.
S. Pietro auf Murano und an den verschiedenen Wiederholungen
des Hieronymus in der Wüste. Das Altarbild in Murano gehört Murano. S. Pietro.
zu Basaiti's bedeutenden Arbeiten und zeichnet sich besonders durch seine Landschaft aus; die Typen sind bellinesk, aber nicht von gleichem Adel wie die des Giovanni, und durch die verblasene Zeichnung der Umrisse entsteht ein weichlicher Gesammteindruck.[28] Durch dieselben Mittel ist auf den Hieronymus-

[25] s. oben Cap. IX. S. 185.

[26] s. oben Cap. IX. S. 186. In der Sammlung weil. Lord Northwick's befindet sich ferner eine Maria m. K. und Joseph in Landschaft, rechts zwei Rebhühner, bez.: „Joannes Bellinus" (Holz, Oel, h. 2 F. 8 Z., br. 3 F. 6 Z.), ein sehr schadhaftes Bild, welches jedoch ebenfalls als Beispiel eines von Basaiti ausgeführten, aber von seinem Meister bezeichneten Werkes gelten muss.

[27] N. 599: Maria sitzt am Boden auf einer Wiese, das Kind in ihrem Schoosse anbetend; am Fuss eines vertrockneten Baumes kämpft ein Storch mit einer Schlange, auf dem Baume ein Adler, welcher zusieht, im Hintergrund allerhand Vieh, Hügel mit Kloster und Berge (Holz, Oel, h. 2 F. 2 Z., br. 2 F. 9 Z.), angekauft in Florenz 1858; die Beseitigung der alten Uebermalungen hat bei aller Sorgfalt doch die Farbenfläche beeinträchtigt und den Umriss etwas abgeschwächt: der Vortrag ist matt und hell, der Ton heiter.

[28] Murano. S. Pietro Martire, urspr. im Kloster der Angeli daselbst (s. Boschini, R. M. Sest. d. Croce 25). Holz, Oel, Fig. lebensgr., Maria wird auf Wolken emporgetragen, 8 Heilige schauen

bildern des Basaiti die allerdings in der Natur des Gegenstandes liegende Herbheit der Formen gemildert. Es gibt ihrer eine ganze Anzahl und man kann an ihnen die Stilwandelungen ihres Urhebers trefflich überschauen:

Padua. Die erste Darstellung befindet sich im Besitz des Conte Papafava in Padua: der bärtige Heilige sitzt fast ganz nackt lesend unter überhängendem Felsen, der von Gestrüpp bewachsen breiten Schatten wirft, den Hintergrund bildet eine Hügelreihe mit Stadt und Schloss und überbrücktem Strom; Ziege, Hirsch und Rebhuhn beleben die Ferne, im Vordergrund ist der schlafende Löwe und eine Schildkröte
London. angebracht.[29] — Ein zweites in der Nationalgallerie zu London, im Ganzen Wiederholung des andern aber kleiner.[30] — Ein
Florenz. drittes in der ehemaligen Sammlung Lombardi in Florenz, nur wenig in der Haltung der Figur abweichend.[31] — Ein viertes, wo Hieronymus vor dem Kreuze knieend dargestellt ist, mit einem Stein in der
Venedig. Hand, besitzt die Akademie in Venedig.[32] — Ein fünftes unter Tizians Namen in Casa Giovanelli in Venedig zeigt den Heiligen am Pulte sitzend, links neben ihm den Löwen, hinter ihm eine Felsbank.[33]

Auf dem Exemplar in Padua ist der Vortrag reichlich, nach dem Geschmack des Bellini und Palma, die Töne entschieden warm, die Figur von hagerem Bau durch breiten Schatten in der Art wie auf Cima's Taufe Christi in S. Giovanni in Bragora vom Hintergrund abgehoben, die Pläne gut getrennt und durch verschiedenfarbiges Licht belebt. Die kleinere Wiederholung in

---

zu. Die Schatten sind ziemlich grau, die Heiligen etwas steif und gewöhnlich. Ridolfi, Marav. I. 94, ist der Einzige, der das Bild dem Giov. Bellini gibt. Durch den Firniss ist hier und da die Farbe schwerer geworden, die Ausführung erinnert an das Thomasbild in S. Niccolò zu Treviso (s. später).

[29] Holz, Oel. Fig. ¼ lebensgr., mit reicher Landschaft, ähnlich dem Bilde in Murano, gut erhalten.

[30] London, Nationalgallerie N. 281, Holz, Oel. h. 1 F. 6 Z., br. 1 F. 1 Z. ehemals wahrscheinlich in S. Giorgio Maggiore in Venedig (vgl. Cicogna, Iscr. Ven. IV, 388).

[31] Kleine Tafel, links Felsen, der Kopf des Heiligen etwas übergangen.

[32] Venedig, Akademie N. 317, Holz, Oel, h. 0.53, br. 0.41. Eins dieser Hieronymusbilder wird das von Ridolfi I, 56 in S. Daniele in Venedig erwähnte sein.

[33] Venedig, Giovanelli, Holz, Oel, klein, sehr schadhaft. Noch eine Wiederholung desselben Gegenstandes haben wir in dem büssenden Hieronymus, welcher ehemals in der Gallerie Lochis-Carrara (bez.: „Marcus Baxaiti"), jetzt im Besitze des Sign. Piccinelli in Bergamo ist, jedoch zu sehr gelitten hat, um noch rangirt werden zu können. Das Hieronymusbild der Brera in Mailand N. 126 haben wir bereits dem Cima zurückgegeben (s. oben S. 250); ein anderes, Gall. Correr N. 36, dort dem Mansueti zugetheilt, ist mehr im Charakter der Schule Basaiti's (s. oben S. 231, Anm. 98, wo die Namen umzustellen sind).

London, von flandrischer Sauberkeit der Durchführung, ist zwar ein wenig hart, aber doch von flockiger Farbe. Dasjenige der venezianischen Akademie erinnert durch seine verschmolzene kräftig aufgesetzte Gewandfarbe bei übrigens breiter Formgebung am meisten an Palma.

Ueberblickt man die Kunstthätigkeit Basaiti's, um die wesentlichen Merkmale festzuhalten, so sieht man sich einer launenhaften Mannichfaltigkeit gegenüber, in welcher der persönliche Kern fast verloren geht. Von Haus aus, wie es scheint, gering begabt, hielt er sich bis zum Ende des Jahrhunderts an das bestimmte Vorbild des Alwise Vivarini, sagte sich um das J. 1510 von ihm los und warf sich ganz in's Fahrwasser Bellini's. Unter dessen künstlerischer Herrschaft geht er durch mancherlei Stadien hindurch und tritt schliesslich in vollkommenen Gegensatz zu der Kunstweise seines Anfanges. Hätte man die Reihe seiner Bilder ohne Kenntniss dieser Wandlungen zu klassificiren, man würde sie ohne Frage zwei verschiedenen Händen zutheilen: auf der einen Seite die harten, trockenen und vivarinesken Produkte, auf der andern Bilder von strahlender Farbe, sattem Auftrag und dunstiger Verschmelzung. Das Band, welches sie zusammenhält, ist die allen gemeinsame Geistlosigkeit und Eintönigkeit. Indem er dem Vivarini, Bellini und Palma die äusserlichen Stileigenthümlichkeiten ablauscht, kommt er jedem derselben so nahe wie überhaupt ein Nachahmer einem Meister kommen kann. Betrachtet man z. B. seine Himmelfahrt Maria's in Murano oder die verschiedenen Darstellungen des Hieronymus, bei denen er sich mit ausserordentlichem Geschick in Giovanni Bellini hineingearbeitet hat, so wird doch nach allen Richtungen hin der Abstand kenntlich: in den Figuren unklarere Zeichnung, in den Kopfbildungen geringerer Adel, in der Gewandung weniger Empfindung für die bedeckten Körperformen, Licht und Schatten nicht so meisterlich abgewogen, die Farben zwar von gleicher Leuchtkraft aber nicht von der vollendeten Wahrheit und Schönheit der Gegensätze wie bei den Vorbildern. Auch in der Farbe erreicht Basaiti den reinen Metallton seiner Meister nicht; in seinen Landschaften findet man bald bleiche Oede, bald äusserste Munterkeit; er verliert sich nicht in Einzelheiten, aber die Massen haben bei ihm weder die saubere Färbung noch die geheimnissvolle Luftfülle, die seinem letzten Lehrer eigenthümlich ist. Alles in Allem nimmt er zu Giovanni Bellini eine ähnliche Stellung ein wie Penni zu Rafael: höchst gewandt im Machwerk entbehrt er der geistigen Ursprünglichkeit.

Die Charakteristik Basaiti's muss aber noch durch einen Blick auf die letzte Phase ergänzt werden, in welcher er den Carpaccio nachahmte. Sie ist bezeichnet durch die Glorie des Petrus und den heiligen Georg mit dem Drachen (v. 1520), beide in S. Pietro di Castello in Venedig:

Venedig S. P. di Castello. Petrus thront unter rundbogiger Loggia, umgeben von Andreas, Nikolaus, Jakobus und Antonius Abbas.[34] — Der heilige Georg ist in Seitenansicht rechts zu Pferde dargestellt, im Mittelgrund die Königstochter an einem Baum; auf Zettel bezeichnet: „MCCCCCXX . M . BASAITI P.“[35]

Im ersten Bilde ist es die Formgebung im allgemeinen und die gedämpfte olivenfarbene Stimmung, welche den Einfluss Carpaccio's bekundet; in dem zweiten ist die Uebereinstimmung der Figuren mit denen des Carpaccio so gross, dass, wenn Basaiti nur dieses Werk hinterlassen hätte, man ihn schlechterdings für dessen Schüler erklären müsste. Dieses Bild ist übrigens das späteste, was wir von Basaiti kennen; andere Arbeiten, die im Laufe des Textes nicht untergebracht worden sind, stellen wir in folgendem Verzeichniss zusammen:

Venedig. Venedig, S. M. della Salute, Sakristei: der heilige Sebastian am Baume festgebunden in Landschaft, derbe Figur in Basaiti's späterem Stil.[36] — Magistrato delle Ragioni Vecchie: Markus zwischen zwei Heiligen (s. später unter Andrea Busati).

Padua. Padua, Casa Maldura: Leichnam Christi im Bahrtuche von

[34] Venedig, S. Pietro di Castello, Leinw., Oel, die Farbe hat durch Ausbesserung gelitten, die Köpfe sind weich im Ausdruck. Abbild. bei Zanotto, Pin. Ven. Fasc. 4, mit der Angabe, dass das Bild von Antonio II. Contarini bestellt gewesen sei, welcher von 1508—24 die Würde des Patriarchen von Venedig bekleidete.

[35] Ebenda, über dem Eingang zur Sakristei, Abbild. bei Zanotto, Pin. Ven. Fasc. 17.

[36] Leinw., Abbild. bei Zanotto, Pin. Ven. Fasc. 1.

zwei Todtengräbern in die Gruft gelegt[37], Hintergrund Landschaft. Der allgemeine Charakter ist der des Basaiti, das Impasto gut durchgearbeitet, der Weise Palma's nicht unähnlich, aber leer.

Pastrengo bei Verona: Kreuzabnahme, Tafelbild mit der Inschrift: „Baxaiti f.“[38] Pastrengo bei Verona.

London, bei Mr. Cheney: Bildniss eines Mannes in dunklem Wamms und Bart, Hintergrund Landschaft; auf Zettel die Inschrift: „Marchus Baxaiti p.“[39] — Sammlung Richard Fisher: Christus segnend und ein dünnes Kreuz haltend, Hintergrund Landschaft, zwar dem Cima zugeschrieben, jedoch von Basaiti.[40] — Dudley House: Maria und Joseph mit dem Kinde, welches der heiligen Katharina den Ring reicht; eine Wiederholung des als „Bellini“ bezeichneten Bildes in der Gallerie zu Rovigo; die Bezeichnung Basaiti ist nicht unangemessen, jedoch kann es auch eine Arbeit des Cariani sein.[41] London.

Stuttgart, Museum N. 128 (131): Maria das Kind auf dem Schoosse haltend, welches segnet, streckt die Hand aus und berührt das auf einem Pulte vor ihr liegende Buch, bezeichnet auf Zettel: „marcho d. ioas B. P.“; möglicherweise von Basaiti.[42] — N. 74 (77): Maria, Halbfig., den stehenden Knaben auf ihrem Knie haltend, der mit der Linken eine Birne am Faden schweben lässt, welche die Mutter auffangt; Hintergrund rother Vorhang und Landschaft; schwach, dem Mansueti näher stehend als dem Basaiti.[43] Stuttgart.

Andrea Previtali hat unter allen den zahlreichen Schülern Giovanni Bellini's bei der neuen Kunstforschung das meiste Lob

---

[37] Holz, Oel, Fig. ½ lebensgr., urspr. unserer Vermuthung nach in der aufgehobenen Kirche der Crociferi, s. Ridolfi I, 56 und Brandolese, Guida di Pad. 197. Nach Brandolese war die Lünette zu diesem Bilde, eine Krönung Maria's, ehemals in S. Maddalena in Padua.

[38] Nicht von den Verf. gesehen; es befand sich früher in der Badia di Sesto in Friaul (Ridolfi, I, 56. Lanzi II, 106. Maniago, Belle arti friulane 41. 175); Fig. halblebensgr. (Notizen des Sign. Nanin in Verona).

[39] London, Audley Square 4: die Schatten etwas beschädigt.

[40] Auf der Ausstellung in British Institution v. J. 1865 N. 81. Holz, Halbfigur.

[41] Copien davon befinden sich im Museum Fitzwilliam zu London (s. oben) und in der Gallerie zu Padua.

[42] Holz, Oel, h. 1 F. 3 Z. 5 L., br. 1 F. 5 Z., stark beschädigt, die linke Seite, wo vermuthlich wie auf andern Exemplaren dieser Komposition ursprünglich ein Stifter gekniet hat, den das Christuskind segnet, ist übermalt; ebenso die Inschrift, welche „Marcus de Joannes Bellini pinxit“ zu lesen sein wird (vgl. S. 186. Anm. 144).

[43] Holz, Oel, h. 2 F. 2 Z. 5 L., br. 1 F. 7 Z. — Verlorene Bilder: Venedig, S. Giobbe: der heil. Bernardin auf einem Felsen sitzend mit anderen Heiligen (Vasari VI, 101); Bologna: Gallerie Ercolani: Auferstehung, bez.: „Marcus Basaiti“ (s. Piacenza's Forts. zu Baldinucci).

geerntet. Den venezianischen Chronisten war sein Name in der jetzt geläufigen Form unbekannt. Als er am Ausgange des 15. Jahrhunderts nach Venedig kam, betrieb er seine Thätigkeit vermuthlich als Andrea Cordeliaghi oder Cordella, und die Bilder seiner Hand, welche diese Signatur tragen, sind wieder vollkommen übereinstimmend mit anderen, auf denen er sich nach seiner zweiten Heimath Andreas Bergomensis nennt. In Bergamo liess er sich nach mehrjährigem Aufenthalt bei Giovanni Bellini um das Jahr 1515 nieder und erhielt den Beinamen Previtali, der ihm nachmals verblieben ist.

Auf grosse Handfertigkeit Previtali's lässt der Umstand schliessen, dass er seinem Hauswirth in Bergamo, dem Marchese Rota, als Miethe 28 Lire und 4 Bilder jährlich zu zahlen hatte.[44] Das bedeutendste Zeugniss über seine Kunst spricht sich in einer Anekdote aus, welche erzählt, Tizian habe auf seinen Reisen aus Venedig nach Cadore häufig in Ceneda Halt gemacht, um dem Verkündigungsbilde Andrea's in S. M. del Meschio seine Verehrung zu beweisen.[45] Dies Geschichtchen erinnert sehr an ein anderes, welches von Michelangelo's ausserordentlicher Bewunderung für Roger van der Weyden berichtet, und hat seinen Ursprung wahrscheinlich in einem falsch verstandenen Scherz. Denn Adrea ist bei allen Vorzügen doch höchstens ein Künstler zweiten Ranges, der sich an Bellini, Carpaccio, Cima hielt und in einen durch Züge des Palma und Lotto verquickten, dem Catena verwandten Stil gerieth. Das früheste Bild, was wir von ihm in Händen haben, ist eine Madonna mit der Jahreszahl 1502 im Hause des Grafen Ferdinando Cavalli in Padua:

Padua, Sammlung Cavalli. Maria auf einer Steinbank sitzend, den Kopf mit freundlicher Neigung dem jugendlichen Stifter zugewendet, welcher im Profil vor ihr kniet, während das Kind aufrecht auf dem Knie der Mutter stehend das Kreuz schlägt, bezeichnet: „Andreas bḡomensis Ioannes dissipulus p̄ixit MoCCCCCºII."[46]

---

[44] Fr. M. Tassi, Vite de' pitt., scult. e archit. Bergamaschi, Bergamo 1798, Tom. I, 43.

[45] Ridolfi I, 184.

[46] Holz, Halbfig., 1/3 lebensgr.; die Fläche ist verrieben und nicht frei von Uebermalung.

Das Bild ist zunächst für die Zeitstellung Previtali's wichtig, von welchem bisher keine ältere Arbeit als von 1506 bekannt war und dessen Geburt sonach um 1480 zu setzen ist. Die Auffassung ist nicht ohne Anmuth, die Gestalt Maria's schlank, die Stifterfigur von bellinesker Erscheinung, der Knabe dagegen von der Magerkeit, die wir bei Lotto finden und durch den besonders bei früheren Paduanern üblichen ungeschickten Kopfansatz entstellt. Der scharfe zähe Umriss bekommt, so genau er sich auch in der Nähe erweist, aus der Ferne gesehen einen Schleier, welcher durch den an trübes Krystall erinnernden über die ganze Bildfläche ausgedehnten röthlichen Ueberzug entstanden ist. Der Vortrag ist eine Mischung bellinesker und alt-bergamaskischer Technik, an Lotto und Palma erinnernd. So erkennt man, dass die Inschrift, in welcher sich der Maler ausdrücklich als Schüler des Giovanni Bellini bezeichnet, nur die halbe Wahrheit sagt. Was hier auf die Unterweisung Bellini's hindeutet, bezeugt Anlehnung an die Uebergangsphase von der zweiten zur dritten Manier des Meisters, jene noch spröde, das Bindemittel nicht völlig beherrschende Technik, welche durch die Darstellung im Tempel in Castle Howard und durch die Pietà in Stuttgart bezeichnet wird.[47]

Häufig bleibt angesichts der für Previtali anzusprechenden Bilder zweifelhaft, ob man es mit ihm oder Basaiti zu thun hat; zwischen diesen besteht fast das nämliche Verhältniss wie zwischen Catena und Lotto, die noch zur Zeit der Vollkraft Bellini's alte Mängel bewahrend und Züge seines Stiles mit palmesken Eigenthümlichkeiten vermischend eine besondere zwitterhafte Phase venezianischer Malerei bezeichnen. Eine Reihe von Arbeiten aber, die sich in verschiedenen Gallerien unter allerhand Namen umtreiben, lassen sich unbedenklich dem Previtali zueignen. Wir rechnen hierhin: das kleine ansprechende Bild der Auferstehung mit reicher, in Cima's Weise gehaltener Abend-Landschaft in der Sammlung des Conte Roncalli in Bergamo[48], welches dieselbe spröde Bergamo, Sammlung Roncalli.

[47] S. Cap. IX. S. 145 u. 147.

[48] Holz, Oel, unter Cima's Namen: Christus erhebt sich mit der Fahne in der Hand und segnend, vorn 2 stehende

Stimmung der Töne, die hornige Farbenmasse und den schlanken Figurenbau wie das Bild in Padua zeigt; ferner die Beschneidung in der Gallerie Manfrin[49], angeblich Giovanni da Udine, gewöhnliche Komposition von drei Halbfiguren an Bellini und Catena erinnernd; eine Madonna mit Kind zwischen Johannes d. T. und einer Heiligen im Besitz des Fürsten Giovanelli[50] in Venedig. Letzteres Stück, mit Giovanni Bellini's Namen bezeichnet, muss zwar als eine in der Werkstatt des Meisters ausgeführte Arbeit angesehen werden, verräth aber die Hand eines Gehilfen und zwar ausdrücklich die des Previtali. Die Hauptfigur sowohl wie die Heiligen zur Seite haben im Ganzen gute Körperverhältnisse, aber dabei zierliche Formen, mit dünnen und leblosen Extremitäten; das im Schooss der Mutter schlafende Kind ist schmal gebaut mit abgeflachtem Kopf, Johannes eine schöne Gestalt aber mangelhaft gezeichnet, die Landschaft, wenn auch von bellineskem Geschmack, deutet schon aus dem Grunde auf Previtali, weil sie der Nachbarschaft von Bergamo entlehnt ist, und hat ausserdem die breiten Flächen wie sie Basaiti liebt. Das Bild mag um 1500 entstanden sein; deutlich zeigt sich das Bestreben, der Weise Bellini's nahe zu kommen, unter dessen Aufsicht es mit der Bestimmung entstanden ist, für eine Arbeit des Meisters zu gelten, aber Andrea erreicht dabei nicht einmal ganz die Stufe des Catena, dessen Madonnenbild in der Ermitage zu Petersburg dieselbe Richtung vertritt.[51]

Venedig, Gallerie Manfrin.

Sammlung Giovanelli.

Die folgenden Jahre über wird nun Previtali öfters Madonnen geliefert haben, welche unter Bellini's Namen in die Welt gingen; denn man muss sich ihn als Genossen des kleinen gewählteren Kreises denken, der mit und für den Meister arbeitete. In dieser Thätigkeit mag er mit Rondinello, einem Romagnolen, Kamerad-

Wachen, ein dritter im Mittelgrund liegend, ein vierter die Augen schützend; im Hintergrund die Marien. Johannes und die Hirten; schadhaft, die Umrisse durch Aufspringen der Farbe entstellt.

[49] Holz, Oel, h. 0.83, br. 0.62; Maria reicht dem Simeon das Kind, das vor ihm zurückweichend die rechte Hand im Kleid der Mutter birgt, links eine Heilige im Gebet. Hintergrund Hügel und Bäume; schadhaft und übermalt, aber dem vorigen stilgleich; Simeon besonders bellinesk, das Kind in der Bewegung an Catena erinnernd.

[50] Holz, Oel, Kniestück, Fig. ¹/₂ lebensgr.

[51] vgl. Cap. XI. S. 266.

schaft gepflogen haben, auf welchen Bellini grosse Stücke hielt, und dessen Hand wir in einer mit Giovanni's Namen bezeichneten Madonna in der Gallerie Doria in Rom vermuthen.[52] Wie dieser, so machte auch Previtali gute Fortschritte in der Nachahmung Bellini's; aber trotz aller Sorgfalt, die er als eifriger und verständiger Künstler anwandte, verräth er sich doch oft genug durch mangelhafte Geberden, hageren Formenbau und wulstige Gewandung. Er bemerkte sehr wohl, wie sich die venezianische Kunst unter dem Einflusse des Giorgione und Basaiti ebenso wie unter Bellini selbst verwandelte, und als er damals auf eigene Hand sein Verkündigungsbild für Ceneda malte, hatte er sich offenbar schon in das Studium dieser Meister vertieft:

Maria kniet links an ihrem Pulte, den Kopf demüthig nach Gabriel hingeneigt, welcher, fast völlig im Profil, die Augen niederschlagend, die Linke züchtig auf die Brust gelegt, in der auf seinen Knieen ruhenden Rechten den Lilienstab, ebenfalls knieend ihr gegenüber erscheint; der Fussboden ist mit Marmorfliesen, die Decke des Zimmers mit Holzgetäfel ausgelegt, inmitten des Raumes eine mit reich gemustertem Teppich bedeckte Bank, ausserdem allerhand Hausgeräth; durch das oberhalb mit runden Glastafeln geschlossene doppelte Bogenfenster Ausblick auf reiche Hügellandschaft, darin ein Wolf, der einen Hahn anfällt; am Pulte Maria's die Inschrift: „ANDREAS . BERGOMENSIS . IOANIS . BELLINI . DISCIPVLVS . PINXIT.“[53] Ceneda. S. M. d. Meschio.

Durchgreifend war der Eindruck der gleichzeitig um ihn her thätigen Meister keineswegs. Die Verkündigung, wenn auch im Ausdrucke der Engelfigur von hohem Reiz, behält doch die Dünnheit des Figurenbaues und die empfindsame Geberdung, die runden Kopfformen, die bauschige Gewandung, die wir sonst bei Previtali wahrnehmen, der Vortrag hat Verwandtschaft mit Palma, die Landschaft die frischgrüne Färbung Giorgione's; dabei zeichnet sich das Bild aber durch jugendliche Frische, Schmelz und Ebenmässigkeit aus. Diese Züge im Verein mit der merk-

[52] vgl. Cap. VIII. S. 136 und später unter Rondinello. Gallerie Doria, Saal II N. 25, Holz. Oel. h. 2 F.. br. 2 F. 4 Z. (Maria m. K. und Johannes). Halbfig.

[53] Ceneda, S. M. del Meschio, Hochaltar, Holz, Oel. h. 2,61. br. 1,65. oben gestutzt, unten ein Stück angesetzt; schlecht erhalten, die Farbenfläche locker, die Töne durch Nachbesserung stumpf geworden, der Auftrag sehr kräftig.

London. Sammlung Bromley. lichen Anstrengung, dem Ausdruck der Kinderfiguren mehr Freundlichkeit zu geben, lassen den Andrea als den Maler eines kleinen Madonnenbildes der Sammlung Bromley in London[54] erscheinen; sie weisen ihm aber auch die Verlobung der Katharina in S. Giobbe in Venedig[55] zu, eine ceremoniöse Halbfigurengruppe, die lange Zeit für Giovanni Bellini's Arbeit gegolten hat. Es reiht sich durchaus in die damaligen Arbeiten Previtali's ein: die passive Weichheit im Ausdruck der Figuren, die rundlichen Gesichter und schmalen Hände sprechen ebenso deutlich für Andrea wie der eintörmige und leuchtende Fleischton und die glänzend gestimmte Landschaft. Das Bild von S. Giobbe gewinnt dadurch noch an Interesse, dass es sich in jeder Hinsicht als genaues Gegenstück einer zweiten Darstellung der Verlobung Katharina's in der Sammlung weiland Sir Charles Eastlake's ausweist, welches inschriftlich beglaubigt ist. Beim Verkauf der Stowe'schen Sammlung war noch die gefälschte Signatur: „Joannes Bellinus" zu sehen, unter derselben aber kam die ursprüngliche zum Vorschein, welche nicht blos „Andreas Cordelleagi" und das J. 1504, sondern auch das auf späteren Bildern Previtali's wiederkehrende Monogramm aufweist.[56]

Venedig. S. Giobbe.

London, Sammlung Eastlake.

Es ergibt sich sonach thatsächlich, dass sich Previtali bei seiner Thätigkeit in Venedig abwechselnd Andrea von Bergamo, Andrea Cordeliaghi und Cordella genannt hat, und zwar sind diess die einzigen Namen, die bei Vasari, Zanetti und Boschini vorkommen.[57] Unter diesen Namen sind ohne Zweifel auch zahl-

[54] Weil. Samml. Davenport-Bromley, Holz, Oel, Halbfig., h. 2 F. 8 Z., br. 2 F. 2 Z., das Kind ist mit übergeschlagenen Beinen dargestellt, Maria etwas schwer und derb, hinter ihr ein rother Vorhang und ein Stück Landschaft; die Farbe kunstlos, kräftig und gleichmässig.

[55] Venedig, S. Giobbe, Sakristei: Maria mit dem nackten Kinde auf dem Schooss, welches der rechts stehenden, mit violettem Damastkleid und perlengestickter Netzhaube ausgestatteten Katharina den Ring an den Finger steckt, links Johannes d. T. in männlichem Alter, Hintergrund Landschaft in dem leuchtenden Ton des Giovanelli'schen Bildes; Fig. etwas über halblebensgr., Abbild. bei Zanotto, Pin. Ven. Fasc. 25 als Bellin Bellini.

[56] Holz, Oel, Halbfig., durchweg übermalt und infolge dessen von hartem gläsernem Aussehn, die Inschrift lautet: „+ 1504 Andreas Cordelle agy dissipulus Jovanis Bellini pinxit", folgt das Monogramm, welches Waagen, Treasures II, 265 für die Ziffer 24 gelesen hat.

[57] Den venezianischen Chronisten ist Previtali, wie es scheint, wenn überhaupt, so ausschliesslich unter den Namen Cordeliaghi und Cordella bekannt

reiche Bilder in die Welt gegangen, die keine Signatur tragen. Von solchen erwähnen wir beispielsweise:

Berlin, Museum.

In Berlin, Museum N. 45: Verlobung der Katharina, links Petrus, Hintergrund gebirgige Landschaft; Typen, Geberde und Behandlung wie auf dem Gegenstück der Eastlake'schen Sammlung.[58]

Mainz, Museum.

Mainz, Museum N. 139: Christuskopf von runder Form und röthlicher Färbung in der Art der bellinesken Arbeiten des Previtali und solcher, die unter Cordeliaghi gehen.

Venedig.

Venedig, S. M. della Salute, Sakristei: Christuskopf, vollkommen entstellt. — Dogenpalast: Bildniss des Kardinals Bessarion.[59]

An den Fortschritten des Jahrhunderts nahm auch Cordeliaghi Theil. Wir finden die günstige Wandlung in einem Bilde zu

---

gewesen. Sansovino kann ihn kaum im Sinne haben, indem er von Andrea Bellini's Herrlichkeit Christi in der Carità in Venedig spricht; vielleicht ist dieser Name hier nur Schreibfehler, da Boschini, R. M. Sest. D. Duro 36 das Bild dem Giovanni Bellini gibt, aber auffällig ist es dennoch, dass der Anon. des Morelli 89 diesen Irrthum Sansovino's wiederholt, und es bleibt immerhin möglich, dass man sich unter Andrea Bellini den Previtali zu denken hat, nach Analogie der aus dem Gehilfenverhältniss entstandenen Bezeichnung des Vittore di Matteo als „Bellini" oder „Belliniano". Vasari VI, 101 gibt seinem Cordeliaghi den Vornamen Giannetto und theilt ihm ein Bild in S. Pantaleone in Venedig zu (Disputation des heiligen Petrus), welches leider nicht mehr nachzuweisen ist, vgl. auch Rosini, stor. d. pitt. IV, 155. Boschini kennt nur den Namen Cordella.

[58] Holz, Oel, h. 1 F. 10 Z., br. 2 F. 6½ Z., aus der Samml. Solly. Rosini, Stor. d. pitt. IV, 155 hält dieses berliner Bild für identisch mit der bei Zanetti, Pitt. Ven. 66, aufgeführten Madonna m. K. aus Casa Zen in Venedig, welches sich laut Moschini, Guida di Ven. I, 673 i. J. 1813 noch daselbst befunden hat; allein beide Angaben über das Bild der Casa Zen bemerken auf demselben die Signatur „Andreas Cordelle agi", die das berliner nicht hat; wahrscheinlich ist sonach die Madonna der Casa Zen sowie die im Besitz des Sign. Monza in Vicenza mit der Bezeichnung: „Andreas C. A. discipulus Jovanis Bellini" (s. Moschini a. a. O.) verloren gegangen.

[59] Beide als Werke des Cordella erwähnt bei Boschini, R. M. Sest. D. Duro 29 und 36. Das Bild des Bessarion, früher in der Carità, und dann (nach Rosini IV, 155) in der Markusbibliothek, hängt jetzt über einer Thür im Dogenpalaste. Das Altarstück in S. Giuliano in Venedig, welches Boschini, R. M. Sest. S. Marco 112 ebenfalls dem Cordella zuschreibt, ist als ein Boccaccino bekannt (s. später), ein anderes, Maria mit Joseph, Ludwig, Antonius und Franciskus, ehemals im Magistrato dell' Estraordinario (Boschini, R. M. D. Duro 24) ist nicht mehr nachzuweisen, ebensowenig die bei Boschini, R. M. Sest. Canar. 55 aufgeführte Geburt Christi in S. Fosca. — Das kleine, dem Cordeliaghi zugetheilte Halbfigurenbild N. 110 der Akad. zu Venedig (Maria mit dem auf ihrem Schoosse liegenden Kinde, welches sie fest anblickt, vor der Gruppe Katharina mit dem Rad und Johannes d. T., durchs Fenster Blick auf Landschaft, h. 0.50, br. 0.81) verbindet alle Elemente des künstlerischen Fortschrittes der venezianischen Schule beim Beginn der Thätigkeit Giorgione's und Tizian's; von Bellini's ernster Formauffassung ist noch eine Spur vorhanden, aber Farbe und Landschaft sind tizianisch; es hat nicht die kräftige Behandlung Giorgione's, rührt aber doch von einem Maler her, der unter seinem Einfluss stand. Dass Previtali in solcher Weise von seinem

19*

Bergamo, Lochis-Carr. Bergamo ausgesprochen, einer thronenden Madonna mit Kind in reicher Tempelarchitektur, umgeben rechts von Thomas von Aquino mit dem Feuer auf der Hand, links Sebastian.[60] Andrea benennt sich hier als Bergamasken, und ohne die ausdrückliche Erklärung in der Inschrift würde man in dem Werke kaum noch einen Schüler des Giovanni Bellini vermuthen, so sehr erinnern die gedrungenen Figuren und die Gewandbehandlung an Carpaccio oder Mansueti, denen das Bild seinem ganzen Charakter nach am nächsten steht. Eine Madonna mit beiden Kindern in frischgrüner Landschaft, jetzt in der Sammlung Barker in London[61], (London, Sammlung Barker.) zeigt, dass er noch i. J. 1510 gewisse feststehende Gesichtstypen beibehielt, dagegen strebt er in einem andern Werke (im Besitz des Grafen Baglioni in Bergamo) neben einer an Luini streifenden Regelmässigkeit der Züge auch die Glätte der Farbenfläche an, die wir bereits als Merkmal bei Basaiti angetroffen haben, einen Stil, dessen Spielarten unter andern noch durch Bilder in London, Venedig und Gemona vertreten werden:

Bergamo, Sammlung Baglioni. Bergamo, Conte Baglioni: Das von Maria gehaltene Kind liest in einem Buche, auf dessen Deckel die runde Aufschrift steht: „Andreas Ber. pinx.“, zur Seite die heilige Anna im Gebet und ein lesender Heiliger; rechts eine Halle, links Landschaft.[62]

London, Nat.-Gall. London, Nationalgallerie N. 695: Maria mit dem eine Blume in der Hand haltenden Kinde sitzend, legt die Hand einem der anbetenden Mönche auf den Kopf, Hintergrund Berglandschaft mit Gebäuden, rechts neben einer Ruine die heilige Katharina.[63]

---

gewohnten Vortrag abgewichen sein sollte, ist uns nicht gut glaublich. Zanotto, Guida di Ven. 397, gibt dem Cordeliaghi das Bild N. 49 des Museums Correr (Maria mit Kind und Petrus Martyr und landschaftl. Hintergrund), welches jedoch der Katalog V. Lazari's gebührlich dem Bissolo zutheilt.

[60] Bergamo, Gallerie Lochis-Carrara N. 142, Holz, Oel, h. 0,73, br. 0,57, bezeichnet: „VHS . M . CCCCC . VI . ANDREAS . BERGOMENSIS . DISSIPVLVS IOVA . BELINI . PÎXIT.“ Die Typen etwas gewöhnlich, die Farbe düster und roth, wenig durch Schatten gehoben. Ueber die vielen Wanderungen, welche das Bild gemacht hat, vgl. Tassi a. a. O. 42. 43 und Lanzi a. O. II, 123.

[61] Holz, Oel, Halbfig., bezeichnet mit dem Monogramm und der verstümmelten Inschrift: „MDX Andre . . . . ens . . pinxit“; das Christuskind unverhältnissmässig, die Köpfe wie auf dem vorigen.

[62] Holz, Halbfig., fast lebensgross; die Landschaft in Palma's Art, die Farbe wie gewöhnlich hornig und roth, an Lotto erinnernd, von der Glätte, wie man sie bei Andrea da Milano antrifft.

[63] Holz, h. 1 F. 9 Z., br. 2 F. 3 Z., 1862 aus der Gallerie Manfrin gekauft; das Kind sehr anmuthig für Previtali, die Farbe einheitlich gussartig und von

London, Sammlung Layard: Ecce homo, Brustbild, Gestalt und Antlitz regelmässig, doch etwas leblos[64], von dem lombardischen Gepräge wie es bei Basaiti erscheint und von kräftiger ins Röthliche stechender Farbenstimmung. London, Sammlung Layard.

Venedig, bei Sign. Paolo Fabris: Maria mit perlenbesetzter Haube, das Kind im Schoosse, welches mit der Rechten den Saum ihres Mieders erfasst; links hinter Maria grüne Bäume und ein Haus; auf Zettel links bezeichnet: „Andrea Bergomensis jovañis B. D. P."[65] Venedig, Sign. Fabris.

Gemona bei Sign. Carlo Valentino: Christus das Kreuz schleppend, Halbfigur, im Hintergrund Bäume; die Züge von angenehmem Ausdruck, die weiche Führung des satten Farbenauftrages ebenso entschieden dem Palma abgelauscht wie die frische Landschaft ihm und dem Giorgione.[66] Gemona, Sign. Valentino.

Angesichts seines Christus auf Gethsemane v. J. 1512 in der Brera zu Mailand[67], kann man geradezu vergessen, dass Previtali in Venedig gewesen ist, in solchem Grade hat er lombardische Weise angenommen; doch diese künstlerische Sinnesänderung hatte keinen Bestand, denn seit der Uebersiedelung nach Bergamo wurde er durch seine Berührung mit dem ganz in venezianischen Farbenvortrag versunkenen Lotto zur Weise des Catena und Basaiti bekehrt. Für die Aneignung des bellinesken und palmesken Stiles ist ein grosses figurenreiches Altarstück merkwürdig, welches, ehemals in der Dorfkirche zu Berbenno bei Bergamo, jetzt in Privatsitz gekommen ist: Mailand, Brera. Bergamo, Privatbesitz.

Den Mittelpunkt nimmt Antonius Abbas ein, welcher auf steinernem Stuhle thront; seinem im Vordergrunde sichtbaren Schwein wirft ein fliegender Engel Eicheln zu; an den Seiten stehen die Heiligen Erasmus und Laurentius; eine obere Reihe enthält inmitten Christus von Maria und Johannes im Grabe gestützt, zu den Seiten Petrus und Paulus in Halbfiguren.[68]

---

kräftigem Auftrag wie bei Boccaccino.

[64] Holz, Oel. ½ lebensgross, früher in Bergamo.

[65] Holz, Oel. Halbfig.; die Füsse des Kindes flach und schlecht gezeichnet, die Landschaft von noch palmeskerem Gepräge wie auf früheren Bildern, die Fleischtöne glitsern und leer, im übrigen aber von gleicher Gattung wie die bereits aufgeführten Stücke.

[66] Holz, Oel, die Hand etwas nachgebessert. In der Leblosigkeit des Vortrags verräth sich der Nachahmer der beiden Meister in derselben Weise wie an dem sogenannten Lionardo in Rovigo (s. S. 278) die Hand des Basaiti.

[67] Brera N. 219, ursprünglich in S. Benedetto in Bergamo: Holz, Oel, fast lebensgr. Fig. (drei Apostel schlafend), auf Zettel bezeichnet: „Al nobil homo M. Andrea dipintor in Bergamo MDXII", die Farbe kalt und unangenehm.

[68] Jetzt in Casa Petrobelli, ohne Rahmen und durch Abputzen und Ausbesserungen

Obgleich auseinandergetrennt und beschädigt gehören diese Tafeln doch zum Besten, was Previtali je gemalt hat. Ihre technischen Vorzüge, die Breite und Leichtigkeit der Behandlung können einigermaassen für den unvortheilhaften düster rothen Ton entschädigen; Züge wie die Fütterung des Schweines durch den Engel muss man bei dem überhaupt nicht sehr durchgebildeten Geschmack des Malers in Kauf nehmen. Die Farbe hat hier überdiess etwas an sich, was erkennen lässt, wie Previtali von ferraresischen Erzeugnissen derjenigen Richtung beeinflusst war, welche zuletzt durch Dosso Dossi und Mazzolino vertreten wird. Ebenso warm im Ton, aber nicht untadelig in den Verhältnissen und der Zeichnung ist der thronende Sigismund in der Namenskirche des Heiligen zu Bergamo. Hier bezeichnet sich der Maler zum ersten Male als „Andreas Previtali"[69]; auf einem zweiten Bilde seiner nunmehrigen Heimathstadt, einem Altarstück von 1515 in S. Spirito — Verherrlichung Johannes d. T. mit Nikolaus von Bari, Bartholomäus, Joseph und Jakob von Bergamo unter einer Säulenhalle mit freundlichem Landschaftshintergrund — fügt er seinem neuen selbstständigen Namen zu mehrerer Beglaubigung das Monogramm hinzu, welches die mit Cordeliaghi bezeichneten Werke tragen.[70] Auffällig ist hier die ebenmässige Färbung der Figuren und die sorgfältige Behandlung; die runden Köpfe und die dünnen, trocknen Gestalten entsprechen durchaus denen des Catena und Basaiti, während der gleichmässig graue Fleischton wieder an Lotto erinnert.

Bergamo, S. Sigism.

S. Spirito.

Von nun an ist keine wesentliche Stilwandelung bei Previtali mehr wahrzunehmen. Eine Madonna mit Kind und dem heiligen Joseph und Hieronymus (Halbfiguren) v. J. 1522 in Casa Bonomi zu Mailand[71], oder zwei andere aus d. J. 1524 in Bergamo eine

Mailand. Sammlung Bonomi.

sehr beschädigt; Antonius ist überlebensgross, während die umgebenden Heiligen nicht ganz Lebensgrösse haben; die Figuren oberhalb sind noch kleiner.

[69] Bergamo, S. Sigismondo, Holz, Fig. lebensgr. Der Heilige thront in einer Nische, mit Diadem gekrönt und mit Weltkugel und Scepter in den Händen: Inschrift: „MDXII ANDREAS PRIVITALVS PINXIT." (vgl. Tassi a. a. O. 41.)

[70] Bergamo, S. Spirito, Leinw., Oel, am Sockel der Hauptfigur bezeichnet: „ANDREAS PREVITALVS PINXIT MDXV." vgl. Tassi a. a. O. 40 und Anon. d. Morelli 50. 51.

[71] Mailand, Casa Bonomi, Piazza S. Giovanni, Leinw., Fig. halblebensgross:

Verherrlichung des heil. Benedikt im Dom[72] und ein Kruzifix in S. Alessandro[73] zeigen den nämlichen Stil und stimmen wieder mit zahlreichen anderen überein, welche meist ebenfalls in Bergamo, theils im Auslande verstreut sind: Bergamo, Dom. S. Alessandro.

Bergamo bei Graf Luigi Albani (aus S. Agostino in Bergamo): Die heilige Ursula auf einem Sockel stehend, umgeben von ihren knieenden Genossinnen und drei fliegenden Engeln mit Kronen in den Händen; flott behandelt in einem an Carpaccio erinnernden Stile.[74] Bergamo.

Ebenda, Pia Casa di Misericordia: Maria mit Kind, Kniestück; infolge starker Beschädigungen der Beurtheilung fast entzogen.[75]

Ebenda, Carmine: der heilige Albert in ganzer Figur, verehrt von einer knieenden Frau und begleitet von einem fliegenden Engel; im jetzigen Zustande schwer zu beurtheilen.[76]

Ebenda bei Sign. G. Abate (aus S. Spirito): die Verkündigung, kleine Lünettentafel, sorgfältig ausgeführtes und ansprechendes Bild des Meisters.

Ebenda, S. Andrea: Abnahme vom Kreuz, neun Figuren, unbedeutend und schwach; aus Previtali's letzter Zeit.[77]

Ebenda, Lochis-Carrara N. 164: Maria das Kind auf einem Kissen in ihrem Schooss, umgeben von Paolo und Agnese Casotti und den Schutzheiligen dieser Stifter, welche zu beiden Seiten unterhalb in halber Figur sichtbar sind. Es fehlt dem Bilde an Kraft in den Schatten, wodurch es einen verwaschenen Eindruck bekommt.[78] — N. 199 (194): Verlobung der Katharina in Gegenwart der Heiligen Joseph, Rochus, Johannes d. Evang. und Franciskus[79], in der Behand-

---

Maria hält das Kind auf einer Brüstung, bez. „Andreas Previtalus faciebat 1522" (ehemals im Besitz des Monsign. Rosales): ein sehr verwaschenes, schwaches und fadenscheiniges Stück; erwähnt im Besitz des Senators Salomone bei Ridolfi I, 184.

[72] Bergamo, Dom, neben dem thronenden Benedikt Bonaventura und ein heil. Bischof, Leinw., oben rund, bez.: „Andreas Privitialus p. M.DXXIIII"; leblos und ohne Kraft in den Schatten; vgl. Ridolfi I, 184 und Tassi 39. 40.

[73] Bergamo, S. Alessandro, Sakristei: Christus am Kreuz mit Maria und Johannes, bez.: „Andreas . Privitt . pinxit MDXXIIII", Leinw., klein, von flauem Umriss wie bei Cariani. — Ebenda: kleine Figur des kreuzschleppenden Christus, warm gefärbt und mit Anklang an Costa.

[74] Holz. Fig. unter Lebensgr., nicht ohne Beschädigung durch Alter und Retouchen.

[75] Holz. h. 0.81. br. 0.66. Eine zweite Mad. m. Kind daselbst. Leinw., mit der Bezeichnung: „ANDREAS PRIVITAL MDXIIII" ist Copie.

[76] Das Bild steht unter Glas und die Farbenfläche ist durch Schmutz verdeckt.

[77] Leinw., oben rund.

[78] Dieses Weihbild der Familie Casotti gelangte an Marchese Solza und von diesem in die Sammlung Lochis. Tassi I. 42 gibt an, es finde sich die Jahrzahl 1532 auf demselben, ein Irrthum, der umso auffälliger ist, da Previtali bereits 1528 starb.

[79] Lünette. Leinw., lebensgr. Fig. in ganzer Gestalt.

lung dem vorgenannten entsprechend, kühl und unkräftig, der Verfallzeit des Malers angehörig. — N. 146: Maria mit Kind vor einem grünen Vorhang, rechts im Hintergrund Landschaft; in der Weise des vorigen aus Previtali's späterer Zeit.[80]

Bergamo. Bergamo, S. Spirito: zweireihiges Altarbild. Hauptreihe: Maria mit Kind zwischen Lucia und Anna, Katharina und Ursula; oberhalb der auferstehende Christus umgeben von Bartholomäus und Johannes d. T., Petrus und Jakobus; auf der Haupttafel die Inschrift: „IHS . MARIA . ANDREA PREVITALVS PINXIT . MDXXV";[81] die Gestalten untersetzt und schwächlich, in einem an Palma und Lotto erinnernden rosigen Tone gefärbt, die untere Bildreihe scheint ausschliesslich einem Gehilfen anzugehören, vielleicht dem Caversegno.

Padua. Padua, Stadtgallerie N. 480 (unter Palma's Namen): Maria mit Kind angebetet von Stifter und Stifterin in Halbfiguren, die Landschaft sehr fein durchgeführt.[82] Das Bild gehört der Zeit der Nachahmung Palma's an und ist in dessen breiter Vortragsweise gehalten, die Farbe ist gläsern, flau und rosig.

Petersburg. Petersburg, Ermitage N. 122: Maria mit Kind und einem Stifterpaar, das Kind Wiederholung von früheren Figuren Previtali's, schlank mit grossem Kopf und kurzem Hals, der Vortrag reich und flüssig, Licht und Schatten gut abgegränzt; wahrscheinlich eine Arbeit Previtali's mit Anlehnung an Cariani; besser als das vorige.[83]

Berlin. Berlin, Museum N. 42: Die heilige Lucia mit einer Lampe in der Hand, umgeben von Magdalena und Katharina, Hintergrund gebirgige Landschaft, von lichter schwächlicher Färbung mit grauem und leerem Fleischton, an die von Cima abgeleitete Manier des Girolamo da Udine erinnernd, aber vermuthlich aus Previtali's späteren Jahren.[84]

Die auffällige Schwäche des oben erwähnten grossen Altarbildes für S. Spirito in Bergamo aus d. J. 1525 ist abgesehen

---

[80] Holz, Fig. halblebensgr., die Fleischfarbe beider Figuren durch Abreibung und bei Maria durch Nachbesserung verdorben.

[81] Holz, Oel, Fig. ungefähr 1/3 lebensgross; vor seiner letzten Ausbesserung war das Bild sehr schadhaft, besonders die obere Reihe.

[82] Am Mantelfutter Maria's die Inschrift: „IACOMO PALMA", die bei der Reinigung des Bildes zum Vorschein gekommen ist, aber keine Beweiskraft mehr hat; ehemals in der Sammlung Capodilista.

[83] Ganze Fig., die Farbenfläche leider sehr beschädigt, der Stifter rechts ganz aufgefrischt, das Fleisch durchweg derart nachgebessert, dass es einen paradiesapfelrothen Schein bekommen hat; am besten erhalten der landschaftliche Hintergrund.

[84] Leinw., h. 4 F. 5 1/2 Z., br. 3 F. 9 3/4 Z., aus der Sammlung Solly. N. 1187 ebendaselbst: der Leichnam Christi auf der Bahre ausgestreckt, von den Angehörigen beweint, im Vordergrunde 5 klagende Engel, davon 2 im heftigsten Schmerz am Boden niedergeworfen, Hintergrund Häuser von Jerusalem (Leinw., h. 4 F. 8 3/4 Z., br. 3 F. 2 3/4 Z.), ist ein sehr schwaches Stück Arbeit, dessen Urheber zweifelhaft bleibt.

von den Unbilden, die es erfahren haben mag, ohne Zweifel einer Gehilfenhand Schuld zu geben. Wir vermuthen hier Caversegno, der uns später noch beschäftigen wird. Von Previtali selbst haben wir sonst wenig Kunde; zwar erzählen die Chronisten seines Wohnortes Bergamo von zahlreichen Gemälden, die er in d. J. 1511, 1513 und 1517 ausgeführt und wissen ausserdem von Altarstücken in Dorfkirchen und Gallerien, aber diese Werke sind sämmtlich entweder verloren oder wenigstens vorläufig verschwunden.[85] Erwähnt wird ferner seine Thätigkeit in S. M. della Misericordia, wo er nicht blos in Gemeinschaft mit Andrea Riccio, Bernardino Zenale, Zilioli und Lorenzo Lotto seinen Rath bei Errichtung eines Denkmals in Hochrelief gab, sondern auch Zeichnungen für den Neubau des Chores lieferte.[86] Er starb am 7. November 1528 in seinem Hause in Bergamo an der Pest.[87]

---

[85] Es werden aufgeführt in Bergamo: Casa Terzi: Maria m. K. und dem Namen des Malers mit d. J. 1511; in S. M. delle Grazie: eine Verklärung Christi mit der Aufschrift: „Nob. Paulus et Jo. fratres de Cassettis trino obtulerunt haec 1513" (s. Tassi a. a. O. 42); in S. Agostino d'Almenno: eine Dreieinigkeit v. J. 1517 (Tassi 43). Ferner ohne Jahresangaben: Bergamo, S. Agostino: Altarstück enth. die heilige Ursula mit ihren Genossinnen (Ridolfi I, 184, Tassi 40); im Dom S. Vincenzo: Maria m. K. zwischen zwei Heiligen (Anon. d. Mor. 47); in S. Domenico: Freskobild der Verkündigung (Anon. 49); in S. M. di sotto oder del Sepolcro: der heilige Sigismund zwischen 2 Heiligen (Tassi 41); in S. Bernardino di Borgo S. Antonio, drei Staffelbilder: Ecce homo, Lucia und Hieronymus (Tassi 41); in S. Trinità: der heilige Sebastian am Baum festgebunden und der heilige Fabian im Harnisch, rechts und links von einer Standfigur des heiligen Rochus, darüber die Verkündigungsfiguren und unterhalb kleine Rundbilder, sämmtlich auf Holz (Tassi 41); in S. Benedetto: der heilige Stephan umgeben von Nikolaus von Bari und einem heiligen Bischof (Tassi 41); in Casa Vailetti und in Casa Tomini: zwei Bildnisse (Tassi 42). In Serinalta, Pfarrkirche: 3 Tafeln enth. Petrus Martyr, Augustin und Nikolaus von Tolentino (Tassi 42, Anm.); in Lonno, Pfarrkirche: Maria m. K. (Tassi 42, Anm.); in Cusio in Valle Averaria, Pfarrkirche: Altarbild (Tassi 43).

[86] Tassi 42. 43. 69. 74. 87. In diese Zeit (um 1523) gehört das Bild der Maria m. K. in der Halle zu S. M. Misericordia (S. M. Maggiore). s. Tassi 42 und oben Anm. 75.

[87] Tassi a. a. O. 43.

DREIZEHNTES CAPITEL.

Vittore di Matteo, Pasqualino, Francesco Bissolo und geringere bellineske Maler.

Wie sich unter dem Namen Cordeliaghi Andrea Previtali versteckt, so glauben wir hinter Bellin Bellini und Vittore Belliniano den Vittore di Matteo wiederzufinden. Man würde Anstand nehmen, diesen Vittore von Carpaccio zu unterscheiden, wenn uns nicht beide in Urkunden des 16. Jahrh. begegneten. Wir wissen nämlich, dass Vittore di Matteo mit Carpaccio und Lazzaro zu den Meistern gehörte, welche nach Bellini's Wahl i. J. 1508 mit der Abschätzung der Fresken des Giorgione am Fondaco de' Tedeschi betraut wurden, und dass er 1515 Gehilfe des Giovanni Bellini im Saale des grossen Rathes gewesen[1] und Mitglied der Brüderschaft oder Scuola der Mercatanti in Venedig geworden ist, welcher schon Gentile da Fabriano, Alwise Vivarini und Giovanni Bellini angehört hatten.[2] In Chroniken und Stadtbeschreibungen finden wir von einem Vittore di Matteo keine Spur, wohl aber Beschreibungen von Werken des Vittore Belliniano und des Bellin Bellini; wir müssen entweder annehmen, dass von dem einen keine Bilder, von dem andern keine Urkunden vorhanden oder dass sie eine und die-

[1] Die Nachweise bei Gualandi, Mem. Ser. III, S. 91. 92.

[2] s. Cicogna, Iscr. Ven. VI, 871 und vgl. oben.

selbe Person sind. Dafür spricht die Uebereinstimmung der Nachrichten.

Von Bellin Bellini, der bei Ridolfi und Lanzi vorkommt[3], wird nur obenhin gesagt, er sei mittelmässiger Handwerkskünstler in der Richtung seines grossen Verwandten gewesen, von seinen Werken aber wird nichts aufgeführt. Ueber Vittore Belliniano haben wir jedoch genauere Angaben. Vasari nennt ihn Vittore Bellini und lobt ihn als den Maler des jetzt in der Akademie zu Wien befindlichen Martyriums des heiligen Markus v. J. 1526[4], eines Bildes, welches auch Boschini und zwar als Werk des Vittore Belliniano kennt, den er als einen Schüler des Cima bezeichnet.[5] Ferner erfahren wir von ihm, dass er den Vertrag über ein Altarbild abgeschlossen habe, welches Fra Marco Pensaben i. J. 1520 für S. Niccolò in Treviso zu liefern übernahm;[6] Ridolfi kennt ausser jenem Markusbilde noch eine Krönung Maria's in einer Kirche zu Spinea bei Mestre von ihm.[7]

Mit diesen beiden Bildern müssen wir Haus halten, denn es sind uns keine weiteren sicheren Anhaltspunkte für die Beurtheilung seiner Thätigkeit gegeben, und schon aus diesem Umstande lässt sich schliessen, dass er sein Lebelang als Hilfsarbeiter zugebracht hat. Das Altarbild in Spinea, auf welchem sich der Maler „Victor Belli" nennt, rührt aus d. J. 1524:

Es ist ein oben abgerundetes Leinwandbild von lebensgrossen Figuren: oben Gottvater in segnender Geberde über Christus, welcher die Mutter krönt, die mit ihm auf einem von steinernen Greifen gestützten Throne sitzt, unten theils emporblickend, theils in die Töne verloren, die ein Engel der Laute entlockt, stehen Petrus, Hieronymus, Augustin und Paulus; am Fusse des Thrones bezeichnet: „MDXXIIII Victor Belli."[8] Spinea, Kirche.

Das Gepräge der Figuren erinnert an Cima und an Girolamo S. Croce, ihre Geberden an Palma und Sebastian del Piombo, die

[3] Ridolfi I, 103. Lanzi II, 107.

[4] Vasari VI. 104.

[5] Boschini, R. M. Sest. di Cast. 71 und vgl. Vorwort Boschini's S. 9.

[6] s. Federici, Mem. Trevig. I. 121 ff. und 130.

[7] Ridolfi I. 103.

[8] Durch Nachhilfen beschädigt, über das Bild des Benedetto Carpaccio v. J. 1537 s. oben S. 221.

Komposition entspricht derjenigen des Benedetto Carpaccio in Capo d' Istria. Das Bild hat sehr gelitten, ist aber noch in

Wien, Akademie.

besserem Zustande als das Martyrium in Wien v. J. 1526, dessen Mittelfläche fast ganz verloschen ist, sodass wenig mehr als die Gruppe der Henker und die Köpfe einiger Zuschauer zu sehen ist[9], aber die kühne, in Carpaccio's Geist gehaltene Anordnung bei ebenmässiger und eintöniger Farbe lässt einen Maler niederen Ranges erkennen, der die Freiheit des tizianischen Stiles anstrebte. Nur ein einziges Bild wissen wir aufzuführen, was sich dem Wiener vergleichen lässt: das Bildniss eines Mannes, der vor

Bergamo, Gallerie.

dem Kruzifix betet, in der Gallerie zu Bergamo;[10] hier ist die Kälte und die Unsicherheit der Pinselführung dem allgemeinen Eindruck ebenso schädlich wie der Gegensatz der braunen Fleischlichter zu den grauen Schatten, wenn auch in Bewegung und Ausdruck Naturgefühl nicht zu verkennen ist. Mit Cima hat das oben erwähnte Markusbild zwar nichts gemein, da Vittore jedoch ausdrücklich mit diesem Meister in Verbindung gesetzt wird, so darf man seine Hand vielleicht in solchen Schulbildern von der Richtung Cima's vermuthen, an denen die Schwäche der Zeichnung und die Kälte der Farbenbehandlung auffällt, und hierbei ist auf Stücke zurückzuweisen, die oben schon Erwähnung gefunden haben, z. B. die Maria mit Kind zwischen Bartholomäus und Prosdocimus in S. Leonardo zu Treviso[11], ferner auf die Verherrlichung des heiligen Erasmus ebendaselbst[12] und auf das

---

[9] Wien, Akad. d. K., Magazin, Fig. lebensgr., bez.: „MDXXVI Victor Bellinianus"; über das Bild, welches ursprünglich dem Albergo der Scuola di S. Marco in Venedig angehörte, vgl. Boschini, R. M. Sest. Cast. 71 und Ridolfi I, 103.

[10] Bergamo, Gallerie Lochis-Carrara, Leinw. auf Holz gezogen, Fig. lebensgr., bez.: „MDXVIII. XX Marzo". Hintergr. Landschaft und Himmel, der Betende ist in schwarze Seide gekleidet, die Bildfläche etwas abgescheuert; mit Recht dem Belliniano zugeschrieben.

[11] Die Tafeln sind neu hergerichtet, die Gottvaterfigur und der Engel unterhalb Zusätze des 17. Jahrhunderts; die Gestalten kleinlich, die Farbe grell und roth, die Schatten kalt.

[12] Treviso, S. Leonardo: Erasmus mit kurzem dicken Kopf, bruchigem Gewand, auf einem von Greifen gehaltenen Thron, welcher demjenigen des Krönungsbildes in Spinea ähnelt, Fig. lebensgr., dem Giov. Bellini zugeschrieben (s. Crico a. a. O. 56 und oben Cap. IX. S. 192); die Farbe hat satten Auftrag, ist jedoch durchsichtig und hornartig; das Ganze entspricht dem Vittor Belli oder dem Pier Maria Pennacchi; wenn es von Letzterem ist, so würde man ihn entschieden für den Lehrer des Vittore Belliniano anzusehen haben.

Altarstück mit Johannes d. T. in der Wüste zu S. Fior bei Conegliano.[13]

Unbedeutender als Vittore erscheint Pasqualino, an dessen Bildern man ebenfalls die Abwandlung der Kunst des Giovanni Bellini und Cima wahrnehmen kann, wie sie sich unter den Händen talentloser Leute gestaltete. Auf seinem Marienbilde mit Kind und Magdalena v. J. 1496 im Museum Correr erscheint er uns als ein ärmlicher Techniker und noch schlechterer Colorist, aber an Cima und Previtali sich anlehnend;[14] die Formen sind fehlerhaft, die Fleischfarbe gelbbraun mit olivenfarbenen Schatten. Die Beschaffenheit dieses beglaubigten Stückes berechtigt uns eine Reihe mit bedeutenderen Namen ausgestatteter Bilder für Pasqualino oder Seinesgleichen anzusprechen:

Venedig, Museum Correr N. 15 (unter Giovanni Bellini's Namen): Maria das Kind auf dem Knie, umgeben von Hieronymus und Katharina[15], von gleichem Stil wie N. 35 derselben Sammlung.

Venedig, Gallerie Manfrin: Maria mit Kind, unter Cima's Namen.

Venedig, Redentore: Maria dem Kinde die Brust gebend, im Hintergrund bebautes Land, eine Burg und weiterhin das Meer, unter Giovanni Bellini's Namen.[16]

Padua, Stadtgallerie: Maria mit Kind, Halbfigur, links durch ein Fenster Ausblick ins Freie (Holz), vermuthlich von Pasqualino.

---

[13] s. oben unter Cima Cap. XI. S. 257. Denselben Stil vertreten: in S. Germano (oder Zerman), Kirche S. Dionisio: Maria m. K. zwischen Dionysius und einem zweiten Heiligen (unter Cima's Namen s. S. 257). Rom, Gall. Borghese, Saal XI, N. 27, Bildniss, dem Giov. Bellini zugeschrieben, bez.: „An ae. XXIII 1510"; ferner in Conegliano, Casa Geri: Maria m. K., Kniestück mit dem Kopfe des Stifters in Seitenansicht links, Hintergr. Landschaft, auf dem Rahmen Medaillons mit Heiligenköpfen (Holz, h. und br. 0,65), dem Giov. Bellini zugeschrieben. — Boschini, R. M. Sest. S. Marco 112 schreibt dem Vittore eine Krönung Maria's in S. Girolamo in Venedig zu, welche jedoch die Bezeichnung „Girolamo Santa Croce trägt."

[14] Venedig, Museum Correr N. 35: Maria bis zu den Knieen sichtbar, hält das Kind, welches sich der heiligen Magdalena zuwendet; im Hintergrund Berglandschaft, auf Zettel die Inschrift: „Pasqualinus Venetus 1496". Holz, h. 0.75, br. 1.60.

[15] vgl. oben unter Giov. Bellini. Holz, Halbfig., h. 0,58, br. 1.92.

[16] Holz, h. 0.60, br. 0.45, vgl. oben Cap. IX. S. 194.

Liverpool, Institution N. 31: Maria mit Kind (vgl. unter Gentile Bellini), entweder von Pasqualino, Vittore Belliniano oder einem andern Nachahmer dieses Schlages.

Petersburg, Gallerie Leuchtenberg (ebenfalls unter Gentile Bellini's Namen): Maria mit Kind, umgeben von Hieronymus und zwei heiligen Frauen.[17]

Rom, Gallerie Barberini (vgl. unter Giovanni Bellini S. 194): vermuthlich Pasqualino, jedoch liesse sich auch Marco Belli vermuthen.

Beachtenswerther in seiner Eigenschaft als Schüler und Nachfolger Bellini's ist Marco Belli, der Maler jener Darbringung Christi in Rovigo, welche wir bereits als eine Copie nach Giov. Bellini's Bilde in Castle Howard aufführten.[18] Die Farbe hat ziegelrothen Stich, ist flach und hart und ähnelt dem Pasqualino, Auftrag und Behandlung erinnern mehr an Cima als an Bellini, wie denn als hauptsächliches Merkmal des Bildes die Uebertreibung von Giovanni's Stil durch gebrochnen Umriss, knöcherne Form und unerfreuliche Trockenheit auffällt. Fast genau dieselben Schwächen begegneten bei Marco Marziale, und wenn diese Beobachtung auch noch nicht genügt, die beiden Namen als identisch zu erklären, so liegt es doch nahe genug. Das allgemeine Gepräge stimmt überein: beide kennzeichnen sich als geduldige Handwerker, sorgfältige und genaue Zeichner des Umrisses, aber ohne Vertrautheit mit der Natur; überdiess haben wir von Belli bis jetzt nur dieses einzige beglaubigte Werk.[19] Aus Lebensnachrichten über Marco

[17] vgl. Cap. VIII. S. 136; die ebenfalls in Petersburg, Gall. Leuchtenberg, befindliche Copie von Cima's Gemälde N. 239 der Nationalgallerie in London ist wohl ebenfalls dem Pasqualino zuzutheilen.

[18] Rovigo, Gallerie N. 80, Holz, Oel, h. 2 F., br. 2 F. 9 Z., bez.: „Opus Marci Belli disciputi Joannis Bellini." vgl. S. 148.

[19] Von sonstigen Bildern möchten noch folgende bei Marco Belli in Frage kommen: in Rovigo, Gallerie, angeblich Giov. Bellini: Verlobung der heiligen Katharina, wo die Ausführung auf ihn deutet, ebenso wie bei der Wiederholung des Gegenstandes in Dudley House in London, im Museum Fitzwilliam zu Cambridge und in der Gallerie zu Padua (s. oben bei Giov. Bellini); ferner in Stuttgart, Gallerie N. 128: Maria m. K., angeblich von Basaiti (s. oben Basaiti) und in Venedig, Akad. N. 423: Maria m. K. und Joh. d. T. (Holz, h. 0,53, br. 0,74), ein schwaches Stück Arbeit, welches jedoch nicht mit Unrecht unter seinem Namen steht.

Belli erfahren wir, dass er mit der Tochter eines Bildhauers Domenico von Tolmezzo verheirathet war und sich i. J. 1511 in Udine aufhielt.[20]

Der geringste dieses Schülerkreises ist Andrea Busati. Von ihm haben wir in der Akademie zu Venedig einen thronenden Markus mit Andreas und Franciskus, im Hintergrund Alpenlandschaft und Meer[21], um 1510 ausgeführt, und eine Heiligenfigur in der Stadtgallerie zu Vicenza.[22] Beide Bilder deuten auf Bekanntschaft des Malers mit Basaiti hin.

Wir schliessen unsere Uebersicht über die bellinesken Maler geringeren Ranges mit Pier Francesco Bissolo, über den unsere Kunde freilich äusserst karg ist. Angeblich in Treviso geboren[23] wanderte er nach Venedig und erwarb sich eine Tüchtigkeit und Kunsterfahrung, welche ihn in die Reihe der besseren Schüler Giovanni Bellini's erhob, wie er denn i. J. 1492 als Ge-

[20] Im Archivio Notarile zu Udine ist das Testament des Giovanni quondam Domenico da Tolmezzo vom 11. Sept. 1511 erhalten, laut dessen Ersterer seine Schwester Franceschina, Gattin des Malers Marco Belli, ein Haus vermachte: ebenda findet sich eine zweite Urkunde vom gleichen Tag, worin „Ser Marco Belli Pittore q. Ser Giorgio Belli di Venezia" in Gemeinschaft mit Giovanni Martini von Udine als Zeuge erscheint.

[21] Venedig, Akademie N. 404, Leinw., Fig. halblebensgr., h. 1,69, br. 2,24, auf Zettel bez.: „ANDREA . BVSATI", unterhalb die Wappenschilder der Badoaro, Diedo und Gabriel (gelb mit 3 blauen schrägen Balken; weiss mit 2 wagrechten Balken blau und gelb; roth mit 1 weissen wagrechten Balken und einem blauen Bande darin). Zanotto gibt Abbild. davon in Pin. Ven. Fasc. 25 und schliesst aus diesen Zuthaten, das Bild müsse zwischen 1490 und 1509 entstanden sein, in welcher Zeit Marco Diedo, Bernardino, Gabriel und Andrea Badoaro Beamte im Magistrato delle Ragioni vecchie gewesen seien, aus dem dasselbe stammt. Der schwache Punkt dieses Beweises scheint uns darin zu liegen, dass der heilige Bernardin unter den Figuren fehlt, die nach Zanotto die Schutzheiligen der genannten Beamten sein sollen. Boschini, R. M. Sest. S. Polo 26 erwähnt das Bild unter dem Namen „Andrea Basaiti", und Zanetti, Pitt. Ven. 77 unter Marco Basaiti. Aus der Technik lässt sich auf die Entstehungszeit um 1500 schliessen.

[22] Ein Heiliger mit Buch und Lilie, lebensgr., Holz, Oel; die Behandlung entspricht dem Bilde der venez. Akademie, aber die Inschrift lässt einige Zweifel; sie lautet: „Andreas . . u . satus In uenezia . pinxit.", der Anfangsbuchstabe des zweiten Wortes B oder L wie das Wort überhaupt undeutlich.

[23] Federici, Mem. Trevig. I, 229 behauptet diess, ohne sich jedoch auf Urkunden zu berufen.

nosse des Catena und des Marco Marziale im Saal des grossen Raths zu thun bekam.[24] Er entwickelte bald ein gutes Aneignungstalent und hat wahrscheinlich an vielen Bildern seines Meisters Antheil gehabt. Seine künstlerische Weise neigte zu der Zartheit und Weichheit wie sie etwa Sassoferrato eigen ist, er arbeite sorgfältig und verständig, sodass er unter den Venezianern eine ähnliche Stellung einnimmt wie Spagna unter den Umbriern. Für seine trevisanische Abkunft spricht die entschiedene Vorliebe für die Weise des Catena, dessen zierliche Figuren und dessen harte, dick aufgesetzte Farbe in den frühesten Arbeiten Bissolo's wiederkehrt. Das älteste, was wir nachzuweisen vermögen, ist ein Verkündigungsbild der Gallerie Manfrin in Venedig:

Venedig. Gallerie Manfrin. Maria kniet rechts in voller Seitenansicht an ihrem Betpulte in dem mit Marmorgetäfel ausgestatteten Zimmer, Gabriel naht von links; durch das Fenster im Hintergrunde Ausblick auf Landschaft; am Pult die Inschrift: „FRANCISCVS BISSOLO."[25]

Beide Figuren sind von kleinlicher Bildung, die Gliedmaassen dürftig und spitz, es gebricht dem Ganzen an kräftiger Licht- und Schattengebung, wie denn überhaupt der Eindruck weichlich ist. Diese Wirkung wird durch den unsicheren Geschmack der technischen Behandlung erhöht; die Fleischtöne sind trocken und leer mit verblasenen Umrissen, die Landschaft daneben zwar grell gestimmt, aber ebenfalls ohne Schärfe der Zeichnung, und die Farbenmasse selbst hat dicken gussartigen Körper von glasiger halbdurchsichtiger Beschaffenheit. Die nämlichen Merkmale finden sich an drei unter Carpaccio's Namen aufgestellten Heiligenbildern der Brera in Mailand[26] und an einem höchst sorgfältig gearbeiteten blonden Frauen-Bildnisse der Londoner Nationalgallerie[27],

Mailand, Brera. London, Nat.-Gall.

[24] Sein Monatslohn war 2 Dukaten, s. Gaye, Cart. II, 71.

[25] Gallerie Manfrin N. 91, Holz, h. 1,11, br. 0,85.

[26] Mailand, Brera N. 63: Stephanus (Holz, h. 1,10, br. 0,58), N. 180: Augustin (Holz, h. 1,12, br. 0,42), N. 182: Antonius von Padua (Holz, h. 1,12, br. 0,33); die Farbe ist ebenso wie auf dem Verkündigungsbilde der Gallerie Manfrin, verschleierter Ton bei greller Landschaft.

[27] London, Nationalgallerie N. 631: die Dame in reichem byzantinischen Kleide trägt das Haar im Netz, Brustb., Holz, h. 1 F. 2½ Z., br. 1 F., aus der Sammlung Beaucousin, wo es für Gentile

welches ehemals unter Gentile Bellini ging; jene Gruppe schliesst sich im Stil eng an Catena an, letzteres ist eine bellineske Arbeit, deren eigenthümliche Schwächen ebenfalls auf Bissolo hinweisen.

Als Gehilfe seines Meisters arbeitete Bissolo zuerst ohne wesentliche Abweichungen in dieser Art weiter; die Wahrnehmung dieser Vortragsweise bestimmt uns, einige unbezeichnete Bilder bellinesken Gepräges ihm zuzutheilen: so die Wiederholung von Bellini's Darbringung Christi in der Gallerie Doria in Rom[28], das unter Bellini's Namen in der Kirche del Redentore befindliche Madonnenbild mit Franciskus und Hieronymus[29], ein zweites ebendaselbst (Maria mit Kind zwischen Katharina und Johannes)[30] und die etwas veränderte Wiederholung des ersteren (Maria mit Kind zwischen Johannes und Petrus) in Casa Mocenigo in Venedig.[31] Bissolo nähert sich hier schon dem Giovanni, aber lässt die Sicherheit seines Umrisses und die leuchtende Klarheit des Tones vermissen.

Rom, Gall. Doria. Venedig. Redentore. Casa Mocenigo.

Mit dem Beginn des Jahrh. nimmt er etwas von der Freiheit der jüngeren Schule an. Die Glorie der heiligen Eufemia im Dom zu Treviso, welche die Heilige mit dem Schwert in der Brust vor einem Florgehänge darstellt, umgeben von Johannes d. T. und Juliana mit der Stifterfigur (angeblich dem Francesco Novello, dessen Gegenwart ungefähr auf das J. 1504 deutet) hat in Zeichnung der Gewänder giorgionesken Zug.[32] Derselben Zeit gehören

Treviso, Dom.

Bellini galt, der Ton ist hart, blass, rosig und halbdurchsichtig.

[28] Rom, Gall. Doria, Saal V, N. 5: Holz, 5 Figuren halblebensgr., hart, röthlich und von leerer Färbung, vgl. oben Cap. IX. S. 148. Aehnliche Eigenschaften hat das Halbfigurenbild in S. Gervasio e Protasio in Venedig, welches für Giov. Bellini gilt (s. oben). Abbildung bei Zanotto, Pin. Ven. Fasc. 15; jedoch wird man hier auch an Bartolommeo Veneto erinnert, von welchem später noch die Rede sein soll.

[29] Venedig, Redentore: Maria vor rothem Vorhang sitzend, das in ihrem Schoosse sitzende nackte Kind nach links dem Hieronymus zugewandt, rechts Franciskus mit kleinem Kreuz (Holz, Halbfig., h. 0.83, br. 1.06), vgl. S. 191.

[30] Redentore, Sakristei: Maria hält das vor ihr stehende Kind, links Johannes, rechts Katharina mit dem Rad, Halbfig., Holz, h. 0.83, br. 1.06, schwach und leer, die Gewänder strafflinig und etwas schwer und eintönig gefärbt.

[31] Halbfig. auf dunklem Grund, die Gruppe der Maria m. d. K. dem ersterwähnten Bilde in Redentore entsprechend, die Farbe emailartig strahlend.

[32] Treviso, Dom, die Heilige von 6 Cherubim umgeben, Holz, Oel, Fig. fast lebensgr., bezeichnet auf Zettel: „francis-

an: die im Vortrag mehr palmesk gehaltene heilige Familie mit England, Gallerie Northwick. Stifter in der weiland Northwick-Gallerie[33] und ein dem Giorgione zugeschriebenes weibliches Portrait mit Turban der Gallerie Pitti Florenz, Gall. Pitti. in Florenz[34], in welchem wir jedenfalls nur eine schwache Nachahmung zu erkennen haben. Etwas später gesellt sich tizianeske Manier hinzu und hierfür ist als bezeichnendstes Beispiel ausserhalb Italiens die ziemlich dämmerig gestimmte und eintönig be- Berlin, Museum. handelte Auferstehung Christi im Museum zu Berlin aufzuführen.[35] Auch hier hat die Weichheit der Figurenbehandlung und die Heiterkeit der Töne etwas Anziehendes, wie denn das Bild zu den erfreulicheren Arbeiten Bissolo's gehört, aber der Sinn für massige Licht- und Schattenführung fehlt durchaus und die Umrisse sind nur dünn mit Farbe gefüllt.

Es würde nicht schwer sein, zahlreiche Bilder auszusondern, die, jetzt unter verschiedenen Namen in den Gallerien verstreut, dieser Phase in Bissolo's Kunstthätigkeit entsprechen.[36] Eins von

---

cus bissolus" (sic). Die Angabe des Stifters bei Federici, Mem. Trev. I, 229; Francesco Novello starb 1504; das Fleisch ist hier wie auf den vorhergehenden Bildern röthlich gelb und eintönig, aber die Gewandung von breiterem Wurf als früher, jedoch mit Linienzeichnung überfüllt.

[33] Gall. Northwick, Katal. 880: Maria m. K., Joseph und Donator, Halbfig. in Landschaft, Holz, h. 2 F. 6½ Z., br. 3 F. 3 Z., bez.: „Franciscus Bissolus", von gleicher Beschaffenheit wie die vorgenannten, aber nicht so frei; im Fleisch ist starke Anwendung von Ocker, in den Schatten Asphalt bemerkbar, der Vortrag alla prima mit flüssigem firnissartigen Bindemittel.

[34] Pitti N. 222, Brustbild mit rothem offenen Kleid und streifigem Turban, eine Hand mit Handschuh, Grund dunkel, Leinw., h. 0,72, br. 0,57, schwach in der Zeichnung, von kaltem Schatten und mit unreinen Lasuren aufgearbeitet. Es hat nicht die breite Vortragsweise Tizians, Giorgione's oder Palma's und man könnte der Technik wegen zwischen Bissolo und Paris Bordone schwanken, wäre es für Letzteren gut genug.

[35] Berlin N. 43: Christus mit der Siegesfahne auf dem Grabe stehend, vor welchem ein Soldat schläft, während ein zweiter erschreckt entflieht. Hintergrund Landschaft mit Meer und Gebirge. Holz, h. 5 F. 10 Z., br. 2 F. 9 Z., aus der Sammlung Solly; die Formen regelmässig, aber unbedeutend.

[36] Wir erwähnen beispielsweise: Venedig. S. M. Mater Domini. erster Altar rechts: Verklärung Christi mit den Aposteln Petrus, Jakobus und Johannes im Vordergrund (oben rund, Fig. halblebensgross); nach Angabe Sansovino's (Ven. descr. 204) i. J. 1512 für Girolamo Contarini gemalt; der Zettel auf dem Bilde ist leer, aber sowohl Sansovino wie Boschini (R. M. Sest. d. Croce 18) geben das Bild dem Bissolo oder Bissuola. Jetzt ist der Ton stumpf und flau geworden, das Ganze übermalt. Diesem ist an die Seite zu stellen: in S. Giov. in Bragora der heilige Andreas zwischen Hieronymus und Martin, 3 Tafeln (s. unter Antonio Vivarini S. 33). — London, Samml. Layard: Maria m. K. zwischen Michael und Veronika nebst knieendem Stifter (Halbfig.), strahlendes Bild von guten Figurenverhältnissen; weil. Eastlake'sche

denjenigen, die offenbar ihm zuzutheilen sind, ein Bildniss in der Stadtgallerie zu Rovigo, hat sogar die unverdiente Auszeichnung erfahren, für Raphael's Werk zu gelten.[37] Das ansehnlichste, wenn nicht vortrefflichste Altarbild des Bissolo in Venedig ist die aus S. Pietro Martire auf Murano in die Akademie übertragene Krönung der heiligen Katharina von Siena: Rovigo.

Christus umgeben von den Aposteln Petrus, Jakobus und Paulus legt der heiligen Katharina, welche in ihrem schwarz und weissen Ordenskleide mit über der Brust gekreuzten Händen vor ihm kniet, die Dornenkrone aufs Haupt; links hinter ihr der Erzengel Rafael mit dem kleinen Tobias und die betende Magdalena in aufgelöstem Haar; am Himmel Gottvater mit ausgebreiteten Armen von Cherubköpfen umgeben; Hintergrund weite Landschaft mit buschigen Hügeln, Wiesen und kleinen Hirtenfiguren; auf einem Zettel am Boden bez.: „FRANCISCVS BISSOLO."[38] Venedig. Akademie.

In der Anordnung der hell vom Grunde sich abhebenden Figuren ohne Zweifel das Meisterstück des Malers hat das Bild auch vermöge der weihevollen religiösen Stimmung grossen Reiz, wenngleich Zeichnung und Färbung nervlos geblieben sind. — Hatte sich Bissolo anfänglich eine bestimmte Klasse bellinesker Arbeiten zum Muster genommen, so hielt er sich nachmals an die spätere Manier seines Meisters, dessen Arbeiten er hier und da Figuren einfügte, ohne jedoch dabei von dem feinen Sinn für Ebenmaass und Gleichgewicht geleitet zu werden, welcher sein Vorbild auszeichnete. Davon zeugt u. A. eine Darstellung Christi im Tempel in S. Zaccaria in Venedig, welche i. J. 1524 auf dem Altar der Familie Capello aufgestellt worden ist und für Bellini's Venedig. S. Zaccaria.

Sammlung: Maria m. K. zwischen Joseph und Katharina von Alex., hinten Landschaft durch grünen Vorhang unterbrochen (Holz, Oel, h. 2 F. 1¾ Z., br. 2 F. 8 Z.), etwas hart gefärbt, aber den Bellini in seiner lichten Malweise nachahmend, wie Bissolo auf seinem Bilde der Casa Mocenigo den verschleierten Vortrag zum Muster genommen hat; auch das Kind ist in der Formgebung bellinesk.

[37] Rovigo, Gallerie N. 24 (früher in Casa Casilini, s. Bartoli, Guida di Rovigo), die rechte Hand segnend erhoben, die linke auf der Steinbrüstung liegend (Brustbild, Holz, Oel, h. 1 F. 6½ Z., br. 1 F. 4 Z.), der Typus regelmässig, die Farbe von lichter rosiger Stimmung, aber eintönig und leer.

[38] Venedig, Akademie N. 541, Holz, ursprüngl. oben rund, h. 3.65, br. 2.50. Abbild. bei Zanotto, Pin. Ven. Fasc. X., stark übermalt.

20*

Werk gilt, aber sowohl durch die Zusammenstellung der fünf Figuren wie durch die mangelnde Sicherheit der Pinselführung den Nachahmer verräth[39], und ferner eine Wiederholung des unzählige Mal in ähnlicher Weise behandelten Gegenstandes mit Venedig, Akademie. Bissolo's Namen in der Akademie zu Venedig, bei welcher die zu Grunde liegende Komposition wieder durch ungeschickte Einfügung neuer Figuren verdorben ist.[40]

Besonders gegen das Ende seiner Laufbahn scheint sich die Thätigkeit Francesco's ausgedehnt zu haben. Im J. 1528 malte S. Floriano. er für S. Floriano bei Castelfranco ein grosses Madonnenbild mit Heiligen[41], im J. 1530 ein ähnliches Stück und eine Glorie des Lavada. heiligen Bonifazius für Lavada bei Oderzo.[42] In S. Andrea zu

[39] Venedig, S. Zaccaria: Maria hält das nackte Kind, indem sie keusch die Augen niederschlägt, hinter ihr links eine Heilige, vor ihr rechts Simeon, der sich herzuneigt und Joseph. Halbfig., halblebensgr. Abbild. bei Zanotto, Pin. Ven. Fasc. 8, wo sich auch die Bemerkung findet, dass das Bild 1524 aufgestellt worden sei, was schon hinreichen könnte, Giovanni Bellini's Urheberschaft zu beseitigen (vgl. unter Giov. Bellini S. 149). Cicogna, Fasc. VI, 119 gibt nachfolgende Inschrift an, die er auf dem Rahmen gelesen hat: „Justas effundite preces sacri viri pro defuncti Petri Capelli anima in cuius memoriam hoc altare annuis muneribus decoratum et pie erectum spectatur. Philippus et Joann. nepotes pietatis opus F. F."

[40] Venedig, Akademie N. 135, Holz, h. 0,77, br. 1,77, Halbfig., ursprünglich in Casa Renier (s. Lanzi II, 109); die rechte Seite der Komposition ebenso wie in S. Zaccaria, jedoch hinter Maria der heilige Antonius, links eine weibl. Heilige mit Tauben im Korb und unterhalb ein knieender Stifter, bez.: „FRANCISCVS . BISSOLVS." Die Farbe hat starres Impasto, der Ton ist hell, gleichmässig und durchweg lasirt. — Derselben Gattung gehören an: Venedig, Akademie N. 337: Maria m. K. und 4 Heiligen (darunter Hieronymus, genau nach Bellini, nur von der Gegenseite), Halbfig., Holz, h. 0,68, br. 1,0, stark durch Uebermalung beeinträchtigt, aber ursprünglich in Bellini's breitem Vortrag nach Art des Basaiti; das Bild der Akademie N. 5 (Lünette mit Gottvater) ist fälschlich dem Bissolo zugetheilt, vgl. unter B. Diana S. 233); Venedig, Akad. N. 186: Maria mit dem lebhaft bewegten nackten Kinde im Schooss, welches den rechten Fuss in die rechte Hand der Mutter setzt. Hintergr. Wand und Hügellandschaft mit Häusern und kleinen Figuren, bez.: „Franciscus Bissolo" (Holz, h. 0,83, br. 0,64), jetzt abgescheuert, aber ursprünglich ein angenehmes Bild. — N. 117: der todte Christus von Engeln gestützt (Holz, h. 0,40, br. 0,71), dem vorigen ähnlich, durch Lasuren und Ausbesserungen abgeschwächt; Museum Correr N. 50: Mad. m. K., im Hintergr. Landschaft, Holz, h. 0,68, br. 0,62; zweifelhaft, vielleicht Girolamo S. Croce; über N. 49 ebenda: Maria m. d. K. auf dem Knie, welches den heiligen Petrus Martyr segnet, der mit dem Messer in der Brust anbetet (ein zweites Messer im Schädel spätere Zuthat), vgl. unter Cordeliaghi S. 292.

[41] Maria m. K. thronend, umgeben von den Heiligen Florian, Liberale, Katharina und Barbara; nicht von den Verf. gesehen, ausführlich beschrieben bei Crico, Lettere 137, 138, vgl. Moschini, Guida di Ven. II, 565.

[42] Lavada: 1. Maria m. K. zwischen Laurentius und einem zweiten Heiligen,

Treviso ferner in Kirchen zu Martellago und Pianiga, im Dom zu Lendinara und anderwärts erkennen wir seine Weise auf Bildern wieder, welche älteren und bedeutenderen Meistern zugeschrieben werden.[43] Von Gallerie-Bildern, welche unbedenklich ihm zugesprochen werden dürfen, verdient ein Halbfigurenbild im städtischen Museum zu Leipzig Erwähnung: Treviso. Martellago. Pianiga. Lendinara.

Maria mit dem in ihrem Schoosse sitzenden nackten Kinde legt die Hand segnend dem zur Rechten knieenden, nur zum Theil sichtbaren Stifter, einem jugendlichen Manne mit schwarzem Vollbart aufs Haupt; zu den Seiten Paulus, Joseph, Antonius der Abt und Franciskus; Hintergrund Landschaft.[44] Leipzig. Museum.

Dieses Votivbild, welches den giorgionesken und bellinesken Stilcharakter des Malers gut vertritt und im Allgemeinen der Krönung Katharina's in der Akademie zu Venedig entspricht, kann dazu dienen, einen eigenthümlichen Zweifel aufzuklären. In Berlin und in Venedig befinden sich zwei Madonnen mit Heiligen, welche die Signatur eines „Petrus de Inganatis" tragen:

In Berlin: Maria das segnende Kind auf dem Schoosse haltend, rechts Antonius von Padua und Magdalena, links Johannes Berlin. Museum.

---

der den jugendlichen Stifter empfiehlt, Inschr.: „Dominicus de Rovertulo sacelli huius antistes aram hanc suis erexit sumptibus ac deiparae Virgini d. MDXXX. Franciscus bissolus", eine verwaschene schwache Arbeit. 2. Der heilige Bonifacius auf einem Sockel umgeben von Petrus, Apollonia, Barbara und Antonius Abbas, bez.: „Franciscus bissolus", Leinw., stark beschädigt: die Hauptfigur zwar von ansprechenden Umrissen, aber schwächlich, die ganze Vortragsweise dem Bilde in Treviso entsprechend.

[43] Treviso, S. Andrea, vgl. oben Gentile Bellini S. 136. — Martellago: Martyrium des Stephanus, vgl. Gentile Bellini S. 136. — Pianiga, Altarstück in 2 Reihen: Martin zwischen 4 Heiligen und oberhalb Gottvater segnend zwischen 4 Heiligen, vgl. S. 191. — Gaio: der heilige Bartholomäus zwischen Andreas und Petrus; von einem Nachfolger Bissolo's (vgl. unter Giov. Bellini). — Lendinara, Dom, Sakristei: Maria m. K. zwischen Laurentius und Antonius, unterhalb ein modernes Brustbild des heiligen Carlo Borromeo, schwache und schadhafte Arbeit Bissolo's. — Ausserdem sind hier noch aufzuführen: Padua, Stadtgallerie (ursprüngl. in der Sammlung Capodilista): Mad. m. K. zwischen Lucia und Katharina, angebl. von Bissolo, beschädigt, vielleicht von Galeazzo Campi oder einem andern Schüler des Boccaccino. — Pordenone, Casa Montereale: Maria m. K. thronend, Holz, Inschrift zerstört, vielleicht von Bissolo, aber fast durchaus übermalt. — Perugia, Stadtgallerie: Maria m. K. und Heiligen, vgl. Giov. Bellini S. 192.

[44] Leipzig, Museum N. 255, Holz, Oel, h. 0,92, br. 1,34, der Farbenauftrag ist satt, die Lasuren abgerieben und durch starke Uebermalung ersetzt.

d. T. und eine zweite Heilige, bezeichnet: „PETRVS . DE . INGANATIS . P.“ [45]

Venedig. Privatbesitz. In Venedig, Sammlung Gatterburg-Morosini: Maria mit Kind, Johannes d. T. und einer Heiligen, ebenfalls bezeichnet: „Petrus de Inganatis p.“ [46]

Fehlten die Inschriften, so würde man kein Bedenken tragen können, diese beiden Stücke dem Meister des Leipziger Bildes zuzutheilen, in welchem wir den Bissolo erkennen. Es entsteht die Frage: ist „Pier Francesco Bissolo“ und „Petrus de Inganatis“ ein und derselbe Mann? Wir möchten das entschieden bejahen und dürfen die auffällige Signatur der eben erwähnten beiden Bilder vielleicht als eine scherzhafte Anspielung des Malers auf seine Erfolge als coloristischer Anempfinder erklären. Bissolo mochte durch seine gelungene Nachahmung der Weise Bellini's und Giorgione's manchen seiner Zeitgenossen getäuscht haben und kann sich im Stolz darauf hin und wieder wohl einmal gradezu als den „Maler der Getäuschten“ benannt haben. [47]

Von Bartolommeo von Venedig, welcher sich ebenfalls der bellinesken Gefolgschaft anreiht, sind uns nur fünf beglaubigte Bilder bekannt:

Bergamo, Gallerie. In Bergamo, Sammlung Lochis-Carrara: Maria bis zum Knie sichtbar mit dem nackten Knaben im Schooss, der den Fuss auf ihre Hand setzt, Hintergrund Stadt, Wald und Berge, am Boden zwei junge Hasen, die auf den Hinterfüssen stehend mit einander spielen. Inschrift auf Zettel: „1505 BARTHOLOMAEVS VENETVS . FACIEBAT.“ [48]

[45] Berlin, Museum N. 41, Halbfig., Holz, h. 2 F. 2¼ Z., br. 3 F. 2¼ Z., aus der Sammlung Solly.

[46] Holz, Halbfig., aus späterer Zeit als das zu Berlin und mehr in der Weise des Girolamo S. Croce.

[47] Als Analogie könnte man auf die Benennung des Castagno als „Andrea degli Impiccati“ hinweisen, den er von seinen Galgenportraits erhielt (vgl. Band III, S. 37).

[48] Bergamo, Lochis-Carr. N. 209. Die Gruppe genau derjenigen von Bissolo, Venedig, Akademie N. 186, entsprechend, die Figuren schlank und gewöhnlich, die Zeichnung sorgfältig aber gebrochen,

Mailand, Casa Perego: lebensgrosses Brustbild eines Mannes mit Bart in schwarzer Mütze und schwarzem Kleid, über welches ein reicher Krägen fällt, auf einem Zettel bezeichnet: „Bartolomeus venetus fecit.“[49] Mailand.

Somersetshire, bei Colonel Carew: Ein Bild mit der Bezeichnung „Barthommeus de Venezia 1506.“[50] Somersetshire.

London, Samml. Barker (ehem. in der Samml. Manfrin): Brustbild einer Frau in gelbem Kleid und gelb-weiss-grün gestreiftem Turban, mit einem Handschuh in der linken Hand, bezeichnet: „1530. Bartolomei veneti f.“[51] London.

London, Nationalgallerie: Bildniss eines jungen Mannes aus der gräflichen Familie Martinengo, in rothem Mantel und rother Mütze, in der rechten Hand den Handschuh haltend, Hintergrund grüner Vorhang, auf Zettel bezeichnet: „LVDOVICVM MARTI ETATIS SVAE AN. XXVI BARTOLoM VENETVS FACIEBAT M.DXXX XVI ZVN“.[52]

Die genannten Werke, welche der Zeit nach weit auseinander liegen, lassen diesen Bartolommeo als einen Mann erkennen, der sich der neueren venezianischen Manier ungefähr in dem Sinne des Bissolo anschloss; er ist ein sorgfältiger aber gering begabter Techniker und hat es in der Wiedergabe der Körperlichkeit nicht weit gebracht. Sein bestes Werk ist das Portrait in London; es erinnert in der Behandlung an Palma, im röthlich-trüben Ton an Polidoro Lanzani. Was er in der Zeit zwischen 1506 und 1530 gearbeitet habe, ist uns unbekannt, aber der Eindruck seiner Bilder macht es nicht unmöglich, dass er von Venedig fern gelebt hat; vielleicht ist er jener Bartolommeo de Venetiis, von dessen Aufenthalt in Ferrara in der Zeit von 1473 bis nach 1521 wir genauere urkundliche Nachricht haben.[53]

---

die Farbe dünn. Die Landschaft erinnert an Cima, die ganze Vortragsweise an Bissolo's Bild in S. Gervasio e Protasio in Venedig. Nach dem obigen Bilde zu schliessen, möchten wir auch ein kleines Madonnenbild in Landschaft mit einem Mann und 2 Rehen im Hintergrunde, im Besitz des Sign. Luigi Tescari zu Castelfranco dem Bartolommeo Veneto zuschreiben.

[49] Die graue Fleischmodellirung und Schattengebung dem Torbido ähnlich. die Formen dünn und kleinlich, der allgemeine Ton im Licht trüb braun mit flüssiger Farbe aufgetragen.

[50] Ausgestellt auf der Ausstellung in Leeds, nicht von den Verf. gesehen.

[51] Die Farbe stumpf und düster, aber in einer Mischweise zwischen palmesker und giorgionesker Art behandelt.

[52] Nationalgallerie N. 287 (unter Veneziano), Halbfig., h. 3 F. 5 1/4 Z., br. 2 F. 4 Z.; von den Erben des Grafen Girolamo Martinengo gekauft; gutes Portrait, an Giorgione und Bonifazio erinnernd. von kräftigem Impasto und düsterm strengen Ton.

[53] „Bartolommeo de Venezia“ oder „Bartolommeo di Filippo dipentore nunu-

patus Reverentia" erhält Zahlung i.J. 1473 für eine Arbeit bei Gelegenheit des festlichen Einzugs der Eleanor von Arragon in Ferrara; er wird ferner in Urkunden aus d. J. 1488 in Ferrara erwähnt, verheirathet i. J. 1521 seine Tochter an Ludovico Mazzolino von Ferrara. Er ist wahrscheinlich der Bartolommeo de Venezia, welcher i. J. 1508 in Gemeinschaft mit Lodovico Mazzolino und Panetti die Fresken im Dom zu Ferrara abzuschätzen hatte; sein Tod erfolgte vor 1548, da er in diesem Jahre mit „quondam" aufgeführt ist, s. L. G. Cittadella, Notizie relative a Ferrara 215 und 579 und Cittadella's Documenti risguardanti la Storia artistica Ferrarese. Ferrara 1868 54. 146. 147.

BERICHTIGUNGEN.

S. 33 Z. 17 v. o. lies: Mittelbild natürlicher Grund, Nebenbilder Goldgrund.

S. 79 Anm. 27 lies: Flügelstücke, welche von anderer Hand sind.

S. 119 Anm. 11 lies: auf dem alten Rahmen die Inschrift: „OPVS . GENTILIS . BELLINVS . . . ."

S. 215 Z. 18 v. o. statt „Betaltar" lies: „Bettlerpaar".

S. 231 Anm. 98, Z. 13 u. 14 v. u. lies: „dem Mansueti zugetheilt, aber dem Basaiti näher stehend.

S. 255 Z. 11 v. o. statt „durch die Säulen etc." lies: „die Decke der Nische mit archaistischen Figuren auf Goldgrund geziert. — Inschrift: „Joannis baptiste Coneglianesis opus."

Druck von J. B. Hirschfeld in Leipzig.

GESCHICHTE

DER

ITALIENISCHEN MALEREI

VON

J. A. CROWE & G. B. CAVALCASELLE.

DEUTSCHE ORIGINAL-AUSGABE

BESORGT VON

DR. MAX JORDAN.

FÜNFTER BAND. ZWEITE HÄLFTE.

(MIT 3 TAFELN. IN HOLZ GESCHNITTEN VON H. WERDMÜLLER.)

LEIPZIG
VERLAG VON S. HIRZEL.
1874.

Inhaltsverzeichniss.

Fünfter Band. Zweite Hälfte.

Oberitalienische Schulen des XV. Jahrhunderts.

VERZEICHNISS

der Abbildungen zu Band V, II. Hälfte.

VIERZEHNTES CAPITEL.

Squarcione und seine Schule.

Obgleich wir bisher die venezianische Schule als einen besonderen und in sich selbständigen Theil der italienischen Kunstgeschichte behandelt haben, ist doch fortwährend der Einfluss beachtet worden, welchen die künstlerischen Grundsätze der Paduaner auf ihre Nachbarn jenseits der Lagunen ausübten.

Die Paduaner aber erheischen nicht blos deshalb erhöhte Aufmerksamkeit, weil ihre Künstlergeschichte überhaupt mancher Zurechtstellung bedarf, sondern auch, weil wir genöthigt sind, ihre frühesten Meister einer unverdienten Berühmtheit zu entkleiden.

Der Kunstbetrieb in Padua war während des 14. Jahrhunderts ausschliesslich in fremden Händen. Altichiero, Avanzo von Verona und Giusto von Florenz sind die hervorragenden Namen; Guariento war seiner Kunstweise nach Venezianer. Wo Ueberbleibsel einheimischer Maler gefunden werden, tritt uns eine Schwäche und Mittelmässigkeit entgegen, von der wenig zu erwarten war.[1]

[1] Folgendes Verzeichniss von Malereien aus der Nähe Padua's ist hier nachzutragen: in Wien Gall. Czernin: Krönung Maria's mit 12 Scenen aus der Leidensgeschichte (seitwärts in drei Reihen), einem Bogenfeld oberhalb des Mittelstückes enth. die Kreuzigung, u. 8 Heiligenfiguren in Giebeln; Holz, Goldgr. bez. „MCCC XXXX IIII tpore uñi archip A. berti", ein ausgedehntes Werk aus dem 14. Jahrh., ursprünglich in einem Kloster bei Padua, von Waagen (Kunstdenkmäler in Wien I, 302) dem Giusto von Padua zugeschrieben, jedoch unserer Meinung nach zu gering für diesen. — Roncaiete bei Padua (Kirche): kleines Altarbild in drei Reihen; unterhalb Maria mit Kind zwischen Jakobus und

Am Ausgange des 14. Jahrhunderts wird die ohnehin nur ziemlich vereinzelte Nachwirkung Giotto's durch den umbrischen Geschmack verdrängt. Wie in Venedig und Verona, so herrscht auch in Padua der Einfluss des Gentile da Fabriano und des Pisanello für einige Zeit vor; selbst in den Werken des Jacopo di Nerito will man ihn erkennen, eines Malers, dessen die kritische Forschung schwer habhaft werden kann.[2]

Laurentius, der den knieenden Stifter empfiehlt, und Fidenzio u. Bartholomäus; oberhalb der Gekreuzigte von Maria und Johannes beweint, umgeben von einem Erzengel und Joh. d. Täufer, Lucia und einer andern Heiligen (Holz, Goldgr.), eine plumpe Arbeit aus der Mitte des 15. Jahrh. — Piove, S. Niccolò: Altarstück mit 5 Spitz-Giebeln: Maria m. Kind zwischen Martin, Johannes dem Täufer, Nikolaus und Franciskus, Goldgr. bez. „Gisielmus de Veneci pinxit hoc opus." Die Figuren hager u. dürftig gebildet, das Nackte mangelhaft, die Farbe von grünlich olivenartigem Stich; der Maler ist ein Mann von der Art des Lorenzo von Venedig. — Ebenda, Kirche der Penitenti: Freskobild der Himmelfahrt Maria's mit den knieenden Aposteln unterhalb. Arbeit eines schwachen Giottisten von der Art desjenigen, welcher in der Umgegend von Ravenna gemalt hat (die Lünette mit Gottvater und Engeln rührt aus dem 18. Jahrh.); in der Sakristei daselbst: ein Altarbild, Maria mit Kind von dem Stifterpaar angebetet, mit Franciskus, Clara und 4 anderen Heiligen in Kleeblatt-Nischen seitwärts und mit 5 Giebeln enth. das Ecce homo zwischen Maria und Johannes nebst den Verkündigungsfiguren (Fig. $^1/_3$ lebensgr.); ein stark beschädigtes Stück aus dem Ende des 14. oder Anfang des 15. Jahrh., die Fleischfarbe düster, die Gegensätze hart, der Blick der Figuren stier, sodass man an Semitecolo und Lorenzo von Venedig erinnert wird. — Von paduanischen Lokalkünstlern ist noch ein Campagnola aufzuführen, der unseres Wissens nur durch ein einziges Werk vertreten wird, welches sich in Venedig im Besitz des Händlers Giacomo Cassetti (Campo Santa Marina) befand: zwei Bogenfelder mit Brustbildern von Bischöfen, von denen der eine ein Buch liest, auf dessen Rücken die Inschrift steht. „Ops Campagnola pa. 1474." Die Stücke, angeblich aus der Kirche des Klosters de' Miracoli in Venedig stammend, sind grobe Arbeiten eines Zeitgenossen des Guariento und haben keine Verwandtschaft mit dem paduanischen Stil der Schule Squarcione's, obgleich die Namensunterschrift, welche echt scheint, auf eine paduanische Künstlerfamilie hindeuten mag.

[2] Moschini, Vicende della pitt. in Padova 1826 S. 19, 20. sagt von Jacopo di Nerito, er habe ein ehemals in S. Michele befindliches Bild des Erzengels Michael, einer riesenhaften Figur, welche den Drachen niederstösst, gemalt, das die Inschrift „Jacobus de Neritus discipulus Gentili de Fabriano" getragen hätte. In Padua gibt es nun mehrere Bilder mit Gentile's Stilgepräge, die man einstweilen in Ermangelung eines bestimmten Namens mit dem des Nerito belegen mag: z. B. bei Marchese Galeazzo Dondi-Orologio: Heil. Michael thronend mit dem Drachen unter den Füssen, von natürlicher Haltung, rundköpfig mit Ringellocken und Juwelendiadem; seine Tracht ist die eines kirchlichen Würdenträgers, reich an Zierrathen; der Vortrag des Bildes zeigt eine Mischung von Guariento und Michele Giambono, eher etwas besser als bei Letzterem, auf den man schliessen möchte, wenn man nicht eben auf Nerito gewiesen würde; vielleicht haben wir hier das von Moschini erwähnte, seitdem abhanden gekommene Bild. In Bezug auf jenes kommt noch ein anderes Bild im Pfarrhause der Kirche del Torresino bei Padua in Betracht: eine stehende Figur des Michael, der den Drachen niedertritt und mit der Lanze durchbohrt; dies soll früher in S. Michele in Padua gewesen sein; es zeigt den Stil eines Malers, der später gearbeitet zu haben scheint als wir von Nerito annehmen möchten, wel-

Bei diesem Zustande war es in der That ein Glück, dass durch Squarcione in Padua eine Lehrstätte für die erste künstlerische Ausbildung gegründet wurde. Den Beginn seines Unternehmens werden wir in die Zeit zu verlegen haben, in welcher die starke religiöse Empfindungsweise der früheren Generationen nachgelassen und dem Sinn für das classische Alterthum Platz gemacht hatte, welches in der Pflege der Universitäten zu neuem Leben kam. Squarcione nun, den man sich als einen Mann von praktischer Einsicht und Unternehmungslust vorzustellen hat, zog offenbar eine Anzahl junger Leute an sich, um sie in einer Kunst zu unterweisen, in der er zwar selbst nur wenig zu leisten vermochte, die aber sehr in Nachfrage war. Denn aus der häufigen Beschäftigung fremder Künstler und aus der wachsenden Zahl der paduanischen Kunstgenossenschaft geht zur Genüge hervor, wie sehr malerische Arbeit gesucht wurde; nur ist andrerseits der Mangel aller bestimmten Nachrichten über die Meister der Gilde von Padua, sowie die Thatsache, dass fast nichts von ihren Arbeiten auf uns gekommen ist, bezeichnend für die Geringfügigkeit ihrer Leistungen. Obwohl die Aufnahmebedingungen für Squarcione's Akademie ungewöhnlich liberal waren, sodass nicht blos Italiener des Südens und Nordens, sondern sogar Deutsche zugelassen wurden, blieb doch der Erfolg für die paduanische Malerei äusserst zweifelhaft[3]; und wenn wir den Squarcione, wie billig, als Ver-

eher als Schüler des Gentile da Fabriano angesehen wird, und könnte auf Lazzaro Bastiani deuten, wenn es nicht von noch späterer Entstehung wäre; es mag eine alte stark übermalte Copie von Nerito's Original sein. Von gleichem Gepräge mit diesem ist ferner ein Erzengel Gabriel (Theil einer Verkündigung) in der Gall. zu Padua Nr. 99 (Leinw.) unter Nerito's Namen, schadhaft und fast durchweg in Oel übermalt, wenn auch von besserer Beschaffenheit als das Michaelsbild der Kirche del Torresino; Gestalt und Kopf sind schwerfällig, die Stirn hoch, Hände und Füsse gross, sodass man in der That kaum an Gentile da Fabriano erinnert wird. Hierher gehören noch: in der Sammlung des Grafen Galeazzo Dondi-Orologio: Johannes der Täufer, Petrus und ein Bischof (Holz); dann in der Gall. zu Padua (früher in der Sammlung Capo-di-Lista): der heil. Gregor und ein Franciskaner-Bischof, sämmtlich ein und demselben Bilde angehörig; kleine schlanke Figuren mit derben Füssen, in verwickelter Gewandung mit schwerem Zierrath. Die Stücke haben Etwas von Giambono's Stil und die Tempera ist in der Weise des Gentile da Fabriano behandelt; daher erscheint hier der Name des Nerito mehr gerechtfertigt, als bei den vorgenannten; die Arbeit ähnelt dem Gentile, nur dass sie ein wenig geringer ist. —

[3] Die Namen der meisten Mitglieder der paduanischen Gilde sowie Anderer, welche das Malerhandwerk trieben, hat Moschini, Vicende a. a. O. aufgeführt,

treter damaliger Musterleistung in Anspruch nehmen, so finden wir nicht mehr und nicht weniger als sonst bei mittelschlächtigen Lokalkünstlern in Italien oder Deutschland.

Indess wird man bei Beurtheilung Squarcione's immer fest zu halten haben, dass bei den Erzeugnissen seiner Werkstatt stets ebenso an seine zahlreichen Schüler wie an ihn selbst zu denken ist. Höchst merkwürdig erscheint es immerhin, wie ein Mann von so geringem eigenen Kunstvermögen den Ruhm des Begründers einer Schule gewann. Angeblich i. J. 1394 geboren[4] sah sich Francesco Squarcione beim Tode seines Vaters Giovanni, eines Notars in Padua (1422) im Besitz eines Vermögens, welches ihn in den Stand setzte, das Geschäft eines Schneiders und Kunststickers zu beginnen.[5] Diese Thätigkeit stand in der Zeit, als die Gilden sehr ausgedehnt waren und die verschiedenartigsten Gewerbzweige umfassten, in enger Verbindung mit dem Handwerk der Zeichner. Besonders war dies in Norditalien der Fall, ist doch sogar ein Künstler von der Bedeutung des Giovanni da Udine, der Gehilfe Rafaels, aus einer Familie emporgekommen, in welcher die Kunststickerei erblich war.

„Noch ehe Squarcione herangereift war — so berichtet Scardeone, der Chronist von Padua — fühlte er sich zur Malerei hingezogen; er hatte nach seinem eigenen Bekenntniss kaum die Schuljahre hinter sich, als er den Entschluss fasste, die Welt zu sehen und ferne Länder zu bereisen. Auf diese Weise lernte er die Provinzen Griechenlands kennen, von wo er viel werthvolle Eindrücke und Aufzeichnungen mit nach Hause brachte.[6] Auch

---

doch ist das Verzeichniss für uns nicht von Belang.

[4] Scardeone, de Antiqu. Urbis Patav. Basel 1560, lässt ihn 1474 mit 80 Jahren sterben.

[5] Selvatico, Scritti d'arte, Florenz 1859 S. 34 erwähnt Urkunden, aus denen hervorgeht, dass Squarcione beim Tode seines Vaters 1422 ein Haus und 5 Stück Feld in der Contrada di Ponte Corvo besass. Moschini, Vicende S. 27 gibt den Anfang einer anderen Urkunde vom 29. Dec. 1423 folgendermassen: „M. Franciscus. Squarzonus sartor et recamator filius q. S. Johannis Squarzoni, notarii civis et abitator Padue in contracta Pontis Corvi."

[6] Der Wortlaut ist: „Quocirca annavigavit Greciam et totam illam provinciam pervagatus est: unde multa notatu digna tum mente tum chartis, quae ad eius artis peritiam facere visa sunt, inde domum secum detulit" (Scardeone a. a. O. 370). Nur diese Stelle ist es, auf welche man sich berufen kann. Selvatico und Andere haben dieselbe unsres Erachtens viel zu sehr ausgebeutet; Ersterer sagt z. B. (Scritti S. 8) „C'è ragione di credere che in questo amore (in der Liebe

Italien durchzog er und erwarb sich besonders durch seine Liebenswürdigkeit und Geradheit Gunst und Freundschaft bei Leuten von Rang. Als er sich wieder in Padua niedergelassen, verlor er seine erste Frau, welche kinderlos starb, und heirathete eine zweite, die ihm zwei Söhne brachte. Er gewann den Ruf des besten Lehrers seiner Zeit, der Erwerb der eigenen Kenntnisse befriedigte ihn nicht, es war seine Freude, das, was er wusste, Anderen mitzutheilen: so kam es, dass er im Laufe der Zeit, wie berichtet wird, nicht weniger als 137 Schüler erzog und den Beinamen „Vater der Maler" erhielt. Der Erfolg dieser Thätigkeit bestand für ihn selbst weniger im Geldverdienst als im Ruhme; in bequemen Verhältnissen bewohnte er ein eigenes Haus in Padua in der Nachbarschaft des Santo und miethete sich Zimmer in der Zeit, wenn er in Venedig verweilte; er war ein Mann von grossem Urtheil in künstlerischen Dingen, aber von geringer Praxis[7], und er unterrichtete die jungen Leute weniger durch eigenes Beispiel als durch Beschaffung von Modellen und Bildervorlagen."[8] Vasari weiss uns auch zu erzählen, woher diese Vorlagen rührten; er sagt, es seien Abgüsse nach der Antike oder Bilder aus verschiedenen Gegenden gewesen, meist aus Toscana und Rom.[9]

In Wahrheit haben wir den Squarcione als einen Impresario anzusehen, der sich eine Sammlung anlegte, um Kunstjüngern damit zu dienen, und der sich aus ihrer Zahl die Begabtesten zur Ausführung seiner Aufträge auswählte. So hatte er Blick genug, um das frühreife Talent des Mantegna zu würdigen; er nahm ihn an Sohnesstatt an und trug seinen Namen schon bei ganz jugendlichem Alter in die paduanische Gilde ein. Unter den Gehilfen seiner Werkstatt finden wir ferner den Niccolò Pizzolo, Matteo Pozzo, Marco Zoppo, Dario von Treviso, Bono von Ferrara und

zu den Classikern) lo rasodassero i viaggi che in virile età egli intraprese per l'Italia e per la Grecia, e le molte pitture, marmi e disegni che da quelle regioni egli trasportò in patria."

[7] Vasari (V, 159) urtheilt noch strenger indem er sagt: „si conosceva lo Squarcione non esser il più valente dipintor del mondo."

[8] Die Stelle lautet (Scardeone a. a. O. 371): Signa aut pictasque tabellas plurimas habuit, quarum magisterio et Andream et reliquos condiscipulos instruxerat, magis quam editis a se archetypis aut ditatis seu novis exemplis ad imitandum praebitis."

[9] Vasari V, 159. —

Ansuino, denen er Arbeiten für seine Rechnung übertrug; „was er aber selbst gemalt habe, sagt Scardeone, ist ganz ungewiss; vielleicht dürfen wir annehmen — behaupten lässt es sich freilich nicht — dass er einige grau in grau gemalte Darstellungen an der Innenwand der westlichen Hauptthüre im Santo ausgeführt hat.“[10]

Was Scardeone damals (i. J. 1559) nicht wusste, ist uns durch die Archive von Padua bekannt geworden. Squarcione's Reise nach Griechenland bezweifeln wir zwar, doch bleibt sie immerhin möglich. Sicher ist, dass er 1423 in Padua ansässig war und nach dem Tode seines Vaters eine Werkstatt als Schneider und Kunststicker hielt. Im Frühling 1439 lieferte er für einen venezianischen Edelmann Fantino Bragadini ein Krucifix für die Kapelle auf dessen Besitzthum Terrassa bei Padua[11]; 1441 finden wir ihn an der Orgel in S. Antonio beschäftigt und in diesem Jahre erscheint sein Name zuerst im paduanischen Gildenregister.[12] Er übernahm ferner nach Vasari's Zeugniss[13] den Auftrag zur Ausschmückung der Kapelle des heiligen Christoph in der Eremitenkirche und übertrug die Ausführung dem Pizzolo, Mantegna und Anderen; 1444 wird er für Tünche an der Decke im Santo bezahlt[14]; 1445 erhält er Zahlung für eine Figur in der Sakristei des Corpus Christi daselbst[15], bis 1446 finden sich wiederholte Vermerke über laufende Arbeiten verschiedenster Art, u. a. für Bemalung einer Tafel im Chor derselben Kirche.[16] Vom 2. Janr. 1449 (a. St.) haben wir einen Vertrag, laut dessen Squarcione im Auftrag des Leone de Lazzara ein Altarbild für dessen Oratorium im Carmine zu Padua zu liefern verspricht, und aus den Rechnungen des Hauses Lazzara geht hervor, dass dasselbe am 28. März 1452 vollendet worden war.[17] Im Jahre 1449 lieferte er für

[10] Scardeone a. a. O. 371. —

[11] Die Urkunde v. 19. Mai abgedruckt bei G. Campori, Lettere art. ined. Modena 1866 S. 318. —

[12] s. Moschini, Vicende 27 und B. Gonzati, La Basilica di S. Antonio di Padova, Padua 1852, I. Doc. N. XXXIV. Squarcione erhält unterm 19. Juni und 1. Juli Zahlung.

[13] Vas. V, 161.

[14] Gonzati a. a. O. —

[15] Moschini, Vicende S. 27. —

[16] Gonzati a. a. O.

[17] s. das Facsimile Squarcione's von 1449 bei Gaye, Carteggio I. und die Urkunde bei Selvatico, Scritti S. 31.

den Preis von etwas über 5 Lire ein gemaltes Altartuch für den hohen Chor, und 1462 eine Reihe von Zeichnungen für Holzmosaik, welche zwölf oder vierzehn Jahre später durch Lorenzo von Lendinara ausgeführt worden sind.[18] Im Jahre 1465 wurde ihm vom grossen Rathe zu Padua ausdrücklich der Steuererlass gewährt in Anerkennung des von ihm hergestellten Modelles der Stadt und des Territoriums von Padua.[19] 1474 stirbt er als geachteter Bürger in seiner Heimath und wurde in San Francesco begraben.[20]

Für die uns sonst noch bekannten Aufträge für S. Francesco in Padua, wo er im Kreuzgange Wandbilder in grüner Erde oder grau in grau gemalt hatte[21], und für eine Madonna im Hause Lazzara fehlen die Zeitangaben. Von allen hier angeführten Arbeiten ist uns nichts erhalten als das Altarstück und die Madonna der Lazzara. Diese Stücke und die Wandbilder der Eremitenkapelle sind die einzigen Urkunden, aus denen sich Squarcione's Stil beurtheilen lässt.[22]

Was an den beiden genannten Bildern zunächst auffällt ist ihre ausserordentliche Verschiedenheit. Das von 1452, jetzt in der Stadtgallerie zu Padua (ehemals im Carmine) zeigt Schwächen,

---

[18] s. Gonzati a. a. O. I. 55 und Doc. XXXIV. Die von Lorenzo da Lendinara nach Squarcione's Zeichnung ausgeführten Intarsien in der Sakristei des Santo wurden vor wenigen Jahren abgenommen, nachdem Cartons von ihnen gemacht worden waren; sie waren fast ganz zerstört und mussten neu hergestellt werden, sodass sie jetzt alles historischen und künstlerischen Werthes baar sind. Gleichwohl erkennt man in der Figur des Hieronymus daselbst noch squarcionesken Charakter und auch die nach dem Holzgetäfel genommenen Umriss-Zeichnungen lassen im Allgemeinen den Stil Squarcione's i. J. 1452 erkennen.

[19] Die Urkunde bei Campori, Lett. ined. 348, 349. Im J. 1466 erscheint Squarcione als Zeuge bei dem mit Calzetto abgeschlossenen Vertrage zur Ausmalung der Kapelle des Corpus Domini in S. Antonio, s. Moschini, Vicende S. 67.

[20] s. Scardeone a. a. O. 371. —

[21] s. Ridolfi, Marav. I, 110. Einige Ueberbleibsel dieser Wandbilder waren zu Brandolesi's Zeit noch sichtbar: s. Brandolesi, Pitt. di Padua, Anm. zu S. 247.

[22] Als eine Fälschung muss das Bild der Sammlung Manfrin in Venedig zurückgewiesen werden: Maria sitzend, das Kind auf den Knieen, welches einen knieenden Mönch segnet (Leinw. halblebensgr. Fig.) bez.: „F. Squarcione 1442 (147?); die Marienfigur ist in Haltung und Charakter koquett und geziert, das Bild rührt offenbar aus dem 16. Jahrh. und verdankt seine Entstehung der Zeit, in welcher Künstler des verschiedensten Schlages, darunter auch Fläminger, den Rafael nachahmten und ein allgemeines Durcheinander von italienischer und fremdländischer Kunst entstand. Das Bindemittel ist Oel und die Farbe erinnert vermöge ihrer Textur an die Veronesische Werkstatt des Giolfino. Die Inschrift ist einfach gefälscht. —

wie man sie selbst einem Muranesen zweiten Ranges kaum verzeihen würde, das andere weist Vorzüge auf, die dem Mantegna wohl anstünden. Wenn man sich beide Werke als Arbeiten ein und derselben Hand vorstellen soll, so steht man vor einem Räthsel; auch wäre es unbegreiflich, wie Squarcione beide als eigene Produkte hätte verkaufen können, müsste man nicht annehmen, man habe damals in Padua wohl gewusst, dass sich unter dem Namen des Meisters ein Schüler seiner Werkstatt verbarg.

Padua Gall. Gegenstand des ersten Bildes, welches aus fünf Theilen besteht, ist eine Glorie des heiligen Hieronymus umgeben von Lucia und Johannes dem Täufer, Antonius dem Abt und Justina, welche auf Sockeln in Nischen mit gekrausster Einfassung stehen; das Ganze von einem schweren Rahmen mit Doppelpilastern eingefasst, die auf getäfelter Leiste ruhen.[23]

Die argen Beschädigungen, welche das Bild erlitten hat, machen es sehr schwer, ein Urtheil über die ursprüngliche Beschaffenheit zu gewinnen. Die heilige Lucia, eine schlanke Gestalt, die mit seltsamer Zimperlichkeit die Schüssel mit den ausgestochenen Augen hält, ist sorgsam gezeichnet und hat den zähen Umriss, welcher besonders bei Marco Zoppo auffällt; Finger und Handgelenke zeigen die gezierte Haltung wie bei Crivelli oder Quiricio, der hochgezogene Rundkopf ist von einem dicken Büschel ungeordneten Haares bedeckt, das Gewand fällt in weichen und einfachen Falten und der Fleischton, von trübem Gelb, ist durch feine Striche leblos modellirt; Johannes ist im härenen Gewande dargestellt und hat die linke Hand im Hüftschurz, die Erhebungen und Senkungen des Fleisches in seinem seltsam ver-

[23] Padua, Stadtgall.; die Pilaster und ihre Sockel sind erneut, ebenso der Fries oberhalb der Kapitäle. Die Beschädigungen sind: an der Figur der Lucia Nase und Stirn und Theile des Körpers, rechte Hand und Arm, der Saum der blauen Tunika u. ein Theil des Piedestals; an der Figur des Johannes zwei grosse Stücke der Brust, das rechte Bein vom Knie abwärts und das linke Bein; bei Hieronymus das Gesicht; bei Antonius der schwarze Mantel mit der weissen Kappe; viele Stücke an der Gewandung sind neuerlich aufgefrischt, die Heiligenscheine in roth und gelb übermalt. Viele Stücke der Nischen haben gleichfalls arg gelitten, sodass die Leinwand, die unter dem Gipsgrund auf das Holz aufgeklebt ist, hervorsieht. — Das Bild lag lange Zeit in einem Schlafzimmer im Carmine verwahrlost, bis es im J. 1789 von Brandolesi aufgefunden wurde, s. Brandolesi, Pitt. di Pad. Anm. zu S. 187.

zerrten Antlitz sind durch höchst fremdartige Linienzüge ausgedrückt, die zuweilen ganz bestimmte Formen, wie z. B. die von Pferdehufen oder Scheiben u. dergl. annehmen; die Gestalt ist ebenfalls durchaus mit Verachtung der Wirklichkeit hingeschrieben, das Gewand verwickelt und unklar, sodass man auch hier wiederum auf Zoppo's Namen hingeführt wird. Die Haltung des Hieronymus, der den Kopf auf das Handgelenk stützt, verräth viel Mühe, doch ist die Zeichnung und die unplastische kaffeebraune Fleischfärbung höchst unerfreulich; der heilige Antonius, im Profil gesehen, hat sich so sehr in sein Buch vertieft, dass er bucklig erscheint; Justina, welche durch die byzantinische Mandelform ihrer Augen, die aufgeworfenen Lippen und den mit starren Haaren bedeckten hohen Schädel auffällt, hat geradezu verstörten Ausdruck und gleicht in ihren Bewegungen den gezierten Frauenzimmern des Quiricio. Niemand kann in dem Maler dieses Bildes einen Mann vermuthen der mit griechischen Vorbildern vertraut gewesen sei. Die Behandlung der Architektur gibt den Miniaturen des 15. Jahrhunderts an Kindlichkeit nichts nach, und die naturbare Wiedergabe der Formen im Grossen und im Kleinen deutet auf einen im engen Kreise altfränkischer Schulgewöhnung befangenen, nicht aber auf einen Maler hin, der classische Werke studirt hat. Haben wir hier den Squarcione vor uns, so steht er nicht einmal auf gleicher Linie mit venezianischen Zeitgenossen, tief unter Jacopo Bellini, selbst unter Quiricio. Diese den Paduanern eigenthümliche düstere Farbe und reizlose Formenhärte, wie sie das Altarstück aus dem Hause Lazzara kennzeichnen, sind auf Zoppo, Schiavone, Bono, Ansuino und Dario von Treviso übergegangen, aber die Kunst der Pizzolo, Mantegna und der Canozzi muss aus anderer Quelle hergeleitet werden.

Genau in der Zeit, in welcher die Gehilfen Squarcione's jenes plumpe Stück zu Wege brachten, malte Mantegna an seinem jetzt in der Brera in Mailand aufgestellten Lucasbilde und an der Euphemia der Gallerie zu Neapel, und es ist klar, dass diese von so kräftigem Sinn für reine Classicität durchdrungenen Werke nicht unter Squarcione's Anleitung, sondern nur unter dem Eindrucke ganz anderer künstlerischer Erzeugnisse entstanden sein können:

solcher des Fra Filippo, der kurz zuvor in Padua gemalt hatte[24], des Uccelli und des Donatello, deren Auftreten die Kunstrichtung Mantegna's bestimmte. Die Frage wird also nicht sein, ob Squarcione den Mantegna unterrichtet habe, sondern vielmehr, ob nicht Mantegna in Squarcione's Werkstatt als Lehrer aufgetreten ist; wobei man sich überdies erinnern muss, dass Mantegna in naher Beziehung zu den damals in Padua lebenden Bellini, Vater und Söhnen stand, welche die Befreiung von den alten überlebten Kunstformen wesentlich förderten.

Auch Squarcione mit seiner buntgemischten Anhängerschaft beobachtete und nützte die sich vollziehende Umwandlung. Das beweist das Madonnenbild, welches im Besitz der Familie Lazzara in Padua verblieben ist. Während eine Anzahl anderer überdies zweifelhafter Arbeiten mit denen von 1452 auf gleich niedriger Stufe stehen[25], gibt wenigstens dies eine Beispiel von der Einwirkung der Florentiner Zeugniss:

Padua Sammlung Lazzara.

Maria sitzt hinter steinerner Brüstung und drückt das Kind an ihre Brust, welches anscheinend durch irgend einen ausserhalb des Bildes zu denkenden Gegenstand erschreckt mit Lebhaftigkeit in die Arme der Mutter hüpft, indem es zurückschaut. Hinter der Gruppe ist ein rother Vorhang mit reichem Gehänge aus Blättern, Feigen und Perlen angebracht und an der Brüstung die Inschrift: „Opus Squarcioni pictoris“.[26]

---

[24] Es steht fest, dass Fra Filippo 1434 im Santo Fresken ausgeführt hat, s. die Urkunden bei Gonzati, a. a. O. I. Anm. zu Doc. XXXV. und Anon. des Morelli S. 5.

[25] Von squarcionesken Bildern derjenigen Gattung, welche das Werk von 1452 vertritt, führen wir noch auf: Villa di Villa bei Padua (Curatkirche): Hieronymus knieend vor den Krucifix Goldgr., Tempera; Padua, Via del Vescovado N. 1618: Hausfront m. Temperamalereien darstellend den Namen Christi zwischen zwei weiblichen Gestalten in Nischen, schadhafte Reste, an denen ebenfalls die Vortragsweise jenes Altarbildes zu erkennen ist. Von roherer Behandlung ist eine Dreieinigkeit mit Margaretha, Katharina, Barnabas (die bis auf die Beine zerstört sind) u. Andreas, Johannes der Täufer, Bartholomäus, Hieronymus und Nikolaus an einem Hause der Via Rialto, Ecke der Via S. Luca.

[26] Padua, Casa Lazzara, Tempera, Holz, etwas geworfen; links vor dem rothen Vorhang ein Stück übermalter Himmel mit Landschaft u. entblättertem Baum; Maria's blauer Mantel ist in Oel übermalt, ebenso der über ihren linken Arm hängende Gürtel; übermalte Stellen finden sich ferner unter Maria's Augen und an der linken Wange, dem Munde und der Brust des Kindes; das Ganze hat sonach sehr durch Nachbesserung u. andrerseits durch Firniss gelitten, die meisten Umrisse sind frisch aufgemalt. — Ein interessantes Madonnenbild (Kniestück der stehenden Jungfrau mit dem Kinde auf den Armen, Goldgr., Holz, Temp.) befindet sich im Besitz des Photographen Malaman in Padua. Maria's Ge-

Das Motiv ist glücklich und auch gut zum Ausdruck gebracht, Maria's Auge klar und offen, der Formvortrag weich und regelmässig und durch fleischige Fülle ansprechend; feine Bildung der Hände gibt ihr eine gewisse Vornehmheit, die Farbe scheint ursprünglich gediegen und durchsichtig genug gewesen zu sein. Aus diesem Grunde und trotz der Inschrift möchten wir annehmen, dass Mantegna als Gehilfe Squarcione's Antheil an dem Bilde gehabt hat; denn nur so löst sich der thatsächliche Widerspruch, der zwischen diesem und dem andern ebenfalls in Squarcione's Werkstatt entstandenen Gemälde der Lazzara besteht, welches auf einen aus der Zunft der schwächeren Squarcionesken, wie Marco Zoppo hindeutet, wogegen das zweite eine andere Gruppe von Ateliergenossen, Mantegna, Pizzolo und ihresgleichen charakterisirt, die aus den Vorbildern grosser Meister neue Kraft geschöpft hatten.[27]

Man begreift vollkommen, dass Squarcione, welcher durch seine Namensunterschrift Talente zu besitzen vorgab, die in Wahrheit von Mantegna entlehnt waren, Verdruss merken liess, als dieser selbständig aufzutreten begann. Dass er dies that, ist gewiss, und ebenso gewiss fiel er von Stund an bei dem Pächter seiner Fähigkeiten in Ungnade. Denn hieraus und nicht aus dem von Vasari beigebrachten[28] Grunde der Verschwägerung Mantegna's mit den Bellini erklären wir uns die abgesagte Feindschaft, welche

---

stalt ist völlig, der Kopf sicher umrissen, die Gesichtszüge markirt, mit Adlernase, das Gewand folgt der Körperform und ist aufgerafft, um Doppelfalten hervorzubringen. Das Kind hat gute Zeichnung des Nackten. Das Bild, dem Squarcione zugeschrieben, scheint das Werk eines Mannes, welcher Flachreliefs u. besonders die des Donatello studirt hat. Der olivenfarbene Fleischton ist nach altvenezianischer Art in breiter Strichelung mit Roth überlegt, sodass bräunliche Schatten entstehen; auch die Lichter sind in gleicher Weise aufgesetzt, die Modellirung mit Hilfe der Strichelung angegeben. Wenn auch verschieden vom Lazzara-Bilde, rührt es doch aus derselben Zeit und kann von einem der jüngeren Bellini unter Leitung des Vaters gemalt sein. —

[27] Dass Squarcione gewohnt war, die Arbeiten seiner Gesellen zu benutzen, bezeugt ein Vertrag aus dem Jahre 1466, laut dessen Piero Calzetta sich anheischig macht, für Bernardo de' Lazzara zu Padua ein Altarbild zu malen, dessen Entwurf nicht von ihm selbst herrührte; er verspricht, sich an eine dem Contract beigefügte Skizze zu halten, welche „nach einer Zeichnung des Squarcione von der Hand des Pizzolo" genommen sei. s. Moschini, Vicende S. 66: „in la dicta tavola de depenzer el dicto maistro Piero una historia simile al Squizo ch'è suso questo foglio, el quale è ritratto da un disegno de Maestro Francesco Squarcione el quale fo de man de Niccolo Pizzolo."

[28] Vas. V, 162.

Meister und Schüler nachmals trennte. Ehe sie von einander gingen, mag Mantegna durch manche Arbeit von der Art und dem Werthe der Madonna aus dem Hause Lazzara die Erfolge Squarcione's erhöht haben.[29] Während dieser die Huldigungen der hohen Herren, Kaiser und Patriarchen einstrich, erstarkte in dem jungen Gehilfen eine Kunst, welche die ärmlichen Gemächte des betriebsamen Lehrers gänzlich vergessen machte.

Der Schilderung von Mantegna's Entwicklungsgange muss eine eingehende Betrachtung der Cristoforo-Kapelle in der Eremitenkirche S. Agostino zu Padua vorausgeschickt werden, um der Angabe Vasari's auf den Grund zu kommen, wonach Squarcione den Auftrag zur malerischen Ausschmückung der Kapelle empfangen

---

[29] Wir können von solchen Arbeiten zur Zeit allerdings keine mit Bestimmtheit aufführen ausser etwa der Madonna bei Signor Malaman in Padua, s. Anm. 26. Eine Reihe andrer Bilder unter Squarcione's Namen mögen hier eingeschaltet werden: Bologna, Gall. Ercolani (ehemals in der Sammlung Malvezzi): der heil. Dominicus mit seinen Brüdern von Engeln ernährt, kleines Bild, Theil einer Predelle in Zoppo's Manier, von sehr sorgfältigen Umrissen mit kleinen schlanken Figürchen; die Farbe ist hart, röthlich und wie auf Zoppo's beglaubigten Werken. — Rovigo, Gall. N. 83: kleine Tafel mit 6 Figuren enth. den Leichnam Christi auf Maria's Schooss nebst 4 Nebenfiguren, unter denen sich Glaube, Liebe und Hoffnung befinden; roh in Tempera gemalt, von deutscher Hand und mit der Signatur „I. M.“ auf der Rückseite, sodass man Israel Meckenen vermuthen kann. — Padua, Casa Papafava: der heil. Petrus Segen spendend, von einem Mönch knieend verehrt, neben welchem ein Hund kniet mit einer Rolle im Maule, worauf die Worte „Esto fidelis“ stehen; entschieden im Stile des Jacopo Montagnana. — Padua, Casa Maldura N. 22: Kreuzigung (Holz, klein), ein Bild aus der Zeit Squarcione's, aber von geringem Werth und nicht von ihm. — Dresden, Museum N. 208: Leichnam Christi von Maria und Magdalena beweint (Holz, h. 0,68, br. 0,51) vgl. später bei der ferraresischen und bologneser Schule unter Coltellini. — Verona, Stadtgall. N. 67: die tiburtinische Sibylle, s. später unter Falconetto. — Vermisst werden und uns unbekannt sind folgende: Padua, S. Giuseppe, Kapitelhaus (die kleine Kirche existirt nicht mehr): eine Malerei, deren Echtheit bezweifelt wurde (s. Selvatico, Scritti 27); bei Marchese O. Buzzacherini: eine Madonna bezeichn. „Mgr. Squarzioni Francisci opus“ (s. Moschini, Vicende 29); Scuola di S. Giov. Evang. (später beim Bischof Dondi-Orologio): Maria mit Kind und Engeln (s. Brandolesi, Guida 62 und Moschini a. a. O.). —

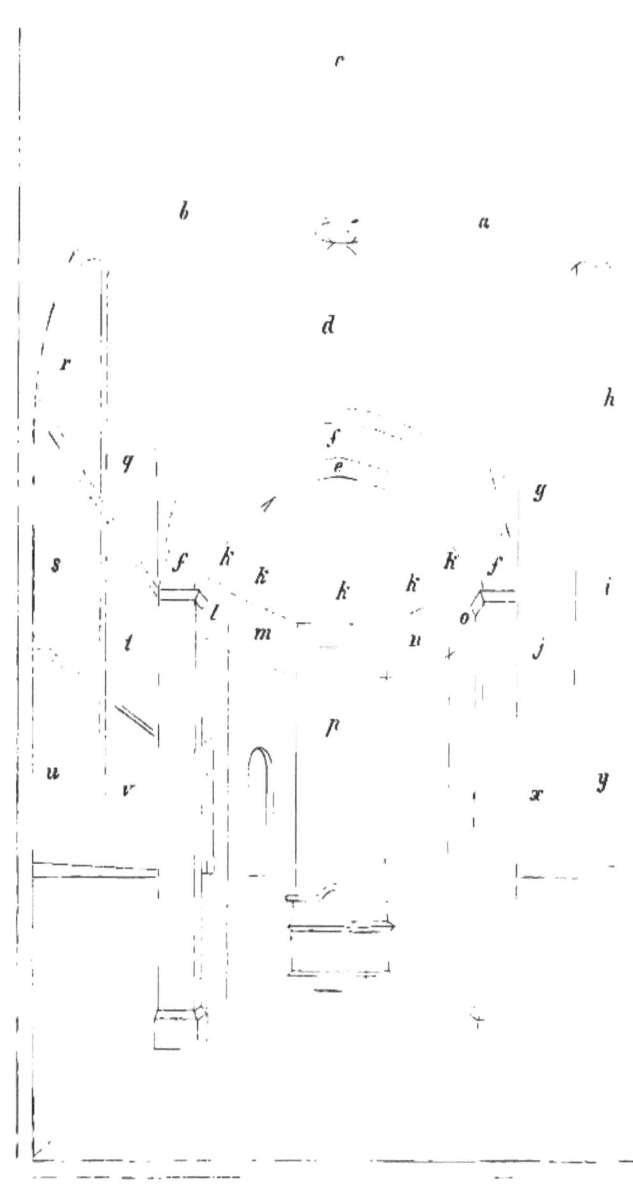

Die Eremiten-Kapelle zu Padua.

und die Ausführung an Pizzolo und Mantegna weiter gegeben habe.[30]

Die Kapelle der Eremiten hat für die Entwickelungsgeschichte der norditalienischen Kunst ähnliche Bedeutung wie die Brancacci-Kapelle für die Kunst des Quattrocento in Florenz. Der Charakter ihres malerischen Schmuckes ist durchaus paduanisch, aber ebenso wie etwa in Assisi überzeugt man sich auch hier sofort, dass mehrere Hände daran gearbeitet haben. Die Gründung des Gebäudes ist bis in die Mitte des 14. Jahrhunderts zurückzulegen. Damals war es Eigenthum der Ovetarii von Citadella.[31] Im Januar 1443 vermachte Antonio Ovetaro dem Jacopo Leoni das Heiligthum mit dem Bedingniss, dass er ein Legat von 700 Goldducaten dazu verwende, Bilder zur Geschichte des Jacobus und Christoph darin malen zu lassen. Zu diesem Zwecke wurde Squarcione in Anspruch genommen, und wenn wir auch nicht genau feststellen können, wann die ersten Vorbereitungen zur Ausführung des Auftrages getroffen worden sind, so lassen sich die Arbeiten letzter Hand mit Wahrscheinlichkeit in das Jahr 1459 bis 1460 setzen.

Die Kapelle stösst als gestrecktes Rechteck mit viertheiligem Kreuzgewölbe an das rechte Querschiff der Kirche; die Wände bestehen aus hohen Bogenfeldern und das Licht fällt durch die Rosette und die Fenster der fünfseitigen Apsis ein.[32] Der Eingangsraum ist weiss getüncht, der Tribunenbogen zeigt an Stirnseite, Leibung und Wangen nur noch Reste von Malerei; die Hauptgemälde beginnen ungefähr in Manneshöhe vom Boden und jedes derselben ist von grau in grau gehaltenen Randleisten umschlossen, welche meist an Wappenschildern befestigte und von

---

[30] Vas. V, 161.

[31] Dass die Kapelle um diese Zeit bestand, geht hervor aus einer Urkunde v. J. 1372 bei Moschini, Vicende 37. Auf einem Stein in der Apsiswand hinter dem Altar liest man das Epitaph.: „Sepulcrum Liberti Boni qd. Dni Johais de Ovetaris de Citadella et suorum heredium, hic eciam jacet nobilis vir Blaxisis qd. Dni Nicolai de Ovetariis de Citadela q obiit anno dni MCCCLXXXXI. die lune XVI Oct.“ Darunter befindet sich ein Wappen mit 3 Helmen und einem wagrechten Querbalken mit 3 Sternen.

[32] Die Fensterrose enthält das Glasbild des heil. Christoph, die Fenster der Apsis sind leer, die Wände mit Ausnahme der Wand unmittelbar hinter dem Altar jetzt ohne Malerei.

Engelknaben getragene Fruchtgehänge enthalten; der bunte Schmuck, der bei den Guirlanden beginnt, setzt sich in den Rippen der Decke fort, und wenn auch nicht alle Theile von gleicher Güte sind und überall, selbst an den grossartigen Gemälden Mantegna's, Spuren von Verfall und Nachbesserung nicht fehlen, macht doch das Ganze einen reichen und festlichen Eindruck. Die Reihenfolge der verschiedenen Malereien scheint diese gewesen zu sein:

1. Die vier Ausschnitte der Decke. Jedes Stück enthält ein umrahmtes Medaillon mit dem Bildnisse eines Evangelisten, umgeben von Blätter- und Fruchtgehänge; ausserdem in den unteren Zwickeln Engelfiguren auf Wolken (s. Plan a, b, c, d).
2. Leibung des Apsisbogens enthaltend 14 Seraphim in roth und gelb mit goldenen Heiligenscheinen auf blauem Grunde[33] (s. Plan e).
3. Freskenschmuck der rechten Wand in drei Reihen; von diesen scheint zuerst gemalt der heilige Christoph in der Landschaft (j), dann Jakobus vor dem Könige den Krüppel heilend (g), derselbe? vor dem König zu Ross (h) und Christoph, welcher zu einer Schaar knieender Soldaten redet (i).
4. Stirnseite des Apsisbogens; hier oberhalb der Pilasterkapitäle je ein menschliches Haupt und längs des Bogens ein antikes grau in grau gemaltes Fruchtgehänge, welches eine Reihe von Stierschädeln zusammenhält (s. Plan f, f, f).
5. Wölbung der Tribune mit dreieckigen Ausschnitten enthaltend Gottvater (unter ihm das Rundfenster), Petrus, Paulus, Jakobus und Christoph auf blauem Grund (k, k, k, k, k).
6. Vier Medaillons oberhalb der Apsisfenster enthaltend Brustbilder der vier Kirchenväter (l, m, n, o).
7. Die Himmelfahrt Maria's an der Hinterwand der Apsis (p).
8. Fresken der linken Wand: Jakobus mit den unsaubern Geistern (q), Berufung des Jakobus und Andreas zum Apostel-

[33] An den Seiten der Pilaster des Apsisbogens ist wenig von der ursprünglichen Malerei übrig geblieben; an der Innenseite des Bogens befindet sich nur das Wappenschild der Familie Leoni mit der Zeitangabe einer Ausbesserung der Kapelle.

amt (r), Jakobus taufend (s), Jakobus vor dem Richter (t), Zug zum Richtplatz (u), und Enthauptung des Jakobus (v).

9. Unterste Reihe der Fresken auf der rechten Wand: Hinrichtung des heiligen Christoph (x) und Wegschaffung seines Leichnams (y).[34]

Der squarcioneske Charakter dieser Malereien erscheint in dem Maasse abgewandelt, in welchem die beschäftigten Maler in Schulbeziehung zu Donatello standen. Die Hauptfiguren der Decke sind von energischer Hässlichkeit, aber sicher nicht von Mantegna, dem sie Vasari zutheilt. Naturgemäss sucht man in den Erstlingen eines jungen Künstlers die Züge, welche sich nachmals zu seinem Stile herausbilden, aber diese Evangelisten deuten durchaus nicht auf jugendliche Kunstbestrebung, sondern sind vielmehr Erzeugnisse einer ausgeschriebenen Künstlerhand und ähneln solchen, die in die frühere Zeit Squarcione's verlegt werden. Der Maler ist ein Mann von zweifelhaftem Geschmack in der Dekoration, er umschliesst seine Medaillons mit Blätterzierrathen der schwersten Gattungen, zeigt sich vertraut mit der Perspektive, wie er denn immer auf die Wanddicke der Oeffnungen Rücksicht nimmt, durch welche seine Figuren gesehen werden, aber in Verwerthung des Naturstudiums erweist er sich überraschend unvollkommen. Es ist kaum irgendwo eine ungeschicktere Darstellung zu finden als die des heiligen Lukas wie er, den Ochsen zur Seite, das Bild der heil. Jungfrau malt; in den Glotzaugen, den Bügeln der Brauen, den knöchernen Händen, dem verwickelten Gewande und den erdigen Tönen könnte man den Jacobello und Giambono, durch Zoppo's kindische Ernsthaftigkeit beinflusst, wiederfinden, und Squarcione wird diesen Gesellen jedenfalls nur bei den rohesten Arbeiten verwendet haben.[35]

Padua Eremiten-Kapelle.

[34] Alle Theile haben durch Feuchtigkeit gelitten, an vielen Stellen ist der Bewurf gelockert, so dass wiederholt Ausbesserungen nöthig waren, die letzte fand 1865 statt und bestand darin, dass die Wandbilder unter Leitung des Civil-Ingenieurs Gradenigo sorgfältig isolirt wurden.

[35] Die Evangelisten sind mit ihren Attributen dargestellt: Lukas malend, Markus in einem Buche lesend, mit dem Löwen (Goldgrund) Matthäus, in altem byzantinischen Typus mit schwerem Kopf, mit einer Rolle, in welcher er mit dem Griffel schreibt; der Nimbus ist geprägt, seine Hände hager und ungeschickt gezeichnet; endlich Johannes als Greis in einem Buche blätternd, neben ihm ein

Padua Erem. Kap.

Offenbaren die Evangelistenbilder die unmittelbare Frucht von Squarcione's Unterricht, so bieten die Engel in den Zwickeln der Decke anziehendere Merkmale dar. Es sind nicht eben feine schwarzäugige Bürschchen, aber an Haltung und Geberde, Körperbau und Charakter dem Donatello entlehnt, an dessen Vorbilder sich der junge Mantegna hielt. Am Apsisbogen kehrt sodann in den unnatürlich schwerfälligen Formen der Seraphköpfe der Stil der Deckengemälde wieder, die uns an Gregorio Schiavone erinnern.[36] Wo Farbe angewendet ist, begegnet der dunkele unangenehme Ton, den die Bilder der genannten Maler an sich haben.

So finden wir denn unter den Gehilfen des Squarcione Leute von geringen Fähigkeiten, unbekannt mit classischer Kunst, in alten Ueberlieferungen aufgewachsen, aber doch mit dem guten Willen, von bedeutenden aus der Fremde herzugekommenen Künstlern zu lernen. Als Uccelli und Donatello in den Jahren zwischen 1444 und 1450 nach Padoa kamen, wird Squarcione, dessen Werkstatt damals in Thätigkeit war, von ihren künstlerischen Vorzügen Nutzen erhofft und seine Zöglinge demgemäss angewiesen, vielleicht sogar selbst in den Werkstätten der Florentiner verkehrt haben. Offenbar hat auch der ärmlichste der Squarcionesken den Donatello aufgesucht oder an seinen Werken gelernt; das bezeugen schon die Evangelistenbilder der Eremitenkapelle und noch mehr die grossen Wandgemälde.

Bono ist der schwächste von allen den Squarcionesken, die in der Kapelle beschäftigt waren. Er steht auf gleicher Stufe mit dem Maler der Decken, erscheint aber womöglich noch wunderlicher und geschmackloser. Auf seinem Bilde zur Legende Christophs ist der riesenhafte Heilige in der Haltung eines gewöhnlichen

kleiner nicht übel gezeichneter Engel, am Kopfe stark beschädigt. Die Zierrathe der Medaillons sind besser als die auf den Gewölberippen, bei denen Ueberladenheit und scharfe Farbengegensätze auffallen.

36 Diese Seraphköpfe, in Zeichnung u. Formgebung höchst mangelhaft, weisen besonders durch ihre breiten Kinnbacken auf Schiavone hin, wie ihn namentlich das Bild im Berliner Museum No. 1162 charakterisirt. 6 derselben mit rothem Fleischton und Doppelflügeln tragen Fackeln, 8 mit gelben Flügeln, mit Kugel und Lilie, gelbem Fleisch, in weissen Hemden; etliche davon sind durch Einfluss der Feuchtigkeit fast zerstört.

Thürstehers am Ufer des Flusses in der unruhig gezeichneten Landschaft zu sehen, eine knappe Jacke ohne Aermel lässt Brust und Beine vollständig nackt; der Kopf ist übermässig gross, der Jesusknabe auf seinen Schultern ein hässlicher Zwerg; die ganze paduaner Schule hat an ungeschlachter Schaustellung der überdies falschen Anatomie, an Rohheit der Farbengegensätze, wie dieser ziegelrothen Lichter und tintenartigen Schatten, nichts Aehnliches aufzuweisen. Doch ist Bono sich nicht selbst überlassen gewesen, sondern hat nach Anweisung gearbeitet, denn der aus Schlangen und Füllhörnern bestehende Rahmen, welcher dieses Bild von dem unmittelbar darüber befindlichen trennt, und ebenso die Fruchtgehänge mit schwebenden Engeln sind nach Zeichnungen eines geschickteren Mannes ausgeführt. Hätte Squarcione's Zunft nur aus Leuten von dem Schlage Bono's bestanden, so konnte er schwerlich viel Ehre einlegen; aber die Mittelmässigkeit deckt ihre Mängel gern durch Selbstbewusstsein, und so hat denn auch dieser schwache Geselle seinen Namen mit riesengrossen Buchstaben eingeschrieben.[37]

Dicht darüber in der linken Ecke der Wand hat ein Maler von besserem Kunstvermögen den heil. Jakobus vor dem Throne des Königs mit dem vor der Thür stehenden verwachsenen Zwerge gemalt. Trotz übertriebener Schärfe des Umrisses und seltsamer Fehlerhaftigkeit sind die Figuren doch gut gruppirt und geberden sich zweckmässig; die Anspannung der Muskeln ist durch übertriebene Gestrecktheit ausgedrückt, Gliedmaassen und Gelenke aufdringlich hervorgehoben; die Gesichter sind kalkartig und hölzern, in breiten Massen mit ungenügendem Farbenwechsel und schwachen Uebergängen der Lichter zu den Schatten modellirt.[38] Bei alledem Padua Erem. Kap.

[37] „OPVS. BONI“ steht in der Ecke rechts unten, und obwohl die Inschrift übermalt sein mag, scheint sie doch echt, da der Anonymus des Morelli S. 23 als Maler des einen der oberen Bilder dieser Wand den „Buono Ferrarese ovver Bolognese“ nennt. Links von der Figur des Christoph ist ein langer Sprung in der Wand; die Landschaft hat trübe und schmutzige Töne. Als Beweis von Naturbeobachtung kann man nur anführen, dass sich die Beine des Heiligen in dem Wasser spiegeln, durch welches er eben waten will. Das beste Stück Arbeit von Bono ist der Theil des Ornamentes, welcher einen nach dem in der Mittellinie des Wandfeldes aufgehängten Schilde hin tanzenden Engel enthält.

[38] Waagen (s. Raumer's hist. Taschenbuch, III. Folge 1. Jahrg. Leipzig 1850

ist die Arbeit als solche nicht so abstossend wie bei Bono und erinnert an die Fresken zu Schifanoia in Ferrara. Da Zoppo, welcher dort gemalt hat, sich gelegentlich Zoppo di Squarcione nennt, so kann er wohl der Urheber dieses Bildes sein.

Padua Erem. Kap. Noch mehr in Zoppo's Stil ist das Nachbarbild im Bogenfelde: ein Fürst zu Ross mit der Krone auf dem Haupt, der, von zwei Falkonieren begleitet, mit dem Heiligen spricht. Es ist ein Musterstück sowohl an Trübheit und an Schärfe des Kontrastes der Töne wie an hölzerner Figurenbildung und Plumpheit des Umrisses, aber trotz der künstlerischen Armseligkeit, die sich hierin kund gibt, verräth die Art, wie die Gewänder sitzen, den Einfluss Donatello's; überdies wird man sehr an die Auslese abstossender Gesichter erinnert, die Zoppo's Madonna mit Heiligen v. J. 1471 im Museum zu Berlin darbietet.[39]

Das grosse Bild der Christoph-Legende, welches den heiligen Riesen in einem Palaste stehend mit dem Palmbaum in der Hand darstellt, wie er von einer Anzahl bewaffneter Hauptleute knieend verehrt wird, führt uns zu dem wenig bekannten Ansuino von Forli.[40] Die allgemeinen Charakterzüge sind hier dieselben wie bei Bono oder Zoppo, jedoch ist der Vorgang lebendiger, der Geschmack in der Wahl des baulichen Beiwerkes reiner, die Anwendung der Perspektive, selbst bei Körperverkürzungen geschickter; in den Formen herrscht besseres Verhältniss und die Oberfläche ist durchgearbeiteter, wenn auch noch immer von grobem unschönen Gepräge; trotz ihrer Härte und Unbiegsamkeit haben die Gestalten doch schon etwas statuarische Würde.

S. 479) schreibt das Fresko dem Mantegna zu, den er jedoch auch für den Maler der Evangelisten der Decke hält. Die Färbung des Bildes ist nicht so tintenartig wie die des heiligen Christoph von Bono, aber die Wirkung ziemlich flach. Das Gesicht des Königs ist schon hässlich, wird aber darin durch den rechts in Seitenansicht stehenden Pagen übertroffen; der Umriss des Heiligen vor dem König erscheint wie aus Papier ausgeschnitten und die wulstigen Waden sind ebenso unnatürlich wie die dünnen Knöchel mit den grossen Füssen.

[39] Berlin N. 1170. — vgl. S. 343.

[40] Das Bild ist an der Grundlinie bezeichnet „OPVS. ANSVINI“; die Inschrift erweckt zwar denselben Zweifel wie die des Bono, erhält jedoch durch den Anonymus des Morelli S. 23 Bestätigung, welcher eine der Fresken auf dieser Seite der Kapelle als Werk des Ansuino da Forli aufführt. Das Lichtenmaass der Breite dieser Fresken beträgt je 2,80 M., die ganze Wanddekoration ist 6,80 M. breit.

Die Farbe ist dem entsprechend weniger grell und lichter gehalten. Der Widerspruch zwischen der alten eingerosteten Kunstgewöhnung und dem Streben nach plastischen Anforderungen tritt hervor, die paduanische Weise schickt sich an zur Ausbildung der Typen, die wir später als das mantegneske Idiom bezeichnen dürfen, doch schreitet sie in der Verschmelzung von Licht und Schatten und in der feineren Empfindung für den Ton nur schweren Schrittes vorwärts.

Diese Stilwandlung zu erklären reicht das Studium nach dem antiquarischen Lehrmaterial, wie man es sich in Squarcione's Akademie versammelt zu denken hat, nicht aus. Entscheidend war vielmehr die Wirkung der plastischen Kunstgesetze, welche Donatello vor den Augen der Paduaner, namentlich in seinem Bronze-Werk für S. Antonio handhabte. Im Wiederschein der zeitgenössischen Malereien Padua's erkennt man zugleich auch die Entfaltung dieses grossartigen Meisters, durch dessen Einfluss dem gesammten Kunstleben Norditaliens der nachhaltigste Antrieb gegeben wurde. Das können wir einerseits an Bono und Ansuino, andrerseits an Pizzolo und Mantegna würdigen.

Ein Musterwerk für jene Malergruppe haben wir überdies in dem interessanten Relief von Donatello's Schüler Giovanni von Pisa in der Cristoforo-Kapelle selbst vor Augen. Es befindet sich auf dem Altare vor Pizzolo's Himmelfahrt und stellt in hochgearbeiteten Figuren Maria mit dem Kinde dar, umgeben von je 3 Heiligen, oberhalb Gottvater, in einem Ornament aus Füllhörnern, getragen von einem Sockel mit der Anbetung der Könige und geschlossen durch einen Fries mit Kinderfiguren. Die Stilverwandtschaft desselben mit etlichen Fresken der Hauptwände ist schlagend. Maria hat die gestreckte hagere Gestalt, die straffe Zeichnung und den verzerrten unfeinen Ausdruck von Donatello's büssender Magdalena, die Ornamente und Fruchtgewinde, ebenfalls in Donatello's Geschmack, sind jene auf Tafel- und Wandbildern der Mantegnesken immer wiederkehrenden Ziermotive. Die Gewänder, mit Gürteln gerafft und mit Faltengehänge beladen, zeigen eine Geschmacklosigkeit, in der, wie es Schülerart ist, die schwache Seite Donatello's übertrieben wird, der bei der Wahl

Padua Erem. Kap.

22*

seiner Typen und in ihrer Durchbildung oft genug des Feingefühles entbehrt. Giovanni von Pisa ist übrigens urkundlich als Verfertiger dieser Terra-Cotten bekannt und erscheint wiederholt als Genosse des florentinischen Meisters[41], sodass die Herkunft des Stiles, welchen er mit Zoppo, Bono und Ansuino vertritt, auch äusserlich beglaubigt wird. Während jedoch bei Ansuino, dessen Hand wir, ausser in dem bezeichneten Bilde selbst, auch in dem Zierwerk desselben und anderwärts[42] wahrnehmen, die Beweisstücke für unmittelbaren Zusammenhang mit Donatello fehlen, sind sie bei Pizzolo, mit welchem wir uns nunmehr zu beschäftigen haben, vorhanden.

Niccolò Pizzolo, von welchem laut der ältesten Zeugnisse der Gottvater mit Heiligen in der Apsis der Kapelle und die darunter befindliche Himmelfahrt Maria's herrühren, ist der einzige Schüler Squarcione's, welchen Vasari bei diesen Bildern nennt. Er bezeichnet die Werke desselben als sehr selten, aber verdienstlich und rühmt sie als einflussreich für die Entwicklung Mantegna's; ausser den Malereien für die Eremitenkapelle kenne er nur noch ein einziges Bild Pizzolo's, einen Gottvater im Hause des Prefetto urbano in Padua; der Meister würde jedenfalls Bedeutendes geleistet haben, wenn er sich mit dem Pinsel ebensoviel zu thun gemacht hätte wie mit den Waffen, wie er denn auch in einem Strassenkampfe meuchlings umgekommen sei.[43] Für diese Schilderung tritt zunächst der Anonymus des Morelli bestätigend ein, indem er uns erzählt, Pizzolo habe mit Fra Filippo und An-

---

[41] vgl. Anon. des Morelli S. 23. Die hier beigefügte Angabe, dass er Genosse und Schüler Donatello's gewesen sei, wird durch die Rechnungsbücher von S. Antonio bestätigt, worin bei mehreren Posten sein Name vorkommt; bei den Vermerken über Donatello's Crucifix 1444—49 heisst es „Maistro Donatello da Firencie ete tolse m° Zuan so compagno", u. in den Zahlungsnotizen über die Engelfiguren und Evangelisten-Symbole in Bronze, die Donatello 1447 für den Hochaltar im Santo übernahm, ist er als „Zuan da Pixa" bezeichnet; auch „Zuane da Pixa so garzon" kommt vor (s. Gonzati, Basilica I. Doc. LXXXI).

[42] Wir rechnen hierhin die Fruchtgehänge und Verzierungen an der oberen und an der linken Seite des Bildes; hier haben die guirlandentragenden Engel im allgemeinen das Gepräge Bono's, jedoch ohne dessen Eckigkeit und Plumpheit; in den überschauenden Köpfen und Stierschädeln an der Stirnseite des Apsisbogens sowie in den Delphinen der Capitelle, die ebenfalls heranzuziehen sind, erkennt man die Art, wie Ansuino die Antike nachahmte.

[43] Vasari V, 160—162.

suino in der Kapelle des Podestà gearbeitet[44]; sodann sind die Bemerkungen im Rechnungsbuche des Santo wichtig, aus denen hervorgeht, dass „Niccolò depentor“ in den Jahren 1446, 1447 und 1448 zu den Gesellen Donatello's gehörte.[45] In der Kapelle der Eremiten werden ihm zugesprochen: 1. der thronende Gottvater in Wolken mit kreuzförmigem Nimbus innerhalb der Mandorla, die Füsse auf Cherubköpfe stützend. Das alte Gesicht mit stark markirten Zügen und kleinen Augen hat Aehnlichkeit mit Typen der christlichen Malerei des Mittelalters und mit solchen, die wir bei Jacopo Bellini antreffen; die Hände sind gross und ungenau gezeichnet, aber die Anordnung der Theile ist entschieden massig; 2. der heil. Paulus, rechts, auf einer Wolke stehend mit den herkömmlichen Attributen Schwert und Buch, eine Figur, die entfernt an eine Statue Donatello's erinnert; 3. der heil. Christoph in ähnlicher Stellung, derber, aber mit einem Gesicht, das trotz seines rohen Ausdrucks mit Verständniss gezeichnet ist; 4. und 5. Petrus und Jakobus (links), ebenfalls würdevoll schwerfällige Gestalten.[46] Die nackten Theile sind trocken und plump, aber doch in besserem Verhältniss und mit mehr Naturtreue behandelt als bei Bono, Zoppo oder Ansuino; ebenso bekunden die Köpfe mehr Beobachtung der Wirklichkeit oder auch plastischer Vorbilder als die früheren Malereien, die Geberden haben mehr Wahrheit und Richtigkeit, die Gewandung, offenbar nach angefeuchteten und steif getrockneten Stoffen gezeichnet, hat papierartigen plastischen Anschein. Im Fleischton beobachtet man eine durch gelbe Lichter hervorgebrachte Wärme und braune Halbtinten, die ganze Tempera-Behandlung unterscheidet sich von den übrigen Bildern der Kapelle durch lichtere Gesammtfarbe, grössere Verschmelzung und weichere Schatten; bei den Kleidern sind kräftige Töne

---

[44] Anon. S. 28; unter dem Podestà haben wir hier vermuthlich den Prefetto urbano Vasari's zu verstehen.

[45] Er erscheint in dem Kontrakt über Donatello's Engel- und Evangelistenfiguren im Santo unterm 27. April 1446 (a. St.) und in Zahlungen aus d. J. 1447 kommt er mehrmals als „Nicolò depentor so (d. h. Donatello's) garzon“ vor; auch bemalte er 1448 das Crucifix Donatello's; s. Gonzati a. O. I. Doc. LXXXI.

[46] Von Jakobus ist nur die Hälfte sichtbar, die ganze linke Seite zerstört; der blaue Mantel Gottvaters ausgeblichen, der Hintergrund bei der Figur des Paulus und Christoph durch grosse Flecke entstellt.

den stumpfen vorgezogen, sodass die Wirkung ansprechender ist; lauter Vorzüge, die man aus dem Umstande wird herleiten müssen, dass Pizzolo dem in der Tempera-Technik so hoch erfahrenen Fra Filippo, mit welchem er gemeinschaftlich gearbeitet hatte[47], Vortheile absah, die seinen Zunftgenossen verborgen blieben, nur dass er dabei zur Bezeichnung der von Kleidern bedeckten Körperformen die Strich-Manier anwandte und sich bei der Modellirung in ungewöhnlichem Grade an statuarische Muster hielt.

Padua Erem. Kap. Auf Rundfeldern unterhalb der stehenden Heiligen in den Apsis-Segmenten sind die vier Kirchenväter in perspektivischer Ansicht gemalt: Hieronymus hinter seinem Pulte, beim Schreiben vorgebeugt; Ambrosius in gleicher Stellung, aber nach rechts blickend und mit schwerer Hand in seinem Buche blätternd, mit einem runden Lese-Gestell zur Seite; Gregor an offenem Pult, dessen Fächer mit Büchern gefüllt sind, erhebt die Finger der rechten Hand, wie von einem plötzlichen Einfall berührt; Augustin, hinter welchem ein Bündel Lichter an der Wand hängt, zupft an der Spitze seiner Feder. Auch in diesen Darstellungen ist ein neuer Zug bemerkbar, aber der Künstler kann weder Pizzolo, noch Bono oder Ansuino sein. Sein Hauptaugenwerk ist die Perspektive. Dieser Wirkung sind die Figuren entschieden untergeordnet: alles Geräth, Pulte, Thüren, theils offen, theils angelehnt, Repositorien und dergleichen sind offenbar nur ihrer perspektivischen Aufnahme wegen angebracht; auch der Schattenschlag ist genau beobachtet, selbst die Rundfenster, hinter denen die heiligen Männer stehen, dienen diesem Zweck. Die Brustbilder selbst fallen ebensosehr durch Hässlichkeit der Typen wie durch unrichtige Zeichnung auf; in diesem Betracht und auch an Härte der Färbung wetteifern sie mit den plumpsten Stücken, die sonst in der Kapelle vorkommen, aber die kecke Derbheit der Umrisse und der strichelnde Vortrag in Verbindung mit trefflicher Abgrenzung des Helldunkels und der allenthalben streng gewahrten Perspektive lassen vermuthen, dass wir es hier mit Lorenzo von Lendinara zu thun haben, dem von Luca Pacioli und Vasari[48] hochgepriesenen Nebenbuhler Mantegna's

[47] s. oben Anm. 24.

[48] s. Paciolo, De divina proportione

in Padua, dessen Holzmosaiken durchaus dem Charakter dieser Rundbilder entsprechen, sei es nun, dass er sie eigenhändig gemalt oder nach Entwerfung der Perspektive von einem Squarcionesken — dann am ehesten von Zoppo — hat ausführen lassen.

Wendet man sich nun zu dem Himmelfahrtsbilde der Apsiswand, so sieht man ein Werk vor sich, das von der Weise des Mantegna nicht zu unterscheiden ist: Die Jungfrau, von mandelförmiger Glorie umflossen und von Cherubim getragen, steigt unter dem Trompeten- und Cymbel-Schall der Engel gen Himmel; trefflich hebt sich die Gestalt, die man durch eine Bogenöffnung von rothem Porphyr erblickt, vom Himmelsgrunde ab, in allen Nebendingen gibt sich geschmackvolle Verwendung plastischen Ornaments und die sicherste Behandlung der Perspektive zu erkennen, die sich auch auf die Figuren erstreckt.[49] Selten hat die paduanische Schule bessere und verständigere Raumgliederung zu Wege gebracht wie hier in der Anordnung sowohl der Hauptgruppe wie der sie umflatternden Engel. Das Ganze athmet eine so liebenswürdige Munterkeit und Lebensfreude, dass die grämliche Stirn, welche uns die Kunst Padua's fast immer zeigt, plötzlich durch einen Sonnenblick fröhlicher Laune erleuchtet scheint. Maria's leichte Bewegung entspricht der schlanken Gestalt vortrefflich, aus der Gewandung, die freilich noch die Straffheit und den bruchigen Fall der Plastik beibehält, sind die hässlichen Faltenhäufungen verschwunden, die Engel erscheinen wie von Flachreliefs entlehnt, Alles deutet auf die geistige Verwandtschaft mit Donatello's Erzarbeiten im Santo. Auch in der Apostelgruppe, welche dem Wunder von unten zuschaut, pulsirt frisches Leben: einer hat den Arm um eine Säule geschlungen, zwei andere umhalsen einander, ein vierter schützt die Augen mit der Hand vor dem Himmelslichte, ein fünfter rührt seinen Nachbar an der Schulter; durchweg herrscht so unmittelbarer Empfindungsausdruck

Padua Erem. Kap.

pars I fol. 23: „Maestro Lorenzo da Lendenara, quel medesimamente in dicta facultà (scil. prospettiva) fu ali tempi suoi supremo, che'l dimostrano per tutto le sue famose opere si (di?) intarsia etc". vgl. Vasari V, 175.

[49] Die Füsse der Apostel, die auf der Leiste des Bildes stehen, sind mit Untersicht gezeichnet.

wie in keinem früheren Werke der Schule. Auch für sich betrachtet bekunden die Gestalten gutes Naturgefühl und Maassverhältniss, freie Geberde, richtige Verkürzung, wo sie erforderlich ist, und die Gewänder schmiegen sich und fallen ganz nach Donatello's Vorbild. Die Gesichter sind von männlicher Derbheit, Hände und Füsse verrathen den Arbeiterschlag, sodass sich auch hierin die demokratische Formensprache des florentiner Meisters zu erkennen gibt.[50]

Man würde diese Stücke unbedingt dem Mantegna zusprechen, stünde nicht das Zeugniss eines so alten Gewährsmannes wie des Vasari entgegen, der übrigens betont, dass Pizzolo in seinen Arbeiten für die Eremiten-Kapelle dem jüngeren Genossen nicht nachgestanden habe. Aber er schränkt sein Urtheil sofort wieder dadurch ein, dass er dem Pizzolo auch das Bild Gottvaters in der Apsis zutheilt. Wenn nun auch an diesem ein neuer Aufschwung unverkennbar ist, so leidet doch jenes Lob des Malers hier weit weniger Anwendung als auf das Himmelfahrtsbild. Denn erst dies ist es, in welchem wir den Fortschritt der Paduaner wahrnehmen, und zwar finden wir in dem oberen Theile, der Marienfigur mit den Engeln, schon Annäherung an Mantegna, in den Apostelgestalten viel innigeren Zusammenhang mit seiner Weise. Ebenso besteht zwischen der Himmelfahrt im Ganzen und den Wandbildern der linken Seite der Kapelle unverkennbare Verwandtschaft, und zwischen diesen wiederum und den vollendeteren Leistungen des Mantegna ist der Unterschied nicht grösser als der zwischen zeitlich auseinander liegenden Werken eines sich fortbildenden Meisters. Es entsteht sonach die Frage, ob Pizzolo den Mantegna bei Ausführung der Fresken der linken Lünette unterstützte oder ob umgekehrt Mantegna dem Pizzolo zur Hand gegangen ist? Der Composition nach sind diese Wandbilder von demselben Gepräge wie die unteren Stücke, nur ihre Behandlung

[50] Das Bild hat gelitten; einzelne Stellen sind entfärbt, z. B. ist der blaue Himmelsgrund grün geworden, sodass die Farbenharmonie des Ganzen gestört ist, etliche Stücke sind abgeblättert, jedoch die Umrisse erkennbar und überhaupt genug übrig, um ein bestimmtes Urtheil zu begründen.

verräth einen technisch ungeübteren Mann. Aber die nämliche Verschiedenheit kehrt zwischen dem untern und obern Theile des Himmelfahrtsbildes wieder. Sollte Mantegna hier unter Pizzolo's Leitung gearbeitet haben? Aus diesem Zweifel geht zunächst so viel hervor, dass wir, wenn die Himmelfahrt ganz von Pizzolo gemalt ist, genöthigt werden, dem Mantegna manches seiner Werke abzusprechen.

[illegible]baute. Auch für sich be-
[illegible] Naturgefühl und [illegible]-
[illegible]erung, wo sie erforderlich
[illegible] und fallen ganz nach Dona-
[illegible] von männlicher Derbheit,
[illegible]derschlag, indem sich auch
[illegible] des florentiner Meisters

[illegible] dem Mantegna zugesprochen,
[illegible] Abramannes wie des
[illegible] Pizzolo in seinen Ar-
[illegible] jüngeren Genossen nicht
[illegible] sein Urtheil sofort wieder
[illegible] das Bild Gottvaters in der
[illegible] ein neuer Aufschwung
[illegible] Lob des Malers hier weit
[illegible]himmelfahrtsbild. Denn erst
[illegible]tritt der Paduaner wahr-
[illegible] oberen Theile, der Marien-
[illegible]ung an Mantegna, in den
[illegible]menhang mit seiner Weise.
[illegible] im Ganzen und den
[illegible] unverkennbare Ver-
[illegible] und den vollendeteren
[illegible] nicht grösser als der
[illegible] Werken eines sich fort-
[illegible] Frage, ob Pizzolo den
[illegible] der linken Lünette
[illegible] Pizzolo zur Hand
[illegible] Wandbilder von
[illegible]

verräth einen technisch angeborenen Man[illegible] Verschiedenheit kehrt zwischen dem andern [illegible] des Himmelfahrtsbildes wieder. Sollte [illegible] Leitung gearbeitet haben? Aus diesem [illegible] geht viel hervor, dass wir, wenn die Himmelfahrt [illegible] gemalt ist, genöthigt werden, dem Mantegna [illegible] abzusprechen.

FÜNFZEHNTES CAPITEL.

Die Squarcionesken.

Die Schilderung der echten Schüler Squarcione's ist eine Geduldsprobe für den Forscher, aber sie ist unerlässlich zur Werthbestimmung des Urhebers der paduanischen Schule.

Wie wenig man berechtigt sei, den Squarcione aus den Werken zu beurtheilen, welche seinen Namen an der Stirn tragen, wurde bereits erörtert; aus der Kunststellung seiner Schüler geht ferner hervor, dass der wahre Gehalt seines Unterrichts missverstanden worden ist.

Die Ehre, der älteste Geselle des fragwürdigen Meisters gewesen zu sein, kommt wahrscheinlich dem Dalmatier Schiavone zu, dessen Taufname nach Scardeone's Zeugniss Gregorio war.[1] Die Rohheit und Regellosigkeit seiner Malerei zeigt sich zunächst an zwei Figuren (Hieronymus und Alexius) in der Stadtgallerie
Bergamo. (Lochis-Carrara) zu Bergamo, die den Stil von Squarcione's Altarstück aus dem Jahre 1452 wiedergeben.[2] Die Hässlichkeit dieser Heiligen ist so stark, dass man kaum begreift, wie sie als Kirchenbilder haben betrachtet werden können. Besteller fehlten zwar

[1] Scardeone, Antiq. Pat. 371. — Sansovino. Ven. descr. 286 theilt ihm noch ein Temperabild, Christus am Oelberg, in der Scuola di S. Marco in Venedig zu, und bezeichnet ihn als Giorgio Schiavone allievo dello Squarcione. Ridolfi, Marav. I, 110 nennt ihn Girolamo.

[2] Bergamo, Gall. N. 6 und 46 (unter Mantegna's Namen) Holz, Temp., unter 1/2 lebensgross, bei N. 46 der Himmel nachgedunkelt. —

für Machwerke dieses Schlages nicht, aber die Charakteristik der Figuren, von denen Hieronymus mit Pantoffeln, Alexius in schwarzen Stiefeln auftritt, ist so kindisch-grotesk, Architektur und Landschaft so sinnlos und trocken, dass man ansteht, sie für ernsthaft gemeinte Produkte zu nehmen. Man hat sie zum Ueberfluss noch auf Mantegna's Namen getauft, während sie die Familienzüge anderer mit Schiavone's Bezeichnung versehener Temperastücke deutlich an sich tragen, von denen als ältestes die Madonna mit Kind im Museum zu Berlin zu erwähnen ist:

Berlin. Museum.

Maria sitzt auf dem mit der Signatur S. P. Q. R. versehenen Throne in steif-stolzer Haltung nach rechts herabblickend, die linke Hand auf das offene Buch gelehnt, welches auf der Stuhllehne liegt; mit der Rechten umfasst sie den Knaben, der auf der linken Stuhllehne stehend nach dem Knie der Mutter herübertritt und sie am Mantel hält; unten stehen zu beiden Seiten je ein Engel mit Weintraube; auf angeklebtem Zettel die Inschrift: OPVS. SCLAVONI. DALMATICI. SQVARCIONI.[3]

So gänzlicher Mangel an Naturgefühl, wie er hier obwaltet, kann durch die gezwungene Feierlichkeit des Ausdrucks nicht ersetzt werden. Der Maler nennt sich selbst Schüler des Squarcione, und wir dürfen annehmen, dass er dieses und das vorgenannte Stück in Padua und zwar nach 1441 ausgeführt hat, in welchem Jahre er in der Gilde der Stadt erscheint.[4] Dass er kein Bewusstsein seiner Schwäche hatte, beweist die Ehrbarkeit, mit der er arbeitet und die Gewissenhaftigkeit seiner Umrisse. Mit besseren Zunftgenossen hat er wenigstens die Eigenheit gemein, lieber die starren Formen des Steines als die Biegsamkeit des lebendigen Fleisches nachzubilden; seine Schatten bringt er mit straffer Strichelung hervor und die Oberfläche ist stumpf und

[3] Berlin, Museum N. 1162. Holz. Temp. h. 2 F. 7, br. 1 F. 10. aus der Samml. Solly. Das Blau an Himmel und Gewändern theilweise erneut. Das Bild ist ohne Zweifel Mittelstück des Altarbildes, welches der Anon. des Mor. S. 12 in S. Francesco zu Padua kannte und zu welchem nach dessen Beschreibung noch 4 Heilige, darunter Hieronymus, gehörten. Zur Zeit Brandolese's (s. Pitt. di Padova 252) war das Mittelbild allein übrig; Moschini (s. Guida di Pad. 85) sah es 1817 im erzbischöflichen Palaste, 1826 war es, wie er bemerkt, (s. Vicende 64) verkauft.

[4] Aller Wahrscheinlichkeit nach ist Schiavone unter dem Gregorio der Matrikel gemeint (s. Moschini, Vicende 23).

düster. Kein Schüler Squarcione's erweckt so viel Verdacht, die Seraphim und Engel in der Leibung des Apsisbogens der Eremiten-Kapelle geliefert zu haben, wie er; höchstens könnte Zoppo sie ihm streitig machen, der ihm in der Temperabehandlung sehr nahe steht und sich ebenfalls mit ihm über die Urheberschaft der 4 Heiligenfiguren im Canonicat zu Padua vertragen muss, die jedoch die Flügelstücke zum berliner Bilde sind.[5]

Das wichtigste Altargemälde Schiavone's befindet sich jetzt in der National-Gallerie zu London: inmitten Maria mit Kind thronend, seitwärts der heil. Bernhard, Johannes der Täufer, Antonius von Padua und Petrus Martyr, oberhalb der Leichnam Christi, unterhalb in Halbfiguren Antonius Abbas, Katharina, Sebastian und Cäcilia.[6] Die Behandlung ist etwas besser als auf dem berliner Bilde und erinnert in der Manier einigermaassen an Arbeiten des Girolamo da Camerino und selbst an Crivelli. Als unerfreulichste Leistung von Schiavone's Pinsel muss daneben ein Madonnenbild in Privatbesitz zu Sinigaglia bezeichnet werden, an welchem einerseits die Verbindung geschmackloser Architektur mit Frucht- und Blumengehängen in echt paduanischer Art, anderseits ein Anlauf zur Nachahmung der angespannten Geberden Crivelli's und der Gewandung Donatello's auffällt.[7]

London Nat.-Gall.

Sinigaglia Privatbes.

---

[5] Padua, Sakristei der Canonici: kleine Tafeln enthaltend Hieronymus und Franciscus, Ludwig und Antonius von Padua, beide Paare in Landschaft, der Himmel übermalt, die Farbe hart und halbdurchsichtig, die Umrisse höchst sorgfältig. —

[6] London, Nat.-Gall. N. 630, Holz, Temp. Goldgr., auf der Haupttafel (h. 3 F. 1/2 Z., br. 13 3/4) bez. „OPVS. SCLAVONI. DISIPVLI. SQVARCIONI. S." In der Samml. Dennistoun, aus welcher dasselbe stammt, war es anders zusammengestellt als jetzt. Maria und Kind haben dieselbe Haltung wie auf dem Bilde in Berlin. Als Merkmal zu erwähnen ist eine gemalte Fliege neben der Inschrift; in solchen Einfällen und in der Behandlung der Fruchtschnüre liegt eine gewisse Verwandtschaft mit Crivelli.

[7] Sinigaglia, bei Sign. Bonaventura Benucci: Maria mit Kind (Holz, Temp., 1/3 lebensgr., gut erhalten, wahrscheinlich das Bild, welches Lanzi II, 116 in Fossombrone kannte) die Gruppe ist hinter einem mit wunderlicher Nachahmung classischen Architeckturstils behandelten Fenster sichtbar; der Bogen ist oberhalb mit einer Guirlande behangen, die von zwei Engeln mit Trompeten umgeben ist; hinter Maria eine Marmorbrüstung und Landschaft; aussen vor dem Fenster, dem Beschauer näher als das auf dem Fensterbret sitzende Christuskind, sind zwei kleine Engel jeder mit einer Schüssel in der Hand angebracht (auf einer derselben wieder eine Fliege), zwischen beiden ein bronzner Teller mit Früchten und zwei Vasen, auf Zettel die Inschrift „Opus Sclavonici dalmatici Squarzonis." Die meiste Sorgfalt ist auf Durchführung der Masse von Nebendingen 'und die bunte Marmortäfelung gewendet, die an die Liebhabereien der ferrareser Schule erinnert, an deren röthlichen Ton auch die

Höher als Schiavone steht Marco Zoppo, doch thut auch er sich etwas darauf zu gute, demselben paduanischen Atelier anzugehören, indem er sich „Zoppo di Squarcione“ schreibt.[8] Nachdem er, wie wir vermuthen, an der Decoration der Eremiten-Kapelle Theil genommen hatte[9], ging er auf einige Zeit nach Venedig, wo er zahlreiche Altarstücke lieferte: eins in S. Giustina (jetzt verschwunden)[10] trug die Jahreszahl 1468, ein anderes für die Minoritenkirche zu Pesaro (jetzt in Berlin) ist vom Jahre 1471. Etwas später lebte er in Bologna, wo er bis wenigstens 1498 gelebt haben soll.[11]

Zoppo's Stil macht sich besonders durch die Vorliebe für Nachahmung der scharfen, durch Glanzlichter gesteigerten Modellirung des Messings und andrerseits für Fournier- und Holzmosaik-

---

Farbe streift. Die Bewegungen der Köpfe und Hände sind geziert ungelenk wie bei Crivelli, die Gewänder in der Weise gerafft wie auf dem plastischen Altarwerk des Giovanni da Pisa in der Eremiten-Kapelle; trotz aller Mühe bei der Strichführung ist doch wenig körperliche Wirkung erzeugt. Von sonstigen, hierher gehörigen Bildern erwähnen wir: Paris, Louvre, Mus. Nap. III. N. 162 (Schule Mantegna's): Maria mit Kind zwischen zwei musicirenden Engeln, ein Bild, welches die Eigenthümlichkeiten des Schiavone und des Zoppo verbindet und dem Temperavortrag der Ferraresen näher steht als die meisten Arbeiten Schiavone's. — Venedig, Akad. N. 318 (aus dem ehem. Kloster S. Croce): Maria mit Kind, in Figurenbau und Behandlung der Landschaft an Crivelli erinnernd, ein sorgfältiges venezianisches Bild (Abbild. bei Zanotto, Pin. Ven. fasc. XXXIV); — in England, bei Fuller Maitland, Stanstead-House: Maria mit Kind vor einer Brücke, mit zwei Engeln, scheinbar auf einem Stück Pergament gemalt, das auf der Tafel festgenagelt ist; links eine Fliege (mosca), welche Jemanden dazu verführt hat, das Bild für eine Arbeit Mosca's zu halten, dessen Name auf der Rückseite steht; der Stil ist der des Schiavone mit Neigung zu Zoppo, die gezierten Geberden und das Beiwerk haben viel Ferraresisches. In Padua, Samml. des Conte Riva: ein thronender Heiliger, Theil eines Altarstückes, eine Madonna mit Kind in einer Cherubimglorie, und eine heil. Katharina in ganzer Figur, kleine Tafelbilder im Stile des vorgenannten von ungleicher Erhaltung. — London, Samml. Barker: Madonna mit Kind in einem Bogen mit stark ausladendem Ornament, zwischen zwei Engeln; an den Pilastern die Buchstaben A. P., dem Stile nach dem Schiavone sehr verwandt, aber vermöge der Inschrift auf Antonio von Pavia deutend (s. später). Moschini (Vic. 63) erwähnt ein Bild in der Brera in Mailand, welches sich früher in S. Prosdocimo in Padua befunden habe, doch ist dasselbe nicht mehr nachweisbar.

[8] Malvasia, Felsina pittr. 33, 34 nennt ihn einen Schüler des Lippo Dalmasio, bleibt jedoch jeglichen Nachweis schuldig.

[9] s. Cap. XIV. Vasari's Angabe V. 177, wonach Zoppo die als Capitelraum benutzte „Loggia“ in S. Antonio in Padua ausgemalt habe, ist als Irrthum erwiesen, nachdem man in den neuerlich von der Tünche befreiten Fresken daselbst die Hand des Giotto erkannt hat.

[10] s. Sansovino, Ven. descr. 42.

[11] Malvasia, Felsina 35 erwähnt ein Bild Zoppo's in Casa Colonna in Bologna, welches diese Jahrzahl getragen habe, jetzt aber verschwunden ist.

Arbeit kenntlich, sodass man annehmen möchte, er sei abwechselnd bei Giovanni da Pisa und bei Lorenzo da Lendinara beschäftigt gewesen, was auch durchaus nicht unmöglich ist; waren doch Giovanni und Lorenzo gleichzeitig in Padua thätig und der letztere Mitschüler des Zoppo in Squarcione's Akademie. Später, besonders zur Zeit seines Aufenthaltes in Bologna, hebt sich sein Geschmack; er nimmt Eindrücke seiner Umgebung auf und erinnert entfernt an Cossa oder Costa. Wir können beobachten, dass er mit Costa und vielen Anderen beim Wandschmuck in Schifanoia in Ferrara angestellt gewesen ist. Die Ehre jedoch, die man immer am meisten bei ihm hervorgehoben hat, wird hinfällig: der Lehrer Francia's kann er unsrer Meinung nach niemals gewesen sein.[12] — Für Zoppo's erste Periode ist kein Bild bezeichnender als die Madonna mit dem Kind an der Brust in Pal. Manfrin in Venedig:

Venedig Gall. Manfrin. Maria, hinter deren Thron eine Landschaft mit dürren Bäumen sichtbar ist, trägt die Krone über weissem Schleier, das Kind lichtgelbes Kleid; von der Nische, in welcher die Hauptgruppe sitzt, hängt eine Doppelguirlande von Aepfeln und andern Früchten herab, welche von Engeln angebracht ist; unterhalb spielen eine Anzahl theils nackter, theils halbbekleideter Knaben auf den seltsamsten Instrumenten; auf Zettel bez. „OPERA DEL ZOPPO DI SQUARCIONE".[13]

Die kindische Composition ist mit einer Sorgfalt behandelt, welche der höchsten Gegenstände würdig wäre; die strichelnde Modellirung der einzelnen Theile aufs peinlichste durchgeführt, weder Schatten noch Wiederschein sind unbeachtet gelassen, und dennoch bleibt die Gesammtwirkung die eines stumpfen Zwielichtes bei gläsern glatter Oberfläche. Die Technik Zoppo's lässt keine Unterschiede der Stoffe gelten, Fleisch und Gewänder sind ganz gleichmässig vorgetragen, ein Mangel an Wahrheitsgefühl, bei welchem der gewundene Zug der Umrisse und die in ihrer gezierten Classicität widerlichen starren Formen kaum mehr befremden können, zu denen wiederum die bunte und doch keines-

[12] Die Angabe rührt von Malvasia, Felsina a. a. O. her, wird aber durch Francia's Kunst widerlegt.

[13] Venedig, Gall. Manfrin, Leinwand, Temp., h. 0,89, br. 0,73, durch mehrfachen Firniss entstellt; ein zweiter Inschriftzettel auf dem Bilde leer.

wegs heitere Färbung der Kleider stimmt. Ein würdiges Seitenstück hierzu bildet die gnadenreiche Jungfrau mit Anbetenden umgeben von 6 Heiligen, zuletzt im Besitz des Prinzen Napoleon.[11] Für die zweite Phase, in welcher dem Maler die Wirkung des Holzmosaiks vorzuschweben scheint, ist das Madonnenbild mit 4 Heiligen in Berlin charakteristischer, welches 1471 für die Minoriten in Pesaro gemalt war:

Maria auf steinernem Throne sitzend, welcher mit Festons geziert ist und hügelige Landschaft mit scharfkantigem Felsboden zum Hintergrunde hat, reicht dem auf ihrem Knie stehenden, mit Hemdchen bekleideten Kinde einen Apfel; zur Seiten stehen links Johannes der Täufer und Franciskus, rechts Paulus und Hieronymus; auf einem entfalteten Blatt Papier die Inschrift „MARCO ZOPPO DA BOLOGNIA. PINSIT. MCCCCLXXI. ĬVINEXIA.“[15] Berlin. Museum.

Hier liegt das Groteske ausser in der conventionell geschmacklosen Verarbeitung der Gewänder noch besonders in dem Gegensatz der älteren Figuren, die mit zudringlicher Bezeichnung von Muskeln und Adern behandelt sind, zu dem schwülstig fetten Jesusknaben. In Allem gibt sich kindisch unreife Nachahmung von Vorbildern des Donatello in Padua oder des Giacomo della Quercia zu erkennen, den Zoppo in Bologna bewundert haben mag. Die Bildfläche gleicht einem aus farbigen Stücken ohne Halbtöne zusammengefügten Mosaik, die Schatten sind grün, die Lichter bleichroth .Derart ist auch das vielgliedrige Bild der Madonna mit Heiligen in der Sakristei des Collegiò degli Spagnuoli in Bologna Bologna[16], auf welchem die in einem Rundfeld angebrachte Annun-

[11] Holz, kleines Format: Maria mit dem Kinde auf dem Schooss öffnet segnend den Mantel, vor welchem Stifter und Stifterin knieen, zu den Seiten die Heil. Ludwig, Franciskus und Hieronymus, Bernardin, Antonius von Padua und ein Bischof; oberhalb eine Guirlande von zwei Engeln mit Weihrauchfässern gehalten, der Ton nicht so trübe wie auf dem Exemplar der Gall. Manfrin. In die Gallerie des Prinzen gelangte das ehemals im Besitz des Herrn Weber in Venedig befindliche Bild durch Otto Mündler in Paris und wurde neuerdings (1872) in London verkauft.

[15] Berlin, N. 1170, Temp., h. 8 F. 5, br. 8 F. 1, aus der Samml. Solly, früher in S. Giovanni und bei den Osservanti in Pesaro. Hervortretende Merkmale sind hier die zimperlichen Hände mit ihrer falschen Anatomie und der barocke Aufbau des Thrones mit dem wappenhaltenden Greif und der als Blumentopf verwendeten Muschel.

[16] Das Bild besteht aus 23 Theilen: inmitten Maria auf Goldgrund umgeben

ciata auf's lebhafteste an die Kirchenväter in der Apsis der Eremiten-Kapelle in Padua erinnert. Ferner gehört hierher ein Crucifix im Chor von S. Giuseppe de' Cappuccini vor Bologna[17] und ein von Engeln gehaltener todter Christus in S. Giovanni Evangelista in Pesaro.[18] In derselben Kirche aber treffen wir ein zweites Bild an — das abgeschlagene Haupt Johannes des Täufers in verkürzter Ansicht darstellend[19] —, welches uns schon einen Fortschritt Zoppo's erkennen lässt, und seine Annäherung an Cossa und Costa spricht sich, namentlich vermöge richtigerer Zeichnung der Gliedmaassen, in einem zweiten bologneser Bilde in S. Giuseppe aus: der heil. Apollonia mit Palme und Zange, umgeben von etlichen Legendenscenen sowie den Verkündigungsfiguren und 2 Heiligen, die in den alten Goldrahmen eingesetzt sind.[20] Das-

Bologna. Pesaro. Bologna.

von den Heil. Andreas, Gregor, Jakobus und Hieronymus in Nischen; in Giebeln Gottvater zwischen den Verkündigungsfiguren, auf Pilastern Antonius von Padua, Katharina, Johannes der Täufer, Petrus, Paulus, Antonius Abbas, ein heil. Weib und eine achte Figur; am Sockel: Rundbilder enth. Maria das Kind anbetend mit Joseph, den büssenden Hieronymus und Christus im Schiff beim Fischzug; in den Predellenpilastern: Rochus, Dominikus, Franciskus und Sebastian. Am Throne der Jungfrau des Hauptbildes unten auf Zettel die Inschrift „Opera di Zoppo da Bolognia." Die grösste Figur ungefähr 2 Fuss hoch, einige von ihnen z. B. das Christuskind und die Pilaster-Heiligen, besonders Sebastian, fast bis aufs Holz abgerieben, die Predellenbilder stark durch Abblättern der Farbe und Flecken entstellt. Gut erhalten sind die obern Rundfelder; sie sind zugleich besser behandelt als gewöhnlich und erinnern an den Stil der Canozzi von Lendinara, während die übrigen Gestalten durchaus gering sind; die Tempera hat trübe und harte Fläche.

[17] Bologna, S. Giuseppe fuori porta Saragossa: Crucifix in der altsienesischen Form mit Maria und Johannes am Querarm und einem Todtenkopf zu Füssen Christi; die Hauptfigur, lebensgross, hat gemein verzerrtes Gesicht. Die Durchführung ist minder bemerkenswerth, aber die Kunstleistung nicht besser als bei Sienesen wie Giovanni di Paolo oder Simone de' Crocefissi.

[18] Tafelbild, Temp., schlecht erhalten, theilsweis gesprungen h. u. br. 0,75; die Umrisse höchst sorgfältig. Die Engel, mit mantegnesker Gesichtsverzerrung, tragen weisse Kopftücher. Der Kopf Christi etwas ansprechender als auf dem vorerwähnten Crucifix, die Farbe trocken mit gelben Lichtern. — Ein Seitenstück hierzu ist das Bild der Bestattung Christi durch Johannes und Joseph von Arimathia in der Nat. Gall. zu London N. 390 (Halbfig., Holz, Temp. hoch 10½, br. 8) — aus der Samml. Lombardi-Baldi in Florenz erworben — dort unter dem Namen Tura, aber höchst wahrscheinlich dem Zoppo angehörig, da es dem obigen in Pesaro genau entspricht.

[19] Pesaro, S. Giov. Evang. Holz, rund, klein, mantegnesk u. ansprechend, höchst sorgfältig behandelt; auf der Rückseite die Bemerkung: „Il pittore che ha fatto questa testa fu Marco Zoppo da Bologna 1415 (?)."

[20] Bologna, S. Giuseppe fuori porta Saragossa, am Altar der Sakristei. Apollonia steht aufrecht vor einem Vorhang, hinter welchem Himmel und Landschaft durchblickt, unterhalb der Hauptfigur, die nicht ganz lebensgross ist, ein Wappenstück (Leinwand). Der Fleischton ist ziemlich flach und hat einen Stich ins Rothe, die Bewegung ist noch unfrei und statuarisch; am lebendigsten sind

selbe vertritt die breiteste und beste Vortragsweise dieses Malers. Von den zahlreichen andern Staffeleibildern Zoppo's mögen noch eine Halbfigur des Paulus auf Goldgrund in der Universitäts-Gall. zu Oxford (fälschlich für Signorelli angesehen)[21] und ein Gekreuzigter Christus mit Magdalena zwischen Maria und Johannes in der Sammlung Ercolani zu Bologna[22] genannt werden, letzterer durch die Leidenschaftlichkeit des Ausdruckes an den mantegnesken Stil und an Crivelli erinnernd, sodass das Bild auch dem Ercole Roberti Grandi angehören könnte. — Die Hauptbeschäftigung Zoppo's in Bologna scheint jedoch in Dekoration von Hausfaçaden bestanden zu haben; da jedoch nichts von solchen Arbeiten auf uns gekommen ist[23], so vermögen wir auch keinen Vergleich zwischen

Oxford.

Bologna.

---

die kleinen Bildchen der Randleisten, besonders die Composition, welche die Heilige vor dem Richter zeigt.

[21] Rohes Temperabild auf Holz, Geschenk des Herrn Fox Strangways (vgl. Band IV. S. 41).

[22] Gall. Ercolani N. 155, kl. Tafelbild. Von gleichem Gepräge ist N. 44 daselbst: Dominikus und seine Brüder von Engeln ernährt (unter Squarcione's Namen s. oben Cap. XIV 324.) Ferner gehören hierher: Ferrara, Gall. Costabili N. 40: der Gekreuzigte mit Maria und Johannes, Goldgr., N. 93—94: Maria und Gabriel (Rundbilder), im Stil dem Bilde Zoppo's im Coll. degli Spagnuoli und dem Gekreuzigten in der Samml. Ercolani in Bologna entsprechend; die Figuren von der Heftigkeit des Ausdrucks, die wir bereits antrafen. (Die Sammlung Costabili wird alle Jahre durch Verkauf gelichtet, sodass unbestimmt ist, ob das Bild nicht bereits anders wohin gekommen sei.) Bologna, Stadtgall. N. 209: Maria u. Kind zwischen Johannes dem Täufer und Augustin, ein gewöhnliches Stück Arbeit, jetzt auch unter Zoppo's Namen; Rom Gall. Barberini: zwei Bilder mit schwer zu erläuternden Darstellungen (dem Botticelli zugeschrieben); das eine enthält eine Anzahl Personen beiderlei Geschlechts in einem Zimmer, oberhalb die Verkündigungsfiguren, das andere die Taufe eines neugeborenen Kindes, rechts die Wöchnerin im Bett. Die Figuren sind lang und schmächtig, die Architektur zeigt Nachahmung des Classischen, die Gewandung ist schwülstig und ungenau; Alles weist mehr auf Zoppo als auf Botticelli. Ein Bild in Verona, Museum, Zimmer II N. 44: Maria mit dem Kinde und dem Knaben Johannes nebst 2 Engeln, steht irrthümlich unter Zoppo's Namen, da es dem Francesco Benaglio zugehört; in Venedig Akad. N. 12 ist ein Tafelbild, enthl. den heil. Jakobus, dem Paolo Zoppo zugetheilt. Dieser Name begegnete uns im Zusammenhang mit den Bemühungen der Markgräfin von Mantua und des Bembo um ein Werk von Giov. Bellini (s. oben S. 179); es wird der Miniaturmaler aus Brescia sein, welcher einige Zeit in Venedig gelebt hat (s. d'Arco, delle arti di Mantova II. 60); das hier angeführte Bild ist sehr beschädigt und erinnert an einen untergeordneten Nachfolger des Girolamo Santa Croce. Im Museum zu Berlin N. 131 findet sich ferner ein Bild der Geburt Christi mit Hirten in Architekturstaffage mit dem Namen Rocco Zoppo (Holz, h. 3 F., br. 3 F. 2); diesen erwähnt Vasari VI, 51, unter den Schülern des Perugino; hier haben wir das Werk eines Umbriers aus der Gefolgschaft des Signorelli und Palmezzano.

[23] Erwähnt werden solche Hausdekorationen von Zoppo bei Malvasia, Felsina 35. An sonstigen nicht mehr nachweisbaren Arbeiten desselben verzeichnen wir: in Bologna, Osteria della Sega de Acqua: Porticus mit einer Halbfig. der Maria mit dem Kinde, kleines Bild; bei Signor Bianchi: Maria mit Kind, bei Sign. Bar-

seiner Leistungsfähigkeit und der seines Genossen Dario anzustellen, der sich vorwiegend nach dieser Richtung bethätigt hat.

Dario von Treviso war vermuthlich einer der ältesten Schüler Squarcione's, da er bereits 1446 in den Rechnungsvermerken von S. Antonio als „discipulo de Squarzon" vorkommt.[24] Von seinen Staffelei-Bildern kennen wir nur ein einziges, eine gnadenreiche Jungfrau in der Gall. zu Bassano:

Bassano. Gall. Maria steht inmitten, eine Gruppe von Schützlingen unter dem zurückgeschlagnen Mantel bergend, angebetet von einer kleinen knieenden Stifterfigur und umgeben von den heil. Johannes dem Täufer und Bernardin.[25]

Diess ist ein ganz dürftiges Machwerk, nicht besser als die Leistungen eines Margaritone im 13. Jahrhundert. Dario scheint, hiernach zu schliessen, ein Hausmaler gewöhnlichen Schlages gewesen zu sein; er malt monströse Gesichter und baut die Körper höchst naturwidrig zusammen, ebenso stümperhaft wie Simon da Cusighe, einer der talentlosesten Maler der trevisanischen Landschaft, noch schlechter als der schwache Bellunello von S. Vito. Dennoch sollen wir glauben, er sei i. J. 1469 von der Signorie in Venedig beauftragt worden, das Bildniss der Caterina Cornara zu malen.[26] Selbst Squarcione wird einen solchen Gesellen nur zum Tünchen oder zur Herstellung von Schablonen-Zierwerk verwendet haben. In der Eremitenkirche kann er höchstens Handlanger gewesen sein, denn die dort vorhandenen Bilder sind alle

---

tol. Musotti: Maria mit Kind bez. „Marco Zoppo da Bolognia opus" (dasselbe wird von dem Herausg. des Vasari V, 177 im Besitz des Händlers Zampieri erwähnt); in Casa Camillo Scoppi: Maria m. K.; in Casa Balli: Maria m. Kind; in Casa Bolognetti: Christus in Gethsemane, mit Namen bezeichnet (s. Anm. zu Vas. V, 177). Von dem Bildnisse des Guidubaldo von Montefeltro, welches Zoppo nach Vas. V. 178 gemalt haben soll, ist ebenfalls nichts bekannt.

[24] Gonzati, Basilica I, 55 und Doc. XXXV.

[25] Ehemals in S. Bernardino, Leinw., fast lebensgr. Figuren, sehr beschädigt u. ausgebessert; von der Namensinschrift, welche nach Verci, Notizie della Città di Bassano 23, „Dario p." gelautet haben soll, sind noch Spuren vorhanden. Besonders auffällig sind die grossen ungeschlachten Extremitäten, die gemeinen Gesichter und die schmutzig-düstere Tempera; am erträglichsten ist noch das Antlitz Maria's.

[26] s. die Notiz aus der handschriftlichen Istoria di Catt. Cornara bei Verci a. a. O. —

zu gut für ihn. Nach Auflösung der Werkstatt Squarcione's wanderte er in seine Heimath, und hier weisen verschiedene Städte noch Mancherlei von ihm auf. Nicht die Kunst, die an diesem Häuserschmuck zu Tage kommt, sondern der Zeitgeschmack zieht unsere Aufmerksamkeit an. Im ganzen Norden Italiens herrschte während des 15. Jahrh. der Sinn für farbige Bekleidung der Wohnungen; wer es irgend vermochte, deckte die Blössen der überaus einfachen Architektur mit Nachahmungen von plastischen und andern Ornamenten in gutem oder schlechtem Stil. Die Familienchronik, die Ortslegende, die alte Fabelwelt gab die Stoffe her, und wem figürlicher Schmuck zu kostspielig war, der half sich mit Sinnsprüchen und Versen. Auf dem ganzen venezianischen Festlande sind solche Dekorationen anzutreffen, besonders reichlich in Serravalle, Conegliano, Pordenone und Treviso.

Serravalle Häuser.

In Serravalle finden wir an einem der ansehnlichsten Häuser der Contrada grande Nr. 825—849, das mit Balkonfenstern und Blenden ausgestattet ist, Graffit-Ornamente und Friese von Blättern und Vasen, als deren Meister sich Dario in einer Inschrift von 1469 mit Bewusstsein zu erkennen gibt.[27] — Aehnliche Friese aus Granatäpfeln und anderen Früchten sieht man an der Stirnseite des Stadthauses, wo u. a. in einer Fensteröffnung das groteske Profil eines Mannes mit einem Stab (Flöte) an den Lippen herabschaut; über dem Balkon darüber steht die Jahrzahl 1476 und eine lange lateinische Inschrift, welche ein Glied der venezianischen Familie der Venier als Wiedererbauer des Gebäudes preist.[28] An einem Hause in der Contrada grande ist unter den Fenstern des ersten Stockwerkes die Jahrzahl 1499 zu sehen[29], ausserdem als einziger malerischer Schmuck ein Hund, dafür aber eine Reihe Sinnsprüche in getäfelten Abtheilungen, wie: „Laus Deo, honor et gloria“ — „La suberbia regna neli poveri chativi“. — Dem von Dario bemalten Hause gegenüber (Contrada grande N. 749) steht eins mit Ornamenten in blühend classischem Stil, meist auf rothem Grund, nach Art Mantegna's, mit römischen Medaillons umgeben von Zierwerk aus Füllhörnern und Delphinen und mit grösseren

[27] Die Inschrift besagt: „1469 Desiderii Impioru pbit (peribit). Darius p.“

[28] „Aula fuit turpi genio confecta ruinas Sepe prius testata graves, Max Gabriel omni Virtutum splendore nitens, quem clara propago Veneris genuit, sterni fundamine ab imo jussit et inde novam quam spectas sumere formam.“

[29] Das Datum lautet: „MCCCCLXXXXVIIII die IIII. mensis julii“

23*

Ausschnitten, worin Allegorien der Gerechtigkeit und der Liebe angebracht sind — offenbar modernere Arbeiten als die des Dario, aber Nachklänge seiner Thätigkeit.

Conegliano Häuser. In Conegliano haben wir zahlreiche ähnliche Dekorationen: auf Borgo della Madonna N. 323 ein dreistöckiges Haus mit mantegnesken Vasen- und buntfarbigen Maasswerk-Ornamenten geschmückt; darunter in den Zwickeln der Colonade, unter deren Bögen noch Ueberbleibsel, namentlich eine Verkündigung zu sehen sind, zwei Ritter vor einem Richter, der mit grimmigem Ausdruck an seinem Pulte sitzt, dann ein Weib mit Viola und ein zweites stehend (theilweise zerstört), welches mit sprechender Geberde in die Höhe blickt. Weiter oben unterhalb eines Fensters ein Ochse einen Zettel haltend mit der Aufschrift „Son losteria del bo; che vol del pol e del vidello", an anderer Stelle wieder ein Engel mit Waffenstücken und in grossen Buchstaben der Name „Darius". Auch im Innern des Hauses sind Simse u. dergl. in mehreren Zimmern in gleichem Stil bemalt. Die Kunstweise ist die des Dario in Serravalle. — Die Casa Matiuzzi in der Contrada S. Caterina N. 17 bietet ein ähnliches Beispiel; hier ist die Wand so behandelt, dass sie Nischen zu bilden scheint, in denen Waffenstücke hängen, während die Pilaster derselben mit Blättern und Blumen und Guirlanden, die Friese mit Köpfen in Medaillons und mit Vasen (durchweg in roher Monochromie ausgeführt) geschmückt sind. — An der Casa Biadene, via del Teatro, ist die Vereinigung von bildlichen Darstellungen mit Sinnsprüchen bemerkenswerth; man sieht z. B. Friese mit Kinderfiguren, die wilde Bestien jagen, Vasen und Füllhörner, dann eine weibliche Gestalt in verkürzter Ansicht, die scheinbar einen der Balkons trägt; Kinder stützen die langen an der Wand hinanlaufenden Feneressen; ferner erkennt man Leute zu Pferd sowie einen Hafen mit Schiff und unterhalb desselben die Inschrift: „Io me sforzaro di navecar tanto achorto che al dispeto di nimis spero entrar in bon porto", und an anderer Stelle: „Lo homo solecito che il bon se prochaza sempre la fortuna con lui se obraza." In einem Zimmer des Hauses finden sich Temperamalereien, u. a. ein Weib auf einem Elephant, ein Wagen von Seegethier gezogen, Nymphen auf Delphinen u. dgl. mehr; diess Alles in Dario's Art; andere Zimmer enthalten neueren Schmuck. — Das Haus in Borgo S. Antonio N. 407 enthält rohe Bilder, grau in grau auf buntem Grunde gemalt, darstellungen von Opfern, Vögeln, einzelnen Figuren mit Friesen von Blättern, Früchten und Ungethümen. — In Strada grande N. 237 begegnet uns eine Verbesserung von Dario's Stil; das ganze Schmuckwerk besteht aus Kindern auf Drachen, Schilden, Lanzen, Centauren, Alles einfarbig auf gelb und blau; wenn auch die Figuren roh und ungeschickt bleiben, ist doch das Ornament gediegener, sodass wir es hier und bei dem Hause der Contrada del Duomo N. 86, wo allerlei Waffen sowie Arabesken mit Liebesgöttern und ganze Figuren angebracht sind, mit einer geschickteren Hand und besserem Geschmack, obgleich immer noch mit dem von den Squarcionesken hierher verpflanzten paduanischen Stil zu thun haben.

Bassano weist zahlreiche Arbeiten von ebenso geringem Schlage auf: an der Piazza dicht beim Glockenthurme Ketten-Ornament mit Figuren und zwei grosse Kriegergestalten mit Schwertern seitwärts vom Fenster, ähnlich dem Madonnenbilde Dario's; neben Porta Prato Darstellungen von Abrahams Opfer, Paris Urtheil u. a. im Stil der Nachfolger des Dario. Bassano Häuser.

Spilimberg bewahrt an Casa de' Conti Monaco ebenfalls farbige Dekorationen, welche denen in Bassano ähneln, und zwar Darstellungen aus der antiken Sage z. B. Urtheil des Paris, Raub des Ganymed und Scävola's Muth; an den Mauern des alten Schlosses sieht man Allegorien von Tugenden, einen geflügelten Löwen u. a.[30] Spilimberg.

Auch in Pordenone ist der Häuserschmuck reichlich vorhanden, doch herrscht hier mantegneskes Gepräge vor, das über Dario hinausgeht. So in der Contrada S. Marco N. 419 (einem weiland kaiserl. östreichischen Regierungsgebäude), wo Adler, Blätter und Schilde prangen; dann in N. 28: Reihen aus Festons und Masken grau in grau auf blauem Grunde; sie gehören etwa ins Jahr 1500 und entsprechen ungefähr den spätesten Dekorationen in Conegliano; an dem Hause N. 95 endlich ein Gefecht von Reitern und Fussvolk in ähnlicher Behandlungsweise, an Girolamo von Treviso und Pennacchi erinnernd. Pordenone.

Treviso selbst gewährt die modernsten Leistungen dieses Dekorationszweiges, welche das eingehendere Studium mantegnesker Vorbilder bekunden. An dem Hause Contrada sotto portico Forabosco in Scorzeria N. 520 ist auf geschickte Weise die Wiedergabe perspektivischer Ansichten von Simsen, Fenstern, Consolen, Statuen von Männern und Pferden, sowie von Arabesken mit Kinderfiguren versucht, die man dann in Untersicht sieht, sodass sie wirklich oben zu schweben scheinen. Treviso Häuser.

Als die Trevisaner sich am Ausgange des 15. Jahrh. zu bedeutenderen Malereien verstiegen — wir gedenken z. B. der Figur des heil. Nicolaus an einer Hausfront bei S. Niccolò in Treviso[31] — bewiesen sie sich so schwächlich, dass ihre Erzeugnisse selbst von denen eines Tommaso von Modena ausgestochen werden, der

---

[30] Wohl zu unterscheiden von Ueberbleibseln von der Hand Pordenone's, die sich ebenda befinden: ein Kriegerkopf mit Flügelhelm innerhalb eines von zwei Kindern gehaltenen Rundfeldes.

[31] Contrada Isola di Mezzo N. 1050. Unter der mit Buch und Lilie charakterisirten Figur, welche von zwei Pfeilern mit 4 Engelgestalten eingeschlossen ist, und die an Gewand und Gesicht Schaden erlitten hat, liest man: „.... dela scuola de Sancto Nicolaus a fate depenzere questa figura 1471 adi 16 Marzo.“ Federici, Mem. Trevig. I, 216 theilt das Bild dem älteren Girolamo von Treviso zu. —

ein Jahrhundert früher hier gemalt hatte. Wir haben es da mit Leuten wie Girolamo dem älteren von Treviso, Pennacchi und einem ganz armseligen Antonello zu thun, von denen wir wenigstens den Ersten näher ins Auge fassen müssen, da Pennacchi, der sich der bellinesken Schule anschloss, aus diesem Zusammenhang heraustritt. Dass Girolamo von ansehnlicher Herkunft und Bruder des Dichters Lodovico Aviani gewesen sein soll, wie uns berichtet wird[32], macht seine Kunst nicht besser. Die früheste Nachricht über Arbeiten seiner Hand bezieht sich auf ein Altarbild und auf Fresken, die er 1470 für eine Kapelle in S. Niccolò zu Treviso geliefert hatte, die aber nicht auf uns gekommen sind.[33] Das älteste Werk jedoch was wir von ihm haben, kann als Beweis angesehen werden, dass er die erste Anleitung in Padua empfangen hat:

Seriate b. Bergamo. Es ist ein ausserordentlich fein durchgeführtes kleines Temperabild auf Seide im Besitz des Sign. Giuseppe Piccinelli in Seriate bei Bergamo, darstellend den heil. Hieronymus, der fast völlig nackt mit ausgebreiteten Armen vor einer Grotte kniet, neben ihm Crucifix und Löwe, Umgebung Landschaft; ein kleines Blatt Papier auf dem Schoosse des Heiligen enthält die Inschriftsreste „TARVISSI . . Mño 14 . .“, aber auf der Rückseite steht in Schriftzügen seiner Zeit: „Hieron. Tarvis 1475 (?) faciebat in (?) monasteri eremitani Padue.“

Auch abgesehen von der Inschrift des Bildes, deren Echtheit unanfechtbar ist, muss man hier sofort einen Maler erkennen, der in Padua angesichts der Schüler Squarcione's gearbeitet hat, so sehr weisen alle Züge an dieser köstlichen Miniatur auf paduanischen Schulzusammenhang hin: die knöcherne trockene Hieronymusgestalt, das Uebergewicht des Kopfes, die derben Handwerkerhände und Füsse, die Zudringlichkeit der Anatomie, endlich der wilde Ausdruck des von ungepflegtem Haar umstarrten Gesichtes und die knitterige Gewandbehandlung. Girolamo erscheint hiernach als das Vorbild des Basaiti in dem Motiv, welches dieser

---

[32] s. Federici a. a. O. I, 215.

[33] Das Altarbild hatte Maria und Kind, mit Johannes dem Täufer, Gregor, Antonius Abbas und Jakobus zum Gegenstand und trug die Bezeichnung: „Hieronymus Tarvisio p.“ (s. Federici, Mem. Trev. I. 215). Es ist ebenso wie die Fresken zu Grunde gegangen.

vielgestaltige Venezianer so oft wiederholt hat[34], und es ist offenbar, dass die bei den Nachfolgern der Vivarini und bei etlichen Bellinesken hervortretende Neigung für Herbheit des Ausdruckes auf Einflüsse aus Padua zurückgeführt werden muss. — Es folgt der Zeit nach ein Bild Girolamo's (wie es scheint v. J. 1478) bei Sign. Fabrizio Pieriboni in Lonigo, eine kleine oben abgerundete Tafel mit dem Tod Maria's; sie enthält zahlreiche trockene Figürchen von widerwärtigem Ton, die Umrisse sind eckig gebrochen, die Gewandung gradlinig mit Kreuzbogen, welche die Falten bedeuten sollen, das Ganze in hart contrastirenden Tertiärfarben gehalten.[35] Als weiteres Beweisstück für den squarcionesken Einfluss, unter welchem der trevisanische Maler stand, dient das von Canonicus Pietro delle Laste i. J. 1487 bestellte Madonnenbild in einer Kapelle des Doms zu Treviso: Lonigo Privatbes.

Unter einem von Säulen getragenen Portikus thront Maria, den Knaben im Schooss, welcher nach einer Nelke in der Hand der Mutter greift; vor dem Throne, auf dessen Stufen zwei musicirende Engel sitzen, steht links der heil. Sebastian, rechts Rochus, auf Zettel an den Stufen die Inschrift: Treviso Dom.

„HIERONYMVS TARVISIO PINXIT MCCCCLXXXVII.“[36]

Die geschickte Anordnung ist das einzige Lobenswerthe an dem Bilde; die Figuren stehen richtig an ihrem Platze, aber hölzern und leblos und mitunter in der Zeichnung arg vernachlässigt; sie haben gemeinen Bauernschlag, eintönige Färbung und entbehren in Folge der Abwesenheit der Modellirung fast aller Körperlichkeit; Einzelheiten, wie die abgezehrten Beine, erinnern an Ercole Roberti Grandi; bei den Gewändern und Nebendingen ist die Vertheilung der Töne mehr beobachtet, wenn auch die Gegensätze selbst schreiend genug sind. — In S. Salvadore zu Colalto bei Conegliano haben wir ferner eine Madonna mit Colalto.

[34] s. oben Cap. XII. S. 282.

[35] Kleine oben runde Tafel in Tempera, Fig. ungefähr 1 Fuss hoch, enth. Maria im Grabe liegend, umgeben von den Aposteln; am Himmel der Heiland, bez. „H . . . . . Tarvisio pinsit 1 . . .“ Federici, Mem. Trev. I, 217, kannte das Bild im Besitz des Canonicus Carlo Adami und gibt die Jahreszahl 1478. Die Farbe ist an vielen Stellen verschwunden, was noch vorhanden ist, ist entfärbt.

[36] Holz, Temp., Fig. lebensgr. Der heil. Sebastian erinnert an Grandi, Rochus ist sehr gewöhnlich und streift an Erscheinungen wie man sie bei Marziale antrifft; die Farbenfläche rauh.

4 Heiligen innerhalb eines Gehöftes aus d. J. 1494, welche das Geschick Girolamo's für Auftheilung des Raumes, aber zugleich die meisten seiner Schwächen bestätigt.[37] Hier jedoch erinnert er in der Composition an die Vivarini; die Umrisse sind sorgsam und genau, das Fleisch rosig mit leichtem Olivenbraun schattirt, Härte und Unbeweglichkeit treten nicht in dem Grade hervor wie auf den früheren Stücken; auffällige Züge sind der ovale Marienkopf mit seinem regelmässigen Gesichtsschnitt, kleinen Augen, kleinem Mund und rundem Kinn, und daneben die eckige Gewandbehandlung, Eigenschaften, welche unverkennbar die Herkunft von Catena's Stil verrathen. Diesem ähnlich, nur vielleicht noch

Montebelluno. zarter behandelt, ist eine Madonna mit 4 Heiligen in S. Vigilio zu Montebelluno[38] und ein heil. Martin mit dem Bettler in der Kirche

Paese bei Treviso. zu Paese bei Treviso.[39] — Als Zeugniss zunehmender künstlerischer Kraft muss daneben ein Christus an der Säule (Brustbild) in Casa

Treviso Casa Rinaldi. Rinaldi zu Treviso hervorgehoben werden; der Name Girolamo's ist nicht mehr zu lesen und das Bild hat bei all seiner Sonderbarkeit Manches mit Antonello da Messina gemein[40]: der Heiland blickt düster und drohend drein, sein langes Haar fällt in Locken

---

[37] Holz, Temp., Fig. 3/4 lebensgr., die Heiligen sind Franciskus, Basilius, Nikolaus und Antonius von Padua; auf Zettel an der Thronstufe bez. „Hieronimus Tarvisio p. MCCCCLXXXXIIII." Das Bild hat stark gelitten und ist theilweise entfärbt; in Folge wiederholter Firnissüberzüge springt die ganze Farbenfläche auf.

[38] Holz, Temp., die Heiligen sind: Vigilius, Antonius Abbas, Clara und Lucia, bez. „Hieronymus Tarvisio p.", die Erhaltung ist sehr schlecht.

[39] Pfarrkirche zu Paese, Holz, oben rund, Fig. lebensgross, im Hintergrund eine Ansicht von S. Niccolò zu Treviso, bez. „ . . . . . onymus. arvisio p", abgeschabt und aufgefrischt.

[40] Holz, Grund blau, an der Brüstung ein leerer Zettel; die Lichter sind gelb, die Schatten in der jetzigen Beschaffenheit grau. — Von anderweiten Bildern nennen wir: in Lovere im Iseo-See, Gall. des Conte Tadini: Maria mit dem Leichnam Christi im Schoosse, bez. „Hieronymus Tarvista pinsit", kleines Holzbild, hässlich und schadhaft; Turin: hier befand sich bei Sign. Orlandi vor einigen Jahren ein todter Christus von zwei Engeln im Grabe gehalten, kleine Tafel mit dem Namen des Malers und von guter Erhaltung; vielleicht ist es das Bild der Kreuzabnahme, welches Federici I. 218 irrthümlich in die turiner Gallerie versetzt? — Treviso, S. Agostino: Reste eines aus S. Caterina übertragenen Wandbildes, darstellend einen Heiligen, (Sebastian?) und zwei fliegende Engel; es ist das einzige auf Girolamo zurückzuführende Freskostück in einer Kirche, welche nach Angabe Federici's (I, 216) ein Altarbild mit Sebastian und dem knieenden Podestà Pietro Tron nebst einem Servitenmönch enthielt mit der Inschrift „Haec palla facta fuit per scolam S. Sebastiani et de elemosinis plurium personarum anno MCCCCXCII. Hieronymus Tarvisio P." —

längs der Wangen herab, die Gestalt ist hager und knochig und von kantiger Zeichnung, das Antlitz unfein, aber im Ausdruck liegt eine eigenthümliche Wildheit und strenge Kraft. Die Farbe ist nicht mehr reine Tempera, sondern hat einen Zusatz von Oel und emailartigen Körper. — Auch mit Hausdekorationen scheint sich Girolamo, ähnlich wie Dario, beschäftigt zu haben, wie noch einige Ueberbleibsel vermuthen lassen.[41]

Während sich die Squarcionesken, zunächst durch Dario vertreten, nordwärts nach den Alpen zu ausbreiteten, wesentlich verschieden von der Friaulern und geringer als die gleichzeitigen Kunst- und Schulgenossen in Verona, Vicenza und Ferrara, hielt Parentino mit ebenso dürftigen Kunstmitteln in Padua Haus. Seine früheste Arbeit ist eine religiöse Allegorie, jetzt in der Gall. zu Modena[42]: Christus das Kreuz schleppend, Hieronymus vor dem Krucifix knieend und ein Bischof ebenfalls auf den Knieen in einer Landschaft. Das Bild nennt den Maler mit dem Vornamen „Bernardin“[43] und stellt eine so wunderliche Mischung von byzantinischen Mängeln mit Nachahmung classischer Modelle dar, dass es schwer wird, sich die Kunstgesinnung des Malers klar zu machen; von der Schönheit der Antike berührt, findet er doch noch kein Mittel, sich ihr lernend zu nähern. Seine Figuren bestehen aus Haut und Knochen, haben falsche Anatomie, rauhen und

Modena, Gall.

---

[41] Wir verweisen auf folgende: Treviso, Pescaria vecchia: Kinderfries mit zwei Pferden auf Konsolen, von denen eins an das Martinsbild des Girolamo in Paese erinnert; Piazza del Duomo N. 1548: Trophäen in Fresko; hier jedoch ist das Ornament mantegnesk und von besserem Geschmack als wir bei Girolamo voraussetzen dürfen.

[42] Modena, Gall. N. 40, Leinw., Temp. h. 1,12 br. 1,52 auf Zettel bez. „Bernardin Pareçan pixit“; ursprünglich auf dem Landsitz Cataio.

[43] Der Anon. des Morelli S. 11 nennt ihn „Lorenzo“, aber in dem Lobgedicht, welches Don Rafaello von Piacenza (Armeniades, Cremona, 1518, s. Anon. S. 255) auf ihn verfasst hat, heisst er Bernardo. Da dieses Gedicht von einem Benediktiner wahrscheinlich in den späten Lebensjahren Parentino's verfasst war, so scheint der Name Lorenzo beim Anonymus Schreibfehler zu sein; indess berichtet der Anonymus auch von dem Eintritt Parentino's in den Benediktinerorden u. in Folge dessen hat man angenommen, er habe den Namen Lorenzo im Kloster erhalten (s. Morelli's Anm. zum Anon. S. 110).

kraftlosen Temperavortrag; die Gewänder erscheinen zusammengedreht und in unsinnige Falten zerknittert, die Staffage beschränkt sich auf Felsenwerk im Hintergrunde, und allerlei Gewürm im Vordergrund. — Etwas erträglicher erscheint Parentino's Stil in drei Darstellungen aus der Legende des heil. Antonius Abbas und des heil. Ludwig in der Gall. Doria in Rom. Hier ist der Einfluss Mantegna's bemerkbar, weshalb die Bilder auch diesem Meister zugeschrieben sind:

Rom Gall. Doria

Das erste zeigt den heil. Antonius in der Versuchung; er steht in einer von verschiedenen Figuren belebten Hügellandschaft umgeben von drei wunderlich gekleideten Gestalten, von denen ihn die eine mit einer Schüssel voll Gold, die anderen mit Attributen von Aemtern locken; auf dem zweiten Bilde wird Antonius, der ausgestreckt auf dem Boden liegt, von Teufeln versucht; das dritte enthält den heil. Ludwig Almosen spendend.[44]

Die Figuren sind gemein, schlecht in Verhältnissen und Zeichnung, wenn auch mehr nach Mantegna's Muster als auf dem modeneser Bilde, in den Geberden ist hier und da besserer Ausdruck angestrebt und es finden sich Versuche zu Verkürzungen; die Landschaft zeichnet sich durch eine Fülle von Einzelheiten aus und bei Zierrathen und Vasen sind classische Vorbilder benutzt worden; auf der Almosenspende ist sogar die Copie eines antiken Reliefs, eine Kampfscene angebracht; die Tempera hat trüben Ton mit graubraunem Stich. — Auf ähnlichen Stücken in der Sammlung Pianciatichi in Florenz (dort unter Squarcione's Namen)[45], welche Genre-Scenen aus dem täglichen Leben ent-

Florenz Samml. Pianciatichi.

---

[44] Die Stücke — im gr. Saal N. 17, im Saal II, N. 15 u. gr. Saal N. 8 sämmtlich kl., Holz, Fig. ungefähr $^1/_2$ lebensgr. — gehören zu einer Predelle; das letzte enthält u. a. links hinter Antonius eine Figur, welche dem Portrait Mantegna's gleicht und ein A an der Mütze trägt, welcher Zusatz vermuthlich zu der falschen Benennung Anlass gegeben hat. Der Stil ist jedoch der des Parentino in Modena mit einiger Verbesserung nach mantegueskem Vorbild.

[45] Gall. Pianciatichi N. 333, Leinw., Temp. auf rothen Untergrund. Rechts ein Mann, der in ein Horn stösst, im Mittelgrunde tanzende Kinder mit Instrumenten und vor ihnen ein Mann, der zurückgelehnt mit einem Affen spielt. N. 334 Mann und Weib auf rohen Steinpostamenten sitzend und musicirend, links ein Brunnen mit Basrelief geziert. Die Figuren haben dieselbe magere Härte wie auf dem Bilde in Modena und denselben trüben Temperaton, die Formgebung ist ebenso fehlerhaft und plump. Es sind Arbeiten eines Schwächlings, der die Antike copiren und muntere, an sich nicht schlecht erfundene Gruppen dar-

halten, fällt ein Arabeskenfries mit weiblichen Figuren und Ochsenschädeln in gutem classischen Geschmack auf, sodass man vermuthen darf, Parentino habe sich in späteren Jahren nach Dario's Art mit Gegenständen beschäftigt, wie sie vornehmlich zur Häuserdekoration verwendet wurden. Dass in dieser Richtung seine eigentliche Stärke lag, kann man aus der von Della Valle gegebenen Beschreibung seiner i. J. 1494 noch unvollendeten Fresken im zweiten Kreuzgang zu S. Giustina in Padua abnehmen. Die Bilder, Scenen aus der Legende des heil. Benedict, rührten theils von Parentino, theils von Girolamo del Santo her und sind aus einigen in dem Durchgang aus dem Kloster nach der Kirche aufbewahrten Ueberresten zu beurtheilen. Della Valle schlägt hier den Ton des Benediktiner-Ordensbruders an, welcher seinen Genossen Parentino als Parrhasius, Zeuxis und Apelles verherrlicht, und ergeht sich in den äussersten Lobeserhebungen über dieses Werk, dem wir höchstens einen mässigen Vorzug vor den früher beschriebenen zuzuerkennen vermögen[46]; aber nach dem, was er

Padua S. Giustina.

stellen will, ohne das Zeug dazu zu haben. — Die charakteristischen Züge dieser Bilder in den Samml. Doria u. Pianciatichi leiten zu der Vermuthung, dass ein jetzt der Casa Lazzara in Padua angehöriger Kupferstich, welcher dem Squarcione zugetheilt worden ist, von der Hand Parentino's herrühre; das Blatt stellt rechts einen Mann dar, der in das Horn stösst, gegenüber einen zweiten in gleicher Handlung, dazu Tänzer und ein Weibsbild mit Schweinsfuss und mit Würsten in Händen, eine Darstellung, welche theilweise classische Beglaubigung erhält, da auf Ornamenten eines antiken Grabes der Spieler zur Rechten ebenfalls erscheint (s. Zani, Materiali per servire alla storia dell' origine de' progressi dell' Incisione, Parma 1802 S. 60.)

[46] Diese Fresken wurden i. J. 1609 von Girolamo da Potenza, Mönch in S. Giustina, eingehend beschrieben u. später wieder von Brandolese (Pitt. di Padova 99) und Della Valle (Delle pitture del Chiostro mag. di S. Giustina, o. O. u. J.), welche beide die Handschrift des Girolamo da Potenza benutzten. Die Südwand des Kreuzganges und ein anstossender Theil waren von Parentino mit Scenen aus dem Leben des heiligen Benedikt bemalt; hier befanden sich die Jahreszahlen 1489 und 1491 und am Pilaster seitwärts vom letzten Bilde (dem Tod Benedikts) die Inschrift „Opus Parentini.“ Die mit Köpfen von Benediktiner-Päpsten besetzten Zierleisten der Pilaster und Rahmen sind gestochen worden und zeigen in dieser Nachbildung trefflichen Geschmack, jedoch warnt Morelli (s. Anon. des Mor. 111), dieselben für genaue Wiedergabe der Originale zu nehmen. In den Jahren 1542, 44, 46 wurde der Kreuzgang von Girolamo del Santo vollendet und was jetzt noch zu sehen ist, ist jedenfalls Ueberbleibsel von Parentino's und Girolamo's Arbeit. Diese Reste enthalten meist Köpfe von Männern und Frauen, aber auch kleine Theile von Menschen- und Thiergestalten, darunter Vögel; etliche davon ähneln dem Bilde Parentino's in Modena, mit dem sie die Mangelhaftigkeit und Ungelenkigkeit der Zeichnung gemein haben, andere sind mehr mantegnesk und weisen wohl auf Girolamo del Santo hin; noch andere wieder gehören trotz des gemeinen

von den die Gemälde umgebenden Zierleisten sagt und was wir davon in den Stichen des Mengardi sehen, haben wir den Parentino nicht viel höher zu stellen als einen Decorateur, dem wir unmöglich die Fähigkeit zutrauen können, welche mehrere nach ihm benannte Bilder in Padua, in der Akademie zu Venedig und in Berlin voraussetzen.[47]

Als einer der Paduaner, welche sich enger an Giovanni Bellini angeschlossen, wird Jacopo Montagnana bezeichnet. Sein Name erscheint i. J. 1469 in der paduanischen Gilde, sodass man seine Geburt etwa in die Mitte des Jahrhunderts setzen darf.[48] Von Haus aus dem mantegnesken Stile zugethan, nähert er sich im Laufe der künstlerischen Entwicklung dem Bellini und Carpaccio. Mit grossem Lob wird seiner leider untergegangenen Fresken in der Stadthalle zu Cividale[49] sowie anderer Wand-

---

Schlages, der die Paduaner sämmtlich kennzeichnet, einem geschickten Künstler an, der dem Jacopo Montagnana gleichzustellen ist. Unter diesen Bruchstücken bemerken wir auch Stücke einer Kreuzigung, in der wir wahrscheinlich das von Agnolo Zoto im J. 1489 gemalte Bild (s. Moschini, Guida di Pad. 134) vor uns haben, obgleich sich im alten Refectorium der Gegenstand noch einmal vorfindet und zwar in einer Darstellung, welche durch Verzerrung, gemeine Typen und künstlerisches Ungeschick das Urtheil des Anonymus d. Mor. (S. 48) vollkommen rechtfertigt, welcher den Zoto als den angeblichen Urheber des Bildes einen „ignobile pittore“ nennt.

[47] In Padua, in der Sakristei der Canonici: eine Pietà, Holz, Temp. h. 2 F. 8, br. 7 F. 4: Christus ausgestreckt im Bahrtuch, der Kopf von Johannes gestützt, Maria in Schmerz über ihn gebeugt, Magdalena zu den Füssen weinend, dahinter das Grab aus weissem Marmor. Es ist ein stumpf gefärbtes Bild mit stark auftragenden grauen Schatten, von mantegneskem Charakter, im Stil des Andrea da Murano und Lazzaro Bastiani, besonders dem obern Theile des Altarstückes in Trebaseleghe und der Pietà in Cittadella verwandt (s. oben Cap. V, 76 und Cap. X, 224). — In Venedig, Akademie N. 348: Geburt Christi, welches dem Lazzaro Bastiani zuzutheilen ist (s. oben S. 225). — Berlin, Mus. N. 48, vgl. unter Mansueti, oben S. 230. — Ueber den Tod Parentino's sind wir ohne Kunde; das sogenannte Epitaph bei Faccioli (Museum Lapid. Vincentinum 1776, Lanzi III, 412) bezieht sich auf einen Augustinermönch mit dem Namen Lorenzo Parentino, der i. J. 1531 in Vicenza starb und der gewöhnlich mit dem Maler Parentino zusammengeworfen worden ist.

[48] s. Vasari V, 17 und Moschini, Vicende 65.

[49] In Giorgio Piloni's Historia di Belluno, Venedig 1607 lib. V, 245 lesen wir: „1475. Era podestà in Cividale Lorenzo Veniero ... al qual tempo fu dato principio alla fabrica del palazzo del comune sopra la piazza maggiore . . che fu poi con bellissime pitture ornato, tra le quali viene con molto admiratione risguardato un Cadavero del Gigante Golia senza il

gemälde gedacht, die er während des Jahres 1470 in Gemeinschaft mit seinem Schwager Calzetta, Matteo del Pozzo und Agnolo Zoto in der Kapelle des Gattamelata in S. Antonio zu Padua vollendete. Die wenigen Ueberreste, welche von diesen Dekorationen auf uns gekommen sind, bestehen aus grau in grau gemalten Wappen in classischem, an Einzelheiten auf Mantegna's Triumphzug Cäsar's erinnernden Stil und weisen den Montagnana, wenn wir sie als seine Arbeit nehmen dürfen, als einen tüchtigen Vertreter dieser Richtung aus.[50] Aus seiner wiederholten Beschäftigung für den Santo in späteren Jahren, wie der Lieferung von Zeichnungen zu Candelabern (1486) und von Wandbildern in dem jetzt übertünchten Kreuzgange des Noviziates (1487) ersieht man wenigstens, dass er bei den Zeitgenossen in Achtung stand.[51]

Padua S. Antonio.

Ueber eins der bedeutendsten Werke Montagnana's, die i. J. 1490 ausgeführten Fresken im Stadthause zu Belluno, können wir heute nur noch aus einzelnen Bruchstücken und aus Abbildungen in Kupferstich urtheilen.[52] Sie hatten interessante Darstellungen

---

capo. Fu opera del Montagnana, pittore famosissimo che dipinse ancora la stantia dove se reduce el maggior Consiglio di Cividale." Hieraus ergibt sich ein Irrthum in Miari's Dizionario Bellunese, Belluno 1843 S. 54, welcher das Stadthaus von Cividale mit dem von Belluno verwechselt hat.

[50] s. Anon. des Mor. 5, Gonzati a. a. O. I. 59 u. Doc. XLIII. und Scardeone a. a. O. 373. Die Kapelle, welche dem Gattamelata und seinem Sohne gewidmet war, ist bis auf einige Nischen weiss übertüncht.

[51] Die Nachweise bei Gonzati a. a. O. I. 66 und 295, 296 sowie Doc. CXLII. Das noch erhaltene Bild im Kreuzgang des Noviziats, welches 1673 zugeweisst wurde, die Verlobung der heil. Katharina, kann am ersten dem Filippo da Verona zugetheilt werden. Die Summe, welche Montagnana für die Wandbilder erhielt, ist mit 22 Ducaten = 134 L. 8 S. ausgeworfen.

[52] Die alte Stadthalle, welche vor etwa 25 Jahren neu aufgebaut wurde, war nach G. Piloni a. a. O. V. 200 i. J. 1499 errichtet. In einer Regestensammlung im Municipio zu Belluno (Dizionario di Francesco Alpago, 30. Sbre 1773 S. 210) ist bemerkt: „No. 10. 1490, 12. Nov. nel libro delle Provigioni Let. L: (das Original selbst fehlt) Pitture sopra la facciata del Palazzo vecchio e nella Communità (Rathssaal) di Giacomo da Montagnana. Costorono Duc. 280 d'oro etc." — Florio Miari gibt in seinem Dizionario Bellunese ausführlichen Bericht über das Stadthaus; danach war die Grundfläche in zwei Haupträume getheilt, die Vorhallen mit Malereien von Pomponio Amalteo geschmückt (1529), die noch existiren, der Rathssaal mit Bildern von Montagnana: die hölzerne Decke enthielt am Sockel Bildnisse aus verschiedenen Familien Belluno's, darunter besonders das des Podestà Girolamo da Mula, welcher 1490 im Amte war. Die Wand dem Kamine gegenüber trug ein Freskobild des stehenden Heilands segnend zwischen Maria und Johannes; es wurde dem Mantegna zugeschrieben

Belluno (Stadthaus). aus der römischen Geschichte zum Gegenstand: den Kampf der Horatier und Curiatier, die Heimkehr des siegreichen Horatiers, die Thaten des Mutius Scaevola, seine Selbstbestrafung und andere Scenen mit reicher Ausstattung an Baulichkeiten und classischem Beiwerk; ausserdem waren Halbfiguren des Zeno, Hesiod, Atlas, Pythagoras, Cicero und der Prophetin Nicostrata gemalt. Unbegreiflicher Weise wurden die Bilder vor nicht gar langer Zeit zerstört. Nach den Ueberresten zu schliessen, waren es grosse, höchst wirkungsvolle Compositionen, die einen sehr fähigen Anhänger des mantegnesken Stiles und zu gleicher Zeit die Verquickung mit venezianischem Geschmack, wie sie sich am Ende des Jahrhundert vollzog, zur Geltung brachten und die schon aus diesem Grunde der Schonung werth waren. Die in Belluno und Padua erhaltenen Theiltsücke zeigen Umrisse, die im Vergleich mit dem grossen paduanischen Meister durch Grobheit und Härte auffallen; sie haben metallischen Fleischton und entschlossenen, flotten Auftrag flüssiger Farben. Diese Eigenschaften legen die Vermuthung nahe, dass wir in der von Engeln gekrönten Madonna, einem aus dem Pretorio in Bassano in die dortige Stadtgallerie versetzten Freskobilde, ebenfalls die Hand Montagnana's vor uns haben.[53] Der Aufbau und der archi-

und mit dieser Bezeichnung gestochen, aber nach Ausweis des Stiches wird es dem Montagnana angehören; ohnehin ist Mantegna i. J. 1490 nicht in Belluno gewesen. Am Kamin selbst befand sich die Inschrift: „Non hic Parrasio, non hic tribuendus Apelli, Hos licet auctores dignus habere labor. Euganeus vix dum impleto ter mense J a c o b u s Ex M o n - t a g n a n a nobile pinxit opus.“ Die Scenen aus der römischen Geschichte befanden sich an der Hauptwand, die übrigen zwischen den Fenstern. Es sind noch 19 Stücke davon erhalten: 4 mit Köpfen aus dem Bilde des Triumphs des Horatiers und das Profil Cicero's im Besitz des Sign. Bucchi in Belluno, 10 andere bei Conte Agostino Agosti daselbst; sie gehörten zum Theil ebenfalls dem Triumphbilde des Horatiers an und enthalten die Brustbilder zweier Kinder zu äusserst rechts, theils den Scävola-Bildern; 5 endlich gehören dem Prof. Catullo in Padua. Lanzi II. 113 erwähnt die Fresken mit gebührendem Lob; die Herausgeber des Vasari-Lemonier V, 18 zeihen ihn irriger Weise der Verwechslung Montagnana's mit Pomponio Amalteo, indem sie ausser Acht lassen, dass die Arbeiten des Letzteren erhalten, jene zerstört sind. — Kupferstiche in Umriss nach dem Cyklus des Montagnana in Belluno hat M. Toller geliefert.

[53] Bassano, Stadtgall. N. 32, auf Leinwand übertragen: Maria mit Kind auf porphyrnem Throne innerhalb einer gemalten Nische in reicher classischer Architektur, zu den Füssen ein Engel auf Viola spielend, zwei andere die Krone über Maria haltend; im Bogenfeld Gottvater segnend, Halbfigur; die linke Seite des Bildes fehlt. Ornamente und Festons

tektonische Schmuck des Bildes erklären zur Genüge, weshalb man es dem Mantegna untergeschoben hat, aber die mechanische Zeichnung, die geistlosen Typen und die grobe Behandlung lassen einen späteren Paduaner erkennen, und auf Montagnana schliessen wir mit um so grösserem Recht, als es keineswegs an beglaubigten Beispielen dieser Gattung fehlt. Sie sind hauptsächlich in Padua zu finden: in der zur Curia vescovile führenden Halle im bischöflichen Palast ist das trübe übermalte Fresko oberhalb der Thür, darstellend die Auferstehung Christi, und ebenso die Kaiser- und Feldherrn-Köpfe am Gebälk der Decke ohne Zweifel von Montagnana[54], und die alte Kapelle in demselben Gebäude enthält Darstellungen aus der biblischen Geschichte und Legende, die seine Namensinschrift mit der Jahreszahl 1495 tragen.[55] Die Hauptbestandtheile dieses umfangreichen Wandschmuckes, z. B. die Figur Johannes des Täufers, der segnende Christus, die Kreuzigung und die Halbfiguren über dem Thor haben auffallend derben vierschrötigen Charakter und zeigen eine Energie des Ausdrucks, welche die Anfänge der gewaltsamen Auffassung erkennen lassen, wie sie Bartolomeo Montagna vertritt. Hiermit verglichen erwecken die anziehenden Eigenschaften des Altarbildes der Ver-

Bassano, Gall.

Padua bischöfl. Pal.

Linter der Hauptgruppe erinnern an ähnliches Beiwerk im Palast zu Mantua. Die Engel sind so mantegnesk, dass man hier nicht blos an Montagnana, sondern auch an Bonsignori denken kann. Vielleicht ist das Fresko von Montagnana nach einem Karton Mantegna's ausgeführt. Der Umriss ist recht empfindungslos, schwarz und derb, das Fleisch ziegelig, die Schatten dunkel.

[54] Die Figur des Heilands ist zur Hälfte durch einen hölzernen Schild bedeckt, an den Ecken sieht man zwei Krieger, welche das Grab bewachen und emporschauen; das Bild ist übermalt und hat trüben rothen Ton. Auf Montagnana's Hand deutet der Stil und überdiess der Bericht Scardeone's a. a. O. 373: „pinxit Christi resurrectionem super portam in prima aula episcopatus." s. auch Ridolfi, Marav. I. 117. Die Köpfe auf den senkrechten Deckenbalken sind grau in grau auf blauem Grunde.

[55] Der Raum ist ein Rechteck und enthält in einem unteren Wandfries Darstellungen aus der Legende der Märtyrer, darüber Apostelfiguren, in fünf Lünetten grau in grau gemalt, bis zur Unkenntlichkeit entstellte Gegenstände; an der Decke die 4 Evangelistenzeichen und die Kirchenväter; hoch oben zwischen den beiden Lünetten links vom Eingang in die Kapelle die übermalte Inschrift: Jacobus Mont^na^ pinxit M IIII XCV." Sämmtliche Bilder sind durch Einfluss der Zeit und durch Uebermalung mehr oder weniger verändert, am besten erhalten die Darstellung eines Märtyrers, welcher geschunden wird, eine geistig belebte Composition, die etwas von Signorelli's Heftigkeit hat. Die Hauptfiguren der Bilder sind ungefähr lebensgross.

kündigung in der bischöflichen Kapelle[56] Bedenken über die Urheberschaft Montagnana's. Sehr abweichend von seinen Malereien in der alten Kapelle ähnelt es mehr dem früheren Stile Filippo Lippi's und erscheint in seinem trotz der paduanischen Färbung überaus sauberen Temperavortrag als Werk eines jugendlichen Malers. Auch in dem bellinesken Crucifixus mit zahlreicher heiliger Umgebung an einem Pfeiler in S. Antonio wird man die Handweise Montagnana's, dem das Bild zugetheilt ist, schwerlich erkennen; eine vereinzelte Nachricht gibt dem Girolamo del Santo Theil daran, der es i. J. 1518 vollendet habe, und sie trifft vielleicht das Rechte, nur dass die Malerei offenbar von einem Einzigen, nicht von Mehreren herrührt.[57] Dagegen finden wir verwandte Züge in dem Fries des grossen Saales im erzbischöflichen Palast wieder, wo Bischofsbildnisse theils sitzend theils stehend, einzeln oder gruppenweise im Gespräch mit einander und von Canonikern begleitet, angebracht sind.[58] Sie scheinen mit grosser Sorgfalt nach dem Leben gezeichnet gewesen zu sein und obgleich der historische Werth der Porträts durch ausgedehnte Uebermalungen gelitten hat, sind sie nichts desto weniger als Zeugnisse des paduanischen Stils am Ausgange des 15. Jahrh. von Bedeutung. Der Vortrag ist durchweg besser als bei den belluneser Arbeiten; in Gesichtern und Körperformen macht sich zwar die Plumpheit und realistische Unfeinheit, wie sie den Montagnana charakterisirt, hier und da noch bemerklich, aber die Geberden sind natürlich

Padua, S. Antonio.

Padua bischöfl. Pal

---

[56] Als Zeugen der Verkündigung, welche der Maler hier auf eine Strasse verlegt hat, stehen Rafael mit Tobias und Michael mit der Seelenwage zur Seite; Gottvater (übermalt) erscheint am Himmel in plastisch ausgearbeitetem Heiligenschein. Die Figuren sind ⅓ lebensgr., der Mantel Maria's u. Michael's theilweise erneut.

[57] Christus ist an einem Baum gekreuzigt, an dessen Aesten die Köpfe der 12 kleinen Propheten angebracht sind; unten die Heiligen Sebastian, Gregor, Ursula und Bonaventura. Leinwand. Allen Guiden gegenüber findet sich bei P. Antonio Isnenghi, Basilica di S. Antonio, 1863 S. 61, die Bemerkung, dass es von Girolamo del Santo vollendet sei, doch wird kein Beleg angegeben. Die Christusfigur hat gute Verhältnisse, ebenso der Sebastian, die Gestalten sind im Allgemeinen schlank.

[58] Padua, bischöfl. Palast. Die Bildnisse füllen die 4 Seiten des grossen Saales, die letzten sind 1494 gemalt (s. Moschini, Vicende 65.) Der Theil, welcher dem Haupteingange gegenüber liegt, ist gänzlich übermalt, der oberhalb der Thür zum Theil, unter den übrigen sind ebenfalls neue Stücke bemerklich. Die untere Wandstrecke und die Decke sind neu; die Restauration fand 1759 unter Clemens XII. statt.

und mannigfaltig, die perspektivische Anordnung lässt jede Gruppe in ihrer wirklichen Höhe erscheinen. Die Gewandung zeigt vortheilhafteren einfacheren Faltenzug bei kräftigem Farbenklang, und die Umrisse sind von der Entschiedenheit des Montagna, sodass alle Berechtigung vorhanden ist, diese und andere stilgleiche Darstellungen vorzugsweise jenem vicentiner Meister zuzuschreiben, dessen eigenthümliche Stärke in der Verbindung der Energie Signorelli's und Carpaccio's mit dem ernsteren Charakter der Veronesen bestand.[59] Unsere Annahme wird übrigens durch die Betrachtung der i. J. 1497 und der Ueberlieferung noch später als die Fresken des bischöflichen Saales ausgeführten Wandbilder Montagnana's in der Kirche S. Maria di Mont' Ortone bei Padua unterstützt. Denn diese stark beschädigten Stücke, bestehend aus grau in grau gehaltenen Rundbildern in der Apsis-Nische, und einer Reihe farbiger Gegenstände kirchlichen Inhalts an den Wänden und der Decke des Chorraums zeigen die rohere und gewöhnlichere Kunstweise, die unerfreuliche Farbe und den flüchtigen Vortrag, die uns auf früheren beglaubigten Malereien des Jacopo begegnet.[60]

Padua, S. M. di M. Ortone.

Montagnana machte sein Testament im Jahre 1499 und scheint darnach nicht lange mehr gelebt zu haben; der Stil, den

[59] Wir verweisen hier auf ein Fresko in Praglia (s. unter Montagna), welches diesen Bischofporträts in Stil und Technik sehr nahe kommt. Auf Via S. Francesco in Padua N. 385—86 findet sich eine Hausfront mit allegorischen Figuren der Jahreszeiten, u. Friesen von Kindern und grotesken Thieren, welche diesen Dekorationen ebenfalls ähnlich, aber früher und deshalb wohl dem Montagnana zu überweisen sind.

[60] In der Apsis 18 Rundbilder, 9 Heilige und 9 Scenen aus der Schöpfungsgeschichte enthaltend, am Apsisbogen Gottvater mit Cherubim und darunter die Apostel; an der Decke des Chores die 4 Kirchenväter und in den beiden Halbrundfeldern der Wände: die Geburt Maria's und die Entdeckung des wunderthätigen Bildes der Madonna di Mont' Ortone. Die Fresken, bei dem Anon. des Morelli S. 31, 32 ohne Nennung des Künstlernamens erwähnt, werden von Scardeone a. a. O. 373 ohne weiteres dem Montagnana zugeschrieben. Ihr gegenwärtiger schlechter Zustand erklärt sich jedoch zum Theil daraus, dass sie aus der Tünche befreit worden sind. Das wunderthätige Gemälde, von dessen Auffindung eins der Wandbilder erzählt, wurde im Chor entdeckt; die Deckel des Bildes, die ebenfalls bemalt waren, sollen Montagnana's Namen mit der Jahrzahl 1497 getragen haben (s. Tommasini in Moschini, Vicende 66; Anon. d. Mor. 158 und Ridolfi, Marav. I, 117, der ihn jedoch Jacopo Montagna nennt. Vielleicht hat Vasari VI, 104 dieses Stück im Sinne gehabt als er berichtete, dass Bartolommeo Montagna ein Altarstück für S. Maria d'Ortone in Padua geliefert habe).

er und seine Schule vertritt, ist noch an zahlreichen Wand- und Tafelbildern namentlich in Padua kennen zu lernen, die jedoch keine eingehendere Prüfung verlohnen.[61]

Ebensowenig verweilen wir bei den geringen Zunftgenossen

[61] Padua, Gall. N. 535: Die heil. Agatha, Franciskus und Hieronymus, rohe Temperastücke; ebenso eine Geburt Christi ohne Nummer daselbst, und eine Madonna mit Kind zwischen 4 Heiligen (ehemals im Kloster Salbono) jetzt bei Sign. Giacomo Moschini in Padua. Diese 3 Bilder lassen den Verfall von Montagnana's Weise erkennen, Gesichter und Formen sind gemein, kurz und vierschrötig, die Erhaltung bei allen schlecht theils durch Unbill der Zeit, theils durch Nachhilfen. — Padua, Casa Lazzara: 4 kleine Tafeln mit Darstellungen zur Legende des heil. Jakobus, sehr schadhaft, aber entfernt an Mantegna und Carpaccio erinnernd; Casa Papafava: der segnende Petrus (Holz, Tempera, h. 2 F., br. $1^1/_2$ F., s. oben unter Squarcione S. 324), eine Figur mit gutem Helldunkel in kräftigem Vortrag, die eine Mischung von Montagnana's und Bartolommeo Montagna's Stil darstellt; hinter der Gestalt des Heiligen ein Fenster mit Ausblick auf eine an Antonello und die Bellini erinnernde hübsche Landschaft, zu Füssen ein knieender Stifter mit seinem Hunde. — London, bei Lord Elcho: zwei kleine Figuren des Petrus und Paulus in Nischen, angeblich von Mantegna, aber in demselben Stil wie die vorigen. — Padua, Prato della Valle, Haus N. 2692: Ueberbleibsel eines Fresko's der Verkündigung, an Montagnana, mehr aber noch an L. Canozzi erinnernd; wenn Letzterer der Maler ist, dann muss ihm auch das Bild der Spende des Ordenspatentes an Franciskus im grossen Kreuzgange zu S. Antonio zugetheilt werden. Padua, Seitenportal der Servitenkirche, Fresko im Bogenfeld: Maria und Kind zwischen Hieronymus, Antonius von Padua und Engeln, besser als die Wandbilder in S. Maria di Mont' Ortone und vielleicht eine frühere Arbeit Montagnana's (ein grosses Stück fehlt). Padua, Via del Santo Haus N. 3195: Monochrom darstellend eine geflügelte Statue und ein Ungeheuer auf einem Tragstein, ein Wandbild aus der Zeit der hier behandelten Bilder, von künstlerischerem Werthe als die Arbeiten Dario's und von mantegneskem Aussehn. Padua, Casa Dondi-Orologio: Copie eines ehemals in S. Sebastiano befindlichen Fresko's darstellend den Tod des Sebastian, dem Mantegna zugeschrieben, aber eher eine Uebertreibung von Montagna's Stil. Von dem Fresko selbst finden sich noch Ueberbleibsel in der Gallerie zu Padua unter N. 11 und 54, eine einzelne Figur mit ihrem Schuh beschäftigt, der heil. Markus und Petrus Martyr nebst 3 knieenden Figuren auf Leinwand übertragen, sodann ein Stück einer Halbfigur von rohem Machwerk im Besitz des Sign. Gradenigo in Padua, und ein Kopf mit Bruststück, jetzt bei Sign. Tescari in Castelfranco; alle diese Stücke sind von gleichem Ursprung und kennzeichnen den Verfall von Mantegna's Kunst in den Händen des Montagnana und seiner Nachfolger. Padua, Sakristei der Servitenkirche: gnadenreiche Jungfrau zwischen Jakobus, Christoph, Hieronymus und einem Mönch (halb zerstört und verwischt), flaue Tempera, Mischung venezianischen und paduanischen Stils, besonders an die Schule der Vivarini erinnernd. Padua, Sakristei von Ognissanti: Madonna mit Kind zwischen Sebastian und Prosdocimo, noch roher als das vorige, schlecht erhalten und charakterlos. Venedig, Akad. N. 461: Maria mit Kind zwischen Prosdocimo, Laurentius, Stephanus und Liberale, (ehemals im aufgeh. Kloster S. Stefano in Padua), ein mantegneskes Bild, an Liberale von Verona und die Canozzi erinnernd, aber zu sehr entstellt, um bestimmtes Urtheil zu gestatten. Padua, S. Antonio, 10. Pfeiler des linken Seitenschiffes: Maria das Kind anbetend, umgeben von Joseph und einer Heiligen, die einen knieenden Mönch empfiehlt, lebensgr., schadhaft und stark ausgebessert, mit der Jahrzahl 1494, eine Mischung von Bart. Vivarini's venezianischem Stil mit dem des Mantegna.

der squarcionesken und mantegnesken Schule in Padua, wie Matteo del Pozzo[62], Pietro Calzetta[63] oder Agnolo Zoto.[64] Abgesehen von ihrer künstlerischen Bedeutungslosigkeit bieten sie auch kaum Stoff zur Untersuchung dar. Alle drei haben in der Gattamelata-Kapelle des Santo mitgearbeitet und Zoto lieferte etliche Allegorien der Jahreszeiten und des Thierkreises im Salone zu Padua, welche Leistungen ihm, wie es scheint, die unverdiente Ehre einbrachten, mit dem grossen Giotto verwechselt zu werden.

Padua S. Antonio. Salone.

Als Künstler von ganz anderem Schlag erscheinen dagegen die Brüder Canozzi. Die Familie stammte aus dem Módenesischen; Lorenzo, der ältere, war 1425, Cristoforo etwas später in Lendinara geboren.[65] Als Söhne eines Tischlers folgten sie dem

---

[62] Pozzo wird bei Scardeone a. a. O. 371 als Schüler Squarcione's bezeichnet, er erscheint 1470 in der paduanischen Gilde (Mosch., Vic. 25), arbeitet in der Gattamelata Kapelle 1469, 70 u. 71 u. stirbt 1472; er lieferte (nach Anon. d. Mor. 7) einen Franciskus für einen der Pfeiler im Santo, aber von seinen Werken ist nichts auf uns gekommen. vgl. Gonzati, Basilia Doc. XXXV–XXXVII und XLIII.

[63] Pietro Calzetto war Schwiegersohn des Montagnana (s. Anon. d. Mor. 7) und übernahm bereits 1466 unter Squarcione's Zeugenschaft die Ausmalung der Kapelle des Corpus Christi im Santo und die Lieferung eines Altarbildes nach einer Zeichnung Pizzolo's, der wieder eine Skizze Squarcione's zu Grunde lag (s. Moschini, Vicende 66 und oben S. 323, Anm. 27); 1470 bessert er einige Malereien des Stefano von Ferrara in S. Antonio aus; aus demselben Jahre rührt der Kontrakt, laut dessen er sich verbindlich macht, mit Matteo del Pozzo und Montagnana in der Kapelle der Gattamelata zu malen (Gonzati a. a. O. I. Doc. XXXVI. XXXVII und I, 58). Bis 1476 sind Zahlungsvermerke für diese Arbeit erhalten (Gonzati a. a. O.); 1481 vergoldet er die Kapelle des heil. Antonius und noch 1500 ist er in der Kirche thätig gewesen. (Gonzati a. a. O.) Von seiner Hand haben wir ein Ecce Homo unter Glas an der linken Wand der Kapelle des heil. Antonius in der Nähe des 14. Altars und der Thür der Kapelle der Reliquien, aber es ist zu schadhaft, um beurtheilt werden zu können. In demselben Stil ist die Pietà in einer Nische eines Pfeilers im rechten Seitenschiff; sie vertritt die vulgäre mantegneske Kunstweise der damaligen Paduaner.

[64] Agnolo Zoto's Name steht unterm Jahre 1469 in der Gilde (Moschini, Vicende 25), seinen Antheil an der Kapelle der Gattamelata i. J. 1472 bezeugt Gonzati a. a. O. I, 58 und Doc. XXXVII; er malte eine Paulusfigur an einen Pfeiler derselben Kapelle (Anon. d. Mor. 8, der ihn bei dieser Gelegenheit „ignobile pittore" nennt); über seine Thätigkeit im Salone s. unter Giotto Band I, 243; Vasari hat seinen ähnlich klingenden Namen vielleicht mit dem des florentinischen Altmeisters verwechselt.

[65] Die Hauptquellen über die Canozzi (die Familie hiess ursprünglich de Za-

24 *

Gewerbe des Vaters, aber unternehmender Sinn machte sie bald selbständig, Cristoforo schlug seine Werkstatt in Padua, Lorenzo in Modena auf, und Vasari bezeichnet den Letzteren als Nebenbuhler Mantegna's in Padua. Er wird sein Genosse in der Akademie Squarcione's gewesen sein und wir haben bereits auf die Wahrscheinlichkeit seines Antheils am Schmuck der Eremiten-Kapelle hingewiesen. Er war Maler, Holzmosaicist, Bildner in Terracotta und Buchdrucker, und Pacioli rühmt ihn als vollkommenen Meister in der Perspektive.[66] In den Jahren 1460—70 lieferte das Geschäft des Lorenzo und Cristoforo in Padua Schnitzwerk und Holzmosaik zu 90 Stühlen im Chor von S. Antonio und i. J. 1465 das Chorgestühl für den Dom in Modena.[67] Jenes umfangreiche, i. J. 1749 durch Brand zerstörte Werk hat Matteo Colatio in einem 1486 in Venedig verfassten Berichte eingehend beschrieben; er zählt nicht nur die dargestellten Gegenstände mit hohem Lob ihrer Schönheit auf, sondern auch die bei der Arbeit verwendeten Holzsorten als Maulbeere, Cypresse, Weide, Kirschbaum, Ebenholz, Tamarisken, Esche, Mastix, Lakritze, Buchsbaum u. a. in verschiedener Zurichtung.[68] Die einzigen erhaltenen Ueberreste — eine Figur des heil. Bonaventura und eine Ansicht des Santo — jetzt als Schranken an den Beichtstühlen der Cappella Luca Belludi angebracht — geben von der Beherrschung der Perspektive und der Verwandtschaft mit paduanischer und mantegnesker Formgebung noch hinreichendes Zeugniss. In Modena ist der Chorbau zwar verändert worden, aber es sind noch 4 Tafeln mit den Kirchenvätern bewahrt, an denen die Natürlichkeit

---

nexellis oder Zanexinis, Genesini) sind: Luca Pacioli, de div. Proportione, Scardeone, de Antiq. Pat., Anonymus des Morelli, Vasari (V, 175 ff.), Brandolese, Del Genio dei Lendinaresi, Padua 1795, Gonzati, Basilica und besonders G. Campori, Gli artisti italiani e stranieri negli stati estensi, Modena 1855. S. 229 ff.

[66] s. oben Cap. XIV. Anm. 48.

[67] s. Gonzati a. a. O. I, 70. 71 und Doc. XLIV und Campori, Artisti 230. — Die Intarsien in S. Marco in Venedig, welche Sansovino ebenfalls den Canozzi zuschreibt, sind nicht von ihnen, sondern von Antonio und Paolo von Mantua und stammen aus den Jahren 1520—1530 (s. Zanotto, Guida di Ven. 49); das Chorgestühl in S. Maria ai Frari, welches ebenfalls für ihr Werk gilt, ist von Marco di Giampietro von Vicenza 1468 geliefert (s. Cicogna, Iscriz. Ven. II. 140 und Zanotto a. a. O. 473).

[68] Matthaeus Colatius Siculus doctissimo viro Antonio Siculo. Venedig 1486; neugedruckt von Pivetta: Le Intarsiature dell' antico Coro della Basilica di S. Antonio, Padua 1829.

der Haltung und der Maassverhältnisse und der hohe Grad von Charakteristik Staunen erregen müssen, wenn man die Handwerksschwierigkeiten erwägt, mit denen solche Arbeit verbunden ist.[69] Dass Umrisse und Gewand-Falten kantig sind, erklärt sich aus der Schulstellung der Canozzi, bei den Uebergängen von Licht und Schatten in den Gesichtern sind aber die farbigen Hölzer mit einer Geschicklichkeit verwerthet, welche jede auffällige Härte vermieden hat. Um dieselbe Zeit (1462) veranstalteten die unternehmenden Meister einen Neudruck von Gutenberg's Bibel und bald darauf gaben sie den Aristoteles mit den Commentaren des Averroes heraus. Zwischen 1472 und 76 lieferte die Firma das Holzmosaik zu den Schränken der Sakristei des Santo nach Zeichnungen, die von Squarcione herrührten. Es sind 6 Heiligen-Figuren und 4 Strassenansichten; sie entsprechen im Ganzen dem Stile Squarcione's aus dem Anfang der 50er. Jahre und das Beiwerk von Geräthschaften wie Bücherschränken, Börtern und Nischen erinnert lebhaft an die Rundbilder in der Apsis der Eremiten-Kapelle.[70]

Dass Lorenzo Canozzi auch Malereien ausgeführt hat, ist sicher[71]; obgleich wir keine beglaubigte Arbeit mehr von ihm besitzen, glauben wir ihm, mit dem Maasstab seiner Leistungen in Holzmosaik an der Hand, einige mittelmässige Wandbilder in Tempera zueignen zu dürfen, wie z. B. die Glorien des heil. Franciskus und der heil. Clara im ersten Kreuzgange des Santo[72],

Padua S. Antonio Stadthaus Bibl.

[69] Der heilige Ambrosius hat folgende Signatur: „Hoc opus fatu fuit p Christophō P et LAVrentius fratres de Lendinaria 1465.“ Ausser den Figuren ist noch Getäfel mit Intarsien erhalten, welche Thüren, Schränke, allerhand Geräth, Vögel, Becher, Mitren u. a. darstellen.

[70] s. oben S. 319, Anm. 28 u. S. 334, ferner Gonzati a. a. O. Doc. CXXXIII u. CXXXIV. Von den Heiligen hat Hieronymus noch am meisten vom alten Gepräge behalten, das Uebrige ist durch unverständige Restauration fast werthlos gemacht worden. Auch die in einem Zimmer zwischen der Sakristei und dem Kapitelhause in S. Antonio bewahrten 4 perspektivischen Strassenansichten in Intarsia sind zum grössten Theil verhunzt.

[71] Der Anon. des Mor. S. 6 führt einen Johannes den Täufer am zweiten Pfeiler links in S. Antonio als Lorenzo's Werk an.

[72] Unterer Fries: S. Clara stehend im Gebet zwischen 12 knieenden Frauen, darüber im Bogenfeld: Franciskus (zerstört) zwischen 10 knieenden Franciskanern; die Bilder sind theils abgerieben, theils entfärbt, theils aufgefrischt, die Umrisse scharf und roh, das Fleisch ziegelfarbig, die Figuren im Allgemeinen unbedeutend und herbe, das Ganze hat den Anschein stückweiser Vollendung nach Art des Holzmosaiks.

eine sehr an Intarsia-Wirkung erinnernde Maria mit Kind im Stadthaus[73] und einige von den Bildnissen kirchlicher Würdenträger in der ehemaligen Bibliothek der Canoniker vom Lateran (jetzt Anhängsel der Kapelle von S. Giovanni di Verdara) in Padua.[74] Die letztgenannten Stücke sind zwar unrichtig gezeichnet und erscheinen als unbedeutende Arbeiten verschiedener Hände, fallen aber durch Anwendung des Verschwindungspunktes bei den architektonischen Staffagen, Häusern, Dächern und Geräthschaften auf und weisen sowohl durch den kantigen Strich wie durch die eigenthümliche Abgrenzung von Licht- und Schattenflächen auf Urheber hin, welche an die Technik der Intarsia gewöhnt waren. In Lendinara, der Heimath des Lorenzo, sind keine Bilder erhalten, höchstens kommt hier eine Madonna in Terra-Cotta in Betracht, die des Namens nicht ganz unwerth scheint.[75]

Padua.

Lendinara.

Nach Lorenzo's Tode (13. April 1477)[76] setzte Cristoforo das Geschäft mit geringerem Erfolge fort; er hatte seine gröbere Kunstanlage bereits in Holzmosaiken des Chorgestühls im Dome zu Parma v. J. 1473 gezeigt[77] und war auch 1477 in gleicher

Parma.

[73] Padua, Commune, Halbfig., Temp. auf Holz, Geschenk des Dr. Antonio Tolomei: das Kind sitzt auf einem Steine, auf dessen Vorderfläche ein Einhorn abgebildet ist, die Behandlung ist rauh.

[74] Hier ist bei aller Unrichtigkeit die Zeichnung sehr eingehend, die Gewänder bruchig, das Fleisch ziegelfarbig und mit trübgrauen Strichlagen modellirt, aber die Perspektive durchweg genau. Dem Stile nach stehen sie tiefer als das übrigens verwandte Porträt eines Augustiner-Mönchs im Besitze des Dr. Fusaro, welches für Mantegna's Arbeit gilt (s. später), und die Gewandbehandlung erinnert einigermassen an deutsche Kunst.

[75] Dass Lorenzo in Thon arbeitete bezeugt Vasari V, 175; die Madonna, welche wir hier im Sinne haben, befindet sich über einer Ladenthür in der Contrada del Duomo N. 150 und ist übertüncht und beschädigt; in Maria's Gesicht ist die Nase abgestossen, an der Figur des Kindes die Zehen. Brandolese (del genio etc. S. VI) bezeichnet als Lorenzo's Werk noch einen Antonius zwischen Christoph und Onofrius in S. Biagio zu Lendinara, das Altarbild ist jedoch verschwunden; ferner eine Maria mit Kind zwischen Laurentius und Antonius von Padua im Dome daselbst, doch dieses ist von Bissolo (s. oben S. 309). In S. Maria Nuova bei Lendinara befindet sich eine mit Ornament bemalte Verkleidung für den Sängerchor, die man den Canozzi zutheilen möchte, wenn die Erhaltung besser wäre. Das Bild der Akademie in Venedig N. 312 (Christus im Hause der Maria und Martha) ist ein Stück Arbeit aus dem 16. Jahrh.; die Inschrift „Opus Laurenzi Chanozio patav . . .“ ist gefälscht.

[76] Seine Grabschrift befindet sich an der Mauer des ersten Kreuzganges bei dem Thor nach dem zweiten Hofe im Santo; sie ist abgedruckt bei Scardeone, Ant. Pat. 373.

[77] Sie enthalten die beliebten perspektivischen Ansichten, Brustbilder des heiligen Markus, des Hieronymus lesend, und einen Bischof, bezeichnet „Opus

Weise in Modena thätig, wo er seit 1463 Bürgerrecht genoss.[78] Am interessantesten ist eine Maria mit Kind in der Gallerie zu Modena, die seinen Namen und die Jahrzahl 1482 trägt; der Linienzug lässt den Tarsiatore erkennen, die hölzerne Formgebung zeigt einen Paduaner dritten Ranges an.[79] — Giovan Marcantonio Canozzi, Lorenzo's Sohn, trat in die Fusstapfen des Vaters, führte Intarsien in Rovigo und für S. Francesco della Vigna in Venedig aus, übernahm architektonische Aufgaben und erhielt von Luca Pacioli das Zeugniss eines tüchtigen Meisters; aber er theilte seine Thätigkeit zwischen der Kunst und einer sehr abweichenden Beschäftigung, da er auf Lebenszeit bei dem Kanal-Bau-Amte in Venedig angestellt war.[80] Modena. Gall.

Christofori Lendinarii miri artificis MCCCCLXXIII"; Markus erinnert an Zoppo und den parmesanischen Maler Casella, der seine Anleitung theilweis in Venedig empfangen hatte. In der Sakristei des Domes befindet sich ferner ein Rundbild in Tarsia, darstellend einen lesenden jungen Mann, das an den Stellen, wo die Fourniere abgeplatzt sind, die in den Grund eingeschnittene Originalzeichnung erkennen lässt; an einer Bank in der Sakristei steht die Inschrift: „Luch. Blanch. Parm. gratus Crist. Lenden. cultor forulum hunc prot. hoperis perfecit", die Jahrzahl ist unlesbar.

[78] s. Campori. Artisti 231; aus Nachrichten im Archiv zu Modena geht hervor, dass er 1475, 77, 78 und 83 sich dort aufgehalten hat. Die Tarsien enthalten die 4 Evangelisten, von denen einer die Bezeichnung trägt: „Christoforus de Lendenaria hoc opus f. 1477" und sind den vorerwähnten stilgleich.

[79] Modena, Gall. N. 45, Holz. lebensgr. ursprünglich in der Kapelle S. Giovita bei Modena: Maria sitzt in einer Landschaft und hält in der Linken Kreuz und Rosenkranz, um den Kopf trägt sie einen mit Stirnband befestigten durchsichtigen Schleier; zu ihren Füssen zwei Inschriften „Christophorus de Lendenaria opus 1482", und ferner: „hac imaginem de Gaspar de Sillingardis episcopus mut. donavit Jovani Bollino SS. Faustini ac Jovitae Rectori nec non suo familiari anno Dni MDCV die XIII Februarii." Die in kräftigem Email stark aufgesetzten Schatten blättern ab, obgleich das Bild restaurirt ist, wodurch der Ton trübe geworden ist; die einzelnen Theile sind scharf begrenzt und in der Zeichnung wie bei Holzmosaik, die Gewandung hat eckige Linien. — In S. Martino in Lucca sind 5 Stück Intarsien erhalten, eins mit einer Bischofsfigur unter Lebensgrösse, 4 mit perspektivischen Ansichten; auf einem der letztern die Inschrift: „Christoforus de Canoccis de Lendinara fecit opus MCCCCLXXXVII." In der Gall. zu Modena N. 23 ist eine Tafel enth. die Kreuzigung mit den Schächern und den herkömmlichen Motiven, im Vorgrunde Franciskus die Wundmale empfangend und Hieronymus, Fig. 1/3 lebensgr. Das Bild wurde anfänglich dem Mantegna beigelegt und nachdem es durch Herzog Francesco IV. aus La Mirandola versetzt worden, benannte man es Gerhard von Haarlem; der wirkliche Urheber mag jedoch Cristoforo Canozzi sein. Der Stil ist der eines Holzmosaicisten von theils mantegneskem, theils ferraresischem Gepräge, die Figuren sind trocken, knöchern und bewegungslos, die Innentheile scharf umschnitten, die Gewänder strafflinig, das Bindemittel ist sehr fett und abgeglättet wie bei den Ferraresen und auf dem Bilde Cristoforo Canozzi's aus d. J. 1482; die Durchführung ist sehr weit getrieben, die Farbe bunt und kräftig, die Gesichter hässlich.

[80] vgl. Pacioli, de divina Proportione

Wie gering auch der im höheren Sinne künstlerische Werth der Intarsien und Gemälde der Canozzi sein mag, so ist doch die ganze Kunstgattung charakteristisch für die Geschmacksrichtung der Paduaner überhaupt. Bei Marco Zoppo erkannten wir bereits verwandte Neigung, wir finden sie ferner längs des Po ausgeprägt, in Ferrara mit umbro-florentinischen, in Parma mit venezianischen Elementen verquickt. Zuweilen erkennt man ge-
Modena, Gall. radezu die Schule der Canozzi: so in einer Pietà von Bartolommeo Bonasci in der Gall. zu Modena, einem Bilde, welches die Leistungen Cristoforo's übertrifft und ein Zusammenwirken bellinesker und mantegnesker Einflüsse mit denen des Piero della Francesca bekundet.[81] Anderwärts tritt uns wieder eine Kreuzung mit dem Stile der Francia oder Costa entgegen, z. B. bei Francesco Bianchi Ferrari, dem vermeintlichen Lehrer des Correggio, welchem nach neuerlich entdeckten Urkunden das lange Zeit für Francia angesprochene Bild der Verkündigung in Modena
Modena, Gall. zugehört, welches nach dem Tode des Malers (1510) durch Giovanantonio Scaccieri vollendet wurde.[82] Bei Marco Me-

fol. 23: „Giouan marcomio (sic) caro compare, el quale summamente patriza comme lopere sue in Roico el degno coro in nostro conuento Venegia e in la Mirandola de architectura la degna fortezza con tutta oportunita bene intesa e de continuo operando nel degno hedificio a uite nel cauar canali in Vinegia se manifesta." vgl. Cicogna, Iscriz. Ven. II, 141 und VI, 135. —

[81] Modena N. 46: Christus im Grabe zwischen Maria und Johannes bez. „1485. Hoc opus pinxit Bartholomeus de Bonasciis" (Leinw.), die Stirnseite des Grabes zeigt Nachahmung eines antiken Sarkophags mit Greifsfiguren und Vasen, die Umrisse sind durchgehends scharfkantig und rechtwinklig, was auf Uebung in Tarsia hindeutet, die Christusgestalt ist nicht ohne Würde und erinnert an bellineske Muster; die Fleischtheile sind beschädigt.

[82] Lanzi, II, 346 nennt den Francesco Bianchi Ferrari oder Frari als Maler eines Altarstückes, welches sich früher in S. Francesco zu Modena befunden hat, und bezweifelt die von Spaccini (in der Chronik des Tommaso Lancilotto bei Lod. Vedriani, Raccolta de' pittori etc. Modenesi, Modena 1662) herrührende Annahme, dass er Correggio's Lehrer gewesen sei, welcher sich die Herausgeber des Vasari-Lem. VII Anm. 2 zu S. 95 zuneigen und die auch Julius Meyer (Correggio, Leipzig 1871 S. 60 ff.) namentlich unter Hinweis auf ein Bild Ferrari's im Louvre unterstützt. Das Bild in der Gall. zu Modena N. 36, im J. 1821 von Herzog Francesco IV. als Original des Francia für 500 Zechinen gekauft, auf Holz, ursprünglich für die Kirche der SS. Annunziata in Modena gemalt, ist nach den im Archiv der Brüderschaft jenes Klosters gefundenen Belegen aus den Jahren 1506—1508 u. 1511—1512 von Scaccieri 1512 beendigt worden (s. Andrea Cavaz. Pederzini: Intorno al vero autore di un dipinto attribuito al Francia; Nozze Venturoli-Bianconi, Modena 1864); der Stil erinnert ausser an Francia und Costa auch an Panetti, die Ausführung übertrifft an

loni von Carpi ist auch Einfluss Perugino's und Cima's wirksam[83], endlich erwähnen wir noch den schwachen Bernardino Loschi, dem wir später unter den Künstlern in Parma wieder begegnen.[84]

Ueber Ansuino von Forli ist schlechterdings nichts Authentisches beizubringen ausser dem mit seinem Namen versehenen Wandbild der Eremiten-Kapelle in Padua (s. oben); jener Christophorus wehrt sich aber entschieden dagegen, dem einzigen Werke, was uns noch als Ansuino's Produkt angeführt wird, Bruderrecht einzuräumen. Dieses ist das Profilbild eines jungen Mannes in der Gall. Correr in Venedig[85]; in Ausdruck und Zeichnung sowie in der feinen Verarbeitung des Fleischtones viel zu gut für den groben Forlivesen, gehört es vielmehr einem umbro-ferraresischen Maler an. Venedig. Gall. Correr.

Auch Bono von Ferrara, der Genosse des Ansuino in Padua, wird selten urkundlich erwähnt; dass er bei Pisanello gelernt hat, ist wohl glaublich; er erklärt es selbst in der Inschrift des eigenthümlichen kleinen Temperabildes, welches aus der Sammlung Costabili in Ferrara in die Londoner Nationalgallerie übergegangen ist:

Es stellt den heil. Hieronymus mit gelber Mütze in der Wüste sitzend dar; er hält den Rosenkranz in der Linken, neben ihm liegt der Löwe; im Hintergrund, welcher aus felsiger Landschaft besteht, sieht man eine Kirche und ausserdem ein grasendes Reh; das Abend- London Nat.-Gall.

Sorgfalt selbst den Mazzolino; die Figuren sind schlank, die Farbe ziegelig und in Abgrenzungen vorgetragen, die Schatten bituminös, das Fleisch hornartig und licht. Der Maler ist offenbar Nachfolger der Canozzi.

[83] Marco Meloni ist der Maler des Bildes der Gall. zu Modena N. 54: Maria zwischen Johannes dem Täufer, Bernardin, Franciskus und Hieronymus; 2 Engel halten die Krone über Maria, an der Thronstufe bez. „Habes mi Divi Bernardini confraternitas Marci Melonis opus anno Domini 1504 Kalendas Juni peractum". Die Figuren, fast lebensgr. sind hölzern, obgleich umbrischer Einfluss zu erkennen ist. Das Bild befand sich ehemals in S. Bernardino zu Carpi.

[84] Er ist Maler des Bildes N. 51 in der Gall. zu Modena: Maria mit Kind und Heiligen; seine Zeichnung ist ungenau, die Bewegungen lahm, die Umrisse kantig, die Farbe unerfreulich.

[85] Mus. Correr N. 53 (Lazzari's Notizie); der Mann trägt rothes Wams und rothe Mütze, den Hintergrund bildet ein Fenster mit Marmorverkleidung u. Vorhang, Ausblick auf ein Schloss mit See und Schiffen und zwei Reiter mit einem Knecht zu Fuss; auf dem Fensterbret ein Buch nebst Ring; bez. in weissen Buchstaben auf Marmorgrund: „A. F. P", oben der Name „Io Bap. Fvgarr" (unecht). Holz, Temp., h. 0,49, br. 0,35.

licht ist durch goldene Strahlen verdeutlicht. Auf einem gewundenen Zettel bez. „BONVS. FERARIENSIS. PISANI. DISIPVLVS.“[86]

Die Aussage der Inschrift wird durch die Verwandtschaft dieses wilden Heiligengesichts mit dem des heil. Antonius von Pisano in derselben Sammlung bestätigt; auch die runzeligen Umrisse und die kalt-solide Behandlung stimmen dazu; der Gebrauch der Goldhöhung deutet daneben auf umbrische Einwirkungen. Aus gleichzeitigen Berichten ersehen wir, dass Bono in den Jahren 1450—52 von den Herzögen von Ferrara bei Ausschmückung ihrer Schlösser in Migliaro und Belfiore verwendet wurde[87], und zweimal, 1442 und 1461, beim Dombau-Rath von Siena im Dienst stand[88], aber was er hier und dort gemalt, ist untergegangen. Ein Schüler Pisano's von der Fertigkeit, welche das Hieronymusbild in London immerhin voraussetzen lässt, erscheint wohl befähigt, in späterer Zeit und unter Einfluss eines anderen Meisters, das Fresko des Christoph in der Eremiten-Kapelle in Padua zu malen. Wir finden das Gepräge dieser Kunstweise in einem mit gefälschter Inschrift versehenen Bilde der Geburt Christi in der Dresdener Gallerie[89] sowie in einigen Stücken zu London, Ferrara und München wieder[90], an denen die Mischung

Dresden, London, Ferrara, München.

[86] London, Nat.-Gall. N. 771 (früher im Besitz des Sir Ch. Eastlake) Holz, h. 1 F. 8, br. 1 F. 3.

[87] Aus urkundlichen Mittheilungen, welche wir dem Marchese Campori verdanken, geht hervor, dass Bono 1450 die Loggia im Palast del Migliaro und Kamine im Hause des Gastaldo zu Casaglia bei Ferrara ausmalte; 1451 war er ebenfalls in Migliaro, 1452 wie es scheint in Belfiore im „Studio“ thätig.

[88] Vasari IV, 175 Anm. und Milanesi in Cittadella's Documenti etc. S. 364.

[89] Dresden, Mus. N. 19. Inmitten die Hütte, Maria kniet anbetend vor dem Kinde, über welchem Engel schweben, Joseph sitzt, von hinten gesehen, links 3 tanzende Hirten, einer mit Dudelsack, in der Ferne der Zug der Könige, bez. sehr undeutlich „Antonius (?) Florentinus (?) f. M. JCCCXXXIII“ Holz, h. 0,25, br. 1,13; auffällig die tintenartigen Schatten und die unruhige Linienführung der Zeichnung.

[90] London, bei Mr. Layard (ehemals in d. Samml. Costabili): Ecce Homo; Christus unter einem Bogen sitzend, durch welchen man auf Landschaft blickt; das Bild hat zwar Abreibung erfahren, lässt aber doch noch Beurtheilung zu; die Formen sind trocken und knochig und erinnern einigermassen an Galasso Galassi, die Farbe trüb und rauh, die Landschaft von mantegnesker Genauigkeit. — Ferrara, bei Conte Massa: Ecce Homo, dem vorigen sehr ähnlich und wohl von derselben Hand; der Gesammtton ist hier trübbraun, aber gussartig und von starkem Auftrag. Ein verwandtes Stück in Casa Canonici in Ferrara stellt den Heiland in weissem Gewande vor mit dem Strick um den Hals, zu seinen Füssen Magdalena. — München, alte Pinak. N. 549 (Saal).

ferraresischer und mantegnesker Eigenthümlichkeiten hervortritt. Die schwachen Hände, die wir hier vor uns haben, mögen wohl auch bei Ausmalung des Schlosses Schifanoia in Ferrara beschäftigt gewesen sein.

Von Niccolò Pizzolo ist nur der Ruf eines trefflichen Künstlers und ebenso trefflichen Raufboldes auf uns gekommen. Vorausgesetzt, dass er mit „Niccolò depentor“, dem Gesellen Donatello's, identisch sei, lieferte er in den Jahren 1446—1447 verschiedene Maler- und Vergolderarbeiten für den florentinischen Meister; wir erfuhren ferner von seinem Gottvater-Bilde in der Kapelle des Podestà und gingen schon oben auf die ihm zugetheilten Stücke in der Eremiten-Kapelle näher ein.[91] Bis vor kurzem existirte in Padua eine Hausdekoration, deren Inschrift „Opus Nicoletti“ auf Pizzolo gedeutet wurde.[92]

---

dem Mantegna zugeschrieben: Maria thronend, mit der Rechten das Wickelband des Kindes haltend, welches auf ihrem Knie steht; zu jeder Seite ein Bischof und ein Franciskaner (unter ihnen rechts Antonius von Padua mit der Lilie); am Thronpfeiler rechts SV (mit E darüber), in der Mitte G, unten $\overset{\frown}{\underset{A}{M}}$. Letztere Buchstaben sind für „Mantegna“ gelesen worden (s. R. Marggraff's Katalog), während sie nur „Maria“ zu verstehen sind. Holz, Temp., h. 1' 4" 6''', br. 1' 6" 6'''). Die Formen sind trocken und ungeschmeidig, im Fleischton herrscht trübes Braun vor und der Gesammteindruck des übrigens sehr anziehenden Bildchens ist, wahrscheinlich in Folge wiederholter Oelfirnisse, sehr tief und dunkel geworden; die Gewänder sind in kräftigen Grundfarben und starken Kontrasten gehalten. Wir haben es hier mit einer Mischung von Galasso's und Tura's Stil zu thun, wie sie auch in den vorerwähnten Stücken begegnet, sodass man am füglichsten an Bono denkt.

[91] s. oben Cap. XIV, 332 ff.

[92] s. Moschini, Vicende 60. —

SECHZEHNTES CAPITEL.

Andrea Mantegna in Padua.

Andrea Mantegna war nach den ältesten fast zeitgenössischen Berichten 1431 in Padua geboren[1] und mit 17 Jahren als selbständiger Künstler aufgetreten. Ueber seine Herkunft spricht nur ungenaue Ueberlieferung. Entweder ist die Familie, der er angehörte, sehr niedrigen Standes gewesen oder der Knabe früh verwaist, sonst würde er nicht von Squarcione adoptirt worden sein, der ihn unterm 6. November 1441 als seinen Pflegesohn in die paduanische Gilde eintrug.[2] Falscher Stolz Mantegna's oder die

[1] Ueber die Frage, ob Padua oder Mantua als Geburtsort Mantegna's zu gelten habe, ist viel gestritten worden; Padua hat die grösste Wahrscheinlichkeit für sich. Wir nehmen die Akten hier nicht wieder auf, sondern begnügen uns, auf die bezügliche Literatur zu verweisen: Vasari V. 157, Anm., von Pietro Estense Selvatico; Scardeone, Antiqu. Pat.; Ridolfi, Marav. I, 111; Brandolese, Testimonianza intorno alla Patavinità di A. Mantegna, Padua 1805; Gennari, Notizie intorno alla patria di A. M. Padua 1829; Pasquale & Luigi Coddé, Mem. biografiche etc. Mantua 1837; d'Arco, delle arti di Mantova 1857.

[2] „Andrea fiuolo di Mr Francesco Squarzon depentore" (Moschini, Vic. 34. Giov. de' Lazzara an Saverio Bettinelli 31. Jan. 1795 bei d'Arco, Arti di Mant. II, 224. 225 u. Brandolese, Testim. Anm. zu S. 8). Wir erfahren hierbei ferner den Inhalt eines Vertrags vom 21. Nov. 1461 über den Verkauf eines Hauses in der Contrada di S. Lucia in Padua, welches demjenigen des „Andreae Squarzoni pictoris" benachbart war. Am 22. Juni 1492 verkauft Mantegna sein Haus in Padua und nennt sich dabei „Spectab. miles et comes magnif. D. Andreae Mantegna quondam honorab. viri Ser. Blaxii habit. Mantuae in contract. S. Dominici." In einem Sonett der Zeit (mitgeth. bei F. S. Quadrio, Indice della Storia di ogni poesia, Mailand 1742 vol. II part. I. 347) wird er „Andrea Mantegna, pietore dicto Squarzono" genannt.

Schmeichelei der Freunde verlieh seinem natürlichen Vater, den man als Ser Biagio bezeichnete, nachmals erdichteten Rang.[3]

So wenig hiernach bestritten werden kann, dass Mantegna die ersten Anleitungen bei Squarcione empfing, so offenbar ist es andrerseits, dass dieser seinen Pflegling nicht am Besuch anderer Werkstätten zu hindern vermochte. Mit oder ohne Zustimmung Squarcione's hat er jedenfalls die Meisterwerke des Donatello, Lippi und Jacopo Bellini studirt, wenn auch ein Paar Tafelbilder in Padua, die als Jugendarbeiten Mantegna's angesehen werden, davon noch nichts merken lassen. Das eine — ein Leichnam Christi mit Andrea's Namensinschrift — sieht sehr nach Giambono oder Nerito aus[4], das andere — Brustbild eines Mönches — würde beweisen, dass Mantegna in seinen ersten Anfängen dem plumpen Realismus des Schiavone oder Zoppo huldigte.[5]

Padua Gall. Samml. Fusaro.

Das älteste Wandgemälde, auf welchem Mantegna's Name steht, ist das Heiligenpaar Bernardin und Antonius knieend zu den Seiten des von ihnen gehaltenen Namenzuges Christi im Bogenfeld über dem Hochportal von S. Antonio in Padua. Schon in dieser

Padua S. Antonio.

[3] Vasari V, 158, der den Mantegna in Mantua geboren sein lässt, gibt an, er habe in seiner frühesten Jugend das Vieh gehütet; demnach hätte man sich seinen Vater etwa als Arbeitsmann auf dem Lande oder als armen Häusler vorzustellen; vgl. auch die vorige Anmerkung.

[4] Padua, Stadtgall. (Schenkung eines Gliedes der Familie Capodilista): Christus mit kreuzförmigem Nimbus im Grabe bis zu halbem Leibe sichtbar, die Wundmale erzeigend, hinter ihm das Kreuz, Hintergrund blau; am Rand des Grabes bez. „Opus Andreae Mantegna pat." (Holz, Temp., kl. Format). Der Kopf ist gross und mit buschigem, in Gold gehöhtem Haar bewachsen, die Züge knöchern und alt, der offene Mund verzogen, die Farbe, trüb und grau, durch Firniss verändert. Trüge das Bild die Signatur nicht, welche allerdings ein alter Zusatz scheint, so würde man es dem Giambono oder Nerito zuweisen.

[5] Padua, bei Dr. Fusaro (früher im Besitz der Sign. Caldani und Barbieri, ursprünglich bei den Eremitani): Brustbild eines Augustiner-Mönchs in schwarzer Kutte und Kapuze; er hält mit den derben hässlichen Händen ein Buch, auf welchem steht: Preditus ingenio tenui que magistrum effigiat Paulum MANTINEA cernite quaeso." (Holz, Temp.) Der Hintergrund, ein Zimmer mit Balkendecke, welches Bücherständer, eine Glocke, Stundenglas und Tintenfass enthält, ist zu klein im Verhältniss zur Figur; Gesichtsschnitt und Zeichnung sowie die knochige Gestalt und trübe Färbung erinnern an Cranach; aber bei all seiner hölzernen Leblosigkeit ist das Bild solid und sorgfältig behandelt, in hartem aber schönem Umriss gezeichnet, doch ohne Körperwirkung im Fleischton, sodass man es ebenso gut für eine frühe Arbeit Schiavone's oder Zoppo's wie für ein Jugendwerk Mantegna's nehmen kann; es hat das Gepräge von Squarcione's Schule, kann aber nach dem dermaligen Stande unserer Hilfsmittel kaum auf den Meister der Altarstücke von 1454, der heil. Euphemia in Neapel und des Lukas in Mailand zurückgeführt werden.

Arbeit des zwanzigjährigen Jünglings — die Inschrift bietet das Jahr 1452 —[6] verräth sich eine über das Durchschnittsmaass hervorragende Künstlerkraft, und wenn auch einige Theile durch Unbill der Zeit und der Nachhilfe Schaden gelitten haben, offenbaren andere eine bedeutende Beobachtungsgabe und den Nachdruck in der Behandlung der Einzelheiten, welcher dem Mantegna so eigenthümlich ist.

Da das Madonnenbild in S. Sofia vom J. 1448, welches von den Zeitgenossen als Zeugniss der frühreifen Meisterschaft des Künstlers gepriesen wurde, im 17. Jahrh. zu Grunde ging[7], so können wir uns zur Beurtheilung seiner selbständigen Anfänge auf dem Gebiete der Staffelmalerei nur an den Lukas-Altar halten, welcher i. J. 1454 für S. Giustina in Padua gemalt, jetzt vollständig in der Brera aufgestellt ist:

Mailand Brera. Das Bild besteht aus 12 Theilen: Lukas inmitten auf marmornem Throne sitzend schreibt an einem runden Tische, zu den Seiten Benedikt mit der Geissel, ein Bischof, Euphemia und eine Benediktiner-Nonne; in einer zweiten Reihe in Halbfiguren: der todte Christus umgeben von Maria und Johannes, Hieronymus als Büsser, ein Bischof und zwei andere Heilige: sämmtlich auf Goldgrund mit sorgfältig gemusterten vergoldeten Heiligenscheinen.[8]

---

[6] Die Inschrift, welche jedoch nur nach Beseitigung des Indulgenz-Placates zu lesen ist, lautet: „ANDREAS MANTEGNA OPTIMO FAVENTE NVMINE PERFECIT MCCCCLII. XI. KAL. SEXTIL." vgl. Gonzati, Basil. I. 124, 125. Die meiste Beschädigung findet sich an den Beinen der Figuren.

[7] Es trug nach Scardeone a. a. O. 372 die offenbar auch von Vasari (V, 161) gelesene Inschrift: „Andreas Mantinea Pat. an. septem et decem natus sua manu pinxit MCCCCXLVIII" vgl. Ridolfi, Marav. I. 111.

[8] Mailand, Brera N. 171 (105) Holz, Temp., im Ganzen h. 1,78, br. 2,27, die Figuren durchschnittlich ungefähr ⅓ lebensgross. Die Erhaltung ist recht gut; die Hand des Benedikt und die Schatten am Kopf der Euphemia durch Nachbesserung verändert, hier und da sind einige beschädigte Stellen mit Farbe wieder ausgefüllt; das Ganze hat dicken Firnissüberzug, welcher geeignet scheint, die Farbenfläche zu lockern. Scardeone berichtet, das Bild sei in S. Giustina in Padua gewesen und der Name des Meisters „artificiose" darauf angebracht; nach Brandolese, Pitt. di Pad. 102, 103, waren die Vergoldungen im 18. Jh. beschädigt und wiederhergestellt; bei dieser Gelegenheit ist wahrscheinlich die Inschrift untergegangen. Moschini, Vic. 34, kennt den Lieferungsvertrag v. J. 1453 und Zahlungen bis ins folgende Jahr, der Preis war 50 Goldducaten. — Das früher unter Mantegna's Namen verzeichnete, weil ehemals mit dessen gefälschter, später entfernter Signatur „Andreas Mantegna Patavinus fecit. An. 1450" (Vas. V, 184) versehene Bild der Verkündigung im Museum zu Dresden N. 18, welches uns schon wiederholt (vgl. Band III. S. 117 u. 138) beschäftigt hat, wird uns schliesslich bei Schilderung der Ferrareser Schule unter Baldassare Estense begegnen.

Abgesehen von der Nüchternheit der Zusammenstellung geben die Bildergruppen einen hohen Begriff von Mantegna's Talent. Die Gestalt des Lukas, der sich über sein Schreibpult beugt, ist voll Würde im Ausdruck und vermeidet die allzu statuarische Kälte; Hände und Füsse sind gut und perspektivisch richtig gezeichnet, die Verhältnisse und die Tonübergänge wahr, die Farbencomposition wohlerwogen, die Gewandung zwar eingehend, aber ohne Ueberladung. Keine florentinische oder paduanische Arbeit der Zeit verräth mehr Kenntniss der Kunstgesetze; der Erbfehler aller geringeren Squarcionesken, der in der unvermeidlichen Widerwärtigkeit der Gesichter besteht, ist hier nicht auf Mantegna übergegangen. Gestalt und Physiognomie des Benedikt erinnern an toskanische Typen, namentlich an Filippo Lippi, die heil. Euphemia vermöge ihrer Geberde und klassischen Bildung an die Antike, der todte Christus erscheint als ein Seitenstück zu dem der Vivarini in der Gallerie zu Bologna, nur hat er vor diesem die kühnere Behandlung voraus; bei den Nebenfiguren Maria und Johannes, welche die langen mageren Hände ringen, fällt Mantegna etwas in die Grimasse; auch Hieronymus, so entschlossen er sich ausnimmt, geberdet sich mit übertriebener Heftigkeit; dagegen ist die Halbfigur des Bischofs eine straffe grossartige feierliche Erscheinung. An der Zeichnung als solcher fällt besonders die Reinheit und sorgliche Bearbeitung der Umrisse ins Auge, Schatten und Wiederschein steigern sich bis zum Fehler. Hierin erkennt man den Unterschied des Paduaners vom Florentiner. Ueber dem Studium plastischer oder gemalter Modelle behält Mantegna den nordischen Realismus bei. Seine Gestalten erscheinen häufig derb und plebejisch, aber es ist immer Kraft und Nerv dahinter, sodass er Eigenschaften Michelangelo's und Dürer's vereinigt. Seine Tempera hat im Gegensatz zu den Paduanern des gewöhnlichen Schlages Lichtfülle, Durchsichtigkeit und Schmelz, wenn auch die Trockenheit noch nicht überwunden wird; seine Formenbezeichnung, klar und vollendet wie sie ist, bekommt durch reiche Licht- und Schattenmassen, in denen ein ansprechender gelblicher Ton und kühles Grau vorherrschen, gute Körperwirkung. Ob er diese technische Eigenthümlichkeit dem ältesten Vivarini, dessen Bilder in Padua bekannt waren, oder dem Jacopo Bellini oder endlich Filippo Lippi verdankt, ist schwer zu sagen. Seine Behandlung weicht von der Vivarini's und Filippo's durch fetteren Auftrag, feinere Strichlagen und durch die mit Hilfe flüssiger Siccative hervorgebrachte Schärfe der Pinselführung ab, sodass er als Colorist in Tempera die venezianischen Zeitgenossen übertrifft.

Ebenso bezeichnend für die damalige Periode Mantegna's, wenn auch nicht von gleicher Bedeutung, ist die heil. Euphemia des

Neapel Museum. Museums zu Neapel. In einer mit reichem Guirlandenschmuck behangenen Nische stehend, das Messer in der Brust, in der linken Hand eine Lilie, den rechten Arm im Rachen des Löwen steht sie da, nicht wie ein aus der Natur entnommenes Gebilde, sondern fast wie eine in Farben übersetzte Marmorfigur, von klassischerem Gepräge und breiterem Bau als ihre Namensschwester auf dem Altarstücke in Mailand, in kräftiger Fülle, meisterlich gezeichnet und verkürzt, wenn auch durch Alter und Vernachlässigung verdüstert.[9] Diess und der Lukas-Altar sind die einzigen erhaltenen Staffelei-Werke der paduanischen Zeit des Meisters; denn von den sonst noch hierher gezählten Bildern gehört die Madonna mit Kind in Casa Scotti in Mailand trotz der jetzigen Signatur dem Liberale von Verona[10], und der heilige Bernardin in der Brera dem Domenico Morone oder einem andern alten Meister dieser Art an.[11]

Den Beginn der Arbeit Mantegna's in der Eremiten-Kapelle scheint Vasari in die Zeit nach 1448 zu verlegen[12], und zwar mit Recht. Wir dürfen annehmen, dass, nachdem Schiavone, Zoppo,

---

[9] Neapel, Mus., ehemals im Museum zu Velletri, Leinw., Temp., auf Zettel bez. „Opus Andreae Mantegnae MCCCCLIIII". Die Gewandung hat klassischen Wurf, die Füsse sind höchst geschickt verkürzt: Abbild. von der Kehrseite bei Agincourt, Taf. CXXXIX.

[10] Die Madonna der Casa Scotti (vgl. später) gehörte ursprünglich der Casa Melzi an. Waagen (s. Raumer's hist. Taschenbuch a. a. O. 482, 526 u. 585) hielt sie für identisch mit der für den Abt von Fiesole gemalten Madonna, obgleich Vasari, der diese letztere V, 187 erwähnt, sie als Halbfigur bezeichnet. Die Inschrift auf der Thronstufe „Andreas Mantinea p. s. p. 1461" ist Fälschung, vgl. auch die sehr berechtigten Zweifel Selvatico's in seiner Anmerkung zu Vasari a. a. O. und im Commentar dazu V, 187.

[11] Mailand, Brera N. 111, Leinw., lebensgross, von Hartzen dem Piero della Francesca zugeschrieben (vgl. Band III S. 320) und später unter Domenico Morone.

[12] Vas. V, 161. 162.

Bono und Ansuino ihre Proben dort abgelegt und Pizzolo durch gewaltsamen Tod unterdrückt war, die Reihe an Mantegna kam, aber es wurde schon oben (S. 336) gesagt, wie schwer es ist, genau anzugeben, wo jener aufhört und dieser anfängt. Offenbar haben wir es bei den Malereien der Apsis und Halbkuppel mit dem Ineinandergreifen Beider zu thun, welches vermuthlich in den oberen Fresken der linken Wand noch fortdauert. Diese beiden Stücke stellen die Begegnung des Jakobus mit den bösen Geistern und die Berufung zum Apostelamte dar.

Im ersten (rechts) sieht man den Heiligen, wie er von einem steinernen Altar aus drei fliegende Dämonen beschwört, ein Vorgang, den das versammelte Volk mit mannigfaltigem Ausdruck von Schreck und Staunen wahrnimmt. Wenn hier auch die nackten Theile plump und unfrei sind, ist doch die Handlung ausdrucksvoll, die Zeichnung richtig und die Gewandung trotz allzugrosser Vorliebe für geraffte Falten den Formen trefflich angepasst; die ganze Scene, lebensvoll und wohlgeordnet, entspricht den besten Compositionsregeln der Toskaner und der Standpunkt des Betrachters ist sehr hoch gewählt; die Farbe, in Haltung und Ton dem Himmelfahrtsbilde ganz ähnlich, hat mehr Heiterkeit und weniger Schattenmodellirung als sonst bei Mantegna, sodass sich uns hier in der That eine vollkommene Mischung seiner Weise mit der des Pizzolo darstellt. — Auf dem Nebenbilde knieen Jakobus und Johannes demüthig vor Christus nieder, der sie in Gegenwart des Petrus und Andreas begrüsst, während Zebedäus noch mit dem Fischernetz beschäftigt ist; die im milden Charakter des venezianischen Festlandes gehaltene Landschaft stimmt wirkungsvoll zum Ganzen.[13] Der Petrus auf diesem Bilde, mit dem Rücken nach dem Beschauer gedreht, ist von der Grossartigkeit des Piero della Francesca, voll Adel in Typus und Geberde, Formbildung, Bewegung, Gewandfluss und Farbe zeigen dieselben Eigenschaften wie auf dem ersten Bilde; Mantegna's beglaubigte

Padua, Erem. Kap.

---

[13] Ueber beiden Bildern hängt eine Guirlande aus Früchten und Blättern, in welchen Kinder spielen; die Zierleiste des Rahmens trägt Eicheln und Bohnen grau in grau.

Fresken unterscheiden sich nur durch noch bewussteren Vortrag, durch grössere Energie und Genauigkeit des Umrisses. In den spielenden Engeln, die oberhalb auf dem herabhängenden Gewinde angebracht sind, kehrt die heitere Beweglichkeit wieder, die bei den Putten des Himmelfahrtsbildes erfreut, sodass man zweifelhaft wird, ob man dem Pizzolo oder dem Mantegna den grössern Theil zusprechen soll. Indess lässt sich angesichts dieser beiden Compositionen die Vermuthung wagen, dass die Ausführung theilweise von Pizzolo herrührt, die Zeichnung aber dem Mantegna gehört, welcher alleiniger Urheber der gesammten übrigen Fresken ist, die bisher noch nicht in Rede gekommen sind.[11]

Padua, Erem. Kap.

Zunächst gilt dies von den Mittelfeldern der linken Wand: Jakobus die Taufe vollziehend und im Verhör vor dem Richter. An dem Bilde der Taufhandlung fallen drei hervortretende Eigenthümlichkeiten auf, die bei Mantegna nicht immer vereinigt sind. Mit ernstem Bemühn und mit voller Ueberlegung geht er darauf aus, statuarische Festigkeit, unmittelbare Regung und einfachste Abschrift der Wirklichkeit zu verbinden. In rechtwinkligem durch ein Haus mit Kaufgewölben abgeschlossenem Hofe steht der Heilige links vor der Thorhalle und giesst, fast ängstlich vorgebeugt, aus kupferner Kanne einen kräftigen Wasserstrahl auf das Haupt des Bekenners herab, der nach dem Beschauer gewendet vor ihm kniet; die Bücher der abgeschworenen Lehre liegen am Boden hingeworfen, nur eins wird von dem Manne gelesen, der von rückwärts gesehen zur Rechten steht; vier andere Männer, unter ihnen ein Greis im Turban, der in unwillkürlicher Geberde des Wartens seinen langen Shawl durch die Hände zieht, stehen als ruhige Zeugen dabei, der fünfte zwischen den Pfeilern des Portikus spricht auf die sich vollziehende

[11] Die Angabe beim Anon. d. Mor. stellt sich im Ganzen als richtig heraus: „La Cappella a man destra dell' altar maggiore fu dipinta, la faccia sinistra tutta da Andrea Mantegna, la faccia destra la parte de sotto dal ditto, la parte de sora parte da Ansuino da Furli e parte da Buono Ferrarese ovver Bolognese: la nostra Donna, che va in cielo con li Apostoli, driedo l'altar, con le figure in alto sotto la cupola, di Niccolò Pizzolo Padoano, con li Evangelisti con li armari in prospettiva.“ Nur Letzteres hat sich uns (vgl. vor. Cap.) als Irrthum herausgestellt.

Handlung deutend zu einem Herbeieilenden, von dem man nur das Gewand sieht; im Vordergrunde lauschen zwei in Scheu und Neugier befangene Kinder. — Die klassische Architektur der Umgebung ist zwar nicht in geläutertem Geschmack, aber mit strenger perspektivischer Gerechtigkeit nach einfacheren Regeln angeordnet; die Verkürzung setzt den Augenpunkt vor der Mittelhöhe dieses und des folgenden Bildes voraus; für den wirklichen Standort des Beschauers ist er viel zu hoch genommen. Der in scheinbar erhabener Arbeit grau in grau gemalte Rahmen der Fresken besteht in der senkrechten Mittelleiste aus Pilastermotiven mit Akanthuskraut, von dem Standfigürchen eines Engels gekrönt, welcher das Wappen stützt, an den drei übrigen Leisten aus aufgereihten Frucht- und Blätterbündeln, welche an die Rahmen von Ghiberti's Bronzethür in Florenz erinnern; die oberen Ecken der Bildflächen selbst sind in ansprechender Weise durch fliegende Putten mit Blumengewinden ausgefüllt, Figuren, die z. Th. unmittelbar an Donatello's reizende Bronzen in S. Antonio gemahnen. — Von den Gestalten des Bildes ist der von rückwärts gesehene Mann in gelbem Rock am meisten statuarisch; das Gewand haftet ihm wie angefeuchtet am Leibe und fällt in scharfe sackartige Falten zusammen; die grösste Lebenswahrheit hat daneben der Jüngling links, welcher sich in sprechender Bewegung nach einem halb Unsichtbaren umkehrt, und als Zeugnisse unmittelbarster Naturbelauschung stehen die beiden Kinder da, von denen das grössere eine Wassermelone trägt und den kleinern Bruder, der noch mit dem Gleichgewichte zu kämpfen scheint, an der Schulter hält. In den Köpfen des Bekenners und Apostels spricht sich Glaubensinbrunst und Pflichternst in ergreifender Weise aus; auch alle Beistehenden sind bildnissmässig individuelle Charaktere. Mangelhaft ist einzig die Zeichnung des Gewandes. Die dem Mantegna eigenthümlich bleibende Anordnung der wollenen Ueberkleider, welche im Gegensatz zu den mousselinartigen weichen Leibröcken knitterig und wie angeklebt erscheint — eine Eigenheit, welche durch die ferraresischen Maler von der Richtung des Cosimo Tura angenommen wurde, — tritt hier sehr stark hervor. Das feine Tongefühl, welches den Giovanni Bellini auszeichnet, geht ihm vollständig ab. Er componirt seine Farben mit Ueberlegung nach wohlverstandenen Gesetzen des Gleichgewichts, aber die Harmonie kommt nur in ihren Elementen zum Ausdruck, die eigentliche Kunst des Malers, mittels unmerklicher Steigerungen Tiefe zu erzeugen, ist ihm fremd, und er stellt sich uns vermöge seiner unerbittlichen Strenge als Vorläufer des Carpaccio und des Montagna dar, den man als den Dürer von Vicenza bezeichnen darf. Auch der Geschmack des Ornamentes — der steinfarbigen Scheinreliefs der Leiste auf fast schwarzem Grund im Gegensatz zu den grünen Blattgewinden — ist charakteristisch ernst und spröde.

Padua, Erem. Kap. Auf dem nächsten Bilde — dem Verhör des Jakobus — fällt sogleich in Geberdensprache, Tracht und Beiwerk die Steigerung ins Klassisch-Statuarische auf. Der Präfekt auf seinem thronartigen Sitze, die Krieger im römischen Wams und gefälteltem Unterkleid, der Triumphbogen, der den Hintergrund schliesst, alles zeugt von unermüdlich genauem Studium einer längstvergangenen Welt. Composition, perspektivische und technische Behandlung entsprechen dem vorigen durchaus. Auch hier ist Mantegna sorgfältig und genau bis zum Aeussersten, er lässt sich keine Gelegenheit entgehen, antikes Detail aller Art anzubringen, aber es läuft hier und da (z. B. bei der Kriegerfigur neben Jakobus, dem an die Steinbrüstung vor dem Thron Gelehnten und an dem auf der Gegenseite links aus dem Bilde Blickenden, welcher dem Bronzebildnisse Mantegna's auf dem Grabdenkmal höchst ähnlich sieht) gezwungene Formgebung mit unter.[15]

Neue Züge bietet das folgende Bild links im untersten Wandstreifen: Die Abführung des Jakobus zum Richtplatz: Der Heilige, zwischen zwei Hauptleuten dahinschreitend, hält inne, um einen Gläubigen zu segnen, der sich zum Erstaunen seiner Begleiter vor ihm auf die Knie geworfen hat. Der Vorgang begiebt sich auf der schmalen Schwelle eines reichgeschmückten Portales, durch welches man auf die Strasse hinabschaut; während

[15] Wie auf dem vorigen Bilde in dem Medaillon mit 2 nackten Männern, einem Pferde und einem Brustharnisch, so haben wir auch hier ein Beiwerk unmittelbarer Nachbildungen antiker Modelle. Das Blau am Gewande des Jakobus und anderwärts ist hier wie dort verblichen.

im Mittelgrunde die Wachen den Weg sperren, drängt ein Krieger rechts im Vorgrunde die nachfolgende Procession ungestüm zurück.[16] — Hatten wir schon bisher die zunehmende archäologische Neigung Mantegna's wahrgenommen, so treibt er sie hier aufs Höchste. Der Menschenleib sinkt fast zum blossen geometrischen Apparat herab und wird genau nach den Gesetzen der Architektur behandelt: die Linien der Gestalten verkürzen sich jäh wie Steinformen und die Geberden scheinen fast nur gewählt, um die misbräuchliche Strenge dieser neuen Auffassung recht hervortreten zu lassen. Gleichzeitig wird die statuarische Abgeschlossenheit der Figuren übertrieben und damit den gewöhnlichen Regeln der Natur doppelt weh gethan. Es ist sehr wahrscheinlich, dass Mantegna, ehe er sein Bild an die Wand brachte, Modelle aller Figuren je in den verschiedenen Standorten gezeichnet und jede für sich durchgebildet hat. Die Absicht ist mit ungeheurem Geschick erreicht, aber es entsteht der Eindruck unnatürlich übertriebener Anspannung. Die Biegsamkeit des menschlichen Fleisches ist bedingungslos geopfert; das Ganze erscheint als Schaustellung einseitig technischer Geschicklichkeit ohne wahr zu wirken.

Versucht man sich die Verhältnisse deutlich zu machen, unter denen Mantegna das Problem dieser Darstellungsweise zu lösen unternahm, so wird man nicht fehl gehen, wenn man als ersten Anlass kritische Bemerkungen annimmt, die über die Wahl des Augenpunktes auf den vorausgegangenen Bildern gefallen sein mögen. Diese widersprach der realistischen Wahrheit, und denkt man sich hier Beurtheiler, welche Donatello's Kunst in der Anpassung plastischer Werke an den Standort kannten, so liegt es nahe, dass Mantegna von ihnen angetrieben wurde, den begangenen

[16] Der Himmel ist durch Abblätterung des Blau entstellt. Als besonders bemerkenswerthe erwähnen wir hier die grantige Textur der Farbe an dem Bauwerk, wodurch die Härte des Steines sehr geschickt zur Wirkung gebracht wird. An Figuren wie dem Jakobus sieht man, dass die Umrisse des Gesichts und der Innenformen sowie die strichelnde Modellirung kohlschwarz sind, was auch von den tiefen Schatten des Gewandes gilt; die Fläche ist mit ziegelig rothem Fleischton gedeckt und die Lichter mit kalkweisser Zeichnung aufgesetzt. Um noch reichlichere Gewandmasse zu erhalten streift Mantegna z. B. die Aermel des Jakobus etwas auf, ganz nach dem Vorbilde Donatello's. — Eine alte Copie dieses Fresko's, in kleinem Format, befindet sich bei Marchese Galeazzo Dondi-Orologio in Padua.

Verstoss zu bessern; vielleicht haben sogar Künstler von hervorragendem Wissen in der Perspektive — man muss hier auf Uccelli hinweisen, dessen Arbeiten Mantegna sehr hoch schätzte[17] — ihm Beihilfe zu dem Zwecke angeboten. Jedenfalls hatte Mantegna allen Grund, sich ins Zeug zu legen. Er wählt auf ein Mal einen höchst schwierigen Verschwindungspunkt unterhalb der Fussleiste des Bildes und in Folge dessen verkürzen sich seine Linien so steil, dass nur die im ersten Plan und zwar auf dem Rande der Darstellung angebrachten Figuren ganz sichtbar bleiben, während die unmittelbar dahinter stehenden schon zum Theil, alle ferneren mehr und mehr verdeckt werden. An den Schwierigkeiten der Perspektive bei rechtwinkliger Stellung zur Grundlinie, hatte er noch nicht genug, sondern versteigt sich sogar so weit, einen Thurm einzuschalten, der dem Beschauer die eine Ecke zukehrt. Dies misslang ihm, wenn wir anders voraussetzen dürfen, er habe einen rechtwinkligen Thurm malen wollen, was der vorhandene nicht ist, und wir erkennen an diesem Beispiele, dass das verwickelte Verfahren der Construktion von Linien, die in stumpfen oder spitzen Winkeln auf den Horizont laufen, ihm nicht bekannt war. Indess er hatte es hier auch mit einer Aufgabe zu thun, die nicht bloss damals[18], sondern noch später viel Studium verursachte. Daniel Barbaro preist in der Vorrede zu seinem Werke dieses Bild Mantegna's um des Vorzugs der Perspektive willen ausdrücklich und Lomazzo gibt ihm das Lob, der Erste gewesen zu sein, der offene Augen für die perspektivische Wahrheit gehabt habe.[19] Allein Mantegna hätte von seinem Zeitgenossen Piero

[17] vgl. Vasari III, 96.

[18] Die Perspektive wurde zu jener Zeit regelrecht von Professoren in Padua behandelt, s. Michele Savonarola, de laud. Pat. bei Muratori, Script. rer. ital. XXIV S. 1180.

[19] Die Stelle aus D. Barbaro's Trattato della Prospettiva (Cod. der Bibl. Naniana) gibt Morelli (s. Anon. des Mor. S. 142); Lomazzo (Idea del Tempio della pit. Bologna 1590, 2. ediz. S. 14, 15, 47 u. 132) sagt: „Il Mantegna è stato il primo che in tal arte si abbi aperti gli occhi, perchè ha compreso che l'arte della pittura senza questa è nulla. Onde ci ha fatto veder il modo di far corrispondere ogni cosa al modo del vedere;" er fügt jedoch hinzu: „Sebben egli le (d. h. alle Eigenschaften) possedette tutte pur nella prospettiva, che fu sua principale, non potè levar con la sua maniera gl' intrichi di quella sicchè non paresse fatta con arte." Er bemerkt ferner, er besitze selbst Zeichnungen Mantegna's, auf welchen die Regeln der Perspektive erläutert und beschrieben seien. vgl. auch die zutreffenden Anmerkungen Selvatico's

della Francesca lernen können, dass die wahre Kunst in der weisen Anwendung aller der Hilfsmittel und Kenntnisse besteht, die sie erfordert, nicht aber in überwiegender Pflege einer dieser Bedingungen auf Kosten der anderen. Auch bei der Wahl der architektonischen Modelle konnte er jenen stets auf das Geschmackvolle bedachten Meister mit Vortheil zu Rathe ziehen. Aber es trat bei ihm noch ein anderer grundsätzlicher Eigensinn hervor: Die Neigung, dem statuarischen Vorbilde den Vorzug vor dem natürlichen zu geben, was, wie Vasari angibt[20], bei ihm auf der Meinung beruhte, antike Statuen seien in ihren Bestandtheilen darum besser als die menschliche Gestalt, weil sie von Künstlern in der Absicht gebildet wären, aus zahlreichen Beispielen ein Ideal der Vollkommenheit abzuleiten. Dagegen muss eingewendet werden, dass daraus noch nicht das Recht des Malers hervorgeht, plastische Gestalten als solche in sein Bild aufzunehmen und dem Beschauer als Muster der Schönheit vorzuführen. Dies aber that Mantegna in den Fresken, von denen wir bisher geredet haben, und zwar begnügte er sich nicht damit, nur statuarische Haltung in seinen Figuren auszudrücken, sondern er ahmte die neu-klassischen Werke Donatello's nach. In der dem Georg von Orsanmichele nachgebildeten Kriegerfigur z. B., die mit auf den Schildrand gelegten Händen am mittleren Pfeiler des Bildes der Abführung des Jakobus steht, ist der Stahlpanzer dem wirklichen Leibe dergestalt angeschmiegt, dass er mit ihm zu athmen scheint; überall wird enganliegende Kleidung der vollen Drapirung vorgezogen, weil sie die Muskulatur schärfer hervortreten lässt und die Verkürzung der Körperlinien unterstützt; auch in der Wahl der Tracht ist das Bemühen kenntlich, möglichst viel Curven zu gewinnen, welche der perspektivischen Richtung der Hauptlinien auf einen gegebenen Punkt hin folgen. Ueberhaupt herrscht durchweg eine Ueberlegtheit und Berechnung, welche unfrei wirkt: auf die Zeichnung der Hände, Gelenke, der Runzeln im Gesicht, der Kleidung, des Schattenschlages ist die peinlichste Genauigkeit verwendet; die realistische

---

über Mantegna's Perspektive im Comment. zu Vasari V, 226 ff. [20] Vasari V, 163.

Gewissenhaftigkeit vergisst nicht einmal, uns an dem armen Burschen, welcher den Segen des todesbereiten Apostels erfleht, das zerrissene Schuhwerk zu zeigen. Aber in dem Uebermaass von Richtigkeiten sind unentbehrliche Elemente erstickt: nirgends ist wirklich pulsirendes Leben des Fleisches anzutreffen, keine allgemeine Farbenatmosphäre umschliesst das Ganze, die Tempera ist trocken und unflüssig, sodass die Wirkung eines gefärbten Holzschnittes entsteht. Bei aller Correctheit in der Abwägung der Farbe fehlt den einzelnen Tinten die Leuchtkraft; und wie hohen Werth Mantegna auf die Herstellung eines Gesammttones legte, geht daraus hervor, dass er an einigen besonders ängstlich ausgeführten Köpfen, wie man bei genauer Betrachtung sieht, nach Kupferstecherart Kreuzlagen feiner schwarzer Striche angewendet hat, um einen Missklang zu dämpfen, den er durch eigentliche Färbung nicht zu beseitigen vermochte.

Die historischen Nachrichten über Mantegna sagen uns über sein Leben in jener Zeit leider nicht so viel aus wie seine Bilder über den künstlerischen Entwicklungsgang, allein es lässt sich vermuthen, dass die auffälligen Wandelungen, die wir hier wahrnehmen, mit bedeutenden persönlichen Eindrücken in Verbindung standen. Hat man die zunehmende Vorliebe für plastische Auffassung mit dem Auftreten Donatello's in Padua und den Eifer in der Schaustellung der Perspektive am menschlichen Körper mit Uccelli's Erscheinen in Zusammenhang zu bringen, so darf das gleichzeitige Studium antiker Reste und täglicher Lebenserscheinungen dem Einflusse des Jacopo Bellini zugeschrieben werden. Eben damals trat Mantegna dem alten Bellini näher, er heirathete dessen Tochter Niccolosia und wurde auf diese Weise Mitglied der sogenannten florentinischen Sippschaft in Padua.[21]

---

[21] vgl. oben unter Jacopo Bellini S. 113. Hier mag gleich ein Irrthum in Coddé's Mem. Biogr. 97 berichtigt werden, welcher behauptet, Mantegna erkläre in seinem Testament, dass er mit einem Weibe aus der Familie der „Nuvolosi“ verheirathet gewesen sei. Das Instrument bestätigt jedoch, dass seine Frau Niccolosia geheissen habe, und dies ist, wie wir wohl mit Recht vermuthen, der Taufname von Jacopo Bellini's Tochter. Coddé's Lesart würde entweder die Angabe Vasari's (V, 162) aufheben, welcher die Frau des Mantegna ausdrücklich als Tocher Jacopo's und Schwester Gentile Bellini's bezeichnet, oder sie würde voraussetzen, dass Mantegna zweimal legitim verheirathet gewesen wäre; das Wahr-

Die Entfremdung gegen Squarcione wird dadurch zwar vollendet worden sein, aber die Ursachen seines Zerwürfnisses mit dem Pflegevater waren älter und lagen tiefer. Jahrhunderte lang hat man sich bei der gedankenlosen Annahme beruhigt, derselbe Squarcione, welcher als Lehrer Mantegna's ihn vorzugsweise zum Studium der Bildhauerwerke und der klassischen Kunst angeleitet haben soll, hätte an den Fresken seines Schülers in der Eremiten-Kapelle gerade die statuarische Eigenschaft und den Naturmangel getadelt. Man wird der Wahrheit näher kommen, wenn man den Grund der Spannung zwischen beiden in der Vorliebe Mantegna's für die Leistungen der Nebenbuhler Squarcione's, der Florentiner und der Bellini sucht. Unter den Schülern mögen sich, wie gewöhnlich, die Gegensätze verschärft haben, hin und her Partei genommen worden sein, und persönliche Reibung wird das Ihrige hinzugethan haben. In dem gezwungenen Ausdruck, welchen Mantegna seinem übertriebenen Eifer für die Perspektive gab, bot er dem Squarcione einen erwünschten Angriffspunkt, aber dem Tadel desselben würde offenbar jede Spitze gefehlt haben, wenn die Schwächen, die er aufstellte, ihren Ursprung in seiner eigenen Kunstlehre gehabt hätten.

Mit gleicher Leidenschaft wie die Skulpturreste des Alterthums benutzte Mantegna auch die römische Architektur, und in ihrem Studium mag er durch Squarcione Vorschub erhalten haben, der angeblich eine Sammlung von Copien aus allen Theilen Italiens heimgebracht hatte. Allein seine Neigung für diese Muster konnte ebensosehr durch den täglichen Umgang mit den in Padua verkehrenden Künstlern, mit den Professoren der Universität und der gelehrten Gemeinde genährt worden sein, welche sich eingehend mit Erforschung der heimischen Alterthümer beschäftigten. Solchen Untersuchungen bot die Landschaft von Padua und Verona in jener Zeit ein besonders ergiebiges Feld. Verona besass ausser dem antiken Amphitheater noch manchen Rest klassischer Bauten;

---

scheinlichere ist, dass Coddé Tauf- und Familiennamen der Frau verwechselt hat. vgl. das Testament Mantegna's vom 1. März 1504 bei Gaye, Cart. II. 80 und d'Arco, Arti di Mantova II, 50, 52, sowie Moschini, Vicende 50. —

riss schon damals ein, wen[illegible] [illegible]uch noch nicht den Grad der Käuflichkeit erreichte wie be[illegible] [illegible] schamlosen Aretino, der seine elegante Feder um die Dia[illegible] [illegible] der Fürsten preisgab. Das Lob Mantegna's beruhte gewi[illegible] [illegible] wirklicher Bewunderung seiner Freunde, aber der Nutzen s[illegible] [illegible] Reklame hing von der Popularität der Schreiber ab und [illegible] [illegible]ier auf einen engen Kreis von Auserwählten beschränkt, w[illegible] [illegible] die grosse Menge empfindungslos an seiner Kunst vorüberz[illegible]

Was Squarcione dem M[illegible] [illegible]a zum Vorwurf machte, betraf seine bedenkliche Gewöhnu[illegible] [illegible] todte Härte des Marmors im Gegensatz zur Weichheit und [illegible] [illegible]mkeit des wirklichen Fleisches nachzubilden; er fügte hin[illegible] [illegible]antegna würde besser gethan haben, seine Figuren grau i[illegible] [illegible]zu malen anstatt sie mit mannigfaltigen Farben zu versehe[illegible] [illegible]ie ja doch nicht den Anspruch auf Aehnlichkeit mit leben[illegible] [illegible]sen machten.[26] Die Triftigkeit dieser Bemerkung ist unl[illegible] [illegible]nd wir erkennen auch sofort, dass Mantegna die begange[illegible] [illegible]ertreibungen zu mildern su[illegible] Der Erfolg dieses Strebens [illegible] [illegible]aus dem folgenden Bilde, d[illegible] letzten der linken Wand. In [illegible] Darstellung der Hin[illegible]ichtung des Jakobus drängt sic[illegible] Eigensinn des Handw[illegible]ks [illegible] weitem nicht mehr so auf[illegible] dem vorhergehenden[illegible] Verschwindungspunkt ist vers[illegible] [illegible]er gewählt, die Figur[illegible] sind mehr nach dem Leben als [illegible] [illegible]stischen Modellen gebildet und in der Darstellung der La[illegible] [illegible]t herrscht gesteigerter Sinn für die Wirklichkeit.

Hinter einem Balkenz[illegible] [illegible]lcher das Bild vorn abschliesst, liegt Jakobus mit dem G[illegible] [illegible]n Boden gewendet lang ausgestreckt, die Hände auf de[illegible] [illegible]n, den Kopf unter einem Fallbeil, auf welches loszusch[illegible] [illegible]r schrittlings über ihm stehende Henker mit mächtigem H[illegible] [illegible]usholt; zwei Reiter halten links und rechts und einige Kri[illegible] [illegible] Fuss stehen mit erschütternder

---

V, 237 ff. Auszüge solcher Elogi[illegible] Morelli S. 144, 145 ff., nament[illegible]. des Leonardi aus dessen Speculu[illegible] dum, Venedig 1502, und die V[illegible] Giovanni Cesinge (fälschlich V[illegible] nennt vgl. Morelli S. 255), [illegible] Mant[illegible] in Padu[illegible] Freunde Galeotto Marzio d. N[illegible] Porträt dargestel[illegible] nicht mehr nachzuw[illegible]

[26] V[illegible] 2 [illegible]

ebenso war die Umgegend der Stadt und das Gestade des Garda-Sees reich an solchen Ueberbleibseln, und diese Stätten besuchte Mantegna namentlich in Gemeinschaft mit Samuele da Tradate und dem gelehrten Felice Feliciano, der sich durch Inschriftensammlung verdient gemacht und dessen Freundschaftsverhältniss zu dem paduanischen Meister auch mehrfach literarisch bezeugt ist.[22] Die unmittelbare Frucht solcher Beziehungen für den Maler erkennen wir in der Eremiten-Kapelle, wo antike Gebäude mit grossem Geschick rekonstruirt sind; am Triumphbogen auf dem Bilde des „Verhöres" und anderwärts begegnen sogar Bruchstücke lateinischer Inschriften, die ohne Zweifel echten Fundstücken entlehnt waren[23], und in einem Medaillon an dem Portikus im Bilde der „Hinwegführung des Jakobus" prangt der Name des Vitruvius Cerdo, eines Architekten, der an Bauwerken des alten Verona Antheil gehabt hat.[24] Dass Mantegna mit anderen Gelehrten der Zeit, wie Cyriacus von Ancona, Giovanni Marcanova von Padua, Matteo Bossi, Abt von Fiesole, Giovanni (Vitez) genannt Janus Pannonius, Bischof von Fünfkirchen, Pamfilo Sasso, Benevoli, Camillo Leonardi von Pesaro, Battista von Mantua in Verbindung stand, beweisen unter anderen zahlreiche Widmungsschriften, Elogien und Sonetten, in denen der Künstler, wie üblich, mit den grossen Meistern Griechenlands verglichen oder ihnen sogar übergeordnet wird.[25] Die Unsitte der solennen Schmeichelei

---

[22] Felice Feliciano widmete dem Mantegna seine Epigrammata (Handschr. der Bibl. Capitolare in Verona) und berichtet dabei von den gemeinsamen Ausflügen mit ihm und Samuele da Tradate; vgl. Selvatico's Comment. zu Vasari V, 232 und 237; ein reichhaltiger Briefwechsel Feliciano's existirt in der Bibl. Silvestriana zu Brescia (Mitth. des Sign. Dr. Pietro da Ponte daselbst); bezüglich der Inschriften, die er gesammelt, vgl. Maffei, Verona illustr. II., Tiraboschi, Stor. della Lett ital., röm. Ausg. VI. 1. und Mommsen, Corpus inscr. Lat. X. 1. u. a.: sein Verdienst um die Stilisirung der Buchstaben und das Verhältniss zu Luca Pacioli erörtert R. Schöne in Ephemeris epigraphica 1872, S. 255 ff.

[23] Von der Inschrift auf dem Bilde des Verhöres, welche theilweise durch Figuren verdeckt wird, erkennt man:

T.PVLLIO
T.L.LINO
IIIIIIVI. (sic)
AVC.
ALB . .
.ō(?) E . . .
AVC I .
ROM . . C
VMAN . . F

vgl. Mommsen, Corpus Inscr. Lat. V. 1 N. 2528.

[24] L. Vitruvius Cerdo war Baumeister des Bogens der Gavii in Verona, welcher jetzt nicht mehr vorhanden ist. s. Selvatico bei Vas. V,231.

[25] vgl. Selvatico's Comment. bei Vas.

riss schon damals ein, wenn sie auch noch nicht den Grad der Käuflichkeit erreichte wie bei dem schamlosen Aretino, der seine elegante Feder um die Diamanten der Fürsten preisgab. Das Lob Mantegna's beruhte gewiss auf wirklicher Bewunderung seiner Freunde, aber der Nutzen solcher Reklame hing von der Popularität der Schreiber ab und blieb hier auf einen engen Kreis von Auserwählten beschränkt, während die grosse Menge empfindungslos an seiner Kunst vorüberging.

Was Squarcione dem Mantegna zum Vorwurf machte, betraf seine bedenkliche Gewöhnung, die todte Härte des Marmors im Gegensatz zur Weichheit und Biegsamkeit des wirklichen Fleisches nachzubilden; er fügte hinzu, Mantegna würde besser gethan haben, seine Figuren grau in grau zu malen anstatt sie mit mannigfaltigen Farben zu versehen, da sie ja doch nicht den Anspruch auf Aehnlichkeit mit lebenden Wesen machten.[26] Die Triftigkeit dieser Bemerkung ist unleugbar und wir erkennen auch sofort, dass Mantegna die begangenen Uebertreibungen zu mildern suchte. Der Erfolg dieses Strebens spricht aus dem folgenden Bilde, dem letzten der linken Wand. In dieser Darstellung der **Hinrichtung des Jakobus** drängt sich der Eigensinn des Handwerks bei weitem nicht mehr so auf wie in dem vorhergehenden, der Verschwindungspunkt ist verständlicher gewählt, die Figuren sind mehr nach dem Leben als nach plastischen Modellen gebildet und in der Darstellung der Landschaft herrscht gesteigerter Sinn für die Wirklichkeit.

Hinter einem Balkenzaun, welcher das Bild vorn abschliesst, liegt Jakobus mit dem Gesicht zu Boden gewendet lang ausgestreckt, die Hände auf dem Rücken, den Kopf unter einem Fallbeil, auf welches loszuschlagen der schrittlings über ihm stehende Henker mit mächtigem Hammer ausholt; zwei Reiter halten links und rechts und einige Krieger zu Fuss stehen mit erschütteruder Padua, Erem. Kap.

V, 237 ff. Auszüge solcher Elogien gibt Morelli S. 144, 145 ff, namentlich das des Leonardi aus dessen Speculum Lapidum, Venedig 1502, und die Verse des Giovanni Cesinge (fälschlich Vitez benennt vgl. Morelli S. 255), welchen Mantegna zusammen mit seinem i. J. 1485 in Padua studirenden Freunde Galeotto Marzio da Narni in einem Porträt dargestellt hatte, das leider nicht mehr nachzuweisen ist.

[26] Vasari V, 162. 163.

Gleichgiltigkeit dicht dabei, den Vorgang zu überwachen; einer lehnt sogar über die Brustwehr, um das Entsetzliche, was der nächste Augenblick bringt, noch genauer zu beobachten; vorn ragt ein fast ästeloser Baum auf, rechts schaut die Ecke einer mit Epheu bewachsenen Ruine ins Bild und im Mittelgrunde streckt sich der Weg, auf welchem in einiger Entfernung drei Kriegsknechte warten, den Berg entlang, der von halb verfallenem Festungsgemäuer bekrönt terrassenförmig den ganzen Hintergrund einnimmt. — Deutlich verräth sich hier das innere Ringen zwischen alter Gewöhnung und neuem künstlerischen Entschluss. In den drei kleinen Figuren des Mittelgrundes ist noch Donatello's Auffassung gleichsam Zeuge dieses Wandels; sie nehmen sich wie Vorläufer der nackten Gestalten aus, die Michelangelo in das Rundbild seiner heiligen Familie in den Uffizien eingeführt hat. Den ungeschminkten Realismus, der zu den hervorstechenden Charakterzügen Mantegna's gehört, verkörpert hier besonders der Henker im geflickten Kittel mit seinem von der Leibesanstrengung verzerrten brutalen Gesicht. Stattlich und wirkungsvoll heben sich dagegen die beiden Reiter ab, von denen der eine auf dem Schimmel, in steiler Verkürzung von hinten gesehen, an Uccelli's Gestalten oder solche in Jacopo Bellini's Skizzenbuch erinnert, während der andere, der seinen Rappen wendet, ähnliche Motive aus dem Triumphzug Cäsar's in Hampton-Court ins Gedächtniss ruft. Abweichend gegen früher erscheint auch das Machwerk. Ueberall, namentlich aber an den Figuren zur Rechten, ist der spröd metallische Temperakörper flüssigerem Vortrage gewichen, die Schatten sind weniger scharf und schwarz, der ziegelige Ton milder, die modellirenden Strichlagen weicher; dagegen hält sich die eiserne Natur Mantegna's durch die bitterlichen Contraste gelber Hügel, rother Mauern und Wege und stumpfgrünen Buschwerks schadlos. Gänzlich seiner Auffassung und Vortragsweise widersprechend erscheint der Kopf des Heiligen; dieser rührt vermuthlich von einem jüngern Mann aus seiner Schule her.[27]

[27] Das Bild hat mehrere schadhafte Stellen; so ist der Kopf des Kriegers, der über die Brüstung lehnt, verdorben und hier ist überdies ein schlimmer

Padua. Erem. Kap.

Verdienter Beifall wird den Künstler ermuthigt haben, seiner ursprünglichen Gewaltsamkeit noch mehr Gewalt anzuthun als bisher schon geschehen war; und in der That erscheint Auffassung und Formensprache der beiden untersten Bilder der rechten Wand noch gemässigter. Er hat die Vorgänge der Hinrichtung des Christophorus und der Hinwegschaffung seines Leichnams, die dort vorgestellt sind, zwar in der Staffage zusammenhängend behandelt, aber durch einen schmalen Wandpfeiler getrennt. In der Abtheilung zur Linken ist der Heilige angebunden und erwartet sein Schicksal, das die unter einer weiten mit Wein bewachsenen Gitterveranda versammelten Schützen ihm bereiten; an dem Fenster des massiven, mit antiken Reliefs und Inschriften bekleideten Hauses, woran die Laube angebracht ist, sieht man den Richter des Märtyrers, wie er von einem abschnellenden Pfeile seiner eigenen Henkersknechte ins Auge getroffen umsinkt, ein Zufall, welcher Schreck und Verwirrung unter den Soldaten anrichtet.[28] Rechts zur Seite fallen drei in ruhiger Haltung nebeneinanderstehende Zuschauer auf, von denen noch zu reden ist. Auf dem letzten Bilde sieht man an stattlichem Palast vorüber weit in eine durch viaduktartige Bögen überbrückte Strasse hinein, deren Mündung durch den Leichnam des riesigen Heiligen gesperrt ist, welchen die wie Pygmäen erscheinenden reihenweis aufgestellten Soldaten fortzuschleppen bemüht sind, indem sie ein Tau um die mächtigen Beine schlingen; Zuschauer am Fenster und auf- und abwandelndes Volk belebt den Hintergrund.[29]

Sprung in der Wand wahrnehmbar; das Blau an Himmel und Kleidern ist entweder verschwärzt oder verblichen; ein Stück am oberen Saum der Ruine rechts ist in Oel erneut. — Auch von diesem Bilde besitzt die Sammlung des Marchese Galeazzo Dondi-Orologio in Padua eine kleine Copie auf Leinwand. vgl. Anon. d. Mor. 26. —

[28] Die Gestalt des Christophorus ist fast gänzlich zerstört, sodass unten die rothe Vorzeichnung der Beine blossliegt, ebenso sind die unteren Theile der Schützen und Zuschauer rechts verlöscht; die Kleider der 3 letzten haben die Farbe verloren. Unter dem Fenster des Richters sieht man an der Wand des Hauses zwei Brustbilder in Flachrelief und darunter die Inschrift:

T. PONENVS
M.F.MARCEL
. . PATRI S.
. . . . . DIAE
—
ET OVI(qui?) VI
. . . . VIII

vgl. Mommsen, Corpus Inscr. Lat. V. 1 N. 2989.

[29] Hier sind von der Hauptfigur nur die Umrisse von Kopf und Körper und

Beide Bilder haben den Verschwindungspunkt gemein, welcher in das von Mantegna selbst in den Mittelpilaster eingeschlagene Nagelloch trifft. Die sich verjüngenden Linien des Laubendaches und die in harmonischen Farben abgetönte Wand geben eine vollendete Vorstellung des Raumes, Fleisch und Kleider sind flüssiger vorgetragen, die Rundung nicht in der Weise herausgequält wie früher, die Flächen der Gesichter durch kalt graue Uebergänge verbunden. Wenn auch die Geberde der hager gebildeten Figuren noch an einer gewissen Gespanntheit leidet, hat doch die markirte Härte der Zeichnung nachgelassen. An dem Beine des Christophorus, welches zu den erhaltenen Theilen des letzten Bildes gehört, kann man wahrnehmen, wie genau Mantegna mit dem Knochenbau, Fleisch- und Muskelwuchs vertraut war und wie er sich gleichzeitig anstrengte, sein Wissen nicht mehr so rücksichtslos zur Schau zu stellen. Er that sich statt dessen eine Güte in der Zusammenordnung der Gruppen, in der Ausbildung der Scenerie und vor allem in der verkürzten Ansicht des riesenhaften Körpers, einem Meisterstück, das in der paduanischen Schule nicht wieder übertroffen worden ist. Angesichts dieser Leistung wird man auch der grossartigen Begabung inne, welche dem Mantegna selbst vor den gepriesenen Heroen des folgenden Jahrhunderts einen Vorrang gibt. Vergleicht man z. B. seine Gigantenfigur mit Tizian's David und Goliath oder dem Abel an der Decke der Sakristei zu S. Maria della Salute in Venedig, so drängt sich die Wahrnehmung auf, dass der grosse Venezianer durchaus auf dem Kanon fusst, den Mantegna geschaffen hatte. Die nachmalige Stilentwickelung wäre in Wahrheit unmöglich gewesen und weit früher unerträglich geworden, hätte nicht Einer für Alle die Mühe auf sich genommen, mit unerbittlicher Gewissenhaftigkeit und Strenge sich in die trockensten Vorstudien zu vertiefen.[30] Solch ein Vorarbeiter war

auch von den Figuren dicht hinter ihr nicht mehr erhalten; die rechte Ecke hat ebenfalls arg gelitten. Ohne die Copien, welche von diesen beiden Bildern in der Gall. reale zu Parma erhalten sind (Oel auf Papier; beim Anon. d. Mor. 84 in Casa Michiel Contarini erwähnt) könnte man selbst viele Feinheiten, namentlich die Vollendung der Architektur und ihrer Perspektive nicht genügend würdigen. (Eine grosse Copie des Martyriums war vor einigen Jahren vom Rathe der Stadt Padua beim Maler Gazotto bestellt.)

[30] vgl. Selvatico bei Vas. V, 235.

Mantegna, der ohne Sinn für freie Anmuth oder übernatürliche Schönheit und ohne malerisches Farbengefühl mit seiner unbeugsamen Energie trotz Donatello und Michelangelo seines Weges ging.

Wie auf dem Bilde der Enthauptung des Jakobus der Kopf der Hauptfigur auf fremden Ursprung hinweist, so weichen auf der vorletzten Darstellung, dem Martyrium des Christophorus, die drei nach links gewandten Zuschauer auf der rechten Seite in Zeichnung und Behandlung derart von den übrigen ab, dass man sie einer anderen Hand zutheilen möchte. Der mittlere dieser Männer, der die Hände über dem Wams gekreuzt herabhängen lässt, erscheint als der älteste; es ist ein ausgeprägter Charakterkopf mit kahlem Schädel und fleischigen gewelkten Wangen; zu seiner Linken steht ein Jüngerer von ohngefähr 40 Jahren, auf der andern Seite der Jüngste der Drei in rother Mütze. Der leuchtende Fleischton, die weiche Modellirung, der fliessend, ohne Schroffheit gezeichnete Umriss, die feinen Hände, der klare Ausdruck der Persönlichkeit und die hierin sich offenbarende treue Fühlung mit der wirklichen Natur erinnern lebhaft an Bildnisse des Gentile Bellini. Hat sich Mantegna, der bisher nichts von der den Venezianern eigenthümlichen Porträtbehandlung verrathen, hier plötzlich in Zeichnung und Farbengebung der schlichten Natur zugewendet? Wäre uns von den Bellini ein einziges beglaubigtes Freskostück erhalten[31], so würde man gewiss mit grösserer Bestimmtheit auf den Urheber dieser Figuren hinweisen dürfen; bei solchem Mangel kann nur die Ueberzeugung ausgesprochen werden, dass die Bellini so gemalt haben würden. Nun waren nach Vasari's Angaben die beiden letzten Bilder der Kapelle mit zahlreichen Porträts ausgestattet — u. a. wird ein feister Schütze auf dem Martyrium als Abbild Squarcione's bezeichnet[32] — und für die Deutung der drei fremden Gestalten Padua, Erem. Kap.

[31] Wenigstens erinnert werden mag an den Schmuck des Sarkophags des Onigo in S. Niccolò in Treviso, welchen wir für Giovanni's Werk halten; vgl. oben S. 171.

[32] Gemeint ist der zweite Mann rechts von Christophorus; über die weiteren Porträts, auf deren Identification wir uns nicht einlassen können, vgl. Vasari V, 134 und Anm.

am Rande dieser Composition kommt uns ein Hilfsmittel zu statten. So schwierig es auch sein mag, die natürliche Kopfbildung aus den Perrücken der damaligen venezianischen Mode herauszuschälen und darnach wiederzuerkennen, so scheint uns doch zwischen der vordersten Figur jener Gruppe und der Medaille, welche nach Camelio's Porträt des Gentile Bellini gemacht ist, entschiedene Aehnlichkeit zu herrschen.[33] Daraufhin darf man weiter annehmen, dass wir in dem Mittelmann den Vater Jacopo, im dritten den Giovanni vor uns haben. Wenn diese Vermuthung zutrifft, dann lässt sie voraussetzen, dass Mantegna den Bellini damals sehr nahe stand und wohl bereits mit ihnen verschwägert war, und in diesem Falle werden wir die Veränderung, welche sich seit Vollendung des vorletzten Bildes der linken Wand (der Abführung des Jakobus) bei Mantegna vollzogen hatte, um so mehr dem Antrieb dieser Meister zuschreiben dürfen, denen als Nebenbuhlern Squarcione's in Padua[34] daran liegen musste, ihren Verwandten von den früheren Uebertreibungen zurückzubringen. Wir wissen zwar nicht, wann Mantegna's Verheirathung mit Niccolosia Bellini stattgefunden hat, aber es steht Nichts entgegen, sie in die Zeit zu versetzen, wo er in der Eremiten-Kapelle thätig war. Der künstlerische Einfluss der Bellini macht sich am stärksten an dem Bilde der Hinrichtung des Jakobus geltend, und dass der alte Jacopo dabei vorzugsweise im Spiele war, scheinen uns die Verkürzungen der Reiterfiguren auf jener Darstellung zu bezeugen, zu denen sich überraschende Seitenstücke in Jacopo's Skizzenbuch finden.[35] Die allgemeine Mässigung seines Stiles in Farbenvortrag und Zeichnung beruht vermuthlich auf gleicher Ursache, und schliesslich wäre die Porträtbehandlung und der gemilderte Ausdruck jener drei Zuschauer-Figuren, wenn sie von Mantegna selbst herrühren sollten, nur als die letzte Folge dieser Einwirkung zu verstehen. Aber es darf bei seinem Verhältniss zu den Bellini nicht vergessen werden, dass er auch ihnen etwas zu geben hatte; Giovanni wenigstens hielt sich viele Jahre hindurch treulich an

[33] vgl. oben S. 131 ff. über die Bildnisse Gentile's.

[34] Vasari V, 162.

[35] vgl. oben S. 105. —

das künstlerische Vorbild seines Schwagers und machte gleichzeitig ihm, dem Donatello und seinem Vater Jacopo alle Ehre.

Für die Kunstentwicklung in Norditalien nahte aber ein entscheidender Wendepunkt. Jacopo Bellini starb und seine beiden Söhne wandten sich in Folge dessen nach Venedig. Der Ruf, welchen Mantegna durch die bisher betrachteten Arbeiten und andere damals noch unvollendete erwarb, lenkte die Augen des Markgrafen von Mantua auf ihn, dem es endlich gelang, den Meister, von welchem ausser den genannten keine echten Bilder in Padua übriggeblieben sind[36], seiner Heimath zu entführen. Damit verlor die paduanische Kunst ihre Bedeutung: sie vegetirte handwerksmässig in den Squarcionesken fort, welche wir früher beobachtet haben, und wurde von der venezianischen und veronesischen überholt.

---

[36] Von Bildern, welche in Padua als Originale Mantegna's bezeichnet werden und Verwandtschaft mit ihm haben, nennen wir: bei Dr. Fusaro (früher der Familie Barbieri gehörig): Maria mit Kind, Halbfig., vor einer Brüstung, auf welcher ein Kaiserkopf in Medaillon, oben ein Gehänge von Aepfeln; ausserdem sind zwei Schilde angebracht, Hintergr. Himmel (Holz, Temp., ½ lebensgr.); ein Bild, welches von allen derartigen in Padua noch den meisten Anspruch auf Mantegna's Hand hat, doch ist es so stark abgerieben, dass an manchen Stellen das Holz blossliegt; Bewegung und Zeichnung des Motives entsprechen durchaus dem Bilde der Gall. zu Berlin N. 27, nur dass die Umrahmung und die Engelköpfe fehlen, die Umrisse sind kantig und scharf; wenn es echt ist, hat es doch nur den Werth einer Reliquie. — Bei Conte Miari: Christus an der Säule, vgl. später unter Antonello. — In Casa Antonio Gradenigo: Halbrundes Tafelbild enth. drei Engel mit den Leidenssymbolen, vgl. unter Liberale von Verona. — Stadtgallerie (ehemals in der Samml. Capodilista): Auferstehung: Christus mit der Fahne, dabei Wachen, von denen einer in der Mitte des Vordergrundes ausgestreckt unter seinem Arm hinweg nach dem Heiland blickt (Holz, Temp., klein), eine mantegneske Composition, nach einem Kupferstich copirt (dem Bilde desselben Gegenstandes in der Gall. Lochis-Carrara in Bergamo N. 163 des Kat. ähnlich). — Padua, Casa Maldura: 1. Maria das Kind anbetend (Holz, klein, Figur ½ lebensgr.) von Alvise Vivarini, 2. heil. Familie mit Magdalena (Holz), eine Zeit lang mit der gefälschten Inschrift „A. Mantegna" versehen, während die alte echte „Marchus Palmiza. Foroliviensis" auf einem Zettel zum Vorschein gekommen ist. — Padua, Casa Antonio Nordio: Anbetung, links und rechts Verkündigung und Beschneidung, Triptychon von einem deutschen Maler des 16. Jahrh. — In Piove, im Besitz des Apothekers Mangini: Geburt Christi, vgl. später unter Antonio da Pavia. Von verlorenen paduanischen Werken Mantegna's sind zu vermerken: in S. Benedetto, im Chor, ein heil. Benedikt (Leinw.) vgl. Anon. d. Mor. 24; in Spirito Santo: Christus die Apostel zur Predigt des Evangeliums aussendend, vgl. Ridolfi, Marav. I, 113. —

SIEBZEHNTES CAPITEL.

Mantegna in Mantua.

Schon gegen Ende des Jahres 1456 liess der Markgraf Lodovico Gonzaga den Mantegna wiederholt durch einen Geschäftsträger sondiren, ob er geneigt sei, seinen Aufenthalt in Mantua zu nehmen. Die Bedingungen — 15 Dukaten monatlich, bei freier Wohnung, Korn und Feuerung sowie Ersatz der Reisekosten — waren verlockend. Dennoch zögerte Mantegna; seine Freunde wünschten ihn in Padua zu halten, aber die glänzenden Aussichten einer Stellung am Hofe und die schmeichelhafte Form der Werbung des Vermittlers bestimmten ihn im Januar 1457 zu der Erklärung, er werde die Sache ernstlich erwägen, nur sei er noch durch Versprechungen gegen den Protonotar von Verona gebunden.[1] Das

[1] Der Schriftenwechsel über die Berufung Mantegna's nach Mantua wurde zuerst von Carlo d'Arco, Delle arti e degli artefici Mantovani, Mantua 1859, theilweise mitgetheilt, sodann weit reichhaltiger von A. Baschet in der Gazette des beaux arts 1866 Band XX (und ausserdem in etwas veränderter Gestalt unter dem Titel „Ricerche di documenti d'arte e di storia negli Archivi di Mantova, Mantua 1866), nach den Urkunden abgedruckt. Zu diesen Sammlungen hat W. Braghirolli im Giornale di erudizione artistica, Perugia 1872, S. 194 ff. eine werthvolle Nachlese gegeben, besonders zu dem Schriftverkehr in Angelegenheiten Mantegna's aus den Jahren 1472 bis 1496. — Unterm 13. Mai 1478 erinnerte Mantegna den Markgrafen an die damaligen Unterhandlungen u. Versprechungen und schliesst: „Non obstante le molti persuazioni daltri in contrario, deliberai totaliter venire a servire la vostra Exc." — Mantegna's Verpflichtungen gegen den Protonotar in Verona berührt der erste Brief des Markgrafen vom 5. Jan. 1457 (s. Gaz. des B. A. XX 338 und 322 und Ricerche S. 38 und 18). —

Jahr 1457 verging ohne Veränderung. Mantegna hatte offenbar noch zu viel unter Händen, um sich lösen zu können, aber der Markgraf liess nicht nach, bis der Künstler einen Zeitpunkt für die Uebersiedelung seiner Familie festsetzte. Man verständigte sich dergestalt, dass für Erfüllung der Aufträge des Protonotars zu Verona und Anderer der Sommer und Herbst des Jahres 1458, und weitere 3 Monate zur Ordnung der Privatangelegenheiten angesetzt wurden, sodass Mantegna's Dienstleistung in Mantua mit dem Jahre 1459 beginnen sollte.[2] Ein eigenhändiger Brief Lodovico's drückte ihm die hohe Befriedigung über dieses Abkommen aus[3], aber die Zeit verlief wieder bis in den Winter hinein, ohne dass Mantegna Anstalten zur Reise getroffen hatte. Im December erinnert ihn der Markgraf an seine Zusage.[4] Nun erbittet jener noch acht Wochen Anstand, um dem Protonotar genug zu thun; als dies gewährt war, ersuchte der veronesische Gönner den Markgrafen seinerseits um weitere Geduld, damit Mantegna „ein kleines Stück“ für ihn vollenden könne. Auch das wird mit grossem Entgegenkommen zugestanden, allein noch im April war Mantegna in Padua und dachte an Nichts weniger als ans Reisen.[5] Dass Lodovico im Mai durch einen Vertrauten 20 Dukaten schickte, um den Maler in einem Schiffe nach Mantua zu bringen, hatte keinen Erfolg[6]; die alte Ausflucht kehrte wieder: das Altarbild für Verona sei noch nicht fertig. Nun schrieb der Markgraf an den Protonotar, er möge gestatten, dass sein Bild in Mantua vollendet würde, und unterrichtete Mantegna von diesem Schritt[7], aber jener ging aus Aengstlichkeit nicht darauf ein, sondern bestand darauf, die Tafeln sollten nach Verona geschickt und erst dann Mantegna beurlaubt werden, um auf einen Tag nach Mantua zu kommen.[8]

---

[2] In diese Zeit dürfen wir die Ausführung der verlorenen Bildnisse des Galeotto Marzi von Narni und des Janus Pannonius versetzen, vgl. oben S. 387 und J. Pannonius, poemata 1784 (bei Selvatico im Commentar zu Vasari V, 213 u. 237, sowie Anon. d. Mor. 141).

[3] Lodovico an Mantegna, Mantua 15. April 1458 (Gaz. d. B. A. XX, 323).

[4] Brief v. 26. Dec. 1458 (Gaz. d. B. A. XX, 325).

[5] Brief v. 2. Feb. u. 14. März 1459 (Gaz. XX, 325, 326).

[6] Brief v. 4. Mai 1459. Gaz. XX, 327.

[7] 28. Juni 1459. Gaz. XX, 327.

[8] vgl. Gaz. d. B. A. a. a. O., Brief ohne Jahrzahl.

Die Langmuth des kunstsinnigen Fürsten, die noch weiter auf die Probe gestellt wurde, ist um so anerkennenswerther, als er eben damals eine sehr missliche Erfahrung mit dem alten Donatello gemacht hatte. Zum Zweck des Gusses der von diesem begonnenen Arca des heil. Anselm, an deren Vollendung angesichts des bevorstehenden Convents Papst Pius II. und verschiedener Fürsten in Mantua viel gelegen sein musste, liess er den Meister immer und immer wieder einladen, aber erfolglos, und beruhigte sich schliesslich damit, dass bei diesem Eisenkopfe nichts zu erzwingen sei.[9] Mantegna schien dem grossen Bildhauer auch diese Eigenthümlichkeit abgelernt zu haben. Es ist wahrscheinlich, dass er just nach jenem Schriftwechsel Padua verliess, um auf einige Zeit nach Verona zu gehen. Sein Auftraggeber Gregorio Corraro, Creatur Papst Eugen des IV. und Nepote des Cardinals Antonio aus der alten Familie Correr, war 1443 designirter Abt „in commendam" von S. Zeno in Verona und apostolischer Protonotar. Er hatte zum Schmuck der Abtei-Kirche einen neuen Altar im Chor gestiftet und das Bild dazu in Padua bestellt.[10]

Gemeinhin wird angenommen, Mantegna habe längere Zeit in Verona zugebracht und dort u. a. verschiedene Hausfronten ausgemalt; dem gegenüber ist jedoch von Wichtigkeit festzustellen, dass wir in dem Madonnenbilde für S. Zeno die einzige echte Arbeit desselben in jener Stadt haben; und dieses war nicht einmal in Verona selbst gemalt, wie man auch aus dem Stil der

---

[9] Dem Fleisse W. Braghirolli's verdanken wir die Mittheilung der hierauf bezüglichen Schriftstücke, Briefe Lodovico's an Donatello und an seinen Geschäftsträger Giov. Francesco Suardi sowie Berichte des Letztern an den Fürsten u. a. aus dem mantuaner Archiv, welche im Giornale di crud. art, Perugia 1873 S. 4 ff. abgedruckt sind. In seinem Briefe v. 25. Aug. 1458 schreibt Lodovico über Donatello: „Lui ha un cervello facto a questo modo che se non viene de li non li bisogna sperare, siche solicitatelo pur."

[10] In Ricreazione pittorica ossia notizia univ. delle pitt. etc. di Verona, Verona 1720 S. 179, 180 wird berichtet: „S. Zeno: La Pala nella cappella maggiore in Coro è in tre partimenti . . . opere bellissime del Mantegna. Oltre l'altare la detta pala fu fatta a spese di Gregorio Corraro abate commendatore eletto da Eugenio IV. l'anno 1443. Le sedi del Coro furono fatte da' suoi eredi in virtù del suo testamento." Dass Gregorio Protonotar war, bezeugt Giov. de' Agostini, Notizie delle opere degli scrittori Veneti, worin auch einer Tragödie Progné und anderer literarischer Leistungen dieses Autors erwähnt wird, der als Patriarch von Venedig i. J. 1464 starb. —

Compositionen entnehmen kann.[11] Die Seitentheile erinnern an Mantegna's Anfänge in Padua, die Sockelbilder an Donatello und an das Fresko der Hinrichtung des Jakobus, das Hauptfeld mit der Madonna ähnelt schon den Werken der spätern reifern Entwicklung des Künstlers. Leider ist das grossartige Altarstück, welches 1797 nach Paris geschleppt war, nicht wieder an seinem ursprünglichen Standorte, sondern hoch oben im Chor aufgehängt worden; aber die Theile lassen sich wenigstens sämmtlich nachweisen, wenn auch die zugehörigen Predellen in Paris und Tours verstreut sind:

Die drei Haupttafeln sind in der Anordnung einheitlich behandelt; sie stellen einen weiträumigen Portikus dar, in dessen Mitte sich der steinerne Thron erhebt: Maria sitzt, das Haupt von einem Nimbus umschlossen, hinter welchem noch die runde Fensterrose von S. Zeno angebracht ist, in einfacher Haltung, fromm-sinnig nach aussen blickend und umfasst mit der rechten Hand das mit einem Fuss in ihre Linke tretende Kind, welches abwärts schauend, den einen Arm um den Hals der Mutter legt; hinter dem Thron sind drei dienende Engelknaben sichtbar, seitwärts an den Stufen vier andere, welche eifrig aus ihren Büchern singen, unterstützt von einem vorn knieenden Putten-Paar, welches auf Mandolinen spielt. — Zur Linken stehen vorn Petrus mit Buch und Schlüsseln, dann Paulus mit Buch und Richtschwert, hinter ihm der jugendliche Johannes der Evangelist lesend und Augustin im Bischofsornat mit Psalter und Krummstab. — Auf der rechten Seite vorn Johannes der Täufer emsig schreibend, hinter ihm Gregor (?) emporblickend in Episkopalien, Laurentius mit Rost und Palme zur Seite schauend, und Benedikt im Begriff, sein Buch zu öffnen. An der klassischen, in farbigem Marmor gehaltenen Architekturstaffage, durch deren Pfeiler man auf dichtes Buschwerk und bevölkerten Himmel blickt, ist überall reicher plastischer Schmuck angebracht: längs des Architraves ein durchgehender Fries von Kindergestalten mit Fruchtgehängen zwischen Palmen, ein Motiv, welches auch an dem mit Teppich halb überhangenen Thronsockel wiederkehrt; unterhalb der Pfeilerkapitelle je ein Medaillon mit an- Verona. S. Zeno.

[11] Vasari V, 165. 166 gibt an, Mantegna habe ein Bild „für den S. Cristofano- und S. Antonio-Altar" in Verona gemalt, vergisst aber die Kirche zu bezeichnen; er führt daselbst ferner ein Bild für den Hochaltar der Olivetaner in S. Maria in Organo an, aber das einzige Altarstück daselbst, was sich dem Stile Mantegna's nähert, dasjenige der Kapelle der Bonalivi (sitzende Madonna mit 2 andern Figuren und singenden Engeln darunter), beschreibt Vasari selbst an anderer Stelle IX. 211 als Werk des Girolamo dai Libri. Entweder hat er also dasselbe Bild zwei verschiedenen Meistern zugetheilt, oder das Bild Mantegna's, wenn sich eins dort befand, ist verloren gegangen.

tiken Reliefs. Aus der Mitte hängt eine Lampe herab und nach den Seiten hin ziehen sich üppige Guirlanden von Früchten und Blättern. Die Predellenstücke enthalten 1) die Kreuzigung (jetzt in Paris): inmitten Christus zwischen den Schächern, von Soldaten bewacht, von denen etliche rechts die Würfel über seine Kleider werfen; links Johannes in lautem Schmerz die Hände ringend, weiter zurück Maria von den Frauen gestützt, im Hintergrunde das hochgebaute Jerusalem und auf dem aus dem Felsen gehauenen Wege die abziehende Truppe. 2) Das Geleit in Gethsemane und 3) die Himmelfahrt (letztere beide in Tours).[12]

Bei Betrachtung des grossartigen Werkes erscheint zunächst auffällig, dass die Heiligenfiguren weder untereinander noch zu Maria in ausdrücklicher Beziehung stehen. Jeder steht für sich und mit sich selbst beschäftigt. Beide Reihen bieten Männer von wuchtiger Würde, nur der zarte Evangelist und Laurentius treten durch den Reiz der Jugendlichkeit hervor und erhöhen dadurch die Wirkung der Uebrigen; sie sind in streng plastisch gedachte Gewänder gehüllt; die Gesichter erinnern meist an den feierlichen Ernst der mittelalterlichen Auffassung. Petrus und Paulus haben offenbar Verwandtschaft mit Typen des Bartolommeo Vivarini, im übrigen verräth die Behandlungsweise (besonders an der Johannesfigur) die an der Antike erlernte liebevolle Durchbildung der Gliedmaassen. Die Biegsamkeit und die volle Körperwirkung von Mantegna's Reifezeit ist noch nicht erreicht und nach all diesen Merkmalen wird die Ausführung ungefähr in die Periode zu setzen sein, in welcher das Bild der „Berufung der Apostel" in der Eremitenkapelle entstand. Von den Figuren der Rechten ähnelt der Benedikt dem der Brera, Laurentius macht der Kopfbildung nach den Eindruck eines von Donatello gemeisselten antiken Heldenjünglings und sein Nachbar im bischöflichen Ornate

[12] Verona, S. Zeno. Holz, Temp. Die Figuren des Hauptbildes sind lebensgross; an Beschädigungen bemerken wir besonders einen senkrechten Sprung, der durch die Figur des Johannes Evang. geht und die Farbe des Mantels abgesprengt hat; ähnliche finden sich auch anderwärts; durch wiederholte Firnisse hat die durchs Alter stumpf gewordene Färbung unangenehmen Glanz angenommen. Das im Louvre befindliche mittlere Predellenstück (N. 249) ist h. 0,67, br. 0,93, die beiden Seitentheile in Tours haben die Verf. nicht gesehen. Copien der Staffel sind in S. Zeno vorhanden. Auf der Tafel in Paris sind die Heiligenscheine abgerieben und mit einer braunen Mischung übergangen.

scheint einem Relief Ghiberti's entlehnt; Johannes der Täufer, der mit fast krampfiger Hand das Buch hält und dabei den Arm in die Hüfte stemmt, ist von eherner Rauheit. In Allen zeigt sich überlegte durchstudirte Haltung und eindringliche Ausprägung der Formen. Färbung und Vortrag verrathen den Wandmaler; die Tempera ist dünn, im Fleisch von bronzenem Tone, mit grau schattirt, Licht und Schatten auf neutral rother Grundfläche aufgesetzt. Die Reflexe haben warm metallischen Hauch, das Bindemittel ist fein, harzig genug um zu haften und nicht zu sämig, um stark aufzutragen, die Halbtöne fehlen, in der Abscheidung der Helldunkelmassen herrscht strenge Richtigkeit, in der Lippenfarbe hier und da Schärfe. Angesichts dieser Eigenthümlichkeiten fühlt man sich wieder an das Bild der „Abführung des Jakobus" in Padua gemahnt. Von den Engeln, die am Throne Maria's singen, haben einige ganz florentinisches Wesen, andere erscheinen als die genauen Vorbilder der bausbäckigen rundäugigen Kinder, welche Caroto und Liberale conventionell nachahmen. Die Mariengestalt endlich ist so elastisch und frei, die Gruppirung mit dem schönen Knaben so reizvoll natürlich, dass hier schon eine höhere Entfaltung des Meisters zu Tage kommt. — Die Staffage wird höchst interessant durch die Einfügung der Medaillons in die Pfeiler der Halle und des Thrones. Es sind Darstellungen von Kriegern zu Ross und Fuss, die Krönung eines Feldherrn, verschiedene Götterfiguren, Kampf eines Griechen und Centaur, ein Triton mit Nymphe und ein Pferdebändiger gewählt, welcher im Motiv den Kolossen des Monte cavallo entspricht. — Auf dem Predellenstücke im Louvre ist die markirte Durcharbeitung der Figuren aufs äusserste gesteigert, die Verkürzung ganz im Sinne der Eremitani-Fresken gehandhabt. Erschütternd wirkt die Trennung der Contraste: auf der einen Seite die theilnahmlose Schaar der rohen Söldner und über ihnen der trotzige Schächer, auf der andern unterhalb des reuigen Sünders tiefster Jammer und leidenschaftliche Klage, inmitten hochüberragend der für Gläubige und Heiden sterbende Heiland. Wie diese Gestalt als eine der vollendetsten ihrer Art bezeichnet werden muss, die seit Jacopo Bellini's Kreuzigung in Mittelitalien überhaupt hervorgebracht worden, so ist die Gruppe der heiligen Frauen eine grossartige Verbindung dramatischen Lebens und statuarischer Weihe, und die Bande der würfelnden Soldaten packend charakteristisch. Im Ausdruck macht sich hin und wieder Grimasse bemerklich, die Mantegna bei Wiedergabe des Schmerzes nie ganz überwunden hat; die Schächer sind durchaus donatellesk gebildet, der reuige anscheinend nach einer von Donatello hergestellten antiken Marsyasfigur.[13]

Gleichzeitig arbeitete Mantegna i. J. 1459 an einem kleineren Bilde für Giacomo Marcello, Podestà von Padua, welches wir in dem „Christus am Oelberg" der Sammlung Baring in London wiederzufinden glauben:

London, Sml. Baring. Der Heiland kniet im Profil gesehen auf einem Felsen vor fünf Engeln, welche die Leidenswerkzeuge herbeibringen; aus dem Mittelgrunde kommt Judas mit den römischen Soldaten aus der Stadt, welche eine Ansicht von Padua bietet mit dem Stadtthor und der Eremitenkirche (hervorragend ein Pfeiler mit einer Reiterfigur darauf), Gewässer mit einem Kranich und andern Raubvögeln beleben die Landschaft, vorn schlafen die Jünger; Inschrift: „OPVS ANDREAE MANTEGNA."[14]

Hier haben wir recht eigentlich den Ausgangspunkt von Giovanni Bellini's erster Stilphase, die sich einerseits durch statuarische Bildung der Geberde und Gewänder, andrerseits durch realistischen Ausdruck bezeichnet, ohne jedoch die Sicherheit der Kenntniss zu erreichen, die Mantegna besass. Kein Werk desselben offenbart grösseres wissenschaftliches Bewusstsein bei Zeichnung und Anordnung, keins vereinigt in höherem Grade die Gegensätze der Nachahmung des Plastischen in den Gewandmotiven und der Naturtreue in den Köpfen. Die Gruppe der schlafenden Jünger ist bei kühnster Verkürzung mit unerbittlicher Wahrhaftigkeit behandelt, die ganze Bildfläche hat durchsichtig braunen Gesammtton, der geradezu bitter wirkt.

Schon wenn diese Werke alle der letzten Zeit des padua-

[13] Wir meinen den Marsyas der Uffizien, Corridor, N. 155.

[14] Ehemals in den Sammlungen Fesch und Coningham vgl. Waagen, Treasures II, 178: auffällig die runden Köpfe und vortretenden Leiber der Engel. Ueber die Identität des Bildes mit dem für Marcello gemalten vgl. später. —

nischen Aufenthalts angehören — und es sind ihrer damals noch mehr entstanden — fällt die Möglichkeit längeren ständigen Verweilens in Verona. Gleichwohl war Mantegna's Einfluss auf die veroneser Malerschule stark und andauernd, und wir vermögen wenigstens ein Fresko in der Stadt anzuführen, an welchem seine Hand zu vermuthen ist. Dabei muss man sich erinnern, wie nahe Mantua und Verona beisammen liegen und dass Mantegna oft in dem von den Gonzaga innegehaltenen Schlosse zu Goito gewohnt hat, von wo er leicht nach Verona kommen oder wo er auch gelegentlich mit veronesischen Künstlern zusammentreffen konnte. Das Haus in Verona, dessen Façadenschmuck wir hier im Sinne haben, liegt bei S. Fermo; es sind daran Steintäfelungen mit runden Fenstern gemalt sowie eine Wache mit Lanze und Schild, eine Reiterstatue und wenigstens noch theilweis erhaltene Köpfe, Kinderfiguren und Ungethüme.[15] Sie vertreten allerdings den Stil Mantegna's in der Zeit seines Wegganges aus Padua, während dagegen andere Ueberbleibsel derselben Gattung an Häusern und in S. Anastasia uns ebensowenig von seiner Urheberschaft überzeugen können, wie die zahlreichen Tempera-Stücke, die sonst noch in Privatbesitz aufbewahrt und auf Mantegna's Hand zurückgeführt werden.[16]

Verona, S. Fermo.

[15] Verona. S. Fermo in Pescheria; ein Theil der Façade ist überweisst.

[16] Hier sind zu nennen: Verona, in Casa Giolfino a Porta Borsari: quadratische Stücke am Oberstock, welche Kriegerfiguren zu Fuss und Ross und einen Reiterkampf grau in grau enthalten. Die Farbe ist so stark abgerieben, dass der Charakter schwer bestimmt werden kann, doch scheint er auf Giolfino zu deuten, was dadurch wahrscheinlicher wird, dass an demselben Hause tiefer unten eine Madonna mit Kind und Stücke einer Engelfigur erhalten sind, die offenbar dem Giolfino angehören. — Piazza S. Marco, Haus N. 854; die hier erhaltenen Fresken sind, wie wir noch sehen werden, von Falconetto. — Casa Tedeschi (ehemals S. Bonifacio nahe der Kapelle von S. Maria della Scala) Hausdekorationen ebenfalls von Falconetto. — Sant' Anastasia: Fresken über dem Altar des heil. Vincenz Ferrerius, dem Mantegna zugeschrieben, aber vermuthlich von Francesco Benaglio, Liberale oder Falconetto; s. später. — An Staffelbildern: in Casa Bernasconi: Kreuzschleppung Christi in Brustfiguren (1/3 lebensgr., Temp., Leinw.) in der Manier des Francesco Mantegna, wie noch später zu erörtern ist. Ebenda: Maria mit Kind, ganze Figuren (1/4 lebensgr., Holz, Temp.) bezeichnet „Andrlias Matenia"; die Signatur verfänglich, die Malerei vermuthlich von einem der Benagli. Ebenda: Figuren des Beato Giustiniani und eines Heiligen in Mitra, knieend (fast lebensgr., oben abgerundet) eine trübgefärbte Malerei mit grauer Schattirung, die als eine Kreuzung von Mantegna's Stil mit dem des Bart. Vivarini erscheint und daher wohl von Antonio da Pavia herrühren mag.

Die Thatsache, dass sich in Verona nur so wenig von Mantegna aufweisen lässt, unterstützt die vielseitig getheilte, wenn auch nicht ausdrücklich bezeugte Annahme, er sei mit dem Jahre 1460 endgiltig in den Dienst der Gonzaga übergetreten.[17] Aber erst 1463 beginnt sein Aufenthalt in Goito auf Lodovico's Begehr. Wir erfahren dies aus einem Schreiben vom December, in welchem Mantegna, wie alle damaligen Künstler, Klage führt, und zwar, weil ihm seit 4 Monaten kein Gehalt ausgezahlt sei, ein Uebelstand, welchem Lodovico mittelst einer Zusendung von 30 Dukaten aus dem benachbarten Cavriana sofort abhalf.[18] Es kommt auch ein früherer Brief des Markgrafen an seinen General-Factor bestätigend hinzu, der ohne Zweifel auf die für Goito beabsichtigten Arbeiten anspielend die Verzögerung derselben verhüten sollte.[19]

Aus weiteren Briefstellen geht hervor, dass Lodovico Zeichnungen Mantegna's zum Schmuck seines Schlosses in Cavriana verwendete und Tafelbilder für eine Kapelle bei ihm bestellte. Letztere erwähnt Mantegna in einem Schreiben aus Goito an den Markgrafen v. 26. April 1464, aber leider entbehren wir des handgreiflichen Ausweises über ihre Beschaffenheit.[20] Der Rest dieses

---

[17] Signor Giuseppe Arrivabene (handschriftl. Auszüge benutzt bei d'Arco I, 26) behauptet auf Grund eines ihm bekannten Briefes des Albertino Pavesi vom 11. Oct. 1460, Mantegna habe damals seinen Wohnsitz am Hofe des Markgrafen gehabt. Wir kennen zwar nur ein Schreiben des Alb. Pavesi aus d. J. 1463, 15. Mai, worin neben Mantegna Andrea Maramaldo, Bertolamio d'Orloio, Iacomo imminiatore, Johanne da Padua und Alessandro Jacopo Muletti als tägliche Gäste aufgeführt werden (s. Braghirolli, Giorn. di erud. art. I, 195); aber für den frühern Beginn des Aufenthaltes spricht der Passus in Mantegna's Schreiben an den Markgrafen vom 13. Mai 1478, worin er von seinem fast neunzehnjährigen Dienst redet. s. oben Anmerkung 1.

[18] Die Klage Mantegna's ist in dem Schreiben aus Goito vom 28. Dec. 1463 enthalten (s. Gaz. des B. A. XX. 329, die Antwort des Markgrafen vom gleichen Datum s. ebenda und Ricerche Mantovane 27.

[19] Es ist ein Schreiben des Markgrafen vom 25. October 1463, mitgetheilt von W. Braghirolli, Giorn. di erud. art. I. 195: „Se Andrea Mantegna non è andato de fora, che nol possiamo però credere chel sia stato tanto, per dio solicita chel ge vada, et certo ne siamo de una mala voglia, che dovendo andare in uno loco tanto importante et che havemo cosi caro el non doveva star tanto." —

[20] Unterm 7. März 1464 spricht Mantegna in einem durch den Maler Samuele übersandten Briefe an Lodovico von Zeichnungen für die 4 Wände eines Zimmers im Schlosse zu Cavriana, worauf der Markgraf am 12. März aus Belgioioso antwortet; unter demselben Datum berichtet der Schlossmeister Giovanni Cattaneo aus Goito an seinen Herrn über die Vollendung der Arbeiten des Maestro Samuele und erbittet Zeichnungen zu-

Jahres und die beiden folgenden bringen keinerlei Nachricht; erst im Juli 1466 hören wir wieder von Mantegna, und zwar schreibt damals Giovanni Aldobrandini, des Markgrafen Agent, aus Florenz, dass der Künstler dort gewesen sei und etliche Geschäfte zu seiner und seines Herrn Ehre erledigt habe.[21]

Mustert man die Werke Mantegna's aus verschiedenen Perioden, so fällt ein kleiner Flügelaltar in den Uffizien in Florenz um deswillen auf, weil er um 1464 in Goito gemalt sein mag; er stammt aus einer den Gonzaga gehörigen Kapelle und wurde dem Antonio de' Medici, Fürsten von Capistrano, verkauft. Das Hauptbild zeigt einen der Lieblingsgegenstände des Meisters, die Anbetung der Könige, von der er auch einen leider unvollendet gebliebenen Kupferstich gegeben hat:

In einem Chor von Engeln sitzt Maria rechts mit dem ältlichen Joseph zur Seite; einer der Könige neigt sich vor ihr und hat ein kostbares Kästchen auf einem steinernen Vorsprung abgesetzt; weiter zurück auf der linken Seite sieht man die beiden anderen mit ihrem Gefolge in felsiger Landschaft; die Luft oberhalb ist von einer Glorie lieblicher Cherubim erfüllt. — Der eine Flügel enthält die Beschneidung: Maria, von der Prophetin und einem andern Weibe geleitet trägt das Kind unter den Bogen des Tempels dem heil. Simeon zu; links kniet ein Knabe mit einem Becken neben Joseph, der emporblickt; in den Bogennischen der Architektur sind Flachreliefs mit bezüglichen Vorgängen der alttestamentlichen Geschichte (Opferung Isaaks, Moses mit den Gesetztafeln) angebracht. Der zweite Flügel stellt die Himmelfahrt Christi dar.[22] Florenz Uffiz.

Die Tafeln gehören zu den köstlichsten, durchgeführtesten Malereien, die wir von Mantegna haben. Im Hauptbild, welches nicht minder durch seine mittels geschickter perspektivischer Anordnung hervorgebrachte Lebendigkeit wie durch Harmonie des Tones ausgezeichnet ist, hat zwar Maria ziemlich männische

---

rück, um den Mantegna weiter beschäftigen zu können. Am 26. April bezeichnet Mantegna die Vollendung seiner Arbeit als nahe bevorstehend und erklärt, „die Tafeln für die kleine Kapelle noch nicht firnissen zu wollen, da die Rahmen noch nicht vergoldet seien.“ (Gaz. d. B. A. XX, 329. 330.)

[21] Aldobrandini an Lodovico Gonzaga, Florenz 5. Juli 1466 bei d'Arco a. a. O. II, 12.

[22] Florenz, Uffiz. N. 1111. Holz, kl. Fig., sämmtlich gut erhalten. Dass Mantegna ein kleines Tafelbild für den Markgr. Lodovico in Mantua gemalt habe, erwähnt Vasari V, 167. 168.

Bildung, doch wird dieser Eindruck durch die liebliche Erscheinung des Kindes gemildert. Aber wenn auch durch das Ganze eine eigenthümliche Mischung von nordischem Realismus mit florentinischer Plastik hindurch geht, so zeigt das Flügelstück der Darstellung im Tempel bedeutendere Anordnung und reinen italienischen Linienfluss; nur der mächtige Joseph erinnert vermöge seiner derben Naturtreue an die markirten Figuren Dürer's. Minder gelungen ist der auferstehende Christus; die gezwungene Haltung und die verknitterte Gewandung haben Etwas von Crivelli's Stil, auch die Nebenfiguren der Apostel sind durch einige dürftige und unfeine Typen entstellt. Bemerkenswerth ist noch, dass Mantegna hier in den Lichtern häufig Gold aufgesetzt hat.[23] Ungefähr derselben Zeit gehört sodann das kleine Madonnenbild des berliner Museums an, wahrscheinlich die Tafel, welche Mantegna einst dem Matteo Bosso, Abt von Fiesole geschenkt hat:

Berlin, Museum. Maria (Halbfig.) hält das auf der Brüstung vor ihr sitzende grün gekleidete Kind mit innigem Ausdruck, dahinter ist eine Guirlande aufgehängt, der Grund blau; der Rahmen, ebenfalls gemalt, enthält in 7 Feldern Engel mit den Leidenswerkzeugen, getrennt durch Zwischenräume mit grauen, gelben, rothen und grünen Cherubköpfen; an der Unterleiste ein Wappen (roth mit gelb und einem weissen Flügel); der Inschriftzettel an der Brustwehr ist abgerieben.[24]

Berlin, Museum. Hierher ist ferner die vornehm ernste Darbringung Christi in derselben Gallerie zu zählen (Maria dem Simeon das in Wickelbändern gehüllte Kind reichend in Gegenwart Josephs, der Prophetin und eines zweiten Mannes)[25], ein Bild, an welchem die

---

[23] Die magere Formbildung auf diesem Stücke brachte Selvatico (s. Anm. zu Vasari V, 168) auf die Vermuthung, dass Pizzolo Antheil daran gehabt habe, und in Wahrheit ähnelt der Stil demjenigen des Himmelsfahrtbildes in der Apsis der Eremitenkapelle in Padua in mancher Beziehung.

[24] Berlin N. 27 Holz, Temp., h. 2 F. 6, br. 2 F. $1^{2}/_{4}$, aus der Samml. Solly; die Erhaltung sehr schlecht. Die Composition gleicht der des Bildes bei Dr. Fusaro in Padua (s. oben) und entspricht der Beschreibung, welche Vasari V, 167 von dem für den Abt zu Fiesole gemalten Bilde gibt. Dass dieser erste Eigenthümer Matteo Bosso war, bezeugt Poliziano, De veris ac salutaribus animi gaudiis, Flor. 1491 (vgl. Comment. zu Vas. V, 167.) Daneben ist nicht zu vergessen, dass das in einem Inventar der Sammlung zu Ferrara v. J. 1493 (s. Campori, Racc. di Cataloghi S. 1) beschrieben „quadro de legno depincta cum nostra dona et il figliolo cum serafini“ ebenfalls mit dem berliner identisch sein kann.

[25] Berlin, N. 29, Halbfig., Leinwand, Temp., h. 2 F. $2^{1}/_{4}$, br. 2 F. $8^{3}/_{4}$, aus

antike Einfachheit der Typen vortheilhaft gegen die sokratische Hässlichkeit der frühen Compositionen Giovanni Bellini's absticht. Endlich haben wir ebendort in dem ernst aufwärts blickenden männlichen Porträt mit glattgeschorenem Gesicht, weissem Haar und Tonsur, in weisser Stola mit rothem gewässerten Ueberwurf auf schwarzgrünem Grunde vermuthlich das Bildniss des Matteo Bosso, von dessen Freundschaft mit Mantegna sein bei Scardeone mitgetheilter Brief Zeugniss gibt.[26]

Zwei Einzelfiguren, die offenbar aus dieser Periode herrühren, der heil. Georg in Venedig und der Sebastian in Wien, dürfen auch als gleich charakteristische Gegenstücke ruhiger Ritterlichkeit und furchtbarster Pein zusammengestellt werden:

Der heil. Georg in der Akademie zu Venedig hält den Stumpf seiner Lanze, womit er den zu Füssen liegenden Drachen durchbohrt hat; durch eine mit Guirlande verhängte Oeffnung sieht man auf hügelige Landschaft.[27] — Der Sebastian im Belvedere zu Wien ist an den Pfeiler eines halbzerstörten Bogens gebunden und schaut, mit Pfeilen gespickt, deren einer sogar in die Stirn gedrungen ist, verröchelnd empor; auf dem farbigen Mosaikboden liegen Trümmer von antikem Skulpturwerk, zwei Köpfe, ein Fuss und das Bruchstück eines Kanephoren umher, auf der in den Hintergrund laufenden Strasse ziehen kleine Figuren fort, die Ferne wird durch einen Fluss

Venedig. Akad.

Wien Belved.

---

der Samml. Solly; ehemals in der Samml. Bembo (s. Anon. d. Mor. 17), später in der der Gradenigo in Padua (s. den Brief des Giov. de' Lazzara an Giov. Maria Sasso, Padua 3. März 1803 bei Campori, Lett. 351 und Anm. zu Vas. V, 190). Simeon ist eine vornehme Erscheinung von der Würde einer lionardesken Gestalt, die anderen Figuren höchst gewählt; alle einzelnen Theile sind mit grösster Sorgfalt ausgearbeitet, aber die Leimfarbe ist sehr dünn und durch wiederholten Firnissüberzug verdüstert.

[26] Berlin, N. 9. Holz, Temp., h. 1 F. 5, br. 1 F. 3/4. Brustbild; ebenfalls durch Alter grau geworden, aber vortrefflich gemalt, trotz der Herbheit und den scharfen Gegensätzen des Lichtes und Schattens. Dass Mantegna den Bosso gemalt hat, bezeugt Selvatico, Comment. zu Vas. V, 190 auf Grund der Angaben in Rosini's Lyceum lateranense II. 59 u. A. — Bosso's Brief bei Scardeone a. a. O. 371. — Eine Wiederholung des Bildes auf Leinwand befand sich bis vor kurzem in London; sie war Bestandtheil der Sammlung Bromley und trug auf der Rückseite die vermuthlich moderne Bemerkung: „Ludov. patav. S. R. E. Tit. Slaurindam presb. card Madiarot. archiep. Flor. et patr. Aquilei". (Damit hängt wohl auch die Bezeichnung des berl. Bildes in Waagen's Katalog zusammen, wo es als Porträt des Cardinal-Erzbischofs Ludwig von Florenz benannt ist.) — Wir bemerken hier vorläufig, dass das Bild N. 28 der Berliner Gallerie (der todte Christus von Engeln gehalten) nicht von Mantegna herrühren kann. vgl. später unter Bonsignori.

[27] Venedig, N. 273, Holz, Temp., h. 0,61 1/2, br. 0,32 (früher im Palast Manfrin); obgleich die Schatten so dünn sind, dass die Untermalung durchscheint, hat doch die Farbe emailartigen Glanz.

und die jenseits an Hügeln liegende Stadt geschlossen. An der Kante des Pilasters links vom Heiligen steht senkrecht, scheinbar in den Stein gehauen, die griechische Namensinschrift:

„ΤΟ, ΕΡΓΟΝ, ΤΟΥ, ΑΝΔΡΕΟΥ, Γ∙.“[28]

Erinnert der schöne Jüngling in Venedig namentlich durch den klassisch gebildeten Kopf an den Laurentius von S. Zeno, so haben wir in dem vom Schmerz gekrümmten Gegenmann der wiener Sammlung fast das Motiv des einen der gefesselten Sklaven Michelangelo's im Louvre vor uns; dabei zeichnet sich die minutiös behandelte Figur durch feinen silbergrauen Ton aus und die seltsame griechische Inschrift sowie das antike Beiwerk lässt vermuthen, dass ihre Entstehung in die Zeit fällt, als Mantegna seine Streifzüge nach klassischen Ruinen unternahm. —

Im December 1466 hatte sich Mantegna endlich mit Weib und Kind in Mantua niedergelassen, und wie fest er gewillt war, dort den bleibenden Wohnsitz zu behalten, beweist der Umstand, dass er vom Markgrafen 100 Dukaten lieh, um sein Haus zu vergrössern.[29] Im Winter in der Stadt, während der Sommermonate in der reineren Luft von Buscoldo lebte er nun völlig den Aufträgen, welche Lodovico ihm gab, und lieferte zu weltlichen Zwecken Bildnisse oder Zeichnungen für Teppiche. — Im Juni 1468 finden wir ihn sodann mit einem Bilde beschäftigt, wozu er den Gegenstand nach Anweis seines Gönners einem unbekannten Buche zu entnehmen hatte; er bedauert den Markgrafen so lange nicht gesehen zu haben und erklärt, die Vollendung des Bildes werde durch die Faulheit des Tischlers verschleppt.[30] Ein Jahr später erhält er den Auftrag, als Vorlage für die Teppichweber des Hofes ein Paar indische Hühner abzuconterfeien, wie sie im herzoglichen Garten umherspazierten.[31] 1471 lieferte er zwei Porträts,

---

[28] Wien, Belv. Zimmer VI. Ital. Sch. N. 46 (Holz h. 2′ 1″, br. 11″), die Farben zwar trocken und dünn, jedoch harmonisch; die Lichter der Architekturstaffage sind mit Gold verstärkt.

[29] Mantegna's Brief s. Gaz. d. B. A. XX, 331; es ist zu bemerken, dass Baschet im Text das Datum auf den 2., in der Abschrift des Wortlautes jedoch auf den 11. Dec. 1466 setzt.

[30] Brief v. 28. Juni 1468 a. a. O. 332; er schickt voraus: „avviso la E. V. esser sano con tutta la mia brigatela.“

[31] Brief des Markgrafen v. 11. Juli 1469 a. a. O. 333.

die man ziemlich vorschnell in den Bildnissen der Sammlung Hamilton bei Glasgow wiederfinden wollte.[32] Von da bis 1474 dürfen wir uns den Maler über der Ausführung der grossen Wandbilder in der Camera de' Sposi zu Mantua denken.

Seine künstlerische Thätigkeit ist sonach in diesen Jahren sehr unklar, desto deutlicher tritt in den Briefen jener Zeit der Mensch hervor. Leider aber nicht in erfreulicher Weise. Mantegna erscheint da als ein Mann von heftiger und unverträglicher Gemüthsart, der unablässig mit seinen Nachbarn im Streit lag. So verfeindete er sich i. J. 1468 mit den neben seinem Stadthause in der Via Pradella wohnenden Gärtnersleuten so sehr, dass er allein oder mit seiner Frau nicht auf die Strasse treten konnte, ohne von diesem empörten Ehepaar verfolgt und mit Schimpfreden überschüttet zu werden. In dem Schreiben, worin er dem Markgrafen von dem Skandal Mittheilung macht, äussert er, dass ihn nur der Respekt vor ihm davon abhalte, eine Tollheit zu begehen.[33] Ein empfindlicher Schabernack wurde ihm i. J. 1475 auf dem Landsitz in Buscoldo angethan. Dort zog er mit Liebhaberei Quitten; als nun im Sommer des genannten Jahres die Früchte derart gediehen waren, dass es — wie er sich in seinem Schreiben an den Markgrafen selbst ausdrückt — eine Pracht war, die von der Last zur Erde gebogenen Aeste anzuschauen, wurden ihm zu

[32] Die Bilder erwähnt der Markgraf in einem Briefe v. 2. August 1471 und scheint ihre Zusendung zu wünschen, damit der Maler Zanetto von Mailand, der am Hofe weilte, Etwas von Mantegna sähe. Die erwähnten Porträts beim Herzog von Hamilton sind diejenigen, welche i. J. 1666 bei der Verlosung der Sammlung des Nicholas Renier in Venedig veräussert wurden; sie gelten für Bildnisse des Lodovico Gonzaga und seiner Gemahlin Barbara, aber wie sie jetzt beschaffen sind, können sie nicht für Mantegna in Anspruch genommen werden; es sind lebensgrosse Stücke in Oel und dem Stile nach dem Francesco oder Lodovico Mantegna zuzutheilen. s. Waagen, Treasures III, 298 und vgl. Sansovino, Ven. descr. 378 und Anon. d. Mor. Anm. S. 145, auch Campori, Raccolta S. 447. — Im Jahre 1477 ist nach den urkundlichen Mittheilungen von Braghirolli (Giorn. di crud. art. 1872 S. 196) nochmals zwischen Mantegna und dem Markgrafen von Porträts ohne Angabe der darzustellenden Personen die Rede. In einem Briefe vom 6. Juli d. J. aus Mantua an den auswärts verweilenden Besteller erbittet Mantegna Anweis, ob er blosse Zeichnungen oder ausgeführte Gemälde, und wenn letzteres, ob er sie auf Holz oder auf Leinwand zu liefern habe, wobei er für den Fall, dass sie weit verschickt werden sollten, feine Leinwand empfiehlt, um sie aufrollen zu können. —

[33] s. Mantegna's Brief an den Markgrafen v. 27. Juli 1468 und die Anweisung Lodovico's an den Vice-Podestà Carlo d'Agnelli in Mantua, welche zur Folge hatte, dass den bösen Leuten Ruhe geboten wurde, vgl. Gaz. d. B. A. XX. 333.

seinem höchsten Verdruss 500 Stück gestohlen. Er bezichtigte seine Nachbarn Aliprandi der That und verunglimpfte sie höchlich; diese jedoch leugneten nicht nur aufs Entschiedenste, sondern ergriffen ihrerseits die Gelegenheit, um dem Markgrafen einmal mitzutheilen, welch eine böse Zunge Mantegna habe. Francesco Aliprandi, der bereits mit dem Kläger wegen Grenzstreitigkeiten in Process gerathen war, erklärt gradezu, kein einziger unter Mantegna's Nachbarn sei von ihm unbelästigt gelassen worden, er habe Rechtshändel mit Zohan Donati de' Preti, mit Gaspar von Gonzaga, mit Antonio von Crema, mit Messer Benevento und sogar mit dem Erzpriester von S. Jacomo. Der hässliche Handel endete übrigens damit, dass Mantegna seine Anschuldigungen nicht beweisen konnte.[34]

Es ist billig, diesem unvortheilhaften Leumund gegenüber auch anmuthige Züge mitzutheilen. Einer der Söhne des Markgrafen, der Cardinal Francesco Gonzaga, der Sammler von geschnittenen Steinen und Antiken und ausserdem ein leidenschaftlicher Freund der Musik war, schrieb unterm 18. Juli 1472 aus Foligno an seinen Vater, er gedenke sich auf seiner Reise ins Bad zu Anfang August zwei Tage in Bologna aufzuhalten und erbitte sich den Mantegna und den Musiker Malagiste dorthin, um jenem seine Gemmen, Bronzen und andere Antiken zeigen zu können und sich von dem andern die beim Gebrauch der Wässer kurgemäss zu bekämpfende Schläfrigkeit vertreiben zu lassen. Lodovico willfahrte sofort und Mantegna begab sich auf eine kurze Notiz des Markgrafen in der That nach Bologna, um 14 Tage später in Begleitung des Cardinals nach Mantua zurückzukehren.[35] Nicht lange nachher vergnügte der Markgraf den Künstler durch Ertheilung der Steuerfreiheit für seine Landbesitzungen.[36]

---

[34] Der Briefwechsel zwischen Mantegna und dem Markgrafen, zwischen Aliprandi und diesem und dessen Antworten an Beide fällt in die Zeit vom 30. Juni 1474 bis 27. Sept. 1475, s. Gaz. d. B. A. XX. 335—337. Aliprandi schildert ihn: „è tanto molesto e renercscevole che non è homo ne vicino chi possa pacificar cum lui. Et che cio sia vero esso Andrea non ebbe mai vicino alcuno col qual non habia litigato e chel defecto vogna da lui."

[35] Die bezüglichen Briefe des Cardinals an Lodovico und des Markgrafen an Mantegna vgl. Gaz. d. B. A. XX. 334, 335.

[36] s. d'Arco, Arti di Mant. II. 13. Der Landsitz in Buscoldo wurde unterm

Liest man den Bericht von der dreitägigen Plünderung Mantua's durch die Kaiserlichen i. J. 1630, welcher ein Vierteljahr Belagerung und endlich der Sturm vorausgegangen war, so nimmt es wunder, dass überhaupt ein einziges älteres Kunstdenkmal in der Stadt unberührt geblieben ist. Umsomehr erstaunt man, in zwei Zimmern des alten Schlosses, dem einen mit der Aussicht auf den Lago di Mezzo und dem zweiten nach Piazza del Pallone gelegenen (dem Marschallamt „Schalcheria"), noch Fresken des Mantegna anzutreffen. Die eine dieser Dekorationen — in der sogen. „Camera degli Sposi", die jedoch nach Gestalt und Anordnung ein Speisesaal gewesen zu sein scheint — ist sogar leidlich erhalten und durch Namensinschrift des Künstlers beglaubigt. Die Darstellungen enthalten überlebensgrosse Familienbilder vom Hofe der Gonzaga:

Die Thürwand bietet zur Rechten in figurenreicher Composition die Begegnung des Markgrafen Lodovico mit seinem Sohne Francesco, der ihm in der Nähe Roms als Knabe im Cardinalsrang entgegengeführt wird; die jüngeren Geschwister begrüssen den Bruder, zahlreiches Gefolge, meist im Profil gesehen, füllt den Mittelgrund. — Es folgt auf der Ostwand oberhalb des Kamines als Hauptbild die Darstellung des Markgrafen inmitten seiner Familie: er sitzt, eine Botschaft von seinem Kämmerer entgegennehmend, im Garten in seinem Armstuhl, neben ihm seine Gemahlin Barbara von Hohenzollern mit ihrer Tochter, in der Umgebung zahlreiches Gefolge, u. a. eine Zwergin; im Hintergrund ein klassischer Tempelbau. Auf einem benachbarten Wandfelde ist der Empfang von Gästen an der Treppe gemalt. Die nächste Wand ist leer, die Westwand enthält ein von vier Kinderfiguren getragenes Schild, und die linke Seite der Thürwand, deren Hintergrund phantastische Felsenlandschaft bildet, füllen Pagen, von denen einer des Markgrafen Pferd führt, andere grosse Jagdhunde an der Leine halten. Die einzelnen Bilder sind von reich verzierten Pilastern eingefasst, über welche jedoch die Figuren stellenweise scheinbar herübertreten, und oberhalb der nach dem jetzigen Archive führenden Thür sind Engelknaben beschäftigt eine Tafel zu halten, welche die Widmungsinschrift trägt: „ILL. LODOVICO II M M PRINCIPI OPTIMO AC FIDE INVICTISSIMO ET ILL. BARBARAE EIVS CONIVGI MVLIERVM GLOR INCOMPARABILI SVVS ANDREAS MANTINIA PATAVVS OPVS HOC TENVE AD EORV̄ DECVS ABSOLVIT ANNO MCCCCLXXIIII." Mantua. Stadtschloss.

---

20. November 1472 taxfrei und ein anderer in Goito i. J. 1474 von „dazio e gabella" eximirt.

Das Deckengewölbe ist mit Kreuzschlägen getheilt und in den Feldern oberhalb der Lünetten mit Scenen aus der Mythe des Herkules, des Orpheus und Apollo auf Goldgrund geschmückt, oberhalb der Consolen sind 8 Medaillons mit Kaiserbildnissen eingesetzt; der Spiegel der Decke wird durch eine scheinbare Rundöffnung gebildet, durch welche man in die Wolken sieht und an deren Brüstung spielende Amoretten, ein Pfau und die Köpfe mehrerer Zofen, darunter eine Negerin, sichtbar sind, welche lächelnd herabschauen.[37]

---

[37] Man hat angenommen, die Camera degli Sposi sei noch i. J. 1484 unvollendet gewesen; in einem Briefe vom Februar 1484 schreibt Lodovico Gonzaga Bischof von Mantua an den Cardinal della Rovere, Mantegna könne nicht für den Cardinal arbeiten, da er noch in der Camera zu thun habe, welche der Markgraf vollendet zu sehen wünsche. Aber die hier gemeinte Camera ist ohne Zweifel eine andere als die der Sposi (s. d'Arco a. a. O. II. 191). Die Inschrift über der Thür ist zwar gänzlich übermalt und die neuen Buchstaben und Ziffern decken sich nicht völlig mit den ursprünglichen, sodass z. B. hinter der Jahreszahl noch Raum übrig ist, allein der Wortlaut wird durch einen Gewährsmann aus der Familie Lazzara beglaubigt, welcher den Inhalt gerettet hat. Dies muss gegenüber der von Brandolese (s. Testimonianze intorno alla Patavinità etc. S. 13) festgehalten werden, welcher den Zeugnissen des Zani und Anderer zum Trotz das Jahr 1484 beibehält. Der Saal musste i. J. 1506 unter Beihilfe des Francesco Mantegna theilweise aufgefrischt werden (vgl. hierüber die Briefe Francesco's an den Markgrafen vom 2. Oct. 1506, und der Markgräfin Isabella an ihren Gemahl v. 24. Sept. und 20. Oct. 1506 bei Gaye, Cart. II. 90 und d'Arco a. a. O. II. 68, 69). Diese Nachbesserung erkennt man an den Engeln, welche die Tafeln halten und an denen grosse Stücke fehlen, welche theils 1506, theils in unseren Tagen durch Sabatelli erneuert worden sind. Die Köpfe der beiden Knappen mit den Hunden nahe der Thür sind neu und auf einem Stück frischen Bewurfs gemalt, aber die des Reitknechts und des dritten Pagen mit Hunden sind alt und in der Weise behandelt wie der kühn verkürzte Leichnam Christi in der Brera. Auf dem Bilde der Begrüssung des jungen Cardinals sind etliche Theile, wie die Schaube des Markgrafen, die Mütze des Cardinals und das Gewand des Knaben, der seine Hand fasst, ganz ausgeblichen (die Hände haben hier die Dünnheit des Piero della Fr.). Das gr. Familienbild ist in der rechten Hälfte durch Flecken und abgesprungene Stücke sehr entstellt, die Figur, welche über den Sessel des Markgrafen blickt, fast unkenntlich, Vorder- und Hintergrund stark entfärbt. Dies und das durchgängige Verbleichen der Fläche bringt den harten Eindruck hervor, der hier auffällt, auch ist hier bei grösserer Freiheit der Handweise rauherer Gegensatz der Licht- u. Schattentheile, schärfere Umrisse und weniger vollendete Behandlung der Modellirung und Perspektive bemerklich als anderwärts. — Die Lünetten haben nie andern Schmuck als Wappenschilder enthalten; von den oberhalb angebrachten mythologischen Gegenständen, welche grau in grau gemalt sind, erkennt man noch: Herkules mit Antäus, Herkules den Cerberus fesselnd, mit Pfeilen schiessend und mit dem Löwen kämpfend, sodann Orpheus spielend, Apollo mit dem Drachen, Raub der Deianira und Anderes. Unter den Kaisermedaillen finden sich: Galba (Haar neu), Otho, Julius Cäsar, Octavius (übermalt), vier andere sind zu sehr beschädigt, um benannt werden zu können. Auch andere monochrome Bilder auf Goldgrund von Guirlanden umgeben sind angebracht. Erstaunlich sind die Verkürzungen der Engelfiguren an der Decke, denen man z. Th. geradezu unter die Fuss-Sohlen sieht; einige gucken durch die Maschen des Geländers, andere zeigen den Rücken, unter ihnen etliche (z. B. der dem Engel der Sistina ähnliche) im J. 1506 ausgebessert; der Korb, welcher über das Geländer heraussteht, ist neu.

Bei aller gebührender Ehrfurcht vor diesen Erzeugnissen einer ungewöhnlichen Künstlerkraft wird doch Niemand den riesigen Genrebildern Anmuth nachsagen wollen. Das verhindert schon der Typus der Hauptfiguren; denn der Markgraf mit seiner brandenburgischen Gattin, die Kinder und Zwerge — die übrigens in Mantua damals in einem besondern Hause geradezu gezüchtet wurden — sind sämmtlich energische Hässlichkeiten; etliche Gestalten noch dazu verkrüppelt und widerwärtig. Die kurzen Schauben, knappanliegenden Beinkleider und runden Mützen der damaligen Mode steigern diesen unschönen Eindruck noch, und die vorgeführten Situationen konnten eigentlich nur für diejenigen Interesse haben, welche sich selbst dargestellt sahen. Den Reiz anziehender Mannigfaltigkeit wiederzugeben lag überdies ausserhalb der Begabung Mantegna's; er begnügte sich damit, möglichst viel architektonische und landschaftliche Staffage hinzuzufügen. An dem Deckenbilde, wo er seiner Phantasie Spielraum lassen konnte, erfreut eine gewisse Heiterkeit und Frische, er ergeht sich weidlich in perspektivischer Künstelei und gibt in seiner Anordnungsweise das Vorbild zu dem, was nachmals Melozzo und Peruzzi ausbildeten. In der That herrscht ein auffälliger Unterschied zwischen jenen scherzenden Mädchen- und Kindergestalten (unter denen z. B. das Motiv des einen Engels auf Rafaels Sixtinischer Madonna begegnet), und den steif stolzierenden Bildnissfiguren des Hofes, über welche sich jene, auch mit ästhetischer Berechtigung, lustig zu machen scheinen. Aber die guterhaltenen Theile des leider arg mitgenommenen Wandschmuckes sind von unübertrefflicher Durchführung und Genauigkeit, die Geberden, wie z. B. bei dem Reitknecht, überraschend naturgetreu, an den Hunden ist fast jedes Haar gemalt, und alle Hässlichkeit der Gesichter hat den Künstler nicht abhalten können, sie bis aufs äusserste zu vollenden. Auf dem Bilde der Begegnung des Markgrafen mit seinem Sohne finden wir etliche Köpfe im Charakter des Piero della Francesca. Dabei herrscht, wo wir seine eigene

Die Pilaster, welche die Bilder einschliessen, enthalten monochrome Arabesken auf Mosaikgrund, der jedoch meist gelb übermalt ist.

Hand erkennen, eine freiere und frischere Behandlung der Wandmalerei als in Padua, und die Farbe, jetzt freilich zu ziemlich eintönig eisenartigem Grau verdüstert, hat satten Körper. Die Art, wie mit Schwierigkeiten der Verkürzung gespielt ist, sticht von der Aengstlichkeit des frühern Vortrags sehr ab und bekundet den fertigen Meister. Die Belichtung ist den Fenstern der Nord- und Ostwand angepasst sodass jeder Theil die Schattenwirkung des wirklichen Reliefs macht. Die Tragsteine und die aus ihnen entspringenden Ornamente sind geschmackvoll, die Engelgestalten, welche Tafeln und Medaillons halten, bewegen sich frank und leicht, der durch die Mittelöffnung der Decke hereinschauende Himmelsplan ist ansprechend mit weissem Gewölk belebt. Alles lässt den Künstler in seiner technischen Vollkraft, aber auch deutlich die Grenze erkennen, welche die Natur ihm gesteckt hatte.

Mantua, Stadtschloss. Ungefähr zehn Jahre später malte Mantegna, wie es scheint, in der Schalcheria, wo der mittlere Theil der Decke (ein Mann mit einem Kind, welche Pfeile halten) noch von seiner Hand herrühren mag, später wurden jedoch die Rundfelder mit Kaiserporträts und die Jagdstücke in den vierzehn Lünetten des Zimmers durch einen Maler vom Range des Caroto oder Costa erneuert.[38]

Mailand, Brera. Zu den Werken nun, welche wir in die Zeit um 1474 verlegen möchten, gehört der wundersame Leichnam Christi in der Brera, der einen theilweis von dünnen Linnen bedeckten gewöhnlichen bäurischen Akt in der steilsten Verkürzung darstellt, beweint von den drei nur mit den Köpfen in die Ecke des Bildes hereinragenden Marien.[39] Das Gemälde war bis zum Tode des

[38] Raffael Toscano (s. d'Arco a. a. O. II. 69) bezeugt, dass Mantegna hier gearbeitet hat; auch von einem Fries, welchen er in einer Halle nahe dem Archivio secreto gemalt haben soll, ist die Rede (s. ebenda das Zeugniss von Coddé), und endlich werden noch Bildnisse des Kaisers Friedrich III. und des Königs von Dacien in einem Saale des Schlosses erwähnt (s. ebenda und Mario Equicola, Dell' Istoria di Mantova 1610. S. 187).

[39] Mailand, Brera N. 353 (225) Holz, Tempera, h. 0,66, br. 0,81. Besonders entsetzlich ist die Genauigkeit der Zeichnung an den Wunden, die Farbe ist theilweis abgerieben und verblichen, z. B. in den Schattentheilen des übergeworfenen Tuches, das Fleisch röthlich und in düsterem Grau schattirt. Erwähnt wird das Bild in einem Briefe des Lodovico Mantegna an den Markgrafen Francesco vom October 1506 (s. d'Arco II. 70) und in einem zweiten an Isabella Gonzaga v. Nov. 1507 (s. Gaye, Cart. III. 564). Der Bischof von Man-

Meisters in seiner Werkstatt verblieben, wurde dann zur Tilgung der nachgelassenen Schulden verwendet und gelangte aus dem Palast der Gonzaga, wo es lange gehangen hat, in die Gallerie des Cardinals Mazarin. Die übertriebene Untersicht des mit eingesunkenem Leib, zusammengekrampften Händen und Füssen im unbarmherzigsten Realismus hingestellten, fast thonartig grau gefärbten Körpers, und die ausgesuchte Hässlichkeit der flennenden und heulenden Weiber hat etwas gradezu Abschreckendes, aber an furchtloser Abschrift der Natur, an Bemeisterung der Licht-, Schatten- und Reflexwirkungen und eindringlichem Fleiss der Durchführung wird das Bild nur von Lionardo und Dürer übertroffen. Hier dürfen wir, wie uns scheint, auch die beiden grau in grau gemalten Figuren der Sammlung Hamilton bei Glasgow anschliessen — eine weibliche Figur mit einem Gefäss, die andern trinkend und emporgewandt — gewaltige klassische Erscheinungen, die trotz breiter Behandlung doch höchst genau durchgeführt und mit Goldlichtern gehöht sind[40], sowie die Darstellung des Todes der Maria im Museum zu Madrid, auf welcher die am Sterbebett versammelten Apostel die Leichenfeier begehen und durch die Säulenhalle Stadt und See von Mantua sichtbar sind.[41]

Glasgow, Schl. Hamilton.

Madrid, Museum.

Für die Lebensverhältnisse Mantegna's wurde es verhängnissvoll, dass ihm der Markgraf i. J. 1476 ein Stück Land schenkte, worauf er sich eine Villa zu gründen begann; denn da er sehr eitel war und die Ueberzeugung hatte, kein Fürst Italiens erfreue sich der Dienste eines so bedeutenden Künstlers wie er sei, so

tua nahm es in Besitz und es wurde 1630 aus der Stadt weggeschleppt; 1696 befand es sich im Palast des Cardinals Mazarin in Rom (s. Félibien, Entretiens, Paris 1696, II, 168), dann kam es am Anfang dieses Jahrhunderts, von Giuseppe Bossi angekauft, nach Mailand.

[40] Samml. des Herzogs von Hamilton bei Glasgow; die Figuren — von Waagen, Treasures III, 304 als „Sommer" und „Herbst" benannt — erinnern an die Allegorien im Castello zu Mantua.

[41] Madrid, Museo del Prado, jetzt N. 295 (867) Holz, h. 0,54, br. 0,42; hier erinnern einige Typen an die Wandbilder in Padua, nach Madrazo's Katalog ehemals in der Samml. Karls III.; nach Virtue's Katalog aus der Sammlung Karls I. und eine von den drei kleinen Tafeln, welche aus der mantuanischen Sammlung stammend später von Daniel Nys für England erworben wurde; die beiden andern Stücke (enthaltend Maria mit Kind zwischen 6 Heiligen nebst Episoden aus dem Leben der Heiligen Christoph, Georg, Franciskus, Hieronymus und Dominicus im Hintergrunde — Holz, h. 1 F. 5, br. 1 F. 9 — und die Ehebrecherin vor Christus, Halbfig., h. 2 F. 4, br. 1 F. 9½) fehlen.

beabsichtigte er ein Gebäude zu errichten, das durch seine dekorative Schönheit hervorstechen sollte und stürzte sich deshalb in Ausgaben, denen er nicht gewachsen war. Gerade in der Zeit, da er am meisten über diesem Unternehmen plante, war er stark verschuldet und wurde von den frühern Eigenthümern seines Landsitzes in Buscoldo, die niemals bezahlt worden waren, in Anspruch genommen. Nun hatte der Markgraf allerdings wiederholt die Erfüllung seines Wunsches zugesagt, ihm seine Geschäfte ordnen zu helfen und ihn beim Bau seines Hauses zu unterstützen. Mantegna beschwerte sich in einem langen Briefe, in welchem er ihm vorhielt, was er ihm in nunmehr fast 19 jährigem Dienste geleistet, und dass er berechtigt sei, sowohl die 800 Dukaten für Buscoldo als auch weitere 600 zur Tilgung seiner Schulden einzumahnen, umsomehr als er jetzt in seinen älteren Tagen für heirathsfähige Kinder zu sorgen habe und dabei in schlimmerer Lage sei als je zuvor. Allein derartige Versprechungen eines kriegerischen Herrn hängen in der Regel von den Erfolgen im Felde ab, und Lodovico war in den letzten Jahren seiner Regierung selbst fast ununterbrochen in Verlegenheit. Er antwortete beschwichtigend, räumte trotz des Hinweises auf seine vielfachen Spenden mit soldatischem Freimuth jene Verpflichtungen ein, gestand aber, dass er sich selbst zu sehr belastet habe, um jetzt denselben nachkommen zu können und versprach sein Möglichstes zu thun.[42] Dies aber war der letzte Briefwechsel zwischen Beiden; unterm 11. Juni ordnete die Markgräfin Barbara Kirchengebete für ihren kranken Gatten an und schon am folgenden Tage meldete sie ihrem Sohne seinen Tod.[43]

Der Regierungsantritt des Prinzen Friedrich erneuerte die Hoffnungen Mantegna's; der neue Fürst übernahm die Obliegen-

[42] Den Klagebrief Mantegna's aus Mantua vom 13. Mai 1478 und die Antwort Lodovico's vom 15. dess. Monats aus Goito s. in Gaz. d. B. A. a. a. O. 338 u. 339. Das Haus Mantegna's, wovon die Rede ist, steht noch und trägt die Aufschrift: „Super fundo a Do (mino) L(udovico) Prin(cipe) op(timo) dono dato An. C. 1476 And. Mantinea haec fecit fundamenta XV. Kal. Novembris"; es war i. J. 1494 noch unvollendet (s. d'Arco II, 31). Ridolfi, Marav. I, 145 berichtet, es sei mit Malereien bedeckt gewesen, welche die kaiserlichen Völker bei der Plünderung Mantua's 1630 zerstört hätten.

[43] Gaz. d. B. A. a. a. O. 339.

heiten seines Vorgängers, bestätigte den Künstler in dem freien Besitz seines Landeigenthums in Goito und Mantua und zahlte die Schuld für Buscoldo.[44] In dem Briefwechsel beider herrscht ein wohlthuender Ton von Vertraulichkeit. Gelegentlich drückt der Markgraf dem Künstler sein Bedauern aus, wenn er sich schlecht befand und wünscht den Malereien baldigen Fortgang, die — uns leider nicht mehr erhalten — für die Schlösser zu Gonzaga und Marmirolo in Arbeit waren.[45] Als Mantegna i. J. 1480 wegen der Gesundheit eines seiner Söhne ärztlichen Rath einholen musste, schrieb der Markgraf zuvor an den berühmten Physikus Girardo von Verona in Venedig und empfahl ihm die Angelegenheit dringend und herzlich.[46] Im Jahre 1480 war Mantegna von der Herzogin Bona von Mailand ersucht worden, ihr Porträt nach einer Vorlage zu malen; da er das unter seiner Würde fand, legte sich der Markgraf ins Mittel und verständigte die Herzogin, dass Meister solches Ranges ihre Launen hätten und man froh sein müsse, das von ihnen zu bekommen, was sie geben wollten.[47] Aber es schmeichelte ihm doch, bei den bedeutendsten Familien des damaligen Italiens Anerkennung zu finden. So besuchte Lorenzo Medici in Februar 1483 auf der Rückreise von Venedig in Begleitung des Erbprinzen Francesco Gonzaga seine Werkstatt in Mantua und freute sich an den Gemälden des Meisters sowie

---

[44] s. Urkunden vom Juni und August 1481 bei d'Arco II, 15. 16. Unterm 6. Juni 1479 hatte Mantegna über Ausstände seiner Provision geklagt. von der er im wesentlichen leben müsse, und bemerklich gemacht, dass er die Baukosten nicht bestreiten könne. Diesen Brief gibt Braghirolli im Giorn. di erud. art. Jahrg. 1872, 197. Im folgenden Jahre (16. Juli 1480) klagt er über Zerstörungen seiner Weinstöcke und erinnert von neuem an Zahlungen (s. ebenda).

[45] Der Brief des Markgrafen Friedrich an M. aus Gonzaga, 16. Oct. 1478, enthält die Einladung dorthin, welcher M. wegen Krankheit nicht folgen konnte; der Fürst entgegnet bedauernd und hofft, die Zeichnungen, die er unter Händen habe, möchten darunter nicht leiden. Ferner erwähnt der Markgraf in einem Briefe an Johannes von Padua vom 24. April 1481 die Anwesenheit Mantegna's in Marmirolo zur Ueberwachung der dortigen Arbeiten. s. Gaz. d. B. A. a. a. O. 478, 479.

[46] Der Brief v. 11. März 1480 mitgeth. im Giorn. di erud. art. a. a. O. Der Markgraf äussert sich darin: „benche le virtude di esso Andrea siano tale che lo fanno noto a tucto el mondo et subsequenter lo rendeno ricomandato a qualunche persona digna: nondimeno a satisfactione sua et nostra ne parso per questa nostra littera ricommandarvelo etc.“

[47] s. den Brief Federico's v. 20. Juni 1480 Gaz. d. B. A. 480 und Selvatico in den Anm. zu Vas. V, 200.

an den schönen Reliefköpfen und anderen Antiquitäten, welche der Künstler gesammelt hatte.[48] Genau ein Jahr später begehrte Giovanni della Rovere, damals Statthalter in Rom, ein Bild von Mantegna und wendete sich deshalb an den Bischof Lodovico Gonzaga von Mantua, den Bruder des Markgrafen, um seine Vermittlung zu erbitten; allein dieser, der häufig die Correspondenz für Federico führte, gab zur Antwort, der Künstler habe jetzt keine Zeit, sich darauf einzulassen, da er für den Sommer einen Saal beenden müsse, den der Markgraf durchaus zu bewohnen wünschte.[49]

Der frühzeitige Tod Federico's, im Sommer 1484, war ein harter Schlag für Mantegna. Von dem Nachfolger Francesco II., der nun antrat, konnte er bei dessen grosser Jugend wenig erwarten, seine Lage aber erheischte ununterbrochene Beihilfe. Dadurch gerieth er denn in schwere Sorge über die Fortsetzung seiner bisherigen Lebensgewohnheiten und wendete sich an auswärtige Fürsten um die Gunst, die er in Mantua zu finden gehofft hatte. Sein Augenmerk fiel vor anderen auf Lorenzo Medici, der ihm früher vermuthlich Aufträge gegeben hatte. Er legte ihm in einem Briefe vom 26. August 1484 mit voller Offenheit dar, wie er zweimal durch den Verlust gnädiger Herren in seinen Erwartungen getäuscht worden sei und wie sehr ihn die Last der beim Bau seines Hauses eingegangenen Verbindlichkeiten drücke, sodass er gedrängt sei, anderweit Zuflucht zu suchen; diese aber glaube er bei keinem Fürsten in dem Maasse finden zu können wie bei dem, welcher wie bekannt nicht blos seinen Zugehörigen, sondern selbst ganz Fremden mit höchstem Wohlwollen zu begegnen pflege, dafern er sie würdig erkannt; deshalb beschwöre er ihn, den Versuch mit ihm zu machen, und gelobe, Alles zu thun, was in seinen Kräften stehe, um solches Vertrauen zu rechtfertigen.[50]

---

[48] Der Bericht Francesco's an Federico vom 23. Febr. 1483 in Gaz. d. B. A. 480.

[49] Brief des Lodovico Gonzaga an Giov. della Rovere. 25. Febr. 1484 (aus dem Archiv zu Parma) Gaz. d. B. A. 481. vgl. Anm. 37.

[50] Dieses Schreiben, aus Mantua vom 26. August 1484, welches wir durch die Güte des Sign. G. Milanesi mitgetheilt erhalten, lautet: „Magnifico signore et benefactore mio singulare. Da poi le debite recommandazione. La vostra magnificencia è optimamente informata de lo

Mittlerweile jedoch liess sich das Verhältniss zum Markgrafen Francesco günstiger an; überdies fuhren andere Vornehme fort, ihn zu beschäftigen, und die häuslichen Verlegenheiten wurden auf einige Zeit vergessen. — Zu seinen ältesten Gönnern noch aus der paduanischen Zeit zählte Herzog Borso von Ferrara, dessen Bildniss er 1459 zu malen gehabt hatte.[51] Durch seinen Eintritt in den Dienst der Gonzaga's entfremdete er sich die Este zwar für den Augenblick, allein als die beiden Häuser sich einander näherten und es 1480 zur Eheberedung zwischen der neunjährigen Isabella und dem zwölfjährigen Prinzen Francesco gekommen war[52], trat auch der Künstler wieder in Gnade. Mehrere

amore mi era portato da li doi miei Ill. Signori la gratia de li quali mi pareva havere in tal forma vendicato che mi persuadevo de loro ogni bene in ogni mia opportunità. Per la qual cosa presi animo in volere fabricare una casa, la quale speravo mediante le loro servigie, non havendo facoltà da me, conseguire lo optato mio desiderio de fornirla. Mancommi la prima speranza non senza grande jactura; mi è mancata la seconda, la quale mi augmentava l'animo a major cosa; tante erano le dimostrazione de la sua felice memoria verso di me. Il perchè non dico ch' el mi parà essere destituto per la perdita facta ho demesso alquanto de animo. Non obstante che la indole di questo novello signore mi fa pilgiare qualche restauratione, vedendolo tutto inclinato a le virtù; per mi bizogna far qualche pratica, la quale fin tanto non se perviene al fine, fa stare sempre l'homo dubioso, et è causa ch' io pilgi reffugio dove son certo non mi sia essere denegato sussidio, al quale reputo per el più vero quello de la vostra magnificentia, benche io habia fatto perdita di molti signori con li quali tenevo servitù et da loro non vulgaramente amato mediante le sue humanità et lo adminiculo di qualche mia operetta. Onde havendo indubitata speranza in la magnificencia vostra ricorro a quella, si volgia dignare per sua liberalita darmi qualche adiuto et accontentarsi volere participare in essa cosa, prometendoli farne tal memoria, che in me non sara mai imposto macule de ingratitudine: et questo mio fiduciale scrivere non lo imputo a me, ma a la vostra magnificentia la quale per la sua benignita è sempre solita far bene non tanto a quelli sono suoi dediti, ma chi ella non vide mai: et se ella cognosce che sia in me he che io habbia cosa li sia grata, prego vostra magnificentia non cum mancha prontezza volgia fare prove di me, che n' a la sicurta che ho presa in lei per questa mia lettere: il che reputerò ad cosa gratissima. Recommandomi infinite volte a la vostra magnificentia la quale Iddio felicemente conservi. „ANDREAS MANTINIA. V." — „Ad magnifico et generoso viro domino Laurentio de medicis maiori honorando Florentie."

[51] In den Rechenbüchern des ferraresischen Hofes findet sich aus d. J. 1459 der Vermerk einer Zahlung des Herzogs Borso für ein Tafelbild des „Andrea von Padua", welches auf einer Seite das Porträt des Herzogs, auf der andern das seines Günstlings Folco von Villafuora trug. Campori, welcher diese Notiz fand, weist in seiner Raccolta de' catal. S. 1 aus dem Inventar der Guardaroba Estense v. J. 1493 noch zwei andere Bilder Mantegna's nach, die sich damals in der Sammlung der Este zu Ferrara befanden: 1. eine Tafel enthaltend die Marien, 2. eine Tafel enth. die Madonna und das Kind mit Seraphim (vgl. oben Anm. 24.

[52] vgl. d'Arco II, 23.

Briefe des jungen Markgrafen aus dem Jahre 1485 handeln von einem Madonnenbilde, welches seine Schwiegermutter Eleonore von Este bei Mantegna bestellt hatte und um dessen Ausführung er sehr bemüht war. Gegen Ende dieses Jahres scheint es abgeliefert und vom Fürsten selbst nach Ferrara überbracht worden zu sein.[53] Bei dem Versuche, das Werk unter den noch vorhandenen aufzuweisen, stellen sich zwei Exemplare zur Wahl: entweder haben wir es in dem vorzüglichen Halbfigurenstück zu erkennen, welches zur Sammlung Sir Charles Eastlake's gehörte, oder in dem minder ansprechenden desselben Gegenstandes, welches Mr. Reiset in Paris besitzt.[54] Für die Anwartschaft des erstgenannten, das überdies durch seine bessere Erhaltung hervortritt, spricht die nähere Verwandtschaft mit den Leistungen der besten Zeit des Meisters. In der That vereinigen wenige Bilder Mantegna's so viel Liebenswürdigkeit und Empfindung mit Grösse der Form, breiter Modellirung und Leuchtkraft der Farbe:

Paris, Saml. Reiset.

London, Eastlake.

Maria hält mit beiden Händen den völlig nackten Knaben, welcher, ganz von vorn gesehen, mit der einen Hand den Daumen der Mutter fasst und den Arm um ihren Nacken legend mit sanft geneigtem Kopfe vor sich hin blickt, während Maria ihn mit liebevollem Ernst betrachtet; links steht Joseph als kahlhäuptiger Mann, rechts Anna in gleichem Alter, Kopf, Schultern und Arme mit dem Tuch bedeckt; vor ihr Johannes der Täufer als Kind, mit der Rechten auf Jesus deutend, den Blick auf den Betrachter gerichtet.[55]

Die Formgebung ist hier von antiker Einfachheit, Maria's Ausdruck und Geberde voll Inbrunst, Jesus gedankenvoll und

---

[53] Die bezüglichen Briefe Francesco's an Mantegna v. 6. u. 14. Nov. und vom 12. und 15. Dec. 1485, sämmtlich aus Goito, s. Gaz. d. B. A. 481. Dass die Herzogin Eleonore das Bild sehnlichst erwartete, geht aus einem Schreiben aus Ferrara v. 10. Nov. an ihren Schwiegersohn hervor, welcher zugleich die Freude ausspricht, dass Francesco selbst kommen werde; er ist mitgeth. von Braghirolli a. a. O.

[54] Paris, Samml. Reiset: Maria mit Kind umgeben von zwei männlichen und einer weiblichen Heiligen, bez. „Andreas Manten." Leinw., sehr sorgfältig ausgeführt, aber beschädigt.

[55] London, Sammlung weil. Eastlake, Leinw. h. 3 F., br. 2 F. 4$^{1}/_{4}$; vielleicht ist dies das Bild, welches Ridolfi I, 116 im Besitz des Bernardo Giunti von Florenz aufführt; s. auch Waagen, Treasures, Suppl. S. 113. Die Farbe ist einigermaassen durch Firnisse verändert und in der Figur des Johannes sind leichte Retouchen bemerkbar.

innig, der Knabe Johannes höchst lebendig und durchgeistigt, die heilige Anna würdevoll matronenhaft, Joseph von lionardeskem Ebenmaass. Durch alle diese Züge wird man auf die Zeit hingewiesen, als Mantegna die erste Hand an seine Triumphbilder legte. An diesen, seinen bedeutendsten und wirkungsvollsten Compositionen, arbeitete er zuerst in den Jahren zwischen 1485 und 88; dann trat eine längere Unterbrechung ein, welche dadurch herbeigeführt wurde, dass Francesco Gonzaga ihm den Besuch Roms gestattete.[56] Den Anlass hierzu gab das Begehren Papst Innocenz VIII., welcher seine eben damals vollendete Privatkapelle im Vatikan von Mantegna ausgeschmückt zu sehen wünschte und den Markgrafen deshalb anging. Francesco hielt es aus politischen Rücksichten für gerathen, seine Zustimmung zu geben und schickte den Künstler im Sommer 1488 mit der Ritterwürde ausgestattet an den päpstlichen Hof[57], wo er zwei Jahre hindurch an den ihm übertragenen Fresken zu thun hatte, die ihn so sehr in Athem hielten, dass er in der That ein freudloses arbeitsvolles Leben führte.

Der Papst besuchte ihn häufig, gab ihm jedoch wenig klingende Beweise seines Wohlwollens. Mantegna aber brauchte Geld und soll ihm dies eines Tages durch die Blume angedeutet haben. Unter den grau in grau gemalten Nebenfiguren seiner Fresken nämlich brachte er eine an, welche wie es scheint keine der herkömmlichen Attribute der Tugenden an sich trug, und reizte dadurch den Papst zu der Frage: was dieselbe vorstellen solle? Als Mantegna erläuterte, es sei die „Zurückhaltung“ (discrezione), entgegnete Innocenz: „Bringe sie in gute Gesellschaft, gib ihr die „Geduld“ zur Seite“[58]. Der Künstler liess sich dies gesagt

[56] vgl. später den Brief aus Rom, worin Mantegna die Triumphbilder als noch unvollendet bezeichnet. Schon am 24. April 1488 erinnert Mantegna den Markgrafen an den versprochenen Urlaub, der dem Fürsten nur Ehre eintragen könne, und bezieht sich dabei auf die neuerliche Ankunft des M. Antonio Scacciano aus Venedig; s. Giorn. di Erud. art. a. a. O. —

[57] s. den Brief des Markgrafen an den Papst d. d. Mantua 10. Juni 1488 bei Gaye, Cart. III. 561; er nennt den Mantegna „pictorem egregium, cuius aetas nostra parem non vidit.“ vgl. Anmerk. 66.

[58] Vasari V, 172. Ridolfi I, 114 erzählt die Anekdote anders. Darnach sollte Mantegna zu den sieben Todsünden eine achte hinzugefügt haben, die er als

sein und wendete sich, um den heiligen Vater nicht zu beleidigen, an den Markgrafen. Diese Briefe geben ein treues Bild der Vertraulichkeit, die zwischen beiden herrschte. Unterm 31. Januar 1489 schreibt er, Se. Heiligkeit gäbe nur für Schmauss und Gelage Geld aus, und wenn er nicht überzeugt wäre, durch die Arbeit in Rom seinem Herrn einen Dienst zu erweisen, möchte er lieber zu Hause sein, denn die Sitten im Vatikan seien von denen in Mantua zu verschieden; er bittet, der Markgraf möge ihm, der sich als ein Kind des Gonzagischen Hauses betrachte, ein schriftliches Zeichen schicken, wenn es auch nur eine Zeile wäre, und ersucht ihn, darauf Acht zu haben, dass seine Triumphbilder nicht durch Regen litten, der durch die Fenster schlagen könnte, denn er sei stolz auf diese Gemälde und hoffe ihrer noch mehr zu machen; schliesslich empfiehlt er die „brigata" (d. h. seine Familie in Mantua) und bittet, der Markgraf möge seines Lodovico in Gnaden gedenken. — Francesco antwortete in einem Brief vom 23. Februar, der zwar freundlich, aber nicht gerade warm gehalten ist, trieb ihn an, seine Malereien in der päpstlichen Kapelle zu beschleunigen, damit er sein schönes Werk, die Triumphe, bald vollenden könne und liess sich bezüglich Lodovico's nur dahin vernehmen, dass er wünschte, es möge sich eine passende Stelle für ihn finden.[59] Im Juni schreibt Mantegna, er habe sich bemüht, im Interesse seines Herrn Ehre einzulegen; mit dem Papst und dem Hofe stehe er in gutem Benehmen; wieder spielt er auf die erbetene Vergünstigung für seinen Sohn an; die Wandmalereien im Belvedere übrigens bezeichnet er als eine Aufgabe, die für einen Mann, der ohne Beihilfe arbeite und sein Bestes zu thun strebe, nichts Geringes seien; dann gibt er eine Schilderung vom Bruder des Grosstürken, der damals als Gefangener im Vatikan war, verspricht, ein Bild desselben zu schicken, und entschuldigt sich wegen seiner Geschwätzigkeit.[60] — Der

---

das schlimmste Laster, nämlich Undankbarkeit erklärte.

[59] Beide Briefe bei Bottari-Ticozzi, Raccolta etc. VIII. 27, u. d'Arco, Arti di M. II. 10. —

[60] Brief vom 15. Juni 1489 bei d'Arco II, 21. 22.

Markgraf scheint auf diese Mittheilungen nicht weiter eingegangen zu sein. Im December wendet er sich gleichzeitig an Mantegna und an den Papst um zu erlangen, dass der Künstler zum Feste seiner Hochzeit mit Isabella von Este wieder in Mantua sei.[61] Der Courier jedoch, der diese Schreiben überbrachte, fand den Mantegna bettlägerig; er weigerte sich, zu reisen und wurde darin durch den Papst bestärkt, der überdies auch seinerseits dem Markgrafen den Sachverhalt mittheilte.[62] Im folgenden Monat, gerade während in Mantua sich die Hochzeitsfeierlichkeiten vollzogen, legte Mantegna die letzte Hand an die Fresken der Belvedere-Kapelle des Vatikan, die nachmals beim Anbau des Braccio nuovo durch Pius VI. so pietätlos der Vernichtung preisgegeben wurden. Wir wissen von ihnen nur, dass sie u. a. eine Darstellung der Taufe Christi enthielten, die Vasari um einiger stark realistischer Motive willen besonders rühmt.[63] (Rom) (Vatikan.)

Als einziges Denkmal der römischen Periode ist uns das kleine Marienbild erhalten, welches Mantegna nebenher für Francesco de' Medici gemalt hat. Dieses köstliche Kleinod, jetzt in den Uffizien, beweist nicht blos, dass der Künstler damals auf der Höhe seines Kunstvermögens stand, sondern dass er zugleich seinem hart und streng gewöhnten Pinsel bei Behandlung der Figuren eine auffallende Zartheit und Milde abgewann, welche durch den Gegensatz der rauhen Staffagen gesteigert wird:

Die Jungfrau sitzt auf einem Stein und hält das holde ruhig daliegende Kind auf den Knieen, welches sie mit rührendem Ernst in den niedergeschlagenen Augen betrachtet und scheinbar in Schlummer wiegt; kräftig plastische Gewandung umhüllt sie; als Hintergrund thürmt sich eine unwegsame Felsmasse auf, in welcher kleine Gestalten arbeiten, daneben läuft ein von Schäfern mit Heerden belebter Weg und weiterhin erblickt man einen Hügel mit Burg.[64] Florenz. Uffiz.

Von demselben Gepräge und aus derselben Zeit, wenn auch

---

[61] Die Briefe vom 16. Dec. 1489 an Mantegna und an Innocenz VIII. bei d'Arco a. a. O. II, 22. 23.

[62] Mantegna und Innocenz an den Markgrafen, 1. Jan. 1490 bei d'Arco II, 23. 24.

[63] Vasari V, 173.

[64] Florenz, Uffizien N. 1025, kl. Fig. Leinw. gut erhalten. vgl. Vas. V, 173 und Moschini, Vic. 42.

vielleicht nicht in Rom selbst ausgeführt, ist die seltsame Darstellung des thronenden Menschensohnes in Kopenhagen:

Kopenhagen Museum.

Christus als Schmerzensmann sitzt auf dem Thron die Wunden zeigend, zwei Engel hinter ihm halten die Enden des Hüftschurzes; links sieht man Jerusalem bei Sonnenuntergang, rechts Golgatha und in dem mannigfaltigen Hintergrunde zahlreiche Nebenvorgänge. Am Boden zur Rechten steht in Goldbuchstaben „Andreas Mantinea."[65]

Wenn auch der im Verhältniss zur Gestalt sehr grosse Kopf dieses Christus auffällt und die zudringliche Naturwahrheit den Genuss etwas stört, so ist doch das Bild besonders als Darstellung des Nackten eine ganz ausserordentliche Leistung. Die Verzerrung, womit Mantegna den Schmerz fast immer begleitet, fehlt auch hier nicht, aber der Ausdruck ist von packender Gewalt, und es wird kaum ein zweites Bild des Meisters geben, auf welchem so reine Formbildung und so wohlbedachter Gewandfall mit solch lionardeskem Helldunkel gepaart sind wie hier.

Mit dem Sommer 1490 ging Mantegna's Aufenthalt in Rom zu Ende. Von Innocenz mit einem schmeichelhaften Dankschreiben an den Markgrafen entlassen[66] widmete er sich den Rest des Jahres und das ganze folgende hindurch der Vollendung des Triumphzuges[67], den er bereits vor fünf Jahren begonnen hatte.[68]

---

[65] Kopenhagen, Museum N. 45, Holz, Temp., h. 2 F. 6½, br. 1 F. 6¾, ehemals in der Sammlung des Cardinals Valenti, Staatssecretär bei Benedikt XIV. Die Farbe ist ursprünglich gewiss sehr leuchtend und durchsichtig gewesen, aber die Fläche ist abgerieben und hat Beschädigungen davongetragen, besonders am rechten Arm Christi, an den Flügeln der Engel und am Himmel. Das Fleisch ist warm angelegt und mit kalten Schatten modellirt.

[66] Das Breve des Papstes v. 6. Sept. 1490, worin Mantegna als „eques Mantuanus" bezeichnet wird, gibt Moschini, Vicende 43 und d'Arco II, 24.

[67] Aus d. J. 1491 haben wir eine herrliche Zeichnung Mantegna's in den Uffizien, nach welcher angeblich das Bild der Judith mit dem Haupte des Holophernes und einer Dienerin mit dem Sack in der Sammlung des Earl von Pembroke in Wilton House gemalt sein soll. Dies ist irrig; das Bild, welches auch Waagen, Treasures III, 151, für Mantegna's Werk hielt (es ist 12 Zoll hoch und 7 Zoll breit und, wie wir glauben, von Mocetto gestochen) entspricht der Zeichnung der Uffizien nicht, ist in Oel ausgeführt und vermuthlich von einem flämischen Maler vielleicht des 16. Jahrh. nach einem Kupferstich gemacht. — Das Bild der Judith mit der Magd im Mus. zu Berlin N. 21 mit der Jahrzahl MCCCCLXXXVIIII hat gar nichts mit Mantegna zu schaffen und wurde schon früher von uns (vgl. Band III. S. 225) der Schule Ghirlandaio's zurückgegeben.

[68] Nach einem Bericht des Kanzlers Silvester Calandra an den Markgrafen Francesco v. 25. August 1486 besuchte

Den Abschluss der Arbeit bezeichnet eine neue Landschenkung, welche er von seinem Herrn im Februar 1492 mit ausdrücklichem Hinweis auf die Werke im Schloss und den Cyklus der Cäsarbilder empfing.[69]

Die oft aufgeworfene Frage nach der Bestimmung dieses Bilder-Cyklus, der leider jämmerlich zerstört in Schloss Hampton-Court aufbewahrt wird, vermögen wir jetzt wenigstens theilweise zu beantworten. Der Neapolitaner Sigismondo Cantelmo nämlich, ein Edelmann in ferraresischem Dienste, der am Beginn des 16. Jahrhunderts als Beobachter des Lebens und Treibens sowie der Politik am Hofe zu Mantua verweilte und später für seinen Herrn den Tod fand, berichtet dem Herzog von Ferrara unterm 23. Febr. 1501 über das zur Aufführung klassischer Komödien im Schlosse zu Mantua erbaute Theater, auf welchem damals Lustspiele des Plautus und Terenz in Scene gingen. Der Raum, nach Art antiker Wohnhäuser eingerichtet, war ein gestrecktes Rechteck mit Säulenstellungen längs der Seiten, die Pilaster mit Arabeskenreliefs, Scheinkapitellen und Sockeln geschmückt; eine Theilung in der Mitte trennte die Bühne von der Orchestra und den mit erhöhten Sitzplätzen für die Damen versehenen Zuschauerräumen.

---

ein damals in Mantua verweilender Fürst (wahrscheinlich Ercole von Ferrara, von dessen Anwesenheit auf Schloss Gonzaga im Sommer dieses Jahres ein Brief des Markgr. Francesco an den Fürsten von Carpi spricht) bei Gelegenheit einer Fahrt auf dem See die Werkstätte Mantegna's und erfreute sich an den Trionphi di Cesare, die im Entstehen waren; s. Braghirolli u. Giorn. di erud. art. a. a. O. —

[69] s. Moschini, Vicende 43; die Verleihung war vom 4. Februar 1492 und spricht von „ducento biolche" Landes; wahrscheinlich war es der Strich „nel boscho dalla Caccia appresso ad Alessandro da lorgano", welchen Mantegna in einem Briefe vom 28. Nov. 1491 als ein ihm zugesagtes Geschenk zur Deckung seiner Provision erbittet und auf das er drei Wochen später, am 21. Dec., nochmals zurückkommt mit dem Bemerken, „la priego che la vi meta in core di attendermi le promesse fate con quella Liberalita che ha sempre fato et fa la Ex. V. adcio chil sia noto a tuto el mondo, che la mia longa servitu sia stata riconosciuta dalla Ill. Casa Gonzaga alla quale con tutte le force mie e virtù avuta da Dio, mi o sempre sforzato di fare honore et al presente piu che mai ne sono benissimo apto e disposto etc." In beiden Schreiben, welche Braghirolli im Gior. di erud. art. a. a. O. mittheilt, wird des „quadrettino" gedacht, von dem es im zweiten Briefe heisst: der Markgraf habe es wie er höre nach Mailand geschickt, doch blieben ihm „le stampe", um zu Ehren der Jungfrau Maria neue zu machen, sodass man hier einen Kupferstich anzunehmen hat, was auch durch eine Notiz des Silvester Calandra v. 7. Dec. bestätigt wird, der zur Versendung desselben Rolle und Futteral (anello e guaina) hatte machen lassen (s. ebenda).

Ueber einer in der Ecke des Zimmers angebrachten Grotte sah man den Sternhimmel und den Thierkreis, um welchen Sonne und Mond in ihren Sphären wandelten, und inwendig die Göttin Fortuna auf einem Delphin. Die Bühne war mit Goldtapeten geschmückt und hier hingen an der einen Wand sechs Bilder aus dem Triumphzuge Cäsar's von Mantegna, während am Frontispiz die Triumphe des Petrarca prangten, ausserdem Candelaber und an den Wänden Wappenschilder: das kaiserliche mit dem Doppeladler und das päpstliche daneben, seitwärts das königliche (französische) und das von Venedig, das ferraresische und das des Herzogs Albrecht von Deutschland; darüber wieder goldene und silberne Standfiguren, Alles überspannt vom Himmelszelt mit den Symbolen der jeweiligen Jahreszeit.[70] — Die hierbei erwähnten Triumphe des Petrarca sind höchst wahrscheinlich Darstellungen des Francesco Mantegna nach dem Vorbilde seines Vaters gewesen, und i. J. 1491 und 92 entstanden.[71] Beide Cyklen gaben allerdings vorzügliche Theaterdekorationen ab, weil sie auf Leinwand gemalt und daher leicht beweglich waren, allein schwerlich war dies der eigentliche Zweck der Cäsarbilder, da ihre bleiche Färbung und die Durchführung weit eher für Tageslicht in einem Staatszimmer als für Kerzenbeleuchtung gedacht ist. In der That behauptet auch Mario Equicola, der Markgraf Francesco hätte den Palast in Mantua, welcher von seiner Lage in der Nähe der Sebastian-Kirche den Namen Palazzo nuovo di S. Sebastiano erhielt, einzig deshalb bauen lassen, um einen der Säle darin mit Mantegna's Triumphbildern auszuschmücken. In diesem Gebäude

---

[70] Der interessante Brief des Cantelmo abgedruckt bei Campori, Lett. art. S. 3—5. Vom Repertoir des Theaters führt er an: „Le recitationi sono state belle et delectevole: venere fo philonico, sabato il penulo de Plauto: domenica lo hippolito, lune li adelphi de Terentio: da persone docte recitato optimamente con grandissima volupta et plausi de spectatorj."

[71] vgl. den Brief des Bernardino Ghisulfo an Francesco Gonzaga, aus Marmirolo v. 16. Juli 1491, worin es heisst: „Francesco (Mantegna oder Bonsignori?) und Tondo seien gemeinschaftlich bei der Arbeit, die Triumphe zu malen und zwar auf Leinwand, wie es Messer Andrea Mantegna gemacht habe, weil es auf diese Weise schneller gehe und grössere Schönheit und Haltbarkeit erreicht werde, was auch die Ansicht der in diesen Dingen Sachverständigen sei", vgl. d'Arco, Arti II, 24 und Gaye, Cart. I, 309. Die Triumphe Petrarca's sind jedoch nichts desto weniger untergegangen.

(links beim Eintritt in die Stadt am Thore von Pusterla, bis vor kurzem als Gefängniss benutzt) wären nach demselben Gewährsmann, der anscheinend als Augenzeuge redet, in einer schönen Halle die Bilder aufgehängt gewesen, ergänzt durch Gemälde von Lorenzo Costa, welche zur Vervollständigung festliche Aufzüge von Zuschauern dargestellt hätten.[72] Jedenfalls verdienten diese Werke die Beachtung, die ihnen geschenkt wurde, in hohem Grad, und Mantegna durfte stolz darauf sein; denn sie fassten Alles zusammen, was er von Jugend auf in seiner Kunst erworben; sie gaben seiner Vorliebe für perspektivische Wirkungen, seinem plastischen Gefühl und seinem hingebenden Studium der antiken Welt vollendeten Ausdruck.

In dem Cyklus der neun grossen, auf feinste Leinwand gemalten Bilder, die ursprünglich durch Pilaster mit kriegerischen Ornamenten getrennt waren, entfaltet Mantegna die ganze Fülle von Glanz und Ruhmredigkeit, welche die Vorstellung eines römischen Triumphzuges in sich begreift:

1. Abtheilung: Unter dem Vortritt von Posaunenbläsern, die ihre ehernen Instrumente ertönen lassen, eröffnen die Signiferi mit den Figuren glückbringender Gottheiten und Symbole und der Weihetafel mit der Aufschrift „S. P. Q. R. D. I. C. C. P. O. M." den Zug; dahinter eine Gruppe Krieger, welche gemalte Schilderungen der Siege Cäsars, auf Stangen ausgespannt, zur Schau tragen. Hampton-Court.

2. Abtheilung: Auf reichgeschmückten Räderkarren fahren die kolossalen Standbilder des Jupiter und der Juno auf, daneben, von einem Reiter gezogen, die Büste der Cybele mit der Inschrifttafel „IMP. IVLIO CAESARI OB GALLIAM DEVICT. MILITARI POTENTIA TRIVMPHVS DECRETVS INVIDIA SPRETA SVPERATA", kleinere Standfiguren, von einzelnen Männern getragen zur Seite, Alles überragt von bündelweis zusammengeschichteten Kriegswerkzeugen, Katapulten, Widdern, Hebeln, Schilden, Harnischen und Fahnen.

3. Abtheilung: Beute auf Beute drängt sich herbei; leere Rüstungen, Waffen aller Art hoch auf Stangen gebunden, dann Vasen und mächtige Schaalen mit Gold gefüllt, die auf der Tragbahre zusammengeschichtet sind.

4. Abtheilung: Immer reichere Ladungen köstlichen Geräthes

---

[72] s. Mario Equicola: dell' Istoria di Mantova 1610, S. 212; auch Vasari (s. V, 169. 170) hat die Triumphbilder im Palast S. Sebastiano offenbar selbst gesehen.

Hampton-Court.

und Schmuckwerkes folgen; was die Träger nicht fortbringen, wird von Einzelnen nachgeschleppt; es kommen geschmückte Opferstiere von Edelknaben und Tempeldienern geleitet und hinter ihnen ein neuer Zug von Musikern mit riesigen Trompeten, deren Bänderwerk wieder den Helden des Triumphzugs feiert.

5. Abtheilung: Den Stieren schliessen sich vier afrikanische Elephanten an, die üppig aufgezäumt, mit Ketten und Decken behangen, zu beweglichen Podien umgewandelt vorwärts marschiren; Kandelaber von hurtigen Knaben flammend erhalten, Blumenkörbe und Instrumente sind auf dem Rücken der Thiere aufgebaut.

6. Abtheilung: Die zweite Reihe erbenteter Schätze folgt: auf einem Gestell, das vier Männer auf den Schultern tragen, sind gefüllte Urnen und allerhand Gefässe, Ketten und anderes gepackt; Krieger, die unmittelbar folgen, ächzen unter der Last der ausgesuchtesten Waffenstücke, die sie auf Stangen daherbringen; in schnellem Schritt biegen sie nach dem Innern des Bildes ein.

7. Abtheilung: Der Zug der Gefangenen naht; langsam schreiten sie, Frauen und Männer, verschieden an Alter und Würde je drei nebeneinander daher; ein junges Weib darunter, welches mit einem Wickelkind beladen, sich bückt, um mit Hilfe der Alten, die daneben steht, das zweite, das zu ihr hinauf begehrt, zu beruhigen; durch die römischen Wachen, von denen eine die Inschrifttafel „S. P. Q. R. Liberator. urbis" trägt, drängen sich Possenreisser, ein misgestalteter Zwerg, der den gedemüthigten Feinden nachhöhnt.

8. Abtheilung: Im grellsten Gegensatz zu dem Elend der eben Vorübergeschrittenen tanzt nun eine Schaar toller Musikanten nach mit Leier, Tamburin, Dudelsack unter Gesang und Gelächter; bekränzte Standartenträger mit Sinnbildern von Städten und Ländern, dabei ein Krieger der deutschen Legion mit dem Bilde der Wölfin Roms, vermitteln, meist umschauend, die Ankunft des Tageshelden.

9. Abtheilung: Auf hoher Biga, über deren Rade ein Reliefbild mit Mars, Neptun und Ceres prangt, sitzt Cäsar mit dem Scepter in der einen, dem Palmzweig in der andern Hand; stehend hinter ihm eine geflügelte Viktoria, den Lorbeerkranz über seinem Haupte haltend; neben den Rossen, die von nackten Knaben mit Lorbeerzweigen umringt sind, hält ein geschmückter Jüngling an bekränzter Stange dem Triumphator die Tafel mit dem Spruche „Veni, vidi, vici" vors Auge; andere Standartenträger, Weihbecken mit Feuer, Tafeln mit Ruhmesmeldungen umragen den Gefeierten, wie er am Triumphbogen vorüberfährt, den die Statuen des Monte Cavallo und jubelnde Krieger beleben.[73] — Der ganze Zug bewegt sich bald an Prachtgebäuden,

[73] Goethe empfand das Bedürfniss nach einem Schlussbilde ausser dem Wagen Cäsars und fügt in seiner Beschreibung als solches den von Mantegna gestochenen sogenannten Zug römischer Senatoren hinzu (Fig. nach rechtsgewandt, s. Bartsch XIII. 234 N. 11), welches Bild er als das des „Lehrstandes" auffasst. Vasari, der

Viadukten, Säulen, Monumenten, Stadthäusern, bald an Hainen und an weiter zurücktretenden Hügeln mit Burgen und Tempeln vorüber.[74]

In den zahlreichen Geräthschaften und Waffenstücken des römischen Alterthums, die Mantegna mit behaglicher Verschwendung in diesem Cyklus aufgehäuft hat, gab er ohne Zweifel eine Ausbeute seiner eigenen von Lorenzo Medici und Francesco Gonzaga beneideten Antikensammlung; aber bei Benutzung seiner

---

die Triumphbilder V, 170 beschreibt, macht sich willkürlicher Deutung schuldig, besonders bei dem rührenden Motiv der Frauengruppe mit dem Kinde in der 7. Abth.

[74] Die Gemälde, bekanntlich für König Karl den I. von England angekauft, nach seiner Hinrichtung für 1000 Pf. St. veräussert und während der Staatsrestauration wieder erworben, (vgl. Waagen, Treasures II, 410) sind in Hampton-Court jetzt unter den Nummern 873—881 aufgehängt. Ihre Beschaffenheit ist derart, dass man nicht nach den beschädigten, sondern vielmehr nach den unbeschädigten Stellen suchen muss, deren es nur sehr wenige gibt. N. 873 (1. Abthl.): theilweise unbeschädigt die Fahne unter dem Brustbild der Roma, Stücke der gelben Gewandung des dem Beschauer zunächststehenden Trompeters, der Strumpf des darauf folgenden rechts, der Goldharnisch des Aethiopiers und Stücke an Aermel und Hemd des stehenden Kriegers zu äusserst rechts; N. 874 (2. Abth.) z. Th. erhalten: Rad und Ornament des Karrens links, die blaue Jacke und die rothe Schwertscheide des stehenden Kriegers im mittlen Vordergrund, die Cybele-Büste (restaurirt), die Inschrift auf der grossen Tafel; N. 875 (3. Abth.): der halbrunde Schild mit der Darstellung des Kampfes mehrerer Satyrn mit einem Centaur um ein entführtes Weib und das Ornament auf dem Schilde in der Mitte des Bildes; N. 876 (4. Abth.): am Kopf des Jünglings an der rechten Seite die Umrisse, während die Lichter auf der Wange übergangen, Haar und Hals neu sind (der Kopf ist ausserordentlich schön und breit behandelt, ähnlich dem des Evangelisten auf dem Altarbilde von S. Zeno in Verona), das Gesicht des Knaben hinter dem Stierkopfe (Nase und Mund aufgefrischt), sodann die Amphora daneben; N. 877 (5. Abth.): Theile des Mädchenkopfes hinter dem Ochsen; hier ist die Uebermalung abgeblättert und dadurch die ursprüngliche Farbe wieder zum Vorschein gekommen (diese schöne Figur hat Rubens in seinem Bilde der National-Gall. zu London N. 278 copirt); auf dieselbe Weise ist auch ein Stück an dem Elephanten - sowie ein Theil des Kopfes an dem indischen Schaafe unten rechts kenntlich; N. 878 (6. Abth.): das Haar der ersten Figur links und deren gelbe Hose sowie Stücke des rechts daneben befindlichen Kopfes, ein Brustharnisch und Helm in der Mitte des Bildes und ein Kopfstück rechts; N. 879 und 880 (7. u. 8. Abth.) gänzlich übermalt; — N. 881 (9. Abth.) hat folgende erhaltene Stellen: die Schildplatte über dem Rad und der untere Halbkreis des Rades selbst; der Buchstabe M auf dem Hintertheil des Pferdes ist zwar frisch, aber ohne Zweifel auf ursprünglichem aufgemalt. — Unter den zahlreichen grösseren und kleineren Copien des Triumphzuges sind die 8 grau in grau gemalten im Belvedere zu Wien (N. 42—50 je h. und br. 1' 2", von denen etliche, namentlich N. 42, sehr schadhaft sind) nach den Holzschnitten und Stichen gemacht, wie man aus den Netzlinien erkennt, die zu den Zeichnungen gedient haben; ferner befinden sich Copien nach dem Cyklus, auf Kupfer gemalt, in der Gallerie zu Schleissheim unter Nr. 1145—48, und eine in der ehem. Samml. Northwick in England (s. Waagen, Treas. III, 201, angeblich venezianischen Ursprungs); eine alte Einzelcopie des Bildes der Abth. 7 (auf Kupfer, h. u. br. 0,18) besitzt das Museum zu Brescia.

28*

Muster befleissigt er sich einer Strenge und Genauigkeit, in welcher es ihm damals kein Künstler gleichthat, auch die Florentiner nicht, — denn er übertrifft in diesem Punkte selbst den Botticelli und Piero della Francesca,* — geschweige denn die gleichzeitigen Sienesen, die ihm gegenüber kümmerlich erscheinen. Mit kräftigem Sinn für das Wirkliche begabt, verstand er doch, die massenhaften Darstellungen von Lebensformen der klassischen Vergangenheit durch ernsten und keuschen Stil zu bemeistern, indem er die Composition durch die Gesetze edlen Reliefgeschmacks bändigte; er bewahrte die Würde plastischen Vortrags und erfrischte sie in gewissem Grade durch Donatello's Auffassung. In der Wiedergabe der Thiergestalten, Elephanten, Rosse, Stiere, und in allem Kostümlichen ist er erstaunlich treu. Die Behandlung zeigt hier die Kehrseite seiner Technik in Padua und entspricht eher den Bildnissen im mantuaner Schloss. Er zeichnet nicht mehr mit dem schwarzen schneidigen Umriss, noch modellirt er mit den tintenartigen Schatten wie früher; die Linien werden biegsam und fein und bekommen schlanken, leichten Fluss; die hellen Lichter, mit Grau abgedämpft, erscheinen aufs Sauberste vermittelt, die Farben sind licht und bunt bei so dünnem Körper, dass überall die Textur des Linnens kenntlich bleibt. Durch häufigen Gebrauch und wiederholtes Aufrollen beim Versand waren die Flächen mürbe, die Farben flau geworden und forderten Nachbesserung, die nur leider so rücksichtslos und schlecht ausgeführt worden ist, dass die herrlichen Gemälde jetzt vollkommen entstellt sind.

An den Arbeiten aus dieser Zeit tritt nun aber als durchgehendes Merkmal bald in geringerem, bald in höherem Grade die Betheiligung von Schülern hervor. Solche Gehilfen hatte er nicht blos an seinen beiden Söhnen Lodovico und Francesco, wir lernen auch den Caroto und Francesco Bonsignori in dieser Eigenschaft kennen.[75] Ihr Antheil macht sich zumeist durch Milderung des bitterlichen Farben-Geschmackes bemerklich, der bei dem

[75] Vasari IX. 171 erklärt, Caroto sei als Gehilfe bei Mantegna thätig gewesen, der Arbeiten desselben sogar unter dem eigenen Namen verkauft habe; Aehnliches berichtet er von Bonsignori (IX, 187), von dem wir überdiess wissen, dass er in Mantua im Sold des Markgrafen stand. vgl. später.

Meister vorwiegt. Aus den Jahren unmittelbar nach 1492 haben wir einige schöne Werke dieses weicheren Vortrags: so das bartlose Brustbild eines Würdenträgers in rothem Kleid und spitzer rother Mütze und eine Madonna mit Kind in der Gallerie zu Bergamo — jenes zwar etwas schwach im Gesichts-Umriss und in der Schattengebung, aber von reicher gediegen verschmolzener Farbe[76], diese von überaus freundlichem Ausdruck und sorgfältiger Behandlung.[77] Hieran schliessen sich die beiden vorzüglichen Stücke des Louvre: der Parnass und die Allegorie der Vertreibung der Laster durch die Weisheit:

Bergamo, Gall.

Auf dem ersten Bilde sieht man im Mittelgrunde auf einem mit Gebüsch gekrönten natürlichen Felsenthor, durch welches der Blick in anmuthige Hügellandschaft schweift, Mars im Kriegskleid mit der Lanze und die nackte Venus stehend, die Hände in Liebesinbrunst verschlungen, während Amor zu ihren Füssen mit einem Rohr in die Höhle des Vulkan bläst, der von Eifersucht erschreckt herüberdroht; den Mittelgrund füllt der Reigentanz der neun Musen, denen der links sitzende Apollo mit der Leier aufspielt; rechts im Vordergrunde steht Merkur mit Flügelhut und Beinschienen angethan und mit langem Caduceus in Händen an den Bug des Pegasus gelehnt, hinter ihm der Helikon mit stattlichem Gebäude; ganz vorn aus dem rissigen Erdreich kriechen Kaninchen und andere Thiere hervor.[78]

Paris, Louvre.

Auf dem andern Bilde erscheint von links Minerva geleitet von Diana als Keuschheit und von der Weisheit mit der Fackel und vertreibt die Laster: die Ueppigkeit mit Satyrfüssen, Müssiggang und Trägheit in einer Pfütze, Betrug, Bosheit, Völlerei, Wollust und Unwissenheit von Geiz und Undankbarkeit getragen; Gerechtigkeit, Tapferkeit und Mässigung, die in den Lüften schweben, kehren zur

---

[76] Bergamo, Gall. N. 192, lebensgr., Holz, h. 0,62, br. 0,48 (vermeintlich Vespasiano Gonzaga), das Haar ist üppig, die Brauen buschig, Mund, Nase und Backe ein wenig beschädigt; der grünliche Hintergrund ist in Oel aufgefrischt. Der Mann trägt eine Kette um den Hals und auf dem Medaillon derselben das Monogramm:

[77] Bergamo, Gall. N.º 187. Leinw., Temp., Halbfig., halb lebensgr. (Geschenk des Grafen Carlo Marenzi): Maria schmiegt das Gesicht an das des Kindes u. lächelt, ihr blauer Mantel ist mit Gold verziert; die Ausführung sehr sorgsam und die Färbung licht. — Die in derselben Gall. N. 200 befindliche Darstellung der Auferstehung Christi mit 5 Nebenfiguren (darunter vorn ein Soldat, der platt zu Boden gefallen ist) Holz, h. 0,48, br. 0,37, ist von zweifelhafter Originalität, vielleicht Copie nach einem Stich. Eine schwache Wiederholung in der Sammlung Capodilista in Padua wurde bereits oben S. 393, Anm. 36 erwähnt. Das Exemplar in Bergamo ist vielleicht das als Werk Mantegna's in einem Mantuaner Inventar v. J. 1627 bei d'Arco, Arti II, 165 erwähnte Stück.

[78] Paris, Louvre N. 251, Leinwand, Temp., mit Einschluss eines ringsum

Erde zurück; links und im Hintergrunde stehen Baumreihen, durch welche man die Landschaft sieht.[79]

Die „Vertreibung der Laster" gehörte ursprünglich zu dem für das Privatzimmer der Markgräfin Isabella Gonzaga im Schloss zu Mantua gemalten Cyklus, zu welchem ausser Mantegna auch Perugino und Costa beigetragen hatten.[80] Es zeichnet sich besonders durch die zarte Durchführung der Baumgruppen, warmen Farbenhauch und schöne Harmonie aus. Wie der Parnass ist es mit der Sorgfalt und Genauigkeit behandelt, welche die Triumph-

---

angesetzten Stückes h. 1,60, br. 1,92, der Himmel übermalt und die Farbe durch Firnisse getrübt.

[79] Louvre N. 252, Leinw., Temp., h. 1,60, br. 1,92 (ebenfalls vergrössert), von gleicher Beschaffenheit wie das vorige. Auf einem Bande an einem der Bäume des Hintergrundes die Inschrift: „Agite, pellite sedibus nostris foeda haec viciorū monstra virtutum coelitus ad nos redeuntium divae comites." Beide Bilder wurden i. J. 1630 bei der Plünderung Mantua's verschleppt und befanden sich eine Zeit lang im Besitze des Herzogs von Richelieu auf Schloss Richelieu. s. d'Arco, Arti II, 134, wo das Inventar des „Studio" der Markgräfin Isabella gegeben ist.

[80] Das Zimmer Isabella's, bei den Zeitgenossen unter der Bezeichnung „Studio" bei der Grotte im Erdgeschoss des Schlosses bekannt, enthielt ausser diesem noch manche andere, jetzt nicht mehr nachweisliche Bilder Mantegna's, z. B. eine Tafel mit 4 Figuren, Nachahmung eines Bronzereliefs, ferner eine desgl. mit Jonas, wie er ins Meer fällt; dazu kamen zwei Bilder von Costa und eins von Perugino: der Kampf der Keuschheit und Liebe, jetzt im Louvre N. 445, (vgl. Band IV, 240) von ziemlich gleicher Grösse wie Mantegna's „Vertreibung der Laster" (h. 1,56, br. 1,92). Der bei Gaye, Cart. II, 68 mitgetheilte Brief Perugino's, worin gesagt ist, er habe nach dem Vorgange Mantegna's Tempera zur Ausführung gewählt, erhält interessante Zusätze durch die neuerdings im Giornale di erud. art. Perugia, Jahrg. 1873 durch W. Braghirolli aus dem Archivio Gonzaga mit zahlreichen andern Dokumenten veröffentlichte Correspondenz zwischen Perugino und der Markgräfin Isabella. Aus derselben geht hervor, dass das Bild, dessen Stoff Paris da Ceresara angegeben hatte, in der Grösse zu den schon vorhandenen stimmen sollte; Perugino bedauerte übrigens (Schreiben v. 10. Aug. 1505 aus Florenz), es nicht in Oel gemalt zu haben. Wir bemerken hierbei, dass Perugino's Wittwe, Chiara Fancelli, die wir bei Gelegenheit dieser Publikationen mit Namen kennen lernen, i. J. 1524 der Markgräfin Isabella ein hinterlassenes Bild ihres Mannes (die Bestrickung der Venus und des Mars (sic) durch Vulkan, auf Leinwand) zum Kauf anbot). Isabella besass in ihrem Studio ferner den Cupido des Michelangelo und verschiedene Antiken. Mantegna, seit der Verheirathung der Fürstin mit ihr persönlich bekannt, liess sich zuvor durch Battista Guarino, Professor des Griechischen und Lateinischen in Ferrara, bei ihr empfehlen; derselbe schreibt d. d. Verona 22. Oct. 1490 an Isabella: „Al quale (d. h. dem um seine Empfehlung bittenden Mantegna) io risposi che li homini virtuosi quale è lui (Mantegna) non bisognano apresso la Vostra S. de racomandatione perche da se La è inclinatissima ad amare e favorire chi lo merita, et che pur lo farei: et cosi prego Quella lo vogli acarecciare et farni bona stima perche in vero lui oltre la excellentia del arte sua in la quale non ha pare, egli è tuto gentile etc." s. Giorn. di crud. art. Perugia, Jahrg. 1872 S. 202.

bilder zeigen, und von klassischem Geschmack beherrscht; die Zartheit der Modellirung und die Anwendung von Gold zum Aufhöhen der Lichter haben beide Bilder ebenso gemein wie die sichere, nur etwas hart umrissene Zeichnung des Grundes. Die ungewöhnlich heiteren Töne des Parnass-Bildes werden aus der Mitarbeit Bonsignori's zu erklären sein, aber die phantasiereiche Erfindung, der fehlerlose Umriss und die Gewandbehandlung gehören ohne Zweifel dem Meister allein.

In trüberen Stunden, aber nichtsdestoweniger mit Aufwand seiner künstlerischen Kraft malte Mantegna damals die hagere Sebastians-Figur, die sich jetzt in der Sammlung Scarpa zu La Motta im Friaul befindet, nachdem sie bis zum Tode des Künstlers in dessen eigener Sammlung verblieben war.[81] Um dieselbe Zeit wird sodann das grossartig-ernste Bild der „Herrlichkeit Maria's" mit 4 Heiligen in der Sammlung Trivulzi in Mailand wenigstens begonnen sein, wenn es auch erst i. J. 1497 vollendet wurde: La Motta, Samml. Scarpa.

Maria sitzt (in rothem Kleid mit grünem Mantel) etwas blöd vor sich hinblickend in der von Engelköpfen erfüllten Mandorla, die Füsse ebenfalls auf eine von Seraphköpfchen gebildete Wolke stützend, sie hält in der linken eine Blume und umfasst mit der rechten Hand den nackten, nur mit einem Halsband geschmückten auf ihrem Knie sitzenden Knaben, welcher mit trübem Ausdruck die Hand zum Segnen erhebt; tief unten sieht man Landschaft, und drei Engelknaben sind noch mit Brust und Kopf sichtbar, welche zur Orgel singen; seitwärts stehen links Johannes der Täufer, auf Jesus zurückdeutend, und Romuald in vollem Ornate, rechts Hieronymus mit dem Modell einer Basilika auf der Hand und ein Mönchsbischof; hinter den Heiligen ragt Citronengebüsch mit Blumen und Früchten hoch über die Mandorla empor und füllt die oberen Ecken des Bildes aus. Einer der singenden Engel trägt eine Rolle mit der Inschrift:[82] Mailand, Samml. Trivulzi.

---

[81] La Motta, Gall. Scarpa, Temp., h. 7 F. 1, br. 2 F. 10 1/4: der Heilige mit Hüftschurz angethan steht von Pfeilen durchbohrt mit rücklings gebundenen Armen; im Vordergrund eine brennende Kerze, oberhalb ein doppelter Korallenstrang, auf Zettel die Inschrift: „Nil nisi divinum stabile est, cetera fumus." Das Fleisch der Brust ist abgerieben und das Ganze durch Firnisse getrübt. Das Bild war ursprünglich für den Bischof von Mantua bestimmt (s. den Brief des Lodovico Mantegna an Francesco Gonzaga v. 2. Oct. 1506 bei d'Arco, Arti II, 70); es kam dann in Besitz des Pietro Bembo (s. Anon. d. Mor. 19) und wurde von dessen Erben i. J. 1807 an ein Glied der Familie Scarpa verkauft.

[82] Mailand, Casa Trivulzi, Temp. auf Leinwand, Fig. lebensgr., durch Firniss verdorben.

A. Mantinia p.
an. Gracie
1497. 15
augustj.

Die an sich schon visionäre Erscheinung der Hauptgruppe, die ziemlich leblos und spröde gehalten ist, wird durch die verblasste Färbung und durch den Gegensatz der plastisch ausgeprägten Charaktere der Heiligen, von denen besonders die beiden Vordermänner, Johannes und Hieronymus, jener durch Herbheit, dieser durch stolze Greisenwürde hervorstechen, noch erhöht; aber das Ganze steht nicht mehr auf gleicher Kunststufe mit den Triumphbildern, es vertritt die starre Grösse mantegnesker Werke, welche die späteren veronesischen Maler zum Muster nahmen.

Wenn auch nicht malerisch, so doch sachlich weitaus das interessanteste Bild Mantegna's, weil es zugleich mit politischen und socialen Vorgängen seiner Entstehungszeit zusammenhängt, ist die sogenannte „Madonna della vittoria" vom Jahre 1496, jetzt im Louvre. Die Geschichte des Gemäldes führt uns in das Frühjahr 1495 zurück, in die Zeit, da König Karl VIII. von Frankreich nach Niederwerfung fast ganz Italiens im Begriff stand, sich mit dem Markgrafen Francesco Gonzaga, dem Feldherrn der italienischen Liga zu messen. In jenen Tagen, und zwar zu Ende des April oder Anfang Mai, begab sich in Mantua ein Skandal, der sehr beunruhigte. Ein Jude aus Villafranca nämlich, Daniel von Norsa (auch Simon genannt), dem die Erlaubniss zu Theil geworden war, in der Stadt „unter dem Schatten der Gonzaga" zu wohnen, hatte ein Haus bezogen, an dessen Front sich ein Gemälde der Maria mit dem Kinde befand. Als Glied der rechtlosen und verachteten Secte musste der Mann bei dem Gedanken zittern, dass dem christlichen Bilde irgend ein Zufall begegnete. Er verschaffte sich deshalb zu seiner Beruhigung vom bischöflichen Vikar die Erlaubniss, dasselbe abnehmen zu dürfen und zahlte noch Geld darauf. Aber christliche Niedertracht verkehrte die Absicht ins Gegentheil. Irgend ein Neider des Juden liess heimlich eine Anzahl Heiligenfiguren mit höhnischen Inschriften an dem Hause anbringen, und dies verfehlte den Zweck nicht, das bei der Procession am Himmelfahrtstage vorüberziehende Volk aufzureizen; nur das energische Einschreiten des Hof-Waffenschmiedes Jacopo da Capua verhütete die Demolirung des Hauses. Der Jude, damals glücklicherweise nicht anwesend, wendete sich in einer Klageschrift an den Markgrafen, der jedoch über seinen militärischen Geschäften keine Musse fand, sich mit der Angelegenheit zu befassen. Wenige Wochen nachher, am 6. Juli, erfolgte der Zusammenstoss der ligistischen Truppen mit dem kleinen Heere König Karls, der damit endete, dass Francesco trotz seiner Uebermacht eine tüchtige Schlappe erhielt und mit genauer Noth Freiheit und Leben rettete. In der Angst jener Stunden hatte er im Stillen das Gelübde gethan, der heiligen Jungfrau in Mantua eine Kirche zu weihen, wenn er der Gefahr entkäme. Inzwischen nun hatte man sich, wie es scheint, in der Kanzlei zu Mantua die Sache des Hebräers zurechtgelegt; man erachtete denselben zu einer Genugthuung wenigstens für die verübte Beseitigung des Marienbildes für verpflichtet, und diese sollte darin bestehen, dass er das Geld zur Anfertigung eines neuen Gemäldes gleichen Inhalts für eine Kirche der Stadt zahle, und dass dieses Bild von Mantegna gemalt würde. Damit traf nun der Plan der Votivkirche für die Madonna zusammen; der Markgraf billigte die Entscheidung und um die Sache noch drastischer zu machen, erwählte er zur Errichtung des Tempels den Platz, auf welchem Daniels Haus stand; dasselbe wurde in der That angekauft und auf seinen Fundamenten die Kapelle der „Madonna della vittoria“ errichtet. Am 6. Juli 1496, dem Jahrestage der Schlacht am Taro, fand unter grosser Festlichkeit und massenhafter Betheiligung des jubelnden Volkes die Aufstellung von Mantegna's Weihbilde auf dem Hauptaltare statt, von dem es fast genau dreihundert Jahre später (1797) durch die Franzosen, die seine Entstehung mit veranlasst hatten, wieder entfernt wurde, um als Trophäe eines erlogenen Sieges über ihre Waffen in Paris zu verbleiben.[83]

---

[83] Dieser ganze Sachverhalt geht aus der interessanten Urkunde hervor, welche Attilio Portioli im Giornale di crud. art. Perugia, Jahrg. 1873 S. 145 ff. veröffentlicht hat. Ergänzend kommt hinzu der von W. Braghirolli in derselben Zeitschrift Jahrg. 1872 S. 206 vollständig abgedruckte Bericht des Kanzlers Matteo

Paris, Louvre.

Mantegna's Votivbild zeigt die Jungfrau unter einer aus üppigen Laub- und Fruchtkränzen gebildeten Laubennische sitzend, aus deren Höhe eine riesige Koralle herabhängt; sie hält das nackt auf ihrem Knie stehende Kind mit der Linken, welches die Hand segnend erhebt, und streckt die Rechte schützend herab auf den Markgrafen Francesco, welcher in vollem Harnisch betend auf der Stufe ihres mit Reliefdarstellungen (vorn dem Sündenfall) geschmückten bunt-steinernen Thrones betet; ihm gegenüber kniet die heil. Elisabeth, welche den Johannesknaben beobachtet, der auf dem Thronsockel vor ihr steht und mit anmuthiger Handbewegung auf Jesus deutet; Maria's Mantel wird rechts vom heil. Georg, links von dem Erzengel Michael gehalten, welche im Waffenkleid mit Lanze und Schwert dargestellt sind; hinter ihnen sieht man die Heiligen Longinus und Andreas, den Schutzpatron von Mantua.[84]

So ansprechend die Lebenswahrheit in der Bildnissfigur des Markgrafen und die sorgfältige Behandlung der Einzelheiten an Thron und Laube wirkt, leidet doch die Composition unter dem drückenden Uebergewicht der kolossalen Schutzengel, denen überdies der mächtige Haarschwall ein barockes Aussehn gibt; an den Gewändern vermisst man die geschmeidige Stilisirung, die ältere Arbeiten auszeichnet. Die Missverhältnisse der Figuren unter einander, die Vernachlässigung der Form an den Kindergestalten und die bruchige Drapirung lassen die Beihilfe des Francesco Mantegna vermuthen, an dessen Kunstweise noch besonders die Figur der Elisabeth erinnert, die zu den von seiner Hand ausgeführten Bildern der Andreas-Kapelle in Mantua stimmt, wogegen die Behandlung der dekorativen Theile und die ein-

---

degli Antimachi v. 7. Juli 1496 über die festliche Einsetzung des Bildes, an welchem neben dem Hauptgegenstande besonders das Porträt des Markgrafen die Gläubigen mit Rührung erfülle. Einen auf die Angelegenheit des Juden bezüglichen Brief des Girolamo Redini, nachmaligen Priors der Votivkirche, aus Mantua vom 29. August 1495, hatten Gaye, Cart. I. 328 und d'Arco, Arti II, 34 abgedruckt; vgl. darüber Mündler, Essai d'une analyse critique S. 136. Dass der Markgraf die Stirn hatte, die wahre Sachlage des Treffens bei Fornovo zu seinen Gunsten zu entstellen, was nur dadurch möglich war, dass die Franzosen, auf dem Rückmarsch begriffen, ihren Vortheil nicht verfolgt hatten, geht aus seinem Stiftungsdekret bei Besetzung des Priorates hervor, worin es nach Berührung seiner „beutereichen" Flucht heisst: „totam domum (das Haus des Juden) divino cultui vacare jussimus a victoria Victoriam denominatam etc." — Ueber ein Bildniss des Markgrafen Francesco aus Terracotta und angeblich von Mantegna's Hand, welches sich in der Bibliothek zu Mantua befindet, gibt G. Frizzoni im Giorn. di erud. art. Jahrg. 1873 S. 181 Nachricht.

[84] Paris, Louvre N. 250, Leinw., h. 2,80, br. 1,66.

Zu B. V. S. 435.

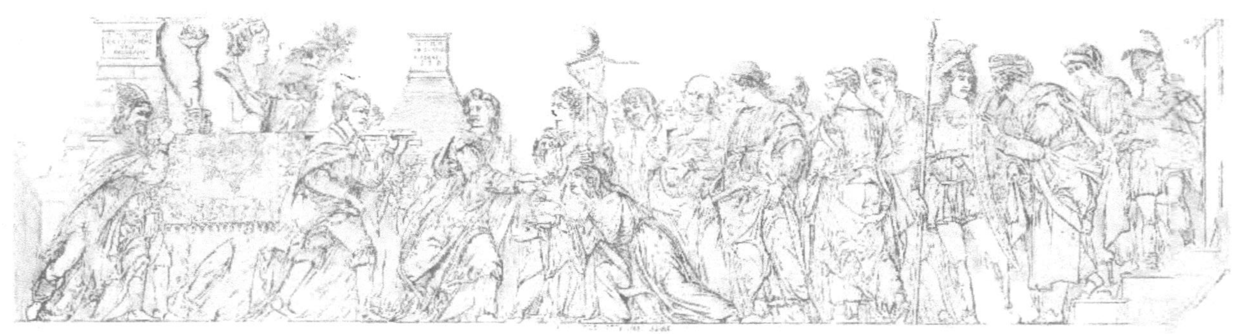

Triumph des Scipio. Temperabild des Mantegna in der National-Gallerie zu London.

dringliche Genauigkeit in der Umschreibung der Innenflächen das Gepräge des Vaters trägt und seine Gewöhnung an den Grabstichel verräth. — Seit der Heimkehr aus Rom hatte sich Andrea, wie es scheint, mit Eifer darauf gelegt, seine Werke im Kupferstich wiederzugeben[85], und diese zeitraubende Beschäftigung hat ihn vermuthlich dahin gebracht, malerische Arbeiten, die er früher eigenhändig zu vollenden pflegte, mehr und mehr seinen Gesellen zu überlassen. Nur dieser Umstand kann die verhältnissmässige Schwäche von Arbeiten späterer Zeit wie z. B. des Scipio-Triumphes und der Maria zwischen Johannes dem Täufer und Magdalena (beide jetzt in der Nationalgallerie zu London) erklären:

Der sogen. Triumph des Scipio — grau in grau und scheinbar auf rothbuntem Marmorgrunde — hat die Aufnahme der Cybele unter die Gottheiten Roms zum Gegenstand. Ihre Kolossalbüste wird auf einer Tragbahre von 4 Männern herbeigebracht und vom Führer einer knieenden römischen Frau (Claudia Quinta?) empfohlen, hinter welcher Scipio Nasica, von zahlreichen Würdenträgern umgeben, im consularischen Schmucke steht, während Andere, dabei ein Musikant mit Trommel und Pfeife, von rechts die Stufen eines Hauses herabkommen. Im Hintergrunde links sind an pyramidenartigen Aufsätzen die Inschriften angebracht: „P. SCYPIONIS EX HYSPANENSI BELLO RELIQVIAE“ und „S. P. Q. R. CN. SCYPIONI CORNELIVS F. P.“; auf der Fussleiste des Bildes „S HOSP. S. NVMINIS TDAE. C.“[86] London. Nat.-Gall.

Auf dem zweiten Bilde sitzt Maria in etwas gedrückter Haltung auf niedrigem von einem Baldachin überhöhten Sessel, das nackte Kind mit beiden Händen haltend, welches auf ihrem linken Schenkel stehend die Hand zum Segnen erhebt; links steht Johannes der Täufer in enganschliessender Jacke mit Mantel, ein langes dünnes Kreuz in der Hand, rechts Magdalena im Zeitkostüm mit Mantel darüber, London. Nat.-Gall.

---

[85] Wir verweisen bezüglich dieses Theiles seiner künstlerischen Thätigkeit auf Vasari, Bartsch und Passavant.

[86] London, früher in der Sammlung G. Vivian, jetzt in der National-Gallerie, Leinwand, hoch 2 Fuss 4½, breit 8 F. 10, von rauher Behandlung, ohne die dem Meister eigene Sorgfalt und durch Nachbesserung verdunkelt. Das Bild kam nach Mantegna's Tode aus seinem Atelier in die Hände des Sigismondo Gonzaga, Bischofs von Mantua (vgl. den Brief des Lodovico Mantegna an die Markgräfin Isabella v. 12. Nov. 1507 bei Gaye. Cart. III, 564), gelangte jedoch schliesslich in den Besitz der Cornari (in die Casa Cornaro Mocenigo a S. Polo in Venedig), für welche es bestimmt gewesen war; vgl. die Briefe des Lod. Mantegna an den Markgrafen v. 2. Oct. 1506 bei Bottari-Ticozzi VIII, S. 16, d'Arco, Arti II, 70, und des Pietro Bembo an Isabella aus Venedig v. 1. Jan. 1505 bei Gaye, Cart. II, 71.

in der Rechten das Gefäss haltend; beide blicken aus dem Bilde heraus und empor; den Hintergrund deckt dichtes Orangengestrüpp; auf dem Bande des Täufers die Bezeichnung „Andreas Mantinia C. P. F.“[87]

Der Scipio-Triumph — in den späten Jahren des Meisters für Francesco Cornelio begonnen, der viel Verdruss über Mantegna's Wortlosigkeit hatte und das Bild beim Tode desselben trotz seiner vorausgegangenen Anzahlung nicht erhielt[88], — erinnert lebhaft an Botticelli, wie dieser zuweilen an Mantegna gemahnt[89]; es ist unruhig componirt, die Gewandung überladen und der Stil nachlässiger als auf den Triumphbildern von Hampton-Court. Das andere Londoner Gemälde, in rosig blasser Färbung gehalten, fällt einerseits durch den blöd-melancholischen Ausdruck der Gestalten, andrerseits durch den grellen Abstand der lichten Fleisch- und Gewandtöne gegen die kräftig markirte Baumstaffage auf, deren Schattirung an Tiefe zu viel hat, was die Figuren ihres Theils zu wenig haben.

Die reiche Erfahrung machte den alternden Meister, dessen Thätigkeit vorwiegend in der Leitung seines Ateliers und in der Vollendung der Kupferplatten bestand, zum gesuchten Berather in allen Kunstangelegenheiten. Beinahe hätte er sogar die Freude gehabt, ein Denkmal des Virgil nach seinem Entwurfe errichtet zu sehen. Dass man dem grossen Sohne der Stadt in jener von der Bewunderung des Alterthums erfüllten Zeit diese Ehre zudachte, war selbstverständlich, und am Hofe der Gonzaga, die so viel auf gelehrten Verkehr hielten, wird der Gedanke oft angeregt worden

[87] London, Nat.-Gall. N. 274, Leinw., Temp., h. 4 F. 6½, br. 3 F. 9½, nach vielfachem Besitzwechsel i. J. 1855 erworben. C. P. F. = Civis Paduanus fecit.

[88] vgl. den Brief des P. Bembo, dem er seinen Aerger über Mantegna's Verhalten geklagt hatte, an die Markgräfin Isabella vom 1. Jan. 1505. Mantegna wollte den von Cornelio ausbedungenen Preis von 150 Dukaten nicht innehalten und Bembo bittet die Markgräfin um Vermittelung in der Sache, indem er das Wortspiel Mantegna und mantenere (Worthalten) hinzufügt; ferner vgl. Lodovico Mantegna's Brief v. 2. Oct. 1506 (Anm. 86).

[89] Wir verweisen besonders auf die allegorische Figur (eine der Jahreszeiten) welche aus dem Besitze des Sign. Baldeschi in Rom in die Samml. Reiset in Paris gekommen ist und von Selvatico im Comment. zu Vasari V, 193 als Mantegna's Werk aufgeführt wird. vgl. B. III. S. 178.

sein. Ueberdies hatte man an den Manen des Dichters der Aeneide jene als eine Schande des ganzen Landes empfundene Brutalität des Carlo Malatesta zu sühnen, der i. J. 1397 bei der Eroberung Mantua's ein chernes Bildniss Virgils in den See werfen liess.[90] Jetzt, i. J. 1499 wandte sich ein Freund der Markgräfin Isabella an Pontanus und Vergerius nach Neapel und bat um ihre Meinung, wie das Bildniss zu halten, welche Inschrift zu wählen und welchen Künstler man am besten mit der Ausführung zu betrauen habe.[91] Wie zu erwarten stand wurde alsbald der Name Mantegna's genannt, und in der That war auch er allein im Stande, einen Entwurf von so edlem klassischen Geschmack zu liefern wie die jetzt in Paris befindliche Zeichnung zum Denkmale Virgils ihn zeigt.[92]

Die häuslichen Verhältnisse des Meisters hatten sich in den Jahren nach dem Aufenthalt in Rom vortheilhaft gestaltet. 1492 verkaufte er sein Grundstück in Padua[93], vollendete um 1494 sein neues Haus bei S. Sebastiano in Mantua[94], verglich sich mit den Nachbarn in Buscoldo[95] und verheirathete seine Tochter Taddea 1499 mit ansehnlicher Aussteuer.[96] Auch für seinen Sohn Lodovico erlangte er das gewünschte Amt; derselbe wurde als Oberaufseher und Geschäftsführer des Markgrafen in Cavriana angestellt.[97] Aber die Aussicht auf ein sorgenfreies heiteres Alter wurde dem

---

[90] vgl. Mario Equicola, Istoria di M. S. 129.

[91] s. den Brief des Jacopo Dhatri Grafen von Pianella an Isabella aus Neapel vom 17. März 1499, abgedruckt von Baschet in der Gaz. d. B. A. XX, 486.

[92] Samml. His de la Salle in Paris: Virgil steht, von reichem Gewande umflossen, die Stirn mit Lorbeer gekrönt, in beiden Händen das Buch haltend mit emporgewandtem Blick; das Postament bildet ein Würfel mit stark ausladendem Standbret und verziertem Sockel, auf welchem links und rechts geflügelte Engel sitzen, welche die Tafel mit der Inschrift halten: „P.VERGILII MARONIS A (sic) AETERNAE SVI MEMORIAE IMAGO —"; ein Facsimile davon gibt die Gazette d. B. A. a. a. O.

[93] d'Arco, Arti II, 255.

[94] vgl. den Brief an den Markgrafe v. 2. (3.) Sept. 1494, worin Mantegna berichtet, dass sein Sohn Lodovico einen Beamten des Markgrafen, den er beim Diebstahl am Baugeräth seines Hauses ertappt, verwundet habe (Gaye, Cart. I, 325, d'Arco, Arti II, 31.

[95] In dem bei d'Arco, Arti II, 43 mitgetheilten Vergleichs-Instrument zwischen Aliprandi und Mantegna wird dieser „archipictor" titulirt.

[96] Ihr Gatte hiess Viano Viani s. Moschini, Vicende 49 u. d'Arco II, 44.

[97] s. den Brief des Lodovico Mantegna an den Markgrafen Francesco v. 16. Jan. 1502 aus Cavriana, bei Gaye, Cart. III, 563.

Künstler, nicht ohne eigne Schuld, zu Schanden. Nachdem er seine Frau verloren, liess er sich in ein anstössiges Verhältniss ein, aus dem ein Sohn (Gian' Andrea) hervorging[98]; er verkaufte sein Haus bei S. Sebastiano und wohnte längere Zeit zur Miethe[99]; dann musste er erleben, dass sein Sohn Francesco beim Markgrafen in Ungnade fiel und aus der Stadt verbannt wurde, ein Spruch, den weder die Thränen des Vaters, noch die Fürsprache der wohlgesinnten Isabella ändern konnten.[100] Aber noch immer ungebrochenen Muthes verfasste er i. J. 1504 sein Testament, worin er seinem Lieblingssohne Lodovico ein gutes Stück Geld aussetzte mit der Obliegenheit, für seinen Halbbruder zu sorgen, den Francesco ebenfalls bedachte und 200 Dukaten zur Stiftung und Ausschmückung einer Kapelle in der Kirche S. Andrea bestimmte.[101] Darauf verhandelte er mit Sigismondo Gonzaga, dem Bischof von Mantua, und der Geistlichkeit zu S. Andrea über die Ausstattung der Kapelle, die Errichtung eines Familiengrabmals und Anlage eines Gartens in der Umgebung des Gebäudes und verschwendete auf diesen sehr unangemessenen Plan eine Menge Geld.[102] Endlich liess er sich noch auf einen neuen Hauskauf ein und verpflichtete sich, die erforderlichen 340 Dukaten in drei Terminen zu zahlen.[103]

Diese unklugen Schritte sollte er schwer bereuen. Als die Zahlungstage kamen, fehlte es ihm am Besten, und überdies war seine Gesundheit angegriffen; eine Seuche kam ins Land, alle irgend vermöglichen Leute zogen aus Mantua hinweg, da zwischen

[98] s. die Stelle des Testamentes, worin über den illegitimen Sohn verfügt wird, bei Moschini a. a. O. 52 u. d'Arco a. a. O. 51.

[99] Dies geht aus dem Testamente v. 1504 hervor, worin Mantegna's Wohnung in Contrata Bovi angegeben wird, und findet Bestätigung durch einen Brief M's. an die Markgr. Isabella v. 13. Jan. 1506, worin er mittheilt, dass er, um nicht fortwährend „vagabondirend" von einer Miethwohnung zur andern zu ziehen, sich ein neues Haus gekauft habe, vgl. d'Arco, Arti II, 50 u. 61, 62.

[100] s. den Brief der Markgräfin an ihren Gatten v. 1. April 1505 u. das Schreiben des Francesco Mantegna an denselben v. 3. Juni 1506, worin er um Erlaubniss bittet, in Geschäften nach Mantua kommen zu dürfen, bei d'Arco II, 58 und 65.

[101] Moschini, Vicende 50 ff., d'Arco a. a. O. II, 50 ff.

[102] Gaye III, 565, d'Arco II, 54. 70, 71, Coddè, Pitt. Mantov. 108. Unterm 24. Juni 1506 wurde das Testament zu Gunsten seines natürlichen Sohnes Gian' Andrea abgeändert, s. d'Arco II, 62. 63.

[103] s. oben Anm. 99.

der inficirten Stadt und der Umgegend eine unerbittliche Sperre eintrat[104] — dieselbe, welche den Albrecht Dürer, der von Venedig aus den gefeierten Meister besuchen wollte, zurücktrieb. Mantegna blieb und versuchte trotz seiner Krankheit zu arbeiten; die Markgräfin hatte ein Bild mythologischen Inhalts bei ihm bestellt[105]; vergebens quälte er sich an der Vollendung der Arbeit, im Januar 1506 musste er seine Gönnerin, die mittlerweile auf die Villa Sacchetta bei Cavriana gezogen war, um Unterstützung bitten und entschloss sich, ihr seine „liebe Faustina“, eine antike Büste, die er über Alles werth hielt, für 100 Dukaten zum Kauf anzubieten, da er sie keinem Menschen in der Welt gönnte ausser ihr.[106] Isabella antwortete nicht; schon das kränkte ihn tief, dann marktete sie noch um das Kleinod und erwarb es durch einen Unterhändler. Diese Erfahrung war tragisch für den alten Meister: er konnte Land und Häuser weggeben, aber sich von seinen geliebten Antiken zu trennen, hatte er noch nie übers Herz gebracht. Als er die Faustina dem Jacopo Calandra auslieferte, geschah es mit solchem Widerstreben, dass dieser den Eindruck hatte, Mantegna werde den Verlust nicht überleben.[107] Er sollte Recht haben; Mantegna war gebrochen, schleppte sich noch den Sommer hindurch und starb am 13. September.[108] Zu seinen letzten Wünschen hatte gehört, den Markgrafen, seinen Herrn, noch einmal zu sehen, aber Francesco war von anderem Ehrgeiz erfüllt; über den politischen Geschäften, die ihn damals mit Papst Julius II. in Perugia zusammenführten und ihm die Auszeichnung des Feldhauptmanns der römischen Kirche eintrugen, musste die Pietät gegen den sterbenden Künstler zurückstehen, der fast 50 Jahre lang sein Schicksal an das des gonzagischen Hauses

---

[104] s. d'Arco II, 64, 65.

[105] Die Beschreibung desselben (es enthielt den Comus, Venus nackt und noch einmal bekleidet, zwei Amoretten, Janus mit der Invidia im Arm, Merkur und drei andere von ihm verscheuchte Figuren) gibt Calandra in seinem Brief an die Markgräfin, Mantua 1. August 1506, bei d'Arco II, 66.

[106] s. den Brief Mantegna's an Isabella v. 13. Jan. 1506 bei d'Arco 61, 62.

[107] Calandra's Bericht an Isabella v. 14. u. 15. Juli, 1. u. 2. Aug. 1506 bei Bottari-Ticozzi VIII, 30 ff. und d'Arco a. a. O. Die Faustina-Büste befindet sich jetzt im Museum zu Mantua.

[108] Schreiben des Francesco Mantegna an den Markgrafen nach Perugia, d. d. Mantua 15. Sept. 1506 bei Coddé, Pitt. Mant. 164 u. d'Arco II, 67.

geknüpft hatte. Selbst Isabella erwähnt seines Todes ganz nebenher in einem Briefe, der von Stolz und Freude über die peruginische Angelegenheit strahlt und über Häusliches berichtet: „Wie Ihr übrigens wissen werdet ist Messer Andrea kurz nach Eurer Abreise plötzlich verstorben.“[109]

Die Nachricht von dem Ableben des Vaters hatten inzwischen die Söhne in beweglichen Briefen verbreitet. Francesco Mantegna erbat Beistand, um den Bischof von Mantua wegen der Kapelle zu befriedigen[110], Lodovico berichtete im October ausführlich über die Vermögensverhältnisse, die traurig genug waren: der Vater habe 200 Dukaten Schulden hinterlassen, 100 Dukaten müssten für die Kapelle beschafft werden, da der Kardinal Gonzaga zur Sicherung dieses Betrages bereits Beschlag auf den Bestand des Ateliers gelegt hätte; er ersuchte deshalb um Genehmigung, den in Verkürzung gezeichneten Christus und den Triumph des Scipio veräussern zu dürfen, welche zusammen mit dem noch vorhandenen Sebastiansbilde und den beiden für die Kapelle bestimmten Gemälden genügende Mittel zu ehrenhafter Ordnung der Geschäfte darbieten würden.[111]

Empfindlicher als die Vernachlässigung des Menschen und seiner Sorgen bei den Mitlebenden schädigt das Gedächtniss des grossen, in seiner ungewöhnlichen Zeit doch einzig dastehenden Künstlers die Unterschiebung unwürdiger Kunsterzeugnisse, während uns so manches seiner echten Werke verloren gegangen ist.[112] Von unechten Bildern nennen wir die folgenden:

---

[109] Ihr Brief an den Markgrafen, aus Mantua v. 21. Sept. 1506 bei d'Arco II, 67.

[110] Francesco Mantegna an den Markgrafen, Mantua 15. Sept. 1506 bei Coddé 164 und d'Arco II, 67.

[111] Lodovico Mantegna an den Markgrafen Francesco, Mantua 2. Oct. 1506 bei d'Arco II, 70; über die hier erwähnten Bilder vgl. oben.

[112] In Venedig, Spedale degli incurabili, Sakristei: Madonna m. K., Joseph und Magdalena (Boschini, Rich. Min. Sest. D. Duro 21); Studio des Ottavio de Tassis: verschiedene Bilder (Sansovino, Ven. descr. 377); Casa Francesco Zio: Mutius Scävola seine Hand verbrennend (Anon. d. Mor. 84; vielleicht das Bild, welches später in die Sammlung König Karls I. in Whitehall kam, vgl. Batho's Katalog, London 1757); bei Padre Anselmo Oliva: Christus in der Vorhölle (Ridolfi, Marav. I, 116); bei Jacopo Piglietta: Maria mit Kind, grau in grau (Ridolfi, a. a. O.). — In Mantua, herzogliche Sammlung i. J. 1627: Halbfigur Christi das Kreuz schleppend (vielleicht ist dies das später zu erwähnende Bild in Christchurch in Oxford), Kopf des heil. Hieronymus, David und Goliath, 4

Bassano, Stadtgall. N. 32: Madonna mit Kind, Fresko (s. unter Montagnana S. 358).

Belluno, Stadthalle: Christus zwischen Maria und Johannes, Fresko (s. unter Montagnana S. 357). — Casa Persicini: Maria mit Kind zwischen zwei Engeln, ein schadhaftes Bild mit erhabenem Ornament, aus der Schule des Gentile da Fabriano.

Bologna, Gall. Zambeccari N. 49: Christus den Adam aus der Vorhölle erlösend (vielleicht das im mantuanischen Inventar von 1700 aufgeführte[113]), sechs lange hagere Figuren von widerwärtigem Aussehn und Gesichtstypus, in bräunlicher Tempera, vielleicht nach einem Stich. — Gall. Ercolani N. 155: Kreuzigung, klein, Holz (vgl. unter Zoppo S. 345).

Cremona, Casa Ala-Ponzoni: Bacchanal, Tempera, Copie nach Mantegna's Kupferstich.[114]

Florenz, Gall. Pianciatichi N. 298: zwei kleine Tafelbilder darstellend Johannes den Täufer und Petrus; von Cosimo Tura (s. später). — Uffizien N. 1121: Bildniss der Isabella von Este, Marchesana von Mantua (s. unter Bonsignori).

Mantua, S. Maria degli Angeli: Himmelfahrt Maria's (Temp., Holz, hoch oben im Chor), einzelne Marienfigur in einer Cherubglorie;

Stücke mit Tobias, Esther, Abraham und Moses; ebenda, Inventar v. 1665: Flucht nach Aegypten, ein Porträt, eine Madonna m. K. und Christus in der Vorhölle (d'Arco, Arti II, 160, 164, 165, 183, 188, 189); in S. Francesco: Porträt Ludwigs XII. (von Franc. Mantegna?), eine Geisselung gemalt für die Markgräfin Barbara von Brandenburg (d'Arco II, 271). — In Verona, Samml. Moscardi, Inv. v. 1656: Geisselung (Christus an der Säule von Juden geschlagen, Not. del Museo del Conte Moscardo 468). — In Como, Samml. des Paolo Giovio: Reiterfigur des Königs Mattias Corvinus (Pauli Jovii Elogium virorum etc. 159). — In Rom, Samml. der Königin Christine von Schweden (1689): sieben Tafeln mit Darstellungen zur Legende des heil. Sebastian in ganzen Figuren (Campori, Raccolta 358). — In Parma, Palazzo del Giardino (1680): Bildniss eines Edelmannes, der mit dem Licht in der Hand eine Treppe hinansteigt von anderen Personen begleitet, von A. Mantegna; Susanna im Bade überrascht (Campori, Racc. 285 u. 303). — In Verona, Samml. Curtoni: Kopf eines Mannes (Campori, Racc. 196). — In Reggio, Katalog der Samml. des Bischofs Paolo Coccapani (zerstreut i. J. 1650): 1) Salomo's Urtheil, Tempera, 2. u. 3. Köpfe (Campori, Racc. 148, 149, 151). — In Ferrara, Kat. der Samml. des Roberto Canonici, welche 1638 verbrannte: ein todter Christus in Landschaft und zwei alte fast nackte Männer, die ihn bewachen, ferner ein todter Christus ebenfalls in Landschaft, dabei ein alter Mann sitzend an einen Baum gelehnt, der trauernde Johannes und die ohnmächtige Maria in den Armen der Frauen (Campori, Racc. 117); dieses zuletzt genannte Bild, welches beim Brande der Samml. gerettet worden ist, befindet sich noch im Besitz des Grafen G. B. Canonici, aber es gehört, wie oben S. 219 erwähnt wurde, nicht dem Mantegna, sondern dem Carpaccio oder Michele da Verona an); Sammlung des Cesare Ignazio d'Este (1685): Tafelbild mit 16 singenden und tanzenden Kindern und der Ueberschrift „Malancolia", in vergoldetem Rahmen (Campori, Raccolta 328). — Bologna, Casa Zacconi: ein Christus (Lamo, Graticola di Bol. 30.).

[113] s. d'Arco, Arti II, 189.

[114] s. die bezügliche Bemerkung Selvatico's im Comment. zu Vasari V, 188.

anscheinend Mittelstück eines Altargemäldes von einem schwachen Zeitgenossen Mantegna's; die Typen sind dürftig, die Färbung rosig. — S. Maria delle Grazie: Fresken der Geburt Christi und der gnadenreichen Jungfrau zwischen den heil. Christoph und Onofrius; aus derselben Zeit und in demselben Stil wie das vorige. — S. Sebastiano, Stirnseite: Spuren eines Freskobildes enth. Maria m. Kind, Sebastian, einen Bischof und zwei knieende Gestalten; ohne ersichtlichen Grund dem Mantegna zugeschrieben.[115] Ebenda zwei Rundfelder mit Halbfiguren von Aposteln, gänzlich übermalt.

Mailand, Gall. d. Ambrosiana: Daniel in der Löwengrube, grau in grau, von einem Schüler Mantegna's; Geburt Christi, verschiedentlich dem Squarcione, Pizzolo und Mantegna zugewiesen, jedoch von lombardischem Charakter und an Bramantino erinnernd.

Modena, Gall. N. 27: Lucretia mit dem Dolch, zwei Krieger hinter ihr (s. unter Ercole Roberti Grandi). N. 498: Brustbild Mantegna's, unecht. N. 48: Christus am Kreuz mit Maria und Johannes; Schule des Rogier van der Weyden. N. 54: Christus von Engeln bewacht und zwei schlafende Soldaten; unecht.

Pavia, Gall. Malaspina: Madonna mit Kind, Antonius Abbas und Antonius von Padua, mit der Bez. „Andreas Mantinea pata-vinus pin. 1491.“[116]

Rovigo, Stadtgall. N. 73: Christus auf dem Wege nach Golgatha, Holz, kl. Fig., eine Carikatur vom Stile Alunno's.

Rom, Gall. des Capitols N. 98: Maria m. Kind, Petrus, Lucia und einer zweiten Heiligen (Fig. unter Lebensgr., Leinw.), schwaches Stück, von einem Nachfolger des Catena. Gallerie Doria N. 5: Christus das Kreuz schleppend, Brustbild, von harter dünner Färbung, vielleicht von Bonsignori.[117] Ebenda, grosser Saal, N. 17 und N. 8, Saal II N. 15: Predellenbilder zur Antonius-Legende (s. unter Parentino S. 354). — Gall. des Vatikan N. 5: Pietà (s. unter Giov. Bellini S. 156).

Treviso, Stadtgall.: Maria mit Kind, Halbfig., von Giov. Bellini (s. S. 151).

Turin, Museum N. 97: Maria mit Kind und dem Knaben Johannes nebst 5 Heiligen, schönes Bild, doch stark übermalt, ursprünglich vielleicht von des Meisters Hand; Bibliothek: Beschneidung Christi, Miniatur von Francesco Mantegna oder Caroto.

Venedig, Mus. Correr N. 28: Christus am Kreuz zwischen

---

[115] s. Susanni, Nuovo prospetto di Mantova, 1818, S. 75.

[116] Die Inschrift von Selvatico (Vasari V, 201) für Fälschung erklärt; das Bild war beim Besuch der Verf. in Pavia unsichtbar.

[117] Wir kennen zwei Wiederholungen desselben: eine in der Samml. P. Stroganoff in Petersburg, angebl. Beltraffio, eine zweite mit dem gebührlichen Namen des Bonsignori in der Sammlung des Marchese Campori in Modena.

Maria und Johannes, Holz (s. unter Ercole Roberti Grandi). S. Giobbe: der todte Christus, Halbfig., von einem der Vivarini.

Wien, Gall. Liechtenstein: Brustbild eines Mannes in rothem Gewand und rother Mütze, nicht von Mantegna, wenn auch dem 15. Jahrh. angehörig.

München, Alte Pinakothek, Saal N. 549: Maria mit Kind und Heiligen (s. unter Bono von Ferrara S. 371).

Liverpool, R. Institution N. 29: Maria mit dem Leichnam Christi im Schoosse; vermuthlich Theil einer Predelle des Ercole Roberti Grandi, von welcher zwei andere sich im Museum zu Dresden unter N. 148 u. 149 befinden (s. später Ferrareser Schule).

London, bei Earl Dudley: Pietà (s. unter Crivelli S. 90); bei Lord Elcho: zwei kleine Tafeln mit Petrus und Paulus (s. unter Montagnana S. 362).[118]

Mantua, S. Andrea.

Die Altarstücke in der Familienkapelle zu S. Andrea in Mantua, welche vielfach für Arbeiten aus der letzten Zeit Mantegna's angesehen werden, sind in einer Weise behandelt, welche dieser Annahme widerstreitet und werden richtiger den Schülern zugewiesen. Das eine (Maria mit Kind und der heil. Elisabeth mit dem Knaben Johannes zur Linken, Joseph und Zacharias zur Rechten) ist ein stark übermaltes Oelgemälde aus der mantegnesken Verfallzeit, das andere (Taufe Christi, ebenfalls in Oel)[119], in den meisten Theilen übergangen, rührt vermuthlich von den Söhnen des Meisters her. Mit ihnen beginnt schon der Niedergang der Kunst in Mantua, welche sich bald wieder auf der Stufe befand, die sie vor Mantegna's Erscheinen innehatte.[120] Etwas mehr Ehre

---

[118] Die Herausgeb. des Vasari-Lem. V, 197 erwähnen 4 Bilder Mantegna's nach Angabe Waagens, die sich in dessen Works of Art and artists in England I, 294 ausser den Triumphbildern in Hampton-Court befinden sollen, jedoch die dort aufgezählten Bilder sind Bestandtheile der Gall. König Karl I., von denen sich eins in Madrid befindet. In der weil. Sammlung Northwick zu London (jetzt zerstreut) befand sich unter N. 98 des Katalogs eine kleine Tafel mit Triumphal-Procession (h. 2 F. 4, br. 4 F. 9), ähnlich einer anderen von gleichem Stil in Cobham-Hall, auf welche wir später unter der Friauler Schule zurückkommen. Andere sogen. Mantegna-Bilder jener Sammlung waren unecht. — In der Gall zu Mainz, wo sich eine Madonna des Mantegna befinden soll (s. Comment. zu Vasari V, 203), suchten auch wir vergebens nach einer solchen.

[119] Beide auf Leinwand. In derselben Kirche befindet sich ausserdem ein Leinwandbild mit der Bestattung Christi, eine leblose Arbeit des 16. Jahrh., und eins mit der Heimsuchung, das keine Spur von Mantegna's Kunst an sich trägt.

[120] Ueber die ältern Maler von Mantua (Henregeto oder Prevedo qm. Jacobini de Bucentoris, Petrus de Mantua, die Pavesi, Taddeo Crivelli, Franco de' Russi, An-

machen der von ihm begründeten Richtung die Deckenstücke in der Kapelle zu S. Andrea (die 4 Evangelisten und Engel)[121], an denen man eine Mischung des mantegnesken Charakters mit dem des Costa wahrnimmt. Wenn hierin die Weise ausgeprägt sein sollte, welche Francesco Mantegna vertritt, so könnte man ihm am füglichsten den kreuzschleppenden Christus in Christchurch zu Oxford[122] und die etwas abgewandelte Wiederholung des Bildes im Besitz weil. Dr. Bernasconi's in Verona[123] zuschreiben, welche beide unter dem Namen des Vaters gehen; ausserdem gehört dem Francesco wohl auch ein Noli-me-tangere in der National-Gallerie zu London an.[124]

Oxford. Verona. London.

Die Wirksamkeit der beiden jüngeren Mantegna bietet, soweit wir sie verfolgen können, wenig Interesse. Francesco, dessen Geburtsjahr bisjetzt unbekannt ist, war vielfach in den Sommerschlössern

tonio Bolognino, Francesco qm Andrioli de Banemo u. A.) gibt d'Arco, Arti I, 14 ff. Bericht. Wir bemerken von Trecentisten-Werken in Mantua: an Torre della Gabbia (jetzt Privathaus) Ueberbleibsel von Malereien giottesken Charakters, enth. die Verlobung der heil. Katharina, die Kreuzigung, Jesus bei den Schriftgelehrten und die Anbetung der Könige, alle von verschiedenen Händen. Vasari behauptet (VI, 86) Stefano da Zevio von Verona habe in Mantua gemalt; möglicher Weise sind diese Stücke von ihm, jedoch haben sie mehr Giotteskes als diejenigen, welche man ihm in Verona zuschreibt. Im Dom zu Mantua, in der Cappella dell' Incoronata, ist ferner ein rohes Freskobild, darstellend Maria mit dem Kinde und dem heiligen Leonhard (Halbfig.), bez. „d. btolomeus de artusis de cremona fecit fieri die. 26. 8. 1432" (?).

[121] Sie sind sehr schadhaft; Lorenzo Costa's Einfluss ist hier offenbar, wenn sie nicht gradezu von ihm herrühren.

[122] Oxford, Christchurch, Leinw., h. 2 F. $\frac{1}{2}$, br. 2 F. $6\frac{1}{4}$; Christus von magerem Antlitz mit offenem Munde und struppigem Haar, hat vor sich 3 Männer, hinter sich Soldaten in Helmen, welche im Typus an Costa erinnern; die Gewandung bricht in Ziekzack-Falten, die Farben der Kleider haben grelle Gegensätze, das Fleisch trüben Ton. Vielleicht ist es das in dem Mantuanischen Inventar von 1627 erwähnte Stück, s. d'Arco, Arti II, 156.

[123] Verona, Samml. Bernasconi, Leinwand, Temp., Fig. $\frac{1}{3}$ lebensgr.: Christus trägt das Kreuz, hinter ihm ein Mann in gelbem Kopftuch; die Manier ist im Ganzen die des vorigen, eher etwas besser, die Farbe trüb und bräunlich.

[124] London, Nat.-Gall. N. 639, Holz, h. $16\frac{3}{4}$, br. 12: Christus im Profil, über ihm hängt ein Weinstock herab, der von einem verdorrten Baum gestützt ist, auf der andern Seite ein Vogel, der sein Nest gegen eine Schlange vertheidigt, links ein Bienenstock. Die Behandlung ist gut, die Färbung lebhaft und reich, sodass man auch an Caroto denken kann. — Von mantegneskem Charakter, wenn auch von den eben genannten Bildern etwas abweichend, sind zwei Stücke der Casa Susanni in Mantua: zwei Engel auf grünem Grund mit den Leidenswerkzeugen (Leinw., Temp.); sie erinnern an die Porträts in der Sammlung zu Hamilton bei Glasgow (s. oben S. 407); ferner in S. Maria della Carità in Mantua: ein Heiliger aufrecht in einer Nische, Leinw., Temp., in allen dreien ist die Formgebung eckig, die Farbe von dickem Körper.

Marmirolo und Gonzaga für den Markgrafen beschäftigt und hat den Vater zehn Jahre überlebt; Lodovico scheint dagegen nach Andrea's Tode die Malerei ganz aufgegeben und sich völlig dem Hofdienst gewidmet zu haben. Der Enkel des Meisters, Andrea, liess zu Ehren seines Grossvaters die schöne Porträtbüste von Sperindio aus Mantua auf dessen Grab setzen.[125].

Ein andrer mantegnesker Maler, von dem wir einige beglaubigte Gemälde haben, ist Antonio da Pavia. Seine Arbeiten, an denen der Zusammenhang mit der lombardischen Kunst das Interessanteste ist, bewahren nur noch die äussere Geberde von Mantegna's Stil. So lässt ihn das Bild der Maria mit Kind und vier Heiligen im Museo Virgiliano in Mantua erscheinen[126], eine rauhe, in scharfen Gegensätzen grob zugeschnittener Licht- und Schattentheile gehaltene Tempera, die sich wie Stilkreuzung zwischen Bartolommeo Vivarini und den Mantegnesken ausnimmt.

[125] vgl. Gaye, d'Arco a. a. O. und Coddé. Die Büste Mantegna's, i. J. 1797 mit nach Frankreich gekommen, aber 1816 zurückerstattet, trägt die Inschrift: „Esse parem hunc noris si non praeponis Apelli Aenea Mutiniae qui simulacra vides."

[126] M. auf steinernem Throne sitzend, links Hieronymus und Antonius von Padua, rechts die beiden Petrus; an der Lehne des Thrones innerhalb eines Medaillons die Inschrift: „Esse dei matremque hominis cui contigit uni Alma fave hic populo qua pietate vales", unten auf Zettel bez. „ANTS PAPIESIS. P" (Leinw., Temp.). Von gleicher Beschaffenheit ist die Bekehrung Pauli im Museum zu Verona Saal II. N. 22, ein hässliches Stück Arbeit, und eine rohe Darstellung der Geburt Christi, unter Mantegna's Namen im Besitz des Sign. Mangini, Apotheker in Piove. Hierher gehört endlich eine Verkündigung zwischen vier Heiligen, Altarstück in zwei Reihen mit Scenen aus dem Leben Maria's und Christi in der Staffel, angeblich von Antonio da Murano, in S. Maria di Castello in Genua, welches ebenso wie das in Mantua erwähnte Bild einige Vergleichspunkte mit der Weise des Andrea da Murano bietet, wie sie z. B. in Mussolone (s. S. 77) vertreten ist.

ACHTZEHNTES CAPITEL.

Die Künstler von Vicenza.

Fast alle Malerschulen Norditaliens empfanden und verwertheten den Einfluss Mantegna's: die Paduaner hielten mit eigensinniger Starrheit an seiner Weise fest, die Venezianer modelten ihren Stil theilweise nach seinen Vorbildern, die Vicentiner, Veronesen und Ferraresen nahmen seine Manier mit Begierde an. Von ihnen allen haben die Maler von Vicenza am wenigsten Beachtung gefunden; sie waren allerdings keine Künstler ersten Ranges, noch auch darnach begabt, um über Italien hinaus berühmt zu werden, aber es zeichnet sie eine ursprüngliche Tüchtigkeit aus, der man Achtung nicht versagen kann.

Schon bei Francesco Verlas, dessen Kunststellung früher betrachtet wurde[1], ist neben perugineskser auch mantegneske Einwirkung in gewissem Grade bemerkbar; bei seinen Landsleuten Speranza, Bartolommeo Montagna und Buonconsiglio tritt sie stark hervor.

[1] vgl. Band IV, 377. Den dort aufgeführten Bildern fügen wir hier noch bei: in Padua, Casa Piovene (ursprüngl. in der Familien-Kapelle zu Lugo im Vicentinischen): thronende Maria zwischen Joh. d. Täufer, Augustin, Franciskus und Hieronymus (Leinw., Fig. $^2/_3$ lebensgr.), ein Bild von umbrischem Gepräge mit perugineskser Smorphia; etliche Köpfe fleckig, der untere Theil aufgefrischt; in Trient, Kathedrale (hoch oben im rechten Querschiff): Maria mit Kind thronend zwischen 4 Heiligen, worunter Antonius Abbas, auf Zettel bez. „F. Verlus. D. Vicentia pinsit MDXV"; stark nachgebessert und übergangen. Vasari XIII, 105 nennt den Maler Francesco Veruzio.

Von Giovanni Speranza sind bisher keinerlei Lebensnachrichten bekannt geworden, wir erfahren nur, dass sich Bilder von ihm in Kirchen Vicenza's befanden; Vasari nennt ihn neben Verlas als Mitschüler des Montagna bei Mantegna[2]; ob aber beide dem paduanischen Meister nahe gestanden haben, ist trotz ihrer künstlerischen Abhängigkeit von seinem Stile dennoch zweifelhaft. Die Madonnenbilder des Verlas fallen in die Jahre um 1520, Speranza war vermuthlich sein Altersgenosse, er wie Montagna können den umbrischen Zug ebensogut aus unmittelbarer Quelle wie durch Vermittlung des Verlas erhalten haben. Wir besitzen zwei Altargemälde des Speranza, beide mit seinem Namen bezeichnet: das eine in S. Giorgio zu Velo, das andere in der Gallerie zu Vicenza.

Das erste enthält die in einem Hofe thronende Maria, von Georg und Martin links, Antonius und Sebastian rechts umgeben, nebst musicirenden Engeln, in der Lünette den Schmerzensmann mit zwei Engeln; bez. „lo Sperãtie de Vagentibus."[3] Velo, S. Giorgio.

Das zweite ist ein grosses Bild der Himmelfahrt Maria's, die von Engeln umringt und gestützt zu Gottvater emporschwebt; unterhalb links Thomas mit dem Gürtel der Jungfrau, rechts Hieronymus, beide knieend; in der Staffel in kleinen Gestalten die 11 Apostel aufschauend; bez. „Ioannes S. . . . . . . pinxit.[4] Das Ganze in einem Pilaster-Rahmen mit Grotesk-Ornamenten. Vicenza, Gallerie.

Das Madonnenbild in Velo zeigt auffallend gestreckte Figuren und eine Gezwungenheit der Geberde, die auch dem Verlas anhaftet, das Fleisch hat sehr gleichmässige blassgelbe Färbung und wird durch spärliche dunkle Schatten ungenügend modellirt, die Engel des Lünettenstückes haben die Trockenheit des Montagna und Buonconsiglio. Das Altarstück in Vicenza ist eine unbe-

---

[2] Vas. XIII. 105.

[3] Velo bei Vicenza, Holz, Temp., Fig. 1/2 lebensgr. Stark beschädigte Stücke an Brust und Bein des Christus, dem Mantel Maria's und dem Thronhimmel; der Himmel und Theile des Mantels der Hauptfigur übermalt; auch an andern Stellen sind Spuren von Abschabung und Nachbesserung, die Farbe verdirbt sichtlich.

[4] Vicenza, Gall., Holz, Temp., Fig. 3/4 lebensgr. (ehemals in S. Bartolommeo zu Vicenza, s. Vendramin Mosca's Guida di V. S. 7, Boschini, Gioieli pittoreschi etc. di Vicenza, Venedig 1677, S. 86, 87), stark beschädigt und entfärbt, besonders der Mantel Maria's.

deutende in einzelnen Motiven ziemlich kindische Nachbildung der dem Pizzolo zugeschriebenen Assunta in der Eremiten-Kapelle zu Padua; einer der anbetenden Heiligen (Thomas) gehört offenbar dem Buonconsiglio an. Dies lässt vermuthen, dass Speranza zu Montagnana's Zeit in Padua gewesen und den Buonconsiglio als Gehilfen zur Seite gehabt hat. Bei der Mühe und Genauigkeit der Nachahmung, welche die abgezehrten Formen und die bruchige Gewandbehandlung beibehält, aber die Heftigkeit des Ausdruckes vermeidet, kann Speranza die Macht des mantegnesken Stiles nicht erreichen; seine Tempera hat weder den kräftigen Auftrag noch den metallischen Anstrich der Ferraresen, sondern Blässe und trüb-rosigen Hauch. Einige Arbeiten seines Pinsels zeigen nähere Verwandtschaft mit Montagna, an dessen Jugendleistungen besonders eine Halbfigur der Maria mit Kind und an-
Vicenza, Casa Nievo. betendem Stifter in Casa Nievo zu Vicenza erinnert, ein Bild, in welchem sich umbrische Gelassenheit und stäte Bewegung mit Unfertigkeit der Form verbindet, und das auch in technischer Beziehung als Oelgemälde sich den Produkten des bedeutendsten vicentiner Meisters an die Seite stellt.[5] Die Aehnlichkeit wird sogar so gross, dass die letzten Arbeiten Speranza's mit den ersten des Montagna zusammenzufliessen scheinen; die Madonna des
Belluno, Sml. Agosti. Grafen Agosti in Belluno z. B. hat ebensoviel vom Einen wie vom Andern.[6] Dennoch sehen wir das Verhältniss Beider nicht so an, dass Montagna Speranza's Schüler gewesen wäre — diese Annahme verbietet der gänzliche Mangel an Nachrichten — sondern sie sind wahrscheinlich als Genossen zu denken, die zuweilen ineinander arbeiteten. In S. Corona[7] und in S. Chia-

---

[5] Holz, Oel. Maria hinter einer Brüstung, auf welcher das Kind steht mit Kirschen in der Tunika, hinten Landschaft und Himmel von grünem Vorhang unterbrochen, links das Brustbild des Stifters, an der Brüstung bez. „Ioannes Speraucic pinxit"; das Bild ist alla prima gemalt mit dünnem röthlich gelben, aber klarem Farbenauftrag.

[6] Belluno: Maria, Halbfig., mit dem auf der Brüstung auf weissem Kissen sitzenden Kinde, welches dem Stifter die Hand zum Kusse reicht; Hintergrund Golddamast, Landschaft und Himmel (übergangen). Die Ausführung scheint zu gut für Speranza und nicht gut genug für Bart. Montagna. Maria hat weiches regelmässiges Gesicht von Montagna's Gepräge, der Stifter sieht mehr nach Speranza aus, das Kind ist von dürftiger Bildung.

[7] Vicenza, S. Corona: Zwei Tafelbilder an den Seiten des ersten Altars, links vom Portal, jedes einen Heiligen ent-

ra[6] zu Vicenza haben wir noch einige Beispiele dieser Annäherung an Montagna. Seine Madonna in Casa Piovene in Padua[9] und eine andere mit dem Kind und dem heil. Joseph in der Sammlung des Mr Vernon in England bieten keine neuen Merkmale dar.[10] — Vicenza. Padua. England.

Bartolommeo Montagna, in Brescia oder wenigstens von brescianischen Aeltern geboren[11], begann zwischen 1470 und 80 selbständig aufzutreten, was daraus hervorgeht, dass er 1483 schon Altarbilder geliefert hatte.[12] 1484 finden wir ihn in seinem selbsterworbenen Hause in Vicenza.[13] Wie er an künstlerischer Gesinnung und Kraft seinen vicentinischen Zeitgenossen weit überlegen war, so gewann er auch sehr bald ausserhalb seines Wohnsitzes Ruf. Zu einer Zeit schon, als sein Stil, wie wir jetzt beurtheilen können, noch keineswegs zu voller Reife gekommen war (i. J. 1487) fand er Beschäftigung in Bassano.[14] Die ersten

haltend (Dominikus und Bernardo da Campo, letzterer bez. „Ioañes Sperancia pinsit"), auf beiden der Hintergrund übermalt.

[6] Vicenza, S. Chiara (s. Mosca, Guida 23 u. Boschini, Gioieli 51): Maria mit Kind, thronend zwischen Franciskus und Bernardin (oder Antonius von Padua), sehr beschädigt und ausgebessert, auf Zettel die zweifelhafte Inschrift: „Opus Ioannes Speraza 1441" (?).

[9] Padua, Casa Piovene, Halbfig., mit betendem Stifter bez. „Io. Speranza pin", aber stark übermalt.

[10] Auf der Ausst. in Manchester 1857 N. 295. bez. „Giovanni Speranza", Eigenthum des G. E. A. Vernon. — Im Stil des Verlas und des Speranza: Padua. Gall. N. 20 (?) Maria das Kind anbetend mit Katharina u. einer zweiten Heiligengestalt; N. 40: Maria mit Kind, schwache, aber klar gefärbte und sauber durchgeführte Bildchen. — Nicht mehr nachweisbar sind: in Vicenza, S. Tommaso: Unglaube des Thomas mit einer knieenden Nonne (Boschini, Gioieli 54); S. Francesco: Maria mit Kind zwischen Joseph und Antonius von Padua, mit einer kleinen Darstellung der Geburt Christi am Throne Maria's (Gioieli 86 und Mosca's Guida 46); S. Giacomo (Carmelitani): Kreuzigung des Kindes S. Simonetto zu Trient (Gioieli 106, Mosca 52); S. Bovo: Maria mit Kind zwischen Paulus und S. Bovo (Gioieli 126); S. Bartolommeo (?), Altarbild: Maria zwischen Joh. d. Täufer, Augustin, Hieronymus und Bernardin, in der Predella Taufe Christi, Verlobung Maria's und Ecce Homo; auch die Decke der Kapelle enthielt Fresken „im Stil des Speranza" (Gioieli 88, wogegen Mosca 7 die Decke für Arbeit des Montagna erklärt).

[11] In einem Testament v. J. 1480, bei dessen Abfassung er Zeuge war, wird er genannt „Bartolommeo Montagna quondam Antonii ab Ureis novis (Orzinovi bei Brescia) et habitator civ. Vincentiae"; s. Magrini, Elogio di Bart. Montagna S. 43.

[12] Gaspar Trissino setzte ihm in seinen Testament, Vicenza 30. Juni 1483, als Restzahlung für ein Bild in der Kirche del Lazaretto die Summe von 5 Dukaten aus. Magrini a. a. O. 34, 43.

[13] vgl. den Kaufabschluss v. 5. März 1484 und das Testament, bei Magrini a. a. O.

[14] Unterm 9. März 1487 erhielt er Zahlung von der Commune zu Bassano's. Magrini a. a. O. 44. — Gegenwärtig finden wir keine Arbeiten Montagna's in

Gemälde, die wir verfolgen können, erheben sich noch wenig über das Durchschnittsmaass der Leistungen seiner Zeit- und Landesgenossen; es sind dies drei Madonnen: eine in Bergamo (wahrscheinlich v. J. 1487), eine zweite (Anbetung des Kindes) vermuthlich um dieselbe Zeit gemalt, im Museum zu Vicenza, und eine dritte in S. Giovanni Ilarione in der Umgegend dieser Stadt:

Bergamo. In Bergamo, Gall.: Maria mit dem Kinde zwischen Sebastian und Rochus, hinter dem mit Vorhang versehenen Throne eine Brüstung, durch welche Landschaft und Himmel hereinblickt; bezeichnet „B. Montagna f.“[15]

Vicenza. In Vicenza, Gall.: Maria das Kind anbetend, umgeben von den Heiligen Monica und Maria Magdalena; grüner Vorhang und Landschaft.[16]

S. Giov. Ilarione. In S. Giov. Ilarione bei Vicenza: Maria zwischen Antonius von Padua und Johannes dem Evangelisten thronend, hinter dem Thron ein vergoldeter gemusterter Verschlag, über welchen Bäume ragen; bez. „B-rtholomeus Montagna pinxit.“[17]

Die Bilder, förmlich in der Anordnung, sind höchst sauber ausgeführt, in den Einzelheiten des Vordergrundes sogar ängstlich genau, und verrathen noch wenig von der nachmaligen Grösse seines Stils. Das erste zeigt sicheren Ausdruck der Bewegung und bewussten Vortrag, aber hagere und steife Formen, bruchige Gewandung mit mangelhafter Körperlichkeit und Gesichter von dem phlegmatischen Schlage Speranza's; die Farbe, eine zähe derbe Tempera, ist hart und eintönig. Die beiden andern, im

Bassano vor, aber in der Gall. daselbst ist ein Bild des alten Giacomo Bassano (N. 15 Maria m. K. zwischen 2 Heiligen) bezeichnet und mit der Jahrzahl 1518 versehen, welches an den Stil Montagna's erinnert.

[15] Bergamo. Holz, h. 0,58, br. 0,58; ehemals (i. J. 1816) im Besitz des Grafen Brognoli in Brescia (s. Campori, Lettere 418). Auf der Rückseite der Tafel liest man: „Mr Btolomaens Mõtagna brixianus habitator Vincetiae hunc depinxit etc. 1487“; es ist sehr stark abgescheuert.

[16] Vicenza, Gall. N. 8, aus der Kirche S. Bartolommeo; der Vorhang vom Alter verdunkelt, der rothe Mantel Maria's verblichen, der Vordergrund abgerieben; das Bild wird in allen Lokalbeschreibungen erwähnt.

[17] Holz. Fig. unter Lebensgr. Gemalt für die Familie Balzi-Schiavone und ursprünglich in S. Lorenzo zu Vicenza (Gioieli 104, Ridolfi, Marav. I, 141). Der Kopf Maria's hat hier vermöge seiner gezierten Haltung Aehnlichkeit mit Filippino Lippi, Johannes (an dessen Gewand mehrere Stücke abgesprungen sind) ähnelt in seiner Weichheit dem Pinturicchio. Die Farbe durch Feuchtigkeit verdorben und verändert; das technische Verfahren zeigt eine Mischung von Tempera und Oel.

allgemeinen Charakter übereinstimmend, zeichnen sich ebenfalls durch die umbrische Gelassenheit und Ruhe der Figuren aus, wie wir sie bei Speranza und Cotignola wiederfinden; die Gesichter haben schon hier das Gepräge, welches Montagna immer beibehält: langes Oval, dünne cylindrische Nase, runde Brauen, kleinen Mund mit rundem Kinn und etwas vortretende Augen mit grossem Oberlid.

Wenn solche Leistungen erkennen lassen, dass Bartolommeo am Beginn seiner selbständigen Thätigkeit, die ihn als Zögling der lokalen Schule Vicenza's ausweist, noch ziemlich unfertig war, so wird er nichtsdestoweniger um das Jahr 1490 ausdrücklich als „berühmter“ Maler genannt.[18] Die Nähe Venedigs gab ihm Gelegenheit, sich mit den Hauptmeistern der damals aufblühenden Schule bekannt zu machen; er lernte die Compositionsweise der Bellini würdigen und fühlte sich offenbar von dem kräftigen Naturell Carpaccio's angezogen; sein Geschick für die Zeichnung bildete sich aus, daneben die Neigung zu realistischer Wiedergabe des Nackten und zu energischer Geberdensprache. Aus der Zeit dieser Umwandlung wird seine thronende Madonna mit Onofrius und Johannes dem Täufer in der Gall.[e] zu Vicenza stammen, die durch trüben braunen Gesammtton und durch Hagerkeit der Figuren auffällt.[19] Vicenza, Gall.

Die Reife erhielt sein Stil jedoch erst nach dem Aufenthalte in Padua. Es scheint, er ist i. J. 1491 einige Zeit hier sesshaft gewesen, wenigstens hat er ansehnliche Arbeiten zurückgelassen: so das Fresko der Kreuzigung in Praglia[20], an welchem die männ- Praglia, b. Padua.

---

[18] „Celeberrimus pictor“ heisst er in einer Urkunde v. 10. Juni 1491. welche sich auf Verkauf eines Landbesitzes bei Vicenza bezieht, den Montagna laut Urkunde v. 16. Dec. 1458 erworben hatte; sein Sohn Benedetto ist in einem Instrument v. 22. Mai 1490 als „magister pictor“ erwähnt (s. Magrini a. a. O. 34).

[19] Vicenza, Gall. N. 19. Fig. 3/4 lebensgr. (ursprüngl. in S. Bartolommeo), Holz, Oel, stark beschädigt bez. „opus bartholomei. m.“ Als Bühne des Bildes ist ein umschlossener Raum, ähnlich wie auf N. 8 derselben Gall. gedacht, hier mit Lorbeergehänge. Maria hält das nackte Kind, welches auf ihrem Schoosse sitzend in einem Buche blättert, Onofrius ist fast ganz nackt, beide Heilige deuten mit dem Finger auf die Hauptgruppe. Am Mantel Maria's sowie an der Figur des Täufers, namentlich an den Beinen, fehlen einige Stücke.

[20] Praglia, Refectorium: der Gekreuzigte zwischen Maria und Johannes, am Fusse des Kreuzes Magdalena, rechts eine knieende Figur. Das Fresko war übertüncht und ist wieder herausgekratzt,

liche Erscheinung und das Uebergewicht des Kopfes auf Berührung mit Montagnana deuten; ausserdem hatte er, nach unserer Annahme, auch bedeutenden Antheil an dem Cyklus von Bildnissen im bischöflichen Palast in Padua, von welchem schon die Rede war.[21] Er übertrifft hier den namensverwandten Genossen nicht blos an Vielseitigkeit der Auffassung und malerischer Begabung, sondern auch an Wahrheit und Reichthum der Geberdensprache, an richtiger Anwendung der perspektivischen Gesetze und im Stil der Gewandung. Letzteres zeigt sich besonders an den Wandbildern des Vescovado, wo an den Kleidern der umbrische Zwickelbruch bemerklich wird, während die Töne freier zusammengestellt sind; und wenn auch die Formgebung noch die knöcherne Herbigkeit beibehält, die ihm und dem Montagnana gleichmässig eigen ist, so sind doch die Figuren mit eigenthümlichem Leben erfüllt und verrathen längere Beobachtung Carpaccio's. Dass ihn der Aufenthalt in Padua mit dem fähigsten Vertreter des mantegnesken Stiles in Beziehung brachte, war natürlich, umsomehr mussten die Vorbilder des grossen Meisters selbst auf ihn einwirken, und davon geben seine nachfolgenden Fresken und Altarstücke hinreichendes Zeugniss. Das bedeutendste derselben in Padua ist das Altarbild der thronenden Maria mit Kind zwischen Petrus, Johannes dem Täufer, Katharina und Paulus in S. Maria in Vanzo.[22] Es verbindet die Strenge und Kraft Mantegna's mit der Trockenheit, Schärfe und kühnen Abstimmung von Grundfarben, wie wir sie bei Carpaccio finden; die schwermüthige Ruhe in dem regel-

Padua. Vescovado.

Padua, S. M. in Vanzo.

aber die 5 unteren Figuren sind übermalt und der Gottvater mit Engeln im Bogenfeld nur undeutlich sichtbar. Die Urheberschaft Montagna's bezeugt der Anon. des Morelli 3. Ueber die Madonna in Mont' Ortone in Padua, welche Vasari ihm zuschreibt, vgl. oben bei Montagnana S. 361.

[21] s. oben bei Montagnana S. 359, 361.

[22] Padua, S. M. in Vanzo, Hochaltar, Leinw., Oel, das Ganze als Portikus behandelt, an der Thronstufe zwei musicirende Engel, im Rahmen darunter 3 Medaillons, von denen zwei die recht dürftigen Figuren des Laurentius und Franciskus enthalten. Im Vordergrund des Hauptbildes am Ast einer Birne ein Zettel mit der Inschrift „Opus Bartolomei Mõtagna." Die Fleischpartien haben röthlichen Stich und sind in Carpaccio's Weise prima aufgetragen. — Das in derselben Kirche, in der Apsis befindliche Fresko der Krönung Maria's mit dem heil. Lorenzo Giustiniani und Anderen, welches ebenfalls dem Bart. Montagna zugetheilt wird, scheint von späterer Entstehung und ähnelt dem Stile des Girolamo del Santo (s. Brandolese, Pitt. di Padova 73).

massigen Antlitz Maria's sticht charakteristisch von dem geschlossenen Ernst im Ausdrucke der Heiligen ab, und die Kleidung ist den Leibern so straff angepasst als wenn sie von Erz wäre.

Von Padua, wo Mantegna noch Manches gearbeitet hat, was nicht auf uns gekommen ist[23], wanderte er auf den Ruf des Baurathes der zu Ehren des heil. Blasius in der Kirche S. Nazaro e Celso gegründeten Kapelle nach Verona. Im Sommer 1491 war die erste Messe im neuen Gebäude gelesen worden, welches die Reliquien des Heiligen barg, und es wurde beschlossen, die Kuppel von Falconetto ausschmücken zu lassen, während Montagna die Lieferung des Altarbildes der Apsis und die Dekoration der Wände und der Nische übernahm. Beide Maler wurden zu gleicher Zeit (1493) fertig, aber Montagna's Wandgemälde sind durch die Feuchtigkeit fast zerstört worden, und sein Altarstück wurde in Folge lokaler Eifersucht der Veronesen durch ein Bild des Bonsignori verdrängt. Was aber an Ort und Stelle sowohl wie anderwärts noch davon übrig ist, hat für die Entwicklung des Meisters grossen Werth:

In den Segmenten der Apsisnische sieht man den heil. Blasius

---

[23] Verloren gegangen sind: Padua, Casa Marco da Mantoa: Kopf Maria's (Anon. d. Mor. 25); in S. Antonio: Fresko darstellend die heil. Justina, am zweiten Pfeiler rechts (Anon. 7, 8). Nach demselben Gewährsmann (Anon. d. Mor. 10) soll Montagna auch in der Scuola del Santo gemalt haben. Die dortigen Fresken erheischen deshalb eine kurze Prüfung. Die Darstellungen sind von verschiedenen Künstlern zu verschiedener Zeit gemalt. Etliche sind von Tizian; diese gehören der Legende des Antonius von Padua und des Beato Luca Belludi an; nur drei der vorhandenen regen Zweifel bezüglich des Urhebers auf; nämlich an der Altarwand: 1) Antonius wehrt dem Ezzelino (im Hintergrund Padua), 2) Antonius durch Wunderkraft ein Gewitter abwendend. Diese stellen sich als eine Mischung squarcionesken Stils mit deutscher Weise dar, die Gestalten sind gedrungen und gemein, haben aber doch noch entfernte Aehnlichkeit mit Montagna. Wenn sie ihm angehören, so beweisen sie nur, dass er sich während seiner Thätigkeit ungemein vervollkommnete. Die Composition ist ärmlich, den Figuren fehlt es trotz der Entschiedenheit der Handlung und Bravour des Vortrags an Leben und die Farbe ist röthlich und rauh. (Das Bild der Abwehr Ezzelino's lässt die Bekanntschaft des Malers mit Kupferstichen des Lucas von Leyden vermuthen); 3) (links vom Altar) Antonius dem Luca Belludi erscheinend, Hintergr. Kirche S. Antonio und zahlreiches Volk zu Fuss und Ross. Dieses Stück gehört in den Anfang des 16. Jahrh. und erinnert lebhaft an Filippo da Verona oder Michele da Verona, die Grobheit der Figuren hat bei Montagna nirgends ihres gleichen. vgl. Gonzati, Basilica I, 291 und 288; an einer der Figuren des letzten Bildes steht der Name „Acalini“ (Fogolino?).

Verona. S. Nazaro e Celso.

mit 6 Genossen, die Darstellungen der 4 Wände sind der Legende desselben entnommen: 1) Blasius in weisser Tunika mit rothem Mantel in der Einsamkeit von allerlei Thieren umringt, welche seinen Segen empfangen, 2) Heilung eines Krüppels auf dem Wege ins Gefängniss, 3) Seine Tortur mit der Hechel; 4) Die Hinrichtung.[24]

Ausserdem an den Seiten eines Altars: Johannes der Täufer begleitet von den Heiligen Benedikt und Nazarus und Celsus; im Querschiff: Christus im Grab von Engeln gehalten, die heil. Juliana und eine zweite Märtyrerin. — Die Flügelstücke des Altarbildes befinden sich zum Theil getrennt im Haupt- und Querschiff zu S. Nazaro e Celso und der Sammlung Bernasconi: hier der heilige Blasius und ein Mönch, dort zwei Heiligenpaare, links Johannes der Täufer und Benedikt als Bischof, rechts Nazarus und Celsus in Ritterkleid mit Märtyrerpalmen, sämmtlich unter einem aus buntem Marmor gebauten Portikus auf Mosaikfussboden stehend, ausserdem Blasius und Juliana.[25]

Ist auch die Farbe der Wandbilder dem Zerstörungswerk der Jahrhunderte erlegen, so beobachtet man doch an den eingegrabenen Figuren noch das Naturstudium, den porträthaften Realismus und die Festigkeit und Sicherheit der Zeichnung Montagna's. Er neigt durchweg zur Derbheit und zieht die nervige Körperbildung der fleischigen vor, aber seine Licht- und Schattenführung ist nichtsdestoweniger entschieden und deutlich. Der todte Christus, eine hagere abgezehrte Gestalt, hat bei aller Unfeinheit des Typus dramatischen Ausdruck, in den Heiligenfiguren herrscht kräftige Körperwirkung und gute Abwägung des Schattens, gediegene Durchbildung der Form und klares, ernstes Mienenspiel;

---

[24] Die Kapelle S. Biagio wurde am 7. Mai 1489 gegründet, die erste Messe am 23. Juni 1491 darin gelesen, die Wände waren am Ende des folgenden Monats zur Aufnahme der Malereien fertig (vgl. L. Brusco, Di S. Biagio etc. venerato in S. S. Nazaro e Celso di Verona, Ver. 1834 S. 59 ff.). Dass die Fresken in S. Biagio von Montagna sind, bezeugen Moscardo, Storia di Verona 1668 S. 96 und Dal Pozzo, Pitt. Veronesi S. 255; der Stil derselben bestätigt es. Dass Falconetto's Arbeit vollendet war, beweist Brusco a. a. O. 65. — Die Hauptfigur des 1. Bildes ist theilweis abgerieben, an dem 2. fehlen Stücke, von dem 3. sind einige Köpfe erhalten, welche schönen Porträtcharakter haben, das 4. ist fast gänzlich zerstört; wo Farbe erhalten ist, zeigt sich eintönige Röthe. — Der Kopf des Christus ist fleckig.

[25] Verona, S. Nazaro e Celso. Das Altarbild, dessen Mittelstück verloren ist, wird bei Vasari IX, 212 Anm., ohne Grund dem Girolamo dai Libri zugeschrieben. Die Stücke sind sämmtlich in Oel gemalt, Fig. ungefähr ½ lebensgross. und ebenso wie das Bild bei Dr. Bernasconi (an der Hand des Mönches) leicht beschädigt.

in den Heiligenpaaren unter dem Portikus sind besonders die sprechenden Augen wirksam, die Montagna's Bilder überhaupt auszeichnen. Die Farbenwahl ist, ähnlich wie bei Carpaccio, nicht ohne Härte, aber in sich harmonisch, der Fleischton tief, aber verschmolzen und von emailartigem Glanz. Sowohl Mantegna als auch Bellini und Carpaccio hat Montagna kennen gelernt, ehe er dieses Bild malte, aber auch Antonello's Einwirkung macht sich kenntlich, dessen halbdurchsichtiger Farbenauftrag mit seinem strahlenden Metallschein hier befolgt ist wie ihn Montagna's Freund Buonconsiglio sich mit grossem Geschick aneignete. — Noch besser und meisterlicher treten diese Vorzüge an den, wohl aus derselben Zeit herrührenden Figuren des büssenden Hieronymus und des Paulus in der Sammlung Poldi-Pezzoli in Mailand[26] hervor, zwei Bildern, welche in ihrer Formbehandlung dem Mantegna ebenso nahe kommen wie in der Färbung dem Cima und Bellini. Mailand, Samml. Poldi.

Gegen Ende d. J. 1496 kehrte Montagna von seinen Wanderungen wieder nach Vicenza heim.[27] Er übernahm im Auftrage des Cardinals Zeno ein Bild für den Dom[28], lieferte ein umfangreiches Altarstück für die Kirche im benachbarten Sandrigo[29] und war zwei Jahre hindurch an dem Madonnenbilde für die Familienkapelle der Squarzi in S. Michele beschäftigt, welches von dieser Bildergruppe allein übriggeblieben ist und jetzt der Gallerie der Brera in Mailand angehört:

In tonnenwölbiger, reich mit buntem Marmor bekleideter, durch Medaillons und Vasen geschmückter Halle, aus deren Decke eine Lampe herabhängt, und welche das Licht aus runden und rautenförmigen Oeffnungen erhält, sitzt die Jungfrau auf hohem Thron und blickt, indem sie den nackt auf ihrem linken Knie stehenden Knaben, der sie am Schleier fasst und den Arm um ihren Nacken geschlungen hat, mit beiden Händen zart umfasst, ernst auf den Beschauer herab; Mailand, Brera.

---

[26] Auf der Ausst. in Mailand 1872 N. 209 u. 210. Holz, Fig. halblebensgr., die Farben klar und tief, die Fläche von metallischer Glätte.

[27] Im September 1497 erscheint er als Zeuge bei einem Testament in Vicenza, s. Magrini a. a. O. 34.

[28] Das für den Dom in Vicenza gemalte, jetzt verschollene Bild — es stellte Maria mit dem Kinde, Joh. d. Täufer und andere Heilige dar — wurde 1502 vollendet und von Boschini, Gioieli 4 und Mosca 30 gerühmt.

[29] Das Altarbild für Sandrigo — Maria m. Kind zwischen Philippus und Jakobus, — von Moschini, Guida di Venezia II, 607 mit der falschen Jahrzahl 1449 erwähnt, ist ebenfalls nicht mehr nachweisbar.

zur Linken stehen die Heiligen Andreas, andächtig aufschauend, und Monika in vollem Matronencostüm mit einem Kruzifix in der Hand; zur Rechten der heil. Sigismund mit Kronenmütze und Scepter und Ursula mit Fahne und Märtyrerpalme, zu Maria emporblickend. Auf der untern Thronstufe vor einem Teppich sitzt ein Engel, der die Violine spielt, zwei andere, weiter vorn an der Stufe der Halle begleiten ihn mit Lauten; hier die Bezeichnung: „OPVS. BARTHOLOMEI MONTAGNA ICCCCLXXXXVIIII.“[30]

Zeigt Montagna in seinen höheren Werken eine gewisse Schüchternheit, so tritt er hier in völlig freier Grösse auf. Die Formgebung ist zwar nicht fein, aber desto entschiedener, die Umrisse zuweilen scharf, die Geberden klar und energisch. In den Gewändern herrscht Vorliebe für den eckigen Bruch nordischen Geschmacks, allein es fehlt nicht an grösseren Flächen, welche den Wuchs der Figuren deutlich machen; die Verhältnisse sind gut, Licht und Schatten weise abgewogen, in der Wahl der Lokalfarben an Kleidern und Staffage begegnet man dem derben hartgewöhnten Farbensinn; das Fleisch hat röthlich braunen mit dunkelgrauem Schatten kräftig in Wirkung gesetzten Ton. — In solcher Verbindung der Energie Carpaccio's und Signorelli's mit der muskulösen Behandlung der Mantegnesken und des Dürer hatte Montagna seine eigentliche Kunstsprache gefunden, die er fast ohne Wandel bis ans Ende seiner Thätigkeit beibehielt. — In der Provinz Vicenza fesselte ihn nicht bloss Besitzthum, sondern auch die zunehmende Zahl der Besteller.[31] Für S. Rocco in Vicenza

[30] Mailand, Brera N. 161 (86). Holz. Fig. lebensgross (an der Rückwand der Halle die Buchstaben „D. C—P. N.“, vorn links und rechts Inschriften auf Restauration bezüglich); ehemals in der Kapelle der Squarzi in S. Michele zu Vicenza, vgl. Boschini, Gioieli 44, 45 („opera veramente cosi rara come se fosse di Gio. Bellino“), Lanzi II, 118, Ridolfi I, 141. Von der Zahlung der Squarzi an den Künstler sind noch Urkunden erhalten, welche Magrini a. a. O. 45—47 wieder abdruckt. Die Summe wurde z. Th. in monatlichen Zahlungen und zwar an Montagna's Söhne Filippo und Paolo abgeführt; in einem schliesslichen Schuldbekenntniss v. 26. Sept. 1499 überweist Bartolommeo Squarzi zur Deckung aller Rückstände dem Maler ein Stück Land. — Ein zweites Bild der Brera N. 184 (115): Madonna mit Kind umgeben von Franciskus und Bernardin, früher als altflorentinisch angesehen, sehr ernst und streng, jetzt sehr beschädigt, gehört einem der Montagna an, wahrscheinlich dem Benedetto; es befand sich ursprünglich in S. Bartolommeo zu Vicenza (s. Bosch., Gioieli 95).

[31] Unterm 5. Nov. 1499 kauft er Land in Citadella und verpachtet es dem früheren Eigenthümer, im Februar 1503 ordnete er einige mit seinem von den Squarzi erhaltenen Besitz zusammenhängende Geschäfte in Vicenza (vgl. Magrini a. a. O. 34, 35).

malte er zwei Altarstücke (Madonna mit Heiligen und Christus
zwischen Rochus und Sebastian, beide jetzt in Venedig)[32], von Venedig.
denen wenigstens das eine die charakteristischen Züge des Gemäldes der Brera an sich hat; ferner für die Kirche S. Marco
in Lonigo das Madonnenbild mit mehreren Heiligen von 1500 im Lonigo.
Museum zu Berlin.[33] In demselben Jahre entstand noch die Pietà Berlin.
für Monte Berico, eine der Darstellungen, in welcher Montagna Vicenza.
den auch bei ihm leicht in die Grimasse entartenden Schmerzensausdruck durch bäuerliche Typen steigert, wobei jedoch vermöge
leidenschaftlicher Handlung und trefflicher Zeichnung ein starker
Eindruck erreicht wird[34], und eine Geburt Christi in Orgiano.[35] Orgiano.

Das Jahr 1502 war durch zwei Bilder bezeichnet: eine Madonna mit Heiligen in Sarmego[36] und eine zweite, welche der Sarmego.
Cardinal Zeno für den Dom in Vicenza bestellt hatte und die

---

[32] Venedig, Akad. N. 361: Maria mit dem in tanzartiger Haltung stehenden Kinde thronend zwischen Sebastian und Hieronymus, Holz, h. 2,15, br. 1,63, bez. mit übermalter Inschrift „OPVS BARTHOLOM. MONTAGNA.“ Die Anordnung des Thronhimmels und der Nebendinge erinnert an Carpaccio; Maria ist eine derbe Gestalt (ihr Kleid schadhaft), Sebastian ein unangenehmer Typus mit stark realistischem Ausdruck, der Ton hat olivenbraunen Stich, die Farbe ist zäh. Dass das Bild ehemals in S. Rocco in Vicenza war, sagt Magrini a. a. O. — Venedig, Akad. N. 535: die beiden Heiligen beten, ein wenig geneigt, den vor einer Wand stehenden Heiland an, Holz, h. 1,83, br. 1,62 (ursprünglich ebenfalls in S. Rocco zu Vicenza); die Figuren trocken und mager, aber von nicht so herbem Charakter wie auf dem vorgenannten Bilde. Derselben Classe gehört an: Venedig, Museum Correr N. 40, Halbfigur einer Märtyrerin, welche, reich mit Perlen geschmückt, die Rechte auf die Brust legt und in der Linken die Palme hält (Holz, h. 0,46, br. 0,38), beschädigt und fleckig.

[33] Berlin, Mus. N. 44: Maria thronend, das stehende Kind im Schoosse haltend, zu den Seiten der heil. Omobuono, Patron der Schneider, welcher einem Armen ein Almosen gibt, und Franciskus mit einer Stifterfigur in Mönchstracht und der heil. Katharina, beide letztere in kleinerem Maasstabe, bez. „MD. OPVS ... Montagna.“ Leinw., h. 6 F. 6, br. 5 F. (früher in S. Marco zu Lonigo), ein dunkelgefärbtes ziemlich eintöniges Bild.

[34] Monte Berico bei Vicenza: Maria hält den Leichnam des Sohnes im Schoosse, links Joseph (?), rechts Magdalena und Johannes, Hintergrund Landschaft, bez. „OPVS BARTHOLOM. MONTAGNA MCCCCC. V Aprile“, Leinwand, Oel. Himmel und Vordergrund neu, die Figuren sämmtlich mehr oder weniger beschädigt. — Auch das freilich stark aufgefrischte Fresko in der Sakristei derselben Kirche, ebenfalls eine Pietà, scheint von Montagna's Hand.

[35] Kirche zu Orgiano bei Vicenza: Maria und Joseph das in der Wiege liegende Kind anbetend, bez. auf Zettel „Opus Bartholomei Montagna MCCCCC“, Leinw., Fig. fast lebensgross, stark beschädigt und übermalt.

[36] In der Sakristei der Kirche zu Sarmego: Maria mit Kind zwischen den beiden Johannes, sehr beschädigt. Magrini a. a. O. 35 erwähnt ausserdem ein kleines Bild vom J. 1502 in Vicenza, welches die Verf. jedoch nicht gesehen haben.

jetzt nicht mehr nachweisbar ist.[37] Es folgt der Zeit nach das kleine Marienbild des Marchese Campori in Modena (von 1503), bei welchem der durch wohlthuende Freundlichkeit verschönte Ausdruck der Hauptfigur eine Mischung bellinesker und mantegnesker Eigenthümlichkeit bietet; auch das Motiv des Spieles mit dem Vogel, den der Knabe aus der Hand freilässt anstatt ihn, wie sonst gewöhnlich, am Faden zu halten, ist von besonderem Reiz bei einem Meister, der in der Regel so überaus ernst erscheint.[38] Daneben vertreten den grossen Stil Bartolommeo's: die von bellineskem Feingefühl und zartem Adel erfüllte Gruppe der Madonna mit Onofrius und dem Täufer, von drei Engeln begleitet, in der Certosa zu Pavia[39], und die Darbringung des Kindes in der Gallerie zu Vicenza, eine ganz symmetrisch angeordnete Composition von lauter knieenden Figuren, welche den Vorgang mit sacramentaler Weihe behandelt.[40] — Hieran reihen sich etliche ungefähr um dieselbe Zeit entstandene Arbeiten von geringerer Bedeutung in Vicenza und in ausländischen Gallerien:

(Marginalien: Modena, Samml. Campori. — Pavia, Certosa. — Vicenza, Gall.)

(Marginalie: Gallerie u. a. Bild.)

Vicenza, S. Bartolommeo: Madonna mit Kind und drei Engeln auf Piedestal, zwischen Johannes dem Täufer, Bartholomäus, Augustin und Sebastian, bez. „Bartholomeus Mōtanea pinxit“; in der Predelle: der Sturz eines Götzenbildes, Austreibung eines Teufels, Taufe eines Bekehrten, Geisselung des Bartholomäus vor dem Richter, Enthauptung; stark beschunden und übermalt, aber in der Anordnung noch an Bellini und in der Magerkeit der Formen an Cotignola erinnernd.

---

[37] s. oben S. 455 und vgl. Boschini, Gioieli 4.

[38] Modena, bei Marchese Campori: Maria (Halbfig.) hält das auf der Brüstung sitzende Kind mit der einen Hand, während die andere mit einem Buche beschäftigt ist, das daneben liegt, Hintergrund grüner Vorhang und Himmel, bez. „Bartholomei Montagna opus MCCCCCIII XIII. Aprili“; trefflich erhalten; die Technik zeigt Anlehnung an Antonello in der Art des Buonconsiglio, olivenbraune u. halbdurchsichtige aber dabei strahlende Töne.

[39] Pavia, Certosa, oberhalb des Sakristeithores (ursprünglich in S. Michele zu Vicenza; vgl. Gioieli 45, Mosca 88, Ridolfi I, 141); die Figuren lebensgross, besonders anziehend der Ausdruck des Johannes und die musicirenden Engel, Kopf und Hand des Onofrius sind übermalt.

[40] Vicenza, Gall. N. 14: Maria (links) reicht knieend dem Simeon das Kind dar, hinter ihr kniet Joseph, hinter Simeon ein Stifter, in einer Lünette der heil. Hieronymus; auf Zettel bez. „OPVS BARTOLAMIVS (sic) MONTAGNA“, Leinw., Fig. 3/4 lebensgr. (ehemals in S. Bartolommeo; vgl. Gioieli 90, Mosca 5). Es hat malerisch breite Anordnung, die Behandlung weist auf Antonello's Schule hin (halbdurchsichtige bräunliche Farbenfläche von leuchtender Klarheit).

Vicenza, S. Corona (zweiter Altar rechts): die heil. Magdalena auf erhöhtem Standort mit dem Salbgefäss in gewölbter Kapelle, umgeben von Hieronymus und Maria von Aegypten (links), Augustin und Monika (rechts), bez. „opuſ bartholomei montagna"; in der Predelle: Communion der Maria von Aegypten, Noli-me-tangere und Vision der Monika (Leinw., im Hauptbilde lebensgr. Figuren), die Gestalten nicht ohne Grösse, die Zeichnung klar, der Ton warm und bräunlich.

Vicenza, Dom, Capp. S. Caterina: Maria mit Kind zwischen Maria Magdalena und Lucia, bez. „O . u . . . . . . Montagna" (Fig. lebensgr., die Lünette mit Sebastian, Christus und Joh. dem Täufer aus dem Ende des 18. Jahrh.). Das Bild gehört dem Alter Montagna's an und ist vielleicht theilweise von seinem Sohne Benedetto vollendet. — In der Cappella Proto daselbst Ueberbleibsel eines aus der Tünche hervorgegangenen Wandbildes, darstellend die Anbetung des Kindes mit Petrus, Paulus, Joseph und einem vierten Heiligen; an die Fresken in S. Biagio in Verona erinnernd, die Formen schön und sehr genau gezeichnet, aber die Farben entstellt. In derselben Kapelle findet sich ausserdem eine knieende Porträtfigur an einem Pilaster, eine zerstörte Figur des Antonius Abbas und ein Jakobus, letzterer aufgefrischt.

Vicenza, S. Lorenzo, Capp. Proto; an der Wand über einem Grabmal, welches ebenfalls mit alten Malereien geschmückt gewesen ist, Bildreste, anscheinend Scenen aus der Legende des Petrus darstellend: Wegbringung eines Leichnams vom Kreuz links, dabei Zuschauer zu Fuss und Wachsoldaten zu Ross, andere vor einigen Häusern. Fast bis auf die Umrisse zerstört erinnern diese Ueberbleibsel an die späteren Wandbilder Mantegna's in der Eremitenkapelle in Padua.

Vicenza, Gall. N. 57: Predella mit Darstellungen zum Leben und Martyrium des heil. Blasius.[11] — Ebenda N. 65: Christus an der Säule, an die Phase Montagna's erinnernd, in welcher er dem Buonconsiglio und Antonello nahe steht. — Ebenda (Magazin): Maria mit Kind zwischen Petrus, Antonius Abbas, Paulus und einem Bischof; stark beschädigt und theilweise von Gehilfen ausgeführt.[12]

Vicenza, bei Sign. Jacopo Cabianca: Maria das sitzende Kind vor sich auf der Brüstung haltend, im Hintergrunde zwei Fenster mit Aussicht auf Himmel und Landschaft (Holz, Oel, Fig. ½ lebensgr.).

Vicenza, Casa Tressino: Madonna mit Kind in Landschaft bez. „Opus Bartolomei Montagna" (Holz, sehr beschädigt).

---

[11] Ehemals in S. Biagio und Theil eines grossen Altarstückes mit Maria und Kind zwischen Blasius, Franciskus, einem Bischof, Antonius von Padua, Bernardin und Buonaventura; s. Gioielli 94.

[12] Ursprünglich in der Kirche zu Breganze bei Vicenza; ehemals mit Namens-Inschrift und dem Jahre 1517 bezeichnet (s. Magrini 36).

Venedig, bei Sign. Felice Schiavoni: Madonna mit Kind in Landschaft, oben abgerundet, mit Pilasterrahmen aus derselben Zeit; Oel, etwas rauh; schwach behandelt und daher auf Beihilfe des Benedetto deutend, erinnert das Bild wie alle geringeren Arbeiten Montagna's an Cotignola. — Ebenda und von derselben Hand, aber besser: Maria mit Kind vor grünem Vorhang; Maria betend, das Kind ein Buch haltend (an Stirn und Wange der Jungfrau sowie an der Stirn des Knaben Spuren von Uebermalung).[43]

Genua, bei Herrn Fr. Mylius: Maria mit Kind in Landschaft, Halbfig. unter Lebensgr., Holz; ursprünglich offenbar sehr schön, aber die Figuren schadhaft und ausgebessert.

Cologna, im Querschiff der Kirche: Maria das Kind anbetend, zu den Seiten Joseph, Sebastian, Johannes und die Hirten, in der Lünette Christus im Grabe zwischen zwei Engeln, rechts und links davon Nikolaus und ein anderer Heiliger; in der Predella die Verlobung Maria's, die Beschneidung und die Flucht nach Aegypten. Bez. „Bartholomeus Montagna MDXII. di XIII. Marti“ (Leinw., kl. Format). Die Figuren gedrungen und unfrei, die Farbe von röthlich braunem Stich; stark beschädigt und übermalt.[44]

England, weil. Samml. Northwick (Thirlestaine-House): Gang nach Golgatha in halblebensgrossen Figuren von röthlichem Fleischton (Leinw.).[45]

London, Samml. Layard: 1) kleines Freskobild enth. Halbfiguren Christi zwischen einem Bischof und einer weiblichen Heiligen, bez. „Bartholomeus Mōtanea pinxit“[46], nicht ohne Nachbesserungen, aber von kräftigem Farbenton; 2) Brustbild Johannes des Täufer's (Holz, Oel), von braunem Ton, warm im Schatten, sicher vorgetragen und gut erhalten.

Paris, Louvre, Mus. Napoléon III. N. 118: Ecce Homo, auf Zettel bez. „Bartholomeus Mōtagna fecit“, Hintergrund dunkel (Holz, klein), guter, wenn auch nicht sehr feiner Akt, in der leuchtenden Färbung des Buonconsiglio (die Schatten an der Brust übermalt, die Inschrift beschädigt).

Aus Bartolommeo's späteren Jahren ist nur spärliche Kunde auf uns gekommen; 1507 erhielt er Zahlung für Malereien im

---

[43] In Venedig verzeichnet Magrini a. a. O. 38 ein Bild im Besitz des Sign. Rotamerendis: segnender Christus bez. „Opus B̄rmeus Mōtagna, Vincentia die 21 m. Otbres 1507.“ — In Rovigo, Stadtgall. N. 136: Maria mit Kind und dem Knaben Johannes; später als Montagna, in der Weise des Polidoro.

[44] Das Schuldbekenntniss der Scuola di S. Giuseppe an Montagna für dieses Bild, im Betrag von 80 Dukaten, vom 4. Nov. 1521 ist noch vorhanden; es besagt, dass dasselbe unterm 21. April 1520 bestellt war.

[45] vgl. Waagen, Treasures III. 201.

[46] Ehemals in der Capp. Tanara zu S. Giovanni Ilarione bei Vicenza. Von gleicher Beschaffenheit sind Freskenreste, welche aus S. Marcello in die Scuola elementaria zu Vicenza versetzt sind.

Stadthause zu Vicenza, die nicht mehr vorhanden sind, und verkaufte im folgenden Jahre Grundbesitz.[47] Nachdem er zweimal sein Testament gemacht und den dabei benutzten Rechtsgelehrten durch ein Marienbild abgefunden[48], starb er am 11. October 1523 und hinterliess seine gesammte Habe seinem Sohn Benedetto Montagna.[49] Dieser, seit 1490 Meister in der Gilde, scheint bei Lebzeiten des Vaters als dessen Gehilfe thätig gewesen zu sein, denn die Ziffern auf seinen Bildern beginnen erst nach denen Bartolommeo's und laufen bis in die 40er Jahre. Er erbte zwar die Praxis, aber nicht das Talent desselben, wie die besonders in Vicenza und in der Umgegend vertretenen Arbeiten ausweisen, von denen wir eine Reihe einfach aufzählen:

[47] Magrini a. a. O. 35.

[48] Die Testamente Montagna's vom 5. Oct. 1521 und vom 6. Mai 1523 stimmen fast überein und bieten kein künstlerisches Interesse dar; der Notar, welchem er für Aufsetzung der ersten Fassung „pro solutione dedit unum quadrum Virginis Mariae" (Randbemerkung im Testament) hiess Francesco Zanecchini; derselbe bemerkte bei der zweiten Testamentsabschrift am Rande „1523 die XI. Octobris. Ex hac vita migravit Dñs B̄meus." s. Magrini a. a. O. 49. — Zahlreiche Bilder Montagna's sind verschollen, andere ihm irrthümlich zugetheilt, etliche haben die Verfasser nicht gesehen; wir verzeichnen: Bologna, Gall. Ercolani: Maria mit Kind, Hintergr. Landschaft, bez. „Bartolamio Scholaro de Ze Be.", dem Montagna zugeschrieben, aber vermuthlich von einem Andern (Magrini 36, jetzt unauffindbar); Verona, S. Sebastian: Maria m. K. zwischen Sebastian und Hieronymus, mit der Jahrz. 1507; i. J. 1716 beseitigt, jetzt verschwunden (Dal Pozzo, Pitt. Veron. 56, 57 u. 262); Venedig, Scuola di S. Marco: „vi fu anco cominciata un' arca di Noe da Bartol. Montagna su la quale Benedetto Diana diede principio a una fantasia che non fu finita da lui per l'incendio" (Sansovino, Ven. descr. 286); Vicenza, Chiesa degli Angeli: Sebastian zwischen S. Rocco und S. Bellino, oberhalb Maria mit dem Kinde, unterhalb Franciskus und Antonius von Padua (Boschini, Gioieli 74, 75); Vicenza: S. Bartolommeo: 4 grosse Figuren auf den ehemaligen Thüren der grossen Orgel (Magrini 39); in S. Biagio: Maria mit Kind zwischen Nikolaus und Johannes d. Täufer und zwei musicirenden Putten (Gioieli 92, verloren), ferner eine Geburt Christi (Ridolfi 1, 141); bei den Karmelitern, Kapitelhaus: Maria mit Kind von zwei Engeln gekrönt, zwischen Joh. d. T. und Jakobus, nebst zwei Putten (Magrini a. a. O.); in S. Girolamo, aussen oberhalb des Portals: Fresko des Hieronymus in der Wüste (Gioieli 83); in Casa Gualdo: Innendekoration mit Fresken (Magrini 40, 41); in S. Felice: 4 Altarstücke, deren Gegenstände nicht angegeben sind (Gioieli 125, vgl. jedoch unter Bened. Montagna); in S. Lorenzo: Christus der Magdalena erscheinend, Hieronymus und Joh. d. T. (Gioieli 105), Kreuzigung (Ridolfi I, 141), im Oratorio de' Turchini: Maria mit Kind zwischen Petrus, Paulus, Dominikus u. Sebastian (Gioieli 72), in S. Rocco: Rochus und Sebastian und ein Engel (Ridolfi I, 141); in der Scoletta di S. Barbara: Maria m. Kind zwischen S. Gotardo in Episkopalien und S. Giobbe (Gioieli 121): in S. Tommaso: Maria m. K. zwischen Thomas, Augustin und einem Stifterpaar (Gioieli 53).

[49] Bereits oben (s. Anm. 18) wurde nachgewiesen, dass Benedetto nicht, wie vielfach angenommen, der Bruder, sondern der Sohn Bartolommeo's gewesen ist.

Mailand, Brera N. 186 (116): Madonna mit dem angekleidet auf ihrem Knie stehenden Kinde, umgeben von Petrus, Paulus, Franciskus und Antonius von Padua, vorn ein musicirender Engel, Hintergrund Berglandschaft, bez. „Benedecto motagna pinsit 1528" (Leinw., Fig. ¾ lebensgr.), von düsterem Ton und rauher Farbenfläche, durch Ausbesserung entstellt; an die Verfallzeit Bartolommeo's erinnernd.

Vicenza, Dom: Dreieinigkeit, umgeben von Monika und Joh. d. Täufer, bez. „Benedictus Montagna f." (Leinw., Oel, Figuren fast lebensgr.), dunkel im Ton, aber besser als das vorige.

Lonigo, Dom (Chor): Maria mit Kind zwischen Christophorus und einer Heiligen, bez. „Benedetto Montagna m'a pense 1541" (?), sehr beschädigt.[50]

Modena, Gall. N. 34: Maria und Kind, welchem Johannes der Täufer eine Blume reicht, ausserdem drei Engel, bez. „1548 M. B."; sehr geringe mechanische Arbeit, zweifelhaft, ob von Benedetto, jedenfalls dem Bernardino Loschi sehr ähnlich.

Stuttgart, Museum N. 110 (114): Maria auf niedrigem Sitz reicht der heil. Brigitta (links) einen Kranz, während das auf dem Schooss der Mutter sitzende Kind, nach rechts gewandt, der heiligen Katharina den Ring an den Finger steckt; oberhalb 3 Engel, von denen der mittlere eine Krone über Maria hält; Hintergrund Wiesenlandschaft (Leinw.). Dem Bartolommeo Montagna zugetheilt, aber nur Schulbild, vielleicht von Benedetto.[51]

---

[50] Von Ridolfi I, 141 dem Bartolommeo zugeschrieben; die Inschrift ist neu.

[51] Verloren sind: Vicenza, in der Servitenkirche: Dreieinigkeit mit Christoph, Joh. d. T., Antonius Abbas, Justina u. einer zweiten Heiligen (Gioieli 38); in S. Biagio: Krönung Maria's, unterhalb Antonius Abbas mit der Jahrz. 1535 (Gioieli 92 und Ridolfi I. 141), Geburt Christi v. J. 1534 mit Predelle darst. die Bekehrung des Saulus (Gioieli 93); Maria mit Kind zwischen Petrus und Joh. d. Evang. (Gioieli 93), Maria mit Kind, Franciskus und Bernhard (Gioieli 95; vielleicht das oben angeführte Bild der Brera?); Karmeliterkirche: Maria m. Kind, einem Engel mit Laute auf der Thronstufe und zwei anderen, welche die Krone über Maria's Haupt halten, umgeben von Sebastian und Antonius Abbas (Gioieli 106, 107); S. Rocco: Maria m. K. zwischen Sebastian und Rochus (Gioieli 118); S. Felice: 1) Kindermord, 2) Maria m. K. zwischen den heil. Felix und Fortunatus, 3) die heil. Florian, Simplician, Prudentia und Perpetua, 4) ein andres Bild mit mehreren Heiligen (Ridolfi I, 141. 142; vielleicht die 4 Tafelstücke, welche Boschini, Gioieli 125, dem Bartolommeo M. zutheilt); Monte Berico: Anbetung der Könige (Gioieli 61). In Verona, Privatsammlung zu S. Elena al duomo: Hieronymus in der Wüste (Dal Pozzo, Pitt. Ver. 284); in Padua, S. Agostino: Wandmalereien einer Kapelle von Benedetto „fiol del Montagna" (Anon. d. Mor. 31). — In S. Giorgio Maggiore zu Venedig befand sich ein Bild, Christuskopf mit der Jahrzahl 1507, welches allgemein für Montagna's Werk gehalten, in einem Inventar bestimmter dem Benedetto zugetheilt wird (s. Cicogna, Iscriz. Ven. IV, 380 u. 389).

Eine andere Spielart vicentinischer Kunst bietet Giovanni Buonconsiglio oder Marescalco, welcher zuerst vermuthlich als Gehilfe des Speranza den Einfluss der paduanischen Schule an sich erfuhr und endlich den Antonello da Messina zum Vorbild nahm. Er hatte eine gewisse Verwandtschaft der Richtung und Vortragsweise mit seinem Zeitgenossen Montagna und war abwechselnd in seiner Heimath Vicenza, in Venedig und der benachbarten Provinz thätig, und hielt bis gegen Ende des Jahrhunderts an der Temperamalerei fest. Höchst bezeichnend für seine Manier ist ein für S. Bartolommeo in Vicenza gemaltes, jetzt in der dortigen Gallerie befindliches Altarstück, die Klage um den todten Heiland:

Christus liegt lang ausgestreckt, den Nacken an den Schooss der Mutter gelehnt, welche mit abgestreckten Armen, offenen Mundes nach oben schauend hinter ihm kniet, rechts Magdalena ebenfalls knieend, die Hände gefaltet, aber mit ziemlich weltlichem Ausdruck nach aussen blickend, hinter ihr steht Johannes händeringend, den Blick voll Trauer emporgewandt; Hintergr. Stadt und bergige Landschaft, bez. auf Zettel links: „IOANES BONICHOSILII. P. MARESCHALCHO.“ Der Rahmen ist mit monochromen Arabesken, Schädeln, Vasen, Tritonen und Amoretten geziert. Der obere Aufsatz enthält die heilige Katharina und in zwei Medaillons die Verkündigungsfiguren.[52] Vicenza, Gall.

Wir haben es hier mit der Arbeit eines Mannes zu thun, der vertraut mit der Anatomie des menschlichen Körpers, hinreichend durchgebildet, um in Typen und Köpfen sein eigenes Gepräge zu geben, auch die technischen Schwierigkeiten wohl beherrschte,

[52] Vicenza, ehemals in S. Bartolommeo (Gioicli 90, Mosca 5), Holz, Tempera. Die Landschaft, welcher es nicht an Atmosphäre fehlt, erinnert einigermaassen an Lotto, der Farbenauftrag ist sicher und fett. Magdalena trägt Haarnetz und Quaste, gelbes geschlitztes Kleid und vorn geschnürtes Mieder, ein Costüm, welches völlig mit einem im Louvre befindlichen Porträt übereinstimmt, das man demselben Meister zuschreiben darf (s. S. 468). Dieser frühen Periode mag sodann ein Fresko in S. Lorenzo zu Vicenza angehören, darstellend den Gekreuzigten zwischen Maria und einer knieenden Heiligen; der Christuskörper hager und knochig, aber in der Zeichnung dem Buonconsiglio und Montagna entsprechend. Von derselben Hand sind die beiden Propheten in Medaillons und drei Engel mit den Leidenswerkzeugen (grau in grau) unterhalb der Kreuzigung, welche den Einfluss paduanischer Weise auf die Vicentiner erkennen lassen. Mosca a. a. O. 56 gibt dem Fresko keinen Namen und bezeichnet es nur als mittelmässig.

wie denn seine Farbenfläche nirgends Punktirungen oder Strichelung bemerken lässt. Seine Auffassung des Gegenstandes hat etwas packend Realistisches; Grabesstimmung und ängstlicher Ernst liegt über dem ganzen Bilde, das eindringliche Naturbeobachtung und besseres Farbengefühl zeigt, als wir bei Montagna finden, aber der gemüthlichen Anziehungskraft noch entbehrt. Dieser Heiland ist wirklich die vom Kreuzestode ausgereckte Leiche, an sich ein ebenmässig, aber unfein gebildeter Körper, Maria ein Weib von alltäglicher Erscheinung, Johannes heftig erschüttert, Magdalena am ansprechendsten, offenbar Bildniss. Die Köpfe sind durchweg klein und breit, alle horizontalen Lineamente unverhältnissmässig gross, die Züge von der kantigen Energie Dürer's, die Gewandung klar, aber in mantegnesker Weise bruchig gefältelt. Helldunkel und Reflexe bekunden viel Geschick und in der Anwendung der Abendbeleuchtung, die auf Landschaft und Gewölk lagert, erkennt man einen Versuch zu massigen Wirkungen. Was das Bild gleichwohl abstossend macht, ist neben dem gemeinen Menschenschlag mit den dürftigen verkrampften Händen besonders die erdfahle Fleischfarbe und der grünlich braune Gesammtton.

Von Montagna, mit welchem er sich im allgemeinen nahe berührt, scheint Buonconsiglio sonach anfänglich nur durch technische Eigenthümlichkeiten verschieden; statt des Glanzes der ungebrochnen tiefen und stellenweis harten Töne, die wir bei jenem finden, herrscht bei letzterem zwar ebenfalls Tiefe, aber Stumpfheit der Farbe vor; während jedoch Montagna sich weiterhin in der Richtung auf Carpaccio und die Paduaner entwickelte, unterlag Marescalco immer mehr dem Einfluss des Antonello von Messina; an den Ueberbleibseln seiner Madonna mit Cosmo und Damian in Venedig sehen wir, dass er bereits 1497 der alten Technik entschieden abtrünnig geworden war.[53] Sein Ehrgeiz war

[53] Venedig, Akad. N. 272 (zuvor in der Sammlung Manfrin, ursprünglich in S. Cosmo e Damiano alla Giudecca; vgl. über die Schicksale des Altarbildes, zu welchem diese Stücke gehören, Zanotto, Pin. Ven. Fasc. 3): die heil. Benedikt, Thekla und Cosmo, fast lebensgr., auf Zettel rechts unten bez. „1497 a di 22 decẽbrio Joanes Bono Chõsili Marescalchus da Vicenza p.“ Die Gesichter sind

fast ausschliesslich auf die Veränderung der Bindemittel gerichtet; die Typen behalten alle ihre früheren Eigenschaften bei, nur bekommen sie durch stark auftragende braune halbdurchsichtige Schatten und satt aufgesetzte Lichter strahlende Farbenfülle. In der handwerklichen Aneignung des neuen Malsystems erscheint er entschlossener und glücklicher als Alwise Vivarini, und stellt sich in dieser Beziehung dem Basaiti an die Seite, wenigstens derjenigen Phase dieses vielgestaltigen Meisters, die unmittelbar auf dessen Trennung von der Werkstatt der Muranesen folgt. Wir haben sogar Grund anzunehmen, dass sich Marescalco um diese Zeit dauernd in Venedig aufgehalten hat; er schmückte dort nicht blos Kirchen und öffentliche Gebäude, sondern sein Name ist auch in der S. Lukas-Gilde aufgetaucht. Leider jedoch sind viele seiner Gemälde verloren, andere stark entstellt.[54] Als Entschädigung besitzen wir dafür sein grosses, ursprünglich für die Kapelle der Turchini bestelltes, jetzt in S. Rocco in Vicenza bewahrtes Madonnenbild vom Jahre 1502:

Maria mit dem Kinde sitzt in einer mit Mosaik ausgezierten Kapelle, hinter ihr ist ein rother Vorhang angebracht, zu den Seiten stehen Petrus und Paulus, Dominikus und Sebastian; auf Zettel bez. „Ioannes Boni-Chonsilii pinsit ICCCCCII.“[55] Vicenza, S. Rocco.

---

gedrückt, breit schattirt und gut umrissen in Buonconsiglio's Weise und ähnlich wie auf dem Bilde Montagna's in S. Nazaro e Celso in Verona, Schatten und Umrisse von kräftigem Farbenkörper auf dem Grundton des Fleisches aufgesetzt; ebenso sind die Lichter behandelt, in fetter flüssiger und halbdurchsichtiger Farbe.

[54] z. B. Venedig, Akad. N. 601 und 602 (im Katalog unter Girolamo Santacroce): die Heiligen Markus und Hieronymus, Leinw., je h. 0,78, br. 0,65; sie gehörten zu einem grösseren Altarwerk im Magistrato della Masseteria, dessen Mittelstück die Legende des Markus enthält (beschrieben bei Zanotto, Pitt. Ven. 68); die verlorenen Stücke waren: eine Magdalena und Joh. d. T. — Verschollen sind: Venedig, S. Domenico: Verkündigung und Heilige in zwei Stücken (Boschini, Ricche Min. Sest. S. Marco 14), in S. Giov. e Paolo: Thomas Aquinas mit Heiligen (von Sansovino, Ven. descr. 65 als Giov. Bellini verzeichnet; vgl. Boschini, R. M. Sest. di Castello 60); ebenda, im Refectorium: Dominikus im Streit mit Häretikern (Boschini, R. M. Sest. di Castello 67); in S. Giov. Evangelista: Scene aus der Legende vom wahren Kreuz (Sansovino, Ven. descr. 284). Vasari VI, 105 erwähnt von allen diesen Bildern nur den Thomas.

[55] Vicenza, S. Rocco, Holz, Figuren lebensgr. (vgl. Mosca 107); der Gesammtton ist dunkel und etwas flach, der Umriss hier und da vernachlässigt und schwülstig, aber durchweg scharf; an den Händen und Füssen erkennt man, dass der Maler Modelle aus der niederen Classe benutzt hat; der Vortrag, welcher durch allzu reichlich angewandtes Bindemittel etwas Hartes und Horniges bekommen hat, ist trotzdem nicht ohne

Buonconsiglio begnügt sich hier nicht mit der Anlehnung an die Technik des Antonello, sondern bedient sich auch seiner Typen, Formgebung und Ausdrucksweise. Die Hauptfiguren des Bildes haben noch breite Gesichtsbildung mit übertrieben gedrückten Zügen, aber sind dabei fleischig und feist; das Jesuskind kommt demjenigen Antonello's auf seiner Madonna zu S. Gregorio in Messina ganz nahe, der Sebastian hat bei muskulöserem Bau ebenfalls dessen Gepräge. Es wird sonach wahrscheinlich, dass Buonconsiglio einige Jahre bei dem messanesischen Meister als Gehilfe arbeitete, und als solcher hat er vermuthlich Antheil an Bildern desselben, wie z. B. dem todten Christus im Belvedere zu Wien, dem kleinen Marienkopf in der Akademie zu Venedig[56] und an manchem der zahlreichen weitverstreuten Sebastian-Gestalten, Bergamo. von denen wir nur zwei hervorheben: diejenigen in der Gallerie Padua. zu Bergamo[57] und in Casa Maldura zu Padua[58], jener hager gebaut, mit tiefem Fleischton und stark auftragenden Schatten, dieser derb und fleischig mit einem Hintergrund, welcher an die melancholische Landschaft auf Buonconsiglio's Pietà in Vicenza erinnert. Zwei andere Votiv-Altarstücke in Venedig — ein Sebastian zwischen Rochus und Laurentius in S. Giacomo dell' Orio[59] und Christus mit der Weltkugel in einer Kuppelkapelle, umgeben vom heil. Erasmus und Secundus im Waffenkleid mit Fahne, in der Kirche der Gesuati[60] — vertreten zwar dieselbe Periode des Meisters, leiten aber schon einen neuen Stilwechsel ein.

Modulation; das Ganze hat hin und wieder Retouchen, an der Figur des Sebastian ist die Brust und die Schattenpartie des Kopfes übermalt.

[56] Wien, Belv. Saal VII, Venez. Sch. N. 60 und Venedig, Akad. N. 356.

[57] Bergamo, Lochis-Carrara N. 212: Sebastian, Brustbild, im Hüftschurz, an den Baum gebunden, mit der Linken auf dem Rücken, mit der Rechten über dem Kopf. Hintergrund Landschaft mit Burgen. Holz, h. 0,35. br. 0,24.

[58] Padua, Casa Maldura: Sebastian an den Pilaster eines Portikus gebunden, durch dessen Bögen Landschaft sichtbar ist; Holzbild auf Leinwand übertragen, Oel, etwas verrieben und nachgebessert.

[59] Venedig, S. Giac. dell'Orio, rechts vom Hochportal: Sebastian innerhalb einer Kapelle an den Pfeiler gebunden, bei ihm stehend die beiden Genossen, auf Zettel bez. „Ioanes Boni-Chosili dito Marescalc[illegible]. p." Die Umrisse sind hier nicht ganz correct, die Gewänder erscheinen abgeflacht wie auf einem Relief, die Falten brechen in Montagna's Weise. Die Hauptfigur ist eine gewöhnliche Erscheinung von knochigem, aber muskulösem Wuchs mit rundem, niedrigem Kopf, Rochus, ebenfalls mit flachem Kopf, von angenehmem Antlitz; das Ganze hat gute Körperwirkung in Folge ebenmässiger Licht- und Schattengebung, die Farbe ist strahlend wie bei Antonello.

[60] Venedig, Gesuati, Holz. Fig. lebensgr., auf Zettel am Sockel bez. „Io-

In den Jahren von 1510 bis 13 beschäftigte ihn eine Gruppe grosser Altarstücke, welche er für den Dom zu Montagnana ausführte: das eine, Maria mit Kind und zwei Engeln mit der Krone zu Häupten, umgeben von Sebastian und Rochus[61] mit der Jahrzahl 1511, das andere, die heil. Katharina auf einem Sockel, emporschauend[62], neben ihr der Engel mit Tobit und Thomas von Aquino, v. J. 1513, das dritte eine umfangreichere Darstellung der Madonna innerhalb stattlicher Kapelle mit sechs Heiligen und zwei musicirenden Knaben, jetzt im Stadthause daselbst.[63] Sie alle drei charakterisiren den Umschwung der Kunstweise Buonconsiglio's, der sich plötzlich von Antonello hinweg und einer geschmackvollen Farbenpracht zuwendet, welche er wahrscheinlich dem Romanino, wenn nicht dem Tizian abgelernt hatte, an dessen Jugendwerke die schöne Sebastiansfigur v. J. 1511 in der That erinnert, während der heil. Rochus dem Romanino entspricht und das rosige Fleisch sowie die Pracht der Gewandfarben Bekannt-

Montagnana, Dom, Stadtschloss.

---

anes bonichōsilij dito Mareschalcho p.“ (ursprünglich in S. Secondo, wo Boschini, R. M. Sest. della Croce 63 es als ein Werk der Vivarini beschreibt, später in Spirito Santo und bei der Ausbesserung der Kapelle wieder von dort entfernt). Das Bild verräth, besonders am Kopfe des Christus, die Neigung, nach Art des Romanino die senkrecht laufenden Gesichtszüge zu verkürzen: es ist stark nachgebessert und übermalt, namentlich der blaue Mantel Christi und der rothe Rock des Erasmus, an vielen Stellen losblätternd. Abbildg. bei Zanotto, Pin. Ven. Fasc. 3, welcher ausführlich berichtet, wie es nach S. Secondo gekommen ist; nach seiner Erzählung wäre es später entstanden als die Arbeiten in Montagnana (1511 — 13), was jedoch die Art der Behandlung unglaubhaft macht.

[61] Montagnana, Dom, Kapelle links vom Chor, Leinw., Oel, Fig. fast lebensgross, auf Zettel an der Thronstufe bez. „MDXI. Ioañes Bonicosilis Mareschalco p.“ und weiter unten: „Vincentius Montonus hoc grat. obtent. ex voto obtulit“, dabei ein Schild mit Krönchen und einem Greif in rothem Felde. Die Farbe ist abgerieben und aufgefrischt.

[62] Montagnana, Dom, rechts vom Portal, Leinw., Fig. lebensgross, auf Zettel bez. „MDXIII (vielleicht eine Ziffer ausgefallen) Ioañes Bonicōnli p.“; sehr stark beschädigt und ausgebessert. Der Kopf Katharina's erinnert an die des Romanino, die Farbe hat satten Auftrag und vollen Ton.

[63] Montagnana, Comune. Links von Maria Joh. d. Täufer, Hieronymus und Petrus, rechts Paulus, Augustin und Sebastian, bez. „Ioanes Bonicōsilij p.“ Leinw., Fig. lebensgross. Paulus und Sebastian wie auf dem Bilde in S. Rocco zu Vicenza, aber breiter und moderner behandelt; auffallend die schlecht gezeichneten Füsse des Paulus und die in Folge der Nachbesserung verschobenen Augen Maria's, der Mantel des Petrus neu. Das Fleisch hat Romanino's braunen Stich wie z. B. auf dem Altarbilde in S. Giuliano in Padua. Ferner wird ein Bild auf Monte di Pietà in Montagnana (Maria mit dem auf einer Brüstung stehendem Kinde, Fig. halblebensgross) mit Buonconsiglio's Namen belegt, ist jedoch zu sehr entstellt, um ein Urtheil zu gestatten.

schaft mit Lotto zu erkennen geben. Dieselben Merkmale kehren in höherem und geringerem Grade bei der Glorie Katharina's von 1513 und bei dem grösseren Madonnenbilde wieder, dessen Behandlung viel Kühnheit und Selbstvertrauen offenbart; dass daneben einige Härten mit unterlaufen, kann bei einem Maler, der andere nachahmt, kaum verwundern. Unsere Wahrnehmungen über die hier charakterisirte Stilphase des Buonconsiglio führen uns dahin, ihm zwei höchst interessante Bildnisse des Louvre zuzuschreiben, welche bisher viel Zweifel aufgeregt haben:

Paris, Louvre. Ein weibliches Brustbild fast ganz von vorn, in rothem Sammtkleid mit Schlitzärmeln, einen Handschuh in der rechten Hand und mit der Linken das Ende der um ihren Hals geschlungenen Kette haltend, das Haar durch ein Stirnband festgehalten, auf welchem wiederholt die Buchstaben C. A. und B. I. angebracht sind; — ferner ein männliches, ebenfalls Brustbild 3/4 Ansicht, in dunkelgrünem Damast mit schwarzer Mütze, in der mit Handschuh bekleideten Rechten einen Brief haltend mit der Adresse: „Dono Suardo di Salla in dlo."[64]

Die düstere Gluth und die ziemlich harte Ebenheit der Fleischfarbe bei dem männlichen Porträt ist durch ein dem Buonconsiglio eigenthümliches Verfahren hergestellt, der warme flüssige Ton des weiblichen Kopfes und die feinfühlige Pinselführung an den Händen, bei denen man an Francia denken möchte, während Kleid und Gesammtfarbe an Beltraffio und Costa streifen, lässt auf spätere Entstehung schliessen, obgleich die Tracht völlig mit der Magdalenenfigur auf Marescalco's früherem Bilde in Vicenza und die Technik mit seiner mittleren Periode übereinstimmt.

Montecchio, Magg. Dem Jahre 1519 gehört eine Madonna mit mehreren Heiligen und dem Stifter in der Pfarrkirche zu Montecchio Maggiore[65], dem

[64] Paris, Louvre N. 517, Leinw., h. 0,69. br. 0,53 (unter „unbekannt") vgl. oben Anm. 52 — und N. 518, von gleichem Maass, verschiedentlich dem Carpaccio, Catena u. A. zugeschrieben.

[65] Montecchio Maggiore bei Vicenza, Leinw., Oel, oben rund, Fig. lebensgr.: Maria mit dem Kinde und zwei krönenden Engeln vor einem rothen Vorhang innerhalb eines gewölbten Raumes, links der Stifter in schwarzem Hut, Seitenansicht, und die Heil. Gregor und Magdalena, rechts ein Weib, Katharina und Joh. d. Täufer; auf Zettel bez. „I (D) XVIIII Ioañe. Bonij chos . . i"; das Bild ist verscheuert und fast gänzlich aufgefrischt; Ursprüngliches findet sich noch an dem Christuskinde und den Engeln, die in

angeblichen Geburtsorte des Meisters, an, welche in einzelnen Theilen zunehmende Verwandtschaft mit Fogolino verräth, aber die Nachrichten von seinem Aufenthalte in Venedig reichen weit über diesen Zeitpunkt hinaus. Er hat die Holzschnitte zu dem von Sigismondo Fanti im J. 1526 herausgegebenen Bilderwerk „Triompho di Fortuna" geliefert, wird i. J. 1527 als Einwohner Venedigs in einer Urkunde erwähnt und erscheint sogar nach 1530 in der dortigen Lukas-Gilde.[66] Sein Sohn Vitruvio war ebenfalls Maler und lebte in Ferrara.[67] —

Marcello Fogolino stammt wahrscheinlich aus dem Friaul als Glied einer Künstlerfamilie, die man am Beginn des 15. Jahrh. in Udine nachweisen kann.[68] Eine der wenigen Urkunden, die über ihn vorhanden sind, gibt als seine Heimath S. Vito an[69], in

gewissem Grade an Fogolino erinnern. — An vereinzelten Bildern, die mit und ohne Recht unter Buonconsiglio's Namen gebracht worden, nennen wir: Tresto in der Prov. Padua. Kirche S. Maria: Madonna m. Kind von zwei Engeln gekrönt, umgeben von Matthäus und Hieronymus mit zwei knieenden Mönchen; in der Lünette Christus im Grabe zwischen 3 Engeln (Holz, oben rund, Fig. unter Lebensgr.); von schwachem bellinesken Charakter, ähnlich dem Bissolo, aber die Gewandung kurz und der Umriss von vicentinischer Art, sodass man es vielleicht mit einer sehr späten Arbeit Buonconsiglio's zu thun hat. — Bergamo, bei Sign. Rizoni: Maria m. K., Joseph und einem Heiligen, bez. „Ioanes Bonichonsilij Marescalco" (von zweifelhafter Echtheit), stark beschädigt und verdunkelt; unbedentend. — Dresden, Museum N. 212: Maria m. K., umgeben von Joh. d. T., Franciskus, Joseph und Katharina von Alex. (Halbfig., Holz, h. 1,10, br. 1,42), von flauem Ton, entweder von Palma vecchio oder von einem Gehilfen in dessen Werkstatt. — Verloren sind: Vicenza, S. Michele: Maria mit Kind, über welcher zwei Engel die Krone halten, umgeben von Tobit mit dem Engel, Gregor und Helena (Mosca a. a. O. 86).

[66] Moschini, Guida di Venezia II, 569 fand den Namen Buonconsiglio's im Register der venezianischen Gilde unter d. J. 1530; die Urkunde v. 1527 ist ein Instrument des Calistus Anichini zoilerius (Goldschmidt in Ferrara), worin er den Ioannes Marescalcus dictus Bonconsilio zum Mandatar in Venedig bestellt, s. L. N. Cittadella, Notizie etc. relat. a Ferrara II, 128; über die Bilder im Trionfo di Fortuna vgl. ferner ebenda I, 698 u. II, 112.

[67] Cittadella a. a. O. II, 112 u. 128, ein Tommaso quondam Zanini Marescalchi, der gleichfalls Maler gewesen ist, wird unter d. J. 1457 erwähnt, und dessen Vater der Maler Giovannino Marescalchi i. J. 1379 als todt aufgeführt. vgl. Cittadella II, 128 u. I, 560.

[68] Im Archivio comunale zu Udine, welches ebenso wie das Archivio notarile durch die Güte des Sign. Toppi für uns durchforscht worden ist, findet sich unterm 17. April 1410 eine Urkunde, worin ein Maler Giovanni Fugulini zu Udine als Eigenthümer von Grund und Boden aufgeführt wird.

[69] s. später Anm. 74.

dessen Nachbarschaft er einige Jahre des späteren Alters zubrachte, aber seinen Lehrgang begann er in Vicenza. Seine künstlerische Entwickelung hat insofern Aehnlichkeit mit der des Marescalco, als auch er mit der Zeit von der ursprünglich angenommenen vicentinischen Weise wieder zurückgekommen ist. Seinen Jugendstil vertreten offenbar die Bilder, welche in Vicenza verblieben sind, zunächst die Anbetung der Könige in der Stadtgallerie:

Vicenza, Gall. Zur Linken Maria mit dem Kinde, vor dem sich einer der Könige niederwirft, auf der andern Seite Ritter und Trossknechte, u. a. ein Jüngling an den Bug seines Pferdes gelehnt, auf dessen Halsgeschirr die Signatur steht „MARC (s) PINOR", ausserdem am Sitze Maria's ein Zettel mit der Inschrift „Marcellus Fogollinus P.P." Hintergrund Felsengebirge. In der Predella: die Verkündigung, die Geburt Christi und die Flucht nach Aegypten.[70]

Dieses Bild und ein aus mehreren Theilen bestehendes Predellenstück in Privatbesitz daselbst[71] lässt erkennen, dass Fogolino sich anfänglich an die halbumbrischen Muster der Verlas und Speranza hielt; auf dem ersten Stück, in welchem er sein Bildniss angebracht zu haben scheint, hat die Landschaft sogar etwas Peruginceskes; Behandlung und Durchführung sind höchst sorgfältig, aber es fehlt dafür an Richtigkeit der Zeichnung, Körperlichkeit, Atmosphäre und Manigfaltigkeit der Typen. Die Staffel bei Signor Robustelli macht günstigeren Eindruck; trotz der Kälte der Technik, die auch hier wiederkehrt, wird ein dem Buonconsiglio sich nähernder Glanz des Tones bemerkbar. — Gesetzter erscheint seine Manier in dem für dieselbe Kirche gemalten Madonnenbilde mit 6 Heiligen, jetzt in Berlin[72], an welchem

Berlin, Museum.

---

[70] Vicenza, Gall. N. 16, chemals in S. Bartolommeo (Gioieli 87, Mosca 3, Ridolfi I, 119. 120), Holz, Tempera, kl. Fig., von verwaschenem Ton, in der Behandlung der ersten Pietà des Buonconsiglio sehr ähnlich.

[71] Vicenza, bei Sign. Luigi Robustelli (ursprünglich in S. Francesco): in der Mitte Franciskus die Wundmale empfangend und von einem knieenden Mönch angebetet, links die heil. Klara und Petrus, rechts Paulus und ein vierter. Nur eine gewisse Rundlichkeit der Typen und die Kälte der Ausführung unterscheiden dieses lange Predellenstück von Arbeiten Buonconsiglio's.

[72] Berlin, Museum N. 47 (ursprüngl. in S. Francesco in Vicenza; s. Gioieli 86, Mosca 46 und Ridolfi I, 120): Maria thronend mit dem stehenden Kinde, welches segnet, umgeben von Franciskus, Joh. d. Evang. und Hieronymus, Anto-

bei breiterem Vortrag ein tiefer mahagonybrauner ungebrochener Ton und an den Figuren Gedrungenheit der Verhältnisse auffällt, während es in der Modellirung und im Gepräge der Gesichter nach Moretto und Bernardino Pordenone schielt. Mit Letzterem, seinem Landsmann, ist Fogolino gelegentlich sogar verwechselt worden, wie eine dem Stile des Berliner Bildes entsprechende Madonna mit Kind und 6 Heiligen in Venedig zeigt, welche unter Licinio's Namen steht.[73]

Am deutlichsten unterscheidet sich Fogolino's Stil in zwei Votiv-Altarstücken, die, für die Stadt Pordenone geliefert, noch heute im dortigen Dome hängen. Das eine (Madonna mit Kind zwischen den heil. Blasius und Apollonia) war im März 1523 für die Scuola di S. Biagio bestellt, das andere, eine Glorie des Franciskus mit Johannes dem Täufer und Daniel, für S. Marco.[74] In augenfälliger Weise sind hier friulanische und vicentinische Stileigenheiten mit anderen gemengt, welche von Schülern Rafaels abgeleitet waren. Die Köpfe in der Franciskus-Glorie erinnern noch an Pordenone, die Behandlung ist pastos und breit bei verschwimmendem Umriss und weichlicher Modellirung, die Zeichnung

Pordenone, Dom.

nius von Padua, Vincenz Ferrerius und Bonaventura, bez. „Marcellus Fogolinus" (Leinw., 8 F. 2³/₄ quadrat).

[73] Venedig, Akad. N. 527 (ehem. angeblich in der Scuola de' Calzolai in Udine). die Heiligen sind Antonius, Bernardin, Ludwig, Antoninus, ein fünfter und ein Weib (Leinw., h. 2.37, br. 1,80), die Körperverhältnisse auch hier gedrungen und schwülstig.

[74] Pordenone, Dom S. Marco. am dritten Altar rechts: Franciskus hält das Kreuz, ebenso Johannes, Daniel in orangefarbigem Gewand mit dem Löwen zu Füssen weist auf eine Rolle mit der Aufschrift „cum veniet S. Sanctorum cessabit . . ." Dass Fogolino, der hier von seinem gewöhnlichen Gehilfen, seinem Bruder Matteo, unterstützt gewesen sein mag, der Maler ist, schliessen wir nicht blos aus dem Stil, sondern auch aus einer urkundlichen Nachricht. Im Archivio notarile zu Udine nämlich findet sich ein Kontrakt v. 29. Juni 1523, laut dessen Marcello Fogolino von S. Vito den Auftrag übernahm, für S. Maria di Vicinato bei Prata eine Madonna m. K. zwischen Joh. d. Täuf. und Paulus mit Gottvater im Aufsatz zu malen, und dieses jetzt verschollene Bild sollte demjenigen mit dem heil. Franciskus in der Kirche S. Marco zu Pordenone genau entsprechen. Die Oberfläche des Bildes ist durch Firnisse verdunkelt, die Landschaft düster und übermalt, die Farbe hat den fetten Auftrag des Bonifacio und die Gewänder verrathen stillose Nachahmung Palma's. — Das erstgenannte, jetzt ebenfalls im Dom, ehemals in S. Biagio, kostete, laut Kontrakt vom 15. März 1523, 14 Dukaten; die Ausführung ist geringer, wohl ebenfalls infolge der Mitwirkung des Matteo Fogolino; es hat rosigen ungebrochenen Fleischton mit wenig Schatten, ist theilweise abgesprungen und ausgebessert und erinnert in der Behandlung einigermaassen an Pordenone's Gemälde vom J. 1515 im Dom.

in den Fleischtheilen wie in den Gewändern locker, sodass die Figuren z. B. gar keine Schultern zeigen. An dem Madonnenstück tritt der mittelbare Einfluss Rafaels mehr hervor, namentlich in der freien Bewegung der Engel, welche die Krone über der Jungfrau halten, sowie in Geberde und Bildung der Hauptgruppe; der Vortrag jedoch behält den flotten Zug bei. Es erscheint wohl annehmbar, dass Giovanni da Udine, welcher in Rom gewesen war und damals im Begriff stand, dorthin zurückzukehren, eine Anzahl rafaelischer Zeichnungen mit heimgebracht und dadurch den Anstoss zur Umwandlung des künstlerischen Wesens unter den Friulanern gegeben hat.

Vicenza, S. Corona.

Verona, Samml. Bernasconi.

Von Pordenone ging Fogolino jetzt wieder nach Vicenza und wandte seinen neuen Stil bei einem Friese von rafaelesk bewegten, aber feisten Engeln an, den er zum Schmuck eines Trecentistenbildes der Jungfrau malte[75]; und in einer Anbetung des Kindes, welche, ursprünglich in S. Faustino zu Vicenza, in den Besitz weil. Dr. Bernasconi's in Verona gekommen ist.[76] In beiden Werken finden wir gehaltlose Leichtigkeit eines Nachahmers, der die grössten zeitgenössischen Meister auszubeuten sucht, aber die von den Rafaelesken erlernten plumpen, wenn auch natürlich bewegten Formen mit der breiten Pinselführung der Schüler Giorgione's und Pordenone's vereinigt. — Die späteren Jahre brachten ihn aufs neue in seine nördliche Heimath; 1533 kaufte er sich mit seinem Bruder Matteo zusammen in Pordenone an[77], und aus einem Briefe seiner Hand, der uns erhalten ist, geht hervor, dass er 1536 in Trient lebte, wo er im März dieses Jahres die Auf-

[75] Vicenza, S. Corona, am 4. Altar links; die Farbe hat fast durchgehends braunen Ton und starken Körper.

[76] Verona, Sammlung Bernasconi (die Herkunft aus Vicenza bezeugen Boschini, Gioieli 43 und Ridolfi 1, 120); die Darstellung beschränkt sich auf Maria und Joseph mit dem Kinde, die vor einem Hause knieen, Hintergrund Landschaft (Leinw., Fig. unter 1/2 lebensgr., nicht unbeschädigt); der im Vordergrund liegende Knabe ist sehr schwülstig, der Kopf gleicht dem Mazzolino, aber das Ganze erinnert stellenweise an Giorgione, Pordenone und Rafael, die Formbildung hat auch Aehnlichkeit mit Gaudenzio Ferrari. — Derselbe Stil kehrt wieder an der Madonna mit Kind und Sebastian im Louvre N. 70) (Halbfig., Leinw., h. 0,74, br. 0,86), doch gleicht es mehr den früheren Werken, an denen Matteo Fogolino Antheil hat.

[77] Die bezügliche Urkunde aus den letzten Tagen des Januar 1533 (Acta Pier Ant. Trefolino im Arch. notarile zu Udine), bezeichnet die Brüder: „M° Marcello Pittore e M° Matteo de Fogolinis Vicentini abitanti in Pordenone."

gabe erhalten hatte, in etlichen Gebäuden dekorative Anstalten zum Empfange König Ferdinand's zu leiten.[78]

Stadt und Umgegend von Trient weisen denn auch zahlreiche Spuren seiner Anwesenheit auf. In der Kirche der Santissima Trinità findet sich ein Altarstück: Maria mit dem Kinde von zwei Engeln gekrönt und von fünf Heiligen umgeben, angebetet von dem knieenden Stifterpaare Andrea del Borgo (Podestà von Trient in den Jahren 1530—40) und seiner Gattin Dorotea Tonno (Thun)[79], ein Bild, das lange in der Thun'schen Familienkapelle im Kloster S. Maria Maddalena hing und für ein Werk des Moretto von Brescia und des Romanino angesprochen wurde, von deren Thätigkeit in diesen Gegenden Kunde erhalten ist. Schon oben war von Berührungspunkten zwischen Moretto und Marcello die Rede, aber man kann hier die schwülstigen Formen des letzteren, seine Anlehnung an Rafael's Muster und die Eigenheiten der Handweise nicht verkennen, die ihn von dem Brescianer Meister unterscheiden. Gleiche Behandlung zeigt eine nicht minder charakteristische Madonna mit Kind und den heiligen Petrus und Andreas nebst Sockelstreifen und Aufsatz in der Kirche zu Bovo bei Trient.[80] Vielleicht gehören ferner die Fresken im trientiner Schloss, vor-

Trient. SS. Trinità.

Bovo b. Trient.

[78] Der Brief, mitgetheilt durch die Güte des Grafen Pietro di Montereale, eines grossen Sammlers von friulanischen Urkunden, lautet: „Car^{mo} m̃. infiniti saluti. Avisovi como fui arzonti (aggiunto) a trẽto (Trento). Li Signori del R. SS. gardinale subito me manda ucerti (a certi?) casteli del R. SS. gardenale a far provisiõ de adornar e fabricar p la venuta d la maistà de Re Ferdinando el qual se dice che a questo mayo venira a Trento. Et al presente son ritornato a Trento. Et nõ no posuto interogare la cossa me cometesi p miš alisandro. ma p lo primo meso le mandero al tuto cenza falo. Non altro — Dio sia convui.

Adì 3 Marzo 1536 in Trento.

Statj di bona volgia. ch̃ de curto sperocñ mio fratelo matteo et tutti li soi compagni venira ha habitare a Pordenõ come da primo etc etc Credo ch̃ me intendati p ch̃ mi veno movesto qualque parola quãdo iro a Pordenõ. Al presente he in ordine vinti milia fanti todechi (Tedeschi) et fa vinti milia ratione nõ altro. Matteo si aricomãda molto . . ."

„MARCELO FOGOLINO, P."
„VOSTRO."

Aufschrift: „Al molto mag^{co} ns Bastiano Mantega car^{mo} honorando in Pordenõ" (dazu von anderer, aber gleichzeitiger Hand die Bemerkung: „Ltã de m^{o} Marcello figolino.")

[79] Trient, SS. Trinità; die Heiligen der Umgebung sind: Michael, Clara, Katharina, Rosa u. Bonaventura, Hintergrund Himmel und Landschaft (Leinw., oben rund), der Stil entspricht den spätern Arbeiten Fogolino's.

[80] Bovo: in der Lünette Gottvater, in der Predella: Berufung des Petrus und Andreas, Anbetung der Könige und Martyrium des Paulus (Holz, oben rund): hier ist wieder Verwandtschaft mit Gaudenzio Ferrari bemerkbar.

züglich die einiger Deckenräume (4 Medaillons mit Darstellungen aus der alten Geschichte und phantastischen Schmuckfiguren in den Zwickeln) dem Fogolino an.[81] Man pflegt sie dem Giulio Romano zuzutheilen, wie sie auch in der That rafaeleske Züge haben. Endlich dürfen wir noch ein Altarbild im Dom der Stadt (Maria mit Kind und 4 Heiligen) und den Stirnschmuck eines benachbarten Hauses daselbst auf Marcello zurückführen.[82]

Zwei geringe Kunstgenossen Fogolino's aus Vicenza, Pietro und Girolamo Vicentino, sind hier nur um der Vollständigkeit willen erwähnenswerth.[83]

---

[81] Trient, Schloss, Rundsaal. In einem Raum des Hofes daselbst. im ersten Stock, nahe der von Romanino ausgemalten Loggia, findet sich eine Decke, welche in der Eintheilung der Farnesina ähnelt, mit heidnischen Göttern in den Lünetten und Kinderfiguren am Deckenspiegel, alles in kühner und wirkungsvoller Verkürzung, im allgemeinen Charakter zwar mit den eben erwähnten Dekorationen übereinstimmend, aber etwas ferraresischer. Diese Fresken mögen recht wohl nach Zeichnungen gemalt sein, welche von Giulio Romano oder sonst einem Rafaelesken herrührten.

[82] Trient, Dom, Capp. Manci, Altar rechts: Maria u. K. zwischen Nikolaus, Katharina und Vigilius, welch' letzterer dem Kinde einen hölzernen Schuh reicht (Leinw.), dem Romanino zugeschrieben, aber trotz der Beschädigungen und der ungünstigen Höhe des Standortes als Arbeit Fogolino's erkennbar. — Das obenerwähnte Haus liegt dem Portale des Domes gegenüber. — Wir schliessen hier noch an: Bergamo, Gall.: Miniaturstück darstellend eine Messe von 11 Geistlichen celebrirt, die man von rückwärts sieht (oben rund, mit Groteskleisten, Abbildung. bei Rosini, Taf. XCVII), sorgfältig und geschmackvoll ausgeführt, welches den Namen Fogolino's, dem es zugetheilt wird, wohl zu verdienen scheint. — Verloren ist: Vicenza, S. Tommaso, das Altarbild des Hochaltars (Ridolfi I, 120, der Gegenstand nicht angegeben).

[83] Von Petrus Vicentinus haben wir in Venedig, Mus. Correr (ohne Ziffer): Brustbild Christi an der Säule, hässliche mantegneske Arbeit von stumpfem erdigen Ton in ärmlicher Temperatechnik auf Holz, auf Zettel an der Brüstung bez. „Petrus Vicentinus pinxit." — Girolamo ist unseres Wissens nur vertreten in Bergamo, Gall. N. 7: Christus das Kreuz schleppend, Brustbild, in Oel, bez. „Ieronimus Vicentius p.", etwas besser als das Bild des Pietro. Dieser Girolamo ist vielleicht der im Testamente Bartolommeo Montagna's v. J. 1523 genannte Zeuge (vgl. Anm. 48).

NEUNZEHNTES CAPITEL.

Vittor Pisano und die Alt-Veronesen.

Das Kunstleben Verona's hat unter allen norditalienischen Städten den Einfluss Mantegna's am meisten empfunden. Die grossartige Thätigkeit der Altichiero und Avanzi, in welchen die edlen Grundsätze toskanischer Monumentalmalerei nachwirkten, war am Beginn des 15. Jahrhunderts vergessen und die Mittelmässigkeit, die Turone's Schule vertrat, liess keine bedeutenden Leistungen erwarten.[1] Aber das Verlangen darnach bestand nichtsdestoweniger. Die Venezianer hatten in gleicher Lage einen Fremden, den Gentile da Fabriano herbeigerufen, die Veronesen fanden in einem unter umbrischem Einflusse erzogenen Landsmann, was sie suchten.

Man hat zwar behauptet, die veronesische Kunst sei schon vor dem Auftreten des Vittor Pisano durch Stefano da Verona, den Vasari als den Schüler Agnolo Gaddi's bezeichnet[2], ansehnlich gehoben worden, aber dies erscheint höchst zweifelhaft; denn der einzige Maler dieses Namens, der wirklich Gestalt gewinnt, Stefano da Zevio, war wenn nicht Schüler, so doch Zeitgenosse Pisano's.[3]

---

[1] vgl. Band II. 393 ff.

[2] Vasari II, 155 u. VI, 86.

[3] Alle dem Stefano da Verona zugeschriebenen Werke in Verona und der Umgegend sind Arbeiten des 15. Jahrh. und haben mit dem Stile des Agnolo Gaddi keinerlei Zusammenhang. Hätte Vasari den Lorenzo Monaco oder einen andern Miniaturmaler als Lehrer angegeben, so wäre dies bei Stefano und

31*

Herkunft und künstlerische Erziehung des Pisano sind bis jetzt unaufgeklärt. Bartolommeo dal Pozzo besass, seiner eigenen Angabe nach, eine Madonna mit Kind umgeben von Johannes und Katharina mit der Jahrzahl 1406 und der Bezeichnung „Opera di Uettor Pisanello de San Vi Ueronese;"[4] Vasari nennt den Künstler Gehilfen des Andrea del Castagno in Florenz.[5] Beide Angaben sind verdächtig; einerseits kann die Epigraphik die Form der Inschrift, wie sie dal Pozzo gibt, für diese Zeit nicht anerkennen, und andrerseits widerspricht Castagno's Lebensgeschichte der Behauptung Vasari's durchaus. Dass Pisano oder Pisanello in seiner Jugend einige Jahre in Toskana zugebracht habe, lässt sich nicht geradezu für unmöglich erklären, wenn auch seine Werke fast nichts von florentinischen Eindrücken verrathen. Wäre er etwa den Fusstapfen des Gentile da Fabriano gefolgt und nach vollendeter Lehrzeit in Umbrien in die Kunsthauptstadt am Arno gekommen, so hätten wir in ihm ein zweites Beispiel dafür, dass man damals von der grossen Erscheinung des florentinischen Stils schlechterdings unberührt bleiben konnte.

Bei Lebzeiten war Pisanello um des Reichthums seiner Phantasie und um der ausserordentlichen Geschicklichkeit willen gepriesen, die er namentlich in der Darstellung von Thieren an den Tag legte; einer seiner Verehrer, sein Landsmann Guarino, rühmt von ihm, er verstünde die Wogen in Bewegung und Ruhe, den Schweiss auf der Stirn des Bauern und das Wiehern der Pferde zu malen; am meisten aber that er sich im Porträt, in der Landschaft und im Conterfei von Vögeln und Vierfüsslern hervor.

---

selbst bei Pisano eher glaublich. Aber die von ihm dem Stefano zugetheilten Arbeiten haben nicht so viel giottesken Charakter wie wir bei Altichiero finden. Die Annahme veronesischer Kunstschriftsteller, wonach zwei Meister des Namens Stefano zu unterscheiden seien, von denen der eine im 14., der andere im 15. Jahrh. als Freskomaler aufgetreten sei, wird sich uns als hinfällig erweisen. Als eins der Werke des Stefano da Zevio, welches seinem angeblichen älteren Namensbruder zugeschrieben wird, können wir die Wandgemälde in der Pfarrkirche zu Illasi anführen (vgl. Dr. C. Bernasconi: Studj sopra la storia della pitt. ital., Verona 1865 S. 219).

[4] dal Pozzo, Vite de' pitt. Veron. 9 und 305; er bezeichnet S. Vi oder S. Vito als Ortschaft der Gardesana im Veronesischen (Morelli Anon. 178 erklärt S. Vigilio).

[5] Vasari IV, 151. 152. An anderer Stelle (IV, 158. 159) gibt er als alte Ueberlieferung an, dass Pisano's früheste Arbeiten in der alten Chiesa del Tempio in Florenz bestanden hätten.

Porcellio, Basinio von Parma, Tito Strozzi u. A. stimmen begeistert in dieses Lob ein.[6] So volltöniger Anerkennung gegenüber nehmen sich die frühen Leistungen des Künstlers recht dürftig aus. Seiner Jugendzeit gehört unserer Ansicht nach die für das Kloster S. Domenico gemalte, jetzt in der Gallerie zu Verona aufgestellte Madonna an:

Inmitten eines Hofraumes sitzt die Jungfrau mit dem völlig nackten Knaben auf dem Schooss, die eine Hand auf die Brust legend, umgeben von einer Schaar kleiner Seraphim, von denen 4 den offenen Psalter halten; ihr Nimbus ist mit Pfauenfedern geschmückt und auch in der Garten-Staffage sind Pfauen angebracht, an dem Gitterverschlag, welcher die Seiten des Raumes deckt, hängen Rosen, auf dem Kleide Maria's spaziert eine Wachtel; im Vordergrunde ist die heil. Katharina mit Krone, Rad und Schwert dargestellt; an dem einen Arm einen Kranz von Rosen streckt sie den andern nach der Palme des Martyriums aus, welche ihr einer der Engel reicht.[7] Verona, Gall.

In den Gestalten herrscht durchweg gezwungene Grazie und Zierlichkeit, das Kind ist von ganz dürftigem Bau, die Hände laufen in spinnenartige Finger aus, die Köpfe enden in grossen

[6] B. Facius, de viris illustr., Florenz 1745 S. 45 sagt: „in pingendis rerum formis sensibusque exprimendis ingenio prope poetico putatus est. Sed in pingendis equis ceterisque animalibus peritorum judicio ceteros antecessit." Und Biondo da Forlì (1450) Italia illustr. Basel 1531: „Unus superest qui fama ceteros nostri seculi facile antecessit, Pisanus nomine." — Guarino von Verona, welcher sich nach seinem Aufenthalte in Constantinopel, Florenz und Venedig im J. 1422 in Verona niederliess, wo er Professor des Griechischen war, wurde 1429 vom Herzog Niccolò III. von Ferrara zum Erzieher seines Sohnes Lionello berufen und mag den Pisano in Verona und in Ferrara gekannt haben. Sein Lobgedicht auf denselben veröffentlichte C. Bernasconi: „Il Pisano grand' artefice Veronese etc. Verona 1862, wo auch ein zweites des Tito Vespasiano Strozzi von Ferrara und im Anhange (von Cesare Cavattini mitgetheilt) zwei andere des Basinius von Parma und des Porcellus Romanus nebst Varianten zu Tito Strozzi abgedruckt sind. Pietro Porcellio, nach 1434 von Papst Eugen IV. wegen Theilnahme an einem Volksaufstand aus Rom verbannt, war Secretär bei Alfonso von Arragon und sass dem Pisano (1452) zum Porträt. — Basinio von Parma, geb. 1425, gest. 1457, war 1448 Professor der Beredsamkeit in Ferrara und später in Diensten des Sigismondo Malatesta von Rimini und konnte hier wie dort mit dem Maler bekannt geworden sein. Tito Strozzi geb. 1422 starb 1505 in Ferrara. Alle diese Schriftsteller standen mit dem ferraresischen Hofe in Verbindung, wo Pisano besonders geschätzt wurde. Auch Facius war bei Gelegenheit der Hochzeit des Lionello von Este mit der Tochter des Alphons von Arragon in Ferrara, an welchem Feste Porcellio und Guarino gleichfalls theilnahmen. — Giovanni Santi rühmt den Pisano in seiner Reimchronik als Maler und Medaillenschneider.

[7] Verona Mus. N. 52 Saal III. Holz, h. 1,30, br. 0,98, vgl. Bernasconi, il Pisano 23, 24; die ganze Farbenfläche durch die Zeit gebräunt.

runden Stirnen, die Engel sind dicklich und ungelenk bewegt; völlige Naturentfremdung tritt uns entgegen, und dieser Eindruck wird noch durch den strähnigen Fluss der in zarten Farben gestimmten Gewänder, durch unersättliche Anwendung vergoldeten Stuckes an Kronen, Säumen, Blumen und andern Nebendingen sowie durch sorgliche Vermeidung des Schattens erhöht; statt dessen ist der rosige Lichtton durch feine Strichelung ins Grün hinübergeleitet. Alles macht den Beschauer für die Annahme empfänglich, dass Pisano aus einer Illuminatorenschule wie etwa der des Lorenzo Monaco oder des Pietro von Montepulciano hervorgegangen sei.

Verona. Samml. Bernasconi. Ansprechender und auch weniger kindisch in der Behandlung ist eine Maria mit Kind in der Sammlung weil. Dr. Bernasconi's[8] und ein Wandbild der Verkündigung mit den Heiligen Georg und Michael an den Wangen eines mit Spitzbogen überhöhten Grabmals in der Brenzoni-Kapelle zu S. Fermo Maggiore.[9] (S. Fermo.) Wie vom Pergament auf die Tafelgemälde, so übertrug Pisanello seine kleinmeisterliche Weise auch auf die Monumentalmalerei in Tempera, in welcher er mit Gewissenhaftigkeit den ein Jahrhundert

[8] Verona, Samml. Bernasconi: Maria von zwei Engeln umschwebt, welche die Krone über ihr halten, hat das Kind vor sich auf dem Knie stehen; sie trägt blauen Mantel mit Hermelinfutter und rothes Kleid mit erhabenen Goldblumen, dahinter ein Rosenhag von Vögeln belebt, zu ihren Füssen wieder eine Wachtel (Holz, h. 0,52, br. 0,36, Goldgr.). Das Kind ist nicht so lahm wie auf dem vorigen Bilde und in den Geberden gibt sich mehr wirkliche Anmuth zu erkennen; vgl. Bernasconi, il Pisano S. 22. Vielleicht ist dies das von Persico, Descrizione di Verona II, 34 in der Gall. Sanbonifazio erwähnte Stück.

[9] Verona, S. Fermo magg., Gottvater sendet das Kind in einem Lichtstrahl zu Maria nieder, welche rechts vor ihrem Bett auf einer Bank sitzt: Im Winkel unter ihr die Inschrift: „PISANVS PINSIT." Oberhalb ist gothisches Gitterwerk mit Thürmen angebracht, welche in den gestirnten Himmel ragen, und hier stehen in Seitenthürmchen links der heil. Georg in Profil, rechts Michael. (Abbildg. bei Nanin Taf. 4.) Die Farbe ist ausgeblichen und theilweise abgesprungen, die in Wachs aufgesetzten Zierrathe fallen ab, Staub und Schmutz ersticken das Bild allmälig. An dem Grabe, dessen Entstehungszeit verschieden, überlieferungsmässig 1430 angegeben wird (in d. Anmerkung zu Vasari IV,156 d. J 1420) steht die Inschrift: „Hic data Brenzano requies post fata Francisc - eadem marmora - corpus abent Cristi hoc patrijs sanctissime legum junxisti cineres Bartolomee tuos-quem genuit Russi Florentia Tusca Johanis-istud sculpsit opus ingeniosa manus." — In S. Fermo werden noch zwei Reste von Fresken dem Pisano zugetheilt, oberhalb des Einganges zur Cappella' degli Agonizzanti: eine Anbetung der Könige, welche aus der Zeit unmittelbar nach Pisano stammt, und über der Thür eine Verkündigung, die vielleicht dem Falconetto angehört.

zuvor von den Zunftgenossen des Lippo Memmi eingeschlagenen Weg verfolgte. Der feine Umriss, die schattenlose Flachheit, der Ausputz der zärtlichen Figuren bleibt derselbe wie vorher, auch die Liebhaberei für Vögel und anderes Gethier dauert fort, daneben aber kündigt sich eine wichtige Neuerung an: der regelmässige Körperbau der Heiligen verräth Pisanello's zunehmende Bekanntschaft mit antiker Plastik und er macht Anstrengungen, die Tracht der damaligen Zeit im Sinne klassischer Kunst einfacher zu behandeln. Das Wandgemälde aus der Georgs-Legende in der Capp. Pellegrini zu S. Anastasia, welches seinen Stil charakteristisch vertritt, zeigt zugleich Fortschritte in der Erfassung des Augenblicklichen, in der Richtigkeit des Umrisses und in Beobachtung der Verkürzungen:

Die Darstellung, welche durch einschneidenden Spitzbogen in zwei Hälften getheilt wird, enthält auf der linken Seite den Drachen, der am felsigen Ufer liegt; auf der andern Seite sieht man vor einer hochgelegenen dichtbebauten Stadt den heiligen Ritter von Knappen und Hund begleitet im Begriff, auf sein stämmiges Ross zu steigen, neben welchem eine fürstliche Dame steht; den Hintergrund füllt eine Cavalkade und ein Schiff auf dem die beiden Theile des Bildes trennenden Gewässer.[10] Verona, S. Anast.

Man erkennt sofort, dass das Hauptaugenmerk des Malers hier auf die Köpfe gerichtet war; ihre bildnissmässige und eingehende Behandlung deutet bereits den Schwerpunkt der nachmaligen Thätigkeit Pisano's an. Die Geberde des Heiligen, der den einen Fuss in den Steigbügel setzt, der Umriss der weiblichen Gestalt und die treffliche Zeichnung der Pferde werden dem Lobe der Zeitgenossen schon gerechter, aber sie lassen den Mangel ähnlicher Beobachtungsgabe bei der Landschaft desto mehr empfinden. Den Fleiss, womit Pisano zu Werke ging, geben

[10] Verona, S. Anastasia. Unterhalb des Hauptbildes, welches sehr hoch angebracht und stark verschmutzt ist und an dessen linker Seite das ganze Stück über dem Drachen fehlt, sieht man noch eine einzelne Pilgerfigur; der bei Vasari IV, 155. 156 erwähnte Eustachius mit dem Hunde ist verschwunden und seine Beschreibung des Bildes ungenau, da er dieselbe Darstellung auf zwei verschiedene Weisen auffasst (vgl. auch Bernasconi, Il Pisano S. 19, 20). Die übrigen von Vasari in der Kapelle Pellegrini erwähnten Gemälde Pisano's sind zerstört.

einige Zeichnungen zu Theilen des Bildes in der Albertina zu Wien[11] wie auch etliche Blätter mit Naturstudien im britischen Museum[12] zu erkennen.

Nachdem Gentile da Fabriano seine Aufträge in Venedig beendet (um 1422), wurde dem Vittor Pisano ein Wandbild im Saale des grossen Rathes anvertraut, welches jedoch am Ende des Jahrhunderts durch ein Leinwandgemälde des Alwise Vivarini ersetzt worden ist.[13] Filippo Maria Visconti ferner übertrug ihm die Ausschmückung mehrerer Zimmer im Schloss zu Pavia[14], aber er scheint bis zur Mitte der dreissiger Jahre doch seinen eigentlichen Wohnsitz in Verona behalten zu haben. Damals war er besonders als Bildnissmaler berühmt. Aus Rechnungsbüchern der Este geht hervor, dass er 1435 den Herzog Nikolaus III. von Ferrara malte.[15] Dann ging er nach Rom und vollendete unter der Regierung Eugen IV., wieder als Ersatzmann des berühmten Umbriers, den von Gentile da Fabriano begonnenen Cyklus im Lateran.[16] Vielleicht war er in Begleitung des Papstes während des denkwürdigen Concils in Ferrara, welches zu dem abenteuerlichen Zweck der Vereinigung der morgen- und abendländischen Kirche tagte. Bei seinem dortigen Aufenthalte im Sommer 1438 ehrte ihn Johannes Palaeologus, indem er sich von ihm sein

---

[11] Handzeichnungs-Samml. des Erzherzogs Albrecht: Pergamentblätter mit Frauenköpfen, Frauen mit Hunden, Falken und Wachteln (unter dem Namen des Niccolò Pisano und des Berna).

[12] London, British Museum: drei ganze Figuren im Zeitkostüm. bez. „Pisanus f." auf Pergament in Feder und Tinte.

[13] vgl. oben S. 58 und Band IV. 106. 109, 110, und die Zeugnisse des Facius a. a. O. sowie des Sansovino, Ven. descr. 325, welcher als Gegenstand von Pisano's Bilde die Rückkehr des Prinzen Otto aus der venezianischen Gefangenschaft zu Barbarossa angibt.

[14] Filippo Maria Visconti wurde 1412 Herr von Pavia und starb 1417; die Fresken Pisano's in Pavia erwähnt Cesare Cesariano in seinem Comment. zum Vitruv fol. CXVI, welchen dieselben besonders wegen des Speckglanzes interessiren, den der Kalk angenommen; Anon. des Mor. 46 sagt ebenfalls „tanto lisce e tanto risplendenti che fin oggidi si pol spechiar in esse", Stef. Breventano, Istoria dell' antichità etc. di Pavia, 1570, berichtet, es seien Darstellungen von Jagdscenen und Thieren gewesen.

[15] Mittheilung über die betr. Urkunde verdanken wir der Güte des Marchese Campori.

[16] s. Platina, Vitae pontif. unter Martin V., vgl. Vasari, Anm. zu IV, 152. Facius a. a. O. 47. 48. Nach Vasari III, 158 wären Gentile da Fabriano und Pisanello noch mit Masaccio in Rom zusammengetroffen; dies könnte jedoch nur bei dessen letztem Aufenthalte daselbst, nicht aber in der Zeit gewesen sein, als er in S. Clemente malte.

Medaillonporträt machen liess[17], auch der Herzog zeichnete ihn aus und dessen Sohne Lionello versprach Pisano ein Bild, das bei seiner Heimkehr nach Verona begonnen werden sollte. Dieses Gemälde, auf welches Lionello in einem Briefe an seinen Bruder anspielt[18], vermuthet man, und zwar mit gutem Grunde, in der Tafel, die aus der ferraresischen Sammlung Costabili in die National-Gallerie nach London gekommen ist:

Hauptgegenstand des von Pilastern umschlossenen, mit Aufsatz und Sockel in gothisirendem Geschmack versehenen Bildchens sind die beiden Heiligen Antonius der Abt und Georg, welche einander anschauen, jener links langbärtig in Einsiedlergewand, mit seinem Glöckchen in der einen, den Stab in der andern Hand, zu Füssen das Schwein, welches hier als Eber erscheint; Georg ein jugendlicher bartloser Kämpe im Ritterkleid, kurzer Schaube mit Harnisch, das Haupt von mächtigem florentinischen Strohhut beschattet, steht neben dem am Boden liegenden Drachen, hinter ihm zwei Pferde, die mit den Köpfen ins Bild schauen; Hintergrund Cypressenwald; am Himmel darüber die Erscheinung Maria's (Hüftbild) mit dem sie zärtlich umhalsenden Kinde innerhalb einer von flackerndem Gewölk umgebenen runden Glorie. Am Boden zwischen den beiden Heiligenfiguren die Inschrift: London, Nat.-Gall.

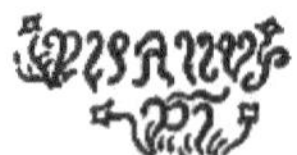

Im Kleeblatt-Aufsatz des Bildes ist eine Medaille mit dem Profilbild des Lionello von Este, in dem durch Wappenschilder flankirten Sockel unterhalb ein zweites mit dem Profilbilde des Malers eingelassen.[19]

---

[17] Paul Giovio in seinem Briefe vom 12. Nov. 1551 (bei Bottari-Ticozzi V, 82) nimmt an, die Medaille sei in Florenz gemacht, jedoch ist die Entstehung in Ferrara wahrscheinlicher, da Pisano damals mit dem dortigen Hofe schon vertraut war, nicht aber mit dem florentinischen.

[18] Lionello von Este an Meliadusse bei Maffei, Verona illustr. IV. cap. 6 S. 231 in den Classici ital.): „Pisanus omnium pictorum huiusce aetatis egregius, cum ex Roma Ferrariam se contulisset, tabulam quandam sua manu pictam ultro mihi pollicitus est, quum primum Veronam applicuisset."

[19] London, Nat.-Gall. N. 776, Geschenk der Lady Eastlake, Holz, Temp. h. 19 Z., br. 11½ Z.; vgl. darüber Bernasconi, il Pisano S. 22. 23. (Vor der unter Obhut Sir Charles Eastlake's vorgenommenen Ausbesserung war an der Kutte des Antonius und am Harnisch des Georg die Grundirung blossgelegt.) Die Medaille des Lionello (nach rechts) hat die In- und Umschrift: „GE. R. AR. (generalis romanae armatae) LEONELLVS. MARCHIO. ESTENSIS. D. FERRARIE. REGII. ET. MVTINE.", die des Pisanello, der nach links gewandt, bartlos und kurz geschoren, in gemustertem Wams mit Barettkappe dargestellt ist, die Umschrift: „PISANVS. PICTOR."

Sehr auffällig ist an diesem kostbaren Stück der Gegensatz in der Behandlung der Madonnenfigur und der Heiligen; während Maria wie das Kind als recht gewöhnliche Typen erscheinen und ihre Gewandung sich sehr unfrei ausnimmt, ist Antonius ein durchaus bildnissmässiger Charakter mit dem wilden Ausdruck des culturfremden Einsiedlers, Georg nach Haltung und Antlitz ein schmucker Rittersmann aus den höfischen Kreisen der Zeit, und seine Pferde rechtfertigen in hohem Grade die den Thiergestalten Pisanello's gezollte Bewunderung. Merkwürdig nur, dass noch in so vorgerückter Zeit, in welcher Pisanello dergleichen hervorbringen konnte, seine Liebhaberei, Stuckornament innerhalb des Bildes anzubringen, fortdauert.

Als Porträtist wird er sodann trefflich vertreten in einem Brustbilde des Lionello, welches, ebenfalls aus der Gallerie Co- London. Sml. Barker Nat.-Gall. stabili stammend, jetzt in der Samml. Barker in London, den jungen Fürsten in geschlossenem, fast strengem Ausdruck mit lockigem nussbraunen Haar vorführt und in sattem, ausserordentlich verschmolzenem Farbenvortrag gehalten ist.[20] Der Einfluss dieser Kunstweise lässt sich an der von dem faentinischen Maler Giovanni Orioli herrührenden Nachahmung des Bildnisses in der Nat.-Gallerie beobachten.[21]

Von Verona aus, wo sich Vittor von neuem niederliess, besuchte er während der Regierung Lionello's († 1450) Ferrara öfters und erhielt Aufträge vom mantuanischen Hof, wie aus einem

---

[20] London, Sammlung Barker, Holz, Temp., Brustbild, $\frac{1}{2}$ lebensgr., Seitenansicht nach rechts gewandt, sehr gut erhalten.

[21] London, Nat.-Gall. N. 770 (aus der Gall. Costabili stammend, aus der Samml. Eastlake erworben), Holz, Temp., Brustbild, Profil nach links gewandt, lebensgross (h. 1 F. $9\frac{1}{2}$, br. 1 F. 3), Tracht rothes Wams und schwarzes ärmelloses Ueberkleid mit Goldsäumen. Ueber dem Kopf die Inschr. „LEONELLUS+Marchio + Estēsis“ und auf der Leiste „OPVS IOHÃNI[s] ORIOLI+.“ Der Umriss nicht so vollendet und mechanischer als bei Pisanello, der Fleischton warm und sauber mit Strichlagen durchgebildet, die Farbenfläche härter und von der glasigen Durchsichtigkeit wie bei Matteo da Siena. — Giovanni Orioli, offenbar Schüler des veronesischen Meisters, der den Stil desselben besser innehält als z. B. Bono von Ferrara, stammte aus Faenza und lebte dort als Maler i. J. 1461. Angelo Lapi preist ihn in einigen Versen „ad magnificum dominum Astorem de pictura filiae suae maioris (Elizabethae) manu Ioannis de Oriolo“ und in anderen „Ad praefatum principem de pictura dominae Barbarae filiae minoris de manu predicti“ (s. G. M. Valmigli, Dei Pittori e degli artisti Faentini, Faenza 1869 S. 11).

an Giovanni Francesco Gonzaga gerichteten Briefe der Paola Malatesta vom Mai 1439 hervorgeht.[22] Wahrscheinlich in Folge der ihm damals gemachten Versprechungen ist er dann selbst nach Mantua gegangen, um die Medaille des Markgrafen und seiner Tochter Cecilia zu schneiden und die von Facius erwähnten Bilder sowie eine Kapelle zu malen[23]; aber gerade in der Zeit seiner Beziehungen zu den Gonzagen scheint er sich den Este näher verdungen zu haben, wenigstens ist noch ein Schreiben Lionello's mit der Anordnung vorhanden, dass ein Schiff bereit gestellt werde, um den „hochvortrefflichen Maler“ Pisano nach Mantua hinüberzubringen.[24] — Die Seltenheit seiner Gemälde aus diesen späteren Jahren erklärt sich zum Theil durch die zeitraubende Thätigkeit bei Anfertigung der Formen zu seinen zahlreichen Medaillen. Wir kennen ihrer 28, welche eine ganze Gallerie der berühmtesten Zeitgenossen vorführen.[25] Sie standen gebührlicherweise in hoher Achtung, wie denn in der That das Verdienst Vittore's als Wand- und Tafelmaler an das des Formschneiders nicht heranreicht.

Pisanello hat wahrscheinlich das Jahr 1455 nicht überlebt[26]: früher kann er nicht gestorben sein, das beweist der Vermerk einer nicht unbedeutenden Zahlung des Herzogs von Ferrara für

[22] s. d'Arco, Arti I, 38. Die Markgräfin liess dem Maler ein Anerbieten von 80 Dukaten machen.

[23] B. Facius, De viris illustr. 47, 48. Die Medaille der Cecilia Gonzaga hat das Jahr 1447.

[24] Mittheilung des Marchese Campori.

[25] Seine Medaillenporträts sind folgende: 1. Niccolò Piccinino, 2—10. Lionello von Este, mit verschiedenem Revers (1444), 11. und 12. Sigismondo Pandolfo Malatesta (1435), 13. Pietro Candido Decembrio „studiorum humanitatis decus“, 14. Vittorino da Feltre „summus“, 15. Filippo Maria Visconti († 1447), 16. Johannes Palaeologus mit griechischer Aufschrift (1438), 17.—21. Alfonso von Arragon, einmal: Divus Alphousus rex triumphator et pacificus (1449), 22. Francesco Sforza, Herr von Cremona, 23. Giovan Francesco Gonzaga, 24. Cecilia Gonzaga (1447), 25. Lodovico III. Gonzaga, 26. Malatesta IV. Novello, Herr von Cesena (dux equitum praestans), 27. und 28. Inigo d'Avalos. Porcello erwähnt in seinem Lobgedicht auf Pisano auch das von diesem geschnittene Porträt seiner selbst („quas inter vivet Porcelli effigies“ s. bei Bernasconi, Il Pisano, Cesare Cavattonis „Tre carmi“ S. 20 ff.); hinzugezählt wird zu den Medaillen auch die grosse viereckige des Tito Vespasiano Strozzi, der gleichfalls auf sein von Pisano versprochenes Bildniss hinweist, s. ebenda S. 46 und Vasari IV, 173.

[26] s. die Zusammenstellung der Berichte des Biondo da Forlì und des Facio bei Bernasconi, il Pisano S. 6—8.

ein damals geliefertes Bild.[27] — Die letzte künstlerische Unternehmung in Verona, bei welcher er vermuthlich beschäftigt gewesen ist, mag die Ausschmückung der jetzt als Glockenraum benutzten Kapelle in S. Maria della Scala gewesen sein, wo nach und nach eine Reihe von 28 freilich stark beschädigten, z. Th. sogar zerstörten Wandbildern aus der Tünche hervorgeholt worden sind. Ueber eine hierbei mit aufgedeckte Signatur entstand lebhafter Streit, ob sie „Stefanus“ oder „Pisanus“ zu entziffern sei. Ein Schluss aus der Stilbeschaffenheit erscheint bei dem jetzigen Zustande dieser Ueberreste unmöglich; man darf sie vorläufig nur als Zeugnisse der Schule Pisanello's hinnehmen. Das Einzige, was eigenen Antheil des Meisters an denselben verrathen könnte, ist der Umstand, dass in den Fensterleibungen 4 Rundbilder angebracht sind, welche Nachbildungen seiner Medaillen des Johannes Paläologus, des Lionello, des Sigismondo Malatesta und des Niccolò Piccinino enthalten.[28]

Verona, S. M. d. Scala.

[27] In einem Memorial v. J. 1455 im Archiv zu Modena (mitgetheilt von Marchese Campori) steht: „Pixiano dipintore de dare ad XVII. de Agosto Duc. cinquanta d'oro“ als Bezahlung eines vom Herzog bestellten Bildes. In einem Briefe des Carlo de' Medici an Giovanni de' Medici aus Rom vom 31. Oct. ohne Jahr, findet sich die Erwähnung, dass Pisano's Medaillen damals zu Kauf standen. Carlo erwarb 30 in Silber „da un garzone del Pisanello che mori a questi di“ (Gaye, Cart. I, 163). Fehlte diesem Schreiben das Datum nicht, so würde sich der Tod Pisano's genau angeben lassen.

[28] Mehr ist von Vittor Pisano's Malereien unseres Wissens nicht erhalten; weder in Venedig, noch in Rom und Mantua sind Ueberbleibsel vorhanden, und was Verona noch besitzt ist, wie wir sahen, sehr wenig. Fälschlich für Pisano's Arbeit angesehen sind eine Reihe Bilder zur Legende des heil. Bernardin, ehemals in S. Francesco, jetzt in der Gallerie zu Perugia, welche wir bereits früher (Band IV. 158 ff.) dem Buonfigli oder Fiorenzo di Lorenzo zurückgegeben haben (vgl. Rosini, Stor. II, 221 und Tafel XLIX). Sonst werden noch folgende verloren gegangene Bilder erwähnt: ein Hieronymus das Krucifix anbetend und von Thieren umgeben (bei Facius a. a. O.; s. Bernasconi, il Pisano); ferner erwähnt Guarino in seinem Lobgedicht ausser den Medaillen noch anderweite Bildnisse sowie ebenfalls einen Hieronymus in seinem eigenen Besitz (vielleicht identisch mit dem bei Facius beschriebenen, vgl. Tre carmi bei Bernasconi a. a. O.), und Basinio führt ausser den Medaillen ein Porträt des Vittorino da Feltre auf sowie Medaillenbildnisse von Personen, die bisher nicht unter den plastischen Porträts des Meisters bekannt waren, nämlich des Giovanni Aurispa und des Paolo Toscanello. — Im Katalog der ehem. Samml. des Roberto Canonici in Ferrara v. J. 1632 findet sich verzeichnet: die Geburt Christi von Vittor Pisanello, mit Maria, Joseph, Ochs und Esel nebst drei Hirten und einem fliegenden Engel, s. Campori, Raccolta S. 109. —

Natürliche Folge der künstlerischen Ueberlegenheit Vittor Pisano's und der Schätzung, deren er mit Recht genoss, war die Vernachlässigung anderer veronesischer Meister der Zeit. Unter ihnen haben wir zuerst den Stefano da Zevio zu betrachten. Im J. 1433 als vierzigjährig in die Steuerrolle zu Verona eingetragen, ist er Pisano's Zeitgenosse und Nachfolger, aber nicht Schüler des Agnolo Gaddi, geschweige denn des Girolamo dai Libri gewesen, der vielmehr sein Enkel war.[29] Wie dieser hat schon Stefano als Miniator gearbeitet und von seinen Werken ist nicht viel auf uns gekommen[30], immerhin aber genug, um das Lob Vasari's und die angebliche Anerkennung Donatello's in Zweifel zu stellen[31]; denn unähnlich seinem Landsmann Pisano, der sich immer fortschreitend entwickelte, blieb er im besten Falle stationär.

Verona. Häuser. S. Eufemia.

Bruchstücke einer Madonna mit Kind finden sich an der Stirnseite eines Hauses in Strada di Porta Vescovo[32], eine Dreieinigkeit und eine Glorie des heiligen Augustin mit zahlreicher Himmelshierarchie oberhalb des Seitenportales zu S. Eufemia in Verona[33], beide mit Stefano's Namen bezeichnet. Unzweifelhaft von seiner Hand sind sodann zwei Tafelbilder in Rom und Mailand: die dem Gentile da Fabriano zugetheilte Madonna mit dem Kinde, welchem die Mutter und dienende Engel Rosen reichen, in der Gall. Colonna[34] und die ganz gentileske Anbetung der

Rom. Gall. Colon.

---

[29] Die „Anagrafi" des Archivio municipale zu Verona gewähren: „1433: Ser Magister Stephanus dipinctor qu. Johannis an. 40" (s. Bernasconi Studj 226 und vgl. dazu Vasari V, 89); ferner „1492: Franciscus miniator fil qn. Stefani a libris", welcher Vater des Girolamo dai Libri war (Bernasconi a. a. O. 230).

[30] Wir zählen folgende Werke auf, von denen nur Nachrichten erhalten sind: in Verona, Fresken in S. Zeno, S. Antonio, S. Niccolò, im Chor und in der Capp. del Sacramento in S. Eufemia, ebenda Tafelbilder, darst. den heil. Nikolaus und andere Figuren nebst Predelle; in Mantua: Fresken in S. Domenico, in S. Francesco und an einer Hausfront, ferner eine Madonna in der Kirche Ognissanti mit d. J. 1463 (?), vgl. Vasari II, 156. VI, 86—89, dal Pozzo a. a. O. 11, 12.

[31] Vasari VI, 86.

[32] Verona, Strada Porta Vescovo N. 5303; links vom Throne Maria's die Inschrift: „STEPHANU PINXIT", der untere Theil zerstört. vgl. Vasari VI, 87 u. Persico, Descr. di Ver. I, 23.

[33] Verona, S. Eufemia: Augustin sitzt in einer Nische auf Baldachinthron, an dessen Seiten die Bez. „Stefanus pinxit": am Architrav der Nische sind einige Heiligenfiguren erhalten; die Wand oberhalb sowie der untere Theil sind verlöscht, auch der Kopf des Augustin ist kaum mehr sichtbar.

[34] Rom, Gall. Colonna, Holz, kleines

Mailand, Brera Könige in der Brera, an welcher das plastische Ornament ebenso charakteristisch ist wie der Mangel des Schattens, die Schleppkleider und die reichliche Einführung von Thieren.[35] Endlich Illasi, Pfarrk. haben wir in der Pfarrkirche zu Illasi bei Verona Stücke eines, jetzt abgenommenen Fresko's der Maria mit Kind mit einem Pfau zu Füssen, daneben Engel und 2 Heilige innerhalb gemusterter Rahmen, ein Bild, welches als Beweisstück für die Existenz eines älteren Meisters gleichen Namens angesehen worden ist, aber nur die unterste und späteste Stufe der Leistungen des Stefano da Zevio vertritt.[36]

Diese Arbeiten überzeugen uns, dass der Maler aus einer Miniatorenschule stammte, welche in Verona bestand und auf deren ausgetretenem Wege er weiter ging ohne die alten erstarrten Zunftregeln zu durchbrechen. Sie vereinigen die wenigen Vorzüge der Miniaturmalerei mit allen Schwächen derselben: die müssige Sorgfalt der Durchführung, die Vorliebe für erhabenes Zierwerk bei völliger Abwesenheit eigentlicher Modellirung durch Helldunkel, und Unempfindlichkeit für die Wahl der Typen. Seine Staffelei- und Wandbilder, mangelhaft in der Zeichnung wie in der Sicherheit und Würde des Ausdrucks, konnten nur durch den rosig blassen, fein mit grau aufgehöhten Fleischton oder die dem Zeitgeschmack entsprechende Vorliebe für Blumen und Vögel Anziehungskraft ausüben.

Noch tiefer als Stefano stehen Giovanni Badile, Girolamo Benaglio und Cecchino, des Vincenzo di Stefano ganz zu geschweigen, dessen Existenz überhaupt unsicher ist.[37] Hat ihre

---

Format; in der Luft schweben Engel, welche anscheinend beten, vorn rechts und links ein musicirender Engel; die lichte weiche Tempera lässt hier eine Beimischung von Wachs vermuthen. vgl. Band IV, 117.

[35] Mailand, Brera im (alten Katalog N. 92 unter Stefano Fiorentino!) Holz, Temp., kl. Fig., h. 0,45, br. 0,70, bez. „Stefanus pinxit 1435“ (?).

[36] Illasi, Pfarrkirche, jetzt in einer Kapelle rechts. vgl. darüber Maffei, Veron. illustr. u. Bernasconi, Studj 220. s. oben Anm. 3.

[37] Vasari IX, 166 bezeichnet den Vincenzo di Stefano als den Lehrer des Li-

Erwähnung auch fast nur den Zweck, den überaus niedrigen Durchschnitt der veronesischen Kunst in Mantegna's Zeit zu kennzeichnen, so darf doch nicht vergessen werden, dass einige Maler dieser Zunft, z. B. Girolamo Benaglio und seine Nachfolger Francesco Benaglio und Moroncini, wie gering auch sonst ihr Verdienst war, neue Verhältnisse im Figurenbau annahmen und der Schule mittheilten. Sie bestanden in gestreckterer Bildung der menschlichen Gestalt und namentlich der Beine und dazu gesellte sich technische Verbesserung durch lebhaftere Farben und kräftigere Schattengebung.

Von Badile (oder Baylus) besitzen wir urkundliche Nachrichten aus den Jahren 1418 bis 1433 und ein beglaubigtes Altar-Bild (Maria mit Kind und Stifter, umgeben von 5 Heiligen) im Museum zu Verona[38], welches lichten verwaschenen Temperaton und noch die kurzen schlechtgebauten Figuren der Verfallzeit des Stefano bietet. — Girolamo Benaglio, von dessen Bildern eins die Jahrzahl 1450 trägt, ist reichlich vertreten, besonders im Museum zu Verona. Er zeigt schlankere, aber auch gezierte Gestalten und zuweilen stumpfen Temperaton.[39] — Cecchino, von

Verona. Museum.

berale von Verona und schreibt ihm ein Altarbild in Ognissanti in Mantua mit der Jahrzahl 1463 zu, welches nach dal Pozzo a. a. O. 12 dem Stefano angehörte. Die Existenz des Vincenzo zugebend verweisen wir noch auf ein Freskobild in S. Anastasia in Verona, das ihm zugeschrieben wird; es ist Theil der Dekoration am Denkmal des Cortesia Serego, darstellend Gottvater inmitten von Cherubim und Engeln (einige davon verwischt) mit den heil. Dominikus und Petrus Martyr, und hat die Aufschrift: „Anno Do. MCCCCXXXII." Es nimmt sich als eine Uebertreibung vom Stile des Stefano aus, wie er bei Nerito begegnet, und hat Aehnlichkeit mit Giambono; vgl. oben S. 13 u. 314.

[38] Die Urkunden, welche ihn u. a. als Vater des Antonio Badile bezeichnen und erkennen lassen, dass er 1478 todt war, bei Bernasconi, Studj 225. Sein Bild in Verona, Mus. Saal III, N. 53 (ehemals im Kloster S. Tommaso Cantuariense) besteht aus 7 Theilen, die Heiligen auf den Seitentafeln sind Antonius Abbas, Georg. Jakobus, Petrus Martyr, Thomas und ein Bischof, das Hauptbild bez.: „Iohēs Baili" (Holz, h. 0,94, br. 2,0); wir schliessen hieran noch zwei Bilder derselben Gallerie, N. 47 (bez. Schule des Stefano da Zevio seniore): Altarbild in drei Tafeln enth. Maria mit Kind zwischen Martin und Georg, oberh. Michael den Satan tödtend, umgeben von den Verkündigungsfiguren, mit der Inschr. „Hoc opus fecit fieri sor Lucia de Frachanzanis MCCCCXXVIII" (Holz, h. u. br. 1,40) und N. 66 (Manier des Stef. da Zevio sen.) Maria m. Kind und den heil. Andreas und Nikolaus, letzterer eine Stifterin empfehlend (Holz, h. 0,92, br. 1,48).

[39] Ein Bild in Verona, von welchem dal Pozzo (a. a. O. 10) ein aus 4 singenden Engeln bestehendes Bruchstück kannte, war bez. „Hieronymus Benalius q. Francisci anno 1450." Wir verzeichnen: Verona, Gall. N. 31: dreitheil. Altarstück: eine heil. Märtyrerin umgeben von S. Fermo und S. Rustico in Nischen vor einer Brüstung, in wel-

Trient, Dom. welchem sich eine Madonna mit Heiligen im Dom zu Trient befindet, scheint in derselben Zeit gearbeitet zu haben.[40] Von Francesco Benaglio erfahren wir zwar, dass er im J. 1476 ein Wandgemälde für S. Maria della Scala vollendet hat, aber sonst stehen uns keine Berichte über sein Leben zu Gebote, und ein Verona, S. Bernard. Altarstück mit seiner Namensbezeichnung in S. Bernardino enthält keine Ziffer.[41] Wir entnehmen daraus, dass er die dürftige Manier des Girolamo schwerlich überwunden haben würde, wenn Mantegna nicht aufgetreten wäre. Die Cappella Lavagnoli zu S. Anastasia. S. Anastasia in Verona bietet ein Fresko — darstellend eine Anzahl hagerer Heiligenfiguren in steifer Gruppe, dahinter ein Häusercomplex, und Landschaft mit Wasser und Inseln[42] —, welches sehr nach dem Atelier des Girolamo Benaglio aussieht. Der Maler verbindet die kindlichste Behandlung der Perspektive mit so übertriebener Sorgfalt der Durchführung, dass man an die

---

cher Kaiser-Medaillons eingelassen sind (Holz, Temp., h. 1,20, br. 1,65); N. 56 u. 57, die heil. Rustico und Fermo auf Goldgr. (Holz, je h. 1,10, br. 0,36); N. 48, dreitheil. Altarstück: Maria m. K. thronend, seitwärts Katharina und Ursula, in der Predella Legenden (Holz, h. 1,55, br. 1,75); N. 49, ebenfalls dreith. Altarst. Maria m. K. zwischen Sebastian und Blasius (aus S. Cecilia, Holz, h. 1,15, br. 1,40); N. 59: Maria m. K., darüber Lünette mit der Kreuzigung, seitwärts Petrus und Jakobus, mit Predella (Holz, h. 2,80, br. 2,30, aus S. Jacopo alla Pigna); N. 60: Grablegung Christi, im Hintergrund die Kreuzigung umgeben von Köpfen, welche auf die Passion anspielen (Holz, h. 0,90, br. 0,70), sämmtlich gleichartig und schwach; ferner: N. 20 (unter Ant. Badile): Maria mit Kind umgeben von Dionysius und Magdalena, oberhalb Gottvater (Schulbild. h. 2,20. br. 1,40); N. 19 (unter Francesco Benaglio): Maria m. K. von singenden und spielenden Engeln umgeben, mit d. J. 1487 (Holz, h. 2,0, br. 1,80 aus S. Silvestro). In Ricreazione pittorica S. 17 ist erwähnt eine Verlobung Katharina's von Girol. Benaglio in der Kirche S. Pietro maggiore in Verona (vgl. auch dal Pozzo 260).

[40] Trient, Dom, Sakristei: Maria m. K. zwischen Vigilius und Sisinius (Holz, Temp.) auf dem Zwischenpilaster bez. „Cechinus de Verona pinxit" (Bernasconi, Studj 234, fügt die Ziffer 1454 hinzu, welche uns jedoch unerfindlich war.

[41] Verona, S. M. della Scala: Fresko darstellend die Heiligen Bartolomäus und Zeno, Hieronymus und Franciskus zu den Seiten eines wunderthätigen Marienbildes mit der Inschr. „Franciscus Benalius pinxit anno 1476" (beschr. von dal Pozzo 10, vgl. auch Ricreazione pitt. 114); dieser Altar wurde 1738 erneut und dabei die Figuren beseitigt, vgl. Persico, Descr. di V. I. 211, welcher auch noch von Wandbildern des Francesco Benaglio an der Façade der Kirche spricht, die jedoch schon zu seiner Zeit fast zerstört gewesen sind. — Ueber das dreith. Altarst. in S. Bernardino (Maria m. K. und 2 Heiligen) vgl. Bernasconi, Studj 242.

[42] Verona, S. Anastasia; der Gegenstand ist schwer verständlich, das Bild selbst schadhaft. Oberhalb desselben sieht man eine Kreuzigung und andere Darstellungen, wahrscheinlich von Moroncini, die übrigen Wandflächen der Kapelle sind übertüncht. vgl. Bernasconi, Studj. 242.

Kunstweise des Dirik Bouts unter den Flamländern und an Matteo da Gualdo unter den Umbriern erinnert wird. Dazu kommen entfernte Anklänge an Pisanello und es macht sich eine Ahnung vom grossen paduanischen Stil bemerklich. Wenn wir nun hier den Francesco Benaglio vor uns haben, dann darf man seiner Hand auch das Madonnenbild unter dem Portikus am Cortile dei Tribunali[43] und die Heiligen an den Eingangspfeilern der Cappella Pellegrini in S. Anastasia zutheilen.[44] In einem dem paduanischen Meister verwandteren Geiste und vielleicht unter dem Einfluss mantegnesker Vorbilder ist ferner der Schmuck am Altar des Vincenz Ferrerius in derselben Kirche gehalten, bestehend theils aus scheinbaren Standfiguren mit gemaltem baulichen Hintergrund, theils aus einer Kreuzigung mit Nebenfiguren[45], und auch hier möchte man, wenn nicht auf Falconetto oder Liberale, auf Fr. Benaglio schliessen. Dass er sich mantegneske Typen und Ziermotive aneignete, sieht man schon an der Madonna mit singendem Puttenchor und schwerem Guirlandenschmuck auf einer Wand der Via de' Scrimiari[46] und an den beiden Tafelbildern mit Franciskus und Bernardin im Museum zu Verona[47]; am meisten aber verräth sich die Nachahmung in seinem Altargemälde der Madonna mit Bernardin nebst 6 andern Heiligen und aufwartenden Engeln in der Kirche S. Bernardino, welches sich wie ein Gegenstück zu

Verona. S. Anastasia.

Verona, Hausfront. Museum.

S. Bernard.

[43] Wir meinen den Zugang von der Piazza de' Signori zum Cortile in Verona. Maria hält das Kind, welches lockenköpfig gebildet ist und den Segen ertheilt, die Figur ist lang und schmächtig.

[44] Verona, S. Anastasia: Bernardin und ein zweiter Heiliger in Nischen mit Medaillons von Kaiserköpfen und Heiligengestalten an Giebeln und Leisten.

[45] Verona, S. Anastasia: Fresken oberhalb eines plastischen Krucifixes: der heil. Vincenz umgeben von Petrus und Paulus, die als Scheinstatuen auf Consolen stehen, in einer imitirten Blende Engelfiguren, und am Bogen, der ebenfalls nur gemalt ist, Kaisermedaillons; darunter zu den Seiten Kreuzigung, Ueberreste von Heiligen und von Figuren in Nischen, an scheinbaren Pilastern angebracht. Die ganze Dekoration wird dem Mantegna zugeschrieben, aber die Kunstgattung ist die der altveronesischen Schule mit Anlehnung an den mantegnesken Stil; plastisches Ornament ist reichlich verwendet, die Farbe stumpf und schmutzig.

[46] Verona, Via de' Scrimiari: Maria mit dem auf ihrem Knie stehenden und segnenden nackten Kinde thronend, die Engel sind mit offenem Munde gebildet; an den Seiten stark beschädigt und theilweise aufgebessert (Abbildg. bei Pietro Nanin: Affreschi di Ver. Verona 1864, Taf. 14); vgl. Bernasconi, Studj 242.

[47] Verona, Mus. N. 61 und 63: Kniestücke, ursprüngl. in S. Clemente (Holz, Temp., h. 0,58, br. 0,40); die Gestalten sind dünn und schwach wie etwa bei Sano di Pietro oder Vecchietta, die Tempera matt und hell.

Mantegna's Meisterwerke in S. Zeno ausnimmt.[48] Und dies ist nicht die einzige Arbeit, die ihn als einen Maler kennzeichnet, der unter seinen Kunstgenossen in Verona eine ähnliche Stellung hatte wie Zoppo in Padua.[49]

Eine Stufe unter ihnen rangirt der Veronese Domenico de' Moroncini. Ein mit Namensinschrift versehenes Wandbild desselben (Maria mit Kind, umgeben von Christoph und Magdalena) Verona, Hausfront. S. Anast. findet sich in der Contrada Cantarane[50], andere Fresken in der Capp. Lavagnoli in S. Anastasia (Kreuzigung und Berufung des Jakobus und Andreas), welche den benachbarten des Fr. Benaglio zur vortheilhaften Folie dienen.[51] Als sein Nachtreter erscheint Dionisio Brevio, der schon der Mitte des 16. Jahrh. angehört.[52] Unter den schwachen Kunstgenossen älterer Generation wird noch Bernardino da Verona bekannt; er hat nachweislich in Mantua gearbeitet und ist wahrscheinlich Urheber einer Verkündigung mit Verona, S. Zeno. zwei Heiligenfiguren in S. Zeno, welche für Bernardino da Murano's Arbeit angesehen wird, aber, soweit die üble Beschaffenheit erkennen lässt, sich dem Stile des Veronesen Domenico Morone oder Liberale nähert.[53]

---

[48] Verona. S. Bernardino: Maria thronend, das Kind den knieenden Patron der Kirche segnend, daneben stehend Petrus, Paulus, Franciskus, Antonius, Ludwig und Bonaventura, bez. „Franceseus Benalius pinxit"; Thron und Arkade denen des Mantegna nachgebildet; die Figuren sind trocken und mangelhaft in der Körperwirkung. vgl. Bernasconi, Studj 242.

[49] Von gleicher Beschaffenheit ist in Verona, Mus. N. 44 (unter Marco Zoppo): Maria m. K., dem jungen Johannes und zwei Engelknaben (Holz, Temp., h. 0,42, br. 0,35); zu der Bezeichnung Zoppo hat ohne Zweifel die rothe ziegelige und satt aufgetragene Tempera Anlass gegeben, aber das Bild gehört dem Francesco Benaglio. Als verloren nennen wir: Verona, S. Lorenzo, Maria. Magdalena und Jünger am Leichnam Christi (Persico a. a. O. I, 75).

[50] Verona. Contr. Cantarane N. 5381: Maria betet thronend das in ihrem Schooss liegende Kind an; auf ihrem Fusschemel die Inschrift: „OPV DOMINIC — DE MOROCNI"; die Stifterurkunde des Manfredo dei Giusti hat das Jahr 1471. Abbildg. bei Nanin Taf. 43; der Stil zeigt einige Annäherung an Liberale.

[51] Verona, S. Anastasia, von sehr unrichtiger Zeichnung. Wir bemerken noch als wahrscheinlich dem Moroncini angehörig: Verona, Mus. N. 54 u. 55: Die heil. Bartholomäus und Rochus (aus S. Clemente), Holz, Temp., je h. 1,10, br. 0,35.

[52] Von ihm besitzt das Museum zu Verona: N. 58: Leichnam Christi mit Maria und Johannes, im Hintergrund Köpfe, welche die Stadien der Passion andeuten (Temp., h. 1,10, br. 0,83) und N. 64: Geburt Christi nebst den Halbfiguren der Heiligen Clara und Dominikus (Holz, h. 1,0, br. 1,40); dal Pozzo a. a. O. Aggiunto S. 5 erwähnt eine Anbetung der Hirten mit der Bezeichnung: „Dionysius Brevius Veronensis fecit Anno 1562."

[53] vgl. über ihn d'Arco, Arti 38, 39

Wir haben nunmehr eine Anzahl veronesischer Maler zu betrachten, deren Kunstweise bestimmteres Gepräge gewinnt und die sich nach ihrem Verhältnisse zu Mantegna gruppiren: Liberale, Falconetto und Giolfino. Sie bezeichnen noch die oberflächliche Nachahmung, die bei Bonsignori und Caroto ausdrücklicher hervortritt, während die beiden Morone, Girolamo dai Libri und Morando durch eine etwas abweichende Stilwendung charakterisirt sind.

Liberale di Jacomo da Verona, geb. 1451, war von Haus aus Miniaturmaler. Er verliess seine Vaterstadt im 18. Lebensjahre und wanderte in den Klöstern umher; zuerst fand er bei den Benediktinern zu Mont' Oliveto bei Siena Beschäftigung und erhielt darnach Aufträge für den sieneser Dom.[54] Zehn Jahr lang (bis 1477) sass er dort über Gradualien und Antifonarien, malte alle Gegenstände des neuen Testaments und verschwendete unendliche Mühe über dem zugehörigen Kleinkram.[55] Diese zeitraubende Thätigkeit seiner früheren Jahre zu verfolgen, liegt nicht in unserer Aufgabe; es genügt hier, zu erwähnen, dass die damals entstandenen, jetzt in Chiusi bewahrten Miniaturen mit Recht als Meisterwerke ihrer Gattung geschätzt werden. Sie zeichnen sich in der That durch Farbenreiz und Sorgfalt der Behandlung sowie durch ungewöhnliche Lebendigkeit aus[56]; aber gleichwohl machte

und Gaye. Cart. I, 334—336. wo in Briefen aus dem J. 1496 von der Betheiligung des Bernardino bei Dekorationen in Mantua die Rede ist.

[54] Sein Geburtsjahr geht aus den Anagrafi von Verona v. J. 1492 hervor. wo er mit seiner Familie folgendermaassen eingetragen ist: „Liberalis pictor 40 J.; Zinevria. seine Gattin 25, Lucretia. Tochter derselben 2. Hieronyma. Tochter 1 J., Johannes, Gehilfe 16 Jahr“ (s. Bernasconi. Studj 245). Sein voller Name war: „Liberale di Magistro Jacobo a Blado de S. Joanne in Valle“; in den Rechnungsbüchern in Siena heisst er gewöhnlich „Liberale di Jacomo da Verona“ (s. Documenti Sen. II. 384).

[55] Im J. 1469 unterm 28. Dec. erhält Liberale mit seinem Gehilfen Bernardino von den Benediktinern zu Mont' Oliveto für dreijährige Arbeit 1324 Lire 15 Soldi 4 Den. (Vasari, Anm. zu IX. 169); von 1470 bis zum April 1476 laufen die Bezahlungen des Domvorstandes zu Siena an ihn (Doc. Sen. II. 384—386 und Vasari. Anm. zu VI. 180. 213—216. 219—221. 345 ff.); Abbildg. von einer seiner Miniaturen in den Libri Corali der sieneser Dombibliothek (Graduale N. 1 Sign. C, welche die Inschrift trägt: „OPVS. LIBERALIS. VERONENSIS“) gibt Rosini, Storia d. pitt. II. 217.

[56] Besonders schön sind die Miniaturen von Mont' Oliveto (jetzt in Chiusi). Im Besitz des Don Domenico Ricci in Treviso, befindet sich eine sehr lebensvolle Miniatur, darst. Christus im Grab von Maria und anderen Heiligen gestützt,

sich die Mangelhaftigkeit dieser künstlerischen Vorbildung unvortheilhaft fühlbar, als sich Liberale bei seiner Heimkehr nach Verona grösseren Arbeiten zuwendete. So wenig sich darüber feststellen lässt, ob er auf seinen Wanderungen Florenz oder, was wahrscheinlich ist, Venedig besucht hat, so bestimmt darf man mit Rücksicht auf seine Zeitstellung wie auf seine Werke die Angabe Vasari's zurückweisen, dass er bei Jacopo Bellini gelernt habe.[57] Der Wiederbeginn seiner Thätigkeit in Verona ist zwar nicht genau zu bestimmen; unter d. J. 1492 steht seine Familie in der Steuerrolle, 1493 erscheint er als Sachverständiger bei einer städtischen Kunstangelegenheit und bis ins Jahr 1515 gibt es Nachrichten über ihn[58]; vermuthlich ist er aber schon zwischen 1480 und 90 wieder in seiner Vaterstadt ansässig gewesen.

Von allen Bildern Liberale's trägt nur ein einziges v. J. 1489 (s. später) Namensbezeichnung und Jahreszahl, und dieses war offenbar nicht das erste, was er nach Aufgabe der Miniaturtechnik gemalt hat. Angesichts seiner Anbetung der Könige im Dom zu Verona, zu welcher Giolfino die Flügelstücke (Rochus und Antonius) und den Aufsatz (Kreuzabnahme) lieferte[59], möchte man den Urheber fast für einen Genossen des Lukas von Leyden halten, so breitspurig ist die Haltung, so hausbacken der Gesichtstypus dieser mit knitteriger Gewandung angethanen, überdies ungesund feisten Gestalten, dabei verräth die Zeichnung grösste Genauigkeit, die Farben, an sich schon grell, sind ohne Gefühl für Abstimmung oder Luftwirkung zusammengestellt und der Hintergrund wimmelt von Einzelheiten, namentlich Kaninchen, Hunden und anderen Thieren, wofür die Veronesen nun einmal besondere Liebhaberei hatten. Dieselbe Unruhe und Gezwungenheit herrscht in einigen Predellenbildern (Geburt Christi, Huldigung der Könige und Tod der Jungfrau) im bischöflichen Palast in Verona[60], bei welchen

Verona, Dom.

Verona, Vescovado.

dem Mantegna zugeschrieben, welche Liberale's Kunst schon in vorgeschritteneren Stadium zeigt als die Arbeiten in Chiusi. Eine Miniatur Liberale's (Anbetung der Hirten) besass ehemals das Collegio Moscardi in Verona (s. Persico, a. a. O. II, 31).

[57] Vasari IX, 166.

[58] Bernasconi, Studj 238, 239 und Vasari IX, 166 u. 171.

[59] Verona, Dom (ehem. S. Maria matricolare), Kapelle der Emilii (früher Calcasoli) kl. Tafelbild, Oel, vgl. dal Pozzo 231 und Ricreazione S. 7.

[60] Verona, Vescovado. Auf der Darstellung der Geburt Christi führt er ge-

Figuren wie die Maria mit dem Kinde an Filippino's Vorbilder erinnern, während die Alltags-Hässlichkeit der Gesichter es mit den nordischen Meistern aufnimmt und die Heftigkeit der Geberden sowie die Schärfe der Farbengegensätze dem Taddeo Bartoli nichts nachgibt. Die Behandlungsweise wird jedoch freier und breiter, die ängstliche Genauigkeit der Ausführung lässt mehr und mehr nach. Dann erkennt man bei Liberale das Bestreben, den Mantegna so genau nachzuahmen als es die Eigenheiten seines Stils nur irgend zuliessen. Davon gibt ein Madonnenbild in Casa Scotti in Mailand ein interessantes Beispiel:

Maria thront auf hohem steinernen Stuhle, dessen Rücklehne oberhalb durch ein scheinbares Bronze-Medaillon mit der Darstellung Christi im Tempel gedeckt ist; darunter befindet sich ein Fries mit dem Schein-Relief vom Urtheil Salomo's und andere Theile dieses rund um den Thron laufenden Frieses tragen ähnliche Darstellungen, z. B. die Heimsuchung u. a.; an den Lehnen sind 4 singende und spielende Engel angebracht, am Fusse des Thrones wieder ein musicirendes Puttenpaar und eine Blumenvase mit Nelken; Hintergrund Himmel und Landschaft.[61] Mailand, Casa Scotti.

Ohne den trüben Oliventon des Fleisches und die Masse der Einzelheiten würde man den Namen Mantegna's, der in Goldbuchstaben am Fussgestell Maria's steht, ganz am Platze finden; denn selten haben Fälschungen so guten Schein wie hier; dennoch ist kein anderer als Liberale der Maler. Composition, Typen und Zeichnung sind zwar mantegnesk, aber viel geringer, die Anordnung ist kalt und förmlich, der Umriss entbehrt der bewussten Richtigkeit, die Gewänder haben Zickzackbruch, die Farbe, übrigens in Oel angerührt, ist tief und grell. — Noch augenfälliger wird die Nachahmung an einem Tafelbilde mit drei Engeln, welche Leidenswerkzeuge tragen, im Besitz des Signor Antonio Gradenigo

schmackloser Weise ein Weib mit einem Huhn in der Hand und einen Hund mit einer Ratte ein; die Schmerzensgrimasse auf dem Bilde des Todes der Maria ähnelt dem Realismus der Deutschen.

[61] Das Bild, offenbar Mittelstück eines grössern Gemäldes, wurde irrthümlich für identisch mit dem von Mantegna für den Bischof von Fiesole gemalten (Vasari V. 167) angesehen, es hat die Inschrift: „Andreas Mantinea p. s. p 1461". (vgl. oben S. 376 Anm. 10). Die am Himmel sichtbaren Verkündigungsfiguren sind moderne Zuthat.

Padua, Sign. Gradenigo. in Padua[62]; was den Liberale verräth, ist der helle unterlaufene Fleischton, der blendende Gegensatz in den Gewandfarben und eine Rohheit in der Behandlung der Gliedmaassen, deren Mantegna nicht fähig war.

Mit zunehmender Sicherheit und Uebung wird sein Stil charakteristischer, die Figuren bekommen bessere Verhältnisse und mehr Rundung durch Schatten, die Gesichter verfeinern sich, die alten Fehlerhaftigkeiten der Zeichnung nehmen ab. Diese Fortschritte sprechen sich in der Glorie des heil. Antonius in S. Fermo[63], in dem Hieronymusbilde der Cappella alla Vittoria[64] und in der Apotheose des heil. Metrone in S. Maria del Paradiso in Verona aus.[65] Hier und da erinnern die Heiligengestalten der Vittoria-Kapelle wie auch der Sebastian in der Brera[66] und die Wiederholung desselben im Museum zu Berlin[67] einigermaassen an die wildwüchsigen Erscheinungen bei Botticelli und Filippino oder an die knöchernen Akte der Pollaiuoli. Eine Anzahl Darstellungen des todten Christus zeigen ihn wieder in seiner grimassenhaften Uebertreibung des Schmerzensausdrucks. Das beste hiervon ist das Bild in S. Leo in Venedig[68], am abschreckendsten das überdies

(Randnotizen: Verona, S. Fermo — Cap. d. Com. — S. M. d. Par. — Mailand — Berlin. — Venedig. S. Leo.)

---

[62] Halbrund. Holz, angeblich Mantegna, aber nach der bei Vasari IX. 166 gegebenen Beschreibung Theil eines Altarstückes des Liberale aus der Cappella del Monte di Pietà in S. Bernardino zu Verona. Das Fleisch hat glänzenden Oliventon und hornige Fläche. die Köpfe erinnern an die Typen, welche nachmals Caroto annahm

[63] Verona, S. Fermo, Cappella S. Antonio: Antonius von Padua auf einem Piedestal zwischen den Heil. Nikolaus von Bari, Katharina und Augustin, Hintergrund Himmel und Bäume (Holz, Oel, Fig. fast lebensgr.); der Schatten ist hier ziemlich massig, die Behandlung sicher und leicht, die Verhältnisse gut, der Gesichtsschnitt ansprechend und der Umriss im allgemeinen nicht zu kantig.

[64] Verona, Cappella del Commune alla Vittoria: Hieronymus auf dem Fussgestell zwischen Franciskus und Paulus, Hintergrund Landschaft (Holz, Oel, Fig. lebensgr.), von gleichem Charakter, wie das obige, jedoch manierirter im Umriss.

[65] Verona, S. M. del Paradiso (häufig S. Vitale benannt): S. Metrone zwischen Antonius von Padua und Dominikus unter einem Bogen, durch welchen man den Himmel sieht (Holz, Oel, Fig. lebensgr., oben rund). die Figuren stark aufgefrischt, besonders die Fleischtheile, im übrigen aber den vorgenannten Bildern entsprechend.

[66] Mailand, Brera N. 167. Der Heilige, emporblickend, ist mit den Armen rückwärts an einen knorrigen dürren Baum gebunden; im Hintergrund ein Kanal mit Gondeln, was auf Liberale's Bekanntschaft mit Venedig schliessen lässt (Holz, Oel, h. 1,80, br. 0,96), der Hüftschurz papierartig, die Gestalt knöchern, aber frei nach einem gemeinen Modell gezeichnet, das Gesicht gut verkürzt.

[67] Berlin, Mus., ohne Nummer.

[68] Venedig, S. Leo, oberhalb des Seitenportals: Christus im Grabe von 4 Engeln

mit seinem Namen versehene der Gall. Torrigiani in Florenz[69], am anspruchsvollsten ein Fresko in S. Anastasia zu Verona: Florenz, Gall. Torrigiani.

Das Wandbild stellt die Bestattung Christi dar, der von acht der Seinigen im Bahrtuch ins Grab gesenkt wird; oberhalb ist eine Statue Gottvaters mit gemalter Engelglorie angebracht, das Ganze von einer scheinbaren Nische umschlossen, an deren Wölbung einzelne Heiligenfiguren in Zwischenräumen gemalt sind.[70] Verona, S. Anast.

Im Gegensatz zu dem Fleisse seiner früheren Arbeitsart wird Liberale mit zunehmendem Alter nachlässiger und verfiel einer conventionellen Bravour, die den Werth seiner Werke noch mehr herabdrückt. Beispiele dieses Stiles sehen wir ebenfalls in S. Anastasia und an etlichen Häusern in Verona, sowie an Staffeleibildern verschiedener Gallerien:

Verona, S. Anastasia, Tafelbild mit Bogenabschluss in lebensgrossen Fig.: Magdalena auf einer Wolke von Engeln umgeben; darunter Katharina und eine Heilige mit Skapulier. Die Figuren haben meist gewundene Bewegung. Die Farbe ist grau und braun ohne Uebergänge; die Behandlung hat einige Verwandtschaft mit Signorelli und den Sienesen.[71]

Verona, Gall. Saal IV, N. 77: Maria und Joseph das Kind verehrend, welches zwischen ihnen auf rothem Kissen liegt; ein ärmliches Stück.[72] — N. 36: Anbetung der Hirten mit dem heil. Hiero-

---

beweint (Holz, Oel), wahrscheinlich das Bild, welches Vasari IX. 166. 191. in der Capp. del Monte di Pietà zu S. Bernardino in Verona erwähnt und dessen Lünette sich jetzt bei Sign. Ant. Gradenigo in Padua befindet. Die Zeichnung ist manierirt und unrichtig. — Ein ähnliches Stück, jedoch geringer mit mehr Figuren, existirt in S. Lorenzo in Verona (Holz, Oel), stark übermalt.

[69] Florenz, Casa Torrigiani, bez. „Libālis V", Holz, der Ton dunkelolivenbraun; hätte Liberale nichts Besseres hervorgebracht als dies, so dürfte man ihn den Margaritone von Verona nennen.

[70] Verona, S. Anastasia, Cappella de' Buonaveri, dritter Altar rechts vom Eingange. Dies ist der einzige Rest von allen den bei Vasari IX. 167 aufgeführten Fresken und auch diese Stücke sind schadhaft und durch Rauch und Schmutz entstellt. Die Decke und was wir sonst noch an Malerei sehen, steht weit unter den beschriebenen Bildern.

[71] Ehemals am Altar der Capp. Buonaveri, Vasari IX. 167. Der Vordergrund etwas beschädigt. In S. Anastasia werden dem Liberale ferner zugeschrieben: ein Altar der Capp. Conti enth. vergoldete und bemalte Standfiguren und eine Unterleiste mit drei Scenen aus der Leidensgeschichte Christi: der Gang nach Golgatha, der Leichnam Christi im Schoosse Maria's und die Bergpredigt, sowie noch 10 Heiligenfiguren. Der Altar hat die Jahrzahl: „MCCCCCX mensis Marci". Diese Arbeit, obenein an dunkler Stelle, ist roh und entspricht in ihrem gegenwärtigen Zustande den uns bekannten Werken Liberale's nicht (vgl. Persico I, 18).

[72] Holz, Halbrg., h. 0,75, br. 0,70.

nymus links, ein Bild, welches ebenfalls nach Uebertreibung Signorelli's aussieht.[73]

Verona, Hausfronten an Piazza delle erbe: 1) im obern Stock Krönung Maria's mit massenhaften Engeln, darunter Adam und Eva (Sündenfall), 2) Gottvater und Bruchstücke oberhalb einer heiligen Familie (wahrscheinlich von Caroto); das erstere offenbar Arbeit eines Illuminators.[74]

Verona, bei weil. Dr. Bernasconi: Anbetung der Könige, vermeintlich einer der Thürflügel von der Orgel in S. Maria della Scala, welche Liberale gemalt hat[75], jetzt zu stark übermalt, um ein Urtheil zuzulassen.

Bergamo, bei Sign. Gius. Fumagalli: Maria und Kind mit zwei Engeln (Holz, Oel, Kniestück, unter Lebensgr.) nicht frei von Uebermalung, ein gutes Beispiel von Liberale's gewöhnlichem Stil.

Berlin, Mus. N. 1183: Maria thronend mit dem Kinde welches aufrecht auf ihrem Knie steht, umgeben von Laurentius und Christophorus, im Vordergrund zwei knieende Mönche, bez. „LIBERALIS VERONESIS ME. FECIT“, weiter unten „1489.“ Die Formgebung ist trocken und mangelhaft, die Typen hässlich, der Thronbau grotesk, die Gewänder steinartig im Faltenbruch, das Ganze hat sienesische Smorfia und verhältnissmässig modernes Gepräge bei ungebrochenem graulichen Oliventon.[76]

---

[73] Holz. h. 1.40, br. 1,55, ehemals in S. Fermo maggiore.

[74] Abbildg. bei Nanin, Taf. 9 u. 10. (Ueber dem Sündenfall ein Wappenhalter mit dem Schilde der Dal-Bo). Ein von Vasari IX, 170 aufgeführtes Stück fehlt.

[75] Vasari IX, 167. — Die grau in grau gemalte Anbetung in der Sakristei zu S. M. della Scala bedarf keiner Bemerkung, aber in S. Bernardino haben wir noch Orgel-Thüren (Leinw., Temp. mit überlebensgr. Figuren), welche Persico a. a. O. I. 116 dem Giolfino, und Bernasconi, Studj 240, dem Domenico Moroni zuschreibt. Sie hängen an der Wand der Kirche nahe der Uhr, und die Consolen, worauf sie ruhen, zeigen die Inschrift: „Ano Dñi MCCCC LXXXI“ (nicht 1483!) und enthalten die heil. Franciskus und Bernardin, Ludwig und Bonaventura (die beiden letzteren jetzt bei Seite gebracht) durchweg in Oel, alle 4 übermalt. Die rohe Energie und die eigenthümlichen Kopfformen wie das gesammte Aussehn der Figuren deutet entschieden auf Liberale; zwei Engel mit Musikinstrumenten, welche in dem gemalten Giebelstück der erstgen. Figuren angebracht sind, haben ebenfalls den flotten Wurf von Liberale's Fresken in der Buonaveri-Kapelle zu S. Anastasia. — An verlorenen Bildern Liberale's verzeichnen wir: Verona, S. Bernardino, Capp. della Compagnia della Maddalena: Fresken (Vas. IX, 168); S. Maria della Scala: Maria m. K., Petrus, Hieronymus und zwei andere Heil. (Ricreaz. 113 und dal Pozzo 251); S. Elena: Maria m. K., Katharina und Helena bez. 1490 (Persico I, 49); S. Giovanni in Monte: Beschneidung (Vas. IX, 169); S. Tommaso apostolo (?) Tafelbild (Vas. IX, 169); S. Fermo, Capp. S. Bernardo: der heil. Franciskus mit Darstellungen aus seiner Legende in der Predelle (Vas. IX, 169. 170); Gall. S. Bonifacio, früher in Casa Moscardi: Maria das Kind tränkend (Persico II. 32); Casa Vincenzo de' Medici: Verlobung der heil. Katharina (Vas. IX. 170). In Bardolino am Garda-See, Kirche: Altarstück (Vas. IX, 169).

[76] Holz, h. 5 F. 3, br. 4 F. 1/2; aus Samml. Solly. Die Inschrift hat sich als echt erwiesen.

Giovanni Maria Falconetto, geb. 1458, gest. 1534, war seines Zeichens Architekt und als solcher unter seinen Zeitgenossen so hoch geschätzt, dass man den Maler darüber vernachlässigte.[77] Offenbar jedoch hat er selbst die Malerei als Nebenbeschäftigung betrachtet. Vasari's Bericht sagt, er habe sich während seines 12jährigen Aufenthaltes in Rom leidenschaftlich dem Studium der antiken Bauwerke hingegeben und um dies bei seiner Mittellosigkeit zu ermöglichen, sei er einige Tage der Woche bei einem Maler in Arbeit getreten, um von dem erworbenen Gelde die übrige Zeit zu leben; auf diese Weise habe er durch fleissige Zeichnungen und Messungen in Rom und der Umgegend sowie im Spoletanischen und in Neapel gründliche Kenntniss der klassischen Architektur erworben, die ihn befähigte, sie nachmals in seiner Heimath zur Anwendung zu bringen; daran jedoch durch die Verhältnisse gehindert, habe er sich auf die Malerei gelegt.[78] Schöpferische Begabung zeichnete ihn jedoch schwerlich aus. Als Maler nahm er eine Richtung, welche an Kraft und Energie dem Liberale nahe kam, aber die Grenzen der Dekorationskunst nicht überschritt. Sein Sinn für Eintheilung und Raumgliederung mit Hilfe der Linienperspektive ist anerkennenswerth, und sein Gefühl für gegenseitige Unterordnung der Architektur und der Figuren macht die Ueberlieferung wohl glaublich, welche ihn als Schüler des Melozzo da Forli bezeichnet[79], nur unterscheidet er sich von diesem dadurch, dass er dem Baugliede das Uebergewicht über die Malerei gibt und seine Räume selbst mit ziemlich sklavischer Anlehnung an klassische Vorbilder anordnet.

Sein erstes Dekorations-Probestück legte Falconetto, wie es scheint, in der Blasiuskapelle zu S. Nazaro e Celso in Verona ab, wo er 1493 die Decke vollendete, während Montagna unterhalb beschäftigt war.[80] Glatten Wänden das Ansehen starker ornamentaler Ausladungen zu geben, erfordert Erfindungskraft und Vertrautheit mit den Schlichen des Architekten. Darin

---

[77] Bernasconi, Studj 257 und Vasari IX, 209.

[78] Vas. IX, 203. Wenn die Angabe richtig ist, dass Falconetto 12 Jahre in Rom gewesen ist, so hätte man sich ihn etwa bis gegen 1490 dort zu denken.

[79] Anon. d. Mor. 10.

[80] vgl. oben S. 453.

zeigt er sich bewandert: er erhöht die Kuppel scheinbar durch ein System perspektivisch behandelter gemalter Bogennischen, welche oberhalb des Gesimses Heiligenfiguren bergen; die übrige Fläche theilt er durch Getäfel ein, welches Propheten und verkürzte Engelgestalten umschliesst, die ihrerseits wieder dem Gottvater im Mittelstück untergeordnet erscheinen. Der untere Saum des Simses ist durch einen ansprechenden Fries geschmückt. Die Kapelle hat Bogengänge, die einerseits in die Kirche, andrerseits in die Apsis und in Nebenkapellen münden, und Falconetto hat diese Anlage zu anderweiten Täuschungen benutzt, indem er in Bogenfeldern und Zwickeln Nischen und Consolen, Scheinreliefs und Standfiguren einsetzte:

Verona. S. Nazaro e Celso. Die Dekoration der Kuppel ist grau in grau gehalten; auf den Trägern und unterhalb der von Morando gemalten Evangelisten liest man „Io. Maria-Falconetus pinxit." Im Bogenfelde rechts vom Eingang sind um das runde Fenster 4 steinfarbige Darstellungen gemalt: Isaak's Opfer, Abel's Tod, Adam und Eva, und an jeder Seite des Fensters Nischen mit den heil. Hieronymus und Antonius dem Abt. Darunter auf Consolen Rochus, Sebastian und noch zwei andere Figuren (erstere beiden fast verlöscht); hier und da Engelgestalten eingestreut. Im Bogenfelde über dem Eingang: Die Verkündigung von Morando und zwei heil. Bischöfe in Nischen, unterhalb kehrt die oben beschriebene Eintheilung wieder (stark beschädigt). Im Bogenfelde links sieht man eine Kindergestalt auf Sockel, welche den Rahmen des Rundfensters hält, und zwei Heilige; weiter unten eine Anbetung von unbekannter Hand, und eine Tafel mit der Taufe Christi von Mocetto, welche eine Inschrift theilweise bedeckt, deren Schluss die Ziffer „MCCCCLXXXXIII" bildet.[1]

Durchweg wird man hier an Melozzo und Palmezzano erinnert und das Ganze macht Dank dem breiten Vortrage und den Einzelheiten, der richtigen Eintheilung und der perspektivischen Wahrheit einen bedeutenden Eindruck, aber Melozzo's gleichartige Arbeiten stehen um deswillen höher, weil er die menschliche Gestalt nicht so blockmässig anwendet wie Falconetto, der auch die klassischen Formen oft missbraucht und überladet. Bei der eifrigen Nachbildung der Antike, die uns hier und anderweitig begegnet,

[1] vgl. Bernasconi, Studj 258, 259.

kann es übrigens nicht verwundern, dass oberflächliche Beschauer seine Werke oft für Arbeiten Mantegna's angesprochen haben. Dies gilt besonders von einer gattungsverwandten Hausfront auf Piazza S. Marco, einer ausgedehnten mit Motiven aus der römischen Antike bedeckten Fläche[82], und von einer zweiten, jetzt sehr zerstörten an der sogenannten Casa Tedeschi in Verona[83]; beide aber stehen tief unter Mantegna, dessen Name gern angerufen wird, wo man klassische Costümstücke in monochromer Behandlung findet. An den Figuren fällt die Unrichtigkeit der Geberde und des Umrisses, die Stillosigkeit der Gewänder und die aus Nachäffung der Antike entstandene gestreckte und hagere Bildung auf.

Verona, Häuser.

In anderen Gemälden lehnt sich Falconetto an Liberale und Pisano, von dem er wie von Stefano die Zeichnung der hin und wieder angebrachten Thiere abgelauscht hat. Namentlich seine Kirchenfresken verrathen dies, z. B. ein Paar sitzende Heilige und Zwickelfelder mit Victorien in S. Fermo maggiore[84], sodann eine Verkündigung über dem Altar der Emiliikapelle im Dom[85] und die in den Jahren 1509—16 für S. Pietro Martire ausgeführten Allegorien religiösen Inhalts, welche trotz der vermuthlich infolge der Laune ihrer deutschen Besteller höchst wunderlichen Beschaffenheit an kühner Umrissführung und freier Behandlung anderen manierirten Arbeiten derselben Hand entschieden überlegen und als die Meisterstücke Falconetto's anzuerkennen sind. An einer dieser Darstellungen (der vom Einhorn durchbohrten Jungfrau) ist sanfte Kopfneigung, gezierte Anmuth der Bewegung

Verona, S. Fermo Dom Liceo Maffei.

---

[82] Verona, Ecke des Vicolo di S. Marco an der Piazza N. 835; theils Gegenstände der antiken Mythologie (oben u. a. der Raub der Proserpina), Jagden, römische Kampfscenen, Victorien, Opfer und Allegorien, von hastiger und ungenauer Zeichnung, sämmtlich auf blauem Grund, zum grossen Theil bis auf die rothe Untermalung entblösst. Abbildg. bei Nanin Taf. 45, 46. vgl. oben S. 401 Anm. 16.

[83] Verona, nahe bei S. Maria della Scala; vorhanden sind fast nur noch Umriss-Stücke und Theile der Darstellung eines Kampfes. vgl. S. 401 Anm. 16.

[84] Verona, S. Fermo magg., am ersten Altar rechts vom Eingang, Aussenwand.

[85] Verona, Dom, Capp. Emilii, Fresko. (Die beiden Tafelbilder mit Jakobus und Johannes daselbst zeigen die Manier des Francesco Morone.) Vor Kurzem (1869) wurden noch andere, sehr ausgedehnte, aber stark beschädigte Fresken Falconetto's im Dom durch Signor Nanin aus der Tünche befreit.

und der an umbrische Muster erinnernde Gesichtsschnitt bemerkenswerth, an den Bildnissen Natürlichkeit des Ausdrucks und am technischen Vortrag eine Vollendung und Glätte, welche auf Zusammenhang mit veronesischen Miniaturmalern schliessen lässt.[66] — Seine Tafelbilder, die übrigens nur in geringer Zahl vorhanden sind, zeigen ebenfalls eigenthümliche Spielarten: die Darstellung der Sibylle vor Augustus im Museum zu Verona[67] ist eine Karikatur alter statuarischer Muster, grotesk in der Geberde und falsch in der Zeichnung der Theile, die Maria mit Kind und Heiligen unterhalb des Freskobildes der Pietà in der Kapelle der Maffei zu S. Zeno erscheint als eine Mischung von Liberale, Mantegna und Bellini.[68]

Verona, Museum.

S. Zeno.

Die späteren Lebensjahre widmete Falconetto ausschliesslich der Architektur. Als Anhänger der Kaiserlichen während ihrer Herrschaft in Verona hatte er sich bei der Veränderung der Dinge

[66] Verona, Oratorio del R. Lieco Scipione Maffei, ehemals S. Giorgio e S. Pietro martire: Fresko, im Bogenfeld mit überlebensgr. Figuren darstellend die Verkündigung umgeben von Allegorien, deren kindischer Inhalt der Beschreibung spottet; an den Ecken die knieenden Bildnisse der Besteller Giovanni di Bayneck und Gaspar Chunigel. Hier sind auch Thiergestalten eingefügt. Die Figuren sind kräftig und hart umrissen, aber von kühner Zeichnung, die Mariengestalt erinnert an die des Pisanello auf seinem Tafelbilde der Madonna mit Katharina im Mus. zu Verona N. 52. s. auch Vasari IX, 203. 204.

[67] Verona, Mus. N. 67, aus dem Kloster der S. S. Trinita, Holz. Temp., h. 1,52. br. 1,53, reich mit erhabenen Goldzierrathen ausgestattet, im Hintergrund antike Gebäude; zwar ärmlich, aber doch in Falconetto's Weise, wenn wir auch geneigt sind, hier einen Nachahmer zu vermuthen. vgl. Bernasconi, Studj 258.

[68] Verona, S. Zeno, vgl. Vasari IX, 202. Die Pietà in der Lünette, aus 10 Figuren bestehend, ist dem Liberale zugeschrieben, doch sind die Formen feiner als bei ihm, soviel man bei einem in solcher Höhe angebrachten Fresko sehen kann, welches überdies schlecht beleuchtet und verschmutzt ist. Das Altarbild, jetzt an einer Seitenwand der Kapelle, enthält die Jungfrau mit dem Kinde thronend zwischen Joh. d. Täufer, Hieronymus, Andreas und einem Bischof (Holz, Fig. fast lebensgr., stark übergangen); die Johannesfigur erinnert sehr an Liberale. Die zugehörige Predella, enth. die Verweisung Joachims, die Erscheinung des Engels bei ihm und die Geburt Maria's, ist wahrscheinlich v. Bonsignori, welchem einige Lokalschriftsteller sie zuschreiben (s. Rossi, Nuova Guida di Verona, 1854 S. 23). Sie hat entschieden mantegneskes Gepräge. — Wir schliessen folgende Bilder an: Berlin, Mus. N. 47. Tod und Himmelfahrt Maria's auf Goldgrund (Holz, Fig. 1/3 lebensgr.); die Figuren gehören dem schlankeren Geschlecht, die Haltung dem kühnen Wurf Liberale's an, die Form ist im Umriss etwas manierirt und in Falconetto's gewöhnlicher Weise durchgebildet. Verona, S. Elena: Christus im Grabe, dem Falconetto zwar zugeschrieben, aber nicht ohne Bedenken als sein Werk anzuerkennen. Nicht von den Verf. gesehen: Verona, S. Giuseppe: Maria m. K. zwischen Joseph und Augustin bez. 1523 (s. Bernasconi, Studj 258 und Persico a. a. O. I, 90).

i. J. 1517 nach Trient begeben müssen. Von dort ging er einige Jahre später nach Padua, wo ihn Bembo und Alwise Cornaro förderten, und baute dort 1521 mehrere Häuser und Hallen sowie einige Stadtthore. Zuletzt erscheint er 1533 als Obmann in der Kapelle des Santo, wo auch seine Söhne Ottaviano und Provolo als Maler und Stuckarbeiter Beschäftigung hatten.[89]

Niccolò Giolfino, Falconetto's Zeitgenosse, der von 1486 an viel Wand- und Tafelbilder in Verona geliefert hat und i. J. 1518 zuletzt erwähnt wird[90], erheischt nur allgemeine Charakteristik. Seine Leistungen halten sich auf niedriger Stufe, aber bekunden ebenfalls mannigfaltigen Stilwechsel; alle sind von ziemlich gemeinem Schlag, aber die frühesten sorgfältig behandelt, die späteren kühn und frei; jene erinnern an Liberale und Pacchia oder Beccafumi, diese tragen roh-rafaelisches Gepräge nach dem Geschmack des Gaudenzio Ferrari:

Verona, Mus. N. 79 (früher in S. Francesco di Paola): Maria mit dem schlummernden Kinde (Halbfig.).[91] — Museum N. 82 (ursprünglich in S. Matteo): Maria m. K. in Glorie mit Matthäus und Hieronymus nebst dem Brustbilde des betenden Stifters (oben rund, Fig. lebensgr.), durch Firnisse getrübt.[92] — Dom: Lünette und Flügel zu Liberale's Anbetung der Könige.[93] — S. Maria della Scala (hinter der Kanzel): Fresken von braunem Ton, schadhaft, aber breit vorgetragen; ferner Ausgiessung des heil. Geistes, bez. mit Namen und Jahr 1486. — S. Anastasia, Kap. Minischalchi: Wiederholung des Pfingstbildes, bez. „MDXVIII" und dem Monogramm „N. V." (Niccolò Veronese) in Ligatur; in der Predelle: Darstellung aus dem Leben des heil. Dominikus. Hier erinnert die aufgeregte Handlung der Figuren an Pacchia, die Farbe ist trüb, melancholisch und ungebrochen. Ebenda: Christus in Wolken, unterhalb die heil. Erasmus und Georg; sehr frei in der Behandlung, aber beschädigt. — S. Bernardino, Capp. de' Avanzi (oder di S. Croce): Christus vor

---

[89] vgl. Vasari IX, 204. 205, Bernasconi, Studj 260, 261, Brandolese, Guida S. 253 und Gonzati, Basilica I, Doc. LXXXIX.

[90] vgl. Vasari XI, 139, welcher ihn nur unter dem Namen Niccolò Ursino kennt.

[91] Holz, h. 0,70, br. 0,55.

[92] Holz, h. 2,50, br. 1,50.

[93] vgl. oben S. 492.

Verona. Pilatus, Kreuzigung und Auferstehung; getrennt davon die Gefangennehmung Christi; sämmtlich sehr frei und kühn behandelt, das letzt genannte Stück durch grosse Sorgfalt sowie durch Abglättung und Weichheit der Farbenfläche ausgezeichnet. — S. Maria in Organis, Capp. S. Croce, rechts beim Eintritt in den Chor: Sechseckige Kapelle mit Fresken: letztes Abendmahl, Mannaregen, Communion der Apostel; in 6 Lünetten 6 Heiligenfiguren und in der Halbkuppel 10 Engel; an der Aussenseite der Eingangswand: die Himmelfahrt und in den Zwickelfeldern je ein Prophet. Diese Darstellungen charakterisiren Giolfino's rafaelesken Stil; im Schiff derselben Kirche: 4 Scenen aus dem alten Testament und drei Rundbilder, deren Stil den Werken des Peruzzi oder des Daniel von Volterra ähnelt. Von gleicher Beschaffenheit sind: Wandbilder an Casa Pasquini (gegenüber der Via Ponte Rofiol N. 1758): Fries mit spielenden Kindern und Amoretten[94]; ferner in S. Stefano: Maria m. K. und dem Knaben Johannes (an die Rafaelesken erinnernd); Hieronymus Placida, Franciskus, Maurus und Simplician, schwaches trübgefärbtes Stück mit lebensgr. Figuren.

Berlin, Mus. N. 1176: Maria mit dem Kinde im Schooss auf Wolken zwischen Seraphim und Cherubim thronend, getragen von einem Mädchen (Allegorie des Glaubens) und angebetet von zwei andern ähnlichen Gestalten (Hoffnung und Liebe); unten Jakobus der Jüngere und Joh. der Evangelist, zwischen beiden der Stifter, Hintergrund Landschaft.[95] Die Figuren sind stark bewegt, die Engel erinnern an Moretto da Brescia.

Niccolò's Bruder Paolo Giolfino befolgt dieselbe Vortragsweise, nur mit schwächeren Mitteln. Er ist durch ein Bild der Verona, Museum. Madonna mit Kind und vier Heiligen im Museum zu Verona vertreten.[96]

---

[94] Abbildg. bei Nanin a. a. O. Tafel 36. Das Haus, zu Anfang des Jahrh. der Familie Cavalli gehörig, enthält oberhalb dieses Frieses noch reiche Figuren-Dekoration: Die Gottheiten der Wochentage und Darstellungen der Sternkunde als Wissenschaft und in praktischer Anwendung. Ausserdem gibt Nanin Taf. 1 ein Fresko Giolfino's an der Front des Hauses Via di sotto riva N. 1220, darst. die Uebergabe der Schlüssel an Petrus, mit dem Wappen der Familie Orti.

[95] Leinw. h. 7 F. 2½, br. 4 F. 5½, aus der Samml. Solly.

[96] Verona, Mus. N. 65: Maria m. K. thronend zwischen Sebastian, Rochus, Paulus und Christophorus (aus der Kirche S. Felicita) h. 2,0, br. 1,40. Vgl. ferner über ihn und Niccolò: Bernasconi, Studj 255—257, wo noch ein Bild Paolo's in S. Bernardino (Halbmond mit der Auferstehung Christi) angeführt ist.

Von Francesco Bonsignori erzählt uns Vasari, der ihn gewöhnlich, aber gegen das Zeugniss der Bildinschriften „Monsignori" nennt, er sei 1455 in Verona geboren und bei Mantegna in Mantua ausgebildet worden, wo seine Leistungen nach einiger Zeit die Beachtung des Markgrafen Francesco Gonzaga erregt hätten, der ihm im Jahr 1487 ein Haus und Jahrgeld angewiesen habe.[97] Wollte man sich hiernach den Bonsignori im eigentlichen Sinn als Schüler Mantegna's vorstellen, so würde man sehr irre gehn. Arbeiten seiner Reife aus den Jahren 1483 und 88 gehören durchaus der veronesischen Schule an und machen klar, dass er den Einfluss des grossen Meisters erst erfahren hat, als er bereits ein eigenes künstlerisches Gepräge besass. Proben seines ersten Stils haben wir schon aus älterer Zeit; dahin gehört die Mad. mit Kind in landschaftlicher Umgebung mit Antonius dem Abt und Magdalena in S. Paolo zu Verona.[98] Die dünnen regelmässigen Körperformen der beiden Hauptfiguren und ihre Starrheit und Smorfia erinnern an Girolamo Benaglio, die entschlossene Haltung Magdalena's an Liberale, wogegen sich in dem Uebergewicht des Kopfes, in dem mürrischen, aber ausdrucksvollen Gesicht und den langen unfeinen Gliedmaassen Bonsignori's Eigenart ausprägt. Das Bindemittel der Tempera ist sehr satt, aber der Ton trüb, der Umriss trotz mangelhafter Richtigkeit sorgfältig und kühn. Im Ganzen erscheint Bonsignori hier dem Benaglio überlegen, wenn auch nicht mit der Lebhaftigkeit und dem Geiste Liberale's begabt. Seine Hand erkennen wir sodann in dem Crucifixus mit knieendem Anbeter in der Gallerie zu Verona[99], wo er einen tüchtigen schlank gebauten Akt und in dem Profilbilde der Nebenfigur gute Zeichnung, harmonische Abwägung der Theile, breite Modellirung und recht feinen silbergrauen Temperaschmelz zu sehen gibt, welchen er später z. B. in dem Portrait der londoner Nationalgallerie noch vervollkommnete.

Verona, S. Paolo.

Verona, Museum.

[97] Vasari IX, 187; an einer andern Stelle VI, 107 nennt er ihn einmal Bonsignori.

[98] Verona, S. Paolo; in alten Lokalbeschreibungen als Werk eines unbekannten Malers aufgeführt, obgleich von Vasari IX, 191 als tavola a guazzo erwähnt. Vgl. Bernasconi, Studj 252.

[99] Verona, Mus. N. 29, angebl. Schule des Mantegna, h. 1,15, br. 0,80.

Diese Bilder führen uns zu den mit Namensinschrift beglaubigten über, unter welchen als ältestes die kleine Tafel im Besitz weil. Dr. Bernasconi's v. J. 1483 zu nennen ist: Maria mit erhobenen Händen das auf marmorner Brüstung schlafend vor ihr liegende Kind anbetend, welches dem Beschauer die Füsse entgegenstreckt.[100] — Von nun an durchbricht Bonsignori den engen Kreis der veronesischen Kunstübung und offenbart stilistische Verwandtschaft mit Montagnana, Montagna und Buonconsiglio; in der Zeichnung des Nackten bemerkt man in gewissem Grade Kenntniss der Verkürzungs- und Proportionsgesetze sowie den kantigen Linienzug der Paduaner bei ziemlich gemeiner und derber Bildung der Gesichter und Extremitäten; die Gewandung, wenn auch eckig und faltenreich, ist mit richtigem Gefühl angeordnet, die Farben stechen ins Bräunliche und sind, wie immer bei reichlich angewandtem Bindemittel, weich und glanzig. Trotz dieser Eigenschaften lässt sich bis hierher unmittelbarer Einfluss weder Montagna's noch Buonconsiglio's nachweisen, denn jener kam erst später nach Verona und letzterer ist, soweit wir Kunde haben, nie dort gewesen; fest steht nur, dass Bonsignori diesen beiden Meistern damals in der Geschmacksrichtung näher stand, als dem Mantegna. Dafür spricht u. a. sein grosses Madonnenbild mit vier Heiligen v. J. 1484 in S. Fermo, das abgesehen von dem namentlich in Zeichnung und Schattengebung höchst sorgsam gehaltenen Bildnisse der Stifterin ebenso unfeinen Menschenschlag und dieselbe Vorliebe für kurze und knochige Figurenbildung kund gibt wie andere gleichzeitige Arbeiten:

Verona, Sml. Bernasconi.

Maria thronend betet das in ihrem Schooss liegende Kind an; links stehen Onofrius und Hieronymus, rechts Augustin und Sebastian, weiter zurück sieht man das nur mit den Schultern hervorragende Profilbild einer Frau; Hintergrund Himmel und Landschaft; an der Thronstufe bez. „Franciscus Bonsignorius Vōnensis p. 1484."[101]

Verona, S. Fermo.

---

[100] Verona, Samml. Bernasconi, bez. auf dem dunkel grünbraunen Grunde oben links „Franciscus Bonsignorius Veronensis pinxit 1483", Holz, Halbfig. ½ lebensgr. Vgl. Bernasconi Studj 252; der Fleischton hat olivenbraunen Stich.

[101] Verona, S. Fermo, an der Wand links vom Eingang ins Portal, Leinw., Temp., Fig. etwas unter Lebensgrösse. Vgl. Bernasconi, Studj 253.

Als Zeugniss seines Fortschritts ist das aus d. J. 1487 stammende Brustbild eines venezianischen Senators (in rothem Kleid mit Ueberhang und Mütze von schwarzem Sammt) in der Nationalgallerie zu London[102] von Wichtigkeit, das an Breite der Modellirung dem Masaccio, an Schärfe des Lineaments und Schattenfalles dem Ghirlandaio ähnelt, aber von Mantegna's Einwirkung noch keine Spur verräth. Gleichwohl war Bonsignori damals an den Werken desselben nicht empfindungslos vorübergegangen; das bezeugt sein Altarstück von 1488 in S. Bernardino[103], bei welchem wenigstens in dem Motiv der Hauptgruppe (der Knabe auf Maria's Knie stehend) und dem Engelpaar zu Seiten des Thrones Anlehnung an die schlanker gebauten Typen des Paduaners unverkennbar ist; aber sie erstreckt sich nicht auf die Nebenfiguren, denn der Hieronymus hat die ungeschlachte Bildung des Körpers und der Gliedmassen, und Georg die derbe Gewöhnlichkeit der früheren Modelle behalten.

London. Nat.-Gall.

Verona. S. Bernard.

Hiernach schliessen wir, Bonsignori sei vor 1488 noch nicht am Hofe der Gonzaga gewesen. In den Jahren 1490 und 91 erscheint dann sein Vorname so oft in Briefen aus Mantua, dass man ihn wohl mit den damals im Gange befindlichen Malereien zum Schmuck des Landsitzes in Marmirolo in Zusammenhang denken muss, nur bleibt für jene Zeit noch einige Ungewissheit insofern bestehen, als man unsern Francesco und den gleichnamigen Sohn Mantegna's auseinanderzuhalten hat.[104] Ganz zweifellos tritt Bonsignori aus der Correspondenz der Jahre 1495 und 96 hervor, wo er unter der Bezeichnung Francesco da Verona als Maler im neuen Palast der Gonzaga angeführt wird und

[102] London, Nat.-Gall. N. 736, auf Zettel bez. „Franciſcuſ. Bonſignorinſ. Veronenſiſ. p. 1487." Holz, Temp., h. 0,15, br. 0,11, ehemals im Museo Cappello, vgl. Maffei, Ver. ill. Ausg. v. 1732, Part. III, cap. VI und Bernasconi (Studj 252), aus dessen Besitz es stammt. Der Karton zu dem Bilde, in grösserem Format (2 F. 11 zu 27 F. 4½) und zum Zweck der Uebertragung quadrirt befindet sich in der Albertina zu Wien unter dem Namen Gentile Bellini's.

[103] Verona, S. Bernardino, am zweiten Altar rechts: Maria thronend, umgeben von den heil. Hieronymus und Georg, durch Fenster Himmel und Landschaft sichtbar, auf Zettel bez. „Franciscus Bonsignorius Vōn p. MCCCCLXXXVIII" (Holz, Temp. und Oel gemischt, Figuren lebensgr.); Maria's Kopf ist neu, die der beiden Heiligen übermalt, ebenso der des Engels rechts am Arme des Thrones und das linke Bein des Jesusknaben.

[104] s. Gaye, Cart. I, 298 u. 309.

u. a. auch davon die Rede ist, dass er nach der Giarole bei Fornovo geschickt worden sei, um die Wahlstatt der berüchtigten Franzosenschlacht zu zeichnen.[105] Endlich war er i. J. 1506 in S. Francesco zu Mantua bei Darstellung eines s. Z. berühmten „Abendmahls" beschäftigt, welches Bildnisse des Markgrafen, seines Bruders des Cardinals Sigismondo und seiner Tochter, der nachmaligen Herzogin Leonora von Urbino mit enthielt, und wir erfahren ferner, dass er mit einem mantuanischen Geschäftsträger nach Venedig reiste, um dort eine in Fresco gemalte Wandkarte von Italien im Anticollegio des Dogenpalastes zu copiren.[106]

Von Bonsignori's mantuanischen Bildern haben wir genug übrig behalten, um erkennen zu können, dass er bei Ablauf des Jahrhunderts den Mantegna fleissig studirte und endlich dahin kam, ihm nachzuahmen. Eins der interessantesten dieser Reihe ist das Halbrund der Brera, welches die Heiligen Ludwig und Bernhardin als Schildhalter des Namenszuges Christi darstellt. Es befand sich ursprünglich an der Kanzel in demselben Franciskanerkloster, für dessen Refectorium das eben erwähnte Abendmahl bestimmt gewesen war[107] und zeigt eine merkliche Abklärung des Stiles. Die ehemalige Derbheit des Figurenbaues ist naturwahren Verhältnissen gewichen, die Kenntniss der Anatomie und der Perspective hat zugenommen, die Gewandbehandlung ist geschmackvoller, die gesammte Erscheinung der Gestalten ruhiger und ansprechender geworden; immerhin bewahren sie bei ihrem mantegnesken Gepräge eine gewisse Empfindungskälte und Eintönigkeit, und dem entsprechend ist trotz hoher technischer Vollendung die Farbe licht und kühl, sodass der Kunstcharakter etwas an Spagna oder Timoteo Viti erinnert. Von weiteren Belegstücken dieser Periode kommen vorzugsweise in Betracht: eine anziehend componirte Mad. mit Kind und Heiligen in der Samml. Layard in

Mailand, Brera.

---

[105] Gaye, Cart. I, 331—333. 335. 336 und d'Arco, Arti II. 36. 39.

[106] Vasari IX, 188. 189, d'Arco, Arti I, 57 u. II, 61. 68 u. 72. Sansovino, Ven. descr. 323, bezeichnet diese Karte als „una tavola d'Italia così perfetta nelle sue misure, che diversi principi domandarono l'essemplare."

[107] Mailand, Brera (N. 261) Leinw., Temp., h. 1.33, br. 1.01.

London[108], ein kreuzschleppender Christus in der Gallerie Doria in Rom[109] und zwei Wiederholungen des Bildes in Petersburg (Sammlung Paul Stroganoff[110]) und bei Marchese Campori in Modena.[111] Ihre Haupteigenschaft ist bei lionardesker Einfachheit der Bildung eine gewisse Leblosigkeit, welche durch die mühsame Glättung der Fläche und durch das Lineament hervorgebracht ist und worunter die Kraft des Schattens und die Körperlichkeit gelitten haben. — Derselben Zeit möchten wir ein anmuthendes Bildniss der Isabella von Mantua, Brustbild in Staatskleid zutheilen, welches unter Mantegna's Namen in den Uffizien hängt[112]; es hat ebenso viel von der kühlen sorgsamen Durchführung Bonsignori's wie ein anderes weibliches Profilportrait im Pitti, das dem Piero della Francesca zugeschrieben wird[113], und die mantegneske Manier unseres Meisters in Verbindung mit der Weichheit des Lorenzo Costa vertritt.

London. Saml. Layard. Rom. Gall. Doria. Petersburg. Modena. Florenz Uffiz. Pitti.

Dem Einflusse Costa's, der, wie wir noch sehen werden, von Herkunft Veronese, durch die Gonzaga's nach Mantua gezogen war,

108 Maria neigt sich über das in Wickelkleider gehüllte Kind, welches sie an die Brust drückt; links ein junger Mönch und ein bejahrter Heiliger, rechts die heil. Anna und ein jugendlicher Heiliger in Lockenkopf mit der Martyrpalme (Leinw., Oel, Querbild, Halbfig., etwas über ½ lebensgr.); das Bild ist nicht unberührt geblieben und in Folge dessen etwas blind; die Nachahmung Mantegna's am auffallendsten an den Heiligenfiguren rechts und am Jesusknaben. Dieselbe Gruppe, mit andern Heiligen (Bernardin, Franciskus, Elisabeth und eine vierte) und ähnlicher Madonna findet sich auf einem Bilde im Besitz des Grafen Colloredo in Goritz und stammt aus dem Palast der Gonzaga in Mantua; es hat starke Uebermalungen, sodass man nicht mit Sicherheit sagen kann, ob es nicht vielleicht eine alte Copie ist.

109 Grosser Saal N. 5: (unter Mantegna's Namen) Christus mit ¾ nach links gewandtem Gesicht, Brustbild auf dunklem Grunde (Holz, Oel, ein wenig unter Lebensgr.), von glatter Farbenfläche, hart, ungebrochen und dem Palmezzano ähnelnd (vgl. S. 442).

110 Holz, Oel, von gleichem Format wie das vorige, angebl. Beltraffio (Waagen, Kat. S. 409), das Gesicht übermalt (vgl. S. 442).

111 Unter Bonsignori's Namen, lebensgr., gut erhalten, im Ton weicher als das vorige und vollendeter durchgeführt, in der Technik einigermaassen an Costa erinnernd (vgl. S. 442).

112 Florenz, Uffiz. N. 1121: Brustbild, Vorderansicht, Kleid in Blau und Gold gewürfeltem Muster, ein Band mit Juwel auf der Stirn, Hintergr. Landschaft in Gold gehöht (Holz, lebensgr.), auf der Rückseite der Tafel die Inschrift: „Duchessa Isabella Mantovana moglie del Duca Guido"; höchst sorgfältig behandelt, aber nicht von Mantegna, durch Firnisse und Retouchen entstellt.

113 Florenz, Pitti N. 371, Brustbild nach links, im Staatskleid mit Stirnband, das Haar aus dem Netz hervorfallend, grüner Grund (übermalt), Holz, Temp. (h. 0,45, br. 0,35), sehr schöner Umriss, der Farbenauftrag mit feiner Strichelung unterstützt.

33 *

ist ohne Zweifel die letzte Stilwandlung Bonsignori's zuzuschreiben. Wann sie eintrat lässt sich nicht genau bestimmen, doch mag sie bald nach Costa's Ankunft in Mantua (1509) bemerklich geworden Florenz Pitti. sein. Die Gallerie Pitti besitzt unter Giacomo Francia's Namen ein männliches Bildniss, in Vorderansicht vor einem Fenster, unbärtig mit langem Haupthaar und schwarzem Barett, ein wohlgeformtes Antlitz mit leiser Schwermuth im Ausdruck und von einer Regelmässigkeit des Umrisses, welche an die Lionardesken streift.[114] Auffassung und Vortrag entsprechen in hohem Grade dem vorhin erwähnten Porträt der Marchesana Isabella in den Uffizien; die Durchführung ist hier zwar meisterhafter, der Ton wärmer, aber die Handweise scheint uns die des Bonsignori und den gesteigerten Reiz erklären wir aus der Einwirkung Costa's. — Noch entschiedener, diesmal jedoch mit ungünstigem Erfolg, spricht sich die Abhängigkeit in der Darstellung des von Magdalena geleiteten Mantua, Museum. Christus auf dem Wege nach Golgatha im mantuaner Museum aus.[115] Hier wird Bonsignori der charakteristischen Auffassung seiner Jugendzeit völlig untreu; die Figuren sind klein und schlank, ihr Ausdruck meist weich, aber bei aller Liebenswürdigkeit conventionell mit Anlehnung an die Umbrier und an Costa; die Sorgfalt der Behandlung kann für den Verlust grösserer Eigenschaften, namentlich in der Composition, nicht entschädigen. Von ähnlicher Gesammthaltung, aber besser behandelt ist das ausgedehnte Bild derselben Gallerie, „die Vision der Nonne Ozanna"[116], welches sich durch Bildnissmässigkeit der wohlgefälligen Figuren, lichten Ton und Sorgfalt des Vortrags auszeichnet; endlich eine Ma-

---

[114] Florenz, Pitti N. 195: Brustbild, mit Ausblick auf Landschaft, Holz, Oel, h. 0,69, br. 0,52; weich behandelt und fein verschmolzen, aber ohne Modulationen.

[115] Mantua, Mus., ursprüngl. im Oratorio della Scuola segreta (s. d'Arco 1, 57) Leinw., Oel, durch Alter und Nachbesserung entstellt: Christus ist unter der Last des Kreuzes niedergesunken, dessen Querbalken Magdalena stützt, im Hintergrund die ohnmächtige Maria.

[116] Mantua, Gall., ursprünglich in S. Vincenzo (Holz, Oel, Fig. fast lebensgr.): inmitten die Nonne, welche die Füsse auf ein Ungeheuer setzt, bei ihr 5 knieende Genossinnen; oberhalb auf Wolken sieht man auf einer Seite Christus wie er das Kreuz trägt, auf der andern einen Engel mit Lilie. Die Figuren sind in den Verhältnissen gut und nicht ohne Anmuth. Manches, wie besonders die Art des Falles der Falten, die in umbrischer Weise brechen, erinnert an die Peruginesken und an Costa; sämmtliche Gestalten scheinen Porträts zu sein, so sorgfältig sind sie durchgeführt; der Ton ist licht. —

donna mit Kind und Heiligen, für die Cappella S. Biagio in Verona gemalt. Dieses, mit der Ziffer 1519, gehört zu den letzten Arbeiten Bonsignori's, welcher in demselben Jahre starb.[117] Es gehört mit einigen andern oben charakterisirten dem zwischen den Mantegnesken und Costa schwankenden Stile an:

Mantua, im Besitz der Familie Susanni: 6 kleine Darstellungen aus dem Triumph des Scipio in gemeinsamem Rahmen. Mantua.

Mantua (Umgegend), Chiesa delle Grazie Capp. Zibramonti: der heil. Sebastian (Leinwand, Oel, fast lebensgr.) stark beschädigt, vielleicht unter Beihilfe eines Schülers gemalt.

Verona, S. Naz. e Celso, Capp. S. Biagio: Oben Maria und Kind, unterhalb die Heil. Blasius, Sebastian und Juliana; zur Seite des Blasius ein Kind mit dem Attribut (Leinw., Oel)[118]; die Figuren recht anmuthig, Gewandung und Nacktheile schön, die Farbe zwar durch Uebermalung trüb geworden, aber warm und schmelzend, sodass man an Costa und Francia und zwar an deren rafaeleske Periode erinnert wird.[119] Verona.

Von Bonsignori's Brüdern gilt Fra Girolamo (Dominikaner) für den Maler eines Freskobildes (darstellend Maria mit Kind), welches von der Wand abgenommen jetzt in der Sakristei von S. Barnaba in Mantua untergebracht ist. Es rührt augenscheinlich aus den ersten Jahren des 16. Jahrhunderts und fällt durch einige Mantua, S. Barnaba.

---

[117] Vasari, der über Bonsignori viel Anekdoten beibringt, gibt IX, 192 als Todesursache ein Fieber an, das sich der Künstler in Folge des Schlafs auf den Gebrauch des Mineralwassers zugezogen habe. Bonsignori war kinderlos; seine Frau hiess Francesca Giqachini.

[118] Das Bild war i. J. 1514 bestellt und 1519 abgeliefert worden (s. Di San Biagio a. a. O. 63); die Predella malte Girolamo dai Libri hinzu.

[119] Im Dom zu Verona (Sakristei) befinden sich zwei mit Bogen abgeschlossene Tafelbilder enth. die Heil. Laurentius und Stephan, welche jedoch für Bonsignori zu schwach sind. — Bezüglich des Bildes N. 28 im Museum zu Berlin (Leichnam Christi, Halbfig., von zwei trauernden Engelknaben gehalten. Hintergr. hellrother Teppich, Temp., Holz. h. 2 F. 7¼, br. 2 F. 1½, aus Samml. Solly) erklären wir, infolge wiederholter Betrachtung von der Ansicht, dass es dem Bonsignori angehören könne, zurückgekommen zu sein; für Mantegna und die Mantegnesken viel zu venezianisch, hat es am meisten mit den Vivarini gemein, doch müssen wir eine bestimmte Benennung vorbehalten. — Nicht mehr nachweisbar sind von Bildern Bonsignori's: Porträts des Friedrich Barbarossa, des Dogen Barbarigo, des Francesco und Massimiliano Sforza von Mailand, des Kaisers Max, des Ercole Gonzaga, nachmaligen Cardinals, seines Bruders Federigo, des Giovan Francesco Gonzaga, des Andrea Mantegna, des Gr. Ercole Giustio (s. Vas. IX, 187. 188) und des Königs von Frankreich (d'Arco, Arti II, 36), ein kleines Madonnenbild (Maria, Halbfigur, mit dem stehenden Knaben), ursprünglich im Besitz des Benedetto Baroni in Verona, berühmt um seiner Naturtreue willen, die einen Vogel getäuscht haben soll (Vasari IX. 190).

lombardische Eigenthümlichkeiten auf; die Formen sind gut gebildet und gut wiedergegeben, die Gesichter ansprechend, die Färbung weich, Züge, die wohl zu einem Künstler passen, der, wie wir wissen, das Abendmahl Lionardo's in Mailand copirt hat.[120]

Gleichen Kunstcharakters mit Bonsignori, aber fruchtbarer war Giovan Francesco Caroto. Geboren 1470 und bei Liberale angelernt, wandte auch er sich nach Mantua, wo er an den späteren Arbeiten der Werkstatt Mantegna's thätig Antheil nahm.[121] Er soll es in der Nachahmung so weit gebracht haben, dass Bilder seiner Hand als solche des Meisters gingen, was angesichts einer Reihe seiner Erzeugnisse durchaus glaublich erscheint. Abgesehen von manchem kindisch-realistischen Zug, sind sie wackere Beweise seines Jugendstils. Charakteristisch ist besonders die Madonna mit Kind und dem Knaben Johannes in der Gallerie zu Modena:

Modena, Gall. Hier zeigt er in einer mit Limonenbäumen ausgestatteten Landschaft die Jungfrau wie sie in der einen mit Fingerhut bewaffneten Hand die Nadel hält, auf die sie blickt, während sie mit der andern ein Stück Zeug fasst; der Jesusknabe auf ihrem Knie lüftet ihren Schleier und streitet sich dabei mit seinem Gespielen Johannes um einen Zweig. Neben dem Arme des ersten bez. „Ⓕ. Franciscus Charotus.[122]

Diese ins Trivial-Häusliche übersetzte heilige Gruppe, mit etwas Künstelei angeordnet, verräth in den Bewegungen Studium der antiken Plastik; die dem Mantegna abgelauschten trockenen und hageren Figuren sind auch in des Meisters Weise gezeichnet, bekleidet und modellirt, selbst der ins Grimassenhafte fallende Ausdruck der Kinderköpfe ist echt mantegnesk. Eine von grösserer Leichtigkeit zeugende Wiederholung (auf der jedoch der kleine Johannes fehlt) befindet sich in Casa Maldura in Padua.[123] Ein-

Padua, Sl. Maldura.

---

[120] Vasari IX, 193 (wo als ein zweiter Bruder (in Girolamo (Miniator) genannt wird, der als Franciskaner Fra Cherubino hiess) und XI, 251.

[121] Vasari IX, 171.

[122] Modena, Gall. N. 50, Holz, Oel, h. 0,50, br. 0,40: das Bild ist mit Ausnahme der rothen Tunika Maria's und der Landschaft mit den Bäumen fast ganz übermalt.

[123] Leinw., Oel, Fig. $^1/_4$ lebensgross, bez.: „Ⓕ F. Charotus f.", die Fleisch-

facher gibt sich Caroto in zwei Marienbildern des Städ. Instituts zu Frankfurt[124] und des Museums zu Berlin.[125] Die Behandlung, für welche die Frankfurter Tafel das günstigere Beispiel bietet, ist in den Fleischtheilen hart, in den Gewändern, die wirr gefältelt sind, geräuschvoll und wenig harmonisch. Immerhin konnte diese Malerei, vollends wenn ihr Zeichnungen Mantegna's zu Grunde lagen, über den Urheber täuschen, und sehr leicht möglich ist, dass Caroto bei den weniger gross als farbenheiter gehaltenen Werken seines Meisters die Hand im Spiele gehabt hat, wie etwa bei dem Noli-me-tangere und der Madonna mit zwei Heiligen in der londoner Nationalgallerie, dem Halbfigurenbilde mit der Jungfrau im Museum zu Turin oder dem Miniaturstück der Beschneidung in der dortigen Bibliothek.[126]

Frankfurt.

Berlin.

Nach Verona zurückgekehrt (vor 1508) nahm Caroto ein lokaleres Gepräge an, das dem Liberale und Giolfino näher verwandt war als seine früheren Leistungen.[127] Jetzt werden die Köpfe, die er malt, breit und rundlich, die Stirnen hoch, Wangen und Lippen füllen sich und bekommen ebenso wie die Nasen etwas Geschwollenes, die Augen, weit geöffnet, stehen mehr auseinander und die Brauen schwingen sich in hohem Bogen, — Merkmale, die bei dem hagern Wuchs seiner Figuren und ihrem dürftigen

theile nachgebessert, die Farbe durch verschiedene Ursachen verändert.

[124] Frankfurt a M. Städ. Inst. N. 38 (15) Maria mit dem Kinde in heiterer Landschaft, Halbfig., bez. am Piedestal, auf welchem Jesus steht: „F.CHAROTVS" (Holz, Oel, h. 0,60, br. 0,46), aus der Samml. Baranowski. Die jetzige Stumpfheit der Farbe mag zum Theil von Nachbesserungen herrühren.

[125] Berlin, Mus. N. 40: Maria das auf einer mit Teppich belegten Brüstung vor ihr stehende Kind haltend; neben diesem eine Schüssel mit Früchten; unter der Brüstung zwei Engel (Halbfiguren), welche musiciren (Holz, Oel, h. 2 F. 3½, br. 1 F. 6½); aus der Samml. Solly. Der Gesammtcharakter sehr mantegnesk, die Farbe zwar durch Firniss getrübt, aber nicht ganz so stumpf wie auf dem frankfurter Bilde.

[126] London, Nat.-Gall. N. 639 und 274 (vgl. oben S. 444 und 435) und Turin N. 97 (vgl. oben S. 442).

[127] Der Verf. der „Ricreazione S. 163" beschreibt eine Glorie der heil. Katharina mit Rochus und Sebastian v. J. 1502 in der Kirche S. Caterina, Annex von Ognissanti (jetzt aufgehoben) in Verona (vgl. auch dal Pozzo 225). Dass Caroto i. J. 1508 bereits in Verona war, beweist die Existenz von Fresken (Verkündigung) in S. Girolamo (Gesuati) mit der Inschrift: „IO. CAROTVS. F." und darunter „AN D. M. D. VIII" (vgl. dal Pozzo 26 und Vasari XI, 171). Die Verfasser haben dieselben jedoch nicht gesehen, ebensowenig das bei dal Pozzo 265 und Bernasconi, Studj 294 erwähnte Bild mit Sebastian, Rochus und Hiob in S. Tommaso Cantuar. in Verona.

Untergestell umso stärker auffallen. Dazu gesellt sich die Vorliebe für Bogenlinien, welche die Hebungen und Senkungen der Muskeln an Wade und Schenkel, Knie und Knöchel übertrieben betonen und dem Umriss der Gestalten eine gekünstelte Schwulst geben. Diese und ähnliche Unarten Caroto's thun z. B. seiner Ma-
Verona, Museum.
donna mit Heiligen in Anbetung vor dem Kinde, einem übrigens in den Fleischtönen schön modellirten Bilde, und noch mehreren anderen ähnlichen Schlags im Museum zu Verona Eintrag.[128] Um jedoch seinem Kunstcharakter gerecht zu werden, muss man die Fresken in der Spolverinikapelle zu S. Eufemia mit in
Verona, S. Eufemia.
Betracht ziehen. Hier hat er einige Gegenstände aus dem Buch Tobias mit einem an die modernen Meister erinnernden Geschick dargestellt.[129] Die Compositionen sind verständig abgewogen, die Figuren in Bewegung und Ausdruck natürlich, besonders aber tritt das Verdienst des Colorits zu Tage, das an Wärme und Schmelz entfernt dem Correggio ähnelt. Das benachbarte Altarstück mit den drei Engeln, Lucia und einer zweiten Heiligen lehrt überdies, dass er auch mit der Vortragsweise des Francia und Costa nicht unbekannt gewesen ist; die Nebenfiguren haben Einiges mit Peruzzi und Timoteo Viti gemein.[130] Sowohl

[128] Verona, Mus. N. 88: Maria mit Johannes, Joseph, Franciskus, Clara und Anna um den Knaben knieend, in der Ferne die Kreuzigung (Leinwand, Oel, h. 170, br. 1.25); ferner N. 30: Franciskus zwischen Bernardin, Antonius und Clara, oberhalb in Wolken das Ecce Homo (ursprünglich bei den Minoriten auf Isola della Scala), Leinw., Oel, h. 2.07, br. 2,05; N. 37: Madonna mit Kind zwischen Joseph und Magdalena. Leinw., Oel, h. 2,0, br. 2.05 (aus der Minoritenkirche zu Isola della Scala); durch Nachbesserung entstellt und den vorigen untergeordnet; N. 98 (eben daher): Christus den Jüngern die Füsse waschend, oberhalb Maria mit dem Kind und dem knieenden König David in Gloria, welcher einen Zettel hält mit der Inschrift „lavabis me D. et super nivem dealbabor" (Bernasconi, Studj 295), h. 3,08, br. 2,15, durch Reinigen beschädigt.

[129] Verona. S. Eufemia, Wand rechts vom Eingang: die Lünette leer, unterhalb: der Erzengel Rafael dem Tobit den Fisch zeigend; darunter: Tobit zu seinem Vater zurückkehrend und ihn heilend. Die Beine der Figuren sind durchgehends schwach. Von derselben Hand und ebenfalls trefflich behandelt ist die David-Gestalt rechts vom Eingange. Dies sind alle Ueberreste von Fresken in der Spolverini-Kapelle, und auch diese sind arg verstümmelt.

[130] Verona, S. Eufemia, Capp. Spolverini, Leinw., Oel, bez. „F. Carotus p.", die Figuren wieder dünnbeinig, eine Schwäche, die dem Caroto schon von seinen Zeitgenossen vorgeworfen wurde (s. Vasari IX, 172). — Die Manier derselben Zeit bezeichnen noch: Verona, Mus. N. 83 (ehemals in Madonna di Campagna): die heil. Katharina, ganze Fig., durch Nachhilfen beschädigt, h. 1,80, br. 0, 85, ausgezeichnet durch geschickte Wiedergabe momentaner Bewegung und reiches Colorit, sodass man an Sodoma erinnert wird.

in der Fresko- wie in der Oeltechnik tritt ein Duft der Modellirung hervor, der eine neue Phase anzeigt. In ihr beharrt Caroto einige Jahre hindurch, wie mehrere Bilder, z. B. der Abschied Christi von seiner Mutter in S. Bernardino zu Verona[131], und einige Hausdekorationen beweisen, welche man ihm zuzutheilen berechtigt ist: Verona S. Bernard.

Verona, am Brà, Haus N. 2988: Maria das in ihrem Schooss sitzende nackte Kind haltend, welches segnet, das Ganze als Kniestück durch einen Kranz umschlossen, lebensgr., frei und leicht gezeichnet und gut proportionirt (etwas beschädigt).[132] — Via della Stella N. 1310 (ehemals Eigenthum des Palermo, Philosophen und Prof. der Medicin in Padua) zwischen den Fenstern des ersten Geschosses: in Madaillon männliches Brustbild (Palermo's?) mit einer Tafel, worauf die Inschrift „Hippocrate Galeno auspicibus", in den Zwickeln zur Seite je ein fackeltragender Putto auf Delphin, oberhalb ein Fries mit Kindergestalten (weiter oben: Disputation eines von 2 Nebenfiguren umgebenen, auf erhöhtem Standort stehenden Mannes (Palermo's?) mit 6 Gelehrten)[133]; gut gezeichnet und reich gefärbt. — S. Tommaso, Ponte Acqua Morta N. 4800: Darstellungen, welche auf die Uebergabe Verona's an die Venetianer i. J. 1517 und auf Thaten der Grossmuth aus der römischen Geschichte Bezug haben; erstere enth. den Dogen von mehreren Würdenträgern umgeben mit der Inschrift „Quam ruat Venetum imperium sanctusque senatus — In propria venit et sui eum receperunt", letztere enth. 1) Trajan zu Pferd von zwei Reitern begleitet und vor ihm die Wittwe mit ihrem todten Kinde, 2) Scipio Africanus vor seinem Zelte, wie er das Lösegeld für die celtiberische Jungfrau ausschlägt.[134] Diese sind dem Moretto zugeschrieben worden, doch lässt die Färbung zweifelhaft, ob sie ihm oder dem Caroto angehören. Verona, Häuser.

Wann Caroto in Mailand und in Casale verweilt hat, wo er grossartige Arbeiten für die Visconti und die Montferrat ausführte[135], ist uns unbekannt, aber i. J. 1528, als er die Madonna in der Glorie mit Heiligen für S. Fermo malte[136], sehen wir ihn Verona, S. Fermo.

---

[131] Verona, S. Bernardino, Capp. della Croce: Abschied Christi von Maria (Leinw., Oel, Fig. lebensgr.); ebenda, Kapelle neben dem Chor: Fresko der Heimsuchung, umgeben von einer männlichen und einer weiblichen Figur, ferner ein Fries von Arabesken und Heiligenbüsten, stark beschädigt, aber von leuchtendem vollen Ton, sorgfältig gezeichnet und geschmackvoll. Die Gewänder noch ein wenig mantegnesk.

[132] Abbildg. bei Nanin, a. a. O. Taf. 26.

[133] Nanin Taf. 11 u. 12.

[134] Nanin Taf. 7 u. 8.

[135] Vasari IX, 173. 174.

[136] Verona, S. Fermo, Capp. del Sacramento: Maria mit dem Kinde und der heil. Anna in Wolken, umgeben von 4 Engelknaben; unterhalb die Heiligen Johannes d. Täuf., Petrus, Rochus und Sebastian (letzterer kolossal und wuchtig

trotz der schon nachlassenden Kraft mit Kühnheit in die Bahnen der Cinquecentisten einlenken. Diesen letzten, den Rafaelesken und Michelangelesken sich anschliessenden Stil des vielgewandten Meisters, den man nicht mit Unrecht als den veronesischen Proteus bezeichnet hat, vertreten zahlreiche theilweis sehr manirirte Bilder, u. a. aus den Jahren 1531 und 1545 in Verona und Mantua, auf die wir nur im allgemeinen hinweisen können:

Verona. Verona, Pal. Vescovile (aus der Kirche del Nazaret): Auferweckung des Lazarus, mit Caroto's Monogramm und der Jahrzahl MDXXXI; Leinwand, Oel, an den Gewändern etwas beschädigt. — S. Anastasiá, am 4. Altar rechts[137]: Maria m. K. in Wolken, unten Antonius und Martin, wie er seinen Mantel zerschneidet. (Leinwand, Oel, lebensgr. Fig., das Pferd ist incorrect.) Das Ganze macht den Eindruck einer alternden Künstlerhand, wenn es auch noch Freiheit und Kraft bewahrt, die Tiefe und der rothe Stich der Töne erinnern an Torbido und an Maler aus Pordenone's Schule, wie etwa Pomponio Amalteo. — S. Giorgio: Die heil. Ursula und die nach dem Vordergrund zuschreitende Procession ihrer Jungfrauen, oberhalb Christus in Glorie, bez. „Franciscus Carotus p. a. d. MDXXXV." Die Christusfigur ähnelt dem Gaudenzio Ferrari, das Uebrige erinnert abwechselnd an Timoteo Viti und Peruzzi, durchweg herrscht starker Manierismus, die Farbe ist ebenfalls schwach, durch Nachhilfe und Uebermalung entstellt. In derselben Kirche finden wir Caroto's Hand ferner in einem Bilde darst. Sebastian und Rochus mit einer Lünette enth. die Transfiguration und einer Predella mit Bergpredigt, Auferstehung und verschiedenen Heiligenfiguren und Engeln auf Pilastern; das Fleisch hat den trübrothen Stich wie bei Puccinelli (Brescianino) von Siena, die Zeichnung erinnert an Bugiardini.[138] — S. Maria in Organo, Hauptschiff linke Seite: Fresken, enthaltend 4 Gegenstände aus dem alten Testament und neutestamentliche Rundbilder in den Bogenzwickeln: Christus und Johannes und zwei Benediktiner; ebenso breit behandelt wie die oben beschriebenen.[139] — Verona, Museum Saal IX, N. 143: Maria mit Kind, umgeben von Zeno und Petrus

---

trotz Michelangelo) bez. „1528. F. KROTO"; die Zeichnung ziemlich stark markirt und eintönig, die Figuren nachlässig und bewegungslos, die Färbung etwas rauh.

[137] Nach Persico a. a. O. 17 i. J. 1542 errichtet.

[138] Im Chor daselbst, hoch oben, befinden sich noch zwei Leinwandbilder mit dünnen sauberen Figuren, welche zwar schwer zu beurtheilen sind und überdies auch gelitten haben, aber wohl Jugendarbeiten Caroto's sein mögen.

[139] Dem Caroto werden hier ferner die an den Thürpfosten angebrachten, in Oel gemalten Landschaften zugeschrieben, die wenn nicht von seiner Hand, so doch aus seiner Schule herrühren. In einer Seitengasse, die zur Kirche führt, finden sich Ueberbleibsel von Fresken, welche diesen entsprechen.

Martyr (ehemals in der Sala del Consiglio) mit gefälschter Signatur „. . . I . . die 15 . . . Mã . Ioannes Franciseus de Charotus . . ou p . 1498.“[140]

Mantua, S. Maria della Carità. Die Heil. Lukas, Michael, Joh. der Evangelist und ein vierter stehend, geringe Figuren von verwaschenem Tone, entweder von Caroto oder von einem seiner Gehilfen, mit Anklängen an Costa und Viti. — Palazzo reale: Maria m. K., unterhalb Magdalena, Joh. der Evangelist (schreibend auf dem Knie), Franciskus und ein Heiliger in Waffenschmuck; schwächer als das vorige, aber stilgleich, von einem Schüler Caroto's oder Costa's.[141] Mantua

Giov. Francesco lebte bis 1546. Sein Bruder und offenbar auch Schüler Giovanni Caroto, von dem wir keine Lebensnachrichten besitzen, stellt sich als ein manierirter Nachahmer dar. Wir haben Bilder mit Namensbezeichnung aus dem Anfange des Jahrhunderts, aber sie verdienen keine eingehendere Kritik. Er erhebt sich ebenso wenig wie Antonio Benzone, der uns durch ein Madonnenbild von 1531 bekannt wird[142], zu selbständiger Bedeutung; wir kennen von ihm:

Verona, S. Paolo: Maria mit K. zwischen Petrus und Paulus bez. „1513 Ioannes“ (übermalt), schwerfällige Nachahmung des Francesco Caroto, Maria von affektirter Anmuth, das Kind in Tänzerbewegung, die Figuren kolossal und stark übermalt. — S. Giovanni in Fonte: Maria mit Kind zwischen Stephanus und Augustin mit knieendem Stifter, bez. auf Zettel „Ioannes ₰ MDXIII“, Leinw., Oel; geziert, Faltenwurf in Zickzackform, mit emailglatter Fläche. — Museum, Saal IV, N. 86: Madonna mit Kind in Glorie, unterhalb die Heil. Laurentius und Hieronymus mit Landschaft (aus S. M. in Chiavica)[143], von scharfen Farbengegensätzen in der Gewandung, rothem Verona.

[140] Leinw., Oel, h. 2,25, br. 2,0.

[141] Das dem Caroto zugeschriebene Bild der Gall. Leuchtenberg in Petersburg N. 63: Antonius Abbas [Jakobus?] zwischen Rochus und Magdalena (h. 3 F. 2½, br. 3 F. 9, von Waagen S. 375 mehr für Previtali angesprochen) ist von einem Nachfolger Cima's, vielleicht dem Girolamo da Udine. — In Nachrichten werden folgende verschollene Bilder Caroto's erwähnt: 4 Madonnenbilder in veronesischem Privatbesitz, ein fünftheiliges in der Gall. Muselli, drei in der Gall. Curtoni (Campori, Racc. 187, 198); ferner in der Samml. Moscardi (Kat. v. 1656): 1) Maria m. K. und dem heil. Christoph, 2) Maria mit dem auf einem Kissen ruhenden Kinde, 3) der gekreuzigte Christus, 4) Maria m. K., 5) Amor und Psyche mit architektonischem Hintergrund (s. Note del Mus. del Conte Moscardi S. 468—470).

[142] Verona, Dom, Sakristei der Cappellani (früher auf einem der Altäre vgl. Bernasconi, Studj, 305): Maria m. K., auf den Flügeln die Heil. Hieronymus und Georg (Fig. ½ lebensgr.) bez. „1531 (?) Antonio Benzono“; die Behandlung ist sauber und erinnert an die Werkstatt des Francesco Caroto.

[143] H. 1,70, br. 1,17.

Fleischton und tiefen Schatten, das Motiv der Marienfigur entfernt an Rafaels Mad. di Foligno erinnernd.[144] — S. Stefano: Maria mit Kind zwischen Petrus und Andreas (Leinwand, Fig. lebensgr.), das Bild ist veronesisch, aber nicht ganz im Charakter des vorigen, die Formen sind breiter, die Färbung tief gestimmt und reich, Gruppirung und Zeichnung geschickt.[145]

---

[144] vgl. zu diesem Bilde Bernasconi, Studj 297.

[145] Dal Pozzo a. a. O. 247 erwähnt in Verona, S. M. in Organo, Capp. di S. Niccolò de' Caroti ein jetzt verschollenes Bild von Giov. Caroto: Mad. mit Kind umgeben von S. Niccolò und einem zweiten Heiligen, worauf Bildnisse des Malers und seiner Frau Placidia angebracht gewesen seien.

ZWANZIGSTES CAPITEL.

Die Moroni, Girolamo dai Libri, Morando Cavazzola, Torbido und andre Veronesen.

Wenn bei den bedeutenderen veronesischen Malern der zuerst betrachteten Reihe meist einseitige Abhängigkeit von Mantegna's Stil charakteristisch war, so haben wir es nun mit einer Gruppe von Lokalkünstlern zu thun, welche in der Zeichnung zwar dem paduanischen Meister treu bleiben, aber in der Farbenbehandlung sich enger an Montagna halten.

Domenico Morone, von seinen Stadtgenossen Pelacane genannt, weil sein Vater Lohgerber war, geb. 1442 in Verona, erscheint 1491 in der dortigen Bürgerrolle. Er entschied mit Liberale i. J. 1493 über die Aufstellung von Statuen am Rathhause, wurde 1503 ausersehen, die Bibliothek des Klosters S. Bernardino auszumalen und lieferte 1508 Wandschmuck für S. Maria in Organo, welcher zu Grunde gegangen ist.[1] Leider gehört er sonach zu denjenigen veronesischen Meistern, von denen wir am wenigsten wissen. Die Fresken, welche er nach Vasari's Erklärung für Niccolò de' Medici in der Antoniuskapelle zu S. Bernardino gemalt hat[2], sind erst vor Kurzem aus der Tünche wieder hervorgeholt:

[1] s. Bernasconi, Studj 238 ff. [2] Vas. IX, 194.

Verona, S. Bernard. Die Decke enthält die 4 Evangelisten, die Pilaster des Innen-Bogens die Heil. Ludwig und Bonaventura, Stirnwand und Zwickel über dem Eingange sind mit steinfarbigem Relief, Ornamenten und Medaillons gefüllt, dazwischen Heiligenfiguren in Nischen und oberhalb im gemalten Thürgiebel die Jungfrau mit dem Kinde; in 5 Lünetten sind Gegenstände aus der Legende des Antonius von Padua dargestellt, darunter die Heilung des Mannes, der sich den Fuss abgehauen hatte, und das Wunder am Esel.[3]

Der traurige Zustand des Werkes, welches nach langer Verborgenheit umfassende Erneuerungen erfahren hat, lässt nur so viel erkennen, dass der dekorative Gedanke gut, aber von Einzelheiten überwuchert ist. In der Madonnengruppe macht sich ein offenbar von Piero della Francesca hergeleiteter entschieden umbrischer Zug bemerklich, der an Fiorenzo di Lorenzo erinnert; die schwülstige Fleischbehandlung wird im Gegensatz zu der mageren Knochenbildung doppelt auffällig, ebenso die breiten Hüften neben engem Brustkasten dieser kurzen grossköpfigen und grossfüssigen Gestalten, die Kleider haben straffe Parallelfalten, die in eckigem Auge schliessen und am Boden bauschen; Merkmale, welche Domenico mit Francesco Morone, Girolamo dai Libri, Michele und Morando gemein hat. In den Heiligen- und Engelfiguren herrscht modernerer und frischerer Geist. Vielleicht ist daher der Meister von seinem Sohne und anderen Schülern unterstützt worden.

Mailand, Brera. In der Brera zu Mailand fällt ein grosses Bild „Glorie des heil. Bernardin“ (unter Mantegna's Namen) mit unlesbarer Inschrift versehen[4] durch gewisse Eigenschaften auf, welche technische

[3] Die Figuren der heil. Helena und Elisabeth am Vorderpilaster beim Eingange sind fast zerstört; oberhalb sieht man Katharina und Ursula und in den Schildbögen, monochrom gemalt, den Zug Abrahams mit Isaak und Isaak's Opfer. Von den Deckenfiguren ist Markus noch am besten erhalten, von denen im Innern Bonaventura, welcher sehr an Francesco Morone erinnert. An der Heilung des Verstümmelten sind einzelne Stücke z. B. bei den knieenden Frauen erhalten, bei den andern sieht man noch das Bildniss des knieenden Stifters. Die Malereien am Bogen, an der Decke und in den Lünetten sind neu.

[4] Mailand, Brera N. 111. In der Lünette 4 Engel unter Blumen- und Fruchtgehänge, im Vordergrund ein Vogel und ein Kaninchen; auf dem Inschrift-Zettel, dessen Inhalt zerstört ist, liest man jetzt nur die (gefälschte) Ziffer 1460 (Leinw., Temp., h. 3,08, br. 2,19) die Farbenfläche ist durch Oel, Firnisse und Uebermalungen verändert. Die Behandlung hat eine gewisse Verwandtschaft mit den Orgelthüren in S. Bernardino, nur dass diese noch einige Züge

Beziehung des Urhebers zu Piero della Francesca und Mantegna erkennen lassen, während Figuren und Architektur sehr dem Buonfigli von Perugia ähneln. Bernardin, durch feierliche Würde des Ausdrucks und edlen schlanken Körperbau ausgezeichnet, ist trefflich, aber die Köpfe sind plump und haben in der breiten Stirn, den grossen Augen und runden Pupillen und dem lockigen Haar ganz bestimmte, wieder an Buonfigli und Fiorenzo erinnernde physiognomische Eigenthümlichkeiten. Der schwere röthliche Fleischton von ungebrochener Fläche wird durch dunkelgraue Schattirung kräftig gehoben, die Gewandung ist scharf umrissen und in Faltenknäuel zusammengepackt. Als Composition betrachtet zeigt das Bild grosses Geschick und deutet auf Domenico oder Francesco Morone hin, wie es auch zu den Wandmalereien in S. Bernardino wohl stimmt. Hiermit müssen nun die Fresken in der Bibliothek zu S. Bernardino verglichen werden, welche die Jahrzahl 1503 tragen:

Oberhalb der Innenseite des Eingangs drei Brustbilder von Päpsten umschlossen von 4 Medaillons mit monochromen Profilen; weiter unten und in einigem Abstand von den Eingangsseiten 4 stehende Heilige. An der entgegengesetzten Wand: Maria mit Kind und Engeln zwischen 10 Heiligen, darunter Franciskus und Clara, welche je einen Stifter und eine Stifterin empfehlen. Die Seitenwände füllen paarweis angeordnete Heiligenfiguren auf vieleckigen Sockeln und Medaillons. Verona, S. Bernard. Bibl.

Die verhältnissmässig gute Behandlung der Bildnisse neben der Fehlerhaftigkeit der Zeichnung, die namentlich an den Gliedmaassen und Gewandungen sowie in dem strähnigen Umriss und in der verschränkten Wiedergabe der stellenweise gut gedachten Geberden hervortritt, lässt hier bei der Ausführung, auch schon wegen ihrer Sorgfalt, jüngere Hände vermuthen, sodass wir diese dem Michele da Verona und Morando zuschreiben, mögen auch die Compositionen selbst andern Ursprung haben.[5]

Demnach können wir über Domenico nur annähernd urtheilen.

---

haben, welche an Liberale erinnern (s. später).

[5] Den Michele glauben wir besonders an dem Madonnenbilde, den Morando an anderen Theilen zu erkennen. Die Bibliothek von S. Bernardino war ehemals Refectorium, jetzt ausser Gebrauch.

Nach den Ueberbleibseln der Antoniuskapelle zu schliessen, war er ein tüchtiger Quattrocentist zweiten Ranges mit dem breiten Figurengepräge des Piero della Francesca; angesichts der künstlerisch bedeutenderen Werke stellt er sich als Veronese dar, dem Geistesverwandtschaft mit dem umbro-florentischen Meister und mit den Mantegnesken eigen ist. Mit seinem Sohne Francesco vereinigt vertritt er einen Künstlerkreis, welcher für den wichtigsten Zweig der heimathlichen Malerei von erheblichem Einfluss war. Denn Dank ihrem Fleisse und ihrer Führung entfaltete sich auf Grund der Anregungen Mantegna's ein kräftiger, nicht mehr von blosser Nachahmung des gewaltigen Mannes lebender veronesischer Stil.

Francesco Morone war 1473 geboren und erscheint bis zum Mai 1529 in Nachrichten.[6] Er hielt sich in der Art der Zeichnung an Mantegna, in der Färbung an Montagna, aber milderte die Härte dieser beiden Vorbilder durch eine kühle Weichheit, die er offenbar den am mantuanischen Hofe arbeitenden umbro-ferraresischen Zeitgenossen verdankt. Als er nach der Gehilfenschaft bei seinem Vater Domenico selbständig auftrat, fand er grossen Zuspruch und gewann solches Ansehen, dass ihm nur Morando vorgezogen wurde. Das älteste seiner zahlreichen Gemälde, von denen wir hier nur die wichtigsten betrachten, ist unseres Wissens das Tafelbild der Kreuzigung mit Maria und Johannes v. J. 1498 in der Cappella S. Croce zu S. Bernardino, dessen Flügelstücke mit Heiligen ins Museum zu Verona gekommen sind.[7] Es folgt das grosse i. J. 1503 für eine Kapelle in S. Maria

Verona. S. Bernard.

---

[6] s. die Beweisstücke bei Bernasconi, Studj 239 u. 280.

[7] Verona, S. Bern. Capp. d. S. Croce, Tafelb. mit Bogenschluss und lebensgr. Figuren: Christus am Kreuz in Landschaft mit den beiden Nebenfiguren. bez. mit aufgefrischter Inschrift: „Franciscus Moroñ 1498." Der blaue Mantel Maria's übermalt, das Fleisch durch Nachhilfen und durch Einfluss des Alters entstellt. Die Flügel mit den Heil. Bartholomäus und Franciscus im Museum, Saal IV, N. 87 und 89 (Holz, je h. 0,60, br. 0,40) sind besser erhalten und haben die dem Meister gewöhnliche Färbung.

in Organo gelieferte höchst sorgsam behandelte Altarstück, welches überdies das Verwandtschaftsverhältniss der beiden Moroni inschriftlich bezeugt:

Verona. S. M. in Organo.

Es enthält Maria mit dem Kinde auf römischem Stuhle thronend, über welchen sich eine Blumenlaube spannt, zu den Seiten zwei spielende Engel und im Vordergrund die Heiligen Martin und Augustin in bischöflichem Staat; auf Maria's Schemel bez. „Fräciscus filius Dominici de Moronis pinxit MDIII.“[8]

Mailand, Brera.

Entsprechend und aus gleicher Zeit ist das mit ähnlicher Inschrift beglaubigte Bild der Madonna mit den Heiligen Nikolaus und Zeno in der Brera.[9] Alle diese umfangreichen Gemälde haben gemeinsam, dass die dreiste Stimmung der kräftigen Gewandfarben dem ungebrochenen Fleischton Eintrag thut, in welchem das Licht unvortheilhaft durch dunkel purpurgraue Schatten geblendet wird; hier und da ist die geschickte Anordnung durch Ueppigkeit der Nebendinge gestört, die Figuren, an sich gut gebaut und nicht unwürdig in Ausdruck und Geberde, erhalten durch ihre Länge und die kümmerliche Schattirung etwas Kleinliches, die Anmuth sinkt zuweilen zu inhaltloser Zärtlichkeit herab. — Francesco's Meisterwerk enthält die Sakristei der Kirche S. Maria in Organo. Hier hat er Wände und Decke mit Darstellungen gefüllt, welche freien Anschluss an den Kunstcharakter der Gemälde Mantegna's in der Camera degli Sposi in Mantua bekunden:

S. M. in Organo.

Der Raum ist viereckig und nach dem Geschmack Peruzzi's in der Farnesina eingetheilt. Den Mittelraum der Decke bildet eine radförmige Oeffnung mit einer Balustrade oberhalb, von welcher Engel herabschauen, während den Himmelsraum die Gestalt des segnend daherschwebenden Erlösers füllt; die Bogenfelder und der Fries unter

---

[8] Leinw., rundum ein Stück angeflickt. Das früher in derselben Kapelle befindliche, von Vasari IX. 195 irrthümlich dem Morone zugeschriebene Bild der Fusswaschung, jetzt im Museum zu Verona, ist von Morando.

[9] Mailand, Brera N. 169 (?) Leinw., h. 1,07, br. 1,22, bez. „Fr.ciscus f.lius Domenici de Moron p̃xit Ann. Dñ MCCCCCII . . (? 1504)“ und ferner: „. . . . columen Zeno tutela decusq Gregorius Morinens hoc tibi reddit opus. Attamẽ G Liseae Leonardi gloria tecum vivet q̃r steteris culta tabella d . . “ Dies ist das einzige Bild Fr. Morone's in dieser Sammlung. Die Gesichter der Figuren stimmen in Typus und Form mit denen in S. Maria in Organo überein, die Färbung ist durch's Alter trüb und schwärzlich geworden.

denselben enthalten Halbfiguren von Päpsten, Olivetaner-Mönchen, heiligen Frauen und weltlichen Persönlichkeiten, welche später in den Olivetanerorden traten.[10]

Dieser Freskenschmuck gehört zu den bedeutenden Denkmälern lokalen Monumentalstils in den venezianischen Provinzen; er steht an Kunst der Perspektive und der Verkürzung sowie in der geometrischen Eintheilung, die vielleicht dem Fra Giovanni da Verona angehört[11], höchstens hinter Mantegna's Hauptwerken zurück, und tritt insbesondere durch das umbrische Gepräge des Dekorationsgeschmacks und durch die Reinheit der Zeichnung hervor, die sich aufs beste mit dem schlanken Bau der Gestalten und dem ungewöhnlich freien und wohlklingenden Fall der Gewänder verbindet. Die Entstehungszeit lässt sich nicht bestimmt angeben, aber die Vollendung wird in den Beginn des 16. Jahrhunderts zu setzen sein. — Im November 1515 übernahm Morone im Verein mit Girolamo dai Libri die Ausschmückung des Orgelgehäuses für dieselbe Kirche, und zwar lieferte er die vier Figuren des Evangelisten Johannes, des Benedikt, Daniel und Jesaias, Girolamo die Geburt Christi mit zwei Heiligen. Wie es zugegangen ist, dass diese Marcellise, Pfarrk. Thüren in die Pfarrkirche zu Marcellise versetzt wurden, wo sie gegenwärtig sind, können wir nicht nachweisen.[12] Der späteren Entstehung dieser Bilder entspricht der vollere Stil Morone's, der

[10] Ausbesserungen finden sich hier und da, besonders an den Lichtpartien der weissen Kleider, ausserdem bemerkt man an den monochromen Stücken und dem Zierwerk sowie in den meisten Fleischtheilen Abreibungen und Lockerung der Farbe.

[11] Fra Giovanni lieferte 1499 die Tarsien im Chor und Vas. IX. 197 schreibt ihm auch die Chorstühle in der Sakristei zu. Sein angebliches Bildniss oberhalb einer Seitenthür ist entweder gar nicht von Morone gemalt oder derart übergangen, dass es neuen Charakter angenommen hat. (Bernasconi. Studj 282 schreibt es dem Brusasorci zu.)

[12] Marcellise bei Verona, beides Leinwandbilder mit lebensgr. Figuren; die Heiligen sind paarweis in Landschaft dargestellt; oberhalb des Stückes, welches die beiden Propheten enthält, sieht man zwei fliegende Engel, die eine Tafel zwischen sich halten. Der Lieferungscontrakt, den Ms Francesco Morone und Mo Girolamo, der Miniator, mit dem Abt des Klosters bezüglich der innen und aussen an den Orgelthüren zu malenden Darstellungen abschlossen, ist vom 12. Nov. 1515 und bedang als Preis 60 Dukaten, er wurde von beiden Meistern unterschrieben und betraf ausserdem die Lieferung eines Bildes mit 5 Figuren. Das Original des Vortrags befindet sich in dem handschriftl. „Libro de' debitori e creditori del monastero di S. M. in Organo di Verona, Sign. B", welches die Jahre 1510—20 umfasst, jetzt im Uffizio dell' ispettore del Domanio p. 119 (mitgeth. durch Signor Gaetano Milanesi).

sich durch Festigkeit der Figurenstellung und durch besseren Faltenwurf auszeichnet. Gleiche Vorzüge, namentlich an Schönheit der Zeichnung, ruhiger Milde des Ausdrucks und reicher, den Körperformen wohlgefällig angepasster Gewandung besitzt sein Fresko der Maria mit dem Kinde und vier Heiligen, welches er in demselben Jahre an einem Hause bei Ponte delle Navi in Verona gemalt hat, und welches von eingehendem Studium der vorzüglichsten Werke Mantegna's zeugt:

Verona, Hausfresko.

Maria thront auf römischem Stuhle, das nackte Kind aufrecht auf ihrem Knie segnet den heil. Joseph, welcher links mit dem Lilienstabe steht; ihm gegenüber Rochus mit gefalteten Händen, hinter dem Throne links Hieronymus als Kardinal mit dem Kirchenmodell und rechts Antonius der Einsiedler mit der Glocke; seitwärts ist das Bild von geschmückten Palmenstämmen eingerahmt, von denen astartige Festons auslaufen, die sich mit einem doppelten Fruchtgehänge verbinden; zwischen diesen schwebt oberhalb der Lampe eine Tafel mit der Inschrift: „Miseratrix virginum regina nostri miserere MDXV." — Unter dem Hauptbilde befindet sich eine Ansicht der Brücke mit Volk darauf.[13]

Bergamo, Gall.
Verona, S. Fermo.
Berlin.

In der Behandlung der Farbe bleibt sich Morone immer gleich. Die letzten Werke seiner Hand, die wir kennen, rühren aus dem Anfang der 20er Jahre: eine Jungfrau mit Heiligen v. J. 1520 in der Gall. zu Bergamo[14] und ein Wandgemälde ähnlicher Composition v. 1523 an der Aussenwand des Seitenportales zu S. Fermo in Verona[15]. Zwei ansprechende kleine Madonnenbilder in Halbfigur besitzt das Museum zu Berlin[16], ein Seitenstück die Natio-

---

[13] Verona, Haus N. 5522 bei Ponte delle Navi (Abbildg. bei Nanin Taf. 2); das Fresko ist senkrecht zersprungen, sodass die Figur des Joseph, besonders der Kopf, stark beschädigt ist. Die Originalzeichnung befindet sich unter Giov. Bellini's Namen in der Sammlung der Uffizien.

[14] Bergamo, Lochis-Carrara, o. N. Maria mit dem nackten Kinde, welches einen Granatapfel hält, umgeben von Anna, Joseph, Vincenz und Franciskus; am Miedersaume Maria's bez. „Francisc. Moro" und weiter unten in der Ecke rechts nochmals „Franciscus Moronus Vero . . . 1520 pinxit", Hintergr. Landschaft (Halbfig. ½ lebensgr., Holz, h. 0,56, br. 0,45), stark beschädigt und verschwärzt.

[15] Verona, S. Fermo: Maria m. Kind zwischen Elisabeth und Jakobus bez. „MDXXIII Franciscus Moronus p.", fast zerstört.

[16] Berlin, N. 46: Maria das stehende Kind auf den Armen haltend, welchem auf der Linken ein Stieglitz sitzt, während es mit der Rechten segnet; Hintergrund Landschaft mit Bäumen, Bergen und Häusern, bez. am Saume des Kleides der Jungfrau: „FRANCISCVS M(R)(N)VS

34*

London. nalgall. in London.[17] Ausserdem sind aber noch zahlreiche Arbeiten des Meisters in seiner Vaterstadt verstreut:

Verona. Verona, Dom, Kap. Emilii: Tafelbilder enth. Jakobus und Johannes in lebensgr. Figuren, ersterer mit einem Stifter; durch die Zeit gebräunt, aber aus Morone's bester Periode und gut erhalten.[18] — Gall. Saal IV. N. 85: Die heil. Katharina mit einem Anbetenden, in der Weise der Orgelstücke zu Marcellise.[19] — Samml. Bernasconi: Maria mit Kind, Halbfig., im gewöhnlichen Charakter des Fr. Morone.[20] — S. Chiara: Leinwandbilder in einem Stück, ehemals zum Orgelschmuck gehörig: Sebastian und Antonius Abbas je mit einem zweiten Heiligen, ferner Bernardin mit einem Stifter und Klara mit zwei Stifterinnen, anscheinend Werke aus Morone's Atelier. — In Brà: Maria mit Kind thronend, Fresko, ganze Figuren, aus der frühern Zeit des Meisters. — Via S. Tommaso N. 1562: Fresko darst. die Dreieinigkeit mit Joh. dem Täufer und Antonius, frei und kühn behandelt. — Strada Porta Vescovo N. 320: Maria m. K. zwischen Rochus und einem andern Heiligen, nur Bruchstücke erhalten, aber anscheinend vom Meister.[21]

Padua. Padua, Gall. N. 36: Maria das auf ihrem Arm sitzende Kind liebkosend, welches die Mutter umhalst, am Himmel zwei schwebende Seraphköpfe, Hintergrund felsige Landschaft, bez. „FRĀCISCVS MORONVS VE. F“ (Halbfig., klein, aus der Samml. Capodilista stammend.[22]

P.“ (Leinw., h. 1 F. $6^3/_4$, br. 1 F. $3^1/_2$). Das Bildchen erinnert an Montagna. — In derselben Gallerie (nicht aufgestellt): Maria m. K. zwischen zwei Heiligen bez. „Franciscus Moronus f.“ (Leinw., Fig. $^3/_4$ lebensgr.); ebenfalls montagnesk, aber schadhaft.

[17] London. Nat.-Gall. N. 285: Maria sitzend mit dem Kinde, welches einen Apfel in der Hand hält, dahinter rother Vorhang mit einem Zweig, in der Ferne eine auf Felsen gebaute Stadt (Holz, h. 2 F., br. 1 F. 5, Halbfig.).

[18] Mehrfach irrthümlich dem Caroto zugeschrieben, vgl. dagegen Vasari IX, 195. Der kreuztragende Christus, welcher ehemals zwischen diesen beiden Tafeln stand, ist nicht mehr dort.

[19] h. 1,65, br. 1,0; das Bild derselben Gall. Saal V. N. 91: Christus in der Glorie zwischen Maria und dem Evang. Johannes, darüber Gottvater (oben rund, h. 2,90, br. 1,55) aus der aufgehobenen Kirche S. M. della Vittoria nuova, wird zwar dem Fr. Morone zugeschrieben, gehört jedoch vermuthlich dem Morando an; in jener Kirche sind Fresken vorhanden, die freilich in zahlreichen Führern ebenfalls dem Morone zugetheilt werden, aber, wie wir noch zu erörtern haben, von Morando und Michele da Verona herrühren.

[20] Oel, Leinw.; vgl. Bernasconi, Studj 281; ehemals im Museo Moscardo.

[21] Ebenda sind noch dunkle Spuren eines andern Fresko's mit Maria u. Kind und 2 Heiligen erkennbar, welche der Ueberlieferung nach ebenfalls von Morone herrühren.

[22] Bernasconi, Studj 281, verzeichnet (ohne Beschreibung) ein Gemälde Fr. Morone's im Dom zu Trient; dies beruht wahrscheinlich auf Verwechslung mit dem Altarstück des Verlas daselbst (vgl. oben S. 446). Von verlorenen Bildern erwähnen wir: Maria m. K. und Johannes in der ehemaligen Samml. Moscardi in Verona (Note del Museo Moscardi S. 470).

Altersgenosse des Francesco Morone war Girolamo dai Libri, geb. 1474 gest. 1556, in die Kunst eingeführt durch seinen Vater, einen uns nur dem Namen nach bekannten Miniator Francesco in Verona[23], dessen Familie von ihrem Kunstgewerbe, der Büchermalerei „dai Libri" benannt wurde. Das früheste Bild, das er wohl überhaupt gemalt hat, ist die Kreuzabnahme in der Kirche zu Malsesine am Garda-See:

Genau symmetrisch ragt inmitten das Kreuz, an dessen Stamme Maria steht, die verhüllten Hände beim Weinen erhoben, begleitet von zwei heiligen Frauen; links der heil. Benedikt mit dem Krummstab, rechts Johannes, die Wange in die rechte Hand gelehnt und mit der Linken den Ellenbogen des andern Armes stützend; alle fünf auf den Leichnam herabschauend, der von einem der Freunde unter den Armen, von einem zweiten an den Füssen gefasst auf das ausgebreitete Laken gestreckt wird, während Magdalena, dahinter knieend, die Hand des Todten hält und trauernd betrachtet; in der Ferne breitet sich hinter Hügeln die Ansicht von Verona aus.[24] Malsesine.

Die Gruppirung ist gut, die Handlung verständig, der Christuskörper hat eine gewisse Aehnlichkeit mit Signorelli, doch geben sich in den schweren Umrissen und den überwuchernden Einzelheiten sowie in der steif-conventionellen Geberdensprache und der massenhaften bruchigen Gewandung Schwächen genug kund. In dem Gegensatze, der zwischen den alten, gezwungen bewegten Typen und dem milden Ausdruck einiger Figuren, z. B. des Benedikt und der Jungfrau liegt, zeigt sich Unfertigkeit des Geschmacks; der Fleiss in der Detailzeichnung und die Stadtansicht des Hinter-

---

[23] Vasari IX, 210 gibt als Geburtsjahr 1472 an, Bernasconi, Studj 289, das Jahr 1474 auf Grund der Censusangabe in den Anagrafi von 1492, wo Franciscus miniator filius qd. Stefani a libris (vgl. über ihn auch Vasari IX, 209) der Vater sich als 40jährig, der Sohn Girolamo als 18jährig angibt (s. ebenda S. 230). In einem zweiten Census v. J. 1529 erklärt sich Girolamo selbst 54jährig (ebenda). — Miniaturen des Girolamo können wir nicht nachweisen, jedoch befindet sich in der Sammlung Layard in London ein kleines Leinwandbild in Oel, darstellend die Bestattung Maria's, dort den Carpaccio zugeschrieben, welches dem veronesischen Miniaturenstil seines Gepräges zu entsprechen scheint, wenn es nicht wirklich von ihm herrührt. (Waagen, Treasures II, 224 schreibt ihm eine Miniatur der Kreuzigung in der Samml. Mr. Ford's zu.)

[24] Leinwand, Oel, Fig. lebensgr., der Himmel und alle blauen Farbenflächen übermalt, einige Köpfe, besonders der Magdalena's und des Mannes neben ihr, nachgebessert; von Vasari IX, 210 beschrieben und belobt; Bernasconi, Studj 289.

grundes verräth die Herkunft des Malers aus der Miniatorenschule. Die Farbencomposition ist eine prahlende Zusammenstellung heiterer Töne ohne Einheit und Gesammtwirkung, wie sie bei einem jungen Maler nicht verwundern kann, der seinem Handwerk nach nicht gewohnt war, seine Darstellungen mit Luft zu hüllen; das Fleisch entbehrt der Modulation, hat rosigen Hauch und ist wie durch purpurnen Thau mit den hellgrauen Schatten vermittelt.

Die Vortheile des breiteren Stiles leuchteten dem Girolamo indessen bald ein; die Verwerthung mantegnesker Grundsätze, wie er sie an Caroto sah, führte ihn dahin, sich an diesen anzulehnen, und wenn er auch nicht in völlige Abhängigkeit verfiel, so eignete er sich doch namentlich die Gesichtsbildung desselben an, das flache Oval mit grosser Stirn und schwimmenden Augen. Diese Züge machen sich schon einigermassen in der Anbetung des Kin-
Verona, Museum. des (dem sogen. „Kaninchenbilde") im Museum zu Verona geltend[25], wenngleich hier in dem Fleisse der Durchführung und der Fülle des Beiwerkes die Neigung des Miniators noch vorherrscht, und
S. Anast. sodann in der Madonna mit zwei Heiligen in S. Anastasia.[26] Die Art, wie er dort die Gestalten rund um das in verkürzter Ansicht am Boden liegende Kind geordnet hat, zeugt von gutem Compositionsgefühl; auch weiss Girolamo die Hauptlinien der Landschaft geschickt mit denen der Figurengruppe zusammenzubringen und modellirt die Theile mit grossem Aufwand von Schmelz und Glätte, aber es fehlt dabei an Frische und an Licht; überdies bekommen die Figuren durch scharf vortretende Knochen ein unangenehm ältliches Aussehn, und die Farbe wird dadurch, dass die Wirkung der kräftigen Lokaltöne in der Nebeneinanderstellung einander aufhebt und die Schatten mit trübem Grau hergestellt sind, stumpf gemacht. Das Bild in S. Anastasia hat zwar breiteren und geschickteren Vortrag, theilt jedoch im allgemeinen diese Merkmale. Ersteres Studium dagegen gewahrt man an dem grossen

---

[25] Mus. Saal IV. N. 81, ausser der Hauptgruppe enthält das Bild Johannes den Täufer und Hieronymus, im Vordergrund zwei Kaninchen und einen Löwenkopf, ursprünglich für S. M. in Organo gemalt (Leinw., h. 2,18, br. 1,52).

[26] Verona, S. Anastasia: Maria m. K. zwischen Augustin mit einem knieenden Büsser und einem zweiten Heiligen: aus der Tiefe des Bildes schauen noch die Profilbildnisse des Stifterpaares hervor (Leinw., Oel, Fig. lebensgr.)

Altarbild mit Maria und Kind zwischen vier Heiligen im Schloss Hamilton, welches s. Z. in S. Leonardo zu Verona von Vasari bewundert wurde:

Maria throut mit dem in ihrem Schoosse stehenden Kinde, das Glasgow. Schl. Hamilton.
eine Nelke hält, unter einem Baum, auf dessen Zweig ein Pfau sitzt, zu den Seiten die Heiligen Leonhard mit den Handschellen und ein Bischof, Katharina und Apollonia mit der Zange, vorn drei knieende Engelknaben mit Musikinstrumenten; der Boden ist felsig, den Hintergrund bildet Hügellandschaft mit Burgen.[27]

Hier haben wir es in Formgebung und Gehalt mit einer höheren Kunst zu thun; der Jesusknabe ist nach Vorbildern Mantegna's gezeichnet, und der Figurenbau hat durchaus die den Grundsätzen dieses Meisters entsprechende Regelmässigkeit, die Anordnung der Gewänder zeigt Sorgfalt, der Zug der Umrisse Einfachheit; die Landschaft, in dem felsigen Charakter der Paduaner gehalten und in Girolamo's Geschmack mit einem schönen Baum geschmückt, verläuft in Hügeln, deren feine Ausführung einem flamländischen Künstler Ehre machen würde. Aber alle diese Vorzüge werden durch die flackernden Lokalfarben und den bleiernen Fleischton gestört, der namentlich beim ersten Eindruck unangenehm auffällt.

Im Jahre 1515 fanden wir den Girolamo in Gemeinschaft
mit Francesco Morone am Schmuck der jetzt in Marcellise auf- Marcellise.
bewahrten Orgelthüren für S. Maria in Organo thätig; diese Anbetung und das heil. Frauenpaar, die er dorthin lieferte, unterscheiden sich wenig von den Arbeiten seines Genossen.[28] Von gleicher Beschaffenheit und ursprünglich auch für dieselbe
veroneser Kirche gemalt, ist das jetzt in Berlin befindliche Ma- Berlin.
donnenbild mit zwei Heiligen und drei singenden Engeln.[29] Vor-

---

[27] Hamilton-Palace bei Glasgow. Treppenhaus, Leinw., mit lebensgr. Figuren; die Gesichter dünn und von verzwicktem Ausdruck, die Disharmonie der Farbe mag zum Theil vom Putzen herrühren; vgl. Vasari IX, 210, und Waagen. Treasures III. 296.

[28] Kirche zu Marcellise: das Kind am Boden liegend angebetet von Maria und Joseph, am Himmel 8 Engel, Hintergr. Landschaft; ausserdem Katharina und Magdalena (beide Bilder Leinw., Fig. lebensgr.), sehr beschädigt; vgl. Vasari IX, 211 und oben S. 522.

[29] Berlin, Museum N. 30: Maria m. K. umgeben von Bartholomäus und Zeno, (Leinw., h. 6 F. 9, br. 4 F. 7½) aus der Samml. Sully erworben, aber ursprüng-

theilhafte Weiterentwicklung beweist sodann das inhaltsähnliche Altarstück von 1529 in S. Giorgio zu Verona:

Verona, S. Giorgio. Die Jungfrau auf buntbemaltem an einen Citronenbaum gelehnten Throne, die Füsse auf gelb und roth gemusterten Teppich gestellt, hält den auf ihrem rechten Arme sitzenden Knaben, dessen Kinn sie streichelt, während er, völlig nackt, den einen Arm um den Hals der Mutter legt und mit dem andern, über welchen ein um Maria's Hand und Knie geschlungenes Lederband hängt, lebhaft nach dem heiligen Lorenzo Giustiniano deutet, welcher links in Bischofsornat mit Buch und Kreuzstab steht, gegenüber dem heil. Zeno, der, ein jugendliches Antlitz mit gepflegtem weissen Vollbart, ebenfalls im vollen Schmuck aufwartet und am Krummstab den Fisch trägt; vor dem Throne drei singende Engel, von denen zwei die Mandoline spielen (Halbfiguren); den Hintergrund bildet reich angebautes Hügelland mit Bäumen, einzelnen Gehöften und Burgen, wandernden Menschen und weidendem Vieh, in der Ferne erheben sich Berge. Am Saume des Mosaikfussbodens die Inschrift:

„DXXVI MEN MAR XXVIIII — HIERONYMVS A LIBRIS PINXIT"
Die Lünette dazu enthält Gottvater mit Cherubim.[30]

Wenn auch hier in der Figur des Kindes noch etwas Sprödigkeit, in der Farbencomposition ziemliche Buntheit zurückgeblieben ist, zeigt sich doch in allen Gestalten grössere Milde und freundlicheres Gepräge als bisher, auch die Gewandbehandlung hat gewonnen, als Colorist und Landschaftsmaler läuft Girolamo dem Morone beinahe den Rang ab. Dieser Aufschwung schreibt sich möglicher Weise von der Bekanntschaft mit Morando her, der zum grossen Schaden der heimischen Kunst 1422 eines frühen Todes gestorben war. Den strahlenden Vortrag, der verbunden mit einer nach allen Richtungen seiner Thätigkeit sich erstreckenden modernen Freiheit der Behandlung jetzt sein eigen geworden war, behielt Girolamo von nun an bei. Er spricht sich aufs glücklichste in seinem Bilde der Empfängniss in S. Paolo zu Verona aus[31], auf welchem die heil. Anna lebhaft an Typen Cavazzola's

Verona, S. Paolo.

lich in der Capp. Buonalini in S. Maria in Organo zu Verona (s. dal Pozzo 247); die Engel, nur bis zur Brust sichtbar, entsprechen denjenigen des Bildes in S. Giorgio. Das Bild hat gelitten, zeigt aber die grösste Aehnlichkeit mit Arbeiten Fr. Morone's.

[30] Verona, S. Giorgio, Leinw., Oel, lebensgr., die Lünette ist übermalt, ebenso der blaue Mantel Maria's.

[31] Vorn Anna mit Maria u. dem Kinde, welches dem rechts stehenden Joachim einen Zweig mit Früchten reicht. Hintergr. Landschaft; an der Ecke die Profil-

erinnert, und Maria, Joseph und Joachim durch würdevolle, natürlich-momentane Haltung, ruhevollen Ausdruck und ungewöhnlich schlichte Gewandung, die Linien der Landschaft durch malerischen Reiz ausgezeichnet sind und eine Harmonie des Tones erreicht ist, die bei Girolamo's coloristischen Eigenheiten sehr bemerkenswerth erscheint. Wie selten er es dahin brachte, lehrt ein andres Bild der Conception unterm Citronenbaum in der National-Gallerie zu London, das infolge ungewöhnlich heiterer Farben im Gegensatz zu grauem Fleischton abfällt.[32] Weitere Beispiele derselben Periode geben u. a. die Madonna mit Kind in der Samml. Bernasconi[33] und das Predellenstück zu Bonsignori's Altarbild in der Cappella S. Biagio in Verona, welches ins Jahr 1527 gehört.[34]

London, Nat.-Gall.

Verona, Sml. Bernasc. S. Nazaro e Celso.

Den Höhepunkt erreicht der Künstler in der 1530 für S. Maria della Vittoria nuova gemalten Madonna und einer zweiten, welche aus S. Andrea mit jener in das Museum zu Verona gekommen ist.[35] Sie treten ebenso durch die Breite der Behandlung und Freiheit der Zeichnung und des Vortrags wie durch Reichthum des Tones und gesteigerte Licht- und Schattenwirkung bedeutend hervor und geben dem Girolamo, der sich durch die keineswegs in Sklaverei ausartende Anlehnung an den manteg-

Verona, Museum.

---

bilder der Stifter, Mann und Frau (das Kleid der letztern etwas beschunden). Leinw., Oel, Fig. lebensgr., oben abgerundet.

[32] London, Nat.-Gall. N. 748: Anna hält Maria auf dem Schoosse, diese das nackte stehende Kind im Arm, von der Mutter unterstützt; zu Füssen der erschlagene Drache und drei musicirende Engel, bez. auf Zettel „HIERONYMUS A LIBRIS. F." (Leinw., h. 5 F. 2, br. 3 F. 1), aus S. Maria della Scala in Verona stammend (vgl. Vasari IX, 210) und aus der gräfl. Samml. Monga erworben; die Behandlung ähnelt in hohem Grade der des Fr. Morone.

[33] Verona, Samml. weil. Bernasconi: Maria mit Kind auf Marmorthron, mit Landschaft, Fig. lebensgr. (s. Bernasconi, Studj 291), die Staturen etwas kurz und klein. — Hierher gehören ferner: Verona, Mus. Saal IV. N. 80: Maria mit Kind zwischen Sebastian und Rochus (Leinwand, h. 1.85, br. 1.45); sehr an Fr. Morone erinnernd, aber nicht sehr ansprechend, und N. 94: Taufe Christi (Leinw., h. 1.85, br. 1.42), schwach.

[34] Verona, S. Nazaro e Celso, Capp. S. Biagio enth. 1) eine Darstellung aus der Legende des heil. Blasius, 2) Martyrium des Sebastian und 3) Enthauptung der heil. Juliana; gute Compositionen (s. die Schrift „Di San Biagio" etc. S. 63 und vgl. oben.

[35] Das erste Bild Saal V, N. 91 enthält Maria sitzend mit dem Knaben und zu den Seiten Joseph und den Erzengel Rafael mit dem jungen Tobias, bez. „Deprecationē vestrā audivi etc. Hieronibus a libris Veronēsis pīxit MDXXX", h. 3.38, br. 1.80. — Das zweite N. 92: Maria m. K. zwischen Petrus und Andreas, in der Landschaft des Hintergrundes die Taufe Christi (oben rund, h. 3.10, br. 1.75).

nesken Stil der Caroto und Morone und den modern-veronesischen Kunstcharakter Morando's aus kleinen Anfängen herausgearbeitet hatte, das Zeugniss einer höchst achtbaren selbständigen Kraft.[36] — Von seinem Bruder Calisto und seinem Sohne Francesco dai Libri, die gleichfalls der Kunst angehörten, haben wir nur schriftliche Kunde.[37]

Paolo Morando, Sohn des Taddeo Cavazzuola, geb. 1486 gest. 1522, wird von Vasari als der hoffnungsvollste veronesische Maler der Epoche angesehen, der nur leider durch frühen Tod an voller Entfaltung seiner Talente verhindert worden sei.[38] Obgleich er über Verona hinaus wenig bekannt geworden und von der Kunstgeschichte karg behandelt worden ist, zählt er bis zum Auftreten des Paolo Caliari in der That zu den bedeutendsten Meistern Verona's. Er wird uns als Gehilfe des Francesco Morone in der Zeit bekannt, als dieser bei seinem Vater Domenico arbeitete, und die Tafel- und Wandbilder, deren er viele in seiner Jugend geliefert hat, tragen mehr oder minder das Gepräge des Lehreinflusses dieser Künstler; daneben erinnern sie hier und da

---

36 Wir erwähnen hier noch: in der Kirche zu Mezzane: Verlobung Katharina's und Paulus, unterhalb Bildnisse des Stifterpaares mit 2 Kindern (der Familie della Torre); Holz, Fig. etwas unter Lebensgr., stark beschädigt und daher schwer zu bestimmen, ob es dem Girolamo mit Recht zugeschrieben wird; Quinto, Kirche S. Giov. Battista: Maria m. Kind zwischen den beiden Johannes, mit der Aufschr. „Don. Vicen. Facius huius sacelli rector hãc iconã aere suo laboratum dicavit 1526", dem Jacopo Bellini zugetheilt, hat aber Aehnlichkeit mit Girolamo dai Libri, nur sind die Beschädigungen durch Abreibung und Uebermalung sehr stark. — Von einem verschollenen Werke des Meisters gibt der Katal. der Gall. Boscoli in Parma v. J. 1690 Nachricht, welche Sammlung später der Gall. Sanvitale, die jetzt zerstreut ist, einverleibt wurde. Es war ein grosses Altarstück mit Maria in Glorie, umgeben von Michael und Rafael mit dem jungen Tobias (h. braccie 4.4, br. 2.10 vgl. Campori, Racc. 395). Im J. 1656 befanden sich Bilder des Girolamo in der Samml. Moscardi in Verona: 1) Maria mit Kind, 2) und 3) zwei kleine Bilder mit Atalanta und Hippomenes (s. Note del Mus. Moscardi S. 468 u. 470).

37 Ueber Calisto dai Libri, nach Ausweis der Anagrafi geb. 1489, und Francesco geb. 1500, angeblich Miniatur-Maler und Architekt (Vasari IX, 213) vgl. Bernasconi, Studj 291. 292.

38 Vasari IX, 199—201; sein Grossvater hiess Jacopo de Morando; er ist im Census v. J. 1514 von seinem Vater als 28jährig aufgeführt (s. Bernasconi, Studj 274) und erscheint 1517 im Register der Brüderschaft von S. Libera in Verona (ebenda 402. 403).

an Caroto's mantegneske Phase und durch die reiche Behandlung des Landschaftlichen auch an Girolamo dai Libri, aber Cavazzola (wie er gewöhnlich genannt wird) bewahrt nichts destoweniger eine unverkennbare Individualität. Das besondere Verdienst, auf welches er mit Recht Anspruch machen kann, besteht in dem gesunden Aufschwung, den er dem heimischen Kunstbetrieb vermöge eines neuen Farbenvortrags gab.

Den Schüler der Moroni erkennen wir an den Wandgemälden der Bibliothek zu S. Bernardino in Verona, wo Morando wahrscheinlich unter Domenico zusammen mit Michele da Verona beschäftigt gewesen ist.[39] Sein Fresko der Sibylle, die dem Augustus die heilige Jungfrau mit dem Kinde zeigt, von Vasari als eins seiner Erstlingswerke gerühmt, ist jetzt leider so gut wie zerstört[40], eine Madonna mit Kind in einer mit „deutschem Fleisse" behandelten Landschaft, ehemals der Gall. Bernasconi angehörig, ist verschollen.[41] Sonach bleibt uns, da wir das Halbfigurenbild der Madonna mit Kind im Besitz des Grafen Bandino da Lisca v. J. 1509 nicht aus eigener Anschauung kennen[42], als ältestes Stück das Fresko der Verkündigung v. J. 1510 mit den Heiligen Blasius und Benedikt in der Capp. S. Biagio zu S. Nazaro e Celso, ein Werk, an welchem die verständige Vertheilung des Raumes, die Unterordnung der Figuren unter die Gesetze der Perspektive gleiches Lob verdienen wie die Regelmässigkeit der Verhältnisse und Umrisse und die dem religiösen Gegenstand höchst angemessene Feierlichkeit der Geberden und Bewegungen.[43] Diese

Verona, Hausfront.

Verona, S. Nazaro e Celso.

[39] s. oben S. 519.

[40] Verona, Via del Paradiso, vergl. Vasari IX, 199, s. die Abbildungen desselben in dem Werke „Di Paolo Morando" (Text von Alcardo Alcardi, Tafeln von Lor. Muttoni, Taf. VII) und vgl. Bernasconi, Studj 431.

[41] Das Bild, abgeb. bei Alcardi und Muttoni Tafel I (Halbfig., h. 0,56, br. 0,64), stellt Maria dar wie sie dem Kinde, welches in der Linken eine Nelke hält, einen Apfel reicht, dahinter ein Vorhang und Ausblick auf Hügellandschaft („paese minuto a mo' de' Tedeschi") bez. „MORANDVS. PAVLVS F. TADDEI" s. Bernasconi, Studj 410.

[42] Abbildg. bei Alcardi-Muttoni Tafel III, bez. „AD. MCCCCCVIIII PAVLO MORANDO F." Unbekannt ist den Verf. ferner eine Madonna m. K. zwischen Joh. dem Täufer und Benedikt in der Kirche zu Calavena (s. Alcardi-Muttoni Taf. IV.).

[43] Das Fresko (s. Abbildg. bei Alcardi-Muttoni Tafel XII) wurde mit 9 Goldukaten bezahlt. Auch die 4 Evangelisten in den Segmenten der Decke gehören unserer Ueberzeugung nach dem Cavazzola an.

Gestalten sind offenbar geistige Abkömmlinge der Vorbilder des Francesco Morone, aber sie haben bessere Gewandung, sind breiter behandelt und von ansprechenderem Ausdruck als die seinigen, so wenig Feingefühl auch noch die Wahl der Formen und die Bildung der ziemlich plumpen Gliedmaassen bekundet. Ein hübsches handfestes Bauermädchen hat noch keinen Anspruch darauf, als Mutter Gottes bildlich angewandt zu werden, wie es hier geschieht, und überdies erstreckt sich die Rauheit und Schärfe der Färbung, welche den veronesischen Zeitgenossen eigen ist, auch auf Morando; sein Vortrag leidet an mangelhafter Rundung des hellen und ziegeligen, mit kalten grauen Schatten behandelten Fleischtones. In einer benachbarten Kapelle derselben Kirche hat er ein grosses Fresko der Taufe Christi gemalt, an welchem sich dieser Eindruck im Ganzen wiederholt:

Verona, S. Nazaro e Celso.

Mitten im Bilde Christus im seichten Wasser des nur als schmaler Bach gezeichneten Jordan, mit gefaltet erhobenen Händen und niedergeschlagenen Blickes das Wasser aus der Schale des Johannes empfangend, welcher links am Ufer steht; hinter ihm 5 Zuschauer im Zeitkostüm; am Ufer gegenüber 4 Engel, von denen zwei die Kleider Christi halten, während die beiden andern beten; am Himmel Gottvater mit ausgebreiteten erhobenen Händen von Cherubim umringt und von ihm ausfliegend die Taube; den Hintergrund füllt links baumreiche Felswand, rechts ein Plateau, auf welchem in kleinen Figuren die Busspredigt des Johannes dargestellt ist.

Auffallend ist die ziemlich umbrisch aussehende Gruppe der Zuschauer mit hohen Cylinderhüten in einer der modernen Façon nicht unähnlichen Form; daneben erfreut an den Engeln die theilnehmende Verwunderung, womit sie den Vorgang betrachten. Erfindung und Ausführung sind allerdings ziemlich eintönig und conventionell, die Gottvater-Gestalt am Himmel mit dreieckigem Nimbus erscheint als Wiederaufnahme eines alten, nicht eben guten Typus, dagegen hat die Landschaft einen sonnigen Reiz, der über Girolamo dai Libri hinausgeht. Die Evangelisten an der Decke, welche von derselben Hand herrühren[44],

[44] Abbildg. der Gemälde in S. Naz. e Celso bei Alcardi-Muttoni Taf. V, VI. u. VII. vgl. Bernasconi. Studj 420, 421.

ähneln in hohem Grade dem Francesco Morone und erscheinen in diesem Betracht nur als Seitenstücke derjenigen aus derselben Zeit in S. Maria della Vittoria nuova, wo Cavazzola unserer Ansicht nach mehr gemalt hatte.[45] Verona, S. M. d. Vittoria nuova.

Klarer zeigt sich der Einfluss Morone's auf seinen jüngeren Genossen an einer Reihe von 9 Bildern, die ehedem zu Francesco's Kreuzigung in der Cappella della Croce zu S. Bernardino gehörten, und an der Fusswaschung (Lavanda dei piedi) im Museum zu Verona. Letztere, zu Vasari's Zeit dem Morone zugeschrieben, hat vollkommen das Gepräge von Morando's Fresken in S. Nazaro e Celso, wenn es auch schüchtern und sorgfältig in der Behandlung ist und durch kalte Zusammenstellung scharfer lichter Töne geschädigt wird.[46] Von den Tafeln aus S. Bernardino sind vier Halbfiguren Heiliger mit ausgeprägtem Bildnisscharakter[47], die fünf übrigen Darstellungen aus der Leidensgeschichte. Das beste davon ist die durch gute Anordnung und leidenschaftlichen Schmerzensausdruck hervorragende Kreuzabnahme: Verona, Museum.

Der Leichnam Christi, in halb sitzender Stellung auf einen Stein niedergelassen, wird von einem der Männer an den Schultern gehalten, während Magdalena knieend den rechten Fuss desselben in der Hand hält und die Nagelwunde mit Rührung betrachtet; Maria von einer ihrer Frauen geleitet hält den Arm des Todten und neigt sich leise über ihn, indess Johannes und ein älterer Jünger die Scene betrachten; im Hintergrunde erhebt sich, zwischen Hügeln hindurch sichtbar, die Stadt; am Steine vorn rechts bez. „PAVLVS P. MDXVII." Verona, Museum.

---

[45] Die Fresken in S. M. della vittoria nuova sind sehr beschädigt und theilweise übergangen, das Blau abgekratzt. Von Morando und nicht von Morone rührt wohl auch das aus dieser Kirche stammende, jetzt im Museum zu Verona unter N. 91 befindliche Bild: (Christus in der Glorie zwischen Maria und Johannes, oberhalb Gottvater) her, welches der „Fusswaschung" aus S. Bernardino durchaus entspricht.

[46] Verona, Mus. Saal VI, N. 106, h. 2,85, br. 2,20 (Abbildg. bei Aleardi-Muttoni Taf. VIII). In einem der Jünger, welcher zwei Wassereimer trägt, erkennt Vasari IX, 195 das Bildniss des Fr. Morone; die Farbe ist dünn, hat purpurnen Stich und ist fast ohne Lasuren prima aufgetragen; vgl. Bernasconi, Studj 422.

[47] Verona, Mus. Saal VI. N. 101: Joseph (Abbildg. bei Aleardi-Muttoni Taf. XIV), entschiedenes Porträt (Vasari IX, 200), wiederholt in dem Eliesar auf dem Bilde der Glorie Maria's v. J. 1522 (Saal V, N. 93). — Saal VI, N. 102: Johannes der Täufer, nach dem Modell der Christusfiguren Morando's. — N. 103: Bonaventura, Porträt (Vas. IX, 200), wiederbenutzt als Heil. Ludwig in dem Altarstück v. 1522. — N. 104: Bernardino da Feltre, Seitenansicht, ebenfalls Porträt (Vasari IX, 200 und Aleardi-Muttoni Taf. XIII B) — sämmtlich auf Holz und h. 0,60, br. 0,46.

Verona, Museum.

Von fast gleicher Güte ist die Kreuzschleppung mit Simon und einem Henker; die Dornenkrönung frei und sogar gross in der Composition; weniger anziehend das Gebet in Gethsemane, auf welchem alte Typen in der Art des Girolamo dai Libri ungünstig vorwiegen; die Geisselung endlich hat ausserordentlich rauhe Färbung.[48]

In allen diesen Darstellungen spricht sich eine bedeutende Compositionsgabe aus. Häufig erreicht Cavazzola abgeklärtere Form und glückliche Geberdensprache, und seine Landschaften sind einfach und grossräumig; aber daneben kann man sich nicht über seine Schwächen täuschen. Die Körper, wo nicht gemeinen Schlags, haben doch immer den Charakter der Modelle und bei ihrer Zusammenstellung zu drei oder vier wird man an die Akademie erinnert; der Künstler versetzt die gestellten Akte in Regung und schreibt genau das ab, was er sieht; die Gestalten geberden sich infolge dessen nicht nach eigenem Willen, sondern nach Vorschrift, ihre Muskeln strecken sich nicht so wie es der plötzlichen Bewegung entspricht und der Gesichtsausdruck trifft selten ganz mit dem Motiv der Geberden zusammen. Auf diese Weise entsteht eine Wirkung wie die von „lebenden Bildern". Dabei hat Morando meist Männer von untersetzter gewöhnlicher Statur benutzt, die namentlich in der Bein- und Gliederbildung der Geschmeidigkeit und Grazie entbehren, und er erleichtert sich die Arbeit dadurch, dass er gewisse Typen wiederholt, z. B. dasselbe Gesicht zur Christus-, Johannes- und Rochus-Figur verwendet. Die Gewandung ist zwar breit und weit, aber nach Caroto's Weise in massenhafte Falten gerafft, sodass sie sehr missfällig sein würde, fühlte man sich nicht zuweilen durch die liebevolle Behandlung und ansprechende Färbung entschädigt. Auf dem Bilde der Kreuzschleppung verbindet sich die an die Farben-

---

[48] Verona, Museum Saal VI. N. 108: Kreuzabnahme (h. 2,35, br. 1,55); vgl. Alcardi-Muttoni Taf. XIX. — N. 109: Kreuzschleppung (h. 2,33. br. 1,07) bez. „Paulus V. p" (Alcardi Tafel XIV). — Saal V. N. 96: Dornenkrönung (h. 1,75, br. 1,10. Alcardi Tafel XVII). — Saal VI. N. 107: Gethsemane (h. 2,33, br. 1,07) bez. „Paulus Morandus" (Alcardi XIII). — Saal V, N. 95: Geisselung (h. 1,75, br. 1,10) bez. „Paulus p." vgl. Alcardi Taf. XVIII — sämmtlich Geschenke des Kaisers Franz Joseph von Oestreich.

pracht der Muscheln erinnernde kalte Buntheit, die wir bei den Veronesen überhaupt antreffen, mit unverkennbarer Reichheit des Tones, und das Bindemittel, wie er es anwendet, verleiht der Bildfläche eine ausserordentliche Glätte; die Lichttheile des Fleisches, in warm rosiger Masse aufgetragen, sind mit Hilfe eines purpurnen Mitteltons in grünliches Grau übergeleitet, sodass die Gegensätze sich die Waage halten. So kräftig diese Schatten an sich sind, sie werden von noch kräftigeren wieder aufgehoben, welche glanzvoller und scharf dagegen gesetzt die Leuchtkraft und Durchsichtigkeit erhöhen: Scharlachroth und Smaragdgrün erscheinen in den Halbtinten und Reflexen durch gleichstarke Complementärfarben verbunden, Himmelspläne vom reinsten Ultramarin dienen als Folie für Kleider und Vorgründe. In der Regel haben die Bilder viel Licht, das durch reinen und klaren Horizont gehoben wird, und es zeichnen sie gut modellirte Helldunkelmassen sowie richtige Anwendung der Linien- und Luftperspektive aus. Die Begabung Morando's für ein so feines Verfahren ist in der That nicht gering anzuschlagen; man kann ihm keine höhere Anerkennung zollen, als das Zugeständniss, zuerst die malerischen Grundsätze geltend gemacht zu haben, auf welchen die Kunst seines späteren Namensbruders und Landsmanns Paul Veronese beruhte. — Ein ausgezeichnetes Beispiel seiner Befähigung in dem angedeuteten Sinne gibt das Rochus-Bild der National-Gall. zu London ab, welches geschickte Bewegung, vorzügliche Proportion, Reichthum der Färbung und höchst wirkungsvolles Helldunkel vereinigt:

Mit der Linken seinen Schenkel entblössend, an welchem die Pestbeule sichtbar ist, steht Rochus (lebensgross) vor einer Eiche, an der sein Pilgerstab und Hut lehnt; die Hand staunend erhoben blickt er nach dem Engel auf, welcher mit segnender Geberde über ihn hinfliegt; am Boden neben dem Heiligen sitzt ein Hündchen; der Stein, auf welchen er den Fuss stützt, trägt die Ziffer „M. D. X . . .“ [49]; am Eichstamm steht die Inschrift: London. Nat.-Gall.

[49] N. 735; die beigesetzte Ziffer ist zum grossen Theil zerstört, hat aber „MDXVIIII“ gelautet; Leinw., h. 1,53, br. 0,67, Abbildg. bei Aleardi Taf. XX. Das Bild befand sich ursprünglich in S. M. della Scala (s Vasari IX. 200 und dal Pozzo 34), dann in den Sammlungen Caldana und Bernasconi (Bernasc., Studj 437).

PAVLVS
MORADVS
. V . P .

Verona, Museum. — Sammlung Portalupi. — London, Nat.-Gall. — Verona, S. M. in Org. — S. Eufemia.

Mehrere Bilder von fast demselben Werthe besitzt die Heimath des Künstlers; so finden wir im Museum eine Darstellung von Thomas' Unglauben[50], ferner in S. Anastasia eine Verherrlichung des heil. Paulus mit schutzflehenden Ordensgenossen[51], ausgezeichnet durch ungewöhnlich schlanken und feinen Figurenbau; dann eine Madonna mit dem Kinde, dem Jüngling Johannes und einem Engel in der Samml. Portalupi[52], wovon sich eine Art Wiederholung in der National-Gall. zu London befindet, welche jedoch an Auffassung und Formgebung über die Durchschnittsleistungen Morando's hinausreicht und an Madonnen Rafael's erinnert[53]; endlich gehört hierher auch das Freskostück mit Michael und Rafael mit Tobias in S. Maria in Organo.[54] Um diese Zeit (etwa 1520) hat Cavazzola wahrscheinlich Stiche nach Rafael gesehen und studirt, wie das aussen an einer Kapelle in S. Eufemia angebrachte Fresko mit dem Erzengel Rafael und dem jüngeren Tobias trotz seines traurigen Zustandes noch erkennen lässt.[55]

---

[50] Verona, Mus. Saal VI, N. 105; aus S. Chiara; im Hintergrunde sieht man auf der einen Seite die Himmelfahrt Christi, auf der andern die Herabkunft des heil. Geistes, h. 1,40, br. 1.63 (s. Aleardi Taf. XX). Denselben Stil vertreten: N. 99: Michael und Paulus und N. 100: Petrus und Joh. der Täufer (je h. 0,85, br. 1,25, s. Aleardi Taf. IX u. IX'), aus derselben Kirche stammend.

[51] Verona, S. Anastasia, Sakristei: Paulus steht mit dem erhobenen Schwert in der Rechten, in der Linken das aufgeschlagene Buch, an der Brust das Krucifix, in einer verfallenen Nische, über seinem Haupte schweben drei Kronen, links Dionysius Areopagita im Bischofsornat, rechts Magdalena; knieende Anbeter beiderlei Geschlechts reichen jeder ein Herz mit den Buchstaben I. S. empor (Leinw., h. 2,44, br. 1,63, Fig. fast lebensgr.); s. Aleardi Taf. XI u. Bernasc. a. a. O. 436.

[52] Verona, Samml. des Gr. Lodovico Portalupi; Leinw. Kniestück (h. 0.75, br. 0,65) bez. am Lorbeerbaume oben rechts: „PAVLVS. V. P." Abbildg. bei Aleardi Taf. XXI.

[53] London, Nat.-Gall. N. 777 früher in der Samml. Bernasconi (s. Bernasc., Studj 432): Johannes bietet dem im Schoosse der Mutter sitzenden Jesusknaben eine Citrone, Hintergr. Landsch., Halbfig. bez. „PAVLVS V. P." (Leinw., h. 0,72, br. 0,60). — Ein Bild der Samml. Bernasconi: Kreuzabnahme, Lünette, Leinw., (h. 0,70, br. 1,68) etwas unsorgfältig behandelt, hat rafaelesken Charakter und erinnert an Francia und Costa. s. Bernasconi, Studj 432 Anm.

[54] Verona, S. M. in Organo: lebensgr. Figuren, sehr durch Feuchtigkeit beschädigt (besonders der Erzengel Rafael), aber ursprünglich von schöner Färbung. s. Aleardi Taf XV.

[55] Verona, Via S. Eufemia N. 516 (h. 1,30, br. 1,10) mit der Aufschrift „Societas angeli Rafaeli fieri fecit MVXX" (sic) Aleardi, Taf. XXII, Bernasconi, Studj 433.

Das letzte Altarstück, was er geliefert hat, eine Madonna in Gloria von 8 Heiligen angebetet, aus dem Jahre 1522, jetzt im Museum zu Verona, ist die schönste Leistung der veronesischen Schule im ersten Viertel des Jahrhunderts:

Maria thront auf Wolken, mit der rechten Hand den nackt auf ihrem Knie stehenden und sie in schöner Bewegung umhalsenden Knaben haltend, in der Linken das Buch; dicht hinter ihr die Heiligen Franciskus und Antonius, welche sie hingebend anschauen; um diese Gruppe her schweben die 7 allegorischen Gestalten der Kardinaltugenden und von oben blicken 3 Engel herab; unterhalb stehen links Elisabeth mit Blumen im Mantelschooss, Bonaventura als Kardinal und König Ludwig mit Schwert und abgelegter Krone, rechts der heilige Elzearius, Ludwig der Bischof und Ivo lesend; zwischen beiden Reihen taucht die Halbfigur einer betenden alten Frau (Gräfin Caterina de' Sacchi) aus dem Boden auf; Hintergrund ein Thal mit sanften Hügelzügen und der Saum einer Stadt; bez. „MDXXII.“[56] Verona. Museum.

In Anordnung und Ausführung entspricht das Bild den Grundsätzen der Rafaelesken, und man darf abschliessend von Morando sagen, dass er in Verona denselben Rang einnahm wie Garofalo und Mazzuola in Ferrara, Gaudenzio Ferrari in der Lombardei oder Giulio Romano in Mantua. Im Verhältniss zu den grössten Meistern seiner Schule behauptet er die Stellung, die Mainardi unter den Florentinern und Vincenzo von S. Gimignano unter den Umbriern inne hatte.

---

[56] Verona, Mus. Saal V, N. 93, aus S. Bernardino, (Leinwand, h 4,30, br. 2,67); s. Alcardi Taf. XXVI u. Bernasc. a. a. O. 438. Der untere Theil ist am besten erhalten, der obere scheint von Schülern vollendet und hat Einiges mit den Arbeiten des Bagnacavallo gemein; das Ganze ist schön und frei behandelt, lässt aber die Lichtfülle vermissen, welche andere Bilder des Meisters an sich haben. — Demselben Stile gehört das Fresko über dem Thor des Hofes in S. Bernardino an, darst. die Halbfigur des Namensheiligen (Aleardi Taf. XXIII). — Nicht von den Verf. gesehen: Verona, Samml. des Dr. Gius. Bresciani: Joh. der Täufer in der Wüste (Aleardi Tafel II). — Als einen Schüler Morando's, der den Stil des Meisters in Miniatur wiedergibt, stellt sich der Maler einer Madonna mit Kind in der Samml. Bernasconi in Verona dar, welche die Inschrift hat: „AE. Vendri 1512.“ — Ein vorzügliches Bildniss der Julia Trivulzi (weisseidenes Kleid, kastanienbraunes Haar, ein wenig nach links gewandt, aber den Beschauer ansehend, bez. „Morandus Veronensis 1518“, mit der Inschrift: „IVLIA TRIWL. THEODORI. FRANCIE MARESCAL. VNICA. FILIA FRANS TRIWL. MARCH^is^ VIGLEVANI. NICOLAI CO. MVSOCHI. FILJJ. VXOR“) besitzt Marchese Lod. Trotti in Mailand (auf der Ausst. 1872 N. 117).

Beim Abschluss dieses Ueberblickes über die veronesische Malerei an der Wende des 15. Jahrhunderts müssen wir noch einmal über die Periode der eben behandelten Künstler zurückgreifen, um eine Reihe älterer Meister zu charakterisiren, von denen die Heimath Verona nur wenig Ueberbleibsel besitzt. Zu diesen gehört zunächst der als Meister des Kupferstichs bekannte Girolamo Mocetto. Er war Genosse der Werkstatt des Giovanni Bellini und soll nach Vasari sogar Urheber eines mit Bellini's Namen bezeichneten Bildes (des todten Christus) in S. Francesco della Vigna in Venedig gewesen sein.[57] Vermuthlich hat er aber auch zu einem der Vivarini in Verhältniss gestanden; wenigstens wird man angesichts der kurzen gedrungenen Heiligengestalten auf den Glasfenstern in S. Giovanni e Paolo in Venedig, auf denen Mocetto genannt ist, lebhaft an Bartolommeo Vivarini's Stil erinnert.[58] Auf seinen beglaubigten Gemälden in der Capp. di S. Biagio in S. Nazaro e Celso zu Verona, in Modena und Vicenza erscheint er als ein für fremde Einflüsse sehr empfängliches mässiges Talent, dessen künstlerische Produkte, bei immerhin eigenem Gepräge, je nach dem Vorwalten der Eindrücke Antonello's oder der Bellinesken verschieden sind:

Verona. Verona, S. Naz. e Celso: Madonna mit Kind, umgeben von den Heil. Blasius und Juliana, in einem Aufsatz ein bellinesker Heilandskopf, monochromes Brustbild zwischen zwei Schilden, bez. „HIERS. MOCETO FACIEBAT."[59]

Modena. Modena, Gall. N. 471 (467, ehemals in Catajo): Brustbildniss eines feisten Mannes mit lang herabfallendem Haar in schwarzer Mütze mit rothem Kleid und grünem Rock auf blauem Grunde, bez. „HIER^{O}. MOCETO P."[60]

---

[57] s. Vasari V, 11, an andrer Stelle von Vasari „Mosciano da Brescia" genannt.

[58] vgl. oben S. 42 Anm. 7, wo diese Fenster näher beschrieben und gewürdigt sind. (s. auch Bernasconi a. a. O. 226.

[59] Holz, Oel, Fig. ½ lebensgr. An der Inschrift erkennt man bei genauer Betrachtung, dass ursprüngl. „faciebat" und nicht „fecit" wie jetzt, gestanden hat; vgl. Bernasconi a. a. O. (Lanzi II, 107 nahm das Datum auf dem unterhalb des Bildes befindlichen Fresko (1493) für die Jahrzahl des Bildes selbst). Das Kind ist fett und bellinesk, die Gestalt Juliana's nicht ohne Smorphia; die Fleischtöne sind mittelst grauer Schatten ohne Halbtinten schlecht modellirt, doch ist dieser Mangel sowie die harten Gegensätze in den Gewandtönen vielleicht Folge der Abputzung und Nachbesserung.

[60] Holz, h. 0,26, br. 0,21, früher im Besitz der Familie Obizzi (Bernasconi a. a. O. 267).

Vicenza, Gall. Vicenza, Gall.: Maria (Kniestück) das auf ihrem Knie stehende nackte Kind haltend, welches die Rechte erhebt und mit der Linken die Hand der Mutter fasst, Hintergrund grüner Vorhang und Ausblick auf Architektur; links unten bez.: „HIERONIMO MOCETO P."[61]

Durchgehends sind die Figuren kurz und breit, die Gewandung bricht eckig in massenhaften Falten; das Bild in Verona hat etwas von dem Buntprächtigen der Veronesen, das in Modena streift an die Gluth und den Farbengeschmack der venezianischen Quattrocentisten und erinnert an Cima, die Mad. in Vicenza ist sorgfältig gezeichnet, verräth recht gutes Verhältnissgefühl und hat bei ziemlich vollen flachen Tönen verschmolzenen Auftrag. — Zur Zeitbestimmung der Thätigkeit Mocetto's dienen zwei Jahresangaben auf Kupferstichen seiner Hand: von 1490 ist seine Verleumdung des Apelles, 1514 ist die lateinische Geschichte von Nola in Venedig erschienen, für welche er vier Pläne und Ansichten gestochen hat.[62]

Michele da Verona wurde bereits als vermuthlicher Genosse Cavazzola's bei der Malerei in der Bibliothek zu S. Bernardino in Verona erwähnt.[63] Beweisstücke seines Schaffens und

---

[61] Vicenza, Gallerie, Holz. Fig. fast lebensgr. Hier ist die Gewandung besser als auf dem Bilde in Verona, der Kunstcharakter ist eine Mischung von Bellini und Antonello, die Hände klein und schmal, auch die Züge klein, die Köpfe haben rundes Oval mit starker Stirn, Licht und Schatten gut abgegrenzt. — In Padua. Stadtgall., ist ein kleines Bild enth. die heil. Katharina in ganzer Figur mit Landschaft, welches die dem Mocetto eigene Mischung veronesischen Stils mit dem bellinesken des Cima bietet; ferner in S. Maria in Organo zu Verona eine Madonna mit Kind zwischen Katharina und Stephanus (ganze Fig.), von Maffei. Ver. ill., dem Caroto. von Anderen (s. Rossi's Guida 241) dem Gir. dai Libri zugeschrieben, aber ebenfalls in Mocetto's Mischstil zwischen den Veronesen und Bellinesken. Dem Mocetto mögen wohl auch die Fresken am Hause N. 4800 bei S. Tommaso, Ponte Acqua Morta in Verona angehören, wenngleich hier ebenfalls Caroto in Frage kommt. s. oben.

[62] s. E. Galichon's Artikel über Mocetto in Gaz. des beaux arts 1859 S. 332. Der Titel der Beschreibung von Nola, in deren Vorrede Mocetto erwähnt wird und von deren Illustrationen eine (Golf von Sorrent) mit „HIE. MOCE" bezeichnet ist, lautet: Ambrosii Leonis in libellos. De Nola Patria ad Enricum Ursinum principem iustissimum; über die Calumnia Apellis vgl. Bartsch XIII. 113; s. ferner Zanotti, Cat. ragionato delle stampe del Cicognara S. 120. — Agincourt gibt Taf. CLXII die Abbildung eines Kindermordes von Mocetto, dessen Original sich mit einem zweiten ähnlichen Stück (beide auf Holz) in Paris befindet (Samml. des Vicomte de Janzé, s. Galichon. a. a. O.).

[63] s. oben S. 519 und 531.

seiner Zeitstellung haben wir in Staffelei- und Leinwandbildern mit Namensbezeichnung, von denen eins — die jetzt über der Innenwand des Portales von S. Stefano in Mailand angebrachte Kreuzigung — die Ziffer 1501 (?) trägt. Früher als dieses kolossale Leinwandgemälde ist offenbar das als Schmuck eines hölzernen Krucifixes dienende Fresko der Maria und des Evangelisten
Verona, S. Anast. mit Engeln oberhalb des ersten Altars links in S. Anastasia in Verona entstanden. Hier zeigen die Figuren die rohe Bildung und Schlankheit des Girolamo Benaglio bei stumpfer Färbung und einer unfeinen Zeichnung, die an die Sienesen Benvenuto und Girolamo di Benvenuto erinnert.[64] Dagegen nimmt sich das Bild in Mailand in manchem Betracht wie eine Copie nach Jacopo Bellini's Kreuzigung aus:

Mailand, S. Stefano. Inmitten der verscheidende Heiland zwischen den Schächern, unten Maria ohnmächtig im Arm der drei Frauen, Johannes emporgewandt und scheinbar zu Christus sprechend, 2 Pharisäer und 2 Soldaten in der Nähe vom Leid der Frauen ergriffen, ferner 3 Reiter, von denen einer ein Banner mit dem Zeichen des Scorpions trägt; gegenüber der Hauptmann zu Ross mit entblösstem Haupte und erhobenen Händen betend, andere Krieger, die seine Bekehrung mit Hohn bemerken; vorn ausserdem ein Trompeter zu Pferd, zwei Knechte, die um die Kleider würfeln von einem Dritten beobachtet, und ein Fahnenträger, dessen Standarte den Doppeladler zeigt; im Hintergrunde eine Ansicht von Verona, das Ganze, scheinbar durch die Oeffnung eines zerstörten Bogens gesehen, ist von Pilastern mit Säulen eingeschlossen, auf deren Sockeln die Inschrift steht:

MCCCCC	Per me
I	Michael-
DIE II	lem
IVNII	Veronensem.[65]

Anordnung und Zeichnung verrathen zwar kein grosses Ge-

[64] Von den Engeln sind einige so dargestellt, dass sie einen scheinbar über das Krucifix gebreitet gewesenen Vorhang erheben; Maria und Johannes sind fast verlöscht.

[65] Das Bild, Leinw., h. 2,23, br. 7,34, ist aus dem Refectorium der Augustinernonnen zu S. Giorgio in Verona i. J. 1811 nach Aufhebung des Klosters in die Brera und von da nach S. Stefano versetzt. Besonders ähnlich der Composition des Jacopo Bellini in Verona ist der Gekreuzigte mit den Schächern, die Mariengruppe und der betende Hauptmann Das Bild ist fast gänzlich übermalt, die Figuren sind hager und unbedeutend, die Kleidung überladen und durchweg von strahlender Färbung, vgl. Bernasconi a. a. O. 285.

schick, aber die Behandlung der Ferne mit der Ansicht von Verona ist recht ansprechend. Fast genau wiederholt findet sich die Composition auf einem ebenfalls sehr grossen Bilde Michele's v. J. 1505 in S. Maria in Vanzo in Padua[66]; der Hintergrund — diesmal eine Ansicht des Santo — bezeugt übrigens, dass Michele selbst in Padua gewesen ist, und dies bestärkt die Annahme, dass er einigen Antheil an der Ausmalung der Scuola di S. Antonio gehabt habe.[67] — Im Jahre 1509 finden wir ihn sodann wieder in seiner Heimath, wo er damals die Gottvaterfigur mit Engeln und Propheten nebst den Evangelisten für S. Chiara malte.[68] Von nun an gibt sich eine bedeutende Vervollkommnung kund. Die Raumbenutzung wird wirkungsvoller, die Heiligen-Gestalten sind besser und naturwahrer gezeichnet und in Freiheit der Handführung sowie in der heiteren Durchsichtigkeit der Töne nähert sich Michele dem Morone und Cavazzola. So erscheint er in seinen Lünetten-Fresken der Kapelle S. Maria della Vittoria Nuova[69] und in S. Anastasia zu Verona[70]; auch die Wandgemälde der Landkirche zu Sclare gehören hierher und ihm an, während man sie gewöhnlich als Werke des Girolamo dai Libri angeführt findet.[71] — Sein letztes Bild v. J. 1523 bewahrt die Kirche zu Villa di Villa bei Este:

Padua, S. M. in Vanzo.

Verona, S. Chiara.

Verona, S. M. d. Vittoria nuova. S. Anast. Sclare.

---

[66] Padua, S. M. in Vanzo (Chiesa del Seminario Vescovile), Leinw., Fig. lebensgr., fast ganz übermalt, bez. „Die XXVIII Martii MCCCCCV. op. Michaelis Veñ." vgl. Bernasconi a. a. O.

[67] vgl. S. 453 Anm. 23. Das in Frage kommende Bild ist die Vision des Luca Belludi, eine kalte Composition mit langen hageren Figuren und unerfreulichem Gesammtcharakter, sodass man auch an Filippo da Verona denken kann.

[68] Verona, S. Chiara (Monache sacramentine): Der Christus in der Halbkuppel des Altars ähnelt dem des Francesco Morone in der Sakristei zu S. M. in Organo; in den Zwickeln 2 Propheten, in den Pilasternischen die 4 Evangelisten und oberhalb des Karniesses Gottvater mit Engeln bez. „Hic fecit Michaele (?) die III Augũm MCCCCCVIIII." Das Ganze hat seine Frische eingebüsst, da die Fläche früher übertüncht war.

[69] Die Lünette enthält lebensgr. Fig. Gottvaters in Mandelglorie zwischen 6 musicirenden Engeln, darüber 4 Posaunenbläser und ein Engel mit Rolle; das Ganze ist durch Unbill der Zeit und der Nachbesserung beschädigt, scheint aber gleichzeitig mit den Gemälden in S. Chiara entstanden zu sein.

[70] Am 4. Altar links: Lünette enth. die Herabkunft des heil. Geistes, von den Kunst-Schriftstellern verschiedentlich dem Liberale, dem Girolamo dai Libri, Morone und Michele zugetheilt.

[71] Kirche zu Sclare: Gottvater mit Engeln, die 4 Evangelisten, die Heiligen Zeno und Bovo und ein knieender Stifter, mit Inschriften versehen, von denen nur die eine noch folgendermaassen lesbar ist: „Zuan e Felipo e fradeli di Vlati a fato far questa opã p vodo e devotio adì 8 Octobrio 1517." Es sind nur noch

Este. Villa di Villa. Maria mit dem Kinde auf dem Thron, auf dessen Stufen ein Engel die Violine spielt, umgeben von Johannes d. Täufer, Andreas, Laurentius und Petrus, bez. „MDXIII die p. Augusti Michael Veronensis pinxit.“[72]

Hier ähneln die Hauptfiguren dem Morone, wenn auch die Gruppirung an sich mehr dem Bellini und Cima entspricht; die Färbung ist trüb und eintönig, die Schatten grau, der Gesammtton hat Verwandtschaft mit den früheren Bildern des Girolamo dai Libri, des Montagnana und Buonconsiglio, ja selbst an Carpaccio fühlt man sich erinnert. Immerhin macht diese Mischung keinen unerfreulichen Eindruck, und sie ist es besonders, was uns dazu führt, den Michele mit dem Bilde des todten Christus in Verbindung zu bringen, welches unter Mantegna's Namen in Casa G. B. Canonici in Ferrara hängt.[73] Ferrara, Sammlung Canonici.

Auf noch niedrigerer Stufe steht Filippo da Verona, ein Nachahmer des Cima vom Schlage Pasqualino's; Arbeiten seiner Hand finden sich in Turin, Bergamo, Padua und Fabriano:

Bergamo, Stadtgall. N. 126: Maria mit Kind sitzend; Jesus ist nackt und dreht sich mit ernstem Ausdruck nach einem betenden Bischof um, welcher rechts kniet; Hintergrund Gardinen an einem Ast von Blumen und Kirschen aufgehangen, weiterhin rechts Ausblick auf eine Hafenstadt, bez. „PHIEPVS. VONESIS. P.“[74], von scharfer Zeichnung und milden Farben.

Turin, Akad., fast genau dasselbe Bild, bez. „Philipus Veronēsis p.“, die Figuren ärmlich und trocken in Form und Umriss, der Ton rauh.

Padua, S. Antonio, Fresken: 1) Maria mit Kind und dem heil. Felix, der einen Mönch empfiehlt, gegenüber die heil. Klara bez. „MCCCCCVIIII“, durch Nachbesserung entstellt, die Figuren wie die des vorigen Bildes, 2) am ersten Pfeiler rechts vom Hochportal: Verkündigung mit zwei Mönchen, welche zwischen Maria und Gabriel

---

Reste vorhanden, diese weisen jedoch auf Michele hin.

[72] Leinw., Fig. lebensgr., das Blau am Himmel und am Mantel Maria's abgerieben. vgl. Bernasconi a. a. O. 287.

[73] vgl. oben unter Carpaccio S. 219 und unter Mantegna S. 441.

[74] Halbfig. Holz, h. 0,55, br. 0,62.

das Monogramm Christi halten, fast ganz übermalt: 3) Im dritten Kreuzgang: der heil. Antonius und die Verlobung Katharina's, lebensgrosse Fig., besser und breiter behandelt als die obengenannten, mit licht ziegelrothem Fleischton, an Arbeiten der Nachfolger Carpaccio's erinnernd.

Padua, Eremitani, links vom Hochportal: zwei Engel zu Seiten einer von älterer Hand herrührenden Glorie Maria's, und darunter zwei Märtyrerinnen mit drei musicirenden Engeln, bez. „MDXI“, ebenfalls von Filippo.

Fabriano. S. Niccolò, Thür zur Sakristei: Maria mit Kind zwischen Petrus und Nikolaus von Bari bez. „Opus Philippi Veroneñ anno salutis 1514.“

Von Francesco Torbido genannt „il Moro“ erzählt Vasari, er sei als junger Mann nach Venedig gegangen, um bei Giorgione zu lernen; da er aber mit einigen Gegnern in Streit gerathen und sogar handgemein geworden, habe er sich nach Verona zurückgewandt, wo er als Günstling der edlen Häuser Sanbonifazii und Giusti eine Zeit lang das Malerhandwerk ganz aufgegeben habe, bis er, durch den Grafen Zenovello Giusti angeregt, es wieder begonnen und zwar unter Liberale's Leitung, der ihn besonders geliebt und zum Erben eingesetzt haben soll.[75]

Angesichts der Fresken Torbido's erkennt man zwar sofort den Veronesen, aber die Beziehung zu Liberale ist nicht so deutlich. Zwar hat er Etwas von der Unruhe des Giolfino und hält sich in der Farbenbehandlung an Morone und Girolamo dai Libri, aber die Bekanntschaft mit venezianischer Technik, wie sie aus der als giorgionesk bekannten Art und Weise spricht, in welcher die Halbtöne in die tiefen Schatten übergeführt werden, verleugnet sich keineswegs. Er ahmt verschiedene Meister nach ohne doch seine Eigenart verbergen zu können und erscheint infolge dessen während seiner ganzen Thätigkeit so zu sagen in Verkleidungen, die ihm nicht recht auf den Leib passen. Wo er sich am reinsten veronesisch gibt, erkennt man das Talent zweiten Ranges; wo er den Venezianer spielt, wetteifert er mit Pom-

---

[75] Vasari IX. 180 ff.

ponio Amalteo und anderen Schülern Pordenone's, oder erinnert an Cariani; zuletzt, als er nach Kartons des Giulio Romano arbeitete, erscheint er rafaelesk. Im Ganzen verbirgt sich hinter seinem anspruchsvollen Vortrag ziemliche Hohlheit. Sonach kann es nicht befremden, dass seine Bilder vielfach unter fremdem Namen gehn. Besonders ist dies, wie wir zu erkennen glauben, bei Torbido's Staffeleibildern, namentlich den Porträts der Fall, die oft getäuscht haben. Ein solches Beispiel gibt ein Bild der Ehebrecherin vor Christus in der Ermitage zu Petersburg:

Petersburg, Ermitage.

Es ist eine Composition von 5 Figuren: Das Weib ist vom Ankläger herbeigebracht und steht vor diesem und vor Christus, weiter hinten sieht man zwei Zuschauer, welche den Vorgang beobachten.[76]

Die veronesische Herkunft springt sofort in die Augen; der Heiland, der Ankläger und der Zeuge rechts sind ganz ausgeprägte Typen; Letzterer hat die trockenen stark vortretenden Züge, welche man bei den Mantegnesken findet, der Häscher ist nach dem Muster des Girolamo dai Libri gebildet, aber die Ehebrecherin erinnert an Giorgione und Palma, der über die Schulter Christi blickende Mann ist ganz und gar giorgionesk; die Behandlung schielt nach Morone und Girolamo; sie ist sorgfältig, dünn und ungebrochen, aber auch darin venezianisch; die Lichter sind zu hellen Halbschatten herabgestimmt und im ganzen Bilde sieht man keine Halbtöne. Diese Kunstmittel verrathen den Nachahmer der Venezianer zur Genüge, aber der Ton ist hier nicht glanzvoll und klar, sondern infolge der von unreiner Palette herrührenden Lasur zu stumpfer Undurchsichtigkeit verdüstert, sodass man sieht, der Maler war unbekannt mit den technischen Gesetzen, dank welcher die echten Giorgionesken Tiefe und Reichheit verbinden, und bemüht sich vergebens, dieselbe Wirkung auf seinem Wege zu erreichen. Dieselben Beobachtungen kehren an zwei

[76] Petersburg, Eremitage N. 12. h. 2 F. 8¼, br. 2 F. 3, von Waagen, Katal. S. 30 dem Pordenone zu Gunsten des Rocco Marconi abgesprochen. — In Casa Conte Giovanni Citadella in Padua befindet sich ein aus 18 Figuren bestehendes Bild desselben Gegenstandes, mit beschädigter und übermalter Farbenfläche, welches ebensogut dem Rocco Marcone oder dem Campi von Cremona wie dem Torbido angehören kann.

Bildnissen in Padua und in Warwick wieder, von denen das eine sogar den Namen Giorgione's trägt:

Padua, Gall.: Halbfigur eines bartlosen Jünglings mit gestutztem Haar, ein wenig nach links gewandt, in rothem Ueberkleid und weissen Aermeln, schwarzem mit Lorbeer umwundenem Hut, in beiden Händen eine Flöte haltend, im Ausdruck ein Anflug von Schwärmerei; Hintergrund Bauwerk und Mauer; oben rechts bez. „ZONZON (49).“[77] Padua, Gall.

Warwick: Ein Mann in gelbseidenem Gewand mit langem Haar und schwarzer Kappe, die rechte Hand auf einen Steintisch, die linke an das Gefäss des Schwertes gelegt; der Ausdruck mürrisch; Hintergrund Landschaft mit verschiedenen Einzelheiten, u. a. einer Wachtel und einer Kröte.[78] Warwick, Schloss.

Auf einem mit Torbido's Namen und dem Jahre 1516 versehenen Bildniss in der Pinakothek zu München ist dagegen der Ton nicht so düster wie auf den eben beschriebenen[79], aber die Behandlung noch eintönig, leer und schwach in Modellirung und Köperlichkeit, sodass sie den klareren Glanz der Giorgionesken nicht erreicht. Dasselbe gilt von einem als Pordenone angesehenen Bilde (Flötenspieler mit einem geharnischten Mann und einem zweiten mulattenartigen Zuhörer zur Seite) in Casa Maldura in Padua[80]; hier könnte man zwischen Torbido und Cariani schwanken, entschiede nicht die Aehnlichkeit des münchener Porträts für Ersteren. — Später neigt sich Torbido eher der Vortragsweise des Tizian als der des Giorgione und Palma zu. So besonders in dem Bildniss eines graubärtigen Mannes mit Pelzschaube im Museum zu Neapel[81], aber auch dabei verflacht er Alles in Halbton

München, Pinak.

Padua, Cl. Maldura.

Neapel, Museum.

---

[77] Lebensgr., das Bild stammt aus dem bischöflichen Palast in Padua.

[78] Besitz des Earl of Warwick, auf der International. Ausstellung in Dublin ohne Namen ausgestellt, Leinw., Halbfiguren.

[79] München, Pinak. Saal, N. 584: Brustbild eines Mannes mit einer Rose in der Hand, Hintergr. braun, bezeich. „FRCVS. TVRBIDVS. PINXIT. MCCCCCXVI“ darüber noch lateinische Verse mit dem Anfang: „Quod stupeas etc.“ (Leinw., h. 1' 11", br. 1' 7" 6'''), abgescheuert und von einem Restaurator leicht lasirt.

[80] Samml. Maldura N. 81. der Vordermann hält die Flöte in der Linken, der Zuhörer links entspricht dem Kopfe der linken Figur neben Christus auf dem Petersburger Bilde der Ehebrecherin, der zur Rechten trägt einen Hut und hat auffallend braune Hautfarbe, sodass er möglicher Weise Selbstbildniss des Künstlers ist, der den Beinamen „il Moro“ führte. Es sind Brustbilder auf dunklem Grunde, schadhaft und übermalt.

[81] Neapel, Mus. N. 221: Halbfig. eines Mannes, der mit einem Brief in der Hand hinter einer Brüstung steht; an der Wand die Inschrift: „FRANCS TVR-

und behält den dünnen Farbenkörper, sodass eine blöde Wirkung entsteht.

Auf Grund der Beobachtungen, welche die besprochenen Bilder an die Hand geben, glauben wir nun das als „Porträt des Gattamelata mit seinem Schildknappen" bekannte Gemälde der Uffizien von Giorgione auf Torbido übertragen zu sollen:

Florenz. Uffiz. Es stellt einen unbärtigen baarhäuptigen Feldherrn im Mannesalter dar, welcher mit vollem Panzerkleide angethan die rechte Hand auf den Flamberg legend aus dem Bilde schaut; neben ihm der Knappe, vor ihm auf einer Balustrade Helm und Kommandostab; Hintergrund grün.[82]

Das Bild hat den Doppelcharakter venezianischer und veronesischer Weise; der Fleischton ist rauh und düster und in Einem Auftrag mit rostig dunklen Schatten angelegt, zu deren Belebung hier und da ein rother Tupf in Halbton und Reflexen angebracht ist, während die Farbenfläche im allgemeinen unrein und lichtlos erscheint. Alles kommt zusammen, um Torbido's Urheberschaft zu bestätigen: der derbe, nicht manierfreie Umriss, die Helldunkelwirkung bei scharfen Farbencontrasten, die regelmässigen Verhältnisse, durch die man an Bonsignori erinnert wird, und der gleichzeitige Mangel an der Kraft und Modulation der Venezianer. Diese Regelmässigkeit der Bildung, wie wir sie hier finden, geht sodann durch andere Wand- und Staffeleigemälde seiner Hand in Verona hindurch. Auf der Madonna mit mehreren Heiligen in S. Zeno sind die Figuren mit Freiheit und in kühner Verkürzung gezeichnet, aber wieder in der unruhigen Art der Liberale und Giolfino, bei dünner und unharmonischer Farbenschicht.[83] (Verona. S. Zeno.)

Zu den Fresken v. J. 1534 im Chor der Kathedrale in Ve-

BIDVS detto el Moro V. faciebat." Dem künstlerischen Verdienste nach steht das Bild einem des Amalteo gleich.

[82] Florenz, Uffiz. N. 571, lebensgr. Halbfiguren, Leinw.

[83] Verona, S. Zeno, am ersten Altar rechts vom Portal: Maria m. K., umgeben von Sebastian, Christoph und anderen Heiligen, Männern und Frauen (Leinw., lebensgr. Fig.); oberhalb die Auferstehung mit zwei Prophetengestalten und die Tugenden mit ihren Attributen, letztere zu hoch angebracht, um sicheres Urtheil über den Stil zuzulassen. Die dem Torbido zugetheilte Himmelfahrt der heil. Barbara in S. Eufemia scheint nur Schülerarbeit.

rona, wo Geburt, Tempelweihe und Himmelfahrt Maria's in riesigem Maasstab dargestellt sind, hat sich Torbido mit energischer Leichtigkeit der Entwürfe Giulio Romano's bedient.[84] Von gleichem Wurf sind einige Stücke im Schloss zu Trient, wo er unmittelbar nachher den Romanino unterstützte.[85] Damals hat er ferner im Friaul gemalt, wie eine Reihe biblischer Fresken im Chor der Kirche zu Rozaso zeigt.[86] Die Vortragsweise der Rafaelesken, an welcher Moro kurz zuvor in Verona Geschmack gefunden hatte, kehrt hier wieder, denn der Gesammtcharakter dieses Werkes trifft ganz mit dem Wesen des Giulio Romano überein. Verona. Dom. Trient, Schloss. Rozaso.

Wie ein Brief des Aretino besagt, hat Torbido, der nebenbei auch Kupferstecher war, noch i. J. 1546 gelebt.[87]

[84] Verona, Dom, bez. „Torbido 1534", vgl. Vasari IX, 181.

[85] Wir schreiben ihm dort zu: die Gestalt eines Mannes mit Schlangen, ein Weib mit Kind und eine Alte, sämmtlich in Nischen, im Treppenhause; die Sockel dieser Nischen sind überweisst, die Lünetten gehören dem Romanino an.

[86] Hier sind dargestellt: Petrus und Paulus, die Evangelienzeichen, Maria mit dem Kinde, die Verklärung, Petrus auf dem Meere gehend und die Berufung der Apostel Jakobus und Andreas; auf der Transfiguration ein Zettel mit der Inschrift: „Franc Turbidus faciebat MDXXXV." Die Fresken sind durch Uebermalung fast ganz verdorben; dasselbe gilt von einer zweiten Darstellung der Transfiguration in einem benachbarten Refectorium, welche vermuthlich ebenfalls von Torbido gemalt ist.

[87] s. Aretino, Lettere III, 308 und Temanza, Vita di Sansovino 31. Ein Verzeichniss der zahlreichen Kupferstiche Torbido's gibt Passavants Peintre-graveur.

EINUNDZWANZIGSTES CAPITEL.

Die Ferraresen.

Die Leidenschaft der Este für Prachtanlagen architektonisch-malerischer Art versammelte während des 15. und 16. Jahrhunderts eine zahlreiche Künstlerschaar in Ferrara. Was die Gonzagen in Mantua, Goito, Cavriana, Marmirolo, San Sebastian und später im Té schufen, fand Seitenstücke in Schifanoia, Belfiore, Belriguardo, dem Castel Nuovo und Migliaro, und die von den Herzögen gestellten monumentalen Aufgaben zogen nach und nach eine tüchtige Malerschule heran, so gering auch der heimische Kunstbetrieb in der Zeit war, ehe Pisanello und Piero della Francesca am dortigen Hofe erschienen. Die Einwirkung des altveronesischen Meisters auf den Fortschritt der Kunst erscheint zwar verschwindend, aber Piero's Einfluss war nachhaltig; bestärkt durch den des Mantegna, dessen künstlerisches Vorbild trotz räumlicher Entfernung mächtig eingriff, gab er auf ein halbes Jahrhundert den Ferraresen die Richtung. Sie gleichen den Veronesen in manchem Betracht. Zunächst darin, dass sie keine Talente ersten Ranges aufzuweisen haben und dass ihre ganze Kunst einen stark nordischen Stempel trägt; ihr Vorzug beruht in der ausgeprägteren Eigenart ihres rauhen Wesens und in der grösseren Energie der Empfindung. Sie verwenden allerdings abwechselnd die afrikanischen Typen des Meisters von Borgo S. Sepolcro und die grinsenden Mienen Mantegna's, aber modeln sie durch eine Zuthat von der Schwermuth und Trockenheit der Flamländer.

Bei dem frühesten Meister ihrer Zunft, Galasso, leiden diese Eigenthümlichkeiten allerdings noch unter dem Zwang der veralteten christlichen Kunstgebräuche; Cossa und Tura bewegen sich, obwohl nicht viel jünger, schon mit mehr Geschick und Geist in gleicher Richtung und wandeln die technische Behandlung der Einzelheiten und der Hintergründe in dem von jenseits der Alpen eindringenden Geschmack ab; wie es ja durchaus nahe liegt, bei ihnen eine persönliche Berührung mit dem originellen Roger van der Weyden anzunehmen, von dessen Aufenthalt in Ferrara um 1450 wir jetzt bestimmte Kunde haben.[1] In Stefano und Ercole Roberti Grandi stellen sich die paduanischen Züge in ihrer ganzen Strenge und Bitterlichkeit ein; erst Costa und Ercole di Giulio Grandi erheitern und erfrischen diese Herbheit durch Nachahmung der peruginesken Weise. Eins mangelt aber den Ferraresen insgesammt vom Ersten bis zum Letzten: der eigentlich malerische Farbensinn.

G a l a s s o d i M a t t e o C a l e g a r o, Sohn eines Schneiders, der in den Rechenbüchern der Este während der Jahre 1450 bis 53 in Verbindung mit den Dekorationsarbeiten für das Schloss Belriguardo vorkommt[2], und i. J. 1455 eine Himmelfahrt Maria's und ein Brustbild des Kardinals Bessarion in S. Maria in Monte zu Bologna lieferte[3], hat das Jahr 1473 nicht überlebt.[4] Schon Vasari hatte eine falsche Vorstellung vom Alter dieses Meisters[5]; und dass er, wie Bumaldo will, um 1390 bereits in der Kirche

---

[1] Die Thatsache wird durch folgendes Memorial vom Jahre 1450 festgestellt, dessen Mittheilung wir der Güte des Marchese Campori verdanken: „A dì 31 de Decembre duc. venti d'oro per lei a Filippo de li Ambruoxi et compagni per nome di Paolo de Porio de Bruza (Brügge) per altri tanti che el deto Paulo pago a M° Ruziero depintore in Bruza per parte de certe depinture de lo Illmo olim nostro S^{r} che lui faceva fare al deto M° Roziero come per mandato de sua olim Signoria registrato al registro de la camera de l'anno presente."

[2] Mittheilung des March. Campori.

[3] s. die Chronik des Fra Girolamo Borselli in Muratori, Rer. Ital. Script. Tom. XXIII S. 888.

[4] s. die bei L. N. Cittadella, Ricordi di Cosimo Tura. Ferrara 1866 S. 191 mitgetheilte Urkunde, in welcher Galasso in diesem Jahre als todt bezeichnet wird.

[5] Er lässt ihn (III, 40, 41) um 1404 in Bologna arbeiten.

zu Mezzaratta thätig gewesen sein soll[6], ist noch schwerer anzunehmen. Vielleicht hat man zwei Maler gleiches Namens im 14. und 15. Jahrh. zu unterscheiden; möglicher Weise liegt auch Verwechslung mit jenem älteren Gelasio di Niccolò vor, von dem schon früher die Rede gewesen ist.[7] Immerhin mag unser Galasso Fresken in Mezzaratta hinterlassen haben; in der That gibt es einige Ueberbleibsel in dem Gebäude, welche an ihn erinnern, diese aber gehen offenbar nicht über 1450 zurück.

Jedenfalls hat man Galasso's künstlerische Bedeutung überschätzt. Dass er den Einfluss des Piero della Francesca erfahren, wie Vasari erklärt, bestätigt allerdings ein Blick auf die Fresken zu Schifanoia, aber sein angeblicher Aufenthalt in Venedig und seine Vertrautheit mit der Oeltechnik ist zweifelhaft.[8] In seinen ersten Staffeleibildern, z. B. in der Dreieinigkeit des Museums zu Ferrara[9] oder in der Bestattung Christi und dem Madonnenbilde mit Stifter und Schutzheiligen, welche sich in der Sammlung Costabili befinden[10], herrscht noch die dem 14. Jahrh. angehörige herbe Strenge des Ausdrucks, verbunden mit schlechter Zeichnung, gezwungenen und verrenkten Geberden und faltiger Fleischbehandlung. Auf späteren Arbeiten, welche die Ueberlieferung seiner Hand zuschreibt — so das Gebet in Gethsemane bei Prof. Saroli, die Kreuzigung bei Marchese Strozzi in Ferrara und die Geburt

Ferrara. Museum.

Sammlung Costabili.

[6] Io. Ant. Bumaldo (Ovidius Montalbanus?) Minervalia Bonon., Bologna 1641 S. 239, sagt: „1390 Galassus pictor cum melioribus ubiuis comparandus, in ecclesia eadem S. Mariae de media ratta, praeter alia historiam depictam super calce nobis exhibet artificiosissimam Diui Petri Christo Domino, quem negaturus erat pedes ad lauandum denegantis tota adstante discipulorum turba, ita ut negari non possit ipsum fuisse in arte excellentissimum."

[7] vgl. Band II. S. 386. 387, wo wir u. a. ein dem Gelasio zugeschriebenes Porträt (angebl. Obizzo von Este) in der Samml. Barker in London erwähnten, dessen modernisirter Zustand kein Urtheil mehr gestattet.

[8] Vasari IX, 213. 214.

[9] Saal V, N. 66: Gottvater thronend hält das Kreuz mit Christus, bez. G+G Temp., Goldgr., Fig. ¹/₃ lebensgr.

[10] Ferrara, Samml. Costabili N. 33: Christus wird von 2 Männern mittels des Bahrtuches in das Grab gesenkt, dabei Maria, Franciskus, Bernardin und Andere (Holz, Fig. etwas unter Lebensgr.); der Goldgrund übermalt, das Ganze sehr durch Abscheuerung entstellt. Einige Gesichter sind in der Art verzerrt, wie man sie bei Crivelli findet. — Ebenda N. 78: Maria mit Kind, Stifter und Patron; Holz, Tempera, Fig. ungefähr lebensgross. Das in derselben Gall. befindliche Bild: Maria m. Kind zwischen Johannes d. T. und Hieronymus (von Rosini dem Galasso zugeschrieben und als dessen Werk gestochen) ist von Sano di Pietro.

Christi in der weil. Barker'schen Sammlung in London — treten dieselben Mängel in dem nicht eben erfreulicheren Gewande flämischer Formgebung auf:

Ferrara, Samml. des Prof. Saroli: links Christus auf den Knieen, rechts der Engel mit dem Kelch; in der Landschaft, welche mit Vögeln und andern Thieren sowie durch kleine Gruppen belebt ist, die drei Apostel (Leinw., Temp., Fig. fast lebensgross); von Christi Stirn sieht man den Schweiss thränenartig herabrinnen. Die Tempera ist trüb, die Gewandung und die Zeichnung überhaupt bruchig in der Weise der Flamländer, die Gestalten sind wunderlich lang, trocken und knochig, der Umriss roh und unbelebt, Hände und Füsse gemein und mangelhaft behandelt; Perspektive fehlt gänzlich; fette Firnissüberzüge und einige Retouchen haben dem Bilde noch übleres Aussehen gegeben. — Ebenda, Samml. Strozzi: Kreuzigung mit Predellen und Seitenstücken: 1) Christus in Gethsemane, 2) Gefangennehmung, 3) Geisselung, 4) Kreuzschleppung, 5) Pietà, 6) Bestattung, 7) Auferstehung (Leinw., Temp., kl. Fig.); etwas besser als die vorgenannten, aber von derselben Mache. — Ebenda: eine kleine Tafel in ähnlicher Behandlung: Gebet in Gethsemane.' Ferrara.

London, weil. Samml. Barker (ehemals in der Samml. Costabili): Geburt Christi (Holz, klein) mit einem aus zwei verschlungenen G gebildeten Monogramm, welches von demjenigen des Bildes N. 16 der Stadtgall. zu Ferrara verschieden ist; das Bild entspricht dem Stile der vorigen und auch einigen der Fresken in Schifanoia, die man als Galasso's Arbeit ansehen darf. Das nämliche Monogramm kehrt wieder auf einem Bilde enth. Johannes d. Täufer, das sich mit dem Seitenstück (Petrus) in der Capp. della Consolazione in S. Stefano zu Bologna findet; doch ist letzteres sorgfältiger behandelt als das der Samml. Barker. London. Bologna

---

Der eigentliche Charakterkopf der ferraresischen Schule war Cosimo Tura. Er ist nicht eben anmuthiger als Galasso, aber herzhafter und deshalb wirkungsvoller. Seine bürgerlichen Verhältnisse waren ansehnlich. Nachdem er seit 1451 bei verschiedenen Kunstunternehmungen des Herzogs von Ferrara Beschäftigung gefunden, trat er 1458 in ständigen Dienst bei ihm und verblieb in dieser Stellung fünfundzwanzig Jahre lang, wenn nicht bis an sein Lebensende. Von einzelnen Aufträgen erfahren wir, dass er 1457 Muster für Teppiche lieferte und etwas später im herzoglichen „Studio" arbeitete.[11] Als Borso I. i. J. 1461 Mailand besuchte, bestimmte er seinen fürstlichen Wirth Gian Galeazzo Sforza, einen seiner Leute bei Tura in die Lehre zu geben.[12] Cosimo's Anseln blieb auch unter Herzog Alfonso hervorragend; er schmückte die Bibliothek der Pico von Mirandola[13] und eine neue Kapelle in Belriguardo i. J. 1471, doch ist nichts davon erhalten; 1473 malte er überdies die als Geschenk für Lodovico Moro von Mailand bestimmten Bildnisse des Herzogs und der Beatrice von Este[14]; bedauerlich nur, dass wir von seiner Thätigkeit als Porträtmaler keine thatsächlichen Zeugnisse mehr haben, wenn es auch nicht an Bildern dieser Gattung fehlt, die man auf ihn zurückführen möchte.[15] Im Jahre 1481 malte er für Alfonso's Studio einige Darstellungen (nackte Männer in Oel, wie angegeben wird) die später dem Bellini, Tizian und Pellegrino Platz machen mussten.[16] Auch anderweite Aufträge wurden ihm zu Theil, nur ist weder die i. J. 1456 bei ihm bestellte Fahne der Schneider-Gilde, noch die für Vincenzo de' Lardi, Obmann des ferrareser Doms, gemalte Geburt Christi oder die Fresken auf uns gekommen, welche er in der Cappella Sacrato in S. Domenico nachweislich vor 1468 vollendet hatte.[17] Erhalten sind jedoch die Gemälde zu den Thüren der Dom-Orgel, die 1469 ausgeführt, jetzt gesondert an den Chorwänden hängen:

Ferrara, Dom.

Sie haben die Verkündigung und den Kampf des heil. Georg mit dem Drachen zum Gegenstande. Auf jenem Bilde ist der Vorgang in eine kuppelbogige Pforte verlegt, welche mit verschiedenen Marmorsorten verkleidet und mit Standfiguren und zwei mächtigen

---

[11] Aus handschriftl. Urkunden mitgeth. von Marchese Campori; vgl. auch Cittadella, Ricordi di Cosimo Tura S. 8.

[12] s. Ugo Caleffini, Notizie in Atti della deputazione Modenese di Storia Patria II, 312.

[13] s. Gyraldi Ferrar. Opera, Lugd. Bat. 1696, II.

[14] Nach handschriftl. Urkunden mitgetheilt von Marchese Campori.

[15] Hier möchten wir besonders ein Porträt der Samml. Poldi-Pezzoli in Mailand erwähnen, dem aber die Signatur fehlt: es ist ein Mann von 60 bis 70 Jahren, Profil nach links, den Kopf mit einem Barett bedeckt, auf blauem Grund (Holz, Brustbild lebensgr.). Die Behandlung der Züge ist so eingehend wie bei Mantegna, Dürer oder Cossa, aber die Farbenfläche dabei von der Glätte Antonello's, obgleich der Auftrag Sättigung und Schmelz hat, der Fleischton ist braun und warm.

[16] Mitth. des March. Campori.

[17] Diese Fresken kosteten der Familie Sacrati 1000 Lire, s. L. N. Cittadella, Documenti S. 145.

Fruchtgehängen geschmückt ist; Maria hat sich auf ein Knie niedergelassen und blickt händeringend empor, Gabriel ist durch den Pfeiler von ihr getrennt; auf dem Eisenstabe, welcher von Sims zu Sims querüber geht, ist eine Katze und ein Vogel angebracht; durch die Bögen hindurch blickt man auf Himmel und Felshügel mit kleinen Figürchen.[18]

Diese Stücke geben eine treffliche Vorstellung von Tura's Eigenheit. In der Behandlung fehlt es bei aller Künstlichkeit keineswegs an Empfindung, aber die Massenwirkung ist dem Kleinkram und den Einzelheiten geopfert. Die Composition des zweiten Bildes, wie die Königstochter von dem Ungeheuer hinwegschreitet, muthet fast wie eine Karikatur des Pollaiuolo an; der Dürre und Sprödigkeit der Formbildung entspricht ganz naturgemäss die an Verrenkung streifende Ungelenkigkeit. Und solche Verbindung eindringlicher Schärfe mit dem hausbacknen Realismus Van der Weydens begegnet uns in den meisten Werken aus dieser Zeit, in denen Gewänder und Färbung an die Mantegnesken und die Flamländer erinnern: z. B. in der sogen. Allegorie des „Frühlings“ im Besitz Mr. Layard's in London, einer sitzenden Figur in London. Sml. Layard.
einer Nische, deren Sessel mit bronzenen Delphinen geziert ist[19]; ihr Seitenstück, der „Herbst“ mit Hacke und einem Bündel Trauben, gehört noch der Samml. Costabili in Ferrara an, woraus auch Ferrara. Gall. Costab.
jene stammt[20]; hierher zählen ferner der büssende Hieronymus London. Nat.-Gall.
der londoner Nat.-Gallerie[21], ein energisch gezeichneter hagerer Akt, und eine Anzahl minder bedeutender Bilder, die wir nicht näher zu schildern brauchen.[22] Wichtiger sind zwei Stücke der Gall. zu Bergamo und des Museo Correr in Venedig:

---

[18] vgl. Cittadella, Ricordi S. 24, 29 u. S. 8, Baruffaldi. Vite de' pittori Ferraresi, Ferrara 1844, I, 65 und II, 545; eine bei Letzterem mitgetheilte Urkunde vom 11. Juni 1469 bezeugt, dass „Magister Cosme del Turra“ für diese Orgelthüren 111 Lire Zahlung erhalten hatte.

[19] Ehemals in der Samml. Costabili in Ferrara, Holz, Mischtempera, unter Lebensgrösse; die Gewandung besser als gewöhnlich, und von glatter Farbenfläche.

[20] Holz, stark beschädigt; die andern Stücke, im Besitz des Marchese Strozzi, sind fast zerstört.

[21] N. 773. Holz, Temp., h. 3 F. 3½, br. 6 F. 10½, ursprünglich in der Certosa zu Ferrara, dann in der Sammlung Costabili, zuletzt Eigenthum Sir Charles Eastlake's. Der Heilige kniet in der Landschaft und kasteit sich mit dem Stein; auf einem Baum ein Specht und andere Vögel; sehr gut erhalten.

[22] In Ferrara, Gall. Costabili: Der heil. Bernardin in einer Nische (Holz, fast lebensgr.), etwas beschädigt, aber

Bergamo. Gall. In Bergamo: Maria mit dem Kind auf römischem Stuhle thronend; sie hält den Knaben auf dem linken Knie und blickt zu ihm herab während er zu ihr emporschauend sie segnet.[23]

Venedig. Mus. Correr. In Venedig, Museo Correr: Trauer um Christus. Maria am marmornen Grabe sitzend hält den Leichnam des Sohnes auf den Knieen, dessen Haupt sie mit der Rechten erhebt, während sie mit der Linken seine Hand an die Lippen führt; im Hintergrund die Kreuze, an denen die Schächer noch hängen; im Mittelgrunde zwei Männer, einer mit langer Leiter, welche den Leichnam abgenommen haben; links ein Affe auf einem Granatbaum.[24]

Wenn bei jenem, das wie mit dem Messer gezeichnet erscheint und im Charakter zwischen Crivelli und Mantegna die Mitte hält, das für Tura ungewöhnlich anmuthige Motiv erfreut, so tritt bei dem andern nicht blos sein Verdienst als Componist und Zeichner des menschlichen Leibes hervor, den er freilich mit der Anstrengung Dürers wiedergibt, sondern es macht sich zugleich in der emailharten Farbe grosse Vollendung des Machwerks bemerklich. Diese Eigenschaften sind hier fast noch stärker ausgeprägt als in dem prachtvollen Altarbilde in Berlin:

Berlin. Museum. Auf dem strahlmuschelartig ausgebauten Throne, der auf Krystallsäulen ruht und mit einer Nische umgeben ist, in welcher vergoldete Bronzereliefs (enth. Noah's Trunkenheit, Opfer Kain's und Abel's, Tod Abel's und Thaten des Herkules) eingelassen sind, sitzt Maria das in ihrem Schoosse liegende Kind verehrend; über ihr auf der Lehne drei Engel, von denen der mittlere die Laute spielt; auf den Stufen links Apollonia, rechts Katharina, vorn Hieronymus mit

sehr schön; ebenda: Antonius Abbas in Nische und ein segnender Bischof, kleine Tafeln an Ercole Roberti Grandi's Nachahmung des Mantegna erinnernd. Der hierzu gehörige heil. Georg befindet sich in der weil. Barker'schen Samml. in London, wo noch eine kleine Tafel mit Michael und eine Halbfigur der Madonna unter Lebensgrösse ist. Ferrara, bei Conte Giov. Batt. Canonici: Bernardin, Halbfigur in Nische, in dem alten Typus, der uns bei Galasso bekannt ist; ebenda, in S. Girolamo, Sakristei, hoch oben an der Wand: Hieronymus innerhalb eines Thorwegs mit dem Löwen zu Füssen (Leinw., Temp.) von mantegneskem Aussehn. Ferrara, Gall. N. 7 Hieronymus als Kardinal, ebenfalls in einem Thorweg (2/3 lebensgross) von milderer Erscheinung als Tura und vielleicht von einem jungen Nachfolger desselben, wie Lorenzo Costa oder Ercole Roberti Grandi.

[23] Bergamo, Gall. N. 19, Holz, Temp., Kniestück, durch wiederholte Firnisse verdorben.

[24] N. 9. Holz, h. 0,48, br. 1,33. — Dem Mantegna zugeschrieben, aber in Tura's Stil, vielleicht von einem seiner Schüler, ist ein kleines Tafelbild, enth. Georg im Kampf mit dem Drachen, im Hause der Contessa Biella in Venedig; ähnlich zwei kleine Tafeln der Gallerie Pianciatichi in Florenz enth. Johannes d. T. und Petrus in echt mantegnesker Weise behandelt.

seinem Löwen (in Bronze) zur Seite, und Augustin im Ornat, neben ihm, auf einer Glaskugel stehend, der Adler; Hintergrund Landschaft.[25]

Die Mischung von grotesker Architektur, Gold, Mosaik, Glas, Bronze, dazu die prahlenden Gewänder wirken geradezu blendend; im Fleischton trifft steinweisses Licht mit braunrothen Schatten zusammen, die hageren Gestalten haben metallische Starrheit, die Gewänder sind papierartig steif.

In Vorzügen und Schwächen bleibt sich Tura, oder wie er gewöhnlich genannt wird „Cosmè“ mit einer Stätigkeit treu wie wir sie bei wenigen Künstlern finden. Als Zögling der Schule Galasso's entbehrte er alles Feingefühls für die Wahl der Typen; unentwegt bleibt er bei der hageren Trockenheit des Körperbaues stehen; Uebergewicht des Kopfes und übertriebene Bildung der Hände und Füsse sind stehende Merkmale seiner Figuren, die meist den Eindruck machen, als wäre ihr Fleisch durch Kasteiung in tief einschneidende Falten zusammengetrocknet. An den Gelenken folgen diese mit Linien bezeichneten Runzeln dem Wuchs der Knochen, die ihrerseits entsetzlich vorquellen, aber nichtsdestoweniger mit einer fast schmerzhaften Geduld und Sorgfalt ausgearbeitet sind. In der Behandlung der Gewänder erinnert Tura an Mantegna, Piero della Francesca und Dürer; sie brechen in allen möglichen Winkeln, sogar im rechten, dem denkbar hässlichsten, und geben doch niemals den Anschein, dass die bedeckten Gliedmaassen richtig gebildet wären.[26] Bei der absichtlichen Knappheit sollen die unteren Formen offenbar durchwirken, werden jedoch auf diese Weise nur noch magerer und trockener. Die Auftheilung des Raumes und die Darstellung der einzelnen Bestandtheile innerhalb des Bildes zeugt von Gewissenhaftigkeit und Kenntniss, Geometrie und Perspektive handhabt er in der

[25] Berlin Mus. N. 111 (ehemals in S. Giov. Battista in Ferrara, erworben aus Samml. Solly), Leinw., h. 10 F., br. 7 F. 6½. Apollonia trägt smaragdgrüne Tunika mit Gold gehöht, den Mantel mit Scharlach gefüttert, Katharina grünen Mantel mit grauen Futter, Maria blauen Mantel mit leuchtendstem Grün; ähnliche Pracht hat das Kostüm der Heiligen.

[26] Häufig nehmen sie am Ende die T-Form an und bilden dann das bei den Italienern sogen. catenaccio.

Weise des Francesca, in manchen Figurenmotiven verräth sich sogar eine Ahnung der höheren Kunst des 16. Jahrhunderts, und durchweg herrscht ein heftiger Zug in dem Geberdenausdruck. Die Farbe ist körperhaft, von hartem Schmelz und sehr tief; Glanz und Licht mangeln gänzlich. Nach alledem möchte man glauben, Cosmè wäre in Padua gewesen und hätte ganz besonders Erscheinungen wie den mit dem Rücken nach dem Beschauer gewendeten Mann auf Mantegna's Wandbild der Taufe des Hermogenes in der Eremitenkapelle ins Auge gefasst, wie er denn auch seinen keineswegs abgeklärten Architekturgeschmack von dortigen Mustern entlehnt haben könnte, die sich wiederum mit denen bei Buonfigli und Piero della Francesca berühren. Von jenen Beispielen wäre dann auch die regelstrenge Abwägung der Tinten herzuleiten, wie er sie zeigt, und die Art der Markirung von Fleisch-, Gewand- und Staffagefarben, deren Erfolg fast eine allgemeine Aufhebung der Wirkungen ist. Tura verfährt dabei mit einer Rücksichtslosigkeit, welche die dargestellten Figuren zuweilen zu blossen Trägern des gerade an dieser Stelle nothwendigen Farbentons herabwürdigt.

Bei diesen Stileigenthümlichkeiten liegt die Verwechslung mit Mantegna nahe genug. Hatten wir solche Beispiele schon in Venedig und Florenz bemerkt[27], so fügen wir hier noch einen Sebastian und einen Christophorus des berliner Museums[28], sowie ein Hieronymusbild bei weil. Lord Bromley in London hinzu[29], von denen unsrer Meinung nach dasselbe gilt. Dies sind nicht minder echte Stücke des ferraresischen Meisters als das Altarbild der Madonna in der National-Gallerie zu London mit der zugehörigen

Berlin, Museum.

London, Saml. Bromley.

[27] s. oben S. 141.

[28] N. 1170a: Sebastian mit den Ellenbogen an einen Baum gebunden, und N. 1170c: Christophorus mit langer Stange, das Christuskind auf den Schultern tragend (beide h. 2 F. 1½, br. 1 F., Goldgr., Temp., aus Samml. Solly) unter Mantegna's Namen, aber zweifellos von Tura oder Cossa, wahrscheinlich von Ersterem; besonders bemerkenswerth sind die gewundenen Umrisse und übertriebenen Formen.

[29] London, früher bei Lord Ward: Hieronymus in der Höhle sitzend mit dem Löwen zu Füssen, das Kreuz in der linken Hand, kleine Tafel ungefähr 12 zu 8 Zoll. Der vermeintliche Tura der londoner Nat.-Gall. N. 590 (Grablegung Christi) wurde schon oben S. 341 Anm. 18 dem Marco Zoppo zurückgegeben, mit welchem Cosmè ebenfalls wiederholt verwechselt worden ist.

Lünette im Louvre und eine Reihe anderer in Mailand und Ferrara:

London. London, Nat.-Gall. N. 772: Maria thronend mit dem Kinde, umgeben von 6 Engeln, 2 davon vorn auf einer tragbaren Orgel spielend, ein zweites und drittes Paar zu den Seiten der Madonna, das Ganze mit überreicher architektonischer und dekorativer Ausstaffirung.[30]

Paris. Paris, Louvre, Mus. Nap. III. N. 109 (Lünette zum vorigen): Kreuzabnahme, welche unter einem getäfelten Bogen vor sich geht; kühn und sorgfältig in den Verkürzungen; die Gewänder sehr starr, das Fleisch metallisch mit weissen und purpurnen Lichtern, die Gesichter widerwärtig knöchern.[31] — Ebenda N. 110: ein Franciskaner-Heiliger lesend (Goldgrund), ebenfalls von Tura, aber beschädigt.[32]

Mailand. Mailand, Samml. Poldi-Pezzoli: Charitas thronend, drei tanzenden Knaben einen Schleier reichend, unter ihren Füssen die Inschrift: „Ex deo est charitas et ipsa deus est", Hintergr. Himmel mit Wolken; eine ansprechende Verbindung der Weise Mantegna's und Botticelli's; die Gruppirung ist gut, der Umriss der Formen erfreulicher als gewöhnlich, aber für den hier erreichten Grad von Anmuth hat Tura seine charakteristische Energie preisgegeben. Die Farbe ist wie sonst trübe, im Fleischton ins Olivenbraun spielend, die Oberfläche hart emailartig, die Zeichnung scharf markirt.[33]

Ferrara. Ferrara, bei March. Strozzi: dreifaches Porträt eines Edelmannes mit dem Falken auf der Faust nebst seiner Frau und seinem Sohne in einem Zimmer mit 3 Fenstern, Inschrift: „Ubertus et Marchio Thomas de Sacrato"; das Bild hat die Frische durch Firnisse verloren, ist aber sehr vollendet in Umriss und Behandlung; wenn nicht von Tura, dann vielleicht aus Lorenzo Costa's Jugendzeit.[34]

---

30 Holz, h. 7 F. 11, br. 3 F. 4, ehemals in der Samml. Frizzoni in Bergamo, dann bei Sir Charles Eastlake; vorn an der Orgel soll sich früher die jetzt beseitigte Signatur Tura's befunden haben, die Farbe ist, wahrscheinlich infolge der Anwendung von Firnissbindemitteln, von porcellanartiger Glätte, die Engelfiguren sind schlank, die Mariengestalt erinnert an späte Arbeiten des Bartol. Vivarini. Vielleicht sind hier Schüler Tura's thätig gewesen.

31 Holz, h. 1,32, br. 2,67, mit langem senkrechten Sprung.

32 Holz, h. 0,72, br. 0,31, das Holz zersprungen, an der Wange ein Fleck.

33 Holz, Fig. 1/2 lebensgr.

34 Leinw., Temp. — In Forli, Sakristei von S. Mercuriale, befindet sich ein Bild der Heimsuchung (Leinw., Oel) sehr schadhaft, welches dem Tura zugeschrieben wird, aber eher wie ein Werk des Balthazar Caroli aussicht. — Die Miniaturen auf Seide im Hôtel Cluny in Paris werden dem Tura irrthümlich zugetheilt; man hat ihm Antheil an den Miniaturen der Choralbücher und Antiphonarien des Doms zu Ferrara zuschreiben wollen, allein diese sind nachweislich von anderer Hand (s. den Brief von L. N. Cittadella an Gaetano Giordani in der Gazzetta Ferrarese vom 29. April 1862 und Don Giuseppe Antonelli's Urkunden bei Gualandi, Memorie, Ser. VI, 153). — Ein langes Verzeichniss anderer angeblicher Werke

Tura erfreute sich der Früchte eines langen und thätigen Lebens; er war wohlhabend, besass als Geschenk des Herzogs ein Haus in Via Boccacanale in Ferrara und hatte seine Werkstatt bei einem der Stadtthore; er konnte Gelder ausleihen, betrieb Holzhandel und andere Geschäfte, sodass er bei seinem Tode zwischen 1494 und 98 bedeutende Legate auszusetzen hatte, die seltsamer Weise den Armen von Venedig zu gute kamen, während für Ferrara selbst nur eine Summe zum Bau einer Kirche angewiesen wurde[35].

Francesco Cossa ist weit unbekannter geblieben als Tura. In einer Urkunde v. J. 1456, wo wir ihn zuerst kennen lernen, erscheint er als Gehilfe seines Vaters Cristofano del Cossa mit Bemalen der Holzschnitzwerke und Statuen am Hochaltar des bischöflichen Palastes in Ferrara beschäftigt.[36] Was er dort selbständig gemalt hat, ist ungewiss.[37] In späteren Jahren wanderte er nach Bologna und hat hier zwei Werke hinterlassen, die mit vollem Recht hohes Lobes geniessen: eine heilige Conversation aus d. J. 1474, jetzt in der dortigen Gallerie, und die Madonna del Baracano:

Bologna, Gall. Das Bild der Gall. zeigt Maria in etwas steif-vornehmer Haltung auf dem mit reich ornamentirten Kandelabern geschmückten Throne,

---

Cosmè's gibt Baruffaldi a. a. O. I, 67—122, aber bei der starken Neigung, welche dieser Gewährsmann und seine Commentatoren an den Tag legen, geringe Leistungen von dunkler Herkunft mit bekannten Namen zu belegen, wäre eine eingehende kritische Prüfung ziemlich zwecklos.

[35] s. Cittadella, Ricordi 8—15 und Notizie S. 569; auch dieser Gewährsmann kann den Grund nicht angeben, weshalb gerade die Armen Venedigs und nicht die von Ferrara so reich bedacht wurden.

[36] Cittadella, Notizie S. 52.

[37] In der Gall. zu Ferrara N. 8 u. 9 befinden sich zwei kleine Rundbilder unter Cossa's Namen (enth. die Gefangennahme und den Tod des heil. Maurelius; das Altarstück in S. Giorgio fuori le mura, zu welchem dieselben gehört haben, vermissen wir), von Baruffaldi I, 77 dem Tura zugeschrieben; es sind lebensvolle Compositionen, die Figuren ähneln dem Tura und sind den beiden Tafeln N. 1170[b] u. 1170[c] im Museum zu Berlin stilverwandt, die unter Mantegna's Namen gehen (vgl. Anm. 28). Mehrere kleine Bilder der Gall. Costabili, die dem Cossa zugetheilt werden, entbehren der Beglaubigung.

den Knaben auf dem Knie, welcher mit kindlich neugierigem Ausdruck den Beschauer anblickt, umgeben von den sitzenden Gestalten des heiligen Petronius im Bischofsornat mit dem Modell der Kirche auf dem Schooss, und Johannes des Evang., welcher in dem auf das Knie gestemmten Buche liest; neben dem Throne kniet, nur als Brustbild sichtbar, Alberto de' Catanei, einer der Stifter. Den Hintergrund bildet ein casettirter Bogen, auf dessen Seitengesims links und rechts in kleinen Figuren Gabriel und die Annunciata angebracht sind. Inschrift: „D. ALB̓TVS Ð CTTANEIS IVDEX ET DNCVS Ð AMORINIS NOTS Ð FOR. PPO FECERVT 1474 FRANCSCVS COSSA FE . . RINIS F." Neben dem Kopfe des Stifters, fast verlöscht, nochmals: „Misẽr Alb. de Cataneis."[38]

Bologna. Mad. del Baracano.

Die Madonna del Baracano, ein nur bei hohen Festen sichtbares Freskobild, enthält Maria mit dem Kinde auf reichgeschmücktem Thron innerhalb eines Portikus von ähnlicher Architektur; zu den Seiten des Thrones verehrende Engel mit Kandelabern, weiter unten ein Edelmann und seine Frau (Giovanni Bentivoglio und Maria Vinciguerra), welche zur Jungfrau emporblicken. Der Hintergrund Felsen von tafelartig überhängender Schichtung, welche Tunnel enthalten und mit Tempeln und Häusern bekrönt sind. Die Malerinschrift lautet: „OPERA DE FRANCSCH DEL COSSA DA FERRARA MCCCCL . . ."[39]

Dass Cossa derselben Schule entstammte wie Tura, beweisen die Hauptmerkmale dieser Bilder: der markirte Umriss, die gleichmässige Eintheilung und der bräunliche Temperaton zur Genüge, aber seine Kunst hat grösseres und stolzeres Gepräge, was sich auch in der Behandlung des Baulichen und der Einzelheiten ausspricht. Seine Figuren sind mit ernster Hoheit und Feierlichkeit erfüllt, die Gewandung zeichnet statuarische Breite aus. Die Zeichnung, klar und bestimmt wie sie ist, gibt Nacktheile und Gliedmaassen mit guter Fühlung für Anatomie und Perspektive wieder, durch richtige Schattenführung, plastische Durchbildung

[38] Bologna, Gall. N. 64. Leinw., Fig. lebensgr. Der Himmel, welchen man durch den Portikus sieht, ist durch Firniss und Uebermalung verdüstert, das Gewand Maria's und des Petronius theilweise abgeschabt und aufgefrischt, einige Theile des Fleisches verrieben.

[39] Fig. lebensgr., die Jahrzahl ist laut Urkunden (s. Guida di Bol. 1825 S. 230 u. Laderchi, Pittura Ferrar. Ferr. 1856 S. 32) 1472 gewesen, die Farbe z. Th. abgeschabt, die Hände der weiblichen Stiftertigur theilweis verlöscht; der Gesammtton ist kalt und etwas rostig, die Töne sind nicht frei von einer gewissen Schärfe. Noch Lamo, Graticola di Bol. 12, erwähnt zu den Seiten des Hochaltars in Mad. del Baracano noch zwei lebensgr. Figuren Cossa's in Fresko, die Heil. Katharina und Lucia.

und Abtönung der Tinten ist ein hoher Grad von Körperlichkeit erreicht, die Gesichter, kräftig betont in der Weise des Piero della Francesca, zeigen mehr Adel als bei Tura. Dennoch war auch Cossa nicht frei von nordischen und zwar flamländischen Eigenthümlichkeiten, sodass man hin und wieder durch den Ausdruck oder die technische Vortragsweise an Roger van der Weyden erinnert wird. Auf dem bologneser Galleriebilde fällt das mit dem Stile der Francesca, Mantegna und Melozzo verwandte Stifterbildniss durch sein Lineament und die massige Schattirung, daneben der heilige Petronius durch den ernsten gesammelten Ausdruck höchst vortheilhaft auf. Wenn hingegen der ausgeprägt fleischige Typus der Jungfrau, der sichtlich ebenfalls von Piero della Francesca entlehnt ist, zurücksteht, so ist er doch nicht minder würdevoll und gross behandelt; bei der Gestalt des Johannes, der nach Art der Weitsichtigen beim Lesen den Kopf schief hält, ist die Naturbeobachtung zwar übertrieben, aber wirkungsvoll. Die Gewänder haben infolge der fleissigen Faltenbehandlung etwas Gequältes und Wulstiges bekommen; die Färbung ist durchweg von reinem metallischen Klang, in Licht und Schatten trefflich und durch feines Spiel der Reflexe belebt. — Mit der Madonna del Baracano hat es eine seltsame Bewandtniss. Angeblich liess Giovanni Bentivoglio ein altes an dieser Stelle befindliches wunderthätiges Gemälde, welches im 15. Jahrhundert grosse Verehrung genoss, durch Cossa erneuern und mit seinem und der Maria Vinciguerra Porträt bereichern. Bei genauer Beobachtung scheint es, dass der Maler nur die Gesichter der Madonna und des Kindes unberührt gelassen hat. Die Behandlung dieser Stücke deutet auf Lippo Dalmasio. Ausserdem ist aber, wie wir vermuthen, das vermeintliche Bildniss des Giov. Bentivoglio (welches übrigens zu dem Porträt auf Costa's Altarstück von 1488 in S. Jacomo maggiore zu Bologna nicht stimmt) von dritter Hand übermalt und zum Kniestück verändert, sodass es die Gegenfigur überragt[40]. Cossa ist sonach nur für die Hauptgruppe und die Engel,

[40] Ueber die Legende des Bildes vgl. Gius. Bossi, Archivio patrio di antiche e moderne rimembranze Felsinee etc. Bol. 1855. Bei dem männlichen Por-

für die Architektur und für das weibliche Porträt verantwortlich, welches männische ältliche Züge trägt. Mit Ausnahme des Kindes, dessen Hässlichkeit noch auf Lippo's Rechnung kommt, ist das Fresko durch Schärfe der Umrisse, Bestimmtheit der Modellirung und alle die sonst bei Cossa hervortretenden Eigenschaften ausgezeichnet; Gesichter und Gewänder haben auch hier Anklang an Piero della Francesca, nur dass sie verhältnissmässig weich und geschmeidig sind; die Architektur, fast zu reich behandelt, erinnert vermöge ihrer Ueppigkeit an die Staffage der kleinen Tafeln Bonfigli's oder Fiorenzo's in S. Francesco zu Perugia. Der groteske Hintergrund mit seinen Felsgeschieben und Höhlungen ist dem Lorenzo Costa und Grandi Vorbild geworden, welche dergleichen Motive öfters in verschönter Gestalt wiederholen.

Die zeitgenössische Malerzunft Ferrara's weist zwar sehr zahlreiche Namen auf, allein an Werken ist nur wenig auf uns gekommen. Neben Antonio Aleotti d'Argenta, von dem sich ausser dem Leumund eines unverträglichen Ehemanns nur ein kleines Bild mit der Figur Christi v. J. 1498 und der seltsamen von rechts nach links geschriebenen Namensbezeichnung in der Gall. Costabili erhalten hat[11], tritt zunächst Baldassar Estense von Reggio hervor. Da er den Familiennamen der ferraresischen Herzöge trug, ohne dass je sein Vater in Urkunden genannt wird, ist er wahrschein- Ferrara. Sml. Costab.

---

trät bemerkt man, dass die Hände desselben auf die rothe Leiste des Thrones aufgemalt sind, welche durch die halbabgeriebene Farbenschicht hindurchscheint, ebenso sieht man unter dem blauen Gewande noch die Zehen des benachbarten Engels. Hiernach ist anzunehmen, dass das ursprüngliche Porträt des Bentivoglio ein Profil-Brustbild gewesen ist wie das der Maria Vinciguerra, und dass es seine dermalige Beschaffenheit (es ist übrigens sehr schwarz geworden) geraume Zeit nach Cossa und zwar durch Uebermalung mit Oelfarbe bekommen hat. Die Inschrift „Iohann. Benti. Bononiae dominus etc." ist ebenfalls modern und weicht sehr von der weiter unten befindlichen Inschrift Cossa's ab.

[11] s. L. N. Cittadella, Notizie relat. a Ferrara I, 590, wo eine Urkunde beigebracht ist, laut deren er 1498 mit seinem Weibe Magdalena in Unfrieden lebte. Die Inschrift seines Bildes lautet: „I. CCCC98. DIE 16 SEPTEMBRIS. D. PP. ATNEIGRA SITOILA DE SVINOTNA" vgl. Laderchi, Pitt. Ferrar. S. 39.

lich Bastard dieses fürstlichen Hauses gewesen, wodurch sich auch die ungewöhnliche Protektion erklärt, die er bei Hofe genoss[42]. Ein Porträt, welches er 1469 von Borso I. gemalt hatte, durfte er z. B. persönlich dem Herzog von Mailand überbringen[43]; von 1471 bis 1504 lebte er als besoldeter Hofbeamter in Ferrara und wohnte erst in der Stadtresidenz (Castel nuovo), dann in Castel Tedaldi, wo er Schlosshauptmann war. Sein Testament v. J. 1500 ist im Archiv zu Ferrara gefunden worden.[44] Was er für Castel nuovo und in der Rufinikapelle zu S. Domenico in Ferrara gemalt hat, ist untergegangen[45]; aber wir besitzen noch eine Medaille seiner Hand v. J. 1472 und das Bildniss des Tito Strozzi v. J. 1483, welches der Gall. Costabili angehört:

Ferrara, Gall. Costab.

Es zeigt die Seitenansicht eines Mannes in vorgerückten Jahren von stattlicher Erscheinung, in schwarzer Schaube und Kappe auf dunklem Grund, bez. D. T. und am unteren Saum die Inschrift: „B . . AS . . . . . PIN . C . P . ANO . 493 . . . .“[46]

In der technischen Behandlung ist dieses Porträt Seitenstück eines dem Tura zugeschriebenen Brustbildes im Besitz des Prof.

Mailand, Sml. Bertini.

Bertini in Mailand, welches einen Mann von feistem Bau mit olivenbrauner Hautfarbe darstellt und bei ziemlich leblosem Umriss sichere Pinselführung und gut modellirte Oberfläche hat[47]. Hiernach halten wir Baldassar durchaus für fähig, ein Bild zu liefern wie das sogen. Fugger-Porträt des Museums Correr in

Venedig, Mus. Correr.

Venedig, welches dort dem Ansuino da Forli zugeschrieben wird. Das Bedeutende an dem Bilde ist, dass es etwas von der grossen Auffassung des Piero della Francesca hat; Kopfhaltung und Aus-

---

[42] s. Laderchi a. a. O. 38 und L. N. Citadella, Notizie I, 581.

[43] Nach handschriftl. Urkunden mitgetheilt von March. Campori.

[44] s. Cittadella a. a. O. 582. In dem Instrumente heisst er Baldassare von Reggio. Dieser Name ist wohl auch in anderen Urkunden, in denen er vorkommt, für identisch mit Bald. Estense anzusehen.

[45] Für das Schloss malte er ein Leinwandbild, s. d. nämliche Quelle und Cittadella a. a. O.: der Kontrakt über die Fresken in S. Domenico bei Cittadella, Ricordi 26, 27.

[46] Leinw., Temp. Durch Losblätterung der Farbe, Abschabung und Firnisse sehr verdorben. Wie Laderchi a. a. O. 38 und Rosini, Stor. d. pitt. III, 199, wo eine Abbildung gegeben ist, die Jahrzahl 1499 und 1495 lesen konnten, begreifen wir nicht.

[47] Mailand, bei Prof. Bertini, Holz, die Farbenstimmung ist tief, der Ton ohne Modulation.

druck sind gesetzt und würdevoll, der Umriss von ungewöhnlicher Sicherheit und Schärfe, und die Farbe erfreut durch die Verschmelzung klaren silbernen Lichttones mit den grauen Schatten; auch die Art, wie die Runzeln mittels zäher Linien in das Fleisch eingeschrieben sind, erinnert an Francesca und Melozzo. Ueberdies scheint die Namensinschrift am oberen Saum, die auf einen Fugger deuten will, verstümmelt und verpatzt wie sie ist, Korrektur des ursprünglichen Malernamens mit Spekulation auf den venezianischen Kunstmarkt zu sein.[48] Hierher gehört nun unserer Ueberzeugung nach auch das interessante Verkündigungsbild der dresdener Gallerie, welches ursprünglich infolge einer gefälschten, jetzt beseitigten Signatur als Mantegna angesehen, verschiedentlich dem Baldovinetti und Pollaiuolo zugetheilt worden ist:

In einer mit reicher buntfarbiger Marmorverkleidung ausgestatteten Arkade, welche einerseits auf die Strasse, andrerseits ins Innere des Hauses öffnet, kniet links Gabriel in Pagenkostüm mit Schlitzärmeln; er hat pfauenbunte Flügel, trägt eine durch Spangen über dem Wirbel befestigte Nimbusscheibe auf dem Kopf und spricht, indem er die Rechte schwurartig erhebt und in der Linken eine weisse Rose hält, zu Maria, welche aus ihrem im Mittelgrunde sichtbaren, mit einfachem Geräth versehenen Gemach hervorgetreten ist und, die Rechte auf die Brust legend, niedergeschlagenen Blickes zuhört. Durch die Bogenöffnung zur Linken sieht man auf bewohnte Häuser mit Loggien und auf ein Ruinengemäuer, am Himmel schwebt in ganz kleiner Gestalt Gottvater (Brustbild) die Taube niedersendend; an der Unterleiste des Bildes, auf dem Marmorboden des Vordergrundes kriecht eine Schnecke.[49]

Dresden, Museum.

Die Hauptmerkmale treffen hier durchaus mit denen der soeben

---

[48] vgl. oben S. 369 Anm. 85. Aus den Nebendingen, wie dem Diamantring, der vorn auf der Brüstung liegt, wird auf Ercole I. von Ferrara geschlossen. s. Laderchi a. a. O. und Bellini bei Baruffaldi, Mem. dei pitt. Ferrar. I, 70. Die obere Inschrift hat ursprünglich möglicher Weise „Baldassare" gelautet. Die Unterschrift A. F. P., bisher für Ansuino Forlivese pinxit gehalten, könnte vielleicht Alphonsus Ferrariae princeps gelesen werden (?). — Baruffaldi I, 92. 93 kannte noch eine Anzahl Bilder Baldassare's, die wir nicht mehr nachzuweisen vermögen: in Ferrara, Kirche der Angeli: einen Thomas Aquinas und eine Katharina von Siena bez. „Baldassaris Estensis opus", in S. Maria della Consolazione: ein Bild religiösen Inhalts, und in Privatbesitz: das Leichenbegängniss einer Nonne, der Sturz des Simon Magus und Christus mit der Samariterin, bez. „Bal. E. f."

[49] Dresden, Mus. N. 18, Holz, h. 1,37, br. 1,12, ehemals bezeichnet: „Andreas Mantegna Patavianus fecit. A MCCCCL" vgl. Band III. S. 117 Anm. 33.

betrachteten Bilder zusammen; wir haben es mit einem Nachfolger des Tura und Cossa zu thun und zwar verräth sich in der Sorglichkeit der Behandlung ein jugendliches Talent. Die Haltung der Mariengestalt, die an Ueberlast des Kopfes und des Gewandes bei dünnem Unterbau leidet, ist ziemlich hölzern, das Gesicht ein bäuerlich unfeiner Typus mit breiten Backenknochen, dem die grobe Bildung der Hände entspricht; es erinnert lebhaft an dasjenige auf Cossa's Bilde von 1488, und auch dessen Art, die Faltenaugen zu brechen, kehrt hier wieder; Gabriel, im wesentlichen gleichartig, ist ansprechender gebildet. Die Fleischtöne haben röthlichen, in den Lichtpartien mit gelben Strichlagen aufgehöhten und grün schattirten Stich; Alles ist sauber mit der Pinselspitze modellirt; die Färbung, bei den Gewändern und der Staffage scharf und bunt kontrastirend, hat im Ganzen einen metallischen hellsilbernen Schimmer und zeigt den Fortschritt der ferraresischen Technik in der Richtung auf Costa und Ercole di Giulio. — Ungefähr in dieselbe Kategorie sind drei zueinander gehörige Heiligenfiguren zu verweisen, von denen sich einer (Dominikus) unter Zoppo's Namen in der Nat.-Gall. zu London, die beiden anderen (Petrus und Paulus) in der Samml. Barbi-Conti in Ferrara befinden.[50] Fest steht jedenfalls die Uebereinstimmung dieser Stücke; sie sind Arbeiten eines in Tura's und Cossa's Weise thätigen Künstlers und erinnern an die frühere Periode des Costa und Ercole di Giulio Grandi; rühren sie, wie wir aus der Behandlung schliessen, von dem Maler des dresdener Bildes her, so sind sie in späterem Lebensalter entstanden, denn die Haltung der Figuren ist würdiger und ausdrucksvoller, die Formen studirter, die Schattengebung genauer[51].

London. Nat.-Gall. Ferrara. Barbi-Conti.

[50] London, Nat.-Gall. N. 597: Der Heilige auf einem Piedestal stehend, als Stifter des Rosenkranzes aufgefasst, welches Symbol hinter ihm aufgehängt ist; oberhalb Christus in der Glorie von 6 Engeln mit den Leidenswerkzeugen umgeben. Temp.. Holz. h. 5 F.. br. 2 F. 11½. in Ferrara bei Sign. Barbi Conti, Strada Boccacanale a S. Guglielmo: Petrus und Paulus, beide stehend.

[51] Ein Paar ferraresische Bilder ähnlichen Charakters reihen wir hier noch an: in Berlin, Mus., ohne Nummer, angebl. von einem Nachfolger des Tura: Maria m. K. zwischen den Heil. Franciskus, Hieronymus, Bernhard und Georg (Holz, h. 5 F. 3. br. 5 F. 4), welches Züge von der Schule des Tura hat, aber auch an die des Ercole Roberti Grandi erinnert. Ebenfalls ferraresisch, aber nicht minder unbenennbar ist eine unter Botticelli's Namen gehende Galathea in

Obwohl Baldassare dem Vasari gänzlich unbekannt geblieben war, wissen wir heute mehr von ihm, als von Stefano da Ferrara, den der Biograph als Mantegna's Freund bezeichnet.[52] Stefano hat in der zweiten Hälfte des 15. Jahrhunderts die Kapelle des Santo in Padua ausgemalt, aber seine Fresken sind bei dem durch Andrea Brioseo geleiteten Umbau i. J. 1500 zu Grunde gegangen.[53] Sonst finden wir seinen Namen noch bei zwei Bildern in der Brera, die jedoch verschiedenen Schulen angehören; nur das eine derselben ist ferraresisch und hat einen bestimmten Originalcharakter:

Es enthält Maria m. K. auf sechsseitigem von Pilastern getragenen und mit Bronze-Reliefs geschmückten Throne (Darstellungen des Kindermordes, der Weihe im Tempel und der Anbetung, monochrom auf Goldgrund); zur Seite Maria's zwei heil. Frauen, im Vordergrund zwei Männer; durch die Pilaster sieht man auf Architektur und Landschaft.[54] Mailand, Brera.

Die Verwandtschaft mit Tura ist augenfällig, die Figuren gleichen in ihrer Trockenheit ihm und Cossa, Gesichter und Glieder sind abgezehrt, die Knochen vortretend, die Extremitäten unangenehm lang, auch die Gewandung ist im allgemeinen ferraresisch, allein hierzu gesellen sich einige mantegneske Züge, breiterer Faltenwurf bei den Männern, leichtere Haltung und Bewegung, weniger Ueberladung, ein reinerer Architekturgeschmack und bei der Nachahmung des Plastischen Anklang an

der Gall. zu Dresden N. 28 (Holz, h. 1,30, br. 0,51); sie steht nackt, nur mit gelbbraunem Schleier an Kopf u. Hüften angethan, auf einem grünen Delphin, den sie mit der Linken lenkt, Hintergr. schwarzgrün.

[52] Vasari V, 179. Baruffaldi, Pitt. Ferr. I, 156 theilt eine Liste von Todten mit, und erwähnt dabei eines i. J. 1500 zu S. Apollinare in Ferrara bestatteten „Mastro Stefano Falzagallon"; ob dies jedoch der von Vasari gemeinte Maler gewesen, ist nicht anzugeben.

[53] vgl. M. Savonarola, de laud. Pat. Lib. I, 170 in Muratori, Script. Vol. XXIV, Anon. des Morelli 9, Gonzati, Basilica I, 156. 157. Der Anonymus gibt (S. 5) dem Stefano die „Madonna del pilastro" in S. Antonio; dies ist ein giotteskes Fresko der Maria mit Kind zwischen den beiden Johannes, welches spätestens dem Anfang des 15. Jahrh. angehört und sicherlich nicht von einem Maler herrührt, der mit Mantegna befreundet war.

[54] Mailand, Brera N. 121, Leinw., h. 3,2, br. 2,40. Maria's Mantel und Gesicht etwas aufgefrischt. Das andere angebl. dem Stefano angehörige Bild der Brera N. 73, Maria m. K. zwischen den Heil. Petrus, Nikolaus, Bartholomäus und Augustin, soll unter Rondinello Erwähnung finden.

die Werke der Florentiner Niccolò und Giovanni Baroncelli, welche die Kreuzigung mit Maria, Johannes und Georg im Dom zu Ferrara geliefert haben. Jene mantegnesken Eigenschaften sind aber von denen verschieden, die wir bei Ercole Roberti Grandi oder Bono wahrnehmen; sie haben ihr Gepräge für sich und bestätigen die Ansicht, dass das mailänder Madonnenbild einem unabhängigen Künstler angehört, in dem wir uns den Stefano vorstellen mögen. Darnach war er als Maler dem Tura und Cossa untergeordnet, aber in Formgebung und Handwerksweise auch von ihnen abweichend. Seltsam immerhin, dass von einem solchen Manne so wenig auf uns gekommen ist, aber die Madonna der Brera ist von einer Eigenthümlichkeit, dass wir in der That kaum ein Seitenstück dazu aufzuweisen vermögen; am ehesten hat die kleine Tafel mit dem stehenden Hieronymus in Casa Dondi-Orologio in Padua hierauf Anspruch, die für Mantegna's Werk gilt, aber namentlich in der Behandlung des Hintergrundes den ferraresischen Ursprung erkennen lässt.[55]

Padua, Sammlung Dondi-Orol.

Bei den Grandi und Costa treten wir nun auf zuverlässigeren Boden. Zwei Maler Namens Ercole Grandi begegnen uns am Ende des 15. Jahrhunderts in ferraresischen Diensten[56], von denen Ferrara und Bologna an Stil und Kunstwerth verschiedene

---

[55] Padua. Samml. Galeazzo Dondi-Orologio: der Heilige, eine abgezehrte Gestalt, betrachtet das Kruzifix, welches er mit beiden Händen hält. Bemerkenswerth sind die grossen Extremitäten, die dünnen Handgelenke und Knöchel, der trübe Ton. Sonst werden dem Stefano noch zugeschrieben: in Bologna, S. Giov. in Monte: Maria m. K. thronend zwischen zwei Engeln; schadhaft, besonders die Köpfe der Hauptfiguren; mit der Madonna der Brera verglichen erscheint es von anderer Hand und zwar schwächer, es erinnert einiger Maassen an Costa's Bilder aus dem Jahre 1488. Ferrara, Gall. N. 10: Maria mit Kind zwischen Antonius und Rochus (aus S. Maria in Vado) mit der Jahrzahl 1531; dieses gehört einem Nachfolger des Garofalo an.

[56] Bumaldo, Minervalia S. 242 sagt: „Hercules unus et alter pictores ambo Bononienses cives et in arte admirandi, cum a duriori antiquitate non parum recesserint, delicatula effigiabant corpora, non agrestia durave veluti Japetho sata; unde Achillinus in Virid. „Il doppio Hercole e seguon piu gentili (vid. Leand. Alb. in descr. Ital. p. 136) et an Hercules dictus communiter de Ferraria fuerit unus ex istis duobus, nec ne, de qua re valde ambigo."

Leistungen aufweisen. Der eine ist ausgesprochener Anhänger Mantegna's, der andere Schüler des Costa. Vasari, welcher ohne es zu wissen beide gekannt, vermengt sie in eine Person; er erklärt seinen Ercole für einen Freund und Schüler Costa's, beruft sich aber auf Bilder, die keine Beziehung zu diesem haben.[57] Die Ausbeute der Archive von Ferrara und Bologna hat neuerdings ergeben, dass „Ercole (di Antonio) de Rubertis alias Grandi" um 1480 in Geschäftsgemeinschaft mit seinem Bruder als Maler und Goldschläger zu Ferrara arbeitete.[58] Er empfing Salär vom Herzog und wurde häufig mit Ausmalung von Truhen beschäftigt, baute einen Triumphwagen, schmückte die Garten-Loggia der Herzogin und lieferte in d. J. 1490—93 eine Ansicht von Neapel; 1491 porträtirte er den Herzog Ercole I. für Isabella von Mantua[59] und übernahm in demselben Jahre die Herstellung eines Verkündigungsbildes für S. Spirito in Ferrara; gestorben ist er, wie sich aus urkundlicher Erwähnung ergibt, um 1513.[60] — Ercole Grandi der zweite, nach Baruffaldi Sohn des Giulio Cesare Grandi, war von 1492 bis 99 am ferraresischen Hofe angestellt[61] und scheint, nach einem Epitaph in S. Domenico zu schliessen, i. J. 1531 gestorben zu sein.[62]

Die Frage ist nun: welcher von beiden Grandi ist der Nachfolger des Mantegna, welcher der Schüler Costa's? Geht man davon aus, dass der letztere naturgemäss der jüngere gewesen und später gestorben sei, so kann Ercole Roberti nicht gemeint sein; wohl aber ist er es, dessen Bilder Vasari gewöhnlich im Sinne hat.

---

[57] Vasari IV. 247 ff.

[58] L. N. Cittadella. Notizie I. 583—589. Die bezügliche Urkunde ist v. J. 1479; in einer weiteren (ebenda, Documenti S. 124. 125) ist Ercole Roberti Grandi als Sohn eines Antonio, Bürgers von Ferrara bezeichnet; seine Frau hiess Lucia de' Fanti.

[59] Nach handschriftl. Mittheilungen des Marchese Campori.

[60] Bezügl. der beiden letzten Angaben s. L. N. Cittadella Notiz. (Doc.) S. 124. 125 und I. 289.

[61] Handschriftl. Mittheilung des March. Campori und s. Cittadella. Not. 422. 423; ebenda (Doc. S. 363) ist ein Brief der Herzogin Eleanor von Ferrara an die Aebtissin der Murate in Ferrara v. 2. Nov. 1492 abgedruckt, worin von „Hercule prestante pictore nostro dilectissimo" gesprochen wird, welcher den Prinzen (nachmals Herzog Alfons von Ferrara) nach Rom begleitete; der Herausgeber der Urkunde hält diesen für Ercole di Giulio.

[62] Es lautet: „Sepulcrum egregii viri Herculis Grandi pictoris de Ferraria, qui obiit mense Julio MCCCCCXXXI." vgl. später unter Ercole di Giulio.

Die Entstehungszeit der Fresken des Ercole Grandi in der Garganelli-Kapelle zu S. Pietro in Bologna, welche nach Pietro Lamo's Bericht von Michelangelo höchlich bewundert wurde[63], lässt sich auf Grund einer urkundlichen Bemerkung in den Taufregistern des ferrareser Domes annähernd bestimmen. Dort nämlich wird 1483 der Maler und Former Ercole von Ferrara als Pathe von Bartolommeo Garganelli's Sohn erwähnt[64], und man darf aus dem Umstande, dass er neben dem des Domenico Garganelli sein eigenes Bildniss in jenen Gemälden angebracht hatte, wohl auf vertrautes Verhältniss auch mit anderen Gliedern der Stifterfamilie schliessen. Die eingehende Beschreibung, welche Vasari der Kapelle widmet, macht ihre gänzliche Zerstörung sehr beklagenswerth; durch seine weitere Bemerkung jedoch, wonach die Predellen zu Costa's Altarstück in der Cappella Griffoni und zum Bilde auf dem Hauptaltar in S. Giovanni in Monte zu Bologna von derselben Hand herrührten[65], wird uns möglich, die künstlerische Herkunft Ercole's festzustellen. Denn 2 der an letzterer Stelle genannten Stücke sind uns im Museum zu Dresden erhalten und ein ganz entsprechendes Stück in Liverpool:

Dresden, Museum. Das eine enthält Christus am Oelberg, eine figurenreiche Composition: links kniet Christus und die Apostel schlafen am Fusse des Hügels; von der andern Seite naht Judas, der den Heiland umarmt, während ein Soldat demselben den Fangstrick um den Hals wirft, andere Häscher folgen in aufgeregter Hast, und Petrus hat den Malchus zu Boden geworfen und haut ihm das Ohr ab. — Das zweite die Abführung Christi nach Golgatha: hastig treiben die rohen Henker den Heiland, den sie an dem um seinen Hals geschlungenen Stricke und am Halssaum seines langen Gewandes zerren, während er mit zusammengelegten Händen rückwärts zu Boden blickt nach der Mutter hin, welche von anderen Frauen mit Kindern geleitet zusammensinkt; vor Christus schreitet Simon von Kyrene mit dem Kreuz und die beiden Schächer, nackt mit gebundenen Armen, von denen der jüngere von den Schergen geschoben wird, während dem älteren ein Soldat aus

[63] Lamo, Graticola S. 31 sagt von der Garganelli-Kapelle: „onde Michelagnolo quando era a Bologna dicea: questa Capella ch' avete qui è una meza Roma de' bonta."

[64] s. Gualandi, Memorie, Ser. V, 203. Er heisst in der Urkunde „Hercules Ferariensis pictor et toninus."

[65] Vas. IV, 250.

einer Schale zu trinken reicht; den Hintergrund füllen Soldaten und Pharisäer zu Fuss und Ross und eine Felswand.[66]

Das Mittelstück, die Pietà in Liverpool, zeigt den magern Leichnam auf Maria's Schooss; sie hält ihn so krampfig fest, dass das Knochengerippe der Hand zum Vorschein kommt und blickt ihn mit heftigem Schmerze an; im Hintergrund sieht man die Kreuzigung.[67] Liverpool.

Schon die Pietà lässt, namentlich in der Staffage, die mantegneske Richtung Ercole's hervortreten; der Körper Christi ist fast zur Mumie zusammengetrocknet, aber nach genauem Studium gezeichnet, das Fleisch scheint mit schnell trocknendem Bindemittel schichtweise und rasch gemalt, wodurch ein ebenmässiger Ton von horniger Durchsichtigkeit erzielt ist; im Hintergrund, der nur eine dünne Farbenhaut hat, sind die Figuren mit geistreichen Strichen letzter Hand aufgesetzt; die Kleider, kräftig und von sattem Körper, aber derber firnissartiger Beschaffenheit mit ausserordentlich feiner Strichelung oder Vergoldung aufgehöht. Noch augenfälliger in Mantegna's Art ist das erste der dresdener Stücke behandelt. Die Absicht des Künstlers war offenbar, den Gegensatz der Ruhe des Heilands gegenüber der verstörten Heftigkeit seines Verräthers auszudrücken, dem die Häscher mit hastig übertriebenen Schritten folgen. Besonders die linke Seite erinnert lebhaft an Mantegna und zwar an dessen Verkürzungen in dem Gethsemane-Bilde der Sammlung Baring; andrerseits ähnelt sie auch der Darstellung des gleichen Gegenstandes von Bellini in der National-Gall. zu London. Alle Theile sind mit überaus sorgfältigem, aber bruchigem und einschneidendem Umriss gezeichnet; die Lebhaftigkeit der Handlung, um die es Ercole zu thun ist, wird durch den hager sehnigen Bau seiner langen

[66] Dresden, Mus. N. 149 u. 148. Holz, je h. 0,35, br. 1,18, aus der Sakristei zu S. Giovanni in Monte in Bologna erworben, wo sie bis 1657 hingen (s. Bottari-Ticozzi, Lett. pitt. IV, 380, Vasari IV, 250 und Scannelli, Microcosmo 272); Lamo erwähnt sie Graticola S. 13. Die Zeichnung zur Darstellung Christi am Oelberg befindet sich in der Privatsammlung der Königin-Wittwe Maria zu Dresden. Von der Abführung nach Golgatha existirt eine alte Copie in roth und schwarzer Kreide in der Handzeichnungssammlung des Louvre N. 220, lange als Mantegna bezeichnet.

[67] Liverpool, Instit. N. 29, Holz, h. 1 F. 2, br. 1 F., unter Mantegna's Namen, welchem noch Waagen (Treasures III. 243) das Bild zuschrieb. Einige der Nebenfiguren sind fast verlöscht, Maria's Tunika, welche ursprünglich roth war, ist bis auf den weisslichen Untergrund abgeschabt.

Figuren erhöht; die Köpfe, von mürrischem und oft abstossendem Ausdruck erscheinen als Vorbilder derjenigen, die man bei Costa und Mazzolino findet; die eckigen Gewänder sind, um bewegt zu wirken, scheinbar auf nasse zickzackartige vieleckige Formen gespannt. Die Farbe, in den Fleischtheilen roth und düster, in den Kleidern leuchtend und kräftig, wird durch das trübe Zwielicht, welches im Uebrigen herrscht, abgestumpft; der Hintergrund, eine dünne Firnisstusche, ist nach der Regel behandelt, dass die Farben mit zunehmender Entfernung an Intensität abnehmen; die Trachten zeigen phantastische Mischung aus antiken und mittelalterlichen Bestandtheilen: lauter Züge, welche die Verquickung paduanischer Trockenheit und Verzerrung mit der Leidenschaft der Geberdensprache kennzeichnen, die man bei Liberale findet. In dem Zuge nach Golgatha, dessen compositionelle Haupteigenschaft wiederum rohe Aufgeregtheit bildet, sind Einzelheiten, wie z. B. der Soldat, welcher den einen Schächer labt, ganz dem Mantegna entlehnt. Den Gegensatz der Ruhe, der auch hier als Maasstab des Tempo's der Handlung dient, bietet die Frauengruppe mit den feisten, theilweis aufgeschwemmten Kindergestalten.

Breiterer Stil bei gleichen Grundzügen, aber noch mantegneskerem Vortrag im Landschaftlichen zeigt Ercole's Gethsemane
Ravenna, Gall. in der Gallerie zu Ravenna, welches in einigen Theilen der dresdener Composition entspricht.[68] Nicht so wirkungsvoll, aber von ebenso unzweifelhafter Herkunft sind sodann die Kreuzigung (mit
Venedig, Mus. Correr. Maria und Johannes) im Museum Correr in Venedig[69], die sogen.
Modena. Lucretia in der Gall. zu Modena[70] und eine ansprechende allego-

[68] Ravenna, Gallerie (ohne Namen): Christus kniet zwischen zwei steilen Anhöhen in der mit Bäumen bestandenen und durch eine Stadt belebten Landschaft, unten schlafen die Jünger, aus dem Hintergrunde naht Ischarioth mit den Häschern (Holz, klein); sehr durch Abreibung entstellt, die Landschaft ist eine Copie derjenigen aus dem Bilde der Berufung des Jakobus und Andreas in der Eremitenkapelle in Padua. Hier erkennt man, dass Grandi das Fleisch mit dünner Farbe anlegte und dabei den weissen Tafelgrund vielfach benutzte; die Lichter an den Bäumen haben Gold.

[69] Venedig, Mus. Correr N. 28, unter Mantegna's Namen (Holz, h. 0,54, br. 0,30); frei behandelt und voll mantegnesker Verzerrung, der Hintergrund und die darin angebrachten Gruppen sehr schön.

[70] Modena, Gall. N. 27, unter Man-

rische Darstellung (ein Schiff mit zahlreichen Insassen an felsiger Küste, an welcher drei Reiter stehen) im Hause des Grafen Ferdinando Cavalli in Padua.[71] Alle diese Bilder zeigen die allmälige Erweiterung der Kunstweise Ercole's, aber auch charaktervolles Beharren bei der einmal erworbenen Vortragsweise.[72] Padua, Casa Cavalli.

Die Mehrzahl der bisher geschilderten ferraresischen Maler haben nun, wie es scheint, gegen Ende des Jahrhunderts im Auftrag der Herzöge am Schmuck der oberen Säle des von Borso i. J. 1469 vollendeten Palastes Schifanoia (Scandiano) gearbeitet. An zwei Wänden sind noch heute Fresken erhalten, und diese fallen in die Jahre zwischen 1471 und 93[73]; sie waren in der Mitte des vorigen Jahrhunderts zugeweist und wurden 1840 wieder aufgedeckt. Dass die Gemälde bei einheitlichem Grundplan von verschiedenen Händen herrühren, ist offenbar; man kann sogar Galasso, Zoppo, Tura, Cossa und Costa als diejenigen bezeichnen, deren Stil am meisten hervortritt, aber den Antheil der einzelnen Meister und Gehilfen bestimmt abzugrenzen, sind wir nicht im Stande. Die Wände, in drei Friese eingetheilt, die wieder in 4 rechteckige Felder zerfallen, enthalten inmitten die Zeichen des Thierkreises, darüber jedesmal die entsprechende heidnische Gottheit als Hauptfigur einer auf sie bezüglichen Darstellung und unterhalb Scenen aus dem Leben des Herzogs Borso, nach den Jahreszeiten geordnet. Von der Hauptthür aus gesehen, reihen sich die Gegenstände, rechts von der Schmalseite beginnend, folgendermassen auf:

---

tegna's Namen (Holz, h. 0,48, br. 0.34); Lucretia hat schweren Kopf und breiten Wuchs in der Art, die später dem Mazzolino eigen wird; die beiden Römer sind übertrieben in den Geberden und dünnbeinig, aber der Kunstcharakter Ercole's ist ausgeprägt; das Fleisch, von röthlichem Ton, ist durchweg übergangen.

[71] Padua, bei Graf Ferd. Cavalli, kleine Tafel von heiterem Ton und voll Glanz.

[72] Im Besitz des Prof. Saroli in Ferrara befindet sich ein Bild mit dem Tode der Jungfrau; es war früher in S. Guglielmo zu Ferrara und wird von verschiedenen Seiten dem Mantegna zugeschrieben: Maria liegt auf dem Grabe, umgeben von den Aposteln; oberhalb auf Goldgrund eine Engelglorie, in welcher die Seele der Todten emporsteigt; ein abstossendes Bild mit zahlreichen abgemagerten Figuren, welches alle Schwächen der Ferraresen an sich hat und eine Art des Vortrags zeigt, die man sich als den Jugendstil Ercole Grandi's vorstellen kann; es bleibt jedoch zweifelhaft, ob es wirklich ihm oder der Jugend Costa's oder Coltellini gehöre.

[73] s. L. N. Cittadella a. a. O. 337 ff.

Schifanoia. 1[a] Aries (Widder) oder März, [b] Minerva, welche auf ihrem von Einhörnern gezogenen Wagen, in der Rechten eine Tournierlanze, in der Linken ein Buch haltend, daherfährt und zwei Gruppen trennt, von denen die eine gesetzkundige Gelehrte, die andere Frauen am Webstuhl arbeitend darstellt, Hintergr. weite Landschaft mit Städten und See; [c] Herzog Borso in drei Handlungen: rechts Urtheil sprechend vor einer triumphbogenartigen Pforte im Kreise seines Hofstaats, links beim Aufbruch zur Falkenbeize, in der Ferne im Jagdzug an einer Baumschule vorüberreitend.[71] — 2[a] Stier mit [b] Venus, welche, den Mars zu Füssen, von Schwänen gefahren wird, links und rechts vergnügliche Gruppen, die drei Grazien, Tauben, Kaninchen und andere Sinnbilder der Fruchtbarkeit; darunter [c] Borso wie er seinem Narren ein Geschenk reicht, zur Jagd reitet und einem Esel-Rennen zusieht. — 3[a] Zwillinge mit [b] Apollo, der Krone und Kugel trägt und von 4 Rossen gezogen wird, Aurora hält die Zügel, links und rechts Gruppen von Dichtern und Kinderspiele. — 4[a] Krebs mit [b] Merkur auf einem mit Adlern bespannten Wagen, seitwärts Scenen, welche musikalische Unterhaltung, Schäferleben und Handel darstellen, im Hintergrund der enthauptete Argus; [c] Borso von der Falkenjagd heimkehrend und eine Botschaft empfangend. — 5[a] Löwe mit [b] Jupiter auf löwengezogenem Wagen, links eine Hochzeit (angeblich die der Bianca d' Este mit Galeotto Pico della Mirandola), rechts Priester mit Cymbel, Trommeln u. a. Instrumenten; [c] Borso vor einem reich geschmückten Bogen in Gegenwart des Hofes einen Bauer mit einer Schrift empfangend, rechts und links Reiter seines Gefolges, vorn drei Frauen bei der Wäsche. — 6[a] Jungfrau mit [b] Ceres, umgeben von Darstellungen mit Bezug auf die Ernte, im Hintergrund der Raub der Proserpina; [c] Borso von seinem Hofstaat umgeben empfängt eine Botschaft aus Bologna, links Auszug zur Falkenjagd. — 7[a] Waage mit einem von Affen gezogenen Weibe, der Allegorie der Lüstern-

---

[71] Bei der Bildergruppe N. 1 in der Mitte ein grosses Loch, 1[c] Farben der Gewänder fast durchweg verblichen, von den Reitern im Hintergrund nur die Umrisse erhalten, Gesicht Borso's und des Mannes vor ihm schadhaft; N. 2[ab] gut erhalten, 2[c] Gewänder entfärbt, Gesicht des Narren und sein Aermel abgerieben; sonst nur zwei Figuren von Schnittern und die Brücke mit Volk im Hintergrunde erhalten. (An der langen Wand zwischen diesem Stück und dem Sternbild des Krebses sieht man einen Trupp Reiter mit Lanzen, von ärmlicher künstlerischer Herkunft.) 3[b] das Kleid der Aurora zerstört; zwischen der Ecke der Schmalwand und dem ersten Bilde der Langwand fehlt ein Stück; N. 1[c] Vordergrund. Figur rechts vom Wagen und Gewand des Mannes vorn links entfärbt, 4[c] in der Mitte des Vordergrundes und an dem Hause rechts im Hintergrund ein Stück abgesprungen. N. 5[c] Kleider der Priester ohne Farbe. 5[c] die Frauengruppe vorn von sehr geringer Hand, Hintergrund und viele Gewänder farblos; N. 6[ab] gut erhalten bis auf das entfärbte Gewand der Jungfrau; 6[c] stark beschädigt, die Gestalt Borso's zu Pferde fast verlöscht. N. 7[ab] ziemlich gut erhalten; 7[c] schadhaft. In dem Mittelfries sind die ursprünglich blauen Hintergründe jetzt durchweg schwarz. Die vier letzten Darstellungen befinden sich an der Langwand, deren Fenster in den Schlosshof sehen.

kelt; [b] links die Grotte des Vulkan mit den schmiedenden Cyklopen, rechts ein Paar auf dem Lager, im Hintergrund Kinder; [c] Empfang venezianischer Gesandter, rechts wieder Falkenjagd.

Schon früher haben wir auf die unverkennbare Beziehung hingewiesen, welche der Streifen über den Bildern Widder, Stier und Zwillinge zu Piero della Francesca hat.[75] Er unterscheidet sich von dem gesammten übrigen Schmuck sehr vortheilhaft durch geschmackvolle Raumvertheilung, geschickte Gruppirung, Formgebung und Geberdensprache, sowie auch durch die verhältnissmässig freie und kühne Behandlung. Auch einzelne Merkmale der Weise des Meisters von Borgo S. Sepolcro treten sprechend hervor, so die starken Backenknochen, die gedrückte Nasenbildung, die fleischigen Lippen; dabei herrscht in den Fleischpartien brauner Stich, in den unbelichteten Theilen der Gewänder stumpfe Tiefe, in den Schlagschatten rostfarbige Dunkelheit. Diese und andere Anzeichen weisen auf Cossa hin, den man sich bei den Sternbildern „Stier“ und „Zwillinge“ von Galasso unterstützt denken möchte. Die Darstellungen zu „Krebs“ und „Löwe“ sind ihrem künstlerischen Verdienste nach sehr abweichend von den ersten. Sie leiden an abstossender Härte der Formen und Gesichtszüge und übertriebener Charakteristik, sind mangelhaft gezeichnet und düster gefärbt, sodass wir es hier wohl mit Galasso allein zu thun haben. Etwas besser, und deshalb vielleicht von Tura's Hand, sind „Jungfrau“ und „Waage“, wiewohl besonders bei letzterer die Roheit der allegorischen Anspielungen auffällt.

Anderen Eindruck wiederum bekommt man bei Betrachtung des unteren Frieses. Bei der Illustration zum Sternbilde des Widders (Borso als Richter und Jäger) hatte der Künstler mit höchst ungünstigem Zeitkostüm zu kämpfen; die engen Hosen, kurzen Schauben und topfartigen Mützen der ferraresischen Tracht sind so unmalerisch als möglich; nichtsdestoweniger geht der Darsteller mit grösster Sorgsamkeit bis in die Details und gibt den Köpfen durchweg den entschiedensten Bildnisscharakter. Sein Compositionsgeschick ist weit geringer als bei dem oberhalb

[75] vgl. Band III. S. 318.

arbeitenden Genossen, die Persönlichkeiten sind steif und hölzern, die Architektur verräth ebenso wenig Geschmack wie perspektivisches Wissen, der Ton ist trüb und blöde. Das Hauptinteresse des Malers gehört den untergeordneten Theilen, aber je mehr man die Behandlung des Kleinkrams bewundern muss, desto mehr vermisst man die bedeutenderen Eigenschaften; denn Licht- und Schattenwirkung oder Farbenfülle ist darüber fast vergessen, — und um dieser Unfertigkeit willen schliessen wir auf Lorenzo Costa, der hier als Anfänger auf Grund der Vorbilder Tura's gemalt haben wird. Bei der nächsten Abtheilung (Borso mit dem Narren unterhalb des „Stieres") erinnert die Bildnissmässigkeit etlicher Figuren an Benozzo Gozzoli und mit Ausnahme der Darstellungen zum Sternbilde des „Krebses"[76] und eines kleinen von geringerer Hand eingestreuten Stückes, herrscht die Weise Tura's und Costa's in der ganzen unteren Reihe durch. — Im Mittel-Fries sind unsrer Meinung nach „Widder" und vielleicht auch „Stier" von Tura oder Costa, die „Zwillinge" von Cossa, „Krebs" von Galasso, „Löwe" von Galasso oder Tura, „Jungfrau" und „Waage" von Tura oder Costa. — Sonach halten sich die Dekorationen zu Schifanoia, künstlerisch beurtheilt, in einem mässigen Durchschnittswerth, welcher den der Compositionen des Buonfigli in Perugia nicht übertrifft.

Die Stilentwicklung des Lorenzo Costa, von dem wir wissen, dass er 1460 in Ferrara geboren war[77], wirft die Frage auf, ob er in der Jugend nach Florenz gegangen sei, um dort die Werke der Lippi und Benozzo zu studiren[78], oder ob er bei Tura und Cossa angelernt worden. Wahrscheinlicher ist das Letztere; und zwar wird er vermuthlich nach einigen Lehrjahren in Werk-

[76] Bei den Darstellungen zu diesem Sternbilde bemerken wir eigenthümliche Mängel Galasso's, theilweise durch eine Art der Ausführung verdeckt, welche an Zoppo erinnert.

[77] Laut der mantuanischen Todtenliste von 1536 n. St. starb Lorenzo Costa in diesem Jahre im Alter von 75 am Fieber.

[78] Nach Vasari IV, 239. 240 hätte er einige Monate beim Studium der Werke Lippi's und Benozzo's zugebracht.

stätten seiner Vaterstadt nach Florenz gewandert und von dort zurückgekehrt, an den Fresken in Schifanoia beschäftigt worden sein, wo allein eine Spur von Benozzo's Einfluss bemerkbar ist. Wann er das Martyrium des Sebastian in der Gall. Costabili in Ferrara gemalt hat, welcher hebräische Namensbezeichnung trägt[79], kann nicht festgestellt werden, jedenfalls ist das Bild der Behandlung nach das schwächste, was wir von ihm kennen. Die Echtheit vorausgesetzt weist dieses unerfreuliche Stück den Costa als einen Schüler Tura's aus, dem nebenbei die Werke des Ercole Roberti und Stefano nicht unbekannt waren. Die grossen grinsenden Gesichter, breiten Schultern und Hüften, groben Hände und Füsse und fleischigen Beine bei kantigem Umriss und mechanischem Faltenwurf beweisen die ferraresische Herkunft zur Genüge, wenn auch in der Haltung einer Figur wie des bewaffneten Soldaten im Hintergrunde mantegneskes Muster durchwirkt. Ein zweites Bild desselben Gegenstandes, von ebenso ferraresischem Charakter und gleichfalls Werk eines Anfängers, findet sich in der Kapelle der Marescotti in S. Petronio zu Bologna.[80] Vielleicht ist diese Arbeit eine von mehreren, die er in dieser Stadt ausgeführt hat; wenigstens nehmen italienische Kunstschriftsteller an, dass Costa schon seit 1480 durch die Familie Bentivoglio dort beschäftigt worden sei, für deren Palast er i. J. 1483 Scenen aus der Ilias und aus der griechischen Geschichte gemalt haben soll.[81] In dem Porträt des Kanonikus Vaselli, Patron's des Altar's der Marescotti, und in den Hauptfiguren des Sebastian-Bildes selbst wiederholen sich die Mängel, welche dem Seitenstück in Ferrara

Ferrara. Gall. Costab.

---

[79] Ferrara, Gall. Costabili. Holz, Temp., Figuren unter lebensgross, die Inschrift (Magister Laurentius Costa) befindet sich auf dem Pfeiler, an welchen der Heilige gebunden ist. Die Farbe ist von kaltem eisengrauen Ton, mehr wie Metall als Fleisch, der Temperavortrag satt, aber mit freier Strichelung vollendet. vgl. Laderchi a. a. O. 40. Vielleicht ist auch das im Besitze des Prof. Saroli in Ferrara befindliche Bild „Tod Maria's" (vgl. oben Anm. 72) ein Jugendwerk Costa's; in diesem Falle würde man ihn als Schüler des Ercole Roberti zu betrachten haben.

[80] Bologna, S. Petronio, Leinwand, Temp., Fig. unter lebensgr.; hier steht Sebastian auf einem seltsamen antiken Piedestal, von seinen Henkern umgeben, von denen einer (der beste der Gruppe) im Begriff ist, seine Armbrust zu spannen. Hintergrund Landschaft; ein Zettel am Piedestal enth. Schriftzüge, die bisjetzt nicht entziffert worden sind.

[81] s. darüber Baruffaldi a. a. O. I, Anm. zu 106—114, Laderchi 42 und Vasari IV, 242. Der Palast der Bentivogli wurde 1507 zerstört.

anhaften, mit dem dieses auch den Anklang an Mantegna gemein hat; nur fällt neben der Abgezehrtheit der Figuren und dem eintönigen Halbschatten, der den jugendlichen Ferraresen kennzeichnet, in der Gewandbehandlung eine gewisse Anlehnung an umbrische Muster auf. Mit dem Kunstvermögen, das er bis hierher erworben, würde Costa noch nicht im Stande gewesen sein, das zu leisten, was wir ihm in Schifanoia zuschreiben. Als später dieselbe Marescotti-Kapelle ihn wieder thätig sah, hatte sein Stil durchgreifende und bedeutende Veränderung erfahren. Hergang und Anlass dieses Wechsels vermögen wir nicht aufzuklären, er tritt uns aber in dem Votiv-Madonnenbilde von 1488 in der Bentivoglio-Kapelle zu S. Jacopo maggiore in Bologna deutlich vor Augen:

Bologna, S. Jacopo magg. Maria sitzt auf reichgeschmücktem Throne, dessen Sockel, Pfeiler und Lehnen Basreliefs, Trophäen und auf Krystallkugeln stehende Statuetten tragen, und auf dessen Giebelstücken musicirende Engel angebracht sind; unmittelbar neben der Jungfrau erscheinen Giovanni Bentivoglio und seine Gattin Maria Ginevra im Gebet, auf dem Flur stehen ihre elf Kinder, vier Knaben auf des Vaters, sieben Mädchen auf der Mutter Seite. Am Thronsockel steht unterhalb der monochromen Darstellung eines Opfers auf einem Täfelchen die Anrufung:

„Me patriam et dulces cara cum coniuge natos
Commendo precibus, virgo beata, tuis. MCCCCLXXXVIII.
LAVRENTIVS COSTA FACIEBAT.“[2]

Zuerst fällt hier der Fortschritt im Geschmack der architektonischen Anordnung und in der Benutzung der Verkürzungsgesetze auf. Die Zeichnung ist besser als auf den zuvor beschriebenen Bildern, die Körperverhältnisse der Figuren trotz vorherrschender Untersetztheit richtiger, die Extremitäten angemessener, die Umrisse reiner und geschmeidiger; in dem ovalen Antlitz der Madonna spiegelt sich heitere Würde und die Gewandung ist fliessender geworden. Die Porträts sind individuell behandelt und gut durchgeführt, wenn sie auch immerhin den ferraresischen Charakter und die Verwandtschaft mit Tura und Cossa beibehalten, wie denn das Bild im Grossen und Ganzen nicht ohne Härten ist; das

[2] Leinw., Temp., an der Wand rechts beim Eintritt in die Kapelle. Der Hintergrund und der Bogen, worin der Thron steht, sind infolge von Nachbesserung aus der Harmonie gebracht. vgl. Lamo a. a. O. 36.

Fleisch hat düster eintönige Färbung und die Schatten sind zu flach gehalten, um gehörige Körperwirkung hervorzubringen.

Costa beschränkte sich nicht auf den Kreis der gewöhnlichen Altarmalerei; er lieferte auch die als Hintergrundstaffage für die Reiterstatue des Annibale Bentivoglio angebrachten Landschaften und malte 1490 die Darstellungen zum „Triumph des Lebens und des Todes“ in derselben Kapelle.[83] Dieser allegorische Doppel-Cyklus, der nach dem Programm irgend eines Gelehrten im Dienste der Bentivogli erfunden, der näheren Schilderung spottet, enthält einerseits im wesentlichen die Schöpfung, andrerseits die Umfahrt des Todes mit seinem Gefolge von Königen, Bettlern und allerlei Volk. Costa hat die phantastische Aufgabe mit gutem Geschick gelöst, vertheilt den Raum mit Vermeidung von Wirrwarr und Uebertreibungen und gibt Menschen- und Thiergestalten von guten Proportionen. Der allgemeine Eindruck des Werkes ist zwar noch ferraresisch, aber es findet sich hier bereits etwas von jener Gelassenheit und Milde, die, nachmals Hauptmerkmale an Costa's Stil, ihren höchsten Reiz in den Bildern seines Freundes Francesco Francia entfalten. Ehe er sich jedoch entschiedener der umbrischen Vortragsweise zuwandte, lieferte er einige Werke, welche den Uebergang einleiten. Die Verkündigungsfiguren zu den Seiten des Sebastianbildes in S. Petronio (gemalt zwischen 1490 und 95) offenbaren breiteren und kühneren Wurf; seine Gestalten sind schön gezeichnet, besonders die Gliedmaassen um ihrer Formgebung willen bemerkenswerth; aber sie erinnern infolge ihrer eigenthümlichen Regelmässigkeit noch an Mantegna, dem sie auch in der Behandlung der Gewänder verwandt sind; Bewegung und Geberde sind voll hingebender Zartheit, aber das Fleisch ist eintönig und düster. Wenn die Ausführung der Apostelgestalten in scheinbaren Nischen in derselben Kapelle auch dieser Zeit gehört, so möchte man annehmen, dass sie Schülerhänden überlassen

Bologna. S. Petronio.

Bologna. S. Petronio.

[83] Bologna, S. Petronio, Capp. Marescotti; die Reiterfigur steht rechts vom Eingange, die Landschaften, auf Leinwand gemalt, sind durch Ueberarbeitungen entstellt, die Inschriften z. Th. verwischt: der Cyklus der allegorischen Fresken ist links vom Thorweg angebracht, ebenfalls auf Leinwand gemalt, Fig. unter Lebensgr.; nach Angaben Lamo's S. 35. 36. i. J. 1490 ausgeführt.

gewesen ist.[84] Ansprechenderes gab er an andrer Stelle in der nämlichen Kirche, besonders in dem grossen Madonnenbilde am Hochaltar des Oratoriums der Baciocchi:

Bologna. S. Petronio. Maria und Kind thronen hier in üppig dekorirtem Raum umgeben von den Heiligen Sebastian, Georg, Jakobus und Hieronymus, von denen die beiden letzteren knieen, in der Lünette drei spielende Engel; das Bild trägt die Inschrift:

„LAVRENTIVS COSTA MCCCCLXXXXII."[85]

Die Ausstattung der Architektur ist von kaum zu überbietender Pracht; die anspruchsvollen Contraste von Steinreliefs, Intarsien und Goldgrund verschlingen sich beinahe gegenseitig; dabei sind die Schatten aufs genaueste abgepasst, der Wiederschein der bunten Umgebung in den blanken Waffen des heiligen Ritters und wiederum der Abglanz des Harnisches auf dem Marmorpfeiler wohl beobachtet. Von dieser blendenden Folie heben sich die warm gefärbten, in tiefen Gegensätzen gehaltenen Gewänder und die röthlichen Fleischpartien ab, innerhalb deren wieder kühle Lichter mit röthlichem Halbton und stark auftragenden Schatten streiten. Das Bindemittel ist Oel mit kräftigem Firnissglanz. Die Figuren selbst sind all der Ueppigkeit zum Trotz gemessener und bewegen sich leichter als auf früheren Bildern Costa's: Maria eine schlanke Gestalt mit rundlichem Gesichtsoval und holdem Ausdruck, Hieronymus von bellinesker Erscheinung, Georg hat einige Aehnlichkeit mit Werken Giov. Santi's, Sebastian zwar von hartem Umriss und nicht ganz richtig gezeichnet (besonders die Hände), aber in der Weise Buonconsiglio's dreist hingestellt; die Gewänder haben, abgesehen von ihrer Ueberladung, ganz umbrisches Gepräge. In allen diesen Zügen spricht sich die An-

[84] Bologna, S. Petronio. Capp. Marescotti: die Figuren der Maria und des Verkündigungsengels, aufrecht vor einem Thorweg (Leinw.), sind gut erhalten, die 12 Apostel,[1] rundum vertheilt, haben dagegen gelitten, einige sind fleckig, andere in Oel nachgebessert. Die ganze Kapelle muss vor 1495 vollendet gewesen sein, denn dieses Jahr trägt die vom Kanonikus Vaselli an den Fussleisten der Sitze angebrachte Inschrift: „Donum quodcumque pio heret sacello. Donati cuncta Christo donatus de Vasellis bononiensis huius ecclesie canonicus ecclesie . dono . dedit, opus vero Jacobi et patrũm filiorũ M. Augustini de Marchis de Crema bononien. MCCCCLXXXXV."

[85] Holz, Oel. Die Kapelle gehörte ehemals den Rossi.

näherung an Francesco Francia aus, wogegen sich in der Härte des Farbengeschmacks und in dem Ueberfluss der Ornamente und Architekturdetails der Ferrarese nicht verleugnet und in den liebenswürdigen Engeln der Lünette Stilbeziehung zu Melozzo hervortritt. — Von weit derberem Stoffe ist daneben der sitzende Bologna. S. Petronio.
Hieronymus, vom Schreiben aufblickend nach dem Löwen zu seinen Füssen, ein Bild, das vermöge seines strengen Ernstes den Costa als einen ferraresischen van Eyck erscheinen lässt.[86]

Von da an entwickelt sich Costa immer mehr in der Richtung der Umbrier; er verbindet die Breite seines eigenen Stils mit der Milde des Francia, jedoch ohne den Farbenschmelz, die coloristische Feinheit und die gediegene Durchbildung desselben. Hierher gehören zunächst die Madonna mit 4 Heiligen, angeblich aus d. J. 1497, und das Altarbild der Glorie Maria's zwischen Gottvater und Christus, von 6 Heiligen verehrt, mit reicher landschaftlicher Ferne in S. Giovanni in Monte zu Bologna, beide Bologna. S. Giov. in M.
anscheinend in Gemeinschaft mit Francia ausgeführt.[87] 1499 lieferte er sodann eine heilige Familie als Staffel zu Francia's Altargemälde (Geburt Christi) für die Misericordia zu Bologna, jetzt in Mailand, Brera.
der Brera[88] und die Lünetten-Fresken der Kapelle Bentivoglio in

---

[86] Bologna, S. Petronio, auf einem ehemals den Castelli gehörigen Altar (Holz, Oel, lebensgr.). Der Stuhl des Heiligen steht unter einem Portikus; die Hände sind plump, knochig und krampfhaft, die Farbe dunkel, rauh und nicht frei von Uebermalungen. Im Jahre 1866 wurde um eine kleine Tafel aufzuhängen, von barbarischer Hand ein Nagel mitten in das Bild geschlagen.

[87] Bologna, S. Giov. in M., Capp. Ercolani e Segni (ehemals den Chedini gehörig), nach Vasari IV, 243 i. J. 1497 gemalt: Maria m. K. thronend zwischen Augustin, Joh. dem Evang. und zwei anderen Heiligen; ursprünglich schön, aber durchs Alter verdüstert und schlecht beleuchtet. — Ebenda, Hochaltar: oben die drei Hauptfiguren von 7 Engeln umgeben, von denen zwei die Krone über Maria's Haupt halten, zu den Seiten die Heiligen Sebastian, Joh. d. Evang. und der Täufer, Augustin, Victor und ein sechster; auch dieses Bild ist gebräunt, aber dem Francia noch verwandter als das vorige.

[89] Mailand, Brera N. 140: links Maria auf einem Stuhle sitzend, neben ihr Joseph auf seinen Stab gelehnt, bez. „LAVRENTIVS COSTA F 1499.“ (Holz, h. 0,71, br. 1,78. Ueber das zugehörige Hauptbild Francia's wird später zu reden sein.) Die Farbe ist olivenbraun, die Landschaft umbrisch. Laderchi, Pitt. Ferr. 46 u. 48 begeht bei der Erwähnung dieser Predelle einen doppelten Irrthum: er meint die Inschrift des Brera-Bildes enthalte Hinweis auf Costa's Mitarbeiterschaft mit Francia, und hält das Bild ausserdem für die Predelle zu Costa's eigenem Altarstück mit dem heil. Petronius in der Pinakothek zu Bologna (s. später), während auf diesem zwar allerdings eine Anbetung (der Könige) vorkommt, aber als imitirtes Relief am Thronsockel des Petronius.

Bologna, S. Jacopo magg. S. Jacopo maggiore, welche an Breite der Behandlung und an Geschick der Gruppirung zahlreicher Figuren fast an Perugino streifen.[89]

Eine Weile geht Costa, der in seiner Heimath sehr in Ehren gehalten wurde[90], gleichsam Hand in Hand mit Francia; in der Zeit zwischen 1480 und 90 ist er dem bolognesischen Genossen ohne Zweifel von Nutzen gewesen; im nächsten Jahrzehnt sticht dieser ihn allmälig aus und Costa folgt nunmehr gutwillig dem Freunde, ein Verhältnisswechsel, wie er nur etwa zwischen Rafael und Perugino oder Timoteo Viti wiederkehrt. In beiden Fällen treten die ehemaligen Meister einen Schritt zurück und verlieren dabei Etwas an Leistungskraft. Bei Costa ist dies an einigen Werken der Jahre 1502 bis 1505 unverkennbar. Wir deuten hier namentlich auf seine Glorie des Petronius aus S. Annunziata, jetzt Bologna, Gall. Berlin. in der Pinakothek in Bologna[91] und auf die Bilder der Berliner Gallerie[92]: Trauer um den todten Heiland und Darstellung im

[89] Bologna. S. Jacopo magg., Capp. Bentivoglio; die Gegenstände sind: 1) links vom Eingang, Fensterwand: 5 Heilige, 2) über dem Altarstück Francia's und einer Verkündigung von Cignani: Vision aus der Apokalypse von Costa (mit zwei von Felice Cignani im 18. Jahrh. hinzugefügten Figuren rechts). 3) Maria mit Kind zwischen 6 Heiligen (sehr beschädigt und ausgebessert). Ohne Zweifel war auch die Kuppel ursprünglich von Costa ausgemalt, aber ihr Schmuck ist von Cignani erneuert. Die Malereien sind so sehr im Geiste Francia's gehalten, dass sie von Kugler (in dessen Handbuch, engl. Ausg. S. 265) diesem zugetheilt werden; in Wahrheit gehören sie jedoch zuverlässig dem Costa. Die Figuren haben seinen ferraresischen Typus und die Gewandbehandlung ist nicht minder charakteristisch für ihn; über die Farbe kann bei der üblen Beschaffenheit der Lünetten nicht mehr geurtheilt werden.

[90] Wie viel sein Name in Kunstangelegenheiten galt, beweist der Umstand, dass er 1499 dazu erwählt wurde, die malerischen Dekorationen des Biagio Rossetti im Chor des Domes in Ferrara abzuschätzen (s. Cittadella, Notiz. Doc. 75).

[91] Bologna. Gall. N. 65: der heilige Petronius sitzt in vollem Bischofsornate mit dem Krummstab im Arm, das Modell der Stadt Bologna mit beiden Händen haltend auf steinernem Throne, dessen Sockel in scheinbarem Relief eine Darstellung der Anbetung der Könige trägt, links Franciskus, rechts Dominikus, jener mit leerem Kreuz, dieser mit Krucifix, Lilienstab und Buch, bez. am Thronsockel „LAVRENTIVS COSTA P. M CCCCCII.“ (Holz, Oel, Goldgrund, oben rund, Fig. ¾ lebensgr.), die Figuren dürr und mechanisch, die Farben im allgemeinen dunkel und röthlich; vielleicht hat man hier Gehilfenhände anzunehmen. — N. 66 daselbst: Christus im Grabe von Engeln gehalten, Lünette, im Katalog unter Costa's Namen.

[92] Berlin, Mus. N. 115: Christus im Bahrtuch, beweint von Simon, Nikodemus und den Marien, bez. „LAVRENTIVS COSTA MCCCCC IIII“, nicht frei von Uebermalungen, aber sorgfältig behandelt, die Figuren schlank (Holz, h. 5 F. 10, br. 4 F. 5), aus Samml. Solly. Ebenda N. 112: Maria reicht das Kind, welches

Tempel, an denen meist eine überschlanke magere Bildung der Gestalten und Trockenheit des Vortrags befremdet. Das Madonnenbild mit 4 Heiligen in der londoner Nationalgallerie[93] ist sehr hübsch gruppirt, die Figuren von anmuthiger Bewegung, die Farbe lebhaft; es hat einen Anflug von der Grösse bellinesker Werke, aber nicht die männliche Kraft des Votivgemäldes von 1488. London, Nat. Gall.

In dem Oratorio di S. Cecilia in Bologna nimmt neben Francia nur Costa's Antheil wirklichen Kunstwerth in Anspruch. Aehnlich der Brancacci-Kapelle in Florenz und der Eremitani in Padua bildet dieses bologneser Heiligthum eine Art kunstgeschichtliches Compendium. Gegründet 1481 durch Giovanni Bentivoglio[94] wurde dasselbe nacheinander von Francia, Costa, Chiodarolo und Aspertini ausgeschmückt:

Die Kapelle ist ein Rechteck, dessen Langseiten in 5 Felder getheilt sind. Die vier Felder zur Linken und zur Rechten vom Eingang aus gezählt enthalten Costa's Arbeit: einerseits den Papst Urban Bologna, S. Cecilia.

sich an sie drängt, dem Simeon, links Joseph, weiter zurück auf den Altarstufen über einander Johannes der Täufer und eine Jungfrau, 2 Leviten mit Stäben und 2 Tempeldiener (Knaben); im Hintergrund zu beiden Seiten des Altars Landschaft, bez. „LAVRENTIVS COSTA. F. 1502" (Holz, h. 9 F. 10, br. 8 F. 4) aus Sammlung Solly; etwas unfein und nachgebessert, aber im Charakter dem vorigen entsprechend; N. 114: ebenfalls Darstellung Jesu im Tempel (das Kind auf dem Altar stehend von Maria gehalten, neben ihr Joseph und ein Mädchen mit Korb, gegenüber Simeon in Verehrung und neben diesem Johannes der Täufer und Hanna, Hintergr. Tempel. Holz, h. 4 F. 6, br. 3 F. 1, aus Samml. Solly), schwach und ausgebessert.

[93] London, N. 629: Maria mit dem Kinde thronend von Engeln umgeben, links Joh. d. Täufer und Petrus, rechts Joh. der Evang. und Philippus, bez. „LAVRENTIVS. COSTA. F. 1505", ursprüngl. Holz, auf Leinw. übertragen, in 5 Theilen (Mittelb. h. 5 F. $5\frac{1}{2}$, br. 2 F. 5, Flügel h. 1 F. $9\frac{1}{2}$ und 3 F. 7, br. 1 F. $10\frac{1}{2}$). Das Bild befand sich zuerst im Oratorio delle Grazie zu Faenza, dann in der Samml. Ercolani in Bologna und kam aus dieser in Besitz der Herren Wigram in Rom, Van Cuyck u. Reiset in Paris, von welchem es 1859 für London gekauft wurde. — Wir reihen hier noch folgende an: Bologna, S. Annunziata: Verlobung Maria's (Holz. Oel. Fig. $\frac{1}{2}$ lebensgr.) bez. „Laurentius Costa 1505", von trübem Ton und weit geringer als die Madonna in London; es erinnert an Manni, Chiodarolo und Amico Aspertini, die Figuren sind klein und kalt behandelt; ebenda, Sakristei: Bestattung Christi, 6 Figuren in Costa's Weise mit Nachahmung Francia's, schwach und von Gehilfen des Meisters, vielleicht vom jungen Mazzolino, die Gestalten sind schlank und stark gefärbt. Bologna, S. Martino: Himmelfahrt Maria's und Auferstehung, Holz, mit Bogenabschluss, die Figuren unter Lebensgr., dem Perugino zugeschrieben, aber von Costa in Francia's Manier, vielleicht unter Beihilfe des Ercole Grandi oder des Timoteo Viti gemalt.

[94] vgl. Gualandi, Guida di Bol. 1860 S. 98. Der Architekt hiess Gaspare Nardi.

darstellend wie er den bekehrten Valerian in Gegenwart der Gläubigen unterweist, andrerseits Valerian sein Gut unter die Armen vertheilend, beide mit landschaftlichem Hintergrund.[95]

Die Gruppirung ist gut und sprechend, die Figuren schlank gebaut und ausdrucksvoll, die Gewänder in umbrischem Geschmack behandelt. Costa's Stellung unter den Bolognesen lässt sich derjenigen vergleichen, die Pinturicchio unter den Umbriern einnimmt. Er weicht nur dem Francia, für dessen ihm unerreichbare Zartheit und Harmonie er den kräftigeren ferraresischen Farbennerv einsetzt.

Die Ueberlieferung sagt leider nichts darüber, ob Costa während seines Aufenthaltes in Bologna nach Ferrara gekommen sei, aber die verhältnissmässige Nähe beider Städte lässt es wohl als möglich erscheinen, dass er ohne seinen Wohnsitz dort aufzugeben, die Heimathstadt gelegentlich besucht habe. Auf solche Weise mochte er bei wiederholter zeitweiliger Anwesenheit die Aufträge für Ferrara erledigen und in einigen Zwischenräumen an den Fresken in Schifanoia mit gearbeitet sowie die Dekoration im Chor zu S. Domenico und anderes mehr vollendet haben, was jetzt nicht mehr nachweisbar ist.[96] Die erhaltenen Ferrareser Arbeiten bekunden dieselben Stilwandlungen, die wir in den bolognesischen wahrnehmen und dieser Umstand wird sich am besten aus mehrmals wieder aufgenommener Thätigkeit erklären. Auch

---

[95] Beide Bilder sind durch Feuchtigkeit, Schmutz und Staub beschädigt, die Figuren fast lebensgross.

[96] Die Fresken in S. Domenico erwähnt Vasari IV, 240; sie sind untergegangen; weitere Bilder, von denen die Spur nicht mehr existirt, sind: Ein Bildniss des Herz. Alfonso von Ferrara als Kind v. 1476, ehemals in der Samml. des Roberto Canonici (Campori, Racc. 113), dann im Besitz des Niccolò Baruffaldi (Baruffaldi a. a. O. I, 108); ein Hieronymus, ehemals in S. Maria in Vado (ib. I, 110); ein todter Christus mit den Heil. Sebastian, Hieronymus und Petrus Martyr in der Chiesa degli Angeli, aus welchem Bilde der Hieronymus zum Theil in der Samml. Barbi-Conti erhalten sein soll (Laderchi 50); eine heil. Familie, ehemals in S. Antonio (Baruffaldi I, 122); zwei Heilige in S. Vito (s. ebenda); zwei Jungfrauen in S. Caterina Martire (s. ebenda); die Bestattung der heil. Katharina (s. ebenda); eine Kreuzigung und eine Mad. m. K. in S. Agostino, eine Pietà in S. Gabrielle (s. ebenda); ferner eine Mad. m. K., Joseph und einer Heiligen in der Samml. Rob. Canonici (1632) s. Campori, Racc. 108. — In Bologna befanden sich: Darstellungen aus der Passion, ehemals in der alten Kirche S. Pietro, welche nach Angabe Scannelli's (Microcosmo 272) später in Besitz des Marchese Tanari gekommen sind.

in Ravenna soll Costa gewesen sein, wo wenigstens früher angeblich von ihm herrührende Fresken in S. Domenico gezeigt wurden.[97] — Am breitesten entfaltet sich sein Stil und zwar charakteristisch durch die Mischung stark ferraresischen Farbengeschmacks mit dem umbrischen oder peruginesken Figurengepräge, welche seine Manier am Beginn des Jahrhunderts kennzeichnet, in der thronenden Madonna mit Heiligen in Casa Strozzi zu Ferrara (ehemals in S. Cristoforo degli Esposti), einem Bilde, in welchem er wieder der Liebhaberei für überladenen Architekturschmuck fröhnt:

Die Jungfrau, umgeben von den Heiligen Guglielmus (in Waffen) Ferrara, Casa Strozzi.
und Joh. dem Täufer sitzt auf dem Throne in einer Bogennische, deren Zwickel Medaillons mit den Verkündigungsfiguren enthalten, unter welchen wieder in Mosaik auf Goldgrund das Urtheil Salomo's und das Opfer Abrahams angebracht sind, während der Schemel des Thrones mit monochromen Darstellungen (Adam und Eva, Kindermord, Darstellung im Tempel, Flucht nach Aegypten u. a.) geschmückt ist.[98]

Gleich werthvoll ist die ebenfalls auf dem mit Reliefs und Statuetten prächtig geschmückten Throne sitzende Jungfrau mit Kind und 4 Engeln und Heiligen, welche vor einigen Jahren aus der Samml. Costabili in den Besitz des Sir Ivor Guest in England England, Sammlung Ivor Guest.
gekommen ist.[99] Der umbrischen Richtung des Pinturicchio ähnlicher sind eine Anzahl kleinere Tafeln mit Legendendarstellungen Ferrara, Gall. Costabili.
in der Sammlung Costabili selbst[100], während die angeblich zur

---

[97] s. Baruffaldi, a. a. O. I, 123.

[98] Ferrara, bei March. Strozzi, Holz, Oel, Fig. lebensgr. Seit seiner Entfernung aus S. Cristoforo hat das Bild viel von seiner braunen Patina verloren.

[99] Leinw., Oel, neuerlich durch Entfernung der Firnisse und Retouchen in Tempera aufgebessert. In die Samml. Costabili kam das Bild aus dem Collegio del Jesù. Die Agraffe am Mantel Maria's trägt den Adler, das Wappenzeichen der Este und dieser Umstand lässt vermuthen, dass wir hier das Bild vor uns haben, welches laut einer handschriftl. Nachricht, die wir der Mittheilung des Marchese Campori verdanken, im J. 1502 vom Herzog von Ferrara gekauft wurde. Der mit Turban bekleidete Heilige zur Rechten, welcher drei Nägel in der Hand hält, ist ganz peruginesk.

[100] Ferrara, Samml. Costabili: 1) eine Kampfscene, 2) ein Weib vor einen gewaffneten Feldherrn geführt (frei, fast nachlässig im Vortrag); sodann ebenda 3) und 4) die Verkündigungs-Figuren, sehr anmuthige Bildchen. Aus derselben Sammlung stammt eine im Besitz Mr. Layard's in London befindliche Anbetung der Hirten.

Ferrara, Sammlung Saroli. Madonna der Strozzi gehörige Lünette (Pietà) in Casa Saroli im Geiste Francia's aufgefasst und behandelt ist.[101]

Nach Vertreibung seiner Gönner der Bentivoglio aus Bologna (1506) hatte Costa das Glück, Anerbietungen von den Gonzagen in Mantua zu erhalten. 1509 berief ihn der Markgraf Francesco mit einem ansehnlichen Gehalt und Anweisung eines Hauses als Obermeister unter die Maler seines Hofes und verwendete seine Talente bei Triumphbildern und Bildnissen. Die Halle im Palast San Sebastiano, wo Mantegna's „Triumphe" die Langseiten einnahmen, sollte ergänzenden Schmuck erhalten, und zu diesem Ende bekam Costa den Auftrag, die Schmalseiten mit Zuschauergruppen zu füllen.[102] Der Künstler benutzte die Gelegenheit, um dem Markgrafen eine Huldigung darzubringen. Er stellte ihn zu Pferde als General der heiligen Kirche, umgeben von seiner Familie und seinem Hofstaat, beschützt von Herkules dar, und malte ausserdem in demselben Palaste noch die Fabel von Leto und den Fröschen, Scenen aus der Geschichte Coriolans, sodann die Heiligen Sebastian, Johannes den Täufer in der Wüste und Geschichten aus dem alten Testament.[103] Der Meister blieb bis zu seinem Tode i. J. 1536 ununterbrochen in Mantua und malte dort ungefähr noch ebenso viel als er bisher in Bologna und Ferrara geschaffen; aber die Unglücksfälle, welche seine neue Heimath im Laufe der folgenden Jahrhunderte trafen, wurden in Sonderheit seinen Leistungen verderblich; denn sie sind bis auf wenige zusammengeschmolzen. Die Mehrzahl davon sind Kirchenbilder:
Ferrara, Gall. eine Madonna mit Kind und 2 Heiligen in der Gall. zu Ferrara,

---

[101] Ferrara, bei Prof. Saroli: Pietà mit Halbfiguren der Heiligen Bernardin und Franciskus in den Ecken (Holz); Auffassung und Behandlung weisen das Bild in eine andere Periode als das Altarstück, zu dem es gehört haben soll; die Farben sind sehr strahlend und gut erhalten.

[102] Mario Equicola a. a. O. 212 sagt: „Parea il detto Trionfo (del Mantegna) tronco e manchevole per non vi esser quella pompa, che soleva seguire il trionfante, e vi mancavano gli spettatori; alchè providde Francesco prudentemente, chiamando alla liberalità sua Lorenzo Costa, huomo non solo nella pittura eccellentissimo, ma anche amabile e honorato cortigiano. Questi, oltre le lodevoli opere, con ingegno, arte e scienza, adorno il capo e fine di detta bellissima sala."

[103] s. die Angaben über Costa's Salär (669 Lire) und seine Arbeiten in Mantua bei d'Arco, Arti 1, 62. II, 78. 79 und Vasari IV. 241. 242.

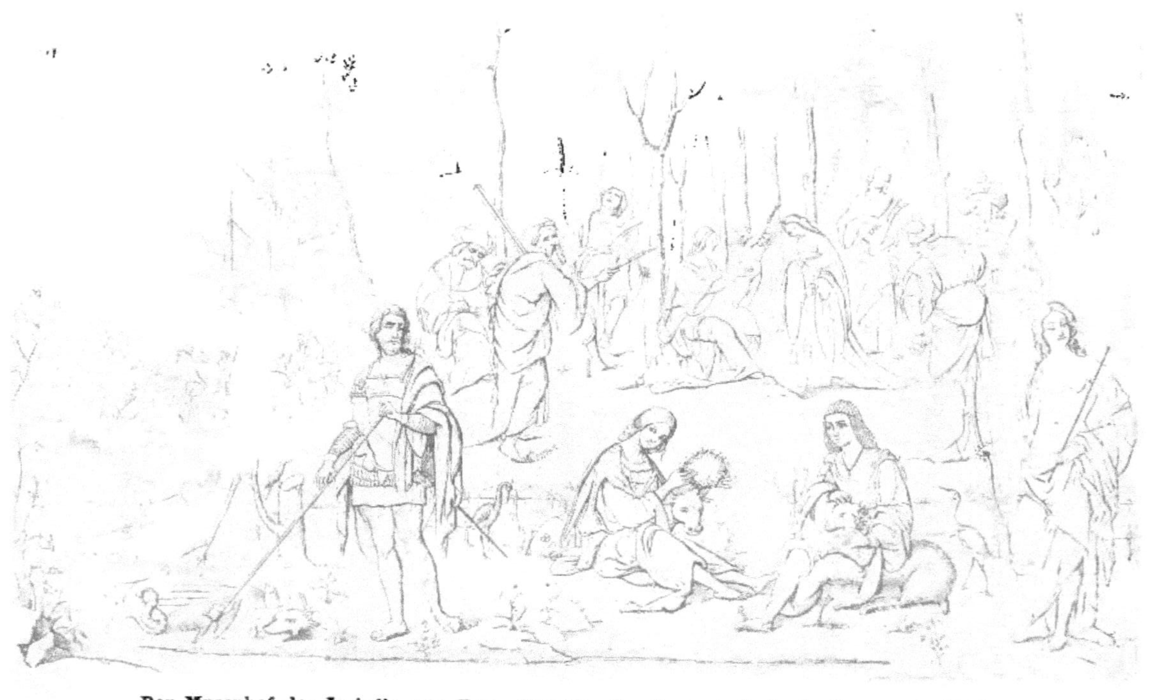

Der Musenhof der Isabella von Este. Gemälde des Lorenzo Costa im Louvre zu Paris

an welcher die Mischung ferraresischer und mantuanischer Eigenthümlichkeiten mit einiger Beziehung zu Bonsignori charakteristisch ist[104], dann ein Klappaltar mit Darstellungen der Geburt und der Bestattung Christi, jetzt der Samml. Eastlake in London angehörig[105], miniaturfein behandelt, sehr sicher und vollendet durchgeführt und von glatter gediegener Farbenfläche, sodass man vorübergehende Einwirkung venezianischer Muster vermuthen möchte; drittens ein Marienbild v. J. 1525, welches der Meister selbst in die Kirche S. Andrea zu Mantua gestiftet hat[106], ein Werk, das trotz seiner Beschädigungen doch noch erkennen lässt, wie stark der umbrische Einfluss bei Costa gewesen war. Hierher gehört endlich der „Musenhof der Isabella von Este", der nach der Plünderung Mantua's nach Schloss Richelieu versetzt und von da in den Louvre nach Paris gekommen ist, eine lockere Composition, welche eine gewisse Verwandtschaft mit den Allegorien Mantegna's hat, wie sie auch dessen Classicismus im Geberdenausdruck und Schlankheit der Formgebung nachahmt, dabei aber vermöge der Geziertheit der Stellungen auch dem umbrischen Geschmack nahe steht und an etwas eintönig gelbbrauner Färbung leidet:

London. Samml. Eastlake.

Mantua. S. Andrea.

Im Mittelgrunde sieht man Isabella im weiten Kreis von Dichtern und Musikern umgeben, wie sie stehend aus den Händen eines Genius, den eine sitzende weibliche Gestalt (die Poesie?) auf ihrem Schoosse hält, den Kranz empfängt; vorn am Ufer eines Gewässers links ein Ritter, der mit der Hellebarde einer Hydra den Kopf abschlägt; neben ihm im Grase sitzend zwei Frauen, von denen die eine im Begriff ist, einen lagernden Stier zu bekränzen, während die andere zu gleichem Zweck ein Lamm umfasst; weiter rechts eine stehende

Paris. Louvre.

[104] Ferrara, Gallerie Saal V. N. 11. Maria m. K. zwischen Hieronymus und einem Bischof (Holz, Fig. 1½ lebensgr.), möglicherweise von einem Schüler Costa's und Bonsignori's. — N. 12: Maria das Kind anbetend, mit Heiligen, gehört dem Costa nicht an.

[105] London, Samml. Eastlake: links Geburt Christi und eine knieende Figur, rechts Christus im Grabe von Engeln gehalten mit dem büssenden Hieronymus zur Seite, im Hintergrund Golgatha und die Stigmatisation des Franciskus; die Figuren dünn und schlank, aber in Costa's abgeklärtester Vortragsweise, die Farbe kräftig und lichtvoll.

[106] Mantua, S. Andrea, Capp. S. Silvestro: Maria m. Kind zwischen Sebastian, Sylvester, Rochus u. zwei andern Heiligen bez. „A. D. MDXXV. L. Costa fecit et donavit" (Leinw., Oel, Fig. lebensgr.): die Composition ist nicht ohne Grösse, die Figuren recht lebensvoll, die Farben haben die Frische verloren und wirken jetzt sehr trübe.

Nymphe mit Bogen und Pfeil; im Hintergrunde links ist ein Gefecht von Reitern und Fussvolk und weiterhin ein breiter Fluss mit Galeere darauf und bergiges Ufer sichtbar, rechts mehrere Figuren in traulichem Verein. Bez. „L. COSTA F."[107]

Mantua, S. Andrea. Die Vermuthung, dass Costa bei den Fresken in Mantegna's Kapelle zu S. Andrea und in der sogenannten Schalcheria mit beschäftigt gewesen sei, liegt nahe genug; dort sind es besonders die Evangelisten der Decke[108], hier zahlreiche Lünetten mit Historienbildern und Medaillons mit Porträtköpfen, die an ihn erinnern.[109] Mit Bonsignori streitet er um die Urheberschaft des angeblich von Mantegna herrührenden Bildnisses der Marchesana Isabella in den Uffizien[110], wenn dasselbe auch den Stempel seiner Kunst nicht so klar an der Stirn trägt wie das schöne Seitenstück im Pitti (männliches Brustbild mit langem Haar in grünem Kleid mit rother Mütze und einer Kette um den Hals), welches sich durch den kräftig braunen Farbenhauch, die breite Behandlung und die wirkungsvolle Modellirung seinen reifsten Meisterwerken anreiht.[111]

Florenz, Uffiz. Pitti.

---

[107] Paris, Louvre N. 175. Leinw., h. 1,58, br. 1,93.

[108] Mantua, S. Andrea: Zwickel der Decke, stark beschädigt, vgl. S. 444.

[109] Mantua, Schloss, Schalcheria: Decke mit 10 Medaillons enth. Köpfe von Kaisern und Frauen sowie imitirte Bronzereliefs mit Darstellungen aus der römischen Geschichte, ferner 14 Lünetten mit Jagdstücken und Fabeln der Diana. Sie sind gut componirt und feiner behandelt als Giulio Romano's Art ist, dem sie gewöhnlich zugetheilt werden; die Figuren haben anmuthige Schlankheit, die Färbung ist weich, das Ganze nimmt sich wie eine Mischung der Stile des Costa und Caroto aus.

[110] Florenz, Uffiz. N. 1121. vgl. oben S. 507. Dieses Bild kann nicht dasjenige sein, von welchem der Anon. des Mor., der es in Casa Jeronimo Marcello kannte (S. 67 u. 202), berichtet, dass es an den Markgrafen Francesco während seiner Gefangenschaft in Venedig geschickt worden sei, denn jenes war ein Doppelbild der Isabella und ihrer Tochter.

[111] Florenz, Pitti N. 376. Holz h. 0,19, br. 0,15, bez. „Laurentius Costa f.", an Wange und Haar nachgebessert; es ist von kräftigem Ton bei etwas derbem Auftrag, die Formen trefflich bezeichnet und modellirt. Es bleibt die Frage, ob wir hier das sogenannte Porträt des Giovanni Bentivoglio vor uns haben, welches ehemals der Samml. Isolani in Bologna angehörte; nur wird die Inschrift dieses letztern bei Lanzi anders angegeben, nämlich „Laurentius Costa Franciae discipulus"; diese Zuthat fehlt auf dem Bilde im Pitti und Lanzi bezweifelt ihre Echtheit auf dem Exemplar der Gall. Isolani. — Nicht von den Verf. gesehen oder nicht mehr nachweislich sind folgende Werke: Verona, Samml. Moscardi: Bildniss einer Prinzessin von Mantua in rothem Sammet und reichem Geschmeide (s. Note del Mus. Mosc. S. 470); Bologna, alla Misericordia: Sebastian, Oel, bez. 1503 (?) s. Lamo, Grat. 14; S. Tommaso: Mad. mit Kind und den Heil. Proklus, Bartholomäus und anderen, verkauft i. J. 1832 (Baruffaldi I, 112); S. Maria della Mascarella: Auferstehung (s. ebenda); S. Lo-

Bei seinem Tode i. J. 1530 hinterliess Costa eine ganze Genossenschaft von Kunstgehilfen, von denen etliche unter Giulio Romano arbeiteten. Ihrethalben verweisen wir auf die Lokalschriftsteller Mantua's und wenden uns zu dem Schülerkreise zurück, der sich in Bologna um den Meister gesammelt hatte. Dort war Ercole di Giulio Grandi ohne Zweifel der bedeutendste. Schon bei der Charakteristik des andern Ercole Grandi wurde auf ihn als einen Gesellen Costa's hingewiesen. Genauer lässt sich das Verhältniss dahin bestimmen, dass Ercole Grandi II. nicht die frühere vorzugsweise ferraresische, sondern die von Francia abgeleitete Kunstrichtung seines Lehrers überkam, und zwar sind hierfür zwei Werke besonders charakteristisch: das Martyrium des Sebastian in S. Paolo zu Ferrara und der heil. Georg mit dem Drachen in der Gall. Corsini in Rom:

Dort erscheint Sebastian auf einem erhöhten Podium an den Baumstumpf gebunden, umgeben von dem heil. Fabian, welcher betet, und einem alten Heiligen, der sich auf seinen Stab stützt; in der Landschaft des Hintergrundes sieht man eine Darstellung der Flucht nach Aegypten. Vorn drei Stifterfiguren.[112] Ferrara. S. Paolo.

Als Hauptmerkmal des Bildes, dessen Benennung uns zweifellos erscheint, tritt die Verbindung umbrischer und ferraresischer Züge hervor; die scharfen lichtvollen Töne und der glatte Farbenschmelz sind echt ferraresisch, die Schlankheit und Zartheit der Gestalten mit ihrem milden Ausdruck und weichen Geberden, be-

renzo de' Guerini: Mad. m. Kind, Laurentius, Hieronymus und Engeln (s. ebenda 113); S. Francesco: Geb. Christi mit Jakobus und Antonius von Padua (Vas. IV, 243); bei Signor Testa, aus der Certosa zu Ferrara: Pietà (Baruffaldi I, 121); Biblioteca dell' Istituto di Bologna: Bildniss des Andrea Bentivoglio und der Elena Duglioli (den Verf. unbekannt, s. Anm. Litta's zu Baruffaldi I. 120); in Brescia: aus S. Niccolò zu Carpi in die Samml. des Conte Teodoro Lecchi übergegangen, jedoch dort nicht mehr vorhanden: Antonius von Padua zwischen Katharina und Ursula (s. Passavant, Rafael I. 97, nach der handschr. Chronik des P. Giov. Franc. Mallazzappi und Campori. Gli Artisti S. 168); in Mantua, S. Andrea: Anbetung der Weisen und Geburt Christi, zwei grosse Bilder (Donesmondi. Ist. eccles. di Mantova lib. VI. N. 46); in Correggio, S. Francesco: Antonius Abbas (Campori, Artisti, 168. 169); Samml. des Prinzen Napoleon Bonaparte (verkauft in Christies Auktion in London im Mai 1872): Mad. mit Kind zwischen Hieronymus und Franciskus.

[112] Ferrara. S. Paolo, Holz, Oel. Fig. unter Lebensgr., die Farbenfläche ist durch Schmutz und Staub etwas verändert.

sonders aber die eigenthümliche Beugung der Hauptfigur, entspricht ganz der von Costa angenommenen peruginesken Art, und die Landschaft hat in ihrem kräftig düstern Ton etwas Venezianisches; die Donatoren, ebenfalls hager und trocken, aber gut durchgebildet und porträtgemäss, erinnern durch die Genauigkeit der Umrisse an Timoteo Viti's Altarstück im Dom zu Urbino.
Rom, Gall. Corsini. Der heil. Georg nimmt sich in seiner kühlen Anmuth ebenfalls umbrisch aus, nur dass die heiter lebendige Formgebung an Filippino Lippi mahnt, den Ercole aus dem Bilde in S. Domenico zu Bologna kennen lernen konnte; das Pferd, an dessen Sattelzeug Grandi sein Monogramm angebracht hat, ist schwer gebaut, aber die Nebenfigur der knieenden Jungfrau recht wohlgefällig und das Linienspiel der Landschaft von ansprechender Mannigfaltigkeit, die Vollendung und Abglättung des Ganzen sehr verdienstlich.[113]

Wenn man annehmen darf, dass Ercole Grandi II. in seiner Jugend noch specifischer ferraresisch gemalt hat, als es bei den ebenbeschriebenen Stücken der Fall ist, dann könnte man ihn als Urheber des dem Zoppo zugeschriebenen Bildes des heil. Domi-
London, Nat.-Gall. nikus in der National-Gallerie zu London[114] und einiger stilverwandter Werke in Ferrara und Dresden ansprechen.[115] Auch das
Dudley-House. kleine Stück zu Dudley-House (die Israeliten Manna sammelnd),
Dresden. von welchem sich eine alte Copie in Dresden wiederfindet, gehört vielleicht ihm an.[116] Seine spätere Vortragsweise erkennt man in einer Anzahl kleiner Gemälde wieder, die theils in Ferrara geblieben, theils von dort nach England gekommen sind; eins (eine heil. Familie) in Casa Nordio zu Padua ist seltsamer Weise mit Giov. Bellini's Namensinschrift gefälscht:

[113] Rom, Gall. Corsini, kleines Bild, Oel, h. 2 F. 4½, br. 1 F. 9½, gut erhalten; am Sattel des Pferdes bez. G.

[114] London, Nat. Gall. N. 597, Holz. Temp., vgl. oben.

[115] Ferrara, Casa Barbi-Conti. — Dresden, Museum N. 18. vgl. unter Baldassar Estense.

[116] London, Dudley-House: links Moses mit seinem Stabe und sieben Personen mit Körben und Säcken, dabei eine Frau mit Kind, im Hintergrund Häuser und zahlreiches Volk; die Figuren sämmtlich gut gebaut, schlank und richtig gezeichnet; die Köpfe haben die runde Form und die vortretende Stirn, welche den Ferraresen eigenthümlich ist; die Farben sind kräftig und scharf und gut verschmolzen, die Ferne geht in ein dunstiges Gemisch über, sodass man an die Umbrier und an Timoteo Viti er-

Ferrara, Gall. N. 12: Geburt Christi, kl. Tafel in Oel: das Kind am Boden liegend zwischen Maria und einem knieenden Hirten, rechts Joseph stehend in Sinnen versunken, am Himmel drei Engel, Hintergr. Landschaft; der Stil ist der des Ercole di Giulio mit Annäherung an Mazzolino, die Farben heiter, lebhaft und strahlend. — Ebenda, bei Sign. Fr. Mayer: Derselbe Gegenstand mit dem Unterschiede, dass der Hirt und Joseph stehen (kleines Tafelbild).

London, weil. Samml. Barker: Der heil. Michael mit der Seelenwaage, stehend in Landschaft, Holz, Oel, Fig. 1/4 lebensgr.; Ebenda: Franciskus (im Fleischton fleckig).

London, Nat.-Gall. N. 73: Bekehrung des Paulus; vielleicht zu modern für Ercole di Giulio[117]; wenn doch von ihm, dann aus der letzten Zeit.

London, Samml. Layard: Maria mit Kind zwischen Dominikus und Margarethe in Landschaft, vorn ein Affe (aus der Gallerie Costabili in Ferrara, kl. Tafel in Oel), von warmem Ton und mit einer gewissen Leichtigkeit behandelt. — Ebenda: 1) Moses mit den Israeliten, dabei einige tanzende Frauen, welche an Mantegna erinnern, 2) die Israeliten Manna sammelnd, kleine Leinwandbilder in Tempera, beide aus der Samml. Costabili in Ferrara, wo sich noch 6 Seitenstücke befinden, nämlich 1) der Tod Abels, 2) die Austreibung aus dem Paradies, 3) die Erschaffung Eva's, 4) die Versuchung (hier die Figur Adams beschädigt), 5) Moses an den Fels schlagend, 6) Jehovah dem Moses erscheinend; mit Ausnahme des letzten, welches anscheinend von einem Schüler Garofalo's neu gemalt ist, sind sie alle in Ercole's Charakter.

Padua, Casa Nordio: Maria mit Kind vor grünem Vorhang, hinten rechts Joseph (Holz, Halbfig., 1/3 lebensgr.), falsch bez. „Ioannes Bellinus F. 1408."

Padua, bei Conte Leon Leoni: Maria mit dem Kinde im Schooss demselben eine Frucht anbietend, während dieses einen Vogel hält, Hintergr. Landschaft mit Hieronymus in der Höhle (Halbfiguren 1/2 lebensgr. von dem General der Camaldulenser in diesem Jahrh. gekauft).

Rom, Gall. des Capitols N. 207: weibl. Bildniss 3/4 nach links, in rothem Kleid mit Schlitzärmeln, das Haar im Netz, anscheinend von Ercole di Giulio, aber dem Giovanni Bellini zugeschrieben.[118]

---

innert wird. Die Copie in Dresden, Museum N. 20 (Holz, h. 0,30, br. 0,655).

[117] Holz, h. 1 F. 11, br. 2 F. 3, aus der Samml. Aldobrandini in Rom.

[118] Im Besitz des Conte Zeloni in Rom (einige Zeit lang auf Monte di Pietà und in der Gall. Borghese ausgestellt) befindet sich ein Gemälde der Pietà (Christus im Schoosse der Mutter, neben ihnen links Magdalena, rechts zwei andere Frauen im Zeitkostüm, knieend, dahinter stehend Johannes schmerzlich die Hände ringend, rechts ein alter Mann mit gekreuzten Händen, links ein jüngerer, welcher ein Gefäss darbringt, ebenfalls im Zeitkostüm, Hin-

Neapel, bei Sign. Gaetano Zir: zwei kleine Bilder allegorischen Inhaltes, das eine einen Tanz von sieben Männern und Frauen vorstellend, beide sehr sorgfältig durchgeführt, aber nicht frei von Uebermalungen, sie erinnern zugleich an die Schulen des Mantegna und des Francia, die Behandlungsweise lässt vermuthen, dass der Künstler mit der Technik des Kupferstichs vertraut gewesen ist.

Domenico Panetti und Michele Coltellini, die letzten Ferraresen, auf welche wir hier einzugehen haben, können mit wenigen Bemerkungen abgethan werden. Jener angeblich 1460 geboren und 1511 oder 12 gestorben[119], Zeitgenosse Costa's, war nach Vasari der Lehrer des Garofalo.[120] Seine frühesten Arbeiten verrathen den Lehreinfluss des Bono von Ferrara, im weiteren Fortschreiten näherte er sich dem Stile Costa's und zwar dessen umbrischer Richtung. Seine Figuren, so trocken, knochig und steif sie sind, haben den sorgfältigsten Umriss, und als ein besonderes Merkzeichen seiner Technik tritt uns die firnissartige Farbenfläche des rothen, durch graue Schattirung hart gemachten

tergrund ein klassischer Portikus und in den Zwickeln neben dem Bogen desselben links und rechts ein sitzender Knabe, jeder mit einem abgeschlagenen Haupte in Händen), angeblich bezeichnet „GRANDI. E. MDXXXIV" (Holz, h. u. br. ungef. 2.50), welches die Verf. nicht gesehen haben. Die Composition erinnert an Perugino's Pietà aus der Calza (Florenz, Akad. N. 58). Eine darauf bezügliche Schrift von E. Pistolesi (Extrait de l'illustration d'un tableau historique fort rare etc. peint par Hercule Grandi da Ferrara, Rom 1874) beruft sich auf die Erwähnungen bei Baruffaldi, Cittadella, Pitt. di Ferr. I, 155, Guarini, Compendio stor. lib. III, 89; vgl. auch Laderchi 53), nirgends aber ist von einer Signatur die Rede. Allem Anschein nach kann das Bild entschieden nicht von Ercole Roberti herrühren, es gehört vermuthlich der Schule Costa's, also vielleicht dem Ercole di Giulio an; ist die Signatur wirklich echt (1531), dann würde sie die Annahme aufheben, dass wir in dem oben erwähnten Epitaph (s. S. 567) die Grabschrift unseres Ercole hätten, der hiernach länger gelebt haben würde. — Campori, Racc. 162 erwähnt eines Bildes von „Ercole da Ferrara" (Verlobung der heil. Katharina, h. 2 Palmi), welches im Inventar der Samml. Savelli in Rom v. J. 1650 verzeichnet ist.

[119] vgl. über ihn Baruffaldi I, 181—194. Er war Sohn des Gasparo de Panetis von Ferrara und heirathete 1503, seine Wittwe nahm 1513 am 17. Febr. den Cesar Vegeti zum Mann (L. N. Cittadella, Doc. ed illustr. risgu. la storia art. Ferrar. 46—48). Aus dem J. 1503 erwähnt Baruffaldi a. a. O. ein Bild des S. Jobbe bez. „Dominicus Panetius 1503 Klis Aprilis" und eine Mad. mit Kind zwischen Antonius, Hiob, Petrus und Veit bez. „Dominicus Panettus caepit MDIII."

[120] Vas. XI, 222.

Fleischtones sowie die reiche und mannigfaltige Behandlung der Landschaften hervor, die sogar oft auf Kosten des Hauptgegenstandes ausartet. Hierin sowie durch die Neigung zu kräftigen Gegensätzen in den Gewandfarben erinnert er an die Cremonesen, während er wieder andere Eigenschaften mit Bertucci von Faenza oder den Nachfolgern Pinturicchio's gemein hat. Er war im Jahre 1509 im Auftrage Alfonso des I. an den Fresken in der Kapelle S. Maurelio zu S. Giorgio fuori in Ferrara beschäftigt und lieferte 1511 ein Banner für die Compagnia della Morte.[121] Zu seinen frühesten Arbeiten gehört eine thronende Madonna mit zwei kleinen Stifterfiguren und landschaftlichem Hintergrund im Dom zu Ferrara, ein tief gestimmtes, in seinen hässlichen Typen an die Flamländer gemahnendes Bild[122]; sonst kennen wir ausserhalb Italiens nur ein einziges Werk von ihm, eine Pietà im berliner Museum: Ferrara, Dom.

Berlin, Mus. N. 113: Der todte Christus liegt im Vordergrunde ausgestreckt von Nikodemus gehalten, hinter welchem der Stifter kniet, gegenüber Maria von Johannes gestützt sowie Magdalena und ein drittes Weib, sämmtlich ebenfalls knieend; Hintergrund weiträumige Landschaft mit hohem durch Berge begrenzten Horizont, mit mehreren Episoden, bez. „Dominici Paneti opus.“.[123]

Ferrara, S. Andrea, Chor: Orgelthüren enth. die Verkündigungsfiguren, die Heil. Andreas und Augustin (Leinw.).

Ferrara, Gall. N. 5: Verkündigung (Leinw., Fig. $^1/_2$ lebensgr.), bez. „Dominicus Panetus pingebat“; besser als die vorgenannten Orgelthüren; — ebenda, Saal V. N. 8: Heimsuchung, eine umbrische Composition im Geschmack des Bildes von Giov. Santi in Fano. — N. 9: Helena und Stephanus (Halbfig.), sehr leuchtend gefärbt und in Panetti's bester Weise ausgeführt. — Saal VII. N. 2: Der heil. Andreas, aufrecht (Holz, Oel, lebensgr.), bezeich. „Dominicus Panetus“; sowohl in Formgebung wie Ausdruck das beste seiner Werke.

Ferrara, Gall. Costabili: acht Bilder, 1) Tod der Jungfrau (Leinw., Fig. $^1/_4$ lebensgr.), 2) Darstellung im Tempel, 3) Halbfiguren des Hiob, Antonius und eines Bischofs (Bruchstück), 4) Grablegung (kleine Tafel), 5) Maria und Kind (letzteres beschädigt), 6) Hieronymus, Halbfig., recht gut für Panetti, 7) Maria mit dem Kinde, welches

---

[121] L. N. Cittadella, a. a. O.

[122] Ferrara, Dom, Sakristei, Holz, Oel, Fig. $^1/_3$ lebensgr., bez. „Dominicus Panetus.“

[123] Berlin N. 113, Holz, h. 6 F. 3, br. 4 F. 7, ursprüngl. in S. Nicolò zu Ferrara, in Farbenton und Umriss energisch.

einen Kelch hält, während die Mutter mit dem Buche beschäftigt ist, 8) Maria mit Kind hinter einer Brüstung (Halbfig.), hart und röthlich im Ton.

Ferrara, Samml. des Conte Mazza: 1) Maria mit Kind, 2) Maria mit Kind zwischen Joh. dem Täufer und zwei Heiligen, Hieronymus und 3 andern Heiligen (Bruchstücke).

Ferrara, bei Prof. Saroli: Ecce Homo.

Rovigo, Gall. N. 152: Nikodemus den Leichnam Christi haltend mit den Kreuznägeln in der Hand, Joh. der Täufer (schadhaft) und Lucia (Holz, Oel, Fig. ½ lebensgr.).

Paris, Louvre, Mus. Napoléon N. 224: Geburt Christi, kalte Malerei, an den Stil Francia's und Costa's erinnernd, aber vielleicht zu modern für Panetti. —

Dresden, Museum. Für Coltellini, von dem wir nur wenig Nachrichten besitzen[124], ist zunächst eine dem Squarcione zugeschriebene Pietà mit Johannes und Magdalena im Museum zu Dresden charakteristisch, ein Bild, dessen knöcherne Formen und bruchige Gewandung fast flamländischen Eindruck machen, und dessen Hintergrund mit seinen grotesk zugeschnittenen Felsformationen echt ferraresisch erscheint.[125] Das früheste beglaubigte Werk desselben ist ein Tod Maria's v. J. 1502 im Besitz des Conte Mazza zu Ferrara, Sml. Mazza. Ferrara, das sich ebenfalls als ein unerfreuliches Zwitterstück ferraresischer und flamländischer Weise ausnimmt.[126] In anderen Gemälden erscheint sein Vortrag als Mischling aus dem Stile Costa's und Francia's (so in der Madonna von 1506 in S. Andrea zu Ferrara) und zuletzt (in dem Marienbilde von 1512) wird er von Panetti's und Garofalo's Vorbildern beherrscht:

Ferrara, bei Sign. Mayer: Petrus, lebensgr. Figur (Holz), dem Bilde bei Conte Mazza entsprechend.

Ferrara, S. Andrea: Maria mit Kind zwischen den Heiligen

---

[124] L. N. Cittadella, Not. 601 theilt ein Verzeichniss der Habe Coltellini's nach dessen eigener Niederschrift im Archive von Ferrara mit und gibt ausserdem (Docum. 117) Nachrichten über die Familie des Malers.

[125] Dresden, Mus. N. 208. Holz, h. 0,68, br. 0,51.

[126] Ferrara, Conte Mazza. Holz, klein; hart und trocken, ohne Körperwirkung, von gelbbraunem Fleischton, tiefen und schweren Gewandfarben und hässlichen Typen, bez. „Michael de Cultellinis MCCCCCII"; am Himmel sieht man die Seele Maria's in den Armen Christi.

Michael, Katharina, Johannes und Hieronymus, bez. „Michaelis Cortelinis MCCCCCIIIII“.[127]

Ferrara, Gall. Saal V. N. 5 (ehemals in S. Maria del Vado): Maria mit dem Kinde und dem Knaben Johannes umgeben von mehreren Heiligen, weiter unten Agatha, Apollonia und Lucia, bez. „MDXLII“; der Künstlername fehlt zwar, aber das Bild wird wohl mit Recht dem Coltellini zuzutheilen sein.

---

[127] Baruffaldi a. a. O. I, 159 erwähnt in derselben Kirche noch ein Bild (Martyrium des Laurentius v. J. 1517) welches zu Grunde gegangen ist.

ZWEIUNDZWANZIGSTES CAPITEL.

Francesco Francia und die älteren Bolognesen.

Ehe wir uns dem grossen Meister der älteren bologneser Schule zuwenden, müssen wir eine Bemerkung über Antonio Crevalcore vorausschicken, der besonders als Maler von Blumen und Früchten und daneben als Musiker geschätzt, um 1480 thätig war und dessen Gedächtniss ein Epitaph des Girolamo Casio vom Jahre 1525 ehrt.[1] Nur ein einziges Werk von ihm ist uns bekannt geworden: die Halbfigur der Madonna, welche im Verein mit Joseph und dem kleinen Johannes das auf steinerner Brüstung sitzende Christuskind anbetet, im Museum zu Berlin[2], ein Bild, das eine gewisse Stilverwandtschaft mit Bernardino von Perugia zeigt.

Berlin, Museum.

Francesco di Marco Raibolini, gewöhnlich „il Francia" genannt, ist der Ueberlieferung nach i. J. 1450 in Bologna geboren. Er war gelernter Goldschmied und erhob sich allmälig zu sehr geachteter Stellung in seinem Handwerk, wobei er durch besondere persönliche Liebenswürdigkeit unterstützt gewesen scheint; 1482 erhielt er die Matrikel und wurde 1483 Obmann der Gilde.[3]

---

[1] Ueber Antonius de Crevalcorio vgl. Bumaldo, Minervalia 243; sein Epitaph bei Cicogna, Iscr. Ven. IV, 640.

[2] Berlin, N. 1146. Der Knabe hält eine Citrone mit beiden Händen, seitwärts an der Architektur ist ein Orangengehänge angebracht. Hintergrund Landschaft, bez. „Opra de Antonio Crevalcore 14 . 3" (1493?), Holz, h. 2 F. 3, br. 1 F. 9 aus der Samml. Solly.

[3] Vasari VI, 1 ff.; seine Angabe über Francia's Geburtsjahr erhält dadurch Bestätigung, dass nach dem Statut der Goldschmiedgilde kein Mitglied vor dem

Von den Bentivogli zum Münzmeister bestellt und nachmals von Papst Julius bestätigt[4] gewann er bedeutenden Ruf im Stempelschnitt, Silberornament und Niello.[5] Seit welcher Zeit er sich ernstlicher der Malerei zugewandt habe, lässt sich nicht angeben. Vermuthlich war er schon in seinen Lehrjahren der Kunst nicht fremd, in der fast alle Goldschmiede Italiens bewandert, Männer wie die Pollaiuoli, Verrocchio und Botticelli so hervorragend thätig gewesen sind. In den Goldschmiedwerkstätten beschränkte man sich nie auf die Arbeit in Metall; sie pflegten allen Künstlern offen zu stehn, die sich als Bildhauer oder Maler zünftig gemacht hatten.

Die Anleitung zur Malerei soll Francia zwar durch Marco Zoppo erhalten haben, aber die Vergleichung der Werke Beider widerstreitet dem entschieden.[6] Viel wahrscheinlicher ist, dass er von Lorenzo Costa angeregt wurde, sich an die Tempera- und Oeltechnik zu wagen; auch konnte er sehr wohl durch Berührung mit Mantegna darin bestärkt sein, der 1472 Bologna besuchte.[7] Von Costa aber scheint er einige ans Ferraresische erinnernde Eigenthümlichkeiten der Farbengebung, den röthlichen Fleischton und die scharfen Gegensätze angenommen zu haben, während er das Geschick für die Glättung der Fläche, die silbernen Reflexe, die Genauigkeit des Umrisses und die Detailzeichnung offenbar aus dem ursprünglichen Handwerk überkam. Bei seinem Feinsinn konnte es nicht fehlen, dass er den ferraresischen Meister bald überholte; um 1490 zählte er bereits zu den geschicktesten Malern des mittleren Norditaliens.

Sogleich bei seinem Hervortreten nun zeigt er ausgeprägt

---

dreissigsten Jahre Obmann (Massaro) werden konnte, vgl. später und J. M. Calvi, Memorie etc. di Francesco Raibolini, Bol. 1812 S. 6. Francia bekleidete dieses Amt des Massaro der Goldschmiede mehrmals, 1483, 1489, 1506—1508 und 1512; 1514 wurde er sogar „Obmann der vier Künste."

[4] Vasari VI, 3.

[5] Zwei Niello-Teller (Pax) Francia's befinden sich in der Akademie zu Bologna; vgl. über diese sowie über Francia's Stempel für bologneser Gepräge Cicognara, Memorie, und Gaet. Giordani über die Münzen unter Julius II. im Almanach für Bologna v. J. 1841.

[6] Die Annahme rührt, wie es scheint, von Malvasia, Felsina pittr. I, 35 her; Baldinucci theilt den Irrthum und auch Calvi a. a. O. behält ihn bei.

[7] Die Anregung durch Mantegna behauptet Vasari VI, 4. vgl. oben S. 408.

umbrischen Kunstcharakter. Vasari sagt mit Recht, dass Francia's und Perugino's Gemälde um ihrer eigenthümlichen Weichheit willen als neue Erscheinungen angestaunt wurden.[8] Bei Perugino war dieses neue malerische Idiom durch die glückliche Verbindung umbrischer und florentinischer Weise erzeugt; bei Francia würde es schwer erklärbar sein, wüssten wir nicht, dass gegen Ende des Jahrhunderts Bilder Perugino's nach Bologna geliefert sind. Vielleicht kommen künftig noch ergänzende Aufschlüsse über ein persönliches Verhältniss der beiden in manchem Betracht geistesverwandten Meister zu Hilfe, vorläufig müssen wir uns an dieser mittelbaren Ableitung von Francia's umbrischer Malweise genügen lassen. Sie bildete übrigens nicht von Anfang an den Ausdruck seiner Bestrebungen, sondern setzte sich erst fest, nachdem er eine Zeit lang in der neuen Kunst thätig gewesen war; denn wir haben noch Beweisstücke einer vor-peruginesken Periode in Händen. Zu diesen gehört das dem Rafael zugeschriebene männliche Brustbild mit landschaftlichem Hintergrund in der Sammlung Northwick[9], ferner ein Halbfigurenbild der heiligen Familie (Maria mit Kind und Joseph in Landschaft) im Museum zu Berlin[10] und der knieende Stephanus im Diakonenornat in der Gall. Borghese in Rom.[11]

England. Northwick.

Berlin. Museum.

Rom. Gall. Borgh.

---

[8] Vasari, Proemio VII. 6.

[9] England, weiland Gall. Northwick, Holz, h. 1 F. 9$^{3}/_{8}$, br. 1 F. 3$^{3}/_{8}$, $^{3}/_{4}$ nach rechts gewandt, in der Hand ein Buch mit dem Namen „Bart. Bianchini", durch Abscheuern beschädigt. — Francia gilt auch gemeinhin für den Urheber eines kleinen Kartons darst. ein männliches Bildniss im Barett in der Handzeichnungssammlung der Uffizien zu Florenz (s. Comm. zu Vasari VI, 21 u. 26), welches auf einer Tafel links die Aufschrift zeigt: „Mr Alex^{r} Achillin^{o} an XXIII." Die Zeichnung ist bolognesisch, hat aber nicht die Schärfe und Sicherheit des Umrisses, die man bei Francia erwartet; das Datum, welches der Zeichnung gegeben wird (1486), ist ganz willkürlich.

[10] Berlin, Mus. N. 125: Maria hält das Kind aufrecht auf einer Steinbrüstung, zur Seite Joseph; bez. „BARTHOLOMEI. SVM. BIANCHINI. MAXIMA. MATRVM. HIC. VIVIT. MANIBVS. FRANCIA. PICTA. TVIS." (Holz, Oel, h. 1 F. 9, br. 1 F. 3$^{3}/_{4}$, aus Samml. Solly), die Farbenfläche hat gläsernes Email, die Erhaltung ist vortrefflich.

[11] Rom, Pal. Borghese, Saal II. N. 50: der Heilige kniet, im Profil gesehen, innerhalb einer Thüröffnung zwischen zwei Pfeilern, Hintergrund Landschaft, auf Zettel bez. „Vincentii Desiderii votum Frãcie expressum manu"; Hände und Gesicht etwas abgerieben. In derselben Sammlung sind ferner zu erwähnen: Saal II. N. 42: Madonna mit Kind (Holz) und Saal I. N. 61: Halbfig. des Heiligen Antonius, etwas unter Lebensgr., wohl erhalten, — nicht von Francesco, dem es zugeschrieben wird, sondern von Giacomo Francia; eine andere Madonna mit Kind, ebenfalls unter Franc. Francia's Namen, erinnert an die Weise des Boateri.

Die erstgenannten Bilder sind zunächst interessant als Zeugnisse der Freundschaft Francia's mit Bartolommeo Bianchini, der auf beiden genannt ist. Er war Senator zu Bologna, seiner Zeit als Sammler und Schriftsteller im Gebiete der schönen Literatur bekannt, und pries in einer Lebensbeschreibung des Codrus die Kunst Francia's aufs schmeichelhafteste. In ihrer technischen Eigenschaft betrachtet bekunden jene Gemälde, besonders das berliner und das römische, die Hand des Goldschmieds und zwar nicht blos durch das Metallische der Farbenfläche, des Tones und der Fleischreflexe, sondern ebenso durch die saubere Schärfe des Umrisses. Die Durchführung ist so weit getrieben, dass man die einzelnen Haare zählen könnte, die Farbe, eben und flach, entbehrt der Uebergänge vom Licht zum Schatten; die vortretenden Theile sind mit kaum wahrnehmbaren feinen Strichen aufgehöht, das Ganze zu firnissartigem Schmelz verarbeitet; der röthlich klare Fleischton lässt den Zusammenhang mit den Ferraresen erkennen.

Als seine Kunsterfahrung gereift war, malte Francia in ganz anderem Stil. Die i. J. 1490 im Auftrag des Bartolommeo Felicini für die Misericordia-Kirche bei Bologna gelieferte Madonna zeigt ihn als Meister religiöser Historienmalerei, der zugleich die Gesetze der Architektur und die Regeln der Perspektive wohl inne hatte:

Maria sitzt auf marmornem Throne, das mit der Geberde des Segnens in ihrem Schoosse stehende Kind haltend, zu Füssen ein Engel mit der Violine, auf den Stufen im Vordergrunde Joh. der Täufer, Monika, Augustin, Franciskus, Proculus und Sebastian und der knieende Stifter, welcher anbetend emporblickt; der Raum ist ein ornamentirter Portikus, dessen Pilaster und Bogen die Versammlung umschliessen; Inschr. „OPVS FRANCIÆ AVRIFICIS MCCCCLXXXX.“[12] Bologna. Kirche Misericordia.

[12] Bologna, Pinak. N. 78. Holz, Oel, Fig. fast lebensgross. Die Ziffer der Inschrift hat möglicher Weise noch 4 Zahlen mehr gehabt, wie man aus schwachen Ueberresten schliessen möchte, aber sie können auch später hinzugesetzt gewesen sein, da Vasari VI, 5 das Bild ausdrücklich ins Jahr 1490 verweist. Das Ganze hat infolge von Firnissen und theilweisen Nachbesserungen einen fuchsigen Stich bekommen. Die zugehörige Staffel enthielt die Geburt Christi, die Taufe und Franciskus in der Verzückung, der obere Aufsatz Christus zwischen zwei Engeln (s. Calvi a. a. O. 15).

Es ist ein ganz umbrisch gedachtes Conversationsbild von höchst symmetrischer Anordnung; in den Figuren herrscht Liebenswürdigkeit und regelmässige Proportion bei ziemlich fleischiger Bildung, die Formen sind weich, gut durch Schatten in Wirkung gesetzt, sehr fein umrissen und zart modellirt, die Gewänder, in umbrischem Geschmack angepasst, leiden hier und da an Ueberlast von Falten, im Fleisch ist wieder der röthliche Ton vorherrschend, die Uebergänge der Farben und ihre Nebeneinanderstellung haben eine gewisse Schroffheit und ähneln der ehernen Härte Costa's; der Vortrag entspricht den Ferraresen, doch hat er weicheres Korn und erreicht ungemeine Glätte. Der ganze Stil hat etwas Weibliches, eine feine äusserliche Zucht ohne rechte Blutwärme; die Milde Perugino's und Spagna's, die Glätte Credi's und die Tonart der Ferraresen verbinden sich in gleichem Grade unter dem Schleier einer gewissen Oberflächlichkeit und Kühle. Francia verhält sich zu Perugino wie Cima zu Bellini. Seine Stärke liegt in den ceremoniellen Andachtsbildern; seine Marien sind hold und schön, aber fast nie geistig bedeutend, die Jesusknaben kindlich ansprechend, die Heiligen schlanke, man könnte sagen elegante Erscheinungen, aber die innere Gluth Vannucci's geht ihm ebenso sehr ab wie der Nerv des Conegliancrs. Wenn Rafael später die Madonnen Francia's für die schönsten Andachtbilder erklärte, die er kenne, so war das eine übermässige Artigkeit; wenn dagegen Michelangelo dem Sohne Francia's die pikante Anerkennung zollte, dass sein Vater in Fleisch und Blut Besseres erzeugt habe als in Farben, so galt sein Spott derselben Kunstgesinnung, die ihn bei Perugino verdross[13]; beide Aeusserungen aber sind charakteristische Uebertreibungen nach entgegengesetzter Richtung.

Sehr hoch steht Francia als Bildnissmaler; seine Altarstücke

[13] Vasari XII, 186, im Leben Michelangelo's; eine direkte Aeusserung, die Michelangelo bei Gelegenheit der Beurtheilung seiner Julius-Statue in Bologna gegen Francia und Costa (Edit. princ. p. 962 Druckfehler „Cossa") gethan haben soll, ist in der 2. Ausgabe Vasari's abgeschwächt. Auch geht in der ersten Ausgabe eine später weggefallene Charakteristik voraus, welche von der Anmaasslichkeit des Bolognesischen Meisters handelt, die er erst angesichts der Werke Rafael's aufgegeben habe.

sind häufig mit Donatoren ausgestattet und stets mit vollkommenem Gelingen; das Porträt des Felicini auf dem oben erwähnten Bilde z. B. ist voller Leben und meisterlich vorgetragen. Die Oeltechnik beherrscht er durchaus, er wendet viel Farbe und reichliches Bindemittel an, indem er die Stücke voll anlegt, darnach mit halbdurchsichtigen Tönen übergeht und mit Lasuren vollendet.

Von 1490 bis zum Anfang des neuen Jahrhunderts behielt er die gleiche Vortragsweise bei; wir beobachten diese Verbindung von Milde des Ausdrucks mit kräftigem Ton in der schönen Madonna mit zwei Engeln in München[14], in dem Verkündigungsbilde der Brera[15], welches in seinem ceremoniösen Ernst eine gewisse Aehnlichkeit mit dem in derselben Sammlung befindlichen Bilde des Giov. Santi hat, sodann in der heil. Familie zu Dudley-House, die für seinen Gevatter Jacopo Gambaro, Goldschmied und Stempelschneider zu Bologna, gemalt war[16], ferner in der mit mönchischen Zuschauern ausgestatteten Verkündigung der Samml. Reiset in Paris[17], endlich in dem aus S. Giobbe zu Bologna stammenden seltsamen Gemälde des Gekreuzigten mit Hiob im Louvre:

München, Pinak.
Mailand, Brera.
London, Dudley-House.
Paris, Sml. Reiset.

Inmitten Christus am Kreuze, auf der einen Seite die Mutter weinend, auf der andern Johannes schmerzvollen Blickes zum Heiland aufschauend (beide aufrecht), im Vordergrund am Fusse des Stammes

Paris, Louvre.

---

[14] München. Pin. Saal, N. 575 (Holz. h. 2 F., br. 1 F. 6, im Kat. nur als „Art des Francia" angegeben): Maria hält das Kind, welches aufrecht auf einem mit goldgewirktem Teppich belegten Tische sitzend einen Stieglitz trägt, dahinter zwei Engel. Das Bild wurde 1833 von König Max II. aus der Gall. Zambeccari in Bologna erworben.

[15] Mailand, Brera, N. 142 (ursprüngl. Holz, auf Leinw. übertragen, h. 2,37, br. 2,26): Maria empfängt stehend die Botschaft Gabriels, welcher kniet; an einigen Stellen sind Uebermalungen bemerkbar.

[16] London, Dudley-House: Maria mit Kind und Joseph, Hintergr. Landschaft bez. „Jacobus Cambarus Bonon. per Franciam aurifabrum hoc opus fieri curavit 1495" (Francia hob mit J. Gambaro i. J. 1500 das Kind eines gemeinsamen Verwandten aus der Taufe; es wird uns noch ein zweiter Jacopo Gambaro bekannt, welchen Bumaldo, Minerv. 101 als i. J. 1498 in Bologna lebend erwähnt. vgl. auch Comment. zu Vasari VI, 20). Der Kopf des Joseph ist übermalt. In derselben Sammlung befindet sich noch ein Bild Francia's (Madonna mit Kind) von weicher Behandlung und klarem Ton in der späteren gewöhnlicheren Vortragsweise des Meisters.

[17] Paris. Samml. Reiset (aus der Gall. Northwick, Holz, Fig. ¾ lebensgross): rechts die Jungfrau, am Himmel Gottvater, im Vordergrund ein Dämon in Frauengestalt, ein Karmeliter, drei Mönche und Engel; die Gruppen sind gut angeordnet. im Ganzen ist der ferraresische Charakter noch ziemlich stark ausgeprägt.

hingestreckt der nackte Hiob mit der Krone auf dem Haupt, auf ein Band deutend, welches sich um den Schaft des Kreuzes windet und die Aufschrift trägt „Maiora sustinuit ipse"; rechts die Bezeichnung: „FRANCIA AVRIFABER . . ."[18]

Aus d. J. 1499 haben wir sodann das für Giovanni Bentivoglio gemalte grosse Altarstück in S. Jacopo maggiore in Bologna (Maria thronend mit Engeln zur Seite und anderen musicirenden zu Füssen, verehrt von den Heiligen Florian, Augustin, Joh. dem Evang. und Sebastian)[19], in welchem Francia in bedeutenderer Weise alle Eigenschaften seines bisherigen Stils vereinigt und durch tiefere Empfindung und reinere Harmonie der Verhältnisse adelt. Wir sehen hier, wie er im weiteren Fortschreiten den Linienzug des Umrisses zu festigen, den Formen Frische, den Geberden Leichtigkeit, den Gewändern einfacheren Fluss zu geben bemüht ist und zu gleicher Zeit die derbe Leuchtkraft seiner Farben mildert und das Licht mittels klarer und warm-silberner Uebergänge zum Halbton und Schatten abblendet. Die Hauptgruppe des in Rede stehenden Bildes, besonders aber die Kindergestalt ist die schönste, die er bis dahin hervorgebracht, der Sebastian überbietet an edler Grösse, die Engel an Unschuld und Natürlichkeit alle früheren Werke; in ihnen verbindet Francia auf sinnige Weise den Typus Perugino's mit dem Gedankenernst des Cima und Bellini.

Bologna, S. Jacopo m.

Hat diese Madonna Bentivoglio für Francia auch die Bedeutung eines gewissen Stilabschlusses, so erscheint sie doch nur als Durchgangspunkt zu einer höheren Stufe, die er unmittelbar darauf in dem Votivbilde für Anton Galeazzo Bentivoglio, Protonotar von Bologna erreichte:

Bologna, Privatbes.

Vor einem halbzerstörten Bogen kniet Maria inmitten des Bildes,

[18] Paris, Louvre (Samml. Napol. III.) N. 318ter (Holz, h. 2,50, br. 1,71); das Bild, aus derselben Zeit wie die vorigen, aber schadhaft, befand sich als Eigenthum des Grafen Cesare Bianchetti eine Zeit lang in London und gehörte später der Samml. Solly an. Vasari VI, 9 erwähnt es in S. Giobbe.

[19] Bologna, S. Jac. magg., Capp. Bentivoglio (Holz, Oel, Fig. lebensgr.) auf Zettel bez. „Johanni Bentivoglio II Francia Aurifex pinxit"; das Entstehungsjahr 1499 gibt Lamo, Graticola 36: gut erhalten. Im oberen Theile des Bildes befindet sich ein Ecce homo (Halbfig.).

vor ihn am Boden liegt das Kind, links der knieende Stifter im Johanniterkleid mit einem Engel zwischen Joseph und Franciskus, welche stehen, rechts Augustin im Ornat und ein zweiter Engel knieend, weiter vorn eine stehende Figur, gleich dem gegenüber stehenden Joseph auf den Stab gelehnt, Hintergr. Landschaft; am Getäfel unterhalb des Vordergrundes die Inschrift: „Pictorum cura opus mensibus duobus consumatum Antonius Galeaz. I° II. Bentivoli fil. Virgini dicavit."[20]

Innerhalb der Schönheitsformel des Lorenzo di Credi steigert er seine Gestalten durch mehr Grösse und Breite zu männlicheren und charaktervolleren Persönlichkeiten; wiederum tritt die Begabung für das Porträt hervor, wenn sich auch hier gewisse mönchische Züge einschleichen und die Färbung noch etwas unter dem spröden silberigen Schimmer der Töne leidet. Die von Costa gemalte Predelle gibt einen interessanten Maasstab für den Vergleich der beiden nah befreundeten Meister. — Auf gleicher Stufe mit diesem Hauptbilde steht der todte Christus[21] und die Madonna mit Kind und 4 Heiligen in der Pinakothek zu Bologna:

In einem zu beiden Seiten mit Hallen abgeschlossenen getäfelten Hofraum erhebt sich der mit Reliefs und Ornament geschmückte, von einem Teppich verhangene Thron, auf welchem Maria in etwas müder Haltung sitzt, das nackte Kind auf ihrem Knie, welches die eine Hand zum Segnen erhebt und in der andern einen Stieglitz trägt; auf der Thronstufe ein sitzender Engel, welcher, den Lilienstab unterm Arm, mit erhobenen Händen betend emporblickt, links Augustin im Bischofsornat in sein Buch vertieft, neben ihm Georg im Harnisch den Fuss auf den erlegten Drachen setzend, rechts Stephanus im Diakonenkleide, die Steine, welche er auf einem Buche darreicht, wehmüthig betrachtend, und Joh. der Täufer mit der Geberde eines Lauschenden aufwärts deutend; im Hintergrund Landschaft.[22] Bologna. Pinakothek.

[20] Bologna, Pin. N. 81 (Holz, Oel, Fig. lebensgr.). Die Angabe, dass das Bild nach Ant. Gal. Bentivoglio's Heimkehr aus dem heiligen Lande gemalt gewesen sei (Vasari VI, 5), widerlegt Calvi a. a. O. 19. Das Datum der Entstehung geht aus der Ziffer 1499 hervor, welche auf der von Costa hinzugelieferten Staffel steht (jetzt Brera N. 141 s. oben): die Bentivogli nahmen das Bild bei ihrer Flucht vor Julius II. aus Bologna mit sich nach Mailand, von wo es erst 1816 zurückgekommen ist, s. Rosaspina, Pinac. della pontif. accad. di B. A. in Bologna.

[21] Bol. Pin. N. 83: Christus von zwei Engeln im Grabe gestützt, Gegenstück der Composition Perugino's in der Samml. des Lord Taunton in England, aber besser erhalten (Holz, Oel).

[22] Bol. Pin. N. 80 (aus der Misericordia-Kirche und ursprünglich für die Familie Manzoni gemalt; s. Vasari VI, 10 und Lamo, Grat. 45) Holz, Oel, Fig. lebensgr.

Welche Schätzung Francia's zart-feierliches Wesen zu aller Zeit gefunden, geht aus der ungemein weiten Verbreitung seiner Bilder hervor, die in modernen Gallerien fast so häufig sind wie Andrea del Sarto und Perugino. Auch die Stilphase, die wir gegenwärtig betrachten, ist innerhalb und ausserhalb Italiens gut vertreten: die Madonna in Anbetung vor dem Kinde in der Pinakothek zu München bietet ein vorzügliches Beispiel weihevollen Vortrags und übertrifft die bisherigen an Zartheit der Farbenverschmelzung und an Harmonie des Silbertones[23]; die Verkündigung mit 4 Heiligen (Maria inmitten des Bildes stehend blickt nach dem Engel empor während das Kind in Glorie am Himmel erscheint)[24] — v. J. 1500 — und eine thronende Jungfrau mit heiliger Umgebung[25], beide aus der SS. Annunziata, jetzt in der Pinakothek zu Bologna, sind schwächer; jene zeigt die gewöhnlichere kühle Sorgfalt der Behandlung, diese lässt sogar Schülerhände vermuthen. Dagegen steht das Madonnenbild mit Laurentius und

München, Pinak.

Bologna, Pinak.

---

[23] München, Pin. Saal N. 577: am Boden unter Blumen das Kind, welches die eine Hand erhebt und in der andern einen Apfel hält, vor ihm knieend Maria, Hintergrund anmuthige Landschaft mit zwei Reitern, die ihre Pferde am Ufer eines Baches weiden, bez. in Goldbuchstaben: „FRANCIA. AVRIFEX. BONON . . s ." (Holz, h. 5 F. 4, br. 4). Das Bild befand sich ursprünglich in der Sammlung zu Mantua und verblieb dort bis 1786 (d'Arco, Arti II. 214); am Anfang des gegenwärtigen Jahrh. besass es der Baron St. Saphorin, dänischer Gesandter in Wien; dann gehörte es der Gallerie der Kaiserin Josephine in Malmaison an und wurde 1815 für München erkauft. Eine Copie davon besitzt das Museum zu Berlin unter N. 126, eine zweite die Pinak. zu Bologna.

[24] Ehemals in der Annunziata vor Porta S. Mammolo; Holz, Oel, Figuren lebensgross; zu den Seiten Maria's stehen die Heiligen Johannes der Evangelist, Franciskus, Bernardin und Georg, im oberen Theile des Rahmens sieht man die Gestalt Gottvaters; auf einem Zettel, unter welchem sich das Wappen der Franciskaner (ein Kreuz mit zwei Armknochen) befindet, steht die Inschr.: „Francia Aurif. B. pinxit MCCCCC." Die Färbung ist noch etwas herb.

[25] Ebendaher, früher in der zweiten Kapelle: Madonna mit Kind thronend zwischen Paulus und Franciskus mit dem jungen Johannes, der das Kreuz in der Mitte des Vordergrundes hält (Holz, Oel, Fig. ungefähr lebensgr.), bez. „Ioannes Scappus ob immaturum Lactätii filii obitum pientissime -- affectus hoc virgini q paulo — dicavit." Es hat in der Behandlung viel Gemeinsames mit der sogleich zu betrachtenden Madonna mit Heiligen in Petersburg, ist aber nicht so geschickt vorgetragen und daher wohl theilweis auf Schüler zurückzuführen; die Figuren sind ungewöhnlich leblos und gedrungen gebaut, die Farbe beschädigt, hier und da abblätternd. — In der dritten Kapelle der Annunziata befand sich ein Krucifix mit Magdalena am Kreuzstamm, umgeben von Maria und Franciskus (links), dem knieenden Hieronymus und einem stehenden Heiligen rechts (Holz, Oel, Fig. ungef. lebensgr.); auch hier deutet die Ausführung stellenweise auf Gehilfen, die Inschrift „Francia Aurifc" macht das Bild nicht echter.

Hieronymus und spielenden Engeln in der Ermitage zu Petersburg (aus S. Lorenzo zu Bologna) vermöge der freien Pinselführung und der breiten Formen trotz etwas kurzem Figurenbau neben den vorzüglichen Arbeiten des Meisters.[26] Es übertrifft in mehr als einem Punkte das zwei Jahr später (1502) für die Kirche der Osservanza in Modena ausgeführte Altarstück in Berlin, welches durch weitgehende Uebermalung sehr an Werth verloren hat.[27] Hervorragend dagegen ist die thronende Madonna mit Engeln und 4 Heiligen in S. Martino zu Bologna, welche fast gleichen Rang mit derjenigen der Kapelle Bentivoglio behauptet, wenn sie auch durch die etwas zu hagere Bildung der Figuren und die Schwärze der Schatten Eintrag erfährt, Eigenschaften, die auf die Vermuthung führen, das hier vielleicht Costa Antheil gehabt hat.[28] In derselben anmuthig perugineskeu Weise ist sodann auch

Petersburg. Ermit.

Berlin. Museum.

Bologna.

---

[26] Petersburg, Eremit. N. 19: Maria thront mit dem segnenden Kinde, vorn die beiden Heiligen und die Engel, bez. „Ds Ludovicus de Calcina Decretorü Doctor Canonicus S. P. Bon. redificator auctor Eᴄ͏̃esiae fecit fieri p. me Franciam aurifice Bonon. anno MCCCCC.“ (Holz, Oel): in den oberen Ecken zwei lesende Propheten grau in grau; die Farbe immer noch etwas rauh und in den Uebergängen hart. Das Bild, von Kardinal Ludovisi nach Rom versetzt, kam später in die Gall. Ercolani zu Bologna (s. Calvi a. a. O. 27). — Ebenda N. 68: Madonna mit Kind (Halbfig., Holz, auf Leinw. übertragen mit zweifelhafter Signatur, sehr schadhaft in den Fleischtheilen), im Hintergrund auf der einen Seite die Auferstehung, auf der andern die Verklärung Christi.

[27] Berlin, Mus. N. 122: Maria mit dem stehenden Kinde im Schoosse in der Engel-Glorie umgeben von den Heiligen Geminian, Bernard, Dorothea, Katharina, Hieronymus und Ludwig in hügeliger Landschaft, bez. „FRANCIA AVRIFABER BONON. 1502“ (Holz, h. 8 F. 4, br. 6 F. 6). Ursprünglich für S. Cecilia in Modena gemalt kam das Bild nach Aufhebung dieser Kirche im J. 1737 nach S. Margherita (s. Campori, Gli Artisti 393, wo Belege über die Provenienz gegeben sind). — In derselben Gallerie haben wir ferner: N. 121: der todte Christus auf dem Schoosse der Mutter, daneben eine der anderen Frauen und zwei Engel, die um den Leichnam beschäftigt sind (Holz, h. 3 F. $\frac{3}{4}$, br. 5 F. $9\frac{1}{2}$, aus Samml. Solly) ist Copie des Altarstückes in der Nat.-Gall. zu London N. 180; sodann N. 123: Maria mit Kind und dem kleinen Johannes, Hintergr. Landschaft (Holz, h. 2 F. $3\frac{3}{4}$, br. 1 F. $9\frac{1}{4}$), bleiche und manierirte Copie von einem Schüler Francia's; — N. 126: Maria im Rosenhaag das Kind verehrend, Hintergr. Landschaft (Holz, h. 5 F. 8, br. 4 F. 4, aus Samml. Solly), Copie des Bildes N. 557 der münchener Pinakothek: — N. 127: Johannes der Täufer und Stephanus, Hintergr. Landschaft (Holz, h. 2 F. 8, br 2 F. $2\frac{1}{4}$, aus Samml. Solly), vermuthlich ebenfalls Schulbild.

[28] Bologna, S. Martino, die Heiligen der Umgebung sind Rochus, Sebastian, Bernardin und Antonius von Padua (Holz, Oel); durch die Basis des Thrones und an den Seiten sieht man auf Landschaft; oberhalb Christus im Grabe zwischen zwei Engeln, unterhalb Christus das Kreuz schleppend, bez. „FRANCIA AVRIFEX P.“

Modena, Gall. Zamb. die Madonna aus der Gall. Zambeccari (neuerlich veräussert) vom J. 1503 gehalten[29]; sie ähnelt dem münchener Bilde, zeigt aber bei aller Leuchtkraft der Farbe noch einige Härten in den Uebergängen aus dem Licht in den Halbton.

Mit dem eben genannten Werke schliesst eine zweite Phase in Francia's Kunstentwicklung, und hier ist die Stelle, wo wir einen Besuch des Meisters in Florenz annehmen möchten, für den zwar zur Zeit kein historischer Nachweis erbracht ist, ohne den uns aber die dramatische Auffassung schwer verständlich erscheint, die aus der Kreuzabnahme der Gallerie zu Parma spricht:

Parma, Gall. Der Todte liegt im Schooss der Mutter, Johannes hebt das Haupt desselben und Magdalena umklammert die Füsse, während Maria Salome mit ausgebreiteten Armen auf ihn herabschaut und Nikodemus abgewandt zur Seite steht: hinter der Gruppe erhebt sich im Mittelgrunde das Kreuz, die Ferne bildet reichgegliederte Landschaft; bez. „FRANCIA AVRIFEX BONON F.“[30]

Hier begegnet uns von neuem ein Anklang an Perugino, aber an den grossen Aufschwung desselben, da er die Verbindung umbrischer Milde mit florentinischer Wucht am vollendetsten erreichte. Die Gruppirung bekundet Sicherheit und Leichtigkeit, im Ausdruck der augenblicklichen Bewegung herrscht grosses Naturgefühl und die kühle Enthaltsamkeit, die Francia sonst anhaftet, ist einer tiefen Erregung gewichen. Die derbe und strahlende Farbe verräth noch den ferraresischen Ursprung seines malerischen Stils, obwohl die Töne vollendet ineinanderfliessen. Nun stehen wir vor einer Reihe von Werken, deren Hauptreiz die Anmuth der Erfindung bildet. Zunächst gilt dies von der grossen figurenreichen Krönung Maria's mit dem Jesuskinde im Ferrara, Dom. Vordergrund im Dom zu Ferrara, an welcher die Schaar der heil. Zeugen in der Landschaft unterhalb sehr an Fra Bartolommeo

[29] Ehem. Gall. Zambeccari in Bologna: Maria hält das segnende Kind im Schoosse, welches einen Vogel in der Linken hat, bei ihm steht Franciskus mit Kreuz und Buch, Hintergr. Landschaft (Holz, Oel, Fig. fast lebensgr.), bez.: „Francia Paulo Zambeccaro pinxit MCCCCCIII.“ Der jetzige Aufbewahrungsort ist uns unbekannt.

[30] Parma, Gall., ursprünglich für die Stadt gemalt (Vasari VI, 8), Holz, Oel, oben rund.

erinnert[31], sodann eine Himmelfahrt der Jungfrau in S. Frediano[32] und ein Madonnenbild in Casa Mansi zu Lucca[33], jenes wiederum durch reiche Figurenstaffage hervortretend; endlich die Anbetung des Kindes, die ursprünglich für Paolo Zambeccaro gemalt, sich jetzt im Ginnasio zu Forlì[34] befindet, ein Bild, das ebenfalls durch die weichere Tonstimmung und sorgfältigste Vollendung ausgezeichnet, alle früheren Härten überwunden zeigt und bei einer der Weihe des religiösen Gegenstandes meisterlich angepassten Geberdensprache klares Farbenlicht ausströmt. Denselben Geist holdseliger Schönheit athmet endlich auch die Conception mit der Pietà in der Lünette, die aus Lucca in die National-Gallerie nach London gekommen ist. Neben der durchgehenden Verwandtschaft mit Perugino nehmen wir hier nun die entfaltete Kunst der Composition und zugleich Züge wahr, die an Lionardo gemahnen:

Lucca, S. Frediano. Casa Mansi.

Forlì, Ginnasio.

Das Hauptbild enthält auf gemeinsamem Throne die Heiligen Anna mit Maria und dem Kinde vor einem Pfeiler zwischen zwei Bögen, durch welche man den Himmel sieht; vor dem Thron steht der Knabe Johannes mit dem Lamm-Kreuz nach Jesus empordeutend, zu den Seiten Sebastian, Paulus, Laurentius und Romuald; bezeichnet: „FRANCIA. AVRIFEX-BONONIESIS. P. — “; in der Lünette der todte Christus auf dem Schoosse der Mutter mit zwei jungfräulichen Engeln, von denen der eine das Haupt des Todten stützt, der andre betend zu Boden blickt.[35]

London, Nat.-Gall.

[31] Ferrara, Dom (Holz, Oel, oben rund, aber abgestutzt und auch sonst beschädigt); im Vordergrunde stehen die Heil. Georg, Stephanus, Bartholomäus, Joh. der Täufer, Petrus, Augustin und Paulus; vorn inmitten der Knabe Jesus in verkürzter Ansicht mit dem Kopfe nach dem Beschauer, umgeben von Katharina und einer andern ebenfalls knieenden Heiligen.

[32] Lucca, S. Frediano: Maria in Glorie mit Engeln den Segen Christi empfangend, unten stehend die Heiligen Anselm, Augustin, David und Salomo, vorn vor dem Grabe knieend Antonius mit dem Rücken nach dem Beschauer gewandt, in der Staffel 4 grau in grau gemalte Stücke (Holz, Oel).

[33] Lucca, Casa Girolamo Mansi: Maria mit Kind, Halbfig. in Landschaft; Maria's Gesicht etwas beschädigt (Holz, Oel, Fig. 1/2 lebensgr.).

[34] Christus angebetet von Maria, Joseph, 2 Engeln und 2 Hirten (Holz, Oel, Figuren 1/2 lebensgr.). vgl. Vasari VI, 10.

[35] London, Nat.-Gall. N. 179 (Holz, Oel, h. 6 F. 6 1/2, br. 6 F.) und N. 180 (Holz, Oel, h. 3 F. 2, br. 6 F.), ehemals in der Cappella Buonvisi in S. Frediano zu Lucca (von letzterem gibt es eine Copie im Museum zu Berlin) — Wir schliessen hier aus der Nat.-Gall. in London noch an: N. 638: Maria hält das auf einer Steinbrüstung stehende Kind vor sich, welches segnet, zu jeder Seite ein Heiliger, Hintergr. Landschaft (Halbfig., Holz, h. 2 F. 8, br. 2 F. 1 1/2), erworben aus der Samml. Beaucousin; ursprünglich von klarem leuchtenden Ton, aber in der londoner Gallerie mit einer Lasur von gebrannter terra di Sienna überzogen.

In dieser selben Zeit, in welcher dem jugendlichen Rafael in Florenz eine neue Kunstwelt aufging, gewannen also auch Francia's Erzeugnisse jenen ruhigen Adel, der in der Verbindung der Kraft und des Formenwohllauts liegt; seine Technik erhob sich zur Meisterschaft, besonders durch das Geschick, womit er die Halbtinten und die feinen Lasuren anzuwenden verstand, der Sinn für die Atmosphäre steigerte sich, Modellirung, Licht- und Schattenfall wurden wahrer und wirkungsvoller. Man mag diese letzte Abklärung immerhin aus dem Studium der Werke Rafael's herleiten, mehr aber hat wohl dessen persönlicher Einfluss dazu beigetragen. Es fehlt nicht an einem Verbindungsgliede zwischen den beiden Männern. Im Jahre 1491 hatte Francia unter seinen Schülern den Timoteo Viti, damals einen Jüngling von 20 Jahren, der aus Urbino nach Bologna gekommen war, um sich im Goldschmiedhandwerk zu vervollkommnen.[36] Er blieb vier Jahre dort und ging 1495, vom Segenswunsche seines Lehrers begleitet, nach Hause zurück.[37] Wahrscheinlich blieb er in brieflichem Verkehr mit Francia und auf diese Weise mögen Bilder desselben nach Urbino gekommen sein; wissen wir doch, dass er für den Herzog Guidubaldo eine Darstellung der Lucretia und ein kunstvolles Sattelzeug gemalt hat.[38] Timoteo aber lenkte nach unserer Ueberzeugung Rafael's Augenmerk auf den bolognesischen Meister und andrerseits wird Francia durch seinen dankbaren Schüler vom Auftreten des jungen Santi unterrichtet worden sein, dessen Talent er wohl wieder den Bentivogli rühmte. Dies alles sind natürliche Voraussetzungen der Thatsache, dass Giovanni Bentivoglio ein Bild (Geburt Christi) von Rafael erhielt[39] und dass Francia mit Rafael in Briefwechsel getreten ist. In einem nach Bologna gerichteten Schreiben vom 5. Sept. 1508 bestätigt er den Empfang von Francia's Porträt, verspricht ihm sein eigenes und schickt die Zeichnung einer Composition (Presepe) mit dem Wunsche, dafür die „Judith“ Francia's zu erhalten; er fügt hinzu, dass Monsignor

[36] s. Malvasia, Felsina pittr. I, 55.

[37] s. ebenda und Pungileoni. Elogio stor. di Tim. Viti, Urbino, 1835. S. 5.

[38] s. Vasari VI, 11; von diesen Sachen ist jede Spur verloren.

[39] s. Baldi (Vita e fatti di Guidubaldo I) bei Passavant. Rafael I, 96.

il Datario und Kardinal Riario ihre bestellten Madonnen erwarteten, von denen er sich denselben Genuss verspreche wie von früheren, da er von keinem Maler je schönere und vollendetere Andachtbilder gesehen habe.[40] Die freundschaftliche Beziehung beider Männer ist hieraus klar, wenn auch daraus noch nicht hervorgeht, ob sie einander begegnet sind. Vasari scheint nur Briefverkehr anzunehmen; aber bei der innigen Verehrung Rafael's für Francia liegt die Annahme sehr nahe, dass er bei seiner Rückkehr von Florenz nach Urbino i. J. 1505 oder 6 den Weg über Bologna genommen habe, um ihn zu besuchen; und diese Vermuthung gewinnt an Wahrscheinlichkeit, wenn man beobachtet, wie viel entschiedener Francia seitdem sich der rafaelischen Auffassung hingab, eine Wandlung, die sich aus der blossen Bekanntschaft mit Werken seiner Hand kaum genügend erklären möchte.[41]

Von den zahlreichen hochgerühmten Wandgemälden, die Francia für die Bolognini, für Paolo Zambeccaro[42] und in dem 1507 zerstörten Palast Bentivoglio ausgeführt hat[43], ist nichts auf uns gekommen; erhalten sind allein die Fresken im Oratorio di S. Cecilia, welche vor Costa's Weggang nach Mantua 1509 gemalt waren:

Sie befinden sich im Hinterraum der Kapelle zu beiden Seiten des Altars und enthalten die Hochzeit Cäcilia's mit Valerian und die Bestattung der Heiligen. Auf dem ersten Bilde steht Cäcilia neben Valerian, der ihr den Ring an den Finger steckt, unter den Bögen der Kapelle, die den Blick in hügelige Landschaft öffnen; der Hohepriester schaut wohlwollend auf die Braut herab; als Zeugen der Handlung sind links eine Gruppe Frauen, rechts drei Männer gegenwärtig. — Auf dem zweiten Bilde wird die mit einem Kranz weisser Rosen geschmückte Heilige von 3 jungen Männern, von denen die beiden vorderen kräftig anziehen, im Bahrtuch schwebend über dem Sarkophag gehalten, vor welchem das Kreuz liegt; links steht ein Kar- Bologna, S. Cecilia.

[40] Passavant a. a. O. und Vasari's Comment. VI, 16.

[41] Auch Passavant (I, 95) ist der Meinung, dass sie sich persönlich kannten und i. J. 1505 oder 6 in Bologna zusammentrafen.

[42] Vasari VI, 10. 11.

[43] Er malte dort Porträts (unter andern das seines Lobredners Bart. Bianchini), Nachahmung eines Bronze-Reliefs und eine Judith im Begriff den Holofernes zu enthaupten, s. Bumaldo, Minerv. X, 250. Calvi a. a. O. 25 u. a.

dinal, ein Jüngling mit Fackel aufwärtsblickend, ein Papst, ein Weib und ein alter Mann, rechts zwei Mädchen und ein junger Fackelträger; in der Luft der Engel mit der Seele der Todten, den Hintergrund bildet ein Thal zwischen steil abfallenden Bergen.

Die Gestalt der Hauptfigur auf dem Bilde der Bestattung Cäcilia's ist ebenmässig und ungemein lieblich gebildet; sie liegt wie schlummernd ausgestreckt, die schönen Glieder schmiegen sich anmuthig in das Tuch, Hände und Füsse sind zierlich geformt, sodass keine Spur mehr an die Qualen des Martyriums erinnert. In den Geberden der übrigen Gestalten, die zum Theil rein umbrisches Gepräge haben, ist die Anmuth auf Kosten der dramatischen Wahrheit etwas übertrieben und dadurch entsteht der Eindruck einer gewissen Förmlichkeit; der Gruppe zur Rechten fehlt es im Gegensatz zu der sehr wohlgefällig angeordneten Gegenseite an Zusammenhalt, aber durchweg herrscht feiner Adel der Empfindung und eine süsse Melancholie. Auf die Gewandung ist vielleicht zuviel Sorgfalt verwendet, die Zeichnung und besonders der Umriss verrathen den gereiften Meister. Als Composition betrachtet, ist die Darstellung der Trauung Cäcilia's vollkommener, auch die Zeichnung noch besser; besonders anziehend wirkt die sittige Haltung der Braut und der beiden Mädchen zu ihrer Seite, von denen die eine in holder Schüchternheit die zum Empfang des Ringes ausgestreckte Hand Cäcilia's hält. Es begegnet uns hier eine bei Francia seltene Mannigfaltigkeit des Ausdruckes; die Verhältnisse sind schön, die Gewandung fliessend; von den Männern haben etliche die keuschen Geberden und den reinen Blick rafaelischer Figuren. Durch Alles hindurch geht eine Veredelung des Geschmacks und der Technik, die wir nur verstehen können, wenn wir den Zauber der persönlichen Einwirkung Rafael's zu Hilfe nehmen. In ihm sah Francia das Ideal des Künstlers überhaupt, wie er in dem schönen Sonett bekannte, das er dem jungen Freunde zur Antwort gab als dieser ihn mit schmeichlerischen Prädikaten angeredet hatte.[14]

---

[14] Malvasia, Felsina I, 46. Vasari VI, 17 u. a. Die Echtheit desselben ist bisher nicht ernstlich angefochten.

Auch Francia's Bildnisse aus den ersten Jahren des Jahrhunderts zeigen den Uebergang von peruginesker zur rafaelesker Auffassung. Betrachtet man das schöne Porträt des Vangelista Scappi in den Uffizien[45], so ist die Anlehnung an Perugino unverkennbar; der stillbefriedigte offene Ausdruck des wohlgebildeten, von reichlich herabfallendem Haar umschlossenen Antlitzes, der Landschaftshintergrund mit seinen feinen Details, der röthliche Fleischton mit den grünlich grauen Schatten, der Grad des Reliefs und die mässige Betonung der Atmosphäre hat ganz den Charakter und die Behandlungsweise des umbrischen Meisters, soweit Francia seiner Begabung nach ihm nahe kommen konnte. Anders nimmt sich das ehemals im Besitz des Marchese Bovio unter Rafael's Namen bekannte Bildniss der Gallerie Liechtenstein in Wien aus — ein vierzigjähriger Mann in langem Haar und schwarzer Kappe, grünem Wams, gestreiftem Ueberkleid und brauner Schaube, ebenfalls mit landschaftlichem Hintergrund[46] —; dem Rafael längst durch übereinstimmende Ansicht der Forscher abgesprochen, wird es ohne ernste Bedenken dem Francia zuzutheilen sein, aber es ähnelt dem Stile Rafael's aus der Zeit, in welcher er unter dem

Florenz, Uffiz.

Wien, Gall. Liechtenst

[45] Florenz, Uffiz. N. 1124, lebensgr. Halbfig., fast ganz nach vorn gewandt mit leichtem Bartanflug, der Anzug ist schwarz, der Kopf mit seidenem Barett bedeckt; die Hände sind aufeinander gelegt und ruhen auf der Brüstung, die Linke mit Handschuh bedeckt, in der Rechten ein Brief mit der Aufschrift „dñ Vangelista de Scappi" (Holz, Oel); die Bäume im Hintergrund links haben etwas Uebermalung erfahren.

[46] Wien, Gall. Liechtenstein (Holz, Oel, Brustbild unter Lebensgr.); auf der Rückseite der Tafel die Bemerkung: „Galleria del Marchese Bovio in Bologna in Strada San Stefano. Rittratto di un Duca di Urbino di 1ª maniera di Rafº Sanzio di Urbino." H. 0,48, br. 0,37. Die untere Hälfte des Gesichtes und ein Theil des Hintergrundes verrieben. — Ein drittes hierher gehörige Porträt Francia's in der Städel'schen Gall. zu Frankfurt a/M. N. 41 ist so beschädigt, dass nur die Landschaft noch die Hand des Meisters zeigt. Früher befand sich ein angebliches Selbstporträt Francia's und zwar vermeintlich dasjenige, welches er an Rafael geschickt haben sollte, in der Gall. Harrach zu Turin (vielleicht identisch mit dem bei Campori, Racc. 634 im Inventar der Sammlung Boschi in Bologna aus dem Ende des vorigen Jahrh. erwähnten), ist jedoch jetzt nicht mehr nachweislich. — Ein Porträt in der Sammlung des Earl Cowper zu Panshanger (bereits früher von uns unter Perugino, Band III. 264 aufgeführt) hat etwas von Francia's Weise, aber entspricht der Ableitung seines Stiles, wie sie Francesco da Imola vertritt, der im J. 1508 in sein Atelier trat. In einem Sonett des Girolamo da Cosio (s. Calvi, a.a.O. 54) wird zweier weiblicher Bildnisse des Francia lobend gedacht, und ein Porträt des „Cesar Borgia" aus der Samml. Castelbarco zu Mailand wurde in einer Auction in Paris 1870 zu 11,000 Francs verkauft.

Einflusse Lionardo's und der Florentiner den peruginesken Vortrag bereits abzulegen begann. Da überdiess die Bovio eine alt-bolognesische Familie waren, so liegt es weit näher, in dem Dargestellten einen Edelmann aus Bologna als, wie geschehen ist, einen Herzog von Urbino zu vermuthen. Die Behandlung erinnert am meisten an Rafael's Madonna von Blenheim, an die Madonna im Grünen in Wien und an das Doni-Porträt im Pitti; auch die Landschaft ist an Tiefe und Duft sehr rafaelesk; dazu kommen als Hauptvorzüge die Ruhe und Lebensfrische der Haltung, wahre Modellirung und satter transparenter Ton; den Francia erkennt man am meisten an der sauberen Vollendung des Einzelnen, wie der Haare und anderer Theile, die den Goldschmied verrathen. Alles in Allem erscheint uns dieses Porträt als ein fast eben so wichtiges Beweisstück für das Freundschaftsverhältniss zwischen ihm und Rafael wie die Briefe, welche sie gewechselt haben.

Die Vertreibung der Bentivogli schien ein schwerer Schlag für den Meister. Rafael spielt in seinem Briefe von 1508 darauf an, indem er ihn Muth fassen heisst und ihn versichert, dass er seine Bekümmerniss wie die eigene empfinde. Francia fand indessen sehr bald die Gunst des neuen Herrn; er blieb auch unter Julius II. Münzmeister, fertigte die Stempel für das neue päpstliche Geld und malte nach wie vor.[47] Seine Kunstweise erfuhr bis zu seinem Tode keine Wandelung mehr, wenn auch das künstlerische Verdienst der Arbeiten dieser letzten Jahre ungleich ist. Zu den schönen Erzeugnissen seines peruginesken und rafaelesken Stils gehören: die Annunciata mit Johannes und Hieronymus im Museum zu Bologna[48], die lebhaft an die Fresken von S. Cecilia erinnert, die 3 Predellentafeln ebenda (Geburt Christi, Maria das Kind tränkend mit Heiligen und Christus am Kreuz)

Bologna Pinak.

[47] s. die Zahlungsvermerke für Stempel v. 21. Nov. 1508 im Comment. zu Vasari VI, 4.

[48] Bologna, Pinak. N. 79 (Holz, Oel, Fig. lebensgr.): Maria steht betend zwischen den beiden Heiligen in einer Landschaft; der Täufer erinnert an Lorenzo di Credi, der Engel an Mariotto und Fra Bartolommeo. Das Bild war für die Brüderschaft S. Girolamo bestellt, vgl. Vasari VI, 10.

und das köstliche Seitenstück derselben, die Anbetung der Könige in Dresden[49], welche so sehr im Geist von Rafael's Jugendstil gehalten ist, dass sie trotz ihrer Kleinheit schon allein die innigste Beziehung zwischen beiden Meistern voraussetzt. Ursprünglich von ähnlichem Reiz, jetzt sehr beschädigt, ist die Darstellung Christi im Tempel in der Gallerie zu Cesena.[50] Noch im Jahre 1509, in welchem die Taufe Christi des Dresdener Museums[51] und das Gegenstück in Hampton-Court[52] entstanden, arbeitete Francia mit ungebrochener Kraft in jener seelenvollen, von zarter Schwermuth berührten Auffassung; selbst seine Pietà (Christus von Johannes und Magdalena gehalten, von Maria beweint) aus d. J. 1515 im Turiner Museum[53] ist ohne Zweifel vor ihrer Ausbesserung ein sehr tüchtiges Werk gewesen, aber die Madonna mit Christus und Johannes zwischen 4 Heiligen aus demselben Jahre in der Gallerie zu Parma[54] zeigt, dass in dieser Zeit die Schwäche eintrat. — Wir betrachten nun noch eine Anzahl verstreuter Werke

Dresden, Museum.

Cesena, Gall.

Dresden, Museum.

Hampton-Court.

Turin Museum.

Parma, Gall.

---

[49] Bologna, Pin. N. 82, anmuthige, harmonisch und klar gefärbte Figuren (Holz, Oel); Dresden, Mus. N. 435: Maria mit Joseph und mehreren Hirten links; zwei der Könige knieen, einer steht hinter ihnen. Gefolge zu Ross und zu Fuss füllt die andere Seite; im Mittelgrund ein See, links Felsen mit Ruine, in der Ferne Stadt und Berglandschaft. (Holz, h. 0,41, br. 0,59); das Bild erinnert ungemein an Rafael's Darstellung desselben Gegenstandes von 1503 im Vatikan. Eine Copie von Francia's Anbetung befindet sich in der Gall. zu Schleissheim N. 1139 unter Baldovinetti.

[50] Holz, Oel, h. 6 F. 4, br. 4 F. 7, bez. „FRANCIA AVRIFEX": Maria ist begleitet von Joseph mit den Opfertauben und der Prophetin Hanna, Simeon rechts vor einem Altar mit Buch; das Bild hat stark durch Abblätterung und Uebermalung gelitten. vgl. Vasari VI, 8.

[51] Dresden, Museum N. 437: Christus steht im Jordan, Johannes links, rechts die beiden Engel, von denen einer auf Christus, der andere zu der Taube emporblickt. Hintergr. Berglandschaft, bez.: „FRANCIA · AVRIFEX · BON · F · M · V · VIIII" (Holz, Oel, h. 2,09, br. 1,72); ursprünglich in Modena (Vasari VI. 7. 8). beim Bombardement von Dresden i. J. 1760 beschädigt.

[52] Hampton-Court (aus Mantua stammend). von dem Dresdener Bilde in der Stellung der Engel und in der Behandlung der Landschaft etwas abweichend, aber wie jenes klar und silbertönig. bez. „FRANCIA AVRIFEX BON." (Holz, Oel). Eine kleine Predelle mit demselben Gegenstande befindet sich in der Samml. des Lord Taunton in Stoke. die Ausführung verräth jedoch die Hand eines Gehilfen.

[53] Turin, Mus. N. 190; hinter der Hauptgruppe ein Mönch und Nikodemus. bez. in Goldbuchstaben: „F. FRANCIA AVRIFEX BONONIENSIS F MDXV" (Holz. Oel. h. 2,20, br. 1.50).

[54] Parma, Gall., Holz, Oel. Fig. fast lebensgr., der Knabe Johannes deutet empor. die Heiligen sind Benedikt, Joseph, Scholastika und Placida, bezeich. „Francia Aurifex Bononiensis. f. MDXV"; Pinselführung und Behandlung überhaupt sind noch recht frei, aber die Durchführung nicht mehr so klar und entschieden wie bisher.

des Meisters und solcher, die unter seinem Namen gehen, ohne dessen würdig zu sein:

Gall.-Bilder. London, Samml. Baring: Maria mit Kind und Joseph, bez. „F. FRANCIA AVRIFEX FACIEBAT ANNO MDXII“; das Bild scheint uns eine alte Nachahmung. — Ebenda: Lucretia sich ermordend (Halbfig.), schwaches Bild aus Francia's Schule (ein echtes desselben Gegenstandes soll sich in Privatbesitz in Modena befinden).

London, Samml. Mrs. Butler Johnston: Franciskus die Wunden empfangend; anscheinend von Francia's Schüler Timoteo Viti (s. später).

Paris, Louvre N. 318 bis: Geburt Christi mit Joseph und zwei anbetenden Engeln, sehr schönes Miniaturstück von fast Memling'scher Liebe der Ausführung.[55]

Wien, Akad. Madonna m. K. zwischen zwei Heiligen, bis auf den Kopf Maria's erneut, auch die Inschrift, welche lautet: „OPVS Franciae Aurificis MDXIII.“ — Gall. des Belvedere, Saal V. N. 18: Maria thronend, unten der kleine Johannes mit dem Spruchband „Ecce“ aufwärts deutend nach dem nackt im Schoosse der Mutter sitzenden Jesus, links Franciskus, rechts Katharina. bez. „FRANCIA. AVR'FABER. BONO“[56]; zu sehr übermalt, um ein bündiges Urtheil zu gestatten.

Modena, Gall. N. 36: Verkündigung; Maria knieend auf einem Schrein, der mit Tuch behangen und mit Büchern gefüllt ist, ihr gegenüber der Engel mit der Lilie; den Hintergrund schliessen drei Bögen, von denen zwei mit Reliefs geschmückt sind, während der mittlere Ausblick auf Landschaft gewährt, am Himmel Gottvater; nicht von Francia, sondern von Fr. Bianchi Ferrari und Giov. Ant. Scaccieri.[57]

Neapel, Museum: Maria mit Kind und dem jungen Johannes, schwache Leistung eines Nachfolgers des Timoteo Viti oder Orazio Alfani.

Lützschena bei Leipzig, Gallerie Speck-Sternburg N. 1: Madonna mit Kind, welches nackt vor ihr auf der Steinbrüstung steht und die Hand zum Segnen erhebt (Halbfiguren), bez. in Goldschrift: „FRANCISCVS. FRANCIA. AVRIFEX. BON: FECIT. ANNO MDXVII“[58], anscheinend Schulbild, die Inschrift verdächtig.

[55] Samml. Napol. III. Holz. h. 0.236, br. 0,138. erworben aus der Sammlung E. Fouret 1863.

[56] H. 6' 9''. br. 4' 9''.

[57] Holz. h. 2.90. br. 1,78. vgl. oben S. 368.

[58] Holz. h. 0.39, br. 0,30. aus der Samml. des Grf. Fries in Wien. — In Casa Pertusati in Mailand wird ein Bild vom J. 1511 (Mad. m. K.) und in der Samml. Ercolani in Bologna ein zweites v. J. 1514 erwähnt, welche die Verf. nicht gesehen haben. — Aus alten Sammlungskatalogen entnehmen wir noch folgende Nachrichten über Bilder Francia's: Verona, Samml. Curtoni (1662): Maria m. Kind und Heiligen (Campori, Racc. 198); Ferrara, Samml. Carandini (1671): Mad. m. K. (ebenda 203); Parma, Palazzo del Giardino oder Farnese (1680): 1) Maria m. K. zwischen zwei weiblichen Heiligen mit Märtyrerpalmen. 2) Maria

Nach Vasari's romanhaftem Bericht soll Francia infolge der Erkenntniss seiner eigenen Nichtigkeit, die sich ihm angesichts des Bildes der heil. Cäcilia von Rafael aufgedrängt habe, gestorben sein.[59] Rafael's Cäcilie kam in den Jahren 1514—16 nach Bologna; in Wahrheit hat der Meister, der den Anregungen seines jüngeren Freundes so viel verdankte, auch jenes Kunstereigniss glücklich überstanden. Sein Tod fiel in das Jahr 1518 neuen Stils.[60] Er hinterliess mehrere Söhne.

Von diesen folgten Giacomo und Giulio (der Jüngere, geb. 1486) der Kunst des Vaters, bei dem sie vermuthlich so lang er lebte als Gehilfen thätig gewesen sind, sodass wir sie wohl auch für Schwächen verantwortlich zu machen haben, die gelegentlich an Werken Francia's auffallen; denn ihre Leistungskraft war nicht bedeutend. Giacomo's beste Arbeit sind zwei Fresken in S. Cecilia zu Bologna: die Taufe Valerian's und das Martyrium der Jungfrau im siedenden Oel[61]; obgleich wahrscheinlich nach Compositionen des Vaters gemalt, haben sie gedrungenen Figurenbau, unfeine Zeichnung und wenig Leben im Ausdruck. Hier und da erhob sich Giacomo zu recht tüchtigem Erfolg, wie eine Musterung seiner Arbeiten in S. Stefano und in der Gallerie zu Bologna[62], in der

Bologna, S. Cecilia.

Bologna.

und Kind unter einem Baume sitzend, mit zwei Engeln in weissen Kleidern und Johannes, Joseph und einer Heiligen (knieend), 3) Maria das Kind tränkend, 4) Maria m. K. und Joseph 5) Mad. mit Kind (Campori 218. 266. 267. 275. 287); Parma, Herzogl. Gall. (1708): 1) Maria mit Kind und dem jungen Johannes, 2) Maria m. d. K., welches einen Vogel hält (ebenda 462. 466); Parma, Samml. der Maddalena Manini (1698): Maria mit Kind und dem jungen Johannes (ebenda 409); Bologna, Samml. Ranuzzi (1698): 1) der heil. Sebastian, 2) u. 3) Madonnen (ebenda 412. 418. 419); Bologna, Samml. Zampieri: 1) Maria m. K., 2) Verlobung Katharina's (ebenda 599. 600); Venedig, Samml. Renier: heil. Katharina (ebenda 457).

59 Vasari VI, 12. 13.

60 s. Anm. zu Vasari VI, 11.

61 Beide sind sehr beschädigt, abgekratzt und entfärbt.

62 Bol. S. Stefano: Christus am Kreuz zwischen Hieronymus und Franciskus, Magdalena den Stamm umfassend. Hintergrund Landschaft; (Holz, Oel, Fig. fast lebensgr.) von Malvasia, Felsina I, 57 dem Francesco Francia zugetheilt, aber mit der Jahrzahl 1522 versehen, welche diesen ausschliesst: das Werk nimmt sich wie die Kunst Francia's in Miniatur aus. Die Farbe blättert an vielen Stellen los. — Bologna, Pin. N. 84, aus S. Francesco: Maria mit Kind und dem Knaben Johannes, umgeben von Franciskus, Bernardin, Sebastian und Georg, bez. am Stamme des Baumes, an welchem Sebastian angebunden ist: „I. FRANCIA AVRIFEX BONON FE MDXXVI" (die Comment. des Vasari VI, 21 geben irrthümlich am Anfang der Inschrift noch ein zweites I an). — Ebenda N. 87: Maria in Glorie, unterhalb Petrus, Franciskus, Magdalena und 6 Mädchen (Holz, oben rund), die Figuren haben

Florenz. Mailand. Berlin. Akademie und im Pitti zu Florenz[64], in Mailand[64] und Berlin[65] lehrt. In der zweiten Hälfte seiner Thätigkeit bestrebte er sich, durch freien Vortrag und flotte Ausführung dem Zeitgeschmack gerechter zu werden und hielt sich hierbei ganz wacker an das Vorbild Bagnacavallo's.[66] Er starb 1557. Ausser den genannten Bologna. Parma. Berlin. Bildern besitzen wir in Bologna, Parma und Berlin auch eine Anzahl, welche er, wie die Signatur „I. I. Francia“ bezeugt, gemeinschaftlich mit seinem Bruder Julius geliefert hat.[67] Von Giulio allein vermögen wir nur ein Bild der Ausgiessung des heil.

eine gewisse Grossartigkeit, die Farbe ist gut gestimmt und gediegen verarbeitet. — N. 85: Maria mit Kind thronend zwischen Paulus, Magdalena und dem kleinen Johannes, oben abgerundetes Altarbild.

[63] Florenz, Akad. Saal der alt. Gem. N. 11: Maria mit dem Kinde thronend zwischen den knieenden Franciskus und Antonius von Padua, Hintergr. Landschaft; hier sind die Formen breit und kurz, die Gesichter leblos, Zeichnung und Farbe hart und rauh — Gallerie Pitti N. 44: Brustbild eines bartlosen Mannes in Mütze, welcher einen Apfel hält; etwas rauh in der Farbe und ziemlich mechanisch behandelt, aber scharf in den Umrissen, wenn auch übermalt. N. 195 männl. Brustbild, unter Giacomo's Namen, aber wahrscheinlich dem Bonsignori angehörig, vgl. oben S. 508.

[64] Mailand, Brera N. 101. Madonna mit dem Kind, dem kleinen Johannes und zwei Engeln, umgeben von den Heil. Sebastian, Hieronymus, Stephanus und Antonius Abbas (Fig. lebensgr.). — N. 109: Maria mit Kind, zwei Engeln, zwei Heiligen in Harnisch, Justina, Katharina und noch 4 anderen (Fig. lebensgr.), bez. „IACOBVS FRANCIA P. MDXLIIII“, schöne Bilder.

[65] Berlin, Mus. N. 271: Allegorie der Keuschheit, welche in Gestalt eines mit dünnem weissen Gewande bekleideten Mädchens eine Palme und einen Schild hält, Hintergrund Landschaft, worin auf der einen Seite eine ähnliche Gestalt auf dem von Eichhörnchen gezogenen Wagen geleitet von 4 Genien mit Palmen einem Gebäude zueilt, während gegenüber die Unkeuschen über den Höllenfluss gesetzt werden (Holz, h. 2 F. 6¾, br. 1 F. 10⅓). — N. 281: Maria den Knaben an der Hand führend, welcher sich zum jungen Johannes wendet, zu den Seiten Magdalena und Agnes, Franciskus und Dominikus, Hintergr. Landschaft, bez. „I. FRANCIA“ (Holz, h. 6 F. 3, br. 5 F. 4). — N. 293: Maria das auf der Steinbrüstung vor ihr stehende Kind haltend, die andere Hand auf ein Buch gelegt, neben ihr Franciskus, bez. „F. FRANCIA“ (Holz, h. 2 F. 6½, br. 2 F. 1¼, aus Samml. Solly).

[66] Wir verweisen auf das Madonnenbild mit 4 Heiligen in Bologna, Pin. N. 84, vgl. Anm. 62.

[67] Bologna, Pin. N. 86 (Holz, oben rund): die Heiligen Fredianus, Jakobus, Lucia und Ursula nebst einem Bildniss, bez. „I. I. FRANCIA.“ — Parma, S. Giov. Evangelista: Geburt Christi, bez.: „I. I. Francia Bon. MDXVIII“, durch Nachbesserung beschädigt, aber gut ausgeführt; ferner ein Heiliger in Glorie mit Geige und ein zweiter lesend, Joseph und andere Figuren nebst Bildnissen, bezeichnet „I. I. Francia Bon. MDXVIIII“, am Altar die Aufschrift: „Antonius Ferratus etc. condiderunt“, am Sockel drei beschädigte Halbfiguren Heiliger. Berlin, Museum N. 287: Maria in Glorie von Cherubim und Engeln umgeben, unterhalb die Heiligen Paulus, Katharina, Franciskus und Joh. der Täufer, Hintergr. Landschaft, bez. „I. I. RRANCIA. AVRIFI. BONON. FECER. MDXXV“, neben der Inschrift ein Specht (Holz, h. 9 F. 10, br. 6 F. 5, aus Samml. Solly, ehemals in S. Paolo in Monte zu Bologna).

Geistes in der Gallerie zu Bologna nachzuweisen.[68] Auch die Söhne nennen sich, wie der Vater, auf ihren Bildern immer Goldschmiede. Bologna. Gall.

Die Kunstgenossen der jüngeren Francia haben keinen Anspruch auf eingehendere Behandlung. Am meisten Interesse bietet noch Amico Aspertini, geb. um 1475 in Bologna, ein phantastischer Kopf, der sich nach Vasari's Bericht auf seiner Wanderung durch Italien überall zu thun machte, vorzüglich aber in seiner Vaterstadt eine gemeine Fruchtbarkeit bewies, indem er sogar mit beiden Händen zugleich gemalt haben soll.[69] Seine ersten Proben legte er in S. Cecilia ab, wo zwei Darstellungen zur Legende des Valerian und Tiburtius bestimmt von ihm herrühren.[70] Die Altarbilder und sonstigen Staffeleigemälde die wir von ihm in Bologna[71], Ferrara[72], Madrid[73] und Berlin[74] kennen, zeigen, dass er sich theils unter dem Einflusse des Ercole Roberti Grandi, theils unter demjenigen der schwächeren Umbrier aus Pinturicchio's Zunft gebildet hatte. Er malte Fresken in S. Frediano zu Lucca[75] (nach 1506) und in der Stirnseite der Bibliothek

Bologna. S. Cecilia.

Bologna. Ferrara. Madrid. Berlin.

Lucca. S. Frediano.

---

[68] Bologna, Pin. N. 88: Herabkunft des heil. Geistes mit den Heiligen Gregor und Petronius, übermalt.

[69] vgl. Vasari IX, 87 ff.

[70] Bologna, S. Cecilia: Enthauptung der Heil. Valerian und Tiburtius und ihre Bestattung, stark beschädigt, z. Th. sogar zerstört. Bei einem dritten Bilde, dem Verhör der Heil. Cäcilie vor dem Kaiser, ist seine Urheberschaft nicht sicher.

[71] Bologna, S. Martino maggiore: Maria mit Kind, umgeben von Lucia, Augustin und Nikolaus, welche drei junge Mädchen ausstatten. Bologna, Pin. N. 297: Mad. m. K., Johannes dem Täufer, Franciskus, Georg, Sebastian und Eustachius mit 2 Stifterporträts (Holz, Oel), in umbrischem Charakter, nicht unähnlich dem Manni, stark beschädigt.

[72] Ferrara, Palazzo Strozzi: Staffelbilder enth die Heimsuchung, die Geburt Christi, die Darstellung im Tempel und das Sposalizio, in Ercole Roberti Grandi's Weise.

[73] Madrid, Museum, N. 573 (885) unter „umbr. Schule“: Raub der Sabinerinnen, Holz, h 0.51, br. 1.61.

[74] Berlin, Museum N. 118: Geburt Christi, mit Joseph, Hirten und Engeln, Hintergr. Gebirgslandschaft mit dem Zug der Könige, bez. „amicus bononiensis faciebat“ (Holz, Temp., h. 3 F. 8½, br. 2 F. 7, aus Samml. Solly), von umbrischem Charakter, die Figuren trocken, die Köpfe sehr unschön.

[75] Lucca, S. Frediano (Friano) Capp. S. Agostino: 1) die Legende vom Volto Santo, mit einer hübschen Gruppe (ein vor einem Heiligen knieender Mann), 2) Taufe eines Bekehrten mit viel Schmuckwerk an Statuen und anderem Zubehör (stark beschädigt), 3) (Lünette über dem ebengenannten): Christi Abnahme vom Kreuz, 4) der Heil. Fredianus leitet den Fluss Serchio von Lucca zum Meere ab

zu S. Michele in Bosco zu Bologna (1514), welch' letztere später von Canuti übermalt worden sind. Als Bildhauer versuchte er sich im Wetteifer mit Properzia de' Rossi und lieferte 1526 für S. Petronio eine Marmorgruppe (den Leichnam Christi in den Armen des Nikodemus). Aus dem Jahre 1527 haben wir Nachrichten von Arbeiten für einen Annibale Gozzadini in Bologna, 1530 heirathete er und starb 1552 im Irrsinn. Seine Fresken in der Cappella della Pace in S. Petronio, die in Gemeinschaft mit Bagnacavallo und Innocenzo da Imola ausgeführt waren, sind ebenso wie verschiedene Hausdekorationen zu Grunde gegangen. Dass Amico Bolognese in Rom gewesen ist, wissen wir bestimmt.[76] Ueber seinen Kunstcharakter lässt sich sagen, dass die Compositionen im allgemeinen schlecht zusammengefügt sind, indem nur hier und da eine kompakte Gruppe vorkommt, in der Wahl der Ausstattung ist er erfinderisch und wendet nach Art Pinturicchio's plastisches Ornament an, was er auch auf die Säume der Kleider erstreckt, die in ihrer knitterigen Fältelung an die älteren Ferraresen erinnern; seine Figuren sind durchgängig hässlich und grob, sie zeigen häufig die platten Gesichter des Ercole Roberti Grandi und bewegen sich unfein; die Färbung hat den rothen Stich im Fleischton, der von seiner Kunsterziehung herrührt. — Von ähnlicher Beschaffenheit ist das einzige Bild, welches wir von Amico's Bruder Guido Aspertini aufweisen können, eine Anbetung der
Bologna. Gall. Könige in der Gallerie zu Bologna.[77] — Giovan Maria Chiodarolo, der in S. Cecilia mitbeschäftigt gewesen sein soll[78], ist

5) Geburt Christi (sehr schwach und durch Feuchtigkeit beschädigt), 6) Lünette mit unkenntlichem Gegenstand. 7) Decke, enth. Gottvater mit Engeln, an Mazzolino erinnernd. 8) Pilaster mit rafaeleskem Zierwerk, in welchem die Buchstaben des Namens Amigo in verstellter Folge: „I. M. A. G. O. f." vorkommen; 9) Bogenleibung mit Darstellungen aus der Leidensgeschichte mit Figuren, welche an Rafael's Disputa erinnern. (Darunter Christus am Oelberg in peruginesker Composition.)

[76] vgl. Vasari IX, 92 und Gualandi, Mem., Ser. I, 33 u. III, 178, wo Aspertini's Testament vom 3. Nov. 1552 mitgetheilt ist.

[77] Bologna, Pin. N. 9.

[78] Es wird ihm dort die Darstellung der Krönung des Valerian und der Cäcilia durch Engel zugeschrieben, ein kaltes schwaches, sehr beschädigtes Stück, welches eine Mischung von Francia's und Costa's Stil mit dem der Schule Pinturicchio's verräth; entsprechend ist das Bild N. 61 der Pin. zu Bologna: Geburt Christi, ebenfalls eine schwache Arbeit, welche man ebensowohl der Jugend des Timoteo Viti als dem Chiodarolo zuschreiben kann.

ebenfalls ein schwacher Gesell; wie sein Genosse Jacopo Boateri, der durch ein bezeichnetes Bild in der Gall. Pitti vertreten wird[79], zehrt er von der Nachahmung Francia's, Costa's und der Umbrier. Florenz. Pitti.

Von allen seinen zahlreichen Schülern hat Timoteo Viti dem bolognesischen Meister die grösste Ehre gemacht, wie auch ein warmherziges Erinnerungswort in dessen Tagebuche bestätigt. Timoteo, 1467 in Ferrara geboren als Sohn des Bartolommeo della Vite und der Calliope, einer Tochter des Antonio von Ferrara, war von Jugend auf zum Goldschmied bestimmt.[80] In Francia's Werkstatt von 1491—95 lernte er das Malerhandwerk und ging als Meister nach Urbino; es fehlt nicht an Bildern, die man, soweit ein Rückschluss aus der späteren Periode möglich ist, dieser seiner Jugendzeit zutheilen möchte.[81] Von wenigen Künstlern untergeordneten Ranges haben wir so reichliche Kunde über ihren Entwicklungsgang. Nach seiner Verheirathung i. J. 1501 arbeitete er mit geringer Unterbrechung fünfzehn Jahre hindurch in Urbino und fand die reichlichste Gelegenheit zur Bethätigung. Als Cesare Borgia die Stadt verrätherischer Weise überfiel und den Herzog Guidubaldo vertrieb, lieferte Timoteo das Wappenschild des Usurpators. Gemäss letztwilliger Bestimmung des Bischofs Giam Pietro Arrivabene von Urbino († 1504) erhielt er den Auftrag, das Altarstück für eine Grabkapelle des Doms zu malen, deren Wände Girolamo Genga mit Fresken geschmückt hatte, und i. J. 1505 arbeitete er mit diesem zusammen am Ta-

---

[79] Florenz, Pitti N. 362: heil. Familie, bez. „Jacobus de Boateris" (Holz), genaue Nachahmung Francia's; ein Seitenstück besitzt die Gallerie Scarpa in La Motta (Friaul) unter Francia's Namen.

[80] s. Vasari, Tab. alfab., Laderchi, Pitt. Ferr. 29; Pungileoni's Angabe des Geburtsjahres 1470 (Elog. stor. di Tim. V. S. 1) ist unrichtig; vgl. Francia's Tagebuch in Malvasia. Fels. pittrice.

[81] Ferrara, Gallerie: Himmelfahrt der Maria von Aegypten, unten in der Landschaft der Heilige Zosimus (ehemals in S. Andrea zu Ferrara). Holz, klein, dem Francia und Costa verwandt, nicht unähnlich dem angebl. Bilde des Chiodarolo in der Gall. zu Bologna N. 60; die Figuren sind schlank und lebhaft, die Farbe firnissreich, die Behandlung sehr sorgfältig. Ferrara, bei Conte Mazza: der Gekreuzigte zwischen Maria und Johannes (Holz, klein); bei Prof. Saroli: Maria mit Kind und dem Knaben Johannes. Holz, klein.

bernakel des Corpus Christi in derselben Kirche[82]. 1519 war er sodann bei Ausschmückung der Triumphbögen beschäftigt, die der Herzog Francesco Maria, der ihn hauptsächlich schätzte, zur Feier der Einholung seiner Braut Eleonora Gonzaga errichten liess.[83] Wie sehr er unter seinen Mitbürgern in Achtung stand, beweist die Wahl zum Priore i. J. 1508 und zum Primo Priore 1513, sowie verschiedene Aufträge für die herzoglichen Schlösser in Urbino und Urbania.[84] Von allen Bildern Timoteo's ist das von der Herzogin Elisabeth Gonzaga und Alessandro Ruggieri als Vollstrecker des Arrivabene'schen Testaments bestellte Altarstück v. J. 1504 das vorzüglichste:

Urbino, Dom. Es zeigt den Stifter Giam Pietro Arrivabene, einen Mann von ungefähr 60 Jahren, in Profilansicht und den Herzog Guidubaldo knieend zu den Seiten eines Altars, auf welchem die Heil. Thomas Becket von Canterbury und Martin von einem Ruinenbogen umschlossen sitzen.[85]

Sorgfalt und Durchführung in Umriss und Modellirung sind hier aufs höchste getrieben, Verhältnisse und Geberden der Figuren sowie die in umbrischem Geschmack angeordneten Gewänder untadelhaft, allein das Ganze hat bei allem Fleisse etwas Fröstelndes, sodass man sich an die blutlose Vortragsweise des Sassoferrato erinnert fühlt. Bei naher Betrachtung erscheint die gediegene Farbenverarbeitung in den einzelnen Theilen, die stumpfrosigen Fleischlichter mit ihren grauen Schatten sehr fein, aber bei einigem Abstand verschwindet alle Wirkung in dem Eindrucke der Leerheit. Dieselbe kühle Genauigkeit der Behandlung begegnet auf späteren Bildern, wie z. B. der büssenden Magdalena
Bologna, Pinak. in der Gallerie zu Bologna, die i. J. 1508 im Auftrage des Lodovico Amaduzzi ebenfalls für den Dom in Urbino gemalt war[86],

[82] Pungileoni, Elog. stor. di Tim. V, 10—13.

[83] Vasari VIII, 154.

[84] Vasari VIII, 152—154. Unter den nicht mehr nachweislichen Arbeiten dieser Zeit wird eine Darstellung des Apollo mit den Musen erwähnt, s. Vas. VIII, 153 und Baldi bei Passavant, Rafael I, 9.

[85] Urbino, Dom, Capp. Arrivabene (S. Martino), Holz, Oel, h. 4 F. 9 zu 6 F. 5 3/4; das Gesicht des Bischofs Arrivabene theilweis beschunden. Die Bestellung des Bildes erfolgte u. 15. April 1504, s. Pungileoni a. a. O. 11—13.

[86] Bologna, Pin. N. 204: Magdalena steht betend in felsiger Wildniss (die Felsen übermalt, Fig. lebensgr.); an

und an der nach Mustern des Francia componirten Verkündigung mit Heiligen in der Brera zu Mailand, die übrigens durch untersetzte Figuren mit unfeinen Gliedmaassen, kalten Ausdruck und ziemlich scharfe Licht- und Schattencontraste auffällt.[67] Durchweg nehmen wir Timoteo's Abhängigkeit von seinem Lehrer und von Pinturicchio wahr, nur dass er beide nirgends erreicht und selten recht innerliche geistige Betheiligung verräth, denn seine Erzeugnisse erheben sich kaum über die gewöhnliche Modellmalerei und er verfällt häufig ins Triviale und Hausbackene. Auch als Landschaftsmaler zeigt er die Mängel, welche seiner allgemeinen Anlage entsprechen; immer reichlich in den Einzelheiten täuscht er leicht über den eigentlichen Werth seiner Leistungen.

Mailand, Brera.

Bei seiner Weiterentwicklung nähert er sich dem rafaelesken Stil, wie er etwa durch Spagna vertreten ist. Hierfür gibt seine Apollonia in S. S. Trinità zu Urbino ein charakteristisches Beispiel[68], wogegen ein Noli-me-tangere (seltsamer Weise in Gegenwart des Erzengels Michael und des Antonius Abbas) — 1518 für die Brüderschaft von S. Angeli zu Cagli gemalt[69] — bei rafaelischem Grundzug etwas von der Härte und dem conventionellen Vortrag des Giov. Santi und des Palmezzano an sich hat. In diese

Urbino, SS. Trinità.

Cagli, Frat. S. Ang.

einem dürren Ast zur Linken ein Zettel mit der Aufschrift: „Di cp̄i et ma. Ma. Lo. Amatutius archip̄ sc̄i Cipri. dica." Die Capp. S. Cipriano im Dom war 1508 von Amaduzzi gestiftet, und das Bild wurde von Marchese Antaldo Antaldi gegen ein anderes vertauscht. s. Pungileoni a. a. O. 19.

[67] Mailand, Brera N. 58 (ehemals in S. Bernardino degli Osservanti bei Urbino am Altar der Buonaventura): Gabriel schwebt in der Luft, Maria steht auf felsigem Boden im Vordergrunde, umgeben von Johannes dem Täufer und dem an einem Baum angebundenen Sebastian; letztere Figur hat durch die Reinigung, die das ganze Bild erfahren, am meisten gelitten.

[68] Urbino, S. S. Trinità: die Heilige steht mit Buch und Zange in Händen in einer Landschaft (Leinw., Oel, fast lebensgr.), Mantel und Kleid Apollonia's sowie die Staffage beschädigt, an der rechten Seite des Bildes ein Stück angesetzt.

[69] Cagli, Fratern. di S. Angelo minore: im Vordergrund auf dem Flur vor einer Portalruine Michael mit der Seelenwaage, den halbmenschlich gebildeten Satan niedertretend, rechts Antonius mit dem Schwein zur Seite; im Mittelgrund das Noli-me-tangere (Magdalena anscheinend nach Rafael copirt), Hintergr. Hügelland mit Stadt. Die beste Figur ist Antonius, Michael hat tänzelnde Bewegung; die Farbe ist etwas herb, die Abwägung von Licht und Schatten fehlerhaft, die ganze Composition gezwungen und conventionell, Atmosphäre fehlt fast gänzlich (Holz, Oel); am Sockel des Bogens zwischen den beiden Heiligenfiguren die Inschrift: „Timotheo Viti Urbina opus"; das Bild war u. 2. Mai 1518 vollendet, s. Pungileoni a. a. O. 50.

Zeit nun oder kurz vorher fällt Timoteo's Aufenthalt in Rom[90], wo er Rafael's Gehilfe wurde, und wir finden durchaus keinen Grund gegen die Annahme, dass ihm die Uebertragung der rafaelischen Kartons zu den Prophetenfiguren oberhalb der Sibyllen in S. Maria della Pace angehört und dass sich seine Hand auch auf die Gewänder der Sibyllen selbst erstreckt. Unsrerseits haben wir zur Unterstützung dieser Ansicht, welche die Kritik sich zu eigen gemacht hat, nur wiederholt zu betonen, dass die technische Behandlung der bezeichneten Theile den Pinsel Rafaels ausschliesst, und dass wir keinen Schüler desselben wissen, der hierbei mehr in Betracht käme als eben Timoteo.[91] Während in dieser Frage die Meinungen fast einstimmig sind, hat sich ein anderes Bild bisher der gleichen Wahrnehmung entzogen: der in der Akad. S. Luca befindliche heil. Lukas, welcher dargestellt ist, wie er in Gegenwart eines jungen Mannes die Jungfrau mit dem Kinde malt. Zwei Ueberlieferungen streiten sich hierbei: nach der einen haben wir es mit einem beschädigten Werke Rafaels, nach der andern mit einer Malerei zu thun, die theilweis von ihm, theilweis von einem Schüler herrührt.[92] Wir halten Timoteo

Rom, S. M. d. Pace.

Rom, Akademie S. Luca.

[90] Pungileoni a. a. O. gibt aus urkundlichen Quellen, wie Quittungen, Instrumenten über Landkauf und Registraturen der Brüderschaft S. Giuseppe in Urbino, welcher Timoteo angehörte, den Nachweis, dass derselbe 1501, 1503, 1505—9. 1513, 1515, 1516, 1518, 1519 und 1520—23 in Urbino gewesen ist; er konnte mithin in Rom sein 1511—15. 1516—17 oder 1519—20. Für letztgenannte Zeit spricht der Umstand, dass die Kapelle von S. M. della Pace 1519 noch unvollendet war (vgl. das Testament des Agostino Chigi bei Passavant, Raf. II, 168).

[91] Vasari widerspricht sich bei Erwähnung der Fresken in S. M. della Pace; einmal nämlich, im Leben Rafaels, VIII. 23. sagt er, die Sibyllen und Propheten seien das Schönste was der Meister gemacht, und im Leben des Timoteo VIII. 151 behauptet er, die Sibyllen seien nach Erfindung und Ausführung von Viti. Es kann nicht zweifelhaft sein, dass sowohl den Propheten wie den Sibyllen die Zeichnungen Rafael's zu Grunde liegen, vgl. auch Passavant, Raf. I, 192 u. II, 165.

[92] Prof. Cav. Ferdinando Cavalleri hat in einer Broschüre die Aechtheit des Bildes vertheidigt. Dasselbe war von Pietro da Cortona der Kirche S. Martino in Rom überwiesen, welche es 1588 der Maler-Akademie überlassen hat. Das Original ist später in die Acad. di S. Luca versetzt und an dem ursprünglichen Standort eine Copie ausgestellt (s. Passavant II, 116). Bezüglich der Ausführung lasst sich feststellen, dass Maria, das Kind, die Arme, Hände und Füsse, der gelbe Mantel und die grünen Aermel des Lukas von Einer Hand herrühren; das Fleisch ist blass, im Lichte gilblich, der Himmel blau in Halbton gehalten, der Schatten grau, von kräftigem Körper und von der Glätte Timoteo's; der Kopf des Heiligen und der Jüngling neben ihm (sei er nun Bild-

für den Urheber, weil in den unberührten Theilen die Malweise desselben unverkennbar ist: die gelben Lichter, die perlgrauen Halbtöne und die grauen Schatten sind ebenso viel Merkzeichen seines Vortrags wie andrerseits die kalte Sorgfalt der Durchführung und die Farbensubstanz seine Palette verrathen. Die schweren Gestalten der Maria und des Kindes, die dem heil. Lukas als Vision erscheinen, sind im Gegensatz zu Rafael charakteristisch für Timoteo; sie haben rundliche Bildung und eine Oberflächlichkeit, deren sich Rafael nie schuldig macht; mit Werken höchster Art des Meisters wie etwa der sixtinischen Madonna verglichen machen sie einen geradezu eisigen Eindruck. Haltung und Geberde des Lukas könnte kaum äusserlicher und lebloser sein, es ist nur Pose, kein Affect gegeben; der Pinsel haftet so locker in der Hand desselben und der Farbentopf hat so wenig Stand, dass ein Heiliger dazu gehört, um beides nicht zu verlieren. Wie in der Bewegung der Figuren, so sind im Wurf der Gewänder, aber in unvollkommen mechanischer Weise, Rafaels Vorbilder nachgeahmt. Man möchte glauben, dieser habe eine kleine Skizze zur Uebertragung in Lebensgrösse dazu geliefert und Timoteo dann mit seinem Maass von künstlerischem Wissen und Verständniss Rafaels das Bild zu Wege gebracht.

Erfreulicheres Zeugniss von Viti's Kunstweise unter dem Einflusse Rafaels gibt die Madonna mit Christus, den beiden Johannesknaben und den beiden Jakobus im berliner Museum[93], ein Bild, das, wenn auch weich und zärtlich, doch eine geniessbare Mischung vom umbrischen Vortrag Rafaels und seines Vaters mit Timoteo's Eigenheit darstellt, die sich besonders in der Vernach- Berlin. Museum.

niss Rafaels oder nicht) haben anderen Ton, vielleicht infolge der reichlichen Nachbesserungen, welche das Bild erfahren hat. Keine der Figuren ist nach den strengen Regeln der Perspektive hingestellt. An der linken Ecke ein Zettel, der mit dem Messer abgekratzt ist; er war von Scipione von Gaeta, einem Restaurator des 18. Jahrh. angebracht und dessen Name später von Federico Zuccaro getilgt worden.

[93] Berlin, N. 120: Maria, in einer Thronnische sitzend, hält das stehende Kind auf dem Schoosse, auf dem Throne der kleine Täufer und ein betender Knabe (Johannes der Evangelist?); am Fusse des Thrones Jakobus der Aeltere mit aufgeschlagnem Buch und Jakobus der Jüngere mit dem Pilgerstab. Hintergrund Landschaft, früher mit der gefälschten Inschrift versehen: „Io. Sanctus Urbi. p.“ (Holz, Oel. h. 5 F. 8½, br. 4 F. 10.)

lässigung der Gliedmaassen bemerklich macht. In ähnlicher Art gibt sich seine Manier auf einem zweiten Bilde derselben Sammlung, dem in dünner Farbe angelegten Hieronymus[94], und in einer im Besitz der Mrs. Butler-Johnstone in London befindlichen Franciskus-Figur.[95]

Berlin. Museum. London, Sml. Butler.

Nach dem Tode Rafaels kehrte Timoteo wahrscheinlich nach Urbino zurück[96], wo er am 10. Oktober 1523 starb. Von einer Anzahl seiner Werke sind uns nur noch Nachrichten erhalten.[97]

---

[94] Berlin, N. 124: Der Heilige kniet büssend vor einem Krucifix (Holz, h. 1 F. 3¼, br. 10¼ Z. oben rund).

[95] London, Samml. Butler-Johnstone, weil. Samml. Munro, kleines Tafelbild.

[96] Aus d. J. 1520 erfahren wir, dass Timoteo damals einen Agenten ermächtigte, um einen Verwandten seiner Frau, Federico Spaccioli, in Pesaro mit 50 Skudi zu ranzioniren.

[97] Urbino, Dom, Altar von S. Croce: Maria mit Kind, Crescentius, Vitale und ein Geige spielender Engel (Vasari VIII, 150); Pungileoni a. a. O. 7 und Passavant, Raf. I. 376 erklären, das Bild habe sich in der Brera befunden, doch befindet es sich jetzt nicht dort und ist auch nie im Katalog aufgenommen gewesen. — Urbino, S. Agata und Kapuziner-Kirche: Bilder, deren Gegenstände nicht angegeben werden (Vas. VIII, 153 und Pungileoni 17); Brüderschaft S. Giuseppe: Maria mit Kind und Joseph (Pungileoni, Anm. zu S. 46), ferner zwei Kreuze, gemalt i. J. 1520 (ebenda 107); Marciolla bei Urbino: zwei Engel mit Lauten (ebenda 8); Rom, S. Caterina da Siena: Fresken und eine Tragbahre (auch dem Peruzzi zugeschrieben, Vas. VIII, 151 u. 225); Rom: Befreiung der Andromeda (Pungileoni, Anm. zu 63, vgl. dagegen Bottari-Tic., Lett. pitt. III. 480); Pesaro, S. Francesco: heil. Familie mit Franciskus, im Hintergr. der Zug der Könige (Pungil. 14); Forlì, S. Francesco: Malereien in einer Kapelle, enth. die Himmelfahrt, gemeinschaftlich mit Genga gemalt, jetzt zerstört (Vas. VIII, 152 u. Pungil. 48); Città di Castello: mehrere Bilder (Vas. VIII, 152).

DREIUNDZWANZIGSTES CAPITEL.

Die Maler von Parma und der Romagna.

Wenn auch die Kunstübung in Parma vor dem Auftreten des Correggio auf sehr niedriger Stufe stand, hatte sie doch, wie wir annehmen dürfen, eine alte Ueberlieferung hinter sich und ist von den Fortschritten des Zeitalters nicht ganz ausgeschlossen gewesen. Die Canozzi, welche in Padua ihren Ruhm erwarben, scheinen bedeutende Wirkung auf die Parmesaner geübt zu haben. Sie brachten einigen Erwerb aus dem Kreise der Mantegnesken mit sich, aber führten zugleich den Geschmack der Tarsia-Technik ein. Im Umkreis ihres Einflusses werden an der Schwelle des 16. Jahrhunderts Bilder gemalt, welche unter allen Schwierigkeiten des Holzmosaik entstanden scheinen.

Schon früher haben wir des Bernardino Loschi unter den von den Canozzi und Costa abhängigen Malern erwähnt.[1] Er war Sohn eines Jacopo d' Ilario Loschi, dessen Name seit 1459 urkundlich vorkommt und der 1504 in Carpi, wo er ansässig war, gestorben ist.[2] Die wunderthätige Madonna, die er i. J. 1496 für

---

[1] s. oben S. 369.

[2] Jacopo Loschi malte für S. Giovanni in Parma eine Fahne und ein Altarstück (s. P. J. Affò, Vita del Parmigianino, Parma 1784 S. 6), dann 1496 die wunderthätige Madonna bei den Serviten in Carpi, welche 1707 noch existirte, er kommt in Urkunden in Carpi unterm 1. Jan. 1500 und 3. Juni 1504 vor und wird unterm 23. Jan. 1505 als todt erwähnt (s. Campori, Artisti 293. 294).

die dortige Servitenkirche gemalt hat, ist nicht erhalten, aber in der Gall. zu Parma haben wir noch ein Madonnenbild mit Engeln von 1471, das an die Formlosigkeiten der San-Severiner oder des Guidoccio von Imola erinnert und in seiner Hässlichkeit noch durch die Länge seiner Figuren auffällt.[3] Ihresgleichen finden sich dann zahlreich auf Wand- und Tafelbildern in Parma wieder; wir dürfen sie für Arbeiten des Jacopo und seines Schwiegervaters Bartolommeo Grossi ansehen, welche nachweislich i. J. 1462 in S. Francesco und ausserdem auch im Dom zusammen gemalt haben.[4] — Bernardino Loschi, geb. 1489 in Parma, setzte die Kunst seines Vaters fort, wie sein Altarstück v. J. 1515 in der Gallerie zu Modena (Madonna mit Kind zwischen Nikolaus und Antonius) zeigt.[5] Er arbeitete bis zu seinem Tode 1540 meist in Carpi, wo er Fresken und Tafelbilder hinterlassen hat, und zwar vorzugsweise in Diensten des Alberto Pio von Carpi.[6]

Parma, verschiedene Kirchen.

Modena, Gall.

Zeitgenosse des älteren Loschi war Filippo Mazzuola, dessen Geburtsjahr uns unbekannt ist († 1505), und der wenigstens als Vater des Parmigianino Interesse verdient.[7] Ueber

---

[3] Parma, Gall. Zur Seite Maria's 2 Engel mit Geigen, 2 andere betend auf einer Art von Balkonen, am Himmel der segnende Heiland, bez. „Opus Jacobi de Luschis de Parma MCCCCLXXI die XVI Julii" (Holz, Temp., Fig. fast lebensgr.), durch Einfluss der Zeit und durch Nachhilfe stark beschädigt.

[4] Hierüber wie über die Maler Parma's im Allgemeinen sind wir durch die Güte des Signor Carlo Malaspina mit Nachrichten versehen worden. S. Francesco ist jetzt Gefängniss, und wir haben schon früher (Band II, 419) alte Malereien dort erwähnt. In der Klosterkirche daselbst befindet sich eine Madonna mit Kind zwischen Franciskus und Johannes dem Täufer mit knieendem Stifter, Fresko in Loschi's Manier. Demselben Stile gehören an: Parma, S. Barbara: Die heil. Anna und Maria, welche das Kind stillt, Fresko, Fig. unter Lebensgr., um 1440—50 entstanden; SS. Trinità (aus S. Barbara): Madonna m. K. und Jakobus, Fresko von der Wand abgenommen, Fig. unter Lebensgr.. Dom, 4. Kapelle im rechten Seitenschiff: Fresken mit Darstellungen aus der Legende der Heil. Fabian und Sebastian, vor Kurzem aus der Tünche befreit, gemalt nach 1400 (s. Affò, Stor. della Città di Parma, Parma 1792), stark nachgebessert; ebenda in der Capp. Baganzola (erbaut 1420—23 s. Angelo Pezzana. Stor. della Città di Parma, Parma 1837—59): Fresken mit Gegenständen aus der Legende der Heil. Christoph und Katharina, ebenfalls aus der Tünche geholt, aber vor- und nachher ausgebessert. Beide Kapellen werden dem Loschi und Grossi zugeschrieben, die Malereien entsprechen dem Altarbilde des Jacopo.

[5] Modena, Gall. N. 51: Mad. mit K., bez.: „Alberto Pio principe opt. aspirante Bernardinus Luscus Carpen. fecit 1515 (Holz, h. 2,35, br. 1,68), gemalt für das Hospital zu Carpi.

[6] s. Campori, Artist. S. 294.

[7] s. den Stammbaum der Mazzuoli bei Gualandi, Mem. Ser. VI, 122.

seinen Stil gibt eine Reihe grosser Compositionen, die in seiner Vaterstadt erhalten sind, genügende Auskunft. Wir haben dort in der Stadtgallerie eine Madonna mit Kind zwischen Franciskus und dem Täufer v. J. 1491[8], sodann im bischöflichen Palast eine Taufe Christi mit 5 Heiligen zur Seite und Gottvater oberhalb v. J. 1493[9], und eine Pietà mit 5 heiligen Frauen v. 1500 im Museum zu Neapel.[10] Die Gestalten, durchgehends mager, trocken und von auffallender Steifheit, sind dabei untersetzt und schlecht gezeichnet; hin und wieder erfreut jedoch ein ansprechender Zug und der Aufbau ist überall fast ganz regelmässig. Als Hauptschwächen erscheinen die runden Köpfe, kurzen Gliedmaassen und stillosen Gewänder. An die Tarsia-Technik erinnern die harten unvermittelten Gegensätze zwischen dem Licht und den spärlichen dunklen Schatten, die an den Umrissen haften, sowie die Abgrenzung der stumpfen Lokalfarben an den Kleidern. Mazzuola war kein Colorist; seine Tempera ist allenthalben rauh und von trübgrauem Ton, die Gesetze der Perspektive kennt er nicht; seine ganze Weise gibt sich als Mischding zwischen lokaler Tradition und der Manier der Canozzi mit einer leisen Hinneigung zu Cima. Einigen Fortschritt bekundet seine Madonna im Museum zu Berlin:

Parma. Gall. — bischöfl. Pal. — Neapel. Museum.

Maria thronend unter einem Baldachin, dessen Vorhang von 2 Engeln gehalten wird, trägt das Kind auf dem Schoosse, zu den Seiten knieen die Heiligen Clara und Katharina, auf den Stufen des Thrones ein Stieglitz und ein Bündel Kirschen[11], Inschrift:

Berlin, Museum.

---

[8] Parma, Gall., bez. „Filipus Mazolus 1491"; Kinn und Hals der Jungfrau wie auch andere Theile sind beschädigt und ausgebessert; hier haben wir vielleicht das beim Anon. d. Mor. S. 34 in S. Domenico zu Cremona erwähnte Bild.

[9] Parma, Vescov. (ehemals im Baptisterium), bez. „Fillipus Mazolus p." und ferner: „Tempore d. Karoldi de Bucanis. P. Posti d. Johis de Cribellis de arictis d. Andree de Vagiis baptiste de clericis. Hoc opus fecit fieri Caplani canonicor senarii numeri baptisterii Parmensis etc. año Dn MCCCCLXXXX III." (Holz, oben rund, Fig. lebensgr.), die Zeichnung mangelhaft, die Farbenfläche sehr durch Abschabung und Schmutz beschädigt; längs der Gestalt des Täufers ein Sprung, an anderen Stellen vielfache Nachbesserungen.

[10] Neapel, Mus. N. 89; zu Seiten der Jungfrau die Heiligen Magdalena, Katharina, Monika, Apollonia und Barbara, Hintergr. Landschaft (Holz, Oel, Fig. 1/2 lebensgr.), bez. auf Zettel: „Filipus Mazola pinxit 1500." — Ebenda N. 120: Maria das Kind anbetend, umgeben von den Heil. Agnes und Clara, Fig. 1/2 lebensgr., Inschriftzettel im Vordergrunde leer; hier sind die Gestalten besser als auf dem vorgenannten und mehr im Stile des berliner Altarstückes (s. später).

[11] Berlin, Mus. N. 1109, Holz, h. 7 F. 9, br. 3 F. 9, aus Sammlung Solly,

D.
M ᔕ ᔕ C Z
PHILIPVS MAZOLA. PAR
MENSIS
. P .

Berlin, Gall. Racz. An dem Christuskopf der Gallerie Raczynski v. J. 1504 ist die bellineske Regelmässigkeit der Gesichtsbildung bemerkenswerth[12] und an zwei Brustbildern in der Brera zu Mailand[13] und in der Gallerie Doria zu Rom[14] nehmen wir in Zeichnung, Modellirung Licht- und Schattengebung recht achtbaren Erfolg, in dem letzgenannten sogar eine gewisse Verwandtschaft mit Melozzo war.

Mailand, Brera.

Rom, Gall. Doria.

Mazzuola's Schüler Cristoforo von Parma wird uns als Kunstgehilfe in Venedig während der Jahre 1489 bis 92 bekannt[15] und hat dort ein Altarstück gemalt, welches noch gegenwärtig in S. Maria della Salute hängt, eine Madonna mit Kind und 4 Anbetern[16]; ein zweites Bild ähnlichen Inhalts in der Gall. zu Parma

Venedig. S. M. d. Salute.

durch Reinigung beschädigt. — Ebenda N. 206: männl. Bildniss (Halbfig. in dunkelviolettem Kleid und schwarzer Mütze, in der Rechten ein Papier, in der Linken Handschuhe haltend, Grund dunkel, Holz, h. 2 F., br. 1 F. 7, aus Samml. Solly) hat einige Stilverwandtschaft mit einem zweiten Porträt daselbst (N. 55: Bildniss eines Kardinals, Seitenansicht, Grund dunkel, Holz, h. 1 F. 8, br. 1 F. 7), welches die Bezeichnung trägt: „Bernardinus de Comitibus . Etatis Ann. XLVII. MCCCC LXXXXVIIII die XV. Martis", und ähnelt andrerseits einer Madonna m. K. in Landschaft von demselben Bernardino aus d. J. 1500 in der Gallerie zu Bergamo; von dieser letzteren befindet sich eine Wiederholung unter Garofalo's Namen in der Gall. zu Schleissheim N. 1115.

[12] Berlin. Gall. Raczynsky N. 78 (57): Christus segnend, Brustbild, auf Zettel an der Brüstung bez. „Filipus Mazola parmensis p. MCCCCCIIII." (Holz, h. 1 F. 11, br. 1 F. 1½.)

[13] Mailand, Brera N. 241 (334) Brustbild ¾ nach links, rothes Haar, schwarzes Kleid und schwarze Mütze, Grund grün, auf offenem briefartigen Zettel bez. „Filipus Mazollus Parmensis" (Holz, h. 0,44, br. 0,28), im Stile demjenigen des Bonsignori in der Nat.-Gall. zu London sehr ähnlich, wenn auch von geringerem Kunstwerth.

[14] Rom, Pal. Doria: Brustbild eines Mannes in rothem Kleid und schwarzer Mütze, am Kragen ein Motto: . . . me Deus et sit fort . . .", an der Brüstung bez. „Fili. Mazola." Die Färbung hat dunklen Oliventon, das Bild stark durch Reinigung angegriffen. — Im Herzogl. Palast zu Parma befand sich laut eines Inventars von 1708 eine Madonna mit Kind und Joseph von Fil. Mazzuola (Campori, Racc. 463).

[15] s. Gaye, Cart. II, 71; er begann mit einem Sold von 3 Dukaten monatlich und bekam 1492 8 Dukaten.

[16] Venedig, S. M. d. Salute, Sakristei: Maria m. K., vor welchem ein Bischof kniet, umgeben von dem Heil. Christoph und einem zweiten Bischof, bez. „Cristoforus Parmensis pinxit" (Fig. ½ lebensgross), Abbildg. bei Zanotto, Pin. Ven. Fasc. II, die Farbe, Tempera von kräftigem Körper, ist am untern Theile des Bildes schadhaft.

rührt vermuthlich aus der Zeit vor seiner Reise.[17] Seine Figuren bekunden einen Fortschritt über Mazzuola hinaus; sie sind zart, schlank und ermangeln einer gewissen schwächlichen Grazie nicht; andrerseits hat Cristoforo's Vortrag etwas von der Weichheit und Smorphia, welche bei Francesco Francia und Rondinello vorkommt. Die Handlung seiner Gestalten ist schüchtern und unfrei, die Gewänder überladen, die Farben kalt und neutral. Das Bild in S. Maria della Salute hat in seiner ziemlich düstern Stimmung Aehnlichkeit mit Buonconsiglio und lässt in der Umrisszeichnung Einfluss des Cima und Bellini erkennen. Im J. 1496 wird Cristoforo Meister in seiner Vaterstadt Parma, wo er als Caselli und unter dem Spitznamen „il temperello" bekannt war[18]. Hier erhob er sich zu bedeutenderen Leistungen. Besonders hervorragend ist seine Malerei in der Sala del Consorzio zu Parma: Parma. Gall.

Maria und Kind erscheinen auf hohem Throne umgeben von sechs musicirenden Engeln und angebetet von den Heiligen Hilarius und Joh. dem Täufer; am Fusse des Thrones acht verehrende Engel, am Himmel Gottvater mit der Weltkugel in einer Glorie von Cherubim. Inschrift: „Christofori 14. Caselli 99. opus."[19] Parma. Sala d. Cons.

Die Engel und Heiligen der Umgebung streifen an Erzeugnisse Cima's; sie sind innerhalb der Stileigenthümlichkeit, mit der man es zu thun hat, frei behandelt und leiden nur an etwas zu feister Bildung. Auch der abgemagerte Täufer auf dem Bilde entspricht dem Typus des Cima, während der Bischof gegenüber und das Brustbild Gottvaters in der Lünette mehr dem gewöhnlichen Schlage Mazzuola's angehören. Die beiden Hauptfiguren verrathen Bekanntschaft mit der Art der Umrisszeichnung bei Montagna und den Canozzi, wie denn auch die gesammte Anordnung Kenntniss der den Paduanern eigenen Grundsätze der Raumbenutzung und der Abwägung der Theile an den Tag legt. Die

[17] Parma, Gall. Maria m. K. innerhalb eines Thorwegs zwischen Johannes d. Täuf. und Hieronymus, Fig. unter Lebensgr., Tempera.

[18] Vasari XI. 245 nennt ihn Cristofano Castelli.

[19] Parma, Sala del Consorzio, ursprünglich im Dom, bei Vasari XI. 245 mit Lob erwähnt; das Bild war unterm 10. März 1496 für eine Kapelle im Dom bestellt und kostete 50 Goldduk aten.

Farbe, sehr verschieden von der Behandlungsweise der Venezianer, ist ohne Modulation und glanzvoll vorgetragen und die Haltung mehr durch Gegensätze von Licht und Schatten als durch Stimmung der Töne hervorgebracht. In dieser Eigenthümlichkeit und ausserdem auch in der Gesichts- und Körperbildung der Engel erkennen wir die Keime zu dem, was sich nachmals in Correggio entfaltete. Woher Caselli die Neuerung, die in der Breite seiner Behandlungsweise liegt, entlehnt habe, vermögen wir nicht anzugeben; nur so viel steht fest, dass die beiden musicirenden Engelknaben, die wir in S. Giovanni in Parma von ihm besitzen[20], seine Berührung mit dem grossen Stile Mantegna's aus den Werken der mantuanischen Zeit schlechterdings voraussetzen. — Ein zweites Bild Caselli's aus d. J. 1499 (Gottvater auf Goldgrund) in einer Chorkapelle des Doms[21] und eine Anbetung der Könige in S. Giovanni[22], die nur freilich sehr übermalt ist, erinnert wieder an die Schule Palmezzano's und der Faventiner, aber auch an Alessandro Araldi, der möglicher Weise an diesem Werke seines bis zum Jahre 1507 auftretenden Lehrers[23] Antheil hat. Araldi ist wenigstens anderwärts mit Caselli verwechselt worden[24].

Parma, S. Giovanni.

Parma, Dom.

[20] Parma, S. Giov. Sakristei. Holz, ehemals zur Orgel gehörig, jetzt sehr schadhaft und verschwärzt.

[21] Parma, Dom, südl. Querschiff; die Entstehungszeit ergibt sich aus Orlandi's Abecdario.

[22] Parma, S. Giov. Evang. Inmitten Maria (ganz übermalt), links die Könige, rechts Joseph, bez. mit neuer Signatur „Christophorus Caselli opus 1499." Die Figuren dünn und unbedeutend, die Farbe sehr körperhaft und in den Schattentheilen stark auftragend, die Töne der Gewänder scharf contrastirend, die Anordnung gemacht und leblos, sodass man auch an Bertucci von Faenza und Tiberio erinnert wird.

[23] Parma, Dom. Rundbild enth. die monochrome Darstellung Christi im Grabe zwischen zwei Engeln, unterhalb des Bogens an dem Grabdenkmal, welches i. J. 1507 dem Bart. Montino, Kanonikus in Parma und apostol. Protonotar errichtet worden ist.

[24] Wir verweisen u. a. auf das Fresko der Maria mit Kind und Stifter im Dom zu Parma. Denselben Mischcharakter hat die Heimsuchung in der oberen Sakristei der Kanoniker im Dom (Holz. Oel. Fig. ½ lebensgr.), bez. „Ms. Cabrielo Mandrio f. f." — Ferner existirt in Osimo in S. Francesco ein grosses Bild der Madonna unterm Baldachin umgeben von Bernardin, Hieronymus, Ursula, Magdalena, Antonius und drei andern stehenden Heiligen, daneben knieend Franciskus und ein Feldhauptmann in Waffen; auch dieses lässt zweifelhaft, ob man es dem Caselli oder dem Rondinello zuschreiben soll. (Es trägt die gefälschte Inschrift „Gio. Piero Perugino); die Composition ist gut, der Stil erinnert theilweise an Alwise Vivarini und Montagna, die Farbe ist stumpf und düster wie bei Caselli, aber schadhaft und fleckig.

Geboren um 1465, gest. 1528, lediglich auf seine Heimathstadt Parma beschränkt, zeigt er die entschiedenste Anlehnung an die umbrischen Vorbilder nach Art des Francesco Francia und der geringen Peruginesken; an seinen besseren Arbeiten verdankt er das Beste der Aneignung von Formen und Compositionen grösserer Meister.[25] Es genügt, eine Anzahl seiner Fresken und Tafelbilder kurz zu charakterisiren:

Parma, Dom, Fresken: Maria mit Kind, Joseph und einem knieenden Stifter mit der Bischofsmitra zu Füssen[26], bez. „Alex .nder D. Araldus pinxit 15-9" (1509), gewöhnlich dem Caselli zugetheilt: die Formen sind Nachahmung derjenigen der bologneser Schule und des Francia, aber kräftiger umrissen und bruchiger behandelt, die Gestalten von kleiner Statur, knochig, eckig und mit kurzen Gliedmaassen, die Gewänder knitterig, das Kind derb in der Art des Veronesen Caroto, die Behandlung Tarsia-ähnlich, die Farbe, soweit sie erhalten ist, stumpf und rauh. — Ebenda, Gall.: Verkündigung, bez. „Araldus faciebat 1514" (aus dem Carmine, Holz, Oel); Maria geziert, besonders im Gesichtsausdruck, die Farbe stark abgerieben, rauh und hart, am besten die Landschaft. — Ebenda, in gleichem Stil, aber unter dem Namen des Giov. Bellini: Christus aufrecht stehend mit Buch und segnend, Hintergr. grün. — Parma, S. Paolo: Ein Zimmer mit verschiedenen Dekorationen: Decke mit Arabesken auf blauem Grund, Ungethümen und spielenden Putten, Medaillons enth. die Samariterin mit Christus, Moses die Gesetztafeln empfangend, Adam und Eva (ein Mischding aus Motiven Rafaels und Michelangelo's), und das Opfer Isaaks, letzteres an die Composition des Sodoma erinnernd; andere Abtheilungen enthalten Judith bei Holophernes (an

Parma. verschiedene Kirchen.

[25] Nach Zaist, Notiz. istor. de' pittori etc. Cremonesi, Cremona 1774 S. 100 soll Araldi aus Casal Maggiore gebürtig gewesen sein, doch ist dies ein Irrthum, denn aus Affò's Viti del Parmigianino geht hervor, dass er um 1465 in Parma geboren war. Durch die Güte der Herren Dr. Luigi Ronchini und Carlo Malaspina sind uns noch folgende Notizen über Araldi zugekommen. Sein erstes öffentliches Werk war ein Altarbild für S. Quirino in Parma i. J. 1500, für das er als Entschädigung eine kleine Summe Geld und ein Geschenk an Zeugstoff erhielt; 1509 malte er ein Fresko der Madonna mit Kind und Stifter für den Dom, 1510 das letzte Abendmahl, Gefangennehmung und mehrere andere Darstellungen aus der Passion im Chor zu S. Paolo, welche zu Grunde gegangen sind. Ins Jahr 1514 fällt die Verkündigung, die ursprünglich für den Carmine gemalt, sich jetzt in der Gall. zu Parma befindet, und 1520 erhielt er einen Auftrag für den Dom, der jedoch nicht zur Ausführung gekommen ist. Er machte sein Testament i. J. 1528; eine Kirchenfahne, gemalt für die Brüderschaft von S. Cosimo e Damiano wurde den Empfängern durch seinen Erben Filippo Pozzioli i. J. 1530 übergeben.

[26] An der Wand rechts beim Eingang. Fig. lebensgr., der blaue Mantel Maria's und der Hintergrund abgerieben.

Costa erinnernd), Predigt des Paulus, Kindermord (von Rafael copirt), der wunderbare Fischzug, die Hochzeit zu Kana, Urtheil des Salomo; in den Zwickeln der Decke Kindergruppen, in den Lünetten Allegorien von unklarem Inhalt und schwach componirt, aber den Einfluss des Mantegna, Costa und Francia verrathend; am Kamin die Inschrift: „Transivimus per ignem et aquam - - - - M DXIIII."

Parma, S. Sepolcro: der Heil. Ubaldus zwischen den Erzengeln Michael und Rafael, am Sockel die Pietà und die Verkündigungsfiguren; ferner in der Capp. Casani: Fresko, welches lange unter einem andern Bilde verborgen war; dieses mag z. Th. von Lodovico von Parma herrühren, einem schwachen Kunstgenossen des Araldi, dem nach unserm Urtheil noch einige andere Arbeiten in Parma zuzuschreiben sind.[27]

In der Landschaft östlich von Parma und Bologna, und zwar vorzugsweise in den Städten Forlì, Ravenna und Rimini breitete sich der Einfluss des Giovanni Bellini, vermischt mit der von Palmezzano herrührenden Kunstüberlieferung aus. Als Hauptvertreter dieser Richtung begegnet uns Niccolò Rondinello. Er hatte das Glück gehabt, bei den bedeutendsten Malern der venezianischen Schule zu lernen und ist ohne Frage der beste Künstler, den die Romagna am Beginn des 16. Jahrh. aufweisen konnte. Mit gutem Grund schildert ihn Vasari als den betriebsamsten Gehilfen Bellini's[28]. Während seines Aufenthaltes in Venedig nahm er Antheil an Bildern, die der Altmeister als eigene Werke in die Welt zu schicken kein Bedenken trug, und dass er das Zeug dazu hatte, dem Ruf der Schule Ehre zu machen, beweist die mit seiner Namenszeichnung versehene Madonna in der Gallerie Doria zu Rom, die sich als nicht unwürdiges Seitenstück des in derselben Sammlung bewahrten Vorbildes darstellt, auf

Rom, Gall. Doria.

[27] Parma, chem. Kloster S. Paolo: Fresko an der Gartenwand, darst. die Heil. Katharina vor Maximian; sodann in S. Pietro. Fresko unterhalb der Orgel: Mad. mit Kind und Joseph (fast verlöscht); Collegio delle Scuole techniche a S. Paolo: Façadenfresko der Pietà, stark beschädigt; Pinakothek: Verkündigung (Gottvater und der Engel am Himmel) mit den Heil. Katharina und Sebastian links innerhalb einer Thorhalle. Der Charakter der Malereien Lodovico's ist der eines Anhängers der bologneser Schule auf der Stufe des Melanzio und Tiberio d'Assisi.

[28] Vasari V. 17. 18. IX. 148 und XI, 93.

dem sich Giovanni Bellini als Maler genannt hat.[29] So weitgehende Uebereinstimmung, wie sie hier vorliegt, erklärt sich nicht aus der blossen Copie. Die Bilder gleichen einander in Composition und Machwerk derart, dass man dieselbe Hand in beiden annehmen muss. Das mit Bellini's Namen bezeichnete Exemplar ist nicht so untadelig in Umriss und Färbung, wie man es bei einer völlig eigenhändigen Arbeit des Meisters voraussetzen würde; die Wiederholung Rondinello's hat nachlässigere Formbildung bei tieferem Ton. Als charakteristische Schwächen in diesem und in anderen Werken lassen sich neben einer gewissen Unbeholfenheit in der Anordnung der Figuren Mangel an Breite des Vortrags und an Maassfülle der Gestalten, eckige Umrisse und gezwungene Faltengebung bezeichnen. Seine Technik verräth nicht gerade viel Feinheit der Mittel, seine Farbe ist eintönig und trüb.

Da wir keinerlei chronologische Angabe bei seinen Arbeiten besitzen, so ist die Wahrnehmung von Wichtigkeit, dass er sich vorwiegend an eine bestimmte Klasse bellinesker Bilder hält. An den bis gegen 1505 hin gemalten Altarstücken des Meisters bemerkten wir zunehmende Breite der Kopfbildung und entsprechend kräftige Zusammenziehung der waagrechten Gesichtslinien, und diese Eigenheit nahm Rondinello aus Venedig nach Forli und Ravenna mit, bewahrte sie anfangs getreulich und

---

[29] Rom, Gall. Doria. brac. 2. Gr. Gall. N. 25: Madonna mit Kind und dem jungen Johannes, rechts die Inschrift: „Ioannes Bellinus." Auf Rondinello's Wiederholung (Saal II. N. 43) fehlt die Figur des Johannes und die Bewegung des einen Armes beim Jesusknaben, der hier einen Vogel am Faden hält, ist abweichend, ebenso der landschaftliche Hintergrund; auf der Brüstung bezeich. „Nicolaus Rondinelo" (Holz, Oel, Fig. unter Lebensgr.), sehr durch Nachbesserung entstellt. In derselben Gallerie Saal II. N. 12 befindet sich eine Halbfigur der Madonna mit dem Kind auf dem Schoosse, auf grünem Hintergrund (Holz, Oel, Fig. fast lebensgr.), die Farbe durch Einfluss der Zeit sehr verdüstert; der Name Rondinello's ist angeblich durch den Falz des Rahmens verdeckt. Auch anderwärts gibt es Copien von Bellini's Madonna der Gall. Doria, die von Rondinello herrühren mögen: in Rovigo, Gall. N. 3: Madonna m. Kind vor einem grünen Vorhang, welcher die Landschaft des Hintergrundes halb verdeckt, auf dem an der Brüstung befestigten Zettel die gefälschte Inschrift: „Gentilis Bellinus eques 1483"; ferner Ravenna: Samml. Rasponi: Wiederholung des ebenerwähnten Bildes, aber vermuthlich Copie nach Rondinello von einem der Cotignola. Dem Rondinello in seiner Schulbeziehung zu Bellini entsprechend ist sodann eine Mad. m. K. (Halbfig.), bez. „Ioannes Bellini" in Dudley-House in London (s. oben S. 196).

wiederholte die Typen des Cima und Bellini. Aber diese ersten Eindrücke wurden allmälig durch neue verdrängt und im Laufe der Zeit näherte er sich dem Palmezzano ebenso wie den Venezianern. Seine Madonna mit dem Kinde an der Brust im Forli, Museum. Museum zu Forli ist durchaus nicht ohne Empfindung und Sinn für Anordnung und Verhältnisse: Maria hat breite hohe Stirn und erinnert insofern an Cima, die Gewandung ist in bellinesker Weise behandelt, aber die Farbe, von tiefem Firnissbraun und mit Bindemittel gesättigt, ist völlig ungebrochen[30]. Diese Technik und eine dem Giov. Bellini um 1505 eigenthümliche Gesichtsbildung kehrt an dem männlichen Bildniss derselben Gallerie wieder (angeblich Cesare Borgia von Giorgione); die Natur erscheint hier weder vergrössert noch geadelt wie bei einem Künstler hohen Ranges, die Gesammtfärbung wirkt eintönig, aber düstere Gluth macht es trotzdem anziehend[31].

Rondinello's Fortschritt vollzieht sich derart, dass er ohne das technische Verfahren zu ändern immer mehr Freiheit der Handführung bekommt. Das Fleisch hat bei ihm in der Regel rothbraunen Stich mit olivenfarbigen Schatten und sehr geringen Uebergängen; es ist mit sattem Pinsel in einem Zuge flott angelegt, dann mit halbdurchsichtigen Tönen gestimmt und mit lichten Lasuren vollendet. Auf diese Weise entsteht dunkler und undurchlässiger Glanz; dabei werden die zusammengedrückten Gesichtsformen und feiste Körperbildung gewöhnlich, die Augen bekommen lange waagrechte Oberlider und die Nasen verbreitern sich an Spitze und Flügeln. Hierfür ist ein Sebastiansbild im Dom Forli, Dom. zu Forli charakteristisch, an dem jedoch im Gesicht, im Umriss, in Gewandung und Architekturstaffage schon der Einfluss Palmezzano's hervortritt[32]. Andere Bilder in Mailand, die man dem

[30] Forli: Maria vor grünem Vorhang, zu dessen beiden Seiten Landschaft sichtbar ist (Holz, Oel, Fig. unter lebensgr.) Halbfigur, auf der Brüstung ein Zweig, Kirschen und Nüsse sowie die Inschr. „Nicolaus Rondinelus." Das Blau durchweg übermalt, Kopf und Hand des Kindes beschädigt.

[31] Forli, Gall. N. 126: Brustbild eines jungen Mannes in schwarzer Toga, 3/4 nach links, in Landschaft (Holz, Oel, h. 1 F. 3, br. 1 F. 8½); die Farbe ist tief und satt, aber ungebrochen und schmelzend; Nachbesserungen fehlen nicht.

[32] Forli, Dom: Sebastian an den Pfeiler

Rondinello zuschreiben darf, nehmen sich wieder als Mischprodukte von Venezianern und Romagnolen aus, besonders bezeichnend eine Composition, auf welcher Johannes der Evangelist in priesterlicher Function erscheint:

Vor einem Altar, auf welchem ein bellineskes Madonnenbild angebracht ist, steht Johannes als Bischof, das Weihbecken schwenkend, neben ihm kniet ein Weib mit Königskrone, welches seinen Pantoffel fasst, indem es die andere Hand auf die Brust legt; oben zwei Engel mit Kerzen, zwei grössere mit Räuchergefässen, ein Kind und ein Mann.[33] Mailand, Brera.

Gleichartig sind vier einzelne Figuren und eine Verkündigung in Murano behandelt, die eine gewisse Verwandtschaft mit Pier Maria Pennacchi zeigen.[34] In seinen späteren Jahren wendet sich Rondinello mehr und mehr vom venezianischen Kunstcharakter ab und geht mit Entschiedenheit zum Stile Palmezzano's über. So tritt er uns auf verschiedenen Altarbildern in Ravenna entgegen[35].

Murano, S. P. Mart.

Ravenna, verschiedene Kirchen.

---

gebunden steht unterhalb eines Bogens auf achteckigem Piedestal. Hintergrund Häuser und Landschaft; Zeichnung und Drapirung in Palmezzano's Manier.

[33] Mailand, Brera N. 85 (434). unter „Schule der Bellini", ursprünglich in S. Giov. Evangelista in Ravenna (Vasari IX. 149), Holz, Oel, h. u. br. 1,73; gut erhalten; Johannes erinnert an den Hohenpriester auf Bellini's Darbringung Christi im Tempel in Schloss Howard, die Engel sind derb und rundköpfig. — Ebenda N. 73 (alt) unter „Stefano da Ferrara": Maria thronend zwischen Petrus und Bartholomäus, Nikolaus und Augustin, vorn 3 musicirende Engel (Holz, Oel, h. 2,62, br. 2,18), von derselben Beschaffenheit wie das vorige, aber breiter behandelt.

[34] Murano, S. Pietro Martire, ursprünglich in S. M. degli Angeli: zwei der Engel musiciren, zwei beten; in S. Maria degli Angeli: zwei Tafeln mit den Verkündigungsfiguren (in den Schildbögen des grossen Bogens im Hauptschiff aufgehängt) von derselben Hand.

[35] Ravenna, Gall., Maria mit Kind und den Heiligen Thomas, Magdalena, Katharina und Joh. d. Täufer nebst 2 musicirenden Engeln (Holz, Fig. lebensgross), am Arm des Kindes und am Kleid Maria's theilweis beschädigt; der Täufer erinnert hier sehr an Palmezzano; das Bild ist Eigenthum der religiösen Körperschaft La Congregazione. — Ebenda, S. Spirito, (ursprünglich in S. Croce, s. Vasari IX. 149): Maria m. K., Hieronymus und Katharina, sehr schadhaft. — Ebenda, Casa Lovatelli (ursprüngl. in S. Giov. Battista, s. Vasari V. 17, 18): Maria m. K. und den Heil. Albert und Sebastian (Holz, lebensgr., ganze Fig.), stark beschädigt und übermalt, aber ursprünglich dem Anschein nach eine der besten Leistungen Rondinello's. — Ebenda, S. Domenico, Chor: Maria und Gabriel, Dominikus und Petrus Martyr, je auf besonderem Bilde (Leinw.) und unter einer Thorhalle stehend vorgestellt (Leinw., Fig. lebensgr.), echte Stücke, aber durch Alter und Schmutz verdüstert; vielleicht Bestandtheile eines der beiden Altarbilder, welche Vasari IX. 150 erwähnt. Das andere, von welchem er spricht (links vom Hochaltar), ist von Benedetto Coda.

Als Gehilfe des Rondinello und wahrscheinlich Schüler Palmezzano's ist Baldassare Caroli zu nennen, von dem wir
Forli. Bergamo. Ravenna. mehrere Bilder zwitterhaften Stilgepräges in Forli, Bergamo und Ravenna besitzen.[36]

Benedetto Coda von Ferrara, dessen gewöhnlicher Aufenthaltsort Rimini war, ist ein Maler vom Schlage Rondinello's, aber mit geringerer Begabung. Vasari charakterisirt ihn ganz angemessen, indem er sagt, Benedetto habe nicht eben mit viel Erfolg bei Bellini gearbeitet[37]; wir möchten dabei noch seine Schulbeziehung zu Rondinello betonen. Als Ferrarese von Herkunft[38] nahm er Züge von Francia auf. Seine Figuren kennzeichnet neben der Regelmässigkeit des Baues eine schwächliche Zartheit der Auffassung. Bezeichnete Bilder aus den Jahren 1513 bis 15 haben wir in Rimini, Ravenna und Pesaro:

Rimini. Dom: Verlobung Maria's. mit Kindergruppen im Vordergrund, 15 lebensgr. Fig., bez. auf Zettel: „ . . . . benedicti . . .“[39]; die Formbildung, schlank und gezwungen, erinnert an Francia's Schule und lässt vermuthen, dass der Maler die Fresken im Oratorio S. Cecilia in Bologna kannte; die Farben, sehr saftig gemischt, haben den trüben Schein des Rondinello. — Chiesa de' Servi (früher in S. Dominico): Maria m. K. zwischen den Heil. Franciskus und Dominikus, an der Thronstufe drei musicirende Engel, auf Zettel bez.

[36] Forli. Gall. N. 89 (ursprünglich in S. Tommaso Apostolo): Krönung der Jungfrau mit heiliger Umgebung (dabei S. Mercuriale), bez. „Baldassar Carulis foroliviensis fecit R^{di} huius edis abate Dñi Philippus MDXII.“, der obere Theil an Rondinello, der untere an Palmezzano erinnernd. — Ebenfalls beglaubigt und diesem ähnlich ist eine Anbetung der Könige im Besitz des Signor Prospero Arrigoni in Bergamo, bez. „Baldasar Foroliviensi pinsit.“ (Klein, Holz), welches augenfällige Verwandtschaft mit Rondinello's Vortragsweise hat. — Derselben Hand gehören an: Ravenna, Gall. Rasponi N. 10: Martyrium des Bartholomäus (Predellenstück) im Geist der Schule Signorelli's gehalten, ferner eine zweite Predelle (ohne Nummer) enth. die Taufe Christi mit 4 Engeln. Forli, S. Bartolommeo: Maria mit dem todten Christus auf dem Schoosse zwischen Magdalena, Joh. d. Evang., Nikodemus und Joseph v. Arimathia; eine Wiederholung desselben befindet sich in der Chiesa della Croce in Ravenna.

[37] Vasari V, 18.

[38] Vasari IV, 91.

[39] Nach Laderchi, Pitt. Ferr. 60 war das Bild ursprüngl. bez.: „Opus Benedicti 1515.“

„MDXIII opus Benedicti faciebat" (sic): die Engel erinnern an die Bilder, welche wir oben unter Rondinello in der Brera zu Mailand erwähnten, im Uebrigen entspricht der Stil dem vorigen (beschädigt durch Sprünge und Abreibung). — Dom, Sakristei: 6 Tafelbilder mit ¼ lebensgr. Fig. darstellend die Begegnung der Heil. Franciskus und Dominikus, Antonius, Petrus und Paulus, einen jungen Heiligen und einen Bischof, paarweis, und einen Heiligen in bischöfl. Ornat, irrthümlich dem Perugino zugeschrieben, in Wahrheit ärmliche Leistungen des B. Coda.

Pesaro, Scoletta di S. Giovanni (ursprüngl. bei den Padri riformati fuor di Porta d'Arimini: Himmelfahrt Maria's mit einem männl. und einer weibl. Heiligen[40], von dem umbro-bolognesischen Charakter der obigen, schwach und ohne Licht- und Schattenwirkung.

Ravenna, S. Domenico: Maria mit Kind zwischen Dominikus und Hieronymus, auf den Thronstufen Joseph und Franciskus im Gespräch, links auf Zettel bez. „Opus benedicti arimensis"[41], Benedetto's beste Arbeit, breiter behandelt als die vorgenannten Bilder, aber im Stil entsprechend, eine Mischung rafaelesker Elemente mit Eigenthümlichkeiten der bologneser Schule und Anklang an den venezianischen Vortrag des Palma vecchio.[42]

[40] Oben rund, h. 2.90, br. 1,60. Fig. lebensgr.

[41] Holz, urspr. oben rund, aber jetzt viereckig zugeschnitten. Fig. lebensgr., von Vasari IX. 150 für ein Werk Rondinello's angesehen.

[42] In der Samml. Rob. Canonici befand sich von Ben. Coda laut Inventar von 1632 (Campori, Racc. 113) eine Madonna mit dem Kinde, welches den Saum des Kleides der Mutter fasst. Vasari V. 18 erwähnt einen Bartolommeo als Sohn des Benedetto Coda, welchem Lanzi III. 27 eine Madonna zwischen Rochus und Sebastian in S. Rocco zu Pesaro zuschreibt, mit dem Bemerken, dass das Bild mit dem Jahre 1528 bezeichnet sei. Gegenwärtig zeigt dieses Madonnenbild auf dem Inschriftzettel nur den einen Buchstaben „B"; es ist das Werk eines Nachahmers des rafaelesken Stils und gehört in die Schule Coda's. — In der Sakristei des Domes zu Rimini befindet sich ein Bild der Herabkunft des heil. Geistes (Holz. Fig. lebensgr., senkrecht an drei Stellen zersprungen), dem Vater Benedetto's zugeschrieben, ebenfalls von ei. em Nachfolger desselben. — Die Mad. m. K. zwischen Dominikus und Paulus (im Rahmenwerk 15 Scenen aus der Leidensgeschichte) in Madonna del Rosario zwischen Pesaro und Gradara gehört auch der Schule des Coda an. — Mit Bezug auf den Namen Bartolommeo Coda ist ein Bild in der Kirche der Esposti zu Fano zu erwähnen (Auferweckung des Lazarus in lebensgr. Fig.), auf Zettel bez. „Bartolom̃ ⌒ et Pom ⌒ et filius fanen. f."; ferner ein ähnliches Bild in S. Francesco zu Filotrano, bez. „Pompeus Morgantis Fanensis 1543", Arbeiten von sehr werthloser und uninteressanter Art; dieser Bartolommeo von Fano, von welchem Lanzi (Index) angibt, er habe sich „Bartolommeo Ariminensis" bezeichnet, mag Sohn des Benedetto gewesen sein.

Francesco di Bosio Zaganelli, geb. zu Cotignola im Ferraresischen und später in Ravenna ansässig[43], zeigte anfänglich noch ausdrücklicher lokales Kunstgepräge. Er war Schüler Rondinello's, hatte aber noch anderen Einfluss erfahren, wie sein
Mailand, Brera. Altarbild in der Brera v. J. 1505 beweist (Maria mit Kind zwischen Franciskus und Nikolaus nebst knieendem Stifter)[44], welches Bekanntschaft mit der Schule Palmezzano's voraussetzt. Diese Jugendarbeit lässt nicht gerade Bedeutendes erwarten. Die Formen sind zwar eingehend und sorgfältig umrissen, aber wunderlich steif und leblos, die Gewänder brechen in rechtwinkligen Massen und die Farben sind todt und flach aufgesetzt. Auf gleicher Kunststufe begegneten wir schon dem Bertucci von Faenza, welchem Cotignola in dieser Phase nicht unähnlich ist; daneben verräth sich die Einwirkung Palmezzano's theils durch den Gewandwurf, theils durch die in der Architekturstaffage angewandten Goldgrund-Arabesken. Ebenfalls als abgeschwächte Wiederholung Palmezzano's stellt sich ein zweites Altarstück der Brera dar
Mailand, Brera. (Maria mit Kind umgeben von Joh. d. Täufer und Franciskus)[45], welches angeblich von Cotignola in Gemeinschaft mit seinem Bruder Bernardino gemalt ist, aber keinerlei dadurch bestimmte Merkmale an sich trägt. Wir treffen den Bernardino noch öfter als Gehilfen seines Bruders an, und wo er selbständig arbeitet, zeigt er wenig Begabung.[46]

Durch das Studium der Werke Francia's erhob sich Cotignola

[43] Vasari, IX, 150; über Zaganelli's vollen Namen s. später.

[44] Mailand, Brera N. 380 (83), ehemals bei den Minori riformati in Ravenna, bez. „hoc op f. f. petrus marinatie. Et ego franc. Cotignolensis feci A D N 1505"; es ist gereinigt und nachgebessert (Holz, Oel, h. 1,13, br. 1,43). Beide Gewährsmänner stimmen in der Angabe überein, dass sich das Bild ursprüngl. bei den Minori Osservanti in Ravenna befunden habe und dass es i. J. 1504 gemalt war. Auch hier hat die Bildfläche durch Reinigung gelitten. — Vasari IX. 151 erwähnt ein unvollendetes Bild von Zaganelli (Christus das Kreuz schleppend) und ein solches findet sich unter N. 174 (?) in der Brera, jedoch ist dieses nur Schulstück.

[45] Mailand, Brera N. 95 (?), dem Bernardino Marchesi" (?) zugeschrieben (Holz, Oel, h. 1,48, br. 2,27); anscheinend das als Werk des Francesco und Bernardino Zaganelli erwähnte Altarstück, s. Beltrami. Forestiere etc. nella città di Ravenna 1783, bei Baruffaldi, Pitt. Ferr. II, 514 und bei Lanzi III. 26.

[46] L. N. Cittadella, Doc. S. 154 gibt eine Urkunde v. J. 1508, worin die Brüder „Francesco und Bernardino de Zaganellis de Cotignola" einen Tausch mit Grundbesitzstücken vornahmen.

allmälig zu bedeutenderer Leistung. Zwei Bilder aus dem Jahre 1509 lassen zwar noch immer seine Schwäche erkennen, bekunden aber doch schon Fortschritt: das eine, die Anbetung des Jesuskindes in der irischen National-Gallerie zu Dublin[47], enthält geschickter gefasste und besser gezeichnete Figuren als seine früheren Gemälde; er gibt den Gestalten ruhige und angenehme Bewegung und freundliche Gesichter, auch die Gewänder sind mit mehr Verständniss angeordnet und die Farben, wenn auch beschädigt, besser gestimmt. Das zweite aus demselben Jahr — jetzt in Berlin — ist eine Verkündigung: Maria steht innerhalb eines Prachtgebäudes auf einem Piedestal zwischen Antonius von Padua und Joh. dem Täufer und blickt nach dem zu ihr herabschwebenden Engel empor.[48] Charakteristisch erscheint hier einerseits die von Francia entlehnte Composition des Gegenstandes und die schlanke Figurenbildung, die dieses wie das erstgenannte Gemälde kennzeichnet, während andererseits die Gestalt des Johannes an Rondinello's, die Arabesken der Halle und die kantige Stilisirung der Gewänder an Palmezzano's Vorbilder mahnen.

Dublin, Nat.-Gall.

Berlin, Museum.

Weitere Entwicklung ist an dem i. J. 1513 entstandenen Sebastian mit hoch zu Häupten angebundenen Händen in der Gall. Costabili in Ferrara wahrnehmbar[49], einem Bilde, welches Sicherheit und Meisterschaft in der Zeichnung verräth und durch eine gewisse Lichtheit des Tones hervortritt, wie es andrerseits glück-

Ferrara, Gall. Costab.

[47] Dublin, Nat.-Gall. N. 141: Das Kind liegt auf einem Piedestal innerhalb einer Kapelle, durch deren Bögen man den Himmel sieht, und wird von Maria und Joseph (links), Franciskus und Antonius von Padua (rechts) angebetet; auf Zettel am Piedestal die Inschrift: „B .. nards mediāna pn̄s. q. his ossa reliqt h.c testamēti jure dedit superist .... nards c . . . ol pin. ebat ano d 1509, 7 Aprilis“ (h. 5 F. 11, br. 5 F). Das Bild, ehemals in der Kirche der Riformati zu Imola (Lanzi III. 26) ging durch die Hände der Herrn Van Cuyck in Paris, Wigram und Niewenhuys; in Van Cuycks Besitz wurde es auf Leinwand übertragen und der Himmel ausgebessert; die Farben sind durch Uebermalung blind geworden.

[48] Berlin, Museum N. 1164: Johannes empfiehlt den knieenden Stifter, Antonius betend. oben ist der heil. Geist sichtbar; ein Zettel zu den Füssen Maria's enthält nur noch: „1509“ und „Aprilis“ (Holz, h. 6 F. 4, br. 5 F., aus Samml. Solly). — Diesem berliner Bilde stilverwandt und einigermaassen an Bartol. Montagna erinnernd, ist eine thronende Madonna zwischen Joh. d. Täufer und Sebastian (Holz, klein) im Besitz Mr. Reiset's in Paris.

[49] Ferrara, Gall. Costabili, bezeichnet „Xhristus 1513 Franciscus de Zaganellis Chotignolensis pinxit“, Fig. fast lebensgross.

liche Anlehnung an eins der kühnen Figurenmotive des Paris Bordone zeigt, die später von Guido und den Caracci nachgeahmt wurden. Aus derselben Zeit rührt die Gottvater-Glorie mit zahlreichen Anbetern, welche aus S. Biagio in die Stadtgallerie zu Forli gekommen ist.[50] An den um die Hauptfigur schwebenden Engeln erkennt man, dass Cotignola bei seinen Besuchen in Bologna der Vervollkommnungen wohl inne geworden war, welche der Einfluss Rafaels dort hervorgerufen hatte, denn die Geberden derselben erinnern lebhaft an die rafaeleske Periode des Innocenzo da Imola. Indess auch wo sich dieser Einfluss nicht unmittelbar wiederspiegelt und er seine alte Vortragsweise bewahrt, ist nichtsdestoweniger Verfeinerung zu bemerken. Haben die Formen noch nicht die Stattlichkeit und Breite des modernen Stils, die Gewänder noch nicht den freien Zug, so ist das Ganze wenigstens in frischere Atmosphäre getaucht und die Farben, wenn auch infolge des mit Purpur und Grau hergestellten Emails der Fleischtöne und der scharfen Contraste in der Landschaft ziemlich kalt wirkend, sind doch lebhaft und klar. Bei weitem das beste Bild religiösen Inhalts von Cotignola ist die Madonna mit den Bildnissen der Familie Pallavicini, das er 1518 für die Kirche der Nunziata bei Parma geliefert hat.[51] In der Bildung der Figuren sind hier zwar noch unleugbare Unfeinheiten zurückgeblieben, aber die Anordnung und Zeichnung übertreffen an Richtigkeit, Geschick und Gefühl der Handführung alle früheren Arbeiten; auch die

Forli, Gall.

Parma, Nunziata.

[50] Forli, Gall. N. 111: Gottvater am Himmel von Engeln umschwebt, unterhalb die Heiligen Bonaventura, Johannes der Evangelist und ein Weib, Hieronymus, Magdalena und eine 6. Figur, auf Zettel bez. „Franciscus cotignolensis pinxit.“ (Holz, oben rund, Fig. lebensgross) ehemals in der 6. Kapelle zu S. Biagio, jetzt durch Alter und Nachbesserungen entstellt. — Nicht mehr nachweisbar ist ein bei Laderchi, Pitt. Ferr. 59 in S. Domenico zu Faenza beschriebenes Bild der Taufe Christi v. J. 1515.

[51] Parma, Nunziata vor Porta Nuova: Maria m. K. zwischen Joh. dem Täufer, Bernardin und dem Evangelisten, unter dem Fusse eines Engels mit Violine an der Thronstufe bez. „Xh . . . . 1518 Francescho da Cotignola mi dipinse“ (Holz, Fig. lebensgr.): dieser Theil des Bildes ist in schlechtem Zustande, verdüstert durchs Alter und durch Schmutz; es hängt an dunkler Stelle rechts vom Eingang. Zwei andere Stücke im alten Rahmen befinden sich im Chor; sie enthalten die Brustbilder des Rolando Pallavicini mit seiner Tochter (?) in einem Buche lesend (bez. „Ro . . . Pall . . . dicavit“) und der Domicilla Pallavicino (bez. „Domicilla conjux“). In der Anm. zu Vasari IX, 151 wird das Bild dem Girolamo Marchesi von Cotignola zugetheilt.

Gewänder, obgleich nicht ohne Härten, sind leichter geworden; die Fleischtöne der Porträts haben angenehme Wärme bekommen; sie sind leicht mit grau modellirt und bewahren in dem festen Email des Auftrags noch die Technik Palmezzano's. — Stilgleich, jedoch von lionardeskem Ebenmass in den Eintheilungen und in der Modellirung der einzelnen Bestandtheile ist das Heiland-Brustbild der Brüder Zaganelli in der Samml. Fr. Mylius in Genua[52]: das Werk würde seinen Urhebern einen würdigen Platz unter den Romagnolen zweiten Ranges anweisen, wäre das Gesicht nicht zu ziemlich leerer Einförmigkeit, die Züge zur Kleinlichkeit abgearbeitet. Die letzten Produkte Francesco's, der bis 1518 nachweislich vorkommt, tragen Spuren von Eilfertigkeit und Abnahme der Kraft: Genua, Sml. Mylius.

Ravenna, Gall. Rosponi N. 8: Maria (Halbfig.) das Kind tragend, welches stehend sich an ihrem Mieder hält und mit einem Vogel spielt (halblebensgr.), eine höchst ansprechende Gruppe, aber besser gedacht als ausgeführt; Verhältnisse und Gesichter erinnern an Francia, die Durchführung ist sehr eingehend, der Fleischton dünn. — Ebenda, S. Agata, Chor: Tafelbild mit Bogenschluss enth. den Gekreuzigten mit Magdalena am Fusse, die ohnmächtige Maria, die Frauen, einen Mönch, Franciskus und noch eine Heilige (8 Figuren); von Vasari sehr belobt[53], ist das Bild jetzt, besonders in der Hauptfigur, sehr durch Uebermalungen entstellt; die Bewegung der mageren Heiligenfiguren zeigt starken Affekt, sodass man in dieser Beziehung an Lotto erinnert wird, die Farben sind düster und contrastiren hart. — Ebenda, S. Girolamo (ehemals Gesuiti): Verlobung der Heil. Katharina, mit Sebastian, Joh. dem Evangelisten, einem Mönch und Rochus (Holz, oben rund, Fig. lebensgr.); in der Predelle: Bartholomäus, Maria's Seele von 2 Engeln gen Himmel geleitet, Schweisstuch Veronica's, Katharina und Paulus. Das Bild, jetzt hoch über dem Hauptportal, stumpffarbig und theilweise (z. B. das Christuskind) durch Ueberarbeitung verdüstert, ist ein geringes Machwerk, welches einem frühen Produkt des Girolamo Marchesi ähnelt und dazu beiträgt, den Girolamo als Zaganelli's Schüler auszuweisen.[54] — Ebenda, S. Romualdo, oder Classe, Sakristei: Erweckung des Lazarus, schlecht

[52] Genua, bei Sign. Federico Mylius: Vorderansicht mit langem lockigen Haar, auf dunklem Grunde; Christus trägt die Dornenkrone und die Thränen rinnen reichlich die Wangen herab, bez. am Brustsaum der Tunika „Franciscus. Bernardinus Bosii Cotignolani f.“, gut erhalten, wenn auch ein wenig verrieben (Holz, h. 0,33, br. 0,28).

[53] Vasari, IX, 151.

[54] Es ist wahrscheinlich das bei Vasari IX, 150 erwähnte Altarstück.

componirt und noch schlechter gezeichnet, sehr überreizt im Ausdruck.[55] — Ebenda, S. Niccolò: Geburt Christi, sehr schadhaft, Schulstück.[56] — Ebenda, ehemals in S. Apollinare: zwei lebensgrosse Figuren der Heil. Sebastian und Katharina (Holz); hier erinnert die Uebertreibung der Geberden einigermaassen an die schwachen Schüler Signorelli's.

Rom, Villa Albani: Lünette enth. den todten Christus von zwei knieenden Engeln im Grabe gehalten (vielleicht ursprünglich zu dem für S. Domenico in Faenza gemalten Bild der Taufe Christi von 1515 gehörig[57], bez. „Cotignola"; Fig. 1/2 lebensgr.), Christus bellinesk, die Gewandbehandlung in der Weise Palmezzano's.

Rimini, Gall.: todter Christus mit 4 Engeln, dem Giov. Bellini zugeschrieben, an Rondinello und Coda erinnernd, aber vermuthlich von Zaganelli; es ist Temperabild und gehört vielleicht seiner Jugendzeit an (s. oben).[58]

Bellagio, Sml. Frizz. Bernardino Zaganelli ist uns sonst nur durch ein einziges Werk bekannt: eine Sebastianfigur im Besitz des Sign. Frizzoni zu Bellagio am Comersee, wahrscheinlich ein Bestandtheil des am Ende des vorigen Jahrhunderts zergliederten sechstheiligen Altarstückes im Carmine zu Pavia.[59] Die Figur ist in Körperbildung, Charakter und Farbe gleich mangelhaft und verräth einen zwar fleissigen, aber unbegabten Maler, der vielleicht als Gehilfe seines Bruders ganz Brauchbares geleistet haben mag, aber dem zu selbständiger Thätigkeit das Zeug fehlte.

Die letzte Stufe der zeitgenössischen Kunst in der Romagna

[55] Leinw., Oel, oben rund, vgl. Vasari IX, 150.

[56] Vasari IX, 150. Die Geburt Christi scheint von Zaganelli für die Franciskaner in Cremona gemalt gewesen zu sein; der Anon. des Mor. S. 37 erwähnt ein solches Bild, welches als Nachtstück nach Correggio's Weise behandelt gewesen sei, derart, dass das Licht vom Christuskinde ausströmte.

[57] vgl. Laderchi, a. a. O. 59.

[58] Ferrara, Gall. Costabili: derselbe Gegenstand, Schulstück; Neapel, Museum N. 4, unter Cosimo Rosselli's Namen: Verlobung Maria's, Fig. fast lebensgr., in der Manier der Zaganelli. Folgende Bilder sind nicht mehr nachweisbar: Ravenna, S. Apollinare: Maria m. K., Joh. d. Täufer, Apollinaris, Hieronymus und anderen; ferner Maria mit Kind, Petrus und Katharina. (Vasari IX, 151).

[59] Bellagio, Samml. Frizzoni: Sebastian mit dem Hüftschurz angethan an einer Säule, Hintergr. Landschaft mit Figuren zu Pferd (Holz, Oel), bez.

„BMARDINV COTIGoLA P."

Das Altarbild in Pavia, zu welchem das Stück wahrscheinlich gehört hat, ist in den i. J. 1777 beendigten handschriftl. „Notizie delle pitture e sculture, chiese etc. di Pavia" des Francesco Bartoli beschrieben und bestand hiernach aus einer Hauptreihe enth. Sebastian zwischen Nikolaus und Katharina und einer oberen Reihe enth. Christus mit zwei Engeln umgeben von den beiden Verkündigungsfiguren.

bezeichnet ein dritter Maler aus Cotignola: Girolamo Marchesi, wahrscheinlich Schüler der Zaganelli, da seine frühesten Altarbilder in San Marino[60] Spielarten der Werke jener Meister mit Hinneigung zu überreiztem Ausdruck darstellen. Auch das Bild der Geburt Christi von 1513 in der Sammlung Lord Ashburton's in London[61] gehört noch diesem Stile an; aber da er mit den jüngeren Bolognesen in Berührung gekommen war, welche sich mit Hingebung in die spätesten Werke Rafaels und in den Stil Michelangelo's versenkt hatten, eignete er sich rasch die oberflächliche Breite und Freiheit des Vortrags der grossen Schule an und ahmte sie mit einem Beisatz der ihm eigenthümlichen Schwerfälligkeit und Unfeinheit nach. In seinen verschiedenen Stilwandlungen erinnert er manchmal — wie z. B. in der Verlobung Maria's der Gallerie zu Bologna[62] — an Innocenzo von Imola und Bagnacavallo, manchmal erscheint er als ein Vorläufer der Caracci und erreicht in dieser Phase ungefähr die Stufe des Francesco Caroto, wie Beispiele zeigen, die aus den Jahren 1516, 1518 und 26 in Bologna und Berlin erhalten sind.[63]

San Marino. S. Franc.

London. Sml. Ashb.

Bologna. Gall.

Bologna. Berlin.

---

60 San-Marino, S. Francesco: 1) Maria betend in einer Landschaft, von Gottvater gesegnet, der am Himmel erscheint, umgeben von den Heil. Augustin und Anselm; auf Zettel bez. „Hieronimus cotignol fac.“ (Figuren fast lebensgr.); 2) Maria und Kind thronend zwischen Katharina, Franciskus, Marinus und einer vierten Heiligenfigur, auf der Thronstufe 2 musicirende Engel (Holz, Oel, Fig. lebensgr.), das letztere irrthümlich dem Giov. Bellini zugeschrieben, beide sorgfältig, aber schwach, in der Manier der Schule Francia's. — Der frühen Periode gehört dem Stile nach das Bild des Louvre, Mus. Napol. III. N. 229 an, welches jedoch im Katalog in das Jahr 1520 gesetzt ist: Brustbild des kreuzschleppenden Christus, bez. „Hieronymus Marchiegius Cotignola . . . .“ (Holz. h. 0,53, br. 0,50); die Figur ist mager und abgezehrt, der Schmerzensausdruck herbe, die Farbe stumpf und ohne Modulation, stark abgerieben, die Ausführung merkwürdig sorgsam und vollendet.

61 London, bei Lord Ashburton (ursprünglich in S. Maria delle grazie zu Pesaro): Maria das Kind anbetend, umgeben von 4 Heiligen (einem Bischof, Hieronymus und zwei Frauen), bezeich. „Jeronim̄ Cottigōl junipera sfortia patria a marito recepto ex voto p. MCCCCCXIII“ (die Inschr. entweder neu oder wenigstens aufgefrischt). Nach Laderchi, Pitt. Ferr. 103 soll das Bild die Porträts der Ginevra Tiepolo Sforza und ihres Sohnes Constanzo II. enthalten, vgl. auch Vasari IX. 93 Anm.; die Fig. sind lebensgr., der Stil eine Mischung aus Francia, Rondinello und Zaganelli, die Farben rosig, leicht und leer.

62 Bologna, Pin. N. 108; überladene Composition von fast lebensgr. Figuren (oben rund) und schwerer Färbung.

63 Bologna, Pin. N. 278 (aus der aufgeh. Kirche der Comp. S. Bernardino): Maria das Kind küssend, darunter der Knabe Johannes, zu den Seiten Franciskus und Bernardin (Holz, Figuren lebensgr.), noch freier behandelt als das erstgenannte Bild derselben Gallerie, der kleine Johannes von rafaeleskem Gepräge, Maria dem Fr. Caroto nicht unähnlich, die Farbe stumpf und von purpurnem

Nach Vasari's Angabe war Girolamo Cotignola in Bologna, wo er mit seinen Kunstgenossen Bagnacavallo, Innocenzo und Aspertini in neidischem Wetteifer arbeitete, vorzugsweise als Bildnissmaler in Ruf und soll u. a. den Gaston von Foix († 1512 in Ravenna) im Tode gemalt haben.[64] In späteren Jahren ging er nach Rom und Neapel und porträtirte dort nach Vasari den Papst Paul III. († 1549).[65] Die Verheirathung mit einem nichtswürdigen Weibe verbitterte ihm die letzten Lebenstage und er starb um 1550, nachdem er bereits viel früher sein Testament gemacht hatte, welches uns noch erhalten ist.[66]

Stich in den Schatten; angeblich war das Bild 1520 gemalt, scheint aber jünger. — Von derselben Art: Berlin, Mus. N. 290: Verlobung Maria's mit verschiedenen Zeugen, dabei ein Jüngling, der seinen Stab zerbricht, vorn ein Prophet und eine Sibylle je von einem Engel begleitet; oberhalb Engelchor mit dem heil. Geist und zwei Engel, welche mit Kränzen auf die Verlobten herabschweben (Holz, h. 2 F. 6, br. 1 F. 11). — Berlin, Mus. N. 268: Der heil. Bernard als Bischof thronend ertheilt seinen zu drei an jeder Seite knieenden Jüngern die Ordensregeln, zwei Engel halten den Vorhang des Thrones, unten zwei andere, von denen einer singt, der zweite die Laute spielt, bez. „HIERONYMVS. COTIGNOLS MDXXVI" (Holz, h. 6 F. 5, br. 4 F. 11½, aus Sammlung Solly). Ferner Bologna, Pin. N. 288: Predellenstücke (angebl. zu dem Sposalizio N. 168 ders. Gall. gehörig) enth.: Verkündigung, Geburt Christi und Flucht nach Aegypten; keck behandelt, aber von schwerfälligem Figurenbau. — Bologna, S. Maria in Vado, Hospital: Martyrium des Sebastian, sehr beschädigt, von der Inschrift nur noch der Name „Hieronimus" kenntlich. Die allegorischen Figuren der Justitia und Fortitudo in der Capp. Varano ebendaselbst haben die Verf. nicht gesehen; ebenfalls unbekannt sind uns: eine Madonna das Kind tränkend, umgeben von Joh. d. Täufer, Antonius Abbas und einem Stifter, ehemals in S. Tommaso zu Forli (Vasari IX. 92 Anm.) und die vier Evangelisten in S. Michele in Bosco zu Bologna (s. Vasari IX. 91 und Laderchi, Pitt. Ferr. 103).

[64] Vasari IX, 84 u. 90. Die Herausgeber des Vasari-Lem. vermuthen dieses Porträt irrthümlicher Weise (?) in einem dem Giacomo Palma zugetheilten Bildniss im Belvedere zu Wien.

[65] Vasari IX, 91; in Rom, Neapel und Rimini ist uns Nichts von Marchesi's Hand aufgestossen. Die Samml. Roberto Canonici in Ferrara besass laut Inventar v. 1632 das Bild einer die Laute spielenden Dame von Girolamo Catignola (s. Campori, Racc. 108).

[66] Das Testament v. 16. August 1531 bei Gualandi, Mem. orig. Ser. II, 12. —

Druck von J. B. Hirschfeld in Leipzig.

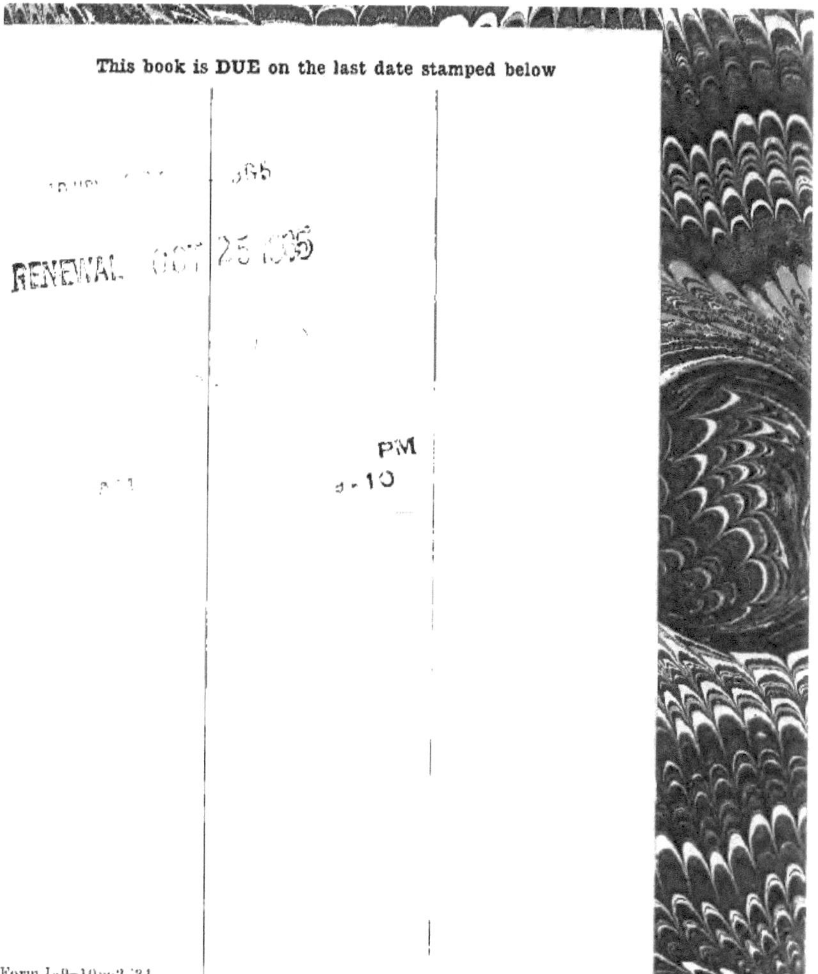

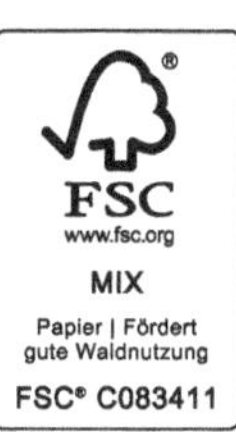

Zeitfracht Medien GmbH
Ferdinand-Jühlke-Straße 7
99095 Erfurt, Deutschland
produktsicherheit@kolibri360.de